（清）吴楚材 吴调侯 编选
思履 注译

古文观止

〈上〉

民主与建设出版社

© 民主与建设出版社，2019

图书在版编目（CIP）数据

古文观止：全 2 册 /（清）吴楚材，（清）吴调侯编选；思履注译. -- 北京：民主与建设出版社，2019.1（2021.4 重印）

ISBN 978-7-5139-1956-2

Ⅰ.①古… Ⅱ.①吴… ②吴… ③思… Ⅲ.①古典散文—散文集—中国②《古文观止》—注释③《古文观止》—译文 Ⅳ.① H194.1

中国版本图书馆 CIP 数据核字（2018）第 284066 号

古文观止（全 2 册）
GU WEN GUAN ZHI

著　　者	（清）吴楚材　（清）吴调侯
注　　译	思　履
责任编辑	刘树民
封面设计	三石工作室
出版发行	民主与建设出版社有限责任公司
电　　话	（010）59417747　59419778
社　　址	北京市海淀区西三环中路 10 号望海楼 E 座 7 层
邮　　编	100142
印　　刷	三河市天润建兴印务有限公司
版　　次	2019 年 2 月第 1 版
印　　次	2021 年 4 月第 2 次印刷
开　　本	630mm×910mm　1/16
印　　张	40
字　　数	500 千字
书　　号	ISBN 978-7-5139-1956-2
定　　价	136.00 元（全 2 册）

注：如发现质量问题，请联系调换。

前言

  《古文观止》自康熙三十四年（1695）问世以来，广受欢迎，风行海内，经久不衰。读书人家，家家购置；读书之人，人人成诵。到了现代，《古文观止》仍然为人所喜爱。现代文学史上的大家们就都有背诵《古文观止》的经历，如文学巨匠巴金就说阅读《古文观止》使他毕生受益，终生难忘。

  中华民族文明源远流长，历代典籍浩如烟海。如何才能取其精华，使学习者由正确途径进入文史之门，这是每个时代的教育家或文学家都要考虑的问题。所以自古以来就有编选古文选本的传统，著名选本有南朝萧统编的《昭明文选》，宋代编的《文苑英华》，清代编的《古文辞类纂》等，但这些选本都篇幅很大、内容艰深，不便普及。

  《古文观止》的编者吴楚材、吴调侯是叔侄二人，清朝顺治、康熙年间浙江山阴（今绍兴）人。他们立志要编出经典而广泛适用于初学者的教材，"每思继序前人而光大之"。于是"集古人之文，集古今人之选"，"原为初学设也"。《古文观止》编成之后即得到当代人的重视。二位编者用"观止"二字为本书冠名，这是用了书中所选《左传·季札观周乐》一篇的典故，写吴公子季札在鲁国观看《韶箾》乐舞，赞叹其精彩之极，达到了无以复加的尽善尽美的程度，所谓美者毕集于此，其他不必观看了。这部《古文观止》对于中国古代散文的编选，也可以说到了"观止矣"的境界。

《古文观止》按时代顺序和作家作品编排，共分12卷，集作品222篇，骈文、散文俱有，以散文为主。既有洋洋洒洒的长篇，也有简短精致的短篇。或记史叙事，或抒情写景，或咏物明志，内容纷呈表记片札，序论铭传，诸体皆备，都是历来为人们喜爱的名篇。这部书的出现，为后世的古文学习者提供了极大的方便，可以说一部在手，就能读到中国古代文学史上有代表性的散文佳作了。为了使读者可以系统地学习中国历代散文的精华，我们精选了原著中的代表性篇章集结成书。

我们特别整理出版此书，其主要特点是：

一、《古文观止》选文基本展现了中国古代散文发展的全貌，本书相应地进行了系统的介绍，使现代读者遍识历代散文名家与其精彩的名篇，加深对于《古文观止》的原编者编选此书的理解。

二、本书有详尽的原文、注释、译文等栏目，能够帮助现代读者读懂古文，而且在阅读中能够产生兴趣，得到阅读的享受。

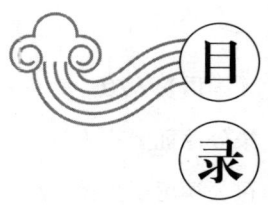

卷一　周文

《左传》/ 2
郑伯克段于鄢 / 3
周郑交质 / 7
石碏谏宠州吁 / 9
臧僖伯谏观鱼 / 11
郑庄公戒饬守臣 / 13
臧哀伯谏纳郜鼎 / 16
季梁谏追楚师 / 19
曹刿论战 / 22
齐桓公伐楚盟屈完 / 24
宫之奇谏假道 / 27
子鱼论战 / 30
介之推不言禄 / 32
展喜犒师 / 34
烛之武退秦师 / 36
蹇叔哭师 / 39

卷二　周文

齐国佐不辱命 / 42
楚归晋知罃 / 45
吕相绝秦 / 47
驹支不屈于晋 / 51
晏子不死君难 / 54
季札观周乐 / 56
子产坏晋馆垣 / 60
子产论政宽猛 / 64
吴许越成 / 66

卷三　周文

《国语》/ 70
祭公谏征犬戎 / 71
召公谏厉王止谤 / 75
襄王不许请隧 / 77
单子知陈必亡 / 80
展禽论祀爰居 / 85
里革断罟匡君 / 89
敬姜论劳逸 / 91
叔向贺贫 / 94
王孙圉论楚宝 / 96
诸稽郢行成于吴 / 98
申胥谏许越成 / 101
《公羊传》/ 103
春王正月 / 104
宋人及楚人平 / 106
吴子使札来聘 / 109
《穀梁传》/ 112
郑伯克段于鄢 / 113
虞师晋师灭夏阳 / 115
《礼记》/ 118
晋献公杀世子申生 / 119
曾子易箦 / 121
有子之言似夫子 / 123
公子重耳对秦客 / 125
杜蒉扬觯 / 127

卷四　秦文

《战国策》/ 130
苏秦以连横说秦 / 131
司马错论伐蜀 / 137
范雎说秦王 / 140
邹忌讽齐王纳谏 / 144
颜斶说齐王 / 146
冯谖客孟尝君 / 148
赵威后问齐使 / 153
庄辛论幸臣 / 155
触龙说赵太后 / 158
鲁仲连义不帝秦 / 162
鲁共公择言 / 169
唐雎不辱使命 / 171
乐毅报燕王书 / 174
李斯谏逐客书 / 180
《楚辞》/ 185
卜居 / 186
宋玉对楚王问 / 189

目 录

卷五 汉文

司马迁 / 192
五帝本纪赞 / 193
项羽本纪赞 / 195
孔子世家赞 / 197
伯夷列传 / 199
管晏列传 / 204
屈原列传 / 210
酷吏列传序 / 218
游侠列传序 / 220
滑稽列传 / 225
货殖列传序 / 230
太史公自序 / 235
报任安书 / 242

卷六 汉文

《汉书》/ 256
高帝求贤诏 / 257
文帝议佐百姓诏 / 259
景帝令二千石修职诏 / 261
武帝求茂材异等诏 / 263
贾谊 / 264
过秦论（上）/ 265
治安策 / 270
晁错 / 279
论贵粟疏 / 280
司马相如 / 286
上书谏猎 / 287
李陵 / 289
答苏武书 / 290
《后汉书》/ 298
光武帝临淄劳耿弇 / 299
马援 / 301
诫兄子严敦书 / 302
诸葛亮 / 304
前出师表 / 305
后出师表 / 309

◎卷一　周文

《左传》

　　《左传》是我国第一部叙事详备的编年体史书。它主要依据鲁国国君的世系，记录了从鲁隐公元年（前722）至鲁哀公二十七年（前468）二百五十四年间发生在周王朝和各主要诸侯国之间的历史事件。在书末还附有鲁悼公十四年（前453）晋国韩、魏、赵三家攻灭智伯之事。

　　作为一部历史著作，《左传》保存了大量的古代史料，内容涉及春秋时期列国的政治、经济、军事、外交、文化等方面。它的叙事风格委婉详尽，情节富于故事性和戏剧性，它所塑造的历史人物性格鲜明、栩栩如生，人物的对话和论辩思维缜密，生动而具有说服力，处处闪烁着思想和智慧的光芒。它在描写战争方面尤为出色，无论对于事件的前因后果、交战各国的谋略外交，还是战争进行中的重要细节和机变，都叙述得有条不紊。笔调灵活多变，行文详略得当，体现了作者高超的艺术表现力。

　　至于《左传》的作者，相传是鲁国的史官左丘明，但自唐以后学者多有争议，现在一般认为，《左传》的作者应该是战国早期某个熟悉列国史料的人。

郑伯克段于鄢

【原文】

初，郑武公娶于申，曰武姜①。生庄公及共叔段。庄公寤生②，惊姜氏，故名曰寤生，遂恶之。爱共叔段，欲立之。亟请于武公③，公弗许。

及庄公即位，为之请制④。公曰："制，岩邑也⑤，虢叔死焉⑥，他邑唯命。"请京⑦，使居之，谓之京城大叔。

祭仲曰⑧："都城过百雉⑨，国之害也。先王之制：大都不过参国之一⑩，中五之一，小九之一。今京不度，非制也，君将不堪。"公曰："姜氏欲之，焉辟害⑪？"对曰："姜氏何厌之有！不如早为之所，无使滋蔓。蔓，难图也。蔓草犹不可除，况君之宠弟乎？"公曰："多行不义必自毙，子姑待之。"

既而，大叔命西鄙⑫、北鄙贰于己⑬。公子吕曰⑭："国不堪贰，君将若之何？欲与大叔，臣请事之；若弗与，则请除之，无生民心。"公曰："无庸⑮，将自及。"大叔又收贰以为己邑，至于廪延⑯。子封曰："可矣，厚将得众。"公曰："不义不昵，厚将崩。"

大叔完聚⑰，缮甲兵，具卒乘，将袭郑，夫人将启之⑱。公闻其期，曰："可矣！"命子封帅车二百乘以伐京。京叛大叔段，段入于鄢。公伐诸鄢。五月辛丑，大叔出奔共。

书曰："郑伯克段于鄢。"段不弟，故不言弟⑲；如二君，故曰克；称郑伯，讥失教也，谓之郑志。不言出奔，难之也。

遂置姜氏于城颍，而誓之曰："不及黄泉，无相见也。"既而悔之。颍考叔为颍谷封人，闻之，有献于公。公赐之食，食舍肉。公问之，对曰："小人有母，皆尝小人之食矣。未尝君之羹，请以遗之。"公曰："尔有母遗，繄我独无⑳！"颍考叔曰："敢问何谓也？"公语之故，且告之悔。对曰："君何患焉！若阙地及泉㉑，隧而相见㉒，其谁曰不然？"公从之。公入而赋："大隧之中，其乐也融融！"姜出而赋："大隧之外，其乐也泄泄㉓。"遂为母子如初。

君子曰："颍考叔，纯孝也。爱其母，施及庄公㉔。《诗》曰：'孝子不匮㉕，永锡尔类㉖。'其是之谓乎！"

【注释】

①武姜："武"是丈夫的谥号，"姜"是娘家的姓氏。②寤生：难产。③亟（qì）：屡次。④制：郑国地名，在今河南荥阳西北。⑤岩邑：险要的城邑。⑥虢叔：东虢国国君。⑦京：郑国地名，在今河南荥阳东南。⑧祭仲：郑国大夫，字足。⑨雉：古代计算城墙长度的单位，长三丈，高一丈，为一雉。⑩参国之一：国都的三分之一。⑪辟：通"避"。⑫鄙：边界的城镇。⑬贰：双方共有。⑭公子吕：郑国大夫。⑮庸：用。⑯廪延：郑国地名，在今河南延津北。⑰完聚：指修治城郭、集结兵力。⑱启之：指开城门做内应。⑲弟（tì）：通"悌"。指对兄长敬爱顺从。⑳繄（yī）：句首语气词。㉑阙：通"掘"。㉒隧：掘地而成隧道。㉓泄泄（yì）：形容快乐的样子。㉔施（yì）：扩展。㉕匮（kuì）：匮乏，断绝。㉖锡：推及，影响。

【译文】

当初郑武公从申国娶来妻子,就是后来的武姜,生了庄公和共叔段。庄公出生时难产,惊吓了姜氏,所以给庄公取名为"寤生",并且因此厌恶他。姜氏喜爱共叔段,想立其为储君,屡次请求武公,武公都不答应。

等到庄公即位,姜氏为共叔段请求制邑。庄公说:"制是险要之地,虢叔曾死在那里。别的地方听您吩咐。"姜氏于是为共叔段请求京邑,庄公便叫共叔段居住在了那里,称为京城太叔("大"通"太")。

祭仲说:"城墙边长超过三百丈,就是国家的祸害。先王的制度:大都市城墙,长不超过国都城墙的三分之一;中等城市不超过五分之一;小城市不超过九分之一。如今京邑太大,不合制度,恐怕对您不利。"庄公说:"姜氏要这样,我有什么办法躲避因此产生的祸害呢?"回答说:"姜氏怎会满足?不如早做打算,不要使其滋长蔓延。一旦滋生成长起来就难以对付了。蔓延的草还难得清除,何况您被宠爱的弟弟呢?"庄公说:"不义之事做多了必然会自取灭亡,你姑且等着吧!"

不久,太叔命令西部和北部边境的一些地方违背庄公,听从自己。公子吕说:"国家不能有两个国君,您打算怎么办?如果您想将王位让给太叔,我就请求去侍奉他;如果您不想让位给他,就请您除掉他,不要使人民有二心。"庄公说:"用不着,他会自取其祸的。"太叔又进一步把西鄙、北鄙二地据为己有,还延伸到廪延。公子吕对庄公说:"行了,他羽翼已丰,会得到更多拥戴者。"庄公说:"他对君三不义,不顾手足之情,势力雄厚,反而会垮掉。"

太叔巩固城防,聚积粮草,修缮军备,准备兵士战车,打算偷袭庄公,姜氏也作为内应,想替他开启城门。庄公听到他举兵的日期,说:"可以了!"于是命令公子吕率战车二百辆讨伐京城。京城民众反叛了太叔。太叔逃往鄢邑。庄公又命令讨伐鄢邑。五月二十三日,太叔逃往共国。

《春秋》上说:"郑伯克段于鄢。"叔段不顾兄弟情谊,所以不用"弟"字;交战双方好像两个国君,所以用"克"字。称庄公为"郑伯"是讥讽他对弟弟不加管教,也符合郑国人民的意思。而不写太叔"出奔",是责难庄公有杀弟的动机。

庄公把姜氏安置在城颍,发誓说:"不到黄泉,不再相见!"不久又后悔。颍考叔是颍谷的地方官,听说了这事,便来到国都,说是有礼献于庄公。庄公赐宴,吃饭时,颍考叔把肉放在一旁不吃。庄公问他原因,他回答说:"我有老母,我的食物她都尝遍了,却没尝过您的菜肴,我想留给她尝尝。"庄公说:"你有母亲可以孝敬,唯独我却没有。"颍考叔说:"敢问这是什么意思?"庄公告诉他其中的缘故,并且讲出自己的悔意。颍考叔回答说:"君王有什么好忧虑的!若掘地见泉,在隧道里相见,谁能有非议?"庄公依从了他的办法。庄公进入隧道,唱道:"大隧之中,其乐融融。"姜氏从隧道中出来,唱道:"大隧之外,心情愉快。"于是母子又和好如初了。

君子说:"颍考叔的孝顺是纯正的。他孝敬爱戴自己的母亲,又用这样的孝敬和爱戴影响了庄公。《诗经》上说:'孝子之心不尽不竭,会推及影响到他的族类。'说的就是颍考叔这样的人吧!"

周郑交质

【原文】

郑武公、庄公为平王卿士，王贰于虢，郑伯怨王。王曰："无之。"故周郑交质。王子狐为质于郑，郑公子忽为质于周。王崩，周人将畀虢公政①。四月，郑祭足帅师取温之麦②。秋，又取成周之禾。周郑交恶。

君子曰："信不由中，质无益也。明恕而行，要之以礼③，虽无有质，谁能间之？苟有明信，涧、溪、沼、沚之毛④，蘋、蘩、蕰、藻之菜⑤，筐、筥、锜、釜之器⑥，潢污、行潦之水⑦，可荐于鬼神，可羞于王公，而况君子结二国之信，行之以礼，又焉用质？《风》有《采蘩》《采蘋》，《雅》有《行苇》《泂酌》，昭忠信也。"

【注释】

①畀（bì）：托付，给予。②祭足：郑国大夫。温：周地名。③要（yāo）：约束。④毛：草。⑤蘋（pín）、蘩（fán）、蕰（wēn）、藻：均为野菜。⑥筐、筥（jǔ）、锜（qí）、釜：四种容器。⑦潢污：积水。行（xíng）潦（lǎo）：流动的水。潦，路上的流水。

【译文】

郑武公、庄公父子先后任周平王的执政大臣，平王又兼用虢公。庄公因此抱怨，平王说："没有这事。"因此周与郑便交换人质。平王之子狐为人质去往郑国，庄公之子忽为人质前往周朝。平王驾崩，周王朝想把国政全部托付给虢公。四月，郑国的祭足领兵割取温地的麦子。秋，又割取成周的谷子。周王朝和郑国遂彼此仇恨。

君子说："言不由衷，交换人质也没有用。明确互相谅解的原则而后行动，又根据礼制加以约束，即使没有人质，谁能使其产生隔阂？假若互信互谅，那涧、溪、沼、沚的草，萍、蘩、水藻一类的野菜，方筐、圆筐、蒸锅、炒锅一类的器皿，甚至地面上的积水与流水，都可以敬献鬼神，贡奉给王公；何况君子于两国间建立信赖关系，按照礼仪行事，又何必用人质？《诗经·国风》有《采蘩》《采蘋》，《大雅》有《行苇》《泂酌》，这四篇诗都是昭示忠实和信赖的。"

石碏谏宠州吁

【原文】

卫庄公娶于齐东宫得臣之妹①,曰庄姜,美而无子,卫人所为赋《硕人》也。又娶于陈②,曰厉妫,生孝伯,蚤死③。其娣戴妫生桓公④,庄姜以为己子。公子州吁,嬖人之子也⑤。有宠而好兵,公弗禁。庄姜恶之。

石碏谏曰⑥:"臣闻爱子,教之以义方,弗纳于邪。骄、奢、淫、佚,所自邪也。四者之来,宠禄过也。将立州吁,乃定之矣;若犹未也,阶之为祸。夫宠而不骄,骄而能降,降而不憾,憾而能眕者⑦,鲜矣。且夫贱妨贵,少陵长,远间亲,新间旧,小加大,淫破义,所谓'六逆'也。君义,臣行,父慈,子孝,兄爱,弟敬,所谓'六顺'也。去顺效逆,所以速祸也。君人者,将祸是务去,而速之,无乃不可乎?"

弗听。其子厚与州吁游,禁之,不可。桓公立,乃老⑧。

【注释】

①东宫:太子之宫,此处意指太子。②陈:春秋时国名,妫姓。③蚤:通"早"。④娣:妹妹。⑤嬖人:受宠的姬妾。⑥石碏(què):卫国大夫。⑦眕(zhěn):自安自重。⑧老:告老。

【译文】

卫庄公娶了齐国太子得臣的妹妹，名叫庄姜，她美丽却没有儿子，卫国人为她写了《硕人》这首诗。庄公又从陈国娶来名叫厉妫的女子，生下孝伯，很早就死了。厉妫随嫁的妹妹生了桓公，庄姜把他看作是自己的儿子。公子州吁是庄公宠妾所生，受到庄公的宠爱，州吁喜欢玩弄武器，庄公不禁止，庄姜厌恶他。

石碏劝庄公说："臣听说怜爱儿子就要教他道义规矩，不让他走上邪路。骄傲、奢侈、放荡、安逸是走上邪路的开始。四种恶习的产生是由于过分的宠爱和过多的赏赐。您若想立州吁为太子，就定下来；若还没有，过度的宠爱会导致祸患。受到宠爱却不骄傲，骄傲却安于地位低下，地位低下却能不怨恨，怨恨却能克制自己的，这样的人太少了。而且卑贱妨害尊贵，年少驾凌年长，疏远离间亲近，新人离间旧人，弱小欺侮强大，淫荡破坏道义，此所谓'六逆'。君王仁义，臣下恭行，为父慈善，为子孝顺，为兄爱护，为弟恭敬，此所谓'六顺'。舍顺而学逆，就会招致祸害的加速到来。作为人君，本应务必消除祸害，而今却使之加速到来，恐怕不可以吧？"

庄公不听劝。石碏的儿子石厚和州吁来往密切，石碏禁止，石厚不听。等到庄公死，桓公即位，石碏便告老还乡了。

◎卷一 周文

臧僖伯谏观鱼

【原文】

春,公将如棠观鱼者①。

臧僖伯谏曰②:"凡物不足以讲大事,其材不足以备器用,则君不举焉。君将纳民于轨、物者也③。故讲事以度轨量谓之轨,取材以章物采谓之物。不轨不物,谓之乱政。乱政亟行④,所以败也。故春蒐⑤,夏苗⑥,秋狝⑦,冬狩⑧,皆于农隙以讲事也。三年而治兵,入而振旅⑨,归而饮至,以数军实,昭文章⑩,明贵贱,辨等列,顺少长,习威仪也。鸟兽之肉,不登于俎⑪,皮革、齿牙、骨角、毛羽不登于器,则君不射,古之制也。若夫山林、川泽之实,器用之资,皂隶之事⑫,官司之守,非君所及也。"公曰:"吾将略地焉⑬。"遂往。陈鱼而观之。僖伯称疾不从。

书曰:"公矢鱼于棠⑭。"非礼也,且言远地也。

【注释】

①鱼:通"渔",捕鱼。②臧僖伯:鲁国公子。③轨、物:法度和礼制。④亟:屡次。⑤春蒐(sōu):指在春天猎取没有怀孕的野兽。⑥夏苗:指在夏天猎取危害庄稼的野兽。⑦秋狝(xiǎn):指在秋天出猎。⑧狩:围猎。⑨振旅:整顿军队。⑩文章:花纹和色彩。⑪俎(zǔ):古代祭祀、宴会时盛肉类等食品的器皿。⑫皂隶:差役。⑬略:巡视。⑭矢:通"施",陈列。

【译文】

隐公五年春天,鲁隐公打算到棠邑观看捕鱼。

臧僖伯劝谏说:"一切事物,不和国计民生的大事相关,材料不能用来制作礼器兵器,国君就不要去触碰它。国君是使臣民行为符合法度和礼制的人。所以,通过讲习大事来衡量法度规范是否得当称为轨,选取材料制作器物以显示其文采称为物。不合法度规范、无关礼制的行动则称为乱政。屡次实行乱政,就会导致衰败。所以春夏秋冬的田猎都是在农闲时讲习大事的行动。每三年出城进行大演习,回国便休整军队,然后到宗庙宴饮、祭告,清点军用器物,计算田猎的收获,彰显器物车服旌旗的文采,区分尊卑,辨别等级,顺序排列长幼的次序,这都是为了熟悉威仪的礼制啊。鸟兽的肉不能放进祭器作为祭品,皮革、齿牙、骨角、毛羽等物不能用来制作装饰祭器,国君就不必亲自去射取,这是古代传下来的制度。至于山林、河湖的产品采收,一般器具材料的取得,这是差役们的工作,有专门的部门负责,不是国君应该管的。"

隐公说:"我准备巡视地方。"于是去了棠地,在那里陈列各种捕鱼的器具,让人捕鱼自己观赏。

僖伯托病不随行。

《春秋》上说"公矢鱼于棠",认为这种行为不合礼法,并且讽刺鲁隐公跑到远离国都的地方。

郑庄公戒饬守臣

【原文】

秋七月，公会齐侯、郑伯伐许。庚辰①，傅于许②。颍考叔取郑伯之旗"蝥弧"以先登③，子都自下射之④，颠。瑕叔盈又以蝥弧登⑤，周麾而呼曰："君登矣！"郑师毕登。壬午⑥，遂入许。许庄公奔卫。

齐侯以许让公。公曰："君谓许不共⑦，故从君讨之。许既伏其罪矣。虽君有命，寡人弗敢与闻。"乃与郑人。郑伯使许大夫百里奉许叔以居许东偏⑧，曰："天祸许国，鬼神实不逞于许君⑨，而假手于我寡人，寡人唯是一二父兄不能共亿⑩，其敢以许自为功乎？寡人有弟，不能和协，而使糊其口于四方，其况能久有许乎？吾子其奉许叔以抚柔此民也，吾将使获也佐吾子。若寡人得没于地，天其以礼悔祸于许，无宁兹许公复奉其社稷。唯我郑国之有请谒焉，如旧昏媾⑪，其能降以相从也。无滋他族实逼处此，以与我郑国争比土也。吾子孙其覆亡之不暇，而况能禋祀许乎⑫？寡人之使吾子处此，不惟许国之为，亦聊以固吾圉也⑬。"乃使公孙获处许西偏，曰："凡而器用财贿⑭，无置于许。我死，乃亟去之。吾先君新邑于此⑮；王室而既卑矣⑯，周之子孙日失其序。夫许，大岳之胤也⑰。天而既厌周德矣，吾其能与许争乎？"君子谓郑庄公"于是乎有礼。礼，经国家，定社稷，序人民，利后嗣者也。许，无刑而伐之，服而舍之，度德而处之，量力而行之，相时而动，无累后人，可谓知礼矣。"

【注释】

①庚辰：七月初一。②傅：逼近，迫近。③颍考叔：郑国大夫。④子都：郑国大夫。⑤瑕叔盈：郑国大夫。⑥壬午：七月初三。⑦共：恭顺。⑧许叔：许庄公的弟弟。⑨逞：满意。⑩共亿：相安。⑪昏媾：婚姻。昏，通"婚"。⑫禋（yīn）祀：本指升烟祭天以求福，这里泛指祭祀。⑬圉（yǔ）：边境。⑭而：通"尔"，你。⑮先君：指郑武公。⑯卑：衰落。⑰大岳：传说为尧舜时候的四方部落首领。胤（yìn）：后代。

【译文】

隐公十一年秋七月，鲁隐公会合齐僖公、郑庄公攻打许国。初一这一天，军队迫近许城。颍考叔拿着郑庄公的大旗"蝥弧"抢先登城，子都从下边用箭射他，颍考叔从城上跌落下来。瑕叔盈又拿着蝥弧旗登上城头，挥动着旗子向四周大喊道："国君登城了！"郑国的军队于是全部登城。初三这一天，军队占领了许国。许庄公逃往卫国。

齐僖公要把许国让给隐公。隐公说："君侯说许国不恭敬，我于是跟从君侯前来讨伐。许国既然已经服罪，虽然君侯有命，我也是不敢接受的。"于是把许国让给了郑庄公。

郑庄公派许国大夫百里扶持许庄公弟弟许叔居住在许国的东部边境上，说："上天降祸于许国，鬼神实在对许国国君不满意，便借我的手来惩罚他，我只有一两位同姓的臣属，尚且不能平安相处，岂敢把攻占许国作为自己的功绩呢？寡人有个弟弟，不能与我亲爱和睦，因为我的原因现在还在四处求食，更何况长久地占有许国呢？您扶持许叔来安抚这里的百姓，我将让公孙获来帮助您。若是我死后得以埋葬于地下，上天又依照礼法收回了加于许国的祸害，宁可使许庄公重新来治理他的国家。那时，只要我郑国有所请求，许国就会像亲戚一样，能够诚心允许郑国，不使他国乘机强住在这里，逼迫我们，和我们郑国争夺这块土地。我的子孙挽救危亡都来不及，何况是占领许国的土地呢？我之所以让你们居住在这里，不单是为了许国，也是借此来暂时巩固我的疆土。"

于是又让公孙获居住在许国的西部边境上，对他说："凡是你的器用财货，不要放在许国之内。我死以后，就赶快离开这里。我的先父在这里新建城邑，周王朝既然已经衰落了，周朝的子孙们相互之间的攻伐日益严重，秩序日益混乱。许国，是四岳的后代，上天既然已经厌弃了周朝，我怎能还与许国相争呢？"

君子认为："郑庄公在这件事上的做法合于礼。礼是治理国家、安定社稷，使百姓有所秩序，使后代受益的东西。许国，是因不合礼法才去讨伐它，服罪了就宽恕它，度量自己的德行后才与人相处，衡量自己的力量后才做出举动，看清形势才行动，不连累后代，可以说是懂得礼了。"

臧哀伯谏纳郜鼎

【原文】

夏四月，取郜大鼎于宋①，纳于大庙。非礼也。

臧哀伯谏曰②："君人者，将昭德塞违，以临照百官，犹惧或失之，故昭令德以示子孙。是以清庙茅屋③，大路越席④，大羹不致⑤，粢食不凿⑥，昭其俭也。衮、冕、黻、珽⑦，带、裳、幅、舄⑧，衡、紞、纮、綖⑨，昭其度也。藻、率、鞞、鞛⑩，鞶、厉、游、缨⑪，昭其数也。火、龙、黼、黻⑫，昭其文也。五色比象，昭其物也。钖、鸾、和、铃⑬，昭其声也。三辰旂旗⑭，昭其明也。夫德，俭而有度，登降有数，文、物以纪之，声、明以发之，以临照百官，百官于是乎戒惧而不敢易纪律。今灭德立违，而置其赂器于大庙，以明示百官，百官象之，其又何诛焉？国家之败，由官邪也。官之失德，宠赂章也。郜鼎在庙，章孰甚焉？武王克商，迁九鼎于雒邑，义士犹或非之，而况将昭违乱之赂器于大庙，其若之何？"公不听⑮。周内史闻之⑯，曰："臧孙达⑰其有后于鲁乎！君违，不忘谏之以德。"

【注释】

①郜（gào）：国名，在今山东成武东南。②臧哀伯：鲁国大夫。③清庙：即太庙。④大路：天子祭祀时用的车。越（huó）席：蒲草席。⑤大（tài）羹：古代祭祀时用的肉汁。不致：不放调味品。⑥粢（zī）食：此处特指祭祀用的谷物。

⑦衮(gǔn)：古代帝王及上公穿的绘有龙的礼服。冕：古代帝王及上公所戴的礼帽。黻(fú)：古代祭服的蔽膝，用熟皮做成。珽(tǐng)：古代帝王所持的玉笏，又称大圭。⑧幅：即缠腿的布。舄(xì)：重木底鞋（古时最尊贵的鞋，多为帝王或大臣穿）。⑨衡、紞(dǎn)、纮(hóng)、綖(yán)：古代冠冕上的四种装饰品。⑩藻、率(shuài)：古代放置圭、璋等玉器的垫子。鞞(bǐng)、鞛(běng)：刀鞘和刀鞘上近口处的饰物。⑪鞶(pán)、厉：古代衣服上的大带。游(liú)：通"旒"，旌旗上的飘带。缨：马鞅。⑫火、龙、黼(fǔ)、黻(fú)：古代礼服上所绣的花纹图案。⑬钖(yáng)、鸾、和、铃：古代车马旌旗上的四种响铃。⑭三辰：指日、月、星。旂(qí)旗：有铃铛的旗子。⑮公：这里指鲁桓公。⑯内史：周朝官名，掌书王命等事。⑰臧孙达即臧哀伯，哀伯是谥号。

【译文】

鲁桓公二年夏四月，鲁桓公从宋国取得原属于郜国的大鼎，并安放在太庙里，这是不合礼的。臧哀伯劝阻说："做人君的，应该发扬美德，阻止邪恶，以此来作为百官的榜样，还怕有所缺失，所以还要宣扬美德以昭示子孙。因此太庙用茅草盖成，大车用薄草席做垫子，肉汁不调五味，主食不用精米，这样做是为了表明节俭。礼服、礼冠、蔽膝、玉笏、腰带、裙子、裹足、鞋子、横簪、填系、帽带、头巾，这些是用来表示等级制度的；玉器的垫子、刀鞘的装饰、束衣的布带、下垂的大带、旌旗的飘带、马鞅，这些是用来表示尊卑等级的；衣上画火、画龙、画黼黻，是用来表示贵贱的花纹；用五色来象征天地四方，是为了表明车服器械的颜色；用各种各样的鸾铃来点缀车马旗帜，是为了表明各种声音；将日月星辰画于旗上，是为了表明光彩。讲求美德，就应该节俭而有法度，升降而有等级，用文采和器物来记录它，用明亮的声音来发扬它，以此来为百官树立榜样，百官因此警醒恐惧，不敢轻视纲纪法律。现在您废弃道德而炫耀有违礼法的行为，把人家贿赂的器物置于太庙之中，把它明明白白地置于百官面前，如果百官也跟着这样做，您又能惩罚谁呢？国家的衰败，是由为官者走入邪路开始的。为官者丧失道德，是由于自恃被宠信而明目张胆地接受贿赂。郜鼎置于太庙之中，还有什么受贿赂比这更甚呢？周武王打败商朝，将九鼎迁到雒邑，正义之士还有所非议，何况把象征着违背礼法、表明叛乱的贿赂器物放在太庙之中，这怎么能行呢？"桓公不听。

周朝的内史听到了此事，说："臧孙达在鲁国一定会后继有人吧！君主违背礼制，他没有忘记用道德来加以劝阻。"

◎卷一　周文

季梁谏追楚师

【原文】

　　楚武王侵随，使薳章求成焉①，军于瑕以待之②。随人使少师董成③。斗伯比言于楚子曰④："吾不得志于汉东也，我则使然。我张吾三军，而被吾甲兵，以武临之，彼则惧而协以谋我，故难间也。汉东之国，随为大。随张，必弃小国。小国离，楚之利也。少师侈，请羸师以张之。"熊率且比曰⑤："季梁在⑥，何益？"斗伯比曰："以为后图，少师得其君。"王毁军而纳少师。

　　少师归，请追楚师。随侯将许之。季梁止之曰："天方授楚，楚之羸，其诱我也，君何急焉？臣闻小之能敌大也，小道大淫。所谓道，忠于民而信于神也。上思利民，忠也；祝史正辞⑦，信也。今民馁而君逞欲，祝史矫举以祭，臣不知其可也。"公曰："吾牲牷肥腯⑧，粢盛丰备⑨，何则不信？"对曰："夫民，神之主也。是以圣王先成民而后致力于神。故奉牲以告曰'博硕肥腯'，谓民力之普存也，谓其畜之硕大蕃滋也，谓其不疾瘯蠡也⑩，谓其备腯咸有也。奉盛以告曰'洁粢丰盛'，谓其三时不害，而民和年丰也。奉酒醴以告曰'嘉栗旨酒'⑪，谓其上下皆有嘉德，而无违心也。所谓馨香，无谗慝也。故务其三时，修其五教⑫，亲其九族，以致其禋祀⑬。于是乎民和而神降之福，故动则有成。今民各有心，而鬼神乏主，君虽独丰，其何福之有？君姑修政而亲兄弟之国，庶免于难。"

随侯惧而修政，楚不敢伐。

【注释】

①薳（wěi）章：人名，楚国大夫。成：讲和。②瑕：春秋时随国地名。③少师：官名。董成：主持讲和之事。④斗伯比：楚国令尹。楚子：指楚武王。⑤熊率（lǜ）且比：人名，楚国大夫。⑥季梁：随国贤臣。⑦祝：掌管祭祀的官。史：掌管祭祀时记事的官。⑧牷（quán）：毛色纯一的牲畜。腯（tú）：肥壮。⑨粢（zī）盛（chéng）：古代盛在祭器内以供祭祀的谷物。⑩瘯（cù）蠡（luǒ）：疥癣。⑪醴（lǐ）：甜酒。⑫五教：指儒家所宣扬的父义、母慈、兄友、弟恭、子孝五种伦理道德标准。⑬禋祀：此处泛指祭祀。

【译文】

楚武王入侵随国，一面派薳章去和谈，一面在瑕地驻军等待。随国派少师主持和谈。斗伯比对楚武王说："我们在汉水东边一直不能得志，是我们自己造成的。我们扩大我们的军队，整顿我们的军备，凭借武力去逼迫别国，那里的国家因为害怕而联合起来对付我们，因此很难离间他们。在汉东诸国中，随国最大。随国要是自高自大，就必然抛弃小国。小国离心，我们就可得利。少师这个人很骄傲，请把我们的军队装成疲弱的样子以助长他的骄傲之气。"熊率且比说："有季梁在，这样做有何益处？"斗伯比说："以后再来对付他，少师正受到随君的信任。"楚武王有意把军容搞得乱七八糟来接待少师。

少师回去后，请求追击楚军。随侯想要答应他。季梁劝阻道："上天正在帮助楚国，楚军的疲弱，是在引诱我们，君侯急什么呢？臣听说小国之所以能够抵抗大国，是因为小国有道、大国无道。所谓道，是忠于百姓而取信于鬼神。居高位的人思考如何让百姓受益，此为忠；祝官史官言辞真实无欺，此为信。现在百姓饥饿而国君放纵私欲，祝官史官虚报功德来祝告鬼神，我不知道这样有什么好。"随侯说："我祭祀用的牲畜毛无杂色而肥壮，祭器里的黍稷丰盛完备，为什么不能使神灵信任？"季梁回答说："百姓，是鬼神的主人。因此圣明的君主总是把百姓的事情办好，而后才去侍奉神灵。所以奉献牺牲时祷告说'牲口又大又肥'，是说百姓的财力普遍富足；是说他们的牲畜肥大而且繁殖旺盛，没有疾病；是说他们的牲口充足而且品种完备。在奉献黍稷时祝告说'饭食干净而丰盛'，是说春夏秋三季没有灾害，百姓和睦，收成很好。奉献甘甜的美酒时祝告说'上好粮食酿成的美酒'，是说上级和下属都有美德而没有邪恶的心。讲到祭品的馨香，是说没有谗佞奸邪的小人存在。所以致力于农事，完善伦理规范，与亲族关系紧密，用这些来进行祭祀。因此百姓和睦而鬼神降福，所以行动就能成功。现在百姓各有心思，鬼神没有主人，君侯虽然独自献上丰盛的祭品，又能有什么福降呢？君侯还是先整顿政事，加深和兄弟国家之间的友谊，这才可以免除灾难。"

随侯害怕，从而修明政治，楚国因此而不敢前来攻打。

曹刿论战

【原文】

十年春，齐师伐我①。公将战。曹刿请见②。其乡人曰："肉食者谋之，又何间焉？"刿曰："肉食者鄙③，未能远谋。"遂入见。问："何以战？"公曰："衣食所安，弗敢专也④，必以分人。"对曰："小惠未遍，民弗从也。"公曰："牺牲玉帛⑤，弗敢加也，必以信。"对曰："小信未孚⑥，神弗福也。"公曰："小大之狱，虽不能察，必以情。"对曰："忠之属也⑦，可以一战。战则请从。"

公与之乘。战于长勺⑧。公将鼓之，刿曰："未可。"齐人三鼓，刿曰："可矣！"齐师败绩。公将驰之。刿曰："未可。"下视其辙，登轼而望之⑨，曰："可矣。"遂逐齐师。既克，公问其故。对曰："夫战，勇气也。一鼓作气，再而衰，三而竭。彼竭我盈，故克之。夫大国，难测也，惧有伏焉。吾视其辙乱，望其旗靡⑩，故逐之。"

【注释】

①我：指鲁国。②曹刿（guì）：人名，鲁国人。③鄙：目光短浅。④专：独自享用。⑤牺牲：指古代供祭祀用的猪、牛、羊等牲畜。玉帛：玉器和丝织品。⑥孚：为人所信服。⑦属：类。⑧长勺：鲁地名，在今山东莱芜东北。⑨轼：古代车厢前

面供人手扶的横木。⑩靡:倒下。

【译文】

鲁庄公十年春,齐国军队前来攻打鲁国,庄公准备迎击。曹刿请求进见。他的同乡人说:"大官们会来谋划的,你又何必参与其间呢?"曹刿说:"大官们见识短浅,不能深谋远虑。"于是进见。(曹刿)问庄公凭什么来作战。庄公说:"衣着吃食的享受,不敢独自享用,必然分给别人。"曹刿对答道:"小恩小惠不能遍及百姓,百姓是不会跟从您的。"庄公说:"祭祀用的牛羊玉帛,从不敢虚报,必说实话。"曹刿说:"小的诚实不能使神灵信任,神灵是不会赐福的。"庄公说:"大大小小的诉讼官司,虽不能一一明察,但一定做到合情合理。"曹刿答道:"这属于为百姓尽心办事的行为,可以凭这个条件打一仗。作战时请让我跟随您一起去。"

庄公和他同乘一辆兵车。(鲁军)与齐军交战于长勺。庄公将要击鼓进军,曹刿说:"不可。"齐军击鼓三次之后,曹刿说:"可以击鼓进军了。"齐军大败。庄公又要下令追击,曹刿说:"不可。"他下车看了齐军战车的轨迹,又登上车前的横木瞭望齐军撤退的情况,这才说:"可以了。"于是对齐军进行追击。战胜以后,庄公问他其中的缘故。曹刿回答说:"作战靠的是勇气。击第一通鼓的时候军队的士气便振作了起来;击第二通鼓的时候士气开始减弱;等到击第三通鼓的时候,士气就衰竭了。敌人的士气衰竭而我军的士气旺盛,所以能够战胜他们。大国难于捉摸,恐怕藏有伏兵。我看到他们战车的轨迹杂乱,望见他们的旗子倒下了,确实是在败退,所以才下令追击他们。"

齐桓公伐楚盟屈完

【原文】

春，齐侯以诸侯之师侵蔡。蔡溃，遂伐楚。楚子使与师言曰："君处北海，寡人处南海，唯是风马牛不相及也，不虞君之涉吾地也①，何故？"管仲对曰②："昔召康公命我先君太公曰③：'五侯九伯，女实征之，以夹辅周室。'赐我先君履：东至于海，西至于河，南至于穆陵④，北至于无棣⑤。尔贡包茅不入⑥，王祭不共⑦，无以缩酒⑧，寡人是征。昭王南征而不复，寡人是问。"对曰："贡之不入，寡君之罪也，敢不共给？昭王之不复⑨，君其问诸水滨！"师进，次于陉⑩。

夏，楚子使屈完如师⑪。师退，次于召陵⑫。齐侯陈诸侯之师，与屈完乘而观之。齐侯曰："岂不穀是为⑬？先君之好是继，与不穀同好，何如？"对曰："君惠徼福于敝邑之社稷⑭，辱收寡君，寡君之愿也。"齐侯曰："以此众战，谁能御之？以此攻城，何城不克？"对曰："君若以德绥诸侯⑮，谁敢不服？君若以力，楚国方城以为城⑯，汉水以为池，虽众，无所用之。"

屈完及诸侯盟。

【注释】

①虞：料想。②管仲：名夷吾，字仲，齐国大夫。③召康公：周文王的庶子姬奭。太公：即姜太公。④穆陵：齐国地名，

即山东临朐南的穆陵关。⑤无棣：齐国地名，在今山东无棣县一带。⑥包茅：成捆的青茅。⑦共：通"供"。⑧缩酒：古代祭祀时，捆束包茅立于前，灌酒于茅束，酒渗而下，视为神饮，名为缩酒。一说为滤酒去掉渣滓。⑨昭王：周昭王，在位十九年，因扰害百姓而被船民淹死。⑩陉（xíng）：山名，在今河南郾城东南。⑪屈完：楚国大夫。⑫召陵：楚地名，在今河南郾城东。⑬不穀：不善。诸侯对自己的谦称。⑭徼（yāo）：求。⑮绥：安抚。⑯方城：春秋战国时期楚国为抵御秦国所修筑的长城。主要区域在今河南省南阳、叶县等地。

【译文】

鲁僖公四年春，齐军队侵入蔡国，蔡军溃，继而进攻楚国。楚成王使者来到军中说："君侯居住在北海，我居住在南海，牛马发情相逐也不能到的疆土，想不到君侯却来到我们的国土上，这是什么缘故？"管仲回答道："从前召康公命令我们的先祖太公说：'五等诸侯和九州之长，如有罪过，你都可以讨伐他们，以便辅佐周王室。'并赐给我们先祖可以讨伐的范围：东至大海，西至黄河，南至穆陵，北至无棣。你们应进贡的包茅没有缴纳，使天子的祭祀缺乏供应，没办法缩酒拜神。我为此前来征讨。昭王南巡到楚国没有回去，我特此前来查问。"使者回答道："贡品没有送去，这是国君的罪过，怎敢不供给呢？至于昭王南征未返，君侯还是到水边去问吧。"于是齐军继续前进，驻扎在陉地。

夏，楚成王派屈完前往诸侯军中求和。诸侯军向后撤退，驻扎在召陵。齐桓公让诸侯的军队摆开阵势，与屈完同乘一辆战车检阅军队。齐桓公说："诸侯们前来难道是为了我吗？不过是为了继续与先君建立友好关系罢了，你们也同我建立友好关系如何？"

屈完回答说："承蒙您的恩惠，为我们的国家求福，有劳君侯收纳我们的国君，这也是我们国君的愿望。"齐桓公说："我用这样庞大的军队去作战，谁能够抵挡得了？用这样的军队去攻城，什么样的城池不能攻克？"屈完回答道："君侯若是以仁德来安抚诸侯，诸侯谁敢不服从于您？君侯若是使用武力，楚国有方城作为城墙，有汉水作为护城河，您的军队虽然庞大，恐怕也没有用。"

于是，屈完和诸侯订立了盟约。

宫之奇谏假道

【原文】

晋侯复假道于虞以伐虢①。宫之奇谏曰②:"虢,虞之表也。虢亡,虞必从之。晋不可启,寇不可玩,一之为甚,其可再乎?谚所谓'辅车相依③,唇亡齿寒'者,其虞、虢之谓也。"

公曰:"晋,吾宗也。岂害我哉?"对曰:"大伯、虞仲,大王之昭也④。大伯不从,是以不嗣。虢仲、虢叔,王季之穆也,为文王卿士,勋在王室,藏于盟府⑤。将虢是灭,何爱于虞?且虞能亲于桓、庄乎⑥?其爱之也,桓、庄之族何罪?而以为戮,不唯逼乎?亲以宠逼,犹尚害之,况以国乎?"

公曰:"吾享祀丰洁,神必据我。"对曰:"臣闻之,鬼神非人实亲,惟德是依。故《周书》曰:'皇天无亲,惟德是辅。'又曰:'黍稷非馨,明德惟馨。'又曰:'民不易物,惟德繄物⑦。'如是,则非德,民不和,神不享矣。神所冯依,将在德矣。若晋取虞,而明德以荐馨香,神其吐之乎?"

弗听,许晋使。宫之奇以其族行,曰:"虞不腊矣⑧。在此行也,晋不更举矣。"冬,晋灭虢。师还,馆于虞,遂袭虞,灭之。执虞公。

【注释】

①假道:借路。虞:国名,在今山西平陆东。②宫之奇:

虞国大夫。③辅：指面颊。车：指牙床骨。④昭：宗庙里神主的位次。始祖居中，二世、四世、六世位于始祖之左方，称"昭"；三世、五世、七世位于右方，称"穆"。⑤盟府：掌管盟誓典策的官府。⑥桓、庄：桓叔、庄伯，分别为晋献公的曾祖和祖父。⑦繄（yī）：是。⑧腊：冬至后第三个戌日祭祀众神。

【译文】

晋献公又向虞国借路去攻打虢国，宫之奇劝谏道："虢国，是虞国的外围。虢国灭亡，虞国必定会跟着灭亡。晋国的野心不可助长，别国的军队不可轻视。一次借路已经过分了，难道还可以再来一次吗？俗话说'颊骨与牙床互相依靠，嘴唇没有了，牙齿就要受寒'，这就像虞国和虢国互相依存的关系一样。"

虞公说："晋国，与我是同宗，难道会加害于我吗？"宫之奇回答说："太伯、虞仲，是周始祖大王的儿子。太伯不从父命，因此没有继承王位。虢仲、虢叔，是王季的儿子，做过文王的大臣，有功于周王朝，他们获得功勋的记录还藏在盟府之中。现在晋国既然连虢国都想灭掉，对虞国又有什么可爱惜的？况且虞国与晋国，能比桓、庄两族与晋国更亲近吗？晋君爱护桓、庄两族吗？桓、庄两族有什么罪过，却遭杀戮，不就是因为近亲的势力威胁到自己吗？亲族由于受宠而对自己产生了威胁，尚且杀了他们，何况国家呢？"

虞公说："我祭祀鬼神的祭品丰盛而干净，鬼神必然站在我们这边。"宫之奇回答说："我听说，鬼神不会随便亲近哪一个人，只有对有德行的人才去依附。所以《周书》上说：'上天没有私亲，只辅助那些有德行的人。'又说：'祭祀用的黍稷不算是芳香的，只有美好的德行才是芳香的。'又说：'人们进献的祭品相同，而鬼神只享用有德之人的祭品。'如此看来，非有道德，则百姓不能和睦，鬼神就不会享用祭品。鬼神所依托的，只在于德行罢了。如果晋国攻打了虞国，用发扬美德的方式来使祭品真正地发出芳香，鬼神难道还会吐出来吗？"

虞公不听，答应了晋国使臣的要求。宫之奇带领他的族人离开了虞国，临行前说："虞国等不到年终的祭祀了。虞国的灭亡，就在晋军的这次行动中，晋国用不着再次发兵了。"冬天，晋国灭掉了虢国。回师途中，驻军于虞国，于是乘机灭掉了虞国，捉住了虞公。

子鱼论战

【原文】

楚人伐宋以救郑。宋公将战,大司马固谏曰①:"天之弃商久矣②,君将兴之,弗可赦也已。"弗听。

及楚人战于泓③。宋人既成列,楚人未既济,司马曰:"彼众我寡,及其未既济也,请击之。"公曰:"不可。"既济而未成列,又以告。公曰:"未可。"既陈而后击之,宋师败绩。公伤股,门官歼焉④。

国人皆咎公。公曰:"君子不重伤⑤,不禽二毛⑥。古之为军也,不以阻隘也。寡人虽亡国之余,不鼓不成列。"子鱼曰:"君未知战。勍敌之人⑦,隘而不列,天赞我也。阻而鼓之,不亦可乎?犹有惧焉。且今之勍者,皆吾敌也。虽及胡耇⑧,获则取之,何有于二毛?明耻教战,求杀敌也。伤未及死,如何勿重?若爱重伤,则如勿伤;爱其二毛,则如服焉。三军以利用也,金鼓以声气也。利而用之,阻隘可也。声盛致志,鼓儳可也⑨。"

【注释】

①大司马:掌管军政的官员。②天之弃商久矣:宋国是商朝的后裔,故这样说。③泓(hóng):即泓水,在今河南柘城西北。④门官:指国君的卫队。⑤重(chóng)伤:再一次伤害。⑥禽:通"擒"。二毛:指头发花白的人。⑦勍(qíng)敌:强

劲有力的敌人。⑧胡耇(gǒu):老人。⑨儳(chán):不整齐。

【译文】

楚国攻打宋国来救援郑国。宋襄公将要应战,大司马公孙固劝谏说:"上天抛弃我商国已经很久了,主公想要复兴,这是上天都不肯宽恕的。"宋襄公不听。

宋军与楚军战于泓水。宋军已经摆好阵势,楚军还没有全部渡河。司马子鱼说:"敌众我寡,趁他们没有完全渡河,请下令攻击他们。"宋襄公说:"不行。"当楚军已经全部渡河,但尚未摆好阵势,司马子鱼又请求攻击。宋襄公说:"不行。"等楚军摆好了阵势,然后才开始攻击,结果宋军大败,宋襄公大腿受伤,其卫队也被歼灭了。

宋国人都埋怨宋襄公。宋襄公说:"君子不伤害已经受伤的人,不捉拿头发花白的人。古人作战,不在隘口处阻击敌人。我虽然是亡国的商朝的后代,但也不会攻击没有摆好阵势的敌人。"子鱼说:"主公并不懂得战争。强大的敌人,因为地形的狭窄而摆不开阵势,这是上天在帮助我们,这时候对其加以拦截然后攻击他们,不也是可以的吗?就算是这样还怕不能取胜。况且今天这些强悍的楚兵,都是我们的敌人;即使是碰到老人,捉住了就把他抓回来,何况只是头发花白的人!对士兵讲明耻辱,教导作战,是为了杀死敌人。敌人受了伤但还没有死,为什么不能再次攻击使其毙命?如果是因为怜悯那些受伤的人而不想再次加以伤害,那还不如开始就不要击伤他。同情年长的敌人,还不如向他们投降。用兵讲求抓住有利的条件和时机,那么即使是在险阻隘口的地方打击敌人,也是应该的;锣鼓响亮是为了振作士气,那么攻击没有摆开阵势的敌人也是可以的。"

介之推不言禄

【原文】

晋侯赏从亡者，介之推不言禄，禄亦弗及①。

推曰："献公之子九人，唯君在矣。惠、怀无亲，外内弃之。天未绝晋，必将有主。主晋祀者，非君而谁？天实置之，而二三子以为己力，不亦诬乎？窃人之财，犹谓之盗，况贪天之功以为己力乎？下义其罪，上赏其奸，上下相蒙，难与处矣。"其母曰："盍亦求之？以死，谁怼②？"对曰："尤而效之，罪又甚焉。且出怨言，不食其食。"其母曰："亦使知之，若何？"对曰："言，身之文也；身将隐，焉用文之？是求显也。"其母曰："能如是乎？与汝偕隐。"遂隐而死。

晋侯求之不获，以绵上为之田③。曰："以志吾过，且旌善人。"

【注释】

①禄：禄赏，赏赐。②怼（duì）：怨恨。③绵上：介之推隐居处，在今山西介休东南。

【译文】

晋文公奖赏跟随他逃亡的人，介之推不求爵禄，而晋文公赏赐爵禄的时候也没有考虑到他。介之推说："献公有九个儿子，只有君侯还活在世上。晋惠公、晋怀公没有亲近的人，国外、国内都厌弃他们。上天还没有想让晋国灭亡,所以晋国一定会等到贤明的君主。能主持晋国祭祀大典的人,不是君侯又能是谁呢?这实在是上天要立他为君,而那几个人却认为是自己的力量所致,这不是欺骗吗?偷别人的财物,尚且叫盗窃,何况是贪上天之功以为是自己的力量所致呢?下面的人把自己的罪过当成正义,上面的人又奖赏他们的奸欺,上下相互蒙蔽,难以和他们相处。"他母亲说:"你为什么不也去请求赏赐呢?就这样死去,又能怨恨谁呢?"介之推回答说:"明知错误而去效仿,罪过就重了。况且我已口出怨言,不能再吃他的俸禄了。"他母亲说:"也要让君侯知道一下此事,怎样?"介之推答道:"言语,是用来表白自己的。自身将要隐退,哪里还用得着表白?这样做就是想要求得显达了。"他母亲说:"你能够这样吗?我同你一起隐居吧。"于是母子便隐居到死。

晋文公寻访他们不到,就把绵上作为他的封田,说:"用这来记录我的过失,并且表彰善良的人。"

展喜犒师

【原文】

齐孝公伐我北鄙①，公使展喜犒师②，使受命于展禽③。齐侯未入竟，展喜从之，曰："寡君闻君亲举玉趾，将辱于敝邑，使下臣犒执事④。"齐侯曰："鲁人恐乎？"对曰："小人恐矣，君子则否。"齐侯曰："室如县罄⑤，野无青草，何恃而不恐？"对曰："恃先王之命。昔周公、大公⑥，股肱周室⑦，夹辅成王。成王劳之，而赐之盟。曰：'世世子孙，无相害也。'载在盟府⑧，太师职之。桓公是以纠合诸侯，而谋其不协，弥缝其阙，而匡救其灾，昭旧职也。及君即位，诸侯之望曰：'其率桓之功⑨。'我敝邑用不敢保聚，曰：'岂其嗣世九年，而弃命废职？其若先君何？君必不然。'恃此以不恐。"齐侯乃还。

【注释】

①我：指鲁国。②展喜：人名，鲁国大夫，展禽的弟弟。③展禽：姓展，名获。④执事：原指君主左右办事的人，此指齐孝公，这里是客气的说法。⑤县罄（qìng）：器中空。形容屋内空空，一无所有，贫穷至极。⑥周公：周公旦。大公：姜太公。⑦股肱（gōng）：帝王左右辅助得力的人。⑧载：指盟约。盟府：古代掌管盟约的官府。⑨率：遵行，遵循。

【译文】

　　齐孝公领兵攻打鲁国北部边境，鲁僖公派展喜去犒劳齐军，让他先向展禽请教犒劳时的辞令。齐孝公还没有进入鲁国国境，展喜就出境迎上去，说："我们的君王听说您亲自出动，将要屈尊光临敝邑，于是派遣我来犒劳您的侍从。"齐孝公问："鲁国人害怕吗？"展喜回答道："小人害怕，君子就不怕。"齐孝公说："房屋像悬挂的磬，四野空无青草，凭什么不害怕？"展喜回答说："凭借先王的遗命。从前周公、姜太公均是周朝股肱之臣，两人协力辅佐成王。成王慰劳他们，赐他们结盟，说：'世世代代的子孙都不要互相侵害。'这个盟约还保存在盟府里，由太师掌管着。桓公因此而集合诸侯，解决他们间的纠纷，弥补他们的过失，救助他们于灾难，这样做是为了显扬齐国君主过去的职责。到了您即位，诸侯们盼望说：'他将会继承桓公的功业吧！'我们因此不敢聚众加以防卫，说：'难道他即位刚九年，就丢弃了先王的遗命，废弃了自己的职责吗？他把先君放到了什么位置啊？我想您必然不会这样。'我们是靠着这个才不害怕的。"齐孝公于是领兵回国了。

烛之武退秦师

【原文】

　　晋侯、秦伯围郑，以其无礼于晋，且贰于楚也。晋军函陵①，秦军氾南②。佚之狐言于郑伯曰③："国危矣！若使烛之武见秦君，师必退。"公从之。辞曰："臣之壮也，犹不如人；今老矣，无能为也已。"公曰："吾不能早用子，今急而求子，是寡人之过也。然郑亡，子亦有不利焉！"许之。

　　夜缒而出④。见秦伯曰："秦、晋围郑，郑既知亡矣。若郑亡而有益于君，敢以烦执事⑤。越国以鄙远，君知其难也。焉用亡郑以陪邻？邻之厚，君之薄也⑥。若舍郑以为东道主，行李之往来⑦，共其乏困⑧，君亦无所害。且君尝为晋君赐矣，许君焦、瑕，朝济而夕设版焉，君之所知也。夫晋，何厌之有？既东封郑⑨，又欲肆其西封。若不阙秦⑩，将焉取之？阙秦以利晋，唯君图之。"秦伯说⑪，与郑人盟，使杞子、逢孙、杨孙戍之⑫，乃还。子犯请击之⑬。公曰："不可。微夫人之力不及此⑭。因人之力而敝之⑮，不仁；失其所与，不知⑯；以乱易整，不武。吾其还也。"亦去之。

【注释】

　　①函陵：地名，在今河南新郑市北。②氾（fán）南：氾水之南。③佚之狐：人名，郑大夫。④缒（zhuì）：系在绳上放下

去。⑤执事：指代秦穆公。⑥薄：削弱。⑦行李：外交使者。⑧共：通"供"。⑨封：疆界。⑩阙：损害。⑪说：通"悦"。⑫杞子、逢孙、杨孙：三人都是秦国大夫。⑬子犯：晋国大夫。⑭微：非。夫人：指秦穆公。⑮敝：损害。⑯所与：盟国。知：通"智"。

【译文】

晋文公和秦穆公联合围攻郑国，因为郑国曾对晋文公无礼，并且对晋国有二心，暗地里依附了楚国。晋军驻扎在函陵，秦军驻扎在氾南。佚之狐对郑文公说："郑国处于危险之中，如果能派烛之武去见秦穆公，那么前来征讨的军队一定能撤走。"郑文公听从了他的建议。可是烛之武却推辞说："臣壮年的时候，尚且不如别人；现在老了，做不成什么了。"郑文公说："我没有能及早地任用你，如今形势危急才来求你，这是我的过错。然而郑国灭亡了，对你也不利啊！"烛之武于是答应了。

当天夜里，（郑人）用绳子将烛之武从城上放下去。（烛之武）进见秦穆公说："秦国和晋国前来围攻郑国，郑国已经知道要灭亡了。如果郑国的灭亡对您有好处，那就烦劳您手下的人把郑国灭掉。隔着别国而想把远方的土地作为自己的领土，您知道这是难以办到的，何必要灭掉郑国而增加邻邦晋国的土地呢？邻邦的国力雄厚了，您的国力也就相对削弱了。假如放弃灭郑的打算而让其作为您东方路上的主人，秦国使者往来，郑国可以供给他们所缺乏的东西，对您也没有什么害处。况且您曾有恩于晋君，他答应过把焦、瑕二地给您作为报答，然而，他早上渡河回到了晋国，晚上就在那里修起了城墙，这您是知道的。晋国哪有满足的时候？等它在东边把疆土扩大到了郑国，就会想扩张西边的疆土。如果不侵损秦国,如何能取得土地?秦国受损而晋国受益,请您仔细斟酌吧。"

秦穆公听了很高兴,就与郑国订立了盟约,并派杞子、逢孙、杨孙驻守郑国,自己率领大军回国去了。子犯请求晋文公下令攻击秦军。晋文公说:"不行。假如没有那个人的支持,我到不了今天。借助了别人的力量而又去损害他,这是不仁;失掉自己的同盟国,这是不智;以混乱代替联合一致,这是不武。我们还是回去吧!"于是晋军也撤离了郑国。

蹇叔哭师

【原文】

杞子自郑使告于秦曰①："郑人使我掌其北门之管，若潜师以来，国可得也。"穆公访诸蹇叔②。蹇叔曰："劳师以袭远，非所闻也。师劳力竭，远主备之，无乃不可乎？师之所为，郑必知之。勤而无所，必有悖心③。且行千里，其谁不知？"公辞焉。召孟明、西乞④、白乙，使出师于东门之外。蹇叔哭之，曰："孟子，吾见师之出而不见其入也！"公使谓之曰："尔何知？中寿⑤，尔墓之木拱矣！"

蹇叔之子与师，哭而送之，曰："晋人御师必于殽⑥。殽有二陵焉：其南陵，夏后皋之墓也⑦；其北陵，文王之所辟风雨也。必死是间，余收尔骨焉。"秦师遂东。

【注释】

①杞子：秦国大夫。②蹇（jiǎn）叔：秦国大夫。③悖心：怨恨之心。④孟明、西乞、白乙：三人都是秦国的将领。⑤中寿：六十岁上下，蹇叔此时已有七八十岁。⑥殽（xiáo）：通"崤"，山名，在今河南洛宁西北。⑦夏后皋：夏代天子，名皋。

【译文】

秦国大夫杞子从郑国派人告诉秦国说："郑国人让我掌管他们国都北门的钥匙，如果偷偷派兵前来，郑国唾手可得。"秦穆公为此访问蹇叔。蹇叔说："使军队疲劳去袭击远方的国家，我没有听说过。军队辛劳，精疲力竭，远方国家的君主又有所防备，这样做恐怕不行吧？

我们军队的举动，郑国必定会知道。使军队辛苦奔波而无所得，军队一定会产生叛逆的念头。再说行军千里，谁会不知道？"秦穆公拒绝接受他的意见，召见了孟明、西乞和白乙，让他们从东门外出兵伐郑。蹇叔哭着送他们说："孟明啊，我看着大军出发却看不见他们回来了！"秦穆公派人对蹇叔说："你知道什么！如果你只活到六七十岁就死了的话，现在你坟上的树该长到两手合抱那样粗了！"

蹇叔的儿子在军队里，蹇叔哭着送儿子说："晋国人必定在崤山抗击我军。崤有两座山头：南面的山头是夏后皋的坟墓，北面的山头是周文王避风雨的地方。你们一定会战死在这两座山头之间，我就在那里收你的尸骨吧！"秦国军队接着就向东进发了。

◎卷二　周文

齐国佐不辱命

【原文】

晋师从齐师，入自丘舆①，击马陉②。齐侯使宾媚人赂以纪甗③、玉磬与地。"不可，则听客之所为。"

宾媚人致赂，晋人不可，曰："必以萧同叔子为质④，而使齐之封内尽东其亩⑤。"对曰："萧同叔子非他，寡君之母也。若以匹敌，则亦晋君之母也。吾子布大命于诸侯，而曰必质其母以为信，其若王命何？且是以不孝令也。《诗》曰：'孝子不匮，永锡尔类。'若以不孝令于诸侯，其无乃非德类也乎？先王疆理天下，物土之宜而布其利⑥。故《诗》曰：'我疆我理，南东其亩。'今吾子疆理诸侯，而曰'尽东其亩'而已，唯吾子戎车是利，无顾土宜，其无乃非先王之命也乎？反先王则不义，何以为盟主？其晋实有阙⑦！四王之王也⑧，树德而济同欲焉；五伯之霸也⑨，勤而抚之，以役王命。今吾子求合诸侯，以逞无疆之欲，《诗》曰：'敷政优优，百禄是遒⑩。'子实不优，而弃百禄，诸侯何害焉！不然，寡君之命使臣，则有辞矣。曰：'子以君师辱于敝邑，不腆敝赋⑪，以犒从者。畏君之震，师徒挠败⑫，吾子惠徼齐国之福⑬，不泯其社稷，使继旧好。唯是先君之敝器土地不敢爱⑭，子又不许。请收合余烬⑮，背城借一。敝邑之幸，亦云从也。况其不幸，敢不唯命是听！'"

【注释】

①丘舆：齐地名，在今山东益都西南。②马陉：齐地名，在今山东淄博东南。③宾媚人：即国佐，齐国大夫。纪甗（yǎn）：纪国的甗。甗，古代炊器。④萧同叔子：指齐顷公的母亲。萧，国名。同叔，萧国国君的字，子，女儿。⑤亩：田埂。⑥物：察看。⑦阙：过矢。⑧四王：指禹、汤、周文王、周武王。王（wàng）：统治天下。⑨五伯：一说指夏的昆吾，商的大彭、豕韦，周的齐桓公、晋文公。也有人认为是指齐桓公、宋襄公、晋文公、秦穆公、楚庄王。伯，通"霸"。⑩逑（qiú）：聚集。⑪不腆（tiǎn）：不丰厚。⑫挠败：溃败，挫败。⑬徼（yāo）：求。⑭爱：吝惜。⑮烬：烧残的灰。这里比喻残余的军队。

【译文】

晋军追击齐军，从齐地丘舆而入，攻打马陉。齐顷公派宾媚人送上纪甗、玉磬和土地，说："如果不行，就随他们吧！"

宾媚人送上礼物，晋国人不答应，说："必须要萧同叔子做人质才行，并且要使齐国境内的田垄全部变成东西走向才可以退兵。"宾媚人回答说："萧同叔子不是别人，是我们国君的母亲。若谈到相当，则与晋君的母亲相当。您在诸侯中发布重大命令，说一定要让别国国君的母亲作为人质，以为凭信，如此您把周天子以孝治天下的命令置于何地？而且这是命令别人做不孝的事情。《诗经》上说：'孝子之心不尽不竭，会推及影响到他的族类。'如果用不孝来号令诸侯，这不是把自己归到了无德的行列里吗？先王划定天下的土地疆界，因地制宜，使天下的土地按照有利的态势分布。所以《诗经》上说：'我划定疆界、我管理田亩，南向东向开辟田亩。'现在您规划诸侯的疆界田亩，却只宣布'田垄全部东向'，只求对您军队兵车的行进有利，不管土地这样规划是否适宜，这恐怕不是先王的政令吧？违反先王就是不义，您又凭什么做盟主呢？晋国确实有过错。禹、汤、周文王、周武王之所以能统御天下，是因为能树立德行并且满足诸侯共同的愿望；五伯之所以能称霸诸侯，是因为能够辛勤地安抚大家，力行天子的命令。现在您要求聚合诸侯，却是为了满足您那没有止境的欲望，《诗经》上说：'以宽仁之心来施行政治，各种福禄就会稳固在身旁。'您确实不算宽容，抛弃各种福禄，这对诸侯又有什么害处呢？如果您不答应，我们的国君派我来的时候，还有另外的话，我们的国君对我说：'承蒙您带领您的军队到我们的国土上来，敝国用不丰厚的财物，来犒劳您的随从。因为畏惧您的震怒，我们的军队被您打败了。如今蒙您的恩惠来为齐国求福，不灭亡我们的国家，使两国重续旧好，那么先君留下的器物、土地，我们是不敢吝惜的。如果您再不答应讲和，我们就请求收集残余部队，在城墙之下与您决一死战。我们即使有幸战胜，也是会服从于您的；如果不幸战败，哪还敢不唯命是从？'"

楚归晋知罃

【原文】

晋人归楚公子穀臣与连尹襄老之尸于楚①，以求知罃②。于是，荀首佐中军矣③，故楚人许之。

王送知罃，曰："子其怨我乎？"对曰："二国治戎，臣不才，不胜其任，以为俘馘④。执事不以衅鼓⑤，使归即戮，君之惠也。臣实不才，又谁敢怨？"王曰："然则德我乎？"对曰："二国图其社稷，而求纾其民⑥，各惩其忿，以相宥也⑦。两释累囚⑧，以成其好。二国有好，臣不与及，其谁敢德？"王曰："子归，何以报我？"对曰："臣不任受怨，君亦不任受德，无怨无德，不知所报。"王曰："虽然，必告不穀⑨。"对曰："以君之灵，累臣得归骨于晋⑩，寡君之以为戮，死且不朽。若从君惠而免之，以赐君之外臣首⑪；首其请于寡君，而以戮于宗，亦死且不朽。若不获命，而使嗣宗职，次及于事，而帅偏师以修封疆，虽遇执事，其弗敢违。其竭力致死，无有二心，以尽臣礼，所以报也。"王曰："晋未可与争。"重为之礼而归之。

【注释】

①穀臣：楚庄王的儿子。连尹：楚官名。襄老：楚国大臣。楚、晋邲之战的时候，晋国俘获穀臣，射死了襄老，楚国俘获了知罃。②知罃（yīng）：晋大夫，荀首之子。③荀首：晋国的上卿，知罃的父亲。④俘馘（guó）：俘虏。⑤衅鼓：旧时杀人或杀

牲以血涂鼓行祭。⑥纾（shū）：缓和，解除。⑦宥（yòu）：宽赦。⑧累囚：俘虏。⑨不穀：诸侯对自己的谦称。⑩累臣：被俘之臣。⑪外臣：在别国国君面前对本国臣子的称呼。

【译文】

晋国人将楚国公子穀臣和连尹襄老的尸体还给楚国，想以此换回知罃。当时荀首已经是中军的副帅了，所以楚国人答应了晋人。

楚共王为知罃送行的时候说："你大概怨恨我吧？"知罃回答说："两国交战，下臣没有才能，不能胜任，所以成了俘房。您没有把我杀掉祭鼓，让我回晋国接受诛戮，这是您对我的恩惠。臣下确实没用，又敢怨恨谁呢？"楚共王说："那么你感激我吗？"知罃回答说："两国都为了自己的社稷安危打算，并且都希望解除自己人民的苦难，于是各自克制愤怒，以求互相谅解。双方释放囚禁的俘房，是为了成全两国的友好。两国友好，并不是为了下臣，下臣又敢感激谁呢？"楚共王说："你回去，将用什么来报答我？"知罃回答说："下臣承担不起被人怨恨，君王也承担不起受人感激。没有怨恨没有感激，不知该报答什么。"楚共王说："虽然这样，你也一定要把你的想法告诉我。"知罃回答说："托君王的福，我这被俘之臣能把这把骨头带回晋国，我的君王如果加以诛戮，我死而不朽。如果是因为您的恩惠而赦免下臣，把下臣交给您的外臣荀首，荀首请命于我的国君，要按家法在宗庙里处死我，我也是死而不朽。如果得不到我们国君杀我的命令，让下臣继承祖宗的世职，轮到我承担军职，并率领一部分军队去加强边境的防御，那时，即使遇上您的军队，我也不敢违命回避。只有竭尽全力死战到底，不会再有别的想法，以此来尽到做臣下的职责，这就是我用来报答您的。"楚共王说："晋国是不能同它相争的。"于是，楚王为知罃举行了隆重的送别仪式，把他放回晋国。

吕相绝秦

【原文】

　　晋侯使吕相绝秦①，曰："昔逮我献公及穆公相好②，戮力同心，申之以盟誓，重之以昏姻③。天祸晋国，文公如齐，惠公如秦。无禄④，献公即世⑤。穆公不忘旧德，俾我惠公用能奉祀于晋。又不能成大勋，而为韩之师⑥。亦悔于厥心，用集我文公，是穆之成也。

　　"文公躬擐甲胄⑦，跋履山川，踰越险阻，征东之诸侯——虞、夏、商、周之胤——而朝诸秦，则亦既报旧德矣。郑人怒君之疆场⑧，我文公帅诸侯及秦围郑。秦大夫不询于我寡君，擅及郑盟。诸侯疾之，将致命于秦。文公恐惧，绥靖诸侯，秦师克还，无害，则是我有大造于西也。

　　"无禄，文公即世，穆为不吊，蔑死我君，寡我襄公，迭我殽地⑨，奸绝我好⑩，伐我保城，殄灭我费滑⑪，散离我兄弟，挠乱我同盟，倾覆我国家。我襄公未忘君之旧勋，而惧社稷之陨，是以有殽之师⑫。犹愿赦罪于穆公。穆公弗听，而即楚谋我。天诱其衷，成王殒命，穆公是以不克逞志于我。

　　"穆、襄即世，康、灵即位。康公，我之自出⑬，又欲阙翦我公室，倾覆我社稷，帅我蟊贼⑭，以来荡摇我边疆，我是以有令狐之役⑮。康犹不悛⑯、入我河曲⑰、伐我涑川⑱、俘我王官⑲、翦我羁马⑳。我是以有河曲之战㉑。东道之不通，则是康公绝我好也。

"及君之嗣也，我君景公引领西望，曰：'庶抚我乎？'

君亦不惠称盟，利吾有狄难，入我河县，焚我箕、郜，芟夷我农功㉒，虔刘我边陲㉓，我是以有辅氏之聚。君亦悔祸之延，而欲徼福于先君献、穆，使伯车来命我景公，曰：'吾与女同好弃恶，复修旧德，以追念前勋。'言誓未就，景公即世，我寡君是以有令狐之会。君又不祥，背弃盟誓。白狄及君同州，君之仇雠，而我之昏姻也。君来赐命曰：'吾与女伐狄。'寡君不敢顾昏姻，畏君之威，而受命于使。君有二心于狄，曰：'晋将伐女。'狄应且憎，是用告我。楚人恶君之二三其德也，亦来告我曰：'秦背令狐之盟，而来求盟于我，昭告昊天上帝、秦三公、楚三王，曰：余虽与晋出入，余唯利是视。不穀恶其无成德，是用宣之，以惩不壹。'诸侯备闻此言，斯是用痛心疾首，昵就寡人。寡人帅以听命，唯好是求。君若惠顾诸侯，矜哀寡人，而赐之盟，则寡人之愿也。其承宁诸侯以退，岂敢徼乱？君若不施大惠，寡人不佞，其不能以诸侯退矣。敢尽布之执事，俾执事实图利之！"

【注释】

①吕相：晋大夫魏锜之子。②昔逮：自从。③昏姻：即婚姻。④无禄：无福，不幸。⑤即世：去世。⑥韩之师：僖公十五年秦伐晋，战于韩原，秦国俘获晋惠公。⑦躬：亲自。擐（huàn）：穿。⑧疆埸：边境。⑨迭：通"轶"，突然侵犯。⑩奸绝：拒绝。⑪费（bì）滑：滑国的都城，在今河南偃师附近。⑫殽之师：指僖公三十三年，晋败秦军于殽山一事。⑬康公，我之自出：秦康公为晋献公的女儿所生。⑭蟊（máo）贼：此指内奸。⑮令狐之役：指文公七年，秦、晋令狐之战。⑯悛（quān）：悔改。⑰河曲：晋地名，在今山西芮城西风陵渡一带。⑱涑（sù）川：水名，在今山西西南部。⑲俘：掳掠。王官：

晋地名,在今山西闻喜南。⑳羁马:晋地名,在今山西永济南。㉑河曲之战:指文公十二年,秦晋两国在河曲一带发生战争,胜负未分。㉒芟(shān)夷:铲除,毁坏。㉓虔刘:杀戮。

【译文】

晋厉公派吕相去秦国宣布断交,说:"从前我们先君献公与穆公相互友好,合力同心,用盟誓来申明两国的友好,又用两国通婚来巩固它。后来上天降祸给晋国,文公逃往齐国,惠公逃往秦国。不幸,献公去世,秦穆公不忘从前的交情,使我们惠公能回晋国即位,主持祭祀。但是秦国又没能完成这一重大功业,同我们发生了韩原之战。事后穆公心里后悔,因此帮助我们文公回国。这是穆公安定晋国的功绩。

"文公亲自戴盔披甲,跋山涉水,逾越艰难险阻,率领东方诸侯——虞、夏、商、周的后代都来朝见秦国君王,这就已经报答了秦国过去的恩德。郑国人侵扰您的边境,我们文公率领诸侯和秦国一起包围郑国。秦国大夫没有征求我们国君的意见,擅自同郑国订立盟约。诸侯为此而愤恨,都要和秦国拼命。文公担心秦国受损,于是安抚诸侯,秦军才得以安然回国,这也算是我们对秦国有很大的恩德了。

"不幸文公去世,穆公不来吊唁,蔑视我们死去的国君,轻视我襄公,侵扰我殽地,断绝同我国的友好关系,攻打我们的边城,灭亡我们的滑邑,离间我兄弟之邦,破坏我国与同盟国的关系,企图颠覆我们的国家。我们的襄公没有忘记秦君以往的功劳,而又害怕国家遭到灭亡,所以才有了殽地的战斗,但还是希望穆公饶恕我们的罪过,穆公不答应,反而亲近楚国来算计我们。只是上天有灵,楚成王丧命,因此穆公侵犯我国的图谋没能得逞。

"穆公和襄公去世,(秦)康公、(晋)灵公即位。康公是我们先君献公的外甥，却又想来损害我们的公室，颠覆我们的国家，带领我国的内奸，前来扰乱我们的边疆，于是才有了令狐之战。康公还不肯悔改，进入我国的河曲，攻打我国的涑川，劫掠我国的王官，占领我国的羁马，因此才有了河曲之战。秦、晋两国的不相往来，正是因为康公同我们断绝了友好关系的缘故。

"等到您即位，我们景公伸长了脖子遥望西边说：'快要安抚我们了吧！'但您还是不肯开恩同我国结盟，利用狄人在我国作乱的时机，侵入我国的河县，焚烧我国的箕地、郜地，抢割我国的庄稼，屠杀我们的边民，我们因此才在辅氏集结军队，准备进行防御。您也后悔灾祸蔓延，因而想向先君献公和穆公求福，派遣伯车来吩咐我们景公说：'我们和你们相互友好，抛弃怨恨，恢复过去的友谊，以追念前人的功勋。'盟誓尚未完成，景公就去世了，因此我们国君才举行了令狐的会盟。可是您又不安好心，背弃了盟誓。白狄和您同处雍州，是您的仇敌，却是我们的姻亲。您赐给我们命令说：'我们和你们一起攻打狄人。'我们的国君不敢顾念姻亲之好，畏惧您的威严，听从了您的使者的命令。可是您却当面一套，背后一套，对狄人说：'晋国将要攻打你们。'狄人虽然表面上答应了，心里却憎恶，因此来告诉我们。楚国人同样憎恶君王的反复无常，也来告诉我们说：'秦国背弃了令狐的盟约，却来向我们要求结盟。他们祝告皇天上帝、秦国的三位先公和楚国的三位先王说：我们虽然和晋国有来往，但不过是唯利是图罢了。我楚王讨厌他们这种缺德的做法，所以把这些事公之于众，以便惩戒那些言行不一的人。'诸侯们全都听到了这些话，因此痛心疾首，都来和我们国君亲近。我们国君于是率领诸侯前来听从您的命令，只是为了请求友好。您若是给诸侯面子，怜悯我们，赐我们缔结盟约，那么这就是我们国君的愿望，我们国君将安抚诸侯使其退走，哪里还敢自求动乱？如果您不肯施恩于我们，那么我们的国君不才，恐怕就不能率领诸侯退走了。谨把全部意思报告于您，请您权衡利害得失。"

驹支不屈于晋

【原文】

会于向①，将执戎子驹支②。

范宣子亲数诸朝③，曰："来，姜戎氏！昔秦人迫逐乃祖吾离于瓜州④，乃祖吾离被苫盖、蒙荆棘以来归我先君⑤。我先君惠公有不腆之田⑥，与女剖分而食之。今诸侯之事我寡君不如昔者，盖言语漏泄，则职女之由。诘朝之事⑦，尔无与焉！与，将执女！"

对曰："昔秦人负恃其众，贪于土地，逐我诸戎。惠公蠲其大德⑧，谓我诸戎是四岳之裔胄也⑨，毋是翦弃。赐我南鄙之田，狐狸所居，豺狼所嗥。我诸戎除翦其荆棘，驱其狐狸豺狼，以为先君不侵不叛之臣，至于今不贰。昔文公与秦伐郑，秦人窃与郑盟而舍戍焉，于是乎有殽之师⑩。晋御其上，戎亢其下⑪，秦师不复，我诸戎实然。譬如捕鹿，晋人角之，诸戎掎之⑫，与晋踣之⑬，戎何以不免？自是以来，晋之百役，与我诸戎相继于时以从执政，犹殽志也，岂敢离逷⑭？今官之师旅无乃实有所阙，以携诸侯⑮，而罪我诸戎！我诸戎饮食衣服不与华同，贽币不通⑯，言语不达，何恶之能为？不与于会，亦无瞢焉⑰！"赋《青蝇》而退⑱。

宣子辞焉，使即事于会，成恺悌也⑲。

【注释】

①向:吴地,在今安徽怀远。②戎子驹支:姜戎族的首领,名驹支。③范宣子:晋国大臣。④瓜州:地名,在今甘肃敦煌。⑤被:通"披"。苫(shān):茅草编的覆盖物,亦指草衣。⑥腆(tiǎn):丰厚。⑦诘(jié)朝(zhāo):明日。⑧蠲(juān):显示。⑨四岳:传说为尧、舜时的四方部落首领。裔胄(zhòu):后代的子孙。⑩殽之师:指僖公三十三年,晋败秦军于崤山一事。⑪亢:同"抗"。⑫掎(jǐ):从旁或从后用力拉住、拖住。⑬踣(bó):跌倒。⑭逷(tì):远离。⑮携:叛离。⑯贽币:礼物,礼品。⑰霉(méng):不畅快。⑱《青蝇》:《诗经·小雅》篇名。驹支取其中"恺悌君子,无信谗言"句讽喻范宣子。⑲恺(kǎi)悌(tì):和蔼可亲。

【译文】

晋国在向地会见诸侯,打算拘捕戎子驹支。

范宣子亲自在朝廷上责备他,说:"过来,姜戎氏。从前秦国人在瓜州追赶你的祖父吾离,你的祖父吾离披着蓑衣、戴着草帽来归附我国先君。我国先君惠公拥有的田地并不丰厚,还和你们平分了,让你们也有饭吃。如今诸侯侍奉我们的国君,不如从前了,大概是因为言语被泄漏了机密,这是你的责任。明天的诸侯集会,你不要参加了!如果参加,就把你拘捕起来。"

驹支回答说:"从前秦国人仗着他们人多,贪求土地,驱逐我们这些戎人。惠公显示出了盛大的德行,说我们这些戎人都是四岳的后代,不应该被灭绝抛弃,于是赐给我们南部边境上的土地。那是一个狐狸居住、豺狼嗥叫的地方。我们这些戎人剪除荆棘,赶走了狐狸豺狼,做了不侵犯先君、不背叛先君的臣子,直到今天没有二心。从前文公和秦国联合攻打郑国,秦国人私下里和郑国结盟,留下了戍守的军队就班师回去了,于是有了后来的秦、晋殽之战。晋国在前面抵御,戎人在后面对抗,秦军全军覆没,实在是有我们戎人出力才让他们这样的。这就像捕鹿,晋人抓住角,戎人拖住腿,和晋人合力将它放倒,戎人为什么还不能免罪呢?从那以后,晋国的多次战役,我们戎人一次又一次地听从你们执政的命令,还是像殽之战时那样,怎敢有所违背?现在晋国的官员恐怕确实有疏漏不周全的地方,因而使诸侯有了二心,您却怪罪我们戎人!我们戎人饮食衣服与华夏不同,礼仪不相同,言语不相通,能够做什么坏事呢?不参加盟会,也没有什么不痛快的。"说完便诵读了名为《青蝇》的诗,然后便告退了。

范宣子表示歉意,让他参加盟会,成全了自己和蔼可亲的美名。

晏子不死君难

【原文】

崔武子见棠姜而美之①,遂取之。庄公通焉,崔子弑之。

晏子立于崔氏之门外②,其人曰:"死乎?"曰:"独吾君也乎哉,吾死也?"曰:"行乎?"曰:"吾罪也乎哉,吾亡也?"曰:"归乎?"曰:"君死,安归?君民者,岂以陵民③?社稷是主。臣君者,岂为其口实④?社稷是养。故君为社稷死,则死之;为社稷亡,则亡之。若为己死,而为己亡,非其私昵,谁敢任之?且人有君而弑之,吾焉得死之?而焉得亡之?将庸何归?"

门启而入,枕尸股而哭。兴⑤,三踊而出⑥。人谓崔子:"必杀之。"崔子曰:"民之望也,舍之得民。"

【注释】

①崔武子:即崔杼,齐国卿。棠姜:齐国大夫棠公的夫人,后嫁给崔杼。②晏子:即晏婴,历经齐灵公、庄公、景公三朝,是春秋后期一位重要的政治家。③陵:凌驾。④口实:指俸禄。⑤兴:站起来。⑥踊(yǒng):跳。

【译文】

崔武子见到棠姜,发现她很美,于是娶了她。齐庄公和棠姜私通,崔武子便杀死了庄公。

晏子站在崔氏的门外,他手下的人说:"要为国君殉难吗?"

晏子说:"是我一个人的国君吗?我为什么要死?"他手下的人说:"打算逃出齐国吗?"晏子说:"是我的罪过吗?我为什么要逃走?"他手下的人说:"回去吗?"晏子说:"国君死了,怎能回去?作为百姓的君主,岂可凌驾于百姓之上?要以国家为重啊。臣子侍奉国君,岂是为了他的俸禄?而是要供养国家。所以国君为国家而死,就跟着他去死;为国家而逃亡,就跟着他逃亡。如果是为自己而死,或是为了自己而逃亡,不是他自己宠爱亲近的人,谁敢承担责任?况且是拥有君主宠爱的人杀了他,我怎能为他去死?怎能为他而逃亡?又怎能回去呢?"

大门开了,晏子进去,枕在尸体的大腿上大哭,哭完站起来跳了三下才出去。有人对崔武子说:"一定要杀掉他。"崔武子说:"他是百姓所仰望的人,敕了他,可以得民心。"

季札观周乐

【原文】

吴公子札来聘①,请观于周乐。使工为之歌《周南》《召南》,曰:"美哉!始基之矣,犹未也,然勤而不怨矣!"为之歌《邶》《鄘》《卫》,曰:"美哉!渊乎!忧而不困者也。吾闻卫康叔、武公之德如是②,是其《卫风》乎!"为之歌《王》,曰:"美哉!思而不惧,其周之东乎?"为之歌《郑》,曰:"美哉!其细已甚,民弗堪也。是其先亡乎?"为之歌《齐》,曰:"美哉!泱泱乎③,大风也哉!表东海者,其大公乎④?国未可量也。"

为之歌《豳》,曰:"美哉!荡乎!乐而不淫,其周公之东乎!"为之歌《秦》,曰:"此之谓'夏声'!夫能夏则大,大之至也,其周之旧乎!"为之歌《魏》,曰:"美哉,沨沨乎⑤!大而婉,险而易行,以德辅此,则明主也!"为之歌《唐》,曰:"思深哉!其有陶唐氏之遗民乎⑥?不然,何忧之远也?非令德之后,谁能若是?"为之歌《陈》,曰:"国无主,其能久乎?"自《郐》以下⑦,无讥焉。

为之歌《小雅》,曰:"美哉!思而不贰,怨而不言,其周德之衰乎?犹有先王之遗民焉!"为之歌《大雅》,曰:"广哉,熙熙乎!曲而有直体,其文王之德乎!"

为之歌《颂》,曰:"至矣哉!直而不倨,曲而不屈,迩而不逼,远而不携,迁而不淫,复而不厌,哀而不愁,乐而不荒,用而不匮,广而不宣,施而不费,取而不贪,处而不底,行而不流。五声和⑧,八风平,节有度,守有序。盛德之所同也。"

见舞《象箾》《南籥》者⑨,曰:"美哉!犹有憾。"见舞《大武》者,曰:"美哉!周之盛也,其若此乎!"见舞《韶濩》者,曰:"圣人之弘也,而犹有惭德,圣人之难也!"见舞《大夏》者,曰:"美哉!勤而不德,非禹,其谁能修之?"见舞《韶箾》者,曰:"德至矣哉!大矣,如天之无不帱也⑩,如地之无不载也!虽甚盛德,其蔑以加于此矣⑪。观止矣!若有他乐,吾不敢请已!"

【注释】

① 聘:访问。② 卫康叔:周公的弟弟。武公:康叔的九世孙。③ 泱泱(yāng):形容气魄宏大的样子。④ 大公:姜太公吕尚。⑤ 渢渢(fán):形容乐声婉转悠扬。⑥ 陶唐氏:即唐尧。⑦《郐(kuài)》:采自郐地的乐歌。⑧ 五声:也称五音,即宫、商、角、徵、羽五个音阶。⑨《象箾(shuò)》:古代一种持竿而舞的舞蹈。《南籥(yuè)》:古代一种依照籥声为节拍而起舞的舞蹈。⑩ 帱(dào):覆盖。⑪ 蔑:无。

【译文】

吴国公子季札前来鲁国访问,请求观赏周朝的音乐舞蹈。鲁国人让乐工为他演唱《周南》《召南》,他说:"美好啊!教化开始奠定基础了,虽然还不算完善,然而百姓已经勤劳而不怨恨了。"乐工为他演唱《邶风》《鄘风》和《卫风》,他说:"美好啊!深厚啊!虽然有忧思,却不至于困窘。我听说卫国的康叔、武公的德行就像这样,这恐怕就是《卫风》吧!"乐工为他演唱《王风》,

他说:"美好啊!虽有忧思却没有恐惧的情绪,这恐怕是周室东迁之后的音乐吧!"乐工为他演唱《郑风》,他说:"美好啊!但它烦琐得太过分了,百姓已经不堪忍受了。这恐怕是要最先亡国的吧?"乐工为他演唱《齐风》,他说:"美好啊,宏大而深远,这是大国的音乐啊!可以成为东海诸国表率的,恐怕就是太公的国家吧?国运真是不可限量啊!"

乐工为他演唱《豳风》,他说:"美好啊!博大坦荡!欢乐却不放纵,这恐怕是周公东征时的音乐吧!"乐工为他演唱《秦风》,他说:"这就叫作'夏声'。产生夏声就说明气势宏大,宏大到极点,大概是周朝故地的乐曲吧!"乐工为他演唱《魏风》,他说:"美好啊,轻远悠扬!粗犷而婉转,急促而流畅,用仁德来加以辅助,就可以成为贤明的君主了。"乐工为他演唱《唐风》,他说:"思虑深远啊!恐怕有陶唐氏的遗民吧!如果不是这样,为什么忧思如此深远呢?如果不是有美德者的后代,谁能这样呢?"乐工为他演唱《陈风》,他说:"国家没有贤明的君主,还能长久吗?"再歌唱《郐风》以下的乐曲,季札就不做评论了。

乐工为季札歌唱《小雅》,他说:"美好啊!有忧思却没有二心,有怨恨却不说出来,这大概是周朝的德政教化开始衰败时的音乐吧?那时还有先王的遗民在啊!"乐工为他歌唱《大雅》,他说:"宽广啊!和美啊!抑扬曲折而本体刚劲,恐怕是文王的德行吧!"

乐工为他演唱《颂》,季札说:"达到顶点了!正直而不傲慢,屈从而不卑下,亲近而不因此产生威胁,疏远而不因此背离,变化而不过分,反复而不令人厌倦,悲伤而不愁苦,欢乐而不放纵堕落,用取而不会匮乏,宽广而不张扬,施予而不耗损,求取而不贪婪,安守而不停滞,行进而不泛滥。五声和谐,八音协调,节拍合于章法，演奏先后有序。这都是拥有大德行的人共有的品质啊！"

季札看到《象箾》和《南籥》两种乐舞后，说："美好啊！但还有美中不足。"看到跳《大武》时说："美好啊！周朝兴盛的时候，恐怕就是这样子吧！"看到跳《韶濩》时说："圣人如此伟大，仍然有不足之处而自觉惭愧，做圣人不容易啊！"看到跳《大夏》时说："美好啊！勤于民事而不以功德自居，除了禹，谁还能做到呢！"看到舞《韶箾》时说："功德达到顶点了！伟大啊，就像苍天无所不覆盖一样，就像大地无所不承载一样！再盛大的德行，恐怕也不能比这再有所增加了。观赏就到这里吧！如果还有其他乐舞，我也不敢再请求观赏了！"

子产坏晋馆垣

【原文】

子产相郑伯以如晋①，晋侯以我丧故②，未之见也。子产使尽坏其馆之垣而纳车马焉③。士文伯让之曰④："敝邑以政刑之不修，寇盗充斥，无若诸侯之属辱在寡君者何，是以令吏人完客所馆，高其闬闳⑤，厚其墙垣，以无忧客使。今吾子坏之，虽从者能戒，其若异客何？以敝邑之为盟主，缮完葺墙⑥，以待宾客，若皆毁之，其何以共命？寡君使匄请命。"

对曰："以敝邑褊小，介于大国，诛求无时⑦，是以不敢宁居，悉索敝赋，以来会时事。逢执事之不闲，而未得见；又不获闻命，未知见时。不敢输币，亦不敢暴露。其输之，则君之府实也⑧，非荐陈之⑨，不敢输也；其暴露之，则恐燥湿之不时而朽蠹，以重敝邑之罪。侨闻文公之为盟主也，宫室卑庳⑩，无观台榭，以崇大诸侯之馆，馆如公寝。库厩缮修，司空以时平易道路，圬人以时塓馆宫室。诸侯宾至，甸设庭燎⑪，仆人巡宫，车马有所，宾从有代，巾车脂辖⑫，隶人、牧、圉⑬，各瞻其事，百官之属，各展其物。公不留宾，而亦无废事。忧乐同之，事则巡之，教其不知，而恤其不足。宾至如归，无宁灾患？不畏寇盗，而亦不患燥湿。今铜鞮之宫数里⑭，而诸侯舍于隶人，门不容车，而不可踰越。盗贼公行，而夭厉不戒。宾见无时，命不可知。若又勿坏，是无所藏币以重罪也。敢请执事，将何所命之？

虽君之有鲁丧，亦敝邑之忧也。若获荐币，修垣而行，君之惠也，敢惮勤劳？"

文伯复命。赵文子曰⑮："信，我实不德，而以隶人之垣以赢诸侯⑯，是吾罪也。"使士文伯谢不敏焉。

晋侯见郑伯，有加礼，厚其宴，好而归之。乃筑诸侯之馆。叔向曰⑰："辞之不可以已也如是夫！子产有辞，诸侯赖之，若之何其释辞也！《诗》曰：'辞之辑矣⑱，民之协矣；辞之怿矣⑲，民之莫矣。'其知之矣。"

【注释】

①子产：即公孙侨，郑国的执政大夫，春秋时杰出的政治家。②我丧：指鲁襄公刚死了不久。③垣（yuán）：墙。④士文伯：晋国大夫士匄。⑤闬（hàn）闳（hóng）：均指门。⑥缮、葺（qì）：皆为修补之意。⑦诛求：索取。⑧府实：府库中的物品。⑨荐：进献。⑩庳（bì）：低洼的。⑪甸：古代管理柴薪的官。⑫巾车：掌管车辆的官。脂辖：给车轴上油。⑬隶人：管洒扫一类劳役的人。牧：放牧牛羊的人。圉：养马的人。⑭铜鞮（dī）之宫：晋国国君的离宫（临时居住的宫室）。⑮赵文子：晋国大夫。⑯赢：接受，容纳。⑰叔向：晋国大夫。⑱辑：和谐，和睦。⑲怿（yì）：悦耳。

【译文】

子产陪郑简公到晋国去，晋平公以鲁国正在办理丧事为借口，没有接见他们。子产派人把宾馆的围墙全部拆毁以放自己的车马。士文伯责备子产说："敝国由于政事和刑罚没有搞好，到处是盗贼，这对屈驾来问候寡君的诸侯们是无可奈何的事，因此命令官吏修缮宾客的馆舍,加高它的大门,加厚它的围墙,使宾客使者不会为安全担心。现在您拆毁了围墙,虽然您的随从能够自行戒备,但别国的宾客怎么办呢?由于敝国是诸侯的盟主,才修缮馆舍围墙,以接待宾客,如果把它们都拆了,我们用什么来满足宾客的要求呢?我们国君派我前来请教。"

　　子产回答说:"敝国国土狭小,处在大国的中间,大国又不断向我们索取贡物,所以我们不敢安居,只有悉数搜寻敝国的财物,用它来参加朝会。碰上贵国国君没有空闲,因而不得见,又没有得到命令,不知道朝见的日期。我们不敢贸然前去进献财物,又不敢把它们露天存放。如果进献,这些东西就是贵国君王府库中的财物,但是不经过陈列贡品的进献仪式,我们是不敢进献的。如果把礼物放在露天里,又怕天气干湿无常而腐烂生虫,从而加重敝国的罪过。我听说文公从前做盟主的时候,宫室低矮狭小,没有宫观和台榭,却把接待诸侯的馆舍修得十分高大,如同今日贵国国君的寝宫一样。仓库和马厩都得到修缮,司空按时平整道路,泥瓦匠按时粉刷馆舍房间。诸侯宾客到来,管薪火的人点起庭院中照明的火烛,仆人检查巡视客舍是否还有问题,车马有专门的存放地,宾客的随从也都有人代替,管理车辆的官员给车轴加油。打扫房间的,饲养牲口的,各自负责自己分内的事,朝中的官员们拿出自己的东西来招待宾客。文公从不让宾客们耽误时间,可也没有简省礼仪,忧宾客之忧,乐宾客之乐,出了事就亲自前去查看,指教宾客们不懂的地方,体恤宾客们的不足之处。宾客到来就好像回到了家里一样,非但没有灾害,不怕有人抢劫偷盗,而且也不用担心干燥潮湿。现在铜鞮宫方圆数里,却让诸侯宾客住在奴仆住的房子里,大门容不下车辆进出,又不能翻墙而入。盗贼公然横行,对于天灾瘟疫又没有任何防治措施，宾客进见没有一定的时间，接见命令也不知何时发布。如果不拆毁围墙，就没有地方存放礼物，罪过就要加重。斗胆请教您，您对我们有什么指示？虽说贵国国君遇上鲁国的丧事，可这也是敝国的忧伤啊。如果能让我们献上财礼，我们会把围墙修好了再走，这是贵国国君的恩惠，我们哪敢害怕辛劳？"

士文伯于是回去复命了。赵文子说："是这样的，我们实在亏于德行，用奴仆居住的房舍来招待诸侯，这是我们的罪过啊。"于是，他派士文伯前去道歉，承认自己不通达事理。

晋平公接见了郑简公，提高了礼仪的规格。宴会丰盛，礼品也格外丰厚，然后让郑简公回国。晋国接着就修筑了接待诸侯的宾馆。

叔向说："辞令不可废弃就像这样吧！子产善于辞令，诸侯靠他的辞令得到了好处，怎么能说要放弃辞令呢？《诗经》上说：'言辞和善，百姓融洽；言辞动听，百姓安宁。'子产大概懂得这个道理吧。"

子产论政宽猛

【原文】

郑子产有疾，谓子大叔曰①："我死，子必为政。唯有德者能以宽服民，其次莫如猛。夫火烈，民望而畏之，故鲜死焉；水懦弱，民狎而玩之②，则多死焉，故宽难。"疾数月而卒。

大叔为政，不忍猛而宽。郑国多盗，取人于萑苻之泽③。大叔悔之，曰："吾早从夫子，不及此。"兴徒兵以攻萑苻之盗，尽杀之，盗少止。

仲尼曰："善哉！政宽则民慢，慢则纠之以猛；猛则民残，残则施之以宽。宽以济猛，猛以济宽，政是以和。《诗经》曰：'民亦劳止，汔可小康④；惠此中国，以绥四方。'施之以宽也。'毋从诡随，以谨无良；式遏寇虐，惨不畏明。'纠之以猛也。'柔远能迩⑤，以定我王。'平之以和也。又曰：'不竞不絿⑥，不刚不柔；布政优优，百禄是遒⑦。'和之至也。"及子产卒，仲尼闻之，出涕曰："古之遗爱也！"

【注释】

①子大（tài）叔：指游吉。②狎：亲近，轻忽。③萑（huán）苻（fú）之泽：泽名。④汔（qì）：接近，庶几。⑤柔：安抚。⑥絿（qiú）：急躁。⑦遒（qiú）：积聚。

【译文】

郑国的子产生了病，他对太叔说："我死了以后，您肯定会执政。

只有有德行的人才能够用宽和的方法来使百姓服从，不然就不如用严厉的方法。火猛烈，百姓一看见就害怕，所以很少有人死在火里；水柔弱，百姓亲近而在其中玩耍，因此有很多人死在水里，所以运用宽和的施政方法很难。"子产病了几个月之后就去世了。

太叔执政，不忍心施行猛政而采用宽政。郑国的盗贼很多，聚集在萑苻泽里劫掠过往行人。太叔得知后感到后悔，说："要是我早听他老人家的话，就不会到这种地步了。"于是，他派步兵去攻打萑苻的盗贼，把他们全部杀了，盗贼才稍稍有所收敛。

孔子说："好啊！施政宽和，百姓就怠慢，百姓怠慢就用猛政来加以纠正；施政严厉，百姓就会受到摧残，百姓受到摧残就施以宽政。用宽政来弥补猛政的缺失，用猛政来弥补宽政的缺失，政事因此而和谐。《诗经》上说：'百姓已经辛劳，企盼能稍稍得到安康；在京城之中施行仁政，以此来安抚四方诸侯。'这就是施行宽政。'不能放纵欺诈善变的人，以管束心存不良者；要制止掠夺暴虐的行为，那些为非作歹的人向来残忍而不惧法度。'这是用猛政来纠正宽政的缺失。'安抚边远的地方，统治好自己周边的地方，以此来安定我王室。'这是用平和的政治来安定国家。又说：'不急不缓，不刚不柔；施政宽和，各种福禄就会聚集。'这是宽和到了极点。"等到子产去世，孔子得到了消息，流着眼泪说："子产继承了古人仁爱的遗风呀！"

吴许越成

【原文】

吴王夫差败越于夫椒，报檇李也①。遂入越。越子以甲楯五千保于会稽，使大夫种因吴太宰嚭以行成②。

吴子将许之。伍员曰："不可。臣闻之：'树德莫如滋，去疾莫如尽。'昔有过浇杀斟灌以伐斟鄩③，灭夏后相④。后緡方娠⑤，逃出自窦，归于有仍，生少康焉，为仍牧正，惎浇⑥，能戒之。浇使椒求之⑦，逃奔有虞，为之庖正⑧，以除其害。虞思于是妻之以二姚⑨，而邑诸纶⑩，有田一成⑪，有众一旅⑫。能布其德，而兆其谋，以收夏众，抚其官职。使女艾谍浇⑬，使季杼诱豷⑭，遂灭过、戈，复禹之绩，祀夏配天，不失旧物。今吴不如过，而越大于少康，或将丰之，不亦难乎？勾践能亲而务施，施不失人，亲不弃劳。与我同壤，而世为仇雠。于是乎克而弗取，将又存之，违天而长寇雠，后虽悔之，不可食已。姬之衰也，日可俟也。介在蛮夷，而长寇雠，以是求伯⑮，必不行矣。"

弗听。退而告人曰："越十年生聚，而十年教训，二十年之外，吴其为沼乎！"

【注释】

①檇（zuì）李：在今浙江嘉兴西南。②嚭（pǐ）：夫差宠臣。行成：议和。③斟灌、斟鄩（xún）：均为夏同姓诸侯。

④相：夏朝君主，夏禹的曾孙。⑤后缗：夏王相的妻子。⑥愍（jì）：憎恨。⑦椒：浇的臣子。⑧庖正：主管膳食的官员。⑨虞思：虞国国君。二姚：虞思的两个女儿。⑩纶：有虞的地名，在今河南虞城县东南。⑪成：古代方圆十里为一成。⑫旅：古代以五百人为一旅。⑬女艾：少康的臣子。⑭季杼：少康之子。豷（yì）：浇的弟弟，封于戈。⑮伯：通"霸"。

【译文】

吴王夫差在夫椒打败了越军，报了檇李之战的仇。吴军随即进入了越国。越王勾践率领披甲持盾的五千名士兵退守到会稽山，并派大夫文种通过吴国太宰伯嚭向吴王求和。

吴王夫差准备同意越国的请求。伍员说："不能答应。臣听说：'树立美德越多越好，去除病害越彻底越好。'从前过国的国君浇杀了斟灌后又去攻打斟郸，灭了夏朝君主相。相的妻子后缗当时怀有身孕，从墙洞逃了出去，逃回娘家有仍国，在那里生下了少康。少康长大后做了有仍国的牧正，他记恨浇，又时刻对浇有所戒备。浇派大臣椒四处搜寻少康，少康又逃到了有虞国，在那里当上了庖正，得以避开灾难。有虞的国君虞思就把两个女儿嫁给少康为妻，并把纶邑封给了少康，少康于是有了方圆十里的土地，还有了五百名士兵。少康能够广施德政，并开始谋划复兴国家，他召集夏朝的遗民，给他们加官晋爵。他又派女艾去刺探浇的情况，派季杼去引诱浇的弟弟豷，结果灭掉了过国和戈国，复兴了夏禹的功业，祭祀夏朝的祖先，同时祭祀天帝，恢复了从前的典章制度。现在吴国不如当时的过国强大，而越国却比当时的少康强大，如果让越国强盛起来，岂不成了吴国的灾难？越王勾践能够亲近他的臣民，注意施行恩惠，施行恩惠就不失民心，亲近民众就不会忘掉有功的人。越国同我们国土相连，又世世代代结为仇敌。我们打败了越国不把它根除，却要保留它，这就违背了天意而助长了仇敌，日后即使后悔，也无法将其消灭。吴国的衰亡，已经为期不远了。吴国处在夷蛮之间，然而还要助长仇敌，想凭这个去谋求霸主地位，必定是不能如愿的。"

吴王夫差不听劝告。伍员退出来后对别人说："越国用十年的时间繁衍积累，用十年的时间教育训练，二十年之后，吴国的宫室恐怕要变成池沼了！"

◎卷三　周文

《国语》

　　《国语》是我国最早的国别体史书，记载了周穆王时期（前976）至周贞定王十六年（前453）五百余年间，周、鲁、齐、晋、郑、楚、吴、越八国的一些史事，共21卷。《国语》并不是自始至终系统性地记载历史，而是有重点地记载若干重大事件，与《左传》不同，它详于记言而略于记事。《国语》的文笔较为浅显，将人物言论和人物性格表现得惟妙惟肖，文章结构疏密相间、错落有致，具有很高的文学价值和史学价值。《国语》的作者历来说法不一，司马迁认为是左丘明；现在一般的看法是，《国语》的成书有一个过程，最初是左丘明记诵列国史事，后经列国史官改编、润色而成。

祭公谏征犬戎

【原文】

穆王将征犬戎①,祭公谋父谏曰②:"不可。先王耀德不观兵。夫兵,戢而时动,动则威。观则玩,玩则无震。是故周文公之《颂》曰③:'载戢干戈,载櫜弓矢④。我求懿德,肆于时夏。允王保之。'先王之于民也,茂正其德而厚其性⑤,阜其财求而利其器用;明利害之乡,以文修之,使务利而避害,怀德而畏威,故能保世以滋大。

"昔我先世后稷⑥,以服事虞、夏。及夏之衰也,弃稷弗务。我先王不窋用失其官⑦,而自窜于戎、翟之间⑧。不敢怠业,时序其德,纂修其绪⑨,修其训典,朝夕恪勤,守以惇笃,奉以忠信,奕世载德,不忝前人⑩。至于武王,昭前之光明而加之以慈和,事神保民,莫不欣喜。商王帝辛⑪,大恶于民,庶民弗忍,欣戴武王,以致戎于商牧。是先王非务武也,勤恤民隐而除其害也。

"夫先王之制:邦内甸服⑫,邦外侯服⑬,侯、卫宾服⑭,蛮、夷要服⑮,戎、翟荒服⑯。甸服者祭,侯服者祀,宾服者享,要服者贡,荒服者王。日祭,月祀,时享,岁贡,终王,先王之训也。有不祭,则修意;有不祀,则修言;有不享,则修文;有不贡,则修名;有不王,则修德;序成而有不至,则修刑。于是乎有刑不祭,伐不祀,征不享,让不贡,告不王。于是乎有刑罚之辟，有攻伐之兵，有征讨之备，有威让之令，有文告之辞。布令陈辞而又不至，则又增修于德，无勤民于远。是以近无不听，远无不服。

"今自大毕、伯仕之终也，犬戎氏以其职来王，天子曰：'予必以不享征之，且观之兵。'其无乃废先王之训而王几顿乎⑰？吾闻夫犬戎树惇⑱，能帅旧德而守终纯固⑲，其有以御我矣！"

王不听，遂征之，得四白狼、四白鹿以归。自是荒服者不至。

【注释】

① 犬戎：我国古代西北戎人的一支。② 祭（zhài）公谋父：周穆王的大臣。③ 周文公：周公姬旦，"文"是他的谥号。④ 橐（gāo）：收藏弓箭盔甲的器具。⑤ 茂：勉励。⑥ 后稷：周的始祖，因为曾掌管农事，所以也称为后稷。⑦ 不窋（zhú）：弃的后代。⑧ 翟：通"狄"。⑨ 纂：同"缵"，继续。⑩ 忝（tiǎn）：玷污。⑪ 帝辛：商纣王，名辛。⑫ 甸服：此指离王城五百里的区域。⑬ 侯服：此指天子分封给诸侯的区域。⑭ 宾服：不是诸侯，原是指以宾客的身份服侍天子。⑮ 要服：此指离都城一千五百里至两千里地区。⑯ 荒服：此指距离京城最远的属地。⑰ 几顿：几乎废弃。⑱ 树惇（dūn）：树立德行。⑲ 纯固：专一。

【译文】

周穆王打算征讨犬戎，祭公谋父劝阻说："不可以。先王历来发扬德治，不炫耀武力。军队在平时应该保存实力，在适当的时候动用，一旦动用就要显出威势。炫耀等于滥用，滥用便没有了威慑力。所以周文公作《颂》说：'收起干戈，藏起弓箭。我

◎卷三 周文

追求美好的德行，施行于华夏。相信我王定能保有天命！'先王对于百姓，勉励他们端正品德，使他们性情纯厚，丰富他们的财物，便利他们的器用；使他们了解利害之所在，再用礼法道德教导，使他们从事有益的事情而避免有害的事情，使他们感怀德治而又惧怕君王的威严，所以能够使先王的事业世代相传并且变得强大。

"过去我们的祖先后稷做了主管农业的官员，服侍虞、夏两朝。到夏朝衰败的时候，废除了农官，我祖不窋因此失掉官职，逃到西北少数民族所在地区。但他对农业仍然不敢怠慢，时常宣扬祖先的美德，继续奉行他的事业，修明教化制度，早晚恭敬勤劳，保持淳厚诚恳，奉行忠实守信的原则，不窋的后世子孙一直保持着这些良好的品德，并不曾辱没前人。到武王的时候，他发扬前人光明磊落的德行，再加上慈爱和善，侍奉神明，保养百姓，没有人不为之喜悦的。商纣王对百姓极为暴虐，百姓不能忍受，都乐于拥护武王，就有了商郊的牧野之战。这不是武王崇尚武力，他是怜悯百姓之苦而为他们除掉祸害啊。

"先王的制度是：王都近郊叫甸服，城郊以外叫侯服，侯服以外叫宾服，蛮夷地区叫要服，戎、狄所居之地叫荒服。甸服的诸侯要参加天子对父亲、祖父的祭祀，侯服的诸侯要参加天子对高祖、曾祖的祭祀，宾服的君长要贡献周王始祖的祭物，要服的君长则要贡献周王对远祖以及天地之神的祭物，荒服的首领则要来朝见天子。祭祀祖父、父亲，每天一次；祭祀曾祖、高祖，每月一次；祭祀始祖，每季一次；祭祀远祖、神灵，每年一次；入朝见天子，终身一次。这是先王的遗训。有不来日祭的，天子就应该检查自己的思想；有不来月祭的，天子就应该检查自己的言语；有不来季祭的，天子就应该搞好政令教化；有不来岁贡的，天子就应该修正尊卑名号；有不来朝见的，天子就应该检查自己的德行。依次检查完了，如果还有不来朝见的，就检查刑法。因此用刑法惩治不祭的，用军队讨伐不祀的，命令诸侯征剿不享的，派遣使者责备不贡的，写好文辞向天下通告那些不来朝见的。这样，就有了处罚的条例、攻伐的军队、征讨的准备、斥责的命令和告谕的文辞。如果命令文辞发出了还不来，就重新检查并修明自己的道德，不要使百姓到辽远地域作战。所以，近处的诸侯没有不听从的，远处诸侯没有不归服的。

"现今自从大毕、伯仕两位犬戎君主死后，犬戎君长已经按照'荒服者王'的职分来朝见天子。您却说：'我要用不享的罪名来征讨他，而且要让他看看我们武装的军队。'这不是违反祖先的遗训而招致衰败吗？我听说犬戎的君长树立了淳厚的德行，能够遵循他先代的德行，一直坚守不移，他凭着这些就有理由、有能力抗拒我们。"

穆王不听，去征讨犬戎，只得了四只白狼、四只白鹿回来。从此荒服诸侯不再来朝见天子。

召公谏厉王止谤

【原文】

厉王虐，国人谤王。召公告曰①："民不堪命矣！"王怒，得卫巫②，使监谤者，以告，则杀之。国人莫敢言，道路以目。

王喜，告召公曰："吾能弭谤矣③，乃不敢言。"召公曰："是鄣之也！防民之口，甚于防川。川壅而溃，伤人必多，民亦如之。是故为川者，决之使导；为民者，宣之使言④。故天子听政，使公卿至于列士献诗，瞽献曲⑤，史献书，师箴，瞍赋⑥，矇诵⑦，百工谏，庶人传语，近臣尽规，亲戚补察，瞽、史教诲，耆、艾修之⑧，而后王斟酌焉，是以事行而不悖。

"民之有口也，犹土之有山川也，财用于是乎出；犹其有原隰衍沃也⑨，衣食于是乎生。口之宣言也，善败于是乎兴。行善而备败，所以阜财用衣食者也。夫民虑之于心而宣之于口，成而行之，胡可壅也？若壅其口，其与能几何？"

王弗听，于是国人莫敢出言，三年，乃流王于彘⑩。

【注释】

①召（shào）公：姬姓，名虎，周王卿士。②卫巫：卫国的巫师。③弭（mǐ）：消除。④宣：开导。⑤瞽：盲人。⑥瞍：目中无瞳仁的盲人。⑦矇：有瞳仁而看不见东西的盲人。⑧耆、艾：古时称六十岁的人为耆，五十岁的人为艾，这里是指德高望重的长者。⑨隰（xí）：低湿的地方。衍：低而平坦之地。⑩彘（zhì）：晋地，在今山西霍州市。

【译文】

周厉王暴虐无道，国都里的人指责他的过失。召公告诉厉王说："百姓受不了你的政令了。"周厉王很恼怒，找来一个卫国的巫师，监察指责自己的人，只要巫师来报告，厉王就将被告发的人杀掉。国都里的人于是都不敢说话了，在道路上碰见，彼此只用眼神示意。厉王很高兴，对召公说："我能够消除谤言了，他们不敢说话了。"召公说："这是堵住了百姓的嘴呀！不让百姓说话，比堵截江河水流还要危险。河流被堵塞，最终会造成堤坝崩溃，被伤害的人一定很多，禁止人们的言论也是这样。所以治理水患的人，会疏通水道以使水流畅通无阻；治理国家的人，应该开导百姓，让他们敢于讲话。所以天子处理政事时，让公卿大夫到下层官员都可以进献讽谏的诗歌，让盲艺人进献反映民意的歌曲，让史官进献可资借鉴的史书，让乐师进献规劝天子的箴言，让瞍者背诵，让曚者吟咏，让各种艺人工匠向天子进谏，一般百姓的意见则间接地传达给天子，亲近的大臣要尽规劝国君的责任，和国君同宗的大臣要弥补国君的过失并监督国君的行为，乐师和史官要用乐曲和史书来对国君进行教诲，朝中老臣要对天子进行劝诫，然后由天子亲自斟酌裁决，从而使自己的行为不与常理相违背。

"百姓有嘴，就像土地上有山与河流，财富由此产生；就像其上有原野沼泽，衣食皆从中出。让百姓知无不言，国家政事的好坏就能从他们的言论中反映出来。推行百姓认为好的东西，防范百姓认为坏的东西，这正是使衣食财富增多的好办法。百姓在心中思考，然后用言论表达出来，反复思虑成熟后便付诸行动，怎么能堵住他们的嘴呢？如果堵住了百姓的嘴，那又能堵塞多久呢？"

厉王不听召公的劝告，国都里没人敢讲话。三年后，大家就把厉王流放到了彘地。

襄王不许请隧

【原文】

晋文公既定襄王于郏①,王劳之以地,辞,请隧焉②。王弗许,曰:"昔我先王之有天下也,规方千里以为甸服③,以供上帝山川百神之祀,以备百姓兆民之用,以待不庭、不虞之患。其余,以均分公、侯、伯、子、男,使各有宁宇,以顺及天地,无逢其灾害。先王岂有赖焉?内官不过九御④,外官不过九品,足以供给神祇而已⑤,岂敢厌纵其耳目心腹以乱百度?亦唯是死生之服物采章,以临长百姓而轻重布之,王何异之有?

"今天降祸灾于周室,余一人仅亦守府,又不佞以勤叔父⑥,而班先王之大物以赏私德,其叔父实应且憎,以非余一人。余一人岂敢有爱也?先民有言曰:'改玉改行。'叔父若能光裕大德,更姓改物,以创制天下,自显庸也⑦,而缩取备物以镇抚百姓。余一人其流辟于裔土⑧,何辞之有与?若犹是姬姓也,尚将列为公侯,以复先王之职,大物其未可改也。叔父其茂昭明德,物将自至,余敢以私劳变前之大章,以忝天下⑨,其若先王与百姓何?何政令之为也?若不然,叔父有地而隧焉,余安能知之?"

文公遂不敢请,受地而还。

【注释】

① 郏(jiá):邑名,在今河南洛阳附近。② 隧:指墓道。③ 甸服:离王城五百里的区域叫甸服。④ 九御:即九嫔。

⑤神祇（qí）：指天神和地神。⑥叔父：天子称同姓诸侯为叔父。⑦庸：功劳。⑧流辟：流放退避。裔土：边远的地方。⑨忝：玷辱。

【译文】

晋文公使周襄王在郏地复位后，襄王赏文公土地作为酬劳，晋文公不接受，请求死后用天子的葬礼，挖掘隧道埋葬自己。襄王不同意，说："过去我们的先王得到天下，划出离王城五百里的土地叫作甸服，用它来供应上帝以及山川百神的祭祀，准备百姓万民的用度，以便应对不服从朝廷的人和不能预料的灾祸。另外还分别将土地分给了公、侯、伯、子、男，使他们各自安定，以顺应天地尊卑的法则，不至于遭受灾害，先王哪里还有什么特别的好处呢？天子内官只有九嫔，外官也只有九等官员，只是足够供奉天地神明罢了，难道敢放纵耳目心腹的嗜好来扰乱法度？只有生前死后的衣物和用品的颜色花纹有所不同，用以表示是百姓的君长，表明贵贱等级罢了。其他方面，天子和大家又有什么不同？

"现在上天降灾祸给周室，我仅仅是能保住先王的成法，又因为自己缺乏才能，辛苦了叔父，但如果颁赐先王的重典来报答私人之间的恩德，您也会一面接受一面厌恶，责备我的不是，我个人又怎敢吝惜将这葬礼赏给您呢？从前有句话说：'改变佩玉，就要改变位置。'假若您能将您的盛德发扬光大，使天下改变姓氏，使民众官员改换衣服的颜色，为天下创立新的制度，显示自己的功劳，那就请直接享用天子的服物彩章来抚佑百姓。我一人即使流落到边远荒凉之处，又有什么可说的呢？如果还是周室姬姓天下，您还列于公侯，还要执行先王所给予的职责，那么只有天子才能用的隧葬礼就不能更改。叔父如能继续发扬美德，天子之隧葬礼自然会到来，我哪敢因个人受到恩惠就改变前人留下的重要制度来玷辱天下，这样做把先王和百姓放到了什么位置？颁布政令又有什么用处呢？若不是这样，叔父自己有土地，您自己挖掘隧道举行葬礼，我哪里能知道？"

文公于是不敢再请求，便接受土地回国去了。

单子知陈必亡

【原文】

定王使单襄公聘于宋①,遂假道于陈,以聘于楚。火朝觌矣②,道茀不可行也③,候不在疆④,司空不视涂⑤,泽不陂,川不梁,野有庾积⑥,场功未毕⑦,道无列树,垦田若蓺⑧,膳宰不致饩⑨,司里不授馆⑩,国无寄寓,县无旅舍,民将筑台于夏氏⑪。及陈,陈灵公与孔宁、仪行父南冠以如夏氏,留宾弗见。

单子归,告王曰:"陈侯不有大咎,国必亡。"王曰:"何故?"对曰:"夫辰角见而雨毕⑫,天根见而水涸⑬,本见而草木节解,驷见而陨霜⑭,火见而清风戒寒。故先王之教曰:'雨毕而除道,水涸而成梁,草木节解而备藏,陨霜而冬裘具,清风至而修城郭宫室。'故《夏令》曰:'九月除道,十月成梁。'其时儆曰:'收而场功,偫而畚挶⑮,营室之中⑯,土功其始。火之初见,期于司里。'此先王之所以不用财贿,而广施德于天下者也。今陈国,火朝觌矣,而道路若塞,野场若弃,泽不陂障,川无舟梁,是废先王之教也。

"周制有之曰:'列树以表道,立鄙食以守路。国有郊牧,疆有寓望,薮有圃草⑰,囿有林池,所以御灾也。其余无非谷土,民无悬耜⑱,野无奥草。不夺农时,不蔑民功,有优无匮,有逸无罢。国有班事,县有序民。'今陈国道路不可知,田在草间,功成而不收,民罢于逸乐,是弃先王之法制也。

"周之《秩官》有之曰：'敌国宾至，关尹以告⑲，行理以节逆之，候人为导，卿出郊劳，门尹除门，宗祝执祀⑳，司里授馆，司徒具徒㉑，司空视涂，司寇诘奸㉒，虞人入材㉓，甸人积薪㉔，火师监燎，水师监濯㉕，膳宰致飨，廪人献饩㉖，司马陈刍㉗，工人展车，百官各以物至，宾入如归。是故小大莫不怀爱。其贵国之宾至，则以班加一等，益虔。至于王使，则皆官正莅事，上卿监之。若王巡守，则君亲监之。'今虽朝也不才，有分族于周，承王命以为过宾于陈，而司事莫至，是蔑先王之官也。

"先王之令有之曰：'天道赏善而罚淫。故凡我造国，无从匪彝㉘，无即慆淫㉙；各守尔典，以承天休㉚。'今陈侯不念胤续之常㉛，弃其伉俪妃嫔，而帅其卿佐以淫于夏氏，不亦渎姓矣乎？陈，我大姬之后也㉜，弃衮冕而南冠以出㉝，不亦简彝乎？是又犯先王之令也。

"昔先王之教，茂帅其德也，犹恐陨越㉞；若废其教而弃其制，蔑其官而犯其令，将何以守国？居大国之间而无此四者，其能久乎？"

六年，单子如楚。八年，陈侯杀于夏氏。九年，楚子入陈。

【注释】

①单襄公：名朝，也称单子，周定王的卿士。②火：古星名，又叫商。觌（dí）：见。③弗（fú）：荒芜。④候：候人，主管迎送来往的小官。⑤司空：古代中央政府中掌管工程的长官。涂：通"途"。⑥庾（yǔ）：露天的谷堆。⑦场功：指收割庄稼。⑧薮（yì）：茅芽。⑨饩（xì）：粮食或草料。⑩司里：主管房屋的官员。⑪夏氏：指陈国大夫夏征舒家。⑫辰角：即角宿，寒

露节的早晨出现。⑬天根：氐宿的别名，寒露节后五日出现。⑭驷：房宿。⑮侍（zhì）：备办。畚（běn）挶（jū）：盛土和抬土的器具。⑯营室：室宿，夏历十月黄昏时，出现在正南方。⑰薮（sǒu）：洼地。圃草：茂盛的草。⑱耜（sì）：古代农具名。⑲关尹：古代把守关门的官员。⑳宗祝：主管祭祀等礼仪的官员。㉑司徒：掌管土地、人口等事务的官员。㉒司寇：掌管刑狱、纠察的官员。㉓虞人：主管山泽的官员。㉔甸人：主管柴薪的官员。㉕水师：管水的官员。㉖廪人：古代管理粮仓的官员。㉗司马：主管养马的官吏。刍（chú）：喂牲畜的饲料。㉘匪彝（yí）：违背常规。㉙慆（tāo）：怠惰。㉚休：吉祥，吉庆。㉛胤续：继嗣。㉜大姬：周武王的女儿。㉝衮冕：古代帝王与上公的礼服和礼冠。㉞陨越：比喻败绩、失职。

【译文】

周定王派单襄公去宋国访问，于是向陈国借道，以便访问楚国。

这时候，已经是商星在早晨升起的夏正十月了。进入陈国，看到野草塞路，难以通行。迎送宾客的官员不在边境，主管路政的司空不巡视道路，湖泊不设堤坝，江河不设桥梁，田野有露天堆集的谷物，农场的农事也是还没有做完就被搁置在一边，道路两边没有树木，已经开垦的田地却像荒草地，膳夫不向宾客供应粮食，司里不把宾客接进客馆，国都里没有旅店，老百姓要去替夏氏修筑楼台。到了陈国国都，陈灵公和大夫孔宁、仪行父头戴着楚国的帽子前往夏姬家，把宾客丢在一边不接见。

单襄公返回周朝，向周定王报告说："陈侯本人即使没有大的过错，他的国家也一定会灭亡。"定王说："为什么？"回答说：

"角星出现,雨水就快要停了;天根星出现,河中的水便要干涸了;氐星出现,草木便要凋落了;房星出现,就要有寒霜降落下来;商星出现,凉风便预告寒冷的到来。所以先王教导说:'雨水停了就清理道路,河水干涸了就修好桥梁,草木凋落了就开始储备粮食,寒霜降临了就要置办好冬衣,凉风吹来了就修葺城郭和宫室。'所以《夏令》上说:'九月清理道路,十月建成桥梁。'到时还要告诫百姓说:'收拾好你们的农活,准备好你们盛土抬土的用具,定星出现在中天的时候,土木工程就要开始;火星开始出现在天空中的时候,就到司里那里集合。'这就是先王之所以能不浪费财物却广布恩德于天下人的缘故。现在的陈国,商星已经在早晨升起,而道路还被野草堵塞,田野、禾场都无人问津,水泽不设堤坝,江河上没有船只和桥梁,这是废弃先王的教导啊。

"周朝的制度规定:'排列树木来标识道路的远近,在偏远的地方提供饮食给往来的行人。京都的郊外有牧场,边境上有客舍和迎接客人的人,洼地里长有茂盛的草,园囿里有树木和池塘,这些都是用来防御灾害的。其余的地方无不是庄稼地,农家没有农具闲挂着,野外没有深草。不要耽误农时,不要浪费人民的劳力,这样才能使人民生活富足而不困乏,安定而不疲劳。都城的劳役有一定的安排,乡村里的人们有秩序地服役。'现在的陈国,道路通向何方无从知晓,农田杂草丛生,庄稼熟了没人收割,百姓为了陈侯的淫乐而精疲力竭。这是废弃了先王的法制呀。

"周朝的《秩官》上这样说:'对等国家的宾客到来,关尹要上报国君,行理拿着符节去迎接,候人负责引导宾客,卿士出城去慰劳,门尹打扫门庭,宗伯和大祝陪同宾客进行祭祀,里宰安排住处,司徒调派仆役,司空巡察道路,司寇盘查奸盗,虞人供应木材,甸人堆积柴火,火师监管门庭的火烛,水师督察盥洗诸事，膳宰送上熟食，廪人献上谷米，司马拿出喂牲口的草料，工匠检修客人的车辆，各种官吏都按照自己的职责来接待，宾客来了，如同回到了自己的家一样。因此宾客不论身份高低，没有不感激的。若是尊贵国家的宾客到来，就派高一等的官员去款待，态度更加恭敬。若是天子的使臣到来，那就派各部门长官亲自照看接待事宜，派上卿加以监督。若是天子来巡视，那就由国君亲自监督接待事宜。'我单朝虽然没什么才能，但也是周室王族中的一员，我奉天子之命借路经过陈国，陈国的相关官员却没有一人出面迎接，这是蔑视先王的官员啊。

"先王的训令中曾说：'天道奖赏善良，惩罚荒淫。所以凡是我们创建的国家，不许有人从事非法的事情，不应该有人走上懒惰荒淫的道路，你们要各自遵守自己的法度，以此来接受上天的赐福。'现在陈侯不考虑继嗣的常法，抛弃他的妃嫔，率领大臣到夏家淫乐，这不是亵渎他祖上的姓么？陈是我武王的女儿大姬的后代，陈侯扔掉礼服礼帽而戴着楚国的帽子外出，这不是有违常理吗？这也是违犯先王的训令呀。

"从前先王的教令，全力遵行，还怕坠落跌倒；假若废止他的教导，丢掉他的制度，轻视他的官员，违反他的教令，这将如何保全自己的国家呢？处在大国中间，却没有这四种东西，难道还能长久存在吗？"

周定王六年，单襄公到楚国。八年，陈侯为夏氏所杀。九年，楚庄王攻入陈国。

展禽论祀爰居

【原文】

　　海鸟曰"爰居",止于鲁东门之外二日。臧文仲使国人祭之①。展禽曰②:"越哉,臧孙之为政也!夫祀,国之大节也,而节,政之所成也,故慎制祀以为国典。今无故而加典,非政之宜也。

　　"夫圣王之制祀也,法施于民则祀之,以死勤事则祀之,以劳定国则祀之,能御大灾则祀之,能捍大患则祀之。非是族也,不在祀典。昔烈山氏之有天下也③,其子曰柱④,能植百谷百蔬;夏之兴也,周弃继之⑤,故祀以为稷。共工氏之伯九有也⑥,其子曰后土,能平九土,故祀以为社。黄帝能成命百物⑦,以明民共财,颛顼能修之⑧。帝喾能序三辰以固民⑨,尧能单均刑法以仪民,舜勤民事而野死,鲧障洪水而殛死⑩,禹能以德修鲧之功,契为司徒而民辑⑪,冥勤其官而水死⑫,汤以宽治民而除其邪,稷勤百谷而山死,文王以文昭,武王去民之秽。故有虞氏禘黄帝而祖颛顼,郊尧而宗舜⑬;夏后氏禘黄帝而祖颛顼,郊鲧而宗禹;商人禘舜而祖契,郊冥而宗汤;周人禘喾而郊稷,祖文王而宗武王。幕⑭,能帅颛顼者也,有虞氏报焉;杼⑮,能帅禹者也,夏后氏报焉;上甲微⑯,能帅契者也,商人报焉;高圉、太王⑰,能帅稷者也,周人报焉。凡禘、郊、祖、宗、报,此五者国之典祀也。

　　"加之以社稷山川之神,皆有功烈于民者也;及前哲令德之人，所以为明质也；及天之三辰，民所以瞻仰也；及地之五行，所以生殖也；及九州名山川泽，所以出财用也。非是，不在祀典。

"今海鸟至，已不知而祀之，以为国典，难以为仁且知矣。夫仁者讲功，而知者处物。无功而祀之，非仁也；不知而不问，非知也。今兹海其有灾乎⑱？夫广川之鸟兽，恒知而避其灾也。"

是岁也，海多大风，冬暖。文仲闻柳下季之言，曰："信吾过也⑲，季子之言，不可不法也。"使书以为三策。

【注释】

①臧文仲：鲁国大夫。②展禽：鲁国大夫，名获，字禽，又叫柳下惠。③烈山氏：即神农氏。④柱：在夏代以前已被祀为谷神。⑤周弃：周族的始祖。⑥共工氏：上古时代的部落首领。⑦黄帝：姬姓，号轩辕氏，中原各族的共同祖先。⑧颛（zhuān）顼（xū）：传说中的上古帝王，黄帝之孙。⑨帝喾（kù）：传说中的古代帝王名，即五帝之一的高辛氏。三辰：指日、月、星。⑩殛（jí）：诛杀。⑪契（xiè）：传说中商族的始祖，帝喾的儿子。⑫冥：传说是契的五世孙，夏代的水官。⑬禘（dì）、祖、郊、宗：古代帝王对祖先的四种祭祀仪式。⑭幕：传说是舜的后代。⑮杼（zhù）：传说是禹的后代，少康的儿子。⑯上甲微：契的后代，商汤的六世祖。⑰太王：高圉的曾孙，文王的祖父。⑱兹：年。⑲信：确实。

【译文】

有种海鸟叫"爰居"，在鲁国都城东门外停了已经两天了。臧文仲命令城中居民祭祀它。展禽说："超出祭祀的范围了，臧孙就是这样主持政事的吗！祭祀，是国家的重大礼节，而礼节是国家的政治能够取得成功的重要因素，所以历来都是慎重地制定祀礼，以作为国家的大典。现在无缘无故地增加祭祀，为政不应该这样啊。

"圣明的君主制定祀礼，对于那些确立法度并使法度广施于民的，就祭祀；对于那些为国事勤劳而死的，就祭祀；对于那些辛勤劳苦而使国家安定的，就祭祀；对于那些能够抵御大灾难的，就祭祀。不是这几类人，就不在祭祀的范围之内。从前炎帝掌管天下的时候，他有个儿子叫柱，能种植各种谷物和蔬菜，后来夏朝兴起，周人的祖先继承了柱的事业，所以把他当谷神来祭祀。到共工氏掌管天下的时候，他有个儿子叫后土，能治理九州的土地，所以把他当作土神来祭祀。黄帝能为各种物品确定名称，使百姓明白，向国家供给财用；颛顼能继续他的功业。帝喾能依据日、月、星的运行规律使百姓安居乐业，尧能尽力使刑法的施行趋于公正，舜为百姓之事辛勤劳苦而死在苍梧之野，鲧因为没能成功拦阻洪水而被杀，禹却能靠高尚的德行继承并补救鲧的事业，契做司徒主使得人民和睦，冥因为勤劳肯干、忠于职守以致死在水中，汤以宽厚仁德的政令治理百姓并且消灭了欺压百姓的夏桀，稷因为忙于种植百谷而死于山上，文王以文德著称于世，武王去除了祸害百姓的商纣。所以有虞氏禘祭黄帝，祖祭颛顼，郊祭尧而宗祭舜；夏后氏禘祭黄帝而祖祭颛顼，郊祭鲧而宗祭禹；商代禘祭舜而祖祭契，郊祭冥而宗祭汤；周代禘祭帝喾而郊祭稷，祖祭文王而宗祭武王。幕能遵循颛顼时的成法，有虞氏就对他举行报祭；杼能遵循禹时的成法，夏后氏就对他举行报祭；上甲微能遵循契时的成法，商代就对他举行报祭；高圉和太王能够遵循稷时的成法，周代就对他举行报祭。禘祭、郊祭、祖祭、宗祭、报祭这五种祭礼，是国家的祭祀大典呀。

"再加上社稷山川的神明，都是有功于人民的；以及过去有智慧、有美德的人，是百姓所信赖的；天上的日、月、星，是百姓所仰望的；地上的金、木、水、火、土，是百姓赖以生存繁衍的；还有各地的山川湖泊，是财用的出产之地。不属于这些的，就不在祭祀的范围之内。

"现在海鸟来了，自己不了解它的来历却要祭祀它，用了国家大典，这很难说是仁智之举。仁爱的人讲求功绩，有智慧的人定夺事物。没有功绩而去祭祀它，不是仁爱；不知道而不去问，不是明智。今年大海该有灾害吧？大海的鸟兽，经常知道预先逃避灾祸的。"

这一年，海上大风多，冬季暖和。文仲听到柳下季的话，说："真是我的过失，柳下季的话，不能不照办啊。"他叫人把这些话刻在竹简之上，分为了三份。

里革断罟匡君

【原文】

宣公夏滥于泗渊①，里革断其罟而弃之②，曰："古者大寒降，土蛰发③，水虞于是乎讲罛罶④，取名鱼，登川禽⑤，而尝之寝庙⑥，行诸国人，助宣气也。鸟兽孕，水虫成，兽虞于是乎禁罝罗⑦，猎鱼鳖以为夏槁⑧，助生阜也。鸟兽成，水虫孕，水虞于是乎禁罜䴥⑨，设阱鄂⑩，以实庙庖，畜功用也。且夫山不槎蘖⑪，泽不伐夭，鱼禁鲲鲕⑫，兽长麑䴠⑬，鸟翼鷇⑭卵，虫舍蚳蝝⑮，蕃庶物也，古之训也。今鱼方别孕，不教鱼长，又行网罟，贪无艺也⑯。"

公闻之曰："吾过而里革匡我，不亦善乎？是良罟也，为我得法。使有司藏之，使吾无忘谂。"师存侍，曰："藏罟不如置里革于侧之不忘也。"

【注释】

①滥：下网捕鱼。泗：泗水，在今山东境内。②里革：鲁大夫。罟（gǔ）：渔网。③土蛰：在地下冬眠的动物。④水虞：掌管水产及有关政令的官。罛（gū）：大渔网。罶（liǔ）：捕鱼的竹篓子。⑤登：通"得"，求取。⑥寝庙：宗庙，也指宗庙中藏祖先衣冠的后殿。⑦兽虞：掌管鸟兽及有关政令的官。罝（jū）：捉兔子的网。罗：捕鸟的网。⑧猎（cuò）：用叉矛刺。⑨罜䴥

·89·

（lú）：小渔网。⑩鄂：捕兽器。⑪槎（chá）：用刀斧砍斫。蘖（niè）：树木经砍伐后再生的新枝。⑫鲲（kūn）：鱼苗。鲕（ér）：鱼子。⑬麑（ní）：小鹿。麇（yǎo）：小骆驼。⑭鷇（kòu）：初生的小鸟。⑮蚳（chí）：蚁的幼虫。蝝（yuán）：蝗的幼虫。⑯艺：限度。

【译文】

鲁宣公夏天到泗水深处下网捕鱼，里革割断了他的渔网，然后将其扔掉，说："古时候，大寒之后，冬眠在土中的虫类便开始活动，水虞于是开始整理渔网、鱼篓，捕捉大鱼，捞取龟鳖等，拿到宗庙里用于祭祀，再叫百姓也照着这样做，这样做是为了帮助地下的阳气得到宣泄。当鸟兽开始孕育，水中的生物正在成长的时候，兽虞官就禁用兽网、鸟网，只许刺取鱼鳖，做成夏天吃的鱼干，这是帮助鸟兽生长繁衍。

当鸟兽成长、水中生物开始孕育的时候，水虞就禁止小网入水，只设陷阱捕捉禽兽，用作祭品，款待宾客，这是为了储存物产，以备四季取用。到山中不砍伐树木新长出来的枝条，在湖泊里不采摘还没长成的草木，不捕捉小鱼，捉兽时要留下小鹿和走兽的幼子，保护小鸟和鸟蛋，杀虫时要舍弃对人无害的昆虫，这是为了万物的繁殖生长。这是古人的教导。现在鱼类正在孕育，不让它们长大，却要下网捕捉，实在贪得无厌！"

宣公听到了这些话，说："我错了，里革便纠正我，这不是很好吗？这是张好网，让我得到了关于天地万物的取用方法，这张网要让有关官员保存起来，使我不忘这次的劝谏。"当时乐师存在宣公旁边服侍，他说："保存起这张网，不如把里革放在您的身旁，那就更不会忘记了。"

敬姜论劳逸

【原文】

公父文伯退朝①,朝其母,其母方绩。文伯曰:"以歜之家而主犹绩,惧干季孙之怒也②,其以歜为不能事主乎!"其母叹曰:"鲁其亡乎!使僮子备官而未之闻邪?居,吾语女。

"昔圣王之处民也,择瘠土而处之,劳其民而用之,故长王天下。夫民劳则思,思则善心生;逸则淫,淫则忘善,忘善则恶心生。沃土之民不材,淫也;瘠土之民莫不向义,劳也。

"是故天子大采朝日③,与三公、九卿祖识地德④;日中考政,与百官之政事,师尹惟旅、牧,相宣序民事。少采夕月⑤,与太史、司载纠虔天刑;日入监九御⑥,使洁奉禘、郊之粢盛⑦,而后即安。诸侯朝修天子之业命,昼考其国职,夕省其典刑,夜儆百工,使无慆淫⑧,而后即安。卿大夫朝考其职,昼讲其庶政,夕序其业,夜庀其家事⑨,而后即安。士朝受业,昼而讲贯⑩,夕而习复,夜而计过无憾,而后即安。自庶人以下,明而动,晦而休,无日以怠。

"王后亲织玄紞⑪,公侯之夫人加之以纮、綖⑫,卿之内子为大带,命妇成祭服,列士之妻加之以朝服,自庶士以下,皆衣其夫。

"社而赋事⑬,烝而献功⑭,男女效绩,愆则有辟⑮,古之制也。君子劳心,小人劳力,先王之训也。自上以下,谁敢淫心舍力?

"今我寡也,尔又在下位,朝夕处事,犹恐忘先人之业;况有怠惰,其何以避辟?吾冀而朝夕修我曰:'必无废先人。'尔今曰:'胡不自安?'以是承君之官,余惧穆伯之绝祀也。"

仲尼闻之,曰:"弟子志之,季氏之妇不淫矣。"

【注释】

①公父文伯:即公父歜(chù),敬姜之子,鲁国大夫。②季孙:季康子,鲁国大夫。③大采:五彩礼服。朝日:朝拜日神。④三公:周朝中枢的最高长官,即太师、太傅、太保。九卿:周朝中枢分管各部门的最高行政长官,即冢宰、司徒、宗伯、司马、司寇、司空、少师、少傅、少保。⑤少采夕月:穿着三彩的礼服祭祀月神。⑥九御:九嫔。⑦粢(zī)盛:古代盛在祭器内以供祭祀的谷物。⑧慆(tāo)淫:怠惰、放荡。⑨庀(pǐ):治理。⑩贯:复习。⑪紞(dǎn):古时冠冕上用来系瑱的带子。⑫纮(hóng):系于颔下的帽带。綖(yán):覆在冠冕上的布。⑬社:古时祭祀土地神的活动,在立春后第五个戊日举行。⑭烝(zhēng):古代特指冬天的祭祀。⑮愆(qiān):过失。

【译文】

公父文伯从朝廷回家,去看母亲,他的母亲正在纺麻。文伯说:"像我家这样的情况,您还纺麻,我怕季孙发火,认为我没能好好孝敬您呢!"他的母亲叹着气说:"鲁国大概要灭亡了吧!让无知的童子去做官,你没有听说过做官的道理吗?坐下!我告诉你。

"从前圣明的君主治理百姓,选择贫瘠的土地让他们居住,使他们辛苦并且支配他们,所以能长久地统治天下。百姓辛劳了才会去思考,思考了才会产生善心;安逸了就会放纵,放纵了就会忘记善良,忘记了善良就会产生邪恶之心。在肥沃的土地上居住的百姓不成材,就是放纵的缘故;在贫瘠的土地上居住的百姓没有不向往道义的,这是辛劳所致。

"因此天子穿着五彩礼服祭祀太阳,和三公九卿一起熟悉土地的功用;白天考察朝政的得失和百官办理政事的情况,大夫官和地方长官,辅佐天子宣布政教以使百姓有条不紊。天子穿上三彩礼服祭祀月亮,和太史、司载恭敬地观察上天的吉凶征兆;到了黄昏就监察九嫔,让她们把一切祭品整理洁净,然后才去休息。诸侯们早上处理天子布置下来的职责与命令,白天考察自己国内的事务,傍晚检查自己执行法令的情况,晚间告诫各官,使他们不懈怠不放纵,然后才去休息。卿大夫们早上考察自己的职责,白天办理各种事务,傍晚整理自己所经办的事务,晚间料理他的家务,然后才休息。士人们早晨接受学业,白天研习,黄昏复习,晚间反省自己有无过失,确认没有什么过失,然后才休息。一般百姓以下,天亮劳动,天黑休息,没有一日能够懈怠。

"王后亲自纺织悬在礼帽两边的黑色丝绳,公侯夫人还加做系帽子的小丝带和大礼帽上的方布,卿的妻子要做大带,大夫的妻子缝制祭服,列士的妻子还要做朝服,一般百姓的妻子都要为各自的丈夫缝制衣服。

"春分祭社的时候就开始一年的纺织耕作,冬日祭祀的时候就献上劳动成果,男女都尽力做出成绩,有过失就加以责罚,这是古代的制度。君子劳心,小人劳力,这是先王的训示。从上到下,谁敢放纵而不尽心竭力?

"现在我是寡妇,你又在下大夫的职位上,就是早晚工作,还怕忘掉祖宗的业绩,何况已经有了松懈的念头,这样还如何能够逃避灾祸呢?我希望你时常告诫我说:'一定不要断送了祖上的功绩!'你今天却对我说:'为什么不自己寻些安逸呢?'我担心你亡父的祭祀要断了。"

孔子听说了这事,说:"学生们记下来,季氏的妇女真是勤劳而不放纵呀。"

叔向贺贫

【原文】

叔向见韩宣子①,宣子忧贫,叔向贺之。宣子曰:"吾有卿之名,而无其实,无以从二三子,吾是以忧,子贺我,何故?"

对曰:"昔栾武子无一卒之田②,其宫不备其宗器,宣其德行,顺其宪则,使越于诸侯。诸侯亲之,戎狄怀之,以正晋国。行刑不疚③,以免于难。及桓子④,骄泰奢侈,贪欲无艺,略则行志⑤,假货居贿;宜及于难,而赖武之德,以没其身。及怀子⑥,改桓之行,而修武之德;可以免于难,而离桓之罪⑦,以亡于楚。夫郤昭子⑧,其富半公室,其家半三军;恃其富宠,以泰于国,其身尸于朝,其宗灭于绛⑨。不然,夫八郤——五大夫、三卿,其宠大矣;一朝而灭,莫之哀也,惟无德也!

"今吾子有栾武子之贫,吾以为能其德矣,是以贺。若不忧德之不建,而患货之不足,将吊不暇,何贺之有?"

宣子拜,稽首焉,曰:"起也将亡,赖子存之。非起也敢专承之,其自桓叔以下,嘉吾子之赐。"

【注释】

①叔向:晋国大夫。韩宣子:韩起,晋国上卿。②栾武子:栾书,晋国上卿。一卒之田:即百顷田地。上卿享受的待遇应该是五百顷田地。③疚:弊病。④桓子:栾黡。栾书之子,晋国

大夫。⑤略:犯。则:法。⑥怀子:栾盈。栾厣之子,晋国下卿。⑦离:同"罹",遭受。⑧郤(xì)昭子:郤至,晋国卿。⑨绛:晋国的国都,今山西绛县。

【译文】

叔向去见韩宣子,宣子正为穷困发愁,叔向向他道贺。宣子说:"我有卿之名,却无卿之实,连和几个卿大夫来往应酬都常常是捉襟见肘,我因此正在发愁,你却祝贺我,这是什么缘故?"

叔向回答说:"过去栾武子不曾有一百顷的田地,家里连祭器都不完备,但他发扬德行,顺应法度,名声传播于诸侯之间。诸侯亲近他,戎狄归附他,晋国因此得到了安定。他执行刑法没有弊病,后来也因此而避免了灾难。他儿子桓子骄傲奢侈,贪得无厌,忽视法制,逞纵私欲,放债取利,囤积财富,这人本该受到灾祸,但赖于栾武子的德行,竟然得以善终。到了怀子,他一改父亲桓子胡作非为的行为方式,而继承了武子的德行,本该免于灾祸,但终究因为父亲罪孽深重,自己不得不逃亡到楚国。再说郤昭子家吧,郤昭子的财富抵得上王室的一半,家人属下占据了军中一半的官职,可是他凭借财势,横行国内,结果尸体摆在朝廷示众,宗族也在绛被诛灭。不是这样的话,那郤家出来的八个人,有五位是大夫,三位是卿相,可谓显赫庞大之极了,而一旦灭亡,没有一个人同情,就是因为没有德行的缘故。

"现在您像栾武子一样贫乏,我以为也应该继承他的德行,因此向您祝贺。假若不担忧德行尚未树立,却只担忧财产不够,我哀吊你都来不及,哪有什么可祝贺的?"

宣子听了作揖下拜,并向他叩头说:"我也是将要被灭亡的啊,都是依靠您得以继续。不但我蒙受您的教诲,先祖桓叔的后代,都要拜谢、赞颂您的恩赐啊。"

王孙圉论楚宝

【原文】

王孙圉聘于晋,定公飨之。赵简子鸣玉以相,问于王孙圉曰:"楚之白珩犹在乎①?"对曰:"然。"简子曰:"其为宝也几何矣?"

曰:"未尝为宝。楚之所宝者,曰观射父②,能作训辞,以行事于诸侯,使无以寡君为口实。又有左史倚相③,能道训典,以叙百物,以朝夕献善败于寡君,使寡君无忘先王之业;又能上下说乎鬼神,顺道其欲恶,使神无有怨痛于楚国。又有薮曰云连徒洲④,金、木、竹、箭之所生也,龟、珠、角、齿、皮、革、羽、毛,所以备赋,以戒不虞者也,所以共币帛,以宾享于诸侯者也。若诸侯之好币具,而导之以训辞,有不虞之备,而皇神相之,寡君其可以免罪于诸侯,而国民保焉。此楚国之宝也。若夫白珩,先王之玩也,何宝焉?

"圉闻国之宝,六而已:圣能制议百物,以辅相国家,则宝之;玉足以庇荫嘉谷,使无水旱之灾,则宝之;龟足以宪臧否⑤,则宝之;珠足以御火灾,则宝之;金足以御兵乱,则宝之;山林薮泽足以备财用,则宝之。若夫哗嚣之美,楚虽蛮夷,不能宝也。"

【注释】

① 珩(héng):系在玉佩上部的横玉。② 观射(yì)父:楚国大夫。③ 倚相:楚国史官。④ 薮(sǒu):大泽。云连徒洲:

即云梦泽。⑤宪：表明。臧否（pǐ）：吉凶。

【译文】

王孙圉访问晋国，晋定公设宴款待，赵简子作陪，故意弄响身上的佩玉，问王孙圉说："楚国的白珩还保存着吗？"回答说："当然。"赵简子说："它作为宝贝，有多大价值？"

王孙圉回答说："楚国从未把它看成宝贝。楚国所视为宝贝的东西，得说是观射父，他能够写外交辞令，用以在诸侯间进行外交活动，使别人无法拿我国君主的话做话柄。还有左史倚相，他能够说出历代君主的教训和各种典章制度，把楚国事务安排得秩序井然，早晚将善恶、成败的情况向我们的君主陈说，使君王不忘记祖宗的功业；他还能得到天地神明的欢心，顺应他们的好恶之情，使神明对楚国没有怨恨。还有一个大泽名叫云连徒洲，是金、木、竹、箭、龟、珠、角、齿、皮、革、羽、毛的产地。这些东西可以用来供给兵赋，以戒备意外的祸患；可以作为礼品，以招待和馈赠诸侯。假若诸侯喜欢这些礼品，并且用好的辞令对他们加以劝说，我们自己有了防止意外的准备，还有了神明的保佑，我们的君王也许就可以不得罪诸侯，国家和人民也得以保全。这些才是楚国的宝贝。至于白珩，不过是先王的小玩意儿，有什么值得珍贵的？

"我听说国家之宝，不过六种：能够讨论各种大事，制定相关的制度，帮助治理国家的人，就拿他当宝贝；玉能够保护谷物，不致有水灾旱灾，就拿它当宝贝；龟甲可以判定吉凶，就拿它当宝贝；珍珠足以抵御火灾，就拿它当宝贝；五金制成兵器足以抵抗战乱，就拿它当宝贝；山林湖泊能提供人们所需，就拿它当宝贝。至于叮当作响的美玉，楚虽是蛮夷之地，也是不能把它视为宝贝的。"

诸稽郢行成于吴

【原文】

吴王夫差起师伐越，越王勾践起师逆之江①。大夫种乃献谋曰②："夫吴之与越，唯天所授，王其无庸战。夫申胥、华登③，简服吴国之士于甲兵，而未尝有所挫也。夫一人善射，百夫决拾④，胜未可成。夫谋，必素见成事焉，而后履之，不可以授命。王不如设戎，约辞行成，以喜其民，以广侈吴王之心。吾以卜之于天，天若弃吴，必许吾成而不吾足也，将必宽然有伯诸侯之心焉。既罢弊其民，而天夺之食，安受其烬，乃无有命矣。"

越王许诺，乃命诸稽郢行成于吴⑤，曰："寡君勾践使下臣郢，不敢显然布币行礼，敢私告于下执事曰：'昔者，越国见祸，得罪于天王。天王亲趋玉趾，以心孤勾践，而又宥赦之。君王之于越也，繄起死人而肉白骨也。孤不敢忘天灾，其敢忘君王之大赐乎？今勾践申祸无良，草鄙之人，敢忘天王之大德，而思边陲之小怨，以重得罪于下执事？勾践用帅二三之老，亲委重罪，顿颡于边⑥。今君王不察，盛怒属兵，将残伐越国。越国固贡献之邑也，君王不以鞭箠使之⑦，而辱军士，使寇令焉。勾践请盟：一介嫡女，执箕帚以晐姓于王宫；一介嫡男，奉槃匜以随诸御；春秋贡献，不解于王府⑧。天王岂辱裁之？亦征诸侯之礼也。'

"夫谚曰：'狐埋之而狐搰之⑨，是以无成功。'今天王既封殖越国⑩，以明闻于天下，而又刈亡之⑪，是天王之无成劳也。

虽四方之诸侯,则何实以事吴?敢使下臣尽辞,唯天王秉利度义焉!"

【注释】

①逆:迎击。②种:即文种,越国大夫。③申胥:即伍子胥,楚国大夫伍奢之子。华登:吴国大夫。原为宋人,因避祸逃到吴国。④决拾:决是射箭用的扳指,拾是射箭用的皮臂衣。⑤诸稽郢:越国大夫。⑥顿颡(sǎng):即叩头。⑦鞭箠(chuí):鞭打。⑧解:通"懈"。⑨搰(hú):掘出。⑩封殖:培植。⑪刈(yì):割除。

【译文】

吴王夫差起兵攻打越国,越王勾践率军到江边迎战。

大夫文种于是献计说:"吴国和越国,只看上天授命于谁,您用不着作战。伍子胥和华登训练的士兵,在战争中从来没有遭受过挫败。一人善于射箭,就有成百的人张弓效仿他,我们能否战胜吴国,还很难说。计谋一定要事先能料到它会成功,然后才可以去执行,不可轻易去拼命。君王不如一面积极准备防御,一面用谦卑的话向吴国求和,让它的百姓高兴,使吴王的心变得更加骄傲。我们可以向天占卜,天如果要弃掉吴国,吴国就一定会答应我们的求和,并且会不把我们放在心上,然后就会肆无忌惮地企图实现称霸诸侯的野心。等吴国的百姓因为要满足吴王的称霸之心被搞得疲惫不堪了,又有天灾夺去他们的粮食收成,我们就可以毫不费力地收拾吴国的残局,吴国也就从此灭亡了。"

越王同意了,便派诸稽郢到吴国去求和说:"我们的国君勾践叫下臣郢来到这里,不敢公然按外交礼节呈献礼物,只敢冒昧地私下告诉您的手下人说：'过去上天降下了灾祸给越国，使越国冒犯了天王。天王亲自前来讨伐，本来打算要归罪勾践，却又赦免了他。君王对于越国，如同是让死人复活，使枯骨生出肌肉。我们的越王不敢忘记上天降下的灾祸，又怎敢忘记天王的厚赐呢？今天勾践重遭灾难，都怪他自己不好，自作自受，但我们这些粗野鄙陋的人，又怎敢忘记天王的大恩大德，对边境上一些小的争端耿耿于怀，再来得罪您手下的人呢？勾践因此率领他的几个老臣，亲自承担重罪，在边境上磕头求饶。现在君王还不了解情况，就在盛怒之下调集军队，打算严惩越国。越国本来是向您纳贡称臣的地方，君王不用鞭子驱使它，却使您的军队屈尊前往，把越国当作敌人来讨伐。勾践请求讲和并订立盟约：让一个嫡生的女儿，拿着簸箕扫帚在王宫中侍奉您；还送来一个嫡生儿子，让他捧着盛水器，跟着那些服侍的人伺候您盥洗；春秋两季的贡献，将会按时送到您的府库中，绝不敢懈怠。天王何必要屈尊发兵来制裁我们？这也符合天子向诸侯征税的礼节呀。'

"俗语说：'狐狸自己埋藏东西，又自己将其刨出来，所以是白费力气。'天王既然已经扶植了越国，以明达著称于天下，而今却又要剿灭它，这样天王对越国的扶植便徒劳无功了。今后四方的诸侯即使想要侍奉吴国，但又如何信任吴国呢？让我冒昧地把想要说的全都说了出来，只请您权衡利弊，从情理上细细考虑！"

申胥谏许越成

【原文】

吴王夫差乃告诸大夫曰:"孤将有大志于齐,吾将许越成,而无拂吾虑。若越既改,吾又何求?若其不改,反行①,吾振旅焉。"申胥谏曰②:"不可许也。夫越非实忠心好吴也,又非慑畏吾甲兵之强也。大夫种勇而善谋,将还玩吴国于股掌之上,以得其志。夫固知君王之盖威以好胜也,故婉约其辞,以从逸王志③,使淫乐于诸夏之国,以自伤也。使吾甲兵钝弊,民人离落,而日以憔悴,然后安受吾烬。夫越王好信以爱民,四方归之,年谷时熟,日长炎炎。及吾犹可以战也,为虺弗摧④,为蛇将若何?"

吴王曰:"大夫奚隆于越?越曾足以为大虞乎?若无越,则吾何以春秋曜吾军士⑤?"乃许之成。

将盟,越王又使诸稽郢辞曰:"以盟为有益乎?前盟口血未干⑥,足以结信矣。以盟为无益乎?君王舍甲兵之威以临使之,而胡重于鬼神而自轻也?"吴王乃许之,荒成不盟⑦。

【注释】

①反:通"返"。②申胥:即伍子胥。③从逸:放纵安逸。④虺(huǐ):小蛇。⑤曜(yào):通"耀",炫耀。⑥口血未干:指定盟时间不长。古人盟会时,微饮牲血,或含于口中,或涂于

口旁,以示信守誓言的诚意。⑦荒:空。

【译文】

吴王夫差对众大夫说:"我要对齐国采取大的行动,因此准备答应同越国讲和,希望你们不要反对我的想法。假若越王变得真心服从于我,我还求什么?若他不悔改,等我回来,再调集军队征讨他。"

申胥劝阻说:"您不能同越国讲和呀。越国不是真心实意要同吴国交好,也不是惧怕我们武力的强大。大夫文种勇敢而善于谋略,他是要把吴国放在股掌之上玩弄,以此来实现他平生的抱负。他本来就知道您喜欢威风又争强好胜,所以故意使自己说出来的话顺耳动听,以此来使君王的心意放纵,使您想称霸中原诸国,到那里享乐,最后使我们自己受到伤害。他想使我们的军队在争霸中筋疲力尽,失去锐气;使我们的人民离散漂泊,国力一天比一天削弱,然后他们就能毫不费力地收拾我们的残局。越王是一个崇尚信用而又爱护人民的君主,邻国都归服他,越国每年庄稼丰收,国势蒸蒸日上。趁我们还能与其战斗,就应该抓住时机消灭它。小蛇不除,等它成大蛇了,将如何对付?"

吴王说:"你为什么这样看重越国?越国什么时候变成这么大的隐患了?若是没有越国,我怎能在春季、秋季炫耀我的军力?"于是同意与越国讲和。

就要举行盟誓的时候,越王又派诸稽郢来推辞说:"盟誓有什么益处吗?前次歃血为盟时留在嘴唇上的血迹还没有干,足以表明信义了。盟誓没有效果吗?您就舍弃武力的威胁亲自来役使我们吧,为什么看重鬼神而轻视自己的力量呢?"吴王于是同意了,仅仅是讲了和而没有盟誓。

《公羊传》

　　《公羊传》，又称《春秋公羊传》，据说它是孔子的再传弟子公羊高为解释《春秋》一书所作的，旨在阐发《春秋》中所包含的政治观点。它最初在师徒间口耳相传，并没有形成书面文字，直到汉景帝初年才由公羊寿和胡毋生写定成书。《公羊传》的体例一般是先引《春秋》经文，然后自问自答，为研究秦汉时期的儒家思想提供了重要资料。

春王正月

【原文】

"元年"者何?君之始年也。"春"者何?岁之始也。"王"者孰谓?谓文王也。曷为先言"王"而后言"正月"①?王正月也。何言乎"王正月"?大一统也。公何以不言即位②?成公意也。何成乎公之意?公将平国而反之桓③。曷为反之桓?桓幼而贵,隐长而卑,其为尊卑也微,国人莫知。隐长又贤,诸大夫扳隐而立之④。隐于是焉而辞立,则未知桓之将必得立也。且如桓立,则恐诸大夫之不能相幼君也。故凡隐之立,为桓立也。隐长又贤,何以不宜立?立適以长不以贤⑤,立子以贵不以长。桓何以贵?母贵也。母贵,则子何以贵?子以母贵,母以子贵。

【注释】

①曷:通"何"。②公:指鲁隐公。③反:归还。桓:鲁桓公,鲁惠公嫡子。惠公死时桓公尚年幼,由隐公摄政。后来桓公杀死隐公,自立为国君。④扳:通"攀",拥戴。⑤適:通"嫡",正妻。

【译文】

"元年"是什么意思?是君主即位的头一年。"春"是什么意思?是四季中的头一季。"王"指的是哪一位?指的是周文王。

为什么先说"王"然后说"正月"？因为正月是周文王所确定的正月。为什么要说"王正月"？因为四方都奉行周历，表明天下统一。

　　记载隐公为什么不说是即位？这是为了成全隐公的心愿。为什么要成全隐公的心愿？因为隐公打算治理好国家，然后把国家交还给桓公。为什么要还给桓公？因为桓公虽然年幼但地位尊贵，隐公虽然年长却地位略低，但他们这种尊卑的区别很小，国人是不知道的。隐公年长而又贤能，所以大臣们拥立隐公为君。隐公如果在这个时候辞让，那么他也不知道桓公日后是否一定立为国君。况且如果立桓公为国君，恐怕各位大夫们也不能尽力辅佐这位幼君。因此凡是隐公对自己摄位为君的考虑，实际上都是为了日后桓公能立为国君。隐公年长而又贤能，为什么不应该立为国君呢？这是因为立国君有立国君的制度，立嫡子为国君，只根据年龄大小而不根据是否贤良；立其庶子为国君，只根据地位尊卑而不根据年龄大小。那么桓公为什么尊贵？因他的母亲尊贵。母亲尊贵儿子为什么就一定尊贵？是因为儿子由于母亲尊贵而尊贵，母亲又由于儿子尊贵而尊贵。

宋人及楚人平

【原文】

　　外平不书①，此何以书？大其平乎己也。何大其平乎己？庄王围宋，军有七日之粮尔，尽此不胜，将去而归尔。于是使司马子反乘堙而窥宋城②。宋华元亦乘堙而出见之③。司马子反曰："子之国何如？"华元曰："惫矣！"曰："何如？"曰："易子而食之，析骸而炊之。"司马子反曰："嘻！甚矣惫！虽然，吾闻之也，围者柑马而秣之④，使肥者应客。是何子之情也？"华元曰："吾闻之：君子见人之厄则矜之⑤，小人见人之厄则幸之。吾见子之君子也，是以告情于子也。"司马子反曰："诺，勉之矣！吾军亦有七日之粮尔！尽此不胜，将去而归尔。"揖而去之。

　　反于庄王⑥。庄王曰："何如？"司马子反曰："惫矣！"曰："何如？"曰："易子而食之，析骸而炊之。"庄王曰："嘻！甚矣惫！虽然，吾今取此，然后而归尔。"司马子反曰："不可。臣已告之矣，军有七日之粮尔。"庄王怒曰："吾使子往视之，子曷为告之？"司马子反曰："以区区之宋，犹有不欺人之臣，可以楚而无乎？是以告之也。"庄王曰："诺，舍而止。虽然，吾犹取此，然后归尔。"司马子反曰："然则君请处于此，臣请归尔。"庄王曰："子去我而归，吾孰与处于此？吾亦从子而归尔。"引师而去之。故君子大其平乎己也。此皆大夫也，其称人何？贬。曷为贬？平者在下也。

◎卷三 周文

【注释】

①平：讲和。书：记载。②司马子反：楚国大夫。③堙（yīn）：小土山。④柑：通"钳"，指让马嘴衔住木棍，不能进食。⑤矜：怜悯。⑥反：通"返"。

【译文】

楚国和其他国家讲和的事情，鲁史是不记载的，这次为什么记下来了？是为了赞扬这次的讲和，这次讲和是由两国的大夫促成的。为什么要赞扬两国大夫自己促成讲和呢？楚庄王围攻宋国都城，军队只有七天的口粮而已，如果吃完这些粮食还不能取胜，就只有打道回府了。楚王于是派司马子反登上土堙，窥探宋城中的动静。正巧宋国的华元也登上了宋城中的土堙，他看见了司马子反，于是就出来见他。司马子反问："城中的情况如何？"华元说："疲惫不堪了！"司马子反问："到了什么程度？"华元回答说："交换了孩子吃，劈开尸骨当柴火做饭。"司马子反说："唉！真是疲惫到极点了！虽然如此，但我听人家说过：被围困的人往往让马嘴里衔一根木棍，然后再喂它，马没办法吃到草，外人看起来好像是马已经吃得很饱的样子，他们还把肥壮的马牵出来给客人看，表示不缺粮草。可是你为什么要说出城中的实情呢？"华元说："我听说：君子见到别人困厄就会产生怜悯，小人见到别人困厄就会幸灾乐祸。我见你是个君子，所以以实相告。"司马子反说："我知道了。你们努力防守吧，我军也只有七日的口粮了，吃完这些粮食还不能取胜，就不得不解围回国。"说罢，向华元作揖告别。

司马子反回到庄王那里，庄王问："情况如何？"司马子反回答说:"已经疲惫不堪了。"庄王问:"到了什么程度?"司马子反回答说:"城中的人交换孩子吃,劈开尸骨当柴火烧。"庄王说:"唉!确实是疲惫到极点了!虽然如此,我还是要攻下宋城,然后再回去。"司马子反说:"不行。我已经告诉他军中只有七天的口粮了。"庄王勃然大怒,说:"我派你去侦察敌情,你为什么要把我军军情告诉他?"司马子反说:"小小的宋国,尚且有不欺骗别人的臣子,我们楚国难道可以没有吗?所以我也把实情告诉了他。"庄王说:"好吧,先住下来,不要再有什么举动了。尽管宋国已经知道我军军粮将尽,我还是要打下这里,然后再回去。"司马子反说:"那么就请您住在这里好了,我请求回去。"庄王说:"你离开我回去,让我和谁一起住在这里?我也跟你一起回去吧。"于是带领军队离开了宋国。所以君子赞扬这次讲和是由两国大夫自己促成的。他们都是大夫,而为什么称他们为"人"?是为了贬低他们。为什么要贬低他们?因为讲和的人是处在下位的臣子,这样做有越权之嫌。

吴子使札来聘

【原文】

吴无君、无大夫,此何以有君、有大夫?贤季子也①。何贤乎季子②?让国也。其让国奈何?谒也、馀祭也、夷昧也,与季子同母者四。季子弱而才,兄弟皆爱之,同欲立之以为君。谒曰:"今若是迮而与季子国③,季子犹不受也。请无与子而与弟,弟兄迭为君,而致国乎季子。"皆曰:"诺。"故诸为君者,皆轻死而为勇,饮食必祝曰:"天苟有吴国,尚速有悔于予身!"故谒也死,馀祭也立;馀祭也死,夷昧也立;夷昧也死,则国宜之季子者也。

季子使而亡焉。僚者④,长庶也⑤,即之。季子使而反,至而君之尔。阖闾曰⑥:"先君之所以不与子而与弟者,凡为季子故也。将从先君之命与,则国宜之季子者也。如不从先君之命与,则我宜立者也。僚恶得为君乎?"于是使专诸刺僚,而致国乎季子。季子不受,曰:"尔弒吾君,吾受尔国,是吾与尔为篡也。尔杀吾兄,吾又杀尔,是父子兄弟相杀,终身无已也。"去之延陵⑦,终身不入吴国。故君子以其不受为义,以其不杀为仁。

贤季子,则吴何以有君、有大夫?以季子为臣,则宜有君者也。札者何?吴季子之名也。《春秋》贤者不名,此何以名?许夷狄者,不一而足也。季子者,所贤也,曷为不足乎季子?许人臣者必使臣,许人子者必使子也。

【注释】

①贤：赞许。②季子：季札，吴王寿梦的幼子。③迮（zé）：仓促。④僚：吴王僚，夷昧之子。⑤长庶：庶子中最年长者。⑥阖闾：名光，吴王谒之子。谒是吴王寿梦的长子，按照当时立嫡以长的原则，实际上应该是阖闾继承王位。⑦延陵：吴邑名，在今江苏武进境内。

【译文】

《春秋》记载吴国的事情，对吴国君臣没有国君、大夫的称谓，这里为什么又称国君，又称大夫呢？这是为了赞美季子贤良。为什么要赞美季子？是因为他把君位让给了兄长。他让君位给兄长又是怎么一回事呢？谒、馀祭、夷昧和季子，是同母所生的四兄弟。季子年纪最小但很有才干，兄长们都喜欢他，都想立他做国君。谒说："现在如果仓促地把国家传给季子，季子还是不会接受的。我想我们不要传位于子而传位于弟，弟兄依次为君，最后把国家交给季子。"大家都说："好的。"所以这几个做国君的都以轻视死亡为勇敢，每到吃饭时必定祷告说："上天如果还要吴国存在下去，就赶快把灾难降到我身上。"所以谒死之后，馀祭继位；馀祭死后，夷昧继位；夷昧死后，就应当轮到季子做国君了。

那时季子出使在外，没有回来。僚是庶子中年纪最大的，即位做了国君，季子出使归来，回到吴国，就把僚当作国君看待。阖闾说："先君所以不把国家传给儿子而传给弟弟，都是因为季子的缘故。如果遵从先君的遗命，就应当把国家传到季子手中。如果不遵从先君的遗命，那么就应该我做国君，僚怎么能当国君呢?"于是派专诸刺杀了僚,要把国家交给季子,季子不肯接受,说:"你杀了我的国君,我接受你夺来的国家,这就变成了我与你合谋篡位。你杀了我兄长,我再把你杀掉,这是父子兄弟相互残杀,这样下去,一辈子也没有停止的时候。"于是离开吴国前往延陵,终生没有再回过吴国。所以君子把他不接受君位这一举动当义,把他不提倡自相残杀看作仁。

赞美季子贤良,那为什么吴国又出了国君、大夫呢?这是因为季子既然做了臣子,那就应该有国君了。"札"是什么?是吴国季子的名。《春秋》中对贤者不直书其名,这里为什么直书其名?这是因为赞许夷狄,不能因为他们有一件事做得好就认为他们已经很完美了。季子被认为是贤良之人,为什么还认为他不算完美呢?因为赞美人臣就要从为人臣子的角度上去赞美他,赞美人子就要从为人子的角度上去赞美他。

《穀梁传》

　　《穀梁传》又称《春秋穀梁传》。据说它是孔子的再传弟子穀梁赤为解释《春秋》而作的。《穀梁传》与《公羊传》《左传》合称"春秋三传",都是详细阐释《春秋》的书。其中《左传》对《春秋》的阐释重在记事,就是把《春秋》里很简单的记载详细补充;而《公羊传》是根据《春秋》里的句子,专门阐发微言大义;《穀梁传》则是解释《春秋》里的字词,并说明义理。《穀梁传》的体例和语言风格与《公羊传》很相近,成书和写定的过程也很类似,但思想的丰富性和社会影响不及《公羊传》。

郑伯克段于鄢

【原文】

克者何?能也。何能也?能杀也。何以不言杀?见段之有徒众也①。

段,郑伯弟也。何以知其为弟也?杀世子②、母弟,目君。以其目君,知其为弟也。段,弟也,而弗谓弟;公子也,而弗谓公子,贬之也。段失子弟之道矣。贱段而甚郑伯也。何甚乎郑伯?甚郑伯之处心积虑,成于杀也。

于鄢③,远也,犹曰取之其母之怀中而杀之云尔,甚之也。然则为郑伯者,宜奈何?缓追逸贼,亲亲之道也。

【注释】

①段:即共叔段,郑庄公的弟弟。②世子:古代天子和诸侯的嫡长子。③鄢:郑邑名,在今河南鄢陵境内。

【译文】

"克"是什么意思?就是"能够"的意思。能够干什么呢?是能够"杀"的意思。为什么《春秋》上不说"杀"呢?是因为共叔段有一些拥护者。

共叔段,是郑伯的弟弟。怎么知道他是弟弟呢?凡是杀掉世子和同母弟弟的,都称为君,这里称他为君,所以就知道共叔段是弟弟了。共叔段是弟弟，而不称他为弟弟，是公子而又不称他作公子，是贬低他的意思，是因为共叔段丧失了做子弟的道德。贬低共叔段却又更加责备郑伯。为什么更加责备郑伯呢？更加责备郑伯是因为他处心积虑，故意使共叔段走上被杀的道路。

"于鄢"，是说共叔段逃到了遥远的地方。郑伯追杀共叔段就好像从母亲怀里抢过婴儿杀掉那样，所以更加责备他。

然而作为郑伯，该怎么办才算恰当呢？不着急去追杀那逃亡的贼子，这才是亲爱呵护自己亲人的做法！

◎卷三　周文

虞师晋师灭夏阳

【原文】

　　非国而曰"灭",重夏阳也①。虞无师,其曰"师",何也?以其先晋,不可以不言师也。其先晋何也?为主乎灭夏阳也。夏阳者,虞、虢之塞邑也。灭夏阳而虞、虢举矣②。

　　虞之为主乎灭夏阳,何也?晋献公欲伐虢,荀息曰:"君何不以屈产之乘、垂棘之璧③,而借道乎虞也?"公曰:"此晋国之宝也。如受吾币,而不借吾道,则如之何?"荀息曰:"此小国之所以事大国也。彼不借吾道,必不敢受吾币。如受吾币而借吾道,则是我取之中府,而藏之外府;取之中厩,而置之外厩也。"公曰:"宫之奇存焉,必不使受之也。"荀息曰:"宫之奇之为人也,达心而懦,又少长于君。达心则其言略,懦则不能强谏,少长于君则君轻之。且夫玩好在耳目之前,而患在一国之后,此中知以上乃能虑之。臣料虞君,中知以下也。"公遂借道而伐虢。

　　宫之奇谏曰:"晋国之使者,其辞卑而币重,必不便于虞。"虞公弗听,遂受其币而借之道。宫之奇又谏曰:"语曰:'唇亡则齿寒。'其斯之谓与。"挈其妻子以奔曹④。

　　献公亡虢,五年,而后举虞。荀息牵马操璧而前曰:"璧则犹是也,而马齿加长矣。"

【注释】

　　①夏阳:地名,在今山西平陆东北。②举:攻克。③屈

产之乘（shèng）：屈地出产的良马。垂棘：晋地名，出产美玉。④挈（qiè）：带领。曹：春秋时的小国，都城在陶丘（在今山东定陶西南）。

【译文】

不是一个国家而称它"灭"，这表示重视夏阳。虞国没有出师攻打夏阳，《春秋》却提及了"师"，这是为什么呢？是因为晋国出兵前，虞国就已经使夏阳陷于灭亡的境地了，所以不能不说虞国也出动了军队。为什么说虞国先于晋国陷夏阳于灭亡的境地呢？是因为虞国是夏阳灭亡的主谋。夏阳，是虞国和虢国边境上的重要城镇。夏阳陷落，虞国和虢国也就唾手可得了。

说虞国是夏阳灭亡的主谋，这是什么意思？晋献公想要去征讨虢国，荀息说："国君为何不用屈地出产的良马和垂棘出产的玉璧去向虞国借路呢？"晋献公说："这些都是晋国的宝贝啊。如果虞国接受了我的礼物，却不借路给我，那我怎么办？"荀息说："按小国侍奉大国的道理，它不借路给我们，就一定不敢接受我们的礼物。如果接受了我们的礼物，又借路给我们，那么这美玉就是我们从宫中的府库里取出来，存放在宫外的府库里；这良马就是从宫内的马棚里牵出来，放在宫外的马棚中。"晋献公说："有宫之奇在那里，他一定不会让国君接受这礼物的。"荀息说："宫之奇的为人，心里明白但胆小懦弱，况且他又是从小和虞国国君一起长大的。心中明白就会使他言语简略，胆小懦弱就会使他不能强谏，他从小和虞国国君一起长大，虞君就不会拿他的话当回事。况且玩物、宝贝就放在自己的面前，而灾祸却要在虢国之后，这是中等智力以上的人才能想到的。我料定虞国国君是个中等智力以下的人。"晋献公于是向虞国借路去攻打虢国。

宫之奇向虞君进谏说:"晋国的使者,说话谦卑而送来的礼物十分贵重,这其中一定有对虞国不利的地方。"虞君不听,接受了礼物,并借路给了晋国。宫之奇又进谏说:"俗语说:'唇亡则齿寒。'大概说的就是这种情况吧。"于是带上妻子儿女一起逃到曹国去了。

晋献公灭掉了虢国,鲁僖公五年,又灭掉了虞国。荀息牵着良马,捧着玉璧,走到晋献公跟前说:"玉还是原来的玉,只是这马的年纪却大了。"

《礼记》

　　《礼记》，儒家经典之一，有两种传本，一是戴德所编，称《大戴礼记》，另一种是我们现今所见的，也称《小戴礼记》，为西汉经学家戴圣编纂而成。《礼记》是战国至汉初儒家礼仪论著的总集，《小戴礼记》全书共四十九篇，内容包括礼制和儒家哲学两部分，是研究中国古代社会、文物制度、典礼、祭祀、教育、音乐和儒家学说的重要参考书。

晋献公杀世子申生

【原文】

晋献公将杀其世子申生①。公子重耳谓之曰:"子盖言子之志于公乎?"世子曰:"不可。君安骊姬②,是我伤公之心也。"曰:"然则盖行乎?"世子曰:"不可。君谓我欲弑君也,天下岂有无父之国哉?吾何行如之?"

使人辞于狐突曰③:"申生有罪,不念伯氏之言也,以至于死。申生不敢爱其死,虽然,吾君老矣,子少,国家多难。伯氏不出而图吾君,伯氏苟出而图吾君,申生受赐而死。"再拜稽首,乃卒。是以为恭世子也。

【注释】

① 世子:古代天子或诸侯的嫡长子。② 骊姬:晋献公的宠妾,她生了奚齐后,想要废掉太子申生而立奚齐,于是在祭祀的肉里放了毒药,而后嫁祸给申生,逼他自杀。③ 狐突:姓狐名突字伯。他曾劝申生逃往别国,申生没有听,最后遭骊姬陷害而死。

【译文】

晋献公要杀掉太子申生。公子重耳对申生说:"你怎么不把你的想法对献公说明白呢?"申生说:"不行。君王有了骊姬才感到安适。我要是把事情明说了，这样会伤了君王的心啊。"重耳说："既然如此，你何不逃走呢？"申生说："不行。君王说我企图弑君，天下哪里有无父之国？我往哪儿跑呀？"

申生派人去向狐突诀别说："申生有罪，没有记住您的话，以致今日陷于死亡。申生不敢吝惜性命，虽然如此，可是君王已经老了，弟弟又还年幼，国家多有危难。您不出面为君王筹划国事便罢，您若肯出面为君王筹划政事，申生就是死了，也是蒙受了您的恩惠。"申生拜了两拜，叩头至地，然后就自杀了。因此，世人称申生为恭世子。

曾子易箦

【原文】

曾子寝疾①,病。乐正子春坐于床下②,曾元、曾申坐于足③,童子隅坐而执烛。

童子曰:"华而睆④,大夫之箦与⑤?"子春曰:"止!"曾子闻之,瞿然曰⑥:"呼!"曰:"华而睆,大夫之箦与?"曾子曰:"然。斯季孙之赐也⑦,我未之能易也。元,起易箦。"曾元曰:"夫子之病革矣⑧,不可以变。幸而至于旦,请敬易之。"曾子曰:"尔之爱我也不如彼。君子之爱人也以德,细人之爱人也以姑息。吾何求哉?吾得正而毙焉,斯已矣。"举扶而易之,反席未安而没。

【注释】

①曾子:名参,鲁国人,孔子的学生。②乐正子春:曾参的弟子。乐正是乐官名。③曾元、曾申:都是曾参之子。④睆(huǎn):光亮。⑤箦(zé):竹席。⑥瞿(jù)然:吃惊的样子。⑦季孙:鲁国大夫。⑧革(jí):危急。

【译文】

曾子病卧在床上,病情已经很重了。乐正子春坐在床下,儿子曾元、曾申坐在曾子的脚边,童仆坐在屋子的角落里,手拿着蜡烛。

　　童仆说:"华美而光亮,是大夫用的席子吧?"乐正子春说:"别说话!"曾子听到了,吃惊地说:"啊!"童仆又说道:"华美而光亮,是大夫用的席子吧?"曾子说:"是的,这是季孙赠给我的,我还没来得及把它换掉。元,扶我起来,把席子换掉。"曾元说:"您老人家的病已经很重了,现在不能更换,希望挨到天亮,再让我很恭敬地来换掉。"曾子说:"你爱护我,还不如那童子。君子爱护人是从德行上去爱护他,小人爱护人是姑息迁就。我还要求什么呢?我只盼望死得合于礼制罢了。"于是大家扶起曾子,换了席子,再把他扶回到床上,还没有躺安稳,曾子就去世了。

有子之言似夫子

【原文】

　　有子问于曾子曰①："问丧于夫子乎？"曰："闻之矣：'丧欲速贫，死欲速朽。'"有子曰："是非君子之言也。"曾子曰："参也闻诸夫子也。"有子又曰："是非君子之言也。"曾子曰："参也与子游闻之。"有子曰："然。然则夫子有为言之也。"

　　曾子以斯言告于子游②，子游曰："甚哉，有子之言似夫子也！昔者，夫子居于宋，见桓司马自为石椁③，三年而不成。夫子曰：'若是其靡也，死不如速朽之愈也。''死之欲速朽'，为桓司马言之也。南宫敬叔反④，必载宝而朝。夫子曰：'若是其货也，丧不如速贫之愈也。''丧之欲速贫'，为敬叔言之也。"

　　曾子以子游之言告于有子。有子曰："然！吾固曰非夫子之言也。"曾子曰："子何以知之？"有子曰："夫子制于中都⑤：四寸之棺，五寸之椁。以斯知不欲速朽也。昔者，夫子失鲁司寇⑥，将之荆⑦，盖先之以子夏⑧，又申之以冉有⑨。以斯知不欲速贫也。"

【注释】

　　①有子：名若，字子有，孔子的学生。曾子：名参，字子舆，孔子的学生。②子游：名偃，字子游，孔子的学生。③桓司马：桓魋（tuí），宋国的司马。④南宫敬叔：仲孙阅，鲁国人。

反：通"返"。⑤中都：鲁邑名，在今山东汶上西。⑥司寇：主管司法刑狱的官员。⑦荆：指代楚国。⑧子夏：姓卜名商，字子夏，孔子弟子。⑨冉有：名求，字子有，孔子弟子。

【译文】

有子问曾子说："你向夫子问过人失去官职以后应当怎么办吗？"曾子说："听他说过：'失去官职，希望快点儿贫穷；死去以后，希望快些腐烂。'"有子说："这不是君子说的话。"曾子说："我是和子游一同听到夫子这样说的。"有子说："如果是这样，那么夫子一定是有所指才这样说的。"

曾子把有子的话告诉了子游，子游说："真是像极了，有子说的话的确像夫子。从前夫子在宋国居住的时候，见到桓司马为自己造石棺，三年还没有造好。夫子说：'像这样的奢靡浪费，死了倒不如快些烂掉的好。''死去以后，希望快些腐烂'是针对桓司马说的话。南宫敬叔失去职位回国后，总是载着珠宝去朝拜君王。夫子说：'像这样的行贿，失去了官职倒不如快些贫穷的好。''失去官职，希望快点儿贫穷'这句话，是针对敬叔说的。"

曾子把子游的话告诉了有子，有子说："对呀！我就说这不是夫子的话吧。"曾子说："你是怎么知道的呢？"有子说："夫子任中都宰的时候，制定了棺椁的规格：棺厚四寸，椁厚五寸。我因此知道夫子不希望人死之后很快就腐烂。从前，夫子失去了鲁国司寇的官职，将要到楚国去。他先派了子夏去表明心意，然后又派冉有去楚国重申心意。据此，我知道夫子不希望失去职位以后很快就贫穷。"

公子重耳对秦客

【原文】

晋献公之丧，秦穆公使人吊公子重耳，且曰："寡人闻之：'亡国恒于斯，得国恒于斯。'虽吾子俨然在忧服之中①，丧亦不可久也，时亦不可失也，孺子其图之。"以告舅犯②。舅犯曰："孺子其辞焉。丧人无宝，仁亲以为宝。父死之谓何？又因以为利，而天下其孰能说之？孺子其辞焉。"

公子重耳对客曰："君惠吊亡臣重耳，身丧父死，不得与于哭泣之哀，以为君忧。父死之谓何？或敢有他志，以辱君义。"稽颡而不拜，哭而起，起而不私。

子显以致命于穆公③。穆公曰："仁夫，公子重耳！夫稽颡而不拜④，则未为后也，故不成拜；哭而起，则爱父也；起而不私，则远利也。"

【注释】

①俨然：庄重严肃的样子。②舅犯：即狐偃，字子犯，重耳的舅父。③子显：即公子絷，秦穆公派去重耳那里吊唁的使者。④稽颡（sǎng）：古时父母死，行丧礼时跪拜宾客、以额触地的礼节。

【译文】

晋献公死后，秦穆公派子显去公子重耳处吊唁，并带话说：

"寡人听到过这样的话：'丧失国家，常在此时；夺取国家，也常在此时。'虽然您正处于庄重严肃的服丧期间，但流亡在外也不可以太久，夺取君位的时机也不宜错过，希望您早作打算。"重耳把这些话告诉了舅犯。舅犯说："您还是应该辞谢他的好意。失位出亡的人没有什么可宝贵的东西，只有仁爱思亲才算宝贵。父亲死了是一件什么样的事情？如果借着父亲去世的机会而图谋夺得君位，天下的人还有谁能替您说话呢？您还是辞谢了他的好意吧。"

公子重耳回答秦使说："蒙贵君的恩惠，派您到亡命之臣重耳处吊唁。我流亡在外，父亲死了也不能（回去参加葬礼）和别人一起在父亲的灵柩旁边哭泣，劳烦国君替我担忧。父亲死了是什么样的事情？我怎敢还有其他的想法，从而辱没了贵国国君对我的情谊呢？"说罢，对秦使叩头而不拜谢，然后哭着站起来，站起来后也不再与客人私下交谈。

子显把这些情况禀报给了秦穆公。穆公说："很是仁德呀，公子重耳！他叩头却不拜谢，是表示不愿成为国君的继承人，所以不行'成拜'之礼；哭着站起来，是表示对他父亲的一片赤子之心；起来不与宾客私下交谈，是表明自己不愿谋求私利啊。"

杜蒉扬觯

【原文】

知悼子卒①,未葬,平公饮酒,师旷、李调侍②,鼓钟。杜蒉自外来③,闻钟声,曰:"安在?"曰:"在寝。"杜蒉入寝,历阶而升,酌曰:"旷饮斯!"又酌曰:"调饮斯!"又酌,堂上北面坐饮之。降,趋而出。

平公呼而进之,曰:"蒉!曩者尔心或开予,是以不与尔言。尔饮旷,何也?"曰:"子卯不乐④。知悼子在堂,斯其为子卯也大矣!旷也,太师也⑤,不以诏,是以饮之也。""尔饮调,何也?"曰:"调也,君之亵臣也。为一饮一食忘君之疾,是以饮之也。""尔饮,何也?"曰:"蒉也,宰夫也⑥,非刀匕是共⑦,又敢与知防,是以饮之也。"平公曰:"寡人亦有过焉,酌而饮寡人。"杜蒉洗而扬觯⑧。公谓侍者曰:"如我死,则必毋废斯爵也!"

至于今,既毕献,斯扬觯,谓之"杜举"。

【注释】

①知悼子:即知䓨(yīng),晋国大夫。②师旷:晋国的著名乐师。李调:晋平公的宠臣。③杜蒉:晋平公的厨师。④子卯不乐:古代相传商纣和夏桀分别死于甲子日和乙卯日,后来就以甲子、乙卯两日为国君的忌日,不许饮酒奏乐。⑤太师:周

代对乐官的称呼。⑥宰夫：厨师。⑦共：通"供"。⑧觯（zhì）：古时一种饮酒器具。

【译文】

知悼子死了，尚未安葬，晋平公就喝起酒来，师旷和李调在旁边服侍，并敲钟助兴。杜蒉从外面回来，听到钟声，就问："他们在哪儿？"有人回答说："在寝宫。"杜蒉走进寝宫，登台阶而上，到了席前，斟了一杯酒，说："师旷，你喝这杯！"又斟了一杯酒，说："李调，你喝这杯！"接着斟了第三杯酒，自己在殿堂之上朝北面跪下，一饮而尽。喝完，就走下台阶，快步走出寝宫。晋平公喊他进去，说："杜蒉！刚才你心里好像有什么话要启发我，所以我没有主动与你说话。你罚师旷喝酒，是为什么？"杜蒉回答说："子卯是国君的忌日，不得饮酒奏乐。如今悼子的灵柩还停放在堂上，这是比子卯忌日更为重大的事情，师旷是太师，却不把这事儿告诉您，所以我让他罚酒一杯。"平公又问："你罚李调喝酒，又为什么呢？"杜蒉回答说："李调是君主的宠臣，却因贪图吃喝而忘记君主忌讳的事情，因此我让他罚酒一杯。"平公又问："那么你罚自己一杯，又是为什么呢？"杜蒉回答说："我是个厨师，不专心供应饮食餐具，竟敢越职参与劝谏君王的事情，因此我自罚一杯。"平公说："这件事我也有过错，斟上酒，罚我一杯吧。"杜蒉把觯洗净，斟上酒，然后高举酒杯献给平公。平公对旁边服侍的人说："如果我死了，一定不要丢弃这只觯。"

直到今天，每当主人向宾客敬酒完毕，就举起手中的觯，人们把这个动作称为"杜举"。

◎卷四 秦文

《战国策》

　　《战国策》又称《国策》,是一部记载战国时代各国史事的重要实录,记录了上至春秋、下至秦并六国约二百四十余年的历史,它同时也是战国时期游说之士、纵横家的策、谋和传说的汇编。《战国策》的作者已无从考索,西汉末年经刘向辑录整理,以国别为基础,以时间为顺序,成书三十三篇。

苏秦以连横说秦

【原文】

苏秦始将连横说秦惠王①,曰:"大王之国,西有巴、蜀、汉中之利②,北有胡貉、代马之用③,南有巫山、黔中之限④,东有殽、函之固⑤。田肥美,民殷富,战车万乘,奋击百万,沃野千里,蓄积饶多,地势形便,此所谓天府,天下之雄国也。以大王之贤,士民之众,车骑之用,兵法之教,可以并诸侯,吞天下,称帝而治。愿大王少留意,臣请奏其效!"

秦王曰:"寡人闻之:毛羽不丰满者,不可以高飞;文章不成者,不可以诛罚;道德不厚者,不可以使民;政教不顺者,不可以烦大臣。今先生俨然不远千里而庭教之,愿以异日。"

苏秦曰:"臣固疑大王之不能用也。昔者神农伐补遂⑥,黄帝伐涿鹿而禽蚩尤,尧伐驩兜⑦,舜伐三苗,禹伐共工,汤伐有夏,文王伐崇,武王伐纣,齐桓任战而霸天下。由此观之,恶有不战者乎?古者使车毂击驰⑧,言语相结,天下为一;约从连横,兵革不藏。文士并饬,诸侯乱惑,万端俱起,不可胜理。科条既备,民多伪态。书策稠浊,百姓不足。上下相愁,民无所聊。明言章理,兵甲愈起;辩言伟服,战攻不息;繁称文辞,天下不治;舌敝耳聋,不见成功;行义约信,天下不亲。于是乃废文任武,厚养死士,缀甲厉兵,效胜于战场。夫徒处而致利,安坐而广地,虽古五帝、三王、五霸,明主贤君,常欲坐而致之,其势不能，故以战续之。宽则两军相攻，迫则杖戟相撞，然后可建大功。是故兵胜于外，义强于内；威立于上，民服于下。今欲并天下，凌万乘，诎敌国⑨，制海内，子元元⑩，臣诸侯，非兵不可！今之嗣主，忽于至道，皆惛于教，乱于治，迷于言，惑于语，沉于辩，溺于辞。以此论之，王固不能行也。"

说秦王书十上，而说不行。黑貂之裘敝，黄金百斤尽，资用乏绝，去秦而归。羸縢履蹻⑪，负书担囊，形容枯槁，面目黧黑⑫，状有愧色。归至家，妻不下纴⑬，嫂不为炊，父母不与言。苏秦喟然叹曰："妻不以我为夫，嫂不以我为叔，父母不以我为子，是皆秦之罪也。"乃夜发书，陈箧数十，得太公《阴符》之谋，伏而诵之，简练以为揣摩。读书欲睡，引锥自刺其股，血流至足。曰："安有说人主不能出其金玉锦绣，取卿相之尊者乎？"期年，揣摩成，曰："此真可以说当世之君矣。"

于是乃摩燕乌集阙，见说赵王于华屋之下，抵掌而谈⑭。赵王大说，封为武安君，受相印。革车百乘，锦绣千纯⑮，白璧百双，黄金万镒⑯，以随其后，约从散横，以抑强秦。故苏秦相于赵，而关不通。

当此之时，天下之大，万民之众，王侯之威，谋臣之权，皆欲决于苏秦之策。不费斗粮，未烦一兵，未战一士，未绝一弦，未折一矢，诸侯相亲，贤于兄弟。夫贤人任而天下服，一人用而天下从。故曰："式于政，不式于勇；式于廊庙之内，不式于四境之外。"当秦之隆，黄金万镒为用，转毂连骑，炫煌于道，山东之国，从风而服，使赵大重。

且夫苏秦，特穷巷掘门、桑户棬枢之士耳⑰，伏轼撙衔⑱，横历天下，庭说诸侯之主，杜左右之口，天下莫之伉。

将说楚王，路过洛阳，父母闻之，清宫除道，张乐设饮，郊迎三十里；妻侧目而视，侧耳而听；嫂蛇行匍伏，四拜自跪而谢。苏秦曰："嫂！何前倨而后卑也？"嫂曰："以季子之位尊而多金。"苏秦曰："嗟乎！贫穷则父母不子，富贵则亲戚畏惧，人生世上，势位富厚，盖可忽乎哉？"

【注释】

①苏秦：字季子，战国时著名的纵横家。连横：战国时，随从强国去进攻其他弱国，称为连横。战国后期，秦最强大，连横就指这些国家中的某几国跟从秦国去进攻其他国家。②巴：今四川东部地区。蜀：今四川西部地区。汉中：今陕西汉中地区。③胡貉（hé）：指北方少数民族地区出产的貉皮。代马：指今山西、河北北部出产的马。④黔中：地名，在今湖南常德。⑤殽：崤山。函：函谷关。⑥神农：传说中教人农耕、亲尝百草的远古帝王。⑦驩（huān）兜：尧的臣子，为人狠恶，不畏风雨禽兽。⑧车毂（gǔ）：车轮中心有洞可以插轴的部分。⑨诎（qū）：通"屈"。⑩元元：平民，老百姓。⑪嬴：通"累"，缠绕。縢：绑腿。蹻（juē）：草鞋。⑫黧（lí）：黑中带黄的颜色。⑬纴（rèn）：织布帛的丝缕，此指织机。⑭抵掌：拍手。⑮纯：匹，束。⑯镒：古代的重量单位，二十两或二十四两为一镒。⑰掘门：掘墙为门。桊（quān）枢：用曲木做门轴。⑱撙（zǔn）衔：控制马勒，让马驯服。

【译文】

苏秦起初用连横的策略游说秦惠王，说："大王的国家，西边有巴、蜀、汉中的富饶物产，北面有胡貉、代马可以使用，南方有巫山、黔中为屏障，东边有崤山、函谷关这样坚固的关塞，田地肥美，百姓殷实富足，还有兵车万辆、勇士百万、沃野千里，加之储备充足，地势险峻，便于攻守。这正是人们所说的肥美险固、物产饶多的天然府库，天下的强国啊！凭借大王的贤明、百姓的众多、车马的功用、兵法的教授，一定可以兼并诸侯，统一天下，称帝而治。我希望大王对此稍加留意，请允许我奏明这样做的成效吧。"

秦惠王说："寡人听说过，羽毛长得不丰满，便不能高飞；法令条文不完备，就难以施行诛罚；道德不深厚，就不能够役使百姓；政治教化不合理，就不可以烦劳大臣。现在先生不远千里，郑重庄严地在宫廷上指教我，但我希望您还是改日再谈吧！"

苏秦回答说："我本来就疑惑您是否能采用我的主张。过去，神农氏讨伐补遂，黄帝讨伐涿鹿而擒获蚩尤，唐尧讨伐驩兜，虞舜讨伐三苗，夏禹讨伐共工，商汤讨伐夏桀，周文王讨伐崇侯虎，周武王讨伐商纣王，齐桓公用武力称霸天下。由此看来，哪有不凭借武力的呢？古时各国使臣的车驾往来奔驰，车毂相击，互相之间用言语结交，使天下为一体；但结果或者合纵，或者连横，兵革甲胄也并未因此藏起。辩士们都巧饰辞令，说得各国诸侯昏乱迷惑，各种事端层出不穷，不胜治理。规章制度虽已完备，人民的虚假欺诈行为却日益增多；国家法令琐碎混乱，百姓被搅得更加贫穷。君臣上下皆为此发愁，百姓无所依靠。冠冕堂皇的道理讲得愈多，战争反而愈加频繁；盛装打扮、巧言善辩的辩士愈多，诸侯间的战争就愈发不能停息；繁征博引的文辞愈多，天下愈是治理不好；说者唇焦口燥，听者耳朵都快聋了，却看不出一点成效；施行仁义，诚信相约，天下却愈发不相亲善。于是诸侯废文用武，以优厚的待遇供养敢死之士，制作铠甲，磨砺兵器，要在战场上争取胜利。如果空坐而能获得利益，安居而能扩大土地,即使是古代的五帝、三王、五霸和明主贤君,他们虽然也常想安坐而获得利益,然而在天下的大势下也不可能办到!所以跟着就依靠武力来完成大业。如果地域宽阔,就两军对攻;倘若地势狭窄,就短兵相接。只有这样,才可能建立伟大的功业。所以只有对外用兵取得了胜利,对内实行仁政才能强劲有力;只有在上树立了君王的威信,在下才能使百姓服从。当今之世,如果想兼并天下,凌驾于大国之上,威慑敌国,控制海内,抚有百姓,臣服诸侯,就非用武力不可!现在继承君位的人,忽视了这个重要的道理,一个个政教不明,治理混乱,被辩士们的花言巧语迷惑,沉溺在烦琐的言辞中不能自拔。这样看来,大王本来就不能采纳我的主张啊。"

苏秦向秦王上书有十次,可是他的主张终未被采纳。他的黑貂袍破了,带来的百斤黄金也用完了,以致用度缺乏,只得离秦归家。他绑着裹腿,穿着草鞋,背着书籍,挑着行李,形容憔悴,脸色黑黄,面带羞愧。回到家里,妻子不下织机迎接,嫂子不为他做饭,父母不和他说话。苏秦长叹一声说:"妻子不把我当丈夫,嫂嫂不把我当小叔子,父母不把我当儿子,这都是我的罪过啊!"于是他连夜清检书籍,摆开了几十只书箱,找到姜太公的兵书《阴符经》,立即伏案诵读,选择要点,反复揣摩领会。有时读书读得昏昏欲睡,他就用铁锥刺自己的大腿,以致血流到脚上。他说:"哪有去游说君主而不能使其拿出金玉锦缎,取得卿相的高贵地位的呢?"一年以后,他终于钻研成功,便说:"这次真的可以去游说当今的君主了。"

于是他便以燕乌集阙般的说辞,在华丽的殿堂上觐见赵王,两人谈得拍起手来,十分投机。赵王很高兴,封苏秦为武安君,授予他相印,并赐给他兵车百辆、锦缎千匹、白璧百双、黄金万镒,让他带着这些,去联合六国,拆散连横,以抑制强大的秦国。因此苏秦做赵国的相国时,秦国与六国断绝了来往。

在这期间,天下如此广大,百姓如此众多,王侯们如此威严,谋臣们如此善用权术,却都要取决于苏秦的策略。没有花费一斗粮食,没有用一兵一卒,没有一个人参加战争,不曾断过一根弓弦,不曾折过一支箭,就能使六国相互亲睦,胜于兄弟。贤人在位而天下归服,一人得用而天下顺从,所以说:"要在政治上用力气,而不要在武力上用力气;要在朝廷决策上用力气,而不在国境外用力气。"当苏秦得意显耀之时,二十万两黄金归他使用,随从车骑络绎不绝,道路上仪仗闪耀,崤山以东的六国,一时间皆听从苏秦的指挥,从而使赵国在诸侯中的地位大大提高。

而苏秦只不过是一位住在陋巷中挖墙洞为门、以桑木为门板、以曲木为门轴的贫寒困苦的士人罢了,但他却坐车骑马,神气十足地周游天下,在朝廷之上游说各国君主,使国君左右的人无话可说,天下没有能与之相比的人了。

苏秦将要去游说楚王的时候,途经洛阳,他的父母闻讯,赶忙张罗打扫住处,清洁道路,并且演奏音乐,备办酒席,到郊外三十里去迎接。苏秦来到后,他的妻子不敢正视,只是偷偷地察言观色,侧着耳朵恭敬地听他讲话。他的嫂嫂伏身在地,像蛇一样匍匐而行,四次跪拜谢罪。苏秦说:"嫂嫂,为什么你以前那么傲慢而现在又如此谦卑了呢?"嫂嫂答道:"因为弟弟现在地位显贵而且金钱很多啊!"苏秦叹道:"唉!一个人贫穷时,连父母也不把他当儿子看待;等到他富贵了,就是亲戚也都畏惧他。看来人生在世,对于权势富贵,怎么可以忽视呢?"

司马错论伐蜀

【原文】

司马错与张仪争论于秦惠王前。司马错欲伐蜀,张仪曰:"不如伐韩。"王曰:"请闻其说。"

对曰:"亲魏善楚,下兵三川①,塞镮辕、缑氏之口②,当屯留之道③,魏绝南阳,楚临南郑④,秦攻新城、宜阳⑤,以临二周之郊,诛周主之罪,侵楚、魏之地。周自知不救,九鼎宝器必出⑥。据九鼎,按图籍,挟天子以令天下,天下莫敢不听,此王业也。今夫蜀,西僻之国,而戎狄之长也。敝名劳众,不足以成名;得其地,不足以为利。臣闻:'争名者于朝,争利者于市。'今三川、周室,天下之市朝也,而王不争焉,顾争于戎狄,去王业远矣。"

司马错曰:"不然。臣闻之,欲富国者,务广其地;欲强兵者,务富其民;欲王者,务博其德。三资者备,而王随之矣。今王之地小民贫,故臣愿从事于易。夫蜀,西僻之国也,而戎狄之长也,而有桀、纣之乱。以秦攻之,譬如使豺狼逐群羊也。取其地,足以广国也;得其财,足以富民缮兵。不伤众而彼已服矣。故拔一国而天下不以为暴,利尽西海,诸侯不以为贪,是我一举而名实两附,而又有禁暴止乱之名。今攻韩,劫天子;劫天子,恶名也,而未必利也,又有不义之名。而攻天下之所不欲,危!臣请谒其故:周,天下之宗室也;韩,周之与国也⑦。周自知失九鼎,韩自知亡三川,则必将二国并力合谋,以因乎齐、赵,而求解乎楚、魏。以鼎与楚，以地与魏，王不能禁。此臣所谓危。不如伐蜀之完也。"

惠王曰："善，寡人听子。"卒起兵伐蜀。十月取之，遂定蜀。蜀主更号为侯，而使陈庄相蜀⑧。蜀既属，秦益强富厚，轻诸侯。

【注释】

①三川：在今河南洛阳一带。②轘（huán）辕：山名，在今河南偃师东南。缑（gōu）氏：山名，在今河南偃师东南。③屯留：今山西屯留。④南郑：在今河南新郑。⑤新城：在今河南伊川西南。宜阳：今河南宜阳。⑥九鼎：古代传说夏禹铸了九个鼎，是夏、商、周三代的传国宝物，象征国家政权。⑦与国：盟国，友邦。⑧陈庄：秦国官员，曾受命出任蜀相。

【译文】

司马错与张仪在秦惠王面前争论。司马错主张攻打蜀国，张仪却说："不如攻打韩国。"秦惠王说："请让我听听你们的见解吧。"

张仪说："应先亲近魏国，友善楚国，然后出兵三川，堵住轘辕、缑氏的出口，挡住屯留的山道，再让魏国出兵切断南阳的通路，让楚国逼近南郑，秦国军队则攻打新城和宜阳，兵临二周的郊外，声讨二周君主的罪行，然后再侵袭楚国和魏国的领土。周自知局势难以挽救，必然会交出九鼎宝器。秦国据有了九鼎，掌握了地图和户籍，挟天子以号令天下，天下就没有敢不听命的，这才是帝王大业。而现今的蜀国，只是一个西部的偏僻小国，是戎、狄的首领。去打它，劳师动众而不足以成就威名，即使得到了那里的土地，也算不上是什么利益，我听说：'争名者聚于朝堂之上，争利者聚于集市之中。'现在三川和周王室就是当今天下的集市和朝堂,大王不去那里争夺,反而要到戎狄之地去争夺,这离成就王业未免太远了吧。"

司马错说:"不是这样的。我听说,要使国家富强,就必须扩大疆土;要使军力强盛,就必须使百姓富裕;要成就帝王之业,就必须广布恩德。如果这三个条件齐备了,那么帝王大业就会随之而实现。如今君王疆土狭小而人民贫穷,所以我愿从易处着手。蜀国确实只是个西部的偏僻小国,是戎、狄的首领,并且有像夏桀、殷纣一样的祸乱,以秦国的实力去攻打它,就像用豺狼去追逐羊群一样。取得了蜀国的土地,就足以扩大秦国的疆土;获得了蜀国的财富,就足以使人民富裕,使军备得到整治。不用伤亡很多人就可以使它降服了。所以秦国夺取了一个国家,天下却并不认为这是残暴;秦国虽然尽得了蜀国的财富,诸侯却并不认为这是贪婪。这样做,对我国是一次行动而名利双收,而且还能赢得制止暴乱的美名。假使现在去攻打韩国、挟持天子,这挟持天子是恶名啊,而且也不一定就能从中得到利益,反倒落个不义的名声。而且去攻打天下人都不愿意进攻的地方,是很危险的。我请求向您陈明其中的缘故:周王室,现在还是天下的宗室;韩国,是周王室的友邦。周王室要是知道自己要失去九鼎,韩国要是知道自己要失去三川,那么周、韩两国必然勠力同心,共同谋划,借助齐、赵的力量,向楚、魏寻求解决办法,它们要是把九鼎送给楚国,把土地送给魏国,您也没有办法阻止它们。这就是我所说的危险。这样的话,还真不如攻打蜀国那样万无一失。"

秦惠王说:"说得不错,我听您的。"秦国最终发兵攻打蜀国,这年十月攻下了蜀国,接着又使蜀国安定了下来,蜀国的君主改称号为侯,秦国还派陈庄去做了蜀相。蜀国归附了秦国之后,秦国变得更加强大富裕,也就更不把各国诸侯放在眼里了。

范雎说秦王

【原文】

　　范雎至秦①，王庭迎范雎，敬执宾主之礼。范雎辞让。是日见范雎，见者无不变色易容者。秦王屏左右，宫中虚无人，秦王跪而进曰："先生何以幸教寡人？"范雎曰："唯唯。"有间，秦王复请。范雎曰："唯唯。"若是者三。秦王跽曰："先生不幸教寡人乎？"

　　范雎谢曰："非敢然也。臣闻：昔者吕尚之遇文王也，身为渔父而钓于渭阳之滨耳。若是者，交疏也。已，一说而立为太师，载与俱归者，其言深也。故文王果收功于吕尚，卒擅天下而身立为帝王。即使文王疏吕望而弗与深言，是周无天子之德，而文、武无与成其王也。今臣，羁旅之臣也，交疏于王，而所愿陈者，皆匡君臣之事，处人骨肉之间，愿以陈臣之陋忠，而未知王心也，所以王三问而不对者，是也。

　　"臣非有所畏而不敢言也。知今日言之于前，而明日伏诛于后，然臣弗敢畏也。大王信行臣之言，死不足以为臣患，亡不足以为臣忧；漆身而为厉，被发而为狂，不足以为臣耻。五帝之圣而死，三王之仁而死，五霸之贤而死，乌获之力而死②，奔、育之勇而死③。死者，人之所必不免；处必然之势，可以少有补于秦，此臣之所大愿也，臣何患乎？

　　"伍子胥橐④载而出昭关，夜行而昼伏，至于蔆水，无以糊其口,膝行蒲伏,乞食于吴市,卒兴吴国,阖闾为霸。使臣得进谋如伍子胥,加之以幽囚不复见,是臣说之行也,臣何忧乎?箕子、接舆⑤,漆身而为厉,被发而为狂,无益于殷、楚。使臣得同行于箕子、接舆,可以补所贤之主,是臣之大荣也,臣又何耻乎?

"臣之所恐者,独恐臣死之后,天下见臣尽忠而身蹶也⑥,是以杜口裹足,莫肯即秦耳。足下上畏太后之严,下惑奸臣之态,居深宫之中,不离保傅之手,终身暗惑,无与照奸。大者宗庙灭覆,小者身以孤危,此臣之所恐耳。若夫穷辱之事,死亡之患,臣弗敢畏也。臣死而秦治,贤于生也。"

秦王跽曰:"先生是何言也!夫秦国僻远,寡人愚不肖,先生乃幸至此,此天以寡人慁先生⑦,而存先王之庙也。寡人得受命于先生,此天所以幸先生而不弃其孤也。先生奈何而言若此?事无大小,上及太后,下至大臣,愿先生悉以教寡人,无疑寡人也。"范雎再拜,秦王亦再拜。

【注释】

①范雎(jū):魏国人,因出使齐国时被诬为私自受赏而获罪,后逃往秦国,受到秦昭王的赏识,成为秦国相国。②乌获:秦武王的力士。③奔、育:即孟奔和夏育,都是卫国的勇士。④橐(tuó):口袋。⑤箕子:商纣王的叔父,曾因劝谏纣王而被囚禁,他便披发佯狂为奴。接舆:春秋时楚国的隐者,曾披发佯狂以避世。⑥蹶:跌倒。⑦慁(hùn):打扰,惊动。

【译文】

范雎来到秦国,秦昭王在宫廷前迎接他,以宾主的礼节恭恭敬敬地接待了他，范雎表示推辞谦让。就在当天，秦昭王便召见了范雎，凡是见到接见场面的人没有不为之惊讶变色的。秦昭王让左右的人退下，宫中变得静悄悄的，只剩下他们两个，秦昭王于是跪了下来，请求说："先生打算用什么指教我啊？"范雎却只是应了一声："是。"过了一会儿，秦昭王再次向他请教，范雎仍然只是应了一声："是。"一连三次都是如此，秦昭王挺直上身跪着说："难道先生不愿意指教我吗？"

范雎向秦王谢罪说："不敢这样呀。我听说当初吕尚遇到周文王的时候，不过是一个在渭水北岸垂钓的渔翁。像当时他和文王之间的关系，是非常疏远的；可是一会儿的工夫，他就因为向文王言明了自己的主张，受到文王的赏识而被立为太师，与文王同车而归。这是由于他所说的道理很深刻的缘故。所以周文王也就真的靠着吕尚的辅佐而成就了功业，终于执掌了天下，成为一代帝王。如果当初周文王疏远吕尚而不与他深谈，就说明周室还不具备天子应有的德行，而文王、武王也就失去了帮助他们成就王业的人。而今我不过是一个在秦国客居的人，和大王的交情又是很疏浅的，我想要陈述的都是匡正君臣关系的大事，而这些事又常常会触及亲戚骨肉之间的关系。我是很愿意说出自己那点浅陋的忠言，但不知道大王的心意如何，大王三次问我而我都没有回答的原因，就是这个。

"我不是因为有所畏忌而不敢讲话。我知道今天当着您的面把话讲出来，明天就可能被诛杀，但是我也不敢因此而心存畏忌。只要大王肯听信并且能够实行我的主张，那么死不足以成为我的顾虑，亡不足以成为我的担忧；即使用漆涂身，变成癞子，披头散发，成为狂人，也不足以成为我的耻辱。五帝那样圣明也终有一死，三王那样仁德也终有一死，五霸那样贤良也终有一死，乌获力大无穷也终有一死，孟奔、夏育那样勇敢也终有一死。死，是人不可避免的事情；既是必然的趋势，如果我的死能够对秦国稍有补益，这便是我最大的心愿，我还有什么可忧虑的呢？

"伍子胥曾藏身牛皮袋子之中，乘车逃出昭关，黑夜赶路，白天躲藏，到达溇水的时候，已经没有糊口的东西了，只好跪着走，在地上爬，到吴国的市镇上讨饭，却最终振兴了吴国，使阖闾成为一方霸主。假如我能像伍子胥那样进献计谋，即使把我囚禁起来不再与大王相见，只要我的主张得以实行，我又有什么值得担忧的呢？箕子、接舆用漆涂身，遍体生癞，披头散发，变成狂人，但他们对于殷朝和楚国并没有什么益处。假使要我像箕子、接舆一样就能对贤明的君主有所裨益，这将是我最大的荣耀，我又有什么可觉得耻辱的呢？

"我所担心的，只是怕我死后，天下人看到我是因为尽忠而死，便从此不敢再向您开口讲话，大家都裹足不前，不再敢到秦国来了。大王对上畏惧太后的威严，对下为奸臣的媚态所迷惑，住在深宫之中，不能离开保傅的照料，终生昏聩不明，没有人帮助您洞察奸邪。这样下去，大则使国家灭亡，小则使自身孤危，这才是我所担心的。至于穷困受辱、死亡的祸患，我是不敢有所畏忌的。我死了而秦国得到治理，这比我活在世上还要好。"

秦王于是跪着说："先生说的这是什么话！秦国处在偏远荒僻的地方，我又愚昧无能，幸蒙先生光临此地，这是上天让我来烦扰先生，使我先王的宗庙得以继续留存。我能得到先生的教导，这也是上天眷顾先生，而且不抛弃孤危的我的表现。先生怎么能说这样的话呢？以后，国家的事情，不论大小，上至太后，下至群臣，希望先生悉数对我进行指教，对我不要再有怀疑。"范雎向秦王拜了两拜，秦王向范雎回拜了两拜。

邹忌讽齐王纳谏

【原文】

邹忌修八尺有余①,而形貌昳丽②。朝服衣冠,窥镜,谓其妻曰:"我孰与城北徐公美?"其妻曰:"君美甚,徐公何能及君也!"城北徐公,齐国之美丽者也。忌不自信,而复问其妾曰:"吾孰与徐公美?"妾曰:"徐公何能及君也!"旦日,客从外来,与坐谈,问之:"吾与徐公孰美?"客曰:"徐公不若君之美也。"

明日,徐公来。熟视之,自以为不如;窥镜而自视,又弗如远甚。暮,寝而思之,曰:"吾妻之美我者,私我也;妾之美我者,畏我也;客之美我者,欲有求于我也。"

于是入朝见威王,曰:"臣诚知不如徐公美。臣之妻私臣,臣之妾畏臣,臣之客欲有求于臣,皆以美于徐公。今齐地方千里,百二十城,宫妇左右莫不私王,朝廷之臣莫不畏王,四境之内莫不有求于王。由此观之,王之蔽甚矣!"

王曰:"善。"乃下令:"群臣吏民,能面刺寡人之过者,受上赏;上书谏寡人者,受中赏;能谤议于市朝,闻寡人之耳者,受下赏。"令初下,群臣进谏,门庭若市;数月之后,时时而间进③;期年之后,虽欲言,无可进者。燕、赵、韩、魏闻之,皆朝于齐。此所谓战胜于朝廷。

【注释】

①邹忌:战国时齐人,又名驺忌子。修:长。②昳(yì)

丽：神采焕发，容貌美丽。③间：断断续续。

【译文】

邹忌身高八尺有余，体形容貌潇洒漂亮。有一天早上，他穿戴好衣帽，照着镜子，对他的妻子说："我跟城北的徐公相比谁漂亮？"他的妻子说："您漂亮极了，徐公怎能和您相比呀！"城北的徐公，是齐国的美男子。邹忌不相信自己比他漂亮，就又问他的侍女说："我和徐公谁更漂亮？"他的侍女说："徐公哪里比得上您呢！"第二天，有位客人从外面来，邹忌跟他坐着交谈，问他说："我和徐公谁更漂亮？"客人说："徐公不如您漂亮啊。"

又过了一天，徐公来了，邹忌端详了许久，自认为不如他漂亮；再次照着镜子看自己，更觉得自己差得很远。晚上躺在床上反复思考这件事，说："妻子赞美我，是因为偏爱我；侍女赞美我，是因为害怕我；客人赞美我，是因为有求于我。"

于是上朝去见齐威王，说："我的确知道自己不如徐公漂亮。可是，我的妻子偏爱我，我的侍女怕我，我的客人有求于我，都说我比徐公漂亮。如今齐国领土方圆千里，城池一百二十座，后妃们和左右近臣没有不偏爱大王的，朝廷上的臣子没有不害怕大王的，全国没有谁不有求于大王的，由此看来，您受的蒙蔽一定是非常厉害的！"

威王说："说得不错！"于是下令："群臣、官吏和百姓，能够当面指责我的过错的，得头等奖赏；上书劝谏我的，得中等奖赏；能够在公共场所或朝堂上指出我的过失并让我听到的，得下等奖赏。"命令刚下达的时候，许多大臣都来进言劝谏，门庭若市；几个月后，还有人断断续续地进言劝谏；一年以后，即使有人想进言劝谏，也没有什么可说的了。燕国、赵国、韩国、魏国听说了这件事，都到齐国来朝拜。这就是人们说的在朝廷上征服了别的国家。

颜斶说齐王

【原文】

齐宣王见颜斶，曰①："斶前！"斶亦曰："王前！"宣王不悦。左右曰："王，人君也；斶，人臣也，王曰'斶前'，斶亦曰'王前'，可乎？"斶对曰："夫斶前为慕势，王前为趋士。与使斶为慕势，不如使王为趋士。"王忿然作色曰："王者贵乎，士贵乎？"对曰："士贵耳，王者不贵。"王曰："有说乎？"斶曰："有。昔者秦攻齐，令曰：'有敢去柳下季垄五十步而樵采者②，死不赦！'令曰：'有能得齐王头者，封万户侯，赐金千镒！'由是观之，生王之头，曾不若死士之垄也。"

宣王曰："嗟乎，君子焉可侮哉？寡人自取病耳③！愿请受为弟子。且颜先生与寡人游，食必太牢④，出必乘车，妻子衣服丽都。"颜斶辞去，曰："夫玉生于山，制则破焉，非弗宝贵矣，然太璞不完。士生乎鄙野，推选则禄焉，非不尊遂也⑤，然而形神不全。斶愿得归，晚食以当肉，安步以当车，无罪以当贵，清净贞正以自虞。"则再拜而辞去。

君子曰："斶知足矣，归真反璞，则终身不辱也。"

【注释】

①颜斶（chù）：齐国隐士。②柳下季：即展禽，又称柳下惠，鲁国的贤士。③病：羞辱。④太牢：古代帝王、诸侯祭祀社稷时，牛、羊、豕三牲齐备称太牢。⑤尊遂：尊贵显达。

◎卷四　秦文

【译文】

　　齐宣王召见颜斶，宣王说："颜斶，到近前来！"颜斶也说："大王，到近前来！"宣王听了很不高兴。左右的人责备颜斶说："王是君主，颜斶是臣子，君王说'颜斶，到近前来'，你也跟着说'大王，到近前来'，这像话吗？"颜斶回答说："我主动上前是贪慕权势，大王主动上前则是礼贤下士。与其使我成为贪慕权势的顺臣，不如让大王成为礼贤下士的明主。"宣王听后勃然变色说："是君王尊贵，还是士尊贵？"颜斶回答说："士尊贵，君王不尊贵。"宣王又问："有什么根据吗？"颜斶答道："有。昔日秦国攻打齐国，曾下过一道命令，说：'有胆敢去柳下季墓地五十步之内的地方砍柴采木的人，一律死罪不赦！'还有一道命令说：'有能得齐王头颅的人，封万户侯，赏黄金两万两！'由此来看，活着的君王的头颅，还不如死去的士人的坟头珍贵。"

　　宣王说："唉，对君子怎么可以侮辱呢？我这是自取其辱呀！希望先生接受我，让我做弟子。只要先生与我交游，吃的必然是肉食，出门必定是乘车马，妻子儿女穿戴华丽。"颜斶谢绝而离去，临走之前说："玉石生在山上，加工后就破坏了它，不是说加工了就不珍贵了，是失去了璞玉原有的完整；士人生长在山野，经过推举选拔就能吃上俸禄，地位并不是不尊贵，只是形体和精神却不如原来完整了。颜斶情愿回去，晚一点吃饭，可以抵得上吃肉；信步缓行，可以抵得上乘车；不犯罪就是地位尊贵，保持清净的生活和纯正的节操，以此来使自己得到快乐。"说罢，向着宣王拜了两拜，告辞而去。

　　君子说："像颜斶这样的人是知道满足的，归于自然，返于纯朴，终身安乐，不受羞辱。"

冯谖客孟尝君

【原文】

　　齐人有冯谖者①，贫乏不能自存，使人属孟尝君②，愿寄食门下。孟尝君曰③："客何好？"曰："客无好也。"曰："客何能？"曰："客无能也。"孟尝君笑而受之，曰："诺。"

　　左右以君贱之也，食以草具。居有顷，倚柱弹其剑，歌曰："长铗④归来乎！食无鱼。"左右以告。孟尝君曰："食之，比门下之客。"居有顷，复弹其铗，歌曰："长铗归来乎！出无车。"左右皆笑之，以告。孟尝君曰："为之驾，比门下之车客！"于是乘其车，揭其剑，过其友曰："孟尝君客我。"后有顷，复弹其剑铗，歌曰："长铗归来乎！无以为家。"左右皆恶之，以为贪而不知足。孟尝君问："冯公有亲乎？"对曰："有老母。"孟尝君使人给其食用，无使乏。于是冯谖不复歌。

　　后孟尝君出记，问门下诸客："谁习计会，能为文收责于薛者乎？"冯谖署曰："能。"孟尝君怪之，曰："此谁也？"左右曰："乃歌夫'长铗归来'者也。"孟尝君笑曰："客果有能也，吾负之，未尝见也。"请而见之，谢曰："文倦于事，愦于忧⑤，而性懧愚，沉于国家之事，开罪于先生。先生不羞，乃有意欲为收责于薛乎⑥？"冯谖曰："愿之。"于是约车治装，载券契而行，辞曰："责毕收，以何市而反？"孟尝君曰："视吾家所寡有者。"

　　驱而之薛，使吏召诸民当偿者，悉来合券。券遍合，起矫命以责赐诸民,因烧其券,民称万岁。

长驱到齐,晨而求见。孟尝君怪其疾也,衣冠而见之,曰:"责毕收乎?来何疾也?"曰:"收毕矣。""以何市而反?"冯谖曰:"君云'视吾家所寡有者',臣窃计,君宫中积珍宝,狗马实外厩,美人充下陈;君家所寡有者,以义耳!窃以为君市义。"孟尝君曰:"市义奈何?"曰:"今君有区区之薛,不拊爱子其民⑦,因而贾利之。臣窃矫君命,以责赐诸民,因烧其券,民称万岁。乃臣所以为君市义也。"孟尝君不说,曰:"诺,先生休矣!"

后期年,齐王谓孟尝君曰:"寡人不敢以先王之臣为臣!"孟尝君就国于薛,未至百里,民扶老携幼,迎君道中,终日。孟尝君顾谓冯谖:"先生所为文市义者,乃今日见之!"

冯谖曰:"狡兔有三窟,仅得免其死耳。今有一窟,未得高枕而卧也。请为君复凿二窟。"孟尝君予车五十乘,金五百斤。西游于梁,谓梁王曰:"齐放其大臣孟尝君于诸侯,先迎之者,富而兵强。"于是梁王虚上位,以故相为上将军,遣使者黄金千斤、车百乘,往聘孟尝君。冯谖先驱,诫孟尝君曰:"千金,重币也;百乘,显使也。齐其闻之矣。"梁使三反,孟尝君固辞不往也。齐王闻之,君臣恐惧,遣太傅赍黄金千斤⑧,文车二驷⑨,服剑一,封书谢孟尝君曰:"寡人不祥,被于宗庙之祟⑩,沉于谄谀之臣⑪,开罪于君。寡人不足为也,愿君顾先王之宗庙,姑反国统万人乎!"冯谖诫孟尝君曰:"愿请先王之祭器,立宗庙于薛。"庙成,还报孟尝君曰:"三窟已就,君姑高枕为乐矣。"

孟尝君为相数十年,无纤介之祸者,冯谖之计也。

【注释】

①冯谖:孟尝君的门客。②属:同"嘱",嘱托。③孟尝

君：姓田名文，曾任齐国相国。他与魏国的信陵君、赵国的平原君、楚国的春申君因广聚人才、礼贤下士而被合称为"战国四君子"。④铗（jiá）：剑柄。⑤愦（kuì）：昏乱。⑥责：债务。⑦拊：通"抚"。⑧赍（jī）：持物赠人。⑨驷：套着四匹马的车。⑩祟：灾祸。⑪谄（chǎn）谀（yú）：阿谀奉承。

【译文】

齐国有个叫冯谖的，因贫困而过不下去了，便托人介绍给孟尝君，希望能在孟尝君门下寄居。孟尝君问："客人有什么爱好？"回答道："没有什么爱好。"孟尝君又问："客人有什么能耐？"回答道："没有什么能耐。"孟尝君笑着同意了，说："好吧。"

孟尝君的随从们因为主人不把冯谖当回事，便给他吃些粗劣的食物。住了一段时间，冯谖靠着柱子，弹着他的剑，唱道："长剑啊，咱们回去吧，吃饭没有鱼！"左右的人把这事儿告诉了孟尝君，孟尝君说："给他鱼吃，照吃鱼的门客那样款待他。"住了一段时间，冯谖又弹起了他的剑，唱道："长剑啊，咱们回去吧，出门没有车！"左右的人都耻笑他，又把这事告诉了孟尝君。孟尝君说："给他车马，照有车的门客那样对待他。"于是，冯谖乘着车，举着他的剑，去访问他的朋友，说："孟尝君把我当客人看待。"过了一段时间，冯谖又弹起了他的剑，唱道："长剑啊，咱们回去吧，没有什么可以养家糊口啊！"左右的人都厌恶他了，觉得他贪得无厌。孟尝君问道："冯先生有亲人吗？"左右的人回答说："有个老母亲。"孟尝君派人供给她吃用，不让她觉得缺少什么。于是冯谖就不再唱歌了。

后来，孟尝君发出一个文告，问门下的各位客人："谁擅长算账收钱，能替我到薛地去收债呢？"冯谖签上名，说："我行。"孟尝君看了，感到奇怪，问："这是谁呀？"左右的人回答道："就是唱'长剑啊，咱们回去吧'的那个人。"孟尝君笑道："客人果然有些能耐，我怠慢了他，还没和他见过面呢！"于是把冯谖请来见面，向他道歉说："我被这些琐事缠扰得疲惫不堪，因为忧虑而感到心意烦乱，再加上生性懦弱愚笨，陷在国事中无法脱身，因此得罪了先生。先生不以为羞辱，真的有意为我到薛地去收债吗？"冯谖回答："愿意前往。"于是准备车马，收拾行装，装上债券契据准备出发。辞行的时候问孟尝君："收债完毕之后，买些什么东西回来？"孟尝君说："您看我家里缺什么就买什么吧。"

冯谖驱车到了薛地，派官吏招来应该还债的百姓，悉数核对债券。等债券全部核对完毕，冯谖假传孟尝君的命令，把债款都赏赐给了百姓，因而烧掉了债券，百姓齐声欢呼万岁。

冯谖马不停蹄地赶回齐国，大清早就去求见孟尝君。孟尝君对他这么快就回来了感到奇怪，穿戴整齐后去见他，问道："债都收完了？怎么这么快就回来了？"冯谖回答道："收完了。""买了些什么回来？"冯谖回答道："您说'看我家里缺什么就买什么'，我私下里盘算，您的府里堆满了珍宝，猎狗骏马挤满了牲口棚，美丽的女子站满了堂下；您府里所缺少的东西，只是义啊！我自作主张为您买回了义。"孟尝君问："买义？这是怎么一回事？"冯谖说："现在您拥有这个小小的薛地，不把那里的百姓当作自己的子女一并爱护，还在他们身上做生意牟利。我自作主张假传您的命令，把债款都赏给了百姓，因而烧掉了债券，百姓们都欢呼万岁，这就是我为您买的义。"孟尝君听了很不高兴，说："哦，先生，算了吧！"

过了一年，齐王对孟尝君说："我不敢以先王用过的大臣作为自己的臣下。"孟尝君只好前往他的封邑薛地。走到离薛地还有一百多里的地方,百姓们扶老携幼,在大道上迎接孟尝君,整天都是这样。孟尝君回头对冯谖说:"先生为我买回的仁义,今天才见到!"

冯谖说:"聪明的兔子有三个洞穴,仅仅可以免去一死。现在您只有一个洞穴,还不能高枕无忧。请让我为您再去建造两个洞穴吧。"孟尝君给了他五十辆车、五百斤黄金,西去梁国游说。冯谖对梁王说:"齐王把他的大臣孟尝君放逐到诸侯国去了,首先迎接到他的国家就会国富兵强。"梁王于是空出相国的位子,让以前的相国做了上将军,派遣使者带着千斤黄金、百辆车子去请孟尝君。冯谖抢先驱车回到薛,提醒孟尝君说:"黄金一千斤,是很贵重的聘礼;车一百辆,说明使者的等级很高。齐王大概已经听说了吧。"梁国的使者往返了三次,孟尝君都坚决推辞,不肯前往赴任。

齐王听到这些情况,君臣都很恐慌,于是派太傅送来了黄金千斤、彩车两辆、佩剑一把,并且写了一封信向孟尝君道歉,信上说:"我真是很不幸,遭受祖宗降下的灾祸,又为那些阿谀奉承的小人所迷惑,得罪了您。我是不值一提的,只希望您念在先王宗庙的份上,暂且回到齐国来统帅广大百姓吧!"冯谖又提醒孟尝君说:"希望您向齐王请求先王的祭器,在薛地建立宗庙。"宗庙建成了,冯谖回来向孟尝君报告说:"三个洞穴都已经建造完成,您暂且可以高枕无忧,过快乐的日子了。"

孟尝君在齐国为相几十年,没遭受一点灾祸,全是因为冯谖的计谋啊!

赵威后问齐使

【原文】

齐王使使者问赵威后①,书未发②,威后问使者曰:"岁亦无恙耶?民亦无恙耶?王亦无恙耶?"使者不说,曰:"臣奉使使威后,今不问王而先问岁与民,岂先贱而后尊贵者乎?"威后曰:"不然。苟无岁,何有民?苟无民,何有君?故有问舍本而问末者耶?"

乃进而问之曰:"齐有处士曰钟离子③,无恙耶?是其为人也,有粮者亦食,无粮者亦食;有衣者亦衣,无衣者亦衣。是助王养其民者也,何以至今不业也?叶阳子无恙乎④?是其为人,哀鳏寡,恤孤独,振困穷,补不足。是助王息其民者也⑤,何以至今不业也?北宫之女婴儿子无恙耶⑥?撤其环瑱⑦,至老不嫁,以养父母。是皆率民而出于孝情者也,胡为至今不朝也⑧?此二士弗业,一女不朝,何以王齐国、子万民乎?於陵子仲尚存乎⑨?是其为人也,上不臣于王,下不治其家,中不索交诸侯。此率民而出于无用者,何为至今不杀乎?"

【注释】

①齐王:齐襄王之子,名建。赵威后:赵孝成王之母。②发:启封。③处士:指有道德才能的隐者。④叶阳子:齐国隐士。⑤息:安定。⑥婴儿子:齐国有名的孝女,姓北宫。

⑦环瑱（tiàn）：泛指女子的装饰品。⑧不朝：古时女子得到封号才能上朝，这里指不加封号。⑨於（wū）陵：齐邑名，在今山东长山。子仲：齐国隐士。

【译文】

齐王派遣使者去看望赵威后，信还没有拆开，赵威后就问齐使说："今年收成还好吧？百姓还好吗？齐王还好吗？"齐使不高兴，说："臣奉大王之命前来看望您，现在您不问我们大王的状况，却先打听年成和百姓的情况，这不是先卑贱而后尊贵吗？"赵威后说："不是这样。如果没有年成，何以有百姓？如果没有百姓，何以有君王？岂有舍本而问末的道理？"

她接着又问："齐国隐士钟离子，还好吗？他对于有粮食的人让他们有饭吃，没粮食的人也让他们有饭吃；对于有衣服的人给他们衣服穿，没衣服的人也给他们衣服穿，这是一个帮助齐王抚养他的百姓的人，为何至今还没有重用他？叶阳子还好吗？这个人怜恤那些鳏夫寡妇，赈济那些困苦和贫穷的人，这是帮助齐王安定百姓啊，为何至今还不加以任用？北宫氏的女儿婴儿子还好吗？她摘去身上的首饰，至今不嫁，以侍奉父母。这是引导百姓尽孝心的人，为何至今还没有得到齐王的召见呢？这样的两位隐士不受重用，一位孝女得不到接见，齐王如何治理齐国、存恤万民呢？於陵子仲还活着吗？他的为人，对上不向君王行臣道，对下不能很好地治理自己的家业，自己又不谋求和诸侯交往，这是一个引导百姓朝无所事事的方向走的人，齐王为什么至今还不把他杀掉呢？"

庄辛论幸臣

【原文】

臣闻鄙语曰："见兔而顾犬，未为晚也；亡羊而补牢，未为迟也。"臣闻昔汤、武以百里昌，桀、纣以天下亡。今楚国虽小，绝长续短，犹以数千里，岂特百里哉？

王独不见夫蜻蛉乎？六足四翼，飞翔乎天地之间，俯啄蚊虻而食之，仰承甘露而饮之，自以为无患，与人无争也；不知夫五尺童子方将调饴胶丝①，加己乎四仞之上②，而下为蝼蚁食也。

夫蜻蛉其小者也，黄雀因是以。俯啄白粒③，仰栖茂树，鼓翅奋翼，自以为无患，与人无争也；不知夫公子王孙，左挟弹，右摄丸，将加己乎十仞之上，以其类为招④。昼游乎茂树，夕调乎酸咸，倏忽之间，坠于公子之手。

夫雀其小者也，黄鹄因是以⑤。游乎江海，淹乎大沼，俯啄鳝鲤，仰啮菱衡⑥，奋其六翮⑦，而凌清风，飘摇乎高翔，自以为无患，与人无争也；不知夫射者方将修其碆卢⑧，治其矰缴⑨，将加己乎百仞之上。被䃣磻⑩，引微缴，折清风而抎矣⑪。故昼游乎江湖，夕调乎鼎鼐⑫。

夫黄鹄其小者也，蔡灵侯之事因是以。南游乎高陂，北陵乎巫山，饮茹溪流，食湘波之鱼。左抱幼妾，右拥嬖女，与之驰骋乎高蔡之中，而不以国家为事；不知夫子发方受命乎灵王，系己以朱丝而见之也。

蔡灵侯之事其小者也，君王之事因是以。左州侯，右夏侯，辇从鄢陵君与寿陵君⑬，饭封禄之粟，而载方府之金，与之驰骋乎云梦之中，而不以天下国家为事；而不知夫穰侯方受命乎秦王，填黾塞之内，而投己乎黾塞之外⑭。

【注释】

①饴（yí）：用米麦制成的糖浆。②仞：古时的计量单位，以七尺或八尺为一仞。③噣：通"啄"。④招：目标。⑤黄鹄（hú）：天鹅。⑥啮（niè）：咬。荷：菱叶。衡：通"荇"，水草。⑦翮（hé）：泛指鸟的翅膀。⑧磻（bō）：古代射鸟用的拴在丝绳上的石箭镞。卢：黑色的弓。⑨矰（zēng）：古代用来射鸟的拴着丝绳的短箭。劗（jiān）：锐利。礛：通"磻"。⑪抎：通"陨"，落下。⑫鼐（nài）：大鼎。⑬辇：原指古代用人拉着走的车子，后多指天子或王室坐的车子。⑭黾（méng）塞：古关塞名，即今河南信阳西南的平靖关。

【译文】

我听到过这样的俗话："见到野兔再回头呼唤猎狗，还不算晚；丢了羊再去修补羊圈，还不算迟。"我还听说，从前商汤和周武王只凭借百里大的地方兴盛起来，夏桀、商纣虽然拥有整个天下，最后却沦于灭亡。现在楚国地盘虽然小了，但是截长补短，还有数千里，岂止百里大？

大王难道没有看见过蜻蜓吗？它有六只脚、四个翅膀，在天地间自由飞翔，低头捉取蚊、虻一类的飞虫吃，抬头吮吸甘甜的露水，自以为不会有什么灾祸，和谁也没有争端；哪知那五尺高的小孩子，正在将糖浆涂在丝网上，要把它从四仞高的空中黏下来，而落地后就会成为蝼蚁的食物。

　　蜻蜓还算小的，黄雀也是这样呀。它俯身啄食白米粒，飞上茂密的树枝栖息，振翅奋飞，自以为不会有什么灾祸，和谁也没有争端；哪知那些公子王孙左手拿着弹弓，右手握着弹丸，正要从十仞高的天空中射杀自己，以这样的小鸟作为他们弹射的目标。它白天还在茂密的树枝间玩耍，晚上就被用酱醋烹调了，顷刻之间，便落入公子王孙之手。

　　黄雀还算是小的，天鹅也是如此啊。它在江海间遨游，在湖沼间栖息，低头啄食鳝鱼、鲤鱼，仰头嚼菱叶和荇菜，振起翅膀，乘着清风，在高空中翱翔，自以为不会有什么灾祸，和谁也没有争端；哪知猎人正在修理弓箭，整理系箭的丝绳，要从百仞的高空中射杀它。它带着锐利的箭头，拖着细细的丝绳，从清风中栽落下来。它白天还在江湖中遨游，晚上却已被煮在锅里。

　　天鹅还算是小的，蔡灵侯的事也是如此啊。他南游高坡，北登巫山，在茹溪饮马，在湘江食鱼，左手抱着年轻的妃子，右手搂着心爱的美人，和她们一同驱车驰骋在高蔡的路上，而不把国家大事放在心头；他哪里知道楚将子发正在接受楚王下达的命令，要用红绳子将他绑起来去见楚王呢。

　　蔡灵侯的事还算是小的，大王的事也是如此啊。大王身左有州侯，身右有夏侯，辇车后跟随的是鄢陵君和寿陵君，吃着由封邑供给的粮食，车上载着国库里的金银，与这些人在云梦泽中纵马驰骋，而不把天下国家的大事放在心上；大王哪里知道穰侯刚刚接受了秦王的命令，陈兵在楚国黾塞以内，要把您赶到黾塞之外去啊。

触龙说赵太后

【原文】

赵太后新用事①，秦急攻之，赵氏求救于齐。齐曰："必以长安君为质②，兵乃出。"太后不肯，大臣强谏。太后明谓左右："有复言令长安君为质者，老妇必唾其面！"

左师触愿见，太后盛气而揖之③。入而徐趋，至而自谢，曰："老臣病足，曾不能疾走，不得见久矣，窃自恕，恐太后玉体之有所郄也④，故愿望见。"太后曰："老妇恃辇而行。"曰："日食饮得无衰乎？"曰："恃鬻耳⑤。"曰："老臣今者殊不欲食，乃自强步，日三四里，少益嗜食，和于身。"曰："老妇不能。"太后之色少解。

左师公曰："老臣贱息舒祺，最少，不肖。而臣衰，窃爱怜之，愿令补黑衣之数，以卫王宫。没死以闻⑥！"太后曰："敬诺。年几何矣？"对曰："十五岁矣。虽少，愿及未填沟壑而托之⑦。"太后曰："丈夫亦爱怜其少子乎？"对曰："甚于妇人。"太后曰："妇人异甚！"对曰："老臣窃以为媪之爱燕后⑧，贤于长安君。"曰："君过矣，不若长安君之甚！"

左师公曰："父母之爱子，则为之计深远。媪之送燕后也，持其踵为之泣⑨，念悲其远也，亦哀之矣。已行，非弗思也，祭祀必祝之，祝曰：'必勿使反！'岂非计久长，有子孙相继为王也哉？"太后曰："然。"

◎卷四 秦文

　　左师公曰:"今三世以前,至于赵之为赵,赵王之子孙侯者,其继有在者乎?"曰:"无有。"曰:"微独赵,诸侯有在者乎?"曰:"老妇不闻也。""此其近者祸及身,远者及其子孙。岂人主之子孙则必不善哉?位尊而无功,奉厚而无劳⑩,而挟重器多也。今媪尊长安君之位,而封以膏腴之地,多予之重器,而不及今令有功于国;一旦山陵崩,长安君何以自托于赵?老臣以媪为长安君计短也,故以为其爱不若燕后。"太后曰:"诺,恣君之所使之⑪。"于是为长安君约车百乘,质于齐。齐兵乃出。

　　子义闻之,曰:"人主之子也,骨肉之亲也,犹不能恃无功之尊、无劳之奉,而守金玉之重也,而况人臣乎!"

【注释】

　　① 赵太后:即赵威后,惠文王之妻。惠文王死后,因其子孝成王年幼,所以由赵威后辅佐执政。② 长安君:赵威后幼子的封号。③ 揖:应作"胥","胥"同"须",等待。④ 郄(xì):身体不舒适。⑤ 鬻:通"粥"。⑥ 没死:冒死。⑦ 填沟壑:指死。⑧ 媪(ǎo):对老年妇女的称呼。燕后:赵威后的女儿,嫁给燕王为妻。⑨ 踵(zhǒng):脚后跟。⑩ 奉:通"俸",即俸禄。⑪ 恣(zì):听任。

【译文】

　　赵太后刚刚执政,秦国就加紧攻赵,赵国向齐国求救。齐国说:"一定要用长安君作为人质,才派兵。"赵太后不肯答应,大臣们极力劝说,太后明确地对左右的人说:"有再来说将长安君作为人质的,我就要把唾沫啐在他的脸上!"

　　左师触龙要求进见太后,太后气冲冲地等着他。触龙进门之后,缓慢地小步向前走着,到了太后跟前主动谢罪说:"老臣的脚有毛病,竟不能快步走,好久没有见到太后了,只好私下里宽恕自己,但恐怕太后玉体欠安,所以想来看看您。"太后说:"老身也只是靠着辇车才能行动。"触龙又问:"太后每日的饮食该没减少吧?"太后说:"不过吃点稀饭罢了。"触龙说:"老臣近来特别不想吃东西,自己勉强散散步,每天走三四里,才稍稍增加了一些食欲,身体也安适了些。"太后说:"老身可做不到。"这时候太后脸上的怒色稍稍缓和了一些。

触龙又说:"老臣的贱子舒祺,年纪最小,不成器得很,而我已经衰老了,心里很疼爱他,希望能让他补一名黑衣侍卫,来保卫王宫。我特地冒死来向您禀告。"太后回答说:"好吧。他多大年纪了?"触龙回答道:"十五岁了。虽说还小,我却希望趁我死之前把他托付给您。"太后问:"男人也爱他的小儿子吗?"触龙答道:"比女人疼爱得还要厉害。"太后答道:"女人疼爱得更厉害!"触龙说:"我私下认为您对燕后的疼爱超过长安君。"太后道:"您说错了,不像疼爱长安君那么厉害。"

触龙说:"父母疼爱自己的孩子,总要替他们做长远的打算。您送燕后出嫁的时候,握着她的脚跟,为她哭泣,为她远嫁而悲伤,这实在是令人哀痛的事情。燕后走了,并不是就不想念她了,可是祭祀时为她祝福,却说:'千万别让她回来!'您这样做难道不是为了长远打算,希望她的子孙能相继成为燕王吗?"太后答道:"是这样啊。"

触龙又说:"从现在上推三代,一直推到赵国刚刚开始建立的时候,历代赵王的子孙受封为侯的,他们的继承人还有存在的吗?"太后答道:"没有。"触龙又问:"不只是赵国,其他诸侯国里有相继为侯的吗?"太后说:"我还没听说过。"触龙说道:"这大概就是，近的祸患落到自己身上，远的灾祸会累及子孙。难道国君的子孙一定都不好吗？只是因为他们地位尊贵，而无功于国；俸禄优厚，而无劳绩，却拥有大量的贵重财宝。现在您使长安君地位尊贵，又分封给他肥沃的土地，赐给他很多宝物，而不让他趁早有功于国，有朝一日您不在了，长安君凭什么在赵国立身呢？老臣认为您没有替长安君做长远的打算呀，所以认为您对他的疼爱不如对燕后。"太后听完了说："好吧，任凭您怎样指派他吧。"于是为长安君准备了一百辆车子，到齐国做了人质。齐国的军队这才出动。

子义听到了这件事，说："国君的孩子，是国君的亲骨肉，尚且不能依靠没有功勋的尊贵地位、没有劳绩的丰厚俸禄来守住金玉宝器，更何况是做臣子的呢！"

鲁仲连义不帝秦

【原文】

秦围赵之邯郸①。魏安釐王使将军晋鄙救赵②。畏秦，止于荡阴③，不进。

魏王使客将军④辛垣衍间入邯郸，因平原君谓赵王曰⑤："秦所以急围赵者，前与齐闵王争强为帝，已而复归帝，以齐故。今齐闵王益弱，方今唯秦雄天下。此非必贪邯郸，其意欲求为帝。赵诚发使尊秦昭王为帝，秦必喜，罢兵去。"平原君犹豫未有所决。

此时鲁仲连适游赵⑥，会秦围赵，闻魏将欲令赵尊秦为帝，乃见平原君，曰："事将奈何矣？"平原君曰："胜也何敢言事？百万之众折于外，今又内围邯郸而不去。魏王使客将军辛垣衍令赵帝秦，今其人在是。胜也何敢言事？"鲁连曰："始吾以君为天下之贤公子也，吾乃今然后知君非天下之贤公子也。梁客辛垣衍安在？吾请为君责而归之。"平原君曰："胜请召而见之于先生。"

平原君遂见辛垣衍，曰："东国有鲁连先生，其人在此，胜请为绍介，而见之于将军。"辛垣衍曰："吾闻鲁连先生，齐国之高士也。衍，人臣也，使事有职，吾不愿见鲁连先生也。"平原君曰："胜已泄之矣。"辛垣衍许诺。

鲁连见辛垣衍而无言。辛垣衍曰："吾视居此围城之中者，皆有求于平原君者也。今吾视先生之玉貌，非有求于平原君者，曷为久居此围城之中而不去也?"鲁连曰:"世以鲍焦无从容而死者,皆非也。今众人不知,则为一身。彼秦者,弃礼义而上首功之国也,权使其士,虏使其民。彼则肆然而为帝,过而遂正于天下,则连有赴东海而死耳,吾不忍为之民也!所为见将军者,欲以助赵也。"辛垣衍曰:"先生助之奈何?"鲁连曰:"吾将使梁及燕助之,齐楚固助之矣。"辛垣衍曰:"燕则吾请以从矣。若乃梁,则吾乃梁人也,先生恶能使梁助之耶?"鲁连曰:"梁未睹秦称帝之害故也;使梁睹秦称帝之害,则必助赵矣。"辛垣衍曰:"秦称帝之害将奈何?"鲁仲连曰:"昔齐威王尝为仁义矣,率天下诸侯而朝周。周贫且微,诸侯莫朝,而齐独朝之。居岁余,周烈王崩,诸侯皆吊,齐后往。周怒,赴于齐曰:'天崩地坼⑦,天子下席,东藩之臣田婴齐后至,则斮之!'威王勃然怒曰:'叱嗟!而母,婢也!'卒为天下笑。故生则朝周,死则叱之,诚不忍其求也。彼天子固然,其无足怪!"

辛垣衍曰:"先生独未见夫仆乎?十人而从一人者,宁力不胜、智不若耶?畏之也。"鲁仲连曰:"然,梁之比于秦,若仆邪?"辛垣衍曰:"然。"鲁仲连曰:"然则吾将使秦王烹醢梁王⑧!"辛垣衍怏然不说,曰:"嘻!亦太甚矣,先生之言也!先生又恶能使秦烹醢梁王?"鲁仲连曰:"固也!待吾言之:昔者,鬼侯、鄂侯、文王,纣之三公也。鬼侯有子而好,故入之于纣,纣以为恶,醢鬼侯。鄂侯争之急,辩之疾,故脯鄂侯⑨。文王闻之,喟然而叹,故拘之于牖里之库百日⑩,而欲令之死。曷为与人俱称帝王,卒就脯醢之地也?

"齐闵王将之鲁,夷维子执策而从,谓鲁人曰:'子将何以待吾君?'鲁人曰:'吾将以十太牢待子之君。'夷维子曰:'子安取礼而来待吾君?彼吾君者,天子也。天子巡狩,诸侯避舍,纳筦键⑪，摄衽抱几，视膳于堂下。天子已食，退而听朝也。'鲁人投其籥⑫，不果纳，不得入于鲁。将之薛⑬，假涂于邹⑭。当是时，邹君死，闵王欲入吊，夷维子谓邹之孤曰⑮：'天子吊，主人必将倍殡柩，设北面于南方，然后天子南面吊也。'邹之群臣曰：'必若此，吾将伏剑而死。'故不敢入于邹。邹、鲁之臣，生则不得事养，死则不得饭含，然且欲行天子之礼于邹、鲁之臣，不果纳。今秦万乘之国，梁亦万乘之国，交有称王之名。睹其一战而胜，欲从而帝之，是使三晋之大臣⑯，不如邹、鲁之仆妾也。

"且秦无已而帝，则且变易诸侯之大臣。彼将夺其所谓不肖，而予其所谓贤；夺其所憎，而予其所爱。彼又将使其子女谗妾为诸侯妃姬，处梁之宫，梁王安得晏然而已乎？而将军又何以得故宠乎？"于是辛垣衍起，再拜，谢曰："始以先生为庸人，吾乃今日而知先生为天下之士也！吾请去，不敢复言帝秦。"

秦将闻之，为却军五十里。适会公子无忌夺晋鄙军以救赵击秦，秦军引而去。

于是平原君欲封鲁仲连。鲁仲连辞让者三，终不肯受。平原君乃置酒，酒酣，起，前，以千金为鲁连寿。鲁连笑曰："所贵于天下之士者，为人排患释难、解纷乱而无所取也。即有所取者，是商贾之人也，仲连不忍为也。"遂辞平原君而去，终身不复见。

【注释】

①邯郸：赵国都城，在今河北邯郸。②魏安釐（xī）王：魏国国君。晋鄙：魏国大将。③荡阴：在今河南汤阴，当时是赵魏两国交界处。④客将军：原籍不是魏国而在魏国做将军，故称。⑤平原君：赵孝成王之叔，名胜，封平原君。⑥鲁仲连：齐国的高士。⑦天崩地坼（chè）：天崩地陷，指周烈王死。

⑧醢（hǎi）：古代一种酷刑，将人剁成肉酱。⑨脯（fǔ）：古代把人做成肉干的酷刑。⑩牖（yǒu）里：地名，在今河南汤阴北。⑪筦（guǎn）键：钥匙和锁。⑫籥（yuè）：通"钥"。⑬薛：国名，在今山东藤县东南。⑭涂：通"途"。⑮邹之孤：指邹国的新君。⑯三晋：这里指韩、赵、魏三国。

【译文】

秦国包围了赵国都城邯郸。魏安釐王派将军晋鄙救援赵国。晋鄙畏惧秦军，所以魏军驻扎在荡阴，不敢前进。

安釐王又派出了一位客籍将军辛垣衍秘密潜入邯郸，通过平原君对赵王说："秦国之所以急着围攻赵国，是因为以前秦王和齐湣王争强称帝，后来秦昭王撤销帝号，是由于齐国撤销帝号的缘故。如今齐国日渐衰弱，只有秦国能称雄于天下。秦国此次出兵不一定是贪图邯郸之地，其真正目的是秦王想要称帝。如果赵国真能派出使者表示拥戴秦昭王为帝，秦国肯定会很高兴，这样就会撤兵而去。"平原君听了犹豫不决。

此时鲁仲连恰巧在赵国游历，正赶上秦军围困赵国，听说魏国想要让赵国拥戴秦王称帝，就去见平原君说："这件事情您打算怎么办？"平原君回答说："我赵胜怎么还敢谈论这件事情？百万大军挫败在外，如今秦军又深入赵国，围困邯郸而不撤兵。魏王派客籍将军辛垣衍来令赵国拥戴秦王称帝，现在这个人就在邯郸，我怎么还敢谈论这件事情？"鲁仲连说："以前我一直以为您是天下的贤明公子，今天才知道您并不是天下的贤明公子。那魏国的客人辛垣衍在哪里？我请求为您去当面斥责他，叫他回去。"平原君说："那我就把他叫来见先生吧。"

平原君于是去见辛垣衍，说："齐国有位鲁仲连先生，他现在正在这里，就让我作为介绍人，让他来见见将军吧。"辛垣衍说："我听说鲁仲连先生是齐国的高尚之人，而我辛垣衍，是魏王的臣子，此次出使担负有重要的职责，我不想见鲁仲连先生。"平原君说："我已经把你在这里的消息泄露给他了。"辛垣衍不得已，答应去见鲁仲连。

鲁仲连见到辛垣衍后，没有说话。辛垣衍说："我观察居住在这个被围之城中的人，都是有求于平原君的。今天我观先生的仪容相貌，不像是有求于平原君的人，为什么久留在这个围城之中而不离开呢？"鲁仲连说："世上那些认为鲍焦是因为心胸不开阔而死的人，都是认识上有误的。现在很多人不了解鲍焦的死因，认为他是为了一己私利而死的。那秦国，是一个抛弃礼义、崇尚战功的国家，以权术驾驭其群臣，像奴隶一样役使它的百姓。如果让秦国肆无忌惮地称了帝，甚至要统治整个天下，那么我鲁仲连只有跳东海自杀了，我不能容忍做它的顺民。我之所以要见将军，是想要帮助赵国。"辛垣衍问："先生将如何帮助赵国呢？"鲁仲连说："我想要让魏国和燕国帮助赵国，而齐国、楚国本来就在帮助它。"辛垣衍说："至于燕国，我愿意相信您能说动他们，使其助赵。至于魏国，我就是刚从魏国来的，先生怎么能使魏国帮助赵国呢？"鲁仲连回答说："那是因为魏国还没有看到秦国称帝的害处；如果让魏国看清秦国称帝的害处，那么它一定会帮助赵国的！"辛垣衍又问道："秦国称帝会有什么害处？"鲁仲连说："昔日齐威王曾施行仁义之政，率领天下诸侯去朝见周天子。当时的周王室贫穷而且衰微，诸侯们都不去朝见，唯独齐国去朝见。过了一年多，周烈王死了，各诸侯国都去吊唁，齐国去得晚了。周室恼怒，向齐国报丧说：'天子驾崩，如同天地塌陷，新天子都要睡在草席上亲自守丧，而东方的藩臣田婴齐竟然迟到，应该杀掉才是。'齐威王勃然大怒，骂道：'呸！你母亲也不过是个奴婢!'这件事最后成了天下的笑柄。齐威王在周天子活着的时候去朝见他,死后却辱骂他,实在是由于忍受不了周室的苛求啊。天子本来就如此,这也并没有什么可奇怪的。"

辛垣衍说:"先生难道没有见过那些奴仆吗?十个仆人跟从一个主子,难道是力气和智慧都胜不过吗?只是由于惧怕罢了。"鲁仲连问:"这样说来,秦国和魏国的关系就是主仆关系了?"辛垣衍回答说:"是这样的。"鲁仲连说:"既然如此,那么我将让秦王烹煮魏王,将魏王剁成肉酱!"辛垣衍很不高兴地说:"呵呵!先生您的话太过分了,您又怎能让秦王烹煮魏王,将其剁成肉酱呢?"鲁仲连说:"当然可以,等我讲给您听:从前,鬼侯、鄂侯、文王是商的三公。鬼侯有个女儿长得漂亮,所以就把她进献给商纣王,而纣王却认为她丑陋,就把鬼侯剁成肉酱。鄂侯因为此事极力诤谏,因此被纣王杀死还制成了肉干。文王听说后,喟然长叹,纣王因此又把文王囚禁在牖里的库房中一百天,还打算将他置于死地。为什么和别人一样地称呼纣王帝王,最后却还是落到被人剁成肉酱、制成肉干的下场呢?

"齐湣王准备去鲁国,夷维子拿着马鞭随行,他问鲁国人:'你们打算如何接待我们的国君呢?'鲁国人回答:'我们准备用十太牢的礼节来接待贵国国君。'夷维子说:'你们怎么能用这样的礼节来接待我们的国君呢?我们的国君是天子,天子巡视四方,诸侯要离开自己的宫殿,到别处避居,还要交出锁和钥匙,提起衣襟,亲自捧着几案,到堂下照看天子的饭食。等天子吃完饭,诸侯才能告退去处理政务。'鲁国人听到这话,立刻闭关上锁,拒不接纳。湣王不能进入鲁国,又准备到薛国去,于是向邹国借路通过。正逢邹国国君薨死,湣王想入城吊丧,夷维子就对邹君的遗孤说:'天子来吊丧,主人一定要把灵柩移到相反的方位，在南边设立朝北的灵堂，然后让天子面向南祭吊。'邹国的大臣们说：'如果一定要这样的话，我们情愿伏剑自杀。'所以，齐湣王没敢进入邹国。鲁国和邹国的臣子在君主生前不能侍奉供养，君主死后又不能为其口中放米含珠，然而湣王想要他们对其行天子之礼时，他们却不肯接受。现在秦国是拥有万辆兵车的大国，魏国也是拥有万辆兵车的大国，彼此都有称王的名分，仅仅看到秦国打了一次胜仗，就要顺从它，拥戴秦王称帝，这是使三晋的大臣还不如邹、鲁二国的奴仆姬妾啊！

"况且秦王如果称帝，就会马上更换各诸侯国的大臣。他们将撤换他们认为不像样的人，把职务授予他们认为贤能的人；他们将撤换他们所憎恨的人，把职务授予他们喜欢的人。他们还会把他们的女儿和谗佞的女人姬妾都充入诸侯的后宫，这样的女人进入魏王的王宫，魏王还能平安地过日子吗？而将军您又怎么能得到像原来那样的宠信呢？"于是辛垣衍站起身来，向鲁仲连拜了两拜，道歉说："起初我还以为先生是个平庸之辈，如今我才知道先生确实是天下的高人呀！我请求离开这里，不敢再提及尊秦王为帝的事了。"

秦国的将领听说这件事后，将军队撤退了五十里。恰巧这时魏国的公子无忌夺取了晋鄙的兵权，率领军队前来援救赵国，进攻秦军。秦军就撤回去了。

于是平原君想封赏鲁仲连。鲁仲连再三辞让，始终不肯接受。平原君就设酒宴款待他。当酒正喝到兴头上时，平原君起身上前，用千金向鲁仲连祝寿。鲁仲连笑着说："天下杰出之士之所以被人们崇尚，是为人排忧解难、消除纷乱而不收取任何报酬。如果要收取报酬，那就和商人没有什么区别了，鲁仲连不忍做这样的事。"于是辞别平原君而去，终身没有再来见他。

◎卷四　秦文

鲁共公择言

【原文】

梁王魏婴觞诸侯于范台①，酒酣，请鲁君举觞。鲁君兴，避席择言曰："昔者，帝女令仪狄作酒而美，进之禹。禹饮而甘之，遂疏仪狄，绝旨酒②。曰：'后世必有以酒亡其国者。'齐桓公夜半不嗛③，易牙④乃煎、熬、燔、炙，和调五味而进之⑤。桓公食之而饱，至旦不觉，曰：'后世必有以味亡其国者。'晋文公得南之威，三日不听朝，遂推南之威而远之，曰：'后世必有以色亡其国者。'楚王登强台而望崩山⑥，左江而右湖，以临彷徨，其乐忘死，遂盟强台而弗登，曰：'后世必有以高台、陂池亡其国者。'今主君之尊⑦，仪狄之酒也；主君之味，易牙之调也；左白台而右闾须⑧，南威之美也；前夹林而后兰台，强台之乐也。有一于此，足以亡其国，今主君兼此四者，可无戒与？"梁王称善相属⑨。

【注释】

①梁王魏婴：即梁惠王。觞（shāng）：古代酒器。此处作宴请讲。②旨：美。③不嗛（qiè）：不满足。④易牙：齐桓公的宠臣。燔（fán）：烧。炙：烤。⑤五味：酸、甜、苦、辣、咸。⑥楚王：指楚庄王。⑦尊：通"樽"。⑧白台、闾须：都是美女名。⑨属（zhǔ）：连连。

【译文】

梁王魏婴在范台宴请各国诸侯。酒兴正浓的时候,他请鲁共公举杯。鲁共公起身离席,正色道:"从前夏禹的女儿叫仪狄酿酒,酿出的酒味道醇美,于是把酒进献给禹。禹喝了之后也觉得味道醇美,但因此疏远了仪狄,从此戒了美酒,并且说:'后世必定有因为饮酒而使国家灭亡的。'齐桓公有一天夜里觉得肚子饿,想吃东西,易牙就煎熬烧烤,调和五味,做出可口的菜肴献给齐桓公。齐桓公吃得很饱,一觉睡到天亮还不醒,醒了以后说:'后世必有因贪图美味而使国家灭亡的。'晋文公得到了美女南之威,三天没有上朝听政,于是就离开了南之威,从此不再接近她,说:'后世一定有因为贪恋美色而使国家灭亡的。'楚庄王登上强台而远望崩山,左边是长江,右边是大湖,登山临水,流连徘徊,快乐得忘记了死亡,于是发誓不再登强台,说:'后世一定有因为流连于高台、陂池而使国家灭亡的。'现在君王酒杯里的,是仪狄酿的美酒;君王吃的,是易牙烹调出来的美味;左边是白台,右边是闾须,她们都是像南之威一样的美女;您前边有夹林,后边有兰台,这些都是像强台一样令人乐而忘返的景致。这四者中占有一种,就足以使国家灭亡,现在您兼而有之,怎能不引起警惕?"梁惠王听后连连称好。

◎卷四 秦文

唐雎不辱使命

【原文】

秦王使人谓安陵君曰①："寡人欲以五百里之地易安陵，安陵君其许寡人！"安陵君曰："大王加惠，以大易小，甚善。虽然，受地于先王，愿终守之，弗敢易。"秦王不说②。安陵君因使唐雎使于秦。

秦王谓唐雎曰："寡人以五百里之地易安陵，安陵君不听寡人，何也？且秦灭韩亡魏，而君以五十里之地存者，以君为长者，故不错意也③。今吾以十倍之地，请广于君，而君逆寡人者，轻寡人与？"唐雎对曰："否，非若是也。安陵君受地于先王而守之，虽千里不敢易也，岂直五百里哉？"

秦王怫④然怒，谓唐雎曰："公亦尝闻天子之怒乎？"唐雎对曰："臣未尝闻也。"秦王曰："天子之怒，伏尸百万，流血千里。"唐雎曰："大王尝闻布衣之怒乎？"秦王曰："布衣之怒，亦免冠徒跣⑤，以头抢地耳⑥。"唐雎曰："此庸夫之怒也，非士之怒也。夫专诸之刺王僚也⑦，彗星袭月；聂政之刺韩傀也⑧，白虹贯日；要离之刺庆忌也⑨，苍鹰击于殿上。此三子皆布衣之士也，怀怒未发，休祲降于天⑩，与臣而将四矣。若士必怒，伏尸二人，流血五步，天下缟素⑪，今日是也！"挺剑而起。

秦王色挠⑫，长跪而谢之曰⑬："先生坐，何至于此！寡人谕矣⑭。夫韩、魏灭亡，而安陵以五十里之地存者，徒以有先生也。"

【注释】

①秦王：即秦始皇嬴政。安陵君：安陵国的国君。②说：通"悦"，高兴。③错意：通"措意"，放在心上。④怫（fèi）然：愤怒的样子。⑤徒跣（xiǎn）：光着脚。⑥抢（qiāng）：撞。⑦专诸：春秋时吴国的勇士，曾经为吴国的公子光刺杀了吴王僚。⑧聂政：战国时魏国人，曾经为韩大夫严仲子刺杀了韩桓韩傀（guī）。⑨要离：春秋时吴国的勇士，曾经为吴王阖闾刺杀了吴王僚之子庆忌。⑩休：吉兆。祲（jìn）：不祥之兆。⑪缟（gǎo）素：指丧服。⑫挠：屈服。⑬长跪：两膝着地，臀部离开足跟，直身而跪。⑭谕：通"喻"，明白。

【译文】

秦王嬴政派人转告安陵君说："我打算用方圆五百里的土地交换安陵，安陵君应该会答应我吧！"安陵君说："承蒙大王施予恩惠，用大地盘换小地盘，这太好了。虽然如此，但我从先王那里接受了这块封地，愿意终生守护它，不敢拿它交换。"秦王知道了很不高兴。安陵君因此派唐雎出使秦国。

秦王对唐雎说："我用五百里的土地去换安陵，安陵君不听从我，这是为什么？况且秦国灭了韩国和魏国，然而安陵君却凭借方圆五十里的土地生存下来，是因为我把安陵君当作忠厚的长者，所以没有放在心上。现在我用十倍于安陵的土地，想要使安陵君的领土得到扩大，他却违背我的意愿，是轻视我吗？"唐雎回答说："不，不是这样的。安陵君从先王那里接受了封地而守着它，即使是方圆千里的土地也不敢拿去交换，何况是五百里的土地呢?"

秦王非常愤怒,对唐雎说:"您听说过天子发怒吗?"唐雎回答说:"我未曾听说过。"秦王说:"天子发怒,将使百万尸首倒下,血流千里。"唐雎说:"大王听说过平民发怒吗?"秦王说:"平民发怒,不过是摘掉帽子,赤着脚,用头撞地罢了。"唐雎说:"这是平庸之辈发怒,不是士人发怒。当年专诸刺杀吴王僚的时候,彗星的光芒冲击了月亮;聂政刺杀韩傀的时候,白虹穿过太阳;要离刺杀庆忌的时候,苍鹰在宫殿上空搏斗。这三个人都是出身平民的士人,心里怀着的怒气还没爆发出来,上天就降下了吉凶的征兆,现在,专诸、聂政、要离同我一起,将要成为四个人了。如果有胆识之士真的发怒,横在地上的尸首不过是两个人,血只流五步远,可是天下之人就要穿白戴孝了,今天就要发生这样的情况!"于是拔出宝剑站了起来。

秦王的神色颓丧,挺直上身跪着向唐雎道歉说:"先生请坐,何至于这样呢!我明白了。为什么韩国、魏国灭亡,然而安陵却凭借五十里的土地还能够生存下来,只是因为有先生啊。"

乐毅报燕王书

【原文】

　　昌国君乐毅①，为燕昭王合五国之兵而攻齐，下七十余城，尽郡县之以属燕。三城未下，而燕昭王死。惠王即位，用齐人反间，疑乐毅，而使骑劫代之将②。乐毅奔赵，赵封以为望诸君。齐田单诈骑劫③，卒败燕军，复收七十城以复齐。

　　燕王悔，惧赵用乐毅乘燕之敝以伐燕。燕王乃使人让乐毅，且谢之曰："先王举国而委将军，将军为燕破齐，报先王之仇，天下莫不振动，寡人岂敢一日而忘将军之功哉！会先王弃群臣，寡人新即位，左右误寡人。寡人之使骑劫代将军，为将军久暴露于外，故召将军，且休计事。将军过听，以与寡人有隙，遂捐燕而归赵。将军自为计则可矣，而亦何以报先王之所以遇将军之意乎！"

　　望诸君乃使人献书报燕王曰："臣不佞，不能奉承先王之教，以顺左右之心，恐抵斧质之罪④，以伤先王之明，而又害于足下之义，故遁逃奔赵。自负以不肖之罪，故不敢为辞说。今王使使者数之罪，臣恐侍御者之不察先王之所以畜幸臣之理⑤，而又不白于臣之所以事先王之心，故敢以书对。

　　"臣闻贤圣之君，不以禄私其亲，功多者授之；不以官随其爱，能当者处之。故察能而授官者，成功之君也；论行而结交者，立名之士也。臣以所学者观之，先王之举措，有高世之心，故假节于魏王⑥,而以身得察于燕。先王过举,擢之乎宾客之中⑦,而立之乎群臣之上,不谋于父兄,而使臣为亚卿⑧。臣自以为奉令承教,可以幸无罪矣,故受命而不辞。

"先王命之曰:'我有积怨深怒于齐,不量轻弱,而欲以齐为事。'臣对曰:'夫齐,霸国之余教而骤胜之遗事也。闲于甲兵⑨,习于战攻。王若欲伐之,则必举天下而图之。举天下而图之,莫径于结赵矣。且又淮北、宋地,楚、魏之所同愿也,赵若许约,楚、赵、宋尽力,四国攻之,齐可大破也。'先王曰:'善!'臣乃口受令,具符节,南使臣于赵。顾反命,起兵随而攻齐。以天之道,先王之灵,河北之地,随先王举而有之于济上。济上之军奉令击齐,大胜之。轻卒锐兵,长驱至国。齐王逃遁走莒⑩,仅以身免。珠玉财宝、车甲珍器,尽收入燕。大吕陈于元英,故鼎反乎历室⑪,齐器设于宁台。蓟丘之植⑫,植于汶篁⑬。自五伯以来,功未有及先王者也。先王以为顺于其志,以臣为不顿命,故裂地而封之,使之得比乎小国诸侯。臣不佞,自以为奉令承教,可以幸无罪矣,故受命而弗辞。

"臣闻贤明之君,功立而不废,故著于春秋;蚤知之士⑭,名成而不毁,故称于后世。若先王之报怨雪耻,夷万乘之强国,收八百岁之蓄积,及至弃群臣之日,遗令诏后嗣之余义,执政任事之臣,所以能循法令,顺庶孽者⑮,施及萌隶⑯,皆可以教于后世。

"臣闻善作者不必善成,善始者不必善终。昔者伍子胥说听乎阖闾⑰,故吴王远迹至于郢。夫差弗是也,赐之鸱夷而浮之江⑱。故吴王夫差不悟先论之可以立功,故沉子胥而弗悔;子胥不蚤见主之不同量,故入江而不改。

"夫免身全功,以明先王之迹者,臣之上计也。离毁辱之非⑲,

· 175 ·

堕先王之名者⑳，臣之所大恐也。临不测之罪，以幸为利者，义之所不敢出也。

"臣闻古之君子，交绝不出恶声；忠臣之去也，不洁其名。臣虽不佞，数奉教于君子矣。恐侍御者之亲左右之说，而不察疏远之行也。故敢以书报，唯君之留意焉。"

【注释】

①乐（yuè）毅：战国时燕国将领。②骑劫：燕国将领。③田单：齐国人，他用反间计使乐毅奔赵，又用火牛阵击败骑劫，因功被齐襄王任命为相国。④斧质：二者都是古时斩人用的刑具。⑤侍御者：左右侍奉的人。⑥假节：凭借符节，指乐毅凭着魏王的符节出使到燕国一事。⑦擢（zhuó）：提拔。⑧亚卿：官名。⑨闲：通"娴"，熟练。⑩齐王：指齐湣王。⑪故鼎：指齐军杀燕王哙时掠走的燕鼎。⑫蓟丘：燕国都城，在今北京西南。⑬汶（wèn）篁（huáng）：齐国汶水边的竹田。⑭蚤：通"早"。⑮庶孽：妾生的儿子。⑯萌隶：百姓。⑰伍子胥：春秋时吴国的大夫，因劝阻吴王夫差与越国讲和被赐死，尸体被装在皮口袋里投入江中。⑱鸱（chī）夷：皮制的口袋。⑲离：通"罹"，遭遇。⑳堕：毁坏。

【译文】

昌国君乐毅，为燕昭王联合五国的军队攻打齐国，攻下七十多座城池，并把这些地方全部作为郡县划归燕国。还有三座城没攻下，燕昭王就死了。燕惠王即位，中了齐人的反间计，因而怀疑乐毅，便派骑劫代替乐毅统兵。乐毅逃亡到赵国，赵王封他为望诸君。齐国大将田单设计欺骗了骑劫，最终打败了燕国，收复了七十多座城池，恢复了齐国的领土。

燕惠王深感后悔，又害怕赵国起用乐毅，趁燕国疲惫之时来攻打燕国。于是燕惠王派人去责备乐毅，并向乐毅道歉说："先王把整个燕国托付给将军，将军为燕国攻破了齐国，替先王报了仇，天下人无不为之震动，我怎么敢有一天忘记将军的功劳呢！适逢先王去世，我又刚刚即位，左右之人蒙蔽了我。但我之所以让骑劫代替将军的职位，是因为将军长期在外奔波辛劳，我想把您调回暂时休整一下，并且共议国家大事。然而将军误信流言，因而和我有了隔阂，就丢下燕国归附了赵国。将军为自己打算是可以的，可您又拿什么来报答先王对将军您的知遇之恩呢？"

乐毅于是派人送来书信回复燕惠王说："臣不才，不能遵行先王的教导，来顺从您左右之人的心意，又恐怕回到燕国遭受杀身之祸，以致损害了先王用人的英明，又使大王蒙受不义的名声，所以才逃到赵国。自己甘愿承担不贤的罪名，所以不敢为此辩解。如今大王派使者来历数我的罪过，我担心侍奉大王的人不能明察先王重视我、任用我的理由，并且也不能明白我之所以侍奉先王的心情，所以才斗胆写这封信来回复您。

"我听说贤明的君主，不把爵禄私自送给和自己亲近的人，而是给予功劳多的人才；不把官职随便授给自己喜爱的人，而是把能胜任的人才安排在相应的位置上。所以，考察才能再授以相应官职的，才是能够成就功业的君主；根据德行结交朋友的，才是能树立名声的贤士。我用所学的知识观察，先王的行动举措，无处不体现了超越当代君主的胸怀，所以我才借着为魏王出使的机会来到燕国，而被先王看重。先王过高地抬举我，将我从宾客之中选拔出来，将官职安排在群臣之上，不与宗室大臣商议，就任命我为亚卿。我自以为奉行命令，秉承教导，就可以侥幸逃脱罪罚，所以就接受了任命而没有推辞。

"先王命令我说：'我和齐国有深仇大恨，顾不得国力弱小，打算把攻打齐国作为自己的任务。'我回答说：'齐国，保持着霸主之国的遗教，而且有多次战胜的经验。他们精于用兵，熟悉战斗进攻，大王如果想攻打齐国，就一定要发动天下的力量来对付它。要发动天下的力量来对付齐国，没有比先和赵国结交更快捷有效的了。再说，齐国占有的淮北和宋国故地，是楚国和魏国都想要得到的。赵国如果答应结盟，再有楚、魏和（被齐占领的）宋国的协力出击，四国联合攻齐，就一定可以大破齐国。'先王说：'好！'于是我接受先王口授的命令，准备好符节，南行出使赵国。我回国复命以后，各国随即起兵攻齐。靠着上天的保佑和先王的威望，黄河以北的土地随着军队的到达而全数为先王所占有。济水边上的军队奉命进击齐军，大获全胜。轻装的步兵手持锐利的武器，长驱直入到齐国国都。齐王仓皇逃到莒地，仅仅免于一死。齐国的珠玉财宝、车马铠甲、珍贵器物，全部收归燕国。他们的大吕钟被拿来挂放在元英殿里，被齐国掠去的燕国大鼎又回到了历室宫，齐国的各种宝物摆设在燕国的宁台里。燕都蓟丘的植物，移种在齐国汶水的竹田里。从春秋五霸以来，功业没有能赶得上先王的。先王认为这个结果符合他的心意，也认为我没有辜负使命，因此划分一块土地来封赏我，使我的地位能够比得上小国诸侯。我虽然没什么才能，但自认为奉行命令，秉承教导，就可以侥幸免于罪罚了，所以接受了封赏而不敢推辞。

"我听说贤明的君王，建立功业而不使它废弃，因而才被载于史册；有先见之明的贤士，功成名就后而不使它败坏，因而才能被后人称颂。像先王立志报仇雪恨，征服了拥有万辆兵车的强国，收取了它八百年的积蓄，直到去世的那一天，还留下告诫继承者的遗训，执政管事的大臣因此而能遵循法令，处理好嫡庶关系（而使政权得以平安过渡），施恩惠于平民百姓。先王的这些遗训，都是可以教育后世的。

"我听说善于开创的不一定善于完成，有好的开端的人未必就有好的结局。从前，伍子胥的主张被吴王阖闾采纳，所以吴王的足迹能远至楚国郢都。吴王夫差却不是这样，反而给伍子胥一只皮口袋，将他投入江中。可见吴王夫差不懂得伍子胥生前的主张是可以建功立业的，所以把伍子胥沉入江中也不后悔；伍子胥不能及早预见前后两位君主的度量不同，所以被投入江中也不改变初衷。

"使自己能免遭杀戮，保全功名，以此来彰显先王的业绩，这是我的上策。自身遭受诋毁侮辱，毁坏先王的名声，这是我最害怕的事情。面对不可预测的大罪，还侥幸想助赵伐燕以求取私利，从道义上讲，这是我不敢做的。

"我听说古代的君子，即使交情断绝，也不说对方的坏话；忠臣即使含冤离开本国，也不为自己的名节辩白。我虽不才，也曾多次受教于君子。我担心大王听信左右亲信的话，而不体察我这个被疏远之人的行为。所以才斗胆以书信作答，请大王对此事好好考虑一下。"

李斯谏逐客书

【原文】

秦宗室大臣皆言秦王曰①:"诸侯人来事秦者,大抵为其主游间于秦耳,请一切逐客。"李斯议亦在逐中。

斯乃上书曰:"臣闻吏议逐客,窃以为过矣。

"昔穆公求士,西取由余于戎②,东得百里奚于宛③,迎蹇叔④于宋,求丕豹、公孙支于晋⑤。此五子者,不产于秦,而穆公用之,并国二十,遂霸西戎。孝公用商鞅之法⑥,移风易俗,民以殷盛,国以富强,百姓乐用,诸侯亲服,获楚、魏之师,举地千里,至今治强。惠王用张仪之计,拔三川之地,西并巴、蜀,北收上郡⑦,南取汉中,包九夷⑧,制鄢、郢⑨,东据成皋之险⑩,割膏腴之壤⑪,遂散六国之从,使之西面事秦,功施到今。昭王得范雎⑫,废穰侯⑬,逐华阳⑭,强公室,杜私门,蚕食诸侯,使秦成帝业。此四君者,皆以客之功。由此观之,客何负于秦哉!向使四君却客而不内,疏士而不用,是使国无富利之实,而秦无强大之名也。

"今陛下致昆山之玉,有随和之宝,垂明月之珠,服太阿之剑,乘纤离之马,建翠凤之旗,树灵鼍之鼓⑮。此数宝者,秦不生一焉,而陛下说之⑯,何也?必秦国之所生然后可,则是夜光之璧不饰朝廷,犀象之器不为玩好,郑魏之女不充后宫,而骏马𬴊𬳿不实外厩⑰;江南金锡不为用,西蜀丹青不为采。所以饰后宫、充下陈、娱心意、说耳目者，必出于秦然后可，则是宛珠之簪、傅玑之珥、阿缟之衣、锦绣之饰⑱，不进于前；而随俗雅化、佳冶窈窕赵女不立于侧也。夫击瓮叩缶，弹筝搏髀⑲，而歌呼呜呜、快耳目者，真秦之声也；郑卫桑间⑳，《韶》《虞》《武》《象》者，异国之乐也。今弃击瓮而就郑卫，退弹筝而取《韶》《虞》，若是者何也？快意当前，适观而已矣。今取人则不然，不问可否，不论曲直，非秦者去，为客者逐。然则是所重者在乎色乐珠玉，而所轻者在乎人民也。此非所以跨海内、制诸侯之术也。

"臣闻地广者粟多，国大者人众，兵强则士勇。是以泰山不让土壤，故能成其大；河海不择细流，故能就其深；王者不却众庶，故能明其德。是以地无四方，民无异国，四时充美，鬼神降福，此五帝三王之所以无敌也。今乃弃黔首以资敌国㉑，却宾客以业诸侯，使天下之士退而不敢西向，裹足不入秦，此所谓'藉寇兵而赍盗粮'者也㉒。

"夫物不产于秦，可宝者多；士不产于秦，而愿忠者众。今逐客以资敌国，损民以益仇，内自虚而外树怨于诸侯，求国之无危，不可得也。"

秦王乃除逐客之令，复李斯官。

【注释】

①秦王：即秦始皇嬴政。②由余：春秋时晋国人，逃亡到戎地，戎王命他出使秦国，他被秦穆公看中。后来秦穆公设计离间戎王和由余，使之归秦，在他的帮助之下称霸西戎。③百里奚：曾经沦为奴隶，后秦穆公用五张羊皮将他赎出，成为秦国的大夫。④蹇叔：百里奚的朋友，后经百里奚推荐，成了秦国的上

大夫。⑤丕豹：晋国人，后被秦穆公任命为秦国的将领。公孙支：字子桑，游于晋，后入秦国成为穆公的谋臣。⑥商鞅：姓公孙，名鞅。曾经辅佐秦孝公变法，使秦国强盛起来。⑦上郡：魏地，郡城在今陕西榆林东南。⑧九夷：指巴蜀和楚国南阳一带的少数民族。⑨鄢（yān）：楚国别都，在今湖北宜城。郢（yǐng）：楚国国都，故址在今湖北江陵北。⑩成皋：亦名虎牢关，即今河南荥阳的虎牢。⑪膏腴（yú）：肥沃。⑫范雎：魏国人，因出使齐国时被诬为私自受赏而获罪，后逃往秦国，受到秦昭王的赏识，成为秦国相国。⑬穰侯：即魏冉，秦昭王母宣太后的弟弟，曾为秦相，专权三十年。⑭华阳：即华阳君，秦昭王母宣太后的弟弟，因宣太后的关系而专权。⑮灵鼍（tuó）：鳄鱼。⑯说：通"悦"。⑰駃（jué）騠（tí）：良马名。⑱傅：附着。珥（ěr）：古时的珠玉耳饰。阿缟：齐国东阿出产的白色丝织品。⑲髀（bì）：大腿。⑳桑间：地名，位于卫国濮水边上。㉑黔首：百姓。㉒赍（jī）：赠送。

【译文】

秦国的宗室大臣都对秦王说："各诸侯国来侍奉秦王的人，大都是替他们各自的君主游说和离间秦国的，请把所有的客卿一律驱逐出境。"李斯也在计划要被驱逐的行列里。

李斯于是上书秦王说："臣听说官吏们正在计议要驱逐客卿，臣私下里认为这是错误的。

"从前穆公访求贤才，从西戎争取到由余，从东边的宛得到百里奚，自宋国迎来蹇叔，从晋国招来丕豹、公孙支。这五位贤人都不是秦国人，可是穆公重用他们，因此吞并了二十个国家，于是称霸西戎。孝公施行商鞅的新法，移风易俗，人民生活因此殷实富足，国家也因此富裕强大起来，百姓乐于为国效命，各国诸侯也都亲近或臣服于秦国，后来秦国击败了楚、魏两国的军队，占领了上千里的土地，直到今天还安定而强盛。惠王采用张仪的连横之计，攻占了三川地区，向西吞并了巴蜀，向北收得了上郡，向南攻取了汉中，兼并了许多蛮夷部族，控制了楚国的鄢、郢两都，向东占据了险要的成皋，割取了大量的肥沃土地，于是拆散了六国的合纵盟约，使它们面向西边侍奉秦国，功业一直延续到现在。昭王得到范雎，免去了穰侯，驱逐了华阳君，加强了秦王室的统治，制服了豪门贵族的势力，逐步吞并了各诸侯国，使秦国完成了统一天下的大业。这四位国君的成就，都是靠的客卿的功劳。从这些事实来看，客卿有什么对不起秦国的地方呢！假使从前这四位君主拒绝客卿而不予接纳，疏远贤才而不任用，这样就会使秦国无法拥有雄厚富裕的实力，而且也不会有强大的威名。

"现在陛下获得了昆山的美玉，拥有了隋侯珠及和氏璧，悬挂着明月宝珠，佩戴着太阿宝剑，骑着纤离的骏马，林立着翠凤羽毛装饰的旗帜，竖起了鼍皮大鼓。这些东西没有一样是产自秦国的，但陛下却喜爱它们，这是为什么呢？如果一定要秦国出产的才可以使用，那么夜光之璧就不能装饰在朝堂之上，犀角、象牙制造的器皿就不能成为玩赏之物，郑国、魏国的美女就不会充满您的后宫，骏马就不会养在您的马厩之中，江南的金、锡就不能用来制作器物，西蜀的丹青就不能用来增添色彩。假如用来装饰后宫、充作姬妾、娱乐心意、快活耳目的东西，一定要秦国出产的才可以，那么，镶着宛珠的簪子、嵌着珠玑的耳环、东阿的丝绸衣服、刺绣华美的装饰，就都不能呈献到君王面前；而衣着时尚、装扮文雅、容貌娇艳、体态美好的赵国美女，也不能侍立在君王身边了。敲瓮击缶、弹筝拍腿,呜呜地唱着歌以娱乐耳目的,才是真正的秦国音乐;而郑国、卫国和桑间的新调,《韶》《虞》《武》《象》之类的乐曲,都是外地的音乐。现在秦国抛弃敲瓮击缶的音乐而改听卫国、郑国的音乐,舍弃弹筝而采用《韶》《虞》之乐,这样做是为什么呢?还不是因为令人快意的食物已摆在眼前,适合美观动听的要求罢了。如今用人却不是这个样子,不问是否合宜,不论是非曲直,只要不是秦国人就得离开,凡是外来的客卿就要驱逐出境,这样做,就可知秦国所重视的是美色、音乐、珠宝,而所轻视的却是人才,这实在不是用来统一天下、控制诸侯的方法啊!

"我听说:土地广阔的,粮食就会充足;国家强大的,人口就会众多;装备精良的,士兵就一定勇猛。因此,泰山不舍弃任何土壤,所以能成就它的高大;河海不嫌弃各种支流,所以能成就它的深邃;帝王不拒绝任何臣民,所以能显示出他们的恩德。因此,土地不论东西南北,民众不分本国、外国,四季都丰实美好,鬼神都来降福,这就是五帝三王无敌于天下的原因。现在秦国竟然抛弃人民来帮助敌国,排斥客卿以成就其他诸侯,使得天下的贤才退避而不敢前来西方,停下脚步而不愿再入秦国,这就叫作'借武器给敌人,送粮食给强盗'啊!

"物品虽不是秦国出产的,可是珍贵的很多;人才虽不是在秦国出生的,可是愿意效忠者不少。如今驱逐客卿去帮助敌国,损害民众而增加敌人的实力,对内削弱了自己的国家,对外则和各诸侯结怨,这样下去,希望秦国不发生危机,也是不可能的啊!"

秦王于是废除了逐客令,恢复了李斯的官职。

《楚辞》

　　《楚辞》是战国时代以屈原为代表的楚国人创作的诗歌，它是《诗经》三百篇后的一种新诗。西汉刘向整理古籍，把屈原、宋玉以及汉代效仿屈原辞赋的作家淮南小山、东方朔、王褒和他本人的作品共十六篇汇编成集，题名《楚辞》。东汉时王逸为《楚辞》作注，加进了自己写的一篇《九思》，使篇目增加到十七篇，这就是流传到现在的《楚辞》本子。

　　《楚辞》对后世文学影响深远，我国诗歌史上常以"风""骚"并称，"风"指《诗经》，"骚"即指《楚辞》。《古文观止》中收录的《卜居》《宋玉对楚王问》两篇较为特殊，因为它们不能算诗歌而只能算散文，两篇作品的口吻都是第三者的记录而非作者本人的叙述，所以现在多认为它们的作者并非屈原或宋玉本人。

卜　居

【原文】

屈原既放，三年不得复见。竭知尽忠，而蔽障于谗；心烦虑乱，不知所从。乃往见太卜郑詹尹①，曰："余有所疑，愿因先生决之。"詹尹乃端策拂龟②，曰："君将何以教之？"

屈原曰："吾宁悃悃款款③，朴以忠乎？将送往劳来，斯无穷乎？宁诛④锄草茅，以力耕乎？将游大人以成名乎？宁正言不讳以危身乎？将从俗富贵以偷生乎？宁超然高举以保真乎？将哫訾栗斯⑤，喔咿嚅唲⑥，以事妇人乎⑦？宁廉洁正直以自清乎？将突梯滑稽，如脂如韦⑧，以絜楹乎⑨？宁昂昂若千里之驹乎？将氾氾若水中之凫乎，与波上下，偷以全吾躯乎？宁与骐骥亢轭乎？将随驽马之迹乎？宁与黄鹄比翼乎？将与鸡鹜争食乎？此孰吉孰凶？何去何从？世溷浊而不清：蝉翼为重，千钧为轻；黄钟毁弃⑩，瓦釜雷鸣；谗人高张，贤士无名。吁嗟默默兮，谁知吾之廉贞！"

詹尹乃释策而谢曰："夫尺有所短，寸有所长；物有所不足，智有所不明；数有所不逮，神有所不通。用君之心，行君之意。龟策诚不能知此事。"

【注释】

①太卜：卜官之长。②策：占卜用的蓍（shī）草。龟：占

卜用的龟壳。③悃悃（kǔn）款款：诚恳真挚的样子。④诛：铲除。⑤呢（zú）訾（zǐ）：阿谀奉承的样子。栗（lì）斯：小心奉承、献媚的样子。⑥喔（wō）咿（yī）嚅（rú）唲（ér）：强颜欢笑的样子。⑦妇人：指郑袖，楚怀王的宠妃。⑧脂：脂膏。韦：熟牛皮。⑨絜（xié）：用绳度量围长。楹（yíng）：柱子。⑩黄钟：乐器名。

【译文】

屈原遭放逐后，三年没有再见到楚怀王。他竭尽才智来报效国家，忠贞不贰，却受到谗佞之人的陷害；他心烦意乱，不知如何是好。于是去见太卜郑詹尹，对他说："我心中有些疑惑的事情，想请先生为我决断。"詹尹连忙摆正蓍草，拂净龟壳，问道："不知您有何见教？"

屈原说："我是应诚恳真挚，纯朴而且忠实呢，还是应该迎来送往，忙于世俗的应酬，力求不陷于穷困呢？是应该除掉杂草，尽力耕作呢，还是应该终日奔走于显贵之间，以成就威望名声呢？是应该直言不讳，因而招致危险呢，还是应该流于世俗，屈从于富贵而苟且偷生呢？是应该超脱尘俗，洁身自好，保持自己的本性呢，还是阿谀奉承，强颜欢笑，去逢迎那个妇人呢？是应该廉洁正直，以此来使自己的身心洁净呢，还是应该虚伪圆滑，像脂膏和熟牛皮那样没有骨气地围着别人转呢？是应该昂首独行，像日行千里的骏马呢，还是应该浮游不定，如同水中的野鸭，随波逐流以求苟且保全自己呢？是应该与千里马并驾齐驱呢，还是应该随着劣马的蹄迹亦步亦趋呢？是应该同天鹅比翼高飞呢，还是应该和鸡鸭一起争夺食物呢？这些，哪个吉利、哪个凶险？我到底应该何去何从？世道混浊不清，把蝉翼说成是重的,把千钧说成是轻的;黄钟被毁弃,陶锅反倒发出雷鸣般的响声;谗佞之人发达显扬,贤者却默默无闻。唉,还有什么可说的呢,有谁知道我廉正忠贞!"

詹尹于是放下蓍草,辞谢说:"尺有所短,寸有所长;事物总会有所不足,智者也有迷惑不解的时候;占卜有预料不到的地方,神明也有不能洞察的地方。坚持您的本心,行使您的本愿吧。灵龟和蓍草实在是不知道这些事情。"

宋玉对楚王问

【原文】

楚襄王问于宋玉曰:"先生其有遗行与?何士民众庶不誉之甚也?"宋玉对曰:"唯,然。有之。愿大王宽其罪,使得毕其辞。

"客有歌于郢中者,其始曰《下里》《巴人》①,国中属而和者数千人②;其为《阳阿》《薤露》③,国中属而和者数百人;其为《阳春》《白雪》④,国中属而和者不过数十人;引商刻羽,杂以流徵,国中属而和者不过数人而已。是其曲弥高,其和弥寡。

"故鸟有凤而鱼有鲲⑤。凤凰上击九千里,绝云霓,负苍天,足乱浮云,翱翔乎杳冥之上;夫藩篱之鷃⑥,岂能与之料天地之高哉!鲲鱼朝发昆仑之墟,暴鬐于碣石⑦,暮宿于孟诸⑧;夫尺泽之鲵⑨,岂能与之量江海之大哉!

"故非独鸟有凤而鱼有鲲也,士亦有之。夫圣人瑰意琦行,超然独处,世俗之民,又安知臣之所为哉?"

【注释】

①《下里》《巴人》:楚国的通俗音乐。②属(zhǔ):接续。③《阳阿》《薤(xiè)露》:楚国比较高雅的音乐。④《阳春》《白雪》:楚国的高雅音乐。⑤鲲(kūn):传说中的大鱼。⑥鷃(yàn):一种小鸟。⑦碣石:碣石山,在今河北昌黎北。⑧孟诸:古泽名,在今河南商丘东北。⑨鲵(ní):小鱼。

【译文】

楚襄王问宋玉说:"先生大概有不检点的行为吧?不然士人百姓们何以对你如此不满呢?"

宋玉回答说:"是的,是这样。有这种事情,希望大王宽恕我的罪过,让我把话说完。

"有位客人在郢都城里唱歌,起初他唱《下里》《巴人》,城中跟着应和的有数千人;后来唱《阳阿》《薤露》,城中跟着应和的有数百人;等到唱《阳春》《白雪》,城中跟着应和的只有数十人了;最后他引用商声,刻画羽声,再夹杂以流动的徵声相和成调,城中跟着应和的不过几个人而已。这样看来,所唱的曲子越是高妙,能相应和的人也就越少。

"所以鸟类中有凤而鱼类中有鲲。凤凰振翅高飞而上九千里之霄汉,凌驾于白云彩虹之上,背负苍天,双足搅乱浮云,翱翔在高邈的太空中;那落在篱笆之上的鷃雀,怎能和它一起去了解天地的高远呢!鲲鱼清晨从昆仑山脚出发,中午在渤海边的碣石山上晒脊背,夜晚就已经栖宿在孟诸的大泽里了;那浅水塘中的小鲵,怎能和它一样测算江海的宽广呢?

"所以不只是鸟类中有凤,鱼类中有鲲,士人中也有杰出的英才。圣人有超越常人的思想和行为,超然物外,悠然独处,世俗的人,又怎能理解我的作为呢?"

◎卷五　汉文

司马迁

司马迁，夏阳（在今陕西韩城西南）人。出身史学世家，父亲司马谈官至太史令。司马迁十岁时随父到长安，先后求学于董仲舒和孔安国门下。二十岁开始游历名山大川，所到之处均考察风俗，收集史迹传说。继承父亲太史令的职位后，司马迁得以饱览朝廷藏书，又随汉武帝到各地巡游，增长了见识；他同时开始着手整理史料，以完成父亲写一部"名主贤君、忠臣死义之事"的通史的遗愿。汉武帝天汉二年（前99），李陵出征匈奴时因友军接应不力身陷重围，在矢尽粮绝的情况下投降匈奴，司马迁因上疏为李陵辩护触怒武帝，被处以宫刑。受此大辱，司马迁愤不欲生，但为了实现自己的理想，决心"隐忍苟活"。出狱后任中书令，继续发愤著书，终于完成了被鲁迅先生誉为"史家之绝唱，无韵之离骚"的伟大名著——《史记》。

《史记》原名《太史公书》，是我国第一部纪传体通史，它记载了上至传说中的黄帝，下至汉武帝太初年间约三千多年的历史，并开创了纪传体和书表的编写体例。全书包括十二本纪、十表、八书、三十世家、七十列传，共一百三十篇，全面而深刻地反映了我国古代的社会面貌。《史记》同时也是一部优秀的文学作品，它融会了司马迁深挚浪漫的情感和对自身遭遇的不平之气，叙事剪裁有致、繁简得当，行文洒脱流畅、波澜起伏，塑造历史人物形象血肉丰满、惟妙惟肖，具有巨大的艺术感染力。

◎卷五 汉文

五帝本纪赞

【原文】

太史公曰①：学者多称五帝，尚矣②。然《尚书》独载尧以来，而百家言黄帝，其文不雅驯③，荐绅④先生难言之。孔子所传《宰予问五帝德》及《帝系姓》⑤，儒者或不传。余尝西至空峒⑥，北过涿鹿⑦，东渐于海，南浮江淮矣，至长老皆各往往称黄帝、尧、舜之处，风教固殊焉。总之，不离古文者近是。予观《春秋》《国语》，其发明《五帝德》《帝系姓》章矣，顾弟弗深考⑧，其所表见皆不虚⑨。《书》缺有间矣，其轶乃时时见于他说⑩。非好学深思，心知其意，固难为浅见寡闻道也。余并论次，择其言尤雅者，故著为本纪书首。

【注释】

①太史公：司马迁自称。②尚：久远。③雅驯：正确可信。④荐绅：又作"搢绅"、"缙绅"。是古代高级官员的装束。即在腰带里插笏。搢，插，绅，腰带。代指有身份地位的人。⑤《宰予问五帝德》，见《大戴礼》；《帝系姓》，见《孔子家语》⑥空峒：山名，在今宁夏隆德东。⑦涿鹿：山名，在今河北涿鹿东南。⑧顾弟：只是。弟，通"第"。⑨见：通"现"。⑩轶：通"佚"，散失。

【译文】

太史公说：读书的人常称道五帝，由来已久了。但是，《尚书》只记载了尧以后的事情，诸子百家虽然都提到了黄帝，但他们的记述往往并不准确，文辞也不优美，所以士大夫们很难说清楚。孔子传下来的《宰予问五帝德》和《帝系姓》，儒生中有人（认为并非出自圣人之手而）不加传习。我曾经西到空峒山，北过涿鹿山，东至大海，南渡长江和淮河，所到之处，年长的人往往都各自称说是黄帝、尧、舜曾经所到之处，但这些地方的风俗教化原本彼此不同。总的来说，那些不背离古代文字记录的说法比较接近史实。我看《春秋》《国语》，它们对《五帝德》和《帝系姓》的阐发是很明白的，只不过儒生们没有深入考察罢了，那《五帝德》和《帝系姓》中反映的情况其实都是真实的。《尚书》早就残缺不全了，可是它所散失的内容常常能在其他著作中见到。除非是好学深思，从内心领悟了书中的意思，（否则）这些书中的内容本来就难以对见识浅薄、孤陋寡闻的人说清楚。我把五帝的资料综合起来，加以论定编排，选择其中记载最为正确可信的内容，写成《五帝本纪》，作为全书的开头。

项羽本纪赞

【原文】

太史公曰：吾闻之周生曰"舜目盖重瞳子"，又闻项羽亦重瞳子。羽岂其苗裔邪①？何兴之暴也②！夫秦失其政，陈涉首难③，豪杰蜂起，相与并争，不可胜数。然羽非有尺寸，乘势起陇亩之中，三年，遂将五诸侯灭秦，分裂天下而封王侯，政由羽出，号为"霸王"。位虽不终，近古以来，未尝有也。及羽背关怀楚，放逐义帝④而自立，怨王侯叛己，难矣。自矜功伐，奋其私智而不师古，谓霸王之业，欲以力征经营天下，五年卒亡其国，身死东城，尚不觉寤⑤，而不自责，过矣。乃引"天亡我，非用兵之罪也"，岂不谬哉！

【注释】

①苗裔：后代子孙。②暴：突然，迅猛。③陈涉：即陈胜。秦末农民起义领袖。④义帝：楚怀王的孙子熊心，项羽的叔父项梁起兵时立他为楚王，项羽灭秦后尊他为义帝。⑤寤：通"悟"。

【译文】

太史公说：我听周生说，"舜的眼睛是双瞳仁"，又听说项羽也是双瞳仁。项羽莫非是舜的后代？他的崛起是何其迅猛啊！当秦国统治昏聩无道的时候，陈涉是第一个向秦国发难的，随后天下的豪杰便蜂拥而起，群雄逐鹿，参与争夺天下的人，多得数也数不清。项羽没有一尺一寸的地盘，只是趁势从民间崛起，只三年的时间就率领五国诸侯将秦国灭亡了。他分割天下的土地以分封王侯，一切政令都由他颁布，号称"霸王"。他的霸主地位虽然没有维持多久，但他的功业，也是近古以来未曾有过的了。等到项羽放弃了关中之地，怀恋楚地（而回到楚国故地建都），放逐了义帝而自立为王，这时又埋怨诸侯王公们背叛自己，他的处境，实际上已经是很艰难的了。他自认为功高盖世，战绩卓著，只知道按个人的想法行事而不从前人的经验教训中求取胜败兴亡之道，一心沉醉于霸王之业，而想要凭借武力统治天下，只有五年的时间，终于使国家灭亡了。直到他自己死在东城还不觉悟，不肯反省自责，这实在是过错啊！他却说："是天要亡我，并不是我用兵的过错。"这岂不是太荒唐了吗！

◎卷五　汉文

孔子世家赞

【原文】

　　太史公曰:《诗》有之:"高山仰止,景行行止①。"虽不能至,然心乡往之②。余读孔氏书,想见其为人。适鲁③,观仲尼庙堂、车服、礼器;诸生以时习礼其家,余低回留之,不能去云。天下君王至于贤人众矣,当时则荣,没则已焉。孔子布衣,传十余世,学者宗之。自天子王侯,中国言六艺者折中于夫子④,可谓至圣矣!

【注释】

　　①景行:宽广的大道。②乡:通"向"。③适:到。④六艺:即《诗经》《尚书》《礼记》《乐经》《易经》《春秋》。折中:取正,调节,使之适中。夫子:孔子。

【译文】

　　太史公说:《诗经》中有这样的话:"高高的山岳,为人所瞻仰;宽广的大道,人们沿着它前进。"虽然我无法达到那种境界,可是内心却一直向往着。每当我读孔子的著作时,脑子里便推想着他是怎样一个人。我到过鲁国的故地,参观过孔子的庙堂、车驾、衣服和礼器;儒生们现在还是按时在孔子的家庙中演习礼仪,我徘徊流连,久久不能离去。天下的君王乃至贤人可谓很多了，但他们大都是在世的时候兴盛一时，死后就湮没无闻了。孔子虽然是布衣之士，但他的学说已经流传了十几代，读书人都尊崇他。自天子、王侯起，中国讲说六艺的人都以孔子的学说为标准，孔子真可以说是至高无上的圣人啊！

卷五　汉文

伯夷列传

【原文】

夫学者载籍极博①，犹考信于六艺②。《诗》《书》虽缺，然虞、夏之文可知也。尧将逊位，让于虞舜。舜、禹之间，岳牧咸荐③，乃试之于位。典职数十年，功用既兴，然后授政，示天下重器④。王者大统，传天下若斯之难也。而说者曰，尧让天下于许由，许由不受⑤，耻之逃隐。及夏之时，有卞随、务光者。此何以称焉？太史公曰：余登箕山⑥，其上盖有许由冢云。孔子序列古之仁圣贤人，如吴太伯、伯夷之伦详矣。余以所闻，由、光义至高，其文辞不少概见，何哉？

孔子曰："伯夷、叔齐，不念旧恶，怨是用希。""求仁得仁，又何怨乎？"余悲伯夷之意，睹轶诗可异焉⑦。其传曰：伯夷、叔齐，孤竹君之二子也。父欲立叔齐，及父卒，叔齐让伯夷。伯夷曰："父命也。"遂逃去。叔齐亦不肯立而逃之。国人立其中子。于是伯夷、叔齐闻西伯昌善养老⑧，"盍往归焉⑨！"及至，西伯卒，武王载木主⑩，号为文王，东伐纣。伯夷、叔齐叩马而谏曰："父死不葬，爰及干戈，可谓孝乎？以臣弑君，可谓仁乎？"左右欲兵之。太公曰："此义人也。"扶而去之。武王已平殷乱，天下宗周，而伯夷、叔齐耻之，义不食周粟，隐于首阳山⑪，采薇而食之⑫。及饿且死，作歌，其辞曰："登彼西山兮，采其薇矣。以暴易暴兮，不知其非矣。神农、虞、夏忽焉没兮，我安适归矣？于嗟徂兮，命之衰矣！"遂饿死于首阳山。由此观之，怨邪非邪？

或曰："天道无亲，常与善人。"若伯夷、叔齐，可谓善人者非邪？积仁洁行如此而饿死！且七十子之徒，仲尼独荐颜渊为好学。然回也屡空，糟糠不厌，而卒蚤夭。天之报施善人，其何如哉？盗跖日杀不辜⑬，肝人之肉，暴戾恣睢⑭，聚党数千人，横行天下，竟以寿终，是遵何德哉？此其尤大彰明较著者也。若至近世，操行不轨，专犯忌讳，而终身逸乐，富厚累世不绝。或择地而蹈之，时然后出言，行不由径，非公正不发愤，而遇祸灾者，不可胜数也。余甚惑焉，傥所谓天道，是邪非邪？

子曰："道不同，不相为谋。"亦各从其志也。故曰："富贵如可求，虽执鞭之士，吾亦为之。如不可求，从吾所好。""岁寒，然后知松柏之后凋。"举世混浊，清士乃见。岂以其重若彼，其轻若此哉？

"君子疾没世而名不称焉。"贾子曰⑮："贪夫徇财，烈士徇名，夸者死权，众庶冯生⑯。""同明相照，同类相求。""云从龙，风从虎，圣人作而万物睹。"伯夷、叔齐虽贤，得夫子而名益彰；颜渊虽笃学，附骥尾而行益显。岩穴之士⑰，趋舍有时⑱，若此类名湮灭而不称⑲，悲夫！闾巷之人，欲砥行立名者，非附青云之士，恶能施于后世哉⑳！

【注释】

①载籍：书籍。②六艺：即《诗经》《尚书》《礼记》《乐经》《易经》《春秋》。③岳：四岳，传说中尧、舜时分别掌管四方部落的四个首领。牧：指九牧，传说中的九州之长。④重器：象征国家权力的重要器物。⑤许由：尧时的贤人，相传尧打算把

天下让给许由，许由引以为耻，跑到池边去洗耳。⑥箕山：在今河南登封东南。⑦轶：散失。⑧西伯昌：周文王姬昌，商时封为西伯，即西方诸侯之长。⑨盍（hé）：何不。⑩木主：木牌位。⑪首阳山：在今山西永济南。⑫薇（wēi）：一种野菜。⑬盗跖（zhí）：相传为古时奴隶起义的领袖。⑭恣（zì）睢（suī）：放肆行凶。⑮贾子：指西汉初期政论家、文学家贾谊。⑯冯（píng）：通"凭"。⑰岩穴之士：指山林隐逸之士。⑱趋：进取。舍：退止。⑲堙（yīn）灭：废置，败落。⑳施（yì）：延续。

【译文】

学者们涉猎的书籍虽然很多，但还是要从六经当中考察真实可信的记载。《诗经》《尚书》虽然残缺不全了，但是还可以从记载虞、夏的文字中得知当时的情况。唐尧将要退位，让位给虞舜。舜和禹即位前，四方的诸侯和州牧都来推荐他们，这才让他们担任职务，加以考察试用。在他们主持国政几十年，多年的治理开始显现出成效的时候，才正式把政权交给他们，向他们出示国家的重器。帝王是统领天下的职位，所以将天下传给一个人是如此的郑重审慎啊！可是有人说，尧当时想把天下传给许由，许由不仅不接受，反而把这当作是羞耻，逃走隐居了起来。到了夏朝的时候，又有了不接受商汤让位的卞随和务光，这又该怎么解释呢？太史公说：我登上箕山，山上可能有许由的坟墓。孔子依次排列了古代仁德圣明的贤人，如吴太伯、伯夷等一类人，并且对他们都记述得很详细。我听说许由、务光的德行都是很高尚的，但是经书里连有关他们的简略记载都见不到，这是为什么呢？

孔子说："伯夷、叔齐不念以往的仇恨，因而很少有怨恨。""他们追求仁义，并且得到了仁义，又能有什么怨恨呢？"我感叹伯夷的意志，看到他们遗散的诗篇，则又感到很诧异。他们的传文上说：伯夷、叔齐是孤竹君的两个儿子。父亲想要立叔齐为国君，等到父亲死了，叔齐要把君位让给伯夷。伯夷说："这是父命啊！"于是逃走了。叔齐也不肯继承君位，也逃走了。国人只好立孤竹君的二儿子为国君。伯夷、叔齐听说西伯昌能够很好地赡养老人，就想："何不去投奔他呢！"可是等到了那里才知道，西伯昌已经死了，他的儿子武王载着父亲的灵位，追尊西伯昌为文王，向东去讨伐殷纣。伯夷、叔齐勒住武王的马缰劝阻说："父亲死了不葬，就发动战争，能说是孝顺吗？作为臣子却要去杀害君王，能说是仁义吗？"武王身边的人要杀掉他们。太公吕尚说："这是有节义的人啊。"于是让人扶着他们离开。等到武王平定了商纣之乱，天下皆归顺了周朝，伯夷、叔齐却认为这是耻辱的事情，坚持他们的节义，不吃周朝的粮食，隐居在首阳山上，采摘野菜充饥。到了快要饿死的时候，作了一首歌，歌词说："登上那座西山啊，采摘山中的薇菜。以残暴去代替残暴啊，竟不知道这是错误。神农、虞、夏的时代都匆匆过去，哪里才是我们的归宿？哎呀，要死去了啊，命运已经衰微了！"于是饿死在首阳山上。由此看来，他们是怨恨呢，还是不怨恨呢？

　　有人说："天道是没有亲疏之分的，总是帮助善良的人。"伯夷、叔齐这样的人，应该算是善良的人呢，还是不善呢？他们这样积累仁德、品行高洁的人，却终于饿死！在孔子七十名得意的学生中，只有颜回被孔子推崇为最好学的人，然而颜回总是穷困缠身，连糟糠都吃不饱，终于过早地死去。上天对于好人的报施，又是怎样的呢？盗跖整日杀害无辜的人，吃人心肝，残暴凶狠，为所欲为，并且聚集党羽数千人，横行天下，竟得以长寿而终，这是遵循的什么道德呢？这是极为显著的事情。至于说到近代，那些行为不轨、专门违法犯禁的人，却能终身安逸享乐，财富丰厚，世世代代都吃用不尽。有的人选好地方才肯迈步，找好时机才肯说话，走路不敢经由小径，不是公正的事绝不努力去做，而这样的人中遭遇祸灾者，数不胜数。我深感困惑，倘若有所谓的天道，那么这是天道呢，还是不是天道呢？

孔子说："主张不同，不必相互磋商。"说的也是各人按各人的意志行事罢了。所以他又说："假如富贵是可以寻求的，即使做个赶车的人，我也愿意；假如寻求不到，那还是依从我自己的爱好吧。""天气寒冷以后，才知道松柏是最后凋落的。"整个社会都混乱污浊的时候，品行高洁的人才会显露出来。这难道不是因为有的人把富贵看得那么重，才显得高洁之士把富贵看得如此之轻吗？

孔子说："君子所怕的是死后名声不被人称道。"贾谊说："贪财的人为财而死，重义的人为名节献身，夸耀权势的人为争权而丧生，平民百姓则重视生存。"《易经》上说："同样明亮的东西，就会相互映照；同属一类的事物，则会彼此应求。""云从龙，风从虎，圣人兴起，才使万物本来的面目显露出来。"伯夷、叔齐虽然有贤德，但得到孔子的赞颂，名声才愈加显著；颜回虽然专心好学，也只是因为依附在千里马的尾巴上，德行才更加显著。山林隐逸之士，时而入世，时而出世，像这样的人如果名声湮没而得不到称扬，是多么可惜的事情啊！普通的百姓想要砥砺德行，树立名声，如果不依附于德高望重的人，怎么能扬名后世呢！

管晏列传

【原文】

管仲夷吾者①,颖上人也。少时常与鲍叔牙游②,鲍叔知其贤。管仲贫困,常欺鲍叔,鲍叔终善遇之,不以为言。已而鲍叔事齐公子小白③,管仲事公子纠④。及小白立为桓公,公子纠死,管仲囚焉。鲍叔遂进管仲。管仲既用,任政于齐,齐桓公以霸,九合诸侯,一匡天下,管仲之谋也。

管仲曰:"吾始困时,尝与鲍叔贾,分财利多自与,鲍叔不以我为贪,知我贫也。吾尝为鲍叔谋事而更穷困,鲍叔不以我为愚,知时有利不利也。吾尝三仕三见逐于君,鲍叔不以我为不肖,知我不遭时也。吾尝三战三走,鲍叔不以我为怯,知我有老母也。公子纠④败,召忽死之⑤,吾幽囚受辱,鲍叔不以我为无耻,知我不羞小节而耻功名不显于天下也。生我者父母,知我者鲍子也。"

鲍叔既进管仲,以身下之。子孙世禄于齐,有封邑者十余世,常为名大夫。天下不多管仲之贤而多鲍叔能知人也。

管仲既任政相齐,以区区之齐在海滨,通货积财,富国强兵,与俗同好恶,故其称曰:"仓廪实而知礼节,衣食足而知荣辱。上服度则六亲固。""四维不张⑥,国乃灭亡。""下令如流水之源,令顺民心。"故论卑而易行。俗之所欲,因而予之;俗之所否,因而去之。

其为政也,善因祸而为福,转败而为功。贵轻重,慎权衡。

桓公实怒少姬⑦，南袭蔡，管仲因而伐楚，责包茅不入贡于周室。桓公实北征山戎，而管仲因而令燕修召公之政⑧。于柯之会，桓公欲背曹沫之约⑨，管仲因而信之，诸侯由是归齐。故曰："知与之为取，政之宝也。"

管仲富拟于公室，有三归、反坫⑩，齐人不以为侈。管仲卒，齐国遵其政，常强于诸侯。

后百余年而有晏子焉。

晏平仲婴者，莱之夷维人也⑪。事齐灵公、庄公、景公，以节俭力行重于齐。既相齐，食不重肉，妾不衣帛。其在朝，君语及之，即危言；语不及之，即危行。国有道，即顺命；无道，即衡命。以此三世显名于诸侯。

越石父贤⑫，在缧绁中⑬。晏子出，遭之途，解左骖赎之⑭，载归。弗谢，入闺，久之。越石父请绝，晏子戄然⑮，摄衣冠谢曰："婴虽不仁，免子于厄，何子求绝之速也？"石父曰："不然，吾闻君子诎于不知己而信于知己者⑯。方吾在缧绁中，彼不知我也。夫子既已感寤而赎我，是知己；知己而无礼，固不如在缧绁之中。"晏子于是延入为上客。

晏子为齐相，出，其御之妻从门间而窥其夫。其夫为相御，拥大盖，策驷马，意气扬扬，甚自得也。既而归，其妻请去。夫问其故，妻曰："晏子长不满六尺，身相齐国，名显诸侯。今者妾观其出，志念深矣，常有以自下者。今子长八尺，乃为人仆御。然子之意自以为足，妾是以求去也。"其后，夫自抑损，晏子怪而问之，御以实对。晏子荐以为大夫。

太史公曰：吾读管氏《牧民》《山高》《乘马》《轻重》《九府》及《晏子春秋》，详哉其言之也。既见其著书，欲观其行事，故次其传。至其书，世多有之，是以不论，论其轶事。

管仲，世所谓贤臣，然孔子小之。岂以为周道衰微，桓公既贤，而不勉之至王，乃称霸哉？语曰："将顺其美，匡救其恶，故上下能相亲也。"岂管仲之谓乎？

方晏子伏庄公尸哭之，成礼然后去，岂所谓"见义不为，无勇"者邪？至其谏说，犯君之颜，此所谓"进思尽忠，退思补过"者哉？假令晏子而在，余虽为之执鞭，所忻慕焉。

【注释】

①管仲：春秋初期齐国的政治家，辅佐齐桓公成为五霸之一。②鲍叔牙：春秋时齐大夫，以知人著称。③公子小白：即齐桓公。④公子纠：齐襄公之弟。曾与公子小白争夺君位，最后失败。⑤召忽：齐人，与管仲一起辅佐公子纠，公子纠争夺君位失败后，召忽自杀。⑥四维：古代指礼、义、廉、耻四种道德准则。⑦少姬：桓公的夫人。她曾经与桓公戏于船中，因为摇晃船只惊吓了桓公，桓公生气，打发她暂时回到娘家蔡国。蔡国将少姬改嫁，桓公听闻后大怒，于是起兵伐蔡。⑧召公：又称召康公，曾经辅佐武王灭商，后被封于燕，是燕的始祖。⑨曹沫之约：齐桓公与鲁庄公会盟于柯。其时齐军已大败鲁军，但在会盟上桓公被鲁国武士曹沫以匕首相逼，不得已，只好答应归还已经侵占的鲁国土地。⑩反坫（diàn）：古代设于堂中供祭祀、宴会时放礼器和酒具的土台，按规矩只有诸侯才能有。⑪莱：古国名。夷维：今山东高密。⑫越石父：齐国的贤人。⑬缧（léi）绁（xiè）：拘系犯人的绳索，此指囚禁。⑭骖（cān）：驾车时在两边的马。⑮戄（jué）：惊异的样子。⑯诎：通"屈"。

【译文】

管仲名叫夷吾，颍上人。少年的时候，他常和鲍叔牙交游，鲍叔知道管仲贤良。管仲家境贫困，常常占鲍叔的便宜，鲍叔却始终大方厚道地待他，从不提起这类事。后来鲍叔牙去侍奉齐国公子小白，管仲则去侍奉齐国的公子纠。等到小白立为齐桓公，公子纠被杀死，管仲则成了阶下囚。鲍叔于是向齐桓公推荐了管仲。管仲得到齐桓公的重用以后，在齐国执政，齐桓公因为他的辅佐而称霸诸侯，曾经九次召集诸侯会盟，匡正天下的秩序，这些都是管仲的谋略啊。

管仲说："我当初贫困的时候，曾经和鲍叔一起经商，分财取利时总是多分给自己，鲍叔却不认为我贪婪，他是知道我家境贫困啊。我曾经为鲍叔出谋划策，反而弄得他更加穷困，鲍叔却不认为我愚蠢，他是知道时机有有利与不利之分啊。我曾经三次入仕，三次都被君王驱逐，鲍叔却不认为我不成器，他是知道我没有赶上好的时机啊。我曾经三次作战，三次都当了逃兵，鲍叔却不认为我是懦夫，他是知道我有年迈的老母啊。公子纠失败以后，召忽为他自杀，我则被囚禁，蒙受耻辱，鲍叔却不认为我没有廉耻之心，他是知道我不会因为没有坚守小的节操而感到羞耻，而是以功名不能显扬天下为耻辱啊。生我的人是父母，懂得我的是鲍叔啊。"

鲍叔既已举荐了管仲，自己甘愿位处管仲之下。他的子孙终生都享有齐国的俸禄、封邑的就有十多代，并且常常是很有名望的大夫。天下人不称赞管仲的贤能，却常常称赞鲍叔能够知人。

管仲既已执政做了齐相，就凭着齐国这个在东海之滨的小小国家，流通货物，积累财富，开始了他的富国强兵之路。他与百姓们同爱好、同憎恶，所以他说："粮仓充实了，老百姓才能懂得礼节；衣食丰足了，老百姓才能懂得荣辱；君王能以身作则地遵守法度，内外亲戚才能团结无异心。""礼、义、廉、耻不能彰明，国家就要灭亡。""颁布政令要像流水的源头，要让它顺应民心。"所以管仲的主张简单而易于推行。百姓所需要的东西，就爽快地给予他们；百姓不需要的东西，就顺应民意而舍弃。

管仲为政，最善于把祸害转变为福事，把失败转化为成功。他非常重视事情的轻重缓急，谨慎地权衡各方面的利害得失。齐桓公实际上是怨恨蔡国改嫁了他的夫人少姬，于是南下袭击蔡国，管仲却趁这个机会征讨楚国，责备楚国不向周天子进贡包茅。桓公实际上是想北伐山戎，而管仲趁这个机会要求燕国恢复召公的政令。在柯地的盟会上，桓公想要背弃和曹沫订下的归还所占鲁国土地的盟约，管仲却趁这个机会树立信用而履行它，诸侯因此归服齐国。所以说："认识到给予就是索取，这是治理国政的法宝啊。"

管仲的富有可以和公室相比，有三归高台，有反坫，但齐国人不认为他奢侈。管仲死后，齐国还照旧遵行他的政令，常比其他诸侯都强大。

在管仲去世一百多年后，齐国又有了晏子。

晏平仲，名婴，莱地夷维人。他辅佐过齐灵公、齐庄公、齐景公三朝，凭借节俭朴素和果断干练的办事作风而被齐国人尊崇。他担任了齐国相国之后，吃饭没有两样肉菜，姬妾不穿绸缎。他在朝廷上的时候，齐君只要有话问到他，他就会非常严肃郑重地回答；如果没问他什么，他就严肃认真地履行自己的职责。国君治理有方、为政清明的时候，他就照着国君的命令办事；国君治理无方、为政昏乱的时候，他就衡量国君的命令是否恰当，然后才决定是否去履行。因此他连续三朝都名扬于诸侯。

越石父很贤明，却被囚禁了。晏子外出，在路上遇到他，晏子就解下车子左边的马把他赎了出来，用车子载着他一同回到府里。晏子没有向越石父告辞，就进入了内室，许久不出来。越石父见此情形，便请求绝交。晏子听了十分吃惊，他整理衣冠，出来向越石父道歉说："晏婴虽然不仁德，但毕竟把你从危难中解救了出来，为什么您这么快就要同我绝交呢？"越石父说："你这样说不对，我听说君子在不了解自己的人那里遭受委屈，而被了解自己的人所信任亲近。当我被囚禁的时候，那些人是不了解我的。您既然明白我的为人，把我赎了出来，那就是知己了；既然在知己面前得不到礼遇，那我实在是不如仍旧被绳子捆着的好。"晏子于是请他入相府并把他待为上宾。

晏子做齐国相国的时候，一次出门，车夫的妻子从门缝里偷看丈夫。她的丈夫正在为相国驾车，坐在大大的伞盖之下，赶着四匹马，意气扬扬，甚是自得。等车夫回来以后，他的妻子要求离开他。丈夫问她缘故，妻子说："晏子身高不足六尺，却身为齐国的相国，名扬于诸侯。今天我看他出门时，思虑深远，还时常露出甘居人下的谦逊表情。如今你身高八尺，只是一个给人家赶车的，但看你流露出的心意却自以为满足，我因此要求离开你。"从此以后，她的丈夫就常常注意自我克制、自我贬损。晏子奇怪车夫的变化，就问他原因，车夫将实情告诉了他，晏子便荐举他做了大夫。

太史公说：我读了管子的《牧民》《山高》《乘马》《轻重》《九府》以及《晏子春秋》等著作，其中的叙述可谓非常详尽了。我既已看过他们所著的书，就想知道他们日常是如何行事的，所以编写了他们的传记。至于他们的著作，世上有很多，因此不再论述，只论述他们的轶事。

管仲，是世人所说的贤王，但是孔子却小看他。难道是因为周王朝已然衰落，齐桓公既然贤能，管仲却不勉励他去谋求王道，而只是帮他成为霸主的缘故吗？古语说："顺应君王的美德，匡正君王的过错，君臣上下就能相互亲睦了。"这难道不正是在说管仲吗？

晏子伏在庄公尸体上大哭，尽了君臣之礼后才离开，这难道是古语所说的"见义不为，就是没有勇气"的人吗？至于他平时的劝谏进言，时常冒犯君主的威严，这不正是"在朝廷之上想着竭尽忠心，退朝后想着补救缺失"的人吗？假如晏子现在还活着，虽然为他执鞭赶车，也是我所喜欢和向往的。

屈原列传

【原文】

屈原者，名平，楚之同姓也，为楚怀王左徒。博闻强志，明于治乱，娴于辞令①。入则与王图议国事，以出号令；出则接遇宾客，应对诸侯。王甚任之。

上官大夫与之同列，争宠，而心害其能。怀王使屈原造为宪令，屈平属草稿未定②，上官大夫见而欲夺之。屈平不与，因谗之曰："王使屈平为令，众莫不知，每一令出，平伐其功，曰：以为'非我莫能为'也。"王怒而疏屈平。

屈平疾王听之不聪也，谗谄之蔽明也，邪曲之害公也，方正之不容也，故忧愁幽思而作《离骚》。离骚者，犹离忧也。夫天者，人之始也；父母者，人之本也。人穷则反本，故劳苦倦极，未尝不呼天也；疾痛惨怛③，未尝不呼父母也。屈平正道直行，竭忠尽智以事其君，谗人间之，可谓穷矣。信而见疑，忠而被谤，能无怨乎？屈平之作《离骚》，盖自怨生也。《国风》好色而不淫，《小雅》怨诽而不乱，若《离骚》者，可谓兼之矣！上称帝喾，下道齐桓，中述汤、武，以刺世事。明道德之广崇，治乱之条贯，靡不毕见。其文约，其辞微，其志洁，其行廉。其称文小而其指极大，举类迩而见义远④。其志洁，故其称物芳；其行廉，故死而不容。自疏濯淖污泥之中⑤，蝉蜕于浊秽，以浮游尘埃之外，不获世之滋垢⑥，皭然泥而不滓者也⑦。推此志也，虽与日月争光可也。

屈平既绌⑧，其后秦欲伐齐。齐与楚从亲，惠王患之，乃令张仪详去秦⑨，厚币委质事楚⑩，曰："秦甚憎齐，齐与楚从亲⑪，楚诚能绝齐，秦愿献商、於之地六百里⑫。"楚怀王贪而信张仪，遂绝齐，使使如秦受地，张仪诈之曰："仪与王约六里，不闻六百里。"楚使怒去，归告怀王。怀王怒，大兴师伐秦。秦发兵击之，大破楚师于丹、淅⑬，斩首八万，虏楚将屈匄⑭，遂取楚之汉中地。怀王乃悉发国中兵，以深入击秦，战于蓝田⑮。魏闻之，袭楚至邓⑯。楚兵惧，自秦归。而齐竟怒不救楚，楚大困。

明年，秦割汉中地与楚以和。楚王曰："不愿得地，愿得张仪而甘心焉。"张仪闻，乃曰："以一仪而当汉中地，臣请往如楚。"如楚，又因厚币用事者臣靳尚，而设诡辩于怀王之宠姬郑袖。怀王竟听郑袖，复释去张仪。是时屈平既疏，不复在位，使于齐，顾反，谏怀王曰："何不杀张仪？"怀王悔，追张仪，不及。

其后，诸侯共击楚，大破之，杀其将唐昧。

时秦昭王与楚婚，欲与怀王会。怀王欲行，屈平曰："秦，虎狼之国，不可信，不如毋行！"怀王稚子子兰劝王行："奈何绝秦欢！"怀王卒行。入武关，秦伏兵绝其后，因留怀王以求割地。怀王怒，不听。亡走赵，赵不内。复之秦，竟死于秦而归葬。

长子顷襄王立，以其弟子兰为令尹。楚人既咎子兰以劝怀王入秦而不反也。屈平既嫉之，虽放流，眷顾楚国，系心怀王，不忘欲反，冀幸君之一悟，俗之一改也。其存君兴国，而欲反覆之，一篇之中，三致意焉。然终无可奈何，故不可以反。卒以此见怀王之终不悟也。人君无愚智、贤不肖，莫不欲求忠以自为，举贤以自佐。然亡国破家相随属，而圣君治国累世而不见者，其所谓忠者不忠，而所谓贤者不贤也！怀王以不知忠臣之分，故内惑于郑袖，外欺于张仪，疏屈平而信上官大夫、令尹子兰。兵挫地削，亡其六郡，身客死于秦，为天下笑。此不知人之祸也。《易》曰："井渫不食[17]，为我心恻，可以汲。王明，并受其福。"王之不明，岂足福哉！

令尹子兰闻之大怒，卒使上官大夫短屈原于顷襄王，顷襄王怒而迁之。

屈原至于江滨，被发行吟泽畔[18]，颜色憔悴，形容枯槁。渔父见而问之曰："子非三闾大夫欤？何故而至此？"屈原曰："举世混浊而我独清，众人皆醉而我独醒，是以见放。"渔父曰："夫圣人者，不凝滞于物而能与世推移。举世混浊，何不随其流而扬其波？众人皆醉，何不铺其糟而啜其醨[19]？何故怀瑾握瑜而自令见放为[20]？"屈原曰："吾闻之，新沐者必弹冠，新浴者必振衣。人又谁能以身之察察[21]，受物之汶汶者乎！宁赴常流而葬乎江鱼腹中耳，又安能以皓皓之白，而蒙世之温蠖乎！"乃作《怀沙》之赋。于是怀石，遂自沉汨罗以死。

屈原既死之后，楚有宋玉、唐勒、景差之徒者，皆好辞而以赋见称。然皆祖屈原之从容辞令，终莫敢直谏。其后楚日以削，数十年竟为秦所灭。

自屈原沉汨罗后百有余年，汉有贾生，为长沙王太傅，过湘水，投书以吊屈原。

太史公曰：余读《离骚》《天问》《招魂》《哀郢》，悲其志。适长沙，过屈原所自沉渊，未尝不垂涕，想见其为人。及见贾生吊之，又怪屈原以彼其材游诸侯，何国不容，而自令若是！读《鵩鸟赋》，同死生，轻去就，又爽然自失矣！

【注释】

①娴:熟练。②属:撰著。③惨(cǎn)怛(dá):悲痛忧伤。④迩:近。⑤濯(zhuó)淖(nào):污浊。⑥滋垢:污垢。⑦皭(jiào)然:清白洁净的样子。滓(zǐ):污浊。⑧绌:通"黜",贬斥。⑨张仪:战国时魏国人,著名的纵横家,曾经担任秦相。⑩委质:呈献礼物。⑪从亲:指两国合纵相亲。⑫商、於(wū):秦国地名,在今陕西商县至河南内乡一带。⑬丹:丹江。淅:丹江支流淅水。⑭屈匄(gài):楚国大将。⑮蓝田:秦国地名,在今陕西蓝田西。⑯邓:其时属楚地,在今河南邓州市。⑰渫(xiè):淘去泥污。⑱被:通"披"。⑲餔(bū):通"哺",食。糟:酒渣。啜(chuò):喝。醨(lí):薄酒。⑳瑾(jǐn)、瑜:都是美玉。㉑察察:洁白的样子。

【译文】

屈原,名平,是楚国王族的同姓,担任楚怀王的左徒。他博闻强识,深深地懂得国家治乱的道理,并且能够娴熟地运用外交辞令。对内与楚怀王商议国家大事,以发布政令;对外接待宾客,应酬诸侯。楚怀王很信任他。

上官大夫与屈原官位相当,想争得楚怀王的宠信,内心嫉妒屈原的才能。怀王让屈原制定国家的法令,屈原起草的法令还没有定稿,上官大夫看见了想夺取。屈原不给,上官大夫因而在怀王面前讲屈原的坏话,说:"大王叫屈原起草法令,这没有人不知道,可每当一项法令颁布,屈平就夸耀自己的功劳,说是'除了我,别人谁也做不来'。"怀王听了很生气,因而疏远了屈原。

屈原痛心怀王不能明辨是非,被谗言和谄媚蒙蔽;痛心邪恶的小人妨害公正,品行端正的人不为朝廷所容。他在忧思苦闷之中写了《离骚》。离骚,就是遭遇忧愁的意思。上天,是人的起源;父母,是人的根本。人在处境困顿的时候就会追念本源,所以人在劳苦疲倦到极点的时候,没有不呼喊上天的;在经历病痛悲苦的时候,没有不呼唤父母的。屈原坚持正道,行事坦荡,竭尽忠心和智慧来侍奉他的君主,却遭到小人离间,可以说是困顿不堪了。他为人诚实守信却被猜疑,忠君爱国却遭到诽谤,又怎能没有怨愤呢?屈原的作品《离骚》,就是从这种怨愤中产生的。《国风》多写男女爱情却不放荡,《小雅》多有怨恨讽刺却不宣扬叛乱,像《离骚》这样的作品,可谓兼有《国风》和《小雅》的特点。《离骚》中对上古时代称道帝喾,论近世则颂扬齐桓公,述中古则叙说商汤、周武王的事迹,以此讽刺楚国的时政。其中对道德之广大崇高的阐明,对国家治乱的因果和原则的陈述,无不明白透彻。他的文笔简练,他的言辞含蓄,他的志趣高洁,他的品行廉正。他所作的文辞虽然讲述的是一些细小事物,含义却很重大;列举的事例虽近在眼前,表达的意思却极为深远。他志趣高洁,所以作品所述说的事物都是芬芳美好的;他品行廉正,所以至死也不能容于世俗。他出于本性而远离污泥浊水,像蝉儿脱壳那样摆脱污秽,超然于尘俗之外,不受浊世的污染,真可谓干净洁白、身处污泥之中却不会被玷污的人。推究屈原的这种志趣,即使说它能同日月争光也是可以的。

屈原已经被罢去官职,后来秦国想攻打齐国。齐国当时和楚国合纵相亲,两国联合抗秦。秦惠王为此很是忧虑,就叫张仪装作要背离秦国,献上厚礼给楚王,并且表示愿意侍奉楚王,说:"秦国非常憎恨齐国,齐国现在与楚国合纵相亲,如果楚国真能同齐国绝交,秦国愿意献上商、於一带的土地六百里。"楚怀王因为贪心而轻信了张仪的话,便与齐国断了交。后来派使者到秦国接受土地,张仪却抵赖说:"我与楚王约定的是献上六里的土地,没听说有六百里呀。"楚国的使者愤怒地离开了秦国,回来将此事禀告了怀王。怀王大怒,兴大军讨伐秦国。秦国发兵迎击,大破楚军于丹水和浙水一带,杀了楚军八万人,俘虏了楚国大将屈匄,并夺取了楚国汉中一带的土地。楚怀王于是尽数发动全国的军队深入秦地进攻秦军,在蓝田展开激战。魏国听到这个消息,乘机偷袭楚国,一直打到邓城。楚军惧怕,便从秦国撤了回来。而齐国终究因为愤恨楚王而不肯救援楚国,楚国的处境极为艰难。

第二年,秦国割让汉中一带的土地与楚国讲和。楚王说:"不愿得土地,只有得到张仪才甘心。"张仪听了说:"用一个张仪来抵汉中的土地,我请求到楚国去。"到了楚国,又用丰厚的礼物贿赂了当权的大臣靳尚,从而让他在楚怀王的宠姬郑袖面前编造诡诈的言辞来替自己辩护。后来怀王居然听信了郑袖为张仪说情的话,放走了张仪。当时屈原已被怀王疏远,不在朝中任职,正在出使齐国。等他回到楚国以后,劝谏怀王说:"为何不杀张仪?"怀王后悔,派人去追赶张仪,但没追上。

在这之后,诸侯联合起来攻打楚国,大破楚军,杀了楚国大将唐昧。这时,秦昭王同楚国通婚,想要同怀王会面。怀王想去,屈原说:"秦国,是虎狼一样的国家,不能相信。不如不去!"怀王的小儿子子兰劝怀王去,说:"怎么能断绝同秦国的友好关系呢!"怀王终于前往。进入武关以后,秦国埋伏的军队截断了怀王的后路,从而扣留了怀王,以求楚国割让土地。怀王异常愤怒,不答应。逃亡到赵国,赵国因为害怕秦国而不敢收留他。怀王无奈,只好又回到秦国,最后死在秦国,后来尸体被运回楚国安葬。

楚怀王的长子顷襄王继位,任用他的弟弟子兰做令尹。楚国人抱怨子兰,因为他怂恿怀王到秦国去,竟使楚王再没有回来。屈原憎恨子兰,自己虽然被流放,但心里仍眷恋着楚国,惦记着怀王,一直想着要再为朝廷效力,寄希望于楚王有朝一日能够幡然醒悟,世俗的陋习能够为之一改。他心存国君,希望能振兴楚国,想让楚国一改衰弱的局面,这样的意愿在《离骚》一篇中再三表露出来。但终究是无可奈何,所以也没能回到朝中。由此也可以看出怀王的至死不悟。

一个国君无论是愚昧还是智慧,无论是贤能还是不成才,没有不想寻求忠臣来效忠自己、任用贤良来辅佐自己的。但是国破家亡的事一件接着一件,而圣明的君主、清平的国家却几世也碰不到一个,这也许就是因为身为人君的人所认为的忠臣并不忠诚,所认为的贤者并不贤良。怀王因为不懂得识别忠臣,所以在内为郑袖所迷惑,在外为张仪所欺骗,疏远屈原而信任上官大夫、令尹子兰,使军队遭到挫败,国土日益减少,失掉了六郡,自己客死秦国,为天下人所耻笑。这就是不能知人善任所招来的灾祸啊。《易经》上说:"井已淘去泥污却不汲水而饮,让人心中凄恻,可以汲饮的啊。君王明白这个道理,就会享受福佑。"君王昏而不明,岂能享受福佑?

令尹子兰听说屈原憎恨他,非常愤怒,于是指使上官大夫在顷襄王的面前讲屈原的坏话,顷襄王大怒,把屈原放逐到了外地。

屈原来到江边,披散着头发,在水边一边行走一边吟唱,脸色憔悴,形容枯槁。江边的渔父看到他,便问他:"您不是三闾大夫吗?为什么来到这里?"屈原说:"举世都混浊,只有我是干净的；众人都醉倒了，只有我是清醒的，因此遭到放逐。"渔父说："说起圣人，他们常常能够不受外界事物的拘束，能够跟随世俗而进退。既然整个社会都混浊，为什么不顺应潮流并且推波助澜呢？既然众人都醉了，为什么不一起吃点酒糟、饮点淡酒呢？为什么非要保持美玉一样高洁的品性而使自己遭到放逐呢？"屈原说："我听说，刚洗完头发的人，一定要弹去帽子上的灰尘；刚洗过澡的人，一定要抖去衣上的尘土。作为人，又有谁能够让自己的洁白之身为世俗的污垢所浸染呢？我宁可跳进这不停流淌的江水之中，葬身鱼腹，又怎能让高洁的心灵蒙受俗世的污浊呢？"于是就作了《怀沙》赋。

然后就抱着石头，跳进汨罗江自尽了。

屈原死后，楚国有宋三、唐勒、景差这一班人，都爱好文辞并且以擅长作赋著称。然而他们都只效法屈原言谈的得体大方，终究没有人能像屈原那样敢于直言进谏。此后楚国的领土一天比一天小，几十年后，终于为秦国所灭。

屈原自沉汨罗江一百多年后，汉朝出了个贾谊，他担任长沙王太傅，路过湘水时，曾有感而发作了一篇《吊屈原赋》，将写好的文章投入湘水中，以凭吊屈原。

太史公说：我读《离骚》《天问》《招魂》《哀郢》等作品，为屈原的壮志难酬而感到悲伤。前往长沙，经过屈原抱石自沉的江水，未尝不伤感落泪，推想着他的为人。等到看见了贾谊的《吊屈原赋》，又怪屈原，以他杰出的才能去游说诸侯，哪个国家不会接纳重用他呢？而自己偏要选择这样的道路。再读贾谊的《鹏鸟赋》，他把生死等同看待，把升迁罢免看得很轻，这使我又感到茫然自失了。

酷吏列传序

【原文】

孔子曰:"道之以政①,齐之以刑,民免而无耻;道之以德,齐之以礼,有耻且格。"老氏称②:"上德不德,是以有德;下德不失德,是以无德。""法令滋章③,盗贼多有。"太史公曰:信哉是言也!法令者治之具,而非制治清浊之源也。昔天下之网尝密矣,然奸伪萌起,其极也,上下相遁,至于不振。当是之时,吏治若救火扬沸,非武健严酷,恶能胜其任而愉快乎?言道德者,溺其职矣④。故曰:"听讼,吾犹人也,必也使无讼乎!""下士闻道大笑之。"非虚言也。

汉兴,破觚而为圜⑤,斲雕而为朴⑥,网漏于吞舟之鱼,而吏治烝烝,不至于奸,黎民艾安⑦。由是观之,在彼不在此。

【注释】

①道:通"导",引导。②老氏:指老子。③滋:愈加。章:严明。④溺职:失职。⑤破觚(gū)而为圜(huán):把有棱角的东西的棱角去掉而变成圆形。觚:古代有棱角的酒器。圜:圆形的东西。⑥斲(zhuó):砍,削。⑦艾安:民生安定,宇内承平。

【译文】

孔子说:"用政教来引导他们,用刑罚来统一他们的行动,人民可以暂时免于罪过，却还不具备廉耻之心；用道德来引导他们，用礼教来统一他们的行动，人民不但有廉耻之心而且行为规矩。"老子说："最有德的人不以有德自居，因此有德；无德的人天天要标榜自己是有德之人，因此没有德。""法令越细密严厉，盗贼反而越多。"太史公说：这些话确实不假。法令是治理国家的工具，但不是政治清明与否的根本。从前天下的法网律令也是非常严密的，然而奸邪欺诈的事情频频发生，达到极点的时候，举国上下都互相包庇回避，以至于国家不能振兴。那种时候，吏治如同负薪救火、扬汤止沸，于事无补，如果不采用刚猛严厉的手段，官吏们又怎能做到胜任其职而心情愉快呢？主张以道德治理国家的，则经常是一筹莫展，无所适从。所以说："审理诉讼，我和别人差不多。如果说有什么不同的，那就是要使人们不发生诉讼啊。""下愚之士听见了'道'就哈哈大笑，认为空洞。"这都不是虚言啊。

汉朝兴起之初，废除了苛刻的法律，去掉了烦琐的规章，使法制简单易行，法网宽疏得可以漏掉能吞下船只的鱼，然而吏治成绩斐然，社会秩序蒸蒸日上，人民没有邪恶的行为，生活安定繁荣。由此看来，治理国家的关键在于用德，而不在于用严厉的刑法。

游侠列传序

【原文】

韩子曰①:"儒以文乱法,而侠以武犯禁。"二者皆讥,而学士多称于世云。至如以术取宰相、卿、大夫,辅翼其世主,功名俱著于春秋②,固无可言者。及若季次、原宪③,闾巷人也,读书怀独行君子之德,义不苟合当世,当世亦笑之。故季次、原宪终身空室蓬户,褐衣疏食④不厌。死而已四百余年,而弟子志之不倦。今游侠,其行虽不轨于正义,然其言必信,其行必果,已诺必诚,不爱其躯,赴士之厄困,既已存亡死生矣,而不矜其能,羞伐其德⑤,盖亦有足多者焉⑥。

且缓急⑦,人之所时有也。太史公曰:昔者虞舜窘于井廪,伊尹负于鼎俎⑧,傅说匿于傅险⑨,吕尚困于棘津⑩,夷吾桎梏⑪,百里饭牛,仲尼畏匡⑫,菜色陈、蔡。此皆学士所谓有道仁人也,犹然遭此菑⑬,况以中材而涉乱世之末流乎?其遇害何可胜道哉!

鄙人有言曰⑭:"何知仁义,已飨其利者为有德⑮。"故伯夷丑周,饿死首阳山,而文、武不以其故贬王;跖、蹻暴戾⑯,其徒诵义无穷。由此观之,"窃钩者诛,窃国者侯;侯之门,仁义存",非虚言也。

今拘学或抱咫尺之义⑰,久孤于世,岂若卑论侪俗,与世沉浮而取荣名哉!而布衣之徒,设取予,然诺,千里诵义,为死不顾世，此亦有所长，非苟而已也。故士穷窘而得委命，此岂非人之所谓贤豪间者邪？诚使乡曲之侠，予季次、原宪比权量力，效功于当世，不同日而论矣。要以功见言信，侠客之义又曷可少哉⑱！

古布衣之侠，靡得而闻已⑲。近世延陵、孟尝、春申、平原、信陵之徒⑳，皆因王者亲属，藉于有土卿相之富厚，招天下贤者，显名诸侯，不可谓不贤者矣。比如顺风而呼，声非加疾，其势激也。至如闾巷之侠，修行砥名，声施于天下，莫不称贤，是为难耳。然儒、墨皆排摈不载。自秦以前，匹夫之侠，湮灭不见，余甚恨之。以余所闻，汉兴有朱家、田仲、王公、剧孟、郭解之徒，虽时扞当世之文罔㉑，然其私义，廉洁退让，有足称者。名不虚立，士不虚附。至如朋党宗强比周㉒，设财役贫，豪暴侵凌孤弱，恣欲自快，游侠亦丑之。余悲世俗不察其意，而猥以朱家、郭解等令与暴豪之徒同类而共笑之也㉓。

【注释】

① 韩子：韩非，战国时期法家代表人物。② 春秋：这里泛指史书。③ 季次：孔子弟子公皙哀，字季次。原宪：孔子弟子，字子思。④ 褐衣疏食：指布衣粗食的简朴生活。厌：满足。⑤ 伐：自夸。⑥ 多：称道。⑦ 缓急：急难。⑧ 伊尹：商汤时的贤臣。鼎：锅。俎（zǔ）：切肉的砧板。⑨ 傅说：殷王武丁的贤相。⑩ 吕尚：姜子牙。棘津：故址在今河南。⑪ 桎（zhì）：脚镣。梏（gù）：手铐。⑫ 匡：春秋时卫国地名，在今河南睢县。⑬ 菑：通"灾"。⑭ 鄙人：乡野平民。⑮ 已：通"以"。飨：通"享"。⑯ 跖（zhí）：盗跖，相传为古时奴隶起义的领袖。蹻（jué）：庄蹻。⑰ 拘学：拘谨固执的书生。⑱ 曷：何。少：忽视。

⑲ 靡：没有。⑳ 延陵：春秋时吴国公子季札。孟尝、春申、平原、信陵：此四人因为广纳人才，礼贤下士，被称为战国四公子。㉑ 扞：触犯。文罔：法网。㉒ 宗强：豪强。比周：彼此勾结。㉓ 猥（wěi）：混杂。

【译文】

韩非子说："儒生往往利用他们所谓的道德教化来干扰法律的正常执行，而侠士豪客们又经常依靠武力来违反禁令。"儒生和侠士都受到韩非的讥议，但是有学问的儒者还是多被世人称道。至于那些用儒术取得宰相、卿、大夫职位的人，都因为辅佐所在朝代的君主，功业名望昭彰于史书之上，我固然没有什么可再说的了。如果谈到季次、原宪这些出于寻常里巷的平民，他们熟读诗书，心中念念不忘君子的道德规范，坚行道义而不苟合于世俗，他们的行为也为世俗所讥笑。所以，季次、原宪终生都住在用蓬草编成门户的空屋子当中，连布衣粗饭也常常难以自给。他们已经死去了四百多年，但是后世的儒者却常常怀念他们。如今的游侠，他们的行为虽然不一定都合于现在所说的正义，但是他们信守承诺，行事必有结果，已经允诺的事情必定诚心去办理，甚至为了解救危难中的人而不顾性命，把别人从危难之中解救出来后，也不夸耀自己，羞于对别人吹嘘自己的恩德，这似乎也是值得称颂的吧！

况且，危难的事情是常有的，太史公说：昔日虞舜在淘井和修理粮仓时曾陷入困境；伊尹曾背着鼎和砧板给人家当厨子；傅说曾因罪隐匿在傅岩；吕尚曾穷困潦倒于棘津；管仲曾被戴上手铐脚镣，成为囚犯；百里奚曾喂过牛；孔子曾在匡地受到威胁，又在陈、蔡等地忍饥挨饿。这些都是儒士们所说的有道的仁人志士，他们尚且遭受这些灾难，何况是一个普通人，又处在乱世最黑暗的时期呢？他们遇到的灾害又怎么能说得完呢！

老百姓有这样的话："谁知道是否仁义，享受谁的恩惠，谁就是有德的人。"所以伯夷认为周之灭商是丑陋的行为，因而不食周粟，饿死在首阳山，但是周文王、周武王的圣王称号并没有因此而受到损害。盗跖、庄蹻凶暴残忍，但是他们的党徒却永远称颂他们的义气。由此可见，"偷窃衣钩的被诛杀，盗窃国家的人则贵为王侯；只有王侯的门庭内，才存在仁义"，这话一点也不假！

现在一些迂腐的儒者，抱着自己所认定的狭隘道义，把自己长久地孤立在世俗之外，他们怎么能比得上那些降低格调、迎合世俗，与世沉浮而取得名望和荣誉的人呢！然而，平民出身的游侠，注重取得和给予，注重信用和承诺，他们的义气传诵千里，为人牺牲性命，全然不顾世俗的议论，这些人也有他们的长处，不是随便乱来的。所以士人在穷困窘迫时往往以性命相托，难道这不是人们所说的贤能杰出的人物吗？假如让这些民间豪侠与季次、原宪等儒生从地位、能力，以及对当代的贡献加以比较，会发现两者是不能同日而语的。总之，如果以办事功效显著、言行都讲求信用来看，游侠所表现的义气又怎么可以轻视呢？

古代的民间游侠，已经无从知道他们的事迹了，近世的延陵吴季子、孟尝君、春申君、平原君、信陵君等人，都是国君的亲属，凭借着富厚的土地财产、卿相之高位，得以广招天下贤士，扬名诸侯之间，不可以说他们不是贤者。但这好比顺风呼喊，声音并未增大，是因为风势可以让声音传播得更远。至于民间的游侠，他们修养自己的品行，成就自己的名声，声望传扬于天下，人们没有不称道他们的贤德的，这才是真正困难的。然而，儒家、墨家都排斥他们的事迹，不肯加以记载，所以秦以前平民游侠的事迹全部湮灭而不传于世，这使我感到十分遗憾。据我所知，汉朝兴起以来，有朱家、田仲、王公、剧孟、郭解等人，这些人虽然时常触犯当代的条文法令，但是如果从个人品性来讲，他们注重廉洁退让，有值得称赞的地方。他们的名声并不是凭空建起来的，士人对他们的拥戴也并非毫无缘故。至于像朋党豪强互相勾结，利用钱财役使贫困的人，仗势欺凌弱小孤苦的人，放纵贪欲，只求自己畅快，游侠对有这些行径的人也是极为憎恶的。让我感到痛心的是，世俗之人不认真考察游侠的心意，而不负责任地把朱家、郭解等游侠与豪强暴徒混同起来，而一起加以讥笑。

◎卷五 汉文

滑稽列传

【原文】

孔子曰:"六艺于治一也①。《礼》以节人,《乐》以发和,《书》以导事,《诗》以达意,《易》以神化,《春秋》以道义。"太史公曰②:天道恢恢,岂不大哉!谈言微中,亦可以解纷。

淳于髡者③,齐之赘婿也④。长不满七尺,滑稽多辨⑤,数使诸侯,未尝屈辱。齐威王之时,喜隐,好为淫乐长夜之饮,沉湎不治⑥,委政卿大夫。百官荒乱,诸侯并侵,国且危亡,在于旦暮,左右莫敢谏。淳于髡说之以隐曰:"国中有大鸟,止王之庭,三年不蜚又不鸣⑦,王知此鸟何也?"王曰:"此鸟不蜚则已,一蜚冲天;不鸣则已,一鸣惊人。"于是乃朝诸县令长七十二人,赏一人,诛一人,奋兵而出。诸侯振惊,皆还齐侵地。威行三十六年。语在《田完世家》中。

威王八年,楚大发兵加齐。齐王使淳于髡之赵请救兵,赍金百斤⑧,车马十驷。淳于髡仰天大笑,冠缨索绝⑨。王曰:"先生少之乎?"髡曰:"何敢!"王曰:"笑岂有说乎?"髡曰:"今者臣从东方来,见道傍有禳田者⑩,操一豚蹄,酒一盂,而祝曰:'瓯窭满篝⑪,污邪满车⑫,五谷蕃熟,穰穰满家。'臣见其所持者狭而所欲者奢,故笑之。"于是齐威王乃益赍黄金千镒,白璧十双,车马百驷,髡辞而行。至赵,赵王与之精兵十万,革车千乘⑬。楚闻之,夜引兵而去。

·225·

威王大说，置酒后宫，召髡赐之酒。问曰："先生能饮几何而醉？"对曰："臣饮一斗亦醉，一石亦醉。"威王曰："先生饮一斗而醉，恶能饮一石哉！其说可得闻乎？"髡曰："赐酒大王之前，执法在傍，御史在后，髡恐惧俯伏而饮，不过一斗径醉矣。若亲有严客，髡帣韝鞠跽⑭，侍酒于前，时赐余沥，奉觞上寿⑮，数起，饮不过二斗径醉矣。若朋友交游，久不相见，卒然相睹，欢然道故，私情相语，饮可五六斗径醉矣。若乃州闾之会，男女杂坐，行酒稽留⑯，六博投壶⑰，相引为曹⑱，握手无罚，目眙不禁⑲，前有堕珥，后有遗簪，髡窃乐此，饮可八斗而醉二参⑳。日暮酒阑㉑，合尊促坐，男女同席，履舄交错㉒，杯盘狼藉，堂上烛灭，主人留髡而送客，罗襦襟解㉓，微闻芗泽㉔，当此之时，髡心最欢，能饮一石。故曰：'酒极则乱，乐极则悲。'万事尽然，言不可极，极之而衰。"以讽谏焉。齐王曰："善！"乃罢长夜之饮，以髡为诸侯主客。宗室置酒，髡尝在侧。

【注释】

①六艺：即《诗经》《尚书》《礼记》《乐经》《易经》《春秋》。②太史公：司马迁自称。③淳于髡（kūn）：复姓淳于。④赘（zhuì）婿：就婚于女家与改为女家姓的男子称为"赘婿"。⑤滑（gǔ）稽：能言善辩，幽默诙谐。⑥沉湎（miǎn）：沉溺。⑦蜚：同"飞"。⑧赍（jī）：赠送。⑨冠缨：系在颔下的帽带。⑩穰（ráng）田：向神祈求庄稼丰收。⑪瓯（ōu）窭（lóu）：狭小的高地。篝（gōu）：竹笼。⑫污邪（yé）：地势低下的土地。⑬革车：古时用皮革装备的重战车。⑭帣（juǎn）：通"卷"。韝（gōu）：臂套。鞠：弯曲。跽（jì）：长跪。⑮觞（shāng）：古时的盛酒器。⑯稽留：迁延。⑰六博：古代的赌博游戏。⑱曹：

辈。⑲眙（chì）：直视。⑳参：通"三"。㉑酒阑：宴饮将散。㉒履舄（xì）交错：鞋子错杂满地。㉓襦（rú）：短衣。㉔芗（xiāng）泽：香气。

【译文】

孔子说："六艺对于治理国家，作用是一样的。《礼记》是用来约束人们行为的，《乐经》是用来发扬和气的，《尚书》是记载政事的，《诗经》是用来表达心意的，《易经》是用来表现事物之间微妙变化的，《春秋》是用来说明伦理道义的。"太史公说：天道恢宏，难道不是伟大的吗？谈笑之中暗含道理，也是可以解除纷乱的。

有个名叫淳于髡的人，他是齐国的上门女婿，身高不过七尺，却诙谐幽默，能言善辩。他曾多次出使诸侯国，从未有过屈辱的经历。齐威王即位之初，爱好听人用譬喻的方式说话，喜欢恣意享乐，常常通宵达旦地饮酒作乐，并且沉湎其中，根本不过问朝政，把政务委托给卿大夫们处理。于是造成了百官懈怠、政治混乱的局面。各诸侯国纷纷入侵齐国。齐国已经处在危亡之际，国家倾覆近在眼前，左右大臣都不敢劝谏。这时，淳于髡用譬喻劝谏齐威王说："京城之中有只大鸟，停在大王的庭堂之上。三年不曾飞翔，也不曾鸣叫。君王知道这是什么鸟吗？"威王回答说："此鸟不飞则已，一飞便要冲入云霄；不鸣则已，一鸣就要惊动世人。"于是齐威王便召集各县长官共七十二人前来进见，赏了一人，杀了一人，随后统兵奋力出击。诸侯为之震惊，纷纷将侵占的土地退还给了齐国。齐威王从此威震天下三十六年。此事记载在《田完世家》当中。

齐威王八年，楚国派大军攻齐。威王派淳于髡携带一百斤黄金和四匹马拉的车十辆到赵国请求救兵。淳于髡仰天大笑，把帽子上的缨带都挣断了。威王问："先生是不是嫌礼物少呢？"淳于髡回答说："我怎么敢？"威王说："先生发笑，是有什么要说的吗？"淳于髡回答："我今天从东边过来的时候，看到路边有个祭土地乞求丰收的人。他拿着一只猪蹄、一杯酒，向上天祷告说：'让狭小的高地上能够长满庄稼，谷物装满笼箱；让低洼的水田能够丰收，谷物装满大车；让五谷丰登，堆满我家的粮仓。'我见他用来奉献的祭品太少，而想要的又太多，所以笑他。"于是齐威王就将礼物增加到黄金二万两、白玉璧十双、四匹马拉的车百辆，淳于髡这才告别威王出使赵国。赵王给了他精兵十万，战车千乘。楚军听说此事，连夜引军而去。

　　齐威王十分高兴，在后宫摆上酒席，召见淳于髡，请他喝酒。席间威王问："先生喝多少酒才能醉倒？"淳于髡回答说："我喝一斗也会醉，喝一石也会醉。"威王说："您喝一斗就醉了，怎么可能喝到一石呢？这中间有什么说法可以让我听听吗？"淳于髡回答说："在大王面前喝您所赏赐的酒，旁边有执行酒令的令官，后面有监察的御史，我十分恐惧，低着头伏在地上饮酒，喝不了一斗就醉了。如果父亲有尊贵的客人到来，我卷起衣袖，屈身下跪，在前面侍奉着，他们不时地把剩下的酒赐给我喝，我还要多次地端起酒杯起身为客人和父亲祝福。像这样饮酒，不过二斗我也就醉了。若是与久别的老友突然重逢，一起愉快地回忆往事，互相倾诉衷肠，这样喝到五六斗也就醉了。如果乡里举行集会，男女混杂坐在一起，慢慢地行酒，同时进行下棋与投壶的比赛；互相招呼，结伴搭伙，男女之间握握手也不会受到责罚，眼睛可以随意地注视别人，前面席上有掉在地上的珠玉耳饰，后面席上有遗落的发簪，我暗自喜欢这样的宴集，酒喝到八斗才有两三分醉意。待到太阳落山，酒也快喝完了的时候，人们把剩下的酒并在一起，促膝而坐，男女同席，鞋子满地横竖交错，杯盘纵横散乱交叠，堂上的蜡烛快要燃尽了；主人留下了我，送走了客人，那陪酒的女子，解开罗衫的衣襟，我微微闻到芳香的气息。这时我最高兴，那就能够饮到一石了。所以说：'饮酒过度就会发生昏乱，欢乐过度就会导致悲哀。'万事都是如此，说的是什么都不可以过度，过度了就会向衰落转化。"淳于髡用这些话来讽谏齐威王。威王说："真是好极了！"于是，他便停止了通宵达旦的宴饮，并且任命淳于髡为接待诸侯的主客。每逢齐国王室设宴饮酒的时候都会请淳于髡作陪。

货殖列传序

【原文】

　　《老子》曰:"至治之极,邻国相望,鸡狗之声相闻,民各甘其食,美其服,安其俗,乐其业,至老死不相往来。"必用此为务,挽近世涂民耳目①,则几无行矣。

　　太史公曰:夫神农以前,吾不知已。至若《诗》《书》所述虞、夏以来,耳目欲极声色之好,口欲穷刍豢之味②,身安逸乐,而心夸矜势能之荣,使俗之渐民久矣③,虽户说以眇论④,终不能化。故善者因之,其次利道之,其次教诲之,其次整齐之,最下者与之争。

　　夫山西饶材、竹、榖、纑、旄、玉石⑤,山东多鱼、盐、漆、丝、声色⑥,江南出楠、梓、姜、桂、金、锡、连、丹沙、犀、玳瑁、珠玑、齿、革⑦,龙门、碣石北多马、牛、羊、旃、裘、筋、角⑧,铜、铁则千里往往山出棋置。此其大较也⑨。皆中国人民所喜好,谣俗被服饮食奉生送死之具也。故待农而食之,虞而出之,工而成之,商而通之。此宁有政教发征期会哉?人各任其能,竭其力,以得所欲。故物贱之征贵⑩,贵之征贱,各劝其业,乐其事,若水之趋下,日夜无休时,不召而自来,不求而民出之。岂非道之所符而自然之验邪?

　　《周书》曰:"农不出则乏其食,工不出则乏其事,商不出则三宝绝⑪,虞不出则财匮少⑫。"财匮少而山泽不辟矣。此四者,

卷五 汉文

民所衣食之原也。原大则饶，原小则鲜。上则富国，下则富家。贫富之道，莫之夺予，而巧者有余，拙者不足。故太公望封于营丘，地潟卤[13]，人民寡，于是太公劝其女功，极技巧，通鱼盐，则人物归之，繦至而辐凑[14]。故齐冠带衣履天下，海岱之间敛袂而往朝焉[15]。

其后齐中衰，管子修之[16]，设轻重九府[17]，则桓公以霸，九合诸侯，一匡天下。而管氏亦有三归，位在陪臣[18]，富于列国之君。是以齐富强至于威、宣也[19]。

故曰："仓廪实而知礼节，衣食足而知荣辱。"礼生于有而废于无。故君子富，好行其德；小人富，以适其力。渊深而鱼生之，山深而兽往之，人富而仁义附焉。富者得势益彰，失势则客无所之，以而不乐。谚曰："千金之子，不死于市。"此非空言也。故曰："天下熙熙[20]，皆为利来；天下壤壤[21]，皆为利往。"夫千乘之主、万家之侯、百室之君尚犹患贫[22]，而况匹夫编户之民乎！

【注释】

①輓（wǎn）：通"晚"。②刍（chú）豢（huàn）：泛指各种牲畜的肉。③渐：沾染。④眇（miǎo）：通"妙"，精微，奥妙。⑤山西：太行山以西。榖（gǔ）：楮木。纑（lú）：野麻。旄（máo）：旄牛尾。⑥山东：太行山以东。⑦丹沙：朱砂。玳（dài）瑁（mào）：一种海龟，其甲质地优良。玑（jī）：不圆的珠子。⑧龙门：龙门山，在今山西河津。碣石：碣石山，在今河北昌黎。旃（zhān）：通"毡"。⑨大较：大略。⑩征：寻求。⑪三宝：指粮食、器物、财富。⑫虞：掌管山林水泽的官员。匮（kuì）：缺乏。⑬潟（xì）卤（lǔ）：不适宜耕种的盐碱地。

⑭ 缰（qiǎng）：用绳索穿好的钱串。辐（fú）：车辐。⑮ 岱：泰山。⑯ 管子：即管仲，字夷吾，春秋时齐相。⑰ 轻重：物价的高低。九府：周代掌管财物的九个官府。⑱ 陪臣：春秋时期诸侯的大夫对周天子自称为陪臣。⑲ 威：指齐威王。宣：指齐宣王。⑳ 熙熙：形容拥挤、热闹的样子。㉑ 壤：通"攘"。㉒ 千乘之主：指天子。万家之侯：指诸侯。

【译文】

《老子》说："治理的最高境界是，邻国的百姓互相望得见，鸡鸣狗吠的声音也彼此听得到，老百姓都认为自己的饮食甘美，自己的服装漂亮，习惯于本地的风俗，乐于从事自己的职业，人与人之间到老死不相往来。"到了近世，如果还按照老子所说的去做，等于封闭百姓的耳目，基本上行不通。

太史公说：神农氏以前的社会状况，我不了解。至于像《诗经》《尚书》里所讲述的，自虞、夏以来，人们总是极力地使自己的耳目享受声色的美好，使自己能够尝遍各种牲畜肉类的味道，让自己的身体感到安逸舒适，而内心夸耀有权势、有才干的光荣。这样的风气深入民心已经很久了，即使再挨家挨户地去讲解《老子》上面所说的高妙理论，也终究是不能改变的了。所以最好的办法就是顺从民意，其次就是用利益来加以引导，再其次是进行教诲，最次则是与民争利。

太行山以西盛产木材、竹子、楮树、野麻、旄牛尾和玉石，太行山以东则盛产鱼、盐、漆、丝和声色，江南出产楠树、梓树、姜、桂、金、锡、铅矿、丹砂、犀牛角、玳瑁、珠玑、兽牙、皮革，龙门山、碣石山以北则多产马、牛、羊、毛毡、毛皮、兽筋、兽角，出产铜铁的山往往遍及千里之内，星罗棋布，为数众多。这是物产分布的大略情况。所有这些,都是中原人民所喜欢的,是老百姓穿衣饮食、养生送死所需要的东西。所以,人们要靠农民耕作来供给食物,靠管山林川泽的人开发物产,靠工匠将材料制成器物,靠商人来流通货物。这难道还需要用政令教化去调动人民这样做,告诉他们什么时候该做什么吗?人们各自发挥自己的才能,竭尽自己的力量,为的是得到自己想要得到的东西。所以,卖东西,到物价贵的地方去;买东西,到物价贱的地方去。人们各自努力而快乐地致力于他们的本业,就像水向低处流,日日夜夜没有休止一样。人不用召唤就自己到来,东西不用寻求而人民就将它们生产了出来,这难道不是符合了规律而且得到自然发展验证的吗?

《周书》上说:"农民不种田,吃的东西就会缺乏;工匠不生产,用的东西就会短缺;商人不做买卖,吃用钱物就都会断绝;掌管山泽的官员不开发山泽,财源就会减少。"财源缺少了,山泽也就相应地得不到开发。这四个方面,是老百姓衣食的来源。来源广大就会富饶,来源窄小就会贫乏。来源大了,上可以富国,下可以富家。贫富的道理,没有谁能够夺走或赐予,而机敏的人总是有余,笨拙的人总是不足。所以,姜太公被分封在营丘,那里的土地是盐碱地,人口稀少,于是姜太公就鼓励妇女纺织,极力提倡工艺技巧的提高和推广,并且促进鱼盐等货物的运输和流通。这样,其他地方的人和物纷纷到了齐国,就像钱串一样络绎不绝,像车的辐条会聚到车轴上一样聚集到这里。所以,齐国的冠带衣履传遍天下,从沿海到泰山之间的诸侯都整理衣袖来朝拜齐国。

后来齐国一度衰落,管仲又将太公的遗业重新振兴了起来,设立了轻重九府来管理财政,齐桓公因此得以称霸,多次会盟诸侯，使天下的秩序得到了匡正。管仲自己也建筑了三归台，虽然他的地位只不过是大夫，但却比诸侯国君还要富裕。从此，齐国的富强，一直持续到齐威王、齐宣王。

所以说："粮仓充实了，百姓就会懂得礼仪；衣食充足了，百姓就会知道荣辱。"礼节产生于富有而废于贫穷。所以君子富有了，就愿意去做符合道德仁义的事情；小人富有了，就会将自己的力量用在适当的地方。水潭深了，才会有鱼儿生长；山林深了，才会有野兽前往安家；人富有了，仁义也就自然而然地到了他的身上。富有的人得到权势就更加显赫；失势的人连做客都没处可去，因而心情不快。谚语说："千金之家的子弟不会因犯法而在街市上被处死。"这不是空话，所以说："天下熙熙攘攘的人群，都是为利而来，为利而往。"拥有兵车千乘的君王，拥有封户万家的公侯，拥有食邑百户的大夫尚且担心贫穷，何况编在户口册子上的普通百姓呢！

◎卷五 汉文

太史公自序

【原文】

太史公曰①:"先人有言②:'自周公卒五百岁而生孔子③,孔子卒后至于今五百岁,有能绍明世,正《易传》,继《春秋》,本《诗》《书》《礼》《乐》之际。'意在斯乎!意在斯乎!小子何敢让焉?"

上大夫壶遂曰:"昔孔子何为而作《春秋》哉?"太史公曰:"余闻董生④曰:'周道衰废,孔子为鲁司寇⑤,诸侯害之,大夫壅之⑥,孔子知言之不用、道之不行也,是非二百四十二年之中,以为天下仪表。贬天子,退诸侯,讨大夫,以达王事而已矣。'子曰:'我欲载之空言,不如见之于行事之深切著明也。'夫《春秋》,上明三王之道⑦,下辨人事之纪⑧,别嫌疑,明是非,定犹豫,善善恶恶,贤贤贱不肖,存亡国,继绝世,补敝起废,王道之大者也。《易》著天地、阴阳、四时、五行,故长于变;《礼》经纪人伦,故长于行;《书》记先王之事,故长于政;《诗》记山川、溪谷、禽兽、草木、牝牡、雌雄,故长于风;《乐》乐所以立,故长于和;《春秋》辨是非,故长于治人。是故《礼》以节人,《乐》以发和,《书》以道事,《诗》以达意,《易》以道化,《春秋》以道义。拨乱世,反之正,莫近于《春秋》。《春秋》文成数万,其指数千,万物之散聚皆在《春秋》。《春秋》之中,弑君三十六,亡国五十二,诸侯奔走不得保其社稷者不可胜数。察其所以，皆失其本已。故《易》曰：'失之毫厘，差以千里。'故曰：'臣弑君，子弑父，非一旦一夕之故也，其渐久矣。'故有国者不可以不知《春秋》，前有谗而弗见，后有贼而不知。为人臣者不可以不知《春秋》，守经事而不知其宜，遭变事而不知其权。为人君父而不通于《春秋》之义者，必蒙首恶之名。为人臣子而不通于《春秋》之义者，必陷篡弑之诛、死罪之名。其实皆以为善，为之不知其义，被之空言而不敢辞。夫不通礼义之旨，至于君不君，臣不臣，父不父，子不子。君不君则犯，臣不臣则诛，父不父则无道，子不子则不孝。此四行者，天下之大过也。以天下之大过予之，则受而弗敢辞。故《春秋》者，礼义之大宗也。夫礼禁未然之前，法施已然之后；法之所为用者易见，而礼之所为禁者难知。"

壶遂曰："孔子之时，上无明君，下不得任用，故作《春秋》，垂空文以断礼义，当一王之法。今夫子上遇明天子，下得守职，万事既具，咸各序其宜，夫子所论，欲以何明？"太史公曰："唯唯，否否，不然。余闻之先人曰：'伏羲至纯厚，作《易》八卦；尧、舜之盛，《尚书》载之，礼乐作焉；汤、武之隆，诗人歌之。《春秋》采善贬恶，推三代之德，褒周室，非独刺讥而已也。'汉兴以来，至明天子，获符瑞⑨，建封禅⑩，改正朔⑪，易服色⑫，受命于穆清⑬，泽流罔极，海外殊俗，重译款塞⑭，请来献见者，不可胜道。臣下百官力诵圣德，犹不能宣尽其意。且士贤能而不用，有国者之耻；主上明圣而德不布闻，有司之过也。且余尝掌其官，废明圣盛德不载，灭功臣、世家、贤大夫之业不述，堕先人所言，罪莫大焉！余所谓述故事，整齐其世传，非所谓作也，而君比之于《春秋》，谬矣。"

于是论次其文。七年而太史公遭李陵之祸，幽于缧绁⑮，乃喟然而叹曰："是余之罪也夫！是余之罪也夫！身毁不用矣。"退而深惟曰⑯："夫《诗》《书》隐约者，欲遂其志之思也。昔西伯拘羑里⑰，演《周易》；孔子厄陈、蔡，作《春秋》；屈原放逐，著《离骚》；左丘失明，厥有《国语》；孙子膑脚⑱，而论兵法；不韦迁蜀⑲，世传《吕览》；韩非囚秦⑳，《说难》《孤愤》；《诗》三百篇，大抵贤圣发愤之所为作也。此人皆意有所郁结，不得通其道也，故述往事，思来者。"于是卒述陶唐以来㉑，至于麟止㉒，自黄帝始。

【注释】

①太史公：司马迁自称。②先人：指司马迁的父亲司马谈。③周公：姓姬名旦，周武王的弟弟，武王死后由他辅佐成王治理朝政。④董生：指董仲舒，西汉著名的思想家、经学家。⑤司寇：掌管刑狱的官员。⑥壅（yōng）：阻塞。⑦三王：夏禹、商汤、周文王。⑧纪：秩序。⑨符瑞：吉祥的象征。⑩封禅：古代帝王祭祀天地的隆重典礼。⑪改正朔：即改历法。⑫易服色：改变衣着及器物的颜色。⑬穆清：指天。⑭款：叩。⑮缧（léi）绁（xiè）：捆绑用的绳索。这里指监狱。⑯惟：思。⑰西伯：即周文王姬昌。羑（yǒu）里：地名，在今河南汤阴北。⑱孙子：指战国时大军事家孙膑。膑：古代挖掉膝盖骨的一种酷刑。孙膑与庞涓是同学，庞涓在魏国做将军，他嫉妒孙膑的才能，因而把孙膑骗到魏国，挖掉了他的膝盖骨。⑲不韦：指秦相吕不韦。他曾经主持编纂了《吕氏春秋》，也叫《吕览》，后来被秦始皇贬到了蜀地。⑳韩非：韩非子，法家学说的代表人物。他本是韩国人，后来到了秦国，受到秦始皇的赏识，但是遭到李斯的嫉妒，

被诬陷下狱而死。㉑陶唐：陶唐氏，即尧。㉒麟：指汉武帝元狩元年在雍狩猎获白麟一事。

【译文】

太史公说："先父曾经说过：'周公死后五百年孔子出生，孔子死后至今又有五百年了，到了继续圣明的时代，到了考定《易传》，续写《春秋》，以《诗经》《尚书》《礼记》《乐经》作为衡量事物的根本的时候了。'这番话的意思就在这里吧！意思就在这里吧！我怎敢谦让呢？"

上大夫壶遂说："从前孔子为什么作《春秋》呢？"太史公说："我听董仲舒说：'周朝的制度衰落废弃，孔子做了鲁国的司寇，推行王道，诸侯们妨碍他，大夫们阻挠他，孔子知道自己的主张不能被采用，自己推行的王道不能被施行，于是把在此之前二百四十二年中发生的大事记述出来，加以评论褒贬，以此作为天下行事的标准。他贬责天子，针砭诸侯，声讨大夫，这些都只是用来阐明王道罢了。'孔子说：'我想只把是非挂在口头上，不如表现在具体的事件中那样更为深刻明显。'《春秋》这部书，上能阐明三王之道，下能分辨人世的伦理纲常，解释疑惑难明的事理，辨明是非，判断犹豫难定的事情，颂扬善良，唾弃邪恶，推崇贤良，鄙视不肖，延续即将灭亡的国家，接续已经断绝的世系，修补弊端，振兴衰废，这些都是王道中的重大事情啊！《易经》阐明了天地、阴阳、四时、五行的运行规律，所以长于变化；《礼记》规范了人间的伦理纲常，所以长于实行；《尚书》记载了过去帝王的事迹，所以长于政治；《诗经》记述了山川、溪谷、禽兽、草木、牝牡、雌雄的千姿百态，所以长于韵致；《乐经》产生于人们的和乐之情，所以长于陶冶性情；《春秋》明辨了是非曲直，所以长于治理人民。因此，《礼记》用来约束人的行为，《乐经》用来抒发人的和乐之情，《尚书》用来道明如何治理政事，《诗经》用来表达人的心意，《易经》用来说明变化，《春秋》用来阐明道义。拨乱反正，没有比《春秋》更切合需要的了。《春秋》全文几万字，其中有明确指导意义的只有几千字，万事万物的分合变化之理都在《春秋》之中。在《春秋》一书中，记载弑君的事件有三十六起，灭亡的国家有五十二个，诸侯逃亡失国的数不胜数。考察导致这样结果的缘故，都是由于失去了礼义这个根基。所以《易经》中说：'失之毫厘，差以千里。'所以说：'臣子杀死君主，儿子杀死父亲，这种情况不是一朝一夕造成的，而是在很长时间内逐渐发展而成的。'因此，治理国家的人不能不通晓《春秋》，否则面前有谗佞小人却不能看见，背后有乱臣贼子却不能知道。做臣子的不能不通晓《春秋》，否则就不能知道日常事务要怎样办理才算恰当，遇到事情就不能随机应变、因事而动。作为君主、父亲而不通晓《春秋》要义，必然会蒙受首恶的名声。作为臣下、儿子而不通晓《春秋》要义，一定会因篡上弑父而被诛杀，落个死罪下场。他们实际上都以为是在做好事，却因为不懂得《春秋》的要义，受到凭空加给的罪名也不敢推卸。由于不通晓礼义的要旨，就会到了君不像君、臣不像臣、父不像父、子不像子的地步。君不像君，就会受到臣下的触犯；臣不像臣，就会被诛杀；父不像父，就会失去人伦之道；子不像子，就会忤逆不孝。这四种行为，是天下的大过错了。把天下的大过错加给他们，他们只能接受而不敢推卸。所以《春秋》是礼义的根基，礼是在过错发生之前就加以防范，法是在过错发生之后加以惩处；法的作用显而易见，而礼的防范作用却不易被人了解。"

壶遂说："孔子那个时候，在上没有贤明的君主，在下不能被任用，所以才作《春秋》，为的是将文辞流传下来让后世能够判断行为是否符合礼义，并且希望《春秋》有朝一日能够成为某一帝王的法典。现在您在上遇到了圣明的天子，在下能够保守您太史令的世职，各种条件都已具备，各项事情都有条不紊地安放在了适当的位置上，您所论述的，是要阐明什么呢？"太史公说："嗯，嗯，不，不，不是这个意思。我听先父说过：'伏羲氏极为纯朴厚道，他作了《易经》的八卦；尧、舜德泽四海，《尚书》对此加以记载，礼乐也由此而兴起；商汤、周武王的功业盛大显赫，诗人们予以歌颂。《春秋》褒扬善良，贬斥邪恶，推崇夏、商、周三代的盛德，赞美周王室所施行的礼仪教化，它不单单是讽刺而已。'从汉代兴国以来，到当今圣明的天子，已经得到了天降祥瑞，举行了祭天地的大典，改革了历法，变更了衣服和器物的颜色；天子秉承天命，降下无穷无尽的恩泽。与我们有着不同风俗的海外国家，都是经过了几重翻译，叩开我们的关塞之门请求进献贡品，朝见我们的天子，这样的国家多得说不完。臣下百官，竭力颂扬天子的明德，仍然不能够将心中的仰慕感激之情都表达出来。况且，士人贤能而得不到重用，是主宰国家的人的耻辱；主上圣明而他的盛德不能宣扬于天下，是有关官员的过错。再说我曾经担任太史令，把圣明天子的盛大德行丢在一边而不去记载，埋没了功臣、世家、贤大夫们的功业而不加以记述，这是废弃了先父对我的教诲，罪过没有比这更大的了！我所说的记述过去的事情，只是将他们的世系传记进行归纳整理，并不是去创作，而先生把它与《春秋》相提并论就不对了。"

于是我就编写了这些文章。过了七年，我因替李陵辩解而遭受灾祸，被囚禁在监牢之中，于是喟然长叹道："这是我的罪过啊，这是我的罪过啊，身体已然残废，再没有什么用了！"平静下来仔细思量一下，又说："《诗经》《尚书》中含蓄隐约的文义，都是作者要实现自己的志向而必须深思的地方，从前西伯被拘禁在羑里的时候，推演出了《周易》；孔子在陈、蔡遭受困厄，却写出了《春秋》；屈原遭到放逐，于是赋了《离骚》；左丘明双目失明，这才著出《国语》；孙膑被挖去膝盖骨，却论著了兵法；吕不韦因罪谪居蜀地，他的《吕览》却得以传世；韩非在秦国被捕入狱，却写下了《说难》《孤愤》两篇；《诗经》三百篇，大都是贤人为抒发心中的愤懑之气而写出来的，这些人都是由于心意有所郁结，有志难展，空怀抱负，所以才追述过去的事情，想以此作为后世的借鉴。"于是，我终究还是记述了尧唐以来的事情，从黄帝开始，至武帝获白麟那年为止。

报任安书

【原文】

　　太史公牛马走司马迁再拜言,少卿足下①:曩者辱赐书②,教以慎于接物,推贤进士为务。意气勤勤恳恳,若望仆不相师③,而用流俗人之言。仆非敢如此也!仆虽罢驽④,亦尝侧闻长者之遗风矣。顾自以为身残处秽,动而见尤,欲益反损,是以独抑郁而谁与语。谚曰:"谁为为之?孰令听之?"盖钟子期死⑤,伯牙终身不复鼓琴⑥。何则?士为知己者用,女为说己者容。若仆大质已亏缺矣⑦,虽才怀随、和⑧,行若由、夷⑨,终不可以为荣,适足以见笑而自点耳⑩。书辞宜答,会东从上来,又迫贱事,相见日浅,卒卒无须臾之间⑪,得竭志意。今少卿抱不测之罪,涉旬月,迫季冬,仆又薄从上雍,恐卒然不可为讳,是仆终已不得舒愤懑以晓左右,则长逝者魂魄私恨无穷。请略陈固陋。阙然久不报,幸勿为过。

　　仆闻之:修身者,智之符也;爱施者,仁之端也;取予者,义之表也;耻辱者,勇之决也;立名者,行之极也。士有此五者,然后可以托于世,而列于君子之林矣。故祸莫憯于欲利⑫,悲莫痛于伤心,行莫丑于辱先,诟莫大于宫刑⑬。刑余之人,无所比数,非一世也,所从来远矣。昔卫灵公与雍渠同载,孔子适陈;商鞅因景监见,赵良寒心;同子参乘,袁丝变色:自古而耻之。夫中材之人,事有关于宦竖,莫不伤气,而况于慷慨之士乎？如今朝庭虽乏人，奈何令刀锯之余荐天下之豪俊哉？

仆赖先人绪业，得待罪辇毂下，二十余年矣。所以自惟：上之不能纳忠效信，有奇策材力之誉，自结明主；次之又不能拾遗补阙，招贤进能，显岩穴之士⑭；外之不能备行伍，攻城野战，有斩将搴旗之功；下之不能积日累劳，取尊官厚禄，以为宗族交游光宠。四者无一遂，苟合取容，无所短长之效，可见于此矣。向者，仆亦常厕下大夫之列，陪奉外廷末议，不以此时引纲维、尽思虑，今已亏形为扫除之隶，在闒茸之中⑮，乃欲仰首伸眉，论列是非，不亦轻朝廷、羞当世之士邪？嗟乎！嗟乎！如仆尚何言哉！尚何言哉！

且事本末未易明也。仆少负不羁之材，长无乡曲之誉。主上幸以先人之故，使得奏薄伎⑯，出入周卫之中。仆以为戴盆何以望天，故绝宾客之知，亡室家之业，日夜思竭其不肖之才力，务一心营职，以求亲媚于主上，而事乃有大谬不然者。

夫仆与李陵⑰俱居门下，素非能相善也，趋舍异路，未尝衔杯酒、接殷勤之余欢。然仆观其为人，自守奇士，事亲孝，与士信，临财廉，取与义，分别有让，恭俭下人，常思奋不顾身以殉国家之急。其素所蓄积也，仆以为有国士之风。夫人臣出万死不顾一生之计，赴公家之难，斯已奇矣。今举事一不当，而全躯保妻子之臣，随而媒蘖其短⑱，仆诚私心痛之。且李陵提步卒不满五千，深践戎马之地，足厉王庭，垂饵虎口，横挑强胡⑲，仰亿万之师，与单于连战十有余日，所杀过当，虏救死扶伤不给。旃裘之君长咸震怖⑳，乃悉征其左、右贤王，举引弓之民，一国共攻而围之。转斗千里，矢尽道穷，救兵不至，士卒死伤如积。然陵一呼劳军，士无不起，躬自流涕，沬血饮泣㉑，更张空弮㉒，冒白刃，北向争死敌者。陵未没时，使有来报，汉公卿王侯皆奉觞上寿。后数日,陵败书闻,主上为之食不甘味,听朝不怡,大臣忧惧,不知所出。仆窃不自料其卑贱,见主上惨怆怛悼,诚欲效其款款之愚。以为李陵素与士大夫绝甘分少,能得人之死力,虽古之名将,不能过也。身虽陷败,彼观其意,且欲得其当而报于汉。事已无可奈何,其所摧败,功亦足以暴于天下矣。仆怀欲陈之而未有路,适会召问,即以此指,推言陵之功,欲以广主上之意,塞睚眦之辞㉓。未能尽明,明主不晓,以为仆沮贰师而为李陵游说㉔,遂下于理㉕。拳拳之忠,终不能自列,因为诬上,卒从吏议。家贫,货赂不足以自赎;交游莫救视,左右亲近不为一言。身非木石,独与法吏为伍,深幽囹圄之中,谁可告诉者!此真少卿所亲见,仆行事岂不然邪?李陵既生降,颓其家声,而仆又佴之蚕室㉖,重为天下观笑。悲夫!悲夫!事未易一二为俗人言也。

  仆之先非有剖符丹书之功,文、史、星、历,近乎卜、祝之间,固主上所戏弄,倡优所畜,流俗之所轻也。假令仆伏法受诛,若九牛亡一毛,与蝼蚁何以异?而世又不能与死节者次比,特以为智穷罪极,不能自免,卒就死耳。何也?素所自树立使然也。人固有一死,死或重于泰山,或轻于鸿毛,用之所趣异也。太上不辱先,其次不辱身,其次不辱理色,其次不辱辞令,其次诎体受辱㉗,其次易服受辱,其次关木索、被箠楚受辱,其次剔毛发㉘、婴金铁受辱,其次毁肌肤、断肢体受辱,最下腐刑,极矣!传曰:"刑不上大夫。"此言士节不可不勉励也。猛虎在深山,百兽震恐,及在槛阱之中,摇尾而求食,积威约之渐也。故士有画地为牢,势不可入,削木为吏,议不可对,定计于鲜也。今交手足,受木索,暴肌肤,受榜箠,幽于圜墙之中。当此之时,见狱吏则头抢地,视徒隶则心惕息。何者?积威约之势也。及以至是，言不辱者，所谓强颜耳，曷足贵乎？且西伯，伯也，拘于羑里㉙；李斯，相也，具于五刑；淮阴㉚，王也，受械于陈；彭越、张敖㉛，南面称孤，系狱具罪；绛侯诛诸吕㉜，权倾五伯，囚于请室㉝；魏其，大将也，衣赭衣，关三木；季布为朱家钳奴㉞；灌夫受辱于居室。此人皆身至王侯将相，声闻邻国，及罪至罔加㉟，不能引决自裁，在尘埃之中。古今一体，安在其不辱也？由此言之，勇怯，势也；强弱，形也。审矣，何足怪乎？夫人不能早自裁绳墨之外，以稍陵迟，至于鞭箠之间，乃欲引节，斯不亦远乎？古人所以重施刑于大夫者，殆为此也。夫人情莫不贪生恶死，念父母，顾妻子。至激于义理者不然，乃有所不得已也。今仆不幸，早失父母，无兄弟之亲，独身孤立，少卿视仆于妻子何如哉？且勇者不必死节，怯夫慕义，何处不勉焉？仆虽怯懦欲苟活，亦颇识去就之分矣，何至自沉溺缧绁之辱哉？且夫臧获婢妾犹能引决㊱，况仆之不得已乎？所以隐忍苟活，幽于粪土之中而不辞者，恨私心有所不尽，鄙没世而文采不表于后世也。

古者富贵而名摩灭，不可胜记，唯倜傥非常之人称焉㊲。盖文王拘而演《周易》；仲尼厄而作《春秋》；屈原放逐，乃赋《离骚》；左丘失明，厥有《国语》；孙子膑脚，兵法修列；不韦迁蜀，世传《吕览》；韩非囚秦，《说难》《孤愤》；《诗》三百篇，大氐贤圣发愤之所为作也㊳。此人皆意有所郁结，不得通其道，故述往事，思来者。乃如左丘无目，孙子断足，终不可用，退而论书策以舒其愤，思垂空文以自见。

仆窃不逊，近自托于无能之辞，网罗天下放失旧闻，略考其事，综其终始，稽其成败兴坏之纪，上计轩辕，下至于兹，为十表，本纪十二，书八章，世家三十，列传七十，凡百三十篇。亦欲以究天人之际，通古今之变，成一家之言。草创未就，会遭此祸。惜其不成，是以就极刑而无愠色，仆诚已著此书，藏之名山，传之其人，通邑大都，则仆偿前辱之责㊴，虽万被戮，岂有悔哉！然此可为智者道，难为俗人言也。

且负下未易居，下流多谤议，仆以口语遇遭此祸，重为乡党所戮笑，以污辱先人，亦何面目复上父母之丘墓乎？虽累百世，垢弥甚耳！是以肠一日而九回，居则忽忽若有所亡，出则不知其所往。每念斯耻，汗未尝不发背沾衣也。身直为闺阁之臣，宁得自引深藏岩穴邪？故且从俗浮沉，与时俯仰，以通其狂惑。今少卿乃教以推贤进士，无乃与仆私心剌谬乎㊵？今虽欲自彫琢，曼辞以自饰㊶，无益，于俗不信，适足取辱耳。要之，死日然后是非乃定。书不能悉意，略陈固陋。谨再拜。

【注释】

①少卿：任安，字少卿，他曾经写信给身为中书令的司马迁，要司马迁利用在武帝身边和身居要职的便利条件"举贤进士"。②曩（nǎng）：从前。③望：怨恨。④罢（pí）驽：疲弱无能的劣马。⑤钟子期：春秋时楚国人，能听出俞伯牙曲中深意。⑥伯牙：春秋时楚国人，善于弹琴。钟子期死后，他毁琴绝弦，谓世上已无知音。⑦大质：身体。⑧随、和：随侯珠与和氏璧。⑨由、夷：许由与伯夷，两个人都是古时品行高洁之士。⑩点：通"玷"。⑪卒：通"猝"。⑫憯（cǎn）：通"惨"。⑬宫刑：古代割除男性生殖器官的一种刑法。⑭岩穴之士：指山林隐逸之士。⑮闒（tà）茸：卑贱之人。⑯薄伎：微薄的才能。⑰李陵：汉朝名将李广的孙子，汉武帝时的将领。⑱媒蘖（niè）：酒曲，此处是酿成的意思。⑲横（hèng）挑：勇猛地挑战。⑳旃（zhān）：通"毡"。㉑沬（huì）血：血流满面。㉒卷

(quān)：弩弓。㉓睚（yá）眦（zì）：发怒时瞪眼睛。㉔沮：毁谤。贰师：指贰师将军李广利。㉕理：即大理寺，掌管刑法。㉖佴（èr）：相次，随后。蚕室：受过宫刑的人怕风，所以要居于温暖密封的房间里，就像养蚕的屋子，故称。㉗诎（qū）：通"屈"。㉘剔：用刀刮去毛发。㉙羑（yǒu）里：地名，在今河南汤阴北。㉚淮阴：指韩信。㉛彭越：刘邦的功臣，后被诬谋反而夷灭三族。张敖：刘邦的功臣张耳的儿子，因谋反罪被捕入狱。㉜绛侯：周勃，刘邦的功臣，曾与陈平共诛诸吕，后因被人诬告，一度下狱。㉝请室：请罪之室。㉞季布：项羽的将领。项羽战败身亡后他卖身为奴，剃发易服以躲避刘邦的追捕。㉟罔：同"网"，法网。㊱臧获：古时对奴婢的贱称。㊲倜（tì）傥（tǎng）：洒脱，不拘束。㊳大氐：大抵。㊴责：通"债"。㊵剌（là）谬：违背。㊶曼：美。

【译文】

我太史公像牛马一样奔走的人，今天再拜陈言，少卿足下：先前承蒙您屈尊写信给我，教我待人接物要谨诚持重，担负起向朝廷举荐人才的重任。信中言语恳切，情意诚挚，好像是抱怨我没能遵从您的意见行事，反而听信了世俗之人的话。我是不敢这样的。我虽然才能低劣，为人愚钝，但也还曾听说过德高望重的长者的遗风，只是我认为自己的身体已经残废，处境又如此尴尬可耻，稍有举动就会遭人埋怨责难，想要做些有益的事情，招来的却是祸害。因此独自忧愁烦闷，但又能向谁诉说？谚语中说："为谁去做？让谁来听？"钟子期死了，俞伯牙终生不再抚琴。为什么呢？因为士人为了解自己的人去效力，女子为喜欢自己的人去打扮。像我这样已然是不完整的人，即使才能像随侯珠、和氏璧那样可贵，品行像许由、伯夷那样高洁，终究不能引以为荣，反而恰好会被别人耻笑而且是自取其辱。您的信我本该及时答复的，但我刚好随皇帝东巡回来，又为烦琐的事务所缠身，彼此能相见的日子很少，而我又匆匆忙忙，找不出片刻的时间向您倾吐自己的心怀。如今您遭遇无法推知的罪名，再过一个月就接近十二月了，我随从皇帝去雍地的日期也迫近了。我怕转眼之间您就会遭到不幸，这样我将终究不能够向您抒发满腔的悲愤，使您辞世的灵魂抱有无穷的怨恨。于是我请求向您大略地说说我的鄙陋之见。很长时间没有给您回信，希望您不要见怪。

　　我听说，善于修身，是智慧的象征；乐于施舍，是仁德的开端；索取与给予得当，是遵守道义的表现；懂得耻辱，是一个人是否勇敢的前提；好名声的树立，是品行达到极高标准时自然而然的结果。士人有了这五条之后，就可以在社会上立足，排列在君子的行列之中了。所以，灾祸没有比因为贪图小利而招致的更为悲惨的了，悲痛没有比心灵受到伤害更为痛苦的了，行为没有比使祖先受辱更为丑恶的了，侮辱没有比受宫刑更为严重的了。受过宫刑的人，地位是不能同任何人相提并论的，这不是一朝一代的事，而是由来已久了。从前卫灵公同宦官雍渠同乘一辆车，孔子感到耻辱，便离开卫国到了陈国；商鞅通过景监见到秦孝公，赵良因而感到寒心；太监赵谈陪坐在汉文帝的车上，袁盎见了脸色骤变：自古以来人们就看不起这种人。就是一般人，遇到了有关宦官的事，没有不认为情绪受到伤害、感到羞辱的，何况是抱负远大的慷慨之士呢！如今朝廷虽然缺乏人才，又怎么会让残缺不全的人来推荐天下的豪杰俊才呢？

　　我依赖父亲留下的事业，得以在天子驾下任职，到现在已经有二十多年了。平日里自己常想，对待主上，没能竭尽忠信，建立策略卓越、能力突出的声誉,从而得到圣明主上的信任赏识;其次,又不能替主上拾遗补阙,招贤进能,发现有才德的隐士;在外不能充于军队之中,参加攻城野战,取得斩将拔旗的功绩;对下不能靠着为官长久、劳苦功高而取得高官厚禄,让宗族和朋友们也跟着沾光得宠。这四项没有一项成功的,我也只能是苟且地上下迎合,以求容于朝廷之中,自己没有任何微小的贡献,您从这里也是看得出来的。过去我也曾跻身于下大夫的行列,侍奉于朝堂之上,发表些微不足道的小议论,我没有利用这个时机伸张国家的法度,为国竭尽智谋;现在身体已残,和那些打扫庭院的太监没什么两样,处于地位卑贱的人中间,竟要抬头扬眉、陈说是非,这不是轻视朝廷、羞辱当世的君子吗?唉!唉!像我这样的人还能说什么呢!还能说什么呢!

况且,事情的前因后果不是容易明了的,我年轻时没有出众的才能,长大成人以后不能博得乡里的荐誉,幸赖主上念着我父亲的缘故,才使我能够为朝廷贡献一点儿微薄的力量,出入于宫禁之中。我认为头上戴着盆子怎么能望见天呢,所以我断绝了与宾朋的交往,把产业家务抛在一边,日夜想着竭尽我微薄的力量,用所有的精力来尽忠职守,以求取得主上的亲近与信任,然而事情却与愿望大相违背,并不与我想象的一样。

我和李陵都在朝中任职,平素并没有很深的交情,所走的道路各不相同,不曾在一起饮过一杯酒来表示殷勤的情谊,但是,我观察他的为人,是个能自守节操的不俗之士。他侍奉双亲很是孝顺,同朋友交往很讲信用,在钱财面前表现得十分廉洁,索取或给予都是按照理义行事,能分别尊卑长幼并且谦让有礼,恭敬简朴并且平易近人,常常想着要奋不顾身地以死奔赴国难,他这些多年养成的为人行事的风格,我认为很符合国家栋梁之材的标准。作为臣子，能够提出万死不顾一生的计策，奔赴国家的危难，这已经是很出众的了！如今他行事一有不当，那些贪生怕死只知保全自己和家庭的大臣们，就跟着诬告夸大他的过失，我私下里对此感到痛心。况且李陵率领的步兵不满五千，却深入胡地，足迹到达了单于居住的地方，在老虎嘴边设下诱饵，毫无畏惧地向强悍的匈奴挑战，面对众多的敌人，与单于的军队连续激战了十几天，所杀的敌人超过自己军队的人数，匈奴救死扶伤都应接不暇。匈奴的君长们都震惊了，于是征调了左、右贤王，出动了所有能拉弓射箭的人，以全部的兵力展开进攻，并且包围了李陵的部队。李陵军转战千里，箭射完了，道路断绝了，而救兵却不见踪影，士兵死伤严重，尸体堆积如山，但是李陵一声号召，疲劳的士兵无不奋起，每个人都激动得涕泪横流，他们擦掉血迹，咽下眼泪，又拉开没有箭的空弓弩，冒着敌人的白刃奔向北方，去和敌人拼命。李陵的军队没有覆没的时候，有使者送来捷报，朝廷上的公卿王侯都举着酒杯向主上祝贺。过了几天，李陵兵败的奏报传来，主上为此吃饭没有滋味，处理朝政时不悦之情挂在脸上，大臣们都担忧害怕，不知如何是好。我不自量地位的卑贱，看到主上悲痛忧伤，情绪低落，实在想献上自己诚恳的愚昧之见。我认为李陵平日里对部下恩遇有加，分利时总是照顾其他人，因而得到部下的拼死效力，即使是古代的名将也不能超过他。李陵虽然战败被俘，但观察他的心意，是想寻找适当的机会立功以报效汉朝。战事（发展到那种地步）已经是无可奈何了，但是李陵给敌人造成的损害，其功劳也足以向天下告白了。我想把这些向主上陈说，却没有机会，适逢主上召见询问我，我就本着这个意思，着重论说了李陵的功绩，想要以此来宽解主上的心事，堵塞那些对李陵诋毁诬陷的言辞。我没能把想说的明白完全地表达出来，圣明的主上也没有完全理解我的心意，以为我诋毁贰师将军李广利而替李陵开脱，于是就把我交给大理寺问罪。我的拳拳忠心始终没有得到表白的机会，因而被定了诬上的罪名，最后主上听从了法吏的意见。我因为家境贫寒，钱财不足以赎罪；朋友们也没有前来营救探望，主上身边的左右亲近也不替我说一句话。人身不是木石，我却独自和那些掌管刑法的官吏们打交道，深陷于牢狱之中，又能向谁去诉说呢！这些是你亲眼见到的，我的遭遇难道不是这样吗？李陵已经活着投降了，败坏了他家族的声誉，而我又被关在蚕室中蒙受耻辱，更加被天下人耻笑。可悲呀！可悲呀！这些事情是不容易对世俗之人说清楚的。

我的祖先，没有立下拜爵封侯的功勋，只是掌管文献、历史、天文和历法，职位接近卜官和巫祝，这种职务本是为了君主游戏取乐而设的，像乐师优伶那样被豢养，为世人所看轻。即使是让我伏法受诛，也如同九牛失去一毛一样，这与死去一只蝼蚁、蚂蚁有什么分别吗？而世俗的人又不能把我同坚持气节而死的人相提并论，只认为我是因为智尽才竭、罪恶极大，终于不能避免被杀而已。这是什么缘故呢？这是平日自己所从事的职业和所处的地位造成的。人总有一死，有的人死得比泰山还重，有的人死得比鸿毛还轻，这是因为他们的志向各不相同。作为一个士人，最好是不使祖先受辱，其次是不使自身受辱。其次是不使自己颜面受辱，其次是不在言语辞令上受辱，其次是被捆绑而受辱，其次是换上犯人的狱服进监牢受辱，其次是戴刑具、被杖打而受辱，其次是剃毛发、戴铁圈而受辱，其次是毁坏肌肤、截断肢体而受辱，最下等的是腐刑，已经是污辱到了极点！书传上说："刑罚不用在大夫身上。"这是说士人的节操不可不加以勉励。猛虎在深山里，足以使百兽惊恐，一旦落进陷坑或笼子里，便摇着尾巴乞讨食物，这是由于人的威力和约束使它逐渐驯服。所以，士人有画地为牢而绝不进入，削木为吏而绝不同它对答的说法，决计在受辱之前便自杀。如今捆绑了手脚，戴上了枷锁，袒露着身体，遭受着杖打，被幽禁在牢狱之中。这时候，见到狱吏就趴在地上磕头，看见狱卒就胆战心惊。这是为什么呢？这就是被狱吏的威势逼迫而逐渐造成的状态，已经到了这种地步，却说自己没有受辱，就是常说的厚脸皮了，有什么值得尊重的呢？况且，西伯是一方诸侯之长，曾被拘禁在羑里；李斯是丞相，受尽了五刑；淮阴侯韩信本是王，然而在陈地戴上了枷锁；彭越、张敖都是面南背北、称孤道寡的王侯，却被捕入狱抵罪；绛侯周勃，曾诛杀诸吕，权势超过春秋五霸，却被囚禁在请罪之室中；魏其侯窦婴是大将军，却穿上囚衣，戴上木枷、手铐和脚镣；季布卖身给朱家做戴枷的奴隶；灌夫在居室之中受辱。这些人都是身至王侯将相，声闻邻国，及至获罪落入法网，却不能自杀，而被囚禁在肮脏的监牢之中。这情景古今都一样，哪里有不受屈辱的呢？由此说来，勇怯强弱都是形势造成的。明白了这个道理，还有什么值得奇怪的呢？人不能早早自杀来逃脱法律的制裁，因而志气逐渐衰退，到了身受鞭杖的时候，才想为守气节而死，这不也太迟了吗？古人对大夫施刑很慎重的原因，大概在于此吧。人没有不贪生怕死、顾念父母妻子儿女的。至于为公正义理所激发的人就不是这样，他们乃是有不得已之处。我很不幸，很早就失去了父母，没有可以相亲相爱的兄弟，一个人孤孤单单地活在这人世上，少卿你看我对妻子儿女怎么样呢？况且勇敢的人不是一定要为守节而死，怯懦的人如果仰慕节义，也往往能够勉励自己不怕牺牲。我虽然怯懦，想要苟且活在这世上，但也很懂得取舍去就的道理，何至于甘心陷入囚禁而受侮辱呢？况且奴隶婢妾还能够自杀，何况我已经到了不得已的地步呢？我之所以忍辱苟活，被囚禁在污秽的环境里而不肯死去，是因为我怨恨心中想做的事尚未完成，如果就这样极不光彩地死去，我的文章著述便不能彰明于后世了。

古时候生前富贵而死后声名磨灭不传的人，多得数不胜数，唯有那些洒脱出众的人才能为后世所称道。周文王被拘禁在羑里时推演出了《周易》；孔子在陈、蔡受到困厄而著出了《春秋》；屈原遭到放逐，于是写出了《离骚》；左丘明双目失明，却写出了《国语》；孙膑被剜去膝盖骨后而编著兵法；吕不韦谪居蜀地，《吕览》却为世所流传；韩非在秦国被捕下狱，在狱中写出了《说难》《孤愤》两篇；《诗经》三百篇，大都是贤圣之人为抒发内心的愤懑而作出来的。这些人都是心中有郁结之处，抱负难展，壮志难酬，所以才追述往事，想让后人得到借鉴。就像左丘明双目失明，孙子双腿被废，终生都不能得到重用，于是退隐著书立说以此抒发内心的愤懑，期望文章能流传后世，使自己的心意得以表白。

我不自量力，近年来正凭借拙劣的文辞，网罗天下散失的旧闻轶事，从总体大略考证其事实，将事情的始末因果连贯起来，考察其成败兴衰的规律。上从黄帝开始，下至今天，写成表十篇、本纪十二篇、书八篇、世家三十篇、列传七十篇，共一百三十篇。也是想探究自然和人事之间的关系，通晓从古到今的变化，形成一家独立的见解。草创未完，恰逢这起灾祸。我痛惜全书没有完成，因此身受最重的刑罚而没有怨气。如果我真的完成了这部书，将它藏在名山之中，留给可传的人，传播在交通发达的大都邑，那么我就可以抵偿此前受的耻辱，即使被杀一万次，又有什么可后悔的呢！然而这些只可以向有智慧的人去说，很难对一般人讲。

　　而且背负着因罪受刑的坏名声在社会上不容易安身，身处下位又常受到诽谤、讥议。我因为说话而遭到这场灾祸，就更被乡里人耻笑，使祖先遭受了玷污耻辱，我又有什么脸面再到父母的坟墓上去呢？即使过了百代，这耻辱也只会越来越深！因此，痛苦之情整天在肚肠之中百转千回，在家里的时候常常是恍恍惚惚、若有所失，出门常常不知要到何处去。每当想着这件耻辱的事情，汗便从后背上冒了出来，湿透了衣服。身体已然这样，岂能就此自我退隐到山林岩穴当中呢？所以暂且与世浮沉，与时仰俯，为的是在文章中抒发内心的悲愤和矛盾。如今少卿教我推贤进士，不是和我个人的想法相违背吗？现在即使我想用推贤进士的行动来雕饰自己，用美好的言辞来装饰自己，也是毫无补益，是不会取得世俗信任的，反而只会更加换来耻辱而已。总而言之，人死了之后是非才有定论。这封信不能详尽地表达我的心意，只是大略地陈说我粗浅鄙陋的意见罢了。谨再拜。

◎卷六　汉文

《汉书》

　　《汉书》是《史记》之后又一部重要的纪传体史书,为东汉班固撰写。全书包括十二纪、八表、十志、七十列传,共一百篇,记载自汉高祖元年(前206)到王莽地皇四年二百二十九年的历史。因为《汉书》是奉诏而作,虽然组织严密,结构整饬,典雅规范,但不像《史记》那样富于情感,文字也不如《史记》那样生动感人,缺乏《史记》那样的个性、风采和强烈的批判精神。

高帝求贤诏

【原文】

盖闻王者莫高于周文,伯者莫高于齐桓,皆待贤人而成名。今天下贤者智能,岂特古之人乎?患在人主不交故也,士奚由进?今吾以天之灵、贤士大夫定有天下,以为一家。欲其长久,世世奉宗庙亡绝也。贤人已与我共平之矣,而不与吾共安利之,可乎?贤士大夫有肯从我游者,吾能尊显之。布告天下,使明知朕意。御史大夫昌下相国,相国酂侯下诸侯王①,御史中执法下郡守。其有意称明德者,必身劝,为之驾,遣诣相国府,署行、义、年②。有而弗言,觉,免。年老癃病③,勿遣。

【注释】

①酂（zàn）侯：指萧何。②署：题写。行：事迹。义：通"仪"，相貌。③癃（lóng）：身体衰弱，病情严重。

【译文】

听说行王道的没有能超过周文王的，做霸主的没有能超过齐桓公的，他们都是依靠贤人的辅佐才成就了功业。如今谈起天下贤人的智慧和才能，难道只有古人才有吗？应当忧虑的只在于做人君的不去和他们交往，贤士们又怎能被进用呢？现在我靠上天的佑助以及贤士大夫们的辅佐平定了天下，把天下统一成了一家。我想要使国家长治久安,使宗庙的香火不断,世世代代都能得到奉祀。贤士们已和我一起平定了天下,却不跟我一起享受太平,能行吗?贤士大夫们有愿意跟从我治理天下的,我能使他们显贵。因此布告天下,使大家明白我的意思。这诏书由御史大夫周昌下传给相国,相国酂侯萧何将它下达给诸侯王,御史中丞将它下达给各郡的郡守。那些确实可称为具有才德的士人,地方官一定要亲自去劝说,并为他驾车,送到京师相国府,登记被举荐者的品行、容貌和年龄。地方上有贤才而郡守不荐举的,发现后就免除他的官职。年老有病的,不必遣送。

文帝议佐百姓诏

【原文】

间者①，数年比不登，又有水旱疾疫之灾，朕甚忧之。愚而不明，未达其咎。意者，朕之政有所失，而行有过与？乃天道有不顺，地利或不得，人事多失和，鬼神废不享与？何以致此？将百官之奉养或费，无用之事或多与？何其民食之寡乏也？夫度田非益寡，而计民未加益，以口量地，其于古犹有余，而食之甚不足者，其咎安在？无乃百姓之从事于末，以害农者蕃，为酒醪以靡谷者多②，六畜之食焉者众与？细大之义，吾未能得其中，其与丞相、列侯、吏二千石、博士议之③。有可以佐百姓者，率意远思，无有所隐。

【注释】

① 间：近来。② 醪（láo）：浊酒。③ 博士：掌管书籍文献的官员。

【译文】

近几年接连农事歉收，又有水灾、旱灾、瘟疫等灾害，对此我很忧虑。我因为愚钝不明，还没有找到灾害的由来，自己思忖，是不是我在治理朝政上有所失误，行为上有过错呢？还是因为天道有不顺的时候，地利有不能完全被利用的地方，人们相处行事常常丧失和气，鬼神因为祭祀遭到废弃而不能享用供品的缘故呢？为什么会这样呢？是百官的俸养过高，无用的事情办得过多了吗？为什么百姓的粮食竟这样缺乏呢？计量显示的土地并不比以前少，而人口却没有增加多少；按人口分配土地，比古时候还要多出一些，而粮食却很匮乏，造成这种情况的原因到底在哪里？是不是百姓中从事工商业而妨害农业的人增多了，酿酒所费的稻谷增多了，牲畜吃掉的粮食也增多了呢？这些大大小小的原因，我还没能知晓其中的症结所在，希望跟丞相、列侯、俸禄二千石的官吏和博士们讨论这事，有可以帮助百姓改变现状的意见，就坦率地讲出来，不要有所保留。

◎卷六　汉文

景帝令二千石修职诏

【原文】

雕文刻镂，伤农事者也；锦绣纂组①，害女红者也。农事伤，则饥之本也；女红害，则寒之原也。夫饥寒并至，而能无为非者寡矣。朕亲耕，后亲桑，以奉宗庙粢盛、祭服②，为天下先。不受献，减太官③，省徭赋，欲天下务农蚕，素有畜积④，以备灾害，强毋攘弱⑤，众毋暴寡，老耆以寿终⑥，幼孤得遂长。

今岁或不登，民食颇寡，其咎安在？或诈伪为吏，吏以货赂为市，渔夺百姓，侵牟万民⑦。县丞，长吏也，奸法与盗盗，甚无谓也。其令二千石各修其职。不事官职，耗乱者，丞相以闻，请其罪。布告天下，使明知朕意！

【注释】

①纂组：指五彩的绦带和用丝织成的阔带子。②粢（zī）盛：盛在祭器内以供祭祀用的谷物。③太官：掌管宫廷膳食的官员。④畜：通"蓄"，积蓄。⑤攘（rǎng）：掠夺。⑥耆（qí）：古称六十岁为耆，这里泛指老年人。⑦牟（móu）：夺取。

【译文】

让百姓们雕琢花纹、镂刻器物，势必会妨害农事；让妇女们织锦刺绣，为富人显贵们扎结丝带以作衣饰，势必会妨害她们从事丝织业。农事受到妨害，是饥饿的根源；纺织受到妨害，是受冻的因由。饥寒交迫下，能不为非作歹的人是很少的。我亲自耕田，皇后亲自采桑养蚕，用以提供祭祀宗庙用的谷物和礼服，以此来为天下人带头。我不接受贡品，减少太官所进奉的膳食，减轻徭役和赋税，想使天下百姓专心务农养桑，平时有所积蓄，以备灾害。我愿天下的强者不要侵夺弱者，人多的不要去欺压人少的，老人能终其天年，幼儿孤子能得以长大成人。

　　如今有时年成不好，百姓的口粮很缺乏，造成这种状况的原因到底在哪里？或许有狡诈虚伪的人充当了官吏，一些官吏纳贿行私，盘剥百姓，侵夺万民。县丞，本是吏中之长，但如果徇私舞弊，侵占财富如同盗贼，那么设立这样的官职就很没必要。现在命令各地俸禄为二千石的地方长官各自修明自己的职守。对于那些尸位素餐、办事昏乱的人，由丞相向我奏明，以决定如何治罪。故此布告天下，使大家明白我的意思！

武帝求茂材异等诏

【原文】

盖有非常之功，必待非常之人。故马或奔踶而致千里①，士或有负俗之累而立功名②。夫泛驾之马③，跅弛之士④，亦在御之而已。其令州郡察吏民有茂材异等可为将相及使绝国者⑤。

【注释】

①踶（dì）：踢。②负俗之累：为世人所讥笑的过失。③泛（fěng）驾：狂奔乱跑不走正路的马。④跅（tuò）弛：放荡。⑤绝国：遥远的国家。

【译文】

若要建立不平凡的功业，就必须依靠不平凡的人才。所以马有狂奔踢人，却能行千里路的；士人有为世俗所讥议，却能建立功名的。这些狂奔乱跑不走正路的骏马，行为放荡不守礼法的士人，也只在于如何驾驭他们罢了。我命令各州郡考察官吏和百姓中有优秀才能、超群出众，可以担任将相及充任出使远方国家的人才。

贾 谊

贾谊,西汉政论家、文学家,世称贾生。少时即以博学能文称于郡中,二十余岁召为博士,为汉文帝所赏识,擢为太中大夫,主张改革政制,遭到保守派周勃、灌婴等人的反对,后被贬为长沙王太傅。四年后复召回朝,旋拜为梁怀王太傅。梁王坠马死,贾谊郁郁自伤,不久便去世,年仅三十三岁。

◎卷六 汉文

过秦论（上）

【原文】

秦孝公据崤函之固①，拥雍州之地，君臣固守以窥周室；有席卷天下、包举宇内、囊括四海之意，并吞八荒之心。当是时也，商君佐之，内立法度，务耕织，修守战之具；外连衡而斗诸侯②。于是秦人拱手而取西河之外。

孝公既没，惠文、武、昭蒙故业，因遗策，南取汉中，西举巴蜀，东割膏腴之地，收要害之郡。诸侯恐惧，会盟而谋弱秦，不爱珍器、重宝、肥饶之地，以致天下之士，合从缔交③，相与为一。当此之时，齐有孟尝，赵有平原，楚有春申，魏有信陵。此四君者，皆明智而忠信，宽厚而爱人，尊贤而重士，约从离横，兼韩、魏、燕、赵、宋、卫、中山之众。于是六国之士，有宁越、徐尚、苏秦、杜赫之属为之谋，齐明、周最、陈轸、召滑、楼缓、翟景、苏厉、乐毅之徒通其意，吴起、孙膑、带佗、儿良、王廖、田忌、廉颇、赵奢之伦制其兵。尝以十倍之地，百万之众，叩关而攻秦。秦人开关延敌，九国之师遁逃而不敢进。秦无亡矢遗镞之费，而天下诸侯已困矣。于是从散约解，争割地而赂秦。秦有余力而制其弊，追亡逐北，伏尸百万，流血漂橹。因利乘便，宰割天下，分裂河山。强国请服，弱国入朝。

施及孝文王、庄襄王，享国之日浅，国家无事。

及至始皇，奋六世之余烈，振长策而御宇内，吞二周而亡诸侯，履至尊而制六合，执敲朴以鞭笞天下④，威振四海。南取百越之地，以为桂林、象郡。百越之君，俛首系颈，委命下吏。乃使蒙恬北筑长城而守藩篱，却匈奴七百余里。胡人不敢南下而牧马，士不敢弯弓而报怨。于是废先王之道，燔百家之言，以愚黔首⑤；隳名城⑥，杀豪俊，收天下之兵聚之咸阳，销锋镝⑦，铸以为金人十二，以弱天下之民。然后践华为城，因河为池，据亿丈之城，临不测之溪以为固。良将劲弩，守要害之处；信臣精卒，陈利兵而谁何。天下已定，始皇之心，自以为关中之固，金城千里，子孙帝王万世之业也。

始皇既没，余威震于殊俗。然而陈涉，瓮牖绳枢之子⑧，氓隶之人⑨，而迁徙之徒也。材能不及中庸，非有仲尼、墨翟之贤，陶朱、猗顿之富；蹑足行伍之间，俛起阡陌之中⑩，率罢弊之卒，将数百之众，转而攻秦。斩木为兵，揭竿为旗，天下云集而响应，赢粮而景从⑪，山东豪俊遂并起而亡秦族矣。

且夫天下非小弱也，雍州之地，殽函之固，自若也；陈涉之位，非尊于齐、楚、燕、赵、韩、魏、宋、卫、中山之君也；锄、櫌、棘矜⑫，不铦于钩、戟、长铩也⑬；谪戍之众，非抗于九国之师也；深谋远虑，行军用兵之道，非及曩时之士也。然而成败异变，功业相反。

试使山东之国与陈涉度长絜大⑭，比权量力，则不可同年而语矣。然秦以区区之地，致万乘之权，招八州而朝同列，百有余年矣。然后以六合为家，殽函为宫。一夫作难而七庙隳⑮，身死人手，为天下笑者，何也？仁义不施，而攻守之势异也。

【注释】

①殽（yáo）函：崤山与函谷关。②连衡：亦作"连横"。

③合从：即合纵。④敲扑：棍子。⑤黔首：百姓。⑥隳（huī）：毁坏。⑦镝（dí）：通"镝"，箭头。⑧瓮牖（yǒu）：以破瓮作为窗户，形容贫穷。⑨氓（méng）隶：充当隶役的平民。⑩俛（miǎn）：通"勉"，尽力。⑪赢：担。景：通"影"。⑫耰（yōu）：平整土地所用的一种农具。棘矜：枣木棍。⑬铦（xiān）：锋利。铩（shā）：长刃矛。⑭絜（xié）：比较。⑮七庙：天子的宗庙。古代制度规定天子的宗庙要供奉七代的祖先。

【译文】

秦孝公凭着崤山和函谷关的险固，拥有雍州肥沃的土地，君臣上下固守，伺机篡夺周王朝的政权；他们怀有席卷天下、征服各国、统一四海的志向，并吞八方的野心。在这个时候，商鞅开始辅佐孝公，他对内建立法律制度，发展农业和纺织，整修攻守的装备；对外实行连横政策，使诸侯们自相争斗。于是，秦国人不费任何劳苦便取得了西河以外的土地。

秦孝公死后，惠文王、武王、昭襄王都是继承上一代留下的基业。遵照前人的策略，秦国因而向南取得了汉中，向西攻占了巴蜀，在东边割取了肥沃的土地，接收了重要的州郡。诸侯们都感到恐惧，于是会盟共谋削弱秦国之计，不惜用珍奇的器物、贵重的财宝和肥沃的土地来招纳天下贤才，缔结合纵的盟约，结为一体，联合抗秦。在这个时候，齐国有孟尝君，赵国有平原君，楚国有春申君，魏国有信陵君，这四个人，都是明智忠信、宽厚爱人、礼贤下士的君子，他们约定合纵以拆散连横，联合了韩、魏、燕、赵、宋、卫、中山等国的抗秦力量。于是六国的士人当中，有宁越、徐尚、苏秦、杜赫这些人帮着出谋划策；有齐明、周最、陈轸、召滑、楼缓、翟景、苏厉、乐毅这些人来沟通各国的意见；有吴起、孙膑、带佗、兒良、王廖、田忌、廉颇、赵奢一批人来统率各国的军队。他们曾以十倍于秦国的土地、上百万的兵力，直抵函谷关攻打秦国。秦国的军队开关迎战，九国的军队都疑惧退缩，争相逃亡而不敢前进。秦国没有耗费一支箭、一个箭头，天下的诸侯就已经疲惫了。于是合纵的盟约解散了，各国争相割让土地以贿赂秦国。秦国因而有余力利用诸侯的疲惫去制服他们，追逐那些逃亡败北的军队，横在地上的尸首多达上百万，流的血可以漂起盾牌。秦国趁着有利的时机，宰割天下诸侯，分裂诸侯的土地，于是强国请求归服，弱国前来朝拜。传到孝文王、庄襄王，他们在位的日子短，国家没什么大事。

秦始皇即位以后，光大了六代祖先遗留下来的辉煌功业，挥动长鞭来驾驭天下，吞并了东西二周，灭亡了各国诸侯，登上了至高无上的皇帝宝座，控制了上下四方，拿着棍棒奴役天下人民，威震四海。他又在南方占领了百越的土地，改设为桂林、象郡，百越的君主低着头，脖子上系着绳子，把生命交给秦朝的小官吏处置。他还派蒙恬到北方修筑长城，固守边境，将匈奴击退到七百多里之外，胡人不敢南下放牧，他们的士卒也不敢张开弓箭前来报仇。于是他废除了先王的治国之道，烧毁了诸子百家的书籍，为的是愚昧百姓；他拆毁了著名的城池，大肆杀戮天下的英雄豪杰，搜集天下的兵器而聚之于咸阳，并销熔了这些刀箭，铸成十二个金人，想以此来削弱天下百姓的力量。然后将华山作为城墙，将黄河作为护城河，据守亿丈之高的城垣，下临深不可测的河水，自以为很坚固了。又有优秀的将帅、强劲的弓弩防守在险要的地方；亲信的臣子、精锐的士卒拿着锐利的武器，又有谁敢怎样呢？天下已经平定，秦始皇的心中，自以为关中的险固，真像千里的钢铁之城，可以作为子孙万代做皇帝的基业了。

◎卷六 汉文

秦始皇死后,他的余威仍然震慑着与秦国风俗不同的边远地区。然而陈涉这个用破瓮做窗洞、用绳子闩门的穷苦子弟,一个替人种田的仆役,又是个被发配充军的人,他的才智比不上一般人,没有孔子、墨子那样的贤能,没有陶朱公、猗顿那样的财富;只是夹杂在戍卒的队伍里面,奋起于村野百姓之间,率领着疲惫散乱的士卒,指挥几百人组成的军队,反过来攻打秦朝。他们砍伐树木作为武器,举起竹竿作为大旗,却得到天下人民如云般地聚集响应;老百姓自己带着粮食,如影子一样地跟着他,山东的豪杰俊士于是蜂拥而起,开始灭亡秦族了。

再说秦国的天下并非是又小又弱的,雍州的土地,崤山、函谷关那样的险固,还是和从前一样;陈涉的地位,比不上从前齐、楚、燕、赵、韩、魏、宋、卫、中山各国君主的尊贵;锄头、耰、枣木棍,比不上长钩、长戟、长矛等兵器的锐利;被发配去边境服役的一帮人,也不能和九国的正规军队相提并论;深谋远虑、行军用兵的战略战术,也赶不上从前诸侯的谋士们,然而成功与失败却截然不同,功业上的建树也恰恰相反。

假使让从前崤山以东的诸侯跟陈涉比较粗细短长、权势力量,那简直是不能相提并论的。但是当年秦国以它那一点点地方,发展到成为拥有万乘兵车的大国,取得了八州的土地,使原来和秦国地位相等的诸侯前来朝拜,也有一百多年了。此后才把天下合为一家,把崤山、函谷关当作宫室。结果一个人起来发难,却使得宗庙都被毁掉了,成为天下人的笑柄,这是什么原因呢?这就是因为不能施行仁义,所以攻守的势态也就迥异了。

治安策

【原文】

夫树国固，必相疑之势①，下数被其殃，上数爽其忧②，甚非所以安上而全下也。今或亲弟谋为东帝③，亲兄之子西乡而击④，今吴又见告矣。天子春秋鼎盛，行义未过，德泽有加焉，犹尚如是，况莫大诸侯，权力且十此者乎！然而天下少安，何也？大国之王幼弱未壮，汉之所置傅、相方握其事。数年之后，诸侯之王大抵皆冠⑤，血气方刚，汉之傅相称病而赐罢，彼自丞尉以上遍置私人，如此，有异淮南、济北之为邪！此时而欲为治安，虽尧舜不治。

黄帝曰："日中必熭⑥，操刀必割。"今令此道顺而全安，甚易；不肯早为，已乃堕骨肉之属而抗刭之⑦，岂有异秦之季世乎？夫以天子之位，乘今之时，因天之助，尚惮以危为安，以乱为治；假设陛下居齐桓之处，将不合诸侯而匡天下乎？臣又知陛下有所必不能矣。假设天下如曩时⑧，淮阴侯尚王楚⑨，黥布王淮南⑩，彭越王梁⑪，韩信王韩⑫，张敖王赵，贯高为相⑬，卢绾王燕⑭，陈豨在代⑮，令此六七公者皆亡恙⑯，当是时而陛下即天子位，能自安乎？臣有以知陛下之不能也。天下殽乱，高皇帝与诸公并起，非有仄室之势以豫席之也⑰。诸公幸者乃为中涓⑱，其次厪得舍人⑲，材之不逮至远也。高皇帝以明圣威武即天子位,割膏腴之地以王诸公,多者百余城,少者乃三四十县,德至渥也。然其后七年之间,反者九起。陛下之与诸公,非亲角材而臣之也,又非身封王之也,自高皇帝不能以是一岁为安,故臣知陛下之不能也。

然尚有可诿者[20],曰疏。臣请试言其亲者。假令悼惠王王齐,元王王楚,中子王赵,幽王王淮阳,共王王梁,灵王王燕,厉王王淮南,六七贵人皆亡恙,当是时陛下即位,能为治乎?臣又知陛下之不能也。若此诸王,虽名为臣,实皆有布衣昆弟之心,虑亡不帝制而天子自为者。擅爵人,赦死辠,甚者或戴黄屋[21],汉法令非行也。虽行,不轨如厉王者,令之不肯听,召之安可致乎!幸而来至,法安可得加?动一亲戚,天下圜视而起[22],陛下之臣虽有悍如冯敬者,适启其口,匕首已陷其胸矣。陛下虽贤,谁与领此?故疏者必危,亲者必乱,已然之效也。其异姓负强而动者,汉已幸胜之矣,又不易其所以然。同姓袭是迹而动,既有征矣,其势尽又复然。殃祸之变,未知所移,明帝处之尚不能以安,后世将如之何!

屠牛坦一朝解十二牛,而芒刃不顿者,所排击剥割皆众理解也。至于髋髀之所[23],非斤则斧。夫仁义恩厚,人主之芒刃也;权势法制,人主之斤斧也。今诸侯王皆众髋髀也,释斤斧之用,而欲婴以芒刃,臣以为不缺则折。胡不用之淮南、济北?势不可也。

臣窃迹前事,大抵强者先反。淮阴王楚,最强,则最先反;韩信倚胡,则又反;贯高因赵资,则又反;陈豨兵精,则又反;彭越用梁,则又反;黥布用淮南,则又反;卢绾最弱,最后反。长沙乃在二万五千户耳,功少而最完,势疏而最忠,非独性异人也,亦形势然也。曩令樊、郦、绛、灌据数十城而王,今虽已残亡，可也。令信、越之伦列为彻侯而居，虽至今存，可也。然则天下之大计可知已。欲诸王之皆忠附，则莫若令如长沙王；欲臣子之勿菹醢㉔，则莫若令如樊、郦等；欲天下之治安，莫若众建诸侯而少其力。力少则易使以义，国小则亡邪心。令海内之势如身之使臂，臂之使指，莫不制从；诸侯之君不敢有异心，辐凑并进而归命天子。虽在细民，且知其安，故天下咸知陛下之明。割地定制，令齐、赵、楚各为若干国，使悼惠王、幽王、元王之子孙毕以次各受祖之分地，地尽而止，及燕、梁他国皆然。其分地众而子孙少者，建以为国，空而置之，须其子孙生者，举使君之。诸侯之地，其削颇入汉者，为徙其侯国及封其子孙也，所以数偿之。一寸之地，一人之众，天子亡所利焉，诚以定治而已，故天下咸知陛下之廉。地制一定，宗室子孙莫虑不王，下无倍畔之心，上无诛伐之志，故天下咸知陛下之仁。法立而不犯，令行而不逆，贯高、利几之谋不生，柴奇、开章之计不萌，细民乡善，大臣致顺，故天下咸知陛下之义。卧赤子天下之上而安；植遗腹㉕，朝委裘，而天下不乱，当时大治，后世诵圣。一动而五业附，陛下谁惮而久不为此？

天下之势方病大瘇㉖。一胫之大几如要，一指之大几如股，平居不可屈信㉗，一二指搐，身虑无聊㉘。失今不治，必为锢疾，后虽有扁鹊㉙，不能为已。病非徒瘇也，又苦蹠盭㉚。元王之子，帝之从弟也，今之王者，从弟之子也；惠王之子，亲兄子也，今之王者，兄子之子也。亲者或亡分地以安天下，疏者或制大权以逼天子。臣故曰：非病瘇也，又苦蹠盭。可痛哭者，此病是也。

◎卷六　汉文

【注释】

①疑（nǐ）：通"拟"，相匹敌。②爽：忧伤。③亲弟：指淮南厉王刘长，汉文帝之弟。汉文帝六年，刘长谋反，后被人告发，绝食而死。④亲兄之子：指济北王刘兴居。他在文帝三年起兵叛乱，事败后自杀。⑤冠：成年。古时男子二十岁行冠礼。⑥曩（wèi）：暴晒。⑦亢到（jǐng）：杀头。⑧曩（nǎng）：从前。⑨淮阴侯：指韩信。⑩黥（qíng）布：英布，汉初时被封为淮南王，后因叛乱被杀。⑪彭越：刘邦的功臣，后被诬谋反而夷灭三族。⑫韩信：指韩王信，汉初时被封为韩王，后投降匈奴，起兵叛乱被杀。⑬贯高：赵王张敖的相国，因策划谋害刘邦被杀。⑭卢绾（wǎn）：汉初被封为燕王，后投靠匈奴。⑮陈豨（xī）：汉初被封为阳夏侯，后叛乱，兵败被杀。⑯亡恙：无病，这里是健在的意思。⑰仄（zè）：通"侧"。豫：通"预"，预先。席：凭借。⑱中涓（juān）：皇帝的近侍官员。⑲厪（jǐn）：通"仅"，才。⑳诿（wěi）：推托，推辞。㉑黄屋：皇帝所乘的车。㉒圜（yuán）视：怒目而视。㉓髋（kuān）髀（bì）：指胯骨和大腿骨。㉔菹（zū）醢（hǎi）：古代一种酷刑，把人剁成肉酱。㉕遗腹：指遗腹子。㉖瘇（zhǒng）：脚肿病。㉗信：通"伸"。㉘无聊：无所依靠。㉙扁鹊：战国时名医，姓秦，名越人。㉚跂（zhí）盭（lì）：指脚掌扭折变形。

【译文】

如果建立的诸侯国太过强大，必然造成同天子对等的局面，臣下因此屡次遭受祸害，天子也多次担忧这样的势态，这绝不是用来稳定君王统治、保全臣下不受祸害的办法。如今，陛下的亲生弟弟中又有人图谋要当东方的皇帝；亲哥哥的儿子向西发动攻击；现在吴王谋反的事又报了上来。天子正当壮年，施行正义，没有什么过失，对他们再三给予恩惠，尚且如此，何况那些权力大于这类诸侯十倍的大诸侯呢？但是如今天下暂时安定，这是为什么？是因为诸侯大国的国王尚且年幼，汉朝安置在那里的太傅、丞相们正掌握着王国的政事。再过上几年，诸侯王大都加冠成人了，血气方刚，汉朝委任的太傅、丞相们不得不主动称病辞官，诸侯王们也求之不得准许了他们，然后在丞、尉以上的官职当中普遍安插自己的人手，如此一来，他们与谋反的淮南王、济北王的行为又有什么不同呢？到这时候再想做到天下太平，即使是唐尧、虞舜也是治理不了的。

　　黄帝说："要晒东西就必须趁太阳在正午的时候，要割东西就必须趁刀子在手里的时候。"现在按照这个道理行事，能够顺利完成并且十分安稳，是十分容易的；如果不肯及早行动，过了这个时机，就会毁了骨肉之亲而使他们被杀头，这难道跟秦朝末年有什么不同吗？凭借天子的地位，利用当今的有利时机，靠着上天的帮助，还对把危险转换为安定、把混乱转换为治理的举措有所忌惮；假设陛下处在齐桓公当年的地位，恐怕就不肯集合诸侯而匡正天下的混乱了吧？我知道陛下一定不会这样做的。假使当今天下的形势就像从前高祖的时候一样，淮阴侯韩信尚在楚国为王，黥布在淮南为王，彭越在梁国为王，韩王信在韩国为王，张敖在赵国为王，贯高在赵国做丞相，卢绾在燕国为王，陈豨封在代郡，假使这六七位王公都健在，在这样的时势下陛下登上天子之位，自己觉得这位子能坐得安稳吗？我有根据知道陛下是不可能觉得坐得很安稳的。秦末天下混乱，高皇帝与上述诸公一起起事，当时高皇帝没有亲族的势力可以依靠，这些王公中最幸运的当时也只不过是中涓的官职，其次的也只不过得到舍人的职位。他们的才能不及高皇帝，而且相差甚远。高皇帝凭借着明圣威武登上天子之位，划出肥沃富饶的土地来封这几位为王，多的有一百多个城邑，少的也有三四十个县，高皇帝对他们实在是很优厚了。然而在此后的七年当中，反叛的事件就有九起。陛下您与当今的王公们，并非是跟他们亲自较量过才使他们甘心称臣的，又不是您亲自封他们为诸侯王的，高皇帝尚且不能得到一年的安宁，所以臣下我知道陛下是不可能觉得这皇位已经坐得安稳了。

然而还有可以推托的借口，说他们与刘氏的关系疏远，臣下我请求试着说说关系亲近的同姓诸侯王。假使让悼惠王在齐国为王，元王在楚国为王，高皇帝的儿子如意在赵国为王，幽王在淮阳为王，共王在梁国为王，灵王在燕国为王，厉王在淮南为王，这六七位贵人如果都健在，在这样的时势下陛下登基即位，能够做到按自己的意志治理天下吗？臣下我又知道陛下是不能够按自己的意志治理天下的。像这样的诸侯王们，虽然名义上是臣子，实际上都怀有把陛下当作普通兄弟看待的心思，他们没有不想在王国中实行帝制而自己做皇帝的。他们擅自封官赐爵，赦免死罪，更有甚者居然乘坐皇帝才能坐的黄屋车，汉朝法令在他们的王国内不被执行。有的虽然被执行，但是对于行为不守法纪如厉王那样的人，命令他都不肯听从，一旦要召见他，他又怎么会来呢！侥幸被召来了，法令又怎么能够施加到他的身上？如果依法处置了一个亲戚，全国的诸侯王马上会瞪着眼睛愤怒地起来反抗，陛下的臣子中虽然有像冯敬这样勇敢的人，但刚要开口，刺客的匕首已经刺入他的胸膛了。陛下虽然贤明，但又有谁能与您一起治理这些诸侯王呢？所以被疏远的亲属一定是国家的威胁，亲近的也必然给国家造成混乱，这是已经被事实证明了的。那些异姓诸侯王自恃强大而发动叛乱的,汉朝已经侥幸战胜他们了,但又不改变造成他们这种行为的成因与条件。同姓诸侯王沿袭这样的先例而动乱起来,已经有征兆了,他们的势力即使一时遭到削弱,但不久又故态复萌。灾祸的变化,还不知道要向何方转移,圣明的皇帝处在这样的形势下尚且不能使国家安定,后代对付这些又能有什么办法呢!

屠夫坦一个早上可以分解掉十二头牛,而他的刀刃却不钝,是因为他所剖剥、切割的地方,都是顺着肌肉纹理部分,以及关节和骨缝处;至于髋骨、股骨这样的地方,他不是改用小斧,就是换了大斧。仁义恩德,就像君王手中锋利的刀刃;权势法制,如同是君王的大小斧头。如今的诸侯王都是像髋骨、股骨一样坚硬难斫的势力,放弃大小斧头对他们的效用,而用锋利的刀刃去对付他们,我以为最后这把刀不是缺口就是折断。为什么不能用这仁义恩德的刀锋去对付淮南王、济北王呢?因为形势不允许做这样的处置。

我私下里考察从前事态发展的轨迹,大抵是强大的诸侯王先反叛。淮阴侯在楚国为王,最强,就最先反叛;韩王信依靠匈奴的支持,则也反叛;贯高依靠赵国的支持和帮助,则也反叛;陈豨部队精良,则也反叛;彭越利用梁国的力量,则也反叛;黥布利用淮南的力量,则也反叛;卢绾的力量最弱小,就最后反叛。长沙王吴芮封地内人口才二万五千户,功劳很小,却保存得最完好;与汉室的关系疏远,却最为忠心,这不仅仅是长沙王的性格不同于别人,也是形势使然。从前如果让樊哙、郦商、周勃、灌婴都占据几十个城邑而封为诸侯王,即使至今他们的势力已经破败衰弱,也是可以的。如果让韩信、彭越之流只居于彻侯的地位,即使他们至今还存在,也是可以的。既然这样,那么天下的大计就可以知道了。要想让诸侯王们都忠心依附,就不如让他们都像长沙王那样;要想臣子们不至于被剁成肉酱,就不如让他们像樊哙、郦商那样;要想天下能得到长治久安,就不如更多地建立诸侯而减弱他们的力量。力量弱小了,就容易使他们归于道义;封国小了,就不会有什么歪邪的念头。

这就使得天下的形势,像身体指使手臂、手臂指使手指一样,没有不受节制而服从的;诸侯王不敢有什么非分的念头,像辐条一齐凑向车轴一样听从天子的命令。等到就算是小民百姓也知道国家已经太平安定,那么天下人也就都知道陛下的圣明了。分割诸侯国的土地,确定合理的分封制度,使齐、赵、楚各自分为若干小国,使悼惠王、幽王、元王的子孙全部按照世系家谱的次序各自接受祖上的封地,直到把这些封地分完为止;对于燕、梁和其他诸侯国也都一样办理。那些分地多而子孙少的诸侯国,也先分建成若干小诸侯国,可以先让王位空着,等他们又有了子孙,就让他们的子孙来统治这些封国。诸侯国的土地,因为犯罪而将封土削减和没收入朝廷的,或者把这个诸侯迁徙到另一个地方,或者把没收的土地封给他的子孙,把原先的封地如数偿还给他们。一寸土地、一个百姓,天子都不贪图他们的,这实在是为了使天下安定太平、四方皆得治理罢了,所以天下之人也就都知道陛下的廉洁。分地制度一旦确定,宗室子孙没有一个会担心自己是否能成为封国的国君,臣下不会产生背叛的念头,君上也没有诛杀讨伐的意思,所以天下之人就都知道了陛下的仁爱。法度确定而没有人敢触犯,法令推行而没有人敢违抗,贯高、利几之类的阴谋不再会发生,柴奇、开章之类的诡计不再会出现,小民向善,大臣顺从,因而天下之人也就都知道了陛下的正义。这样,即使让幼主当政,天下也是安定的;即使立遗腹子,让臣下只朝拜先帝的衣服,天下也不会动乱。当代得到大治,后世歌颂陛下的圣明。这一项举动就能带来五个方面的功效，陛下还顾虑什么而不长期这样做呢？

　　如今天下的形势正像患了脚肿的疾病，一只小腿差不多肿得像腰粗，一只脚趾差不多肿得像大腿，就算像往常一样起居都不能弯曲伸展，一两个脚趾抽搐，整个身体就疼得失去了依靠。如果错过了如今的时机而不进行治疗，势必成为不能治疗的顽症，以后即使有扁鹊那样的良医，也是无能为力的了。而且这病还不只是脚肿，又苦于脚掌扭折。元王的儿子是陛下的堂弟，如今继承王位的，是陛下堂弟的儿子；惠王的儿子是陛下亲哥哥的儿子，如今继承王位的，则是陛下的侄孙。您的近亲当中还有没得到封地以使天下安定的，而远亲旁支中却有人控制大权来逼迫天子。臣下我因此说：现在的情形是不但患了脚肿的疾病，又苦于脚掌扭折啊。令人痛哭的，就是因为得了这样的疾病啊！

晁 错

晁错，西汉政治家、政论家，颍川（今河南禹县）人。早年学申商刑名之学，后以通晓文献典故任太常掌故。文帝时为太子舍人，深得太子（后来的景帝）信赖。景帝即位后，任内史，迁御史大夫，主张改革，提倡削减诸侯封地，遭到诸侯王和贵族官僚的强烈反对和嫉恨，吴楚七国叛乱时被政敌袁盎等上书攻击，最后被杀。

论贵粟疏

【原文】

　　圣王在上而民不冻饥者，非能耕而食之，织而衣之也，为开其资财之道也。故尧、禹有九年之水，汤有七年之旱，而国无捐瘠者①，以畜积多而备先具也②。

　　今海内为一，土地人民之众不避禹、汤，加以亡天灾数年之水旱，而畜积未及者，何也？地有余利，民有余力，生谷之土未尽垦，山泽之利未尽出也，游食之民未尽归农也。民贫则奸邪生。贫生于不足，不足生于不农，不农则不地著，不地著则离乡轻家③。民如鸟兽，虽有高城深池，严法重刑，犹不能禁也。

　　夫寒之于衣，不待轻暖；饥之于食，不待甘旨；饥寒至身，不顾廉耻。人情，一日不再食则饥，终岁不制衣则寒。夫腹饥不得食，肤寒不得衣，虽慈母不能保其子，君安能以有其民哉？明主知其然也，故务民于农桑，薄赋敛，广畜积，以实仓廪、备水旱，故民可得而有也。

　　民者，在上所以牧之，趋利如水走下，四方无择也。夫珠玉金银，饥不可食，寒不可衣，然而众贵之者，以上用之故也。其为物轻微易藏，在于把握，可以周海内而亡饥寒之患。此令臣轻背其主，而民易去其乡，盗贼有所劝，亡逃者得轻资也。粟米布帛，生于地，长于时，聚于力，非可一日成也。数石之重，中人弗胜，不为奸邪所利，一日弗得而饥寒至。是故明君贵五谷而贱金玉。

今农夫五口之家,其服役者不下二人,其能耕者不过百亩,百亩之收不过百石。春耕,夏耘,秋获,冬藏,伐薪樵,治官府,给徭役。春不得避风尘,夏不得避暑热,秋不得避阴雨,冬不得避寒冻,四时之间,无日休息;又私自送往迎来,吊死问疾,养孤长幼在其中。勤苦如此,尚复被水旱之灾,急政暴虐④,赋敛不时,朝令而暮改。当其有者,半贾而卖,亡者取倍称之息。于是有卖田宅、鬻子孙以偿债者矣。而商贾大者积贮倍息,小者坐列贩卖,操其奇赢⑤,日游都市,乘上之急,所卖必倍。故其男不耕耘,女不蚕织,衣必文采,食必粱肉,亡农夫之苦,有阡陌之得。因其富厚,交通王侯,力过吏势,以利相倾,千里游敖⑥,冠盖相望,乘坚策肥,履丝曳缟⑦。此商人所以兼并农人,农人所以流亡者也。今法律贱商人,商人已富贵矣;尊农夫,农夫已贫贱矣。故俗之所贵,主之所贱也;吏之所卑,法之所尊也。上下相反,好恶乖迕⑧,而欲国富法立,不可得也。

方今之务,莫若使民务农而已矣。欲民务农,在于贵粟,贵粟之道,在于使民以粟为赏罚。今募天下入粟县官,得以拜爵,得以除罪。如此,富人有爵,农民有钱,粟有所渫⑨。夫能入粟以受爵,皆有余者也。取于有余以供上用,则贫民之赋可损,所谓损有余、补不足,令出而民利者也。顺于民心,所补者三:一曰主用足,二曰民赋少,三曰劝农功。今令民有车骑马一匹者,复卒三人⑩。车骑者,天下武备也,故为复卒。神农之教曰:"有石城十仞⑪,汤池百步,带甲百万,而亡粟,弗能守也。"以是观之,粟者,王者大用,政之本务。令民入粟受爵,至五大夫以上,乃复一人耳,此其与骑马之功相去远矣。爵者,上之所擅,出于口而无穷;粟者,民之所种,生于地而不乏。夫得高爵与免罪，人之所甚欲也，使天下人入粟于边，以受爵免罪，不过三岁，塞下之粟必多矣。

【注释】

①捐瘠（jí）：饿死的和瘦弱的人。②畜：通"蓄"。③地著：安居在一个地方。④政：通"征"。⑤奇赢：高额的利润。⑥敖：通"遨"，游玩。⑦曳缟（gǎo）：披着丝织长衣。⑧乖迕（wǔ）：违背。⑨渫（xiè）：分散。⑩复卒：免除兵役。⑪仞（rèn）：长度单位，周制八尺，汉制七尺。

【译文】

圣明的君主在位百姓就不会受冻挨饿，并不是因为圣明的君主能亲自种粮食以供百姓吃食，亲自织布以供百姓穿戴，而是因为他能够开发天下百姓的增产生财之道啊。因此，尧、禹的时代虽然曾经有过连续九年的水灾，商汤时虽然曾经发生过连续七年的旱灾，可是国内却没有饿死饿瘦的人，这是因为积蓄的粮食丰足，事先就有所准备啊。

当今四海之内皆为一国，土地之广大、人口之众多并不亚于禹、汤的时代，加上没有连年的天灾水旱，但积蓄的粮食却不及禹、汤的时代，这是什么原因呢？是因为土地尚有未被开发的余利，民众尚有未被开发的余力，能生产粮食的土地还没有完全开垦，山林湖沼的资源还没有全部开发出来，游荡求食的民众还没有全部回乡务农。老百姓贫困，那么奸诈邪恶就会滋生。贫困是由于物产不丰足导致的，而物产不丰足是由于不务农产生的，不务农就不能安居乡土，不安居乡土就会轻易地离开家乡。要是百姓像鸟兽一样随处觅食，即使有很高的城墙、很深的护城河、严厉的法令、严酷的刑罚，也是不能禁止他们的。

人受寒挨冻的时候，不是要等到有既轻又暖的衣服才穿；忍饥挨饿的时候，就不会奢求食物的甜美可口。饥寒交迫，就会不顾廉耻。一天吃不上两顿饭就会饥饿，整年都穿不上衣服就会受冻，这是人之常情。如果腹中饥饿而得不到食物，身上寒冷而得不到衣服，即使是慈母也不能保全她的儿子，君主又怎能在这种情况下保有他的人民呢？圣明的君主懂得这个道理，所以使百姓致力于农桑，减轻他们的赋税，增加粮食的储备，以充实仓廪、防备水旱之灾，因此而能够保有人民。

对于百姓，全在君主如何管理和引导他们，他们追求利益，就像水总是往低处流一样，不选择东西南北。珠玉金银，饥饿时不能当食物吃，寒冷时不能当衣服穿，然而大家之所以珍视它们，这是因为君主重视它们。这类东西轻便微小，易于收藏，拿在手里，就能遍行海内而无饥寒之忧。它们能使臣子轻易地背叛他的君主，民众轻易地离开他们的家乡，盗贼有了为之铤而走险的东西，逃亡的人则得到了便于携带的资财。粮食布匹，从地里生产出来，按季节成长，靠人力收获，不是在一天内能完成的。几石重的粮食，连中等体魄的人都挑不起来，所以不能成为奸邪之人贪求的东西，但一天得不到，饥饿寒冷就会接踵而至。因此圣明的君主重视五谷而轻视金玉珠宝。

当今五口人的一般农民家庭，成员为公家服役的不少于两人，所能耕种的田地不超过百亩，百亩田地的收获不过百石。春天耕种，夏天锄草，秋天收获，冬天贮藏，还得伐薪砍柴，修缮官署，供给徭役。春天不能避风沙，夏天不能避暑热，秋天不能避阴雨，冬天不能避寒冻，一年四季没有空闲日子可以休息；其间又有迎来送往、吊丧探病、抚养孤老、养育幼儿等诸多事情需要操持。农民已经是如此辛勤劳苦，还要再遭受水旱之灾，应付紧急的政令、暴虐的管制；赋税征敛常常没有定时，早上下达的命令常常傍晚就要更改。此种形势下，手中有粮的人往往半价出卖以应急用，无粮的人不得不去借高利贷，于是就有了卖掉田地房屋，甚至卖掉子孙来还债的人。而那些商人中间，资金多的就囤积居奇，放高利贷以成倍地赚取利息；资金少的就坐在集市上贩卖商品，投机取巧，获取高额利润。他们每日游逛于都城集市之上，利用官府的紧急需求，成倍地翻升所卖物品的价格。所以这些人中男人不耕田种地，女人不养蚕织布，但穿的一定是有纹饰华彩的衣服，吃的一定是精米肉食；没有农民的劳苦，却有田间的收获。他们凭借自己的雄厚财富，结交王侯，势力超过官吏，并且常常因为利益而互相倾轧。在他们长达千里的游览过程中，华贵的衣冠和华丽的伞盖前后呼应，此起彼伏，他们乘的是坚固的车子，骑的是肥壮的马匹，脚穿着丝鞋，身披着绸衣。这就是商人兼并农民，农民流离失所的原因。如今法律把商人看得很卑贱，但商人已经富贵起来了；法律尊重农民，可农民已经变得贫贱了。世俗所尊崇的，正是君主所鄙视的；官吏所瞧不起的，正是法律所尊重的。这样上下颠倒，尊崇的和轻贱的相违背，却想使国家富足、法律有效，那是不可能的。

  所以当今的要务，没有比促使百姓从事农业更重要的了。要想使老百姓从事农业，关键在于重视粮食；使粮食得到重视的方法，在于让老百姓用粮食来求赏免罚。现在应该号召天下人向地方官府交纳粮食，让他们可以因此而得到爵位，可以因此而赎免罪行。这样，富人得到爵位，农民则有了钱财，粮食也可以分散到有用的地方去。能通过交纳粮食来得到爵位的人，都是富裕的人；向富裕的人索取粮食，以供朝廷使用，那么贫民的赋税可以得到减少。这样做正是所谓的损有余而补不足,政令发出就能使百姓得益的事情啊!顺应人民的意愿,好处有三方面:一是主上的费用充足,二是百姓的赋税减少,三是农业生产受到鼓励。按照现行的法令:百姓能出一匹驾车的战马的,可以免除三人的兵役。驾车的战马,是国家的军事装备,所以可以使人免除兵役。神农氏的教导说:"有七八丈高的石头城,有百步宽、充满沸水的护城河,有带甲的士兵百万,如果没有粮食,也是不能守住的。"由此看来,粮食,是帝王最重要的物资,是施行政治要致力的头等大事。让百姓交纳粮食换取爵位,爵位高到五大夫以上,才能免除一个人的兵役,这同交纳战马受到的益处相差太远了。封爵位,是帝王专有的权力,出于皇上之口而没有限制;粮食,是百姓种出来的,可以从地里不断地生产出来。取得较高的爵位与免除罪罚,都是人们非常渴望的事情,如果让天下的人都向边境交纳粮食,用来换得爵位、免除罪罚,不用三年,边塞的粮食就一定很多了。

司马相如

司马相如,西汉著名文学家,字长卿,蜀郡成都人。汉景帝时为武骑常侍,后因病免官,为梁孝王门客。汉武帝欣赏他的辞赋,召其为郎,升孝文园令。所作辞赋以《子虚赋》《上林赋》为代表。其作品内容主要围绕田猎盛况、宫苑的豪华壮丽、帝王的权势等而作,是典型的宫廷文学。

◎卷六 汉文

上书谏猎

【原文】

相如从上至长杨猎①。是时天子方好自击熊豕，驰逐野兽。相如因上疏谏曰："臣闻物有同类而殊能者，故力称乌获②，捷言庆忌③，勇期贲、育④。臣之愚，窃以为人诚有之，兽亦宜然。今陛下好陵阻险，射猛兽，卒然遇逸材之兽⑤，骇不存之地，犯属车之清尘，舆不及还辕，人不暇施巧，虽有乌获、逢蒙之技不得用⑥，枯木朽株尽为难矣。是胡越起于毂下，而羌夷接轸也⑦，岂不殆哉？虽万全而无患，然本非天子之所宜近也。且夫清道而后行，中路而驰，犹时有衔橛之变⑧；况乎涉丰草，骋丘墟，前有利兽之乐，而内无存变之意，其为害也不难矣！夫轻万乘之重，不以为安，乐出万有一危之涂以为娱，臣窃为陛下不取。盖明者远见于未萌，而知者避危于无形，祸固多藏于隐微，而发于人之所忽者也。故鄙谚曰：'家累千金，坐不垂堂。'此言虽小，可以喻大。臣愿陛下之留意幸察。"

【注释】

①长杨：秦宫殿名，改址在今陕西周至。②乌获：战国时的大力士。③庆忌：春秋时吴王僚之子。④期：一定。贲、育：战国时的勇士孟贲和夏育。⑤逸材：才能超群。⑥逢蒙：古代善于射箭的人。⑦轸（zhěn）：车厢底框。⑧衔：马嚼子。橛

（jué）：固定车厢底部与车轴之间的木橛。

【译文】

  司马相如跟随汉武帝到长杨宫打猎。那时天子正喜好亲自射击熊或野猪一类的野兽，常常驱车策马进行追赶，司马相如为此上书规劝说："臣听说事物有虽然同是一类而功能各不相同的说法，所以同是勇士，力气大要数乌获，敏捷要数庆忌，勇猛则要数孟贲、夏育。以臣下的愚陋之见，私下里觉得人类固然有这种现象，野兽也一样。如今陛下喜好跨越险阻，射猎猛兽，万一突然遇上了凶猛异常的野兽，使它在走投无路的境遇下惊慌起来，猛然前来扑袭皇上的车驾，车辆来不及掉头，身边的武将卫士来不及施展武艺，即使有乌获、逢蒙一样的技艺也派不上用场，再加上枯木朽树都会成为逃避躲闪的障碍。这种情形就好像胡兵越卒突然从车底涌出，羌人夷骑在车后追赶，这难道不是危险的事吗？就算防护措施周全，万无一失，那些危险的地方也不是天子应该接近的。况且天子外出，即使派人先清理了道路而后行走，在大道上驱驰，尚且有时会发生马咬断嚼子、车子散架的事故；何况涉足在茂密的草丛之中，驰骋在山丘原野之上。眼前有猎杀野兽的乐趣，而心中却没有对发生意外的防备，这样的情况下遭遇危险恐怕是很容易的！放弃天子的尊贵，不顾自己的安全，喜欢在有危险的地方寻欢作乐，我私下以为陛下这样做是不可取的。大凡英明的人都能够在事情尚未萌发之前就有预见，有智慧的人能在危险尚未形成之前便予以避免，灾祸往往隐藏在隐蔽而不易察觉的地方，发生在人们疏忽大意的时候。所以俗话说：'家中富千金，不坐屋檐下。'此话虽然说的是小事情，却可以用来比喻大的事情。臣希望陛下留意明察这一点。"

李 陵

李陵，字少卿，陇西成纪（今甘肃秦安）人。西汉将领，飞将军李广的孙子。曾多次率军与匈奴作战，后来因战败投降匈奴，汉武帝一怒之下，夷其三族。李陵身负家仇，断绝了与汉朝的关系。李陵一生充满国仇家恨的矛盾，而后世对他的评价也褒贬不一。

答苏武书

【原文】

子卿足下①:

勤宣令德,策名清时,荣问休畅②,幸甚,幸甚!远托异国,昔人所悲,望风怀想,能不依依?昔者不遗,远辱还答,慰诲勤勤,有逾骨肉,陵虽不敏,能不慨然?

自从初降,以至今日,身之穷困,独坐愁苦。终日无睹,但见异类;韦韝毳幕③,以御风雨;膻肉酪浆,以充饥渴;举目言笑,谁与为欢?胡地玄冰,边土惨裂,但闻悲风萧条之声。凉秋九月,塞外草衰,夜不能寐,侧耳远听,胡笳互动,牧马悲鸣,吟啸成群,边声四起。晨坐听之,不觉泪下。嗟乎子卿!陵独何心,能不悲哉!

与子别后,益复无聊。上念老母,临年被戮;妻子无辜,并为鲸鲵④;身负国恩,为世所悲。子归受荣,我留受辱,命也何如!身出礼义之乡,而入无知之俗;违弃君亲之恩,长为蛮夷之域,伤已!令先君之嗣,更成戎狄之族,又自悲矣!功大罪小,不蒙明察,孤负陵心区区之意,每一念至,忽然忘生。陵不难刺心以自明,刎颈以见志,顾国家于我已矣,杀身无益,适足增羞,故每攘臂忍辱⑤,辄复苟活。左右之人,见陵如此,以为不入耳之欢,来相劝勉。异方之乐,祇令人悲,增忉怛耳⑥。

嗟乎子卿!人之相知,贵相知心。前书仓卒,未尽所怀,故复略而言之。昔先帝授陵步卒五千，出征绝域，五将失道，陵独遇战。而裹万里之粮，帅徒步之师，出天汉之外，入强胡之域，以五千之众，对十万之军，策疲乏之兵，当新羁之马。然犹斩将搴旗，追奔逐北，灭迹扫尘，斩其枭帅⑦。使三军之士视死如归。陵也不才，希当大任，意谓此时，功难堪矣。

匈奴既败，举国兴师，更练精兵⑧，强逾十万，单于临阵，亲自合围。客主之形既不相如，步马之势又甚悬绝。疲兵再战，一以当千，然犹扶乘创痛，决命争首。死伤积野，余不满百，而皆扶病，不任干戈。然陵振臂一呼，创病皆起，举刃指虏，胡马奔走。兵尽矢穷，人无尺铁，犹复徒首奋呼，争为先登。当此时也，天地为陵震怒，战士为陵饮血！单于谓陵不可复得，便欲引还，而贼臣教之，遂使复战，故陵不免耳。

昔高皇帝以三十万众，困于平城。当此之时，猛将如云，谋臣如雨，然犹七日不食，仅乃得免。况当陵者，岂易为力哉？而执事者云云，苟怨陵以不死。然陵不死，罪也。子卿视陵，岂偷生之士而惜死之人哉？宁有背君亲、捐妻子而反为利者乎？然陵不死，有所为也。故欲如前书之言，报恩于国主耳。诚以虚死不如立节，灭名不如报德也。昔范蠡不殉会稽之耻⑨，曹沫不死三败之辱⑩，卒复勾践之仇，报鲁国之羞。区区之心，窃慕此耳。何图志未立而怨已成，计未从而骨肉受刑。此陵所以仰天椎心而泣血也！

足下又云："汉与功臣不薄。"子为汉臣，安得不云尔乎！昔萧、樊囚絷⑪，韩、彭菹醢⑫，晁错受戮⑬，周、魏见辜⑭；其余佐命立功之士，贾谊、亚夫之徒⑮，皆信命世之才，抱将相之具，而受小人之谗，并受祸败之辱，卒使怀才受谤，能不得展。彼二子之遐举，谁不为之痛心哉！陵先将军，功略盖天地，义勇冠三军，徒失贵臣之意，刭身绝域之表。此功臣义士所以负戟而长叹者也！何谓"不薄"哉？

且足下昔以单车之使，适万乘之虏，遭时不遇，至于伏剑不顾，流离辛苦，几死朔北之野。丁年奉使，皓首而归，老母终堂⑯，生妻去帷⑰，此天下所希闻，古今所未有也。蛮貊之人尚犹嘉子之节，况为天下之主乎？陵谓足下当享茅土之荐，受千乘之赏。闻子之归，赐不过二百万，位不过典属国，无尺土之封加子之勤，而妨功害能之臣尽为万户侯，亲戚贪佞之类悉为廊庙宰。子尚如此，陵复何望哉？

且汉厚诛陵以不死，薄赏子以守节，欲使远听之臣望风驰命，此实难矣，所以每顾而不悔者也。陵虽孤恩，汉亦负德。昔人有言："虽忠不烈，视死如归。"陵诚能安，而主岂复能眷眷乎⑱？男儿生以不成名，死则葬蛮夷中，谁复能屈身稽颡⑲，还向北阙，使刀笔之吏弄其文墨耶？愿足下勿复望陵。

嗟乎，子卿！夫复何言！相去万里，人绝路殊，生为别世之人，死为异域之鬼，长与足下，生死辞矣！幸谢故人，勉事圣君。足下胤子无恙⑳，勿以为念！努力自爱，时因北风，复惠德音。李陵顿首。

【注释】

①子卿：苏武的字。②荣问：美好的名声。③韦韝（gōu）：皮臂套。毳（cuì）幕：毡帐。④鲸鲵（ní）：鲸鱼。雄为鲸，雌为鲵。此指被杀戮之身。⑤攘（rǎng）臂：捋起袖子，露出胳膊表示振奋。⑥忉（dāo）怛（dá）：忧伤，悲痛。⑦枭（xiāo）帅：骁勇的将领。⑧练：通"拣"，挑选。⑨范蠡（lí）：春秋时越国大夫。会稽之耻：指吴王夫差把越王勾践围困在会稽一事。

⑩曹沫：春秋时鲁国大将，率鲁军与齐军交兵三战三败，后齐桓公与鲁庄公会盟于柯，他拔出匕首挟持桓公，要他归还侵占的鲁国领土，桓公无奈，只好答应。⑪萧、樊囚絷：萧，萧何。樊，樊哙。萧何曾经建议刘邦开放上林苑中的空地让百姓耕种，刘邦大怒，把萧何下狱。刘邦病重的时候，有人说樊哙和吕后结党，想在刘邦死后杀死他的宠妃戚夫人和戚夫人的儿子如意，刘邦于是命令陈平在军中杀死樊哙。陈平因为惧怕吕后，只是把樊哙逮捕，押解到了长安。⑫韩、彭：韩信和彭越。二人都为刘邦立下了汗马功劳，但后来都以谋反之名被诛杀。菹（zū）醢（hǎi）：古代一种酷刑，将人剁成肉酱。⑬晁错：汉景帝的主要谋臣，他主张削藩以加强皇帝的统治，后来吴、楚七国以"诛晁错以清君侧"为名叛乱，景帝为了平息叛乱，就杀了晁错。⑭周、魏：指周勃和窦婴。周勃是刘邦的功臣，曾诛除诸吕，迎立汉文帝。后来有人诬告他谋反，他被捕入狱。窦婴在景帝时任大将军，封魏其侯。后来因灌夫骂丞相田蚡，他为灌夫争辩，因得罪了田蚡而被捕入狱，后又遭田蚡陷害被武帝斩首。⑮亚夫：周亚夫，西汉名将。他曾平定吴楚七国之乱，后因其子私买皇家用物入狱，呕血而死。⑯终堂：死去。⑰去帷：改嫁。⑱眷眷：怀念。⑲稽（qǐ）颡（sǎng）：古代的一种跪拜礼，屈膝下拜，以额触地，表示极度的虔诚。⑳胤子：儿子。

【译文】

子卿足下：

您努力地发扬美德，在政治清明的时代担任官职，荣誉传扬四方，真是太好了！真是太好了！

远离故土而寄身异国，这是古人常常感到悲伤的事情，我望着风儿向南吹，怀想着家乡的故旧亲朋，哪能不让我产生依依眷恋之情呢？感谢您之前对我的不遗弃，从遥远的地方写回信给我，殷勤地安慰和教导我，情意之深超过了亲生骨肉，我虽然愚钝，又怎能不感动呢？

自从我当初降归匈奴，直到现在，一个人困窘无聊，常常独坐发愁，苦闷难解。终日里看不见别的，眼前只有异乡异物；抵御风雨用的是皮衣毛毡，充饥解渴的是羊肉乳酪；抬眼四望，能跟谁一起谈笑欢乐呢？匈奴居住的地方冰雪覆盖，塞外的土地也因寒冻而龟裂，耳边只听到悲风萧瑟的声音。每逢凉秋九月，塞外的草木枯萎凋零，我时常夜不能寐，于是侧耳细听夜间的声响，远处的胡笳声此起彼伏，牧马在寒夜中悲哀地嘶叫，各种各样的呼啸悲鸣声交织在一起，混合成这特有的边地之声从四面传来。清晨起来坐着，听到这些声音，不觉潸然泪下。唉！子卿啊，我李陵的感情难道和别人有什么不同吗？又怎能不感到悲伤呢！

自从和您分手后，愈发地感到无聊。上念我那老母亲，临到终年还遭到杀戮；我的妻子儿女并无罪过，却也一同惨遭不测。我李陵有负国家的恩义，为世人所耻笑。您回到大汉接受荣誉，我留在这里蒙受耻辱，这是怎样的命运啊！我生长于礼义之乡，却加入未开化的民族中生活，背弃了君主亲人对我的恩德，长久居处在蛮夷的地域，这真是让人悲伤啊！让先父的后嗣，变成了戎狄的族人，想到这里自己就暗自悲伤！我功大罪小，但得不到主上的明察，辜负了我的一片苦心，每当想到此处，就忽然忘了还活在人世。我并不是难于做到在心上刺字来表明自己的心愿，挥剑自刎以昭明自己的意志，只不过想到朝廷对我已经恩断义绝，自杀不但毫无益处，反而更增加了羞耻，因此每当我感到

◎卷六 汉文

羞辱之情难以忍受，因为愤慨而捋袖攥拳的时候，又常常是意气消散，苟活了下来。左右的人见到我这个样子，便制造一些我不喜欢的欢乐来安慰鼓励我。这里的人认为的欢乐，只能是让人悲伤，增加忧愁而已。

唉，子卿，人与人的相知，贵在了解对方的心思。前次仓促去信，未能将心中的话全部说出，因此这里再简略地说说吧。昔日先帝给了我步兵五千，让我到遥远的地方出征，其他五名将领都走错了路，唯独我的军队遭遇了敌人，我带着能征战万里的粮食，率领着这些步卒，走出了大汉边境，进入强悍的匈奴所在的地域；以区区五千之众，对抗敌人十万大军。我指挥着疲劳的战士，抵挡敌人刚刚出营的骑兵。尽管如此，战士们仍然能斩将夺旗，向北追击逃亡的敌人，就像消灭脚印、扫除尘土一样斩杀敌人的悍将，使得我三军将士，个个视死如归。李陵不才，但也希望担当重任，心想这时的功劳，实在是寻常难以比拟的了。

匈奴战败之后，举国征兵出动，重新挑选精兵超过十万，单于亲自临阵，指挥包围我军。敌我双方的形势不能相比，步兵与骑兵对抗则更显力量悬殊。本已疲惫不堪的士兵再次迎战，一个人要对付上千的敌军，尽管如此，战士们仍然忍着创伤和疼痛，豁出性命，争先恐后地冲向敌阵。死伤的士兵积满荒野，剩下的不足百人，而且都带着伤病，拿不动武器；然而，每当我振臂一呼，身带创伤疾病的士兵皆愤然而起，举起刀剑冲向敌人，吓得敌骑四处奔逃。到最后武器用完，箭支射尽，战士们手无寸铁，身无盔甲，仍然空手昂头奋力呼喊，争先恐后地抢登高地。那时候，天地为我震动发怒，战士为我饮血吞泪！单于认为不可能再捉住我了，便打算撤军。没料到贼臣告诉他我们已是死伤大半、精疲力竭，于是又来与我交战，因此李陵终不免战败被俘啊。过去高皇帝率领三十万的军队,还被困在平城。那个时候,他手下猛将如云,谋臣如雨,尚且七天吃不上饭,只不过免于被歼灭。何况抵挡我的是十万大军,难道是容易对付的吗?可是皇上身边人的那些议论,只是一味地怨我不以死报国。我没有为国而死,这是罪过,但子卿你看李陵的为人,难道是贪生怕死的人吗?是那种宁愿背弃君主,撇下妻子和儿女,反而觉得对自己有利的人吗?我所以不死,是想有所作为啊!想像前次书信中说的那样,要报恩于天子罢了。实在是认为无谓地死去还不如有所建树,毁灭自己不如报答恩德啊。昔日范蠡不为越国在会稽蒙受的耻辱而殉难,曹沫不因为三次战败的耻辱而去死,才最终报了越王勾践的仇,雪了鲁国的耻。我小小的心愿,不过是钦佩并想效仿他们而已。没想到志愿没有达到而怨恨已经形成,计划没有实行而亲人遭到杀戮,这是我仰天捶胸而泣血的原因呀!

  足下又说:"汉朝对待功臣不薄。"您身为汉臣,怎能不这样说呢!过去萧何、樊哙被逮入狱,韩信、彭越被剁成肉酱,晁错遭到杀戮,周勃、魏其侯被治罪,其余辅佐天子、建立功勋的人士,像贾谊、周亚夫一类的人,都是安邦济世的人才,具有将相的才干,但是受到小人的诽谤,都受到了杀戮或是贬黜的耻辱,最终只能是空怀才干而遭受诽谤,能力得不到施展。贾、周二人的死,谁能不为他们痛心呢?我死去的祖父身为将军,功劳和谋略压倒天下,忠义和勇猛居三军之首,只是因为没有迎合富贵权臣的心意,结果自杀在极远的异域。这就是功臣义士背着长戟而叹息的原因啊!又怎么能说朝廷待忠臣不薄呢?

  再说,足下过去只凭着单车使者的身份出使到强大的匈奴,因为时机不对,遭遇变故,以至于拔剑自杀,不顾性命,颠沛流离,千辛万苦,几乎死在朔北的荒野上。你壮年奉命出使,到头

◎卷六　汉文

发尽白才得以回归中原，母亲已然去世，妻子也改嫁他人，这样的事是天下罕见、古今都没有的。匈奴尚且赞许您的气节，何况身为天下之主的天子呢？李陵本以为足下可以享有封土，接受千乘车马的赏赐，但听说您回中原之后，赏钱不过二百万，官位不过是典属国，没有尺寸的封地来嘉奖您的辛劳。而那些妨碍功臣、陷害贤能的奸佞之三却都做了万户侯，皇亲国戚、贪婪奸邪全都成了朝廷的高官。您尚且如此，我还能有什么指望呢？

再说汉朝因为我没有以死报国而残酷地诛杀我全家，以微薄的赏赐来表彰您的坚守气节，如此这般而想让在远处听命的臣子望风归服、奔波效命，这实在是难以做到的；这就是我每次回首往事而并不后悔的缘故。我虽然辜负了汉朝的恩情，但汉朝也有负德行。以前的人曾经说过："虽然忠诚但并不死节，也能做到视死如归。"我固然能安心地以死报国，可皇上难道还能怀念我吗？男儿活着不能成就声名，死后就葬在蛮夷的土地上，谁还肯屈身叩头请罪，以求回到朝廷，让刀笔吏舞文弄墨，随意胡说呢？请足下不要再指望我回去了。

唉！子卿，还说什么呢！咱们相隔万里，往来断绝，活着的时候是两个世界的人，死了以后也是不同地域的鬼，永远与足下生离死别而不能相见了！希望将我的谢意带给老朋友们吧，也希望你们能够努力地侍奉圣明的君主。足下的亲生儿子在这里挺好的，请勿挂念。望你多保重自己，时常借着北风，再给我带来你的教诲。李陵顿首拜上。

《后汉书》

　　《后汉书》，南朝宋范晔撰写，九十卷，其中包括纪十卷、传八十卷。现存于书中的志三十卷，是西晋司马彪撰。北宋真宗乾兴元年（1022）合刊为一书，共一百二十卷，记载了东汉光武帝至汉献帝近二百年的历史，属于纪传体史书。

光武帝临淄劳耿弇

【原文】

车驾至临淄,自劳军,群臣大会。帝谓弇曰①:"昔韩信破历下以开基,今将军攻祝阿以发迹②。此皆齐之西界,功足相方③。而韩信袭击已降,将军独拔勍敌④,其功乃难于信也。又田横烹郦生,及田横降,高帝诏卫尉不听为仇。张步前亦杀伏隆,若步来归命,吾当诏大司徒释其怨,又事尤相类也。将军前在南阳建此大策,常以为落落难合,有志者事竟成也!"

【注释】

①弇(yǎn):指耿弇,字伯昭。他随刘秀起兵,后被封为建威大将军。②祝阿(ē):地名,在今山东历城西南。③方:比拟。④勍(qíng)敌:劲敌。

【译文】

光武帝来到临淄,亲自慰劳军队,群臣都会集于此。光武帝对耿弇说:"从前韩信因攻破历下而开创了汉家的基业,现在将军你攻占了祝阿而建立功勋,历下和祝阿都是齐国的西界,你的功绩可以与韩信相比。但是韩信袭击的是已经投降了的齐军,将军却独力战胜了强大的对手,取得这样的功绩就比韩信要困难了。再者,田横烹杀了郦生,等到田横投降的时候,高帝诏告卫尉郦商不要把田横当作仇人。张步从前也曾杀死伏隆，如果张步前来归降，我也要下诏给大司徒伏湛，要他消除仇怨，这件事情又尤其相似。将军早在南阳的时候就提出了这个伟大的策略，我常常以为不切实际而难以实现，如今看来，真是有志者事竟成啊！"

马　援

马援，字文渊，东汉初扶风茂陵（在今陕西兴平东北）人。出身于官僚家庭，少有大志，后以纵囚获罪，亡命北地畜牧，宾客多有归附者。新朝末年，为新城大尹（汉中太守），后归附光武帝刘秀。建武十七年（41）任伏波将军，征交趾之乱，平之，封新息侯，后来病死军中。

诫兄子严敦书

【原文】

援兄子严、敦并喜讥议①，而通轻侠客。援前在交趾②，还书诫之曰："吾欲汝曹闻人过失如闻父母之名，耳可得闻，口不可得言也。好议论人长短，妄是非正法，此吾所大恶也，宁死不愿闻子孙有此行也。汝曹知吾恶之甚矣，所以复言者，施衿结缡③，申父母之戒，欲使汝曹不忘之耳。

"龙伯高敦厚周慎④，口无择言，谦约节俭，廉公有威。吾爱之重之，愿汝曹效之。杜季良豪侠好义，忧人之忧，乐人之乐，清浊无所失，父丧致客，数郡毕至。吾爱之重之，不愿汝曹效也。效伯高不得，犹为谨敕之士⑤，所谓'刻鹄不成尚类鹜'者也⑥；效季良不得，陷为天下轻薄子，所谓'画虎不成反类狗'者也。讫今季良尚未可知，郡将下车辄切齿⑦，州郡以为言，吾常为寒心，是以不愿子孙效也。"

【注释】

①严：马严，字威卿。敦：马敦，字孺卿。②交趾（zhǐ）：郡名，在今越南北部。③施衿（jīn）结缡（lí）：系上衣服，披上围巾。④龙伯高：名述，东汉京兆人。⑤谨敕（chì）：谨慎。⑥鹄（hú）：天鹅。⑦郡将：即郡守。

【译文】

马援的侄儿马严、马敦都喜欢讥笑议论别人,而且好结交些轻浮的侠客,马援以前在交趾的时候,写信来告诫他们说:

"我希望你们听到别人的过失就像听到父母的名字一样,只能是耳朵听见,不能从口中说出。好议论别人的长短,胡乱评论国家的法度,这是我最厌恶的,我宁愿死也不愿听自己的子孙有这种行为。你们知道我对这种行为最是厌恶了,今天之所以又对你们讲起这些,正好像女儿出嫁时父母亲手给她系上佩巾、佩带,重申父母的训诫一样,想教你们终生不忘罢了。

"龙伯高为人敦厚,办事周密谨慎,不说别人的坏话,谦逊节俭,廉洁奉公而有威严。我爱戴他敬重他,希望你们学习他。杜季良为人豪放,很讲义气,忧别人所忧,乐别人所乐,什么样的人他都不疏远,他在父亲出丧时邀请宾客前来,几郡的人都赶来了。我爱戴他尊重他,却不希望你们学习他。学龙伯高不成,还可以做一个谨慎的人,也就是所谓'刻天鹅不成尚且还像野鸭';学杜季良不成,就会堕落成为世上的轻薄子弟,所谓'画虎不成却像狗了'。到今天杜季良前途凶吉还不得而知,郡守一上任便对他切齿痛恨。州郡官员把这事说给我听,我常为他寒心,所以不希望我的子孙学习他。"

诸葛亮

诸葛亮,字孔明,琅琊阳都(今山东沂南)人。东汉末年,军阀混战,豪强割据,诸葛亮随叔父避乱荆州,隐居于南阳隆中(在今湖北襄阳西),号称"卧龙"。建安十二年(207)得到刘备三顾茅庐的知遇,其后辅佐刘备建立了蜀国,与魏、吴成鼎足之势。221年,刘备称帝,拜诸葛亮为丞相。刘备死后,刘禅继位,封诸葛亮为武乡侯,领益州牧。诸葛亮励精图治,东联孙吴,北伐曹魏,后病死于五丈原军中。

前出师表

【原文】

臣亮言：先帝创业未半而中道崩殂①，今天下三分，益州疲弊，此诚危急存亡之秋也。然侍卫之臣不懈于内，忠志之士忘身于外者，盖追先帝之殊遇，欲报之于陛下也。诚宜开张圣听，以光先帝遗德，恢宏志士之气，不宜妄自菲薄，引喻失义，以塞忠谏之路也。宫中府中，俱为一体，陟罚臧否②，不宜异同。若有作奸犯科及为忠善者，宜付有司论其刑赏③，以昭陛下平明之治，不宜偏私，使内外异法也。

侍中、侍郎郭攸之、费祎、董允等，此皆良实，志虑忠纯，是以先帝简拔以遗陛下。愚以为宫中之事，事无大小，悉以咨之，然后施行，必能裨补阙漏④，有所广益。将军向宠，性行淑均，晓畅军事，试用于昔日，先帝称之曰能，是以众议举宠以为督。愚以为营中之事，事无大小，悉以咨之，必能使行阵和穆，优劣得所也。亲贤臣，远小人，此先汉所以兴隆也；亲小人，远贤臣，此后汉所以倾颓也。先帝在时，每与臣论此事，未尝不叹息痛恨于桓、灵也。侍中、尚书、长史、参军，此悉贞亮死节之臣也，愿陛下亲之信之，则汉室之隆，可计日而待也。

臣本布衣，躬耕于南阳，苟全性命于乱世，不求闻达于诸侯。先帝不以臣卑鄙，猥自枉屈，三顾臣于草庐之中，谘臣以当世之事，由是感激，遂许先帝以驱驰。后值倾覆，受任于败军之际,奉命于危难之间,尔来二十有一年矣。先帝知臣谨慎,故临崩寄臣以大事也。受命以来,夙夜忧叹,恐托付不效,以伤先帝之明,故五月渡泸,深入不毛。今南方已定,兵甲已足,当奖帅三军,北定中原,庶竭驽钝⑤,攘除奸凶,兴复汉室,还于旧都⑥。此臣之所以报先帝而忠陛下之职分也。

至于斟酌损益,进尽忠言,则攸之、祎、允之任也。愿陛下托臣以讨贼兴复之效,不效,则治臣之罪,以告先帝之灵。若无兴德之言,则责攸之、祎、允之咎,以彰其慢。陛下亦宜自谋,以咨诹善道⑦,察纳雅言,深追先帝遗诏,臣不胜受恩感激。

今当远离,临表涕泣,不知所云。

【注释】

①先帝:指刘备。殂(cú):死亡。②陟(zhì):奖赏。臧(zāng):善。否(pǐ):恶。③有司:有关部门。④裨(bì):补助。⑤庶:但愿。驽(nú)钝:才能低下。⑥旧都:指两汉国都长安和洛阳。⑦咨诹(zōu):询问。

【译文】

臣诸葛亮上表进言:先帝创建大业未到一半而中途去世,现在天下三分,而益州地区最为困苦疲惫,这实在是关系到国家存亡的危急时刻了。然而朝中侍卫大臣丝毫不放松懈怠,忠诚有志的将士在外舍生忘死,这是因为他们追念先帝对他们有不同一般的恩遇,想要对陛下有所报答啊。陛下实在应当广开言路,光大先帝的遗德,使忠臣志士的精神得以振奋,不应该随便看轻自己,常常言语失当,从而堵塞了忠臣进言规劝的道路啊。宫廷中的近臣和丞相府的官员,都是一个整体,奖善罚恶,不应该有所不同。如果有做奸邪之事、触犯法令的人,以及那些尽忠行善的人,应当交付有关部门评判他们应得的惩罚和奖赏,来表明陛下公正严明的治理方针,不应该有所偏袒,使得内廷外府法度不一。

侍中、侍郎郭攸之、费祎、董允等人,都是贤良而且实在的人,他们的志向、思想忠诚纯正,因此先帝把他们选拔出来留给陛下。我认为宫廷里的事务,不论大小,都应当先向他们咨询,然后施行,那就一定能弥补缺漏,得到广泛的益处。将军向宠,性格和善,办事公正,精通军事,从前试用他的时候,先帝称赞他有才能,因此大家商议举荐他做中部督。我认为军中的事,不论大小,都应该向他咨询,这样一定能使军中将士和睦相处,才能不同的人能够各得其所。亲近贤臣,疏远小人,这是先汉兴盛的原因;亲近小人,疏远贤臣,这是后汉颓败的原因。先帝在世时,每次和我谈论此事,未尝不对桓、灵二帝表示遗憾、痛恨。侍中、尚书、长史、参军,这些人都是坚贞贤能、能以死殉节的忠臣,希望陛下亲近他们,信任他们,那么汉家的兴盛就指日可待了。

臣本来是个平民百姓,在南阳耕田种地,只想乱世中苟且保全性命,不希求在诸侯中间显身扬名。先帝不认为我地位低微、学识浅陋,自己降低身份,三次亲自到草庐中来拜访我,向臣咨询当今的大事,因此我深为感动,于是答应为先帝奔走效劳。后来遭逢战败,我受任于败军之际,奉命于危难之中,到现在已经二十一年了。先帝知道我做事谨慎小心,所以临终之时把国家大事托付给我。我自从接受了先帝的遗命以来,早晚忧虑叹息,唯恐完不成先帝的托付,因而损害了先帝的英明,所以在五月渡过泸水,深入草木不生的荒凉地带。现在南方已然平定,武器军备已经充足，应当鼓励并率领三军进兵北方，平定中原；我也会竭尽自己愚钝的才能，铲除邪恶势力，兴复汉室，回到故都去。这是我用来报答先帝、效忠陛下所应尽的分内之事。

至于权衡利弊得失，进献忠言，那就是郭攸之、费祎、董允他们的职责了。希望陛下委托我完成讨伐奸贼、复兴汉室的使命，如果我做不出成效，那就治我的罪，用以上告先帝的英灵。如果没有要您发扬盛德的进言，那就责罚郭攸之、费祎、董允等人，指出他们的怠慢。陛下也应当自己谋划，征求治国的好办法，审察采纳正确的意见，深切地遵守先帝的遗训，臣就受恩感激不尽了。

现在要离开陛下远行了，面对奏表我眼泪落下，不知道说了些什么。

后出师表

【原文】

先帝虑汉、贼不两立，王业不偏安，故托臣以讨贼也。以先帝之明，量臣之才，固知臣伐贼，才弱敌强也。然不伐贼，王业亦亡，惟坐而待亡，孰与伐之？是故托臣而弗疑也。臣受命之日，寝不安席，食不甘味，思惟北征，宜先入南。故五月渡泸，深入不毛，并日而食。臣非不自惜也，顾王业不可偏安于蜀都，故冒危难以奉先帝之遗意，而议者谓为非计。今贼适疲于西，又务于东，兵法乘劳，此进趋之时也。谨陈其事如左：

高帝明并日月，谋臣渊深，然涉险被创，危然后安。今陛下未及高帝，谋臣不如良、平①，而欲以长策取胜，坐定天下，此臣之未解一也。

刘繇、王朗②，各据州郡，论安言计，动引圣人，群疑满腹，众难塞胸；今岁不战，明年不征，使孙策坐大，遂并江东，此臣之未解二也。

曹操智计，殊绝于人，其用兵也，仿佛孙、吴，然困于南阳，险于乌巢③，危于祁连④，逼于黎阳⑤，几败北山⑥，殆死潼关⑦，然后伪定一时尔。况臣才弱，而欲以不危而定之，此臣之未解三也。

曹操五攻昌霸不下⑧，四越巢湖不成⑨。任用李服而李服图之，委任夏侯而夏侯败亡⑩。先帝每称操为能，犹有此失，况臣驽下，何能必胜？

此臣之未解四也。自臣到汉中，中间期年耳，然丧赵云、阳群、马玉、阎芝、丁立、白寿、刘郃、邓铜等，及曲长、屯将七十余人⑪，突将、无前、賨、叟、青、羌散骑、武骑一千余人⑫。此皆数十年之内所纠合四方之精锐，非一州之所有。若复数年，则损三分之二也，当何以图敌？此臣之未解五也。

今民穷兵疲，而事不可息。事不可息，则住与行，劳费正等。而不及早图之，欲以一州之地，与贼持久，此臣之未解六也。

夫难平者，事也。昔先帝败军于楚⑬，当此时，曹操拊手，谓天下已定。然后先帝东连吴、越⑭，西取巴、蜀，举兵北征，夏侯授首。此操之失计，而汉事将成也。然后吴更违盟，关羽毁败，秭归蹉跌⑮，曹丕称帝。凡事如是，难可逆料。臣鞠躬尽力，死而后已，至于成败利钝，非臣之明所能逆睹也。

【注释】

①良、平：指汉高祖刘邦手下著名谋士张良、陈平。②刘繇（yóu）：东汉末任扬州刺史。王朗：东汉末为会稽郡太守。③乌巢：地名，今河南延津东南。④祁连：指祁连山。⑤黎阳：地名，在今河南浚县东北。曹操曾在这里征伐袁绍的儿子袁谭、袁尚，屡战不下。⑥北山：建安二十四年（219），曹操与刘备争夺汉中，运米经过北山的时候，被赵云袭击，损失惨重。⑦殆死潼关：曹操在潼关与马超交战，大败，被马超追赶，几乎丧命。⑧昌霸：东海昌霸。建安五年，他背叛曹操，依附刘备，曹操屡攻不克。⑨巢湖：曹操曾多次从巢湖进攻孙权，都无功而返。⑩夏侯：曹魏大将夏侯渊。他留守汉中时，为刘备大将黄忠所杀。⑪曲、屯：古代军队的编制单位。⑫賨（cóng）、叟、青、羌：都是西南地区的少数民族。⑬败军于楚：指建安十三年，刘

备兵败古楚地当阳长坂一事。⑭东连吴、越：指建安十六年，刘备联合江东孙吴共击曹操之事。⑮秭（zǐ）归：在今湖北。章武二年（222）刘备在这里被吴军击败。蹉（cuō）跌：失足跌倒。

【译文】

先帝考虑到汉室和篡汉的奸贼不能同时存在，帝王的事业不能偏安于一州之地，所以临终时托付我讨伐奸贼，凭先帝的英明，揣度我的才干，原本就知道我率兵讨贼，是我的才能薄弱而敌人强大啊。但是不去征伐，帝王的事业也会毁灭，与其坐等灭亡，何不去讨伐他们呢？所以把这事托付给我而不再犹豫。我自受命的那天起，就每日睡眠不安，吃饭也没有味道，思虑着要北伐中原，应该先平定南方。所以五月率兵渡过泸水，深入草木不生的荒凉地带，两天只吃一顿饭。我并非不知自我爱惜，但思虑到王业不能偏安于蜀地，所以冒着艰难险阻来奉行先帝的遗愿，而议论朝政的人却说这并非上计。如今曹贼正在西方疲于奔命，又忙着应付东方的战事，兵法说打击敌人就要趁他疲劳的时候，而现在应该正是前去打击的时候。现在我把讨贼的事恭敬地陈述如下：

汉高帝的英明可与日月相比，周围的谋臣智略深远，但仍然是经历艰险、身受创伤、渡过危难之后才得到平安。如今陛下不及高帝，身边的谋臣比不上张良、陈平，而想用长久与敌对峙的策略取得胜利，坐着不动就平定天下，这是我不能理解的第一点。

刘繇、王朗各据州郡，在那里空谈安危之道，言说计策谋略，动不动就引用圣人的话，大家肚子里满是疑问，众多的难题郁积在胸中，今年不作战，明年不出征，结果使孙策没有任何干扰地强大起来，吞并了江东土地，这是我不能理解的第二点。

曹操的智谋心计超越常人。他在用兵方面，能与古代的孙膑、吴起相提并论，然而还曾被困于南阳，遇险于乌巢，遭受危难于祁连，在黎阳受到逼迫，几乎战败于北山，差点丧命在潼关，然后才取得了暂时的安定。何况是像我这样才疏学浅，怎能不冒危难就能安定天下？这是我不能理解的第三点。

曹操曾五次攻打昌霸而不能取胜，四次越过巢湖攻打孙吴而未能成功。任用李服，李服却图谋害他；委任夏侯渊，夏侯渊却落得个战败身亡。先帝经常称赞曹操是个有才能的人，他尚且有这些失误，何况我才能低下，又怎能保证一定会胜利呢？这是我不能理解的第四点。

自从我来到汉中，已经一年了，其间死了赵云、阳群、马玉、阎芝、丁立、白寿、刘郃、邓铜等人，还有曲长、屯将七十余人，这些都是冲锋陷阵、所向无敌的猛将；还丧失了賨、叟、青、羌的散骑、武骑一千多人。这些都是几十年间从四方召集而来的精锐，不是益州一州所能有的。如果再经过几年，就会减损三分之二了，到那时还拿什么来对付敌人呢？这是我不能理解的第五点。

如今人民穷困，士兵疲惫，而战事却不能停止。战事不能停止，那么坐着等待敌人的进攻和主动出击，在劳务和费用上其实是相等的。如果不趁早策划去攻打敌人，想用一州的地方跟贼人长久对峙，这是我不能理解的第六点。

最难预料的是战事。过去先帝在楚地战败，那时候，曹操高兴地拍手，说天下已经平定了。可是后来先帝东面联合孙吴，西面攻取了巴蜀，举兵北伐，斩了夏侯渊的头，这是曹操没有预料到的；而当汉室大业的复兴眼看就要成功的时候，又有了孙吴的背弃盟约，关羽的战败身死，先帝在秭归的挫败，曹丕的篡汉称帝。一切事情就是这样，难以预料。我只有鞠躬尽瘁，死而后已，至于成功或是失败，顺利还是困难，就绝不是我所能够预见的了。

古文观止

〈下〉

(清) 吴楚材 吴调侯 / 编选
思履 / 注译

民主与建设出版社

古文观止

（下）

卷七 六朝唐文

李密 / 2
陈情表 / 3
王羲之 / 6
兰亭集序 / 7
陶渊明 / 10
归去来辞 / 11
桃花源记 / 14
五柳先生传 / 16
孔稚珪 / 18
北山移文 / 19
魏徵 / 24
谏太宗十思疏 / 25
骆宾王 / 28
为徐敬业讨武曌檄 / 29
王勃 / 32

滕王阁序 / 33
李白 / 39
与韩荆州书 / 40
李华 / 43
吊古战场文 / 44
刘禹锡 / 48
陋室铭 / 49
杜牧 / 50
阿房宫赋 / 51
韩愈 / 54
原道 / 55
原毁 / 62
获麟解 / 66
杂说一 / 68
杂说四 / 69

◎ 卷八 唐文

师说 / 72
进学解 / 75
圬者王承福传 / 80
讳辩 / 84

争臣论 / 87
祭十二郎文 / 92
祭鳄鱼文 / 97
柳子厚墓志铭 / 100

◎ 卷九 唐宋文

柳宗元 / 106
桐叶封弟辩 / 107
箕子碑 / 109
捕蛇者说 / 112
种树郭橐驼传 / 115
梓人传 / 118
愚溪诗序 / 123
钴鉧潭西小丘记 / 126
小石城山记 / 128
贺进士王参元失火书 / 130
王禹偁 / 133
待漏院记 / 134

黄冈竹楼记 / 138
范仲淹 / 140
严先生祠堂记 / 141
岳阳楼记 / 143
司马光 / 146
谏院题名记 / 147
李觏 / 149
袁州州学记 / 150
欧阳修 / 153
朋党论 / 154
纵囚论 / 157

◎ 卷十 宋文

相州昼锦堂记 / 160

丰乐亭记 / 163

醉翁亭记 / 166

秋声赋 / 169

泷冈阡表 / 172

苏洵 / 177

管仲论 / 178

辨奸论 / 182

心术 / 185

张益州画像记 / 189

苏轼 / 193

刑赏忠厚之至论 / 194

范增论 / 197

留侯论 / 200

贾谊论 / 204

晁错论 / 208

◎ 卷十一 宋文

喜雨亭记 / 212

凌虚台记 / 215

超然台记 / 218

放鹤亭记 / 221

石钟山记 / 224

前赤壁赋 / 227

后赤壁赋 / 230

三槐堂铭 / 233

苏辙 / 236

六国论 / 237

黄州快哉亭记 / 240

曾巩 / 243

寄欧阳舍人书 / 244

赠黎安二生序 / 248

王安石 / 250

读《孟尝君传》 / 251

同学一首别子固 / 252

游褒禅山记 / 254

卷十二 明文

宋濂 / 258
送天台陈庭学序 / 259
阅江楼记 / 262

刘基 / 265
司马季主论卜 / 266
卖柑者言 / 268

方孝孺 / 270
深虑论 / 271
豫让论 / 274

王鏊 / 278
亲政篇 / 279

王守仁 / 284

尊经阁记 / 285
象祠记 / 290
瘗旅文 / 293

唐顺之 / 297
信陵君救赵论 / 298

宗臣 / 303
报刘一丈书 / 304

归有光 / 307
沧浪亭记 / 308

王世贞 / 310
蔺相如完璧归赵论 / 311

◎卷七　六朝唐文

李 密

李密,字令伯,一名虔。西晋犍为武阳(在今四川彭山东)人。年少时师从著名学者谯周,博览五经,以文学见称于当时。曾任蜀国尚书郎,多次出使吴国,极有辩才。晋灭蜀以后,晋武帝司马炎征他为太子洗马,推辞不就。在祖母死后,他才出仕晋朝,官至汉中太守。后因赋诗得罪晋武帝而被免官,卒于家。

◎卷七　六朝唐文

陈情表

【原文】

臣密言：臣以险衅①，夙遭闵凶②。生孩六月，慈父见背③。行年四岁，舅夺母志④。祖母刘，愍臣孤弱⑤，躬亲抚养。臣少多疾病，九岁不行，零丁孤苦，至于成立。既无叔伯，终鲜兄弟。门衰祚薄，晚有儿息。外无期功强近之亲，内无应门五尺之童，茕茕孑立⑥，形影相吊。而刘夙婴疾病⑦，常在床蓐⑧。臣侍汤药，未尝废离。

逮奉圣朝，沐浴清化。前太守臣逵，察臣孝廉⑨。后刺史臣荣，举臣秀才。臣以供养无主，辞不赴命。诏书特下，拜臣郎中，寻蒙国恩，除臣洗马⑩。猥以微贱⑪，当侍东宫，非臣陨首所能上报。臣具以表闻，辞不就职。诏书切峻，责臣逋慢；郡县逼迫，催臣上道；州司临门⑫，急于星火。臣欲奉诏奔驰，则以刘病日笃⑬，欲苟顺私情，则告诉不许。臣之进退，实为狼狈。

伏惟圣朝以孝治天下，凡在故老，犹蒙矜育⑭，况臣孤苦，特为尤甚。且臣少事伪朝，历职郎署⑮，本图宦达，不矜名节。今臣亡国贱俘，至微至陋，过蒙拔擢⑯，宠命优渥，岂敢盘桓⑰，有所希冀？但以刘日薄西山，气息奄奄，人命危浅，朝不虑夕。臣无祖母，无以至今日，祖母无臣，无以终余年。母孙二人，更相为命，是以区区不能废远。臣密今年四十有四，祖母刘今年九十有六，是臣尽节于陛下之日长，报刘之日短也。乌鸟私情，愿乞终养。臣之辛苦，非独蜀之人士及二州牧伯所见明知，皇天后土，实所共鉴。

愿陛下矜愍愚诚，听臣微志。庶刘侥幸，卒保余年，臣生当陨首，死当结草⑱。臣不胜犬马怖惧之情，谨拜表以闻。

【注释】

①险衅(xìn)：灾难和祸患。②夙(sù)：早。闵凶：凶丧。③见背：去世。④舅夺母志：指李密的舅父强迫其母改嫁。⑤愍(mǐn)：怜悯，哀怜。⑥茕茕(qióng)：形容孤单无依靠。⑦婴：缠绕。⑧蓐：通"褥"。⑨孝廉：汉代选拔官吏的两种科目。孝，指孝子。廉，指廉洁之士。⑩洗马：太子的属官。⑪猥(wěi)：鄙，谦辞。⑫州司：州官。⑬笃(dǔ)：沉重。⑭矜育：怜恤，抚养。⑮郎署：李密曾在蜀汉做过尚书郎。⑯拔擢(zhuó)：提拔。⑰盘桓：徘徊犹豫。⑱死当结草：春秋时晋大夫魏颗没有遵照父亲魏武子的遗嘱将他的宠妾殉葬，而是将其改嫁了出去。后来魏颗与秦将杜回交战，见一老人用草绳将其绊倒，因而捉住了杜回。夜间梦见老人，自称是魏武子宠妾的父亲，特来报恩。

【译文】

臣李密上言：臣因为命运坎坷，幼年便遭到不幸。出生刚六个月，慈父就去世了。长到四岁时，舅父强迫母亲改变了守节的志愿，改嫁他人。祖母刘氏，怜悯臣孤苦弱小，于是亲自抚养臣。臣从小多病，九岁时还不能走路，孤苦伶仃，直到长大成人。臣既没有叔伯，也没有兄弟，家门衰微，福分浅薄，到很晚才有儿子；在外没有近支亲戚可以依靠，在内没有家童奴仆可以照看门户。臣孤零零地立身在人世，只有自己的影子作为伴侣；而祖母刘氏早就疾病缠身，常常卧床不起。臣在她旁边端汤送药，从来没有停止、离开过。

到了如今的圣朝，臣受着清明政治教化的熏陶。先是太守逵，察举臣为孝廉；后是刺史荣，推举臣为秀才。臣因为祖母无人供养，因此都推辞而没有受命。陛下特地下达诏书，任命臣为郎中，不久又承蒙国家恩典，授予臣太子洗马的职位。凭臣这样微贱的人，担当侍奉太子的官职，这种恩德不是臣肝脑涂地就能报答的。臣曾将自己的处境上表陈述过，辞谢不去就职。如今诏书又下，急切严厉，责备臣有意回避拖延；

郡县上的官员前来逼迫臣，催臣动身上路；州官来到臣的家里催促，比星火还急。臣想要奉诏赶去赴任，但刘氏的病情一天比一天严重；臣想要苟且迁就私情，但申诉又得不到准许。臣的进退处境，实在是狼狈啊。

臣想到圣朝以孝道治理天下，所有在世的遗老，尚且蒙受怜恤抚养，何况臣的孤苦无依又尤为特别；而且臣年轻时曾在伪朝任职，做过尚书郎等职位，臣本来就想仕途获得显达，并不在乎什么名节。如今，臣是亡国贱俘，是最卑微最鄙陋的，却蒙受主上的破格提拔，恩惠的任命条件又十分优厚，臣哪里还敢徘徊不前，有非分的要求呢？只因为刘氏已是日薄西山，气息奄奄，生命垂危，朝不保夕。臣没有祖母，就不能活到今日；祖母没有臣，就无法度完余年。我们祖孙二人，相依为命，所以臣小小的心愿只是不废弃对祖母的奉养，不离开她去远方做官。臣李密今年四十四岁，祖母刘氏九十六岁，这样看来，臣今后为陛下尽忠的日子还很长，而报答刘氏的日子却很短了。我怀着乌鸦反哺的心情，乞求陛下让臣为祖母养老送终。

臣辛酸苦楚的身世，不单为蜀地人士和两州长官所看到和了解，着实是皇天后土所共同见证的。希望陛下怜悯臣的一点愚诚，遂了臣的小小心愿，或许刘氏能侥幸平安寿终，臣活着当誓死尽忠，死后变鬼也当结草报德。臣怀着如同犬马对主人一样恐惧的心情，恭恭敬敬地上表奏报陛下。

王羲之

王羲之,字逸少,祖籍琅琊(今山东临沂)人,后迁居会稽山阴(今浙江绍兴),晚年隐居剡县金庭。士族出身,曾任江州刺史、会稽内史、右军将军等职,世称"王右军",是我国历史上著名的书法家,有"书圣"之称。

兰亭集序

【原文】

永和九年①，岁在癸丑。暮春之初，会于会稽山阴之兰亭②，修禊事也③。群贤毕至，少长咸集。此地有崇山峻岭，茂林修竹，又有清流激湍，映带左右，引以为流觞曲水④，列坐其次，虽无丝竹管弦之盛，一觞一咏，亦足以畅叙幽情。是日也，天朗气清，惠风和畅⑤。仰观宇宙之大，俯察品类之盛，所以游目骋怀，足以极视听之娱，信可乐也！

夫人之相与，俯仰一世。或取诸怀抱，晤言一室之内；或因寄所托，放浪形骸之外。虽取舍万殊，静躁不同，当其欣于所遇，暂得于己，快然自足，曾不知老之将至。及其所之既倦，情随事迁，感慨系之矣。向之所欣，俯仰之间，已为陈迹，犹不能不以之兴怀；况修短随化，终期于尽？古人云："死生亦大矣。"岂不痛哉。

每览昔人兴感之由，若合一契⑥，未尝不临文嗟悼，不能喻之于怀。固知一死生为虚诞⑦，齐彭殇为妄作⑧。后之视今，亦犹今之视昔，悲夫！故列叙时人，录其所述。虽世殊事异，所以兴怀，其致一也。后之览者，亦将有感于斯文。

【注释】

①永和：东晋穆帝年号（345-356）。②会（kuài）稽（jī）：郡名，郡治设在今浙江绍兴。③修禊（xì）：古代春秋两季在水边举行的清除不祥的祭礼。④流觞（shāng）：修禊时的一种活动，是将酒杯放在曲水之上，任其漂流，漂到谁面前谁就要饮酒。曲水：曲折回环的溪水。⑤惠风：和风。⑥契：古人做交易时的凭证，分为两半，双方各持其

一。⑦一死生：庄子认为生死犹如太阳朝升暮落一样自然，所以生不足喜，死不足哀。⑧彭：彭祖，传说中长寿的人，相传他活了八百岁。殇（shāng）：夭折的人。

【译文】

　　永和九年是癸丑年，暮春之初，我们在会稽郡山阴县的兰亭集会，举行禊饮活动。各路贤者才子都来了，老老少少会聚一堂。这里有崇山峻岭、茂林修竹，又有清澈湍急的溪流辉映环绕，我们就将溪水引来以为曲水流觞。大家依次在曲水旁落座，虽然没有丝竹管弦齐奏的盛大场面，但一边饮酒一边赋诗，也足以畅谈倾吐心中的高雅情怀。这一天，天气晴朗，空气清新，和煦的春风舒缓地吹来，抬起头能看到宇宙的浩浩无垠，俯下身能细察万物的繁荣旺盛，于是放眼观赏，舒展胸怀，这就足以极尽耳目视听的欢娱，真是非常快乐的事情！

　　说起人与人的相处，低头与抬头之间，便已过了一世。有的人把自己的心中之事倾吐出来，与朋友在小屋里亲切交谈；有的人则把自己的志趣寄托在外物之上，放任自适，快然自得。虽然他们追求的和舍弃的东西千差万别，性格的喜静好动也各不相同，但当遇到让人高兴的事情，暂时地称心如意，就会十分快乐并且感到自足，有时竟忘记了衰老将要到来。等到厌倦了所追求的东西，感情随着事物的变迁而变化，感慨便自然而然地从心中流出，与事情关联在一起。以往为之快乐欣喜的事物，转眼间都变成了前尘故迹，对此心中还不能不有所感慨和触动；更何况人一生的长短只是顺从于造化，终究要结束呢？古人说："死生也是件大事情啊。"这怎能不让人痛心呢？

　　每当看到前人所以感慨的缘由，和自己的感想竟然像符契一样相合，难免要在前人的文章面前叹息感伤，心里还不明白为什么会这样。本来就知道把死生视为等同是虚妄的，把长寿的彭祖与夭折的少年看作一样是荒谬的。后人看待今人,也就像今人看待前人一样啊,这真是令人悲伤啊!我因此记下了到会者的姓名,抄录了他们所作的诗篇,虽然时代不同,世事有别,然而引发感慨的缘由大都相同。后世看到这些诗篇的人,也将会有所感慨吧。

陶渊明

　　陶渊明，一名潜，字元亮，世称"靖节先生"。他是浔阳柴桑（今江西九江西南）人，出身于没落的仕宦家庭，少年时便博学能文，怀有壮志，曾做过江州祭酒、镇军参军、建威参军、彭泽令等小官。由于不愿受官场的拘束，陶渊明在四十一岁那年弃官归田，在农村过着躬耕隐居的生活。他长于诗文辞赋，诗淡雅自然，散文也很像他的诗，感情真挚，语言质朴自然，表现出一种恬淡适性的意趣，寄托了他超脱尘网、返归自然的心志。著有《陶渊明集》。

◎卷七　六朝唐文

归去来辞

【原文】

　　归去来兮，田园将芜，胡不归！既自以心为形役，奚惆怅而独悲！悟已往之不谏，知来者之可追。实迷途其未远，觉今是而昨非。舟摇摇以轻扬，风飘飘而吹衣。问征夫以前路①，恨晨光之熹微。乃瞻衡宇②，载欣载奔。僮仆欢迎，稚子候门。三径就荒，松菊犹存。携幼入室，有酒盈樽。引壶觞以自酌，眄庭柯以怡颜③，倚南窗以寄傲，审容膝之易安④。园日涉以成趣，门虽设而常关。策扶老以流憩⑤，时矫首而遐观⑥。云无心以出岫⑦，鸟倦飞而知还。景翳翳以将入⑧，抚孤松而盘桓。

　　归去来兮，请息交以绝游。世与我而相违，复驾言兮焉求？悦亲戚之情话，乐琴书以消忧。农人告余以春及，将有事于西畴⑨。或命巾车，或棹孤舟⑩，既窈窕以寻壑⑪，亦崎岖而经丘。木欣欣以向荣，泉涓涓而始流。羡万物之得时，感吾生之行休⑫！

　　已矣乎！寓形宇内复几时，曷不委心任去留⑬？胡为遑遑欲何之？富贵非吾愿，帝乡不可期。怀良辰以孤往，或植杖而耘耔⑭。登东皋以舒啸⑮，临清流而赋诗。聊乘化以归尽⑯，乐夫天命复奚疑！

【注释】

　　①征夫：行人。②衡宇：横木为门的房屋，形容居所简陋。③眄（miǎn）：斜视。庭柯：庭院中的大树。④容膝：形容地方狭小，只能容下自己的膝盖。⑤策：拄。扶老：指拐杖。流：周游。憩：休息。⑥矫首：举首，抬头。⑦岫（xiù）：山峰。⑧翳翳（yì）：昏暗的样子。⑨事：农事。畴（chóu）：田地。⑩棹（zhào）：船桨。⑪窈

(yǎo)窕(tiǎo):幽深曲折的样子。⑫行休:行将结束。⑬委心:随心。⑭耘耔(zǐ):翻土除草。⑮皋:高地。⑯乘化:顺应万物变化的规律。归尽:死亡。

【译文】

回去了啊!田园将要荒芜,为什么还不回去?既然是自己使心灵为形体所奴役,为什么还要惆怅和独自悲伤呢?醒悟了过去的事情再也不能挽回,也知道未来还可以追求。走入迷途还不算太远,觉察到今天的正确和昨天的错误。船儿摇荡着轻快地向前行驶,清风阵阵袭来,吹动着我的衣襟。我向行人询问前面的路程,只恨晨光微弱什么也看不清楚。继而看到了我简陋的房舍,于是满怀喜悦地向前飞奔。家僮仆人欢欢喜喜地出来迎接,孩子们则守候在家门。园中的小路快要被荒草掩盖,松树和菊花依然如往日一样地生存。我拉着孩子们进入屋内,屋里摆着盛满酒浆的酒樽。我拿起酒壶酒樽自斟自饮,看着庭院里的树木,脸上露出了会心的笑容。靠着南窗寄托傲岸的情怀,我深知这个狭窄的小屋才能让我感到舒适而安稳。平日里在园中漫步成了我的乐趣,虽然设有园门却时常关闭。拄着拐杖,累了便自由地休憩,也时不时地抬起头来向远方眺望。白云悠闲自在地飘出了山峦,鸟儿飞累了也知道还巢。黄昏日暮时万物都变得昏暗模糊了起来,我抚摸着孤松而流连徘徊。

回去了啊!让我谢绝与那世俗的交游。世道既然与我心相违,我还四处奔波寻求些什么?我喜爱亲戚间充满情意的话语,也乐于沉浸在琴与书中以排遣忧愁。农人们告诉我春天已然来到人间,将要到西边的田地中去耕种劳作。我有时驾着巾车,有时划着小舟,在幽深曲折中探访山谷,在崎岖艰难中访遍了山丘。树木欣欣向荣地生长,泉水涓涓地流淌。我羡慕万物生长正得其时,感叹我的一生行将结束。

算了吧!寄身于天地之间还能有多少时日?为什么不顺着心意来决定去留?为什么还这样心神不定地想要追求些什么?富贵荣华既然不是

我心所愿,神仙世界也是无处寻求。趁着这大好时光独自闲游,有时也放下手杖下田除草培苗。登上东边的高岗放声长啸,临着清清的流水悠然赋诗。姑且顺随着自然的变化了此一生吧,乐于听从天命还有什么可怀疑!

桃花源记

【原文】

晋太元中①,武陵人捕鱼为业②。缘溪行,忘路之远近。忽逢桃花林,夹岸数百步,中无杂树,芳草鲜美,落英缤纷。渔人甚异之,复前行,欲穷其林。林尽水源,便得一山。山有小口,仿佛若有光,便舍船从口入。初极狭,才通人。复行数十步,豁然开朗。土地平旷,屋舍俨然③,有良田、美池、桑竹之属。阡陌交通④,鸡犬相闻。其中往来种作,男女衣着,悉如外人。黄发垂髫⑤,并怡然自乐。见渔人,乃大惊,问所从来,具答之。便要还家⑥,设酒杀鸡作食。村中闻有此人,咸来问讯。自云先世避秦时乱,率妻子邑人来此绝境⑦,不复出焉,遂与外人间隔。问今是何世,乃不知有汉,无论魏、晋。此人一一为具言所闻,皆叹惋。余人各复延至其家,皆出酒食。停数日,辞去。此中人语云:"不足为外人道也。"

既出,得其船,便扶向路,处处志之。及郡下,诣太守说如此。太守即遣人随其往,寻向所志,遂迷,不复得路。南阳刘子骥⑧,高尚士也,闻之,欣然规往⑨,未果,寻病终。后遂无问津者。

【注释】

①太元:东晋孝武帝年号(376-396)。②武陵:郡名,治所在今湖南常德。③俨(yǎn)然:形容整齐的样子。④阡(qiān)陌:田间的小路。⑤黄发垂髫(tiáo):指老老少少。⑥要:通"邀"。⑦邑人:同乡的人。⑧刘子骥:南阳人,当时的隐士。⑨规:计划,打算。

◎ 卷七 六朝唐文

【译文】

　　晋太元年间，武陵有个人，以捕鱼为生。一天，他顺着小溪划船前行，也不知走了多远。忽然遇到一片桃花林，沿着溪流两岸延伸了几百步。桃花林中没有别的树，桃树下芳草茵茵，鲜嫩美丽，桃花的花瓣飘落，洋洋洒洒。渔人感到非常诧异，又往前走，想走到这林子的尽头。

　　桃花林尽处正是这溪水的源头。到了那里就看到一座山，山上有个小洞口，仿佛有些光亮透了出来，渔人便舍了船进入洞口。刚开始的一段十分狭窄，刚刚能通过一个人。又走了几十步，眼前豁然开朗。土地平坦宽广，房舍整整齐齐，有肥沃的田地、美丽的池塘和桑树竹子之类景物。田间的小路交错相通，鸡鸣狗叫的声音在村落间彼此相应。其中的人们来来往往，耕种劳作。男女的衣着装束，完全和外面的人一样。老人和小孩都也个个安适自在，悠然自得。他们看见了渔人，很是吃惊，问他从哪里来，渔人一五一十地回答了他们。于是就有人邀请渔人到自己家里去，备酒杀鸡做饭菜来款待他。村中的人听说来了这样一个人，都跑来问这问那。他们说祖先为了躲避秦时的祸乱，带领妻子儿女及乡邻来到这与人世隔绝的地方，就再没有出去过了，于是就与外面的人断绝了往来。他们问现在是什么朝代，竟然不知道有过汉朝，更不要说魏和晋了。渔人就把自己的见闻详尽讲给他们听，他们听罢都感叹不已。其他人又相继邀请渔人到自己家中，都拿出酒饭来招待他。住了几天，渔人便告辞离去了。走的时候那里的人嘱咐他说：“不要把这里的情况向外人说呀！"

　　渔人出来后，找到他的船，就沿着来路回去，一路上处处留下标记。回到郡里，去拜见太守，报告了这些情况。太守立即派人随他前往，寻找前次做的标记，然而竟迷失了方向，再也没找到那条路。南阳刘子骥是个高蹈脱俗的名士，听到这件事，便兴致勃勃地打算前往寻访，但是没有去成，不久便病死了。从此以后，就再也没有访求桃花源的人了。

五柳先生传

【原文】

先生不知何许人也,亦不详其姓字。宅边有五柳树,因以为号焉。闲静少言,不慕荣利。好读书,不求甚解,每有会意,便欣然忘食。性嗜酒,家贫不能常得。亲旧知其如此,或置酒而招之。造饮辄尽,期在必醉;既醉而退,曾不吝情去留。环堵萧然,不蔽风日。短褐穿结①,箪瓢屡空②,晏如也③。尝著文章自娱,颇示己志。忘怀得失,以此自终。

赞曰:黔娄有言④:不戚戚于贫贱,不汲汲于富贵⑤。其言兹若人之俦乎⑥?衔觞赋诗,以乐其志,无怀氏之民欤?葛天氏之民欤⑦?

【注释】

①短褐(hè):粗布短衣。结:打结。②箪(dān):古代盛饭的圆形竹器。③晏如:安然自得。④黔娄:春秋时鲁国贤人,他不求仕进,屡次拒绝诸侯邀请。⑤汲汲:急于得到,急切的样子。⑥俦(chóu):类。⑦无怀氏、葛天氏:传说中古代的氏族首领。

【译文】

先生不知道是什么地方的人,也不清楚他的姓名和表字。因为他所住的房屋旁边有五棵柳树,就用它做了自己的号。他性格恬淡宁静,沉默少言,不羡慕荣华利禄。喜欢读书,只求理解其中精华,并不着眼于一字一句的解释,每当对书中意旨有所领会的时候,就高兴得忘记了吃饭。他生性嗜酒,但因为家里穷,不能经常喝。亲戚朋友知道他这种情况,有时就摆了酒叫他来喝。他一来就要喝得尽兴,期望一醉方休,等到喝醉了就告辞回家，从不拘泥于去留。他简陋的居室里只有空空荡荡的四面墙壁，不能遮风避雨；粗布短衣上面打了许多补丁，锅瓢碗盏经常是空的，可是他安之若素。他经常写文章来消遣时光，文章中很能表达出自己的志趣。他忘记了世俗的得失，愿意就这样直到老死。

赞语说：黔娄曾经说过，不为贫贱而忧心忡忡，不为富贵而奔波劳碌。他说的就是五柳先生这样的人吧？一边喝酒一边赋诗，以娱悦自己的心志，他是无怀氏时候的人呢，还是葛天氏时候的人呢？

孔稚珪

孔稚珪，字德璋，会稽山阴（今浙江绍兴）人，南朝齐文学家。少年时就以博学闻名，曾任记室参军、平西长史、南郡太守、太子詹事加散骑常侍等职。为人清拔不俗，不乐世务，爱好自然山水，善诗文，文思清丽。有《孔詹事集》辑本一卷。

北山移文

【原文】

　　钟山之英，草堂之灵，驰烟驿路，勒移山庭①。

　　夫以耿介拔俗之标②，潇洒出尘之想，度白雪以方洁③，干青云而直上，吾方知之矣。若其亭亭物表，皎皎霞外，芥千金而不盼，屣万乘其如脱④，闻凤吹于洛浦，值薪歌于延濑⑤，固亦有焉。岂期终始参差，苍黄反复，泪翟子之悲⑥，恸朱公之哭⑦。乍回迹以心染，或先贞而后黩⑧，何其谬哉。呜呼，尚生不存⑨，仲氏既往⑩。山阿寂寥，千载谁赏。

　　世有周子⑪，俊俗之士，既文既博，亦玄亦史。然而学遁东鲁⑫，习隐南郭⑬，窃吹草堂⑭，滥巾北岳，诱我松桂，欺我云壑。虽假容于江皋，乃缨情于好爵⑮。

　　其始至也，将欲排巢父，拉许由，傲百氏，蔑王侯。风情张日，霜气横秋。或叹幽人长往，或怨王孙不游。谈空空于释部，核玄玄于道流。务光何足比⑯，涓子不能俦⑰。及其鸣驺入谷⑱，鹤书赴陇⑲，形驰魄散，志变神动。尔乃眉轩席次⑳，袂耸筵上，焚芰制而裂荷衣㉑，抗尘容而走俗状㉒。风云凄其带愤，石泉咽而下怆，望林峦而有失，顾草木而如丧。

　　至其纽金章㉓，绾墨绶㉔，跨属城之雄㉕，冠百里之首。张英风于海甸㉖，驰妙誉于浙右。道帙长摈㉗，法筵久埋㉘。敲扑喧嚣犯其虑㉙，牒诉倥偬装其怀㉚。琴歌既断，酒赋无续，常绸缪于结课㉛，每纷纶于折狱㉜。笼张赵于往图㉝，架卓鲁于前录㉞。希踪三辅豪㉟，驰声九州牧。使其高霞孤映，明月独举，青松落荫，白云谁侣。磵户摧绝无与归，石径荒凉徒延伫㊱。至于还飙入幕，写雾出楹，蕙帐空兮夜鹤怨，山人去兮晓猿惊。昔闻投簪逸海岸㊲,今见解兰缚尘缨。

于是南岳献嘲,北陇腾笑,列壑争讥,攒峰竦诮。慨游子之我欺,悲无人以赴吊。故其林惭无尽,涧愧不歇,秋桂遣风,春萝摆月,骋西山之逸议,驰东皋之素谒。

今又促装下邑,浪栧上京㊳。虽情投于魏阙,或假步于山扃㊴。岂可使芳杜厚颜,薜荔蒙耻,碧岭再辱,丹崖重滓㊵。尘游躅于蕙路㊶,污渌池以洗耳。宜扃岫幌㊷,掩云关,敛轻雾,藏鸣湍,截来辕于谷口,杜妄辔于郊端。于是丛条瞋胆㊸,叠颖怒魄,或飞柯以折轮㊹,乍低枝而扫迹。请回俗士驾,为君谢逋客㊺。

【注释】

①勒:刻。②标:风度。③方:比。④屣(xǐ):鞋子。万乘:指帝位。⑤延濑(lài):长长的河流。濑,从沙石上流过的水。⑥翟(dí)子:指墨翟。⑦朱公:指杨朱。《淮南子·说林训》:"杨子见歧路而哭之,其可以南,可以北;墨子见练丝而泣之,其可以黄,可以黑。"⑧黩(dú):污。⑨尚生:东汉隐士,姓尚,名长,字子平。⑩仲氏:东汉政论家,姓仲,名长统,字公理,他也是个不求仕进的人。⑪周子:此处代假隐士。⑫东鲁:指鲁国的隐士颜阖,相传鲁君派使者去聘请他,他却把使者诳开而逃。⑬南郭:指古代隐士南郭子綦。⑭窃吹草堂:这里是用滥竽充数的典故来讽刺假隐士。⑮缨:系。⑯务光:《韩非子·说林上》:"汤以伐桀,而恐天下言己为贪也,因乃让天下于务光。而恐务光受之也,乃使人说务光曰:'汤杀君,而欲传恶声于子,故让天下于子。'务光因自投于河。"⑰涓子:古代贤人。俦(chóu):匹敌。⑱鸣驺(zōu):指征召假隐士的使者鸣锣开道的队伍。驺:侍从。⑲鹤书:又称鹤头书,字体如鹤头。古代用这种字体写诏书。⑳席次:席侧。㉑芰(jì)制:菱叶做成的衣裳,与下面荷衣都是指隐士的服装。㉒抗:高举,显现出。㉓金章:铜印。㉔绾(wǎn):系。墨绶:黑色的丝带,古代常用来拴在印纽上。㉕属城:一郡所属的各县。㉖英风:美名。海甸:海滨。㉗道帙

(zhì)：道家的书。摈（bìn）：弃置。㉘法筵：讲佛法的座席。㉙敲扑：拷打犯人。㉚牒（dié）：公文。倥（kǒng）偬（zǒng）：繁忙紧迫。㉛结课：考核政绩。㉜折狱：断案。㉝张赵：指汉代的张敞和赵广汉，两个人都是有名的能吏。往图：与下文的"前箓"都指过往的记载。㉞架：通"驾"，超越。卓鲁：指东汉卓茂和鲁恭，此二人都是有政绩的县令。㉟三辅豪：西汉京畿地方分成京兆尹、左冯翊、右扶风，合称三辅。豪：指记载中治理三辅有成绩的官员。㊱延伫（zhù）：长久站立。㊲投簪（zān）：指辞官归隐。㊳栧（yì）：船桨。㊴山扃（jiōng）：山门。㊵滓：玷污。㊶躅（zhuó）：足迹。㊷扃：关。㊸瞋（chēn）：发怒。㊹柯：树枝。㊺逋（bū）客：逃客。

【译文】

钟山的精英，草堂的神灵，从驿路上腾云驾雾地飞驰而来，把移文刻在山口。

凭着正直而又脱俗的仪表风度，怀着洒脱豁达、超越于尘世之上的理想，品行的纯洁可以和白雪媲美，高尚的志向更在青云之上，这种人我现在是了解了。像那种卓然挺立于世俗之上，干净明亮地站在云霞之外，把千金看作是草芥，看都不看一眼；把皇位看作是草鞋，随手就能脱掉，在洛水旁静听悦耳的音乐，在长河畔欣赏采薪的山歌的隐士，本来也是有的。哪里想到会言人前后不一，反复无常。真让人为墨子所悲而悲，为杨朱所哭而哭。这些人虽然暂时隐居于山林，而内心却早已被世俗名利所浸染，或者是开始的时候还洁身自好，后来便与世俗同流合污，这是何等的荒唐可笑啊！唉，隐居的尚子平已经不在人世，称病不出的仲长统也永远地离去了，群山寂寥，长久以来，又有谁去欣赏？

当今世上，有位周先生，是个才智超群的人。他既文采四溢，又见识广博；既通晓玄学，又精通历史。可是他却要学东鲁颜阖的遁世，效仿南郭子綦的隐居，冒充避世者在草堂中滥竽充数，戴着隐士巾在北岳假装清高。他迷惑我山中的青松丹桂，欺侮我山中的白云涧壑。虽然是假装寄情于山水，内心却时时想着厚禄高爵。

他刚来的时候，那出世的坚决几乎要推倒巢父，胜过许由；他傲视诸子百家，蔑视将相王侯，气宇风采好像能遮住太阳，神情气概又胜似秋霜。时而感叹隐者一去不返，时而抱怨公子王孙不来交游。讲论着佛理中的万物皆空，研究着道家学说中的奥妙玄机。务光不能和他相比，涓子不能与他匹敌。然而等到朝廷前来聘他的车马进入山谷，征召的诏书送到北山，他就得意忘形，神魂颠倒，心志混乱。于是在筵席上眉飞袖举，手舞足蹈，烧掉了菱叶裳，撕毁了荷叶衣，表露出庸俗的嘴脸，现出了本来的俗状。风云凄然而满怀怨愤，泉水哽咽而暗自伤悲。远远望去，远处的山林茫然若失；环顾四周，花草树木似乎黯然神伤。

当他佩上金印，系上黑色的绶带，掌管了一个郡中的大县，成为统领一县的县令时，他的英名传扬到了海边，美誉远播于浙江之右。从此道家的典籍被长期抛在一边，谈佛说法的讲台也永久地尘封了起来。拷问审讯的喧嚣干扰着他的思虑，繁杂急迫的公文诉讼塞满了他的胸怀。抚琴歌唱早已中断，饮酒赋诗不再继续。他常常为考核官吏等杂事所束缚，又每每在纷乱不断的审问断案中绞尽脑汁。一心想要超过西汉张敞、赵广汉的功德，超过东汉卓茂、鲁恭的政绩。希望追随三辅贤豪的足迹，让自己的声名在天下官吏中传播。这样，就使北山中的云霞寂寞地掩映在山间，让明月孤独地升起于长夜，青松徒然地洒下清荫，白云又和谁相伴？涧谷石门已然坍塌却不见有人回还，荒芜凄凉的石径只有空空地等待。当狂风吹入草堂的帐幕，云雾喷吐在堂前的柱间，香草帐中却空空如也，夜间不时传来仙鹤的啼怨，隐居于此的人已经离开，破晓时的猿猴也惊异这千差万别的昨天今日。过去只听说有人弃官而逃往海边隐居，今天却看到有人解下兰佩而系上俗世的冠缨。

于是南山发出嘲讽，北岭响起哄笑，条条沟壑争相讥讽，座座山峰严加指责。既慨叹远行的人欺骗了自己，又悲伤没有人为此前来安慰。因而山中林木羞惭不已，涧底溪水愧悔无及，桂树谢绝了传香的秋风，春萝避开增色的明月，西山宣布隐逸的评论，东皋发出了朴素真挚的见解。

现在周先生又在县里忙于置办行装，催船赶往京城。虽然他钟情于朝廷，但也许还想借此机会重游北山。那么又怎能使杜若厚颜相陪，薛荔蒙受羞耻，碧岭再遭侮辱，丹崖重被玷污？让芳苴路上留下尘世的足迹，让清池水因他洗耳而不再清澈？应该拉起山峦的窗帷，紧锁云中的门户，收起轻雾，藏起急流；在谷口挡住他的车子，在郊外堵住他乱闯的马匹。于是簇簇枝条愤怒，繁茂野草扬威，有的扬起枝条去击毁车轮，有的忽然低下枝叶来扫净车迹。请挡回这谷人的车驾，为北山之神谢绝这个逃跑了的客人。

魏　徵

　　魏徵，字玄成，魏州曲城（今河北巨鹿）人。少孤贫，曾做过道士。隋末参加李密的起义军，失败后归唐。先辅佐太子李建成，"玄武门之变"后成为唐太宗李世民的重要辅臣。为人有胆识，直言敢谏，以"诤臣"著称于世。历任尚书左丞、秘书监、侍中、左光禄大夫、太子太师等，封爵郑国公。曾主编《群书治要》《隋书》等。他是唐朝初年杰出的政治家和历史学家。

谏太宗十思疏

【原文】

臣闻求木之长者，必固其根本；欲流之远者，必浚其泉源；思国之安者，必积其德义。源不深而望流之远，根不固而求木之长，德不厚而思国之安，臣虽下愚，知其不可，而况于明哲乎？人君当神器之重①，居域中之大②，不念居安思危，戒奢以俭，斯亦伐根以求木茂，塞源而欲流长也。

凡昔元首，承天景命③，善始者实繁，克终者盖寡。岂取之易、守之难乎？盖在殷忧④，必竭诚以待下；既得志，则纵情以傲物。竭诚，则胡、越为一体；傲物，则骨肉为行路。虽董之以严刑，振之以威怒，终苟免而不怀仁，貌恭而不心服。怨不在大，可畏惟人，载舟覆舟，所宜深慎。

诚能见可欲，则思知足以自戒；将有作，则思知止以安人；念高危，则思谦冲而自牧⑤；惧满盈，则思江海下百川；乐盘游，则思三驱以为度；忧懈怠，则思慎始而敬终；虑壅蔽⑥，则思虚心以纳下；惧谗邪，则思正身以黜恶⑦；恩所加，则思无因喜以谬赏；罚所及，则思无以怒而滥刑。总此十思，弘兹九德。简能而任之，择善而从之；则智者尽其谋，勇者竭其力，仁者播其惠，信者效其忠。文武并用，垂拱而治⑧。何必劳神苦思，代百司之职役哉？

【注释】

①神器：指帝位。②域中：指天地之间。③景命：大命。④殷忧：深深的忧虑。⑤冲：谦和。牧：修养。⑥壅：堵塞。⑦黜（chù）：排斥。⑧垂拱：指无为而治。

【译文】

　　我听说要求树木长得高大，就一定要加固它的根本；想要河水流得长远，就一定要疏通它的源头；想使国家安定，就一定要积聚自己的道德仁义。水源不深却希望水流得长远，根基不牢固却要求树木长得高大，道德不深厚却期望国家能够安定，我虽然十分愚笨，也知道那是不可能的，更何况英明聪慧的人呢！国君承受着统治天下的重任，是威照四方的至尊，不想着要居安思危，戒除奢侈而力行节俭，这也就像砍断树根却要求树木长得茂盛，堵塞泉源却希望水能流得长远一样啊！

　　凡是古代的君主，承受上天的大命，开始做得好的确实很多，但是能够坚持到底的却很少。难道是取天下易、守天下难吗？大概是他们在忧患深重的创业阶段，必然竭尽诚意对待下属；一旦得志，便放纵情欲，傲视他人。竭尽诚意，那么即使像胡人、越人等不同种族的人也可以成为一体；傲视部下，就是骨肉至亲也会疏远得像过路人一样。即使用严酷的刑罚监督人们，用雷霆之怒震慑他们，最后也只能使人们暂且免除刑罚，心中却不会感念君王的恩德，表面上态度恭顺，可是心里并不服气。怨恨不在大小，可怕的只是人心的向背。国君像船，百姓就像水，就如同水能载舟，亦能覆舟的道理一样，陛下真是应该特别谨慎对待啊。

　　假如真能做到，看到心爱的东西，就想到知足以警诫自己；将要大兴土木，就想到要适可而止以使百姓安宁；思虑到身居高位会招致危险，就想到要谦虚平和，并且加强自我修养；害怕自己骄傲自满，就想到江海是处于百川的下游，总是不断地接纳着万千支流；喜欢打猎游乐，就想到君王应以每年打猎三次为限度；担心意志懈怠，就想到做事要谨慎地开始慎重地结束；忧虑会受蒙蔽，就想到虚心接纳臣下的意见；害怕被谗佞奸邪所迷惑，就想到端正自身以斥退邪恶小人；加恩于人时，就想到不要因为一时高兴而赏赐不当；施行刑罚时，就想到不要因为正在发怒而滥施刑罚。全部履行上述十个方面，弘扬那九种美德，选拔贤能的人而任用他，选择正确的意见而听从它；那么，聪明的人就会贡献出他们的智谋，勇敢的人就会竭尽他们的气力，仁爱的人就会广施他们的恩惠，诚实的人就会奉献他们的忠诚。这样文武并重，就可以垂衣拱手、无为而治了。何必劳神苦思，代行百官的职责事务呢？

骆宾王

　　骆宾王，婺州义乌（今属浙江）人。幼年即聪明过人，七岁能诗。高宗朝初为道王府属，后历任奉礼郎、武功主簿、长安主簿、侍御史。因数度上疏言事，获罪下狱，贬临海（今属浙江）丞。后随徐敬业起兵讨武后，作檄斥其罪。徐敬业兵败，骆宾王被杀（一说逃亡不知所之）。他与王勃、杨炯、卢照邻诗文齐名，并称为"初唐四杰"。有《骆丞集》传世。

◎卷七　六朝唐文

为徐敬业讨武曌檄

【原文】

　　伪临朝武氏者，性非和顺，地实寒微①。昔充太宗下陈②，曾以更衣入侍。洎乎晚节③，秽乱春官。潜隐先帝之私，阴图后房之嬖④。入门见嫉，蛾眉不肯让人；掩袖工谗，狐媚偏能惑主。践元后于翚翟⑤，陷吾君于聚麀⑥。加以虺蜴为心⑦，豺狼成性，近狎邪僻，残害忠良，杀姊屠兄，弑君鸩母⑧。人神之所同嫉，天地之所不容。犹复包藏祸心，窥窃神器。君之爱子，幽之于别宫；贼之宗盟，委之以重任。呜呼！霍子孟之不作⑨，朱虚侯之已亡⑩。燕啄皇孙⑪，知汉祚之将尽；龙漦帝后⑫，识夏庭之遽衰。

　　敬业，皇唐旧臣，公侯冢子⑬，奉先君之成业，荷本朝之厚恩。宋微子之兴悲⑭，良有以也；袁君山之流涕，岂徒然哉！是用气愤风云，志安社稷，因天下之失望，顺宇内之推心，爰举义旗，以清妖孽。南连百越，北尽三河，铁骑成群，玉轴相接⑮。海陵红粟⑯，仓储之积靡穷；江浦黄旗，匡复之功何远？班声动而北风起⑰，剑气冲而南斗平。喑呜则山岳崩颓⑱，叱咤则风云变色。以此制敌，何敌不摧？以此图功，何功不克？

　　公等或居汉地，或叶周亲，或膺重寄于话言，或受顾命于宣室。言犹在耳，忠岂忘心？一抔之土未干⑲，六尺之孤何托？倘能转祸为福，送往事居⑳，共立勤王之勋，无废大君之命，凡诸爵赏，同指山河。若其眷恋穷城，徘徊歧路，坐昧先几之兆㉑，必贻后至之诛㉒。请看今日之域中，竟是谁家之天下！

【注释】

　　①地：通"第"，出身。武则天的父亲出身于木材商人，按当时的

血统出身论,属于寒微之族。②下陈:下列。古时候婢妾都站于堂下,故称。③洎(jì):等到。晚节:这里是年龄稍长的意思。④嬖:受宠的姬妾。⑤践:登上。元后:皇后。翚(huī)翟(dī):野鸡,据说野鸡的配偶不乱,象征妇德,所以皇后的车服上绘有野鸡羽毛的图案。⑥聚麀(yōu):原指两头公鹿共有一头母鹿。⑦虺(huǐ):一种毒蛇。蜴:蜥蜴。⑧鸩(zhèn):鸟名,羽毛有毒。这里指毒死。⑨霍子孟:即霍光。汉武帝死后,他辅佐幼主昭帝,昭帝死后,他又迎立宣帝,安定了汉室。⑩朱虚侯:即刘章。刘邦死后,诸吕作乱,他和周勃、陈平协力诛除了诸吕。⑪燕啄皇孙:汉成帝曾先后宠爱赵飞燕、赵合德姊妹,但她二人都没有为汉成帝生下儿女,又怕别的宫女怀孕生子,夺了自己受宠的地位,于是只要听说宫中有人为成帝产下婴儿,便设计杀死。⑫龙漦(chí)帝后:传说夏朝衰落的时候,曾有二龙停于宫殿之上,自称是褒地的二君,夏王将它们的涎沫收藏了起来。到了周厉王末年,涎沫流了出来,变成了黑鼋,一个宫女碰到了便怀了孕,产下一女婴,这就是后来让周幽王"烽火戏诸侯"的褒姒。⑬冢子:长子。⑭宋微子:商纣王的庶兄微子启。商亡后他路过商故都,看到一片荒芜景象,触景伤情,作了《麦秀》一篇。⑮玉轴:战车。⑯海陵:地名,今江苏辖内。红粟:陈年的粟。⑰班声:马鸣声。⑱喑(yīn)呜:怒气郁积。⑲一抔(póu)之土:一小堆土。⑳往:死者。居:生者。㉑坐:徒然。昧:看不清楚。㉒贻(yí):遗留。

【译文】

窃居帝位的武氏,生性并非和顺,出身实在寒微。从前她只是太宗宫中听召待用的一个才人,曾经利用服侍太宗的机会得到宠幸。到了年纪稍大些以后,又淫乱于太子宫中。她隐藏遮掩与太宗的私情,暗地里图谋在后宫得到专宠。入宫以后她的妒忌便表露了出来,依仗容貌美丽而从来不肯位居人后,又善于暗箭伤人,进谗构陷,可狐狸般的妖媚偏偏能迷惑君主。她堂而皇之地窃得了皇后的位置,使我们的君主陷入丧失人伦的境地。加上她心同蛇蝎、性如豺狼,将一群谗佞奸邪的小人笼络在自己身边，残酷地迫害忠臣良士，诛杀屠戮骨肉亲人，弑杀君王毒死母亲。她的这些行为，让人神为之憎恶，使天地都不能容忍。她还包藏祸心，窥视帝位，阴谋伺机窃取。先帝的爱子，被她幽禁于别宫；而她的同族死党，却都被委以重任。唉！霍子孟那样帮助皇室度过传国嗣位之难的忠臣不再产生，朱虚侯那样的诛杀外戚、迎立新君的义士已不存在。童谣中传唱"燕啄皇孙"预示了汉朝气数将尽；而二龙的涎沫生出了褒姒，标志着西周就要衰亡。

敬业，是大唐的旧臣、公侯的嫡孙，继承了先辈开创的功业，蒙受着朝廷的厚恩。宋微子路过殷墟，不由得兴感伤怀，实在是触景生情所致。袁君山每谈到外戚专权就涕泪四流，又岂是无缘无故！因此，愤慨之气激荡风云，毅然立志要安定社稷，凭借天下百姓对武氏专权的失望之情，顺应四海之内的人心，举起义旗，以清除妖孽。南至百越，北到三河，铁骑成群结队，战车首尾相接。海陵的粮仓储粮充足，积蓄的物资不可尽数；江浦一带，黄旗飘舞，匡复天下的成功又怎么会遥远？战马嘶鸣，激起了怒吼的北风；剑气冲天，与南斗比肩平行。士兵们郁积的愤怒可以使山岳崩毁，齐声呐喊就能使风云变色。拿这样的军队去制服敌人，什么样的敌人不能被摧毁？用这样的军队去建功立业，什么样的功业不可以成就？

诸位王公有的享有大唐的封土，有的是皇室的骨肉至亲，有的在外面肩负重要的使命，有的则领受了君王的临终嘱托。先帝的遗言犹在耳畔，怎能忘记臣子的忠心？先帝坟上的新土还未风干，留下幼小的君主又将托付何人？倘能转祸为福，送别过世的先帝，侍奉尚幼的新主，共同建立辅佐王室的勋业，不废弃先帝的遗命，那么，一切的封爵赏赐，都可以指山河为证。如果有人仍然眷恋孤单的城池，在歧路上徘徊不定，白白地坐失已经显露的吉兆，必然会招到惩罚。请看今日的国内，究竟是谁家的天下！

王 勃

　　王勃，字子安，绛州龙门（今山西稷山）人。出身望族，祖父王通为隋末大儒。王勃自幼聪颖，七岁就能著文。高宗乾封元年（666）应幽素科试及第，曾任虢州参军，后往海南探父，溺水受惊而死，年仅二十七岁。"初唐四杰"之一，擅长五言律诗和骈体文赋。

◎卷七 六朝唐文

滕王阁序

【原文】

　　南昌故郡，洪都新府。星分翼轸，地接衡庐。襟三江而带五湖①，控蛮荆而引瓯越②。物华天宝，龙光射牛斗之墟③；人杰地灵，徐孺下陈蕃之榻④。雄州雾列，俊彩星驰。台隍枕夷夏之交⑤，宾主尽东南之美。都督阎公之雅望⑥，棨戟遥临⑦；宇文新州之懿范⑧，襜帷暂驻⑨。十旬休暇，胜友如云；千里逢迎，高朋满座。腾蛟起凤，孟学士之词宗；紫电青霜，王将军之武库。家君作宰，路出名区，童子何知⑩，躬逢胜饯。

　　时维九月，序属三秋。潦水尽而寒潭清⑪，烟光凝而暮山紫。俨骖𬴂于上路⑫，访风景于崇阿，临帝子之长洲⑬，得仙人之旧馆。层峦耸翠，上出重霄；飞阁流丹，下临无地。鹤汀凫渚⑭，穷岛屿之萦回；桂殿兰宫，列冈峦之体势。披绣闼⑮，俯雕甍⑯，山原旷其盈视，川泽盱其骇瞩⑰。闾阎扑地⑱，钟鸣鼎食之家；舸舰迷津，青雀黄龙之舳⑲。虹销雨霁⑳，彩彻云衢㉑，落霞与孤鹜齐飞㉒，秋水共长天一色。渔舟唱晚，响穷彭蠡之滨㉓；雁阵惊寒，声断衡阳之浦㉔。

　　遥吟俯畅，逸兴遄飞㉕，爽籁发而清风生，纤歌凝而白云遏。睢园绿竹㉖，气凌彭泽之樽㉗；邺水朱华，光照临川之笔㉘。四美俱，二难并。穷睇眄于中天㉙，极娱游于暇日。天高地迥㉚，觉宇宙之无穷。兴尽悲来，识盈虚之有数。望长安于日下，指吴会于云间。地势极而南溟深㉛，天柱高而北辰远。关山难越，谁悲失路之人？萍水相逢，尽是他乡之客。怀帝阍而不见㉜，奉宣室以何年㉝？

　　呜乎！时运不齐，命途多舛㉞。冯唐易老，李广难封㉟。屈贾谊于

· 33 ·

长沙㊱，非无圣主；窜梁鸿于海曲㊲，岂乏明时？所赖君子安贫，达人知命。老当益壮，宁移白首之心？穷且益坚，不坠青云之志。酌贪泉而觉爽，处涸辙以犹欢。北海虽赊㊳，扶摇可接；东隅已逝㊴，桑榆非晚㊵。孟尝高洁㊶，空怀报国之心；阮籍猖狂㊷，岂效穷途之哭！

勃，三尺微命，一介书生。无路请缨，等终军之弱冠㊸；有怀投笔，慕宗悫之长风㊹。舍簪笏于百龄㊺，奉晨昏于万里㊻。非谢家之宝树，接孟氏之芳邻。他日趋庭，叨陪鲤对㊼；今晨捧袂㊽，喜托龙门。杨意不逢，抚凌云而自惜；钟期既遇，奏《流水》以何惭？

呜呼！胜地不常，盛筵难再。兰亭已矣，梓泽丘墟㊾。临别赠言，幸承恩于伟饯；登高作赋，是所望于群公。敢竭鄙诚，恭疏短引㊿，一言均赋，四韵俱成：滕王高阁临江渚，佩玉鸣鸾罢歌舞㉑。画栋朝飞南浦云，珠帘暮卷西山雨。闲云潭影日悠悠，物换星移几度秋。阁中帝子今何在？槛外长江空自流。

【注释】

①襟：衣领。②蛮荆：指楚地。引：连接。瓯（ōu）越：指浙江南部和福建一带。③龙光：宝剑的光芒。牛斗之墟：相传西晋的张华看见牛、斗二星之间有紫气，于是派人到丰城当县令，掘地得宝剑二口，一名龙泉，一名太阿。④徐孺：东汉名士徐雅。豫章的太守陈蕃素不待客，只有他来了才招待，并专为他设一榻，以示尊敬。⑤台隍：指洪州。⑥雅望：崇高的声望。⑦棨（qǐ）戟：有衣套的戟，古代官员外出时的仪仗。⑧懿：美好。⑨襜（chān）帷：车子的帷幔。⑩童子：王勃的谦称。⑪潦（lǎo）水：指雨后积水。⑫骖（cān）騑（fēi）：驾车的马。⑬帝子：指滕王李元婴，滕王阁便由他所建。⑭汀（tīng）：指水边或水中平地。凫（fú）：野鸭。渚（zhǔ）：小洲。⑮闼（tà）：门。⑯甍（méng）：屋脊。⑰盱：睁大眼睛。骇瞩：对所看到的景物感到吃惊。⑱闾（lǚ）阎：里巷的门，此指房屋。扑地：遍地。⑲舳：船只。⑳霁：雨雪停止。㉑衢（qú）：原意是四通八达的道路。㉒鹜（wù）：野鸭。㉓彭

蠡(lǐ):即鄱阳湖。㉔衡阳之浦:传说大雁向南飞到衡阳的回雁峰就不再南行。㉕遄(chuán):快,迅速。㉖睢(suī)园:汉梁孝王在睢水边修建的竹园,他常与宾客在园中宴饮。㉗彭泽:指陶渊明,他曾任过彭泽令,嗜酒。㉘临川:指南朝诗人谢灵运。㉙睇(dì)眄(miǎn):斜视。㉚迥(jiǒng):远。㉛南溟(míng):南海。㉜帝阍(hūn):皇宫的大门,这里指京城。㉝宣室:古代帝王的大室。㉞舛(chuǎn):不幸。㉟冯唐易老,李广难封:汉冯唐身历三朝,至武帝时,举为贤良,但冯唐已九十多岁了,不能再做官了。汉名将李广抗击匈奴屡立战功,但因为时运不济,他的部下有许多都封了侯,但他始终没有被封侯。㊱贾谊:西汉著名的政治家、文学家。他的才华很为汉文帝赏识,引起了一些朝臣的不满。他们以"洛阳之人,年少初学,专欲擅权,纷乱诸事"的流言动摇了文帝对贾谊的信任,结果文帝让贾谊离京去做长沙王太傅。㊲梁鸿:东汉诗人。汉章帝时,因事出函谷关,经过京城,作《五噫歌》讽世,章帝闻知,不悦,下诏搜捕。他于是南逃至吴,给人当雇工。㊳赊:远。㊴东隅:早晨。㊵桑榆:夕阳的余晖照在桑榆树梢上,指黄昏。㊶孟尝:东汉人,他曾任合浦太守,有政绩,却不被重用,后辞官归隐。㊷阮籍:魏晋时的贤士,他对魏末司马氏专权不满,于是借酒装疯,远离仕途。㊸弱冠:二十岁。㊹宗悫(què):南朝宋的将军,他的叔父曾问他志向,他回答说:"愿乘长风破万里浪。"㊺百龄:百年。㊻奉晨昏:指早晚向父母请安。㊼叨(tāo):惭愧。鲤对:孔子曾在儿子孔鲤走过庭前的时候对他进行教育,后人于是称回答长辈的教诲为"鲤对"。㊽袂(mèi):衣袖。㊾梓泽:又名金谷园,西晋石崇修建,极尽奢华。㊿疏:撰写。引:序言。㊁鸣鸾:车上的鸾铃声。

【译文】

南昌是旧时豫章郡的郡治,现在称洪都府。它处在翼、轸二星的分野,所处地域与庐山和衡山相接。它以三江做衣领,以五湖环绕做衣带，是楚地的中枢，更连接着闽越。这个地方汇聚了万物的精华、上天的瑰宝，在此地发掘的宝剑的光芒直冲到了牛、斗二星之间；可以说是人中多俊杰，大地有灵秀，徐孺子就曾经使太守陈蕃为他特设卧榻。雄伟的州城在烟雾中若隐若现，杰出的人才像流星一样来往飞驰。洪州城坐落在荆楚和华夏交接的地方，宾客和主人都是东南一带的俊杰。声名远播的阎都督，打着仪仗远道而来；德行美好的新州宇文刺史，乘着车驾到此地暂作停留。此时正逢十日的休假，才华出众的友人们云集于此；相隔千里的客人前来相聚，大家欢欢喜喜坐满宴席。蛟龙腾跃，凤凰飞舞，那是赞扬文坛领袖孟学士文章的轻灵美妙；紫电剑急如雷霆，清霜剑寒气逼人，那是赞扬王将军的精湛武艺。家父到交趾出任县令，我因省亲而路过这个地方；我一个小孩子懂得什么，竟也亲遇了这样盛大的宴会。

眼下正值九月，从季节的顺序上说已经是深秋了。雨后的积水已随夏天的过去而消失殆尽，清澈的潭水在秋光中略显寒冷；烟光雾气的凝结中，晚山笼罩在一片苍茫的紫色当中。我在大道旁收拾好车马，在崇山峻岭中遍访风景，来到滕王的长洲之上，瞻拜了他主持修建的这座阁楼。重叠的山峦托起一片苍翠，高高的山峰向上直指云霄。凌空架起的高阁仿佛将朱红的油彩溶散到了风中，高高在上更觉遗世独立而看不见地面。仙鹤栖宿的平滩和野鸭聚集的小洲，极尽岛屿曲折回环的景致；桂树与木兰建成的宫殿，高高低低地呈现出山峦起伏的态势。打开精美的阁门，俯瞰华丽的屋脊，辽阔的山野充满视野，迂回的湖河让人瞠目。屋廊房舍错落重叠的，是钟鸣鼎食的权贵人家；船帆舟舸密布纵横，船首都装饰着青雀黄龙。彩虹退尽，雨过天晴，夕阳将云朵映得缤纷绚烂，落霞与孤飞的野鸭一齐翱翔，秋水与无边的天空浑然一色。渔舟唱晚而归，歌声响遍鄱阳湖畔；雁阵因寒而叫，叫声消失在衡阳水边。

放声长吟，登高俯瞰，豪情逸致畅然奔涌。洞箫发出清脆的声音，引来阵阵清风；轻柔舒缓的歌声仿佛凝住不散，白云也为它停留。像睢园竹林的饮宴，狂饮的气概压过了陶渊明；像邺水曹植咏荷花那样的才气,文采可以和谢灵运媲美。良辰、美景、赏心、乐事,同时齐备,贤主、嘉宾,难得的人欢聚一堂。放眼远望长空,在闲暇的日子里尽情欢乐。天高地远,感到宇宙的无穷无尽;兴尽悲来,认识到事物的兴衰成败有所定数。远望长安在夕阳下,遥看吴越在云海间。地势倾斜,直到南海岸;天柱高耸,直指北极星。关山难以越过,谁能怜惜失意之人?萍水相逢,都是他乡来客。思念皇帝的宫阙却不能看见,像贾谊那样在宣室奉召,将要等到何年?

唉!时运不济,命途多坎坷。冯唐容易衰老,李广终难封侯。贾谊被贬到长沙,其时并非没有圣明的君主;梁鸿到海边隐居,岂是没碰到政治清明的时代?所依赖的是君子能够安于贫贱,通达的人能够知道自己的命运。年纪虽老,志气应当更为旺盛,谁能理解白头都不曾改变的心思?处境艰难意志却更加坚定,绝不放弃远大崇高的理想。喝了贪泉的水,仍然觉得神清气爽;处在干涸的车辙中,还能保持乐观豁达的心情。北海虽然遥远,乘着旋风仍可以到达;少年的时光虽然已经流逝,珍惜将来的岁月还不算太晚。孟尝品行高洁,却空怀着一腔报国的热情;阮籍狂放不羁,又怎能效法他那样在无路可走时便恸哭而返!

我王勃,只是腰带三尺的小官,一介书生而已。没有门路请缨报国,现在已和终军的年龄相同;有投笔从戎的志向,也仰慕宗悫"乘风破浪"的壮心。舍弃一生的功名富贵,到万里之外去早晚侍奉双亲。不敢说是谢玄那样的人才,却也从小交接诸位名家。即将要到父亲跟前,恭敬地聆听他的教诲;今天奉陪各位,高兴得像鲤鱼跳上了龙门。司马相如倘若没有遇上杨得意,只好拍着他的赋而叹息;我今天遇上了钟子期那样的知音,奏一曲高山流水又有什么羞愧呢?

唉!名胜不能长存,盛宴难以再逢。兰亭的聚会已经成了过去,繁华的金谷园也成了废墟。离别时写几句话作为纪念,有幸蒙受恩惠而参加了这次宴会;登高作赋,只能期望在座的诸公了。冒昧地用尽鄙陋的诚心,恭敬地写下了这篇小序;每人都要赋诗一首,四韵八句成篇:滕王高阁坐落在江边,佩玉声动,鸾铃鸣响,这里宴散人空。早晨,南浦的云霞飞上画栋;晚上,西山的风雨卷起了珠帘。闲走的浮云,潭中的倒影,都在阳光静静的照射下悠然自在;星移斗转,世事变迁,这其中又不知道流过了多少的时间。当年盖起这座高阁的龙子龙孙今日却在哪里?只有这栏杆下的江水空自长流。

李 白

　　李白，字太白，号青莲居士。祖籍陇西成纪（今甘肃秦安东），幼时随父迁居绵州昌隆县（今四川江油）青莲乡。二十五岁起辞亲远游。天宝初供奉翰林，因遭权贵谗毁，仅一年余即离开长安。安史之乱中，曾为永王李璘幕僚，李璘兵败被杀，李白受累入狱，不久流放夜郎；中途遇赦东还。晚年投奔其族叔当涂令李阳冰，于其寓所病逝。有《李太白文集》三十卷行世。

与韩荆州书

【原文】

　　白闻天下谈士相聚而言曰："生不用封万户侯，但愿一识韩荆州。"何令人之景慕一至于此？岂不以周公之风，躬吐握之事①，使海内豪俊，奔走而归之，一登龙门，则身价十倍！所以龙蟠凤逸之士，皆欲收名定价于君侯。君侯不以富贵而骄之，寒贱而忽之，则三千之中有毛遂②，使白得脱颖而出，即其人焉。

　　白，陇西布衣，流落楚汉。十五好剑术，遍干诸侯。三十成文章，历抵卿相。虽长不满七尺，而心雄万夫。皆王公大人许与气义。此畴曩心迹③，安敢不尽于君侯哉？君侯制作侔神明④，德行动天地，笔参造化，学究天人。幸愿开张心颜，不以长揖见拒。必若接之以高宴，纵之以清谈，请日试万言，倚马可待。今天下以君侯为文章之司命⑤，人物之权衡，一经品题，便作佳士。而君侯何惜阶前盈尺之地，不使白扬眉吐气，激昂青云耶？

　　昔王子师为豫州⑥，未下车即辟荀慈明⑦，既下车又辟孔文举⑧；山涛作冀州⑨，甄拔三十余人，或为侍中、尚书，先代所美。而君侯亦一荐严协律，入为秘书郎。中间崔宗之、房习祖、黎昕、许莹之徒，或以才名见知，或以清白见赏。白每观其衔恩抚躬，忠义奋发。白以此感激，知君侯推赤心于诸贤之腹中，所以不归他人，而愿委身国士。倘急难有用，敢效微躯。且人非尧舜，谁能尽善？白谟猷筹画⑩，安敢自矜？至于制作，积成卷轴，则欲尘秽视听。恐雕虫小技，不合大人。若赐观刍荛⑪，请给纸笔，兼之书人，然后退扫闲轩，缮写呈上。庶青萍、结绿⑫，长价于薛、卞之门⑬。幸推下流，大开奖饰，唯君侯图之。

◎卷七　六朝唐文

【注释】

①吐握：周公为了礼贤下士，曾经一顿饭三次吐出口中的食物前去接待客人，洗一次头三次握着已经淋湿的头发跑出来。②毛遂：战国末期大梁人，曾经久居下僚。赵孝成王九年，他自荐出使楚国，促成楚、赵合纵。③畴曩（nǎng）：往昔。④侔（móu）：相等。⑤司命：指最高权威。⑥王子师：即三国时的王允。⑦辟：任用。荀慈明：名爽，东汉人，官至司空。⑧孔文举：即孔融。⑨山涛："竹林七贤"之一，以善于举贤选能著称。⑩谟（mó）猷（yóu）：谋划。⑪刍（chú）荛（ráo）：割草打柴的人，此指草野之民。⑫庶：或许。青萍：宝剑名。结绿：美玉名。⑬薛：即薛烛，春秋时越国人，善相剑。卞：即卞和，春秋时楚国人，善识玉。

【译文】

我听到天下喜欢议论的读书人相聚时总会说："人生在世不一定要封万户侯，但愿能够结识一下韩荆州。"您怎么令人景仰爱慕到这种程度呢？还不是因为您能以周公那样的风度，亲身力行"吐哺""握发"那样的美德，才使得天下的豪杰才俊之士，都愿意前来投奔，归附在您的门下；就好像鲤鱼一旦跃上龙门，身价便陡然增长。所以，那些尚未显达，还在蛰伏之中的士人，都渴望在您那里得到名声，得到您对于他们的评价。您既不因为自己地位尊贵而傲视他们，也不因为他们的寒酸贫贱而忽视他们，那么，在您的三千门客之中，必然会有毛遂，如果能使李白脱颖而出，我就是您的毛遂了。我是陇西的一个普通人，流落在楚汉一带。十五岁爱好剑术，到处谒见各地的地方官；三十岁时文章就开始有名气，屡次拜访过公卿相国。我身高虽不满七尺，却有超越万夫的雄心。王公大臣都很赞许我的节操和义气。这是我从前的思想和行迹，怎么敢不全部向君侯倾吐呢！君侯的功绩可与神明相比，德行感动天地，文章参透了造化之功，学识穷尽了天人之理。但愿您能心情舒畅，神色愉快，不拒绝我以长揖之礼前往谒见。假若一定要用盛大的筵

· 41 ·

席接待我，容我高谈阔论，那就请您以一日作万言之文的题目来考察我，我想我是可以在很短的时间内完成的。如今，天下人都把您看作是品评文章的权威，对于一个人各方面的权衡品评，只要得到您的称赞，那么这个人马上就会成为声名远扬的优秀人才，您又何必吝惜台阶前那尺寸之地，不接见我，使我不能扬眉吐气，青云直上而大展才略呢？

　　过去，王子师在豫州做刺史，赴任时车子还没有到官署就征用了荀慈明，到任后又聘用了孔文举；山涛任冀州刺史时，选拔了三十多人，有的被任命为侍中，有的被任命为尚书，这些都得到了前人的赞美。您也曾推荐过严武做秘书郎，又引荐过崔宗之、房习祖、黎昕、许莹等人，他们或者因为才华出众而为您所知，或者因为品行高洁而为您赏识，我常常看到他们感念您的恩德，确实是发自肺腑，而后这感激之情又变成了忠义之心奋发而出。我也常常因此而感动，知道您对这些贤人是推心置腹、赤诚相待的，我因而不去依附他人，而愿意把自己托付给您，您在急难中如有用得着我的地方，我愿意贡献出我微薄的力量。

　　而且，人不是尧舜，谁能尽善尽美？在运筹策划方面，我哪敢妄自尊大？至于写诗撰文，我倒是积累了一些卷轴，想烦劳您过目。只恐这些雕虫小技不能受到您的赏识。如若您愿意看看山野之人的这些文章，那么，请赐给我纸笔和抄写人员，我便回来打扫闲舍，誊写清楚后呈献给您，以便这些诗赋像青萍宝剑和结绿宝石一样，能通过薛烛、卞和的举荐提升价值。我这个地位低下的人希望能得到您的推举和褒扬，请君侯考虑我的请求吧！

李 华

李华，字遐叔，赵州赞皇（今河北赞皇）人。玄宗开元二十三年（735）进士，历官监察御史、右补阙。安史之乱时，被叛军俘获，接受凤阁台舍人一职。后被贬为杭州司户参军。后又任职朝廷，充检校吏部员外郎一职，终因病弃官隐居。著有《李遐叔文集》四卷。

吊古战场文

【原文】

　　浩浩乎平沙无垠，敻不见人①。河水萦带，群山纠纷。黯兮惨悴，风悲日曛②。蓬断草枯，凛若霜晨。鸟飞不下，兽铤亡群③。亭长告余曰："此古战场也，尝覆三军。往往鬼哭，天阴则闻。"伤心哉！秦欤？汉欤？将近代欤？

　　吾闻夫齐、魏徭戍，荆、韩召募。万里奔走，连年暴露。沙草晨牧，河冰夜渡。地阔天长，不知归路。寄身锋刃，腷臆谁诉④？秦汉而还，多事四夷。中州耗斁⑤，无世无之。古称戎、夏，不抗王师。文教失宣，武臣用奇。奇兵有异于仁义，王道迂阔而莫为⑥。

　　呜呼噫嘻！吾想夫北风振漠，胡兵伺便。主将骄敌，期门受战⑦。野竖旄旗⑧，川回组练。法重心骇，威尊命贱。利镞穿骨，惊沙入面。主客相搏，山川震眩，声析江河⑨，势崩雷电。至若穷阴凝闭，凛冽海隅；积雪没胫，坚冰在须，鸷鸟休巢，征马踟蹰⑩，缯纩无温⑪，堕指裂肤。当此苦寒，天假强胡，凭陵杀气，以相剪屠。径截辎重，横攻士卒。都尉新降，将军覆没。尸填巨港之岸，血满长城之窟。无贵无贱，同为枯骨，可胜言哉！

　　鼓衰兮力尽，矢竭兮弦绝，白刃交兮宝刀折，两军蹙兮生死决⑫。降矣哉？终身夷狄。战矣哉？骨暴沙砾。鸟无声兮山寂寂，夜正长兮风淅淅，魂魄结兮天沉沉，鬼神聚兮云幂幂⑬。日光寒兮草短，月色苦兮霜白。伤心惨目，有如是耶？吾闻之：牧用赵卒⑭，大破林胡，开地千里，遁逃匈奴。汉倾天下，财殚力痡⑮。任人而已，其在多乎？周逐猃狁⑯，北至太原，既城朔方，全师而还。饮至策勋，和乐且闲，穆穆棣棣⑰，君臣之间。秦起长城，竟海为关，荼毒生灵，万里朱殷。汉击匈奴，虽得阴山，枕骸遍野，功不补患。

苍苍蒸民，谁无父母？提携捧负，畏其不寿。谁无兄弟？如足如手。谁无夫妇？如宾如友。生也何恩？杀之何咎⑱？其存其没，家莫闻知。人或有言，将信将疑。悁悁心目⑲，寝寐见之。布奠倾觞，哭望天涯。天地为愁，草木凄悲。吊祭不至，精魂何依？必有凶年，人其流离。呜呼噫嘻！时耶？命耶？从古如斯。为之奈何？守在四夷。

【注释】

① 夐（xiòng）：空旷。② 曛（xūn）：昏暗。③ 铤（tǐng）：急奔。④ 腷（bì）臆：郁闷的心情。⑤ 致（dù）：败坏。⑥ 迂阔：不切实际。⑦ 期门：军营大门。⑧ 旄（máo）旗：用旄牛尾装饰的军旗。⑨ 析：裂。⑩ 踟（chí）蹰（chú）：徘徊不前。⑪ 缯（zèng）纩（kuàng）：以丝和棉制作而成的衣服。⑫ 蹙（cù）：迫近。⑬ 幂幂（mì）：阴森的样子。⑭ 牧：即李牧，战国时赵国的名将。⑮ 痡（pù）：病。⑯ 猃（xiǎn）狁（yǔn）：我国古代北方的一个民族。⑰ 穆：端庄盛美的样子。棣（dì）：文雅安闲的样子。⑱ 咎：罪过。⑲ 悁悁（yuān）：忧愁。

【译文】

辽阔啊，空旷的沙漠无边无垠，天高地远，不见人迹。黄河如带子一般曲折盘绕，群山交错纵横，暗淡凄惨，风声悲号，日色昏暗。野草枯黄，天气寒冷得像是下过霜的早晨。飞鸟疾飞而过，不做停留；野兽仓皇奔逃，离散失群。亭长对我说："这里就是古时的战场，曾经有军队在这里覆没。天阴下雨的时候，常常听见鬼哭的声音。"令人痛心啊！这里是秦时的战场、汉时的战场，还是近代的战场呢？

我听说战国时齐国、魏国征兵戍守边境，楚国、韩国广开兵源，招募士卒。士兵们万里迢迢地奔赴战场，连年暴露于日晒雨淋之下，清晨在风沙四起的草场上放牧，深夜从结了冰的河面上穿渡。天地辽阔广大，不知哪里才是归路。把生命交给刀刃枪锋，满怀的愁绪向谁倾诉？自秦汉以来，边境常有战事，中原凋敝破败，没有哪个朝代不是这样。

古人说边境上如戎、夏一类的少数民族是不抗拒朝廷的仁义之师的；而现实中却是礼仪教化不为所用，武将的奇谋却屡屡得以施展。用兵的诡道奇谋与仁义道德不同，用礼仪教化来安抚四方被认为是迂阔的空谈而荒废不用。

唉，可叹啊！我想，当北风席卷沙漠的时候，胡兵便伺机进犯。主将骄傲轻敌，在辕门仓促应战。旷野中竖起军旗，军队往来部署。军法严厉，士卒们心中恐惧；将帅们威风凛凛，士卒们的性命却十分微贱。锋利的箭头射穿了骨头，猛烈的风沙迎面袭来。敌我相搏的惨烈场景，让山川为之瞠目震惊，喊杀声震裂江河，气势迅猛如同惊雷闪电。至于在天气阴沉、彤云密布的日子里，凛冽的寒风肆虐在边塞之地，积雪没过了小腿，胡须上结满了冰碴，猛禽都藏进了窝里，战马也徘徊不前，士卒们的冬衣棉服内毫无暖气，天气已经到了能冻掉手指、冻裂肌肤的程度。这让人无法忍受的寒冷，正是老天对于强悍的胡人的帮助，他们凭借这肃杀之气，前来抢劫屠杀。他们肆无忌惮地劫取军用物资，侧面袭击士卒。边地传来的消息往往是都尉刚刚投降，将军又战死疆场；士兵的尸体躺满了大河两岸，鲜血注满了长城的洞窟。人死了就谈不上谁贵谁贱了，都是一并化为枯骨，那悲惨的状况，还能说得完吗？

鼓声衰落下来啊，战士的力量已经用尽，箭矢射完了啊，弓弦也在厮杀中断绝，白刃相搏啊宝刀折断，两军相迫啊生死相决。投降吧，将终身沦为夷狄；拼死吧，尸骨也将暴露在沙场。鸟无声啊，群山寂寂，夜正长啊，寒风凄凄，魂魄不散啊，天色阴沉，这个地方是鬼来神往啊，阴云密布。日光惨淡啊百草不长，月色悲凉啊映着白霜。世上还有什么像这样让人伤心、不忍目睹的景象吗？

我听说，战国时赵国名将李牧曾经率领赵军大败林胡，开辟国土千里，使匈奴败走奔逃；而汉朝倾全国之力抗击匈奴，结果却落得个国家钱财用尽、老百姓疲困不堪的下场。这其中的关键只在用人罢了，哪里是在于军队的多少呢？周朝驱逐猃狁，把他们赶到北面的太原，在北方筑起了城墙，军队全胜而还。回来后饮宴欢庆，记录战功；君臣之间和乐安闲，彼此爱护。秦朝修筑长城，关塞直到海边，而生灵为之涂炭，

◎卷七　六朝唐文

长城脚下累死的百姓尸骨数也数不完。汉朝攻打匈奴，虽然取得了阴山，但是终究是死伤惨重、尸横遍野，功劳弥补不了灾患。

　　天下这么多的百姓，谁人没有父母？尽力供养，还怕他们不能长寿。谁人没有兄弟，彼此相爱，如同手足。谁人没有夫妻，彼此相敬如宾，相爱如友。活下来是谁的恩？战死了又是谁的错？是生是死，家人却不得而知，偶尔听到些传言，也仍然将信将疑。他们内心充满了忧郁，只能在梦中和亲人相聚。亲人们洒酒祭奠，望着天边哭泣。天地为他们哀愁，草木为他们悲泣。吊祭之情如果不能到达，战死的孤魂将在何处依附？大战之后，必有凶年，百姓也将要流离失所。唉！可悲啊！是时世造成的呢，还是命运造成的呢？自古以来就是如此，这又能怎么办呢？只有施行仁政，用礼仪教化来归化四夷，才能让他们为天子守卫疆土。

刘禹锡

刘禹锡,字梦得,洛阳人。德宗贞元九年(793)登进士第,登博学鸿词科。顺宗时任屯田员外郎,参与"永贞革新",不久失败,被贬为朗州司马,迁连州刺史。后因裴度力荐,任太子宾客。武宗初,加检校礼部尚书衔。世称"刘宾客""刘尚书"。以诗文著称,与柳宗元齐名,并称"刘柳",晚年与白居易并称"刘白"。其文主要是散体古文,善于说理叙事。有《刘宾客集》。

◎卷七 六朝唐文

陋室铭

【原文】

山不在高,有仙则名;水不在深,有龙则灵。斯是陋室,唯吾德馨。苔痕上阶绿,草色入帘青。谈笑有鸿儒,往来无白丁。可以调素琴,阅金经①。无丝竹之乱耳,无案牍之劳形②。南阳诸葛庐,西蜀子云亭③。孔子云:"何陋之有?"

【注释】

①金经:用泥金颜料书写的经书。②案牍(dú):指官府的文书。③子云:西汉辞赋家扬雄,字子云。

【译文】

山不在高,有仙人居住就能出名;水不在深,有龙潜藏就能降福显灵。这是间简陋的屋子,好在我有美好的德行。绿色的苔藓滋生到了台阶上面,芳草把帘内映得碧青。在这里谈笑的是饱学多识的学者,相往来的没有无知识的俗人。在这里可以弹奏素朴无华的古琴,阅读金色字迹的佛经;没有世俗的音乐扰乱两耳,没有官府公文劳累身形。它如同南阳诸葛亮的茅庐,好似西蜀扬子云的草玄亭。孔子说:"有什么简陋的呢?"

杜 牧

杜牧,字牧之,京兆长安(今陕西西安)人,祖居长安下杜樊乡(今陕西长安区东南),世称"杜樊川"。文宗大和二年(828)登进士第,登贤良方正能直言极谏科,授弘文馆校书郎。曾为江西观察使、宣歙观察使沈传师和淮南节度使牛僧孺的幕僚。历任监察御史,黄州、池州、睦州诸州刺史。后入为司勋员外郎,官终中书舍人。晚唐杰出的诗人与散文家,与李商隐齐名,时号"小李杜"。有《樊川文集》。

◎卷七 六朝唐文

阿房宫赋

【原文】

六王毕，四海一。蜀山兀①，阿房出。覆压三百余里，隔离天日。骊山北构而西折，直走咸阳。二川溶溶，流入宫墙。五步一楼，十步一阁，廊腰缦回，檐牙高啄，各抱地势，钩心斗角。盘盘焉，囷囷焉②，蜂房水涡，矗不知其几千万落。长桥卧波，未云何龙？复道行空③，不霁何虹④？高低冥迷，不知西东。歌台暖响，春光融融；舞殿冷袖，风雨凄凄。一日之内，一宫之间，而气候不齐。

妃嫔媵嫱⑤，王子皇孙，辞楼下殿，辇来于秦。朝歌夜弦，为秦宫人。明星荧荧，开妆镜也；绿云扰扰，梳晓鬟也。渭流涨腻，弃脂水也；烟斜雾横，焚椒兰也。雷霆乍惊，宫车过也；辘辘远听，杳不知其所之也。一肌一容，尽态极妍，缦立远视⑥，而望幸焉。有不得见者三十六年。

燕、赵之收藏，韩、魏之经营，齐、楚之精英，几世几年，取掠其人，倚叠如山。一旦不能有，输来其间。鼎铛玉石⑦，金块珠砾，弃掷逦迤⑧，秦人视之，亦不甚惜。

嗟乎！一人之心，千万人之心也。秦爱纷奢，人亦念其家。奈何取之尽锱铢⑨，用之如泥沙？使负栋之柱，多于南亩之农夫；架梁之椽，多于机上之工女；钉头磷磷⑩，多于在庾之粟粒；瓦缝参差，多于周身之帛缕；直栏横槛，多于九土之城郭；管弦呕哑，多于市人之言语。使天下之人，不敢言而敢怒；独夫之心，日益骄固。戍卒叫，函谷举，楚人一炬，可怜焦土！呜呼！灭六国者，六国也，非秦也。族秦者，秦也，非天下也。嗟夫！使六国各爱其人，则足以拒秦；秦复爱六国之人，则递三世可至万世而为君，谁得而族灭也？秦人不暇自哀，而后人哀之。后人哀之而不鉴之，亦使后人而复哀后人也！

【注释】

①兀（wū）：光秃。②囷囷（qūn）：曲折回旋。③复道：楼阁之间以木架设的通道。④霁（jì）：雨后初晴。⑤媵（yìng）：指宫女。嫱（qiáng）：古代宫廷里的女官名。⑥缦立：长久地站立。⑦铛（chēng）：一种平底浅锅。⑧逦（lǐ）迤（yǐ）：连续不断。⑨锱（zī）铢：古时的重量单位。六铢等于一锱，四锱等于一两。⑩磷磷：纷繁闪烁。

【译文】

六国覆灭，天下统一。蜀山中的树木被砍光了，阿房宫建成了。它覆盖了三百多里地，几乎遮蔽了天日。从骊山北面建起，折向西面的咸阳。渭水和樊川清波荡漾，缓缓流进了宫墙。五步一座高楼，十步一座亭阁，长廊如腰带，回环萦绕，屋檐高挑，像鸟嘴一样向上啄起，亭台楼阁各依地势，向心交错。盘盘绕绕，曲曲折折，像蜂房那样密集，像水涡那样起伏，巍峨耸立，不知道它们有几千万个院落。那长桥横卧在水面上，没有云聚风起，却怎么像有蛟龙飞腾？那阁道架在半空中，并非雨过天晴，却怎么像有长虹横空？亭榭池苑高低错落，使人辨不清南北东西。楼台上歌声响起，让人感到春天里的融融暖意；大殿里舞袖挥动，带起一片风雨凄迷。同一天内，同一宫中，气候冷暖竟截然不同。

那六国的妃嫔姬妾、王子皇孙，辞别了故国的楼阁宫殿，乘着辇车来到秦国。日夜歌唱弹琴，成了秦皇的宫人。宫苑中星光闪烁啊，那是美人们打开了梳妆的明镜，又看见绿云纷纷，那是她们对镜晨妆时散开的秀发。渭水上泛起了油腻啊，那是妆成后泼下的脂水；烟雾弥漫啊，是她们焚烧的椒兰。雷霆声忽然震天响起，原来是皇帝的车辇从这里经过；辘辘的车轮声渐行渐远了，不知道它驶向何方。这时候，每一种身姿，每一份容颜，都要费尽心思地显示出姣好，表现出妩媚；她们久久地伫立着，眺望着，希望皇帝能驾临。有的人三十六年未得见皇帝一面。

　　燕国、赵国的收藏，韩国、魏国的珍宝，齐国、楚国的精品，都是多少年、多少代靠搜刮本国的百姓而聚敛起来的，可谓堆积如山。一朝国家灭亡，不能再占有，便都被运到了阿房宫中。神鼎当成铁锅，宝玉当成石头，黄金当成土块，珍珠视为沙砾，随处丢弃，遍地可见。秦人看着，也不觉得很可惜。

　　唉！一个人心之所向，也正是千万人心之所向啊。秦始皇喜欢豪华奢侈，可百姓也眷念着自己的家呀。为什么搜刮财宝的时候连一分一厘也不放过，挥霍起来却把它当成泥沙毫不珍惜呢？使得支撑宫梁的柱子，比田里的农夫还多；架在屋梁上的椽子，比织机上的织女还多；钉头闪闪，比粮仓的谷粒还多；长长短短的瓦缝，比百姓遮体的丝缕还多；栏杆纵横，比天下的城池还多；管弦齐鸣的嘈杂声，比集市的人声还要喧闹。使天下的人虽然口不敢言，心中却充满了愤怒；使独断专行、天下唯我的暴君之心日益骄横顽固。终于有一天几个被征发戍边的士卒振臂一呼，函谷关便应声陷落，项羽的一把大火，可惜啊，那豪华的宫殿就变成了一片焦土！

　　唉！消灭六国的是六国自己，不是秦国；使秦国覆灭的是秦人自己，不是天下的人。唉！假如六国的国君能各自爱护自己的百姓，就足以抵抗秦国；如果秦能爱惜六国的百姓，那就可以传位到三世以致万世而永为君王，谁能够使它覆灭呢？秦人来不及哀叹自己的灭亡，而后人为他们哀叹；如果后人哀叹它却不引以为戒，那么就又要让更后来的人来哀叹后人了。

韩　愈

韩愈，字退之，河南河阳（今河南孟州市）人。其郡望在昌黎，世称"韩昌黎"。德宗贞元八年（792）登进士第，其后任节度推官、监察御史等职。贞元十九年（803），因言关中旱灾，触怒权臣，贬阳山令。宪宗元和元年（806）召拜国子博士。元和十四年（819），上表谏迎佛骨，贬潮州刺史，后历任国子祭酒、吏部侍郎、京兆尹等职。韩愈是唐代著名的思想家和文学家，一生以弘扬儒家道统，排斥佛老为己任。在文学上，他竭力反对骈偶体制和浮华文风，提倡效法先秦两汉的古文。他的文章个性强烈，气势逼人，句式参差交错，结构变化开阖，苏轼赞之为"文起八代之衰"。

◎卷七　六朝唐文

原　道

【原文】

　　博爱之谓仁，行而宜之之谓义，由是而之焉之谓道，足乎己无待于外之谓德。仁与义为定名，道与德为虚位。故道有君子小人，而德有凶有吉。老子之小仁义，非毁之也，其见者小也。坐井而观天，曰天小者，非天小也。彼以煦煦为仁①，孑孑为义②，其小之也则宜。其所谓道，道其所道，非吾所谓道也；其所谓德，德其所德，非吾所谓德也。凡吾所谓道德云者，合仁与义言之也，天下之公言也；老子之所谓道德云者，去仁与义言之也，一人之私言也。

　　周道衰，孔子没，火于秦。黄、老于汉③，佛于晋、魏、梁、隋之间。其言道德仁义者，不入于杨④，则入于墨⑤；不入于老，则入于佛。入于彼，必出于此。入者主之，出者奴之；入者附之，出者污之。噫！后之人其欲闻仁义道德之说，孰从而听之？老者曰："孔子，吾师之弟子也。"佛者曰："孔子，吾师之弟子也。"为孔子者，习闻其说，乐其诞而自小也，亦曰"吾师亦尝师之"云尔。不惟举之于其口，而又笔之于其书。噫！后之人虽欲闻仁义道德之说，其孰从而求之？甚矣，人之好怪也！不求其端，不讯其末，惟怪之欲闻。

　　古之为民者四，今之为民者六。古之教者处其一，今之教者处其三。农之家一，而食粟之家六；工之家一，而用器之家六；贾之家一，而资焉之家六⑥。奈之何民不穷且盗也？古之时，人之害多矣。有圣人者立，然后教之以相生相养之道，为之君，为之师，驱其虫蛇禽兽而处之中土。寒然后为之衣，饥然后为之食。木处而颠⑦，土处而病也，然后为之宫室。为之工以赡其器用⑧，为之贾以通其有无，为之医药以济其夭死，为之葬埋祭祀以长其恩爱，为之礼以次其先后，为之乐以宣其湮郁⑨，为之政以率其怠倦⑩，为之刑以锄其强梗。相欺也，为之符、玺、斗斛、权衡以信之；相夺也，为之城郭甲兵以守之。害至而为之备，患生而为之防。今其言曰："圣人不死，大盗不止；剖斗折衡，而民不争。"呜呼！其亦不思而已矣。如古之无圣人，人之类灭久矣。何也？无羽毛鳞介以居寒热也，无爪牙以争食也。

是故君者，出令者也；臣者，行君之令而致之民者也；民者，出粟米麻丝，作器皿，通货财，以事其上者也。君不出令，则失其所以为君；臣不行君之令而致之民，则失其所以为臣；民不出粟米麻丝，作器皿，通货财以事其上，则诛。今其法曰："必弃而君臣，去而父子，禁而相生相养之道。"以求其所谓清净寂灭者。呜呼！其亦幸而出于三代之后，不见黜于禹、汤、文、武、周公、孔子也；其亦不幸而不出于三代之前，不见正于禹、汤、文、武、周公、孔子也。

帝之与王，其号虽殊，其所以为圣一也。夏葛而冬裘⑪，渴饮而饥食，其事虽殊，其所以为智一也。今其言曰："曷不为太古之无事？"是亦责冬之裘者曰："曷不为葛之之易也？"责饥之食者曰："曷不为饮之之易也？"传曰："古之欲明明德于天下者，先治其国；欲治其国者，先齐其家；欲齐其家者，先修其身；欲修其身者，先正其心；欲正其心者，先诚其意。"然则古之所谓正心而诚意者，将以有为也。今也欲治其心，而外天下国家，灭其天常⑫，子焉而不父其父，臣焉而不君其君，民焉而不事其事。孔子之作《春秋》也，诸侯用夷礼，则夷之；进于中国，则中国之。经曰："夷狄之有君，不如诸夏之亡。"《诗》曰："戎狄是膺⑬，荆舒是惩⑭。"今也，举夷狄之法，而加之先王之教之上，几何其不胥而为夷也⑮？

夫所谓先王之教者，何也？博爱之谓仁，行而宜之之谓义，由是而之焉之谓道，足乎己无待于外之谓德。其文，《诗》《书》《易》《春秋》；其法，礼、乐、刑、政；其民，士、农、工、贾；其位，君臣、父子、师友、宾主、昆弟、夫妇；其服，麻、丝；其居，宫、室；其食，粟米、果蔬、鱼肉。其为道易明，而其为教易行也。是故以之为己，则顺而祥；以之为人，则爱而公；以之为心，则和而平；以之为天下国家，无所处而不当。是故生则得其情，死则尽其常。郊焉而天神假⑯，庙焉而人鬼飨⑰。曰："斯道也，何道也？"曰："斯吾所谓道也，非向所谓老与佛之道也。尧以是传之舜，舜以是传之禹，禹以是传之汤，汤以是传之文、武、周公，文、武、周公传之孔子，孔子传之孟轲。轲之死，不得其传焉。荀与扬也，择焉而不精，语焉而不详。由周公而上，上而为君，故其事行。由周公而下，下而为臣，故其说长。"然则如之何而可也？曰："不塞不流，不止不行。人其人，火其书，庐其居，明先王之道以道之，鳏寡孤独废疾者有养也⑱，其亦庶乎其可也。"

【注释】

①煦煦：和乐，和悦。②孑孑（jié）：谨小慎微。③黄、老：指汉初流行起来以黄、老为祖的道家流派。④杨：杨朱，战国时哲学家。⑤墨：墨翟，战国初年思想家。⑥资：依赖。⑦颠：坠落。⑧赡：供给。⑨湮（yān）郁：心中的郁闷。⑩率：通"律"。⑪葛：葛麻制成的衣服。⑫天常：天伦，指父子、兄弟等亲属关系。⑬膺：攻击、⑭荆舒：古指东南地区的少数民族。⑮胥：都。⑯假：通"格"，到。⑰飨（xiǎng）：通"享"。⑱鳏（guān）：没有妻子的老人。

【译文】

博爱叫作仁，行为得当叫作义，从仁义出发去立身行事叫作道，本身就具有的，并且不需要后天灌输的就是德了。仁与义有确实的意义，而道与德则是从不同的内容和准则中抽象出来的不确实的名称。因此道有君子之道和小人之道，德则分为凶德与吉德。老子蔑视仁义，并不是诋毁仁义，而是他所见短浅。正如那些坐井观天，于是说天很小的人一样；这并不是因为天真的狭小。他把表面上的和乐悠闲看作是仁，把谨小慎微看作是义，那么他蔑视仁义也是应当的。他所说的道，是把他对道的理解当作道，不是我所说的道；他所说的德，是把他对德的理解当作德，也不是我所说的德。我所说的道德，是结合仁与义的实际意义来讲的，是天下的公论；老子所说的道德，是离开了仁与义的实际内容而讲的，是他个人的见解。

　　周道衰微，孔子去世，秦代焚书。黄老的学说兴盛于汉代，晋、魏、梁、隋几朝之间又盛行佛教。那时谈论道德仁义的人，不是归入杨朱学派，便是归入墨翟学派；不是归入道教，便是归入佛教。信奉了这一家，必然脱离另一家。加入了哪一派就极力地推崇那派的学说，从哪派之中退出来就对那一派加以贬低排斥；加入哪派就附和哪派的观点，从哪一派中退出来就加以诋毁和攻击。唉！后世之人想要了解仁义道德的学说，究竟该听从谁的呢？信奉老子学说的人说："孔子，是我们祖师的弟子。"信奉佛教的人说："孔子，是我们祖师的弟子。"信奉孔子学说的人，听惯了这些话，又因为喜欢听他们那些新奇怪诞的言论而轻视自己，也跟着说起了"我们的老师也曾经向他们学习过"这样的话。而且还不单单是在口头上说说，甚至把这些写进了书里。唉！后世之人即使想了解仁义道德的学说，又该从哪里去探求它们呢？人们对于新奇怪诞的言论与事物的喜好也太过分了吧！不问它的起源，不追问它的流变，只要是怪诞的就想要听到。

　　古代的百姓分为四类，今天的百姓分为六类。古代施行教化的人只是其中的一类，今天施行教化的人却占了六类中的三类。种田的只有一家，而吃粮的却有六家；做工的只有一家，而使用器具的却有六家；经商的人只有一家，而靠其流通商品而得到方便的却有六家。老百姓怎能不因为困穷而盗窃呢？古时候，人们所受的灾害很多，后来有圣人出现了，这才把互相依赖以求生存、互相供养以求延续的方法教给人们，做他们的首领，当他们的老师，把那些虫蛇禽兽伤人的物类驱赶出中原地带，让人民安居于此。天气冷了，就带领大家制衣御寒；肚子饿了，就教给人们获取食物的方法。

　　在树上筑巢而居常常会掉落下来，住在地下的洞穴里又很容易患病，于是便教人们建筑房屋。为人们设置了工匠，供应人们日常所需的器具，又教人们如何经商做买卖以流通有无。教人们使医用药以防治病亡，为人们制定了丧葬祭祀之礼以促进人们之间的恩爱之情，为人们规定出礼仪规范使人们有了尊卑长幼之序,创造出音乐使人们能抒发宣泄出胸中的抑郁之情。制定了政令,以带动起那些懈怠懒惰的人;设立了刑法,以铲除那些强暴为害之徒。为了防止相互欺骗,制作出了符玺、斗斛、权衡来作为凭信;为了防止互相争夺,就为人们筑起了城墙、成立了军队以帮助他们守卫家园。灾害将要到来就为他们做好准备,祸患将要发生就为他们做好防范。现在他们却说:"圣人不死掉,大盗便不会停止;毁掉那些称量器具,人民便不再有争夺。"唉!那也是不加思考的话罢了。假若古代没有圣人,那么人类已经灭绝很久了。为什么呢?因为人类既没有羽毛鳞甲来对付寒热,也没有利爪坚牙来争夺食物啊。

  因此,君主是发布政令的;臣子是推行君主之令并将它实施于民众之中的;民众是生产粟、米、丝、麻,制作器皿,流通财货,以供奉位在他们之上的人的。君主不发布政令,便丧失了他作为君主的职能;臣子不推行君主之令,并将它们实施到民众之中,便丧失了他做臣子的职能;民众不生产粟、米、丝、麻,制作器皿,流通财货以侍奉位于他们之上的人,就要受到惩罚。现在他们主张:"必须抛弃你们君臣之礼,舍去你们的父子之纲,禁止你们相生相养的方法。"来追求他们所谓的清净寂灭的境界。唉!幸而他们出生在三代之后,才没有受到夏禹、商汤、周文王、周武王、周公、孔子等人的贬斥;也很不幸,他们没有出生在三代之前,所以他们的想法未能被夏禹、商汤、周文王、周武王、周公和孔子纠正。

  那些被人们所尊崇的古代帝王,其称号虽然不同,他们之所以是圣人的原因是一样的。夏天穿葛布衣,冬天穿皮裘,渴了喝水,饿了吃饭,这些事虽然不同,但它们称之为聪明举动的原因都是一样的。现在他们却说:"为什么不实行上古的无为而治呢?"这也就好比责怪冬天穿皮衣的人说:"为什么不穿葛布衣?那样多简单。"又好比责怪饿了吃饭的人说:"为什么不喝水?那样多简单。"《礼记》上说:"古代想要将完美德行显示于天下的人,先要治理好他的国家;想要治理好国家,就必须先安顿好他的家庭;想要安顿好家庭,就必须先提高自身的修养;想要提高自身的修养，就必须先端正思想；想要端正思想，就必须先做到心意诚恳。"那么，古时候认为思想端正、心意诚恳的人，是要有所作为的。如今想修身养性，却将天下国家置之度外，把天理伦常抛在一边，儿子不把父亲当作父亲，臣子不把君主当作君主，民众不做他们该做的事情。孔子作《春秋》的时候，诸侯中那些使用夷狄礼仪的，都把他们看作夷狄；夷狄中使用中原礼仪的，都把他们看作是中原国家。《论语》上说："夷狄虽有君主，也不如华夏的没有君主。"《诗经》上说："讨伐夷狄，惩治荆舒。"现在呢，却要将夷狄的法度凌驾于先王的教化之上，那么用不了多久不就都变成夷人了吗？

所谓先王之教到底是什么呢？博爱叫作仁，行为得当叫作义，从仁义出发去立身行事叫作道，本身就具有的，并且不需要后天灌输的就是德了。它的文献是《诗经》《尚书》《易经》《春秋》；它的法度是礼仪、音乐、刑法、政治；它对于人民的分类是士兵、农民、工人、商人；它将人们之间的关系定为君臣、父子、师友、宾主、兄弟、夫妇；它将人们所穿的衣服分为麻布、丝绸；它规定人们的住所应该是房屋；它把食物的范围圈定在粟、米、瓜果、蔬菜、鱼肉之内。它作为道理，让人容易明白理解；它作为教化，也是容易施行的。因此，用它修身，就能和顺吉祥；用它待人，就能仁爱而公正；用它来治心，就能和乐而平静；用它来治理天下国家，没有什么地方会感到施行不当。因此，人活着的时候能言行合乎情理，死去的时候也是尽完了天理伦常而死去。用它来祭天，就能使天神降临；用它来祭祖，则祖先的灵魂就前来享用。也许有人问："这个道是什么道呀？"回答说："这是我所说的道，不是刚才说的老子与佛教的道。尧将它传给舜，舜将它传给禹，禹将它传给汤，汤将它传给文王、武王、周公，文王、武王、周公将它传给了孔子，孔子又将它传给了孟轲。孟轲死后，就没能再继续传下去。荀况与扬雄，对它的继承有所提炼，但不精粹，对它的谈论也不详尽。从周公往上，传道的人都是做国君的人，所以王道得以顺利推行。自周公以下都是做臣子的人，所以王道学说才得以流传。"那么，需要采取什么措施才能使王道流传呢？回答说："佛老的邪说不加堵塞，先王之道便不能流传；佛老的谬论不加禁止，先王之道便不能施行。让那些僧道还俗，将他们的经籍焚毁，将他们的寺观改为民房，阐明先王之道以教导他们，让鳏夫、寡妇、孤儿、孤老、残疾人都能得到供给赡养，那也就差不多可以了吧？"

原 毁

【原文】

　　古之君子，其责己也重以周①，其待人也轻以约②。重以周，故不怠；轻以约，故人乐为善。闻古之人有舜者，其为人也，仁义人也。求其所以为舜者，责于己曰："彼，人也，予，人也。彼能是，而我乃不能是。"早夜以思，去其不如舜者，就其如舜者。闻古之人有周公者，其为人也，多才与艺人也。求其所以为周公者，责于己曰："彼，人也，予，人也。彼能是，而我乃不能是。"早夜以思，去其不如周公者，就其如周公者。舜，大圣人也，后世无及焉。周公，大圣人也，后世无及焉。是人也，乃曰："不如舜，不如周公，吾之病也。"是不亦责于身者重以周乎？其于人也，曰："彼人也，能有是，是足为良人矣。能善是，是足为艺人矣。"取其一，不责其二；即其新，不究其旧。恐恐然惟惧其人之不得为善之利。一善，易修也，一艺，易能也，其于人也，乃曰："能有是，是亦足矣。"曰："能善是，是亦足矣。"不亦待于人者轻以约乎？

　　今之君子则不然。其责人也详，其待己也廉。详，故人难于为善；廉，故自取也少。己未有善，曰："我善是，是亦足矣。"己未有能，曰："我能是，是亦足矣。"外以欺于人，内以欺于心，未少有得而止矣。不亦待其身者已廉乎？其于人也，曰："彼虽能是，其人不足称也；彼虽善是，其用不足称也。"举其一，不计其十；究其旧，不图其新，恐恐然惟惧其人之有闻也③。是不亦责于人者已详乎？夫是之谓不以众人待其身，而以圣人望于人，吾未见其尊己也。

　　虽然，为是者，有本有原，怠与忌之谓也。怠者不能修④，而忌者畏人修。吾尝试之矣，尝试语于众曰："某良士，某良士。"其应者，必

◎ 卷七　六朝唐文

其人之与也⑤，不然，则其所疏远，不与同其利者也，不然，则其畏也。不若是，强者必怒于言，懦者必怒于色矣。又尝语于众曰："某非良士，某非良士。"其不应者，必其人之与也，不然，则其所疏远，不与同其利者也，不然，则其畏也。不若是，强者必说于言⑥，懦者必说于色矣。是故事修而谤兴，德高而毁来。呜呼，士之处此世，而望名誉之光，道德之行，难已！将有作于上者，得吾说而存之，其国家可几而理欤⑦！

【注释】

①责：要求。周：全面。②约：简略。③闻：声誉，名望。④修：指品德和学识上的进步。⑤与：朋友。⑥说：通"悦"，高兴。⑦几：差不多。

【译文】

古时候的君子，要求自己严格而且全面，对待别人宽容而且简约。因为对己要求严格全面，所以从不懈怠；因为对人宽容简约，所以别人就都乐于做善事。他们听说古代有位叫舜的人，听说他的为人乃是大仁大义，于是在分析舜之所以为舜的原因之后，责问自己说："舜是个人，我也是个人，他能做到的，我怎么就做不到呢？"于是日夜思考，想去掉自己不如舜的方面，发扬那些与舜相似的方面。又听说古代有个叫周公的人，周公这个人，可以用多才多艺来形容，他们于是在分析周公之所以成为周公的原因之后，责问自己说："周公是人，我也是人，周公能做到的，我怎么就做不到呢？"于是日夜加以思考，去掉自己不如周公的方面，发扬与周公相似的方面。舜是伟大的圣人，后代的人没有赶上他的。周公也是个伟大的圣人，后代的人也没有赶上他的。所以这些人便说："我不如舜，不如周公，这就是我的缺陷啊！"这不就是对自己要求既全面而又严格吗？他们对待别人，总是说："人家能做到这点，就足以算得上是个贤能的人了；能擅长这个，就足以称得上是个多才多艺的人了。"肯定人家一个方面，而不苛求其他方面；只看别人今天的表现，而不追究他的过去。小心翼翼地唯恐人家得不着做善事应得的回报。做一件好事是容易的，掌握一种技能也是容易的；而他们对于这样有些许良善作为的人总是说："能这样，也就足够了。"又说："能擅长这个，也就可以了。"这不就是对待别人既宽容又简约吗？

现在的君子却不是这样。他们对别人的要求是多而详细的，对自己的要求却是很低的。求全责备，所以别人就难以做好事；对自己要求很低，所以他自己的收益就很少。自己并没有什么善行，却说："我能这样，也就可以了。"自己并没有什么才能，却说："我能做这个，也就足够了。"对外是蒙蔽了别人，对内是欺骗了本心，还没有什么进步便已经停止不前了。这不是现在的君子要求自己很少很低的表现吗？可是他对待别人，却说："那个人虽然能这样，但他的为人并不足够为人们所称道。那个人虽擅长这个，但这点儿本事也没什么了不起的。"抓住人家某个方面的缺点，就不考虑他其他方面的优点；追究人家的过去，而不考虑他今日的表现，小心翼翼地唯恐别人得到了好名声。这不是现今君子要求别人太多太细的表现吗？这就叫不用一般人的标准来要求自身，却按照圣人的标准去要求别人，我可看不出来他这是尊重自己。

虽然这样，这样做的人是有他们的根源的，那就是他们的懈怠和妒忌。懈怠的人，就不可能修养自己的道德学问；妒忌别人的人，生怕别人的道德学问得到了提高。我曾经试验过，我曾试着在众人面前说："某某是个不错的人，某某是个不错的人。"那些赞同我的，必定是这个人的朋友，要不就是跟他关系疏远，没有利害冲突的人，不然就是畏惧他的人。如果不是这样，那么，强者一定会愤怒地说些反对的话，软弱的人也必定会在脸上流露出不满的神情。我还试着在众人面前说："某某不怎么样，某某不怎么样。"那些不赞同我的人，必定是这人的朋友，要不就是跟他疏远没有利害冲突的人，不然就是畏惧他的人。如果不是这样，那么，强者一定会高兴地说些赞同的话，软弱的人也必然在脸上流露出喜悦、赞同的神情。正因为这样，一个人的事业成功了，诽谤也就随之产生了；一个人的德行树立了，对他的攻击也就随之而来。唉，士人生活在这种世道当中，而希望名誉能够传扬、道德能够推广，实在是太难了！

想要有所作为、高高在上的人们，听到我上面的话，就将这些牢牢记在心里，那么差不多就可以把国家治理好了吧！

获麟解

【原文】

麟之为灵①，昭昭也②。咏于《诗》，书于《春秋》，杂出于传记、百家之书。虽妇人小子，皆知其为祥也。

然麟之为物，不畜于家，不恒有于天下。其为形也不类，非若马、牛、犬、豕、豺、狼、麋、鹿然③。然则虽有麟，不可知其为麟也。角者，吾知其为牛；鬣者④，吾知其为马；犬、豕、豺、狼、麋、鹿，吾知其为犬、豕、豺、狼、麋、鹿；惟麟也不可知。不可知，则其谓之不祥也亦宜。

虽然，麟之出，必有圣人在乎位，麟为圣人出也。圣人者，必知麟。麟之果不为不祥也。又曰：麟之所以为麟者，以德不以形。若麟之出不待圣人，则谓之不祥也亦宜。

【注释】

①麟：麒麟，古代传说中的灵物。②昭昭：明白。③豕（shǐ）：猪。④鬣（liè）：马颈上的长毛。

【译文】

麒麟是灵异的动物，这是很明白的事情。它被《诗经》所歌颂，为《春秋》所记载，在传记和诸子百家的书里有各种各样对它的记录；即使是妇女儿童，也都知道麒麟代表的是一种祥瑞。

然而麒麟作为一种动物，不能畜养在家中，也不经常在天下出现，从外形上看它不属哪个种类，不像人们常见的马、牛、狗、猪、豺、狼、麋、鹿那样。因此，虽有麒麟这东西，人们也不知道它就是麒麟。

头上长角的我知道它是牛,长着长长鬃毛的我知道它是马。狗、猪、豺、狼和麋鹿,我看到它们就知道是狗、猪、豺、狼和麋鹿。唯独麒麟是不能知道的。不能知道它的模样,那么说它是个不祥之物也是可以的。

虽然这样,但麒麟出现的时候,必是有圣人在位。麒麟是为圣人出现的,圣人也必定是认得麒麟的,所以麒麟确实不是不祥之物啊!又有人说:麒麟之所以是麒麟,是凭着它的德行,而不是因为它的外形。倘若麒麟真的没等圣人在位就出现,那么说它是不祥之物也是可以的。

杂说一

【原文】

龙嘘气成云①,云固弗灵于龙也。然龙乘是气,茫洋穷乎玄间②,薄日月③,伏光景④,感震电⑤,神变化⑥,水下土,汩陵谷⑦。云亦灵怪矣哉!云,龙之所能使为灵也。若龙之灵,则非云之所能使为灵也。然龙弗得云,无以神其灵矣,失其所凭依,信不可欤。

异哉!其所凭依,乃其所自为也。《易》曰:"云从龙。"既曰龙,云从之矣。

【注释】

①嘘(xū):吹。②玄间:宇宙。③薄:迫近。④伏:遮蔽。⑤感:通"撼",动摇。⑥神:变幻莫测。⑦汩(gǔ):淹没。

【译文】

龙吐出来的气变成云,云本来就不比龙灵异。但是龙乘着这云,可以自由往来于天地之间,它逼近日月,能遮蔽日月的光芒,它的感应能撼起雷电,变化神奇莫测,于是使雨水降落于大地之上,奔流于山谷之间。云也是奇异灵怪的呀!

云,龙能使它变得灵异;而像龙那样的灵异,就不是云能使它那样的了。但是龙如果得不到云,也就无从使它的灵气显示出来。失去它所凭借的东西,是真的不行啊!奇怪呀!龙所依靠的东西,竟然是它自己所创造出来的。《易经》上说:"云跟随着龙。"既然叫龙,云自然会跟着它了。

◎卷七　六朝唐文

杂说四

【原文】

世有伯乐①，然后有千里马。千里马常有，而伯乐不常有。故虽有名马，只辱于奴隶人之手，骈死于槽枥之间②，不以千里称也。马之千里者，一食或尽粟一石。食马者不知其能千里而食也。是马也，虽有千里之能，食不饱，力不足，才美不外见③。且欲与常马等不可得，安求其能千里也？策之不以其道，食之不能尽其材，鸣之而不能通其意，执策而临之曰："天下无马！"呜呼！其真无马邪？其真不知马也！

【注释】

①伯乐：相传是春秋时秦国人，名孙阳，以善相马著称。②骈（pián）死：一起死去。枥（lì）：马槽。③见：通"现"，显现。

【译文】

世上先是有了伯乐，然后才有了千里马。千里马是经常有的，而伯乐却不是常有的。所以虽有名马在世，也常常是屈辱于庸夫的手中，和普通的马一同死在马厩里，不会因为日行千里而著称于世。

千里马，一顿饭可能要吃光一石的粮食。喂马的人，不知道它能日行千里，因而不把它当千里马来喂养。这样的千里马，虽有日行千里的能力，却因吃不饱而力量不足，它的能耐和俊美就显露不出来。况且如此情形之下想要让它有与普通的马一样的表现还不能够，又怎能要求它日行千里呢？

驾驭它，不能因其本性而加以驾驭；喂养它，不能满足它发挥神骏本色所需要的食物；听到它鸣叫，不能理解它的意思；却拿着鞭子走到它跟前对着它说："天下没有好马！"唉！难道是真的没有好马吗？恐怕是人们真的不认识好马吧？

◎卷八　唐文

师　说

【原文】

　　古之学者必有师。师者，所以传道、受业、解惑也①。人非生而知之者，孰能无惑？惑而不从师，其为惑也，终不解矣。生乎吾前，其闻道也，固先乎吾，吾从而师之；生乎吾后，其闻道也，亦先乎吾，吾从而师之。吾师道也，夫庸知其年之先后生于吾乎②？是故无贵无贱，无长无少，道之所存，师之所存也。

　　嗟乎！师道之不传也久矣，欲人之无惑也难矣。古之圣人，其出人也远矣，犹且从师而问焉；今之众人，其下圣人也亦远矣，而耻学于师。是故圣益圣，愚益愚。圣人之所以为圣，愚人之所以为愚，其皆出于此乎！爱其子，择师而教之，于其身也，则耻师焉，惑矣！彼童子之师，授之书而习其句读者也，非吾所谓传其道解其惑者也。句读之不知，惑之不解，或师焉，或不焉，小学而大遗，吾未见其明也。巫医、乐师、百工之人，不耻相师。士大夫之族，曰师曰弟子云者，则群聚而笑之。问之，则曰："彼与彼年相若也，道相似也！"位卑则足羞，官盛则近谀。呜呼！师道之不复，可知矣。巫医、乐师、百工之人，君子不齿，今其智乃反不能及，其可怪也欤！

　　圣人无常师。孔子师郯子、苌弘、师襄、老聃③。郯子之徒，其贤不及孔子。孔子曰："三人行，则必有我师。"是故弟子不必不如师，师不必贤于弟子，闻道有先后，术业有专攻，如是而已。

　　李氏子蟠，年十七，好古文，六艺经传皆通习之，不拘于时，学于余。余嘉其能行古道，作《师说》以贻之④。

◎卷八　唐文

【注释】

①受：通"授"。②庸：何必。③郯（tán）子：春秋时郯国国君。孔子曾向他请教过关于官名的问题。苌（chàng）弘：周敬王大夫。孔子曾向他请教过音乐方面的知识。老聃（dān）：即老子。孔子曾向他请教过礼仪方面的事情。④贻：赠。

【译文】

古时候求学的人一定要有老师。老师，是传授道理、教授学业和解答疑难问题的。人不是生下来就什么都知道的，谁能没有疑难问题呢？有了疑难问题不向老师请教，那些疑难问题就永远不能解决了。出生在我之前的，他懂得的道理本来就比我多，我向他学习，拜他为师；出生在我之后的，他懂得的道理要是也比我多，我也向他学习，拜他为师。我是从师学习道理，何必管他的年纪是比我大还是比我小呢？因此不论高贵与卑贱、年长与年幼，道理在哪里，老师就在哪里。

唉！从师的风尚不在世上流传已经很久了！要想使人们没有疑难困惑也很难了。古时候的圣人，他们超出一般人是很多的，尚且还向老师求教；现在的一般人，他们比圣人差得很多了，反而以向老师学习为羞耻。因此圣人越来越圣明，愚人也越来越无知。圣人之所以为圣人，愚人之所以为愚人，原因大概就在这里吧！人们爱护自己的孩子，就选择老师来教他，可是对于自己，却以向老师求教为羞耻，这太糊涂了！那孩子们的老师，是教孩子们读书，教他们如何断句的人，并非我所说的传授道理、教授学业、解答疑难问题的人。读书不能断句，有疑难的问题不能解决，不能断句就向老师请教，有疑难问题却不向老师请教，小的事情学习了，大的事情反而遗弃了，我看不出他高明在什么地方。巫医、乐师和各种手工工人，不以互相学习为羞耻。士大夫这一类的人，一旦有以"老师""弟子"相称的，就聚在一起讥笑人家。问他们为什么笑，他们就说："他跟他年岁差不多呀，懂得的道理也不相上下呀。"以地位低的人为师，就感到羞耻；以官职高的人为师，就认为是谄媚。

唉！从师学道的风尚不能恢复的原因，由此可以明白了。巫医、乐师、各种手工工人，这些人是士大夫们所看不起的，如今士大夫们的才智反而赶不上这些人，这是不是太奇怪了！

圣人并没有固定的老师。孔子曾向郯子、苌弘、师襄、老聃求教。他们的学问道德并不如孔子。孔子说："三个人一起行走，其中一定有可以做我老师的人。"所以学生不一定样样不如老师，老师也不一定样样都比学生高明，懂得道理有早有晚，专业各异，擅长不同，如此而已。

李家的孩子名叫蟠，十七岁了，喜好古文，对六经的经文和传注都做了全面的研习，他不受当时耻于从师的不良风气影响，跟从我学习。我赞许他能够遵循古人从师学习的做法，因此作了这篇《师说》送给他。

◎卷八 唐文

进学解

【原文】

国子先生晨入太学①，招诸生立馆下，诲之曰："业精于勤，荒于嬉；行成于思，毁于随。方今圣贤相逢，治具毕张，拔去凶邪，登崇俊良。占小善者率以录②，名一艺者无不庸③。爬罗剔抉④，刮垢磨光。盖有幸而获选，孰云多而不扬？诸生业患不能精，无患有司之不明⑤。行患不能成，无患有司之不公。"

言未既，有笑于列者曰："先生欺余哉！弟子事先生，于兹有年矣。先生口不绝吟于六艺之文，手不停披于百家之编⑥，纪事者必提其要，纂言者必钩其玄⑦。贪多务得，细大不捐⑧。焚膏油以继晷⑨，恒兀兀以穷年⑩。先生之业，可谓勤矣。觝排异端⑪，攘斥佛老。补苴罅漏⑫，张皇幽眇⑬。寻坠绪之茫茫，独旁搜而远绍。障百川而东之，回狂澜于既倒。先生之于儒，可谓劳矣。沉浸醲郁⑭，含英咀华，作为文章，其书满家。上规姚姒⑮，浑浑无涯，周诰殷盘，佶屈聱牙⑯，《春秋》谨严，《左氏》浮夸，《易》奇而法，《诗》正而葩。下逮《庄》《骚》，太史所录，子云、相如⑰，同工异曲。先生之于文，可谓闳其中而肆其外矣⑱。少始知学，勇于敢为。长通于方，左右具宜。先生之于为人，可谓成矣。然而公不见信于人，私不见助于友，跋前疐后⑲，动辄得咎。暂为御史，遂窜南夷。三年博士，冗不见治⑳。命与仇谋，取败几时。冬暖而儿号寒，年丰而妻啼饥。头童齿豁㉑，竟死何裨？不知虑此，反教人为？"

先生曰："吁，子来前！夫大木为杗㉒，细木为桷㉓，欂栌、侏儒㉔，椳、闑、扂、楔㉕，各得其宜，施以成室者，匠氏之工也。玉札、丹砂㉖、赤箭、青芝㉗、牛溲、马勃㉘、败鼓之皮，俱收并蓄，待用无遗者，医师之良也。登明选公，杂进巧拙，纡余为妍㉙，卓荦为杰㉚，校短量长，惟器是适者，宰相之方也。昔者孟轲好辩，孔道以明，辙环天下，卒老于行。荀卿守正，大论是弘，逃谗于楚，废死兰陵。是二儒者，吐辞为经，举足为法，绝类离伦，优入圣域，其遇于世何如也。今先生学虽勤而不由其统，言虽多而不要其中，文虽奇而不济于用，行虽修而不显于众。犹且月费俸钱，岁縻廪粟㉛，子不知耕，妇不知织，乘马从徒，安坐而食，踵常途之役役，窥陈编以盗窃。然而圣主不加诛，宰臣不见斥，非其幸欤！动而得谤，名亦随之。投闲置散，乃分之宜。若夫商财贿之有亡，计班资之崇庳㉜，忘己量之所称，指前人之瑕疵，是所谓诘匠氏之不以杙为楹㉝，而訾医师以昌阳引年㉞，欲进其豨苓也㉟。"

【注释】

①国子先生：韩愈自称。②率（shuài）：皆，都。③庸：用。④爬罗剔抉（jué）：指搜罗人才。⑤有司：主管官吏。⑥披：翻阅。⑦玄：指玄妙的地方。⑧捐：舍弃。⑨晷（guǐ）：日影。⑩兀兀（wū）：劳苦。⑪觝：通"抵"。⑫补苴（jū）：弥补。罅（xià）漏：缺漏。⑬张皇：张大。幽眇（miǎo）：精微。⑭醲（nóng）郁：浓厚。⑮规：取法。⑯佶（jí）屈聱（áo）牙：指文字晦涩难解，不通顺畅达。⑰子云：西汉辞赋家扬雄，字子云。相如：西汉辞赋家司马相如。⑱闳（hóng）：博大。⑲跋前疐（zhì）后：比喻进退困难。⑳冗（rǒng）：闲散。㉑童：秃顶。㉒甍（máng）：房屋的大梁。㉓桷（jué）：方形的椽子。㉔欂（bó）栌（lú）：柱顶上承托栋梁的方木。侏儒：短椽。㉕椳（wēi）：门枢。闑（niè）：门橛，古代门中央所竖短木。扂（diàn）：门闩。楔（xiē）：门两旁所竖的长木柱。㉖玉札：地榆。㉗青芝：龙芝。㉘牛溲（sōu）：车前草。马勃：一种真菌。㉙纡（yū）余：宁静。㉚卓荦（luò）：卓越，出众。㉛縻（mí）：消耗，通"靡"。㉜崇庳（bì）：高低。㉝杙（yì）：小木桩。楹（yíng）：厅堂前部的柱子。㉞訾（zǐ）：诋毁。昌阳：菖蒲。据说服此可以延年

益寿。引年：延年。㉟豨（xī）苓（líng）：即猪苓。

【译文】

　　国子先生清晨走进太学，召集学生们站在讲台下面，教导他们说："学业要靠勤奋才能达到精深，嬉戏玩乐就会荒废；德行的完善要经过反复的深思自省才能够完成，随随便便就会败毁。如今是圣主与贤臣遇到了一起，法律政令完善而又注重执行，朝廷能够铲除奸邪的小人，提拔杰出贤能的人士。人只要是有点儿德行的，就会被录取；有一技之长的，没有不被任用的。朝廷还努力地搜寻筛选、培养造就人才。只有因为侥幸获得选拔的，哪里有多才多艺却得不到施展的人呢？你们这些学生，只需担心你们自己不能精于学业，用不着担心有关部门不能明察你们的才能。只需担心你们的德行没有完善，用不着担心有关官员会对你们有所不公！"

　　话还没说完，队列中有个人笑着说："先生是在欺骗我们吧。弟子们跟着先生学习，到现在也有多年了。先生嘴里不停地吟诵六经的文章，手里也不停地翻着诸子百家的著作，记述事情一定要预先写出它的纲领，发表议论一定探究出深藏的事理。您是不厌其多，致力于有所收获，兼收并蓄，博采众家之长。太阳下山了，就点上油灯，一年到头都是孜孜不倦地研究。先生对于学业，可以说是勤奋了吧。您抵制异端邪说，贬斥佛道之理，补充完善儒学的遗漏与不足，阐明其中深奥隐微的道理。寻找那些失落已久的儒学道统，一个人广泛地发掘圣人的遗风并加以继承。您想让天下的学人都不再坠入异端，一齐向儒学靠拢；想要在其他学说将儒学彻底冲垮之前力挽狂澜，使天下归于儒道。先生对于儒学，可以说是有功劳了。您常常沉浸在醇厚如酒的典籍中细细品味着其中的精华，写起文章来，堆得一屋子都是书籍。您向上效法虞夏的著作，那是多么深广无边，周朝的诰文、殷朝的盘铭，又是何其晦涩拗口，《春秋》的用词严谨，《左传》铺张夸大，《易经》奇妙而有法可循，《诗经》感情真挚而文辞华丽。下及《庄子》《离骚》，司马迁的《史记》，扬雄和司马相如的辞赋，它们虽然风格不同，却有异曲同工之妙。先生在文章方面，可以说是内容深博而文采恣肆奔放。您少年时代开始懂得了进学求道，那时也是敢作敢为。成年后通晓了处世的道理和规矩，处理问题也是上下得当。先生的为人，也可以说是老成了。然而办理公事不能使别人信任，办理私事又不见有人来帮您，常常是处境困顿，进退两难。您又动不动就被上边责怪，当了御史没多久，就被贬逐到遥远的南方！当了三年的博士，也只是散官闲职，无从表现自己的政治才能。命运好像是和仇敌共谋算计自己，自己因而不断地遭受挫败和打击。即使是温暖的冬天，孩子们也会因为没有御寒的衣物而叫冷；年景很好的时候，妻子也因为粮食不足而哭哭啼啼。您头发没了，牙齿掉了，到死又于事何补呢？您不想想这些，还来教训别人，这是干什么呢？"

　　先生说："喂，你过来！这粗木料做房梁，细木料当椽子，短柱、短椽做门枢、门橛、门闩、门柱等，各自有各自的用处，使它们构成房屋的，那是工匠们的技术。地榆、朱砂、天麻、龙芝、车前草、马勃菌、破鼓皮，兼收并蓄，一概备用而无所遗漏，这是医师的良术。明断无误地提拔人才，公正无私地举贤进士，各种人才一齐进用，然后以内敛平和作为美德的标准，超群出众作为俊杰的象征，衡量优劣长短，根据才能合理使用，这是宰相的方略。从前孟子喜好辩论，孔子的学说得以阐明发扬，他的车迹遍于天下，却终于在奔走中度过了一生。那荀子坚守正道，儒家的大道才得以弘扬光大，可他却因为躲避谗言而出奔楚国，最终被废为平民，死在兰陵。这两位儒者，说出来的话都被视为经典，举手投足都被看成标准，他们远远超出常人，已经达到圣人的境界，但他们在世上的遭遇又是如何的呢？今天先生我虽然勤奋治学，但还不能继承道统；言论虽多，却抓不住要害；文章虽然奇妙出众，却不实用；举动虽然有些修养，但还不是十分超群出众。这样还能按月得到俸禄，年年耗费国家的粮食，儿子不知道耕作，妻子不知道纺织，出门骑着马并且有人跟随，安坐在这里却有吃有喝。我不过是谨慎地追随着世俗之道，看看古书而东抄西摘。然而圣明的君主不加以惩罚，宰相大臣不加以斥责，这难道不是先生我的幸运吗？虽然动不动就遭人毁谤，

◎卷八　唐文

但名气也随之大了起来。被改到了闲散的官位上，也是理所应当。至于考虑俸禄的多少，计较官职的高低，忘了自己的才能与什么样的位置相称，却批评当政者的过失，这就好比质问工匠为什么不用小木块来代替大柱子，责怪医师把菖蒲当延年益寿的良药，想用自己的猪苓代替一样吗？"

圬者王承福传

【原文】

　　圬之为技①，贱且劳者也。有业之，其色若自得者。听其言，约而尽。问之，王其姓，承福其名，世为京兆长安农夫。天宝之乱，发人为兵，持弓矢十三年，有官勋，弃之来归。丧其土田，手镘衣食②，余三十年。舍于市之主人，而归其屋食之当焉。视时屋食之贵贱，而上下其圬之佣以偿之。有余，则以与道路之废疾饿者焉。

　　又曰："粟，稼而生者也；若布与帛，必蚕绩而后成者也。其他所以养生之具，皆待人力而后完也，吾皆赖之。然人不可遍为，宜乎各致其能以相生也。故君者，理我所以生者也，而百官者，承君之化者也③。任有大小，惟其所能，若器皿焉。食焉而怠其事，必有天殃。故吾不敢一日舍镘以嬉。夫镘，易能，可力焉。又诚有功，取其直。虽劳无愧，吾心安焉。夫力，易强而有功也；心，难强而有智也。用力者使于人，用心者使人，亦其宜也。吾特择其易为而无愧者取焉。

　　"嘻！吾操镘以入富贵之家有年矣。有一至者焉，又往过之，则为墟矣；有再至、三至者焉，而往过之，则为墟矣。问之其邻，或曰：'噫！刑戮也。'或曰：'身既死而其子孙不能有也。'或曰：'死而归之官也。'吾以是观之，非所谓食焉怠其事而得天殃者邪？非强心以智而不足，不择其才之称否而冒之者邪？非多行可愧，知其不可而强为之者邪？将富贵难守，薄功而厚飨之者邪④？抑丰悴有时⑤，一去一来而不可常者邪？吾之心悯焉，是故择其力之可能者行焉。乐富贵而悲贫贱，我岂异于人哉？"

　　又曰："功大者，其所以自奉也博。妻与子，皆养于我者也，吾能薄而功小，不有之可也。又吾所谓劳力者，若立吾家而力不足，则心又劳也。一身而二任焉,虽圣者不可为也。"

愈始闻而惑之,又从而忌之,盖贤者也,盖所谓独善其身者也。然吾有讥焉,谓其自为也过多,其为人也过少。其学杨朱之道者邪?杨之道,不肯拔我一毛而利天下。而夫人以有家为劳心,不肯一动其心以畜其妻子,其肯劳其心以为人乎哉?虽然,其贤于世之患不得之而患失之者,以济其生之欲,贪邪而亡道,以丧其身者,其亦远矣!又其言有可以警余者,故余为之传,而自鉴焉。

【注释】

①圬(wū):泥瓦活。②镘(màn):泥瓦匠抹墙的工具。③承:通"丞",辅佐。④飨(xiǎng):通"享"。⑤丰悴:指家道的兴衰。

【译文】

泥瓦活这门手艺,卑贱而且辛苦。有个干这行的人,看他的样子很是自得其乐,听他讲起来,话不多,想要表达的意思却很明白。问他,他说自己姓王,名叫承福,世代都是京师长安的农民。天宝年间的那场战乱,朝廷向老百姓征兵,他也被征入军队,拿了十三年的弓箭。他因为立下战功而得了官爵,自己却弃掉不要跑回老家来。以前的土地已经在战乱中丧失了,于是拿起瓦刀来养活自己,已经三十多年了。他平时借住在街市里的一户人家,付给这家主人价格合适的房租、饭钱;并且视房租、饭钱的涨落而调整给人家做工的工钱,以来尝付;如果还有剩余,就送给街道上那些残废或忍受病痛饥饿的人。

他又说:"粮食,要种植才能从土地中生出;布和丝绸,一定要经过养蚕、纺织才能做成。人们生活所需的其他东西,都是要等到人进行生产加工之后才能完成,这些东西都是我维持生计所依赖的。但是一个人不能什么都干,应当各尽其能、各出其力以满足相互的需要。所以做人君的责任是治理我们,使我们能够生存下去;而对于百官来讲,则应该奉行皇帝的教化。职责有大有小,只是要各尽其能,这就像器皿一样,各有各的用处。饱食终日却怠慢自己应做的事情,就必定会有灾祸。所以我一天也不敢放下瓦刀去进行娱乐。泥瓦活不难学，可以凭力气做好，还确实能干出成绩、拿到工钱；虽然辛劳，但心中无愧，感觉心安理得。体力活是可以咬咬牙就能干好的，而动脑子的事就不是使死劲儿就能表现出高超智慧的；所以做体力劳动的人供人使用，做脑力劳动的人使用别人，也理应如此。我只不过是选择了那种容易做并且能问心无愧取得报酬的行业。

"唉！我拿着瓦刀到富贵人家干活也有不少年头了。有去过一次，第二次再去的时候，那里就已经变成了废墟的；有去过两三次，以后再去，也变成了废墟的。问那里的邻居，有的说：'唉！被判刑处死了。'有的说：'本人死了，儿孙保不住产业。'有的说：'死后产业就被官府没收了。'我由此看出，这不就是饱食终日而怠慢职责，因此招致天祸降临的那些人吗？这不就是勉强自己去做才智达不到的事，不管能力才干是否相称，就强行冒进的人吗？这不就是做多了有愧于心的事，明知道不能去做，还强要去做的人吗？这不就是守不住富贵，功劳不大却受了丰厚赏赐的人吗？也许贫富贵贱都有自己的时间，有去有来，不会一成不变的吧？面对这些我心中又不免产生了悲戚怜悯之情，因此我就选择力所能及的事情来做。至于乐于富贵而悲悯贫贱，我和别人又有什么不同？"

他还说："功劳大的人，能使自己享受的东西也就多。妻子儿女都是要靠我一个人来养活，我能力浅薄，功劳微小，所以没有妻儿也是可以的。而且我又是所谓干力气活的。如果成了家而能力不足以养活妻儿，就还得操心，如此便是又劳力又操心，即使是圣人也做不来了。"

我刚开始听他的话的时候还感到迷惑，接着又想了一下，觉得这大概是一位贤者，大概就是人们常说的独善其身的人吧。但我对他还是有所讥议，认为他为自己打算得过多，为他人考虑得过少，难道是学杨朱之道的人吗？杨朱之道，是不肯拔自己一根汗毛而利天下人的。这个人认为有家室是让人操心的事，不肯为养活妻子儿女费一点儿心思，那他岂肯为别人考虑呢？即使是这样，他比起世上那些唯恐得不到利益又唯恐丧失一点儿利益的人，比那些只求满足人生在世的种种欲望，贪婪邪恶而没有道德，因而丢掉性命的人，那可要好得多了。况且他的言论中也有可以让我有所警醒的东西，因此我就为他写了这篇传记文，用来对照、自省。

讳 辩

【原文】

　　愈与李贺书①，劝贺举进士。贺举进士有名，与贺争名者毁之，曰："贺父名晋肃，贺不举进士为是，劝之举者为非。"听者不察也，和而倡之，同然一辞。皇甫湜曰②："若不明白，子与贺且得罪。"愈曰："然。"

　　律曰："二名不偏讳。"释之者曰："谓若言'徵'不称'在'，言'在'不称'徵'是也。"律曰："不讳嫌名③。"释之者曰："谓若'禹'与'雨'，'邱'与'蓲'之类是也。"今贺父名晋肃，贺举进士，为犯二名律乎？为犯嫌名律乎？父名晋肃，子不得举进士。若父名"仁"，子不得为人乎？

　　夫讳始于何时？作法制以教天下者，非周公、孔子欤？周公作诗不讳，孔子不偏讳二名，《春秋》不讥不讳嫌名。康王钊之孙，实为昭王。曾参之父名晳，曾子不讳"昔"。周之时有骐期，汉之时有杜度，此其子宜如何讳？将讳其嫌，遂讳其姓乎？将不讳其嫌者乎？汉讳武帝名"彻"为"通"，不闻又讳车辙之"辙"为某字也；讳吕后名"雉"为"野鸡"，不闻又讳治天下之"治"为某字也。今上章及诏，不闻讳"浒""势""秉""机"也。惟宦者宫妾，乃不敢言"谕"及"机"，以为触犯。士君子立言行事，宜何所法守也？今考之于经，质之于律，稽之以国家之典，贺举进士为可邪？为不可邪？

　　凡事父母，得如曾参，可以无讥矣。作人得如周公、孔子，亦可以止矣。今世之士，不务行曾参、周公、孔子之行，而讳亲之名则务胜于曾参、周公、孔子，亦见其惑也。夫周公、孔子、曾参，卒不可胜。胜周公、孔子、曾参，乃比于宦官宫妾。则是宦官宫妾之孝于其亲，贤于周公、孔子、曾参者邪?

【注释】

①李贺:字长吉,唐代著名诗人。②皇甫湜(shí):字持正,唐代文学家,曾跟从韩愈学习古文。③嫌名:指与人姓名字音相近的字。

【译文】

我写信给李贺,劝他参加进士科的考试。李贺要考应该能考中,但与他争名的人攻击他说:"李贺的父亲名晋肃,李贺不参加进士科的考试是对的,劝李贺参加科考的人错了。"听到这话的人也不加以考察,便都随声附和,俨然形成了一致的论调。皇甫湜对我说:"如果不把这事说清楚,你和李贺都罪责难逃啊。"我说:"是这样啊。"

《礼记》上说:"名字的两个字不必都避讳。"解释的人说:"孔子的母亲名'徵在',如果说'徵'则不说'在',说'在'而不说'徵'。"《礼记》上又说:"人名所用的字,声音相近的不避讳。"解释的人说:"就像说'禹'和'雨'、'丘'和'䔲'一类的字。"李贺的父亲名晋肃,李贺参加进士科考试,是违反了名字的两个字不必都避讳的礼法呢,还是犯了名字声音相近的不避讳的礼法?父亲名叫晋肃,儿子就不能参加进士科考试,如果父亲名"仁",儿子就不得做人了吗?

避讳是从什么时候开始的?制定礼法制度来教化天下百姓的,不是周公、孔子吗?周公作诗时不避讳,两个字的名字,孔子只避讳其中的一个字。《春秋》对于人名音相近是不避讳的,不加以讥讽。周康王名钊,他的孙子,谥号昭王。曾参的父亲名晳,曾子不避讳"昔"字。周朝有叫骐期的,汉朝有叫杜度的,那他们的儿子应当如何避讳?是为了避讳与名同音的字,连姓也改了吗?还是不避讳与名同音的字呢?汉朝因为避讳汉武帝的名,所以改"彻"为"通",可也没听说因为避讳而把"车辙"的"辙"改成别的字;又避讳吕后的名"雉",所以将"雉"改为野鸡,但都没听说因为避讳而把治理天下的"治"改成别的字。现在上奏章和下诏书,没有听说避讳"浒""势""秉""机"一类字的。

只有宦官和宫女，才不敢说"谕"字和"机"字，把这当成触犯天子。士人君子著书行事，应该遵守怎样的法则呢？今天我们从经籍中考察，在典律中探究核对，李贺参加进士科考试，是可以呢，还是不可以呢？

　　大凡侍奉父母能像曾参那样，便无可指责。做人能像周公、孔子那样，就算是做到极致了。当今的士人，不效法曾参、周公、孔子的行为，而在避讳亲长的名字上却要超过他们，这也能看出他们的糊涂了。那周公、孔子、曾参，终究是不能超过的。在避讳上超过周公、孔子、曾参，那就是将自己与宦官、宫女相比了。那么宦官、宫女孝顺亲长父母，能胜于周公、孔子、曾参吗？

◎卷八　唐文

争臣论

【原文】

或问谏议大夫阳城于愈："可以为有道之士乎哉？学广而闻多，不求闻于人也。行古人之道，居于晋之鄙①。晋之鄙人，薰其德而善良者几千人②。大臣闻而荐之，天子以为谏议大夫。人皆以为华，阳子不色喜。居于位五年矣，视其德如在野，彼岂以富贵移易其心哉！"

愈应之曰："是《易》所谓恒其德贞，而夫子凶者也。恶得为有道之士乎哉？在《易·蛊》之上九云：'不事王侯，高尚其事。'《蹇》之六二则曰：'王臣蹇蹇③，匪躬之故。'夫亦以所居之时不一，而所蹈之德不同也。若《蛊》之上九，居无用之地，而致匪躬之节；以《蹇》之六二，在王臣之位，而高不事之心。则冒进之患生，旷官之刺兴④；志不可则，而尤不终无也。今阳子在位，不为不久矣；闻天下之得失，不为不熟矣；天子待之，不为不加矣。而未尝一言及于政。视政之得失，若越人视秦人之肥瘠，忽焉不加喜戚于其心。问其官，则曰：'谏议也。'问其禄，则曰：'下大夫之秩也。'问其政，则曰'我不知也。'有道之士，固如是乎哉？且吾闻之：'有官守者，不得其职则去；有言责者，不得其言则去。'今阳子以为得其言乎哉？得其言而不言，与不得其言而不去，无一可者也。阳子将为禄仕乎？古之人有云：'仕不为贫，而有时乎为贫。'谓禄仕者也。宜乎辞尊而居卑，辞富而居贫，若抱关击柝者可也⑤。盖孔子尝为委吏矣⑥，尝为乘田矣⑦，亦不敢旷其职，必曰：'会计当而已矣。'必曰：'牛羊遂而已矣。'若阳子之秩禄，不为卑且贫，章章明矣，而如此其可乎哉？"

或曰："否，非若此也。夫阳子恶讪上者，恶为人臣招其君之过而以为名者。故虽谏且议，使人不得而知焉。《书》曰：'尔有嘉谟嘉猷⑧，则入告尔后于内⑨，尔乃顺之于外，曰：'斯谟斯猷，惟我后之德。'"夫阳子之用心，亦若此者。"

愈应之曰："若阳子之用心如此，滋所谓惑者矣⑩。入则谏其君，出不使人知者，大臣宰相者之事，非阳子之所宜行也。夫阳子，本以布衣隐于蓬蒿之下，主上嘉其行谊⑪，擢在此位。官以谏为名，诚宜有以奉其职，使四方后代知朝廷有直言骨鲠之臣，天子有不僭赏、从谏如流之美。庶岩穴之士，闻而慕之，束带结发，愿进于阙下而伸其辞说。致吾君于尧舜，熙鸿号于无穷也⑫。若《书》所谓，则大臣宰相之事，非阳子之所宜行也。且阳子之心将使君人者恶闻其过乎？是启之也⑬。"

或曰："阳子之不求闻而人闻之，不求用而君用之，不得已而起，守其道而不变，何子过之深也？"

愈曰："自古圣人贤士皆非有求于闻用也。闵其时之不平，人之不乂⑭，得其道，不敢独善其身，而必以兼济天下也。孜孜矻矻⑮，死而后已。故禹过家门不入，孔席不暇暖，而墨突不得黔。彼二圣一贤者，岂不知自安佚之为乐哉⑯？诚畏天命而悲人穷也。夫天授人以贤圣才能，岂使自有余而已，诚欲以补其不足者也。耳目之于身也，耳司闻而目司见。听其是非，视其险易，然后身得安焉。圣贤者，时人之耳目也；时人者，圣贤之身也。且阳子之不贤，则将役于贤以奉其上矣。若果贤，则固畏天命而闵人穷也，恶得以自暇逸乎哉？"

或曰："吾闻君子不欲加诸人，而恶讦以为直者⑰。若吾子之论，直则直矣，无乃伤于德而费于辞乎？好尽言以招人过，国武子之所以见杀于齐也，吾子其亦闻乎？"

愈曰："君子居其位，则思死其官；未得位，则思修其辞以明其道。我将以明道也，非以为直而加人也。且国武子不能得善人，而好尽言于乱国，是以见杀。《传》曰：'惟善人能受尽言。'谓其闻而能改之也。子告我曰：'阳子可以为有道之士也。'今虽不能及已，阳子将不得为善人乎哉？"

◎ 卷八　唐文

【注释】

①鄙：边境地区。②薰：熏陶，影响。③謇謇（jiǎn）：忠心的样子。④旷官：玩忽职守。⑤抱关击柝（tuò）：守门和打更。⑥委吏：古代掌管粮仓的小吏。⑦乘田：春秋时期鲁国主管畜牧的小官。⑧谟（mó）：谋略。猷（yóu）：计划。⑨后：天子。⑩滋：更。⑪行谊：品行和道义。⑫鸿号：伟大的名声。⑬启：促成。⑭乂（yì）：治理。⑮孜孜矻矻（kū）：勤奋不懈的样子。⑯佚：通"逸"。⑰讦（jié）：攻击别人。

【译文】

有人提到谏议大夫阳城，对我说："他可以算是有道之士了吧？学问广博，见识也多，却不求显身扬名。奉行古人的道德，居住在晋的边境。晋的边境受到他道德熏染因而从善的人近千。大臣听到了这件事便举荐了他，天子任命他为谏议大夫。人们都认为这是他的荣耀，他却没有喜色。他居于谏议大夫之位已经有五年了，行为操守仍和隐居时一样。他是不会因为富贵而改变自己的志向的！"

我回答说："这正是《周易》所说的，长久地保持一种德操而不知变通，对男子来说是危险的，怎能算是有道的人呢？《周易》蛊卦上九爻辞说：'不侍奉王侯，使自己的节操高尚。'而蹇卦六二爻辞则说：'君王有难，臣子应该奋不顾身地去救助。'这两种说法不同是因为所处的时势不同，所以要奉行的准则也就不一样。如果像蛊卦的上九所说的处于没被任用的境地，却表现出奋不顾身的节操；像蹇卦六二所说的处于人臣的地位，却以不侍奉王侯为高尚。那么，前者就会产生钻营利禄的祸害，后者就会引来玩忽职守的指责；这两种做法都是不可效法的，而且这样做引来罪责也是在所难免的。如今阳子居官位不能说不久了，了解朝政的得失不能说不清楚，天子待他也不能说不优厚，而他却从没有说过一句涉及朝政的话。他看待朝政的得失，就像越国人看待秦国人的胖瘦一样，毫不在意，忧喜无动于衷。问他的官职，就说：'谏议大夫。'问他的俸禄,就说:'下大夫的官俸。'问他有关朝政的事情,则说:'我不知道。'有道的人,原本是这样的吗?况且我听说过:'有官职的人,不能忠于职守就应该辞去官职;有进谏规劝责任的人,不能进谏规劝则也应该辞官。现在阳子尽到进谏规劝的责任了吗?有要进谏的言论而不说,与不能尽到进谏的职责,这两样都是不可取的。阳子是为了俸禄而做官的吧?古人说过:'做官不是因为贫穷,但也有因为贫穷而做官的。'说的正是那些为了俸禄而做官的人。这样的人就应当辞高官而就卑职,辞富贵而守贫寒,做守门巡夜一类差使就差不多了。孔子曾做过管仓库的小官,也当过管理畜场的小官,然而还不敢玩忽职守,必说:'账目都清清楚楚了。'必说:'要使牛羊肥壮才行。'像阳子这样的官阶和俸禄,不低微也不贫苦,这是明摆着的,而他却如此行事,难道可以吗?"

有人又说:"不对,不是这样的。阳子不爱讥讽君上,不喜欢身为臣子而以揭露君上的过错来成就自己的声名。所以虽然进言了,并且议论了朝政得失,只是不愿让人知道而已。《尚书》上说:'你有好的谋略建议,就进入后庭告诉你的君主,然后出来在外面附和着说:这些谋略都是出于主上的英明。'阳子的用心,也是这样的。"

我回答说:"如果阳子的用心果真如此,那就更加使人迷惑不解了。进去对君主进谏,出来不让他人知道,这是大臣宰相们的事,不是阳子所应该做的。阳子本是平民,隐居在乡村草野之中,主上赞赏他的品行,提拔他到这个位子上。官职的名称是谏议,当然应该有与职位相称的行动,让天下之人、后世的子孙都知道朝廷有刚正不阿、敢于直言进谏的臣子,天子有不滥赏、从谏如流的美称。使得山林中的隐士,听到后产生仰慕之情,于是整理衣带,扎好头发,愿意奔赴朝廷而陈说自己的主张,使我们君主的圣明能比得上尧、舜,美名流传于千秋万世之后。至于《尚书》所说的,那是大臣宰相的事,不是阳子所应该做的。况且阳子那种用心,将会使为人君者不喜欢听到自己的过失,这样就使得君主开始文过饰非啊!"

又有人说:"阳子不求名扬天下却有很多人知道他,不求被君主任用而君主却任用了他,他是在不得已的情况下出来做了官,仍能坚持自己的操守而不变,您为什么要如此苛刻地去责备他呢?"

我说:"自古圣人贤士都不是追求名扬天下和为君主所用。他们是哀怜世道的不平,民事得不到治理,自己有了道德学问,不敢独善其身,而一定要让天下也跟着受益;为此他们孜孜不倦,死而后已。所以大禹治水,路过家门口却不进去;孔子回家,席子还没有坐热就又离开了;墨子回家,饭还没有吃就又出门了。这两位圣人、一位贤人,难道不知道自己享受闲逸是乐事吗?实在是因为敬畏天命并且同情百姓的贫苦才如此奔波劳碌的。上天把贤德和才能赐给一个人,哪里是只让他个人生活宽裕就算了,实在是想让他以此来弥补别人的不足啊!耳目的用处,是耳朵负责听,眼睛负责看;听明了是与非,看清了安与险,然后身体才能得以平安。圣贤就是世人的耳目,世人就是圣贤的身体。假如阳子不贤,就应当被贤人役使以侍奉主上;如果是贤人,就应当敬畏天命而同情百姓的贫苦,怎能只图个人的安逸呢?"

还有人说:"我听说,君子不会有凌驾于他人之上的念头,而且厌恶以揭露别人的短处作为耿直的表现。像您这样议论,直率倒还直率,但是未免有损于道德,并且是空费口舌吧?国武子在齐国被杀的缘由,您大概也听说过吧?"

我回答说:"君子在他的官位上,就要准备以身殉职;没有得到官位的,就想着著书立说来阐明自己的主张。我要做的是阐明圣贤之道,并不是要自命耿直而凌驾于他人之上。况且国武子是因为没有遇到贤良的人,并且在政治混乱的国情下又喜好将肚子里的话全都说出来,因此才遭到杀身之祸。《国语》上说:'只有贤良的人才能接受毫无保留的进言。'这是说那些贤良的人听到劝谏之后就能改正过失。你对我说:'阳子可以算得上是有道之人了吧!'我看,他现在虽然还算不上,但阳子不能做一个贤良的人吗?"

祭十二郎文

【原文】

年月日,季父愈闻汝丧之七日,乃能衔哀致诚,使建中远具时羞之奠①,告汝十二郎之灵:

呜呼!吾少孤,及长,不省所怙②,惟兄嫂是依。中年,兄殁南方,吾与汝俱幼,从嫂归葬河阳。既又与汝就食江南,零丁孤苦,未尝一日相离也。吾上有三兄,皆不幸早世。承先人后者,在孙惟汝,在子惟吾。两世一身,形单影只。嫂尝抚汝指吾而言曰:"韩氏两世,惟此而已!"汝时尤小,当不复记忆;吾时虽能记忆,亦未知其言之悲也!

吾年十九,始来京城。其后四年,而归视汝。又四年,吾往河阳省坟墓,遇汝从嫂丧来葬。又二年,吾佐董丞相于汴州③,汝来省吾,止一岁,请归取其孥④。明年,丞相薨⑤,吾去汴州,汝不果来。是年,吾佐戎徐州⑥,使取汝者始行,吾又罢去,汝又不果来。吾念,汝从于东,东亦客也,不可以久,图久远者,莫如西归,将成家而致汝。呜呼!孰谓汝遽去吾而殁乎⑦?

吾与汝俱少年,以为虽暂相别,终当久相与处,故舍汝而旅食京师,以求斗斛之禄⑧。诚知其如此,虽万乘之公相,吾不以一日辍汝而就也!

去年,孟东野往,吾书与汝曰:"吾年未四十,而视茫茫,而发苍苍,而齿牙动摇。念诸父与诸兄,皆康强而早世,如吾之衰者,其能久存乎?吾不可去,汝不肯来,恐旦暮死,而汝抱无涯之戚也。"孰谓少者殁而长者存,强者夭而病者全乎?呜呼!其信然邪?其梦邪?其传之非其真邪?信也,吾兄之盛德而夭其嗣乎?汝之纯明而不克蒙其泽乎⑨?少者强者而夭殁⑩,长者衰者而存全乎?未可以为信也!梦也,传之非其真也,东野之书,耿兰之报,何为而在吾侧也?呜呼!其信然矣!吾兄之盛德而夭其嗣矣!汝之纯明宜业其家者,不克蒙其泽矣!所谓天者诚难测,而神者诚难明矣!所谓理者不可推,而寿者不可知矣!

虽然,吾自今年来,苍苍者或化而为白矣,动摇者或脱而落矣,毛血日益衰,志气日益微,几何不从汝而死也。死而有知,其几何离?其无知,悲不几时,而不悲者无穷期矣。汝之子始十岁,吾之子始五岁,少而强者不可保,如此孩提者,又可冀其成立邪?呜呼哀哉!呜呼哀哉!

汝去年书云:"比得软脚病,往往而剧。"吾曰:"是疾也,江南之人常常有之。"未始以为忧也。呜呼,其竟以此而殒其生乎?抑别有疾而致斯乎?

汝之书,六月十七日也;东野云,汝殁以六月二日;耿兰之报无月日。盖东野之使者,不知问家人以月日;如耿兰之报,不知当言月日。东野与吾书,乃问使者,使者妄称以应之耳。其然乎?其不然乎?

今吾使建中祭汝,吊汝之孤与汝之乳母。彼有食可守以待终丧,则待终丧而取以来;如不能守以终丧,则遂取以来。其余奴婢,并令守汝丧。吾力能改葬,终葬汝于先人之兆⑪,然后惟其所愿。

呜呼!汝病吾不知时,汝殁吾不知日,生不能相养以共居,殁不能抚汝以尽哀,敛不凭其棺⑫,窆不临其穴⑬。吾行负神明,而使汝夭。不孝不慈,而不得与汝相养以生,相守以死。一在天之涯,一在地之角,生而影不与吾形相依,死而魂不与吾梦相接,吾实为之,其又何尤!"彼苍者天","曷其有极"!

自今以往,吾其无意于人世矣!当求数顷之田于伊、颍之上⑭,以待余年。教吾子与汝子,幸其成;长吾女与汝女,待其嫁。如此而已。

呜呼!言有穷而情不可终,汝其知也邪?其不知也邪?呜呼哀哉!尚飨⑮。

【注释】

①羞:同"馐",精美的食品。②省:探望。怙(hù):依靠。

③董丞相：名晋，字混成。时为宣武军节度使，韩愈当时在他的幕下任观察推官。④孥（nú）：妻子和儿女的统称。⑤薨（hōng）：古代称诸侯或有爵位的大官死去。⑥佐戎徐州：指韩愈在徐州任节度推官。⑦遽（jù）：突然。殁（mò）：死去。⑧斛（hú）：古量器名，十斗为一斛。⑨克：能。⑩殒（yǔn）：死亡。⑪兆（zhào）：墓地。⑫敛：通"殓"。⑬窆（biǎn）：埋葬。⑭伊、颍之上：韩愈的家乡。伊，伊河，在河南西部。颍，颍河，在安徽西北部及河南东部。⑮飨（xiǎng）：祭品。

【译文】

某年某月某日，叔父韩愈在听到你去世消息的第七天，才得以强忍哀痛，倾诉衷肠，派建中从远方备办了应时的佳肴作为祭品，祭告于十二郎的灵前：唉！我很小的时候就成了孤儿，等到长大，不知道该依靠谁，只有兄嫂能够相依。哥哥才到中年就客死南方，那时我和你都还年幼，跟随嫂嫂把哥哥归葬在河阳。后来又和你到江南谋生，孤苦伶仃，不曾有一天分开啊。我上面有三个哥哥，都不幸早逝。能继承先人而作为后嗣的，在孙子辈中只有你，在儿子辈中只有我。子孙两代各剩一人，真是形单影只啊。嫂嫂曾经一手抚着你，一手指我说："韩家两代人，就只剩你们两个了！"你当时比我更小，应当是不会记得了；我当时虽然能记事了，但并不明白嫂嫂的话中蕴含着多少的悲凉啊！

我十九岁那年，初次来到京城。过了四年，我回去看过你。又过了四年，我前往河阳祖坟凭吊，碰上你护着嫂嫂的灵柩前来安葬。又过了两年，我在汴州做董丞相的助手，你来探望我，住了一年，便要求回去接妻子。第二年，董丞相去世，我离开汴州，你没有来成。这一年，我到徐州协理军务，派去接你的人刚动身，我又离职，你又没能来成。我思忖着，就算你跟着我到东边来，也是客居在这里，不是长久之计；如果从长远打算，不如等我回到西边，先安好家然后再接你过来。唉！谁能料到你突然离我而去了呢？

当初我和你都年轻，以为尽管暂时分别，终会长久地住在一起，所

◎卷八　唐文

以我才丢下你跑到京城来求取功名，以求微薄的俸禄。要是早知道会是这样的结果，即使是做极为尊贵的宰相公卿，我也不会离开你而去就任啊！

去年孟东野到你那边去，我捎信给你说："我虽然还不到四十岁，可是视力已经模糊，头发已经斑白，牙齿也开始松动了。想到我的叔伯父兄都是身体强健但却早早地死去，像我这样身体衰弱的人，能活得长久吗？我离不开这里，你又不肯前来，我是深恐有朝一日我撒手人寰，你就将陷入无边无际的悲哀啊！"谁知年轻的先死了而年长的还活着，强健的夭折而病弱的却保全了呢？唉！这是真的呢，还是做梦呢？还是传来的消息不真呢？如果是真的，我哥哥美好的德行反而会使他的儿子夭折吗？像你这样的纯正聪明却不能承受先人的恩泽吗？年轻的、强健的反而夭折，年长的、衰弱的反而保全，这真是让人不能相信啊！如果是在做梦，是传来的消息不真实；可是，东野的书信，耿兰的报丧，为什么又在我的身边呢？唉！这是真的啊！我哥哥品行美好而他的儿子却夭折了！你纯正聪明，最适合继承家业，却不能承受先人的恩泽了！这就是所谓的天命实难预测，神旨实难明白呀！所谓的天理没法推究，寿命不能知晓呀！

虽然如此，我自今年以来，斑白的头发已经变成全白了，松动的牙齿有的已经脱落了，身体愈加衰弱，精神日益衰减，没有多久也要随你而去了！如果你地下有知，那我们的分离又还能有多久呢？如果你长眠地下，不再有任何的知觉，那我也就悲伤不了多少时日，而不悲伤的日子倒是无穷无尽啊！你的儿子刚十岁，我的儿子刚五岁，年轻而强健的尚不能保全，像这样的小孩子，又能期望他们长大成人吗？唉！实在可悲啊！实在可悲啊！

你去年来信说："近来得了软脚病，时常发作得厉害。"我回信说："这种病，江南的人常常有。"并未因此而开始忧虑。唉！难道这种病竟然夺去了你的生命吗？还是另有疾病而导致如此的结局呢？

你的信，是六月十七日写的；东野来信说，你死于六月二日；耿兰报丧没有说过世的日期。大约东野的使者没有想到要向家人问明死期；

耿兰报丧，不知道要讲明死期。东野写信给我，才问使者，使者就信口编了一个应付。是这样呢，还是不是这样呢？

如今我派建中去祭奠你，慰问你的儿子和你的乳母。他们如果有粮食可以守丧到丧期终了，就等到丧满以后再把他们接过来；如果无法守到丧期终了，那我现在就把他们接过来。其余的奴婢，就让他们为你守丧吧。等到我有能力改葬你的时候，一定把你的灵柩迁回祖先的墓地安葬，这样做，才算了却我的心愿。

唉！我不知道你生病是什么时候，你死了我不知道是哪个日子，健在的时候不能互相照顾、同住一起；你死以后不能抚摸你的遗体来表达我的哀思；入殓的时候不能紧靠你的棺木扶灵，下葬的时候不能亲临你的墓穴。我的德行有负于神灵，因而使你夭折。我对上不能孝顺，对下不能慈爱，因而不能和你互相照顾以为生，相依相守直至死。一个在天涯，一个在海角，活着的时候你的影子不能与我的身形相依，死去之后你的灵魂又不曾来到我的梦中；这实在都是我造成的，还能怨谁呢！茫茫无际的苍天啊，我的悲痛哪里有尽头！

从今以后，我对人世没有什么可留恋的了！应当在伊水、颍水旁边买几顷田，打发我剩余的时光。教育我的儿子和你的儿子，期望他们长大成才；抚养我的女儿和你的女儿，等待她们受聘出嫁。如此而已。

唉！话有说尽的时候，而感情却没有终止的时候，你是知道呢，还是什么都不知道呢？唉！悲哀呀！请享用我的祭品吧！

◎卷八　唐文

祭鳄鱼文

【原文】

　　维年月日，潮州刺史韩愈，使军事衙推秦济①，以羊一、猪一投恶溪之潭水②，以与鳄鱼食，而告之曰：昔先王既有天下，列山泽③，罔绳擉刃④，以除虫蛇恶物为民害者，驱而出之四海之外。及后王德薄，不能远有，则江、汉之间，尚皆弃之，以与蛮、夷、楚、越。况潮岭海之间，去京师万里哉？鳄鱼之涵淹卵育于此⑤，亦固其所。今天子嗣唐位，神圣慈武，四海之外，六合之内，皆抚而有之，况禹迹所揜⑥，扬州之近地，刺史、县令之所治，出贡赋以供天地宗庙百神之祀之壤者哉？鳄鱼其不可与刺史杂处此土也！

　　刺史受天子命，守此土，治此民，而鳄鱼睅然不安溪潭⑦，据处食民、畜、熊、豕、鹿、獐，以肥其身，以种其子孙，与刺史亢拒⑧，争为长雄。刺史虽驽弱，亦安肯为鳄鱼低首下心，伈伈睍睍⑨，为民吏羞，以偷活于此邪？且承天子命以来为吏，固其势不得不与鳄鱼辨。

　　鳄鱼有知，其听刺史言：潮之州，大海在其南。鲸、鹏之大，虾、蟹之细，无不容归，以生以食。鳄鱼朝发而夕至也。今与鳄鱼约，尽三日，其率丑类南徙于海，以避天子之命吏。三日不能，至五日；五日不能，至七日；七日不能，是终不肯徙也，是不有刺史，听从其言也。不然，则是鳄鱼冥顽不灵，刺史虽有言，不闻不知也。夫傲天子之命吏，不听其言，不徙以避之，与冥顽不灵而为民物害者，皆可杀。刺史则选材技吏民，操强弓毒矢，以与鳄鱼从事⑩，必尽杀乃止，其无悔。

【注释】

　　①军事衙推：官名，属于节度使、观察使的下属。②恶溪：水

名,今广东潮安县韩江。③列:同"迾",阻遏,封锁。④罔:通"网"。擉(chuò):刺。⑤涵(hán)淹:潜伏。⑥掩(yǎn):覆盖。⑦眈(hàn)然:凶狠地瞪着眼睛。⑧亢:通"抗"。⑨伈伈(xǐn):恐惧。睍睍(xiàn):因为害怕而不敢正视。⑩从事:见个高低。

【译文】

  在某年某月某日,潮州刺史韩愈,派遣军事衙推秦济,把一只羊、一只猪投到恶溪的潭水里,给鳄鱼吃,并且对鳄鱼说:在古代,先王拥有天下以后,封锁山林湖泽,结网捕,用刀刺,把那些祸害人民的虫蛇恶兽驱逐到四海之外。到了后来,有些君主恩德薄浅,不能拥有远处的土地,连长江、汉江之间的地方尚且丢给蛮、夷、楚、越,更何况潮州地处五岭和南海之间,距离京城有万里之遥呢?鳄鱼在这里潜伏繁衍,也算是很适宜的场所。当今的天子,继承了大唐的皇位,神圣仁慈而又威武,四海之外,宇宙之内,全在他的统辖之下,更何况大禹行迹所至,古时扬州的近邻,刺史、县令所治理,进贡纳税以供天地宗庙百神祭祀的潮州呢?鳄鱼啊,你们不能和我这个刺史一同居住在这片土地上啊!

  刺史奉天子的命令,镇守此地,治理这里的人民,而鳄鱼却凶狠地瞪着眼睛,不安居在潭水里,侵占土地,吞食人、畜、熊、豕、鹿、獐,从而养肥它们的身体,繁殖它们的子孙,与刺史抗衡争雄。我这个刺史虽然愚钝软弱,但岂能在鳄鱼面前低头拜服,战战兢兢,不敢正视,让治民的官吏蒙受耻辱,自己苟且偷生于此呢?况且我是奉天子之命来此为官的,情势上不能不与鳄鱼分个高下。

  鳄鱼如果能通人意的话,就听刺史说:潮州这地方,大海就在它的南边,鲸、鹏之类的大动物,虾、蟹之类的小生命,无不被接纳收容,供它们生存,供它们食物。鳄鱼早晨从这里出发,晚上就可以到达那里了。现在与鳄鱼约定:限三天之内,率领你们的同类向南迁徙到海边去,避开天子任命的刺史。三天不够,就五天;五天不够,就七天。如果到了七天还不见行动,那就是终不肯迁移了!那就是目无刺史,不肯听从刺史的劝告了。要不然，就是鳄鱼冥顽而无灵性，刺史虽有言在先，它们却听不见，弄不懂了！凡是藐视天子任命的刺史的，不听他的告诫，不迁走以回避的，还有那些冥顽而无灵性，戕为人民牲畜祸害的，都可以杀掉。刺史将会挑选技艺高强的官吏民众，操起强弓毒箭，和鳄鱼进行战斗，直到斩尽杀绝才肯罢休。你们可别后晦呀！

柳子厚墓志铭

【原文】

　　子厚讳宗元①。七世祖庆,为拓跋魏侍中,封济阴公。曾伯祖奭,为唐宰相,与褚遂良、韩瑗俱得罪武后,死高宗朝。皇考讳镇,以事母弃太常博士,求为县令江南。其后以不能媚权贵,失御史。权贵人死,乃复拜侍御史。号为刚直,所与游,皆当世名人。

　　子厚少精敏,无不通达。逮其父时,虽少年,已自成人。能取进士第,崭然见头角,众谓柳氏有子矣。其后以博学宏词,授集贤殿正字②。俊杰廉悍,议论证据今古,出入经史百子,踔厉风发③,率常屈其座人,名声大振,一时皆慕与之交。诸公要人,争欲令出我门下,交口荐誉之。

　　贞元十九年,由蓝田尉拜监察御史④。顺宗即位,拜礼部员外郎。遇用事者得罪,例出为刺史。未至,又例贬州司马。居闲,益自刻苦,务记览,为词章,泛滥停蓄,为深博无涯涘⑤,而自肆于山水间。元和中,尝例召至京师,又偕出为刺史,而子厚得柳州。既至,叹曰:"是岂不足为政邪?"因其土俗,为设教禁⑥,州人顺赖。其俗以男女质钱,约不时赎,子本相侔⑦,则没为奴婢。子厚与设方计,悉令赎归。其尤贫力不能者,令书其佣⑧,足相当,则使归其质。观察使下其法于他州⑨,比一岁,免而归者且千人。衡湘以南为进士者,皆以子厚为师。其经承子厚口讲指画为文词者,悉有法度可观。

　　其召至京师而复为刺史也,中山刘梦得禹锡亦在遣中,当诣播州⑩。子厚泣曰:"播州,非人所居,而梦得亲在堂,吾不忍梦得之穷,无辞以白其大人,且万无母子俱往理。"请于朝,将拜疏,愿以柳易播,虽重得罪,死不恨。遇有以梦得事白上者,梦得于是改刺连州⑪。呜呼，士穷乃见节义。今夫平居里巷相慕悦，酒食游戏相征逐⑫，诩诩强笑语以相取下⑬，握手出肺肝相示，指天日涕泣，誓生死不相背负，真若可信。一旦临小利害，仅如毛发比，反眼若不相识，落陷阱，不一引手救，反挤之又下石焉者，皆是也。此宜禽兽夷狄所不忍为，而其人自视以为得计，闻子厚之风，亦可以少愧矣。

子厚前时少年，勇于为人，不自贵重顾藉，谓功业可立就，故坐废退。既退，又无相知有气力得位者推挽，故卒死于穷裔⑭。材不为世用，道不行于时也。使子厚在台、省时⑮，自持其身，已能如司马、刺史时，亦自不斥。斥时有人力能举之，且必复用不穷。然子厚斥不久，穷不极，虽有出于人，其文学辞章，必不能自力以致必传于后如今，无疑也。虽使子厚得所愿，为将相于一时，以彼易此，孰得孰失，必有能辨之者。

子厚以元和十四年十一月八日卒，年四十七。以十五年七月十日归葬万年先人墓侧。子厚有子男二人，长曰周六，始四岁；季曰周七，子厚卒乃生。女子二人，皆幼。其得归葬也，费皆出观察使河东裴君行立。行立有节概，重然诺⑯，与子厚结交，子厚亦为之尽，竟赖其力。葬子厚于万年之墓者，舅弟卢遵⑰。遵，涿人，性谨慎，学问不厌。自子厚之斥，遵从而家焉，逮其死不去。既往葬子厚，又将经纪其家，庶几有始终者。

铭曰：是惟子厚之室⑱，既固既安，以利其嗣人。

【注释】

①讳：避讳。古人在死者名字前面加"讳"字表示尊敬。②集贤殿正字：官名。掌管整理、校正书籍。③踔（chuō）厉风发：精神振奋，言论纵横。④蓝田尉：蓝田县的县尉，掌管缉捕盗贼等事。监察御史：官名，负责监察百官，巡检州县的刑狱、军戎、礼仪等事。⑤涘（sì）：水的边际。⑥教禁：教化和禁令。⑦相侔（móu）：相等。⑧佣：这里指按劳动算报酬。⑨观察使：唐代中央派往地方考察州县官吏政绩的官员。⑩播州：今贵州遵义。⑪连州：今广东连州

市。⑫征逐：朋友相互邀请宴饮。⑬诩诩：说大话，能说会道。⑭穷裔：穷困的边远地方。⑮台、省：御史台和尚书省。⑯重然诺：讲信用。⑰舅弟：舅父的儿子。⑱室：指墓穴。

【译文】

子厚，名宗元。他的七世祖柳庆，是北魏的侍中，封济阴公。曾伯祖柳奭，在唐朝曾出任宰相，与褚遂良、韩瑗一同得罪了武后，在高宗时期死去。父亲柳镇，为了侍奉母亲，放弃了太常博士的职位，请求到江南去做县令。后来又因为不能献媚于权贵，失去了御史的官职。直到那个权贵死了，才重新被任命为侍御史。他为人以刚正耿直著称，所交往的都是当时的名士。

子厚小时候就聪敏非常，通晓百事。当他父亲还在世时，他虽然年轻，却已经自立成人。能够考中进士，崭露头角，众人都说柳家有个成器的儿子。以后又通过了博学鸿词科的考试，授集贤殿正字。他才智出众，端方刚勇，发表议论时旁征博引，精通经传史籍以及诸子百家的著作；他意气风发，言论深刻犀利而有见地，经常使在座的人为之折服，声名因此大振，一时间人们都向往与他交往。那些公卿显要们，争着想要把他收作自己的门生，并且一致推荐称赞他。

贞元十九年，他由蓝田县尉晋升为监察御史。顺宗即位后，升至礼部员外郎。这时，与他关系密切的当权者获罪，他也被遣出朝廷去做刺史。还未到任，又被贬为州司马。他闲居散职却更加刻苦用功，专心记诵，博览群书。他写的诗词文章，文笔汪洋恣肆，气韵雄浑内敛，精深博大有如江海之无边无际，但只能纵情于山水之间罢了。元和年间，朝廷曾将他和一道被贬的人召回京城，又将他们一道遣放出京去做刺史，子厚被分派到柳州。到任之初，他曾经感叹说："这里难道就不值得施行政教吗？"于是根据当地的风俗，推行教化，制定禁令，柳州民众于是顺从并且信赖他。当地的风俗是向人借钱时以儿女作为抵押，如不能按约定的期限将人赎回，等到应付的利钱与本钱相等时，就没收其为奴婢。子厚为借钱的人筹划万全之策，让他们全都能将子女赎回。其中尤其贫穷而实在无力赎取的，就让债主把被质押的人每天的工钱记录下来，等到工钱足以抵销借款的本利时，便要债主归还人质。观察使把这个办法颁行到其他的州，刚到一年，免除了奴婢身份而归家的人就有近千人之多。衡山和湘水以南考进士的人，都把子厚当老师。那些经过子厚亲自指点的人，文章都写得很好。

　　当子厚被召回京城而又复出为刺史的时候，中山人刘梦得禹锡也在遣放之列，应当前往播州。子厚流着眼泪说："播州，不是适宜人居住的地方，而梦得还有老母在堂，我不忍心看到梦得的处境困窘，他也无法对母亲说这件事，况且也绝没有让母子同赴播州的道理。"于是向朝廷请求，上书皇帝，愿以柳州换播州，即使因此再次获罪，虽死无恨。此时正好又有人将梦得的事禀报了皇帝，梦得因此改做连州刺史。唉！士人在困窘时才最能表现出节义。当今的人们平日里同居于街巷之中，互相敬慕要好，竞相设宴邀客游戏娱乐，强作笑颜以示谦卑友好，握手倾诉以表明要肝胆相照，指着苍天太阳痛哭流涕，发誓要生死与共，不相背离。情之真、语之切好像这一切皆发自肺腑。然而一旦碰上小的利害冲突，哪怕小得仅如毛发一般，就会反目相向，好像从来都不认识一样。若是你落入陷阱，他不但不伸手援救，反而乘机往下丢石头，这样的人到处都是。这是禽兽和野蛮人都不忍心做的，而那些人却自以为自己的算计很是成功。当他们听到子厚的为人风度，也可以稍稍知道羞愧了吧。

　　子厚过去年轻，为人不顾一切，不知道保重和顾惜自己，以为可以很快地成就功名事业，因此遭到牵连而被贬黜。被贬以后，又缺少了解自己并且正得其位的权贵推荐提携，所以最终死在穷乡僻壤，才能不为当世所用，抱负也未能得到施展。假使子厚在御史台和尚书省的时候，能够对自己的言行有所把握，像后来做司马、刺史时侯一样，也就不会遭到贬斥了。假使遭到贬斥之后，有人能够极力保举他，也一定会重新得到起用而不致陷入穷困的境地。然而子厚被贬斥的时间如果不长，其穷困如果没有到达极点，他虽然能在功业上超越别人，而他的文学辞章，必定不会因为自己的刻苦不息而传诵于后世，这一点是确定无疑的。即便是子厚满足了个人心愿，在一个时期内出将入相，但用那个交换这个，哪个是得、哪个是失，人们是能明辨的。

　　子厚于元和十四年十一月八日去世，享年四十七岁。他的灵柩于元和十五年七月十日迁回万年县祖坟安葬。子厚有两个儿子，长子名叫周六，刚刚四岁；次子名叫周七，子厚死后才出生。还有两个女儿，都还幼小。子厚能归葬于祖坟，费用皆出自现任观察使的河东人裴行立。行立有节操气概，讲求信守诺言，和子厚交情很深，子厚对他也是尽心尽力，最后全靠他出力料理。把子厚安葬在万年县祖坟的，是他的表弟卢遵。卢遵是涿州人，生性谨慎，做起学问来孜孜不倦。自从子厚被贬斥以来，卢遵就一直跟他住在一起，直到他去世，从没有离开过。送子厚归葬以后，又准备安排料理子厚的家事，他可以说是一位有始有终的人了。

　　铭文：这里是子厚安息的地方，既稳固又安宁，但愿一切有利于他的后代。

◎卷九　唐宋文

柳宗元

柳宗元，字子厚，河东解（今山西运城）人，世称柳河东。贞元九年（793）中进士，贞元十四年（798）考取博学鸿词科，先后任集贤殿正字、蓝田县尉和监察御史里行。因参加主张革新政治的王叔文集团而被贬为永州司马。后迁柳州（今属广西）刺史，故又称"柳柳州"。与韩愈皆倡导古文运动，并称"韩柳"，同列"唐宋八大家"中。有《河东先生集》。

◎卷九　唐宋文

桐叶封弟辩

【原文】

古之传者有言：成王以桐叶与小弱弟戏①，曰："以封汝。"周公入贺。王曰："戏也。"周公曰："天子不可戏。"乃封小弱弟于唐②。

吾意不然。王之弟当封邪，周公宜以时言于王，不待其戏而贺以成之也；不当封邪，周公乃成其不中之戏，以地以人与小弱弟者为之主，其得为圣乎？

且周公以王之言不可苟焉而已，必从而成之邪？设有不幸，王以桐叶戏妇、寺③，亦将举而从之乎？凡王者之德，在行之何若。设未得其当，虽十易之不为病；要于其当，不可使易也，而况以其戏乎！若戏而必行之，是周公教王遂过也。

吾意周公辅成王，宜以道，从容优乐④，要归之大中而已，必不逢其失而为之辞。又不当束缚之，驰骤之⑤，使若牛马然，急则败矣。且家人父子尚不能以此自克，况号为君臣者邪？是直小丈夫缺缺者之事⑥，非周公所宜用，故不可信。

或曰："封唐叔⑦，史佚成之⑧。"

【注释】

①成王：西周武王之子，姓姬，名诵。②唐：古国名，今属山西。③寺：宦官。④从容：举止行动。优乐：嬉戏，开玩笑。⑤驰骤：驱迫。⑥缺缺（quē）：耍小聪明。⑦唐叔：即叔虞，因封于唐，故名。⑧史佚：西周武王时的史官尹佚。

【译文】

古代的记事者有这样的说法：周成王拿着一片桐叶和年幼的弟弟开玩笑，说："拿这个封赏你。"周公跑进来祝贺。成王说："只是个玩笑。"周公说："天子是不可以随便开玩笑的。"于是把唐地封给了这个幼小的弟弟。

我认为事情不当如此。如果成王的弟弟应当得到封地的话，周公就应该及时地向成王进言；不应当等到成王开玩笑的时候才去祝贺和促成这件事；如果不该受封，周公就是成全了一句不恰当的戏言，将土地和人民交给年幼的弟弟去主宰，还能称为圣人吗？

再说周公只是认为君王说话不能随随便便罢了，有必要一定去顺从促成成王的戏言吗？万一不凑巧，成王拿着桐叶跟妃嫔官宦开玩笑，也打算表示赞同并且完全照办吗？一般说到君王的德行，在于他行事的方向是什么样的。如果行事的方向并不正确恰当，即使更改十次也不为过；务必要使行为得当，得当之后便不再更改，何况桐叶封弟这个行为只是一个玩笑呢？倘若玩笑也一定要奉行，这就成了周公教成王成全自己的过失了。

我认为周公辅佐成王，应当用正确的原则加以引导，让他的休闲娱乐也都能归于正大适中之道就行了，一定不能迎合他的错误并且为他掩饰。也不应当束缚他，驱迫他，使他像牛马一样终日忙碌；催逼得太紧，难免坏事。再说家人父子之间尚且不能用这种方式来加以约束，何况是君主和臣子呢？这不过是庸人和耍小聪明的人干的事，不是周公应当采用的办法，所以是不足信的。

也有人说："成王封唐地给叔虞这件事，是太史尹佚促成的。"

◎卷九 唐宋文

箕子碑

【原文】

凡大人之道有三：一曰正蒙难，二曰法授圣，三曰化及民。

殷有仁人曰箕子，实具兹道以立于世。故孔子述六经之旨，尤殷勤焉。当纣之时，大道悖乱，天威之动不能戒，圣人之言无所用。进死以并命，诚仁矣，无益吾祀，故不为。委身以存祀，诚仁矣，与亡吾国，故不忍。具是二道，有行之者矣。是用保其明哲，与之俯仰①，晦是谟范②，辱于囚奴，昏而无邪，隤而不息③。故在《易》曰："箕子之明夷。"正蒙难也。及天命既改，生人以正，乃出大法，用为圣师。周人得以序彝伦而立大典④。故在《书》曰："以箕子归作《洪范》⑤。"法授圣也。及封朝鲜，推道训俗，惟德无陋，惟人无远，用广殷祀，俾夷为华，化及民也。率是大道⑥，藂于厥躬，天地变化，我得其正，其大人欤？

於虖！当其周时未至，殷祀未殄⑦，比干已死，微子已去⑧。向使纣恶未稔而自毙⑨，武庚念乱以图存⑩，国无其人，谁与兴理？是固人事之或然者也。然则先生隐忍而为此，其有志于斯乎？

唐某年，作庙汲郡⑪，岁时致祀。嘉先生独列于《易》象，作是颂云。

【注释】

①俯仰：左右周旋，应付。②谟（mó）范：谋略和原则。③隤（tuí）：跌倒。④彝（yí）伦：人伦，封建社会的道德规范。⑤《洪范》：《尚书》中的一篇。相传是禹时的文献，箕子增订并献给周武王。⑥率：遵循。⑦殄（tiǎn）：绝灭。⑧微子：即商纣王的庶兄微子，封于宋。

他曾屡次向纣王谏言,纣王不听,他愤而出走。⑨稔(rěn):成熟。⑩武庚:商纣王的儿子。⑪汲郡:古郡名,治所在今河南汲县西南。

【译文】

一般说来,伟大人物立身处世的原则有三个方面:一是灾难临头仍能坚持正道,二是将治理天下的法典传授给圣明的君主,三是使教化遍及万民。

商代有位贤人叫箕子,他的确具备了这三方面的德行,以此在世上立身行事,所以孔子在阐述"六经"的要义时,对他推崇备至。在纣王的时代,大道被颠倒混淆,天威的震动不能予以制止,圣人的教诲不起作用。那时,冒死进谏,不顾性命,确实是一种"仁"了,但无益于殷人宗祀的延续,因此箕子不这样做;委曲求全以求先人宗祀的保存,确实也是一种"仁"了,只是这样无异于参与了灭亡自己国家的行动,故而箕子也不忍心这样做。这两条路,都有人走了。因此箕子保存了自己的明哲睿智,暂且与世浮沉,隐藏自己的见解和主张,辱身于囚犯奴隶中间,貌似糊涂却心中无邪,形同柔弱却自强不息。所以,《易经》中说:"箕子将明智隐藏在平和的外表之下。"这就是灾难临头却仍能坚持正道啊。等到天命更改了,百姓的生活纳入了正轨,箕子便献出了他的治国大法,因此成为圣君的老师;而周人们也借此来规范社会的伦理道德,创立了典章制度。因此《尚书》中说:"因箕子归来而著作了《洪范》。"这便是将治理天下的法典传授给圣明的君主啊。等到箕子受封到朝鲜以后,在那里推行道义、训化民俗,崇尚德行而不论出身是否卑微,看中人的能力而不论关系的亲疏远近;因而扩大了殷人享受祭祀的范围,使夷族接受了华夏文化,使教化广施于民众之中。他遵循大道,将所有崇高的品德都集于一身,天地间事物变化发展,而自己却能始终坚持正道,这就是伟大的人吧?

唉!当那周朝的时运尚未到来,殷朝宗庙的香火还没有断绝,比干已经死掉,微子已经离去;假如纣王还没有恶贯满盈就自己死去了,他的儿子武庚能为暴乱而忧虑并力图保存社稷,这时国中要是没有箕子这样的人才，谁和武庚一起复兴并治理国家呢？这本来也是人事中可能发生的情况啊。这样来看箕子能忍辱含屈到这种地步，大概是在这方面有所期待吧！

唐朝的某一年，在汲郡修建了箕子庙，逢年遇节便祭祀他。我钦佩他能单独被写进《易经》的卦象中，便写了这篇颂。

捕蛇者说

【原文】

永州之野产异蛇①,黑质而白章。触草木,尽死,以啮人,无御之者。然得而腊之以为饵②,可以已大风、挛踠、瘘、疠③,去死肌,杀三虫④。其始太医以王命聚之,岁赋其二。募有能捕之者,当其租入。永之人争奔走焉。

有蒋氏者,专其利三世矣。问之,则曰:"吾祖死于是,吾父死于是,今吾嗣为之十二年,几死者数矣。"言之,貌若甚戚者。余悲之,且曰:"若毒之乎?余将告于莅事者⑤,更若役,复若赋,则何如?"蒋氏大戚,汪然出涕曰:"君将哀而生之乎?则吾斯役之不幸,未若复吾赋不幸之甚也!向吾不为斯役,则久已病矣。自吾氏三世居是乡,积于今六十岁矣。而乡邻之生日蹙,殚其地之出,竭其庐之入,号呼而转徙,饥渴而顿踣⑥。触风雨,犯寒暑,呼嘘毒疠,往往而死者相藉也。曩与吾祖居者⑦,今其室十无一焉;与吾父居者,今其室十无二三焉;与吾居十二年者,今其室十无四五焉。非死则徙尔,而吾以捕蛇独存。悍吏之来吾乡,叫嚣乎东西,隳突乎南北⑧,哗然而骇者,虽鸡狗不得宁焉。吾恂恂而起⑨,视其缶,而吾蛇尚存,则弛然而卧。谨食之,时而献焉。退而甘食其土之有,以尽吾齿。盖一岁之犯死者二焉,其余则熙熙而乐,岂若吾乡邻之旦旦有是哉!今虽死乎此,比吾乡邻之死,则已后矣,又安敢毒邪?"

余闻而愈悲。孔子曰:"苛政猛于虎也。"吾尝疑乎是。今以蒋氏观之,犹信。呜呼!孰知赋敛之毒,有甚是蛇者乎!故为之说,以俟夫观人风者得焉⑩。

◎卷九　唐宋文

【注释】

①永州：治所在今湖南永州市。②腊（xī）：风干。饵：药品。③挛（luán）踠：肢体僵曲。瘘（lòu）：脖颈肿大的病。疠（lì）：恶疮，麻风。④三虫：寄生虫。⑤莅（lì）：管理。⑥顿踣（bó）：困顿跌倒。⑦曩（nǎng）：从前。⑧隳（huī）突：破坏，骚扰。⑨恂恂（xún）：小心谨慎的样子。⑩人风：民风。

【译文】

　　永州的郊野出产一种奇异的蛇，黑色的身体，白色的斑纹。它碰到草木，草木全部死掉；咬了人，就没有医治的办法。但把它捉了来，风干之后制成药饵，却可以治好麻风、肢体僵硬、脖子肿和癞疮等恶性疾病；还可以消除坏死的肌肉，杀死人体内的寄生虫。起初，太医奉皇帝的命令征集这种蛇，每年征收两次，招募能捕捉它的人，用蛇抵应缴的税赋。永州的老百姓都争着去干这件差事。

　　有个姓蒋的人家，专享这种捕蛇抵税的好处有三代了。我问他，他却说："我爷爷死在捕蛇上，我父亲死在捕蛇上，我接着干这件差事已经十二年了，有好几次险些送了命。"说这话的时候，表情似乎显得很悲伤。我同情他，并且说："你怨恨这件差事吗？我打算告诉主管这事的人，免掉你这件差事，恢复你的赋税，你认为怎么样？"蒋氏听了更显悲苦，眼泪汪汪地说："您想可怜我，让我活下去吗？可我干这件差事的不幸，还不像恢复我缴税的不幸那么厉害啊。要是我不干这件差事，那早就困苦不堪了。从我家祖孙三代定居在这个村子，算起来，到现在有六十年了。乡邻们的生活一天比一天困苦，他们缴光地里的出产，缴光家里的收入，哭号着四处逃亡，又饥又渴，常常跌倒在地，顶着狂风暴雨，冒着严寒酷暑，吸着有毒疠瘴气，常常是死者一个压着一个。从前跟我爷爷住一块儿的，如今这些人家十户中连一户也没有了；跟我父亲住一块儿的，十户中没剩下两三户，跟我一块儿住了十二年的人家中，如今十户中也不到四五户了。不是死光就是逃荒去了。可是我却靠着捕蛇而独自活了下来。凶暴的官吏一到我们村子来，就到处乱闯乱嚷，吓得人们哭天喊地，甚至连鸡狗也不得安宁啊。我提心吊胆地爬起身来，看看那瓦罐子，我的蛇还在里面，这才安心地睡下。我小心地喂养它，到了时候把它交上去。回来后，就可以香甜地吃着我地里出产的东西，来过完我的余生。大约我一年里冒生命危险只有两次，其余的时间却能舒舒坦坦地过日子，哪里像我的邻居们天天都受到死亡的威胁呢！如今即使死在捕蛇上，比起我那些死去的乡邻已经是死得晚的了，又怎么敢怨恨这件差事呢？"

　　我听了这些话愈加感到悲痛。孔子说："横征暴敛比老虎还要凶狠啊。"我曾经怀疑过这句话。现在从蒋氏的遭遇来看，才相信了。唉！谁能想到横征暴敛的毒害比这种毒蛇还要厉害呢！所以我为此事写了这篇《捕蛇者说》，留给那些考察民情的人作为参考。

种树郭橐驼传

【原文】

郭橐驼①，不知始何名。病偻，隆然伏行，有类橐驼者，故乡人号之"驼"。驼闻之曰："甚善，名我固当。"因舍其名，亦自谓"橐驼"云。

其乡曰丰乐乡，在长安西。驼业种树，凡长安豪家富人为观游及卖果者，皆争迎取养。视驼所种树，或迁徙，无不活，且硕茂，蚤实以蕃。他植者虽窥伺效慕，莫能如也。有问之，对曰："橐驼非能使木寿且孳也，能顺木之天②，以致其性焉尔③。凡植木之性，其本欲舒，其培欲平，其土欲故，其筑欲密。既然已，勿动勿虑，去不复顾。其莳也若子④，其置也若弃。则其天者全而其性得矣。故吾不害其长而已，非有能硕茂之也；不抑耗其实而已，非有能蚤而蕃之也。他植者则不然，根拳而土易。其培之也，若不过焉则不及。苟有能反是者，则又爱之太殷，忧之太勤，旦视而暮抚，已去而复顾。甚者爪其肤以验其生枯，摇其本以观其疏密，而木之性日以离矣。虽曰爱之，其实害之；虽曰忧之，其实仇之。故不我若也，吾又何能为哉！"

问者曰："以子之道，移之官理可乎？"驼曰："我知种树而已，官理非吾业也。然吾居乡，见长人者好烦其令，若甚怜焉，而卒以祸。旦暮吏来而呼曰：'官命促尔耕，勖尔植⑤，督尔获，蚤缫而绪⑥，蚤织而缕，字而幼孩⑦，遂而鸡豚⑧。'鸣鼓而聚之，击木而召之。吾小人辍飧饔以劳吏者⑨，且不得暇，又何以蕃吾生而安吾性邪？故病且怠。若是，则与吾业者其亦有类乎？"

问者嘻曰："不亦善夫！吾问养树，得养人术。"传其事以为官戒也！

【注释】

①橐(tuó)驼：即骆驼。②天：天性。③致：尽。④莳(shì)：种，栽。⑤勖(xù)：勉励。⑥缫(sāo)：抽茧出丝。⑦字：养育。⑧遂：成长。⑨辍：停止。飧(sūn)：晚饭。饔(yōng)：早饭。

【译文】

郭橐驼，不知道他原名叫什么。他患有伛偻病，整天驼着背，脸朝着地行走，就像骆驼一样，所以乡里人叫他"驼"。橐驼听到后说："很不错，用这个名字称呼我很恰当。"因此他竟然放弃了原名，也自称起"橐驼"来。

他的家乡叫丰乐乡，在长安城西边。郭橐驼以种树为生，凡是长安那些栽种树木以供玩赏的豪富人家，以及那些种植果树靠卖水果为生的人，都争着把他接到家里去供养。平日里看那橐驼所种的树，即使是移植的，也没有不成活的，而且长得高大茂盛，果实往往结得又早又多。别的种树人虽然暗中观察模仿，也没有谁能比得上他的。有人问他其中的奥秘，他回答说："橐驼并不能使树木活得长久和旺盛繁殖，只是能顺应树木的天性，让它按照自己的本性生长罢了。树木的本性是：它需要根能得以舒展，它需要培土均匀，它喜欢已经习惯了的土壤，四周的土要捣结实。这样做了之后，就不要再去动它，也不必去为它操心，种好后可以连头也不回地离开。栽种时要像抚育子女一样的细心，种完后要像把它丢弃了一样不再照看。这样它的天性才能得以保全，它也会按照自己的本性健康成长。所以我只不过是不妨害它生长罢了，并不能使它长得高大茂盛；只不过是不抑制延缓它果实的生长罢了，并不能使它的果实结得又早又多。别的种树人就不是这样，他们种树时没有让树根得以伸展，又让它离开了已经习惯了的土壤。他们培土，不是土多了就是土不够。如果有能这样种植的，则又爱护得过分，总是想着它，早晨去看看，晚上去摸摸，离开之后又跑来看一下。更有甚者竟然抓破树皮来验查它是死是活，摇动根株来观察栽得是松是紧；这样的话，树木就会一天天地偏离它生长的本性了。这些人虽说是爱它，其实是害它；虽说是担心它，其实是与它为敌。所以他们种树都比不上我，其实我又有什么特别的能耐呢？"

问的人说："把你种树的道理，用到做官治理百姓上，可以吗？"橐驼说："我只知道种树而已，做官治理百姓不是我的职业。但是我住在乡里的时候，看见那些当官的喜好颁布繁多琐碎的命令，好像很怜惜老百姓，结果却给百姓们带来灾祸。早晚都有差役跑来大喊：'长官命令，催促你们耕地，鼓励你们种植，督促你们收割，早些缫你们的丝，早些织你们的布，抚养好你们的小孩，喂大你们的鸡和猪。'时不时地敲起鼓将大家聚到一起，打着梆子将大家招来。我们这些小老百姓，就算晚饭和早饭都不吃而去招待那些差役都忙不过来，又怎能使我们人丁兴旺，生活安定呢？所以我们是如此的贫困而且疲惫。这些与我所从事的职业有一些相似之处吧？"

问的人说："这不是很好吗！我问种树，却得到了治理百姓的方法。"于是，我把这件事记载下来，作为官吏们的鉴戒。

梓人传

【原文】

　　裴封叔之第①，在光德里。有梓人款其门②，愿佣隙宇而处焉③。所职寻引、规矩、绳墨，家不居砻斫之器④。问其能，曰："吾善度材，视栋宇之制，高深、圆方、短长之宜，吾指使而群工役焉。舍我，众莫能就一宇。故食于官府，吾受禄三倍；作于私家，吾收其直大半焉。"他日，入其室，其床阙足而不能理，曰："将求他工。"余甚笑之，谓其无能而贪禄嗜货者。

　　其后，京兆尹将饰官署，余往过焉。委群材⑤，会众工。或执斧斤，或执刀锯，皆环立向之。梓人左持引，右执杖，而中处焉。量栋宇之任⑥，视木之能，举挥其杖曰："斧！"彼执斧者奔而右。顾而指曰："锯！"彼执锯者趋而左。俄而，斤者斫，刀者削，皆视其色，俟其言⑦，莫敢自断者。其不胜任者，怒而退之，亦莫敢愠焉。画宫于堵⑧，盈尺而曲尽其制，计其毫厘而构大厦，无进退焉。既成，书于上栋曰："某年某月某日某建"，则其姓字也，凡执用之工不在列。余圜视大骇⑨，然后知其术之工大矣。

　　继而叹曰：彼将舍其手艺，专其心智，而能知体要者欤！吾闻劳心者役人，劳力者役于人。彼其劳心者欤？能者用而智者谋，彼其智者欤？是足为佐天子相天下法矣，物莫近乎此也。

　　彼为天下者本于人。其执役者，为徒隶，为乡师、里胥，其上为下士，又其上为中士，为上士，又其上为大夫，为卿，为公。离而为六职，判而为百役⑩。外薄四海⑪，有方伯、连率。郡有守，邑有宰，皆有佐政。其下有胥吏，又其下皆有啬夫、版尹⑫，以就役焉，犹众工之各有执技以食力也。彼佐天子相天下者，举而加焉，指而使焉，条其纲纪而盈缩焉，齐其法制而整顿焉，犹梓人之有规矩、绳墨以定制也。择天下之士，使称其职；居天下之人，使安其业。视都知野，视野知国，视国知天下，其远迩细大，可手据其图而究焉。犹梓人画宫于堵而绩于成也。能者进而由之，使无所德；不能者退而休之，亦莫敢愠。不衒能，不矜名，不亲小劳，不侵众官，日与天下之英才讨论其大经，犹梓人之善运众工而不伐艺也。夫然后相道得而万国理矣。

相道既得，万国既理，天下举首而望曰："吾相之功也。"后之人循迹而慕曰："彼相之才也。"士或谈殷周之理者，曰伊、傅、周、召，其百执事之勤劳而不得纪焉，犹梓人自名其功而执用者不列也。大哉相乎！通是道者，所谓相而已矣。

其不知体要者反此。以恪勤为公，以簿书为尊，衒能矜名。亲小劳，侵众官，窃取六职百役之事，听听于府庭⑬，而遗其大者远者焉。所谓不通是道者也。犹梓人而不知绳墨之曲直、规矩之方圆、寻引之短长，姑夺众工之斧斤刀锯以佐其艺，又不能备其工，以至败绩，用而无所成也，不亦谬欤？

或曰："彼主为室者，傥或发其私智，牵制梓人之虑，夺其世守而道谋是用，虽不能成功，岂其罪邪？亦在任之而已。"余曰："不然。夫绳墨诚陈，规矩诚设，高者不可抑而下也，狭者不可张而广也。由我则固，不由我则圮⑭。彼将乐去固而就圮也，则卷其术，默其智，悠尔而去，不屈吾道，是诚良梓人耳。其或嗜其货利，忍而不能舍也，丧其制量，屈而不能守也，栋桡屋坏⑮，则曰：'非我罪也。'可乎哉？可乎哉？"

余谓梓人之道类于相，故书而藏之。

梓人，盖古之审曲面势者，今谓之"都料匠"云。余所遇者，杨氏，潜，其名。

【注释】

①裴封叔：人名，柳宗元的妹夫。②梓（zǐ）人：木匠。③隙宇：空闲的房子。④砻（lóng）：磨。斫（zhuó）：削。⑤委：堆积。⑥任：

规模。⑦俟（sì）：等待。⑧堵：墙壁。⑨圜视（huán）：瞪圆了眼睛看。⑩判：细分。⑪薄：通"迫"。⑫啬（sè）夫：帮助县令处理赋税、诉讼等事务的官吏。版尹：主管户籍的官吏。⑬听听（yín）：通"䜋䜋"，争辩的样子。⑭圮（pǐ）：倒塌。⑮桡（ráo）：弯曲变形。

【译文】

　　裴封叔的宅第在长安光德里。一天，有个木匠来敲他的门，希望租几间空屋居住。这位木匠随身携带着量尺、规矩、绳墨，居室中却不存放磨砺、砍削的工具。我问他有什么能耐，他说："我善于估算木材，审察房屋的规模，根据房屋高深、圆方、短长的具体情况，来指使工匠们干活。没有我，人再多也盖不出来一间房子。所以如果是替官府干活儿，我的工钱是一般工匠的三倍；如果是替私人干活儿，我就要领取工钱的一大半儿。"一次，我走进他的房中，见他的床缺了脚，他自己却不能修理，说什么要请另外的工匠来修。我对他深为嘲笑，认为他是个没有能耐却贪财嗜货的人。

　　后来，京兆尹准备要整修官署，我前去观看。只见那里堆积了许多木材，聚集了很多工匠。有的拿着斧头，有的拿着刀锯，都围着那个木匠站着。那木匠左手拿着尺，右手拿着杖，站在人群中间。他估量着房屋的规模，掂量着木材的承受能力，然后将手中的杖一挥，说："斧子！"那些拿斧的工匠便跑到右边去砍。又回头指着左边说："锯！"那些拿锯的人便跑到左边去锯。一会儿，拿斧头的工匠砍起来，拿刀的削起来，都看着他的眼色，等待着他的吩咐，没有敢自作主张的。其中那些不能胜任的工匠，他便发着脾气将他们辞退了，也没有谁敢表露不满和怨恨。他在墙上画出房屋的设计图，图不过一尺见方却能周详地表现出房屋的规模，在他的精细计算下大厦建成完工，各部位紧凑结合，竟没有半点儿出入。官署修成后，他在屋梁上写上"某年某月某日某建"，署名是自己，而那些干活的工匠都不列名。我吃惊得瞪大了眼睛，这才晓得他的技术是多么精深高超。

　　接着我又感叹地说：那个木匠大概是一个舍弃具体手艺，致力于发挥自己心智，因而能够掌握事物关键的人吧？我听说劳心者使唤别人，劳力者被人使唤。那个木匠应该是个劳心者吧？有能耐的人得到重用，有智慧的人参与谋划，那个木匠应该是个有智慧的人吧！这足可以为辅佐天子治理国家的人效法了，再没有比这更相似的事情了。

治理国家在于以人为本。那些从事具体工作的人，是徒隶，是乡师、里胥，他们的上面是下士，下士上面是中士、上士，再往上是大夫，是公，是卿。大体可以分为六种职别，又可以细分为各种差事。国都以外，直到四方边境，有方伯、连率这样的封疆大吏。每个郡有郡守，每个县有县令，而且都有副手辅佐行政。下面有胥吏，再往下还有啬夫、版尹来担当职役，就像工匠们各怀技能，靠劳力吃饭一样。那些辅佐天子治理天下的人，提拔任用他们，指挥役使他们，制定治理国家的纲要并且加以调整，规范法制而加以整顿。这就像那位木匠有规矩、绳墨来确定规模一样。选择天下的人才，使他们各称其职；安顿天下的百姓，使他们安居乐业。看了京城便能了解乡村的情况，看了乡村便能了解封地的情况，看了封地便能了解全国的情况。至于远处、近处、小事、大事，都可以凭借手中的地图推究出来，就好像那位木匠在墙上绘制房屋图样而后按图使工程完工一样。举荐有才能的人并且任用他们，不要使他们感激谁的恩德；斥退没有才能的人，让他们离开职位，也没有谁会怨恨。不炫耀自己的才能，不夸大自己的名声，不亲自去干各种琐碎的事情，不干涉各级官员的职权，每天与天下的杰出人士讨论国事政策；就像那个木匠善于指挥各种工匠而不夸耀自己的技能一样。这样做，就符合宰相的职责，整个国家也就得到了治理。

符合了宰相的职责，国家得到了治理之后，全国人都会抬头仰望说："这便是我们宰相的功劳啊！"后世人遵循他的事业轨迹而满怀仰慕之情说："这都是因为那个宰相的才能啊！"现在的士人有时谈起殷、周之治的时候，一定要称赞伊尹、傅说、周公、召公；而那些从事各种具体事务的官员虽然勤劳，却不能被记载下来。这就像那位木匠在屋梁上写下自己的姓名，而那些干活的工匠却不能列名一样。伟大啊！宰相。通晓这些道理的，便是大家说的宰相了。

那些不懂得事物要领和根本的人与此相反。他们将谨慎恭顺、勤勤恳恳当作要务，把处理公文当作万事之首。炫耀自己的能力，夸大自己的名声，亲自去处理琐碎的事务，干涉各级官员的职权，暗自包揽各种繁杂差事，在殿堂之上与人争辩不休，却将国家的长远大计放在了一边；这便是不通晓为相之道的人啊。就像木匠不知绳墨的曲直、规矩的方圆、寻引的短长，胡乱地夺过工匠们的斧头刀锯来帮他们干活，但又不能完成他们的工作，以至于将事情弄糟，因而没有什么成就，这岂不是荒谬吗？

有人说："如果那主管房屋建造的人，倘若想实行自己的想法，牵制那木匠的计划，舍弃历代相传的经验，却采用过路人的意见，致使房屋不能建成，这难道是木匠的过失吗？成功与否，不过在主管建房的人是否信任那木匠罢了。"我说："不能这样说。如果绳墨、规矩已经确定，应该高的地方就不能压低，应该窄的地方就不能拓宽。按照我的意见办，房屋就能坚固；不按照我的意见办，房屋就会倒塌。如果那个主事的人甘心放弃坚固而选择倒塌，那木匠就应该收起自己的技术，藏起自己的智慧，远远地离开，坚持自己的主张而不屈从。这才是个真正的好木匠啊。如果他贪图财物，一味忍让而不离去，那就丧失了原则，是屈从而不能坚持自己的职守啊。到了栋梁折断、房屋倒塌的时候，却说：'不是我的过错。'这是可以的吗？这是可以的吗？"

我认为那木匠营造房屋的方法与做宰相有相似之处，所以写了这篇文章保存起来。

那位木匠大概就是古代审察各种材料的曲直和形状的人。现在称之为"都料匠"。我遇到的那位木匠姓杨，名潜。

愚溪诗序

【原文】

灌水之阳有溪焉①，东流入于潇水②。或曰："冉氏尝居也，故姓是溪为冉溪。"或曰："可以染也，名之以其能，故谓之染溪。"余以愚触罪，谪潇水上，爱是溪，入二三里，得其尤绝者家焉。古有愚公谷，今余家是溪，而名莫能定，土之居者犹龂龂然③，不可以不更也，故更之为愚溪。

愚溪之上，买小丘，为愚丘。自愚丘东北行六十步，得泉焉，又买居之，为愚泉。愚泉凡六穴，皆出山下平地，盖上出也。合流屈曲而南，为愚沟。遂负土累石，塞其隘，为愚池。愚池之东为愚堂，其南为愚亭，池之中为愚岛。嘉木异石错置，皆山水之奇者，以余故，咸以愚辱焉。

夫水，智者乐也。今是溪独见辱于愚，何哉？盖其流甚下，不可以灌溉，又峻急，多坻石④，大舟不可入也。幽邃浅狭，蛟龙不屑，不能兴云雨。无以利世，而适类于余，然则虽辱而愚之，可也。

宁武子"邦无道则愚"⑤，智而为愚者也；颜子"终日不违如愚"⑥，睿而为愚者也。皆不得为真愚。今余遭有道，而违于理，悖于事，故凡为愚者，莫我若也。夫然，则天下莫能争是溪，余得专而名焉。

溪虽莫利于世，而善鉴万类，清莹秀澈，锵鸣金石⑦，能使愚者喜笑眷慕，乐而不能去也。余虽不合于俗，亦颇以文墨自慰，漱涤万物，牢笼百态，而无所避之。以愚辞歌愚溪，则茫然而不违，昏然而同归，超鸿蒙⑧，混希夷⑨，寂寥而莫我知也。于是作《八愚诗》，记于溪石上。

【注释】

①灌水：湘江支流，在今广西东北部。②潇水：湘江支流，源出今湖南道县的潇山。它与灌水同在永州境内。③龂龂（yín）：争辩的样子。④坻（chí）：水中小洲。⑤宁武子：春秋时卫国大夫。《论语·公冶长》："宁武子，邦有道，则知（智）；邦无道，则愚。"是说国君有道，政治清明，那么自己的智力就足够治理朝政。如果国君无道，那自己就显得很愚笨。⑥颜子：即颜回，孔子的得意门生。⑦锵（qiāng）鸣金石：指水能发出金石般的响声。⑧鸿蒙：指宇宙形成前的混沌状态。⑨希夷：形容一种无声无色、虚寂微妙的境界。

【译文】

灌水的北面有一条小溪，向东流入潇水。有人说："曾经有位姓冉的人在这儿住过。所以把这条溪称为冉溪。"又有人说："这溪水可以用来染色，依据它的功用来命名，所以称它为染溪。"我因为愚昧无知而获罪，被贬谪到潇水边来，喜爱上了这条溪水，沿着溪水上溯两三里，发现了一个风景极佳的地方，就在这里安了家。古时候有个愚公谷，如今我在这条溪旁安家，而溪水的名字到现在还没有确定下来，当地居民还在为此争论不休；看来不能不给它改个名字了，我因此改称它愚溪。

我在愚溪的上游买下一个小山丘，我把它叫作愚丘。从愚丘向东北行走六十步，寻得了一处泉水，我又将它买了下来，把它叫作愚泉。愚泉总共有六个泉眼，都分布在山丘下面的平地上，原来泉水都是从这里向上涌出的。几支泉水汇合后便弯弯曲曲地往南流走，形成了一条水沟，我叫它愚沟。于是挑来泥土，堆起石块，把溪流狭窄的地方堵塞起来，积成水池，叫它愚池。愚池的东边是愚堂，南面有愚亭，水池中央的是愚岛。秀美的树木和奇异的石头重叠错落，这些都是山水中不可多得的景致，因为我的缘故，它们都被"愚"字所玷辱了。

流水，是聪明的人所喜爱的。现在这条溪水却独独被"愚"字所辱没，这是为什么呢？原来是它的水位很低，不能用来灌溉；又因为它水流湍急，多有浅滩和石头，大船开不进来。它地处偏僻，水浅而溪狭，蛟龙不屑居住在这里，因为溪水不足以让它兴风作雨。这溪水对世人没有什么益处可言，这恰好和我相似，所以虽然玷辱了它，以"愚"字为它冠名，也是可以的。

宁武子"在国家政治昏乱的时候，便显得很愚笨"，那是聪明人装作愚人。颜回"整天不发表不同的见解，好像很愚蠢"，那是通达的人貌似愚钝。他们都不是真的愚蠢。我如今遇上清明的时代，立身行事却有违事理，所以愚人中再没有像我这样愚蠢的了。正因为如此，所以天下的人谁也不能和我争这条溪水，我是可以专断地给它命名的。

愚溪虽然对世人没有什么用处，但它善于映照万物，它又是如此的晶莹透彻，能发出金石般悦耳的声响。它能使愚人心情愉快，笑口常开；让他们爱慕它、眷恋它以致不能离去。我虽然不能与世俗合流，但平素也还能书写文章来安慰自己；刻画各种事物，捕捉它们的千姿百态而不用回避些什么。我用愚笨的文辞来歌颂愚溪，就会感到茫然自失而不觉有违事理，昏昏然之间又好像与它同归一处，超越了鸿蒙，融入一片寂静当中，在寂寥间达到了忘我的境界。于是我写了《八愚诗》，记在溪边的石头上。

钴鉧潭西小丘记

【原文】

得西山后八日,寻山口西北道二百步,又得钴鉧潭①。西二十五步,当湍而浚者为鱼梁②。梁之上有丘焉,生竹树。其石之突怒偃蹇③,负土而出,争为奇状者,殆不可数。其嵌然相累而下者④,若牛马之饮于溪;其冲然角列而上者,若熊罴之登于山。

丘之小不能一亩,可以笼而有之。问其主,曰:"唐氏之弃地,货而不售。"问其价,曰:"止四百。"余怜而售之。李深源、元克己时同游,皆大喜,出自意外。即更取器用⑤,铲刈秽草,伐去恶木,烈火而焚之。嘉木立,美竹露,奇石显。由其中以望,则山之高、云之浮、溪之流、鸟兽之遨游,举熙熙然回巧献技,以效兹丘之下⑥。枕席而卧,则清泠之状与目谋⑦,瀯瀯之声与耳谋⑧,悠然而虚者与神谋,渊然而静者与心谋。不匝旬而得异地者二⑨,虽古好事之士,或未能至焉。

噫!以兹丘之胜,致之沣、镐、鄠、杜⑩,则贵游之士争买者,日增千金而愈不可得。今弃是州也,农夫渔父过而陋之,价四百,连岁不能售。而我与深源、克己独喜得之,是其果有遭乎⑪?

书于石,所以贺兹丘之遭也。

【注释】

①钴(gǔ)鉧(mǔ)潭:潭水名,因潭的形状像熨斗而得名。钴鉧,熨斗。②浚(jùn):深。鱼梁:筑堰拦水捕鱼的一种设施。③偃(yǎn)蹇(jiǎn):形容山石错综盘踞的样子。④嵌(qìn)然:高耸的样子。⑤更取:轮流拿着。⑥效:献出。⑦清泠(líng):清澈凉爽。⑧瀯瀯(yíng):水流声。⑨不匝(zā):不满。旬:十天。⑩沣

◎ 卷九　唐宋文

（fēng）、镐、鄠（hù）、杜：都是长安附近的地名。⑪遭：运气。

【译文】

　　寻得西山后的第八天，沿着山口向西北走上二百步，又发现了钴鉧潭。潭西二十五步远，那水深流急的地方是鱼梁。鱼梁上有个小土丘，上面生长着竹子树木；小丘上的岩石，凸起耸立，起伏错杂，好像是从地下拱出来的一样，它们争着做出各种奇形怪状，多得数不清。那些后高前低重叠着延伸向下的，就像牛马在溪边饮水；那些猛然前突，像兽角一样排列向上的，就像熊罴向山上攀登。

　　小丘不足一亩，似乎可以把它装在一个小笼子里。我问小丘的主人关于小丘的情况，他回答说："这是姓唐的人家的弃地，想卖却卖不出去。"我问他价格，他回答说："只四百金。"我怜惜小丘而买下了它。当时李深源、元克己二人与我同游，都喜出望外，觉得是意想不到的收获。当下我们便轮流拿来各种工具，铲除杂草，砍掉难看的树木，并放火将它们烧掉。于是美好的树木挺立出来，秀美的竹林露出本来的容颜，奇异的山石也凸现出各自的面貌。从小丘中央四外望去，只见山峰高峻，云彩飘浮，溪水清流，鸟兽遨游其间；万物都快乐地呈现出巧妙的姿态，献出各自的技艺，在小丘之下表演着。铺开席子卧在上面，山水清凉明爽的状貌映入眼帘，潺潺的流水声传入耳中，悠远空阔的天空撩动遐思，幽深静谧的环境与心灵相合。我不满十天就寻得了两处胜景，即使是古代喜欢游历的人，也未必能做到这样啊！

　　唉！以小丘这样的美景，如果把它放到长安附近的沣、镐、鄠、杜等地，那么，爱好游乐的贵族富人们一定争相购买，它的身价也会日增千金却越发不能购得。现在它被废弃在这永州，农人渔夫经过对它不屑一顾，价钱只有四百金，却多年卖不出去；而我与深源、克己偏偏是因为得到了它而欣喜，这小丘是注定有这样的运气吗？

　　我将这些写在石头上，用来庆贺这座小丘的好运气。

小石城山记

【原文】

　　自西山道口径北，逾黄茅岭而下，有二道。其一西出，寻之无所得；其一少北而东，不过四十丈，土断而川分，有积石横当其垠①。其上为睥睨梁欐之形②，其旁出堡坞，有若门焉。窥之正黑，投以小石，洞然有水声，其响之激越，良久乃已。环之可上，望甚远。无土壤而生嘉树美箭③，益奇而坚。其疏数偃仰，类智者所施设也。

　　噫！吾疑造物者之有无久矣。及是，愈以为诚有。又怪其不为之于中州，而列是夷狄。更千百年不得一售其伎，是固劳而无用。神者倘不宜如是，则其果无乎？或曰："以慰夫贤而辱于此者。"或曰："其气之灵，不为伟人，而独为是物，故楚之南少人而多石。"是二者，余未信之。

【注释】

　　①垠：边界。②睥（bì）睨（nì）：城上的矮墙。梁欐（lì）：栋梁。③箭：小竹子。

【译文】

　　从西山路口一直往北，越过黄茅岭下去，有两条路：一条向西，沿着这条路寻去，一无所获；另一条路稍微偏北又向东伸展，往前不过四十丈，土地断裂，中间被一条河流分开，有一个由积石构成的小山冈横立在河岸上。山的上面有石块垒积，好像城上的矮墙，又像一座座小房屋。山冈的旁边，耸立着一座天然的石堡，石堡上还有一道像门的洞口。向里面望，黑漆漆的，扔一块小石头进去，听到"扑通"一声的水响；那回声激扬清越，隔了许久才消失。绕着小山环行而上便可以到达它的顶部，在那里能望见很远的地方。这里虽然没有土壤，却生长着嘉树美竹，显得格外的奇异坚挺。竹木的疏密高低恰到好处，好像是有智慧的人精心设计的。

　　啊！我怀疑造物主的有无已经很久了。到了这里，越发相信真的是有的。但又奇怪它为什么不把这些景物造在中原，却安放在这夷狄的蛮荒之地。这样恐怕经历了千百年也不能向人们一展它们的美好姿态和技艺，这实在是劳而无功啊。造化神明倘若不应该这样，那么它果真是不存在的吗？有人说："把景致安放在这里是用来安慰那些被贬官到此地的贤人的。"又有人说："天地间的灵秀之气不造就伟人，却独独钟情于物类。所以楚地的南部少伟人而多奇石。"对于这两种说法，我都不相信。

贺进士王参元失火书

【原文】

　　得杨八书①,知足下遇火灾,家无余储。仆始闻而骇,中而疑,终乃大喜,盖将吊而更以贺也。道远言略,犹未能究知其状,若果荡焉泯焉而悉无有,乃吾所以尤贺者也。

　　足下勤奉养,乐朝夕,惟恬安无事是望也。今乃有焚炀赫烈之虞②,以震骇左右,而脂膏滫瀡之具③,或以不给,吾是以始而骇也。

　　凡人之言皆曰:盈虚倚伏,去来之不可常。或将大有为也,乃始厄困震悸,于是有水火之孽,有群小之愠;劳苦变动,而后能光明,古之人皆然。斯道辽阔诞漫,虽圣人不能以是必信,是故中而疑也。

　　以足下读古人书,为文章,善小学④,其为多能若是,而进不能出群士之上,以取显贵者,盖无他焉。京城人多言足下家有积货,士之好廉名者,皆畏忌不敢道足下之善,独自得之,心蓄之,衔忍而不出诸口。以公道之难明,而世之多嫌也。一出口,则嗤嗤者以为得重赂。

　　仆自贞元十五年见足下之文章,蓄之者盖六七年未尝言。是仆私一身而负公道久矣,非特负足下也。及为御史尚书郎,自以幸为天子近臣,得奋其舌,思以发明足下之郁塞。然时称道于行列,犹有顾视而窃笑者。仆良恨修己之不亮,素誉之不立,而为世嫌之所加,常与孟几道言而痛之⑤。

　　乃今幸为天火之所涤荡,凡众之疑虑,举为灰埃。黔其庐⑥,赭其垣,以示其无有。而足下之才能,乃可以显白而不污,其实出矣,是祝融、回禄之相吾子也⑦。则仆与几道十年之相知,不若兹火一夕之为足下誉也。宥而彰之,使夫蓄于心者,咸得开其喙⑧;发策决科者⑨,授子而不栗。虽欲如向之蓄缩受侮,其可得乎?于兹吾有望于子,是以终乃大喜也。

古者列国有灾，同位者皆相吊。许不吊灾⑩，君子恶之。今吾之所陈若是，有以异乎古，故将吊而更以贺也。颜、曾之养⑪，其为乐也大矣，又何阙焉？

【注释】

①杨八：人名，名敬之，排行第八，他是柳宗元的亲戚。②炀（yáng）：这里指焚烧。③潃（xiǔ）瀡（suǐ）：用淀粉拌和食物使之柔滑。④小学：泛指文字、音韵、训诂方面的学问。⑤孟几道：人名，名简，字几道，是柳宗元的好朋友。⑥黔（qián）：黑色。⑦祝融、回禄：传说中火神的名字。相（xiàng）：帮助。⑧喙（huì）：嘴。⑨发策决科：指科举取士。⑩许不吊灾：据《左传》记载，昭公十八年，宋、卫、陈、郑四国发生火灾，诸侯都来慰问，只有许国不来慰问，当时的人们便预测许国将要灭亡了。⑪颜、曾：指孔子的弟子颜回、曾参。

【译文】

接到杨八的来信，得知您遭遇了火灾，家里什么积蓄都没有了。我刚刚听到这个消息的时候，感到非常的震惊，接着又有所疑惑，最后却感到非常高兴。因此把本想对您的安慰改成向您祝贺了。路途遥远而书信中话语简略，我还没能确知火灾的真实情况，如果真的烧得一干二净，什么也没有剩下了，那我就更要向你祝贺了。

您平素总是殷勤地侍奉双亲，早晚宁静安乐，只期望着能恬淡平安地过日子。如今却遇到了大火的灾害，使您受到惊吓，甚至连煮饭做菜的用具都难以得到供给，我刚开始是因为这个才大为震惊的。

一般人总是说：盈虚相依，福祸相倚，它们都是来去无常的。一个人将要大有作为，开头会遭到种种惊吓困厄，于是有遭受水灾火难的，有遭到小人怨恨的；经受过劳苦变故，而后才能走上光明大道，古代的人都是这样。这里面的道理玄虚荒诞，不着边际，即使古代的圣人也不能认为是确实可靠的，因此我随即又产生了怀疑。

像您这样熟读古人书籍的人，能著作文章，精通"小学"，有如此才学，而做官却不能超出众人，不能以广博的才学获得显赫的地位，实在是没有别的原因。京城里的人很多都说您家里广积财富，所以，士人中那些喜欢好名声的人对此都畏惧忌讳，不敢称道您的优点，只是自己知道您的优点，却把它藏在心里，说不出口。这是因为公道难以彰明，世事又多是猜忌嫌疑，一旦说出称赞您的话，那么那些惯于讥讽别人的人就会认为他必是得了您非常大的好处。

我从贞元十五年就读您的文章，放在心里大约有六七年没有向人谈起过。这是我只考虑自己的得失而长久地违背了公道呀。不是只对不起您一个人，等到我做御史、礼部员外郎的时候，自以为有幸作为天子的近臣，得到了说话的机会，想着要找机会向上说明您被压抑的才能。但当我在同僚中称道您的时候，仍然有相视而暗笑我的。我实在是痛恨自己的品德修养还没有光亮到为世人所见，清白的名声还没能确立，因而遭到世俗的猜疑。我经常与孟几道谈起这些，也总是为此痛心不已。

现在好了。您的家财被天火烧得精光，众人的疑虑，也随之化为灰烬了。房子烧焦了，墙壁烧红了，显示您已经是一无所有了。这样您本身的才能，就能明白地显露出来而不为其他东西所污损，这是真实地展现才能的时候，是火神给予您莫大资助。我与孟几道十年来与您的相知，还不及这火一晚上给你带来的好名声呢。从此以后，人们都会谅解您、称颂您，使心里藏着对您的称誉的人敢开口说话，使那些负责推举选拔人才的官员，也可以授给您官职而不必害怕了。即使是你还想像过去那样瑟缩地怕受到讥笑，难道还能做得到吗？在这一点上我对您抱了很大的期望，所以最后才会非常高兴。

在古代，有哪一个诸侯国遇到灾害，其他诸侯国都会前来慰问的。春秋时，许国不去慰问发生火灾的邻国，于是君子们便厌恶它。如今我之所以说这样的话，情况与古代有所不同，所以将本来的慰问变成了祝贺。像颜回、曾参那样奉养父母，是一件很快乐的事情。物质上虽有所欠缺，又算得了什么呢？

王禹偁

王禹偁,字元之,济州巨野(今山东巨野)人。北宋太宗太平兴国八年(983)进士,历任右拾遗、翰林学士、知制诰。为人忠直敢言,三经贬黜。他不仅是北宋最早要求改革弊政的政治家之一,也是北宋文坛最早提倡扫除浮艳靡丽文风的文学家之一。他文崇韩愈、柳宗元,诗学杜甫、白居易。所作诗文简淡古雅,清丽晓畅。著有《小畜集》。

待漏院记

【原文】

　　天道不言，而品物亨、岁功成者①，何谓也？四时之吏、五行之佐②，宣其气矣。圣人不言，而百姓亲、万邦宁者，何谓也？三公论道，六卿分职，张其教矣。是知君逸于上，臣劳于下，法乎天也。古之善相天下者，自咎、夔，至房、魏③，可数也。是不独有其德，亦皆务于勤耳。况夙兴夜寐，以事一人，卿大夫犹然，况宰相乎！

　　朝廷自国初，因旧制，设宰相待漏院于丹凤门之右，示勤政也。乃若北阙向曙，东方未明，相君启行，煌煌火城④。相君至止，哕哕鸾声⑤。金门未辟⑥，玉漏犹滴⑦。撤盖下车，于焉以息。待漏之际，相君其有思乎？

　　其或兆民未安，思所泰之；四夷未附，思所来之；兵革未息，何以弭之；田畴多芜，何以辟之；贤人在野，我将进之；佞人立朝，我将斥之；六气不和，灾眚荐至，愿避位以禳之⑧；五刑未措，欺诈日生，请修德以釐之。忧心忡忡，待旦而入。九门既启⑨，四聪甚迩。相君言焉，时君纳焉。皇风于是乎清夷⑩，苍生以之而富庶。若然，则总百官，食万钱，非幸也，宜也。

　　其或私仇未复，思所逐之；旧恩未报，思所荣之；子女玉帛，何以致之；车马玩器，何以取之；奸人附势，我将陟之；直士抗言，我将黜之；三时告灾，上有忧色，构巧词以悦之；群吏弄法，君闻怨言，进谄容以媚之。

　　私心慆慆，假寐而坐。九门既开，重瞳屡回⑪。相君言焉，时君惑焉。政柄于是乎隳哉⑫，帝位以之而危矣。若然，则死下狱，投远方，非不幸也，亦宜也。

◎卷九 唐宋文

是知一国之政，万人之命，悬于宰相，可不慎欤？复有无毁无誉，旅进旅退，窃位而苟禄，备员而全身者⑬，亦无所取焉。

棘寺小吏王禹偁为文⑭，请志院壁，用规于执政者。

【注释】

① 亨：顺利生长。② 四时之吏：传说中天上掌管四时变化的官员。五行：金、木、水、火、土。③ 咎：即皋陶，相传是舜时掌管刑法的大臣。夔：相传为舜时的乐官。房：即房玄龄，唐太宗时的名相。魏：即魏徵，唐太宗时著名的谏臣。④ 煌煌（huáng）：明亮。火城：宰相上朝时，文武百官要先到等候，因为天色未明，所以点着很多的蜡烛，称作"火城"。⑤ 哕哕（huì）：有节奏的铃声。鸾：通"銮"，车铃。⑥ 金门：宫门。⑦ 漏：漏壶。⑧ 禳（ráng）：祭祷消灾。⑨ 九门：泛指皇宫众多的宫门。⑩ 皇风：国家的政治风气。⑪ 重瞳（tóng）：双瞳仁。传说舜是双瞳仁，这里是指国君的眼睛。⑫ 隳（huī）：毁败。⑬ 备员：充数。⑭ 棘寺：指大理寺，古代掌管刑狱的最高机关。

【译文】

天道并不说话，而万物却能顺利成长，庄稼却能丰收，这是为什么呢？就是掌管四时和统辖五行的天官们，使四时风雨顺畅通达的结果。国君不说话，却能使百姓亲睦、万邦安宁，这是为什么呢？这是由于三公商讨了国家大计，六卿分别掌管着自己的职责，推广了君主教化。由此可知，君主在上面安逸，臣子在下面辛劳，是取法于天道的缘故啊！古代善于治理天下的人，从虞舜时的皋陶、夔，到唐代的房玄龄、魏徵，历历可数。他们不仅自己有着高尚的德行，而且都把勤勉辅国当成自己的要务。再说早起晚睡以侍奉天子，卿大夫尚且是这样，更何况是宰相呢！

朝廷自建立之初，沿袭前代的制度，在丹凤门的右边设置了一座宰相待漏院，表示要勤于政务。当皇宫北面的宫阙刚刚露出一丝曙光，东方还没有大亮的时候，宰相就要动身上朝了。那仪仗中众多的灯烛火把凑在一起如同一座煌煌火城！等宰相到了待漏院，车马停了下来，那一阵阵有节奏的鸾铃声还在回响。那时，宫门尚未打开，玉漏还在滴水，于是撤掉伞盖，走下车来，在待漏院中稍做休息。在等待早朝的时候，宰相大概有许多考虑吧？

也许考虑的是百姓还没有安居乐业，怎样才能使他们享受太平；考虑四方的部落还没有归附，怎样才能使他们前来归顺；考虑战争还没有停止，怎样才能使战乱平定；考虑农田还有很多荒芜的，怎样才能将它们开垦出来；考虑有贤能的人还在山林隐居，怎样才能将他们选拔上来；考虑奸邪的小人还待在朝廷里，怎样才能把他们驱逐出去；考虑节气不调、灾祸不断，自己愿意辞掉相位，向上天祷告来消除灾难；考虑各种刑罚还没有废弃，欺诈行为经常发生，要请君主修养德行、加以治理。就这样忧心忡忡，等待天亮上朝。当皇宫的大门打开，四方八面的消息便顺畅地传入天子的耳中。宰相向天子奏报了他的想法，君主予以采纳。国家风气因此而清平，人民生活因此而富裕。如果这样，那么宰相统率百官，享受很高的俸禄，便不是侥幸受宠，而是十分应该的啊！

而有人也许考虑的是私仇还没有报，怎样才能驱逐自己的仇敌；旧恩还没有报答，怎样才能使自己的恩人荣耀起来；金钱美女，用什么方法才能搜罗到手；车马古玩，怎样才能尽皆取来；奸邪小人攀附我的权势，我将提拔他；正直的人直言抗争，我就要贬黜他；春夏秋三季发生灾情，报告上来，皇上忧虑，我要编些花言巧语来让他高兴；官吏们贪赃枉法，皇上听到了怨声，我要用谄媚的姿态蒙混过去。私心纷乱不息，坐着假装打瞌睡。当皇宫的大门打开，皇帝屡次注视，于是宰相进言，皇帝受到蒙蔽，政权因此毁坏，皇位也因此而发生危险。如果这样，那么宰相被下狱处死，或者被流放到边远的地方，也不能算是他的不幸，也是应该的！

因此可以明白，一个国家的政治、万人的性命，都掌握在宰相手里，能够不小心谨慎地对待吗？此外，还有那种既没受到毁谤，也没人称赞，随大流进退，窃居高位，享受俸禄，在朝中充数而只知道保全自己的人，也是毫不可取的。

大理寺的小吏王禹偁作这篇文章，希望书写在待漏院的墙壁上，用以劝诫执政的人。

黄冈竹楼记

【原文】

黄冈之地多竹①,大者如椽,竹工破之,刳去其节②,用代陶瓦,比屋皆然,以其价廉而工省也。

子城西北隅,雉堞圮毁③,蓁莽荒秽。因作小楼二间,与月波楼通。远吞山光,平挹江濑④,幽阒辽夐⑤,不可具状。夏宜急雨,有瀑布声;冬宜密雪,有碎玉声;宜鼓琴,琴调和畅;宜咏诗,诗韵清绝;宜围棋,子声丁丁然;宜投壶⑥,矢声铮铮然。皆竹楼之所助也。

公退之暇,被鹤氅衣,戴华阳巾⑦,手执《周易》一卷,焚香默坐,消遣世虑。江山之外,第见风帆沙鸟、烟云竹树而已。待其酒力醒,茶烟歇,送夕阳,迎素月,亦谪居之胜概也。

彼齐云、落星,高则高矣;井幹、丽谯⑧,华则华矣。止于贮妓女,藏歌舞,非骚人之事⑨,吾所不取。

吾闻竹工云:"竹之为瓦,仅十稔⑩。若重覆之,得二十稔。"噫!吾以至道乙未岁,自翰林出滁上,丙申移广陵⑪,丁酉又入西掖⑫,戊戌岁除日,有齐安之命⑬,己亥闰三月到郡。四年之间,奔走不暇,未知明年又在何处,岂惧竹楼之易朽乎?后之人与我同志,嗣而葺之⑭,庶斯楼之不朽也。

【注释】

①黄冈:地名,在今湖北黄冈市。②刳(kū):剖,挖空。③雉(zhì)堞(dié):古代城墙上掩护守城人用的矮墙。④挹(yì):汲取,舀。江濑(lài):流过沙石的浅水。⑤阒(qù):寂静。夐(xiòng):远。⑥投壶:古时的一种游戏,把箭投入壶中,按投中的多少分胜

负。⑦华阳巾：道士戴的一种帽子。⑧齐云、落星、井幹（hán）、丽谯（qiáo）：此四者都是有名的华丽楼阁。⑨骚人：诗人。⑩稔（rěn）：庄稼成熟。庄稼一年一熟，故古人称一年为一稔。⑪广陵：今江苏扬州。⑫西掖：指中书省。⑬齐安：即黄州，宋朝以黄州为齐安郡，治所在今湖北黄冈。⑭嗣：接续。葺（qì）：修缮。

【译文】

  黄冈地区盛产竹子，大的竹子像椽子那样粗。竹工破开它，削去竹节，用来代替陶瓦。家家户户都用它盖房子，因为它便宜而且省工。

  黄冈子城西北角的城垛子都塌毁了，野草丛生，荒芜污秽。我清理了那里，盖了两间小竹楼，与月波楼互相连通。登上竹楼，远山的风光尽收眼底，平望出去，能看到江中的浅水流沙。那幽静寂寥、高远空阔的景致，实在无法一一描绘出来。夏天适宜听急雨，雨声有如瀑布飞流直下；冬天适宜听密雪，雪花坠落发出玉碎之声；适宜抚琴，琴声和畅悠扬；适宜吟诗，诗韵清新绝俗；适宜下棋，棋子落盘有叮当清响；适宜投壶，箭入壶中铮铮动听。这些美妙的声音，都是因为竹楼才得以听到。

  公事办完后的闲暇时间里，披着鹤氅衣，戴着华阳巾，手持一卷《周易》，焚香默坐，驱散尘世中的种种杂念。除了水色山光之外，只见到风帆沙鸟、烟云竹树罢了。等到酒意退去，煮茶的烟火熄灭，便送走夕阳，迎来皓月，这正是谪居生活的快乐之处啊。

  那齐云楼、落星楼，高是很高；井幹楼、丽谯楼，华丽是很华丽。但它们只不过是用来贮藏姬女和能歌善舞的人罢了，这不是诗人应做的事，是我所不屑去做的。

  我听竹工说，竹子做屋瓦，只能用十年，如果覆盖两层竹瓦，可以支持二十年。唉！我在至道乙未那一年，由翰林学士而贬到滁州，丙申年又调到扬州，丁酉年又到中书省任职，戊戌年的除夕，奉命调到齐安，己亥年闰三月才到了齐安郡城。四年之中，奔走不停，还不知道明年又在何处，难道还会怕竹楼容易朽坏吗？希望后来的人跟我志趣相同，能继我之后接着修整它。或许这座竹楼就永远不会朽坏了吧！

范仲淹

范仲淹,字希文,祖籍邠州(今陕西彬县),移居吴县(今江苏苏州)。少时贫困力学,真宗大中祥符八年(1015)进士。官至枢密副使、参知政事。范仲淹是北宋著名的政治家和文学家,曾积极推行"庆历新政",为人廉洁公正,奉行"先天下之忧而忧,后天下之乐而乐"的做人准则。有《范文正公文集》。

严先生祠堂记

【原文】

先生,光武之故人也。相尚以道。及帝握《赤符》①,乘六龙②,得圣人之时,臣妾亿兆,天下孰加焉?惟先生以节高之。既而动星象③,归江湖,得圣人之清。泥涂轩冕,天下孰加焉?惟光武以礼下之。

在《蛊》之上九,众方有为,而独"不事王侯,高尚其事",先生以之。在《屯》之初九,阳德方亨,而能"以贵下贱,大得民也",光武以之。盖先生之心,出乎日月之上;光武之量,包乎天地之外。微先生不能成光武之大④,微光武岂能遂先生之高哉?而使贪夫廉,懦夫立,是大有功于名教也。

仲淹来守是邦,始构堂而奠焉。乃复为其后者四家,以奉祠事,又从而歌曰:云山苍苍,江水泱泱。先生之风,山高水长。

【注释】

①《赤符》:指25年,儒生疆华献上《赤伏符》,刘秀因而称帝一事。②乘六龙:天子车驾的代称。③动星象:光武帝刘秀曾把严子陵请到宫中叙旧,还与严子陵同榻而卧。严子陵在睡梦中把脚搁到了刘秀的肚皮上。第二天观察天象的太史上奏,说是昨夜客星犯帝座甚急。④微:假如不是。

【译文】

严先生,是光武帝的老朋友。两个人以道义而相互推崇。光武帝得到《赤符》的祥瑞,乘着六龙的阳气而称帝,得到了圣人奉行天道的时机，统治着亿兆的臣民，普天之下有谁能超过他？只有先生凭着自己的节操而高出其上。后来先生因为与光武帝交情甚密而震动了天上的星象，先生于是退隐江湖，达到了圣人清高脱俗的境界。先生视名禄如粪土，普天之下又有谁能超过他？只有光武帝能够以礼而敬重他。

《易经》上《蛊卦》"上九"爻，正当其他各爻都有所作为的时候，这一爻却偏偏是不侍奉王侯，保持自己品德的高尚。先生就是这样做的。《易经》上《屯卦》的"初九"一爻，表示阳德正在亨通，因而能"以尊贵之身礼遇卑贱的人，大得民心"。光武帝正是这样做的。所以先生的高尚情操，比日月还要高；光武帝的宽阔胸襟，能包容大到天地之外的事物。没有先生，就不能成就光武帝气量的宏大；没有光武帝，又怎能促成先生的高尚节操？先生的作为让贪婪的人变得廉洁，让怯懦的人变得自强自立，这真是对名教的莫大功劳啊。

我到本州任职后，才建造了祠堂来祭奠先生。然后又免除了先生后代子孙四家的赋役，让他们专心管理祭祀的相关事宜，还因此作了歌颂扬道：云与山莽莽苍苍啊，江水浩浩荡荡。先生的高风亮节啊，如山高，如水长！

◎卷九　唐宋文

岳阳楼记

【原文】

庆历四年春，滕子京谪守巴陵郡①。越明年，政通人和，百废具兴。乃重修岳阳楼，增其旧制，刻唐贤、今人诗赋于其上，属予作文以记之②。

予观夫巴陵胜状，在洞庭一湖。衔远山，吞长江，浩浩汤汤，横无际涯；朝晖夕阴，气象万千。此则岳阳楼之大观也，前人之述备矣。然则北通巫峡，南极潇湘，迁客骚人③，多会于此，览物之情，得无异乎？

若夫霪雨霏霏，连月不开，阴风怒号，浊浪排空，日星隐曜，山岳潜形，商旅不行，樯倾楫摧④，薄暮冥冥，虎啸猿啼。登斯楼也，则有去国怀乡⑤，忧谗畏讥，满目萧然，感极而悲者矣。

至若春和景明⑥，波澜不惊，上下天光，一碧万顷，沙鸥翔集，锦鳞游泳⑦，岸芷汀兰⑧，郁郁青青。而或长烟一空，皓月千里，浮光耀金，静影沉璧；渔歌互答，此乐何极！登斯楼也，则有心旷神怡，宠辱皆忘，把酒临风，其喜洋洋者矣。

嗟夫，予尝求古仁人之心，或异二者之为，何哉？不以物喜，不以己悲。居庙堂之高⑨，则忧其民；处江湖之远，则忧其君。是进亦忧，退亦忧。然则何时而乐耶？其必曰"先天下之忧而忧，后天下之乐而乐"欤！噫！微斯人，吾谁与归！

【注释】

①滕子京：名宗谅，字子京，河南人。②属：同"嘱"，嘱咐。③迁客：遭贬迁的官员。骚人：诗人。④樯（qiáng）：桅杆。楫

(jí)：船桨。⑤国：指国都。⑥景：日光。⑦锦鳞：指色彩斑斓的鱼。⑧芷（zhǐ）：香草名。汀：水边平滩。⑨庙堂：指朝廷。

【译文】

庆历四年的春天，滕子京被贬为巴陵郡太守。到了第二年，政事顺畅，人民和睦，各种荒废了的事业都兴办起来了。于是重新修建岳阳楼，扩展它原来的规模，把唐代贤士和今人的诗赋刻在上面，并嘱咐我写一篇文章来记述这件事。

我看巴陵郡的美景，全在这洞庭湖上。它连接远山，吞吐长江，浩浩荡荡，无边无际；早晨的霞光，傍晚的夕照，气象万千。这些就是岳阳楼的壮丽景象，前人已经描述得很详尽了。它北面通向巫峡，南面直达潇水和湘水，被降职外调的官员和不得志的诗人常常在这里聚会，他们观赏这里景物时的心情，难道会没有差别吗？

在那细雨连绵不断，一连数月不晴的时候，阴惨惨的风怒吼着，混浊的浪涛翻腾到空中；日月星辰失去了光辉，山岳也隐藏在阴霾之中；来往的客商无法通行，桅杆歪斜，船桨折断；到了傍晚，暮霭沉沉，天色昏暗，老虎长啸，猿猴悲啼。这时登上这座楼，就会产生离开京城，怀念家乡，担心遭到诽谤和讥议的心情，满目都是萧条的景象，心中感慨万分而十分悲伤了。

待到春风和煦、景色明媚的日子，湖面平静，水天一色，碧绿的湖水一望无际；沙鸥时而展翅高飞，时而落下聚集在一起；五光十色的鱼儿游来游去，岸上的香芷和小洲上的兰花，香气浓郁，颜色青青。有时天空中云雾完全消散，皎洁的月光一泻千里，湖面上金光闪烁，月亮的倒影犹如沉落的玉璧，静静地躺在水中；渔人互相唱和应答，这是何等的快乐啊！这时登上这座楼，就会感到心旷神怡，把一切荣辱得失都忘记了，于是端着酒杯临风畅饮，沉浸在无限的欢乐当中。

唉！我曾经探究过古代仁德之士的思想感情，或许他们和上面说的那两种情况有所不同，这是什么缘故呢？是因为他们不因为外物的美好而高兴，不因为个人的失意而悲伤；在朝廷为官的时候就为百姓忧虑；

◎卷九　唐宋文

退隐江湖、远离朝廷的时候就替君主忧虑。这样看来，是在朝为官也忧虑，不在朝为官也忧虑。然而他们什么时候才会感到快乐呢？他们一定会说"忧在天下人之前，乐在天下人之后"吧！唉！除了这样的人，我还能与谁同道呢！

司马光

司马光,字君实,陕州夏县(今山西运城市夏县北)涑水乡人,世称"涑水先生"。北宋著名政治家、文学家,曾任天章阁待制兼侍讲、知谏院、龙图阁直学士、翰林学士。因反对王安石变法,出知永兴军(今陕西西安),旋判西京御史台,后拜尚书左仆射兼门下侍郎主持朝政,尽废新法。死后赠太师、温国公,谥"文正"。主编有《资治通鉴》,著有《司马文正公文集》。

谏院题名记

【原文】

古者谏无官,自公卿大夫至于工商,无不得谏者。汉兴以来,始置官。夫以天下之政,四海之众,得失利病,萃于一官使言之,其为任亦重矣。居是官者,当志其大,舍其细,先其急,后其缓,专利国家,而不为身谋。彼汲汲于名者①,犹汲汲于利也。其间相去何远哉?

天禧初②,真宗诏置谏官六员,责其职事。庆历中,钱君始书其名于版,光恐久而漫灭,嘉祐八年③,刻著于石。后之人将历指其名而议之曰:某也忠,某也诈,某也直,某也曲。呜呼!可不惧哉?

【注释】

① 汲汲:形容急于得到的样子。② 天禧:宋真宗的年号,1017-1021 年。③ 嘉祐:宋仁宗的年号,1056-1063 年。

【译文】

在古代没有设置专门负责进谏的官职,从官居高位的公卿大夫到平常的工匠、商人,没有不能够进谏的。等到汉朝兴起,才设立了这个官职。将天下所有的政事,四海之内的百姓,治理国家的利弊得失,都通过一个人的嘴说出来,他的责任是相当重大的啊!位居这个官职的人,应当时常想着那些关系全局的方面,舍弃琐碎的细节;先就紧急的事情加以进谏,把不是很紧急的事情放在后面;行事的时候应该只求有利于国家,而不考虑如何为自己谋得利益。那些急切追求声名的人,就像那些迫切追求私利的人一样。他们和谏官的差距可谓太远了吧!

天禧初年,真宗下诏设置谏官六名,命他们恪守职责。庆历年间,钱君开始将谏官的名字写在木板上,我恐怕日子长了名字会磨灭掉,因此在嘉祐八年的时候,将谏官的名字刻在了石头上。如此,后世的人就可以逐个指着他们的名字议论:这个人是忠臣,这个人是奸臣;这个人正直,这个人奸邪。唉!怎能不心存戒惧呢?

◎卷九　唐宋文

李　觏

　　李觏，字泰伯，建昌南城（今江西抚州南城）人。北宋著名学者。少时家贫好学，一生以教学为主。因南城在盱江边，所以人称他"盱江先生"。宋仁宗皇祐初年，被范仲淹推荐为太学助教，后任直讲等职。著有《盱江文集》。

袁州州学记

【原文】

皇帝二十有三年，制诏州县立学。惟时守令有哲有愚①。有屈力殚虑，祗顺德意②；有假官借师，苟具文书。或连数城，亡诵弦声③。倡而不和，教尼不行④。

三十有二年，范阳祖君无泽知袁州⑤。始至，进诸生，知学官阙状⑥，大惧人材放失，儒效阔疏，亡以称上意旨。通判颍川陈君侁⑦，闻而是之，议以克合⑧。相旧夫子庙，狭隘不足改为，乃营治之东。厥土燥刚⑨，厥位面阳，厥材孔良⑩。殿堂门庑，黝垩丹漆⑪，举以法。故生师有舍，庖廪有次⑫。百尔器备，并手偕作。工善吏勤，晨夜展力，越明年成。

舍菜且有日⑬，盱江李觏谂于众曰⑭：惟四代之学，考诸经可见已。秦以山西鏖六国⑮，欲帝万世，刘氏一呼而关门不守，武夫健将卖降恐后，何耶？《诗》《书》之道废，人惟见利而不闻义焉耳。孝武乘丰富⑯，世祖出戎行⑰，皆孳孳学术⑱。俗化之厚，延于灵、献。草茅危言者，折首而不悔。功烈震主者，闻命而释兵。群雄相视，不敢去臣位，尚数十年。教道之结人心如此。今代遭圣神，尔袁得圣君，俾尔由庠序践古人之迹⑲。天下治，则谭礼乐以陶吾民⑳。一有不幸，尤当仗大节，为臣死忠，为子死孝。使人有所赖，且有所法，是惟朝家教学之意。若其弄笔墨以徼利达而已㉑，岂徒二三子之羞？抑亦为国者之忧。"

【注释】

①守令：太守、县令。②祗（zhī）：恭敬。③诵弦：诵读与弦歌。④尼：阻止。⑤范阳：今河北涿州市。袁州：治所在今江西宜春。

⑥阙：缺少。⑦通判：官名，在知府下掌管粮运、家田、水利和诉讼等事项。⑧克合：观点一致。⑨厥：其。⑩孔：很。⑪黝（yǒu）：青黑色。垩：白色。⑫庖（páo）：厨房。⑬舍菜：古代入学之初，祭祀孔子的一种仪式。⑭盱（xū）江：水名，在今江西东部。谂（shěn）：规谏。⑮鏖（áo）：激战。⑯孝武：指汉武帝刘彻。⑰世祖：指东汉光武帝刘秀。⑱孳孳（zī）：孜孜。⑲庠（xiāng）：殷、周时对学校的称谓。序：学校的别名。⑳覃：通"谈"，光大。㉑徼（yāo）：通"邀"，谋求。

【译文】

皇帝即位的第二十三年，下诏命每州每县都设立学馆。当时的太守、县令，有的贤明，有的昏昧。对于设立学馆这件事，有人尽心竭力，恭顺地遵从皇上的旨意；有人只是虚张声势地兴办一下，然后随便写个奉诏文书了事。有些地方一连几座城都听不到读书的声音。上面倡导而下面却不响应，教化的推行受到阻止。

皇帝即位的第三十二年，范阳的祖无泽出任袁州知州。刚到任，他就召见当地的儒生，得知当地的学馆残缺破败的情况后，他非常担心这样会造成人才流失，担心儒学的影响会日渐淡薄，并且因此而不能顺应皇帝的旨意。通判颍川人陈侁，听说后很赞同祖无泽的说法，两人的意见非常一致。他们看了原有的孔庙，觉得那里太过狭窄，没有改建成学馆的必要，于是就商定在它的东面营造新的学馆。那里的土壤干燥坚硬，地势向阳，使用的材料也很精良。学馆的殿堂、大门、走廊涂成青白红黑各种颜色，都是按照前代的规矩，所以儒生和老师有自己的房舍，厨房和库房也都错落有序。等到各项准备工作都做完了，大家便齐心协力地破土动工了。工匠技艺娴熟，官吏勤劳肯干，大家白天黑夜不停地施工，过了一年，学馆便建成了。

学馆开学祭祀先师孔子的日子到了，盱江的李觏劝勉大家说："虞、夏、商、周四代兴学教民的事情，只要考察一下各种经书就可以知道了。秦国凭着崤山以西的地方与六国鏖战而统一了天下，想要千秋万代的延续帝位；但刘邦振臂一呼，关塞的大门便守不住了，武臣勇将争相投降，唯恐落后，这是为什么呢？是因为废弃了《诗经》《尚书》的道理，使得人们只见利而忘了义。汉武帝在国富民丰的时候登基，光武帝出身军旅，他二人都是孜孜不倦地倡导儒学。民风教化的淳厚，一直延续到灵帝、献帝的时代。那时身在草野而敢于直言进谏的人，虽招致杀身而不悔。那些功高盖主的豪杰，一听到皇帝的命令就放弃兵权。汉末虽然群雄并起，也没有谁敢脱离臣子的位置，这种局面尚且维持了几十年。儒家教化的维系人心，竟然能达到这种地步。如今遇到了圣明的皇帝，袁州又得到了这样一位贤明的知州，使你们能够通过在学馆中读书而实践效法古人的事迹。天下太平，就谈论礼乐以熏陶我们的人民；一旦遇到祸乱，就更应该依靠道义节操，为臣的要勇于效忠献身，为子的要勇于尽孝而死，使百姓有所信奉，有所效法，这就是朝廷兴学教民的根本用意。若是只舞文弄墨而想侥幸成就显达，这岂是你们这几个人的羞耻，同样也是治国者的忧虑啊！"

欧阳修

欧阳修，字永叔，自号醉翁，晚号六一居士，吉州庐陵（今江西吉安）人。幼年丧父，由寡母教养成人。仁宗天圣八年（1030）进士。历任知制诰、翰林学士、枢密副使、参知政事等。早年支持范仲淹，要求政治改良，因此屡遭贬谪。晚年思想趋于保守，反对王安石变法。神宗熙宁四年（1071），以太子少师致仕。卒赠太子太师，谥文忠。北宋诗文革新运动的领袖，苏洵父子、曾巩、王安石皆出其门下。为"唐宋八大家"之一，在散文、诗、词方面都卓有成就，开创了北宋文学的新面貌。他的文风变化多端、开阖自如，语言自然晓畅，富于韵律感。他的写景抒情文和文论史论，都代表了成熟宋代散文的清新自然的风格，真是"文备众体，变化开阖，因物命意，各尽其工"（吴充《欧阳公行状》）。曾与宋祁等合修《新唐书》，并独撰《新五代史》。有《欧阳文忠公文集》一百五十卷。

朋党论

【原文】

　　臣闻朋党之说，自古有之，惟幸人君辨其君子小人而已。大凡君子与君子，以同道为朋；小人与小人，以同利为朋。此自然之理也。

　　然臣谓小人无朋，惟君子则有之，其故何哉？小人所好者，利禄也；所贪者，货财也。当其同利之时，暂相党引以为朋者，伪也。及其见利而争先，或利尽而交疏，则反相贼害，虽其兄弟亲戚，不能相保；故臣谓小人无朋，其暂为朋者，伪也。君子则不然。所守者道义，所行者忠信，所惜者名节。以之修身，则同道而相益；以之事国，则同心而共济。终始如一，此君子之朋也。故为人君者，但当退小人之伪朋，用君子之真朋，则天下治矣。

　　尧之时，小人共工、驩兜等四人为一朋①，君子八元、八恺十六人为一朋②。舜佐尧，退四凶小人之朋③，而进元、恺君子之朋，尧之天下大治。及舜自为天子，而皋、夔、稷、契等二十二人并立于朝，更相称美，更相推让，凡二十二人为一朋，而舜皆用之，天下亦大治。《书》曰："纣有臣亿万，惟亿万心；周有臣三千，惟一心。"纣之时，亿万人各异心，可谓不为朋矣，然纣以亡国。周武王之臣三千人为一大朋，而周用以兴。

　　后汉献帝时，尽取天下名士囚禁之，目为党人。及黄巾贼起，汉室大乱，后方悔悟，尽解党人而释之，然已无救矣。

　　唐之晚年，渐起朋党之论。及昭宗时，尽杀朝之名士，或投之黄河，曰："此辈清流，可投浊流。"而唐遂亡矣。

　　夫前世之主，能使人人异心不为朋，莫如纣；能禁绝善人为朋，莫如汉献帝；能诛戮清流之朋，莫如唐昭宗之世。然皆乱亡其国。更相称

◎ 卷九　唐宋文

美推让而不自疑,莫如舜之二十二臣,舜亦不疑而皆用之,然而后世不诮舜为二十二人朋党所欺④,而称舜为聪明之圣者,以能辨君子与小人也。周武之世,举其国之臣三千人共为一朋,自古为朋之多且大莫如周。然周用此以兴者,善人虽多而不厌也。

嗟呼! 治乱兴亡之迹,为人君者可以鉴矣!

【注释】

①共工:尧时的水官,后来因为表面恭顺、做事邪恶被尧放逐。驩(huān)兜(dōu):尧的臣子,为人狠恶,不畏风雨禽兽。②八元:传说是上古高辛氏的八个有德才的臣子。八恺:传说是上古高阳氏的八个有德才的臣子。③四凶:旧传共工、驩兜、鲧、三苗为尧时的"四凶"。④诮(qiào):讥讽。

【译文】

臣听说关于朋党的言论,自古就是有的,但只是希望君主能分清他们是君子还是小人。大凡君子与君子,是因为所坚持的道义相同才结为朋党;而小人与小人,则是因为所要贪图的利益相同才结为朋党,这是很自然的道理。

但是臣以为小人并无朋党,只有君子才有,这是什么原因呢? 小人所喜好的,是功名利禄;所贪图的,是货币财物。当他们利益相同的时候,就暂时地互相勾结成为朋党,这是虚假的朋党。等到他们见到利益而争先恐后,或者利益已尽而相互疏远的时候,就会反过来互相残害,即使是他们的兄弟亲戚也在所不惜;所以臣说小人无朋党,他们暂时结为朋党,也是虚假的。君子就不是这样,他们坚守的是道义,履行的是忠信,珍惜的是名节。用这些来修身,则志同道合而互相能有所补益;用这些来为国家做事,则能齐心协力、同舟共济。始终如一,这就是君子的朋党啊。所以做君主的,只要能贬斥小人的假朋党,任用君子的真朋党,那么天下就可以太平安定了。

唐尧的时候,小人共工、驩兜等四人结为一个朋党,君子八元、八恺等十六人结为一个朋党。舜辅佐尧，斥退四凶结成的小人朋党，而任用八元、八恺结成的君子朋党，唐尧的天下因此得到大治。等到虞舜自己做了天子，皋陶、夔、稷、契等二十二人同时列位于朝堂之上；他们互相颂扬，互相推让，一共二十二人结为一个朋党。但是虞舜全都任用了他们，天下也因此得到太平安定。《尚书》上说："商纣有臣亿万，是亿万条心；周有臣三千，却是一条心。"纣王的时候，亿万人各存异心，可以说是没有朋党了，但是纣王因此而亡国。周武王的臣子，三千人结成一个大朋党，但周朝却因此而兴盛。

汉献帝的时候，把天下名士尽皆关押起来，把他们视为朋党。等到黄巾贼揭竿而起，汉室大乱，方才悔悟，全数释放了所谓的朋党，可是国家却已经陷入无可挽救的地步。

唐朝末年，逐渐兴起关于朋党的议论。到了昭宗的时候，杀尽了朝中的名士，有的被投入黄河，说："这些人自命为清流，应当把他们投到浊流中去。"唐朝也随之而灭亡了。

前代的君主，能使人人异心不结为朋党的，谁也不及商纣王；能禁绝贤人结为朋党的，谁也不及汉献帝；能诛戮清流结成朋党的，哪个朝代也不及唐昭宗之时。然而他们的国家都因为动乱灭亡了。互相颂扬、推让而不自相猜疑的，谁也不及虞舜的二十二位大臣，虞舜也不猜疑他们而尽皆举用；但是后世并不讥笑虞舜被二十二人的朋党所蒙蔽，却赞美虞舜是聪明圣贤的君主，原因就在于他能辨别君子和小人。周武王时，举国上下的臣子三千人结成一个朋党，自古以来结成的朋党，人数和规模谁也不及周朝。然而周朝因此而兴盛，原因就在于贤能的人是多多益善啊。

唉！这些历史上兴衰成败的事迹，做君王的可以作为借鉴啊！

纵囚论

【原文】

信义行于君子，而刑戮施于小人。刑入于死者，乃罪大恶极，此又小人之尤甚者也。宁以义死，不苟幸生，而视死如归，此又君子之尤难者也。

方唐太宗之六年，录大辟囚三百余人①，纵使还家，约其自归以就死。是以君子之难能，期小人之尤者以必能也。其囚及期，而卒自归无后者，是君子之所难，而小人之所易也，此岂近于人情哉？或曰：罪大恶极，诚小人矣，及施恩德以临之，可使变而为君子。盖恩德入人之深，而移人之速，有如是者矣。曰：太宗之为此，所以求此名也。然安知夫纵之去也，不意其必来以冀免，所以纵之乎？又安知夫被纵而去也，不意其自归而必获免，所以复来乎？夫意其必来而纵之，是上贼下之情也②。意其必免而复来，是下贼上之心也。吾见上下交相贼以成此名也，乌有所谓施恩德与夫知信义者哉？不然，太宗施德于天下，于兹六年矣，不能使小人不为极恶大罪；而一日之恩，能使视死如归，而存信义，此又不通之论也。

然则何为而可？曰：纵而来归，杀之无赦。而又纵之，而又来，则可知为恩德之致尔。然此必无之事也。若夫纵而来归而赦之，可偶一为之尔。若屡为之，则杀人者皆不死，是可为天下之常法乎？不可为常者，其圣人之法乎？是以尧、舜、三王之治③，必本于人情，不立异以为高，不逆情以干誉。

【注释】

①大辟：死刑。②贼：窥测。③三王：指夏禹、商汤、周代的文

王及武王。

【译文】

　　信义只适用于君子,而刑罚诛戮则要施加于小人。按刑法应当处死的,是罪大恶极的人,是小人中尤其恶劣的。宁可舍生取义也不肯苟且偷生,并且能视死如归,这是君子也很难做到的事情。

　　贞观六年,唐太宗审查了三百多名死刑犯,放他们回家,又约定期限,让他们按期自己回来受刑。这是君子都难以做到的事情,期待小人中尤其顽劣的一定能做到。而那些囚犯到了期限,终于都自动回来了,没有一个超过期限的,这是君子难以做到的,小人却轻易做到了,这难道近乎人情么? 有人说:"罪大恶极的,诚然是小人,但将恩德施于他们,可以使其变为君子;所以恩德的感人之深,移人性情之快,竟能如此。"

　　但我得说:太宗之所以这样做,正是为了求得名声。然而怎能知道放他们回家,不是因为料到他们会回来而且是希望得到赦免的,所以才放他们回去呢? 又怎能知道他们被放回家,不是因为自己想着主动回来必定能得到赦免,所以才回来的呢? 料到他们必然回来才放了他们,是居上位的人窥测到了囚犯们的心思;想着自己必能得到赦免而回来,是囚犯们对于居上位者意图的猜测。我只看到他们上下互相窥探揣摩而成就了各自的美名,哪里真有所谓的施恩德和知信义的事呢? 不然的话,太宗施恩德于天下,到这时已经六年了,不能使小人不再犯极恶大罪;然而一天的恩德,就能使他们视死如归、心存信义,这是根本说不通的。

　　那么怎样做才是可以的呢? 我说:放回去而自己主动归来,杀而不赦。再放回去而又自己主动归来,则可以知道是恩德使然了。然而这在现实中是绝不可能的。如果放回去而自己主动归来,然后就赦免了他们,这样做只能是偶尔的行为。如果屡次这样做,那么杀人的人都不被处死,这可以成为天下的常法吗? 如果不能作为常法,能算是圣明天子制定的法度吗? 因此,尧、舜、禹三王对于天下的治理,一定是从人情出发,不把标新立异看作高明,不违背情理以求得名誉。

◎卷十　宋文

相州昼锦堂记

【原文】

　　仕宦而至将相，富贵而归故乡，此人情之所荣，而今昔之所同也。盖士方穷时，困厄闾里①，庸人孺子皆得易而侮之。若季子不礼于其嫂②，买臣见弃于其妻③。一旦高车驷马，旗旄导前，而骑卒拥后，夹道之人相与骈肩累迹④，瞻望咨嗟；而所谓庸夫愚妇者，奔走骇汗，羞愧俯伏，以自悔罪于车尘马足之间。此一介之士得志于当时，而意气之盛，昔人比之衣锦之荣者也。

　　惟大丞相魏国公则不然。公，相人也。世有令德，为时名卿。自公少时，已擢高科，登显士。海内之士，闻下风而望余光者，盖亦有年矣。所谓将相而富贵，皆公所宜素有。非如穷厄之人，侥幸得志于一时，出于庸夫愚妇之不意，以惊骇而夸耀之也。然则高牙大纛⑤，不足为公荣；桓圭衮裳⑥，不足为公贵。惟德被生民⑦，而功施社稷，勒之金石，播之声诗，以耀后世而垂无穷，此公之志，而士亦以此望于公也。岂止夸一时而荣一乡哉？

　　公在至和中⑧，尝以武康之节⑨，来治于相，乃作昼锦之堂于后圃。既又刻诗于石，以遗相人。其言以快恩仇、矜名誉为可薄，盖不以昔人所夸者为荣，而以为戒。于此见公之视富贵为何如，而其志岂易量哉？故能出入将相，勤劳王家，而夷险一节。至于临大事，决大议，垂绅正笏⑩，不动声色，而措天下于泰山之安，可谓社稷之臣矣。其丰功盛烈，所以铭彝鼎而被弦歌者，乃邦家之光，非闾里之荣也。

　　余虽不获登公之堂，幸尝窃诵公之诗，乐公之志有成，而喜为天下道也。于是乎书。

◎卷十 宋文

【注释】

①闾（lú）：乡里。②季子：即苏秦。他游说秦国失败以后回到家中，遭到家人的冷遇。③买臣：朱买臣，汉武帝大臣。他出身贫寒，不治产业，只知刻苦读书，妻子因忍受不了贫困而离开了他。后来他官拜会稽太守。④骈：并。⑤旄牙：牙旗（军前的大旗）。大纛（dào）：古时军队或仪仗队的大旗。⑥桓圭：古时帝王、三公祭祀朝聘时所执玉器。衮裳：古时帝王或三公穿的礼服。⑦被：施加。⑧至和：宋仁宗年号。⑨武康之节：韩琦曾任武康军节度使。⑩垂绅正笏：形容稳定沉着。绅，士大夫束在衣外的大带。笏，古代朝见时大臣所执的手板，用以记录要奏明的事情。

【译文】

做官做到出将入相，富贵显达之后返回故乡，这是人情上觉得荣耀的事情，从古到今都是如此。大概士人在仕途不顺顿的时候，困居乡里，那些庸人甚至小孩，都能轻易地欺侮他。就像苏秦不被他的嫂嫂尊敬，朱买臣被他的妻子抛弃了一样。可是一旦坐上了四匹马拉的高大车子，旌旗在前面开道，骑着马和徒步行走的随从在后面簇拥着，道路两旁的人比肩接踵，都伸着脖子观看并且赞叹；而那些庸夫愚妇们，惊恐地奔跑，汗水淋漓，羞愧地跪在地上，在车轮马蹄扬起的尘土中悔过谢罪。这么个普通的士人，一时得了志，那趾高气扬的样子，前人将其比作穿着锦绣衣裳一样的荣耀。

只有大丞相魏国公不是如此。魏国公，相州人士。世代有美德，都是当时有名的公卿。魏国公在年轻时就已考中了科举中的高等科目，担任了显要的职务。全国的士人们，听闻他的风貌，仰望他的高风亮节，大概也有好多年了。所谓出将入相，富贵荣耀，都是魏国公早就应该有的。并不像那些困厄的士人，侥幸得志于一时，出乎庸夫愚妇的意料之外，使他们惊骇而向他们夸耀自己。如此说来，威严的仪仗，不足以成为魏国公的光荣；三公的地位，不足以显示魏国公的高贵。只有将恩德施于百姓，有功于社稷，在金石上刻下自己的功业，让诗歌将自己的事迹传播于四方，功德照耀后世而无穷无尽，这才是魏国公的大志所在，而士人们也是以此来寄希望于魏国公的。岂止是为了夸耀于一时，荣耀于一乡呢？

魏国公在至和年间，曾经以武康节度使的身份治理过相州，在官邸的后花园建造了昼锦堂。后来又在石碑上刻诗，把它留给了相州百姓。诗里认为那些恩仇得报而后快、夸耀名誉以为乐的人和事是鄙陋浅薄的，这大概是因为魏国公不把以前人们对自己的夸耀当作光荣，却以此为鉴戒。从这里就可以看出魏国公视富贵为何物了，而他的志向又怎能轻易地衡量呢？因此能够出将入相，辛勤劳苦地侍奉皇家；不论平安危险，气节始终如一。至于遇到重大事件，裁决重大问题的时候，他总是垂着衣带，拿着玉笏，不动声色，而将国家治理得如泰山一样安稳，称得上是安邦定国之臣啊。他的丰功伟绩被铭刻在钟鼎之上，流传于弦歌之中，这是国家的光荣，而不只是一乡的光荣啊。

我虽然没有获得登上昼锦堂的机会，却有幸读了他的诗歌，为他的志向能够实现而高兴，并且乐于讲给天下人听，于是写了这篇文章。

丰乐亭记

【原文】

　　修既治滁之明年①，夏，始饮滁水而甘。问诸滁人，得于州南百步之近。其上则丰山，耸然而特立；下则幽谷，窈然而深藏；中有清泉，滃然而仰出②。俯仰左右，顾而乐之。于是疏泉凿石，辟地以为亭，而与滁人往游其间。

　　滁于五代干戈之际，用武之地也。昔太祖皇帝尝以周师破李璟兵十五万于清流山下③，生擒其将皇甫晖、姚凤于滁东门之外④，遂以平滁。修尝考其山川，按其图记，升高以望清流之关，欲求晖、凤就擒之所。而故老皆无在者，盖天下之平久矣。自唐失其政，海内分裂，豪杰并起而争，所在为敌国者，何可胜数？及宋受天命，圣人出而四海一。向之凭恃险阻，划削消磨，百年之间，漠然徒见山高而水清。欲问其事，而遗老尽矣。今滁介江淮之间，舟车商贾、四方宾客之所不至，民生不见外事，而安于畎亩衣食⑤，以乐生送死。而孰知上之功德，休养生息，涵煦于百年之深也。

　　修之来此，乐其地僻而事简，又爱其俗之安闲。既得斯泉于山谷之间，乃日与滁人仰而望山，俯而听泉，掇幽芳而荫乔木⑥，风霜冰雪，刻露清秀，四时之景无不可爱。又幸其民乐其岁物之丰成，而喜与予游也。因为本其山川，道其风俗之美，使民知所以安此丰年之乐者，幸生无事之时也。

　　夫宣上恩德，以与民共乐，刺史之事也。遂书以名其亭焉。

【注释】

　　①滁：即滁州，治所在今安徽滁州市。②滃（wěng）然：形容水

盛而涌出的样子。③ 太祖皇帝：宋太祖赵匡胤。后周太祖郭威称帝后，他任禁军军官。后郭威死，周世宗即位，他升为殿前都点检。世宗死，恭帝即位，他便发动了"陈桥兵变"，于960年称帝，建立宋朝，定都开封。李璟：南唐元宗。④ 皇甫晖：南唐江州节度使、充行营应援使。姚凤：常州团练使、充应援都监。⑤ 畎（quǎn）亩：田地。⑥ 掇（duō）：采取。

【译文】

  我到滁州任知州的第二年夏天，才饮到滁州甘甜的泉水。向滁州人打听泉水的出处，在州城南百步远近的地方找到了泉源。上有丰山高耸而挺立，下有溪谷幽冥而深邃，其中一道清冽的泉水，水势盛大，向上喷涌。我上下左右观看，很喜欢这个地方。于是凿开岩石，疏通泉水，开辟出一块地方修建亭子，与滁州的人们一道在这里游赏。

  滁州在五代战乱的时候，是一个经常用兵的地方。当年，太祖皇帝曾率领周朝的军队在清流山下大破李璟的十五万兵马，并活捉南唐将领皇甫晖、姚凤，于是平定了滁州。我曾经考察过当地的山川，按照地图的记载，登上高处瞭望清流关，想找到皇甫晖、姚凤被活捉的地方。但当年亲历战事的人都不在了，或许是因为天下平定已经很久了吧。唐代政治昏乱，天下四分五裂，英雄豪杰并起而相互争斗。互相对峙、成为敌国的国家，数也数不清。到了大宋承受天命，圣人出世，而后四海才归于统一。以前在战争中凭借险阻获胜的国家，都逐渐被铲除削平了。百年之间，太平无事，所见的景象只是山高水清。想问问当年的战事，而经历过的人都已经死去了。今天的滁州位于江淮之间，是一个船只车辆、商贾游客都很少的地方。百姓生下来就不接触外界的事情，安心于耕田种地，穿衣吃饭，无忧无虑地度过一生。而有谁能知道是皇上的功德，才使得百姓得以休养生息，如雨露滋润、阳光普照般哺育了他们达百年之久呢！

  我来到这里，喜欢它地处偏僻而政事简明，又爱它民风的恬淡悠闲。既已在山谷间找到这样的甘泉，便每天同滁州的人们仰望高山，低首听泉，春天采摘幽香的花草，夏天在大树下休息，等到风霜冰雪来临的时候，山川则更加显得轮廓清晰、明丽秀美；一年四季的景色无一不令人喜爱。又因为民众也为年年谷物丰收而高兴，愿意与我同游。于是我本着这里的山形地貌，叙述这里风俗的美好，使民众知道能够安享丰年的欢乐，是因为有幸生于这太平的圣朝。

宣扬皇上的恩德，和民众共享欢乐，这本是刺史的职责。于是便写了这篇文章，并给亭子起名为"丰乐"。

醉翁亭记

【原文】

环滁皆山也。其西南诸峰，林壑尤美。望之蔚然而深秀者，琅琊也①。山行六七里，渐闻水声潺潺，而泻出于两峰之间者，酿泉也。峰回路转，有亭翼然临于泉上者，醉翁亭也。作亭者谁？山之僧智仙也。名之者谁？太守自谓也。太守与客来饮于此，饮少辄醉，而年又最高，故自号曰"醉翁"也。醉翁之意不在酒，在乎山水之间也。山水之乐，得之心而寓之酒也。

若夫日出而林霏开②，云归而岩穴暝③，晦明变化者，山间之朝暮也。野芳发而幽香，佳木秀而繁阴，风霜高洁，水落而石出者，山间之四时也。朝而往，暮而归，四时之景不同，而乐亦无穷也。

至于负者歌于涂④，行者休于树，前者呼，后者应，伛偻提携⑤，往来而不绝者，滁人游也。临溪而渔，溪深而鱼肥。酿泉为酒，泉香而酒洌⑥。山肴野蔌⑦，杂然而前陈者，太守宴也。宴酣之乐，非丝非竹。射者中⑧，弈者胜⑨，觥筹交错⑩，起坐而喧哗者，众宾欢也。苍颜白发，颓乎其中者，太守醉也。

已而夕阳在山，人影散乱，太守归而宾客从也。树林阴翳⑪，鸣声上下，游人去而禽鸟乐也。然而禽鸟知山林之乐，而不知人之乐；人知从太守游而乐，而不知太守之乐其乐也。醉能同其乐，醒能述以文者，太守也。太守谓谁？庐陵欧阳修也。

【注释】

①琅（láng）琊：即琅琊山，在滁州市。②霏（fēi）：弥漫的云气。③暝（míng）：昏暗。④涂：通"途"。⑤伛（yǔ）偻（lǚ）：腰背弯曲，

这里指老人。⑥洌(liè)：清澄。⑦蔌(sù)：菜。⑧射：投壶。⑨弈(yì)：下围棋。⑩觥(gōng)：古代的一种酒器。⑪翳(yì)：遮蔽。

【译文】

滁州四面环山。那西南面的几座山峰，树林和山谷尤其秀美。放眼望去，那郁郁葱葱、幽深秀丽的地方，就是琅琊山了。顺着山路走上六七里，渐渐地听到水声潺潺，从两座山峰之间倾泻而出的，是酿泉。走过曲折的山路，绕过回环的山峰，看见有一座亭檐儿像飞鸟展翅一样翘起，小亭临于泉边，那是醉翁亭。建造亭子的人是谁呢？是山上的智仙和尚。给它取名的又是谁呢？就是自号"醉翁"的那个太守。太守和他的宾客们来这儿饮酒，只喝一点儿就醉了，而且年纪又是最大，所以自号"醉翁"。其实醉翁的心意并不在酒上，而在山水之间。游山赏水美景的乐趣，是领略在心里，而寄托在酒中的啊。

如果太阳升起，山林中的云雾便尽皆消散了；若是烟云归集，山中的岩穴就又变得幽冥昏暗。这昏暗与明亮的交替变化，是山中的黎明与黄昏。野花怒放而清香，树木深秀而繁茂；秋风高爽，秋霜洁白；溪水下落，山石便显露出来。这就是山间四季景致的变化。清晨前往，黄昏归来，四季的景色不同，这其中的乐趣也是无穷无尽的。

至于背负着东西的人在路边欢唱，往来的行人在树下休息，前面的招呼，后面的答应，老老少少，搀扶提携，往来不断，那是滁州民众来这里游玩。在溪边钓鱼，溪深而鱼肥；用泉水酿酒，泉香而酒洌。还有各种山珍和野菜，横七竖八地摆在面前，那是太守所设的宴席。宴饮酣畅的乐趣，不在于琴弦箫管。投壶的投中了，下棋的下赢了，只见酒杯与筹码杂乱交错，人们时起时坐、大声喧闹，那是宾客们欢乐极了。那个苍颜白发，颓然坐在人群中的老者，是喝醉的太守。

不久就到了夕阳西下的时候。只见人影散乱，那是宾客们跟随太守回去了。树林逐渐昏暗下来，上上下下鸣叫呼应，那是游人离开后鸟儿开始快乐起来了。然而鸟儿只知道山林中的快乐，却不知道人们的快乐。人们只知道跟随太守游玩的快乐，却不知道太守是因为他们快乐而快乐啊。醉了的时候能同他们一起快乐，醒了之后又能用文章把这些记述下来的，是太守啊。太守是谁呢？是庐陵欧阳修啊。

◎卷十 宋文

秋声赋

【原文】

欧阳子方夜读书,闻有声自西南来者,悚然而听之,曰:"异哉!"初淅沥以萧飒,忽奔腾而砰湃①,如波涛夜惊,风雨骤至。其触于物也,铮铮铮铮②,金铁皆鸣;又如赴敌之兵,衔枚疾走,不闻号令,但闻人马之行声。予谓童子:"此何声也?汝出视之。"童子曰:"星月皎洁,明河在天③,四无人声,声在树间。"

予曰:"噫嘻,悲哉!此秋声也,胡为乎来哉?盖夫秋之为状也,其色惨淡,烟霏云敛④;其容清明,天高日晶;其气栗冽⑤,砭人肌骨⑥;其意萧条,山川寂寥。故其为声也,凄凄切切,呼号奋发。丰草绿缛而争茂⑦,佳木葱茏而可悦。草拂之而色变,木遭之而叶脱。其所以摧败零落者,乃一气之余烈。

"夫秋,刑官也,于时为阴;又兵象也,于行为金。是谓天地之义气,常以肃杀而心为。天之于物,春生秋实,故其在乐也,商声主西方之音,夷则为七月之律。商,伤也,物既老而悲伤;夷,戮也,物过盛而当杀。

"嗟夫!草木无情,有时飘零。人为动物,惟物之灵。百忧感其心,万事劳其形,有动乎中,必摇其精,而况思其力之所不及,忧其智之所不能。宜其渥然丹者为槁木⑧,黟然黑者为星星⑨。奈何以非金石之质,欲与草木而争荣?念谁为之戕贼,亦何恨乎秋声?"

童子莫对,垂头而睡。但闻四壁虫声唧唧,如助予之叹息。

【注释】

①砰:通"澎"。②铮铮(cōng)铮铮(zheng):金属相碰撞

的声音。③明河：银河。④霏（fēi）：消散。⑤栗冽：通"凛冽"。⑥砭（biān）：刺。⑦绿缛（rù）：绿草茂盛。⑧渥（wò）然：色泽红润的样子。槁（gǎo）木：指枯木。⑨黟（yī）然：乌黑。星星：花白的头发。

【译文】

  我正在夜间读书，听到有声音从西南传来，我惊悚地侧耳倾听，惊道："奇怪啊！"开始的时候那声音淅沥而萧飒，忽而又奔腾而澎湃，好似波涛骤起黑夜，风雨忽然降临。听它碰在物体上，铮铮，像金属互相撞击发出的声音；又好像夜袭敌阵的战士正衔枚急走，听不见号令，只听见人马行进的声音。我对书童说："这是什么声音，你出去看看吧！"书童回来说："月亮和星星皎洁明亮，浩瀚的银河，悬挂在中天；四周寂静，人声哨然，那声音好像是从树间传来的。"

  我说："哦，哦，悲伤啊！这是秋声，为什么要来呢？说起秋天的样子，它的色调惨淡苍凉，烟雾消散，云气收敛；它的容貌清新明朗，天高气爽，阳光灿烂；它的气流凛冽寒冷，刺人肌骨；它的神情萧条寥落，山河空廓。因此它发出来的声音，凄凄切切，呼啸激昂。秋风未到的时候，草儿葱郁，竞相繁茂；树木葱郁，惹人喜爱。然而秋风一至，吹过茂草而茂草枯黄，吹过树木而树木尽凋。那使万物凋落飘零的，只是秋气的一点余威罢了。

  "秋天是行刑的季节，在季节上属阴；它又是战争的象征，在五行中属金。这就是所谓天地间的义气，常常以肃杀作为主旨。自然对于万物，是春天使它们生长，秋天让它们结果。因此秋天在音乐上属于商声，商声是主管西方的音调；而夷则是七月的音律。商，就是悲伤的意思，万物衰老就会悲伤；夷，是杀戮的意思，万物过盛就当杀戮。

  "唉！草木无情，尚且按时凋零。人是动物，是万物之灵。许多忧愁动摇着他的心绪，许多事情劳累着他的身体，心中有所触动，必然会动摇精神，何况还要思虑那些力量和智慧所不能办到的事情。这就必然会使他红润的脸色变得如同枯木，乌黑的头发变得花白。为什么要用不是金石的身躯，去和草木争奇斗胜呢？想想吧！是谁伤害了自己，又何必去怨恨那不相关的秋声呢？"

书童没有回答，低垂着头已经睡着了。只听得四周墙壁上虫声唧唧，好像是在附和我的叹息。

泷冈阡表

【原文】

呜呼！惟我皇考崇公①，卜吉于泷冈之六十年②，其子修始克表于其阡③。非敢缓也，盖有待也。

修不幸，生四岁而孤。太夫人守节自誓④，居穷，自力于衣食，以长以教，俾至于成人⑤。太夫人告之曰："汝父为吏，廉而好施与，喜宾客，其俸禄虽薄，常不使有余，曰：'毋以是为我累。'故其亡也，无一瓦之覆、一垄之植以庇而为生，吾何恃而能自守耶？吾于汝父，知其一二，以有待于汝也。自吾为汝家妇，不及事吾姑，然知汝父之能养也。汝孤而幼，吾不能知汝之必有立，然知汝父之必将有后也。吾之始归也⑥，汝父免于母丧方逾年。岁时祭祀，则必涕泣曰：'祭而丰，不如养之薄也。'间御酒食，则又涕泣曰：'昔常不足，而今有余，其何及也！'吾始一二见之，以为新免于丧适然耳。既而其后常然，至其终身未尝不然。吾虽不及事姑，而以此知汝父之能养也。汝父为吏，尝夜烛治官书，屡废而叹。吾问之，则曰：'此死狱也，我求其生不得耳。'吾曰：'生可求乎？'曰：'求其生而不得，则死者与我皆无恨也。矧求而有得耶⑦？以其有得，则知不求而死者有恨也。夫常求其生，犹失之死，而世常求其死也！'回顾乳者抱汝而立于旁，因指而叹曰：'术者谓我岁行在戌将死⑧，使其言然，吾不及见儿之立也，后当以我语告之。'其平居教他子弟，常用此语，吾耳熟焉，故能详也。其施于外事，吾不能知，其居于家，无所矜饰，而所为如此，是真发于中者耶！呜呼！其心厚于仁者耶！此吾知汝父之必将有后也。汝其勉之。夫养不必丰，要于孝；利虽不得博于物，要其心之厚于仁。吾不能教汝，此汝父之志也。"修泣而志之不敢忘。

◎卷十 宋文

先公少孤力学，咸平三年进士及第⑨，为道州判官，泗、绵二州推官⑩，又为泰州判官⑪，享年五十有九，葬沙溪之泷冈。太夫人姓郑氏，考讳德仪，世为江南名族。太夫人恭俭仁爱而有礼，初封福昌县太君⑫，进封乐安、安康、彭城三郡太君。自其家少微时，治其家以俭约，其后常不使过之。曰："吾儿不能苟合于世，俭薄所以居患难也。"其后修贬夷陵⑬，太夫人言笑自若，曰："汝家故贫贱也，吾处之有素矣。汝能安之，吾亦安矣。"

自先公之亡二十年，修始得禄而养。又十有二年，列官于朝，始得赠封其亲。又十年，修为龙图阁直学士、尚书吏部郎中留守南京。太夫人以疾终于官舍，享年七十有二。又八年，修以非才入副枢密，遂参政事。又七年而罢。自登二府⑭，天子推恩，褒其三世。盖自嘉祐以来，逢国大庆，必加宠锡⑮。皇曾祖府君，累赠金紫光禄大夫、太师、中书令；曾祖妣⑯，累封楚国太夫人；皇祖府君，累赠金紫光禄大夫、太师、中书令兼尚书令；祖妣，累封吴国太夫人；皇考崇公，累赠金紫光禄大夫、太师、中书令兼尚书令；皇妣，累封越国太夫人。今上初郊，皇考赐爵为崇国公，太夫人进号魏国。

于是小子修泣而言曰："呜呼！为善无不报，而迟速有时，此理之常也。惟我祖考，积善成德，宜享其隆。虽不克有于其躬⑰，而赐爵受封，显荣褒大，实有三朝之锡命⑱。是足以表见于后世，而庇赖其子孙矣。"乃列其世谱，具刻于碑。既又载我皇考崇公之遗训，太夫人之所以教而有待于修者，并揭于阡。俾知夫小子修之德薄能鲜，遭时窃位，而幸全大节，不辱其先者，其来有自。

熙宁三年⑲，岁次庚戌，四月，辛酉朔，十有五日乙亥，男推诚、保德、崇仁、翊戴功臣⑳，观文殿学士，特进㉑，行兵部尚书，知青州军州事兼管内劝农使㉒，充京东路安抚使，上柱国㉓，乐安郡开国公，食邑四千三百户，食实封一千二百户，修表。

【注释】

① 皇考：古时对亡父的敬称。崇公：即崇国公，欧阳修的父亲欧

阳观死后封崇国公。②卜吉：指通过占卜选择风水好的地方下葬。泷（shuāng）冈：在今江西永丰的凤凰山上。③阡（qiān）：坟墓。④太夫人：指欧阳修的母亲。⑤俾（bǐ）：使。⑥始归：古代称女子出嫁为"归"。⑦矧（shěn）：何况。⑧岁行在戌：指木星运行到戌年。⑨咸平：宋真宗年号。⑩"为道州"两句：道州：州治所在今湖南道县。泗（sì）：泗州，治所在今安徽泗县。绵：绵州，治所在今四川绵阳。推官：掌管司法刑狱的官员。⑪泰州：治所在今江苏泰州。⑫福昌县：在今河南宜阳一带。⑬夷陵：今湖北宜昌。⑭二府：指枢密院与中书省。⑮锡：赐。⑯妣（bǐ）：指祖母和祖母辈以上的女性祖先。⑰躬：亲身。⑱锡命：指皇帝封赠臣下的诏书。⑲熙宁：宋神宗年号。⑳推诚、保德、崇仁、翊戴：宋代赐给臣属的褒奖之词。㉑特进：宋代文散官第二阶，正二品。㉒知青州军州事：宋代朝臣管理州一级地方行政兼管军事，简称知事。㉓上柱国：宋代勋官十二级中最高一级。

【译文】

唉！我的先父崇国公，选择吉地安葬在泷冈之后六十年，他的儿子欧阳修才能为他在墓道上立碑。这并不是我有意延迟，而是有所等待呀。

我实在是不幸，四岁就失去了父亲。母亲自己发誓守节，因为家境贫困，她得自己动手劳动来谋得衣食。她抚养我、教导我，使我长大成人。母亲告诉我说："你父亲为官清廉并且乐善好施，喜欢结交宾客，他的俸禄虽然微薄却不求有剩余，说：'不要让金钱成为我的拖累。'因此他去世后，没有留下一间房子、一垄田地以让我们得到庇护和赖以生存。那么我靠什么安贫自守呢？是我知道一些你父亲的事情，所以我把期望寄托在了你的身上。自嫁到你父亲家，我没能赶上侍奉我的婆婆，可我知道你父亲是个能尽力奉养父母的人。你现在没有父亲，年纪又小，我不能预料你将来是否能有所建树，但我相信你的父亲一定会后继有人。我当初嫁来的时候，你父亲服完母丧刚过一年。每逢年节祭祀，他一定会哭着说:'祭品无论怎样丰厚,也不如父母在世时对他们的微薄奉养。'有时有些好酒好菜,他也会落泪,说:'以前家用常常不足,现在能有剩余,却再也无法孝敬父母了。'起初一两次,我还以为他是刚刚服完母丧才会这样,可是后来见他常常这样,一直到去世也没有改变。我虽然没有赶上侍奉婆婆,可是通过这些事情,就知道你父亲是能尽力奉养父母的。你父亲为官时,曾经在夜里点着蜡烛审阅案卷,我见他屡屡停下来叹息,就问他怎么了。他说:'这个人是判死刑的,我想救他不死却没有办法。'我说:'能让他不死吗?'他说:'我尽力为他寻找生路,如果不成,那么死者和我也就都没有遗憾了。况且我设法做些努力,也许还能让他免于死刑。因为这样做了,有的人就得以生存下来,所以我知道不替他们寻求活路就让他们去死的人是有遗憾的。就算经常尽量为判死罪的人寻求生路,仍然免不了有人被误判处死,何况世上的刑官狱吏大多是要置人于死地的呢!'他回过头来,看到奶妈正抱着你站在旁边,于是指着你叹息说:'算命的人说我在岁星行经戌年的时候就会死去,如果真像他说的那样,我就看不到儿子长大成人了。将来一定要把我的话告诉他。'他平时教导别家的晚辈也常说这些话,我听熟了,所以能详细地给你讲述。他在外面办的事,我无从知道,但他在家里,没有一点虚伪做作的地方,所作所为都是这样。这是真正发自内心的啊。唉!他的心肠比仁者还宽厚!这就是我知道你父亲肯定会后继有人的原因,你千万要努力按他的话去做。奉养双亲不一定要衣食丰厚,最重要的是要有孝心;做的事情虽然不能对所有人都有好处,但重要的是要有深厚的仁爱之心。我没什么可以教导你的,这些都是你父亲的心愿。"我流着眼泪牢牢记下了这些话,时刻不敢忘记。

先父是幼年丧父。通过刻苦攻读,在咸平三年进士及第。先后做过道州判官和泗、绵两州的推官,还做过泰州的判官,享年五十九岁,葬在沙溪的泷冈。先母姓郑,她的父亲名德仪,世代都是江南有名的大族。母亲为人恭敬勤俭,仁爱有礼,最初封为福昌县太君,后又晋封为乐安、安康、彭城三郡太君。从家境贫寒时开始,她就节俭持家,后来也总是不让家用超过这个限度。她说:"我儿子不能苟活于当世。平时节俭，是为了准备度过困难的日子。"后来我被贬官至夷陵，母亲仍是谈笑自若，说："你家原来就贫贱，所以我早已习惯这样的日子了。你能安于这种生活，我也就安心了。"

自先父过世后二十年，我才开始得到俸禄来奉养母亲。又过了十二年，我在朝廷做官以后，才得以赠封亲属。又过了十年，我升任龙图阁直学士、尚书吏部郎中，留守南京。母亲因病在官舍中去世，享年七十二岁。又过了八年，没什么才能的我被任命为枢密院副使，接着担任参知政事，七年后被罢免。自从我进入枢密院和中书省以来，天子广推恩德，褒奖我家三代。自嘉祐年间以来，每逢国家大典，必定给予恩赐封赏。先曾祖父先后受赠为金紫光禄大夫、太师、中书令；先曾祖母先后受封，最后至楚国太夫人；先祖父先后受赠为金紫光禄大夫、太师、中书令兼尚书令；先祖母先后受封，最后至吴国太夫人；先父崇国公先后受赠为金紫光禄大夫、太师、中书令兼尚书令；先母一再受封，最后至越国太夫人。当今皇帝即位后初次郊祀时，赐予先父崇国公的爵位，先母则晋封为魏国太夫人。

于是，我流着泪说："唉！行善绝不会没有回报的，只不过是时间有早有晚罢了，这真是世上的常理啊。我的祖辈父辈，积累善行而成就仁德，理应享受丰厚的报答。虽然他们在世时没能得到，但是死后能够赐爵受封，显扬荣耀，受到褒扬推崇，确实享有仁宗、英宗、神宗三朝颁赐的诏命，这就足以显扬于后世，使子孙受到庇护了。"我于是排列世系家谱，刻在石碑上。然后又将先父崇国公的遗训，母亲对我的教诲和期待，全都详尽地刻在墓表上，使人们知道我德薄才浅，只是赶上好时机而窃居高位，能有幸保全大节而不辱没祖先，是有缘由的。

熙宁三年，岁次庚戌年，四月初一辛酉日，十五乙亥日，子推诚、保德、崇仁、翊戴功臣、观文殿学士、特进、行兵部尚书、知青州军州事兼管内劝农使、充京东路安抚使、上柱国、乐安郡开国公，食邑四千三百户，实封食邑一千二百户，欧阳修谨立此表。

苏 洵

苏洵，字明允，眉州眉山（今四川眉山）人。宋仁宗嘉祐初年与两个儿子苏轼、苏辙同到京师，为欧阳修、韩琦所称赏，荐之于朝廷，任秘书省校书郎、文安县主簿等职，留京参与编撰《太常因革礼》，书成而卒。苏洵的文章深受《孟子》《战国策》的影响，长于策论，其政论、史论纵横开阖、辞风颖锐，行文简洁而有情致。是"唐宋八大家"之一，与其子苏轼、苏辙合称"三苏"。有《嘉祐集》。

管仲论

【原文】

　　管仲相威公，霸诸侯，攘夷狄，终其身齐国富强，诸侯不敢叛。管仲死，竖刁、易牙、开方用①，威公薨于乱②，五公子争立，其祸蔓延，讫简公，齐无宁岁。

　　夫功之成，非成于成之日，盖必有所由起；祸之作，不作于作之日，亦必有所由兆。故齐之治也，吾不曰管仲，而曰鲍叔。及其乱也，吾不曰竖刁、易牙、开方，而曰管仲。何则？竖刁、易牙、开方三子，彼固乱人国者，顾其用之者，威公也。夫有舜而后知放四凶③，有仲尼而后知去少正卯④。彼威公何人也？顾其使威公得用三子者，管仲也。仲之疾也，公问之相。当是时也，吾意以仲且举天下之贤者以对，而其言乃不过曰"竖刁、易牙、开方三子，非人情，不可近"而已。

　　呜呼！仲以为威公果能不用三子矣乎？仲与威公处几年矣，亦知威公之为人矣乎？威公声不绝于耳，色不绝于目，而非三子者，则无以遂其欲。彼其初之所以不用者，徒以有仲焉耳。一日无仲，则三子者可以弹冠而相庆矣。仲以为将死之言可以絷威公之手足耶⑤？夫齐国不患有三子，而患无仲。有仲，则三子者，三匹夫耳。不然，天下岂少三子之徒哉？虽威公幸而听仲，诛此三人，而其余者，仲能悉数而去之耶？呜呼！仲可谓不知本者矣。因威公之问，举天下之贤者以自代，则仲虽死，而齐国未为无仲也。夫何患三子者？不言可也。

　　五伯莫盛于威、文⑥。文公之才，不过威公，其臣又皆不及仲。灵公之虐⑦，不如孝公之宽厚⑧。文公死，诸侯不敢叛晋。晋袭文公之余威，犹得为诸侯之盟主百余年。何者？其君虽不肖，而尚有老成人焉⑨。威公之薨也，一败涂地，无惑也，彼独恃一管仲，而仲则死矣。

夫天下未尝无贤者,盖有有臣而无君者矣。威公在焉,而曰天下不复有管仲者,吾不信也。仲之书,有记其将死论鲍叔、宾胥无之为人⑩,且各疏其短。是其心以为数子者皆不足以托国,而又逆知其将死⑪,则其书诞谩不足信也。吾观史䲡⑫,以不能进蘧伯玉而退弥子瑕,故有身后之谏。萧何且死⑬,举曹参以自代。大臣之用心,固宜如此也。夫国以一人兴,以一人亡。贤者不悲其身之死,而忧其国之衰,故必复有贤者,而后可以死。彼管仲者,何以死哉?

【注释】

①管仲:名夷吾,字仲,春秋时政治家,曾帮助齐桓公成为春秋五霸之一。竖刁、易牙、开方:齐桓公的三个宠臣。②威公:指齐桓公。这里改桓为威,是宋代人为避宋钦宗赵桓名讳的缘故。薨(hōng):古代称诸侯之死。③四凶:指尧舜时代的鲧、共工、兜、三苗。④少正卯(mǎo):人名,春秋时鲁国大夫,史书记载,孔子在鲁国任司寇时,少正卯被杀。⑤絷(zhí):束缚。⑥五伯:即春秋五霸。文:指晋文公重耳。⑦灵公:即晋灵公。⑧孝公:即齐孝公。⑨老成人:指经验多、办事稳重的人。⑩宾胥无:齐国大夫。⑪逆知:预料。⑫史䲡(qiū):字子鱼,春秋时卫国大夫。他曾多次此向卫灵公进言,要卫灵公任用蘧(qú)伯玉而疏远弥子瑕。卫灵公不听他的。他临死之前嘱咐儿子要把自己的尸身放在窗户底下,表示自己死后还要进谏。卫灵公终于醒悟,于是用蘧伯玉而退弥子瑕。⑬萧何:人名,西汉初年丞相。他病重时向汉惠帝推荐曹参来接替他的丞相之职。曹参继任以后,继续遵行萧何时的成法。

【译文】

管仲做了齐桓公的相国,齐国因而能称霸诸侯,排斥夷狄。一直到他死,齐国都很富强,诸侯也不敢背叛。管仲死后,竖刁、易牙、开方掌权,齐桓公在内乱中死去,五个公子争夺王位。祸患蔓延开来,一直到齐简公的时候,齐国没有一年安宁过。

功业的完成，不是完成在宣告成功的那一天，一定会有它成功的缘由；灾祸的发生，不是发生在它实际发生的那一天，也一定有它的由来和征兆。所以齐国得到治理，我不说功在管仲，而要说功在推荐管仲的鲍叔。后来齐国发生了动乱，我不说是因为竖刁、易牙、开方掌权所致，而说过在管仲。为什么这样说呢？竖刁、易牙、开方三个人，他们固然是使国家混乱的奸佞，但是起用他们的人，则是齐桓公。有了虞舜，然后才知道放逐四凶；有了孔子，然后才知道除掉少正卯。那个齐桓公是个什么人呢？使齐桓公起用这三个人的，是管仲啊。管仲卧病不起的时候，桓公问他谁可以继他为相。这个时候，我本想管仲会列举天下的贤才来回答齐桓公，但他说的只不过是"竖刁、易牙、开方这三个人不合人情，不可与他们亲近"。

唉！管仲以为齐桓公当真不会任用这三个人吗？管仲与桓公相处多年了，也应当知道桓公的为人吧。桓公的耳朵一刻也离不了音乐，眼睛一刻也离不了女色。若不是这三个人，桓公便无从满足他的欲望。桓公当初之所以不起用他们，只不过是因为有管仲在罢了。管仲一日不在，那么这三个人就可以弹着官帽，彼此庆贺高升了。管仲难道以为临终前的几句话能捆住桓公的手脚吗？齐国不担心有这么三个人，担心的是失去了管仲。管仲在世，那么这三个人，只不过是匹夫而已。如果不是这样，天下难道缺少像竖刁、易牙、开方这样的小人吗？即使桓公幸而听从了管仲的意见，杀了这三个人，但是剩下的奸佞之徒，管仲能悉数除去吗？唉！管仲可以说是个不知道从根本上着眼的人。如果借桓公问话的机会，荐举天下的贤才来替代自己当政，那管仲虽然死去，齐国并不是没有另一个管仲啊，这三个人又有什么可怕的呢，不说也可以明白啊！

春秋五霸中没有能胜过齐桓公、晋文公的了。晋文公的才能不如齐桓公，他的臣子又都不如管仲。暴虐的晋灵公，不能与待人宽厚的齐孝公相比。然而晋文公死后，诸侯不敢背叛晋国，晋国承袭晋文公的余威，还能在文公死后的一百多年时间里充当诸侯的盟主。这是为什么呢？晋国后来的国君虽然不成器，却还有老成干练的大臣存在；而齐桓公一死，齐国就一败涂地，这是毫无疑问的。因为他仅仅依靠一个管仲，可是管仲却已经死了。

天下并不是没有贤能的人，然而往往是存在着贤臣却没有圣明的君主。桓公在世的时候，说天下不再有管仲这样的人才了，我不相信。管仲著的《管子》一书中，记载着管仲临终前评论鲍叔、宾胥无的为人，并且分别列举了他们各自的缺点。在管仲的心中，认为鲍叔等几个人都不足以托付国家重任；而管仲又预料到自己快要死了。那么《管子》这部书实在是荒诞，不足以相信。我看春秋时卫国大夫史鳅，由于不能进用蘧伯玉，去掉弥子瑕，所以在死后以尸首进行劝谏；汉丞相萧何临终之前，推荐曹参来替代自己。大臣的用心，本来就应该是这样的啊。一个国家往往由于一个人兴盛，由于一个人而衰亡。贤者并不悲伤自己的死去，而是忧虑国家因为自己的死去而衰败，所以一定要有贤者接替自己，然后才能心安理得地死去。管仲凭什么就这样撒手而去了呢？

辨奸论

【原文】

事有必至，理有固然。惟天下之静者，乃能见微而知著。月晕而风，础润而雨①，人人知之。人事之推移，理势之相因，其疏阔而难知，变化而不可测者，孰与天地阴阳之事？而贤者有不知，其故何也？好恶乱其中，而利害夺其外也。

昔者，山巨源见王衍②，曰："误天下苍生者，必此人也。"郭汾阳见卢杞③，曰："此人得志，吾子孙无遗类矣。"自今而言之，其理固有可见者。以吾观之，王衍之为人，容貌言语，固有以欺世而盗名者。然不忮不求④，与物浮沉。使晋无惠帝⑤，仅得中主⑥，虽衍百千，何从而乱天下乎？卢杞之奸，固足以败国，然而不学无文，容貌不足以动人，言语不足以眩世。非德宗之鄙暗，亦何从而用之？由是言之，二公之料二子，亦容有未必然也。

今有人⑦，口诵孔、老之言，身履夷、齐之行⑧，收召好名之士、不得志之人，相与造作言语，私立名字，以为颜渊、孟轲复出⑨，而阴贼险狠，与人异趣。是王衍、卢杞合而为一人也，其祸岂可胜言哉？夫面垢不忘洗，衣垢不忘浣⑩，此人之至情也。今也不然，衣臣虏之衣⑪，食犬彘之食⑫，囚首丧面，而谈《诗》《书》，此岂其情也哉？凡事之不近人情者，鲜不为大奸慝⑬，竖刁、易牙、开方是也。以盖世之名，而济其未形之患，虽有愿治之主，好贤之相，犹将举而用之。则其为天下患，必然而无疑者，非特二子之比也。

孙子曰："善用兵者，无赫赫之功。"使斯人而不用也，则吾言为过，而斯人有不遇之叹，孰知祸之至于此哉？不然，天下将被其祸，而吾获知言之名，悲夫！

◎卷十 宋文

【注释】

①础：垫在房屋柱子下的石头。②山巨源：名涛，字巨源，晋代人，竹林七贤之一。王衍：字夷甫，晋惠帝时任宰相，但他终日清谈，不理政事，后被石勒所杀。③郭汾阳：即郭子仪，唐代名将，因平定"安史之乱"有功，被封为汾阳郡王。卢杞：字子良，唐德宗时任宰相。他为人心胸狭窄，妒贤嫉能，当政期间搜刮百姓，陷害忠良。④忮（zhì）：忌恨。⑤惠帝：晋惠帝司马衷。⑥中主：中等才能的君主。⑦有人：指王安石。⑧夷、齐：即伯夷、叔齐，商的后裔，他们反对以暴制暴，反对周武王伐纣。商亡之后，他们又耻于食周粟，饿死在首阳山。⑨颜渊：即颜回，孔子的得意门生。⑩浣（huàn）：洗。⑪臣虏：奴仆。⑫彘（zhì）：猪。⑬慝（tè）：奸恶。

【译文】

事情有必然要发展到的阶段，道理有本该如此的根源。天下只有那些冷静观察事物的人，才能见微而知著。月亮周围起了晕圈，就意味着要刮风了；房屋的柱石开始潮湿，就意味着要下雨了。这些是人人都知道的。人事的变迁转换，道理的互为因果，虽然空洞难知、变幻莫测，但又怎么能比得上天地阴阳变化的难知呢？可是贤明的人却有不明白的地方，原因是什么呢？原来是他个人的爱憎好恶扰乱了他的心绪，利害得失支配了他的行动。

从前，山巨源看见王衍，说："将来危害天下苍生的，一定是这个人！"郭汾阳看见了卢杞，说："这个人要是得了志，我的子孙都要被他赶尽杀绝！"如今说起来，有些事情是可以预料的。不过据我看来，王衍的为人、容貌语言，固然有欺世盗名的地方，但他不妒忌、不贪求，只是与世浮沉罢了。假使晋朝没有惠帝，只要能有一个资质平庸的皇帝，即使有成百上千个王衍，又从何而使天下动乱呢？卢杞那样的奸佞，确实可以使一个国家衰败，然而他不学无术，不通文章，容貌不足以打动别人，言语不足以让人迷惑信服。要不是唐德宗那样没有见识、昏庸无能的君主，又怎么会任用他呢？这样说来，山涛、郭汾阳对于王衍和卢杞两个人的预言，或许未必准确。

现在有这样一个人：嘴里念着孔子、老子的言论，履行着伯夷和叔齐的清高行为，招纳追求名声和不得志的人，一起制造舆论、自我标榜，把自己说成是颜回在世、孟子复生；而实际上他却阴险毒辣，与常人走的是两条路。这是将王衍、卢杞合成一个人了，这个人将要造成的祸患难道还能说得完吗？脸脏了去洗净，衣服脏了去洗涤，这是人之常情。现在，他却不是这样，穿着奴仆的衣服，吃着猪狗的食物，头发像囚犯一样披散着，脸脏得像在给谁守丧，却谈论《诗经》《尚书》等圣贤经典，这难道合乎人情吗？凡是做事不近人情的人，很少有不成为大奸贼的，竖刁、易牙、开方就是这样的人。这个人用盖世的声望，来帮助他实现还没有成形的祸患，虽然有愿意天下得到大治的君主，尚贤使能的宰相，还是将提拔他、任用他。那么，有朝一日他成为天下的祸患，就是毫无疑问的了，不是王衍和卢杞可以比得上的。

孙子说："善于用兵的人，并没有赫赫战功。"假使这个人不被重用，那么我的话便说错了，而这个人也有怀才不遇的慨叹。但又有谁知道他所造成的灾难会大到如此地步？如果不是这样，天下就要遭受他所造成的祸乱，而我却得到了有先见之明的声誉，这是令人悲哀的呀！

心 术

【原文】

　　为将之道，当先治心。泰山崩于前而色不变，麋鹿兴于左而目不瞬①，然后可以制利害，可以待敌。

　　凡兵上义，不义，虽利勿动。非一动之为利害，而他日将有所不可措手足也。夫惟义可以怒士，士以义怒，可与百战。

　　凡战之道，未战养其财，将战养其力，既战养其气，既胜养其心。谨烽燧，严斥堠②，使耕者无所顾忌，所以养其财；丰犒而优游之，所以养其力；小胜益急，小挫益厉，所以养其气；用人不尽其所欲为，所以养其心。故士常蓄其怒，怀其欲而不尽。怒不尽则有余勇，欲不尽则有余贪。故虽并天下，而士不厌兵，此黄帝之所以七十战而兵不殆也。不养其心，一战而胜，不可用矣。

　　凡将欲智而严，凡士欲愚。智则不可测，严则不可犯，故士皆委己而听命，夫安得不愚？夫惟士愚，而后可与之皆死。凡兵之动，知敌之主，知敌之将，而后可以动于险。邓艾缒兵于蜀中③，非刘禅之庸，则百万之师可以坐缚，彼固有所侮而动也。故古之贤将，能以兵尝敌，而又以敌自尝，故去就可以决。

　　凡主将之道，知理而后可以举兵，知势而后可以加兵，知节而后可以用兵。知理则不屈，知势则不沮，知节则不穷。见小利不动，见小患不避。小利小患，不足以辱吾技也。夫然后有以支大利大患④。夫惟养技而自爱者，无敌于天下。故一忍可以支百勇，一静可以制百动。

　　兵有长短，敌我一也。敢问："吾之所长，吾出而用之，彼将不与吾校⑤；吾之所短，吾蔽而置之，彼将强与吾角，奈何？"曰："吾之所短，吾抗而暴之⑥，使之疑而却；吾之所长，吾阴而养之，使之狎而堕其中，此用长短之术也。"

善用兵者，使之无所顾，有所恃。无所顾，则知死之不足惜；有所恃，则知不至于必败。尺箠当猛虎⑦，奋呼而操击；徒手遇蜥蜴，变色而却步。人之情也。知此者，可以将矣。袒裼而案剑⑧，则乌获不敢逼⑨；冠胄衣甲，据兵而寝，则童子弯弓杀之矣。故善用兵者以形固。夫能以形固，则力有余矣。

【注释】

① 瞬（shùn）：眨眼睛。② 斥堠（hòu）：古代瞭望敌情的土堡。③ 邓艾：三国时魏国将领，魏景元四年（263），他从一条艰险的山路攻蜀，士兵们都用绳子系着放下山去，他自己用毡布裹了身体，滑下山去。缒（zhuì）：系在绳子上放下去。④ 支：对付。⑤ 校：较量。⑥ 抗：高举。暴（pù）：显露。⑦ 箠：木棍。⑧ 袒（tǎn）裼（xī）：露臂赤膊。案：通"按"。⑨ 乌获：战国时秦国的大力士。

【译文】

作为将帅的原则，应当先增强自己的心理素质。要做到泰山崩塌在眼前而面不改色，麋鹿突然从身边跑过而眼睛不眨，之后才能谈到可以控制战局，谈到对付敌人。

军事崇尚正义，不合乎正义，即使局面对自己有利也不要轻举妄动。这不是因为一旦行动就会有立竿见影的利害显露出来，而是因为这样会造成无法应付的局面。只有正义，才能让士兵产生斗志，而士兵一旦因为正义而产生斗志，就会跟着你出生入死。

凡是用兵之道，在于战争之前要着重于蓄积财力物力；临战时要养精蓄锐，提高战斗力；一旦开战就要使军队保持旺盛的士气；胜利之后则要赏功罚过，以此来保养人心。要谨慎认真地做好烽燧预警工作，加强各种侦察敌情的措施，使种田的人没有顾忌，以此来蓄积财力物力；要丰厚地犒劳士兵，让他们在平常的日子里生活舒适，以此来养精蓄锐，提高战斗力；打了小胜仗，要振作精神，受到了小挫折，更要给予

卷十　宋文

激励，以此来保持旺盛的士气；用人时不要让他们把自己所想做的都做完，以此来保持他的斗志。因此，士兵能长时间地保持旺盛的斗志，怀着强烈的欲望而没有止境。斗志长存，就会勇气倍增；欲望无止境，就会产生贪心。所以，虽然兼并了天下，而士兵们却不会厌恶战争；这就是黄帝经历大小七十多次战争，士兵仍然不懈怠的原因。如果不保养人心，即使打了一次胜仗，这支军队也不能再用了。

凡是做将帅的，要足智多谋、从严治军。凡是做士兵的，要尽量贡献出自己的愚忠。足智多谋，就让人无法推知；从严治军，就能使人感到不可冒犯。因此士兵都会将身心交付给将领而听从命令，这样又怎会不贡献出自己的愚忠呢？只有士兵贡献出自己的愚忠之后，才能与将帅一起出生入死。

大凡出兵打仗，要了解敌方君主、敌方将领的情况，然后才可以采取冒险的行动。三国时，邓艾用绳子把士兵吊下悬崖去偷袭蜀国，要不是刘禅的昏庸无能，那么即使有百万大军，也可能束手就擒；而邓艾必定是看透了蜀中已无能人，才敢采取如此冒险的行动。所以古代贤能的将领，能够用自己的兵力去试探敌方的虚实，又能够根据与敌交锋的情况，正确地估计自己的力量，如此，是征是讨、是进是退就可以决定了。

作为主将的原则是：要在通晓作战之理后才可以出兵；要看清敌我双方的形势后才可以与之交战；要懂得对军队进行约束节制后才可以用兵。通晓作战之理就不会轻易屈服；看清了敌我双方的形势就不会轻易感到沮丧；懂得如何对军队进行约束节制就不会陷于困境。看见了小利而不轻举妄动；看见了小患而不仓皇逃避。因为小利小患，不值得自己去施展本领。

只有做到这一步，才有可能去应付大利大患。只有那些不断充实修炼自己的技能战法，而又能自爱的人，才能天下无敌。所以，一时的忍耐，可以为上百次的勇敢行为做好准备；冷静一下，可以控制上百次的轻举妄动。

军队各有长处和短处，这在敌方和我方是一样的。冒昧地问一句：

"我方的长处，我拿出来使用，可是敌方却不同我在这些方面进行较量；我方的短处，我掩盖起来，搁置起来，可是敌方一定要同我在这些方面进行较量，怎么办呢？"回答说："我方的短处，我公开地把它暴露出来，使敌方疑惑并且退却；我方的长处，我遮蔽起来，并且加以蓄积，从而使敌人轻率大意而落入圈套当中。这就是运用长处、短处的方法啊。"

善于用兵的人，应该使士兵无所顾忌，但有所依靠。无所顾忌，就是明白战死也没什么可惜的；有所依靠，就是知道不至于失败。手中即使只有尺把长的木棍，遇见了猛虎，也可以大吼一声，拿起木棍去打它；可是如果空着手遇到了蜥蜴，就会被吓得变了色而止步不前。这是人之常情。知道这个道理的，就可以带兵了。露臂赤膊、紧握着剑柄，那么，即使是乌获那样的大力士，也不敢靠近；如果带着头盔、穿着铠甲，抱着武器睡觉，那么，小孩也可以拉弓射死他。所以善于用兵的人，能利用各种条件来巩固自己的力量，而能利用各种条件巩固自己力量的人，他的力量则是没有穷尽的。

◎卷十 宋文

张益州画像记

【原文】

至和元年秋①,蜀人传言有寇至边。边军夜呼,野无居人。妖言流闻,京师震惊。方命择帅,天子曰:"毋养乱,毋助变。众言朋兴,朕志自定。外乱不作,变且中起。既不可以文令,又不可以武竞,惟朕一二大吏。孰为能处兹文武之间,其命往抚朕师。"乃推曰:"张公方平其人②。"天子曰:"然。"公以亲辞,不可,遂行。冬十一月,至蜀。至之日,归屯军,撤守备。使谓郡县:"寇来在吾,无尔劳苦。"明年正月朔旦,蜀人相庆如他日,遂以无事。又明年正月,相告留公像于净众寺。公不能禁。

眉阳苏洵言于众曰:"未乱易治也,既乱易治也。有乱之萌,无乱之形,是谓将乱。将乱难治。不可以有乱急,亦不可以无乱弛。惟是元年之秋,如器之敧③,未坠于地。惟尔张公,安坐于其旁,颜色不变,徐起而正之。既正,油然而退,无矜容。为天子牧小民不倦,惟尔张公。尔繄以生④,惟尔父母。且公尝为我言:'民无常性,惟上所待。人皆曰蜀人多变,于是待之以待盗贼之意,而绳之以绳盗贼之法。重足屏息之民,而以砧斧令⑤,于是民始忍以其父母妻子之所仰赖之身,而弃之于盗贼,故每每大乱。夫约之以礼,驱之以法,惟蜀人为易。至于急之而生变,虽齐、鲁亦然。吾以齐、鲁待蜀人,而蜀人亦自以齐、鲁之人待其身。若夫肆意于法律之外,以威劫齐民,吾不忍为也。'呜呼!爱蜀人之深,待蜀人之厚,自公而前,吾未始见也。"皆再拜稽首曰:"然。"

苏洵又曰:"公之恩在尔心,尔死,在尔子孙。其功业在史官,无以像为也。且公意不欲。如何?"皆曰:"公则何事于斯?虽然,于我心有不释焉。今夫平居闻一善，必问其人之姓名与其邻里之所在，以至于其长短、小大、美恶之状，甚者或诘其平生所嗜好，以想见其为人。而史官亦书之于其传，意使天下之人，思之于心，则存之于目。存之于目，故其思之于心也固。由此观之，像亦不为无助。"苏洵无以诘，遂为之记。

公南京人，为人慷慨有大节，以度量雄天下。天下有大事，公可属⑥。系之以诗曰：天子在祚⑦，岁在甲午。西人传言⑧，有寇在垣。庭有武臣，谋夫如云。天子曰嘻，命我张公。公来自东，旗纛舒舒⑨。西人聚观，于巷于涂。谓公暨暨⑩，公来于于⑪。公谓西人："安尔室家，无敢或讹。讹言不祥，往即尔常。春尔条桑，秋尔涤场。"西人稽首，公我父兄。公在西囿，草木骈骈⑫。公宴其僚，伐鼓渊渊。西人来观，祝公万年。有女娟娟⑬，闺闼闲闲⑭。有童哇哇，亦既能言。昔公未来，期汝弃捐。禾麻芃芃⑮，仓庾崇崇。嗟我妇子，乐此岁丰。公在朝廷，天子股肱。天子曰归，公敢不承？作堂严严，有庑有庭⑯。公像在中，朝服冠缨。西人相告，无敢逸荒。公归京师，公像在堂。

【注释】

①至和：宋仁宗年号。②张公：即张方平，字道安，官至太子太保。③攲（qī）：倾斜。④繄（yī）：这，指代张方平的措施。⑤砧斧：砧板和刀斧，古时的刑具。⑥属：同"嘱"。⑦祚（zuò）：指皇位。⑧西人：指蜀人。⑨纛（dào）：古时军队或仪仗队的大旗。⑩暨暨（jì）：果敢坚决的样子。⑪于于：行动舒缓自得的样子。⑫骈骈（pián）：茂盛的样子。⑬娟娟（juān）：秀美的样子。⑭闺闼（tà）：闺房。⑮芃芃（péng）：草木茂盛的样子。⑯庑（wǔ）：堂下周围的廊屋。

【译文】

至和元年秋，蜀人传言有敌寇来到了边境。戍边的军队夜里惊呼，城外也没人敢居住了。谣言流传开来，京师震动。正准备命令选派将帅前去征讨的时候，天子说："不要使祸乱酿成，也不要助使变故发生！尽管各种谣言传闻蜂起，但朕自有主张。外患不足畏惧，只怕内乱要从中兴起。这件事既不能用文教的方式去感召他们，也不能用武力同他们较量，只需要我的一二个大臣去妥善处理。谁可于文于武都能妥善处理，我就派谁前往安抚我的军队。"于是大家推荐说："张公方平就是这样的人。"天子说："好吧。"张公以要奉养亲人为由推辞，但天子没有准奏，于是就出发了。这年冬天十一月，他到了蜀地。到的那天，就撤回驻扎的军队，解除了边境的守备，并派人谕告各郡县说："敌寇来了，责任全在我，用不着劳累你们。"第二年的正月初一，蜀地的百姓互相庆贺新年，就像往常一样，也没有发生什么乱子。第三年正月，大家商定，要把张公的画像留在净众寺里，张公没法禁止。

眉阳人苏洵对人们说："没有发生变乱的时候是容易治理的，已经发生变乱的时候也是容易治理的，但有变乱的迹象，却还没有形成规模，这是所谓的将乱。将乱难治啊！既不能像发生变乱时那样急于治理，也不能像清平无事时那样疏于治理。至和元年秋天的局势，就好像器物已经倾斜但还没有倒在地上。只有你们的张公，安坐在它的旁边，泰然自若，慢慢地将它扶正。扶正之后，又从容地退了下去，丝毫没有炫耀的神情。帮助天子治理百姓而孜孜不倦的，只有你们的张公。你们全靠他的庇护才得以繁衍生息，他就是你们的父母。而且张公曾经对我说过：'百姓没有一成不变的秉性，只是要看上边如何对待他们。人们都说蜀地的人善变，对待他们时常怀着对待盗贼的心思，用处置盗贼的法令来处置他们。对于本来已经小心翼翼的百姓，却用严厉的刑法去管理。于是百姓才忍心拿他们父母妻子所仰赖的身体去投靠盗贼，所以才经常有大的混乱发生。如果用礼教来约束他们，用法令来驱使他们，治理蜀人却是很容易的。至于操之过急、逼迫过甚而使他们发生变乱，即使是在礼乐之乡的齐地、鲁地也会这样。我用对待齐鲁百姓的办法来对待蜀人，而蜀人自然会用齐地、鲁地人的标准来约束自己。超出法度之外的肆意妄为，用权势威逼百姓，是我不忍心做的啊！'唉！爱护蜀人深厚，对待蜀人宽仁，在张公以前，我还没有见过。"大家听了，都再拜叩首说："是这样的啊。"

　　苏洵又说："张公的恩德在你们的心中，你们死了，就在你们子孙的心中。他的功业将由史官记载下来，无须用什么画像了。况且张公自己也不愿意你们这样做。怎么办呢？"大家都说："张公本来不在乎画像。虽然这样，我们心里却实感不安。现在就是平常日子里听到别人做了一件好事，都一定要问那人的姓名和他所住的地方，以至于连他的身材高矮、年岁大小、容貌美丑都想知道，甚至有的人还要问他的生平和嗜好，以此来想见他的为人。而史官也会为他写下传略，把这些记载在其中，想让天下的人心里记着他，眼睛看到他。眼睛里留着他的容貌，就会在心中铭记很久。如此看来，画像也不是没有用的。"苏洵无以反驳，于是替他们写了这篇画像记。

　　张公是南京人，为人慷慨而有高尚的节操，以度量宏阔而闻名于天下。国家遇到大事，张公是可以委托的。我在文章末尾用一首诗来记述他的事迹：天子端居皇位，事发甲午那年。蜀人传来谣言，有敌寇进犯边境。朝有文臣武将，谋士多如流云。天子听从众意，命我张公往蜀。张公自东而来，旌旗迎风舒展。蜀人聚集观看，大街小巷站满。都说张公果敢，又能镇静从容。张公告知蜀人："妥善安顿家室，不要听信谣言。谣言常不吉祥，你们要和往常一样。春天种养桑树，秋天清扫谷场。"蜀人连连叩头，视张公为父兄。张公来到园林，园林草木茂盛。张公宴请同僚，击鼓咚咚作响。蜀人前来看望，祝公万寿无疆。今日蜀女靓丽，闲居闺阁之中。又有婴儿咿呀，如今也能说话。当初张公未到，本想抛弃他们。如今庄稼丰茂，粮仓高高立起。蜀地妇女儿童，都因丰年欢乐。张公昔在朝野，是为天子股肱。天子召他回去，他又怎能不从？兴建庄严大殿，有廊还有庭院。张公画像其间，朝服冠带整齐。蜀人互相劝勉，不再懒惰放荡。张公回到京城，画像永留大堂。

苏 轼

苏轼，字子瞻，号东坡居士，眉州眉山（今四川眉山）人。仁宗嘉祐二年（1057）进士，神宗时因与王安石政见不合请求外调，历任杭州通判与密、徐、湖三州知州。因作诗讽刺新法，被贬为黄州团练副使。哲宗朝，召为翰林学士，新党再度执政，又贬惠州，再贬琼州（今海南岛）。徽宗即位，赦还，途中卒于常州。是"唐宋八大家"之一，宋代四大书法家之一，他的诗、词、文均代表了北宋文学的最高水平。

刑赏忠厚之至论

【原文】

　　尧、舜、禹、汤、文、武、成、康之际，何其爱民之深，忧民之切，而待天下以君子长者之道也！有一善，从而赏之，又从而咏歌嗟叹之，所以乐其始而勉其终。有一不善，从而罚之，又从而哀矜惩创之，所以弃其旧而开其新。故其吁俞之声①，欢休惨戚②，见于虞、夏、商、周之书。成、康既没，穆王立而周道始衰，然犹命其臣吕侯③，而告之以祥刑。其言忧而不伤，威而不怒，慈爱而能断，恻然有哀怜无辜之心，故孔子犹有取焉。

　　《传》曰："赏疑从与，所以广恩也。罚疑从去，所以慎刑也。"当尧之时，皋陶为士④，将杀人。皋陶曰杀之三，尧曰宥之三⑤。故天下畏皋陶执法之坚，而乐尧用刑之宽。四岳曰⑥："鲧可用⑦。"尧曰："不可，鲧方命圮族⑧。"既而曰："试之。"何尧之不听皋陶之杀人，而从四岳之用鲧也？然则圣人之意，盖亦可见矣。

　　《书》曰："罪疑惟轻，功疑惟重。与其杀不辜，宁失不经。"呜呼！尽之矣。可以赏，可以无赏，赏之过乎仁；可以罚，可以无罚，罚之过乎义。过乎仁，不失为君子；过乎义，则流而入于忍人。故仁可过也，义不可过也。古者，赏不以爵禄，刑不以刀锯。赏之以爵禄，是赏之道行于爵禄之所加，而不行于爵禄之所不加也；刑以刀锯，是刑之威施于刀锯之所及，而不施于刀锯之所不及也。先王知天下之善不胜赏，而爵禄不足以劝也；知天下之恶不胜刑，而刀锯不足以裁也。是故疑则举而归之于仁，以君子长者之道待天下，使天下相率而归于君子长者之道，故曰忠厚之至也。

　　《诗》曰："君子如祉⑨，乱庶遄已。君子如怒，乱庶遄沮⑩。"夫君子之已乱岂有异术哉？制其喜怒，而无失乎仁而已矣。《春秋》之义，立法贵严而责人贵宽，因其褒贬之义以制赏罚，亦忠厚之至也。

【注释】

①吁：嗟叹声。俞：赞成、应允之声。②欢休惨戚：欢乐喜悦，哀愁悲戚。③吕侯：周穆王的大臣，掌管刑狱。④皋（gāo）陶（yáo）：尧的大臣，主管刑狱。⑤宥（yòu）：赦免。⑥四岳：传说是尧时四方部落首领。⑦鲧（gǔn）：传说是禹的父亲，因为治水无功而被舜诛杀。⑧方命圮（pǐ）族：违抗命令，坑害族人。圮：毁损。⑨祉（zhǐ）：福，引申为喜悦。⑩遄（chuán）：迅速。

【译文】

唐尧、虞舜、夏禹、商汤，周文王、武王、成王、康王的时候，他们爱护人民是何等之深，为人民忧虑又是何等之切，用君子长者的道德来对待天下。发现一点善行，就及时地奖励，并且及时地歌颂、赞美这样的善行，为的是用这种办法使人们乐于行善，并且勉励他们要坚持到底；发现了一点错误，就及时地处罚，又及时地怜惜同情有过之人，为的是帮助他改过自新。所以嗟叹赞许的声音，欢乐悲伤的情绪，在虞、夏、商、周的书上都能见到。成王和康王死后，穆王即位，周朝的道统开始衰败，但是穆王还吩咐他的臣子吕侯，告诉他要慎用刑罚。穆王的话忧虑却不悲伤，威严而无怒气，慈爱并且果断，流露出同情无罪者、为他们感到难过的情感。所以孔子对穆王还是有所肯定。

《尚书·孔安国传》上说："赏赐与否难以确定时就奖赏，这是为了推广恩德；惩罚与否难以确定时就不加惩罚，这是为了慎用刑罚。"尧的时候，皋陶做狱官，准备处决一个罪犯。皋陶多次下令说杀，尧却多次下令赦免。所以天下人都畏惧皋陶执法的坚决，而喜欢尧的用刑宽仁。四方的诸侯说："鲧是可用之人。"尧说："不行，鲧违抗命令，败坏了同族的人。"后来又说："试试他吧。"为何尧不听从皋陶杀人的主张，而同意四方诸侯任用鲧的建议呢？圣人的心意，由这里就可以看到了。

《尚书》上说:"如果罪行难以确定,就从轻发落;如果功劳难以确定,就从重赏赐。与其错杀一个无罪者,宁愿自己承担不遵守成法的过失。"唉!赏罚的道理全在这几句话里了。可以赏也可以不赏的,赏他就是超过了仁的范围;可以罚可以不罚的,罚他就是越过了义的规定。超过了仁的范围,还不失为君子;越过了义的规定,便要沦为残忍的人了。所以仁的范围是可以超过的,义的规定却是不可以超过的。古时候不用爵位和俸禄作为赏赐,不用刀子和锯子来实行刑罚。用爵位和俸禄作为赏赐,这样的赏赐只能施及得到爵位和俸禄的人身上,却不能施及没有得到爵位和俸禄的人身上;刑罚用上了刀子和锯子,这样的刑罚只能施加到被行刑的人身上,却不能影响到没有受刑的人。先王知道天下的善人善事赏赐不尽,所以爵位和俸禄也不足以起到鼓励作用;又知道天下的坏人坏事不能全都处罚到,所以刀子和锯子也不足以形成制裁。因此赏罚不能确定的时候,就根据仁的原则来处理;用君子长者的道德来对待天下,使天下人全部为君子长者的道德所影响。所以说这是忠厚到了极点啊。

《诗经》上说:"君子如果乐于听到忠言,祸乱就会马上停止;君子如果怒责小人的谗言,祸乱就会马上停止。"君子对于结束祸乱,难道还有什么更为奇特的办法吗?只不过是控制自己的喜怒爱憎,不违背仁的原则罢了。《春秋》的本意是:立法贵在从严,而处罚人贵在从宽。按照它褒贬的原则来制定赏与罚,这也是忠厚到了极点啊!

◎卷十 宋文

范增论

【原文】

汉用陈平计①,间疏楚君臣②。项羽疑范增与汉有私,稍夺其权。增大怒曰:"天下事大定矣,君王自为之,愿赐骸骨归卒伍。"归未至彭城,疽发背死③。苏子曰:"增之去善矣。不去,羽必杀增,独恨其不早耳。"

然则当以何事去?增劝羽杀沛公,羽不听,终以此失天下,当于是去耶?曰:"否。"增之欲杀沛公,人臣之分也。羽之不杀,犹有君人之度也。增曷为以此去哉?《易》曰:"知几其神乎④!"《诗》曰:"相彼雨雪,先集维霰⑤。"增之去,当于羽杀卿子冠军时也⑥。陈涉之得民也⑦,以项燕、扶苏⑧。项氏之兴也,以立楚怀王孙心⑨。而诸侯叛之也,以弑义帝。且义帝之立,增为谋主矣。义帝之存亡,岂独为楚之盛衰,亦增之所与同祸福也。

未有义帝亡而增独能久存者也。羽之杀卿子冠军也,是弑义帝之兆也。其弑义帝,则疑增之本也。岂必待陈平哉?物必先腐也,而后虫生之;人必先疑也,而后谗入之。陈平虽智,安能间无疑之主哉?

吾尝论义帝天下之贤主也。独遣沛公入关,不遣项羽;识卿子冠军于稠人之中,而擢以为上将。不贤而能如是乎?羽既矫杀卿子冠军⑩,义帝必不能堪。非羽弑帝,则帝杀羽。不待智者而后知也。增始劝项梁立义帝,诸侯以此服从;中道而弑之,非增之意也。夫岂独非其意,将必力争而不听也。不用其言而杀其所立,羽之疑增,必自是始矣。

方羽杀卿子冠军,增与羽比肩而事义帝,君臣之分未定也。为增计者,力能诛羽则诛之,不能则去之,岂不毅然大丈夫也哉?增年已七十,合则留,不合则去。不以此时明去就之分,而欲依羽以成功名,陋矣！虽然，增，高帝之所畏也。增不去，项羽不亡。呜呼，增亦人杰也哉！

【注释】

①陈平：汉初政治家。他原本在项羽帐下听用，后来因为项羽对他不重视，转投刘邦，成为刘邦的重要谋臣，多次解救刘邦于险境，官至丞相。②间疏楚君臣：指刘邦用陈平计除项羽谋士范增一事。③疽（jū）：毒疮。④几：微小。⑤霰（xiàn）：小雪珠。⑥卿子冠军：即宋义。公元前207年，秦围赵，楚怀王封宋义为上将军，项羽为次将，救赵。因为其他的别将都在宋义的级别之下，所以称他为"卿子冠军"。后宋义因为畏缩不前被项羽斩于军帐之中。⑦陈涉：名胜，秦末农民起义领袖。⑧项燕：项羽的祖父。扶苏：秦始皇的长子。⑨心：即楚怀王的孙子熊心。他被项羽的叔父项梁立为怀王，后又被项羽尊为义帝，公元前205年，他被项羽派人刺死在郴州。⑩矫杀：项羽杀宋义后，对外宣称说宋义与齐国共谋反楚，他是暗中受到怀王的命令而将他诛杀的。矫：假托。

【译文】

汉高祖用陈平的计策，离间楚国君臣，使他们相互疏远。项羽怀疑范增与汉私通，就逐渐削减他的权力。范增大怒说："天下的事已经基本定局了，以后君王您自己处理吧，希望您开恩把这把老骨头赐给我，让我回乡去吧。"可是他还没有回到彭城，就背上生毒疮死了。

苏轼说："范增走得很对呀。如果不走，项羽必定会杀掉他。只是遗憾他没有早些走掉。"那么，应该借什么事离开呢？范增曾劝项羽杀掉刘邦，项羽不听，最终因此而失掉了天下。那么范增应当在那个时候离开吗？回答说："不是的。"范增想要杀掉刘邦，这是做臣子的本分使然。项羽不同意杀刘邦，也还是有君主的度量的。范增为什么要因为这件事而离去呢？《易经》上说："能知道事情的微小征兆，难道不是神明吗？"《诗经》上说："看那雨雪将降的情景，先凝聚起来的是微小的雪珠。"范增应该在项羽杀宋义的时候离开。陈胜之所以得到人民拥护,是因为以受人尊敬的项燕和扶苏的名义来号召起义的。项羽的兴起,是因为立了楚怀王的孙子熊心为义帝;而后诸侯反叛他,是因为他杀了义帝。况且立义帝,范增是主某,义帝的存亡,岂止关系到楚国的盛衰,它与范增的祸福也是联系在一起的啊。没有义帝死了而范增能独自长久存在的道理。项羽杀死宋义,是杀义帝的先兆;而他杀害义帝,则是对范增产生怀疑的开始,还用得着一定要等陈平来离间吗?东西一定是先腐烂了,然后才生出虫子来;人一定是先有了疑心,然后才会听信谗言。陈平虽然聪明,又怎么能够离间用人不疑的君主呢?

　　我曾评论义帝是天下的贤主,他只派刘邦率兵入关,而不派项羽去;从众人之中发现了宋义,提拔他为上将。不贤的话能够这样吗?项羽既然假托义帝的命令杀了宋义,义帝对此一定是不能忍受的。不是项羽杀掉义帝,就是义帝杀掉项羽,这是不需要有智慧的人分析就能知道的。范增起初劝项梁拥立义帝,诸侯因此服从命令;而中途杀死义帝,这不是范增的意思。这不仅不是他的意思,他必将极力反对此事,而项羽却不听从他的意见。不听他的意见而杀死了他所立的义帝,项羽对范增的怀疑,必定是从这个时候开始的。

　　当项羽杀死宋义的时候,范增与项羽并肩侍奉义帝,君臣的名分还没有确定。为范增考虑,如果其力量允许杀掉项羽就杀掉他,不能杀掉他就离开他,这难道不是刚毅果敢的大丈夫吗?当时范增已经是七十多岁的年纪了,能与项羽在一起就在一起,不能与他在一起就离开他。不在这时候弄清去还是留,而想要倚仗项羽功成名就,这是见识短浅啊!虽然如此,范增,也是高祖刘邦所畏惧的。范增不离开,项羽就不能灭亡。唉!范增也是人杰呀!

留侯论

【原文】

　　古之所谓豪杰之士，必有过人之节，人情有所不能忍者。匹夫见辱，拔剑而起，挺身而斗，此不足为勇也。天下有大勇者，卒然临之而不惊，无故加之而不怒，此其所挟持者甚大，而其志甚远也。

　　夫子房受书于圯上之老人也①，其事甚怪。然亦安知其非秦之世有隐君子者，出而试之？观其所以微见其意者，皆圣贤相与警戒之义；而世不察，以为鬼物，亦已过矣。且其意不在书。当韩之亡、秦之方盛也，以刀锯鼎镬待天下之士②，其平居无事夷灭者，不可胜数。虽有贲、育，无所获施。夫持法太急者，其锋不可犯，而其势未可乘。子房不忍忿忿之心，以匹夫之力，而逞于一击之间。当此之时，子房之不死者，其间不能容发，盖亦危矣。千金之子，不死于盗贼，何哉？其身可爱，而盗贼之不足以死也。子房以盖世之才，不为伊尹、太公之谋③，而特出于荆轲、聂政之计④，以侥幸于不死，此圯上老人所为深惜者也。是故倨傲鲜腆而深折之⑤。彼其能有所忍也，然后可以就大事。故曰"孺子可教也"。

　　楚庄王伐郑，郑伯肉袒牵羊以迎⑥。庄王曰："其主能下人，必能信用其民矣。"遂舍之。勾践之困于会稽，而归臣妾于吴者，三年而不倦。且夫有报人之志，而不能下人者，是匹夫之刚也。夫老人者，以为子房才有余而忧其度量之不足，故深折其少年刚锐之气，使之忍小忿而就大谋。何则？非有平生之素，卒然相遇于草野之间，而命以仆妾之役，油然而不怪者，此固秦皇之所不能惊，而项籍之所不能怒也。

　　观夫高祖之所以胜，项籍之所以败者，在能忍与不能忍之间而已矣。项籍唯不能忍⑦，是以百战百胜而轻用其锋。高祖忍之，养其全锋而待其敝，此子房教之也。当淮阴破齐而欲自王⑧，高祖发怒，见于词色。由是观之，犹有刚强不能忍之气，非子房其谁全之？

太史公疑子房以为魁梧奇伟，而其状貌乃如妇人女子，不称其志气。呜呼！此其所以为子房欤！

【注释】

①受书：指张良三次拾鞋而得老人授《太公兵法》一事。圯（yí）：桥。②镬（huò）：烹人的大锅。③伊尹：商代大臣，曾帮助商汤灭亡了夏朝，建立了商朝。太公：即姜太公，他曾帮助武王伐纣，建立了周朝。④荆轲：战国时齐人，曾受托于燕太子丹前往秦国刺杀秦王嬴政，事败身死。聂政：战国时韩人，为严仲子谋刺韩相韩傀。⑤倨（jù）傲：傲慢。鲜：少。腆（tiǎn）：丰厚，美好。⑥郑伯：即郑襄公。肉袒：脱去上衣，裸露肢体。⑦项籍：即项羽，名籍，字羽。⑧淮阴：指淮阴侯韩信，刘邦曾屯兵在广武，与楚军相峙，其时韩信大破齐国，并派遣使者要求刘邦封他为"假王"。刘邦一听便勃然大怒，破口大骂。忽然觉得桌案下的脚被人踢了一下，见张良在旁不动声色，便连忙改口道："大丈夫既平定诸侯，要做就做个真王，何必要做什么假王！"于是顺水推舟地封韩信为齐王。

【译文】

古代被称为豪杰的人，一定有超过常人的气度节操，能承受一般人所不能忍受的事。一个普通人一旦受到侮辱，就要拔剑而起，挺身相斗，这是不足以称为有大勇的。天下那些有大勇的人士，突然遇到意外而不惊慌，无故受到侮辱而不愤怒。这是因为他们所怀的抱负很大，所怀的志向高远的缘故呀！

当年张良从那位坐在桥上的老人手里接过书，这件事想来很是奇怪，然而又怎么知道这不是秦朝的某位隐居的贤人来故意试探张良呢？看那老人隐约表示的心意，都是圣贤们相互警惕戒备的道理，而世人却不明白,以为桥上的老人是鬼怪。这已经是错误的了。而且老人的真实用意也并不在授书上。当韩国灭亡,秦国正强大的时候,用刀、锯、鼎、镬来迫害天下的士人,那些安分守己而无故被杀的人,数也数不清。这时即使有孟贲、夏育那样的勇士,也没有办法施展他们的本领。执法过于严厉的国家,它的锋芒不可触犯,它的形势也没有可乘之机。但张良忍不住愤怒的情绪,凭借着匹夫之勇,在一次对秦始皇的伏击中逞能冒险。当时,张良虽然没有被杀死,但也已经处在死亡的边缘了,真是危险到了极点啊。富贵人家的子弟,不会轻易死在盗贼的手里,为什么呢?是因为他们的生命珍贵,不值得因为与盗贼相斗而死去。张良以盖世的才能,不去像伊尹、姜太公一样谋划定国安邦的策略,却只用荆轲、聂政那样行刺的办法,靠着侥幸才得以不死,这正是桥上那位老人为他感到深深叹息的原因啊!因此用傲慢的态度深深地挫辱他,使他能够有忍耐之心,然后才可以成就大业。所以老人说:"这小伙子是可以造就的。"

楚庄王讨伐郑国,郑襄公袒露着身体,牵着羊去迎接。楚庄王说:"郑国的国君能够这样屈己尊人,必定能获得人民的信任。"于是就放弃了进攻郑国的计划。越王勾践被吴军围困在会稽山上,于是向吴国投降,做了吴王的奴仆,三年里都勤勉而不倦怠。如果有报仇的志向,却不能忍辱负重,这只是普通人的刚强。那位老人认为张良才能有余,但担心他度量不足,所以深深挫败他那年轻人的刚锐之气,使他能忍住小的愤怒而成就大的事业。为什么呢?老人和张良素不相识,在野外突然相遇就命令他做奴仆做的事,而张良却能毫不在意照办,丝毫没有怨怪的意思,这个人确实是秦始皇不能使之惊恐、项羽不能使之发怒的人呀。

考察汉高祖刘邦之所以能最终取胜,而项羽最终落败,是在能忍与不能忍之间啊!项羽不能忍,所以百战百胜却轻易消耗了军力;高祖能够忍,所以积蓄全力而等待项羽由盛转衰的时机,这是张良教给他的呀。当淮阴侯韩信大破齐国而想要自立为齐王的时候,高祖发怒,气愤之情溢于言表。由此看来,他还有刚强而不能忍耐的意气,不是张良,又有谁能成全他呢？

　　太史公司马迁曾经猜想张良是一个身材魁梧、仪表奇伟的人，而他的神态表情又像妇人女子，认为与他的志向和气概很不相称。唉！这不正是张良之所以为张良吗？

贾谊论

【原文】

　　非才之难，所以自用者实难。惜乎！贾生，王者之佐，而不能自用其才也。夫君子之所取者远，则必有所待；所就者大，则必有所忍。古之贤人，皆负可致之才①，而卒不能行其万一者②，未必皆其时君之罪，或者其自取也。

　　愚观贾生之论，如其所言，虽三代何以远过？得君如汉文③，犹且以不用死，然则是天下无尧、舜，终不可有所为耶？仲尼圣人，历试于天下，苟非大无道之国，皆欲勉强扶持，庶几一日得行其道④。将之荆⑤，先之以冉有，申之以子夏。君子之欲得其君，如此其勤也。孟子去齐，三宿而后出昼，犹曰："王其庶几召我。"君子之不忍弃其君，如此其厚也。公孙丑问曰："夫子何为不豫⑥？"孟子曰："方今天下，舍我其谁哉？而吾何为不豫？"君子之爱其身，如此其至也。夫如此而不用，然后知天下果不足与有为，而可以无憾矣。若贾生者，非汉文之不能用生，生之不能用汉文也。

　　夫绛侯亲握天子玺而授之文帝⑦，灌婴连兵数十万⑧，以决刘吕之雌雄。又皆高帝之旧将，此其君臣相得之分，岂特父子骨肉手足哉？贾生，洛阳之少年，欲使其一朝之间尽弃其旧而谋其新，亦已难矣。为贾生者，上得其君，下得其大臣，如绛、灌之属，优游浸渍而深交之⑨，使天子不疑，大臣不忌，然后举天下而唯吾之所欲为，不过十年，可以得志。安有立谈之间，而遽为人"痛哭"哉⑩？观其过湘，为赋以吊屈原，萦纡郁闷⑪，趯然有远举之志⑫。其后以自伤哭泣，至于夭绝。是亦不善处穷者也。夫谋之一不见用，则安知终不复用也？不知默默以待其变，而自残至此。呜呼！贾生志大而量小，才有余而识不足也。

◎卷十　宋文

古之人，有高世之才，必有遗俗之累。是故非聪明睿智不惑之主，则不能全其用。古今称苻坚得王猛于草茅之中⑬，一朝尽斥去其旧臣，而与之谋。彼其匹夫略有天下之半，其以此哉！愚深悲生之志，故备论之。亦使人君得如贾生之臣，则知其有狷介之操⑭，一不见用，则忧伤病沮，不能复振；而为贾生者，亦谨其所发哉！

【注释】

①致：成就功业。②卒：最终。③汉文：即汉文帝刘恒，历来被认为是明君。④庶几：希望。⑤荆：指楚国。⑥豫：高兴，快乐。⑦绛侯：周勃，刘邦的功臣，曾与陈平共诛诸吕，迎立文帝，跪献天子玺。⑧灌婴：刘邦的功臣，曾随刘邦转战各地，后与陈平、周勃共同平定吕氏叛乱，迎立文帝。⑨优游：从容不迫的样子。浸渍：渐渐渗透。⑩遽（jù）：突然。⑪萦（yíng）：曲折回旋。⑫趯（tì）然：心情激荡跳跃的样子。⑬苻坚：前秦皇帝。王猛：前秦大臣，他曾辅佐苻坚富国强兵，先后灭掉了前燕、代国和前凉等国，统一了黄河流域。⑭狷（juàn）介：正直孤傲，洁身自好。

【译文】

人要有才并不难，难的是怎样使自己的才能得以运用。可惜呀！贾谊虽然能辅佐帝王，却不知道如何运用自己的才能啊！

君子如果想要达到长远的目标，就必须有所等待；想要成就大的事业，就必须有所忍耐。古时候的贤人，都怀有可以建功立业的才能，而终于不能施展才能的万分之一的原因，未必都是当时君主的过错，也许是他们自己造成的。

我看了贾谊的论文，像他所想要创建的太平盛世，即使是夏、商、周三代，又怎能超过？他遇到了像汉文帝一样贤德的君主，但还是因为不被重用郁郁而终，那岂不是意味着如果天下没有尧、舜那样的圣君，他就注定会终生无所作为吗？孔子是位圣人，曾游历天下，想要试行自己的政治主张，只要不是过于无道的国家，都想勉强去扶持，希望有朝一日能实现自己的主张。他想要前往楚国的时候,先派冉有前去申明自己的想法主张,又派子夏前去重新申明,君子想要得到他的君主,竟然是如此殷切勤恳啊!孟子离开齐国的时候,曾经在边境上的昼邑住了三个晚上才离开,还说:"齐王也许还会召见我。"君子不忍离弃他的君主,是如此的感情深厚。公孙丑问:"先生为什么不愉快啊?"孟子说:"当今天下,除了我还有谁能让国家得到大治?我又怎么会不愉快呢?"君子爱惜自己,达到了这样的程度。像这样的人都得不到重用,便知道天下真的没有能让自己施展才能的君主了,可以没有遗憾了。而像贾谊这样的,并不是汉文帝不能重用他,而是他自己不能为汉文帝所用呀!

　　周勃曾亲自捧着天子的玉玺,把它交给汉文帝;灌婴曾经联合数十万兵马,以决定刘氏和吕氏到底谁来掌管天下。他们又都是高祖旧日的部将,这种君臣之间互相信任的情分,难道只是父子兄弟之间才有的吗?贾谊,是洛阳的一个年轻人,想要用一个早上的时间让汉文帝全部废弃旧的制度而谋划新的制度,这也太难了吧!如果作为贾谊,向上能得到他的君主赏识,向下能得到像周勃、灌婴这样的大臣支持他,和他们建立深厚的友谊,使天子不猜疑,大臣不嫉妒,然后让整个天下施行自己想要施行的主张,用不了十年,就可以实现自己的抱负。哪有在短暂的交谈之后,就突然对人痛哭的道理呢?看他路经湘水时作赋悼念屈原,心情复杂而郁闷,远走引退的意思跃然纸上,后来因为暗自伤感而常常哭泣,以至于夭折。这也是不善于忍受困厄啊。谋略一次不被采用,怎知道永远都不会被采用呢?不懂得隐忍以待形势的变化,却把自己糟蹋成这样。唉!贾谊志向远大而度量太小,才能有余而见识不足啊!

　　古代的人,如果有高出世人的才能,就必然会有因为清高孤傲遗弃世俗而给自己带来的包袱。所以若不是聪明睿智的君主,就不能完全发挥他们的才能。从古至今人们都称道苻坚从平民中发现了王猛,一时间尽皆疏远了他的旧臣,凡事只与王猛商量谋划。像他那样的普通人,竟也能够占据了中国的一半,不就是因为这个缘故吗!我深深地为贾谊平生的志向感到悲伤，所以对此事加以详细的评论。也想使人君知道，如果得到了像贾谊这样的臣子，就应该知道他们有清高孤傲的操守和性格，一旦不被任用，就会忧伤沮丧，积郁成疾，再也不能振作起来；而贾谊这样的人，也应该谨慎地对待自己立身处世的原则啊！

晁错论

【原文】

　　天下之患，最不可为者，名为治平无事，而其实有不测之忧。坐观其变，而不为之所，则恐至于不可救。起而强为之，则天下狃于治平之安①，而不吾信。惟仁人君子豪杰之士，为能出身为天下犯大难，以求成大功。此固非勉强期月之间，而苟以求名之所能也。天下治平，无故而发大难之端，吾发之，吾能收之，然后有辞于天下。事至而循循焉欲去之②，使他人任其责。则天下之祸，必集于我。

　　昔者晁错尽忠为汉，谋弱山东之诸侯。山东诸侯并起，以诛错为名。而天子不之察，以错为之说。天下悲错之以忠而受祸，不知错有以取之也。

　　古之立大事者，不惟有超世之才，亦必有坚忍不拔之志。昔禹之治水，凿龙门，决大河，而放之海。方其功之未成也，盖亦有溃冒冲突可畏之患。惟能前知其当然，事至不惧，而徐为之图，是以得至于成功。夫以七国之强，而骤削之，其为变岂足怪哉？错不于此时捐其身，为天下当大难之冲而制吴、楚之命，乃为自全之计，欲使天子自将而己居守。且夫发七国之难者谁乎？己欲求其名，安所逃其患？以自将之至危，与居守之至安，己为难首，择其至安，而遗天子以其至危，此忠臣义士所以愤怨而不平者也。当此之时，虽无袁盎③，亦未免于祸。何者？己欲居守，而使人主自将，以情而言，天子固已难之矣，而重违其议，是以袁盎之说得行于其间。使吴、楚反，错以身任其危，日夜淬砺④，东向而待之，使不至于累其君，则天子将恃之以为无恐。虽有百盎，可得而间哉？

　　嗟夫！世之君子，欲求非常之功，则无务为自全之计。使错自将而讨吴、楚，未必无功。惟其欲自固其身，而天子不悦，奸臣得以乘其隙。错之所以自全者，乃其所以自祸欤！

【注释】

① 狃（niǔ）：习惯于。② 循循：徐徐。③ 袁盎（àng）：历任齐相、吴相，因与吴王濞有关系，经晁错告发，被废为庶人。七国叛乱时，他建议景帝杀晁错。④ 淬（cuì）：把金属工件加热到一定温度，然后突然浸在水或油中使其冷却，以增加其硬度。砺：磨。

【译文】

天下的祸患，最难于解决的，表面上国家大治、清平无事，而实际上却有难以预料的隐患。如果坐视祸患的发展演变而无所作为，那就可能发展到无法挽救的地步；如果强行加以解决，那么天下的人就会由于习惯过太平生活而不相信我的主张。只有仁人君子、豪杰之士，才能挺身而出，为了天下的大治冒大风险，以求成就大的功业。这绝不是在短时间内勉强行事，只想着谋求声名的人所能做到的。天下太平的时候，无缘无故发起大的事端，我能发起，我也能收拾，然后才能对天下人有话说。如果事到临头，却想有条不紊地避开它，让别人来承担责任，那么，天下的灾祸必定就会集中到自己的身上。

从前晁错为了汉朝竭尽忠心，谋划着要削弱崤山以东各诸侯的势力。崤山以东的诸侯们闻风皆起，借着诛杀晁错的名义发动叛乱。而天子却不加明察，用杀掉晁错的办法来向诸侯们交代。天下人都为晁错忠诚侍奉君主却被诛杀感到悲痛，不知道晁错也有自取其祸的地方。

古代成大事的人，不只是具有超出世人的才能，还有坚忍不拔的意志和决心。当年大禹治水，凿开龙门，疏通黄河，将洪水引入大海。当他大功尚未告成之时，应该也有大水冲毁堤坝的危险情况发生。只是他能预见到必然会有这种情况发生，临事毫不退缩畏惧，而是一步一步地加以解决，靠着这样的方式和精神才得以成功。七国那样强盛，却想要骤然削弱它们，在这种情况下发生变乱难道还会让人感到奇怪吗？晁错不在此时豁出自己的性命，舍身去为天下担当这场大灾难的要冲，而控制吴、楚七国的命运，却想着要保全自己，想要让皇上亲自带兵出征而自己在后方留守。况且发起这七国叛乱事端的又是谁呢？自己既然想要求得声名，又为什么要逃避这场祸患呢？因为自己带兵出征会非常危险，在后方留守则非常安全。自己已经挑起了事端，但又选择十分安全的事情来做，把最危险的事情留给皇上，这是忠臣义士愤怨不平的原因。在那个时候，即使没有袁盎，他也未必能免除杀身之祸。为什么这样说呢？自己想留守后方，而想要人君亲自带兵出征，从情理上来说，皇上本来就难以接受了，因而心中很反感他的建议。所以袁盎的话才能在中间起作用。假使吴、楚反叛，晁错能挺身出来承担危险，日夜做好准备，向东严阵以待，不使事情发展到连累君主的地步，那么天子就将依靠他而无所畏惧，虽然有一百个袁盎，谁又能从中离间？

唉！世上的君子想要谋求不同寻常的大功，就务必不要为自己谋划自我保全的计策。假使晁错亲自率兵征讨吴、楚，未必就不能成功。只是他总想着使自身得以安稳，天子因此而不悦，奸臣就得以趁着这个时机挑拨离间。晁错用来保全自己的计策，正是他自取其祸的计策啊！

◎卷十一 宋文

喜雨亭记

【原文】

亭以雨名，志喜也①。古者有喜则以名物，示不忘也。周公得禾②，以名其书；汉武得鼎③，以名其年；叔孙胜敌④，以名其子。其喜之大小不齐，其示不忘一也。

予至扶风之明年，始治官舍。为亭于堂之北，而凿池其南，引流种树，以为休息之所。是岁之春，雨麦于岐山之阳⑤，其占为有年。既而弥月不雨，民方以为忧。越三月，乙卯乃雨，甲子又雨，民以为未足。丁卯大雨，三日乃止。官吏相与庆于庭，商贾相与歌于市，农夫相与忭于野⑥，忧者以喜，病者以愈，而吾亭适成。

于是举酒于亭上，以属客而告之曰："五日不雨可乎？曰：'五日不雨则无麦。'十日不雨可乎？曰：'十日不雨则无禾。'无麦无禾，岁且荐饥⑦，狱讼繁兴而盗贼滋炽⑧。则吾与二三子，虽欲优游以乐于此亭，其可得耶？今天不遗斯民，始旱而赐之以雨，使吾与二三子得相与优游而乐于此亭者，皆雨之赐也，其又可忘耶？"

既以名亭，又从而歌之，曰："使天而雨珠，寒者不得以为襦⑨；使天而雨玉，饥者不得以为粟。一雨三日，伊谁之力？民曰太守，太守不有，归之天子；天子曰不然，归之造物；造物不自以为功，归之太空。太空冥冥，不可得而名。吾以名吾亭。"

【注释】

①志：记。②周公得禾：周成王曾经赐给周公二苗同为一穗的禾谷，周公便写下了《嘉禾》。③汉武得鼎：汉武帝元狩六年夏（前116），在汾水上得宝鼎，于是改元为元鼎元年。④叔孙胜敌：春秋

时鲁国的叔孙得臣曾率军击败狄人,俘获其国君侨如,于是将自己的儿子命名为侨如。⑤岐山:在今陕西岐山县。⑥忭(biàn):高兴。⑦荐饥:连年饥荒。荐:一再。⑧滋炽:滋生势盛。⑨襦(rú):短袄。

【译文】

这座亭子以雨命名,是为了记载一件喜事。古人逢到喜事,便要在器物上铭刻下来,以示不忘。周公得禾,便以《嘉禾》做他的书名;汉武帝得鼎,便以元鼎做他的年号;叔孙得臣打败狄人侨如,便以"侨如"做自己儿子的名字。他们的喜事虽然大小不同,但是表示永不忘记的用意却是一样的。

我到扶风的第二年才开始建造官舍。在厅堂北面筑了一座亭子,在南面开了一口池塘,引来了水,种上了树,作为休息的地方。这年春天,岐山的南面下起了麦雨,占卜后认为是丰年之兆。接着又整月不下雨,人们开始为此而忧虑。过了三月,四月的乙卯日下起了雨,隔了九天的甲子日又下了雨,可是人们还是觉得不够。丁卯那天下起了大雨,三天三夜才停止。官吏在厅堂上相互庆贺,商人在市场上相互唱和,农人在田头欢舞,忧虑的人变得高兴,患病的人转为康复,而我的亭子也在这个时候建成了。

于是我在亭中摆开酒宴,向客人劝酒并告诉他们说:"如果五天不下雨,行吗?你们一定说:'五天不下雨,麦子就长不成了。'要是十天都不下雨呢?你们一定会说:'十天不下雨,稻子就长不成了。'无麦无稻,就会产生连年的饥荒,诉讼就会日益增多,而盗贼也会猖獗起来。这样,我和诸位即使想悠闲地在这亭中宴饮欢乐,能办得到吗?如今上天不遗弃这里的人民,刚开始干旱便赐下了雨水,使我与诸位能够悠闲而快乐地在这亭中欢乐,这都是雨的恩赐啊!又怎么可以忘记呢?"

给亭子命名之后,接着又作了歌,歌词说:"假使上天落下的是珍珠,受冻的人不能用它做棉衣;假使上天落下的是宝玉,挨饿的人不能拿它当粮食。如今一连三日大雨,这是谁的力量?百姓说是太守,太守不敢承担这样的称誉,把它归功于皇上;皇上说不是这样,把它归功于造物主;造物主不认为是自己的功劳,把它归功于太空。太空高邈难测,不能命名。我就用'雨'来为我的亭子命名。"

◎卷十一　宋文

凌虚台记

【原文】

国于南山之下①，宜若起居饮食与山接也②。四方之山，莫高于终南，而都邑之丽山者③，莫近于扶风④。以至近求最高，其势必得。而太守之居，未尝知有山焉。虽非事之所以损益，而物理有不当然者，此凌虚之所为筑也。

方其未筑也，太守陈公杖履逍遥于其下。见山之出于林木之上者，累累如人之旅行于墙外而见其髻也，曰："是必有异。"使工凿其前为方池，以其土筑台，高出于屋之檐而止。然后人之至于其上者，恍然不知台之高，而以为山之踊跃奋迅而出也。公曰："是宜名凌虚。"以告其从事苏轼，而求文以为记。

轼复于公曰："物之废兴成毁，不可得而知也。昔者荒草野田，霜露之所蒙翳，狐虺之所窜伏⑤。方是时，岂知有凌虚台耶？废兴成毁，相寻于无穷，则台之复为荒草野田，皆不可知也。尝试与公登台而望，其东则秦穆之祈年、橐泉也⑥，其南则汉武之长杨、五柞⑦，而其北则隋之仁寿、唐之九成也。计其一时之盛，宏杰诡丽，坚固而不可动者，岂特百倍于台而已哉！然而数世之后，欲求其仿佛，而破瓦颓垣无复存者，既已化为禾黍荆棘丘墟陇亩矣，而况于此台欤！夫台犹不足恃以长久，而况于人事之得丧、忽往而忽来者欤？而或者欲以夸世而自足，则过矣。盖世有足恃者，而不在乎台之存亡也。"

既以言于公，退而为之记。

【注释】

①国：都城。②宜若：似乎。③丽：附着。④扶风：在今陕西凤翔。⑤虺：毒蛇。⑥祈年、橐（tuó）泉：春秋时秦国的两宫殿名。⑦长杨、五柞（zuò）：汉代宫殿名。

【译文】

城邑建在终南山下，好像起居饮食都不能与山分离。四方的山，没有高于终南山的，而周围的城邑，也没有比扶风更靠近终南山的了。凭借离山位置最近的优势而从视觉上求得最高的山势，这是必然能够得到的。但太守居于此地，却还不知道有高山。这虽说不会对任何事情产生影响，但也有情理上说不过去的地方，这就是建造凌虚台的原因。

在凌虚台还没有修筑之前，太守陈公，曾经拄着拐杖，悠闲地走在那里。看见高于林木之上的山峰，重重叠叠的，好像人们只是在它的墙外行走而只能看见它的发髻似的，陈公说："这后面一定有奇异的景致。"于是派遣工匠在树林的前面挖了一个方池，用挖出来的土筑成高台。台子筑到高出屋檐的时候便停止了。而后有人到了台上，恍惚间不知道是因为台高，而以为那些山峦是突然间冒出来的。陈公说："就叫它凌虚台吧。"并且将他的意思告诉了他的佐吏苏轼，请他写一篇文章来记叙。

苏轼答复陈公说："事物的兴废成毁，是不能够预知的。从前这里是荒草野田，为霜露所覆盖遮蔽，狐狸、毒蛇在这里出没潜行；那时候，怎能知道这里会筑起凌虚台呢？兴废成毁的变化，循环无穷，于是这高台日后是否又会变为荒草野田，都是不能知道的。我曾经跟从您登台而望，东面是秦穆公的祈年宫和橐泉宫，南面是汉武帝的长杨宫和五柞宫，北面是隋代的仁寿宫和唐代的九成宫。推想它们当年的盛况，气势的宏伟以及不可动摇的坚固，岂不是比这高台要强上百倍！然而几代之后，想要寻求它们当年的模样，却只能看到破砖乱瓦、残垣断壁了,如今都已变成了长满庄稼的田地、遍布荆棘的荒野了,何况这凌虚台呢?连这样的高台都不足以保证它长期地存在,又何况人事的得失、忽往忽来的变迁呢?世上的一些人想以修筑高台来炫耀于世、满足己欲,这是错误的啊。大概世上是有足以依靠的东西的,但不在于台的存亡啊!"

我对陈公讲了这番话之后,回来就作了这篇记。

超然台记

【原文】

　　凡物皆有可观。苟有可观,皆有可乐,非必怪奇伟丽者也。餔糟啜醨①,皆可以醉。果蔬草木,皆可以饱。推此类也,吾安往而不乐?

　　夫所为求福而辞祸者,以福可喜而祸可悲也。人之所欲无穷,而物之可以足吾欲者有尽。美恶之辨战于中,而去取之择交乎前,则可乐者常少,而可悲者常多。是谓求祸而辞福。夫求祸而辞福,岂人之情也哉?物有以盖之矣②。彼游于物之内,而不游于物之外。物非有大小也,自其内而观之,未有不高且大者也。彼挟其高大以临我,则我常眩乱反复,如隙中之观斗,又乌知胜负之所在?是以美恶横生,而忧乐出焉,可不大哀乎!

　　予自钱塘移守胶西,释舟楫之安,而服车马之劳;去雕墙之美,而庇采椽之居③;背湖山之观,而行桑麻之野。始至之日,岁比不登④,盗贼满野,狱讼充斥,而斋厨索然,日食杞菊,人固疑予之不乐也。处之期年,而貌加丰,发之白者日以反黑。予既乐其风俗之淳,而其吏民亦安予之拙也。于是治其园圃,洁其庭宇,伐安丘、高密之木,以修补破败,为苟完之计。而园之北,因城以为台者旧矣,稍葺而新之。

　　时相与登览,放意肆志焉。南望马耳、常山,出没隐见,若近若远,庶几有隐君子乎?而其东则庐山,秦人卢敖之所从遁也⑤。西望穆陵,隐然如城郭,师尚父、齐威公之遗烈⑥,犹有存者。北俯潍水⑦,慨然太息,思淮阴之功⑧,而吊其不终⑨。台高而安,深而明,夏凉而冬温。雨雪之朝,风月之夕,予未尝不在,客未尝不从。撷园蔬⑩,取池鱼,酿秫酒⑪,瀹脱粟而食之⑫,曰:"乐哉游乎!"

　　方是时,予弟子由适在济南⑬,闻而赋之,且名其台曰"超然"。

以见予之无所往而不乐者，盖游于物之外也。

【注释】

①餔（bū）：食，吃。糟：酒糟。啜（chuò）：饮。醨（lí）：淡酒。②盖：蒙蔽，遮盖。③采椽（chuán）：指简陋的房屋。④比：连续，频频。⑤卢敖：燕人，秦始皇召以为博士，叫他去求神仙，他走了就没有再回来。⑥师尚父：即姜子牙。齐威公：指齐桓公。这里改桓为威，是宋代人为避宋钦宗赵桓名讳的缘故。⑦潍水：即潍河，在山东东部。⑧淮阴：指西汉大将淮阴侯韩信。韩信曾于潍河岸破楚军二十万，汉初因谋反罪被杀。⑨吊：哀伤，感怀。⑩撷（xié）：采摘。⑪秫（shú）酒：黄米酒。⑫瀹（yuè）：煮。⑬子由：苏辙，字子由，苏轼之弟。

【译文】

大凡事物都有值得观赏的地方。只要有值得观赏的地方，就一定存在着乐趣，不一定非要奇怪、伟丽的东西不可。食酒糟、饮淡酒，都能醉人；瓜果蔬菜，都能让人吃饱。以此类推，我在哪里寻不到快乐呢？

人们之所以要寻求幸福，躲避灾祸，是因为幸福让人欣喜，灾祸让人悲哀。人的欲望是无穷无尽的，而事物满足人们欲望的程度却是有限的。如果心中总存在着美与丑的斗争，眼前总存在着取与舍的抉择，那么能够得到的快乐常常是很少的，而忧愁悲伤的事常常是很多的。这就是所谓的追求祸患而告别幸福。追求祸患和告别幸福，难道是人之常情吗？这是外物对人有所蒙蔽啊！那些人是活在事物的里面，而没有活在它们的外面。事物并没有大小的分别，但如果在它的内部看它，没有不觉得它是又高又大的。它倚仗着它的高大来俯视我，那我就会常常昏乱反复，如同从缝隙中观看别人打斗，又怎能知道决定胜负的因素在哪里？所以美好和丑恶交替产生，忧愁和快乐也就出现了。这不是非常悲哀的事情吗？

我从钱塘调任密州知州以后，放弃了乘舟船的安逸，而忍受车马的奔波劳苦；辞别了华丽的厅堂，却栖身于简陋的房屋；离开了湖光山色的美好景致，而来到这遍种桑麻的田野之中。刚来的时候，庄稼连年歉收，盗贼到处都是，诉讼案件充斥着官府，而厨房中却空空如也，天天就吃些枸杞、菊花之类的东西。别人必定会认为我是不快乐的。但是在这个地方住了一年，容颜却变得愈加丰润，头上的白发也在日益返黑。我已经喜欢上了这里的淳朴民风，而这里的吏民也习惯了我的笨拙。于是我整理园林，清扫庭院，砍伐安丘、高密的树木，来修补破败的地方，作为暂时修缮这园林的办法。在园的北边，靠着城墙所筑的高台已经很破旧了，我将它稍加修缮，使它焕然一新。

有时和朋友宾客们一起登台玩赏，在那里放飞自己的思绪，让自己的心志自由驰骋。向南能望见马耳山、常山，它们若隐若现、若近若远，我想那山里应该会有隐居的君子吧？向东望去则能看见庐山，那是秦人卢敖遁世隐居的地方。向西望有穆陵，隐隐约约像一座城郭，姜太公、齐桓公的丰功伟业，还在那里保存着。向北能俯视潍水，观之令人慨然叹息，回想起淮阴侯韩信的赫赫战功，为他的不得善终而哀叹。这个台子高大而且安稳，深广而且明亮，夏凉而冬暖。雨雪的天气，清风明月的夜晚，我没有不在这里的时候，宾客也没有不跟从我到这里来的。于是采摘园中的菜蔬，捕捞池塘中的鲜鱼，酿了黄米酒，煮了粗米饭，边品尝边说："在这里游赏是多么快乐啊！"

这个时候，我的弟弟子由正在济南，听到了这情景便作了一篇赋，给这个台子起名叫"超然台"。以此来表示我无论去到哪里都能十分快乐，大概是因为我超然于物外的缘故。

放鹤亭记

【原文】

　　熙宁十年秋①，彭城大水②。云龙山人张君之草堂，水及其半扉。明年春，水落，迁于故居之东，东山之麓。升高而望，得异境焉，作亭于其上。彭城之山，冈岭四合，隐然如大环，独缺其西一面，而山人之亭，适当其缺。春夏之交，草木际天，秋冬雪月，千里一色。风雨晦明之间，俯仰百变。山人有二鹤，甚驯而善飞，旦则望西山之缺而放焉，纵其所如，或立于陂田③，或翔于云表，暮则傃东山而归④，故名之曰"放鹤亭"。

　　郡守苏轼，时从宾佐僚吏往见山人，饮酒于斯亭而乐之。挹山人而告之曰⑤："子知隐居之乐乎？虽南面之君，未可与易也！《易》曰：'鸣鹤在阴，其子和之。'《诗》曰：'鹤鸣于九皋⑥，声闻于天。'盖其为物清远闲放，超然于尘埃之外，故《易》《诗》人以比贤人君子。隐德之士，狎而玩之⑦，宜若有益而无损者，然卫懿公好鹤则亡其国⑧。周公作《酒诰》，卫武公作《抑》戒，以为荒惑败乱，无若酒者，而刘伶、阮籍之徒，以此全其真而名后世。嗟夫！南面之君，虽清远闲放如鹤者，犹不得好，好之则亡其国。而山林遁世之士，虽荒惑败乱如酒者，犹不能为害，而况于鹤乎？由此观之，其为乐未可以同日而语也。"

　　山人欣然而笑曰："有是哉！"乃作放鹤、招鹤之歌曰："鹤飞去兮，西山之缺。高翔而下览兮，择所适。翻然敛翼，宛将集兮，忽何所见，矫然而复击。独终日于涧谷之间兮⑨，啄苍苔而履白石。鹤归来兮，东山之阴。其下有人兮，黄冠草履，葛衣而鼓琴。躬耕而食兮，其余以汝饱。归来归来兮，西山不可以久留。"

【注释】

①熙宁：宋神宗年号。②彭城：今江苏徐州。③陂（bēi）：水边。④傃（sù）：向。⑤挹（yì）：酌。⑥九皋：沼泽。⑦狎（xiá）：亲近。⑧卫懿公好鹤：春秋时卫懿公养鹤成癖，不理朝政。后北狄挥戈南下，直逼卫国。他若无其事，仍在宫中观鹤舞、听鹤鸣。狄人攻入卫国境内，他被迫与北狄大战于荥泽，卫军惨败，懿公被活捉。⑨涧：水流。

【译文】

　　熙宁十年秋，彭城发了大水。云龙山人张君的草堂，被水淹到了房门的一半。到了第二年的春天，大水退去，山人迁到了故居的东边，东山的脚下。登高远望，发现了一个奇异的地方，于是在那里修建起一座亭子。彭城那里的山，山冈、山岭四面合抱，隐隐约约像个大圆圈，唯独缺了西边的一面，而山人的亭子，正好在那个缺口之上。春夏之交，这里草木繁茂，与天相接；秋月落白、冬雪覆盖之下，地方千里变成浑然一色。风起雨落、明暗交替之间，景物瞬息万变。山人有两只鹤，驯服而且善于飞翔，早晨的时候向着西山的缺口将它们放飞，任凭它们自由往来，它们或者站在水边田里，或者飞翔在云气之上，到了太阳下山的时候就朝着东山飞回来，因此，这座亭子被命名为"放鹤亭"。

　　郡守苏轼，时常带着宾客随从前往拜望山人，在放鹤亭中饮酒取乐。他常常酌酒给山人并告诉他说："你知道隐居的快乐吗？即使是面南背北的君位，也是不会拿去交换的。《易经》上说：'鹤在隐蔽幽深的地方鸣叫，小鹤就会随声应和。'《诗经》上说：'鹤在沼泽的深处鸣叫，它的叫声能传到九天之上。'大概是鹤这种动物性情清高而又散漫悠闲，很是超然于尘世之外，所以作《易经》《诗经》的人常用它来比拟贤人、君子。有德的隐士，亲近它并且玩赏它，应当是有益而无害的，然而卫懿公却因为好鹤而亡了国。周公作了《酒诰》，卫武公作了《抑》以为劝诫，认为使人迷乱荒废，疏于朝政国事的东西，没有再比酒更厉害的了，可是刘伶、阮籍一类的人，却因为酒而成全了他们秉性的纯真，并且名传于后世。唉！面南背北的君主，即使是清高闲逸的鹤，也不能去喜好，喜好了就会亡国。而山林中遁世的隐者们，即使是像酒一样让人意乱神迷、荒废疏怠的东西，也可以不被它所损害，何况是鹤呢？从这件事上看来，做君主的快乐和做隐士的快乐不能同日而语啊！"

　　山人听了这番话高兴地笑着说："正是这个道理啊！"于是我作了放鹤、招鹤的歌，歌词中说："鹤向西山的缺口飞去，高飞俯瞰选择安适的地方。幡然收起翅膀，好像准备降落下来，忽然像是看到了什么，又矫健地冲向长空。它一天到晚生活在山涧与峡谷的中间啊，口啄青苔而脚踏白石。鹤归来啊，飞到东山的北面。东山下面有人啊，戴着黄帽子，穿着草鞋，身披着葛衣在抚琴。自己耕种食物自己吃啊，剩下的让你吃个饱。回来吧，回来吧，西山那个地方不可以久留。"

石钟山记

【原文】

　　《水经》云:"彭蠡之口有石钟山焉①。"郦元以为下临深潭,微风鼓浪,水石相搏,声如洪钟。是说也,人常疑之。今以钟磬置水中,虽大风浪不能鸣也,而况石乎。至唐李渤始访其遗踪②,得双石于潭上。扣而聆之,南声函胡③,北音清越,桴止响腾④,余韵徐歇。自以为得之矣。然是说也,余尤疑之。石之铿然有声者,所在皆是也,而此独以钟名,何哉?

　　元丰七年六月丁丑⑤,余自齐安舟行适临汝⑥,而长子迈将赴饶之德兴尉⑦。送之至湖口,因得观所谓石钟者。寺僧使小童持斧,于乱石间择其一二扣之,硿硿然⑧。余固笑而不信也。至其夜,月明,独与迈乘小舟至绝壁下。大石侧立千尺,如猛兽奇鬼,森然欲搏人。而山上栖鹘⑨,闻人声亦惊起,磔磔云霄间⑩。又有若老人咳且笑于山谷中者,或曰,此鹳鹤也⑪。余方心动欲还,而大声发于水上,噌吰如钟鼓不绝⑫。舟人大恐。徐而察之,则山下皆石穴罅⑬,不知其浅深,微波入焉,涵澹澎湃而为此也⑭。舟回至两山间,将入港口,有大石当中流,可坐百人,空中而多窍,与风水相吞吐,有窾坎镗鞳之声⑮,与向之噌吰者相应,如乐作焉。因笑谓迈曰:"汝识之乎?噌吰者,周景王之无射也;窾坎镗鞳者,魏庄子之歌钟也。古之人不余欺也!"

　　事不目见耳闻,而臆断其有无,可乎?郦元之所见闻殆与余同⑯,而言之不详;士大夫终不肯以小舟夜泊绝壁之下,故莫能知;而渔工水师虽知而不能言。此世所以不传也。而陋者乃以斧斤考击而求之⑰,自以为得其实。

　　余是以记之,盖叹郦元之简,而笑李渤之陋也。

◎卷十一 宋文

【注释】

①彭蠡：即今江西鄱阳湖。②李渤：字浚之，唐代洛阳人，他曾撰文对石钟山名字的由来做过解释。③函胡：重浊而含混。④枹（fú）：本意鼓槌，这里作敲击讲。⑤元丰：宋神宗年号。⑥齐安：今湖北黄冈。临汝：今河南临汝。⑦迈：即苏迈，苏轼的长子，字伯达。饶：饶州，治所在今江西鄱阳。德兴：今江西德兴。⑧硿硿（kōng）：金石相撞击的声音。⑨鹘（hú）：鸷鸟名，即隼。⑩磔磔（zhé）：鸟鸣声。⑪鹳鹤：鸟名。形似鹤，嘴长而直，顶不红，常活动于水旁，夜宿高树。⑫噌（chēng）吰（hóng）：形容钟声洪亮。⑬罅（xià）：裂缝，缝隙。⑭涵澹：水波荡漾的样子。⑮窾（kuǎn）坎镗（tāng）鞳（tà）：象声词，形容钟鼓的声音。⑯殆（dài）：大概。⑰考：敲，击。

【译文】

《水经》上说："彭蠡湖的湖口，有一座石钟山。"郦道元认为是石钟山下临深潭，每当微风吹动波浪，那波浪冲击着山石，于是发出像洪钟一样的声响。这种说法，人们常常有所怀疑。现在将钟、磬放在水中，即使大风浪也不能使它们鸣响，何况是石头呢！到了唐朝，李渤开始寻访郦道元所记述的石钟山的遗址，在深潭之上得到了两块石头，将两块石头相叩击，然后侧耳聆听，只觉得南边的声音模糊不清，北边的声音清脆悠扬。停止叩击后，还是余音袅袅，许久才消失。李渤自以为解得了石钟之说的奥秘。但是他的这种说法，我还是有所怀疑。能够发出铿然之声的石头，比比皆是，但是只有此地以钟为名，这是为什么？

元丰七年六月丁丑这一天，我从齐安乘舟到临汝去，而大儿子苏迈将要到饶州德兴去任县尉。我送他送到了湖口，因而得以看到了所谓的石钟山。庙里的僧人让小童拿着斧头，在乱石中选择了一两块，互相叩击，发出了硿硿的响声。我当然是觉得可笑，并不相信这就是石钟山名字的由来。那天夜里，月光明亮，我只带了迈儿乘着小舟来到绝壁之下。那巨大的石壁耸立在水边，高达千尺，如同猛兽奇鬼一样，阴森森的好像要向人扑来。而在山上栖息的鹘鸟，听到人的声音也惊叫着飞了起来，在云霄间磔磔地叫着。山谷中还传来像老人一边咳嗽一边笑的声音，有人说这是鹳鹤。我刚刚觉得有些害怕而想要回去的时候，水上忽然发出了巨大的响声，声音洪亮如同钟鼓齐鸣，连续不断。船夫十分惊恐。缓慢地靠近并且考察缘由，原来是山的下面都是些孔洞石缝，不能知道它们的深浅，微波冲入其中，荡漾澎湃之间便发出了这种声音。船回到两山之间，将要进入港口的时候，有一块大石头横在水中间，它的上面能坐一百个人，中空而多孔，与风和水互相吞吐，发出窾坎镗鞳的声音，与方才听到的钟鼓之声互相应和，好似演奏音乐一般。我因此笑着对迈儿说："你知道吗，发出如钟鼓一样声响的，是周景王的无射大钟；发出窾坎镗鞳声音的，是魏献子的编钟。古代的人真是没有欺骗我们啊！"

　　凡事不目见耳闻就主观决断它的有无，这可以吗？郦道元的所见所闻大概和我的相同，但是没有详细记述下来；士大夫始终不肯夜泊小舟于绝壁之下，所以不能知晓；渔人船夫虽然知道真相，但却不能记述。这就是石钟山名字的由来不能流传于世的原因。而见识浅薄的人竟然用斧头一类的东西敲击石头来探求钟声，自己还以为得到了真相。我因此把这些记录了下来，是叹惜郦道元记事的简略，讥笑李渤的见识浅陋啊！

◎卷十一 宋文

前赤壁赋

【原文】

壬戌之秋①，七月既望，苏子与客泛舟游于赤壁之下。清风徐来，水波不兴。举酒属客②，诵《明月》之诗，歌《窈窕》之章。少焉，月出于东山之上，徘徊于斗牛之间③。白露横江，水光接天。纵一苇之所如④，凌万顷之茫然。浩浩乎如冯虚御风⑤，而不知其所止；飘飘乎如遗世独立，羽化而登仙。

于是饮酒乐甚，扣舷而歌之。歌曰："桂棹兮兰桨，击空明兮溯流光⑥。渺渺兮予怀，望美人兮天一方。"客有吹洞箫者，依歌而和之。其声呜呜然，如怨如慕，如泣如诉，余音袅袅⑦，不绝如缕。舞幽壑之潜蛟，泣孤舟之嫠妇⑧。

苏子愀然⑨，正襟危坐而问客曰："何为其然也？"客曰："'月明星稀，乌鹊南飞'，此非曹孟德之诗乎？西望夏口，东望武昌，山川相缪⑩，郁乎苍苍。此非孟德之困于周郎者乎？方其破荆州，下江陵，顺流而东也，舳舻千里⑪，旌旗蔽空，酾酒临江⑫，横槊赋诗⑬，固一世之雄也，而今安在哉？况吾与子渔樵于江渚之上，侣鱼虾而友麋鹿，驾一叶之扁舟，举匏樽以相属⑭。寄蜉蝣于天地⑮，渺沧海之一粟，哀吾生之须臾，羡长江之无穷。挟飞仙以遨游，抱明月而长终。知不可乎骤得，托遗响于悲风。"

苏子曰："客亦知夫水与月乎？逝者如斯，而未尝往也；盈虚者如彼⑯，而卒莫消长也。盖将自其变者而观之，则天地曾不能以一瞬；自其不变者而观之，则物与我皆无尽也，而又何羡乎？且夫天地之间，物各有主，苟非吾之所有，虽一毫而莫取。惟江上之清风，与山间之明月，耳得之而为声，目遇之而成色，取之无禁，用之不竭。是造物者之

·227·

无尽藏也,而吾与子之所共适⑰。"

客喜而笑,洗盏更酌。肴核既尽⑱,杯盘狼藉⑲。相与枕藉乎舟中,不知东方之既白。

【注释】

①壬戌:宋神宗元丰五年(1082)。②属:敬酒,劝酒。③斗牛:即牛宿和斗宿。④一苇:小船。⑤冯虚:凌空。冯:通"凭"。⑥溯(sù):逆水而上。⑦袅袅(niǎo):形容声音绵长不绝。⑧嫠(lí)妇:寡妇。⑨愀(qiǎo)然:形容神色变得严肃。⑩缪(liǎo):通"缭"。⑪舳(zhú)舻(lú):泛指船只。⑫酾(shī):斟酒。⑬槊(shuò):长矛。⑭匏(páo)樽:像瓢一样的酒器。⑮蜉(fú)蝣(yóu):虫名,生存期极短。⑯盈虚者:指月亮。⑰适:享受。⑱核:果品。⑲藉(jiè):坐卧其上。

【译文】

壬戌年的秋天,七月十六日,我和客人泛舟于赤壁之下。清风徐徐地吹来,水面上没有波浪。举起酒杯,邀客人同饮,吟诵起《明月》诗篇的"窈窕"一章。一会儿,月亮从东山上升起,徘徊在斗宿、牛宿之间,白蒙蒙的雾气笼罩着江面,波光闪动的水面遥接着天边。我们任凭小舟自由漂流,游走在浩渺无垠的江面上。江水浩瀚啊,船儿像凌空驾风而行,而不知道将停留在什么地方;人儿飘飘啊,像独自站在了尘世之外,要生出翅膀飞升成仙。

这时候,喝着酒,心中更加快乐,便敲着船舷唱起歌来。歌词说:"桂木做的棹啊兰木做的桨,拍击着清澈明亮的江水啊,在月光浮动的江面上逆水行走。我的情思悠远深沉啊,心中思念的美人,却在遥远的地方。"客人中有会吹洞箫的,随着歌声吹奏起来,那箫声呜咽,像在埋怨,像在思慕,像在抽泣,像在倾诉。一曲奏完,余音悠长,像轻丝一样不能断绝。深渊里潜藏的蛟龙为之起舞,孤舟中悲凉的寡妇为之哭泣。

我不禁黯然神伤，于是整理好衣襟，端坐起来，问客人说："为什么奏出这样悲凉的音乐呢？"客人回答说："'月光明亮，星儿稀少，乌鹊向南飞去。'这不是曹孟德的诗句吗？从这里向西望去是夏口，向东望去是武昌，山水相缠绵，景色郁郁苍苍，这不就是曹操被周瑜打败的地方吗？当他夺取荆州，攻下江陵，顺江东下的时候，战船连接千里，旌旗遮蔽天空；他把酒临江，横握长矛赋诗，那真是一世的豪杰啊，可如今却在哪里呢？何况我和你在江中的小洲上捕鱼砍柴，以鱼虾为伴，以麋鹿为友，驾着一叶小舟，举着酒杯互相劝酒，将如同蜉蝣一样短暂的生命寄托于天地之间，渺小得像大海里的一粒米，悲叹我们生命的短暂，羡慕长江的不尽东流。愿与神仙相伴而遨游，也想同明月相守而长存。知道这样的愿望是不能实现的，于是只能借着箫声将这无穷的遗恨寄托在悲凉的风中。"

我对客人说："你也知道那水和月的道理吗？江水不停地流走，可它依然存在啊；月亮时而圆时而缺，但它始终是那个月亮，并没有消损和增长。如果从变化的角度去看，那么天地间的万事万物，没有一刻能够保持不变；如果从不变的角度去看，那么事物和我们本身都不会有穷尽的时候，又有什么可羡慕的呢？再说那天地之间的万事万物都有自己的主宰，如果不是我们的东西，即使是一丝一毫也不能得到。只有江上的清风与山间的明月，耳朵听到了，就成了声音，眼睛看到了，就成了色彩，得到它们没有人禁止，享用它们没有竭尽的时候。这是大自然无穷无尽的宝藏啊，是我和你可以共同享受的东西。"

客人们听了这番话都高兴地笑了起来，于是洗净了酒杯，重斟再饮。菜肴和水果都已经吃完，酒杯和盘子杂乱地放着。我与客人们相互枕着靠着在船里睡着了，不知不觉中东方已然发白。

后赤壁赋

【原文】

是岁十月之望，步自雪堂①，将归于临皋②。二客从予，过黄泥之坂。霜露既降，木叶尽脱，人影在地，仰见明月。顾而乐之③，行歌相答。已而叹曰："有客无酒，有酒无肴。月白风清，如此良夜何？"客曰："今者薄暮，举网得鱼，巨口细鳞，状如松江之鲈。顾安所得酒乎？"归而谋诸妇。妇曰："我有斗酒，藏之久矣，以待子不时之需。"

于是携酒与鱼，复游于赤壁之下。江流有声，断岸千尺，山高月小，水落石出。曾日月之几何，而江山不可复识矣！予乃摄衣而上，履巉岩④，披蒙茸⑤，踞虎豹⑥，登虬龙⑦，攀栖鹘之危巢⑧，俯冯夷之幽宫⑨，盖二客不能从焉。划然长啸，草木震动，山鸣谷应，风起水涌。予亦悄然而悲，肃然而恐，凛乎其不可留也。反而登舟，放乎中流，听其所止而休焉。时夜将半，四顾寂寥。适有孤鹤，横江东来，翅如车轮，玄裳缟衣⑩，戛然长鸣，掠予舟而西也。

须臾客去，予亦就睡。梦一道士，羽衣翩跹，过临皋之下，揖予而言曰："赤壁之游乐乎？"问其姓名，俯而不答。"呜呼噫嘻！我知之矣。畴昔之夜⑪，飞鸣而过我者，非子也耶？"道士顾笑，予亦惊寤。开户视之，不见其处。

【注释】

① 雪堂：苏轼被贬到黄州做团练副使时在黄冈城外东坡所筑，他自号为"东坡居士"。堂在雪中建成，他又将四壁画上雪景，故名。② 临皋：苏轼初到黄州的时候住在定惠院，那年的春天迁到临皋馆。③ 顾：看。④ 巉（chán）：险峻。⑤ 蒙茸：杂乱的草丛。⑥ 踞：蹲。

虎豹：指形状像虎豹的石头。⑦虬龙：指形状像虬龙的树木。⑧鹘（hú）：鸷鸟名，即隼。⑨冯夷：水神。⑩玄：黑色。缟（gǎo）：白色。⑪畴昔：往日，这里指昨日。

【译文】

这一年的十月十五日，我从雪堂走来，准备回到临皋去。有两位客人跟着我，经过黄泥坂。这时，霜露已经降下，树叶完全脱落了，我看见了地上的人影，于是抬起头来，看到了一轮明月已经赫然挂在天上。我和客人们相视而笑，便一边走一边唱和着。过了一会儿，我不禁叹息说："有客没有酒，有酒没有菜，月儿这么亮，风儿这么清，叫我们如何消受这美好的夜晚呢？"一位客人说："今天黄昏的时候，我网到了一条鱼，大大的嘴巴，小小的鳞片，样子很像松江鲈鱼。可是到哪里去弄到酒呢？"我回到家后与妻子商议。妻子说："我有一斗酒，保存好久了，就是应付你的临时需要的。"

于是带了酒和鱼，又去赤壁下面游赏。江里的流水发出声响，江岸上的峭壁高达千尺。山峰高耸，月亮显得很小；江水落去，江石显露了出来。这才过了多少时日啊，而这江与山的面貌却变了很多，都让人认不出了。我于是撩起衣襟，舍舟上岸，走在险峻的山路之上，拨开杂乱的野草；一会儿坐在形如虎豹的山石上，一会儿又爬上状如虬龙的古树，攀到高高的鹘鸟栖宿的窝，低头看水神冯夷的宫府。那两位客人竟不能跟上来。我放声长啸，啸声划过长空，草木为之震动，高山为之鸣响，深谷为之呼应，风为之吹起，水为之奔涌。我也默默地感到有些悲伤，随之又肃然而感到恐惧，再也不想在这阴森肃杀的地方停留。于是我们返回到江边小舟之上，把船划到了江心，听凭它随水漂流，它停在哪里我们就在哪里休息。这时将近半夜了，环顾四周，江山一片寂寥。恰巧有一只白鹤，横穿大江，从东飞来，翅膀有如车轮大小，黑裙白衣，戛然长鸣了一声，便掠过我的小船向西飞去了。

一会儿，客人走了，我也沉沉睡去。梦中见到了一个道士，穿着羽毛做的衣服，轻快地从临皋亭下经过，他向我拱手行礼说："这次的赤壁之游尽兴吗？"我问他的姓名，他低着头不回答。"哎呀！我知道了。昨天晚上，一边叫一边飞过我的小船的，不是你吗？"道士回头对我笑了笑，我也从梦中惊醒。打开房门一看，哪里还有他的踪影。

三槐堂铭

【原文】

天可必乎？贤者不必贵，仁者不必寿。天不可必乎？仁者必有后。二者将安取衷哉①？

吾闻之申包胥曰②："人定者胜天，天定亦能胜人。"世之论天者，皆不待其定而求之，故以天为茫茫。善者以怠，恶者以肆。盗跖之寿③，孔、颜之厄④，此皆天之未定者也。松柏生于山林，其始也，困于蓬蒿，厄于牛羊；而其终也，贯四时、阅千岁而不改者，其天定也。善恶之报，至于子孙，则其定也久矣。吾以所见所闻考之，而其可必也审矣。

国之将兴，必有世德之臣厚施而不食其报，然后其子孙能与守文太平之主，共天下之福。故兵部侍郎晋国王公⑤，显于汉、周之际，历事太祖、太宗⑥，文武忠孝，天下望以为相，而公卒以直道不容于时。盖尝手植三槐于庭，曰："吾子孙必有为三公者。"已而其子魏国文正公⑦，相真宗皇帝于景德、祥符之间⑧，朝廷清明、天下无事之时，享其福禄荣名者十有八年。今夫寓物于人，明日而取之，有得有否。而晋公修德于身，责报于天，取必于数十年之后，如持左契⑨，交手相付，吾是以知天之果可必也。

吾不及见魏公，而见其子懿敏公⑩。以直谏事仁宗皇帝⑪，出入侍从将帅三十余年，位不满其德。天将复兴王氏也欤？何其子孙之多贤也？世有以晋公比李栖筠者⑫，其雄才直气，真不相上下。而栖筠之子吉甫、其孙德裕⑬，功名富贵略与王氏等，而忠恕仁厚，不及魏公父子。由此观之，王氏之福，盖未艾也。

懿敏公之子巩与吾游，好德而文，以世其家，吾以是铭之。铭曰：呜呼休哉！魏公之业，与槐俱萌。封植之勤，必世乃成。既相真宗，四方砥平⑭。归视其家,槐阴满庭。吾侪小人⑮,朝不及夕,相时射利,皇恤厥德⑯?庶几侥幸,不种而获。不有君子,其何能国?王城之东,晋公所庐,郁郁三槐,惟德之符。呜呼休哉!

【注释】

①衷:通"中"。②申包胥:春秋时楚国大夫,吴王夫差任用伍子胥和孙武攻破楚国都城郢之后,他去秦国搬救兵,在秦廷之前痛哭七昼夜,终于使秦国发兵。③盗跖:春秋末期的奴隶起义领袖,古人认为他是凶狠暴虐之徒。④孔、颜:孔子和他的弟子颜回。⑤兵部侍郎晋国王公:王祐,字景叔。⑥太祖、太宗:指宋太祖赵匡胤、宋太宗赵匡义。⑦魏国文正公:即王旦,字子明,王祐之子。他是真宗朝的贤相,死后封魏国公,谥号文正。⑧真宗:即宋真宗赵恒。景德、祥符:宋真宗年号。⑨左契:契约两联中的一联。⑩懿敏公:即王素,字仲仪,王旦之子,谥号懿敏。⑪仁宗:宋仁宗赵祯。⑫李栖筠(yún):字贞一,唐代人。他为人"庄重寡言,体貌轩特",为士人们所推崇。⑬吉甫:李吉甫,字弘宪,唐宪宗时官至宰相。德裕:李德裕,字文饶,唐武宗时官至宰相。⑭砥(dǐ):磨刀石。⑮侪(chái):辈。⑯皇:通"遑",闲暇。厥:其。

【译文】

天道是一定的吗?可是贤德的人不一定显贵,仁善的人不一定长寿。天道不是一定的吗?可仁善的人却必然后继有人。这两种说法哪种才算恰当呢?

我听申包胥说:"人要是下了决心就能打破天道,天道要是确定了也能胜过人为的努力。"世上谈论天道的人,不等天道落定便去要求它的灵验,所以认为天道茫茫,难以预测。善良的人因此而懈怠,邪恶的人因此放肆。像从前盗跖的长寿,孔子、颜回的困厄,这都是天道尚未落定啊。松柏生在山林当中,开始的时候,它们困厄在蓬蒿野草当中,遭到牛羊的踢踏踩躏;可是到了最后,它们能四季常青,经历千年而青翠如初,这就是因为天道已然落定。善恶的报应,将会一直延续到子孙后代,由此看来天道的落定是一件长久的事情。我以所见所闻来考察其

◎卷十一 宋文

中的规律，发现天道落定的必然之势是十分清楚明白的。

一个国家将要兴起，就一定有德惠遍施于世人的大臣尽力贡献而不求报答，然后他的子孙才能与恪守成法、保有太平盛世的君主一同享受天下的福禄。已故的兵部侍郎晋国王公，显达于后汉、后周的时候，曾经接连侍奉过太祖、太宗两位皇帝，能文能武，亦孝亦忠，天下人都盼望他能担任宰相之职，然而王公终究因为为人耿直而不能与时世相融合。他曾经在自己的庭院中栽下了三棵槐树，说："我的子孙一定有位列三公的人。"后来他的儿子魏国文正公，担任了真宗皇帝景德、祥符年间的宰相，正逢上朝廷政治清明、天下太平无事的好时候，他享有福禄荣名共十八年。如果今天托物给别人，明天就往回要，那么可能能要回来，也可能要不回来。而晋公修养自身的德行，向上天求取报答，那么必是数十年之后才能得到报答，那时候就好像是拿着契约两联中的一联，亲手与上天进行交割一样。我是因为这些才知道天道的灵验果真是必然的。

我没有亲眼看到魏公，只是见到了他的儿子懿敏公。懿敏公以敢于直言进谏来侍奉仁宗皇帝，在朝廷中出入侍奉皇帝、外出统兵打仗有三十多年了，他的官位与他的功德并不相称。这是上天想要让王氏复兴吗？为什么王氏的子孙有如此多的贤良之才呢？世上的人有把晋公比作李栖筠的，论雄才伟略、为人正直等方面，他们真是不相上下。李栖筠的儿子吉甫、孙子德裕，享受的功名富贵与王氏一族差不多，但是若说到忠诚宽厚、仁善朴实等方面，却不如魏公父子。由此看来，王氏一族的福分，还没有到达鼎盛的时候啊！

懿敏公的儿子巩与我交游，他崇尚道德而且文才卓越，以此来继承他家的传统。我因此把这些铭记了下来。铭文说："多么美好啊！魏公的丰功伟业，与槐树一起萌芽成长。勤劳地添土栽植，必然要经过一代的时间才能成长起来。他成为真宗皇帝的宰相后，天下四方因此而平安无事。回来后看到自己的家园，已经是槐荫满庭了。我辈小人，等不到清晨变成黄昏，就忙着寻找时机，追求名利，哪有时间顾及自己的品德？只是希望能够凭着侥幸不劳而获罢了。如果没有你们这样的君子，又怎能使国家得到治理？都城的东面，有晋公的居所，郁郁葱葱的三棵槐树，就象征着晋公一家的贤德。多么美好啊！"

苏 辙

苏辙，字子由，眉州眉山（今四川眉山）人。嘉祐二年（1057）与其兄苏轼同登进士科。神宗朝为制置三司条例司属官，因反对王安石变法，出为河南推官。哲宗时，召为秘书省校书郎。元祐元年（1086）为右司谏，历任御史中丞、尚书右丞。后因上书反对时政出知汝州，再谪雷州安置，移循州。崇宁三年（1104）在颍川定居，自号"颍滨遗老"，以读书著述、默坐参禅为事。死后谥文定。为"唐宋八大家"之一，与父洵、兄轼齐名，合称"三苏"。

六国论

【原文】

　　尝读六国世家，窃怪天下之诸侯以五倍之地、十倍之众发愤西向，以攻山西千里之秦，而不免于灭亡。常为之深思远虑，以为必有可以自安之计，盖未尝不咎其当时之士，虑患之疏而见利之浅，且不知天下之势也。

　　夫秦之所与诸侯争天下者，不在齐、楚、燕、赵也，而在韩、魏之郊；诸侯之所与秦争天下者，不在齐、楚、燕、赵也，而在韩、魏之野。秦之有韩、魏，譬如人之有腹心之疾也。韩、魏塞秦之冲而蔽山东之诸侯，故夫天下之所重者，莫如韩、魏也。昔者范雎用于秦而收韩①，商鞅用于秦而收魏②。昭王未得韩、魏之心，而出兵以攻齐之刚、寿③，而范雎以为忧，然则秦之所忌者可以见矣。

　　秦之用兵于燕、赵，秦之危事也。越韩过魏而攻人之国都，燕、赵拒之于前，而韩、魏乘之于后，此危道也。而秦之攻燕、赵，未尝有韩、魏之忧，则韩、魏之附秦故也。夫韩、魏，诸侯之障，而使秦人得出入于其间，此岂知天下之势耶？委区区之韩、魏，以当强虎狼之秦，彼安得不折而入于秦哉？韩、魏折而入于秦，然后秦人得通其兵于东诸侯，而使天下遍受其祸。

　　夫韩、魏不能独当秦，而天下之诸侯藉之以蔽其西④，故莫如厚韩亲魏以摈秦⑤。秦人不敢逾韩、魏以窥齐、楚、燕、赵之国，而齐、楚、燕、赵之国因得以自完于其间矣。以四无事之国，佐当寇之韩、魏，使韩、魏无东顾之忧，而为天下出身以当秦兵。以二国委秦，而四国休息于内，以阴助其急，若此可以应夫无穷。彼秦者将何为哉？不知出此，而乃贪疆场尺寸之利，背盟败约，以自相屠灭。秦兵未出，而天下诸侯已自困矣。至于秦人得伺其隙以取其国，可不悲哉？

【注释】

① 范雎：魏国人，曾游说秦昭王，被任为秦相。② 商鞅：姓公孙，名鞅。曾经辅佐秦孝公变法，使秦国强盛起来。③ 刚：即刚城，在今山东兖州附近。寿：即寿张，在今山东东平县北。④ 藉：通"借"。⑤ 摈（bìn）：排斥。

【译文】

我读过《史记》中六国世家的篇章，私下里感到奇怪的是：全天下的诸侯，凭着大于秦国五倍的土地，十倍于秦国的兵力，发愤向西攻打崤山西边方圆只有千里的秦国，却不免于灭亡。我常常认真思考这件事，认为一定有能够使他们得以保全的计策。因此我总是责怪那时候的谋士，认为他们考虑忧患很不周详，看到的利益也只是表面上的一些小利，而并不知道天下的形势。

秦国和诸侯争夺天下的要害，不是在齐、楚、燕、赵，而是在韩、魏的城郊；诸侯要和秦国争夺天下的要害，不是在齐、楚、燕、赵，而是在韩、魏的野外。韩国和魏国的存在对于秦国而言，就好像人的心腹得了疾病一样。韩国和魏国位于秦国出入关中的要冲之上，庇护着崤山以东的诸侯；所以在全天下所看重的国家当中，地位没有超过韩国、魏国的了。从前范雎为秦国所用，秦国因此收服了韩国；商鞅为秦国所用，秦国因此收服了魏国。秦昭王没有得到韩国、魏国的真心归附，就出兵去攻打齐国的刚地、寿地，范雎为此而担忧，于是秦国所顾忌的事情就能够看到了。

秦国如果对燕国、赵国用兵，这对秦国来讲是件危险的事情。越过韩、魏两国而去攻打别国的国都，燕国、赵国在前面抵抗，而韩国、魏国趁机在背后偷袭，这是非常危险的做法。而秦国攻打燕国、赵国，却没有遭韩、魏两国偷袭的忧虑，这是因为韩、魏两国归附了秦国的缘故啊。韩、魏两国是诸侯们的屏障，却使秦国可以在它们的国土上任意出入往来，这难道是知道天下的形势吗？让小小的韩、魏两国，来抵挡如虎狼一样的秦国，它们怎能不屈从而归附秦国呢？而后秦国得以出兵攻打崤山以东的诸侯，使天下遍受它所带来的灾祸。

  韩国和魏国不能独自抵挡秦国，而天下的诸侯却要凭借它们来屏蔽西面的秦国，所以不如与韩、魏两国亲好以排斥秦国。秦国人不敢越过韩、魏两国以窥视齐、楚、燕、赵等国，而齐、楚、燕、赵等国因而得以在其间自我保全。四个太平无事的国家，协助抵挡韩、魏两国，使韩、魏两国没有东顾之忧，而为天下挺身而出，抵挡秦兵。让韩、魏两国对付秦国，而四国在后方休养生息，并且暗中帮助韩、魏两国应对危难，如果这样就可以应付一切事情，那秦国又能有什么办法呢？六国诸侯不知道要采用这种策略，却只贪图边境上些微土地的利益，违背盟约，自相残杀。秦国的军队还没有出动，天下的诸侯自己就已经疲倦了。直到秦国人乘虚而入，吞并了他们的国家，这怎么不令人悲哀呀？

黄州快哉亭记

【原文】

　　江出西陵①,始得平地,其流奔放肆大,南合湘、沅,北合汉、沔,其势益张。至于赤壁之下,波流浸灌,与海相若。清河张君梦得谪居齐安,即其庐之西南为亭,以览观江流之胜。而余兄子瞻名之曰"快哉"②。

　　盖亭之所见,南北百里,东西一舍,涛澜汹涌,风云开阖。昼则舟楫出没于其前,夜则鱼龙悲啸于其下,变化倏忽③,动心骇目,不可久视。今乃得玩之几席之上,举目而足。西望武昌诸山,冈陵起伏,草木行列,烟消日出,渔夫、樵父之舍,皆可指数。此其所以为"快哉"者也。至于长洲之滨,故城之墟,曹孟德、孙仲谋之所睥睨④,周瑜、陆逊之所驰骛⑤,其流风遗迹,亦足以称快世俗。

　　昔楚襄王从宋玉、景差于兰台之宫⑥,有风飒然至者,王披襟当之,曰:"快哉,此风!寡人所与庶人共者耶?"宋玉曰:"此独大王之雄风耳,庶人安得共之?"玉之言,盖有讽焉。夫风无雄雌之异,而人有遇不遇之变。楚王之所以为乐,与庶人之所以为忧,此则人之变也,而风何与焉?

　　士生于世,使其中不自得,将何往而非病⑦?使其中坦然,不以物伤性,将何适而非快?今张君不以谪为患,收会稽之余⑧,而自放山水之间,此其中宜有以过人者。将蓬户瓮牖⑨,无所不快,而况乎濯长江之清流,挹西山之白云⑩,穷耳目之胜以自适也哉?不然,连山绝壑,长林古木,振之以清风,照之以明月,此皆骚人思士之所以悲伤憔悴而不能胜者⑪,乌睹其为快也哉?

【注释】

①西陵：长江三峡之一，在今湖北宜昌西北。②子瞻：苏轼，字子瞻。③倏忽：很快地。④睥（bì）睨（nì）：窥伺。⑤驰骛（wù）：驰骋。骛：疾驰。⑥宋玉：战国时楚国大夫，辞赋家。景差：战国时楚国辞赋家。⑦病：忧愁，苦闷。⑧会稽：即会计，指钱财、赋税等事务。⑨瓮牖（yǒu）：用破瓮做的窗户。形容家道贫寒。⑩挹（yì）：汲取。⑪骚人思士：指诗人和心怀忧思之人。

【译文】

长江从西陵峡流出才开始进入平阔的原野，它的流势变得奔放浩大，南面汇合了湘水和沅水，北面汇合了汉水和沔水，声势愈加恢宏。等到了赤壁之下，波涛吞吐汹涌，和大海相似。清河张梦得君贬官后居住在齐安，在他住宅的西南方修建了一座亭子，用来观赏江水奔流的盛景。我的兄长子瞻给这座亭子起名为"快哉"。

从亭中观望，能看到南北百里之遥，东西三十里之远，波浪起伏翻腾，风云聚散无常。白天有船只出没于亭前，夜晚有鱼龙在亭下哀鸣，景物瞬息万变，动人心魄，使人瞠目而不能长时间地观看。如今，我才得以坐在亭中几席之上，尽情玩赏，放眼看个够。向西遥望武昌一带的群山，冈峦起伏，草木布列于山上，当云烟散尽，太阳出来的时候，渔人、樵夫的房子，都能清清楚楚地看到。这就是把它叫作"快哉"的缘由啊。至于那狭长的沙洲沿岸，故城的废墟，曾是曹孟德、孙仲谋所窥视，周瑜、陆逊所驰骋的地方，那些流传下来的传说和遗迹，也足以让世俗的人为之称快了。

从前楚襄王和宋玉、景差在兰台宫游玩，有一阵清风飒然吹来，襄王敞开衣襟迎着风说："痛快呀，这阵风！这是我和平民百姓所共享的吗？"宋玉说："这只不过是大王的雄风罢了，百姓怎能与您共享呢？"宋玉的话大概是有所讥讽吧。风并没有雌雄的分别，而人却有得志与不得志之分。楚王之所以感到快乐，平民百姓之所以感到忧虑，都是因为人的境遇有所不同，跟风有什么关系呢？

　　士人生活在世间，假如他的内心不能自得其乐，那么到了哪里能感到快乐呢？假使自己心中坦然，不会被外物损伤了自己的性情，那么到什么地方会不快乐呢？如今张君不以贬官作为自己的忧患，在办理完钱财税赋等公务之后寄情于山水之间，这大概是因为他心中有过人的地方。即使以蓬草编门，以破瓮做窗，也没有什么不快乐的，更何况他能在长江清澈的流水中濯洗，能招引西山上的白云为伴，极尽耳之所闻，目之所见的胜景以求得快乐而使自己舒畅呢？如果不是这样，那么，连绵的群山，幽深的峡谷，茂盛的山林，古老的树木，当清风吹动它们，当明月照映它们，这些都是满怀愁思的人为之悲伤憔悴而不能承受的景色，哪里会看到它们而感到快乐呢？

曾　巩

　　曾巩，字子固，建昌南丰（今江西南丰）人。少有文名，十八岁入京赴试，与王安石交游。宋仁宗庆历元年（1041）太学肄业，为欧阳修所赏识。宋仁宗嘉祐二年（1057）进士，长期担任地方官职，政绩卓著。擅长散文，是欧阳修倡导的诗文革新运动的积极参与者，文章论证委曲周详，风格简练厚重，布局完整谨严，节奏舒缓闲雅，长于说理而短于抒情。为"唐宋八大家"之一。

寄欧阳舍人书

【原文】

去秋人还,蒙赐书及所撰先大父墓碑铭①,反复观诵,感与惭并。

夫铭志之著于世,义近于史,而亦有与史异者。盖史之于善恶无所不书,而铭者,盖古之人有功德、材行、志义之美者,惧后世之不知,则必铭而见之。或纳于庙,或存于墓,一也。苟其人之恶,则于铭乎何有?此其所以与史异也。

其辞之作,所以使死者无有所憾,生者得致其严。而善人喜于见传,则勇于自立;恶人无有所纪,则以愧而惧。至于通材达识、义烈节士,嘉言善状,皆见于篇,则足为后法。警劝之道,非近乎史,其将安近?

及世之衰,人之子孙者,一欲褒扬其亲而不本乎理。故虽恶人,皆务勒铭以夸后世。立言者,既莫之拒而不为,又以其子孙之请也,书其恶焉,则人情之所不得,于是乎铭始不实。后之作铭者,当观其人。苟托之非人,则书之非公与是,则不足以行世而传后。故千百年来,公卿大夫至于里巷之士莫不有铭,而传者盖少。其故非他,托之非人,书之非公与是故也。

然则孰为其人而能尽公与是欤?非畜道德而能文章者无以为也②。盖有道德者之于恶人,则不受而铭之;于众人则能辨焉。而人之行,有情善而迹非,有意奸而外淑③,有善恶相悬而不可以实指,有实大于名,有名侈于实。犹之用人,非畜道德者,恶能辨之不惑,议之不徇?不惑不徇,则公且是矣。而其辞之不工,则世犹不传,于是又在其文章兼胜焉。故曰非畜道德而能文章者无以为也。岂非然哉?

然畜道德而能文章者,虽或并世而有,亦或数十年或一二百年而

◎卷十一　宋文

有之。其传之难如此，其遇之难又如此。若先生之道德文章，固所谓数百年而有者也。先祖之言行卓卓，幸遇而得铭其公与是，其传世行后无疑也。而世之学者，每观传记所书古人之事，至于所可感，则往往衋然不知涕之流落也④，况其子孙也哉？况巩也哉？其追晞祖德而思所以传之之由⑤，则知先生推一赐于巩而及其三世⑥。其感与报，宜若何而图之？抑又思，若巩之浅薄滞拙，而先生进之，先祖之屯蹶否塞以死⑦，而先生显之；则世之魁闳豪杰不世出之士⑧，其谁不愿进于门？潜遁幽抑之士⑨，其谁不有望于世？善谁不为？而恶谁不愧以惧？为人之父祖者，孰不欲教其子孙？为人之子孙者，孰不欲宠荣其父祖？此数美者，一归于先生。

既拜赐之辱，且敢进其所以然。所谕世族之次，敢不承教而加详焉？愧甚，不宣。

【注释】

①先大父：指曾巩已经去世的祖父曾致尧。②畜：通"蓄"。③淑：贤善。④衋（xì）然：悲伤痛苦的样子。⑤晞（xī）：仰慕。⑥推一赐：给予一次恩惠。三世：指祖、父、自己三代。⑦屯蹶（jué）否塞：不得志，不顺利。屯：艰难。蹶：跌倒。⑧魁闳（hóng）：气量宏大。⑨幽抑：不显达，不得志。

【译文】

去年秋天有人回来，承蒙您赐给书信并为先祖父撰写了墓碑铭文，我反复地观看诵读，感动与惭愧一并生出。

墓志铭所以著称于世，因为它的意义与史传相近，但也有与史传不同的地方。大概是史传对于善事恶事无不记录，而墓志铭，大概是古人中那些有美好的功德、才能、操行、志向和气节的人，怕后人对此不能知晓，于是一定要作铭文来彰明于世。他们或者将墓志铭供奉在庙堂之中，或者将它存于坟墓之内，其用意都是一样的。如果这个人是邪恶的，那又有什么值得铭记的呢？这就是墓志铭与史传的区别。

墓志铭的撰写,是为了让死者没有遗憾,让生者得以表达敬意。有善行的人喜欢让自己的事迹流传后世,于是就勇于作为;坏人没有什么可以载入铭文的,因此就会因为惭愧而惧怕。至于那些无所不通、见识广博的忠贞英烈之士,他们美好的言谈和光辉的事迹都会在墓志铭中有所显现,足以为后人所效法。警醒劝诫的作用,不与史书相近,又与什么相近呢?

到了世道衰微的时候,人们的子孙变得只想要颂扬自己的亲人而不遵循作墓志铭的原则。所以虽然是坏人,也都醉心于刻下铭文向后世夸耀。而撰写铭文的人,没有拒绝推辞的,而且还受到了他子孙的委托。这种情况下,如果写出他的恶行,那么人情上就说不过去了,于是这墓志铭就开始有了不实的言辞。后代想给死者作铭文的人,应当事先观察撰写铭文的是一个什么人。如果托付了一个不适当的人,那么写出的铭文就会不公正而且不合于事实,这样的铭文就不能流传于后世。所以千百年来,上至公卿大夫,下至街巷之士,都是有墓志铭的,而流传于世的却很少,没有别的原因,只是因为他们将撰写铭文这件事托付给了不恰当的人,于是撰写出来的铭文就变得不公正、不符合事实了。

然而谁能做到彻底的公正和符合事实呢?如果不是道德修养很高并且文章出众的人是不能做到的。一般来讲,有道德的人对于那些坏人,是不会接受他们的委托而帮其撰写铭文的;对于一般的人,他也能明辨善恶。而人们一生的行为,有性情善良而事迹不好的;有内心奸邪可是貌似贤淑的;有集善恶于一身却不能指明哪些是善,哪些是恶的;有实际的功绩要大过所得的名声的;有名过其实的。这就好像用人,不是道德修养很高的人,怎能明辨善恶而不被迷惑,公正评论而不徇私情呢?不被迷惑而能不徇私情,这就能做到铭文的公正而且符合事实了。然而如果文章写作的技巧不高,还是不会流传于后世的,于是又必须在文章上胜人一筹。所以说不是道德修养很高而且文章出众的人是难做到的。难道不是这样吗?

然而道德修养很高而又文章出众的人虽然有时会同时出现,但也有可能数十年或一二百年才出现一个。铭文的传世已经是如此困难了,而遇到适合作铭文的人又是更加困难。像先生这样的道德、文笔，是可以称为数百年才有一个的。我先祖的言行很是杰出，他有幸得到了公正而且符合事实的铭文，那么这铭文能流传于后世是无疑的了。而世上的学者，每当看到传记上所记述的古人的事迹，看到感人的地方，往往是悲伤得不知不觉落下眼泪，何况那些古人的子孙和我呢？我追念仰慕先祖的德行，并且思考铭文能够流传于后世的原因，然后明白先生赐给我碑铭，这是遍及我们祖孙三代的恩德啊！我的感动和想要报答的心情，应当怎样来向您表示呢？平静下来想想，我曾巩浅薄愚笨而先生举荐我，先祖穷困潦倒而死，而先生颂扬他，那么世上的那些俊士豪杰，有谁不愿意投在先生门下呢？那些潜伏避世、忧郁不得志的人士，有谁不会因此而对世道产生希望呢？善事有谁会不想去做，而作恶者有谁不因为惭愧而恐惧呢？作为父亲、祖父的，有谁不想教育自己的子孙？作为子孙的，有谁不想使自己的父亲、祖父更加荣耀呢？这些好的影响，都要归功于先生啊！

既然已经荣幸地受到了您的恩赐，又冒昧地说出了感激您的原因，那么您所论及的我的家族世系，怎敢不遵照您的教诲而详细地加以考究呢？惭愧万分，书不尽意。

赠黎安二生序

【原文】

赵郡苏轼①,予之同年友也②。自蜀以书至京师遗予,称蜀之士曰黎生、安生者。既而黎生携其文数十万言,安生携其文亦数千言,辱以顾予。读其文,诚闳壮隽伟③,善反复驰骋,穷尽事理。而其材力之放纵,若不可极者也。二生固可谓魁奇特起之士,而苏君固可谓善知人者也!

顷之,黎生补江陵府司法参军④。将行,请予言以为赠。予曰:"予之知生,既得之于心矣,乃将以言相求于外邪?"黎生曰:"生与安生之学于斯文,里之人皆笑以为迂阔⑤。今求子之言,盖将解惑于里人。"予闻之,自顾而笑。

夫世之迂阔,孰有甚于予乎?知信乎古,而不知合乎世;知志乎道,而不知同乎俗。此予所以困于今而不自知也。世之迂阔,孰有甚于予乎?今生之迂,特以文不近俗,迂之小者耳,患为笑于里之人。若予之迂大矣,使生持吾言而归,且重得罪,庸讵止于笑乎⑥?然则若予之于生,将何言哉?谓予之迂为善,则其患若此,谓为不善,则有以合乎世,必违乎古,有以同乎俗,必离乎道矣。生其无急于解里人之惑,则于是焉必能择而取之。

遂书以赠二生,并示苏君,以为何如也?

【注释】

①赵郡:即赵州,治所在今河北赵县。②同年:同年考中进士的人。③隽(juàn):意味深长,引人入胜。④司法参军:地方上掌管刑法的小官。⑤迂阔:指思想行为不切实际。⑥庸讵(jù):难道。

◎ 卷十一 宋文

【译文】

　　赵郡的苏轼,是与我同年进士及第的好友。他从蜀地写信给在京师的我,信中称赞蜀地的士人黎生和安生。不久黎生携带着他的文章几十万字,安生携带着他的文章几千字,屈尊来访。读他们的文章,确实觉得气势宏大俊伟,行文善于纵横驰骋,深究事理。在文章中,他们恣意挥洒才学,显露出深厚的功底。这两个人真称得上是不同寻常的杰出人士,而苏君也真可以说是善于知人啊!

　　前不久,黎生去补江陵府司法参军的缺。临行的时候,请我送他几句话以为赠别。我说:"我知道你,是从心里懂你,运用得着以语言表达出来吗?"黎生说:"我和安生对道德文章的学习,常常被乡里的人讥笑为迂阔。今天想求您几句话,去解除乡里人对我们的误解。"我听了,自己想想,不由得笑了。

　　世人的迂阔,有谁比我更甚呢?只知道信服古人的言论,而不知道迎合世道;只知道以圣贤之道作为自己的志向所在,而不知道合于流俗。这就是我所以困顿至今还不自知的原因啊。世人的迂阔,有谁能比我更甚呢?如今黎生的迂阔,只是文章不合于流俗,这只是迂阔中的小迂罢了,然而还担心被乡里的人讥笑。像我这样的迂阔,就是大迂了。如果让黎生带了我的话回去,一定会得罪更多的乡里人,那时候得到的岂止是讥笑呢?但是现在我对黎生,应当说些什么呢?说我的迂阔是好的、对的,可是却要有这样的担忧;说我的迂阔是不好的、不对的,那倒是可以迎合世俗了,但有悖于古法,偏离了圣贤之道。黎生、安生你们不要急于解除乡里人对你们的误解,那么在这一点上就一定能做出自己的选择。

　　于是写了这些话赠给黎生和安生,并且转请苏君观看,认为如何呢?

王安石

王安石,字介甫,晚号半山,抚州临川(今江西抚州)人。仁宗庆历二年(1042)进士。嘉祐三年(1058)上万言书,主张改革政治。神宗熙宁二年(1069)为参知政事,次年拜相,积极推行新法,并取得了一定成就。由于保守派的反对,熙宁七年罢相,熙宁八年再任相,次年被迫辞职,后退居金陵,封荆国公,世称王荆公。他的文章议论宏大,言简意赅,条理分明,形成锋利峭拔的艺术风格。为"唐宋八大家"之一。著有《临川先生文集》。

◎ 卷十一　宋文

读《孟尝君传》

【原文】

世皆称孟尝君①能得士,士以故归之。而卒赖其力以脱于虎豹之秦。

嗟乎!孟尝君特鸡鸣狗盗之雄耳,岂足以言得士。不然,擅②齐之强,得一士焉,宜可以南面③而制秦,尚何取鸡鸣狗盗之力哉?鸡鸣狗盗之出其门,此士之所以不至也。

【注释】

①孟尝君:战国时齐国人,以广纳人才、礼贤下士著称于世。②擅:占有。③南面:古代以坐北朝南为尊位,故帝位面朝南,因而代称帝位。

【译文】

世人都说孟尝君善于收揽人才,人才也因此而尽归于他的门下,最终孟尝君也依靠他们的力量逃离了像虎豹一样残暴的秦国。

唉!孟尝君也只是鸡鸣狗盗之徒的首领而已,怎能称得上善于收揽人才呢?不是这样的话,凭借齐国强大的国力,得到一个真正的人才,就应该面南称王,从而制服秦国,哪里还用依靠那些鸡鸣狗盗之徒的力量呢?鸡鸣狗盗之徒出入他的门下,这正是真正的人才不投奔他的原因啊。

同学一首别子固

【原文】

　　江之南有贤人焉，字子固①，非今所谓贤人者，予慕而友之。淮之南有贤人焉，字正之②，非今所谓贤人者，予慕而友之。

　　二贤人者，足未尝相过也，口未尝相语也，辞币未尝相接也③。其师若友，岂尽同哉？予考其言行，其不相似者何其少也。曰：学圣人而已矣。学圣人，则其师若友必学圣人者。圣人之言行，岂有二哉？其相似也适然。

　　予在淮南，为正之道子固，正之不予疑也。还江南，为子固道正之，子固亦以为然。予又知所谓贤人者，既相似又相信不疑也。子固作《怀友》一首遗予，其大略欲相扳④，以至乎中庸而后已。正之盖亦尝云尔。

　　夫安驱徐行，辚中庸之庭而造于其室⑤，舍二贤人者而谁哉？予昔非敢自必其有至也，亦愿从事于左右焉尔，辅而进之其可也。

　　噫！官有守，私有系⑥，会合不可以常也。作《同学》一首别子固，以相警，且相慰云。

【注释】

　　①子固：曾巩，字子固。②正之：孙侔，字少述，与王安石、曾巩交游，名倾一时。他曾有志于禄养，故屡举进士。及母病危，自誓终身不求仕，客居江、淮间。③辞：相互往来的书信文辞。币：礼品。④扳：通"攀"，援引。⑤辚(lìn)：车轮碾过。⑥系：牵累，束缚。

【译文】

　　长江之南有一位贤人,字子固,他不是当今世俗所谓的贤人,我仰慕他并且和他交上了朋友。淮河之南有一位贤人,字正之,他也不是当今世俗所谓的贤人,我仰慕他并且和他交上了朋友。

　　这两位贤人,没有走在一起过,没有相互说过话,没有互相赠送过礼品。他们的老师和朋友,难道是相同的吗?我考察过他们的言行,为什么不一样的地方是这样的少啊!回答说:学习圣人罢了。学习圣人,那么他的老师和朋友就一定都是学习圣人的人。圣人的言行,会有两样吗?那么他们言行相似也就是理所应当的了。

　　我在淮南,对正之说起子固的事情,正之不怀疑我的话。我回到江南,对子固说起正之的事情,子固也是认为正之就是我说的那个样子。于是我又知道被称为圣人的人,既言行相似,彼此间又是信任不疑的。子固作了一篇《怀友》给我,大略是说要互相帮助,要达到中庸的标准才可以停止。正之也曾这样对我说过。

　　安稳地驱着车子,缓慢地行走着,走到中庸的庭院里并进入它的室内,除了这两位贤人还有谁能做到这样呢?我以前从不敢认为我一定能到达那中庸的庭院,但也愿意跟着他们两位。在他们的帮助下,或许是能够达到的。

　　唉!为官的各有自己的职守,作为个人来讲,每个人也都有私事的牵累。我们之间不能常常相聚,我作了《同学》一篇辞别子固,用来互相警醒,并且互相慰勉。

游褒禅山记

【原文】

　　褒禅山亦谓之华山①。唐浮图慧褒始舍于其址②，而卒葬之。以故，其后名之曰褒禅。今所谓慧空禅院者，褒之庐冢也。距其院东五里，所谓华山洞者，以其乃华山之阳名之也。距洞百余步，有碑仆道，其文漫灭，独其为文犹可识曰"花山"。今言"华"如"华实"之"华"者，盖音谬也。

　　其下平旷，有泉侧出，而记游者甚众，所谓"前洞"也。由山以上五六里，有穴窈然③，入之甚寒，问其深，则其好游者不能穷也，谓之"后洞"。予与四人拥火以入，入之愈深，其进愈难，而其见愈奇。有怠而欲出者，曰："不出，火且尽。"遂与之俱出。盖予所至，比好游者尚不能十一，然视其左右，来而记之者已少。盖其又深，则其至又加少矣。方是时，予之力尚足以入，火尚足以明也。既其出，则或咎其欲出者，而予亦悔其随之，而不得极乎游之乐也。

　　于是予有叹焉：古人之观于天地、山川、草木、虫鱼、鸟兽，往往有得，以其求思之深而无不在也。夫夷以近，则游者众；险以远，则至者少。而世之奇伟、瑰怪、非常之观，常在于险远，而人之所罕至焉，故非有志者不能至也。有志矣，不随以止也，然力不足者，亦不能至也。有志与力，而又不随以怠，至于幽暗昏惑而无物以相之④，亦不能至也。然力足以至焉，于人为可讥，而在己为有悔。尽吾志也而不能至者，可以无悔矣，其孰能讥之乎？此予之所得也。

　　予于仆碑，又有悲夫古书之不存，后世之谬其传而莫能名者，何可胜道也哉？此所以学者不可以不深思而慎取之也。

　　四人者：庐陵萧君圭君玉⑤，长乐王回深父⑥，予弟安国平父、安上纯父。

【注释】

①褒禅山：在今安徽含山北。②浮图：和尚。③窈然：幽深的样子。④相（xiàng）：辅助。⑤庐陵：今江西吉安。⑥长乐：今福建长乐。

【译文】

褒禅山也叫华山。唐代和尚慧褒当初在这里筑室居住，死后又葬于此地。因为这个缘故，后人就称这座山为褒禅山。今天人们所说的慧空禅院，就是慧褒和尚的房舍和坟墓。距离那禅院东边五里的地方，就是人们所说的华山洞，因为它在华山南面，所以这样命名。距离山洞一百多步，有一座石碑倒在路旁，碑上的文字模糊不清，只有"花山"两个字还能勉强辨认出来。现在读"华"字，如同"华实"的"华"，大概是读音上的错误吧。

山下平坦而空阔，有一股山泉从旁边涌出，在这里来游览、题记的人很多，这就是人们说的"前洞"。由山路向上五六里的地方，有个洞穴，很幽深的样子，进去便感到很是寒冷，问它的深度，说是即使是那些喜欢游历探险的人也没能走到尽头，这就是人们所说的"后洞"。我与四个人拿着火把走进去，入洞越深，前进的道路就变得越难于行走，而所见到的景象也越奇妙。有个疲倦而想要出来的人说："再不出去，火把就要烧完了。"于是便跟着他一同出来了。我们走进去的深度，比起那些喜欢游历探险的人来说，大概还不足他们的十分之一；然而看看左右的洞壁，来到这里题记的人已经很少了，大概洞内更深的地方，到达的人就更少了。这个时候，我的体力还足以深入下去，火把也足够继续照明。我们出洞以后，就有人埋怨那个想要出来的人，我也后悔跟他出来，而未能极尽游洞的乐趣。

于是我有所感慨：古人观察天地、山川、草木、虫鱼、鸟兽，往往有所心得，这是因为他们探究思考得深入、广泛而且周密。那些平坦而又容易到达的地方，游览的人会很多；那些险阻而又偏远的地方，游览的人便会很少。但是世上那些奇妙雄伟、瑰丽而非同寻常的景观，常常在那险阻僻远、人迹罕至的地方，所以不是有志的人是不能到达的。有志向，不盲从别人而停止，但是体力不足的，也不能到达。有了志向与体力，也不盲从别人而有所懈怠，但到了那幽深昏暗、令人迷惑的地方，却没有必要的物件来支持，也是不能到达的。然而在力量足以到达的时候却没有达到，在别人看来是可以讥笑的，对自己来说也是有所悔恨的。已经尽了自己的努力而仍然未能达到的，便可以没有悔恨了，谁还能讥笑他呢？这就是我这次游山的心得。

我对于倒在地上的石碑，又产生了些许感慨。古代书籍文献的散失，后世的人以讹传讹，竟无法说明，这样的事情还说得完吗？这就是做学问的人为什么不可以不深入思考、慎重取舍的原因啊。

同游的四人是：庐陵的萧君圭，字君玉；长乐的王回，字深父；我的弟弟安国，字平父；安上，字纯父。

◎卷十二　明文

宋　濂

宋濂，明初文学家，字景溪，号潜溪，浦江（今浙江金华）人。自幼好学，早年师从散文大家吴莱、柳贯等人，元至正九年（1349）被荐为翰林编修，他固辞不就，隐居山中。朱元璋称帝后，任命他为文学顾问、江南儒学提举，给太子讲经。洪武二年（1369）奉旨修《元史》。晚年受孙子宋慎牵连被贬茂州（今四川茂县），途中病故。长于散文，被明太祖称为"开国文臣之首"。

◎卷十二　明文

送天台陈庭学序

【原文】

西南山水,惟川蜀最奇,然去中州万里。陆有剑阁栈道之险①,水有瞿唐、滟滪之虞②。跨马行,则竹间,山高者,累旬日不见其巅际;临上而俯视,绝壑万仞,杳莫测其所穷,肝胆为之悼栗③。水行,则江石悍利,波恶涡诡,舟一失势尺寸,辄糜碎土沉④,下饱鱼鳖。其难至如此,故非仕有力者,不可以游;非材有文者,纵游无所得;非壮强者,多老死于其地。嗜奇之士恨焉。

天台陈君庭学⑤,能为诗,由中书左司掾⑥,屡从大将北征,有劳,擢四川都指挥司照磨⑦,由水道至成都。成都,川蜀之要地,扬子云、司马相如、诸葛武侯之所居,英雄俊杰战攻驻守之迹,诗人文士游眺饮射赋咏歌呼之所,庭学无不历览。既览必发为诗,以纪其景物时世之变。于是其诗益工。越三年,以例自免归,会予于京师,其气愈充,其语愈壮,其志意愈高,盖得于山水之助者侈矣。

予甚自愧,方予少时,尝有志于出游天下,顾以学未成而不暇。及年壮可出,而四方兵起,无所投足。逮今圣主兴而宇内定,极海之际,合为一家,而予齿益加耄矣⑧。欲如庭学之游,尚可得乎?

然吾闻古之贤士,若颜回、原宪,皆坐守陋室,蓬蒿没户⑨,而志意常充然,有若囊括于天地者,此其故何也?得无有出于山水之外者乎?庭学其试归而求焉?苟有所得,则以告予,予将不一愧而已也。

【注释】

① 剑阁:今四川剑阁东北大剑山、小剑山之间的栈道,是古代川、陕间的主要通道。栈(zhàn)道:在悬崖绝壁上凿孔架木而成的窄路。

②瞿唐：瞿塘峡。滟（yàn）滪（yù）：滟滪堆，重庆奉节东瞿塘峡峡口的一块巨礁，旧为长江三峡著名的险滩，1958年整治航道时炸平。③悼栗：因惊恐而战栗。④糜：碎，烂。⑤天台：县名，今属浙江。⑥中书：中书省。左司：中书省下设左司、右司，分管省事。掾（yuàn）：属官。⑦都指挥司：掌管军事的机构。照磨：都指挥司的属官，掌管文书卷宗。⑧耄（mào）：老。⑨蓬蒿：野草。

【译文】

西南地区的山水，只有四川最奇特，可是却与中原有万里之遥。要到那里，陆路有剑阁栈道的险阻，水路有瞿塘峡、滟滪堆的忧虑。骑马走在密密麻麻的竹林间，崇山峻岭，接连走上十几天也看不到它的巅峰和边际；从山顶上向下俯视，只见深达万仞的幽谷，黑漆漆的无法测知它的尽头，令人胆战心惊。如果从水路前往，江水凶猛，礁石尖利，波涛险恶，旋涡诡异；行船稍有差错，就会粉身碎骨，沉入水中，让鱼鳖们饱餐。前往那里的道路如此之难，所以不是有能力的官员，不可以到那里去游历；不是有文采的贤才，即使游历了那里也不会有什么收获；不是身体强壮的人，大多老死在那个地方。这些常常让那些喜好奇异景观的人感到遗憾！

天台陈君庭学，能作诗，任中书左司掾。他屡次随大将北征，因为有功劳，被提拔为四川都指挥司照磨，从水路到成都。成都，是四川的要地。那扬子云、司马相如、诸葛武侯的故居，英雄俊杰们战斗攻伐和驻扎守卫的遗址，诗人文士游赏眺望、饮酒射覆、赋诗吟咏、歌唱呼啸的地方，庭学无不去游览。每次游览完毕，都要将感受写成诗文，用以记述那些景物和时世的变化。于是他作诗的技法就变得愈加高妙。过了三年，他依照惯例辞官回家，在京师见到了我。他的精神更加饱满，他的语言更加豪壮，他的志向更加高远，看来是从山水当中获得了很多助益啊！

我自己很惭愧，当我年轻的时候，曾经想要游历天下，但是因为学业未成而没有空闲的时间。等到壮年能够出去游历了，国内却战事四起，没有一个地方可去。现在圣主兴起，天下平定、四海之内合成一家，可我的年纪却越来越大了！想要像庭学那样游历，还能做得到吗？

然而我听说古代的贤人，像颜回、原宪那样的人，都是坐守在简陋的屋子里，野草遮蔽了门户，可是志气意趣却总是很充沛的，好像能包罗天地，这是为什么呢？莫非有超出于山水之外的东西吗？庭学是要回去探求这方面的东西吗？如果有什么收获，就把它告诉我，我不会仅惭愧一阵儿就完了的呀！

阅江楼记

【原文】

　　金陵为帝王之州①。自六朝迄于南唐②，类皆偏据一方，无以应山川之王气。逮我皇帝定鼎于兹③，始足以当之。由是声教所暨④，罔间朔南⑤，存神穆清，与天同体，虽一豫一游，亦可为天下后世法。

　　京城之西北有狮子山，自卢龙蜿蜒而来⑥。长江如虹贯，蟠绕其下。上以其地雄胜，诏建楼于巅，与民同游观之乐，遂锡嘉名为"阅江"云⑦。

　　登览之顷，万象森列，千载之秘，一旦轩露。岂非天造地设，以俟夫一统之君，而开千万世之伟观者欤？当风日清美，法驾幸临⑧，升其崇椒⑨，凭阑遥瞩，必悠然而动遐思。见江汉之朝宗，诸侯之述职，城池之高深，关陌之严固⑩，必曰："此朕栉风沐雨、战胜攻取之所致也⑪。中夏之广，益思有以保之。"见波涛之浩荡，风帆之上下，番舶接迹而来庭，蛮琛联肩而入贡⑫，必曰："此朕德绥威服，罩及内外之所及也⑬。四陲之远，益思有以柔之。"见两岸之间、四郊之上，耕人有炙肤皲足之烦⑭，农女有捋桑行馌之勤⑮，必曰："此朕拔诸水火，而登于衽席者也⑯。万方之民，益思有以安之。"触类而思，不一而足。臣知斯楼之建，皇上所以发舒精神，因物兴感，无不寓其致治之思，奚止阅夫长江而已哉！

　　彼临春、结绮，非不华矣；齐云、落星⑰，非不高矣。不过乐管弦之淫响，藏燕、赵之艳姬，不旋踵间而感慨系之⑱，臣不知其为何说也。虽然，长江发源岷山，委蛇七千余里而入海，白涌碧翻。六朝之时，往往倚之为天堑。今则南北一家，视为安流，无所事乎战争矣。然则果谁之力欤？逢掖之士⑲，有登斯楼而阅斯江者，当思圣德如天，荡荡难名，与神禹疏凿之功同一罔极。忠君报上之心,其有不油然而兴耶?

臣不敏,奉旨撰记。欲上推宵旰图治之功者⑳,勒诸贞珉㉑。他若留连光景之辞,皆略而不陈,惧亵也。

【注释】

① 金陵:今江苏南京。② 六朝:即吴、东晋、宋、齐、梁、陈六朝,皆建都于今江苏南京。迄(qì):直至。③ 定鼎:传说禹铸九鼎以象征天下九州之土,古代以鼎为传国之宝,置于国都,所以称建都为"定鼎"。④ 暨(jì):及,到。⑤ 罔(wǎng):无,没有。⑥ 卢龙:卢龙山,在今江苏南京市江宁区西。⑦ 锡:赐。⑧ 法驾:天子的车驾。⑨ 椒:山巅。⑩ 阨(ài):险要的地方。⑪ 栉(zhì)风沐雨:以风梳头,以雨洗发,形容不避风雨,奔波劳碌。⑫ 琛(chēn):珠宝等贡物。⑬ 覃(tán):延。⑭ 皲(jūn):手足的皮肤冻裂。⑮ 饁(yè):给在田里耕种的人送饭。⑯ 衽(rèn):床席。⑰ 齐云、落星:与前面的临春、结绮都是有名的华丽楼阁。⑱ 旋踵:掉转脚跟,比喻时间极短。⑲ 逢掖:古代读书人所穿的一种袖子宽大的衣服。⑳ 宵旰(gàn):宵衣旰食,即天不亮就穿衣起床,天晚了才歇息。㉑ 珉(mín):像玉的石头。

【译文】

金陵是帝王的住处。从六朝到南唐,在这里定都的君主大抵都是偏安一方,不能够应和这里山川间蕴含的帝王之气。到了我朝皇帝定都于此,才足以与这王气相称。从此声威和教化到达的地方,不分南北,神明前来定居,气象醇和清明,与天地融为一体;即使是一次游赏、一次娱乐,也足以为天下后世所效法。

京城的西北有座狮子山,从卢龙山弯弯曲曲地延伸过来,长江如虹霓一样在它下面盘曲环绕。皇上因为这个地方雄伟壮丽,下令在山顶建起高楼,同百姓一道享受游览江山的乐趣。于是赐给了它一个美妙的名字,叫作"阅江楼"。

登临游览的那一瞬间,万千景象便依次罗列开来,金陵上千年来被称为帝王之洲的奥秘,豁然显露出来。这难道不是天造地设,来等待一统天下的君主,届时展示千秋万代的雄伟景观吗?每当风和日丽的时候,天子的车驾亲临此地,他登上这高高的山顶,倚着栏杆向远方眺望,一定会悠然心动而引发遐想。看到江汉之水向东流入大海,万国诸侯来此述职,看到城池的高深、关塞的牢固,一定会说:"这都是我顶风冒雨,战斗攻取才得到的啊。中华大地如此广阔,更是要想办法去保全它。"看到波涛浩浩荡荡,风帆上下往来,番邦的船只接连不断地前来朝见,蛮族的珍宝络绎不绝地贡入京师,一定会说:"这是我用恩德安抚,用威严震慑,恩泽遍及四海内外才达到的啊。如今四方的边境如此遥远,更是要想办法去以怀柔的方式笼络那里的人们。"看到长江两岸,京师四郊的原野之上,种田的人有烈日炙烤皮肤、寒风皲裂手脚的劳苦;农家妇女有采摘桑叶、给田里人送饭的辛勤,一定会说:"这是我把他们从水火中拯救出来,安置在床席上的啊。对于天下的百姓,更是要想办法使他们过上安定的生活。"触及类似的事情,就会引发联想,不只是在某一两个方面。我知道这座楼,是皇上用来振奋精神,借外物来引起各种各样的感想的,无处不寄寓着他要让天下得到大治的思想,哪里仅仅是为了观赏长江呢?

　　那临春楼、结绮楼,不是不华丽啊;那齐云楼、落星楼,也不是不高峻啊。然而它们不过是用来演奏靡靡之音,藏匿燕、赵的艳丽女子的地方,都是没有多久就成为陈迹,让人们慨叹罢了,我不知道应当怎样来解释这些事情。虽然如此,那长江发源于岷山,曲曲折折地流经了七千多里才注入大海,白浪汹涌,碧波翻腾,六朝的时候,往往依靠它做天然的堑壕。如今南北一家,它也被看作平静安宁的水流,没有什么战事上的意义了。那么,这究竟是谁的力量呢?读书人登上这座高楼去看这江,他们应当感念皇上的恩德有如苍天一样,广阔浩大而难以形容,可与大禹疏浚江河的功劳相等同,是无穷无尽的。此情此景,忠君报主的心情,怎能不油然而生呢?

　　我为人愚钝,奉了圣旨来撰写这篇记,希望借此列举主上日夜辛勤、励精图治的功业,铭刻在精美的碑石上面。至于那些流连风光景物的词句,都省略而不再陈说,怕亵渎了主上建造这座楼的本意啊!

刘 基

刘基，字伯温，谥曰文成，青田县南田乡（今属浙江温州文成县）人，故时人称他"刘青田"。明洪武三年（1370）封诚意伯，人们又称他"刘诚意"。武宗正德九年（1514）被追赠太师，谥文成，后人又称他刘文成、文成公。是元末明初军事家、政治家及诗人，通经史、晓天文、精兵法。他以辅佐朱元璋完成帝业、开创明朝并尽力保持国家的安定而驰名天下，被后人比作诸葛武侯。著有《诚意伯文集》二十卷。

司马季主论卜

【原文】

东陵侯既废①,过司马季主而卜焉②。

季主曰:"君侯何卜也?"东陵侯曰:"久卧者思起,久蛰者思启③,久懑者思嚏。吾闻之:蓄极则泄,闷极则达,热极则风,壅极则通。一冬一春,靡屈不伸;一起一伏,无往不复。仆窃有疑,愿受教焉。"季主曰:"若是,则君侯已喻之矣,又何卜为?"东陵侯曰:"仆未究其奥也,愿先生卒教之。"

季主乃言曰:"呜呼!天道何亲?惟德之亲;鬼神何灵?因人而灵。夫蓍④,枯草也;龟,枯骨也,物也。人灵于物者也,何不自听而听于物乎?且君侯何不思昔者也?有昔必有今日。是故碎瓦颓垣,昔日之歌楼舞馆也;荒榛断梗,昔日之琼蕤玉树也⑤;露蚕风蝉,昔日之凤笙龙笛也;鬼磷萤火,昔日之金缸华烛也;秋荼春荠⑥,昔日之象白驼峰也;丹枫白荻⑦,昔日之蜀锦齐纨也⑧。昔日之所无,今日有之不为过;昔日之所有,今日无之不为不足。是故一昼一夜,华开者谢;一秋一春,物故者新。激湍之下,必有深潭;高丘之下,必有浚谷。君侯亦知之矣,何以卜为?"

【注释】

①东陵侯:秦代人,姓邵名平,秦亡后在长安城东以种瓜为业。②司马季主:西汉初年一个善于占卜的人。③蛰:虫类冬眠称"蛰",这里是潜伏的意思。④蓍(shī):蓍草,古代常用其茎来占卜、。⑤琼蕤(ruí):美好的花朵。蕤:草木花下垂。⑥荼(tú):一种苦菜。荠(jì):荠菜,一种野菜。⑦荻(dí):一种类似芦苇,生长在水边的植

物。⑧纨（wán）：细致洁白的薄绸。

【译文】

东陵侯被废黜后，去拜访司马季主，请求占卜。

季主说："君侯要占卜什么呢？"东陵侯说："长久卧床的人想要起来，长久潜伏的人想要出来，长久憋闷的人想要打喷嚏。我听说，蓄积到极点了就要泄漏，闭塞到极点了就要通畅，热到极点了就要生风，阻塞到极点了就要贯通。一冬一春，不会总是屈而不伸；一起一伏，不会总是去而不返。我私下里有所疑惑，愿意得到先生的教诲。"季主说："这样说来，君侯已经明白了，还要占卜什么呢？"东陵侯回答说："我没有弄清其中的深奥道理，愿先生彻底地开导我一下。"

季主就说："唉！天道会亲近什么人呢？只亲近有道德的人；鬼神有什么灵验呢？它是根据不同的人来显灵的。蓍草，只是枯草；龟壳，只是枯骨，都是物而已。人比任何物都要灵，为什么不相信自己却去相信这些外物表现出来的征兆呢？并且君侯为什么不想想过去呢？有了过去就必定会有现在。所以碎瓦残墙，原是往日的歌楼舞馆；枯树断枝，原是往日的琼花玉树；露蚕秋蝉，原是往日的悦耳笙歌；鬼磷流萤，原是往日的辉煌灯火；苦菜荠荬，原是往日的美味佳肴；红枫白荻，原是往日的绫罗绸缎。往日没有的，现今有了不算过分；往日有的，现今没了也不能算不足。所以一昼一夜，盛开的花儿便会凋谢；一春一秋，已经陈旧了的事物便要更新。急流下面一定有深潭，高山下面一定有深谷。这些，君侯也早已知道了，为什么还占卜呢？"

卖柑者言

【原文】

杭有卖果者①,善藏柑,涉寒暑不溃,出之烨然②,玉质而金色。剖其中,干若败絮。予怪而问之曰:"若所市于人者,将以实笾豆③,奉祭祀,供宾客乎?将衒外以惑愚瞽乎④?甚矣哉!为欺也。"

卖者笑曰:"吾业是有年矣。吾业赖是以食吾躯。吾售之,人取之,未闻有言,而独不足子所乎?世之为欺者不寡矣,而独我也乎?吾子未之思也。今夫佩虎符、坐皋比者⑤,洸洸乎干城之具也⑥,果能授孙、吴之略耶⑦?峨大冠,拖长绅者,昂昂乎庙堂之器也⑧,果能建伊、皋之业耶⑨?盗起而不知御,民困而不知救,吏奸而不知禁,法斁而不知理⑩,坐糜廪粟而不知耻⑪。观其坐高堂,骑大马,醉醇醴而饫肥鲜者⑫,孰不巍巍乎可畏、赫赫乎可象也?又何往而不金玉其外,败絮其中也哉!今子是之不察,而以察吾柑!"

予默默无以应。退而思其言,类东方生滑稽之流⑬。岂其忿世嫉邪者耶?而托于柑以讽耶?

【注释】

①杭:指杭州。②烨(yè)然:光彩鲜明的样子。③笾(biān)豆:古代用竹编成的食器,形状如豆,举行祭祀或宴会时用来盛果实、干肉。④衒(xuàn):炫耀,卖弄。瞽(gǔ):盲人。⑤虎符:兵符。皋比:虎皮。⑥洸洸(guāng):威武的样子。干城:盾牌和城墙,指保卫国家。⑦孙、吴:指战国时的名将孙武和吴起。⑧庙堂:朝廷。⑨伊、皋:指商代的名臣伊尹和舜时的名臣皋陶。⑩斁(dù):败坏。⑪糜(mí):通"靡",耗费。⑫醴(lǐ):甜酒。饫(yù):饱食。

⑬ 滑（gǔ）稽：指幽默机智，能言善辩。

【译文】

杭州有个卖水果的人，善于贮藏柑子，他贮藏的柑子经过严寒酷暑也不腐烂，拿出来仍然光彩鲜艳，有着像玉石一样的质地，黄金般的颜色。可是把柑子剖开一看，里面却干枯得像破旧的棉絮。我很奇怪，就问他："你卖给人家的柑子，是要使它来充实人家的器皿，去供奉神灵、招待宾客呢，还是只想炫耀它的外表，用来迷惑傻子和盲人呢？你这种欺骗也太过分了！"

卖水果人笑着说："我干这行已经多年了，我依靠这行当来养活自己。我卖这些柑子，人家买它，从来没有听到过有什么议论，为什么唯独不能满足您的需要呢？世上要弄欺骗手段的人不算少呀，仅仅是我一个人吗？您没有考虑过这些吧。现在那些佩虎符、坐在虎皮椅上的人，看那威武的样子，好像是真能保卫国家的将才，可当真有孙武、吴起那样的韬略吗？那些峨冠博带的文臣，看那气宇不凡的样子，好像真的是在朝廷之上辅助君王的重臣，可他们当真都能够建立像伊尹、皋陶那样的功业吗？盗匪四起却不知如何治理，百姓困苦却不知如何解救，官吏作奸犯科却不知如何禁止，法制败坏却不知如何整饬。白白地耗费国家的粮食却不感到羞耻。看他们坐在高堂之上，骑着高头大马，沉醉在美酒当中，饱食大鱼大肉，哪一个不是看起来高不可攀，使人敬畏，光明磊落得值得人们效法呀？然而他们又何尝不是些外表像金玉、内容却像破絮的人呢！今天您对这些都视而不见，却来挑剔我的柑子！"

我沉默无语，不能回答。回来想想他这番话，觉得他像是东方朔那样诙谐善辩的一类人。难道他是个愤恨世道、痛恶奸邪的人而假借柑子来进行讥讽？

方孝孺

方孝孺，字希直，宁海（今浙江象山）人，号逊志，人称"正学先生"。他师从宋濂，洪武二十五年（1392）授汉中府教授。建文朝历官翰林侍讲、文学博士。他力主复古改制，对建文朝朝政影响较大。"靖难之役"中，他辅助建文帝对抗燕王朱棣。燕王夺位后，命他起草登基诏书，他誓死不从，被灭十族。

深虑论

【原文】

虑天下者，常图其所难，而忽其所易；备其所可畏，而遗其所不疑。然而祸常发于所忽之中，而乱常起于不足疑之事。岂其虑之未周与？盖虑之所能及者，人事之宜然，而出于智力之所不及者，天道也。

当秦之世，而灭诸侯，一天下，而其心以为周之亡在乎诸侯之强耳，变封建而为郡县①。方以为兵革可不复用，天子之位可以世守，而不知汉帝起陇亩之中②，而卒亡秦之社稷。汉惩秦之孤立，于是大建庶孽而为诸侯③，以为同姓之亲可以相继而无变，而七国萌篡弑之谋。武、宣以后，稍剖析之而分其势，以为无事矣，而王莽卒移汉祚。光武之惩哀、平④，魏之惩汉，晋之惩魏，各惩其所由亡而为之备，而其亡也，皆出于所备之外。唐太宗闻武氏之杀其子孙，求人于疑似之际而除之，而武氏日侍其左右而不悟。宋太祖见五代方镇之足以制其君，尽释其兵权，使力弱而易制，而不知子孙卒困于敌国。此其人皆有出人之智，盖世之才，其于治乱存亡之几⑤，思之详而备之审矣。虑切于此而祸兴于彼，终至乱亡者何哉？盖智可以谋人，而不可以谋天。

良医之子，多死于病；良巫之子，多死于鬼。彼岂工于活人而拙于活己之子哉？乃工于谋人而拙于谋天也。

古之圣人，知天下后世之变非智虑之所能周，非法术之所能制，不敢肆其私谋诡计，而唯积至诚、用大德以结乎天心，使天眷其德，若慈母之保赤子而不忍释。故其子孙虽有至愚不肖者足以亡国，而天卒不忍遽亡之。此虑之远者也。夫苟不能自结于天，而欲以区区之智笼络当世之务，而必后世之无危亡，此理之所必无者也，而岂天道哉！

【注释】

①封建：分封疆土建立诸侯。②汉帝：指汉高祖刘邦。③庶孽：指亲族。④光武：指东汉光武帝刘秀。⑤几：迹象，预兆。

【译文】

考虑天下大事的人，常常谋求解决那些困难的问题，而忽视了那些容易解决的问题；防备让自己畏惧的事情，而将自己深信不疑的事情丢在一边不管。然而祸患常常发生在他所忽视的事情当中，动乱也常常起于他认为不足疑虑的事情上。难道是他的考虑不周详吗？大概是因为人们所能考虑到的，是人世间本来就应当如此的事情，而超出人们的智力所能考虑到的范围，是天道。

当年的秦朝，灭亡了诸侯，统一了天下，秦始皇心中认为周朝的灭亡是由于诸侯的强大所致，因此将分封制改成了郡县制。正当他认为武器衣甲可以不再使用，皇帝之位能子孙万代永保的时候，却不知道汉高祖已在田野之间崛起，最终灭亡了秦朝的江山社稷。汉朝把秦朝中央政权的孤立无援作为前车之鉴，于是大肆分封子弟做诸侯王，认为同姓的血缘关系能让汉家的江山社稷世代继承下去，不会再出现变乱了，可是吴、楚等七国却萌生了篡位弑君的图谋。武帝、宣帝以后，逐渐分割了诸侯王的封地，削弱了他们的势力，认为可以太平无事了，可是王莽却终于夺取了汉家的皇位。汉光武帝把哀帝和平帝衰亡作为教训，曹魏将东汉的衰亡作为教训，晋朝将曹魏的衰亡作为教训，他们各自都把前朝衰亡的原因作为教训，并针对这些制定了防范的措施；然而他们的衰亡，又都出于所防范的事情以外的原因。唐太宗听说有个姓武的人将来要杀他的子孙，就要四处搜索有嫌疑的人并加以清除，但武则天每日侍奉在他的左右，他竟不能觉察。宋太祖看到五代时四方藩镇的力量足以挟制君主，于是就全部解除藩镇的兵权，使他们力量薄弱而易于控制，却没料到自己的子孙最终被敌国困扰以至于灭亡。这些人都有超出常人的智慧和盖世的才能，他们对于治乱存亡的细微迹象，都能详细地加以思考并且制定出周密的防范措施；可是他们详细地考虑了这里而祸患却发生在那里，终究导致乱起国灭。这是为什么呢？大概是因为智力只可以谋划人事，却不能够谋划天道。

良医的子女大多死于疾病，良巫的子女大多死于鬼神。难道是他们善于救活别人却不善于救活自己的子女吗？他们实际上是善于谋划人事，却不善于测知天道啊。

古代的圣人，懂得天下后世的变化，不是人智所能考虑周全的，不是刑法、权术所能控制的。因此不敢放纵自己的阴谋诡计，而只是积聚自己的至诚之心，用大德来赢得天心，使上天眷顾他美好的德行，像慈母保护婴儿一样不忍舍弃他。所以他的子孙虽然非常愚蠢甚至不成才，并且足以使国家灭亡，可是上天终究不忍一下子让他们的国家灭亡。这是考虑得非常深远的人啊。如果不能让自己的德行赢得天心，却想靠小小的智谋包揽天下的事务，还认为自己的后代一定没有危亡的忧患，这在道理上是绝对说不通的，难道还会符合天道吗？

豫让论

【原文】

　　士君子立身事主,既名知己,则当竭尽智谋,忠告善道,销患于未形,保治于未然,俾身全而主安。生为名臣,死为上鬼,垂光百世,照耀简策,斯为美也。苟遇知己,不能扶危于未乱之先,而乃捐躯殒命于既败之后,钓名沽誉,眩世炫俗,由君子观之,皆所不取也。

　　盖尝因而论之。豫让臣事智伯①,及赵襄子杀智伯,让为之报仇,声名烈烈,虽愚夫愚妇莫不知其为忠臣义士也。呜呼!让之死固忠矣,惜乎处死之道有未忠者存焉。何也?观其漆身吞炭②,谓其友曰:"凡吾所为者极难,将以愧天下后世之为人臣而怀二心者也。"谓非忠可乎?及观斩衣三跃,襄子责以不死于中行氏而独死于智伯,让应曰:"中行氏以众人待我,我故以众人报之;智伯以国士待我,我故以国士报之。"即此而论,让有余憾矣。

　　段规之事韩康③,任章之事魏献④,未闻以国士待之也,而规也、章也,力劝其主从智伯之请,与之地以骄其志,而速其亡也。郄疵之事智伯⑤,亦未尝以国士待之也,而疵能察韩、魏之情以谏智伯,虽不用其言以至灭亡,而疵之智谋忠告,已无愧于心也。让既自谓智伯待以国士矣,国士,济国之士也。当伯请地无厌之日,纵欲荒暴之时,为让者,正宜陈力就列,谆谆然而告之曰⑥:"诸侯大夫,各安分地,无相侵夺,古之制也。今无故而取地于人,人不与,而吾之忿心必生;与之,则吾之骄心以起。忿必争,争必败;骄必傲,傲必亡。"谆切恳告,谏不从,再谏之,再谏不从,三谏之,三谏不从,移其伏剑之死,死于是日。伯虽顽冥不灵,感其至诚,庶几复悟,和韩、魏,释赵围,保全智宗,守其祭祀。若然,则让虽死犹生也,岂不胜于斩衣而死乎?让于此时，曾无一语开悟主心，视伯之危亡犹越人视秦人之肥瘠也。袖手旁观，坐待成败，国士之报曾若是乎？智伯既死，而乃不胜血气之悻悻⑦，甘自附于刺客之流，何足道哉？何足道哉？

虽然，以国士而论，豫让固不足以当矣。彼朝为仇敌，暮为君臣，靦然而自得者⑧，又让之罪人也。噫！

【注释】

①豫让：晋国侠客毕阳的孙子。他最初投于晋国贵族范氏、中行氏门下，因为不得重用，于是改投智伯门下。智伯为赵襄子所杀后，豫让曾两次为智伯报仇，均未成功。第二次刺杀未遂后，他被赵襄子的侍从包围起来，无奈之下，他请求赵襄子将衣服脱下来让他刺几剑以成全他，刺完后他便伏剑自杀了。②漆身吞炭：豫让第一次行刺未遂，赵襄子把他释放了，但他继续图谋为智伯报仇，于是将全身涂上漆，吞下炭，改变自己的声音容貌，准备第二次行刺。③段规：韩康子的谋臣。韩康：即韩康子，春秋时晋国贵族。④任章：魏献子的谋臣。魏献：即魏献子，春秋时晋国贵族。⑤郄（xī）疵（cī）：智伯的家臣。⑥谆谆（zhūn）：恳切耐心的样子。⑦悻悻（xìng）：恼怒怨恨。⑧靦（tiǎn）然：厚着脸皮的样子。

【译文】

士人君子要想立身于世，侍奉君主，既然被称作知己，就应当竭尽自己的智慧和谋略，忠诚地劝告，巧妙地开导，在祸患形成以前就消除它，在动乱发生之前就维护社会的安定，使自己得到保全，使君主没有危险。在世的时候是一代名臣，死了之后成为尊贵的鬼魂，荣誉流传百代，光辉照耀史册，这才是值得赞美的。如果遇到知己，却不能在灾祸发生前匡扶危乱，而是在失败之后献身自尽，沽名钓誉，以迷惑世人，向世俗夸耀；这在君子看来，都是不可取的。

因此我曾按这个标准评论过豫让。豫让做智伯的家臣，赵襄子杀了智伯之后，豫让为他报仇，声名烈烈，即使是那些没有知识的平民百姓，也没有不知道他是忠臣义士的。唉！豫让的死固然算是忠义之举，可惜他这种死的方式还存在不忠的成分。为什么这样说呢？他漆身吞炭，改变了容貌声音之后，对他的朋友说："我要做的事情是极难的，将要使天下后世那些身为人臣却怀有二心的人感到惭愧。"这能说他不忠吗？他连续三次跳起来，用剑斩赵襄子的衣服，赵襄子责备他不为中行氏而死，却唯独替智伯而死的时候，豫让回答说："中行氏把我当作一般人看待，所以我用一般人的行为报答他；智伯把我当作国士看待，所以我用国士的行为报答他。"就这方面来评论，豫让就有不足之处了！

段规侍奉韩康子，任章侍奉魏献子，也没听说韩康子、魏献子把他们当国士看待，可段规、任章却极力奉劝他们的主人答应智伯的无理要求，给智伯土地使其意志骄傲，从而加速智伯的灭亡。郄疵侍奉智伯，智伯也不曾把他当国士看待，可是郄疵却能够洞察韩、魏的实际企图来劝谏智伯。虽然智伯不肯采纳他的意见因而招致灭亡，然而郄疵献出了他的智谋和忠告，已经无愧于心了。豫让既然说智伯是把自己当作国士一样地看待，而国士是能够匡济国家危难的人。当智伯贪得无厌地向别国索地的时候，放纵私欲、荒淫暴虐的时候，豫让应当贡献才智，尽到自己的职责，恳切地劝告智伯说："诸侯大夫，各自安守自己的封地，不要互相侵夺，这是自古以来的规矩。现在我们无缘无故地向别人索取土地，人家不给，必定产生愤恨之心；如果给了，骄横之心必定会因此而滋长。愤恨就一定会去争夺，争夺就一定会造成失败；骄横就一定会使自己目中无物，目中无物就一定会亡国。"恳切真诚地劝谏，一次不听，再劝谏他；再劝谏不听，就第三次劝谏他；三次劝谏不听，就把自己伏剑自杀的时间移到这一天。智伯虽然愚钝无知，但因为被他的至诚所感动，也许会重新醒悟，同韩、魏两家和好，解除对赵氏的围困，保全智氏的宗族，使智氏宗庙中的香火供奉不至断绝。如果这样，那么豫让虽死犹生，难道不比那斩衣而死强吗？但豫让在这个时候，却不曾说过一句话去开导主人的思想，他看着智伯的危亡，就像越国人看秦国人的胖瘦一样啊，只是袖手旁观，坐待成败。国士对于主上的报答，何曾

◎卷十二　明文

是这样的呢？智伯已经死了，却禁不住一时的血气冲动，情愿把自己加入刺客一类人的行列里，这有什么值得称道的呢？这有什么值得称道的呢？

虽然这样，以国士而论，豫让固然是不够格的。但那些早晨是仇敌，晚上就变成了君臣，厚着脸皮自以为得意的人，就又是豫让的罪人了！唉！

王 鏊

王鏊，字济之，吴县（今江苏苏州）人。历官侍讲学士、少詹事、吏部右侍郎、户部尚书、文渊阁大学士，加少傅兼太子太傅。因刘瑾专权，归乡隐居，累征不出，卒于家中。他博学有见识，文章典雅，议论明畅。

◎卷十二 明文

亲政篇

【原文】

《易》之《泰》曰:"上下交而其志同。"其《否》曰:"上下不交而天下无邦。"盖上之情达于下,下之情达于上,上下一体,所以为"泰"。下之情壅阏而不得上闻①,上下间隔,虽有国而无国矣,所以为"否"也。

交则泰,不交则否,自古皆然,而不交之弊,未有如近世之甚者。君臣相见,止于视朝数刻;上下之间,章奏批答相关接,刑名法度相维持而已。非独沿袭故事,亦其地势使然。何也?国家常朝于奉天门,未尝一日废,可谓勤矣。然堂陛悬绝,威仪赫奕②,御史纠仪,鸿胪举不如法③,通政司引奏④,上特视之,谢恩见辞,惴惴而退⑤,上何尝治一事,下何尝进一言哉?此无他,地势悬绝,所谓堂上远于万里,虽欲言无由言也。

愚以为欲上下之交,莫若复古内朝之法。盖周之时有三朝:库门之外为正朝,询谋大臣在焉;路门之外为治朝,日视朝在焉;路门之内曰内朝,亦曰燕朝。《玉藻》云:"君日出而视朝,退适路寝听政⑥。"盖视朝而见群臣,所以正上下之分;听政而适路寝,所以通远近之情。汉制:大司马、左右前后将军、侍中、散骑诸吏为中朝,丞相以下至六百石为外朝。唐皇城之北南三门曰承天,元正、冬至受万国之朝贡,则御焉,盖古之外朝也。其北曰太极门,其西曰太极殿,朔、望则坐而视朝,盖古之正朝也。又北曰两仪殿,常日听朝而视事,盖古之内朝也。宋时常朝则文德殿,五日一起居则垂拱殿,正旦、冬至、圣节称贺则大庆殿,赐宴则紫宸殿或集英殿,试进士则崇政殿。侍从以下,五日一员上殿,谓之轮对,则必入陈时政利害。内殿引见，亦或赐坐，或免穿靴，盖亦有三朝之遗意焉。盖天有三垣⑦，天子象之。正朝，象太极也；外朝，象天市也；内朝，象紫微也。自古然矣。

国朝圣节、正旦、冬至大朝会则奉天殿，即古之正朝也。常日则奉天门，即古之外朝也。而内朝独缺。然非缺也，华盖、谨身、武英等殿，岂非内朝之遗制乎？洪武中如宋濂、刘基，永乐以来如杨士奇、杨荣等，日侍左右；大臣蹇义、夏元吉等，常奏对便殿。于斯时也，岂有壅隔之患哉？今内朝未复，临御常朝之后，人臣无复进见，三殿高閟⑧，鲜或窥焉。故上下之情，壅而不通；天下之弊，由是而积。孝宗晚年，深有慨于斯，屡召大臣于便殿，讲论天下事。方将有为，而民之无禄，不及睹至治之美，天下至今以为恨矣。

惟陛下远法圣祖，近法孝宗，尽划近世壅隔之弊。常朝之外，即文华、武英二殿，仿古内朝之意，大臣三日或五日一次起居，侍从、台谏各一员上殿轮对。诸司有事咨决，上据所见决之，有难决者，与大臣面议之。不时引见群臣，凡谢恩辞见之类，皆得上殿陈奏。虚心而问之，和颜色而道之，如此，人人得以自尽。陛下虽深居九重，而天下之事灿然皆陈于前。外朝所以正上下之分，内朝所以通远近之情。如此，岂有近世壅隔之弊哉？唐、虞之时，明目达聪，嘉言罔伏，野无遗贤，亦不过是而已。

【注释】

①阏（è）：阻塞。②赫奕（yì）：显耀盛大的样子。③鸿胪：掌管殿廷礼仪的官员。④通政司：掌管内外章疏的官署。⑤惴惴（zhuì）：害怕的样子。⑥路寝：古代君主处理政事的地方。⑦三垣：古代分周天恒星为三垣二十八宿，三垣指太微、紫微、天市。⑧閟（bì）：关闭。

【译文】

《易经》中的《泰》卦说："上下沟通，他们的志向就会相同。"其

◎卷十二 明文

《否》卦说:"上下阻隔,天下就不会成为国家了。"上面的想法能够传达到下面,下面的意见能够传达到上面,上下成为一个整体,所以叫作"泰"。如果下面的意见被阻塞,不能传到上面,上下之间有了隔阂,虽然名义上是国家,实质上不是国家,所以称为"否"。

上下沟通就吉利,上下不沟通就不吉利,自古以来都是这样;然而上下不沟通的弊病,没有像近代这样厉害的。君臣见面,只是在皇帝上朝听政的那么一会儿;君臣之间,不过是通过奏章、批复相联系,用刑名规定和法令制度彼此维持罢了。这不仅仅是沿袭旧的典章制度,也是相互之间的地位悬殊所造成的。为什么这样说呢?

皇上常常在奉天门举行朝会,没有一天间断过,可说是勤于政事了;但是那殿堂前台阶高耸,皇帝的威仪显赫盛大,御史纠察百官朝见的礼仪,鸿胪卿检举那些不合规矩的行动,通政司导引奏事,皇上只是看看罢了,臣子就谢恩告辞,惴惴不安地退了下来。皇上何尝处理过一件事,臣子又何尝进过一言呢?这不是别的原因,只不过是上下地位悬殊所致,正是所谓的君臣同处一堂却相隔远过万里。做臣子的虽然想进言,却无从说起啊。

我认为要做到上下沟通,不如恢复古代内朝的制度。周代的时候有三个设朝的地方:库门的外面所设的是正朝,顾问大臣守候在这里;路门的外面所设的是治朝,皇上每天在这里举行朝会;路门的里面是内朝,也叫燕朝。《礼记·玉藻》上说:"君主在日出的时候上朝,退朝以后到路寝听政。"大概在朝堂之上接见群臣,是为了端正上下的名分;听政却要到路寝进行,是为了通晓远近的情况。汉朝的制度:皇帝接见大司马、左右前后将军、侍中、散骑等文武官吏称中朝,接见丞相以下到六百石的官员称外朝。唐代皇城北面靠南的第三门是承天门,每年的元旦和冬至,皇帝到这里接受各国的朝拜和进贡,这大概就是古时候的外朝。它的北面是太极门,它的西面是太极殿,每月的初一和十五,皇帝就在这里坐朝,接见群臣,这大概就是古时候的正朝。再往北面就是两仪殿,皇帝平日就在这里听朝和处理政事,这大概就是古时候的内朝了。宋朝时候,皇帝平日在文德殿坐朝，臣子们每五天一次对皇帝的问候则在垂拱殿进行；元旦、冬至以及皇帝的生日，皇帝要在大庆殿接受朝贺；如果是赐宴的话就在紫宸殿或者集英殿举行；面试进士则在崇政殿。自侍从官以下，每五天有一名官员上殿面见皇帝，称为轮对，他必须进来陈说当时政治的得失。在内殿引见臣属时，有时是赐坐，有时是免穿朝靴。这大概还保留有三朝制度的遗风吧。因为上天有三垣，天子于是仿效它：正朝，仿效太极垣；外朝，仿效天市垣；内朝，仿效紫微垣。自古以来就是这样的。

到了本朝，皇帝生日、元旦、冬至等大型朝会在奉天殿举行，这便是古时候的正朝；平日在奉天门设朝，这便是古时候的外朝。可是唯独缺少内朝。然而实际上内朝并不缺少，华盖、谨身、武英等殿，难道不是内朝遗制吗？洪武年间，如宋濂、刘基，永乐以来，如杨士奇、杨荣等大臣，每天都侍奉在皇帝身边；大臣蹇义、夏元吉等人，经常在便殿启奏应答政事。在这个时候，哪里有阻塞隔绝的忧患呢？现在内朝制度没有恢复，皇上临驾平时的朝会以后，臣子就不能再进见了。三殿高高的大门关闭着，很少有人到这里来瞅一眼。所以上下的意见阻塞不通，天下的弊病因此而越积越多。孝宗晚年，在这方面深有感慨，他屡次在便殿召见大臣，谈论天下的事情，正要有所作为便去世了。百姓没有福气，不能看到天下大治的美好光景。直到现在，天下的人还都为之感到遗憾。

希望皇上远的效法圣祖，近的效法孝宗，彻底铲除近代上下阻塞隔绝的弊病。除日常的朝会之外，就到文华、武英二殿，仿效古代内朝，大臣每隔三天或五天进来请一次安，侍从和台谏各派官员一名上殿轮对。各部门有事请求决断，皇上根据自己的看法决断它，有难于决断的，就和大臣当面商讨解决办法。不时地引见群臣，凡是谢恩、辞行这类情况，都可以上殿陈奏。皇上虚心地询问他们，和颜悦色地开导他们，如此一来，人人都能够毫无保留地说出自己的意见；皇上虽然深居皇宫，可是天下的事情却全都清清楚楚地展

◎卷十二 明文

现在眼前。外朝用来端正上下的名分，内朝用来了解远近的情况。像这样，哪里会有近代阻塞隔绝的弊病呢？唐尧、虞舜的时候，他们目明耳聪，好的言论没有被埋没，民间没有遗漏的贤人，也不过是这样罢了。

王守仁

　　王守仁，字伯安，号阳明。孝宗弘治十二年（1499）进士，历任南京鸿胪寺卿、南京兵部尚书。明代思想家、军事家，心学集大成者。《明史》评价说："终明之世，文臣用兵制胜，未有如守仁者。"王守仁确立了心学理论体系，认为人心是宇宙的本体，提倡"悟格物致知，当自求诸心，不当求诸事物"。有《王文成公全书》三十八卷。

尊经阁记

【原文】

经，常道也①。其在于天谓之命，其赋于人谓之性，其主于身谓之心。心也，性也，命也，一也。通人物，达四海，塞天地，亘古今，无有乎弗具，无有乎弗同，无有乎或变者也，是常道也。

其应乎感也，则为恻隐，为羞恶，为辞让，为是非；其见于事也，则为父子之亲，为君臣之义，为夫妇之别，为长幼之序，为朋友之信。是恻隐也，羞恶也，辞让也，是非也；是亲也，义也，序也，别也，信也，一也，皆所谓心也，性也，命也。

通人物，达四海，塞天地，亘古今，无有乎弗具，无有乎弗同，无有乎或变者也，是常道也。以言其阴阳消长之行，则谓之《易》；以言其纪纲政事之施，则谓之《书》；以言其歌咏性情之发，则谓之《诗》；以言其条理节文之著，则谓之《礼》；以言其欣喜和平之生，则谓之《乐》；以言其诚伪邪正之辨，则谓之《春秋》。是阴阳消息之行也，以至于诚伪邪正之辨也，一也，皆所谓心也，性也，命也。

通人物，达四海，塞天地，亘古今，无有乎弗具，无有乎弗同，无有乎或变者也，夫是之谓六经。六经者非他，吾心之常道也。是故《易》也者，志吾心之阴阳消息者也；《书》也者，志吾心之纪纲政事者也；《诗》也者，志吾心之歌咏性情者也；《礼》也者，志吾心之条理节文者也；《乐》也者，志吾心之欣喜和平者也；《春秋》也者，志吾心之诚伪邪正者也。君子之于六经也，求之吾心之阴阳消息而时行焉②，所以尊《易》也；求之吾心之纪纲政事而时施焉，所以尊《书》也；求之吾心之歌咏性情而时发焉，所以尊《诗》也；求之吾心之条理节文而时著焉，所以尊《礼》也；求之吾心之欣喜和平而时生焉，所以尊《乐》

也；求之吾心之诚伪邪正而时辨焉，所以尊《春秋》也。

盖昔圣人之扶人极③，忧后世，而述六经也。犹之富家者之父祖，虑其产业库藏之积，其子孙者或至于遗亡散失，卒困穷而无以自全也，而记籍其家之所有以贻之，使之世守其产业库藏之积而享用焉，以免于困穷之患。故六经者，吾心之记籍也，而六经之实，则具于吾心。犹之产业库藏之实积，种种色色，具存于其家，其记籍者，特名状数目而已。而世之学者，不知求六经之实于吾心，而徒考索于影响之间④，牵制于文义之末，硁硁然以为是六经矣⑤。是犹富家之子孙，不务守视享用其产业库藏之实积，日遗亡散失，至为窭人丐夫⑥，而犹嚣嚣然指其记籍曰⑦："斯吾产业库藏之积也。"何以异于是？

呜呼！六经之学，其不明于世，非一朝一夕之故矣。尚功利，崇邪说，是谓乱经；习训诂，传记诵，没溺于浅闻小见，以涂天下之耳目，是谓侮经；侈淫词，竞诡辩，饰奸心盗行，逐世垄断⑧，而犹自以为通经，是谓贼经。若是者，是并其所谓记籍者而割裂弃毁之矣，宁复知所以为尊经也乎？

越城旧有稽山书院⑨，在卧龙西冈，荒废久矣。郡守渭南南君大吉，既敷政于民，则慨然悼末学之支离，将进之以圣贤之道，于是使山阴令吴君瀛拓书院而一新之。又为尊经之阁于其后，曰："经正则庶民兴，庶民兴斯无邪慝矣⑩。"阁成，请予一言以谂多士⑪。予既不获辞，则为记之若是，呜呼！世之学者得吾说而求诸其心焉，则亦庶乎知所以为尊经也已！

【注释】

①常道：经久不变的真理。②消息：指事物的消歇、生长。③极：准则。④影响：影子和回声，指无根据的猜测。⑤硁硁（kēng）：固执浅薄的样子。⑥窭（jù）人：贫穷的人。⑦嚣嚣然：自得的样子。⑧垄断：谋取高利。⑨越城：在今浙江绍兴。⑩慝（tè）：邪念。⑪谂（shěn）：规谏。

◎ 卷十二　明文

【译文】

儒家的经典，是永恒的真理。它存在于天时叫作"命"，赋予人时叫作"性"，主宰人的身体行动时叫作"心"。心、性、命，其实是一个东西。它沟通了人与万物，遍及了四海八方，充斥在天地之间，横贯于往来古今，无所不有，无所不同，不会发生任何的变化；这就是永恒的真理！

它反应在情感上，就表现为同情之心、羞耻之心、谦让之心、明辨是非之心；它反应在事情上，就表现为父子之间的亲爱、君臣之间的忠义、夫妇之间的区别、长幼之间的次序、朋友之间的信义；这同情呀、羞耻呀、谦让呀、是非呀，这亲爱呀、忠义呀、次序呀、区别呀、信义呀，都是一回事，就是前面所说的心、性、命。

沟通人与万物，遍及四海八方，充斥在天地之间，横贯于往来古今，无所不有，无所不同，不会发生任何变化的，就是永恒的真理啊！用它来解释阴阳消长变化规律的，就是《易经》；用它来阐述典章法制政事的实施的，就是《尚书》；用它来记述抒发性情歌唱吟咏的，就叫《诗经》；用它来谈论礼仪规章的建立的，就叫《礼记》；用它来表达欢愉平和之音形成的，就叫《乐经》；用它来指出诚实和虚伪、奸邪和正直的辨析的，就叫《春秋》。从阴阳消长的变化规律，一直到诚伪邪正的辨析，其实都是一个东西，都是前面所说的心、性、命。

沟通人与万物，遍及四海八方，充斥在天地之间，横贯于往来卉今，无所不有，无所不同，不会发生任何变化；这就叫六经。六经不是别的什么东西，它是我心灵中永恒的规范啊。所以《易经》是记述我心里的阴阳变化的，《尚书》是记述我心里的典章法制政事的，《诗经》是记述我心里抒发性情的歌咏的；《礼记》是记述我心里的礼仪规章的，《乐经》是记述我心里的欢愉平和的，《春秋》是记述我心里对于诚伪邪正的辨析的。君子对于六经，探求自己心里的阴阳变化并且时时加以实行，便是尊崇《易经》；探求自己心里的典章法制政事，及时去实施,便是尊崇《尚书》;能从自己心中探求歌咏性情,并时常地抒发它,便是尊崇《诗经》;探求自己心里的各种不同礼仪规范,及时去表现,便是尊崇《礼记》;探求自己心里的欢愉平和,及时去抒发,便是尊崇《乐经》;探求自己心里的诚伪邪正,及时去辨析,便是尊崇《春秋》。

从前圣人为了树立做人的最高道德准则,考虑后世,因而著述了六经。正像有钱人家的先辈,担心他产业积蓄到他的子孙那代也许会遗亡散失,最终变得穷困而不能够保全自己;因此就把他全家所有的财产记在簿子上传给子孙,使他们能世代保有这些产业和积蓄,以资享用,从而免除穷困的忧患。所以六经是我心里的账簿,六经的实质,全都存在我的心里。这就像产业和库藏中的实物是形形色色的,都储存在他的家里,那账簿上记载的,只是它们的名称、式样、数量罢了。可是世上做学问的人,不知道从自己心里探求六经的实质,却白费力气地在无根据的传闻和注疏中考证探索,被文义中的一些细碎枝节所牵制,还固执地认为这就是六经了。这正像那有钱人家的子孙,不尽力去保有他的产业和积蓄,却日益将它们遗失殆尽,直到自己沦为穷人、乞丐,却还得意地指着他的账簿说:"这便是我的产业和库藏的积蓄呢!"某些人对待六经,跟这种情况有什么不同?

唉!六经的学问,它在世上不能发扬光大,已经不是一天两天的事情了!看重功利,崇尚邪说,这叫作"乱经";钻研注疏,传习记诵,沉溺在浅见陋识之中,以此来堵塞天下人的耳目,这叫作"侮经";大放邪说,竞相诡辩,掩饰自己奸邪的心思和丑恶的行为,追随世俗,像商人一样投机取巧,却还自认为精通经典,这叫作"毁经"。像这种人,是连同他的所谓账簿也割裂毁弃掉了,哪里还会懂得尊崇儒家经典的道理呢?

越城从前有座稽山书院,在卧龙冈的西面,荒废很久了。郡守渭南人南大吉,在对百姓施行政教之余,慨叹近代末流之学的支离破碎,想要把人们引向圣贤之道,于是派山阴县令吴君瀛来修缮稽山书院,使它面目一新。又在它的后面筑了一座尊经阁,说道:"六经的道理一旦被

◎卷十二 明文

正确理解了,那么百姓就会兴旺,这里也就不再会有奸邪藏匿了。"尊经阁筑成后,请我写一篇文章来规劝那些读书人。我既然不能推辞,就替他作了这样一篇记。唉!世上学习儒家经典的人得到我的这一番议论,还要在心中对它进行印证,那么也许就能够知道怎么样才算是尊重六经了吧!

象祠记

【原文】

　　灵博之山①，有象祠焉②。其下诸苗夷之居者，咸神而祠之。宣尉安君因诸苗夷之请，新其祠屋，而请记于予。予曰："毁之乎，其新之也？"曰："新之。""新之也何居乎？"曰："斯祠之肇也，盖莫知其原。然吾诸蛮夷之居是者，自吾父、吾祖溯曾、高而上，皆尊奉而禋祀焉③，举而不敢废也。"予曰："胡然乎？有鼻之祀，唐之人盖尝毁之。象之道，以为子则不孝，以为弟则傲。斥于唐，而犹存于今；坏于有鼻，而犹盛于兹土也，胡然乎？"

　　我知之矣：君子之爱若人也，推及于其屋之乌，而况于圣人之弟乎哉？然则祠者为舜，非为象也。意象之死，其在干羽既格之后乎？不然，古之骜桀者岂少哉④？而象之祠独延于世。吾于是盖有以见舜德之至，入人之深，而流泽之远且久也。

　　象之不仁，盖其始焉耳，又乌知其终之不见化于舜也？《书》不云乎："克谐以孝，烝烝乂⑤，不格奸。""瞽瞍亦允若⑥。"则已化而为慈父。象犹不弟⑦，不可以为谐。进治于善，则不至于恶。不底于奸⑧，则必入于善。信乎象盖已化于舜矣。《孟子》曰："天子使吏治其国。"象不得以有为也。斯盖舜爱象之深而虑之详，所以扶持辅导之者之周也。不然，周公之圣，而管、蔡不免焉。斯可以见象之见化于舜，故能任贤使能，而安于其位，泽加于其民，既死而人怀之也。诸侯之卿，命于天子，盖《周官》之制，其殆仿于舜之封象欤⑨？

　　吾于是盖有以信人性之善，天下无不可化之人也。然则唐人之毁之也，据象之始也；今之诸苗之奉之也，承象之终也。斯义也，吾将以表于世。使知人之不善虽若象焉，犹可以改；而君子之修德，及其至也，虽若象之不仁,而犹可以化之也。

【注释】

①灵博之山:在今贵州黔西。②象:传说中舜的异母兄弟,曾和舜父及舜的后母一起图谋加害舜。③禋(yīn)祀:指祭祀。禋:古代烧柴升烟以祭天求福。④鳌(áo)桀(jié):暴戾不驯。⑤烝烝:淳厚的样子。乂(yì):善。⑥瞽瞍(sǒu):舜的父亲。⑦弟:通"悌",敬爱兄长。⑧底:通"抵",达。⑨殆:大概。

【译文】

灵博山上有一座象祠。那山下住着的苗民,都把象当神灵来祭祀。宣慰使安君,应那些苗民的请求,翻修了祠堂,同时请我作一篇记。我说:"是拆毁它呢,还是翻修它呢?"宣慰使说:"是翻修它。"我说:"翻修它?有什么理由吗?"宣慰使说:"这座祠堂的来历,大概是没有什么人知晓了。然而居住在这里的苗民,从我的父亲、祖父,一直追溯到曾祖父、高祖父以上,都是尊奉象,祭祀象,一直沿袭而不敢荒废。"我说:"为什么这样呢?有鼻那地方的象祠,唐代的人就曾经毁掉过。象的为人,作为儿子他不孝顺,作为弟弟他骄傲狂妄。对他的祭祀在唐代受到贬斥,可是还存留到现在;现在有鼻被废弃了,可是还盛行于此地。为什么这样呢?"

我懂得了:君子喜爱这个人,会把这种喜爱延及到他屋上的乌鸦,更何况是圣人的弟弟呢?所以兴建这座祠堂是因为舜的缘故,并不是因为象啊!想那象的死去,大概是在舜用德政感化了苗民之后吧?不然的话,从古到今桀骜不驯的人难道还少吗?可是象的祠堂却独独能延续到今世,我于是从这里得以看到舜的德行的至大至盛,浸入人心之深,以及他的恩泽流传的广远和长久。

象的不仁德,大概只在于开始的时候,怎见得他不是最终被舜感化了呢?《尚书》上不是说过吗:"舜能用他的孝顺使家庭和睦,使家人日益向善上进,不至于走到邪路上去。"又说:"瞽瞍也表示顺从。"最终因为舜的感化而成了慈祥的父亲。如果象还是不敬爱哥哥，就不能够说是全家和睦了。不断地向善的标准进步并且调整自己，就不会沦于邪恶；不往邪路上迈步，就一定会向善靠近。象最终为舜所感化这是真实可信的啊。孟子说："天子派遣官吏去治理象的封国，象于是不能有所作为。"这大概是舜深爱着象，并且为他做了周详的考虑，所以用来扶持他、辅导他的办法也就很周到啊。不是这样的话，那么即使像周公那样圣明，可是管叔、蔡叔也不能避免被诛杀放逐。从这里能够看到象是被舜所感化了，所以能够任贤使能，安稳地坐在他的位子上，使他的恩德遍及百姓，所以死了以后才有人怀念他。诸侯的卿，都是由天子任命的，周代的这种制度，大概是仿效舜封象的做法吧！

　　我因此能够相信，人的本性是善良的，天下没有不能够被感化的人。那么唐朝人拆毁象的祠堂，是根据象开始的表现；如今这些苗民尊奉他，是根据他后来的表现。这其中的道理，我将要向世人阐明，使人们知道，不善良的人，即使像象一样，还是可以改正的；君子修养自己的德行，到了至大至盛的时候，即使有人像象一样不仁善，也还是能够感化他的。

◎卷十二 明文

瘞旅文

【原文】

维正德四年秋月三日①,有吏目云自京来者②,不知其名氏,携一子一仆将之任,过龙场,投宿土苗家。予从篱落间望见之,阴雨昏黑,欲就问讯北来事,不果。明早,遣人觇之③,已行矣。薄午,有人自蜈蚣坡来,云:"一老人死坡下,傍两人哭之哀。"予曰:"此必吏目死矣,伤哉!"薄暮,复有人来云:"坡下死者二人,傍一人坐哭。"询其状,则其子又死矣。明日,复有人来云:"见坡下积尸三焉。"则其仆又死矣。呜呼伤哉!

念其暴骨无主,将二童子持畚、锸往瘗之④,二童子有难色然。予曰:"噫!吾与尔犹彼也。"二童闵然涕下⑤,请往。就其傍山麓为三坎,埋之。

又以只鸡、饭三盂,嗟吁涕洟而告之曰:"呜呼伤哉!繄何人⑥?繄何人?吾龙场驿丞余姚王守仁也。吾与尔皆中土之产。吾不知尔郡邑,尔乌乎来为兹山之鬼乎?古者重去其乡,游宦不逾千里,吾以窜逐而来此⑦,宜也。尔亦何辜乎?闻尔官,吏目耳,俸不能五斗,尔率妻子躬耕可有也,胡为乎以五斗而易尔七尺之躯?又不足,而益以尔子与仆乎?呜呼伤哉!尔诚恋兹五斗而来,则宜欣然就道,胡为乎吾昨望见尔容蹙然,盖不胜其忧者?夫冲冒霜露,扳援崖壁,行万峰之顶,饥渴劳顿,筋骨疲惫,而又瘴疠侵其外⑧,忧郁攻其中,其能以无死乎?吾固知尔之必死,然不谓若是其速,又不谓尔子、尔仆亦遽然奄忽也。皆尔自取,谓之何哉!吾念尔三骨之无依而来瘗耳,乃使吾有无穷之怆也。呜呼伤哉!纵不尔瘗,幽崖之狐成群,阴壑之虺如车轮⑨,亦必能葬尔于腹,不致久暴露尔。尔既已无知,然吾何能为心乎?自吾去父母乡国而来此，三年矣，历瘴毒而苟能自全，以吾未尝一日之戚戚也。今悲伤若此，是吾为尔者重，而自为者轻也，吾不宜复为尔悲矣。吾为尔歌，尔听之！"

歌曰："连峰际天兮飞鸟不通，游子怀乡兮莫知西东。莫知西东兮维天则同，异域殊方兮环海之中。达观随寓兮莫必予宫，魂兮魂兮无悲以恫。"

又歌以慰之曰："与尔皆乡土之离兮，蛮之人言语不相知兮。性命不可期，吾苟死于兹兮，率尔子仆，来从予兮。吾与尔遨以嬉兮，骖紫彪而乘文螭兮⑩，登望故乡而嘘唏兮。吾苟获生归兮，尔子、尔仆尚尔随兮，无以无侣悲兮。道傍之冢累累兮，多中土之流离兮，相与呼啸而徘徊兮。餐风饮露，无尔饥兮。朝友麋鹿，暮猿与栖兮。尔安尔居兮，无为厉于兹墟兮⑪。"

【注释】

①正德：明武宗年号。②吏目：掌管官府文书的低级官吏。③觇（chān）：暗中察看。④畚（běn）、锸（chā）：畚箕和铁锹。瘗（yì）：埋葬。⑤闵然：忧伤的样子。⑥繄（yī）：句首语气词。⑦窜逐：谪贬。⑧瘴（zhàng）疠（lì）：南方山林间湿热蒸郁可致人疾病之气。⑨虺（huǐ）：毒蛇。⑩骖（cān）：此处作"驾驭"讲。文螭（chī）：有花纹的无角龙。⑪厉：厉鬼。

【译文】

正德四年秋季某月的初三，有一个自称是从京城来的吏目，不知道他的姓名，带着一个儿子、一个仆人前去赴任。经过龙场的时候，投宿在当地的苗人家里。我从篱笆的缝隙中看到了他，这时阴雨绵绵，天色昏暗，我想去询问北方近来的情况，没有去成。第二天早晨，派人去看他，他们已经走了。将近中午的时候，有人从蜈蚣坡来，说："有个老人死在坡下，旁边有两个人哭得很是悲痛。"我说："这一定是那个吏目死了。令人悲伤呀！"傍晚的时候，又有人来说："坡下有两个死人，有

◎卷十二 明文

一个人坐着在旁边哭泣。"我询问当时的状况,则推知他的儿子也死了。第二天,又有人来说:"看见蜈蚣坡下堆积着三具尸体。"他的仆人也死了,哎,真是令人悲伤啊!

我想到他们暴尸荒野,无人收殓,就带了两个童子,拿着畚箕和铁锹前去埋葬他们。两个童子面露难色。我说:"唉!我和你们就和他们一样啊!"两个童子悲伤地落下眼泪,愿意同去。我们在尸体旁的山脚下挖了三个坑,埋葬了他们。又用一只鸡、三碗饭祭奠,叹息流泪,祭告他们说:"唉,令人悲伤呀!你是什么人?你是什么人?我是龙场驿丞,余姚人王守仁啊。我和你都生长在中原,我不知道你是哪里人,你为什么要来做这座山的鬼呢?古人不轻易离开家乡,出外做官不超过千里,我因为贬官而被放逐到这里,是应该的。你又有什么罪过呢?听说你的官位不过是个吏目罢了,俸禄不足五斗,你带领妻子儿女亲自耕种也是能够得到的呀!为什么要因为这五斗米的俸禄而换去了你堂堂七尺的身躯呢?这还不够,还要加上你的儿子和仆人呢?唉,令人悲伤呀!你要真是因为贪恋这五斗米,就应当欣然上路,为什么我昨天看见你满面愁容,好像不胜忧伤的样子呢?你们冒着风霜寒露,在陡峭的山路上攀缘,翻过无数的山峰,又饥又渴,劳累困顿,身体疲惫,又有瘴气瘟疫侵扰,忧愁苦闷在心中郁积,这怎能不死去呢?我本来知道你一定会死,但没有料到你会死得这样快,更没料到你的儿子、仆人也都很快地相继死去!这都是你自己招来的祸殃啊,还能说什么呢!我想到你们的尸骨无人收敛,所以前来埋葬,这使我产生了无穷的悲伤啊!唉,令人悲伤啊!纵然我不埋葬你,这荒僻山崖上的狐狸成群,晦暗深谷中的毒蛇大如车轮,也一定会把你们吞入腹中,不会使你们长久地暴尸山野啊。你已经没有感知了,可是我又于心何忍?自从我离开了父母家乡,来到这里已经三年了,经受了瘴疠毒气的侵扰却能苟且保全,是因为我不曾有一天的忧伤啊。今天如此悲伤,大半因为你,很少是因为我自己呀。我不应当再替你悲伤了。我为你作了一首歌,你听吧!"

歌词是:"连绵的山峰与天相接啊,连飞鸟也不能通过。羁泊他乡的游子怀念故土啊,辨不清西和东。辨不清东和西呀,只有天空在哪里都是一样的。他乡异地啊,也是环抱在四海之中。达观的人四海为家啊,不一定非要有固定的住处。魂啊,魂啊,不要伤心悲痛!"

又作了一支歌来安慰他说:"我和你都是远离故乡的人啊,蛮族的言语一点儿也听不懂。寿命的长短真的不可预料啊,我如果死在这里,你就带着儿子和仆人来和我在一起。我和你遨游嬉戏啊,驾驭着紫色的猛虎,坐在斑斓的蛟龙上面。登高眺望遥远的故乡啊,发出长长的叹息!我若能活着回去啊,你还有儿子和仆人跟随,不会因为孤独无伴而伤悲。路旁那累累的坟头啊,多是流离至此的中原人士安睡其中。大家相互招呼叫喊呀,一起在这里徘徊不去。餐清风而饮甘露啊,你就不会饥饿。早晨与麋鹿结成伴,晚上与猿猴一同栖息。你可以安心地居住在这里呀,不要危害这里的村落!"

唐顺之

唐顺之，字应德，武进（今属江苏常州）人。嘉靖八年（1529）会试第一，官翰林编修，后调兵部主事。当时倭寇屡犯沿海，唐顺之督师浙江，曾亲率兵船破倭寇于海上。后升右佥都御史、代凤阳巡抚，至通州（今南通）去世。世称"荆川先生"。有《荆川先生文集》。

信陵君救赵论

【原文】

论者以窃符为信陵君之罪①,余以为此未足以罪信陵也。夫强秦之暴亟矣,今悉兵以临赵,赵必亡。赵,魏之障也;赵亡,则魏且为之后。赵、魏,又楚、燕、齐诸国之障也;赵、魏亡,则楚、燕、齐诸国为之后。天下之势,未有岌岌于此者也②。故救赵者,亦以救魏;救一国者,亦以救六国也。窃魏之符以纾魏之患③,借一国之师以分六国之灾,夫奚不可者?

然则信陵果无罪乎?曰:"又不然也。"余所诛者,信陵君之心也。信陵一公子耳,魏固有王也。赵不请救于王,而谆谆焉请救于信陵,是赵知有信陵,不知有王也。平原君以婚姻激信陵,而信陵亦自以婚姻之故,欲急救赵,是信陵知有婚姻,不知有王也。其窃符也,非为魏也,非为六国也,为赵焉耳。非为赵也,为一平原君耳。使祸不在赵,而在他国,则虽撤魏之障,撤六国之障,信陵亦必不救。使赵无平原,或平原而非信陵之姻戚,虽赵亡,信陵亦必不救。则是赵王与社稷之轻重,不能当一平原公子;而魏之兵甲所恃以固其社稷者,只以供信陵君一姻戚之用。幸而战胜,可也;不幸战不胜,为虏于秦,是倾魏国数百年社稷以殉姻戚,吾不知信陵何以谢魏王也。

夫窃符之计,盖出于侯生④,而如姬成之也⑤。侯生教公子以窃符,如姬为公子窃符于王之卧内,是二人亦知有信陵,不知有王也。余以为信陵之自为计,曷若以唇齿之势,激谏于王;不听,则以其欲死秦师者而死于魏王之前,王必悟矣。侯生为信陵计,曷若见魏王而说之救赵;不听,则以其欲死信陵君者而死于魏王之前,王亦必悟矣。如姬有意于报信陵,曷若乘王之隙而日夜劝之救;不听,则以其欲为公子死者

◎卷十二 明文

而死于魏王之前，王亦必悟矣。如此，则信陵君不负魏，亦不负赵；二人不负王，亦不负信陵君。何为计不出此？信陵知有婚姻之赵，不知有王。内则幸姬，外则邻国，贱则夷门野人，又皆知有公子，不知有王，则是魏仅有一孤王耳。

呜呼！自世之衰，人皆习于背公死党之行，而忘守节奉公之道。有重相而无威君，有私仇而无义愤。如秦人知有穰侯⑥，不知有秦王；虞卿知有布衣之交⑦，不知有赵王。盖君若赘旒久矣⑧。由此言之，信陵之罪，固不专系乎符之窃不窃也。其为魏也，为六国也，纵窃符犹可；其为赵也，为一亲戚也，纵求符于王，而公然得之，亦罪也。

虽然，魏王亦不得为无罪也。兵符藏于卧内，信陵亦安得窃之？信陵不忌魏王，而径请之如姬，其素窥魏王之疏也。如姬不忌魏王，而敢于窃符，其素恃魏王之宠也。木朽而蛀生之矣。古者人君持权于上，而内外莫敢不肃。则信陵安得树私交于赵？赵安得私请救于信陵？如姬安得衔信陵之恩？信陵安得卖恩于如姬？履霜之渐⑨，岂一朝一夕也哉！由此言之，不特众人不知有王，王亦自为赘旒也。

故信陵君可以为人臣植党之戒，魏王可以为人君失权之戒。《春秋》书"葬原仲""翚帅师"⑩。嗟夫！圣人之为虑深矣！

【注释】

①符：兵符。②岌岌：危急。③纾（shū）：解除。④侯生：侯嬴，信陵君的门客。⑤如姬：魏王的宠妾。她的父亲被人杀害，信陵君为她报了仇。后秦围困赵国邯郸，信陵君托她偷出了兵符。⑥穰（ráng）侯：即魏冉，秦昭襄王母宣太后之弟，他靠着宣太后在秦国专权达二十五年。⑦虞卿：战国时的游说之士，后为赵相。他的朋友魏齐因曾与秦相范雎结仇，范雎为相后向魏国索要魏齐，魏齐逃到赵国，但仍被缉拿。虞卿为了帮助魏齐脱险，抛弃相印，与魏齐一同出走。后魏齐因走投无路而自杀，虞卿也不知去向。⑧赘（zhuì）旒：旗帜上的飘带。比喻虚居其位而无权。⑨履霜之渐：《易经·渐》有"履霜坚冰至"，意思是踩到霜，就知道寒冬要来了。⑩原仲：陈国大夫。他死

后，旧友季友私自到秦国将他埋葬，孔子认为这是结党营私的表现。翚（huī）：鲁国大夫。宋、陈等国联合讨伐郑国，也请鲁国出兵，鲁隐公不答应，翚却执意请求，最后私自带兵前去，孔子认为这是目无君长的表现。

【译文】

　　评论史事的人把窃取魏王兵符看成信陵君的罪过，我认为这并不能怪罪信陵君。强秦咄咄逼人，出动全国的军队侵入赵国，赵国一定灭亡。赵国是魏国的屏障，赵国灭亡了，魏国也会随之而灭亡。赵国和魏国，又是楚国、燕国、齐国等几个国家的屏障，赵国、魏国灭亡了，那么楚国、燕国、齐国等几个国家就要步它们的后尘。天下的形势，从未像此刻这样危急过。所以救赵也就是救魏，救一国也就是救六国。窃取魏王的兵符来解除魏国的祸患，借助一国的兵力来化解六国的灾难，这有什么不可以的呢？

　　然而信陵君果真没有罪过吗？我说："又不是这样。"我所要指责的，是信陵君的私心啊。信陵君不过是一个公子罢了，魏国本来是有君主的啊！赵国不向魏王求救，却恳切地向信陵君求救，这是赵国只知道有信陵君，却不知道有魏王啊。平原君利用姻亲的关系去激发信陵君，而信陵君自己也是因为姻亲的缘故，才急于援救赵国，这是信陵君只知道有姻亲关系，而不知道有魏王啊。他窃取兵符，不是为了魏国，不是为了六国，只是为了赵国罢了；也不能说是为赵国，应该说只是为一个平原君罢了。假使祸患不在赵国，而是在别的国家，那么即使撤去了魏国的屏障，撤去了六国的屏障，信陵君也一定不会去相救；假使赵国没有平原君，或者平原君不是信陵君的姻亲，那么即使赵国灭亡了，信陵君也必定不会去相救。这是赵王和国家社稷的轻重，还抵不上一个平原公子；而魏国用以保卫国家的军队，也不过是供信陵君为自己的一个姻亲而使用。幸而打了胜仗，还算可以，如果不幸打了败仗，做了秦国的俘虏，这就是倾覆了魏国几百年的江山社稷来给姻亲做殉葬品啊！我真不知道信陵君那时该拿什么向魏王谢罪！

窃取兵符的计策，是侯生提出，而由如姬完成。侯生教信陵公子去窃取兵符，如姬在魏王的卧室里为信陵公子窃取了兵符。这两个人心中也只知道有信陵君，而不知道有魏王啊。我认为信陵君替自己打算，不如用魏、赵两国唇齿相依的情势，激切地向魏王进谏。如果魏王不听，就用他要跟秦军拼命的决心，死在魏王的面前，那么魏王一定会醒悟的。侯生替信陵君出谋划策，不如进见魏王，劝说他援救赵国。如果魏王不听，就用自己以死报效信陵君的决心，死在魏王的面前，魏王也一定会醒悟的。如姬有心想报答信陵君的大恩，不如趁魏王空暇，日夜劝说他救援赵国，如果魏王不听，就用她准备为信陵君而死的决心死在魏王面前，魏王也必定会醒悟的。这样，信陵君不会有负于魏国，也不会有负于赵国，侯生和如姬两个人不会有负于魏王，也不会有负于信陵君。为什么不从这方面去想办法呢？信陵君只知道与自己有婚姻关系的赵国，不知道有魏王。而宠姬、邻国、地位卑贱的夷门野人，又都只知道有公子，不知道有魏王，那么这魏国只有一个孤立的君王罢了！

唉！自从世道衰败以来，人们都习惯了那些不顾公事、为私党尽死力的行为，却忘记了坚守节操、奉行公事的道理。有权倾朝野的宰相，却没有威加海内的国君；有狭隘的私仇，却没有正义的愤怒。就像秦国人只知道有穰侯，而不知道有秦王；虞卿只知道有布衣之交，而不知道有赵王一样。大概君王像连缀在大旗上的穗带装饰一样，大权旁落已经很久了啊。如此说来，信陵君的罪过，确实不只是在于偷不偷兵符啊。如果他是为了魏国，为了六国，纵然是窃取兵符，也是可以的；如果他只是为赵国，为一个亲戚，即使是向魏王求取兵符，公开地得到了它，也是有罪的。

虽然如此，魏王也不能说是没有罪过的。兵符在卧室里藏着，信陵君怎么能将它偷得出来呢？信陵君忌惮魏王，却直接向如姬请求帮助，这是平时就看出了魏王的疏漏。如姬不怕魏王，而敢于偷取兵符，是她依恃着魏王对自己的宠爱。树木腐朽了，蛀虫才能生长出来。古代的君主在上面掌握着大权，里里外外没有敢不肃然起敬的。如此，信陵君哪里能够同赵国私自交往，赵国又怎能私下里向信陵君求救呢？如姬又怎能够常常想着要报答信陵君的恩德，信陵君又怎能施恩于如姬呢？寒冬的到来，难道是一朝一夕的功夫吗？如此说来，不只是大家心中没有魏王，魏王也是自愿做大旗上的穗带装饰啊！

所以信陵君可以作为臣子结党营私的鉴戒，魏王可以作为君主失去权力的鉴戒。《春秋》记载了"葬原仲""翚帅师"两件事。唉！圣人的思虑，真是深远啊！

宗 臣

宗臣，字子相，号方城山人，扬州兴化（今属江苏）人。嘉靖二十九年（1550）进士，初授刑部主事，改吏部员外郎，因作文祭奠杨继盛而得罪严嵩，被贬为福州布政使司左参议，后因率众击退倭寇有功，迁提学副使。他能诗善文，著有《宗子相集》。

报刘一丈书

【原文】

　　数千里外，得长者时赐一书，以慰长想，即亦甚幸矣；何至更辱馈遗①，则不才益将何以报焉？书中情意甚殷，即长者之不忘老父，知老父之念长者深也。

　　至以"上下相孚②，才德称位"语不才，则不才有深感焉。夫才德不称，固自知之矣；至于不孚之病，则尤不才为甚。且今之所谓孚者何哉？日夕策马候权者之门，门者故不入，则甘言媚词作妇人状，袖金以私之。即门者持刺入③，而主人又不即出见，立厩中仆马之间，恶气袭衣裾，即饥寒毒热不可忍，不去也。抵暮，则前所受赠金者出，报客曰："相公倦，谢客矣，客请明日来。"即明日又不敢不来，夜披衣坐，闻鸡鸣即起盥栉④，走马推门。门者怒曰："为谁？"则曰："昨日之客来。"则又怒曰："何客之勤也，岂有相公此时出见客乎？"客心耻之，强忍而与言曰："亡奈何矣，姑容我入。"门者又得所赠金，则起而入之。又立向所立厩中。幸主者出，南面召见，则惊走匍匐阶下。主者曰："进！"则再拜，故迟不起，起则上所上寿金。主者故不受，则固请。主者故固不受，则又固请。然后命吏纳之。则又再拜，又故迟不起，起则五六揖始出。出揖门者曰："官人幸顾我，他日来，幸无阻我也！"门者答揖。大喜奔出，马上遇所交识，即扬鞭语曰："适自相公家来，相公厚我，厚我！"且虚言状。即所交识亦心畏相公厚之矣。相公又稍稍语人曰："某也贤，某也贤。"闻者亦心计交赞之。此世所谓上下相孚也。长者谓仆能之乎？

　　前所谓权门者，自岁时伏腊一刺之外，即经年不往也。间道经其门，则亦掩耳闭目，跃马疾走过之，若有所追逐者。斯则仆之褊衷⑤。

◎卷十二　明文

以此长不见悦于长吏,仆则愈益不顾也。每大言曰:"人生有命,吾惟守分而已。"长者闻之,得无厌其为迂乎?

【注释】

①馈(kuì)遗(wèi):赠送。②孚:信任。③刺:谒见时所用的名片。④盥(guàn)栉(zhì):梳洗。⑤褊(biǎn)衷:狭隘的心胸。

【译文】

几千里以外,时常得到您老人家的来信。安慰我长久思念之心,已经是十分幸运的事情了;怎能烦劳您馈赠礼品,这叫我用什么来报答您啊!您的书信中情意甚是殷切,可见您没有忘记我的老父亲,也明白了我的老父亲为什么这样深深想念您。

至于信中用"上下之间要互相信任,才能与品德要与职位相称"的话来教导我,我有非常深的感触。我的才能品德与职位不相称,我自己本来就知道这一点;至于上下互不信任这一弊病,则在我身上表现得尤为突出。再说,现今所讲的"信任"是什么呢?那就是:一个人从早到晚骑着马恭候在当权者的门口,看门的人故意不进去通报时,就甜言蜜语并且做出女人一样的媚态,把藏在袖子里的银钱拿出来偷偷塞给他。等看门人拿了名帖进去通报了,可是主人又不立刻出来接见,自己只好站在马棚里的仆人和马匹中间,臭气熏着衣袖,即使饥饿寒冷或闷热到难以忍受,也不肯离开。到了太阳落山的时候,先前收了贿金的看门人出来,对他说:"相公疲倦了,今日谢客。请客人明日再来。"到了第二天,自己又不敢不来。从头天夜里开始就披着衣服坐着,听到鸡叫便起来梳洗,然后骑马跑去推门。守门人发怒问:"是哪个?"他回答说:"就是昨天来的那一个。"守门人又怒气冲天地说:"客人为什么这样勤快呢?难道相公会在这个时候出来见客吗?"他心里感到受了羞辱,但还是强忍着对看门人说:"没有办法呀,姑且让我进去吧。"守门人于是又得了他的银钱,就起身让他进来,他于是还是站在昨天站过的马棚里。幸好主人出来，朝南坐着召见他。他战战兢兢地走进去，匍匐在台阶下。主人说："进来！"他就拜了两拜，故意迟迟不起来，起来以后便献上进见的礼物。主人故意不接受，他就再三请求，主人故意再三不接受，他又再三请求。然后主人叫手下将礼物收了起来。他就又拜了两拜，又故意迟迟不起来，起来后又作了五六个揖，然后才退出来。出来后，他给看门人作揖说："请官人多多关照！以后再来，请不要阻拦我啊！"看门人回了他一个揖。他喜出望外地跑出来，骑马碰到了相识的人，就扬着马鞭子得意地说："刚刚从相公家出来，相公很看重我，很看重我！"并且夸大其词地说起自己如何受到厚待。即便是与他相识的人，也因为相公看重他而对他产生了敬畏之心。相公又间或地向人提起："某人不错啊！某人不错啊！"听到的人便挖空心思地交口称赞他。这就是现在世上所说的"上下之间互相信任"吧。您老人家认为我能这样做吗？

  前面提到的当权的人，我除了过年过节投上一个名帖以外，就常年不去了。偶然路经他的门前，便捂了耳朵，闭上眼睛，催马疾驰而过，就好像有人追赶我一样。这就是我狭隘的心胸，我也为此长久地不被上司喜欢；但我却更加不管不顾，并且常常夸口说："人各有命，我只是安守自己的本分罢了！"您老人家听了这番话，不会讨厌我的迂阔不通情吧？

归有光

归有光，字熙甫，号震川，昆山（今属江苏）人，世称震川先生。嘉靖年间进士，官至南京太仆寺丞。推崇唐宋作家，反对当时文坛领袖王世贞的"文必秦汉"，认为"文章至于宋元诸名家，其力足以追数千载之上而与之颉颃"。著有《震川文集》四十卷。

沧浪亭记

【原文】

　　浮图文瑛①，居大云庵，环水，即苏子美沧浪亭之地也②。亟求余作《沧浪亭记》，曰："昔子美之记，记亭之胜也，请子记吾所以为亭者。"

　　余曰："昔吴越有国时③，广陵王镇吴中④，治南园于子城之西南⑤，其外戚孙承佑，亦治园于其偏。迨淮海纳土，此园不废。苏子美始建沧浪亭，最后禅者居之，此沧浪亭为大云庵也。有庵以来二百年，文瑛寻古遗事，复子美之构于荒残灭没之余，此大云庵为沧浪亭也。夫古今之变，朝市改易。尝登姑苏之台，望五湖之渺茫，群山之苍翠，太伯、虞仲之所建⑥，阖闾、夫差之所争，子胥、种、蠡之所经营⑦，今皆无有矣，庵与亭何为者哉？虽然，钱镠因乱攘窃⑧，保有吴越，国富兵强，垂及四世，诸子姻戚，乘时奢僭，宫馆苑囿，极一时之盛，而子美之亭，乃为释子所钦重如此。可以见士之欲垂名于千载，不与澌然而俱尽者⑨，则有在矣。

　　文瑛读书喜诗，与吾徒游，呼之为沧浪僧云。

【注释】

　　①浮图：和尚。②苏子美：即苏舜钦，字子美，北宋文学家。曾修沧浪亭，并作《沧浪亭记》。③吴越：五代十国时十国之一。④吴中：旧时对吴郡或苏州府的别称。⑤子城：即内城。⑥太伯、虞仲：相传是吴国的开创者。⑦子胥、种、蠡：指伍子胥、文种和范蠡，伍子胥为吴王阖闾、夫差的大臣，后二人皆为越王勾践的大臣。⑧钱镠（liú）：吴越国的建立者。攘（rǎng）：窃取。⑨澌（sī）然：冰块解冻

时的样子。

【译文】

僧人文瑛住在大云庵,四面环水,就是苏子美筑沧浪亭的地方。他多次求我写一篇《沧浪亭记》,说:"从前苏子美写的《沧浪亭记》,记述的是沧浪亭的优美风景,请你记下我重建这个亭子的缘由吧。"

我说:"从前吴越国存在的时候,广陵王镇守苏州,在内城的西南修了一座南园,他的外戚孙承佑在那旁边也修了座园子。到后来吴越的土地纳入了宋朝的版图,这座园林仍旧没有废弃。当初苏子美曾在这里筑起了沧浪亭,后来又有僧人住在这里,这沧浪亭就变成了大云庵。从有大云庵到现在已经两百年了,文瑛寻访古代的遗迹,在荒芜残破的废墟上,重新建起了苏子美的沧浪亭,这大云庵则又变成了沧浪亭。古今不断变迁,朝廷、都市常常更改。我曾经登上姑苏山的姑苏台,眺望烟波浩渺的五湖、树木苍翠的群山。那太伯、虞仲所建立的国家,阖闾、夫差所争夺的霸权,伍子胥、文种、范蠡所经营的盛世,如今都已经成为过眼烟云了,这大云庵和沧浪亭又算得了什么呢?虽然是这样,钱镠趁着乱世窃取了王位,占有吴越之地,国富兵强,延续了四代,他的子孙和姻戚,趁着这机会巧取豪夺,开始了奢侈糜烂的生活,宫馆园林的修建,在当时可谓盛行到了极点。然而只有苏子美的沧浪亭,才被佛教徒钦佩敬重到这个地步。可见士人要留美名于千年之后,不像冰块那样很快就消失得无影无踪,那得有德行才行啊。"

文瑛喜欢读书作诗,跟我们交游,我们叫他沧浪僧。

王世贞

王世贞,字元美,号凤洲,又号弇州山人,汉族,太仓(今江苏太仓)人,明代文学家、史学家。"后七子"领袖之一。曾任刑部主事,累官刑部尚书,因疾归,卒赠太子少保。好为古诗文,始与李攀龙主文盟,后李攀龙死,独主文坛二十年。有《山堂别集》《弇州山人四部稿》等。

蔺相如完璧归赵论

【原文】

蔺相如之完璧①,人皆称之,予未敢以为信也。

夫秦以十五城之空名,诈赵而胁其璧。是时言取璧者情也,非欲以窥赵也。赵得其情则弗予,不得其情则予;得其情而畏之则予,得其情而弗畏之则弗予。此两言决耳,奈之何既畏而复挑其怒也!

且夫秦欲璧,赵弗予璧,两无所曲直也。入璧而秦弗予城,曲在秦。秦出城而璧归,曲在赵。欲使曲在秦,则莫如弃璧,畏弃璧,则莫如弗予。夫秦王既按图以予城,又设九宾②,斋而受璧,其势不得不予城。璧入而城弗予,相如则前请曰:"臣固知大王之弗予城也。夫璧非赵璧乎?而十五城秦宝也。今使大王以璧故而亡其十五城,十五城之子弟,皆厚怨大王以弃我如草芥也。大王弗予城而绐赵璧③,以一璧故而失信于天下,臣请就死于国,以明大王之失信。"秦王未必不返璧也。今奈何使舍人怀而逃之,而归直于秦?是时秦意未欲与赵绝耳。令秦王怒,而僇相如于市④,武安君十万众压邯郸⑤,而责璧与信,一胜而相如族,再胜而璧终入秦矣。

吾故曰:"蔺相如之获全于璧也,天也。"若其劲渑池⑥,柔廉颇⑦,则愈出而愈妙于用。所以能完赵者,天固曲全之哉!

【注释】

①蔺相如:战国时期赵国著名的政治家、外交家。②九宾:指设傧相九人接待来使的隆重礼仪。③绐(dài):欺诈。④僇(lù):通"戮"。⑤武安君:即秦国名将白起,封武安君。⑥劲渑(miǎn)池:秦昭王与赵惠王会盟于渑池,秦王请赵王鼓瑟,以侮辱赵王。蔺相如请

秦王击缶，秦王不肯，蔺相如就以刺杀相威胁。秦王无奈，只得勉强敲了一下缶。⑦廉颇：廉颇是赵国大将，与蔺相如不和。蔺相如处处回避，不与廉颇发生冲突，为的是赵国的安定稳固。后有人将此情况告诉廉颇，廉颇惭愧不已，负荆请罪。

【译文】

　　蔺相如保全了和氏璧，人们都称赞他，我却不敢苟同。

　　秦用十五座城的空名，欺骗赵国并且威胁它交出和氏璧。这时候，说秦国意在求取和氏璧确是实情啊，它并不是想以此来窥视赵国。赵国如果了解秦国的真正用意就可以不给，不了解秦国的真正用意就给；知道了秦国的真正用意而惧怕它就给，不知道秦国的真正用意而不惧怕它就不给它。这只要两句话就解决了，为什么既然惧怕它却又要挑起它的怒气呢？

　　况且秦国想要得到这块璧，赵国不给它璧，双方都没有什么曲直是非。和氏璧到了秦国而秦国不给城，那就是秦国理亏；秦国让出城而和氏璧却被送回了赵国，那就是赵国理亏了。要想秦国理亏，就不如放弃和氏璧；如果怕失去了和氏璧，就不如不给。那秦王既然已经按照地图给了城，又设了九宾的大礼，斋戒后才来接受和氏璧，那情势看来是不会不给城了。如果接受了和氏璧却不给城，蔺相如就可以上前请求说："我本来就知道大王是不会给城的。和氏璧不是赵国的璧么？而那十五座城也是秦国所珍惜的啊。现在如果大王因为和氏璧的缘故放弃了这十五座城，那十五座城里的子民，就都会深深埋怨大王抛弃他们就像抛弃草芥一样。大王也可以不给城而骗走璧，为了一块璧而失信于天下；那么我也请求死在秦国，以向天下昭示大王的不讲信用。"这样，秦王未必就不退还和氏璧啊。而当时为什么要派随从怀揣着璧逃回赵国，使人们认为是秦国占理呢？这个时候，秦国只是还不想与赵国断绝关系罢了。如果秦王发怒，在市集上杀掉蔺相如，派武安君带领十万大军逼近邯郸，责问和氏璧的下落和赵国为何失信，那么，秦国一次获胜就可以使蔺相如灭族，两次获胜就使得和氏璧最终归入秦国。

卷十二 明文

我因此说:"蔺相如能使和氏璧得到保全,是天意啊!"至于他在渑池会上的强硬坚决,对廉颇的忍让团结,那是他处事的方式变得愈加的多样而且运用得愈加的巧妙了。因此赵国能够得以保全,是上天在偏袒它呀!

唐诗三百首

（清）蘅塘退士/编选
任思源/注译

民主与建设出版社

© 民主与建设出版社，2019

图书在版编目（CIP）数据

唐诗三百首 /（清）蘅塘退士编选；任思源注译
. -- 北京：民主与建设出版社，2019.1（2021.4 重印）
ISBN 978-7-5139-2132-9

Ⅰ.①唐… Ⅱ.①蘅…②任… Ⅲ.①唐诗 – 诗集②唐诗 – 注释③唐诗 – 译文 Ⅳ.① I222.742

中国版本图书馆 CIP 数据核字（2018）第 286011 号

唐诗三百首
TANG SHI SAN BAI SHOU

著　　者	（清）蘅塘退士
注　　译	任思源
责任编辑	刘树民
封面设计	三石工作室
出版发行	民主与建设出版社有限责任公司
电　　话	（010）59417747　59419778
社　　址	北京市海淀区西三环中路 10 号望海楼 E 座 7 层
邮　　编	100142
印　　刷	三河市天润建兴印务有限公司
版　　次	2019 年 2 月第 1 版
印　　次	2021 年 4 月第 2 次印刷
开　　本	630mm×910mm　1/16
印　　张	20
字　　数	260 千字
书　　号	ISBN 978-7-5139-2132-9
定　　价	68.00 元

注：如发现质量问题，请联系调换。

前言

唐诗是我国优秀的文学遗产之一,也是世界文学宝库中的一颗璀璨的明珠。尽管它产生的年代距今已有一千多年,但是作为中国传统文化瑰宝,唐诗的成就和影响是无可比拟的。唐代"童子解吟长恨曲,胡儿能唱琵琶篇";今天的儿童也能背诵"春眠不觉晓"或"床前明月光"。唐诗之所以如此深入民心,归根结底在于它永恒的艺术魅力。

唐代诗歌就像一座大花园,群芳竞妍,姹紫嫣红。唐人在不到三百年的时间里创造的诗篇,流传至今的诗作尚有五万余首,与前面一千六七百年的存诗总量相比,多出二至三倍。唐诗的题材非常广泛,主要有以下几个方面:从侧面反映社会矛盾,揭露社会黑暗;歌颂正义战争,抒发爱国思想;描绘祖国河山的壮美;抒写个人抱负和遭遇;表达个人感情,如爱情、友情、人生悲欢。总之,不管是自然风光还是社会生活,直到个人感受,都逃不过诗人敏锐的目光,都成为他们创作诗歌的题材。唐代的诗人,今天知名的就有两千三百多人,而独具风格特色的也有五六十家,同样超过了前代诗人的总和。而在艺术风格上,李白飘逸浪漫的气质,杜甫沉郁顿挫的格调,白居易为民请命的热诚,不仅是前无古人,而且是后无来者,达到了我国古典诗歌创作的高峰,他们三人是诗坛巨匠，历来为后世所仰慕。

唐诗的形式是丰富多彩、推陈出新的。它不仅继承了汉魏民歌和乐府的传统，而且还大大发展了歌行体的样式；不仅继承了前代的五、七言古诗，并且在此基础上发展为叙事言情的鸿篇巨制；不仅扩展了五、七言形式的运用范围，还创造了风格特别优美整齐的近体诗。近体诗是当时的新体诗，它的创造和成熟，是唐代诗歌发展史上的一件大事。它把我国古曲诗歌的音节和谐、文字精练的艺术特色，推到前所未有的高度，为古代抒情诗找到一个最典型的形式，至今仍为后人所喜爱。

唐诗之所以取得卓著成就，原因是多方面的：唐代经济发达，政治清明，音乐、美术、书法、工艺等艺术昌盛，是唐诗繁荣的前提条件；此外，唐代有一个较为宽松自由的文化环境，诗人禁忌很少，他们可以直接批评权贵和朝廷，甚至宫中幽怨和官场丑闻也可以作为诗歌的题材。这样一来，诗人少了束缚，佳作自然也就多了起来。

总的来说，唐诗以其反映之深刻、题材之广阔、手法之新颖、体制之完备、文字之精湛、感情之真挚、风格之多样，使后世望尘莫及。鲁迅先生在给杨霁云的信中说"我以为一切好诗，到唐已被作完"，这的确不是溢美之论。

本书在参考清代蘅塘退士选编的《唐诗三百首》的基础上，兼顾诗歌发展脉络及读者的审美需求，收录了近三百首在思想上和艺术上具有极高成就的诗歌，有著名诗人的代表作，有各类题材的作品精粹，也有广泛社会影响的名篇佳句等，比较全面地反映了唐代诗歌的全貌，能有效地帮助您了解名家名诗的概貌和更深入地领悟唐诗的意蕴。

本书以诗人活动时间的先后为顺序，集合了唐代诗歌的精华。本书除了唐诗原作之外，还设置了以下几个相关辅助性栏目："注释"部分除对难懂的词语进行注释外，还对诗中的典故进行了详解；"译文"力求忠于原作，使读者能直接了解原诗的语言风格；"赏析"部分介绍诗人的写作背景和意图、诗歌的意境和写作特点，以及作者所要表达的情感及作品的意义。您需要做的只是跟随本书走入古典诗歌美丽清新的世界，感受至美意境，体验诗情人生。

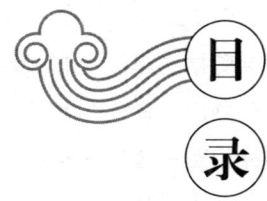

目录

～唐诗三百首～

蝉◎虞世南 / 2
石竹咏◎王绩 / 3
野望◎王绩 / 4
凌朝浮江旅思◎马周 / 5
于易水送人一绝◎骆宾王 / 5
和晋陵陆丞早春游望◎杜审言 / 6
送杜少府之任蜀州◎王勃 / 7
独不见◎沈佺期 / 8
登幽州台歌◎陈子昂 / 10
咏柳◎贺知章 / 11
回乡偶书二首(其一)◎贺知章 / 12
回乡偶书二首(其二)◎贺知章 / 13
经鲁祭孔子而叹之◎李隆基 / 14
感遇十二首(其一)◎张九龄 / 15
望月怀远◎张九龄 / 16
登鹳雀楼◎王之涣 / 17
凉州词◎王之涣 / 18
秋登万山寄张五◎孟浩然 / 19
夏日南亭怀辛大◎孟浩然 / 20
夜归鹿门歌◎孟浩然 / 22

秦中感秋寄远上人◎孟浩然 / 23
宿桐庐江寄广陵旧游◎孟浩然 / 24
留别王维◎孟浩然 / 25
过故人庄◎孟浩然 / 26
岁暮归南山◎孟浩然 / 27
春晓◎孟浩然 / 28
宿建德江◎孟浩然 / 29
古意◎李颀 / 30
琴歌◎李颀 / 31
送魏万之京◎李颀 / 32
春泛若耶溪◎綦毋潜 / 33
从军行七首(其一)◎王昌龄 / 34
从军行七首(其二)◎王昌龄 / 35
从军行七首(其四)◎王昌龄 / 36
从军行七首(其五)◎王昌龄 / 37
采莲曲二首(其二)◎王昌龄 / 38
同从弟南斋玩月,忆山阴崔少府
◎王昌龄 / 39
塞上曲◎王昌龄 / 41
春宫曲◎王昌龄 / 42

长信怨◎王昌龄 / 43
闺怨◎王昌龄 / 43
芙蓉楼送辛渐◎王昌龄 / 44
望蓟门◎祖咏 / 46
终南望余雪◎祖咏 / 47
送綦毋潜落第还乡◎王维 / 47
青溪◎王维 / 49
渭川田家◎王维 / 50
辋川闲居赠裴秀才迪◎王维 / 51
酬张少府◎王维 / 52
过香积寺◎王维 / 53
送梓州李使君◎王维 / 54
归嵩山作◎王维 / 55
观猎◎王维 / 57
和贾至舍人早朝大明宫之作
　◎王维 / 58
汉江临泛◎王维 / 59
奉和圣制从蓬莱向兴庆阁道
中留春雨中春望之作应制
　◎王维 / 60
鹿柴◎王维 / 61
竹里馆◎王维 / 62
鸟鸣涧◎王维 / 62
杂诗◎王维 / 63
相思◎王维 / 64
少年行◎王维 / 65
九月九日忆山东兄弟◎王维 / 66
秋夜曲◎王维 / 67
送沈子福之江东◎王维 / 68

送崔九◎裴迪 / 68
清平调词三首（其一）◎李白 / 69
清平调词三首（其二）◎李白 / 70
清平调词三首（其三）◎李白 / 71
古朗月行◎李白 / 71
关山月（其一）◎李白 / 72
静夜思◎李白 / 74
玉阶怨◎李白 / 74
峨眉山月歌◎李白 / 75
秋浦歌◎李白 / 76
赠孟浩然◎李白 / 76
渡荆门送别◎李白 / 77
庐山谣寄卢侍御虚舟◎李白 / 78
送友人◎李白 / 80
秋登宣城谢朓北楼◎李白 / 81
客中作◎李白 / 83
望天门山◎李白 / 83
早发白帝城◎李白 / 84
夜泊牛渚怀古◎李白 / 85
与史郎中钦听黄鹤楼上吹笛
　◎李白 / 86
长相思二首（其一）◎李白 / 87
长相思二首（其二）◎李白 / 88
听蜀僧濬弹琴◎李白 / 89
怨情◎李白 / 91
独坐敬亭山◎李白 / 91
望庐山瀑布◎李白 / 92
将进酒◎李白 / 93
蜀道难◎李白 / 97

目　录

梦游天姥吟留别◎李白 / 101
阙题◎刘眘虚 / 106
次北固山下◎王湾 / 107
黄鹤楼◎崔颢 / 108
长干行四首（其一）◎崔颢 / 109
长干行四首（其二）◎崔颢 / 110
行经华阴◎崔颢 / 111
凉州曲◎王翰 / 112
送李少府贬峡中王少府贬长沙
　　◎高适 / 113
桃花溪◎张旭 / 114
早梅◎张谓 / 115
逢雪宿芙蓉山主人◎刘长卿 / 116
秋日登吴公台上寺远眺◎刘长卿 / 117
送李中丞归汉阳别业◎刘长卿 / 118
饯别王十一南游◎刘长卿 / 119
江州重别薛六柳八二员外
　　◎刘长卿 / 120
长沙过贾谊宅◎刘长卿 / 121
自夏口至鹦鹉洲夕望岳阳寄元中丞
　　◎刘长卿 / 122
望岳◎杜甫 / 123
春日忆李白◎杜甫 / 124
前出塞九首（其六）◎杜甫 / 125
月夜◎杜甫 / 126
悲陈陶◎杜甫 / 127
春望◎杜甫 / 129
蜀相◎杜甫 / 130
曲江二首（其一）◎杜甫 / 131

曲江二首（其二）◎杜甫 / 132
潼关吏◎杜甫 / 134
梦李白二首（其一）◎杜甫 / 135
梦李白二首（其二）◎杜甫 / 136
天末怀李白◎杜甫 / 137
月夜忆舍弟◎杜甫 / 139
客至◎杜甫 / 140
春夜喜雨◎杜甫 / 141
奉济驿重送严公四韵◎杜甫 / 142
闻官军收河南河北◎杜甫 / 143
别房太尉墓◎杜甫 / 144
登楼◎杜甫 / 145
宿府◎杜甫 / 146
旅夜书怀◎杜甫 / 148
八阵图◎杜甫 / 149
白帝◎杜甫 / 150
野望◎杜甫 / 151
咏怀古迹五首（其一）◎杜甫 / 152
咏怀古迹五首（其二）◎杜甫 / 153
咏怀古迹五首（其三）◎杜甫 / 154
咏怀古迹五首（其四）◎杜甫 / 155
咏怀古迹五首（其五）◎杜甫 / 156
阁夜◎杜甫 / 157
登高◎杜甫 / 159
至德二载，甫自京金光门出，问道
归凤翔。乾元初从左拾遗移华州掾。
与亲故别，因出此门，有悲往事
　　◎杜甫 / 160
武侯庙◎杜甫 / 161

江汉◎杜甫 / 162
登岳阳楼◎杜甫 / 163
江南逢李龟年◎杜甫 / 164
茅屋为秋风所破歌◎杜甫 / 165
哥舒歌◎西鄙人 / 169
寄左省杜拾遗◎岑参 / 169
奉和中书舍人贾至早朝大明宫
　　◎岑参 / 171
逢入京使◎岑参 / 172
月夜◎刘方平 / 172
春怨◎刘方平 / 173
石鱼湖上醉歌并序◎元结 / 175
贼退示官吏并序◎元结 / 176
枫桥夜泊◎张继 / 177
送僧归日本◎钱起 / 178
谷口书斋寄杨补阙◎钱起 / 179
赠阙下裴舍人◎钱起 / 180
听邻家吹笙◎郎士元 / 181
寒食◎韩翃 / 182
同题仙游观◎韩翃 / 183
春思◎皇甫冉 / 184
喜外弟卢纶见宿◎司空曙 / 186
云阳馆与韩绅宿别◎司空曙 / 187
贼平后送人北归◎司空曙 / 188
寻陆鸿渐不遇◎皎然 / 189
听筝◎李端 / 190
宫词◎顾况 / 191
征人怨◎柳中庸 / 192
江乡故人偶集客舍◎戴叔伦 / 193

淮上喜会梁州故人◎韦应物 / 194
郡斋雨中与诸文士燕集
　　◎韦应物 / 195
初发扬子寄元大校书◎韦应物 / 196
秋夜寄丘员外◎韦应物 / 197
寄李儋元锡◎韦应物 / 198
寄全椒山中道士◎韦应物 / 199
赋得暮雨送李曹◎韦应物 / 200
长安遇冯著◎韦应物 / 201
夕次盱眙县◎韦应物 / 202
东郊◎韦应物 / 204
送李端◎卢纶 / 205
塞下曲六首（其一）◎卢纶 / 206
塞下曲六首（其二）◎卢纶 / 207
塞下曲六首（其三）◎卢纶 / 207
塞下曲六首（其四）◎卢纶 / 208
晚次鄂州◎卢纶 / 208
喜见外弟又言别◎李益 / 209
江南曲◎李益 / 211
列女操◎孟郊 / 212
游子吟◎孟郊 / 213
题都城南庄◎崔护 / 214
岭上逢久别者又别◎权德舆 / 215
宿王昌龄隐居◎常建 / 216
题破山寺后禅院◎常建 / 217
没蕃故人◎张籍 / 218
节妇吟◎张籍 / 219
左迁至蓝关示侄孙湘◎韩愈 / 220
题楚昭王庙◎韩愈 / 221

蜀先主庙◎刘禹锡 / 222
西塞山怀古◎刘禹锡 / 223
乌衣巷◎刘禹锡 / 223
春词◎刘禹锡 / 224
草◎白居易 / 225
后宫词◎白居易 / 226
问刘十九◎白居易 / 226
暮江吟◎白居易 / 228
长恨歌◎白居易 / 229
琵琶行◎白居易 / 237
悯农二首（其一）◎李绅 / 245
悯农二首（其二）◎李绅 / 245
晨诣超师院读禅经◎柳宗元 / 246
溪居◎柳宗元 / 247
渔翁◎柳宗元 / 248
江雪◎柳宗元 / 249
遣悲怀三首（其一）◎元稹 / 250
遣悲怀三首（其二）◎元稹 / 251
遣悲怀三首（其三）◎元稹 / 252
行官◎元稹 / 253
赠项斯◎扬敬之 / 254
宫词◎张祜 / 254
题金陵渡◎张祜 / 255
赠内人◎张祜 / 256
集灵台二首（其一）◎张祜 / 257
集灵台二首（其二）◎张祜 / 258
宫词◎朱庆馀 / 259
闺意献张水部◎朱庆馀 / 260
登崖州城作◎李德裕 / 261

忆扬州◎徐凝 / 262
秋日赴阙题潼关驿楼◎许浑 / 263
早秋◎许浑 / 264
将赴吴兴登乐游原◎杜牧 / 265
旅宿◎杜牧 / 266
赤壁◎杜牧 / 267
泊秦淮◎杜牧 / 268
寄扬州韩绰判官◎杜牧 / 269
赠别二首（其一）◎杜牧 / 270
赠别二首（其二）◎杜牧 / 270
叹花◎杜牧 / 271
遣怀◎杜牧 / 272
秋夕◎杜牧 / 272
金谷园◎杜牧 / 273
山行◎杜牧 / 274
瑶瑟怨◎温庭筠 / 274
利州南渡◎温庭筠 / 275
商山早行◎温庭筠 / 276
送人东归◎温庭筠 / 278
苏武庙◎温庭筠 / 279
锦瑟◎李商隐 / 280
登乐游原◎李商隐 / 281
风雨◎李商隐 / 282
夜雨寄北◎李商隐 / 282
筹笔驿◎李商隐 / 283
落花◎李商隐 / 285
无题二首（其一）◎李商隐 / 286
无题二首（其二）◎李商隐 / 287
无题◎李商隐 / 288

春雨◎李商隐 / 289

瑶池◎李商隐 / 290

无题二首（其一）◎李商隐 / 291

无题二首（其二）◎李商隐 / 292

嫦娥◎李商隐 / 293

凉思◎李商隐 / 294

贾生◎李商隐 / 294

渡汉江◎李频 / 295

宫词◎薛逢 / 296

楚江怀古◎马戴 / 297

灞上秋居◎马戴 / 298

山亭夏日◎高骈 / 299

马嵬坡◎郑畋 / 300

台城◎韦庄 / 301

章台夜思◎韦庄 / 302

已凉◎韩偓 / 303

春宫怨◎杜荀鹤 / 304

除夜有怀◎崔涂 / 305

孤雁◎崔涂 / 306

贫女◎秦韬玉 / 307

唐诗三百首

　　我国被誉为诗的国度,诗歌创作源远流长。唐代是古代诗歌创作极其灿烂辉煌的时代,有唐一代近300年,涌现的诗人有2000多家,流传下来的诗作近5万首,唐诗可以说是中国诗歌艺术的巅峰。

蝉

◎虞世南

垂绥饮清露①,流响出疏桐②。
居高声自远,非是藉秋风。

【注释】

①绥:古人结在颔下帽带的下垂部分。蝉的头部有伸出的触须,形状好像下垂的帽带,故云。②流响:蝉连绵不断的鸣叫声。

【译文】

垂着触须饮着清清的露水,长鸣声从疏朗的梧桐树中传出来。栖居高处声音自然远扬,并不是因为借助了秋风的传送。

【赏析】

这首托物寓意的小诗,是唐人咏蝉诗中时代最早的一首,颇为后世所称道。诗人以蝉喻君子,表面上是写蝉的形状和栖高饮露的特性,实际上处处含比兴象征:"流响"写蝉声的清越,隐示君子的高标逸韵;末二句暗示君子品格高洁,无须凭借外力的帮助,自然能够美名远播,表达了诗人对于高洁品格的向往和追求。

清人施补华《岘佣说诗》云:"三百篇比兴为多,唐人犹得此意。同一咏蝉,虞世南'居高声自远,端不藉秋风',是清华人语;骆宾王'露重飞难进。风多响易沉',是患难人语;李商隐'本以高难饱。徒劳恨费声'。是牢骚人语。比兴不同如此。"这三首诗都是唐代托咏蝉以寄意的名作,由于作者地位、遭遇的不同而呈现出不同的境界和风格,塑造出各具特色的艺术形象。本诗与骆宾王的《在狱咏蝉》李商隐的《蝉》并为唐代文坛"咏蝉"诗三绝。

石竹咏

◎王　绩

萋萋结绿枝①，晔晔垂朱英②。
常恐零露降，不得全其生。
叹息聊自思，此生岂我情。
昔我未生时，谁者令我萌。
弃置勿重陈，委化何足惊③。

【注释】

①萋萋：草木茂盛的样子。②晔晔：美丽繁盛的样子。朱英：红花。③委化：随任自然的变化。

【译文】

绿色的枝条生长得多么茂盛，垂挂着美丽繁盛的红色花朵。常常担心寒冷的露水会降临，无法保全它那美好的生命。我在叹息石竹的同时也思考自身，此生难道真是我所钟情的那样吗？在我尚未降生人世的时候，究竟是谁令我萌生的呢？抛开这件事不再说它了，委顺自然的变化又何必惊恐呢？

【赏析】

石竹，又名洛阳花，是一种夏季开花的多年生草本植物。诗歌的前四句正面描写石竹，赞其正当全盛，丰姿优美，但又想到霜露降临，石竹便不免凋零。在一实一虚的对照中，寄寓了深深的忧患感。"叹息"四句由石竹的遭遇联想到人生，对生命、自我、人生进行追索思考，流露出彷徨和苦闷的情绪，不难看出诗人对隋末纷乱的社会现实的不满。诗意又逼进一层。结句却又一转。以委顺自然变化作收束。足见诗人的旷怀高致。

野 望

◎王 绩

东皋薄暮望①,徙倚欲何依②。
树树皆秋色,山山唯落晖③。
牧人驱犊返④,猎马带禽归⑤。
相顾无相识,长歌怀《采薇》⑥。

【注释】

①东皋(gāo):王绩的隐居之地,在今山西省河津市。皋,水边高地。薄暮:傍晚。②徙(xǐ)倚(yǐ):徘徊,来回地走。依:归依。③落晖:落日的光辉。④犊(dú):小牛,这里指牛群。⑤禽:鸟兽。这里指猎获的飞禽。⑥采薇:用《诗经·召南·草虫》"陟彼南山,言采其薇。未见君子,我心伤悲"诗意,表达未遇知音的怅惘之情。

【译文】

苍茫的暮色中,(我)登上东皋,怅然远望,徘徊不定,不知归依何方。每一棵树都染上了浓浓的秋色,每一座山都洒满了夕阳的余晖。牧人驱赶着牛群返回了,猎人骑马带着野禽也归来了。四下顾盼,没有一个相识的人,长声歌唱《采薇》而怀想古人。

【赏析】

《野望》是王绩的代表作,整首诗在萧瑟闲逸的情调中,透露出诗人浓浓的彷徨与苦闷。从中不难看出隋末纷乱的社会现实及知音难遇的境遇对诗人的影响。在薄暮时分,诗人徘徊于东皋之上,不知何所依。举目四望,秋色所被,在落晖中越发显得萧瑟。而牧人和猎马的到来,打破了静谧。使画面生动起来。对着这样一幅田园牧歌式的山家秋晚图。诗人不禁想追随古时隐士,退居山林。其实,诗人并非真正想隐居,"相顾无相识",是因为他太过孤独,无所依靠。整首诗语言朴素。风格清新,情味似淡犹浓,读来让人久久不能释怀。这是唐初最早的五言律诗之一,格调清新。摆脱了南朝以来华靡艳丽的诗风。不以辞而以情动人,闪烁着独特的魅力。

凌朝浮江旅思

◎马 周

太清上初日,春水送孤舟。
山远疑无树,潮平似不流。
岸花开且落,江鸟没还浮。
羁望伤千里,长歌遣四愁。

【译文】

(清朗的)天空升起一轮朝阳,(碧绿的)春水载送着一叶孤舟。青山渺远,似乎没有树木;江水平淌,好像不动不流。两岸的春花开而复落,江中的水鸟载沉载浮。羁旅中远望千里,感伤无限,放声高歌排遣浩茫的愁绪。

【赏析】

首句写旭日初升、春水孤舟,点明时间、季节和题意。以下四句写所见之景色。远山树木渺渺,潮平如镜,岸花且开且落,江鸟在水中沉浮,构成一幅闲淡平远的山水画。

诗人颇能抓住清晨旭日初升时景物蒙蒙的特点,着意描绘远山的树木如烟而疑其"无",江平浪静而误以为"不流"的画面。花开复落让人感受到春去不留,韶光易逝;江鸟自在浮游则见出生命的适意。而诗人秉性落拓不羁,不为州里所重,客居汴地时为县令所辱。空负才华而不被理解。到处碰壁,故见此山水花鸟。自然而然地触动久积在心中的困愁。身在旅途,远望前路漫漫,感伤不已,只能以长歌来排遣忧愁了。

于易水送人一绝

◎骆宾王

此地别燕丹①,壮士发冲冠②。

昔时人已没，今日水犹寒。

【注释】

①燕丹：即燕太子丹，战国末期燕王喜的太子。曾为质于秦，不受礼遇，怨怒而逃归，派荆轲前往秦国刺杀秦王嬴政。②壮士：指荆轲，战国卫人，刺客。《史记·刺客列传》载，荆轲为了报答燕太子丹的知遇之恩，决意前去谋刺秦王。临行，"太子及宾客知其事者，皆白衣冠以送之。至易水之上，既祖，取道，高渐离击筑，荆轲和而歌，为变徵之声，士皆垂泪涕泣。又前而为歌曰：'风萧萧兮易水寒，壮士一去兮不复还！'复为羽声慷慨，士皆瞋目，发尽上指冠"。发冲冠：形容人极端愤怒，头发上竖，把帽子都顶起来了。

【译文】

这是荆轲告别燕太子丹的地方，壮士慷慨悲歌发竖冲冠。往时的人已经不在了，今日的易水还是那样清寒。

【赏析】

骆宾王一生坎坷，常为自己的遭际感到不平。这是他的一首悲愤之作。易水河畔。他送别友人，此情此景不禁叫他联想到燕太子丹为荆轲送行时的悲壮场景，由是感叹道：而今荆轲虽已不在，但他那视死如归的气概还在，作为历史见证的易水还在！骆宾王不满武则天的统治，一直有恢复大唐国业的雄心与抱负，只是时机尚未成熟，故心中有无限的苦闷。诗题为"送人"，实际诗人是在抒咏怀抱。全诗格调慷慨激越，抒发了壮志难酬、悲痛难抑的情怀。

和晋陵陆丞早春游望

◎杜审言

独有宦游人①，偏惊物候新②。
云霞出海曙③，梅柳渡江春。
淑气催黄鸟，晴光转绿蘋。
忽闻歌古调，归思欲沾巾。

【注释】

①宦游人：在外做官的人。这里既指陆丞，又指自己。②物候：景物变化的症状。③曙：晓色。

【译文】

只有在外做官的游子，才吃惊于自然物候的更替。天色刚亮，云霞从海上升起；梅红柳绿，早已焕发春意。春气温暖，催着黄莺鸣啼；春光明媚，鼓动浮萍转绿。忽听你吟唱《早春游望》，引发我的归思，令人想哭泣。

【赏析】

诗一开头就发感慨，说只有离别家乡、奔走仕途的游子才会对异乡的节物气候更新感到惊奇。在这"独有""偏惊"的强调语气中，已含有思乡之感慨。中间二联描写自己在江南所见的春景，其中用了"出""渡""催""转"四个字描绘早春物候变化之"新"。诗人是比照故乡中原物候，而见出异乡江南仲春风光之新鲜，新因旧而见奇，景因情而方惊，句句惊新而处处怀乡。而"忽闻"陆丞"古调"，立即触发了诗人心中的思乡情结，因而感伤流泪。全诗结构严谨缜密，对仗工整，用字精妙传神。

送杜少府之任蜀州

◎王 勃

城阙辅三秦①，风烟望五津②。
与君离别意，同是宦游人。
海内存知己，天涯若比邻③。
无为在歧路，儿女共沾巾。

【注释】

①城阙：城垣，宫阙。这里指长安。阙，宫门前两边的望楼。辅：环抱。三秦：《史记·项羽本纪》载，项羽灭秦后，分秦之旧地为雍、塞、翟三国，统称"三秦"。这里泛指长安附近的关中之地，为王勃当

时的宦游之地，也是当时的送别之地。②五津：当时蜀中岷江有五大渡口，即白华津、万里津、江首津、涉头津、江南津。这里泛指蜀川，为杜少府即将宦游之地。③比邻：近邻，邻居。古时，五家为一比。曹植《赠白马王彪》："丈夫志四海，万里犹比邻。恩爱苟不亏，在远分日新。"

【译文】

　　长安四周，由三秦拱卫着；风烟渺渺，眺望蜀川五津。与你离别时，情深意切，只因同是宦游之人。四海之内，只要知己连心，纵然远在天涯。也如近邻一般。不要因为就要在路口分别，而像小儿女一样泪湿沾襟。

【赏析】

　　这是王勃在长安送友人去四川时所写。古来写离别的诗有很多，"黯然销魂者，唯别而已矣"，离别诗大多含有悲酸之态，而这首送别诗却独标高格，意境开阔，音调爽朗。

　　首联写送别的地点。引到友人即将上任的地点。"三秦"和"五津"为地名对，属对严谨。气势雄浑壮阔。长安与蜀川远隔千里，相望而视却为迷蒙的风烟所遮，微露伤别之意。颔联以散调承之，写惜别之感，欲吐还吞。"同是宦游人"表明同样是远离故园，宦游异乡，有着惺惺相惜的宽慰之意。颈联"海内存知己，天涯若比邻"，犹如奇峰突起，高度概括了深厚的友情不会受到时空的限制，化依依惜别之意为振奋激励，意气高华，故成为广为传诵的名句。尾联以劝慰杜少府作结。诗人为杜少府送行，一直送到大路分岔处，终于要分开了，杜少府难免涕泪沾巾。诗人劝慰说天下有知己，即使远隔千山万水，也会像近邻一样，不要像小儿女那样在临别之时哭泣。

　　全诗开合张弛，意脉流通，终篇不著景物，而兴象宛然，气格浑成。

独不见

◎沈佺期

卢家少妇郁金堂①，海燕双栖玳瑁梁②。

九月寒砧催木叶,十年征戍忆辽阳。
白狼河北音书断,丹凤城南秋夜长。
谁谓含愁独不见,更教明月照流黄!

【注释】

①卢家少妇:梁武帝萧衍《河中之水歌》中有"十五嫁为卢家妇,十六生子字阿侯。卢家兰室桂为梁,中有郁金苏合香"等句。这里代指长安富家少妇。郁金堂:这里指用郁金香浸酒和泥涂抹墙壁,使满室溢满芳香。②海燕:胸部紫色、躯体轻小的越燕。玳(dài)瑁(mào)梁:指画梁。玳瑁,一种海龟,甲壳黄褐色,有黑斑,很光滑,可用作装饰品。

【译文】

卢家少妇深居郁金香涂抹的闺房,一对海燕双栖在玳瑁装饰的屋梁上。深秋九月的捣衣声催落树上枯叶,十年来她日夜怀想着戍守辽阳的丈夫。他去白狼河北,而今音讯全部隔断;她在京师城南思虑,更觉秋夜漫长。有谁能了解她,独自怀思不得相见;偏偏明月透过纱窗,照着黄色帷帐!

【赏析】

诗以梁上海燕双栖起兴,渲染了身居华堂的思妇孤独寂寞的心境。

中间两联写在寒砧处处、落叶萧萧的秋夜,更进一步勾起闺中少妇心中对一去十年的征夫的思念;可征人音信杳然,更让人牵挂惦念,故觉秋夜漫长。本已因愁无法成眠,而明月还前来把流黄帷帐照得明晃晃,她不胜其愁而迁怒于明月了,构思十分新巧,增强了抒情性。

诗人善于通过环境气氛的描写烘托人物的心情,以双栖的燕子反衬思妇的孤独;以寒砧催落叶,以及明月照流黄来烘托长安少妇身居华屋之中,心驰万里之外,辗转反侧,久不能寐的孤独愁苦情状。

全诗情景结合,笔调委婉缠绵,境界广远,意象宏阔,余韵无穷,被历代诗评家认为是温丽高古之佳篇。姚鼐说它"高振唐音,远包古韵,此是神到之作,当取冠一朝矣"。

登幽州台歌

◎陈子昂

前不见古人,后不见来者①。
念天地之悠悠②,独怆然而涕下③。

【注释】

①"前不"两句:没有见到先代的圣主,也看不到后世的明君了。古人、来者,此处指圣主、明君。②悠悠:形容时间的久远和空间的广大。③怆然:悲伤的样子。

【译文】

先代的圣君,我见也没见到;后代的明主,我也见不到了。想到天地无限邈远,我深感人生短暂,独自凭吊,涕泪纵横,凄恻悲愁!

【赏析】

诗人眼看"奋身报国"的理想成为泡影,心情颇为抑郁悲愤,因而登上幽州台(遗址在今北京市)的蓟北楼远望,面对辽阔无垠的锦绣河山,眺望茫茫宇宙,想到燕昭王在此筑黄金台(又名贤士台)以招纳贤才的故事,不禁思绪万千,写下了《登幽州台歌》以及《蓟丘览古赠卢居士藏用七首》等诗篇。

这首《登幽州台歌》用了仅仅二十二个字,深刻地表现了诗人怀才不遇的悲愤心情。篇中前两句用两个"不见",置身于古今绵长的时间里,感叹前贤已去而后贤未及,自己却生不逢时、怀才不遇。后二句转入广阔的空间,登楼眺望,天地一片苍茫,一个"独"字点出诗人深刻的孤独感,故不期然地洒下英雄热泪。

全诗语言苍劲奔放,句式长短参差,音节抑扬变化,格调慷慨悲凉,意境苍茫遒劲,十分富有艺术感染力,成为历来传诵的名篇。明人杨慎在其《升庵诗话》卷六评价"其辞简直,有汉魏之风"。

咏 柳

◎贺知章

碧玉妆成一树高①,万条垂下绿丝绦②。
不知细叶谁裁出③,二月春风似剪刀④。

【注释】

①碧玉:碧绿色的玉。这里用以比喻春天嫩绿的柳叶颜色如碧绿色的玉。妆成:装饰,打扮。一树:满树。一,满、全。在中国古典诗词和文章中,数量词在使用中并不一定表示确切的数量。下一句的"万",就是表示很多的意思。②绦(tāo):用丝编成的绳带。③裁:裁剪,用刀或剪子把物体分成若干部分。④二月:农历二月,正是初春时节。似:好像,如同,似乎。

【译文】

如同碧玉装饰而成的高高的柳树,万条低垂的柳枝犹如绿色的丝带。不知这细细的柳叶是谁裁剪出来的,二月的春风恰似剪刀。

【赏析】

这是唐诗中的咏柳名篇,咏的是二月的柳树,几乎家喻户晓。

二月的杨柳,刚刚抽出嫩绿的新叶,多么像装饰着碧玉的美人啊。柳叶丝丝垂下。犹如一条条碧绿的丝带。上句的"高"字,衬托出柳树美人一般婷婷袅袅的风姿;下句的"垂"字,暗示出柳树在风中摇荡的轻柔纤细。诗人匠心独运,将杨柳的姿态描写得如此美丽生动,令见者生怜。"二月春风似剪刀",诗人化无形为有形,把乍暖还寒的二月春风比作剪刀,将柳叶儿裁剪得如此精细。十分新颖贴切。通过诗人之眼我们看到了一个更为优美更为丰富的世界!谁都能欣赏那在风中飘荡的柳条儿,但不是谁都能将柳树的风姿如此形象地描摹。"唐诗笺注"云:"赋物入妙,语意温柔。"

回乡偶书二首（其一）

◎贺知章

少小离家老大回①，乡音无改鬓毛衰②。
儿童相见不相识，笑问客从何处来。

【注释】

①"少小"句：贺知章早年离开家乡。进士及第时三十七岁。辞官归来时已经八十六岁。②鬓毛：耳朵边的头发。衰（cuī）：稀少。

【译文】

少小时离开家乡，年老了方才回来，乡音没有改变，鬓发却已经斑白稀疏。儿童们看见我都不认识，笑着问我：客人你是从哪里来的？

【赏析】

天宝二年（743）十二月，贺知章辞去朝廷官职。告老返回故乡越州永兴（今浙江萧山），时已八十六岁，距他离乡已经有五十来个年头了。诗人在年老之际置身于熟悉而又陌生的故乡环境中，心头有无限感慨，写下两首诗，此其一。

少小时就离开故乡，直到年老了方才回来，中间不知发生了多少人事沧桑变化，乡音虽依旧，鬓发却早已斑白稀疏，两相对照中自有不胜苍茫之感。

久别家乡老大回来，昔日相识的人不见，却有儿童迎笑相问："客从何处来？"在家乡已为异客了。全诗在有问无答中悄然作结，哀婉备至，动人心弦，千百年来为人传诵，老少皆知。

诗中一二句尚是常语，三四句从一个儿童不识相问的小小情节说来，将年老重返故乡时那种既喜悦又怅惘的复杂心情表现得十分真切，让人味之无穷，是"以少总多"的范例。

宋人范晞文《对床夜语》卷三："杨衡诗云：'正是忆山时，复送归山客。'张籍云：'长因送人处，忆得别家时。'卢象《还家》诗云：'小弟更孩幼，归来不相识。'贺知章云：'儿童相见不相识，笑问客从何处来。'语益换而益佳,善脱胎者宜参之。"

回乡偶书二首(其二)

◎贺知章

离别家乡岁月多,近来人事半消磨。
惟有门前镜湖水①,春风不改旧时波。

【注释】

①镜湖:在浙江绍兴会稽山的北麓,原名庆湖,又称长湖、镜湖。方圆三百余里,风景优美,王羲之诗:"山阴道上行,如在镜中游。"贺知章的故居即在镜湖之畔。

【译文】

离别家乡已经有很多年了,最近回来发现家乡的人事发生了很大的变化。只有门前的镜湖水,在春风的吹拂下,水波一如既往地粼粼可鉴。

【赏析】

这是《回乡偶书》中的第二首,虽不及第一首有名,却也蕴含着一股隽永的情味。

返乡后的贺知章在同故旧亲朋交谈中,发现家乡的人事已发生了沧海桑田的巨变,感情细腻的诗人由是生发出人事无常的感慨。"离别家乡岁月多",相当于上一首的"少小离家老大回"。因为诗人的一切感慨皆是由数十年背井离乡而引发的,故一再重复这同一意思。下一句笼而统之议论人事变化。多年离乡,当有许许多多深深触动诗人感情的具体内容,不胜枚举,故只好一笔带过。三四句写景兼议论。故乡的人事俱已变换,只有门前那一湖碧波依旧荡漾,不改昔时模样。诗人妙用反衬,"不改"反衬"半消磨","惟有"进一步映衬"半消磨"之意,在湖波不改的衬映下,人事日非的感慨显得愈益深沉了。

全诗通过"岁月多""近来""旧时"等表示时间的词语贯串而下,形成一种低回沉思、若不胜情的氛围。与第一首诗人初进家门见到儿童时那种若悲若喜的情感不一样，在听了亲朋介绍故乡人事后，诗人独立于波光粼粼的镜湖之旁时，情感已变得更加感伤了。整首诗是诗人自然而然地从肺腑流出。毫不雕琢修饰，朴实无华，却最能深深打动读者的心。

经鲁祭孔子而叹之

◎李隆基

夫子何为者①，栖栖一代中②。
地犹鄹氏邑③，宅即鲁王宫④。
叹凤嗟身否⑤，伤麟怨道穷⑥。
今看两楹奠⑦，当与梦时同。

【注释】

①夫子：对孔子的尊称。何为者：为了什么。②栖栖：忙碌不安的样子。这里指孔子周游列国。③鄹（zōu）：春秋鲁国地名，在今山东曲阜县东南。孔子父叔梁纥为鄹邑大夫，孔子出生于鄹地，后迁曲阜。④"宅即"句：相传汉鲁恭王刘余（景帝子）曾欲平孔子旧宅以广其宫，开工时闻金石丝竹之音，于是不敢再进行。⑤"叹凤"句：《论语·子罕》有"凤鸟不至，河不出图，吾已矣夫"之语，是孔子叹息自己生不逢时。否（pǐ）：塞涩，不顺利。⑥伤麟：相传鲁哀公十四年，狩猎获麒麟，孔子闻之而叹曰：我道穷矣。⑦两楹奠：孔子曾经梦见自己坐于两楹之间受人祭奠。两楹：指祭殿前的两根立柱。奠：致祭。

【译文】

夫子您究竟为了什么，周游列国，忙碌不休？这故居原是鄹人的城邑，鲁恭王也曾在此将官殿翻修。凤鸟不飞来，您感慨命运闭塞；麒麟遭捕获，您悲叹宏愿难酬。今日两楹之间庄严致祭，您梦中的情境却应验在身后。

【赏析】

唐开元二十三年（735），玄宗到孔子宅祭奠而作此诗。孔子一生，复杂坎坷，这首诗从"叹之"立意，写孔子凄惶不遇的一面。

首两句发出问语，孔夫子为了什么而一生忙忙碌碌呢？三四句是写经过鲁地孔子故宅。五六句是叹孔子凄惶不遇。末尾两句写对孔子的祭奠，赞美孔子。全诗运用了一系列孔子的典故和《论语》语意，叹息孔子生平的不遇，却也从中见出孔子毕生"知其不可而为之"的使命感和献身于理想信念的精神。句句是"叹"，更句句称颂叹美。诗句处处切题，章法整齐有序，格调雄健有力。

感遇十二首（其一）

◎张九龄

兰叶春葳蕤①，桂华秋皎洁②。
欣欣此生意，自尔为佳节③。
谁知林栖者④，闻风坐相悦。
草木有本心，何求美人折？

【注释】

①兰：指兰草，是一种开花很芳香的植物。葳（wēi）蕤（ruí）：枝叶茂盛的样子。②华：开花。③自尔：犹言自此，也就是自然而然的。④林栖者：林中之人。

【译文】

兰草在春天枝繁叶茂，桂花在秋天皎洁芬芳。欣欣向荣生气勃勃，你们自然成为美好的季节。谁知道山林中的隐士，闻到了芬芳会不会心生喜爱之意，草木各有天性，何尝会希求美人来攀折呢？

【赏析】

玄宗时，张九龄官至尚书右丞相。《资治通鉴》评价说，唐玄宗开元盛世用的是贤相，姚崇尚通，宋璟尚法，张九龄尚直。张九龄"尚直"，就是坚持正义的主张，不因个人的私利，也不因为屈于权威而改变主张。他在主理朝政时经常直言进谏，规劝玄宗居安思危，整顿朝纲。以至屡忤玄宗意。玄宗遂于开元二十四年（736）罢张九龄而相李林甫，迁九龄为尚书右丞相。罢相后不久，又因他荐举的监察御史周子谅弹劾牛仙客，触怒玄宗，坐"举非其人"，贬为荆州长史。在此期间，诗人有感于心。遂作《感遇》诗十二首。此处选其第一首。

　　所谓"感遇"，顾名思义。就是对人生际遇有所感而用言语来加以抒发。在这首诗中，诗人托物言志，以清雅高洁的春兰和秋桂来比喻自己不随俗浮沉、不求人知的志趣，表明自己有着坚贞清高的本心，不求君相（美人）的任用欣赏。诗一开始就用整齐的偶句，点出春兰秋桂的无限生机和芬芳皎洁的特征。三四句写兰桂欣欣向荣却不媚俗求人知的品质。后四句以"谁知"引出兰桂无心与物相竞的情怀。诗中运用了比兴的手法，寄托深远。语言质朴洗练，不激不昂，饶有余味。《唐音癸签》评之为"首创清淡之派"，对王孟诗派颇有影响。

望月怀远

◎张九龄

海上生明月，天涯共此时①。
情人怨遥夜②，竟夕起相思③。
灭烛怜光满，披衣觉露滋④。
不堪盈手赠，还寝梦佳期。

【注释】

　　①"海上"二句：化用了南朝宋文学家谢庄《月赋》中"隔千里兮共明月"的意思。②情人：有情之人。怨遥夜：即《古诗》"愁多知夜长"之意。遥夜，长夜。魏曹毂《昭昭素月》诗："昭昭素明月，晖光照我床。忧人不能寐，耿耿夜何长。"③竟夕：整夜。④"灭烛"两句是倒文。意谓灭去蜡烛而见月光明亮；夜凉披衣，但觉夜露渐多生凉，而披上衣服。

【译文】

　　海上升起了一轮明月。天涯的离人此时都共赏月华。有情之人定在埋怨长夜，我也彻夜不眠，苦苦相思。熄灭蜡烛，因爱这满屋月光，披衣起来，发觉露水已重。既然不能手掬月华送你，那就睡觉梦里与你相会。

【赏析】

这首诗是张九龄在开元二十五年（737）由京师贬荆州长史后所作。全诗围绕望月，抒写怀念远人的幽情。

起句"海上生明月，天涯共此时"为千古传诵的佳句。一轮明月从海上冉冉升起，气象高华浑融，远在天边的亲友此时此刻正与我共望同一个月亮，一个"共"字逗出怀远，由景入情，衔接浑成自然。虽然暗用了谢庄"隔千里兮共明月"的句意。但"海上""天涯"相应，开拓了一个大境界，而一个"生"字不仅写明月的升起，更将颔联的"起相思"引出来了，好像情人的怨思在月光的氤氲中酝酿。并随着海潮的涨起而升上来。

三四两句，以"怨"字为中心。采用流水对，以"情人"与"相思"呼应，以"遥夜"与"竟夕"呼应，整夜对月相思不能寐，却怨长夜漫漫。一气呵成，如行云流水般自然流畅。妙韵天成。

相思不能入睡，于是灭烛望月，月亮的清辉满屋，更觉可爱。"怜光满"亦透露出月亮已经升到中天了。披衣到室外徘徊，月华风露凉。"觉露滋"表明月亮已经西斜，夜深露水渐多。

此际忽生奇想。想要把满手的月光相赠远人。却"不堪"，只好寄希望于虚无缥缈的梦境，去寻找相会的佳期，悠悠托出不尽情思。诗至此戛然而止。却觉余韵袅袅，更引起人们无尽的同情和猜想。

此诗是望月怀思的名篇。遣词造句十分空灵。写景抒情并举，层层深入不紊，情和景融成一片，意境幽清秀美，情真而意切。构思精巧却又自然浑成，高步瀛在《唐宋诗举要》中引姚南青语，说它是"五律中的《离骚》"。

登鹳雀楼

◎王之涣

白日依山尽，黄河入海流。
欲穷千里目，更上一层楼。

【译文】

夕阳傍着远山西坠；黄河向东海奔流。若要看尽千里风光，就要登上更高的一层。

【赏析】

鹳雀楼,因常有鹳雀停留其上而得名,旧址在今山西永济。楼有三层,向前可瞻望中条山,向下可俯瞰黄河。

诗人以千钧巨椽之笔,写登楼放眼所见的莽苍的中条山在夕阳中的壮丽景象和黄河奔腾入海的磅礴气势。其浩瀚壮阔、雄浑苍茫的大境界已经足以震撼心灵。但诗人并未就此故步自封。而是说要"更上一层楼",才能穷其千里目。不仅衬出在写景之外更有未写之景在,而且将楼之高形容到极致。全诗仅仅二十字,却有尺幅千里之势,又透出平易而深刻的哲理,千百年来为人们所传颂。

凉州词

◎ 王之涣

黄河远上白云间①,一片孤城万仞山②。
羌笛何须怨杨柳③,春风不度玉门关④。

【注释】

① 黄河远上:远望黄河的源头。远上,远远向西望去。② 孤城:指孤零零地戍边的城堡。仞:古代的长度单位,一仞相当于七尺或八尺(约等于213厘米或264厘米)。③ 羌笛:古羌族主要分布在甘、青、川一带。羌笛是羌族乐器,属横吹式管乐。何须:何必。杨柳:《折杨柳》曲。古诗文中常以杨柳喻送别情事。《诗经·小雅·采薇》:"昔我往矣,杨柳依依。"北朝乐府《鼓角横吹曲》有《折杨柳枝》:"上马不捉鞭,反拗杨柳枝。下马吹横笛,愁杀行客儿。"④ 度:吹到过。玉门关:汉武帝置,因西域输入玉石取道于此而得名。故址在今甘肃敦煌西北小方盘城,是古代通往西域的要道。六朝时关址东移至今安西双塔附近。

【译文】

黄河源头好似远远地伸到白云之端,那一座孤城背靠着万仞高山。不要埋怨羌笛吹起《折杨柳》的悲曲。只因和煦的春风未曾吹到玉门关。

【赏析】

凉州词,又名《出塞》,为当时流行的一首曲子《凉州》配的唱词。郭茂倩《乐府诗集》卷七十九《近代曲词》载有《凉州歌》,并引《乐苑》云:"《凉州》,宫调曲,开元中西凉府都督郭知运进。"凉州,属唐陇右道,治所在姑臧县(今甘肃省武威市凉州区)。

向西眺望。滔滔黄河流水有若远在白云之间。向东眺望,一座孤零零的玉门关远远可见,还有那万仞高的群山,苍茫悲凉之中,更加见出古城的孤拔超绝。当此之际,忽闻羌笛所吹《折杨柳》曲,声音悲凉,如怨如诉。边塞征人之苦情可想而知。诗中却用"何须"二字,转谓和煦春风不会吹度到玉门关,不须怨杨柳尚未萌芽。语意双关,曲折传达出戍边征人的悲怨,朝廷恩泽之不及于边塞犹如春风之不度玉门关,倍加见出沉痛。唐代常有吐蕃边乱,西边大部分地区每被吐蕃侵掠,长年征戍的艰苦,是朝廷所不知的。诗人代为歌吟,希冀在上者闻之。

全诗于壮观中寓苍凉,慷慨雄放而神气内敛,骨力浑融,意沉而调响。不愧为边塞诗的绝唱。

秋登万山寄张五

◎孟浩然

北山白云里①,隐者自怡悦②。
相望试登高,心随雁飞灭。
愁因薄暮起,兴是清秋发。
时见归村人,平沙渡头歇。
天边树若荠③,江畔洲如月。
何当载酒来,共醉重阳节。

【注释】

① 北山:指兰山。② 隐者:作者自指。晋陶弘景有诗云:"山中何

所有,岭上多白云。只可自怡悦,不堪持赠君。"③荠(jì):荠菜。

【译文】

面对北山岭上白云起伏霏霏,我这隐者自己把欢欣来细细品味。试着登上高山是为了遥望,心情早就随着鸿雁远去高飞。忧愁每每是由薄暮引发的情绪,兴致往往是清秋招致的氛围。在山上时时望见回村的乡民,他们走过沙滩坐在渡口憩息。远看天边的树林活像荠菜,俯视江畔的沙洲有如弯月。什么时候你能载酒到这里来,重阳佳节咱们开怀畅饮共谋一醉。

【赏析】

张五即张子容,襄阳人。唐人喜欢在称呼中用家族内子弟的排行次第,称为"行第",显得更加亲切熟稔。常人初次见面之际,先问姓氏行第,问后即以行第相称。文人朝士在平居宴贺、诗酒唱酬之际最好称行第。最常见的是连姓氏或连姓名称之,本诗中的张五即是。据辛文房《唐才子传》记载,他和孟浩在青年时就"同隐鹿门山,为生死交,诗篇倡答颇多"。当时张子容隐居在襄阳岘山南约两里的白鹤山,孟浩然隐居在岘山附近,秋日登上岘山对面的万山以望张五,并写诗寄意,约他重阳节那天同来登高饮酒。

开头四句写隐者自悦山中白云,因思念而登山去远望张五,望而不见,心随着鸿雁飞远。五六句点明秋天的节气,因为时近薄暮,心头泛起一丝淡淡的哀愁,而清秋的山色却又引发诗人的逸兴,情景交融在一起。七八句是在山上眺望到归村之人。衬托出不见张五。"天边树若荠,江畔洲如月"写远望所见的乡村优美景象,创造出一个高远清幽的境界,是孟浩然的名句。末尾两句点出自己寄诗的意思,和开头数句相照应,显出友情的真挚。

夏日南亭怀辛大

◎孟浩然

山光忽西落①,池月渐东上。
散发乘夕凉,开轩卧闲敞②。

荷风送香气，竹露滴清响。
欲取鸣琴弹，恨无知音赏③。
感此怀故人，中宵劳梦想。

【注释】

①山光：山中日光。②轩：窗户。闲敞：幽静宽敞的地方。③知音：《吕氏春秋》记载，伯牙善于鼓琴，钟子期善听之。伯牙方鼓琴，志在泰山，子期说："善哉乎鼓琴，巍巍乎如泰山。"志在流水，子期说："善哉乎鼓琴，洋洋乎如流水。"

【译文】

夕阳忽然间落下了西山，池角明月渐渐东上。披散头发今夕恰好乘凉，开窗闲卧多么清静舒畅。清风徐徐送来荷花幽香，竹叶轻轻滴下露珠清响。心想取来鸣琴轻弹一曲，只恨眼前没有知音欣赏。感此良宵不免怀念故友，只能在夜半里梦想一场。

【赏析】

开头遇景入咏，写山光西落和池月东上，点出夏夜水亭乘凉的背景。三四句写散发乘凉和开轩闲卧，足见诗人悠然自适的闲情。"荷风送香气，竹露滴清响"两句，风送过来荷花清淡细微的幽香，竹露滴在池面上，发出清脆响声。细香可嗅，滴水可闻。是诗人真切感受和细微体察的结果，让人"一时叹为清绝"（沈德潜《唐诗别裁集》），成为千古传诵的名句。末尾四句转为抒情，正面写对友人的怀念。自然界悦耳清心的天籁使诗人心有所动，想要取过琴来弹奏。琴是古雅平和的乐器，正宜在这种清幽绝俗的环境中弹奏。但弹琴却没有像钟子期那样的知音前来观赏，不由生发出一丝淡淡的惆怅，怀念起故人来。

这首诗只是就闲情逸致作轻描淡写。随兴下笔，文字如行云流水，层递自然，细腻入微地写出了各种感觉，引人渐入佳境，于自然中见真功，诗味盎然。

夜归鹿门歌

◎孟浩然

山寺钟鸣昼已昏,渔梁渡头争渡喧①。
人随沙岸向江村,余亦乘舟归鹿门。
鹿门月照开烟树②,忽到庞公栖隐处③。
岩扉松径长寂寥④,惟有幽人独来去⑤。

【注释】

①鱼梁:《水经注·沔水注》:"沔水中有鱼梁洲,庞德公所居。"在襄阳东,离鹿门很近。②烟树:指傍晚树色如烟,昏暗不清。③庞公:庞德公,汉末隐士,住在岘山,为诸葛亮等所钦佩。荆州刺史刘表屡次延请他出山,他携妻子登鹿门山采药,一去不返。④岩扉:山岩豁口如门状。⑤幽人:隐居之人,此指作者自己。

【译文】

山寺里的钟声响起,天色已经昏暗,渔梁渡口人们争着过河喧闹不已。行人沿着沙岸向江村走去,我也乘着小舟去鹿门。鹿门的月亮照清了朦胧的树影,不觉中忽然来到庞公隐居的地方。岩穴的山门及松间的小路静悄悄的。只有我这个隐者独自来来去去。

【赏析】

鹿门山位于湖北襄阳东南的东津镇境内,濒临汉江东岸,与同是文化名山的岘山隔江相望。孟浩然早年一直隐居岘山南园的家里,四十岁赴长安求仕不遇。游历吴越数年后返乡,追慕先贤庞德公的行迹,幽居鹿门山。

这首《夜归鹿门歌》写夜归时一路所见的情景,既有纪实之意,又歌咏了归隐的情怀志趣。首二句写傍晚江行见闻,悠然的钟声和尘杂的人声两相对照。三四句说行人回家,自己离家去鹿门,两种归途,表明自己隐逸的志趣。五六句是写乘着月色攀登鹿门山山路,到了以前庞德公的隐居处。末二句写隐居处的境况,一人在寂寥的山林里自在来回。

全诗以简淡的文字铺就,没有刻意的雕琢,却呈现了一幅充满和谐清远况味的山间晚景水墨画。前人评孟浩然诗:"襄阳气象清远,心惊孤寂,故其出语洒落,洗脱凡近。"(《唐音癸签》引徐献忠语)这首七古倒很能体现这些特点。

秦中感秋寄远上人

◎孟浩然

一丘尝欲卧①,三径苦无资②。
北土非吾愿③,东林怀我师④。
黄金燃桂尽⑤,壮志逐年衰。
日夕凉风至,闻蝉但益悲⑥。

【注释】

①丘:小山。②三径:指隐居的家园。王莽专权时,蒋诩辞官回乡,在院中开辟了三条小径,只与友人求仲、羊仲往来。③北土:指京都长安,此处代指求仕做官。④东林:指远上人所在的寺庙。⑤燃桂:谓烧柴像烧桂枝一样贵,喻长安的生活费高昂。《战国策》中有这样的记载:楚国之食贵于玉,薪贵于桂,谒者难见如鬼,王难见如天帝,今臣食玉炊桂,因鬼见帝,不亦难乎?⑥但:只。益:愈加。

【译文】

我常常想退隐山林,想回到家乡,又苦于没有钱。久居北方不是我的心愿,怀念东林寺和我的老师。长安生活费用高昂,壮志也一年年衰退。傍晚,凉风吹来,听到蝉鸣,心中更是伤悲。

【赏析】

玄宗开元十六年(728),孟浩然到长安参加进士考试,应举落第,之后与僧道交游。这首诗是诗人滞留长安时寄给远上人的,向他报告秋来客居的凄凉苦况,诉说欲隐无地、欲仕非愿、进退两难之苦。

诗人与远上人交情深挚,故寄诗毫无客套虚文,一上来就坦率地直抒胸臆,一吐心中块垒。开头即写明自己不能偿愿的窘迫处境:想要归隐，却苦于"无资"，从中可见诗人当时穷困潦倒的情形。接着说在京城长安从仕做官非自己的本愿，于是不由怀念起在庐山东林寺的高僧来了。这两句，"北土"对"东林"，"非吾愿"对"怀我师"，对偶十分工整，且正反相对，更突出了诗人追求归隐的意向。滞留帝京囊中金尽，壮志也逐年消磨殆尽。在穷愁潦倒的客居中，面对凉风、耳闻蝉声，怎么不更加悲伤呢？

诗人采用这种不加润色的白描手法，直写心中的哀愁苦闷，读来直觉明朗直爽，不失清华高远。

宿桐庐江寄广陵旧游

◎孟浩然

山暝听猿愁①，沧江急夜流。
风鸣两岸叶，月照一孤舟。
建德非吾土②，维扬忆旧游③。
还将两行泪，遥寄海西头。

【注释】

①暝：昏暗。②建德：今属浙江，在桐江上游。《唐书·地理志》中记载：睦州，隋新定郡，武德四年改为睦州。万岁登封二年，移治建德。③维扬：即扬州。

【译文】

山色昏暗，听到猿啼，使人哀愁；桐江在夜以继日地奔流。风吹两岸草木，沙沙作响；明月照着一叶孤舟。建德虽美，却不是我的故土，常想起扬州的好友。我禁不住泪流两行，把愁思遥寄到海西头。

【赏析】

桐庐江，即桐江，在今浙江桐庐县境内。其风景十分优美，南朝梁文学家吴均曾在《与朱元思书》中称赞说："自富阳至桐庐，一百许里，奇山异水，天下独绝。"然而对奔波无定、身在旅途的孟浩然而言，却是听得深山猿啼声声哀，见得沧江奔流浪逐浪，风吹得两岸树叶飒飒响,月照得江中孤舟一影单,景象是多么的凄清萧瑟啊!原因只在于"建德非吾土",景物在不同的人眼里会产生不同的主观感受。他乡虽好终不及故土,异乡是如此的孤寂寥落,难免怀念扬州的老朋友,而许多不如意横梗在心头眉间,不由两行热泪直下。而这湍急的沧江夜流,请把自己的热泪带给大海西头的友人吧。

孟浩然在四十岁去长安应举落第后,为排遣心中的苦闷而出游吴越,故这期间所写的诗中难免罩上一层忧郁愁闷的情绪。本诗的前半写景,后半写情,诗人结合自己的感情将景物描绘得如此清寂凄怆,蕴含了自己深深的孤独感和失意后情绪的动荡不宁。景与情完美地融合在一起,写景愈真切,其情愈深沉,显得浑成自然,韵味悠长。

留别王维

◎孟浩然

寂寂竟何待①,朝朝空自归。
欲寻芳草去②,惜与故人违③。
当路谁相假④,知音世所稀。
只应守寂寞⑤,还掩故园扉⑥。

【注释】

①寂寂:冷落索寞的样子。西晋左思《咏史》:"寂寂扬子居,门无卿相舆。"②寻芳草:指寻找隐居的去处。古人常以芳草自云喻隐居。③故人:老友,这里指王维。违:分离。④当路:当权者。《孟子·公孙丑》上:"夫子当路于齐。"假:提携,帮助。⑤守寂寞:即守默处常,清静无为。《庄子·天道》:"夫虚静恬淡,寂寞无为者,万物之本也。"⑥扉:门。

【译文】

生活寂寞,我在等待什么?每天只是空手而归。想要归隐,探寻馨香花草,但珍惜友情,不愿与敌友相违。当权的人,有谁能帮我?本来世上知己就很少。或许我注定该独守寂寞,还是回去吧,关上我的门扉。

【赏析】

孟浩然在长安落第后,滞留在长安无所为而打算还归襄阳,临行前给在朝中内阁任职的至交好友王维留赠了此诗。王维当时闲居长安,有《送孟六归襄阳》(孟浩然排行第六)诗。

诗人由落第而思归,由思归而惜别,从而在感情上产生了矛盾。开首两句就有一种空茫不知何去何从的况味,说自己还在京城等待什么呢,天天空自来回无功。"寂寂"两字既表现了门庭冷落的景象,又表现了作者茫然的心情。"朝朝"奔波。可见诗人求仕心切,一个"空"字则表明知音既少,朝廷又不能用,也就没必要在长安流连了。

想通了自身的处境之后,诗人意识到自己将要还乡归隐与芳草为伴,而这也意味着要与故人分离了,一个"惜"字,表明了他去意已决,故更见得对故人王维依恋不舍之友情。

"当路谁相假,知音世所稀"是名句,承接上文说明了自己打算归去的原因。这是诗人对世态炎凉、知音难遇的社会现实的切身体会,语气沉痛,充满了怨愤之情、辛酸之泪。一个"谁"字,反诘得颇为有力,具有一种强烈的愤懑感情。

有了这样的认识后,诗人才觉得自己"只应"甘守寂寞,返回故园。"只应"表明在作者看来归隐是唯一的道路,其中的含义耐人寻味。

整首诗没有华丽的辞藻,没有优美的画面,语言极为平实,对偶也不求工整,但却将诗人落第后欲去不忍,最后又不得不去的矛盾心理和极复杂的情感自然而然流露出来,是个中人说给个中人的个中语,细嚼味无穷。

过故人庄

◎孟浩然

故人具鸡黍①,邀我至田家。
绿树村边合,青山郭外斜。
开轩面场圃,把酒话桑麻。
待到重阳日,还来就菊花。

【注释】

① 具：准备。鸡黍：农家待客的丰盛饭菜。

【译文】

老朋友准备了丰盛的饭菜，邀请我去乡下他的家里做客。绿树环抱村庄，青山在城外平斜。推开窗对着晒谷场和菜园，边饮酒边闲聊耕作桑麻。等到重阳节那天，我还要来这里饮酒赏菊花。

【赏析】

一二句从应邀写起，文字上毫无渲染，却正说明彼此间的情谊已近乎至交，无须客套。故人准备了鸡黍相邀。"我"欣然前往。鸡黍虽然为平常之物，田庄是平凡之所，但故人来相邀却别有意趣。诗人带着真诚的喜悦一路行来，未至村主先见庄外绿树环抱，青山斜卧，远近相映，风景宜人，有清淡幽静之意，无孤僻冷傲之感。

在故人家里打开轩窗，对着打谷场和菜园，呼吸田野之间的清新空气，和故人一边饮酒，一边闲话田园桑麻之事。这样恬静安乐的田园生活，这样能促膝对晤的老朋友。诗人深感沉醉，便觉欢会之短暂，于是又与主人相约，等重阳日菊花盛开之际再来开怀畅饮。一个"就"字，表明到了重阳日，不必邀约自会前来，诗人的率真洒脱于此可见。

一个普通的农庄、一顿寻常的农家饭，诗中对这次相聚似乎只是信口道出，没有任何雕饰，而这种平易近人的风格却正与诗中朴实的田园生活和谐一致，显得亲切有味，宛如闲话家常一般，富于浓厚的生活气息，还有一种清新的田园味道。

岁暮归南山

◎孟浩然

北阙休上书①，南山归敝庐②。
不才明主弃，多病故人疏③。
白发催年老，青阳逼岁除④。
永怀愁不寐⑤，松月夜窗虚。

【注释】

①北阙：指朝廷奏事处。②敝庐：破旧的居所。③故人疏：老朋友因之而疏远。④青阳：春天。⑤永怀：郁于胸怀而不去。

【译文】

何必向朝廷上书求官？还是归隐南山草庐吧。我缺少才干，遭明主遗弃，穷途多病，朋友往来渐稀。白发日增催人老，新春转眼又一年。我满怀愁绪，彻夜不眠，窗外松树、月夜一片空虚。

【赏析】

孟浩然早年用世之心较强，四十岁时曾西游长安应进士举，然而落第，没被朝廷器重，于是归隐山林。这首诗就抒发了这种仕途失意后的失望哀伤、自怜自解的复杂感情。

起首二句记事，叙述停止向朝廷上书求仕进，归隐南山破旧的家居处。三四句是回述自己不得志的缘由，说所以被明主抛弃，是因为自己不才，身体多病，所以与朋友来往也稀疏了，字字包含着悲伤、失意却又自我疏解的复杂心绪。仕途渺茫，而鬓发已白，又是新的一年到来了。"催""逼"二字生动地展现了诗人对年华虚度而功名难就的忧虑焦急和无能为力。他满怀不可排解的苦闷而夜不能寐，见得窗外松树月夜，一片空虚。其中"虚"字使情景浑一，那迷蒙空寂的夜景，与落寞惆怅的心绪融会在一起。

全诗层层辗转表达。句句语涉数意，构成悠远深厚的艺术风格。

春 晓

◎孟浩然

春眠不觉晓，处处闻啼鸟。
夜来风雨声，花落知多少。

【译文】

春夜睡得香甜，没察觉已经天亮，醒来到处都听到鸟叫。昨夜似有风雨之声，那春花不知被吹落了多少。

【赏析】

这是一首惜春诗,诗人抓住春晨生活的一刹那,通过听觉形象"处处闻啼鸟",写出春天生命的蓬勃,多少烂漫醉人的春光也都在不写中写了;通过意觉形象"花落知多少",写出了大自然的更替代谢,又糅进了诗人的感觉和想象,几许惜春意也尽在其中了。诗以清浅的语言将美好的瞬间凝聚成永恒,看似一览无余却又含蓄曲折,反复吟哦又是回味无穷。正是诗到自然,无迹可寻,风流闲美,正不在言多,故能流传千百年而不衰。

宿建德江

◎孟浩然

移舟泊烟渚①,日暮客愁新。
野旷天低树②,江清月近人。

【注释】

①移舟:靠岸。泊:停船靠岸。烟渚:弥漫雾气的沙洲。②旷:空阔远大。天低树:天幕低垂,好像和树木相连。

【译文】

将船靠在烟雾缭绕的小洲上,暮色茫茫我又新添几分乡愁。荒野平旷,天似比树还低;江水清澈,月与人格外亲近。

【赏析】

江上孤舟轻移,停靠在烟雾迷蒙的小洲边。暮色苍茫,羁旅做客之愁涌上心头。三四句写江上晚景,云天比树木还低,是远眺空旷原野所见,秋江清水浮动着一轮孤月,与客居他乡的游子的孤影相亲近。"天低树""月近人"是从人的主观感受着笔,将浓浓的客愁无声无迹地溶入画境;而一"旷"一"清",则在空旷中突出诗人对明日前程渺茫的思索,在清冷月色中益发显出诗人的寂寞惆怅。全诗自然流出,风韵天成,含而不露,淡而有味,颇有特色。

古　意

◎李　颀

男儿事长征①，少小幽燕客②。
赌胜马蹄下，由来轻七尺③。
杀人莫敢前④，须如猬毛磔⑤。
黄云陇底白云飞⑥，未得报恩不能归。
辽东小妇年十五，惯弹琵琶解歌舞。
今为羌笛出塞声，使我三军泪如雨。

【注释】

①事长征：从军远行。②幽燕：幽州和燕地，指代边塞。③轻七尺：轻性命。④"杀人"句：意谓厮杀时勇猛无敌，无人敢上前。⑤猬：刺猬。磔（zhé）：张立。⑥陇：山地。

【译文】

好男儿远去从军戍边，他们从小就游历幽燕。个个爱在疆场上逞能，为取胜不把生命依恋。厮杀时顽敌不敢上前，胡须像猬毛直竖满面。陇山黄云笼罩白云纷飞，不曾立过战功怎想回归？有个辽东少妇妙龄十五，一向善弹琵琶又善歌舞。她用羌笛吹奏出塞歌曲，吹得三军将士泪挥如雨。

【赏析】

诗题为"古意"，点明是一首拟古诗。

首六句用赋的手法直接铺叙了"长征男儿"的豪侠勇猛。其中"杀人莫敢前，须如猬毛磔"一句，抓住其人胡须短、多、硬这一特征，用杀敌时须髯怒张的神气，简洁、鲜明、有力地刻画了边塞男儿威猛粗犷的形象。诗人在这里使用了简短的五言句和短促扎实的入声韵，是为了与诗情协调一致，加强了诗歌的艺术效果。

后六句勾勒了一个雄伟苍莽的背景，而粗犷的男儿见到这一片白云也难免兴起一丝思归之情。但如果接下来诗人着力描写男儿思乡念切,急于求归,又不符合铁铮铮的硬汉子身份了,于是用"未得报恩不能归"一笔拉转,说明他虽偶有思乡之情,却因还没报答国恩而不回去,显出斩钉截铁的决心。"辽东"两句远远宕开,看似与上文全无干涉,颇有些出人意料。但"今为羌笛出塞声"一句用"今"字点醒,"羌笛""出塞"又与上文的"幽燕""辽东"照应、呼应。此处似离实粘。可见作者谋篇布局之高明,有尺幅千里之势。

琴 歌

◎李 颀

主人有酒欢今夕,请奏鸣琴广陵客①。
月照城头乌半飞②,霜凄万木风入衣。
铜炉华烛烛增辉③,初弹《渌水》后《楚妃》④。
一声已动物皆静,四座无言星欲稀。
清淮奉使千余里⑤,敢告云山从此始⑥。

【注释】

①广陵客:魏之嵇康曾作《广陵散》,此代琴艺高超的人。②乌半飞:乌鸦四散飞走。半,散。③华烛:雕有文采的蜡烛。④《渌(lù)水》《楚妃》:皆为琴曲名。⑤清淮:淮河,李颀曾任新乡县尉,地近淮水。奉使:奉命前往为官。⑥敢告:斗胆敬告。云山:这里是归隐的意思。

【译文】

今夜主人有酒,我们暂且欢乐;敬请弹琴高手,把广陵曲轻弹。城头月明星稀,乌鹊纷纷飞散;严霜寒侵树木,冷风吹透外装。铜炉薰燃檀香,华烛闪烁光辉;先弹一曲《渌水》,然后再奏《楚妃》。一声琴弦拨出,顿时万籁俱寂;星辰为之隐去,四座沉默陶醉。奉命出使清淮,离家千里万里;告归四川云山,是夜萌生此意。

【赏析】

广陵,即今江苏省扬州市,在唐代是淮南道的治所。从"广陵客"

和"清淮奉使"可以判断出，这首诗是李颀奉命出使淮南道时，在友人饯别酒宴上听琴后所作。

首二句以饮酒引出弹琴。三四句写未弹琴时的室外夜景：月明星稀，乌鹊半飞，霜侵万木，冷风吹衣。五六句从室外转入室内，写初弹情景：铜炉香绕，华烛高烧，初弹《渌水》后弹《楚妃》。"一声已动物皆静，四座无言星欲稀"，以一片静谧衬托弹奏者技艺之高超，暗示琴声的美妙。末两句写琴声使作者感触颇深，立志归隐。

诗题名为"琴歌"，诗作却并不直接描写琴歌本身的优美动听，而是极力渲染环境气氛，写听琴的人。是全从背景着笔，用的是传统的"烘云托月"手法，写诗人不仅在听琴时为音乐所陶醉，甚至忘了自己奉命出使的身份，动了归隐的念头，更能衬托出琴歌的超凡入神及强大的感染力。

送魏万之京

◎李 颀

朝闻游子唱离歌，昨夜微霜初渡河。
鸿雁不堪愁里听，云山况是客中过。
关城树色催寒近①，御苑砧声向晚多②。
莫见长安行乐处，空令岁月易蹉跎③。

【注释】

①关城：指潼关。②御苑：皇家园林。砧（zhēn）声：捣衣声。③蹉跎：光阴虚度。

【译文】

清晨，我听到游子吟唱离歌，昨夜有薄霜，你将渡过黄河。怎能忍受愁苦时听到雁叫，更别说旅途中翻过冷寂云山。潼关城树木凋零，催促寒冬临进京城，宫苑深秋捣衣声到晚上更多。千万不要把长安当成行乐之所，白白让光阴虚过。

【赏析】

魏万赴长安应举，途经洛阳遇李颀，李颀作下此诗为他送别。

诗开篇用倒装法落笔,先写今晨"唱离歌",然后马上联想到昨夜"微霜初渡河",点出送别。"初渡河"三字,将霜拟人化了,点染出深秋时节萧瑟凄冷的氛围。

中间四联为诗人设想魏万只身去京路上的情景,以景色衬托其远行的孤寂艰辛。

古诗文中常常以秋天南去、春天北归的大雁比喻旅人,它的叫声自然也令人觉得凄切。云山本是令人向往的风景,但对于失意的人来说,只会感到前路茫茫的怅惘和黯然。作者推己及人,设身处地为友人着想。"不堪""况是"两个虚词前后呼应,可见诗人以自己的心情来体会、关怀友人,情真意切,让人唏嘘感叹。

五六两句,诗人又对即将远行的友人作了情意深挚的推想,其中暗含着作者的身世之感以及年华易老的慨叹。

结尾劝勉友人当及时努力,不要虚度光阴,十分亲切。

全诗善于炼句,《唐诗直解》中说:"其致酸楚,其语流利,'近'字好,'多'字工。"而且叙事、写景、抒情交织,或用倒装手法,或往复顿挫,转接巧妙,真情实意贯注其中,是盛唐脍炙人口的佳作。

春泛若耶溪

◎綦毋潜

幽意无断绝①,此去随所偶②。
晚风吹行舟,花路入溪口。
际夜转西壑③,隔山望南斗④。
潭烟飞溶溶⑤,林月低向后。
生事且弥漫,愿为持竿叟⑥。

【注释】

①"幽意"句:意谓归隐山林的念头一直未曾断绝。②随所偶:随遇而安,听凭自然。③"际夜"句:意谓入夜之际,舟已转入西面山谷。④南斗:即斗宿,位于北斗之南,故称南斗。⑤潭烟:水上雾气。⑥"生事"两句:意谓世事渺茫,前途不见,我宁愿做一个溪边垂

钓的隐者。叟：老头。

【译文】

归隐之心长期以来不曾中断，此次泛舟随遇而安任其自然。阵阵晚风吹着小舟轻轻荡漾，一路春花撒到了溪口的两旁。傍晚时分船儿转出西山幽谷，隔山望见了南斗明亮的闪光。水潭烟雾升腾一片白白茫茫，岸树明月往后与船行走逆向。人间世情多么繁复多么茫然，愿做渔翁持竿垂钓在这溪旁。

【赏析】

这是一首写春夜泛舟若耶溪的诗。若耶溪在今浙江绍兴市东南，相传为西施当年浣纱处。

开篇两句以"幽意"两字点出了全诗的主旨，是幽居独处、随遇而安的意趣。因此，泛舟夜游，随水漂流，转西壑而望南斗，舟移景换，见水上雾烟浓密，舟向前而觉月向后。在这样幽静、清雅、迷蒙的环境中，诗人感到世事茫茫无穷尽，愿做若耶溪边持竿垂钓的隐者，追慕"幽意"的人生。

全诗扣紧题目中的"泛"字，在夜色曲折回环的扁舟行进中，沿岸的景物犹如一幅幅图画在诗人与读者眼前缓缓流淌而过，使寂静的景物富有动感，迷蒙流动，幽静美丽，令人心驰神往。全诗清丽幽秀，传达了作者超然出世的思想。

从军行七首（其一）

◎王昌龄

烽火城西百尺楼①，黄昏独坐海风秋②。
更吹羌笛《关山月》③，无那金闺万里愁④。

【注释】

①烽火：指烽火台。古代边境筑有高台瞭望，上置狼粪或柴草，敌至则燃火报警，叫烽火。②海风秋：从青海湖吹来一阵阵秋风。③羌笛：羌族竹制乐器。④无那：即无奈。

【译文】

城西的报警烽火戍楼有百尺高,黄昏时独坐在这高楼上,从青海湖那边吹来带着秋意的寒风。更有远方传来的羌笛吹奏那伤别的《关山月》,想起万里之外闺中少妇无可奈何的忧愁。

【赏析】

这是一首边疆士卒思归怀乡之作,笔法简洁,极富意蕴。

在城西的瞭望台上,征人独坐,四顾着浩瀚苍茫的边塞景象,一股寂寞感升涌心头。加上正值秋季,凉气侵人,又适逢黄昏。更容易触发人们对故乡、家人和朋友的思念之情。

就在此时,远方忽然传来一阵呜呜咽咽的笛声,如泣如诉,征人的思亲之情再也无法控制。

统治者好大喜功,不断用武力强行开边,致使边疆的将士们有家不能归,只能徒然地思念着亲人。作者写此诗表达的是对边疆戍卒深切的同情。

全诗情景交融,先描写环境,层层渲染,营造出一片苍凉寂寞的氛围,为最后一句的抒情作铺垫,使得所抒之情更有力度,感人肺腑。

从军行七首(其二)

◎王昌龄

琵琶起舞换新声①,总是关山旧别情②。
撩乱边愁听不尽,高高秋月照长城。

【注释】

① 琵琶:本作批把。汉刘熙《释名·释乐器》:"批把本出于胡中,马上所鼓也。推手前曰批,引手却曰把。"隋唐时琵琶盛行。② 关山:即边塞关防。

【译文】

军中弹奏着琵琶,在翩翩起舞之际又翻出新声;但不论怎样变换,都处处充满关山的离别之情。曲中缭乱的边关之愁听不尽,高高一轮清冷的秋月照着起伏的万里长城。

【赏析】

这首诗描写的是边疆士卒们生活的一个片段。诗人正是通过军中宴乐这个小小的片段，而将士卒们丰富的内心表现了出来。

军中宴乐开始了，琵琶虽翻成新声，可在远离故乡的将士们听来却总是别离的曲调。那异域之声扰得人愁绪不断，永远牵动着戍边者的心，叫人既怕听，却又爱听。最后，离情入景：高高的秋月下万里长城连绵不尽。整首诗在此戛然而止，留下无限余味，供读者细品。

乡愁，是永远藏于戍边者内心的一种情感，纵使战功累累，那喜悦也总归是短暂的，异域的一切都会牵扯起战士们浓烈的思乡愁情。诗人笔触细腻，刻画入微，戍边者内心世界的复杂变化就于这短短的二十个字中毕现。

从军行七首（其四）

◎王昌龄

青海长云暗雪山①，孤城遥望玉门关②。
黄沙百战穿金甲③，不破楼兰终不还④。

【注释】

①青海：青海湖，在今青海省西宁市西。雪山：这里指甘肃省的祁连山脉。②孤城：当是青海地区的一座城。一说孤城即玉门关。玉门关：汉武帝置，因西域输入玉石取道于此而得名。③穿：磨破。金甲：金属制的铠甲。④楼兰：汉代西域国名。这里泛指当时骚扰西北边疆的敌人。

【译文】

青海湖上长长的云朵使雪山显得暗淡，一座孤零零的城池遥望着玉门关。勇士们在黄沙里历经百战，铁甲磨穿，发誓不消灭敌人绝不归还故乡。

【赏析】

这首诗气势雄阔，是边塞诗中的经典之作。

一二句对整个西北边陲进行了鸟瞰和概括，并重点突出了两个地理位置——"青海"和"玉门关"。这与当时战争的态势有关：唐朝有两个强敌，一是吐蕃，一是突厥。青海地区，正是吐蕃与唐军多次作战的场所；而玉门关之外，则是突厥的势力范围。

诗中描写的边关景色是何其壮观，青海湖上长云滚滚，将雪山遮暗；群山间立着一座孤城，与玉门关遥遥相望。这壮阔的景象恰与将士们卫边杀敌的豪情壮志相应：不破楼兰始终不返还故乡！典型环境与人物感情高度统一，是王昌龄绝句的一个突出特点，于本诗中可见一斑。

这首诗写得雄壮有力，一改《从军行》前几首的低沉伤感，充分展现了戍边将士们豪情满怀的一面。

从军行七首（其五）

◎王昌龄

大漠风尘日色昏，红旗半卷出辕门①。
前军夜战洮河北②，已报生擒吐谷浑③。

【注释】

①辕门：军营的大门。古代行军扎营时，一般用车环卫，出口处把两车的车辕相对竖起，对立如门。②洮河：黄河上游支流，在甘肃省甘南藏族自治州境内，源出甘青两省边界西倾山东麓，东流至岷县折而向北，经临洮县到永靖县城附近入黄河。长五百余公里。③吐谷（yù）浑：晋代鲜卑族慕容氏的后裔，唐前期据有洮水西南等处，后被唐高宗和吐蕃的联军所败。此处借指进犯之敌的首领。

【译文】

大漠的风沙遮天蔽日，天色昏暗，战士们半卷着红旗，从辕门出发。（行军中途，捷报传来）前锋部队已在夜战中大获全胜，连敌人首领也被生擒。

【赏析】

这首诗描写了将士们行军途中戏剧性的一幕，表现了将士们的壮志豪情。

"大漠风尘日色昏"并非指天色已晚，而是描绘了风沙遮天蔽日的场景，这不光表现了气候的酷烈，还对军事形势起着烘托、暗示的作用——面对如此恶劣的气候，唐军并没有紧闭辕门、被动防守，反而斗志高昂、主动出征。为了减少狂风所带来的强大阻力，加快行军速度，战士们都半卷着红旗，向前挺进。

尽管风沙遮天蔽日，边陲的将士们都摩拳擦掌，如一柄利剑直指敌营。通过对气氛的渲染，让人感觉到一场恶战似乎已经迫在眉睫，而这也让读者的心悬得高高的：这支劲旅接下来将会面对何种惊心动魄的场景呢？

然而，就在部队急行的途中，富有戏剧性的一幕上演了：前线突然传来捷报，前锋部队已经在夜战中大获全胜，还生擒了敌军首领。这一发展可谓急转直下，乍看出人意料，细想却又完全合乎情理，因为一二句所渲染的大军出征时迅猛而凌厉的声势，已经暗示了唐军高昂的士气和强大的战斗力。而这支强大的增援部队，恰好衬托出前锋的胜利并非偶然。

诗人避开正面铺叙，通过气氛渲染和侧面描写，表现了唐军高昂的士气。他选取的对象是未和敌军交手的后援部队，后援部队尚且如此剽悍，更不用说前锋部队了，这一场胜战实在是理所当然。这样一种打破俗套的构思手法实在是巧妙！

采莲曲二首（其二）

◎王昌龄

荷叶罗裙一色裁①，芙蓉向脸两边开②。
乱入池中看不见③，闻歌始觉有人来。

【注释】

①罗裙：丝织的裙子。②芙蓉：荷花。③乱：混杂。

【译文】

采莲少女的绿色罗裙仿佛是和荷叶一并裁剪出来的,少女的脸掩映在两边粉红的荷花中。混杂在莲花池塘中难以看见,听见歌声方才发觉有人来了。

【赏析】

这是一首描写少女们采莲的诗,看似浅易,却韵味悠长。

诗一开头就巧妙地把采莲少女和周围的自然环境组成一个和谐统一的整体。"芙蓉向脸两边开","芙蓉"即荷花,将少女红润艳丽的脸庞比作荷花并不算新鲜,但它又不仅仅是比喻,而是描绘了一幅美丽的画卷:采莲少女的脸庞正掩映在盛放的荷花中间,看上去仿佛是艳丽的荷花正朝着少女娇美的脸庞开放,二者相互映照,人花难辨,这些采莲少女简直就是大自然最秀丽的一部分。

第三句紧承前两句而来。"乱入",即混入、杂入。荷叶罗裙、芙蓉人面本就难以分辨,稍一分神,采莲少女即与绿荷红莲融为一体了。这一句描写了伫立凝望者刹那间所产生的一种变幻莫测的惊奇与怅惘。就在怅惘之际,莲塘中飘起了清脆的歌声,方才让人意识到,采莲少女仍然在这片荷塘间。这一细腻的描写,更增添了画面的生动和诗境的蕴藉。

诗人用平白洗练的语言,描绘了一幅优美的江南采莲图:初夏时节,荷叶田田,采莲女们提着小竹篮采莲其间,嬉笑放歌。有色、有声,整个画面洋溢着青春的欢乐,读之叫人如临其境。

诗题为采莲,全诗围绕着采莲少女们展开,可诗人却没对少女们进行任何正面描摹,而是始终将她们置于田田荷叶、艳艳荷花间,若隐若现,与美丽的大自然融为一本,让读者自己去想象采莲者们的风姿以及她们的天真烂漫、朝气蓬勃,艺术构思十分巧妙,韵味悠悠。

同从弟南斋玩月,忆山阴崔少府

◎王昌龄

高卧南斋时①,开帷月初吐②。

清辉澹水木，演漾在窗户。
荏苒几盈虚③，澄澄变今古。
美人清江畔④，是夜越吟苦⑤。
千里其如何，微风吹兰杜⑥。

【注释】

①南斋：面南的书房。②开帷：拉开帘帐。帷，帘帐。③荏（rěn）苒（rǎn）：时光于不知不觉中渐渐过去。盈虚：月缺月圆。④美人：可亲可爱的人，指崔少府。⑤是夜：此夜。越吟苦：意思是想必在越中苦吟诗篇。⑥兰杜：兰花与杜若，均为香草。

【译文】

我和从弟在南斋高卧的时候，掀开窗帘玩赏那初升的明月。淡淡月光泻在水木之上，轻悠悠的波光涟漪荡入窗户。光阴荏苒，这窗月已几盈几虚；清光千年依旧，世事不同今古。德高望重的崔少府在清江河畔，今夜必定在吟诵思乡之曲。千里迢迢可否共赏醉人婵娟？悠远播的名声，如同兰花、杜若的馨香，千里之外也会随风吹来。

【赏析】

"从弟"，即堂弟。诗题中的"玩"是全诗的主线。"玩月"即赏月，但又不是一般地赏，而是细细品赏。

诗人独卧南斋，掀开帘帷，一下子就看到了初升的月亮。淡淡的月光在水木间轻轻飘荡，逐渐洒落到窗户上。玩赏月色随即让诗人想到相隔千里的友人，窗外月的盈虚又让他想起人生的聚散无常与世事的变迁不定。

之后写友人崔少府在越地声名远扬，好像兰花和杜若的芳香随风飘来。这里不仅是怀念好友述相思之情，还是在称颂、钦佩友人的文章道德。

全诗笔不离月，写月"清辉澹水木，演漾在窗户"，水月清辉流动荡漾，显得清新生动；并对月兴感，"荏苒几盈虚，澄澄变今古"，景不离情，情景交融，风骨内含，意味深远，有极强的艺术感染力。

塞上曲

◎王昌龄

蝉鸣空桑林①,八月萧关道②。
出塞复入塞,处处黄芦草。
从来幽并客③,皆共尘沙老。
莫学游侠儿④,矜夸紫骝好⑤。

【注释】

①空桑林:叶子已然枯落的桑树林。②萧关:古时关中与塞北的交通要冲,在今宁夏固原东南。③幽并:幽州和并州,唐代时皆属于边防之地。④游侠儿:指恃勇逞强、意气用事、常常惹是生非的人。⑤矜夸:骄傲自夸。紫骝(iú):泛指骏马。

【译文】

知了在枯秃的桑林鸣叫,八月的萧关道气爽秋高。出塞后再入塞天气变冷,关内关外尽是黄黄芦草。自古以来河北山西的豪杰,都与尘土黄沙相伴到老。莫学那自恃勇武的游侠儿,自命不凡地把骏马夸耀。

【赏析】

这首《塞上曲》是诗人早年漫游西北边地时所作,诗由征戍边塞不回而告诫少年不要矜夸武力,表达了反战之意。

前四句写边塞秋景,诗人选取了寒蝉、桑林、萧关、边塞、秋草等,将塞上的荒凉萧瑟景象呈现在读者眼前,作者刻意描写肃杀悲凉的秋景是为下文反对战争做背景和情感上的铺垫。

后四句写久戍边塞的将士,寄寓了深切的同情,"从来幽并客,皆共尘沙老",与王翰的名句"醉卧沙场君莫笑,古来征战几人回"有异曲同工之妙。自古以来,试图通过沙场拼杀来封侯拜将的男儿数不胜数,诗人们也热衷于抒发建功立业的豪情壮志,然而,绝大多数人的宏图大志最后只是一场空,所以发出了"皆共尘沙老"的无奈慨叹。诗人对"幽并客"并无贬义,反而隐约可见对献身沙场的壮士的惋惜之情。

最后劝勉少年莫学游侠儿自恃勇武，炫耀紫骝马善于驰骋，深刻地表达了作者对于战争的厌恶。

春宫曲

◎王昌龄

昨夜风开露井桃①，未央前殿月轮高②。
平阳歌舞新承宠③，帘外春寒赐锦袍。

【注释】

①井桃：井边的桃花。②未央：汉宫殿名。也指唐宫。③平阳歌舞：平阳公主家中的歌女。

【译文】

昨夜东风吹开井边桃花；未央宫前殿，一轮明月高照。平阳公主的歌女，近来备受恩宠；帘外春寒料峭，皇上赐她锦袍。

【赏析】

诗写春宫之"怨"，却无怨语怨字。作者以汉武帝故事隐喻唐朝内宫生活：陈皇后因为助汉武帝登基有功，加之本性骄横跋扈，数年来专宠后宫，但始终无所出。一日，武帝至平阳公主府邸宴饮，爱悦其歌女卫子夫，临幸后将其接入宫中。卫子夫备受恩宠，陈皇后怨恨几死，多次暗中陷害卫家人，此举惹怒了汉武帝，遂下令废除陈皇后，并将其幽闭在长门宫，改立卫子夫为皇后。

此诗前两句写春天晚风吹开桃花，点明时令，而女主人公长夜难成眠，月高夜深犹自徘徊在前殿。"未央前殿月轮高"一句表明女主人公长夜难寐，又以他人之得意反衬自己之失意，嗔责明月也偏照得宠之人，愤怨之情隐含在字里行间。

三四句从侧面写新人受宠的情状，虽春寒在帘外，却在温暖的室内获得特赐的锦袍。

诗不直接说宫人之怨，虚此实彼，只说他人受宠，而自己失宠自可会得，实为弦外有音的手法，言近意远，似乎无怨，怨却至深至长。

长信怨

◎王昌龄

奉帚平明金殿开^①,且将团扇共徘徊。
玉颜不及寒鸦色,犹带昭阳日影来^②。

【注释】

①奉帚:手持扫帚。②昭阳:赵合德所居之昭阳宫。

【译文】

拂晓金殿门开,宫人准备打扫,暂且让团扇伴着我踱步殿前。轻叹容颜如玉反不及乌鸦,只因它尚能去昭阳殿沐浴君恩而还。

【赏析】

班婕妤最初因美丽贤惠有才华而为汉成帝所重,后来赵飞燕、赵合德姐妹入宫,深受汉成帝偏宠。班婕妤便自请去长信宫侍奉太后,她曾作《怨歌行》,自比团扇,秋凉被弃捐。这首宫怨诗即咏其事。

首句写班婕妤供奉太后之事,二句暗用团扇典故,"共徘徊"三字,将团扇秋来被弃与人失宠失意后的彷徨苦闷心绪相并,极见精神。三四句轻轻宕开一笔,借"寒鸦"与"玉颜"作鲜明奇特的对比,寒鸦自昭阳殿飞来,犹带昭阳日影,人虽有玉颜,却不能沐浴君恩,故"玉颜"不及"寒鸦",这想入非非的对比把人物的特定心理刻画得丝丝入微。构思巧妙而不伤浑成,语带双关,用典亲切,在优柔婉丽中含蕴无穷,使人一唱而三叹。

闺 怨

◎王昌龄

闺中少妇不知愁,春日凝妆上翠楼^①。
忽见陌头杨柳色^②,悔教夫婿觅封侯。

【注释】

①凝妆：盛装。②陌头：道边。

【译文】

闺中少妇从不知道忧愁，春日里她打扮妥帖登上翠楼。忽然看到路口杨柳泛出新绿，才后悔教丈夫从军谋取功名。

【赏析】

诗题为"闺怨"，首句却写闺中少妇"不知愁"，紧接着又写她在春光明媚的日子里盛装打扮后登上翠楼赏春的情形，活画出青春女子天真烂漫的憨态。然而，她是真的不知道忧愁吗？纵观全诗，显然并非如此。

接下来"忽见"一词，轻轻一转，于不经意处翻出"陌头杨柳色"。眼前所见，不过杨柳这等寻常景物，何以称之为"忽见"？其实，这句诗关键是要表达这位少妇在见到杨柳后忽然触发的联想和心理变化。在古人心目中，杨柳不仅是"春色"的象征，也是别离时相赠的礼物。古人很早就有折柳相赠的习俗，送别诗中也经常出现"折柳"这一意象。眼前所见之景勾起了她一连串的情思：当年折柳送别，今春柳树又绿，夫君未归，时光流逝，红颜易老……于是一种强烈的空寂和怨愁之感迎面扑来。

而在情思被触动之后，少妇心中那沉积已久的幽怨和离愁突然变得一发而不可收，顷刻间喷涌而出，于是自然而然地引出了"悔教夫婿觅封侯"一句。杨柳显然只是导致少妇情感变化的一个外在因素，如果没有平日感情的积蓄，杨柳不可能如此强烈地触发她心中的"悔"。因此，少妇的情感变化看似突然，实则尽在情理之中。最后一句的"悔"字为画龙点睛之笔，将登楼前的不知愁与登楼后的深知愁融汇在一起，形成强烈的反差。

这首诗并未刻意写怨愁，然而怨之深、愁之重，已表露无遗。诗人抓住了少妇一刹那的心理变化，生动地揭示了"闺怨"的主题。

芙蓉楼送辛渐

◎王昌龄

寒雨连江夜入吴①，平明送客楚山孤②。

洛阳亲友如相问③,一片冰心在玉壶④。

【注释】

①寒雨:寒冷的雨。连江:满江。吴:三国时的吴国在长江下游一带,简称这一带为吴,与下文"楚"为互文。②平明:清晨天刚亮。客:指辛渐。楚山:春秋时的楚国在长江中下游一带,所以称这一带的山为楚山。孤:独自,孤单一人。③洛阳:位于河南省西、黄河南岸。④一片冰心在玉壶:冰在玉壶之中,比喻人清廉正直。冰心:比喻心地纯洁。

【译文】

秋雨满江,夜里侵入吴地,清晨送你远行,楚山也显孤寂。洛阳的亲友如果问起我,就说我依然清白高洁如玉壶冰晶。

【赏析】

芙蓉楼,旧址在今江苏省镇江市。开元二十九年(741),王昌龄因"不谨小节,谤议沸腾"被贬为江宁丞,这首诗即作于其时。

首两句写雨夜饯别和平明相送,茫茫的江雨和孤耸的楚山,烘托出送别时的孤寂凄清之情;后两句是临别时的叮咛之语,辛渐是诗人的朋友和同乡。此次返乡,诗人托辛渐带给洛阳亲友的不是报平安或问候,而是"一片冰心在玉壶"的心志表白。

天气寒冷,玉壶中的水会结成冰,玉壶和冰都是晶莹澄澈之物,故常用以比喻高洁清纯。六朝刘宋时期的诗人鲍照就用"清如玉壶冰"(《代白头吟》)来比喻高洁清白的品格。自从开元宰相姚崇作《冰壶诫》以来,盛唐诗人如王维、崔颢、李白等都曾以冰壶自励,推崇光明磊落、表里澄澈的品格。王昌龄托好友辛渐给洛阳亲友带去的口信不是通常的报平安,而是传达自己依然冰清玉洁、坚持操守的信念,是大有深意的。

据《唐才子传》和《河岳英灵集》载,王昌龄曾因不拘小节,"谤议沸腾,两窜遐荒",开元二十七年(739)被贬岭南即是第一次。从岭南归来后,他被任为江宁丞,几年后再次被贬谪到更远的龙标。可见当时他正处于众口交毁的恶劣环境之中。诗人在这里以晶莹透明的冰心玉壶自喻,正是基于他与洛阳诗友亲朋之间的真正了解和相互信任。

诗人从清澈无瑕的玉壶中捧出一颗晶亮纯洁的冰心以告慰友人,这就比任何相思的言辞都更能表达对洛阳亲友的深情,其精巧的构思和深婉的用意均融化在一片清空明澈的意境之中,显得含蓄蕴藉,余韵无穷。

望蓟门

◎祖 咏

燕台一去客心惊①,笳鼓喧喧汉将营。
万里寒光生积雪,三边曙色动危旌②。
沙场烽火侵胡月,海畔云山拥蓟城。
少小虽非投笔吏③,论功还欲请长缨④。

【注释】

①燕台:即幽州台。②三边:古称幽、并、凉三州为三边,此指蓟城一带边地。危旌:高扬的旗帜。③投笔吏:东汉班超年少时曾是抄写文书的小吏,后投笔从戎,立功西域,封定远侯。④请长缨:终军曾向汉武帝请求:"愿受长缨,必羁南越王而致之阙下。"

【译文】

从燕台望去,我暗暗吃惊,笳鼓喧天,出自汉将兵营。万里积雪,发出寒光,天刚亮,三州边地,军旗飘动。沙场烽火,遮蔽了明月,海边云烟,簇拥着蓟门城。少年时,虽没像班超那样,投笔从戎,论功还是想学终军,自愿请缨。

【赏析】

蓟门是唐边防要地,在今北京德胜门外。诗人到闻名已久的边塞重镇,游目纵观蓟门壮丽的风光,吊古感今,慨然生发报国从戎的豪情。

全诗由首句的一个"惊"字领起,一到燕台想起燕昭王为求贤才而筑黄金台,兴盛一时,可自郭隗、乐毅等贤人故去后,燕国即被秦所灭,此为一惊。而将营中吹笳击鼓,喧声震天,体现了汉将营中号令的严肃,深深震动了诗人的心灵。

接下来,诗人写望中所见,视线由远处移到高处,由内地到边塞,层次分明。连绵万里的积雪以及积雪所反射的寒光,无不令人心惊。而边防地带如此的形势和气氛,更是让人震撼。故尾联因被望中所见的雄浑壮丽的战场风光所激励感奋,涌起一股报国立功的豪情。

终南望余雪

◎祖　咏

终南阴岭秀①,积雪浮云端。
林表明霁色②,城中增暮寒。

【注释】

①终南:终南山,在今陕西省西安市南。阴岭:向阴的山岭。②林表:树林的外表。霁色:雪后的阳光。

【译文】

终南山北面,山岭秀丽,峰顶的积雪,像浮在云端。雪停了,林外日色明朗,傍晚天晴,城中反增几分冷寒。

【赏析】

据《唐诗纪事》卷二十记载,这是作者在长安应进士考试诗。按照唐考试制度规定,应试诗当为五言六韵十二句,但祖咏作了四句就交卷了,考官问他为何不写完?他说:"意尽。"从诗本身来看,四句的确写尽终南余雪的景色。长安城遥对终南山北麓,前两句写眺望所见:魏巍终南山北积满了白雪,顿添不少秀色;起伏峰峦上的积雪,好像白云飘浮在天际。后两句,重在写"余雪",残阳的余晖斜照在雪峰山林上而分外明亮,望积雪而转觉苦寒侵袭,进而想到城中暮寒骤增。众生酷冷。

送綦毋潜落第还乡

◎王　维

圣代无隐者,英灵尽来归。

遂令东山客①，不得顾采薇②。
既至金门远③，孰云吾道非。
江淮度寒食，京洛缝春衣④。
置酒长安道，同心与我违⑤。
行当浮桂棹⑥，未几拂荆扉⑦。
远树带行客，孤城当落晖。
吾谋适不用⑧，勿谓知音稀。

【注释】

①东山客：东晋谢安曾隐居于会稽东山，此指隐居者。②采薇：商末伯夷、叔齐不食周粟，在首阳山采薇代食。这里指隐居。③金门：金马门，汉代对优异贤良之士皆令至金马门待诏。④"江淮"二句：意谓赴京赶考，渡江淮时正值寒食节，后落第滞留京洛，又自缝春衣。⑤同心：知心朋友。违：分离。⑥行当：将要。桂棹：船的美称。⑦未几：不久。荆扉：指故园的柴门。⑧"吾谋"句：意指文章未为考官所赏识。

【译文】

政治清明时代绝无隐者存在，为朝政服务有才者纷纷出来。连你这个像谢安的山林隐者，也不再效法伯夷叔齐去采薇。你应试落第不能待诏金马门，那是命运不济，谁说吾道不对？去年寒食时节你正经过江淮，滞留京洛又缝春衣已过一载。我们又在长安城外设酒饯别，同心知己如今又要与我分开。你行将驾驶小船南下归去，不几天就可把自家柴门扣开。远山的树木把你的身影遮盖，夕阳余晖映得孤城艳丽多彩。你暂不被录用纯属偶然的事，别以为知音稀少而徒自感慨！

【赏析】

这是一首劝慰落第友人的诗。綦毋潜是荆南人，到长安应考进士不中，王维送他还乡，并作此诗对他进行勉励。

诗人先说圣明时代，有才能的人不再隐居。这次应考未中，谁说是因为你没有才能呢？不要为了偶然的失意，就认为世上没有知音的人了。诗人言辞恳切，体贴人微，正如清代沈德潜所谓"反复曲折，使落第人绝无怨尤"。

全诗虽是为送别落第友人惋惜,却并不显得悲伤愁苦,在抒情之中既有由衷的感慨,又有真挚的勉励,情调昂扬乐观,境界开阔,读之令人振奋。"远树带行客,孤城当落晖"写送行景色,有如一幅暮春送别图,正是"诗中有画"。

青 溪

◎王 维

言入黄花川①,每逐青溪水②。
随山将万转,趣途无百里③。
声喧乱石中,色静深松里④。
漾漾泛菱荇⑤,澄澄映葭苇⑥。
我心素已闲,清川澹如此⑦。
请留盘石上⑧,垂钓将已矣⑨。

【注释】

①言:发语词,无意。黄花川:今陕西凤县东北黄花镇附近。②逐:沿着。青溪:今陕西勉县东。③"随山"两句:意思是清溪与黄花川相隔不过百里,溪水却依山势千回万转。趣,同"趋"。④色:山色。⑤漾漾:形容水波荡漾摇曳的样子。泛:浮漂。菱荇:菱叶荇菜等水生植物。⑥澄澄:形容溪水清澈透明。葭(jiā)苇:芦苇。⑦澹(dàn):安静。⑧盘石:大石。⑨将已矣:将留此终身。

【译文】

每次我进入黄花川漫游,常常沿着青溪辗转漂流。流水依随山势千回万转,路途无百里却曲曲幽幽。乱石丛中水声喧哗不断,松林深处山色静谧清秀。溪中菱藕荇菜随波荡漾,澄澄碧水倒映芦苇蒲莠。我的心平素已习惯闲静,淡泊的青溪更使我忘忧。让我留在这盘石上好了,终日垂钓一直终老到头!

【赏析】

这首诗大约是王维初次隐居蓝田南山时所作,写了一条不知名的清溪的素淡景致，着眼在"我心素已闲，清川澹如此"，以清溪的淡泊来印证自己安闲的夙愿。

开头四句沿着清溪入黄花川游历，百里之间，途径千回万转。"声喧乱石中，色静深松里"写听到溪流声，看到溪边松色，动静相称，声色交通，极富意境美。七八句写清溪流出松林，进入开阔地带的景色。诗人笔下的清溪深峭灵洁，既喧闹又沉静，既活泼又素淡，让人心生爱悦。"一切景语皆情语"（王国维《人间词话》），全诗写景又写情，物境、心境融合为一，浑然一体。这首诗，诗中有画，清新淡雅、醇厚隽永，很能体现王维山水诗的特色。

渭川田家

◎王　维

斜光照墟落，穷巷牛羊归。
野老念牧童，倚杖候荆扉。
雉雊麦苗秀，蚕眠桑叶稀。
田夫荷锄至，相见语依依。
即此羡闲逸，怅然吟《式微》。

【译文】

斜阳照在村墟篱落，放牧的牛羊回到了深深的小巷。村中一位老叟，拄着拐杖倚靠在柴门前，等候放牧晚归的牧童。吐穗华发的麦地里，传来野鸡的阵阵鸣叫声。桑树上桑叶稀疏，蚕儿就要吐丝。从田里归来的农夫扛着锄头，相见时打着招呼絮语依依。此情此景，怎能不羡慕隐居的安详，吟咏着《式微》的诗章，意欲归隐又不能如愿，心绪不免紊乱惆怅。

【赏析】

这首诗呈现了一幅陕西渭水流域初夏田家晚归图，作者抓住了"斜阳""墟落""牛羊""荆扉""雉雊""麦苗""桑叶""田夫"这些典型的农家特征，以白描的手法写了野老想念牧童，田夫荷锄相见，风物人情,历历如画,让人顿生钦慕之心。

结尾两句,就是诗人因为羡慕田家的闲逸,而生发出不如归去的感叹。其中"式微"是用《诗经·邶风·式微》"式微,式微,胡不归"一语,表示有归隐田园之意。写田家的平和安乐,不事雕绘,自然天成,诗意盎然。

辋川闲居赠裴秀才迪

◎王　维

寒山转苍翠,秋水日潺湲①。
倚杖柴门外,临风听暮蝉。
渡头余落日,墟里上孤烟②。
复值接舆醉③,狂歌五柳前④。

【注释】

①日潺湲(yuán):意谓水流日日徐缓流淌。②墟里:村落。烟:指炊烟。③复值:又逢。接舆:春秋时楚国隐者,此指裴迪。④五柳:晋陶渊明号"五柳先生",此处是作者自喻。

【译文】

秋山,变得郁郁苍苍;溪水,日日舒缓流淌。扶杖伫立在茅舍门外,迎风静听黄昏蝉鸣。渡口边,还留有夕阳余晖;村落上空,炊烟静静飘散。又碰到裴迪醉酒而来,狂歌高唱在我面前。

【赏析】

辋川在今陕西省蓝田县终南山下,王维晚年与秀才裴迪同隐于此。

黄昏薄暮,寒秋中的山色变得更加苍翠,林间的秋水潺潺作响;红日傍着渡头渐渐落下,一缕青烟从村落中悠然上升。人在这样的一幅静谧恬适的山水田园风景画中,安闲地拄着拐杖,在柴门外听那晚风中的蝉鸣,将诗人潇洒安逸的神态和超然物外的情致刻画得栩栩如生;而这时又正好有沉醉狂歌的好友前来拜访,让人陶然。辋川的风光人物相映成趣,形成物我一体、情景交融的艺术境界,可见诗人的闲居之乐和与友人相酬的真切情谊。

"渡头余落日,墟里上孤烟"一联为写景名句,逼真地再现了渡头落日与水面相切的动态瞬间和村落第一缕炊烟袅袅升到半空的景象,富有包孕性和典型性,从中可以体会到王维田园诗"诗中有画"的特点。

酬张少府

◎王 维

晚年惟好静,万事不关心。
自顾无长策①,空知返旧林②。
松风吹解带③,山月照弹琴。
君问穷通理④,渔歌入浦深。

【注释】

①自顾:自念。长策:超人的本领。②空:徒然,白白地。③解带:解带敞怀。④穷通理:困顿与发达的道理。

【译文】

晚年,我只喜欢清净,对世事都不再关心。自认为没有高明的本领,只好归隐山林。松林清风,吹开我衣襟;山间明月,照我弹琴。你问我困顿与发达的道理,你听,水边深处渔歌声声。

【赏析】

酬是以诗酬答的意思,这是一首赠友诗。前四句是诗人的自白,自己人到老年唯好清静,对万事不关心了,自问没有高明的策略来为国效力,只知道归隐山林自适本性。

开头乍一看好像王维的生活态度非常消极,但若是纵观他的人生历程可以发现,王维早年也曾有过积极的政治抱负,只是后来经历政局变化,理想一直得不到实现。此时虽然担任京官,但对奸臣把持下的朝政已经彻底失望,再加上长期受佛教影响,这才过上了半官半隐的生活。因此,他晚年写诗自叙志趣。着意在"好静"二字。而从"空知返旧林"一句中,依稀可以看到,在诗人恬淡的外表下,内心深处的隐痛和感慨。

摆脱了现实政治的压力之后,隐居林泉的生活到底如何呢?诗人抓住隐逸生活的两个典型细节加以展开,细致地摹绘了一幅鲜明而生动的画面:松林的清风吹开衣襟,在山间明月的伴照下独坐弹琴,何等的闲远潇洒啊。

最后,君问穷通的道理,我唱着渔歌向河浦深处驶去。一问一答,既照应了首句的万事不关心,不以穷通为念,又似乎在用不答之答的行动表明"天下有道则见,无道则隐"的态度。含蓄而富有韵味,发人深省。

过香积寺

◎王 维

不知香积寺①,数里入云峰。
古木无人径②,深山何处钟。
泉声咽危石③,日色冷青松④。
薄暮空潭曲⑤,安禅制毒龙⑥。

【注释】

①香积寺:长安城外寺名,故址在今陕西省西安市长安区南。②无人径:人迹罕至的林间小径。③咽危石:形容山石嶙峋,泉水于其间不能畅快流淌。④冷青松:谓夕阳西下,青松的颜色也因之黯淡下来。⑤薄暮:黄昏。⑥安禅:安然进入禅境。制毒龙:此处以毒龙喻人之情欲,以制服毒龙喻驱除情欲,入于禅定。

【译文】

原本不知道山中有个香积寺,入山数里登上高耸的山峰。这里古木森森,没有行人路径,深山中,是哪里传来的钟声?岩石高险,泉水流过发出呜咽声;松荫浓郁,连日光也觉清冷。暮色降临,我站在潭水边,坐禅入定,驱除了邪念妄想。

【赏析】

诗人"过香积寺",却以"不知香积寺"起头,既表明了香积寺所处之深幽僻远,又带出后面的走进深山的探寻。

沿途古木森森,人迹罕至,听见一阵阵隐隐的钟声在深山回响,给本就寂静的山林又蒙上了一层神秘的面纱,显得越发宁谧。

究竟寺庙在何处呢?抬头只见山中危石耸立,流泉发出幽咽之声,夕阳的余晖洒落在清冷的松林上。山中危石耸立,泉水无法自然流淌,只能在嶙峋的岩石间艰难穿行,"咽"字准确生动地描绘了泉水的幽咽之声。夕阳西下,昏黄的余晖撒在幽深的松林上,"冷"字可谓恰到好处。

薄暮时分方到香积寺,看见寺前空明澄澈的水潭,一切机心妄想都被这样的禅意制服了。

这首诗章法出奇,题意在写山寺,却不正面描摹,而是从侧面写寺院的环境;不写寺院,而寺院已在其中。"云峰""古木""深山""危石""青松""空潭",清幽寂静,字字紧扣寺院而来。全诗构思奇妙、炼字精巧,尤其是"泉声咽危石,日色冷青松"一句,历代均被誉为炼字的典范。

送梓州李使君

◎王 维

万壑树参天,千山响杜鹃。

山中一夜雨,树杪百重泉①。

汉女输橦布②,巴人讼芋田③。

文翁翻教授④,不敢倚先贤⑤。

【注释】

① 杪(miǎo):树梢。② 汉女:指蜀中女子。输橦(tóng)布:指以布匹纳税。橦布,橦木花织成的布匹。③ 巴人:指蜀人。讼芋田:为农田之事讼争。④ 文翁:汉景帝时为蜀郡太守,他施政宽宏,兴学育人,使巴蜀得以开化。此处指李使君。翻:翻新。教授:教化。⑤ 倚先贤:倚仗先人遗留下来的成果而无所作为。

【译文】

　　千山万壑到处古木参天，群山回荡着声声杜鹃。山中下了一夜透雨，树梢雨水淅沥如挂百道山泉。蜀汉妇女以橦树织的布纳税，巴郡农民常争讼芋田。你一定要学文翁翻新教化，切不可倚仗先贤遗泽而偷闲。

【赏析】

　　这是一首送友人去四川做官的赠别诗。

　　诗人一上来就从悬想着笔，遥写李使君赴任之地梓州（州治在今四川省三台县）的自然风光：万壑千山都是参天大树，到处都是杜鹃的啼叫声；一夜大雨过后，山间飞泉百道，远远望去，好似悬挂在树梢上一般。

　　前两句从大处落笔，互文见义，卓越不凡，将蜀地层峦叠嶂的群山、幽深险峻的岩壑、高耸云天的林木呈现在读者面前，如同展开了一卷气势磅礴的山水画，而杜鹃的啼鸣又让这幅画卷显得动静相宜。三四句紧承起首的"万壑千山"，从细处着墨，重复"山""树"二字，又成流水对。上下两联一气贯注，神韵俊迈，充分表现出蜀中山川的雄奇壮丽。前人称赞说："起四句高调摩云。"（《唐宋诗举要》引纪昀语）

　　诗的后半转写蜀中风俗民情和使君政事。运用了文翁治蜀的典故，勉励李使君翻新教化，做出政绩，不要倚仗先贤原有的政绩，而变得懒惰懈怠、庸碌无为。

　　《送梓州李使君》虽然是一首送别诗，但诗中无一语涉及送别之时、地、情、事，全篇都在描绘蜀地的山水、风物和民事，构思新颖奇特。整首诗格调高远，是唐诗中写送别的名篇之一。清人王夫之对此评价说："景亦意，事亦意，前无古人，后无嗣者，文外独绝，不许有两。"（《唐诗评选》）

归嵩山作

◎王　维

清川带长薄①，车马去闲闲②。
流水如有意，暮禽相与还③。
荒城临古渡，落日满秋山。

迢递嵩高下④,归来且闭关⑤。

【注释】

①薄:草木茂密的地方。②闲闲:从容的样子。③暮禽:日暮的归鸟。相与还:结伴而还。④迢递:遥远的样子。⑤闭关:闭门谢客。关,门。

【译文】

溪水清澈,两岸草木丛生,我的车马行进悠闲。流水好像很有情义,过来欢迎我;归巢的禽鸟,也跟我一起回还。荒凉的城镇,紧挨着古老的渡口;夕阳余晖,洒满秋天的山峦。我千里迢迢来到嵩山,决心在此归隐,把门闭关。

【赏析】

王维辞官还归嵩山居处,途中见清清的河川两岸草木丛生,车马悠悠前行。正因心中闲适自在,故而看流水似乎也是有意归隐,看暮色中飞还的禽鸟是与自己结伴而归。

首联紧扣题目中的"归"字,描写出发时的情形,所写的望中景色和车马动态,无不是诗人安详闲适心境的折射。

颔联移情及物,将"流水"和"暮禽"都拟人化了,一方面描写了诗人归山之初悠然自得的心情;另一方面,"流水"多比喻一去不返,诗人借此表明自己对于归隐的坚决态度。"暮禽"句则包含了"鸟倦飞而知还"的含义,点出诗人是因为对现实政治的失望厌倦方才退隐,景中有情,言外有意。

一路行来,见荒城临靠在古渡口,落日的余晖洒满萧飒秋山。诗人选取这样一片荒凉的景色,隐约折射出其情感上的变化,即越接近归隐地就越发感到冷淡凄清的心境。直到"归来且闭关",点明辞官归隐后闭门谢客,不再过问社会人事,感情又回归于冲淡平和。

整首诗采用移步换景的方式写归嵩山路上所见的光景,并在景物中寄寓了自己的感情,显得很有层次。诗风质朴清新,自然天成。清人沈德潜说:"写人情物性,每在有意无意间。"正道出了这首诗不加雕饰却精巧蕴藉的特点。

观 猎

◎王 维

风劲角弓鸣①,将军猎渭城。
草枯鹰眼疾②,雪尽马蹄轻。
忽过新丰市③,还归细柳营④。
回看射雕处,千里暮云平⑤。

【注释】

①角弓:用兽角装饰的弓。②眼疾:目光敏锐。③新丰市:故址在今陕西临潼东北,是古代盛产美酒的地方。④细柳营:在今陕西省西安市长安区,是汉代名将周亚夫屯军之地。《史记·绛侯周勃世家》:"亚夫为将军,军细柳以备胡。"借此指打猎将军所居军营。⑤暮云平:傍晚的云层与大地相连。

【译文】

风猛烈地吹着,角弓射出的箭发出呜呜的鸣声,将军正在渭城打猎。草木凋枯,猎鹰的目光分外明锐,残雪已经融化,猎马迈蹄轻捷迅速。忽而已经穿过了新丰市,还归到了军营。回首远望刚刚引弓射雕的地方,千里无垠,茫茫的浮云都淹没在苍茫的暮色中。

【赏析】

这是一首描写打猎的诗,是王维早期的作品,风格遒劲有力。

在一个北风呼啸、草木萧条的冬日里,将军驾着快马来到渭城狩猎。将军眼明手快、箭术超群,不须多时猎物就尽收囊中,满载而归。《观猎》意在表现打猎者高超的箭术,全诗却不直接写打猎者捕杀猎物的场景,而是通过对打猎者的身姿、神态、动作的描写来表现。

诗的前半部分写出猎,后半部分写猎归,一气游走,自然天成,丝毫不给人以突兀之感。另外,诗人锤字炼句的本领也令人惊叹,"枯""尽""疾""轻",寥寥几个字就将将军那雄姿英发之态表现得淋漓尽致。

和贾至舍人早朝大明宫之作

◎王 维

绛帻鸡人报晓筹①,尚衣方进翠云裘②。
九天阊阖开宫殿,万国衣冠拜冕旒③。
日色才临仙掌动④,香烟欲傍衮龙浮⑤。
朝罢须裁五色诏,佩声归向凤池头。

【注释】

①绛帻:用红布包头似鸡冠状。鸡人:古代宫中,于天将亮时,有头戴红巾的卫士,于朱雀门外高声喊叫,好像鸡鸣,以警百官,故名鸡人。晓筹:即更筹,夜间计时的竹签。②尚衣:官名。隋唐有尚衣局,掌管皇帝的衣服。翠云裘:饰有绿色云纹的皮衣。③衣冠:指文武百官。冕旒:古代帝王、诸侯及卿大夫的礼冠。旒,冠前后悬垂的玉串,天子之冕十二旒。这里指皇帝。④仙掌:即障扇,宫中的一种仪仗,用以蔽日障风。⑤香烟:这里是和贾至原诗"衣冠身惹御炉香"意。衮龙:指皇帝的龙袍。浮:指袍上锦绣光泽的闪动。

【译文】

红巾报时人,手拿更筹报晓,尚衣就捧进了翠云裘。重重宫殿打开大门,各国使臣与百官一齐向天子朝拜。阳光临照,掌扇随着它移动;轻烟缭绕,皇袍的绣龙像在浮游。早朝后,贾舍人要草拟诏书,听环佩叮当,他已回到中书省。

【赏析】

这首诗与岑参所写同题,是描写朝拜庄严华贵的唱和诗。全诗写了早朝的整个经过,分早朝前、早朝中、早朝后三个层次,利用细节描写和场景渲染,描绘出大明宫早朝庄严肃穆的氛围与皇帝的威仪。"九天阊阖开宫殿,万国衣冠拜冕旒"一联,大笔勾勒出早朝的景象:宫殿中九重天门迤逦打开,深邃伟丽,万国的使节纷纷拜倒朝见天子,威武庄严。突出了大唐帝国的威仪,气象非凡。颈联从细处落墨,用仙掌挡日、香烟缭绕营造出皇庭特有的雍容华贵的氛围。结尾归结到贾至任中书舍人起草诏书的职责，是"朝罢"之后。

这首和诗只和其意而不和韵，用语堂皇，造句雍容伟丽。格调和谐。明代胡震亨"唐音癸签"说"盛唐人和诗不和韵"。于此可窥一斑。

汉江临泛

◎王　维

楚塞三湘接①，荆门九派通②。
江流天地外，山色有无中。
郡邑浮前浦③，波澜动远空。
襄阳好风日④，留醉与山翁⑤。

【注释】

①楚塞：指古楚国边界。三湘：漓湘、潇湘、蒸湘称三湘。②荆门：即荆门山。九派：长江的许多支流。九是多的意思。③郡邑：此指襄阳城。浦：江面。④风日：风光。⑤山翁：指晋人山简，竹林七贤山涛之子。曾任征南将军，镇守襄阳，好饮酒，每饮必醉。

【译文】

汉江，在楚地与三湘相接；荆门，与长江九大支流相通。汉水浩荡，似要溢出天地；山色朦胧，群山时隐时现。州城好似浮在水面，波涛在天际翻涌。赞叹襄阳的风景，让人陶醉，我愿留下来，陪伴常醉的山翁。

【赏析】

"临泛"就是登高望远的意思。这首诗主要写泛游汉水的见闻，咏叹汉水的浩渺。

诗人先从大处落墨，以雄健的笔力描绘出汉水横卧楚塞而接"三湘"、与长江"九派"相通的雄浑壮阔的气势。不仅写出了荆门南接三湘、北通九派的重要地位，更将笔触延展到了千里之外。有了这样的开篇，后两联方显得不弱。

泛舟江上，纵目眺望，只见"江流天地外，山色有无中"，汉水之水面宽广仿佛都流到天地之外了;两岸青山迷蒙,烘托出江势的浩瀚空阔,气韵生动。前句极言汉水的邈远,后句以苍茫山色烘托江水的浩瀚空阔。王世祯说这两句"是诗家俊语,却入画三昧"。画面疏密有致,气韵生动。

接着,诗人视线从远处收回,转向眼前江面近景。"浮"字写沿江郡邑仿佛在水面浮动,"动"字写出波涛汹涌如同摇动远方天空。明明是水波在动荡起伏,却给人以前方的城郭在水面上浮动和整个天空都在动荡的错觉。这种"浮动"的错觉,足见水势之磅礴。面对襄阳这样的壮丽风光,诗人沉醉其中,想要留下来。

全诗仿佛一幅色彩淡雅、格调清新、意境优美的山水画,雄健而不失从容,写出了汉江的千古奇观,气魄宏大,意境开阔,给人以美的享受,堪称王维融画入诗的力作。

奉和圣制从蓬莱向兴庆阁道中留春雨中春望之作应制

◎王　维

渭水自萦秦塞曲①,黄山旧绕汉宫斜②。
銮舆迥出千门柳③,阁道回看上苑花④。
云里帝城双凤阙⑤。雨中春树万人家。
为乘阳气行时令⑥,不是宸游玩物华⑦。

【注释】

①渭水:即渭河,源出甘肃省,经陕西流入黄河。秦塞:指长安城近郊。②黄山:指黄麓山,在长安西北。汉宫:指唐宫。③銮舆:皇帝的车驾。迥(jiǒng)出:高出。千门:指皇宫内的重重门户。④上苑:泛指皇家园林。⑤双凤阙:泛指皇宫中的楼台。⑥阳气:指春气。时令:按季节颁布的政令。⑦宸(chén)游:指皇帝出游。宸,帝王的代称。物华:美好的景物。

【译文】

渭水围绕京城曲折东流,黄麓山本来就环抱着皇家。帝辇从垂柳夹道的宫门远去,在阁道上,回头看林苑百花。大明宫的栖凤翔鸾二阙,高耸入云；细雨中，春树翠绿，装点万户人家。为了趁着春时，颁行适时诏令，天子出游，并不是为玩赏春景。

【赏析】

王维的这首七律，是唐玄宗由阁道出游时在雨中春望赋诗的一首和作，所谓"应制"，即应皇帝之命而作。

应制诗一般都为歌功颂德，难以出彩，但王维这首却高出众人一等。他紧扣题目中的"望"字，一开头就写出由阁道中向西北眺望所见的壮阔景象：渭水曲曲折折地流经秦地，渭水边的黄山盘旋在汉代黄山宫脚下。"渭水""黄山"和"秦塞""汉宫"作为长安的陪衬和背景，气势顿显开阔，而且"秦""汉"这样的字眼，极大地增强了时空感。再写人在阁道上回看官苑的景象，"云里帝城双凤阙，雨中春树万人家"一联，给人一种高峰突起的感觉，呈现出一幅阔大美好的春雨长安图。结尾寓规劝于颂奉中，指出了天子春游是顺天道而行时令，并非为了赏玩景物。

诗人善于取景布局，以饱满而又生动的艺术形象，传达出唐帝国处于兴盛时帝都长安的风采。

鹿　柴

◎王　维

空山不见人，但闻人语响。

返景入深林①，复照青苔上。

【注释】

①返景：夕阳返照的光。景，古时同"影"。

【译文】

山中空荡，看不到人影，只能听到有人说话。夕阳返照深深树林，又给青苔抹上一层淡黄色。

【赏析】

王维晚年为陕西蓝田的辋川别墅风景写了《辋川集》组诗二十首，鹿柴为辋川一景。诗人捕捉到傍晚时分鹿柴的幽静景色，落笔先写"空山"寂绝人迹，接着以"但闻"一转，引出"人语响"来。空谷传音，愈见其空；人语过后，愈添空寂。

最后又写夕阳余晖映照深林，在青苔上洒下斑驳的光影，愈加衬托出山林的清寂幽邃，几如化外之景。诗的绝妙之处在于以动衬静，以局部衬全局，疏淡自然，毫不做作。

竹里馆

◎王　维

独坐幽篁里①，弹琴复长啸。
深林人不知，明月来相照。

【注释】

① 幽篁：幽深的竹林。

【译文】

独自坐在幽深竹林，时而弹琴，时而吟唱长啸。深林僻静，无人知晓，只有明月殷勤相照。

【赏析】

竹里馆为辋川山庄一景，是建筑在大片竹林中的精舍。诗人以极浅淡的笔墨，描绘出一幅月夜独坐竹林弹琴长啸图，表现了隐者恬淡逸放和自得其乐的心情。

其中"独坐"和"人不知"相映带，明月相照"幽篁""深林"，光影织成美景，弹琴长啸反衬月夜竹林的幽静，情景融为一体。蕴含着一种特殊的美的艺术魅力，使其成为千古佳品。

鸟鸣涧

◎王　维

人闲桂花落①，夜静春山空②。

月出惊山鸟③,时鸣春涧中。

【注释】

①闲:安静、悠闲,合有人声寂静的意思。②空:空寂、空空荡荡。这里形容山中寂静无声,好像空无所有。③月出:月亮出来。惊:惊动,惊扰。

【译文】

人悠闲,桂花无声无息地飘落;夜寂静,春山让人觉得空空的。月亮出来惊动了栖息的山鸟,山涧中不时传来鸟的啼鸣声。

【赏析】

王维写了不少富有禅意的诗,而这首诗意境尤高,臻于"无我之境"。由于心境的"闲",作为主体的人消失了,却感受到了四周最细微的变化,唯有在极静之中,方能得自然真意。

杂　诗

◎王　维

君自故乡来,应知故乡事。
来日绮窗前①,寒梅著花未②?

【注释】

①来日:指动身前来的那天。绮窗:雕饰精美的窗子。②著花:开花。

【译文】

你刚从我的家乡来,一定知道一些家乡的事。请问来时,我家窗前,那一株腊梅是否已开?

【赏析】

游子居异乡,遇故乡来人。有多少可问之事啊,却只问家园窗前那株寒梅开花了没有?

真是"于细微处见精神",因为一些细琐的生活小事或某一特殊的景物,最能引发思乡的感情。

以家常絮语向人询问寒梅,问的是近况,更可见他对故乡以往的每一细微变化都在密切留意,了然于怀的。

诗以白描记言的手法,写眷念窗前"寒梅著花未",寓巧于朴,简洁而形象地刻画了主人公思乡的情感,亲切有味。

相 思

◎王 维

红豆生南国,春来发几枝。
愿君多采撷①,此物最相思。

【注释】

① 撷(xié):摘。

【译文】

红豆生长在南方,春天来了,长出几个新枝。希望你,多多采摘佩戴它,这小小的红豆,最惹人相思。

【赏析】

红豆,一名相思子,产于岭南。相传古代有一个男子出征死于边关,妻子思念他,在树下哭泣,泪落染树结出殷红的豆子,故称此树为相思树。"南国"既是红豆的产地,又是朋友的所在地,于是首句因物起兴,将生于南国的红豆与旅居南方的所思对象巧妙地联系在一起,语虽单纯,却富于想象。接着以设问寄语,承接自然,口吻亲切。

作者在诗末还不忘叮咛友人多采撷红豆,因为"此物最相思",言在此而意在彼,瞩人相思,背后其实寄寓着自身深深的相思之意。末句以"相思"点题,一方面与首句中的"红豆"呼应,另一方面起到了一语双关的妙用:既切"相思"之名,又关合相思之情,可谓妙笔生花,婉曲动人。

此诗语浅情深,短短四句中,一叙一问一叮咛,极为明快,又含蓄蕴藉，将一腔柔情尽情灌注在红豆之中。

少年行

◎王 维

新丰美酒斗十千①，咸阳游侠多少年②。
相逢意气为君饮③，系马高楼垂柳边④。

【注释】

①新丰：古县名，汉置，治所在今陕西省临潼（tóng）县东北。新丰镇古时产美酒，谓之新丰酒。斗（dǒu）十千：一斗酒值十千钱（钱是古代的一种货币），形容酒的名贵。斗是古代的盛酒器，后来成为容量单位。②咸阳：秦朝的都城，故址在今陕西咸阳市东北二十里，此借指唐都长安。游侠：游历四方的侠客。③意气：指两人之间感情投合。④系（xì）马：拴马。

【译文】

新丰出产的美酒一斗价值十千钱，咸阳城的游侠儿多是少年。他们意气相投，一见如故，便相邀去酒楼酣饮，马儿就系在高高酒楼旁边的垂柳上。

【赏析】

这是一首描写少年游侠日常生活的诗。

在古都咸阳，游侠儿横穿于市，相逢马背，意气相投便以酒相邀，直饮到酩酊大醉。诗人通过对游侠儿高楼纵饮这一典型场景的描写，将游侠儿的风流与不羁完美地展现了出来，并表达了诗人对游侠儿这种富于浪漫气息的生活的向往。

一二句将"新丰美酒"与"咸阳游侠"对举，让二者形成了"快马须健儿，健儿须快马"那样密不可分、相得益彰的关系，一张一弛，清爽流利。

第三句将酒与游侠儿连接起来。对普通人来说，萍水相逢即是过客；而对少年侠士们来说，相逢片刻也可以一见如故，还要为对方干上一杯。但末句并未承接前文详写宴饮场景，只写到酒楼前就戛然而止。写"马"，是为了映衬侠少的豪迈英武。"高楼"与"垂柳"，相映成趣，华美、喧闹而不失飘逸，描述出一种富于浪漫气息的生活情调，为此突出侠少的精神风貌。此处运用了虚处传神的艺术手法，因为侧面虚写比正面实写所涵盖的内容要丰富得多。

短短二十个字，游侠儿的形象便跃然纸上，这全赖诗人的选材和用笔。诗人选取的是游侠儿生活中的一个场景——高楼纵饮，既散发着浓郁的生活气息，又弥漫着浓厚的浪漫色彩，寓真实于理想化之中，丝毫不给人以虚假之感。作者用笔精到，全诗不事雕饰，只几笔便将游侠儿的身姿神态勾勒了出来。

九月九日忆山东兄弟

◎王　维

独在异乡为异客，每逢佳节倍思亲。
遥知兄弟登高处，遍插茱萸少一人①。

【注释】

① 茱萸（yú）：落叶小乔木，开小黄花，有浓香，古人每逢重阳便佩插它以辟邪。

【译文】

我独自漂泊，在异地做客，每到佳节，都倍加思念亲人。兄弟们在登高祈福，大家头插茱萸，只是少我一人。

【赏析】

王维原籍太原祁州（今山西省祁县），在华山以东，故称山东。诗题下原注："时年十七"，是在长安时所写。

农历九月九日是重阳节。二九相重，称为"重九"；九是阳数，故又称"重阳"。重阳节始于战国时代，唐代时被正式定为民间节日，并沿袭至今。

唐代城市在重阳节时，一般要做四件事：一是吃糕，糕与高谐音，吃糕是为了取吉祥的意义；二是饮菊花酒，赏菊花；三是把茱萸插在头上或者佩戴在身上；四是登高，一般选择附近的名山或者高塔。

诗一开头便以寻常语写思亲之切，诗人对故乡亲人的强烈思念，对孤独处境的感受，都凝聚在这个"独"字里。两个"异"字连用，表明地非故土，人无故人，备显凄凉孤苦。佳节，往往是举家团聚的好日子，一个"倍"字，则突出诗人无时不在怀念亲人，到了佳节思念之情更加强烈。

三四句纯是想象之语：兄弟们重阳登高，独独少了自己一人。这里不说我忆兄弟，却说遍插茱萸少一人，更加重了凄凉之感。

语言浅显朴素有如喃喃细语，情意表达层转层深，却没有一个字可以删改移动，可谓自然妙绝。

秋夜曲

◎王 维

桂魄初生秋露微①**。轻罗已薄未更衣。**
银筝夜久殷勤弄，心怯空房不忍归。

【注释】

①桂魄：月亮的别称，相传月中有桂树，故名。

【译文】

秋月初升，秋露轻盈纤微；轻软罗衫已太薄，然而却无心加衣。夜已深，她还在拨弄银筝，只因怕空房孤寂不愿回去。

【赏析】

初秋夜晚月亮升起，已有微小晶莹的露珠了，罗衣已显轻薄却不更换厚衣，而夜深了还在庭院频频弹奏银筝，不断的银筝声在这清冷夜晚似乎还显得很热闹。末句一语揭穿"心怯空房不忍归"，原来不是偶发清兴弄银筝，而是无良人相伴，寂寞难寝。这时再回头反观前三句，顿悟其已隐约传神于先，未更罗衣，是因其相思入神，频弹银筝，见其心生烦扰，首句更是先声夺人，为全诗渲染了清冷凄凉的气氛，又隐有望月怀人之意。语极委婉，情极细腻，把儿女之情写得如此深隐曲折，而一经点破，相思相怨之情即跃然纸上。

送沈子福之江东

◎王　维

杨柳渡头行客稀，罟师荡桨向临圻①。
惟有相思似春色，江南江北送君归。

【注释】

① 罟师：渔夫。

【赏析】

这是一首相思离别之作，想象奇特，感情奔放。

阳春时节，到处桃红柳绿，到处莺歌燕舞，在杨柳渡头，诗人送友人沈子福顺流而下归江东。望着那满园春色，诗人灵光乍现：我这绵绵无尽的相思之情不就像眼前的无边春色吗？何不让我这相思之情也同春色一般，蔓延江南江北，伴你归去。多么奇妙而美丽的想象啊，以无形之情比有形之景，将情与景结合无间！

送崔九

◎裴　迪

归山深浅去，须尽丘壑美。
莫学武陵人①，暂游桃源里。

【注释】

① 武陵人：指陶渊明《桃花源记》中的武陵渔人。

【译文】

想要归隐，深壑浅滩就都要看看，定要赏尽山峦沟壑的秀美。千万别学那武陵捕鱼人,只在桃花源中游玩了几天。

【赏析】

开元末、天宝初,裴迪、王维同隐终南山。崔九,即崔兴宗,为王维内弟,他随后也归隐终南。这是一首劝勉诗,从诗中看,崔九有不甘久隐之意,裴迪便以自己的切身体验,劝崔九既然打算隐居,就应该坚定不移地真隐,劝勉含蓄而意远。

无论入山高下深浅,皆须尽会丘壑之美;不要学那武陵渔人,暂游桃源之后即行出山,浅尝辄止,没有饱览林壑之美。

一二句劝勉崔兴宗不要再留恋世俗的生活。三四句是说既然在山水间获得了人生的乐趣,就不要再回到现实中来了。

诗人为什么不仅自己归隐,还要劝人一起留在世外桃源中呢?

本诗大约作于唐玄宗后期,整个社会开始由盛转衰,唐玄宗宠幸杨贵妃,不理政事,先后任用奸相李林甫和杨国忠,他们结党营私,排斥异己,导致朝政腐败,社会黑暗,像裴迪、崔兴宗这样的下层知识分子没有出路,只能隐居山林。

诗人巧用陶渊明《桃花源记》中武陵渔人的典故,隐含哲思。全诗的语言浅白有如促膝话家常,亲切可感,却含蓄而意远。

清平调词三首(其一)

◎李 白

云想衣裳花想容,春风拂槛露华浓①。
若非群玉山头见②,会向瑶台月下逢③。

【注释】

①槛:栏杆。②若非……会向:"不是……就是"的意思。玉山:群玉山相传是西王母所居之处。按《山海经·西山经》:"玉山,是西王母所居也。"晋人郭璞注:"此山多玉石,因以名云。"《穆天子传》谓之"群玉之山",因为北山遍地都是青黄红白黑五色石,故称"群玉"。③瑶台:与前面的群玉山都是传说中西王母的居处。

【译文】

　　云一样绚烂的衣裳,花一样的姿容,春风轻拂栏杆,露珠闪动,花色更显娇浓。贵妃国色天香,若不是在那群玉山遇见,一定在月下瑶台才能相逢。

【赏析】

　　天宝三载(744),玄宗、杨贵妃赏牡丹于兴庆宫沉香亭,著名乐师李龟年在旁歌唱旧曲。玄宗说:"赏名花,对妃子,焉用旧乐辞为?"遂召李白作《清平调》三章。李白时任供奉翰林,宿醉未解而援笔立成。梨园乐工抚丝竹以调之,李龟年歌之,玄宗倚笛伴之,为一时之盛事。

　　这首诗借眼前的牡丹花来隐喻当时的第一美人,衣裳似云霞,容颜似美丽的牡丹,春风吹拂着她,露珠滋润着她;后更以群玉山、琼瑶仙境来烘托出她的华贵与尊荣。浪漫主义的诗人想象奇特,极写牡丹的临风承露、风神摇曳,来喻贵妃之风姿绰约、芳华绝代,说花即是说人,花与人融为一体。诗人之奉旨填词亦是超拔卓绝,不同凡响。

清平调词三首(其二)

◎李　白

　　一枝红艳露凝香,云雨巫山枉断肠①。
　　借问汉宫谁得似,可怜飞燕倚新妆。

【注释】

　　①云雨巫山:用巫山神女会楚王典。此处是指有杨贵妃在侧,即便是巫山神女也无法吸引君王的视线。

【译文】

　　(贵妃)犹如一枝红艳牡丹,露珠都凝染幽香,恩爱无限让巫山神女也悲伤断肠。请问汉宫之中谁能和她相比?可爱的赵飞燕恐怕还得倚仗新妆。

【赏析】

　　首句写红牡丹受雨露沐浴更加芳香,亦是喻杨贵妃受君王宠幸。后三句连用神、人两个典故，"云雨巫山"之典是言昔日楚王梦游，与巫山神女相会之事，终究属于虚妄，何如今之君王妃子相携赏花，以此衬托出杨贵妃之沐实惠；汉成帝的皇后赵飞燕堪称绝代美人，犹自倚仗着新妆方能"得似"，衬托出杨贵妃的天香国色。

清平调词三首（其三）

◎ 李　白

名花倾国两相欢，长得君王带笑看。
解释春风无限恨，沉香亭北倚阑干。

【译文】

牡丹与美人两相辉映同样娇艳，君王常常带笑赏看。她娇艳柔媚犹如春风，能消解无限怨恨，而此刻正在沉香亭北斜倚栏杆。

【赏析】

这首诗实赋沉香亭赏花事，辞藻颇为华丽，写出一片旖旎风情，而含思言外，留有无限想象的空间。这三首诗当时就深为唐玄宗所赞赏，为贵妃所喜爱，更为后世所传诵。

古朗月行

◎ 李　白

小时不识月，呼作白玉盘[①]。
又疑瑶台镜[②]，飞在青云端。
仙人垂两足，桂树何团团[③]。
白兔捣药成，问言与谁餐？
蟾蜍蚀圆影[④]，大明夜已残。
羿昔落九乌，天人清且安[⑤]。
阴精此沦惑[⑥]，去去不足观[⑦]。

忧来其如何？凄怆摧心肝⑧。

【注释】

①呼：称为。②瑶台：传说中神仙居住的地方。③团团：圆圆的样子。④圆影：指月亮。⑤天人：天上人间。⑥沦惑：沉沦迷惑。⑦去去：远去，越去越远。⑧凄怆：悲愁伤感。

【译文】

小时候不认识月亮，把它叫作白玉盘。又怀疑是瑶台仙镜，飞在夜空的青云上。月中的仙人垂着两只脚，桂树长得何等的圆。白兔把药捣好了，问是给谁吃的呢？蟾蜍啃食了月亮，皎洁的月儿因此晦暗不明。过去后羿射下了九个太阳，天上人间从此变得清明安宁。现在月亮已经沦没迷惑，没有什么可看的，不如远远走开吧。但是心怀忧虑又怎么忍心这样做，凄惨悲伤让我肝肠寸断。

【赏析】

这是一首乐府诗，沿用鲍照《朗月行》旧题，但李白翻出了新意，传达了忧国忧民之思。唐玄宗晚年，专宠杨贵妃，奸臣宦官当道，朝纲败坏。李白作此诗以讽刺这种状况。在一个晴朗的夜里，诗人独自欣赏着头顶的明月。看到月儿由圆而蚀，诗人的感情也由昂扬变得惆怅、悲伤。此诗通篇作隐语，以蟾蜍蚀月来引射现实，展现了诗人超凡的写作技巧及奇幻的想象力，更表达了诗人深沉的忧国忧民之情。

关山月（其一）

◎李 白

明月出天山①，苍茫云海间。
长风几万里，吹度玉门关②。
汉下白登道③，胡窥青海湾④。
由来征战地⑤，不见有人还。
戍客望边邑⑥，思归多苦颜⑦。
高楼当此夜，叹息未应闲。

【注释】

①天山：今甘肃祁连山，古时匈奴称天为祁连，故名天山。②玉门关：在今甘肃敦煌西，相传和田美玉经此传入中原，因此得名，古时为中原通西域的门户。③"汉下"句：指汉高祖刘邦亲率军与匈奴交战，被困白登山七日一事。④胡：指吐蕃。窥：窥伺。青海湾：即青海湖。唐军多与吐蕃交战于此。⑤由来：从来。⑥戍客：戍边的官兵。⑦苦颜：愁容。

【译文】

明月升起，轻轻漂浮在迷茫的云海里。长风掀起尘沙席卷几万里，玉门关早被风沙层层封闭。白登道那里汉军旌旗林立，青海湾却是胡人窥视之地。自古以来这征战厮杀的场所，参战者从灭不见有生还的。守卫边陲的征夫面对现实，哪个不愁容满面思归故里？今夜高楼上思夫的妻子们，又该是当窗不眠叹息不已。

【赏析】

吐蕃是中国古代藏族建立的政权，在其赞普（首领）松赞干布时期崛起，不仅统一了青藏、康藏高原，而且占有今四川西部、滇西北等地。

从唐高祖武德六年（623）至唐亡（907），唐朝在河西、陇右、关中（今甘肃、青海、陕西一带）和西域（今新疆、中亚一带）等地区为保卫边防与对西域的控制，和吐蕃进行长期作战。

"关山月"是乐府旧题。内容多为描述征戍离别之苦。李白的这首诗即以古题写边塞的将士和家中的妻子互相思念的感情。开头四句，以雄浑的笔墨描写了天山、云海、长风、明月、玉门关所构成的一幅辽阔的边塞图景。中间四句由边关过渡到战争，转出"由来征战地，不见有人还"的反战思想，无休止的战争使出征的战士无一生还故乡。末尾四句叙写征戍者思归之情，征戍者悬想妻子月夜高楼叹息不止，使全诗至此又翻进一层。全诗以征戍者的口吻，描写了边关的情形，更显出戍守边塞的将士对长期征战的厌恶和渴望还乡的心情。正如《艺苑卮言》所赞："太白古乐府，窈冥惝怳，纵横变化，极才人之致。"

静夜思

◎李 白

床前明月光①，疑是地上霜②。
举头望明月③，低头思故乡。

【注释】

①床：胡床，即马扎，一种坐具。②疑：好像。③举头：抬头。

【译文】

床前，一片明朗月光，疑心那是一地白霜。抬头仰望，原来是夜空明月，低头沉思，想起我的故乡。

【赏析】

这首诗是李白寓居湖北安陆小寿山时所作。静静的夜晚，月光从窗户穿进来，洒落在床前，让诗人在幻觉中以为是地上的霜，于是举头而望。月光引起人的乡愁乡思，诗人自然无法成眠，低头陷入无边无际的思家念亲之情中。举头低头之间，蕴蓄已久的心声一触即发，遂脱口而出。

明月为人人所常见，思乡之情为人人所共有，但被李白妙手拈来，信口道出，无意于工而无不工，可谓妙绝古今，使后人千古共鸣。

玉阶怨

◎李 白

玉阶生白露，夜久侵罗袜。
却下水精帘①，玲珑望秋月。

【注释】

①水精：水晶。

【译文】

玉石台阶,生出露水,伫立太久,罗袜都湿了。她只好回屋放下水晶帘,却又不禁隔帘遥望秋月。

【赏析】

诗虽以"怨"为题,通篇却只写女主人公的活动:她先是风露立中宵,进而望月不眠,由于伫立太久,不知不觉重露已浸湿了罗袜。诗从玉阶、白露、罗袜,到水晶帘、玲珑秋月,委婉而入微。余音袅袅,不绝如缕。

峨眉山月歌

◎李 白

峨眉山月半轮秋,影入平羌江水流①。
夜发清溪向三峡②,思君不见下渝州③。

【注释】

①平羌:江名,即今青衣江,在峨眉山东北。源自四川芦山,流经乐山汇入岷江。②清溪:指清溪驿,在四川犍(qián)为峨眉山附近。③渝州:今重庆一带。

【译文】

峨眉山头挂着一轮半圆的秋月,月光洒入平羌随着江水流动。夜晚从清溪出发奔向三峡,思念君子不能相见之际已到了渝州。

【赏析】

这首诗是李白早年初离蜀地的作品,节奏明快,语言浅近。

在一个秋天的夜里,一轮弯弯的月牙儿挂在天空,年轻的李白乘着轻舟,从峨眉到平羌江到清溪到三峡,一路顺江而下。去国离乡,不免别恨依依,在这一路上,故乡月儿也渐渐远离自己而去,这真令人神伤。

这是一首七言绝句,短短的二十八个字却勾勒出一幅千里长江行的图景,空间和时间跨度极大,真可谓思接千里,由此可见作者功力。诗人在状写江行之时,还不忘将自己对故乡与亲友的思念之情杂糅进去,景与情相生。

秋浦歌

◎李 白

白发三千丈,缘愁似个长。
不知明镜里,何处得秋霜?

【译文】

白发有三千丈长,因为愁思像这样长。对着明亮的镜子,看到自己萧萧白发有如秋霜,不知道怎么会变得这样。

【赏析】

这是一首抒愤诗,作于李白晚年。

诗人仕途坎坷,长年受到官场排挤,得不到朝廷任用,壮志难酬。在他暮年时,一天他偶然望见镜子里头发斑白的自己,不禁悲从中来:生命已经消逝了一大半啊,自己那"寰区大定,海县清一"的理想却还未实现。

赠孟浩然

◎李 白

吾爱孟夫子①,风流天下闻②。
红颜弃轩冕,白首卧松云③。
醉月频中圣④,迷花不事君。
高山安可仰⑤,徒此揖清芬⑥。

【注释】

①夫子:对孟浩然的尊称。②风流:风雅潇洒。③"红颜"两句:

言孟浩然少壮时便放弃仕途,老来更是隐居山林。红颜,年轻少壮。轩冕:古代官吏出行时用的车轿伞盖。④频中圣:频频酒醉。⑤"高山"句:引诗经中的"高山仰止,景行行止",表达对孟浩然的崇敬之情。⑥徒此:唯有在此。揖清芬:向孟浩然的高风雅致深施一礼。

【译文】

我欣赏孟先生的庄重潇洒,他的品格文采天下闻名。少年时,不爱冠冕车马,晚年则隐居山林,躺卧松林下。常在月下醉饮,明月也似沉醉;迷恋山林花木,而不愿侍奉帝君。他高山般的品格,谁能够仰望?只有在此,揖敬芬芳的道德光华。

【赏析】

唐代的士人有隐居之风,或隐于朝市,或隐于山林、江湖。他们或因科考未及第而隐,或已及第但无意仕进而隐,但大多是因为性格孤峭、落拓不羁,在仕途中不愿趋炎附势,于是远离尘世,自娱自乐在山林乡野。不过只有像孟浩然这样雅致高怀的人才能隐出文采风流。

李白寓居湖北安陆时,常往来于襄汉一带,与年长十二岁的孟浩然结下了深厚友谊。

首联直抒胸臆,开门见山地表达了对孟浩然风流文采的钦敬爱慕之情,词显情深又出乎自然。"风流"指孟浩然潇洒清远的风度人品和超然不凡的文学才华。这一联提纲挈领,总摄全诗。

中间二联则从少弃轩冕、老隐山林、醉月中酒、迷花不仕等方面具体展现出孟浩然的风流本色,让人仿佛见到一个风神散朗、寄情山水的隐逸高人的形象。

尾联则又回到了直接抒情,进一步升华了对孟浩然高风清韵的敬慕之情。

全诗一气舒卷,依感情的自然流淌结撰成篇,用典自然浑成,不见斧凿痕迹,笔力豪宕,格调高古,自有一种风神飘逸之致、疏朗古朴之风。

渡荆门送别

◎李 白

渡远荆门外①,来从楚国游②。

山随平野尽，江入大荒流③。
月下飞天镜，云生结海楼④。
仍怜故乡水，万里送行舟。

【注释】

①荆门：荆门山，在今湖北宜都西北，古时为楚蜀交界。②从：向。③大荒：广阔的田野。④海楼：海市蜃楼。

【译文】

从遥远的荆门山之外的西蜀顺江东下，来到这古老的楚国大地漫游。高山随着平原旷野的出现渐渐消逝，奔腾的大江进入莽原缓缓而流。圆月倒映江水中像从天上飞下的明镜，云雾缭绕结成迷离的海市蜃楼。仍然怜爱着这来自故乡的流水，一直相伴万里送我这一叶行舟。

【赏析】

这首诗作于李白出蜀入楚之时，诗中处处洋溢着年轻诗人的喜悦与朝气。

诗人驾着船儿，由水路向东而行，经巴渝，出三峡，向着荆门山之外驶去，由蜀入楚。一路上，长江两岸景色秀美，赏此美景，诗人兴致勃勃。但楚地的景色与蜀地大不相同，茫茫无际的平原取代了夹岸而生的山峰。于这开阔的原野之上，所见之夜景也迥异于平常。从小生活在蜀地的诗人何尝见过此种景色，心中自然要生出许多新鲜感来。然而不久之后，诗人对着这楚地的陌生奇景，不禁联想到了故乡，生出一片浓浓的思乡之情。

这首诗将瑰丽的想象与真挚的感情结合起来，描绘出了一片清奇之境。

庐山谣寄卢侍御虚舟

◎李　白

我本楚狂人①，凤歌笑孔丘②。手持绿玉杖，朝别黄鹤楼。五岳寻仙不辞远，一生好入名山游。庐山秀出南斗旁③，屏风九叠云锦张，影落明湖青黛光。金阙前开二峰长④，银河倒挂三石梁。香炉瀑布遥相望，回崖沓障凌苍苍⑤。翠影红霞映朝日，鸟飞不到吴天长⑥。登高壮观天地间，大江茫茫去不还。黄云万里动风色，白波九道流雪山⑦。好为庐山谣，兴因庐山发。闲窥石镜清我心⑧，谢公行处苍苔没⑨。早服还丹无世情⑩，琴心三叠道初成⑪。遥见仙人彩云里，手把芙蓉朝玉京⑫。先期汗漫九垓上⑬，愿接卢敖游太清⑭。

【注释】

①楚狂人：陆通，字接舆，因楚昭王时政治混乱，故佯狂不仕。②凤歌：相传接舆经过孔子旁，歌曰："凤兮凤兮，何德之衰。"劝孔子，世道衰败，不要做官。③"庐山"句：古以星宿指配地上的州域，庐山一带正是南斗的分野。④金阙：即金阙岩，在香炉峰西南。二峰：指香炉峰、双剑峰。⑤苍苍：天空。⑥吴天：庐山三国时为吴地。⑦九道：古说长江流到浔阳境而分九道。雪山：形容长江卷起的白浪。⑧石镜：庐山东有圆石，明净如镜。⑨谢公：指南朝的谢灵运，他曾于庐山作诗以记其游历。⑩还丹：道家仙丹。⑪琴心三叠：道家修炼术语，一种心神宁静的境界。⑫玉京：道家谓元始天尊之居处。⑬先期：预先约定。汗漫：广远、漫无边际。九垓：九天。⑭卢敖：秦始皇时的博士，秦始皇曾派他寻仙。太清：天空最高处。

【译文】

我本是楚地狂人，唱着凤歌笑对孔丘。手里拿着绿玉杖，清晨辞别了黄鹤楼。前往五岳寻访神仙，不畏路途艰远，此生就喜欢踏上名山悠游。秀美的庐山挺拔在南斗星旁，九叠云屏恰似云锦布张，山影在鄱阳湖上映出青黛光芒。金阙岩前洞开处，香炉峰和双剑峰高耸入云。三叠泉水飞泻而下，像银河倒挂一般。香炉峰和瀑布遥遥相望，曲折回旋的山崖、层层叠起的峰峦直插穹苍。山色苍翠，红霞掩映着朝阳，飞鸟不见，吴天寥廓苍茫。登上高处豪情满怀览观天地，大江悠悠东去不复回还。黄云万里，天色变动不居，九条白波滚滚的支流有如流动的雪山。兴致好而写出这首《庐山谣》，诗性也因庐山而勃发。闲时面对石镜清净我的心灵，谢公的行迹早就被苍苔掩没。早就服下仙丹再没有尘世情欲。琴心三叠的境界可说是学道已然初成。远远望见仙人在彩云里，手捧着莲花去朝拜玉京。预先在浩瀚的天上约定，希望迎接卢敖一同遨游太清。

【赏析】

　　唐前期国家统一，疆域辽阔，经济繁荣，交通便利，民众充满了进取精神。漫游的风气在士大夫之间尤为突出，李白即是其中的代表人物。他年轻时出川游云梦，漫游齐鲁、江淮，而入京师长安。从长安城赐金放还后，再下江南，写下不少名垂千古的优秀诗篇。正如他自己所说是"五岳寻仙不辞远，一生好人名山游"。

　　李白晚年流放夜郎途中遇赦后，于肃宗上元元年（760）从江夏（今湖北武昌）到浔阳（今江西九江）游览了庐山，写下这首诗。卢虚舟曾与李白同游庐山。起句即化用楚狂接舆嘲笑孔丘的典故，表明自己蔑视礼法、厌恶现实要归隐自然的志愿。下四句诗人写他离开武昌到庐山，简笔勾勒出飘逸洒脱的自我形象。然后诗人以浓墨重彩正面描绘庐山雄奇秀丽的风光。先写山景鸟瞰，再加以细描"金阙""三石梁""香炉""瀑布"等庐山奇景，接着登高望远，总摄全景。诗人用笔开阖变化，层层写来，把山的瑰玮和秀丽写得淋漓尽致，引人入胜。大自然之美激发了诗人寻仙访道之思，并邀卢虚舟共游仙境。全诗想象丰富，气势奔腾，境界开阔，声韵清畅明朗，有着浓郁的浪漫主义气息，给人以雄奇的美感享受。前人对这首诗的艺术性评价颇高："太白天仙之词，语多率然而成者，故乐府歌词咸善。……《庐山谣》等作，长篇短韵，驱驾气势，殆与南山秋气并高可也。"（见《唐诗品汇》第三卷《正宗》）

送友人

◎李　白

青山横北郭①，白水绕东城。
此地一为别，孤蓬万里征②。
浮云游子意，落日故人情。
挥手自兹去③，萧萧班马鸣④。

【注释】

　　①郭：外城。②蓬：蓬草枯后断根，随风飞扬，古人常以之喻征

人。③兹：此。④班马：离群之马。

【译文】

　　青山巍巍，横亘城北；白水如练，萦绕城东。在这里你我一分别，将独自漂泊万里征程。你好比天边浮云，落日脉脉，如难舍友情。挥手作别，从此离去，马儿相向，也萧萧哀鸣。

【赏析】

　　这首诗是天宝末年李白在安徽宣城送别友人而作。

　　首联点出送别的地方，以"青山"对"白水"，"北郭"对"东城"，十分工丽整齐，写景中已经蕴含了惜别之意。

　　颔联是慨叹此地一别后，友人就要像蓬草那样随风飞转，无处归依，到万里之外去了，表达了对朋友漂泊生涯的深切关怀。

　　颈联从景抒发离别深情，"浮云"来去不定，好比游子之意；"落日"徐徐而下，依恋不舍，有如故人之情。夕阳西下，这山明水秀的景色更令人感到难舍难分。此联景中有情，情景交融，扣人心弦。

　　"萧萧班马鸣"一句出自《诗经·小雅·车攻》："萧萧马鸣。"尾联两句写二人挥手作别，但诗人没有直接言明内心的感受，而是借马儿犹自不愿离群而不停地相向嘶鸣，仿佛有无限深情，来衬托两人间的种种离情别绪。

　　这首诗写得新颖别致，自然美与人情美交融在一起，情感深挚悲壮，却不失豪迈洒脱之本色，有回肠荡气之韵。

秋登宣城谢朓北楼

◎李　白

江城如画里①，山晚望晴空。
两水夹明镜②，双桥落彩虹③。
人烟寒橘柚④，秋色老梧桐。
谁念北楼上⑤，临风怀谢公⑥。

【注释】

①江城：泛指水边的城，这里指宣城。唐代江南地区方言，无论大水小水都称之为"江"。②两水：指宛溪、句溪。宛溪上有凤凰桥，句溪上有济川桥。明镜：指拱桥桥洞和它在水中的倒影合成的圆形，像明亮的镜子一样。③彩虹：指水中的桥影。④人烟：人家里的炊烟。⑤北楼：即谢朓楼。⑥谢公：谢朓。

【译文】

依山傍水的宣城犹如是在美丽的图画中，在晴朗秋天的傍晚登上谢朓楼眺望。宛溪和句溪两条溪水有如明镜般汇合在一起，两道彩虹似的桥飞架在溪水上方。炊烟袅袅，深碧色的橘柚林呈现出一片苍寒景色，秋色中的梧桐叶开始变得微黄。谁知道我在谢朓北楼思念谢公、临风感叹呢？

【赏析】

这是一首缅怀古人的诗作，感情含蓄，耐人寻味。

李白在长安为官，屡遭排挤，仕途不顺。弃官去后，四处游历，放浪形骸于山水之间。秋天一个晴朗的傍晚，诗人登上了谢公楼，缅怀古人谢朓。因政治上的失意，诗人心情悲愤，这悲愤还无处诉说。诗人只得寄情山水，尚友古人，以平其气。这首诗要表达的感情是复杂的，它不仅仅是在缅怀古人，更是在抒发诗人心中那不得志的抑郁之情。

一二句开门见山，总摄全篇，概括地写出了诗人登览时所见景色。中间四句从上面的"望"字出发，具体描写秋日景象，色泽瑰丽，笔致空灵。

结尾两句，看上去好像只是和开头二句呼应，点明登览的地点是在谢朓所建的"北楼上"，而从登临到怀古可以算是一种定式。但值得注意的是，"谁念"两个字，其实是慨叹诗人"临风怀谢公"的心情没有谁能够理解，这就从一般的怀古中跳了出来。

这首诗用笔活泼轻灵，语言清丽似洗。所写之景真实如画，所抒之情真挚动人。

客中作

◎李 白

兰陵美酒郁金香,玉碗盛来琥珀光。
但使主人能醉客,不知何处是他乡。

【译文】

兰陵出产的美酒带着郁金香草的芬芳,盛在玉碗中闪耀着琥珀般晶莹的光泽。只要主人能同我一道畅饮酣醉,也就不觉什么地方是他乡了。

【赏析】

这是李白客居他乡时的作品,描写的是他客居生活的一个片段。

天宝初年,李白结束长安之行后,移居东鲁。

这首诗作于东鲁兰陵,而诗人以兰陵为"客中",可见此诗作于开元年间。

开元时期是大唐的鼎盛时期,这一时期社会安定繁荣,人们的精神面貌非常昂扬。李白虽客居他乡,却全无客愁。喝着兰陵美酒,诗人竟不知自己是在他乡了。本诗将李白的洒脱不羁淋漓尽致地展现了出来。

望天门山

◎李 白

天门中断楚江开①,碧水东流至此回②。
两岸青山相对出,孤帆一片日边来。

【注释】

① 中断:指东西两山之间被水隔开。楚江:即长江。开:开掘;开通。② 回:转变方向,改变方向。

【译文】

天门山被楚江从中拦腰劈开冲断,向东流的碧水在这里回旋澎湃。

两岸的青山相对耸峙巍峨险峻,一叶帆船从天水相接处划过来。

【赏析】

这是一首写景诗,场面阔大,气势壮阔。

诗人乘着舟,沿着长江,向天门山驶去,一路上景色奇丽。楚江仿佛有着巨大的生命力,冲破一切阻碍往前奔腾,向天门山冲撞开去。但天门山对水又有反作用,使这条奔腾的巨龙受阻返回。坐在舟船上前行,两岸的青山仿佛相对而出。

早发白帝城

◎李 白

朝辞白帝彩云间①,千里江陵一日还。
两岸猿声啼不住,轻舟已过万重山。

【注释】

① 白帝:白帝城,在今重庆奉节。

【译文】

清晨我辞别高入彩云间的白帝城,远在千里之外的湖北江陵一天之内就可以到达。两岸猿声还在耳边不停地啼叫,轻快的小舟已经穿过万重青山了。

【赏析】

永王李璘与唐肃宗争夺帝位失败后,唐肃宗乾元二年(759),李白因为曾入李璘幕府无辜受累,以"从逆"之名被判流放夜郎。夜郎在现在的贵州遵义附近。那时李白已经五十八岁。

乾元二年,正值全国大旱,肃宗按照古来"天人合一"的理论,认为是百姓怨气冲天,上天生气不肯降雨。另外,为了庆祝新立皇太子,肃宗下了一道大赦令,全国的罪犯都减刑。当时李白还在巫峡里艰难前行,行至白帝城时,忽然收到朝廷的赦书,惊喜交加之下,随即乘舟东下江陵,途中他以轻松愉快的心情吟成这首千古绝唱。

这首诗以舟行迅捷来表现重获自由后的欢快心情。

首句写白帝城高出彩云之间,有居高顺流而下之意。正因为白帝城地势高入云霄,船在水中走得快,下面几句描写舟行的迅捷、行期的短暂、耳边不停啼叫的猿声、眼前的万重山影,才有了着落。

二句写舟行迅速,千里江陵竟然短短一日内就到达了。"千里"和"一日",空间之远与时间之短形成了悬殊对比。

三四句以山影猿声烘托行舟飞进。第三句写沿江景物一闪而过,来不及细看,只听得两岸的猿声不绝于耳。猿啼声肯定不止一处,山影也不止一处,而由于小舟行驶速度太快,使得啼声和山影在耳目之间"浑然一片"。清代桂馥对此称赞道:"妙在第三句,能使通首精神飞越。"一个"轻"字,不仅写出行舟轻盈飞动之感,而且细腻传达出诗人轻松愉快的心情。

夜泊牛渚怀古

◎李　白

牛渚西江夜①,青天无片云。
登舟望秋月,空忆谢将军②。
余亦能高咏,斯人不可闻③。
明朝挂帆席,枫叶落纷纷。

【注释】

① 西江:九江至南京段的长江古称西江,牛渚亦在其中。② 谢将军:谢尚,东晋时人,官至镇西将军。③ 斯人:指谢尚。

【译文】

牛渚山西江畔的夜晚,天上没有半片游云。登上船,仰望秋月,空自想起谢尚将军。我也跟袁宏一样,善于吟唱,可谢尚却不能听到。明天高挂船帆又将离去,前途如这枫叶,飘落纷纷。

【赏析】

牛渚山,在今安徽省当涂县境内,北端突入江中,即著名的采石矶。

李白夜晚泊舟牛渚山下,对着青天明月,触发怀古之思,想起几百年前袁宏曾在这里月下朗吟而受到谢尚赏识的故事,由此产生追慕之情和自伤知音不可遇的深沉感喟。

寥廓的天宇和浩渺的西江在夜色中融为一体,诗人的思绪就由眼前的牛渚秋夜景色而联想到往古,然后由往古回到现实,发出了世无知音的感慨,再宕开写景,想象明朝挂帆离去的情景。结句以枫叶摇落萧瑟的景象来衬托诗人内心的苍凉怅惘,寓意悠深。

这首诗写景清新隽永而不加藻饰,抒情豪爽豁达而不忸怩作态,可谓意至笔随,纯任自然,虽"无一句属对,而调则无一字不律"(王琦注引赵宧光评),具有一种悠然不尽的神韵。

与史郎中钦听黄鹤楼上吹笛

◎李 白

一为迁客去长沙①,西望长安不见家。
黄鹤楼中吹玉笛,江城五月落梅花②。

【注释】

①迁客:指流迁或被贬到外地的官员。②江城:指江夏,今湖北武昌。梅花:这里指"梅花落",为笛曲曲牌名。

【译文】

一旦作为贬谪之人到了长沙,向西眺望长安不能见到家。听到黄鹤楼上吹奏《梅花落》的笛声,仿佛看到江城五月飘满了梅花。

【赏析】

乾元元年(758),李白因永王李璘事件受到牵连,被加之以"从逆"的罪名流放夜郎。途中经过武昌,诗人游黄鹤楼写下此诗,主要抒写了诗人无辜遭迁后内心的愁苦。

西汉时著名文臣贾谊才华横溢,年纪轻轻就身居高位,却因为上书指斥时政,触怒了权臣,结果受到谗毁,被贬官长沙。李白的遭际与他有些类似,同为无辜受累之人。"一为迁客去长沙",正是用贾谊的不幸来比喻自身的遭际，既有对自身无辜受害的愤懑，也含着自我辩白之意。

然而，不幸的遭遇和沉重的打击并未使诗人就此忘怀国事，即便是在流放途中，他依然会"西望长安"，这一动作里即有对往事的回忆，也包含了对朝廷的眷恋以及对国运的关切。然而，长安远隔千里，又怎么可能望见呢？对此诗人自然不免感到惆怅。

恰好在他游览黄鹤楼的同时，听到有人在吹奏《梅花落》，这凄清的曲调正与诗人低迷的心情相符，听着听着诗人仿佛真的看到了梅花飘落于这五月天里。

这首诗胜在艺术结构独特，诗人写闻笛之感，却没有按照闻笛而生情那样的顺序去一一叙写，而是先写情，然后再写闻笛。前半部分捕捉了"西望"的典型动作加以措写，传神地表达了怀念帝都之情和"望"而"不见"的愁苦；后半部分才点出闻笛，从笛声化出"江城五月落梅花"的苍凉景象，借景抒情，使前后情景相生，妙合无痕。艺术结构独特，曲折有致。

长相思二首（其一）

◎李　白

长相思，在长安。络纬秋啼金井阑①，微霜凄凄簟色寒②。孤灯不明思欲绝，卷帷望月空长叹③。美人如花隔云端。上有青冥之长天，下有渌水之波澜④。天长路远魂飞苦，梦魂不到关山难。长相思，摧心肝！

【注释】

①络纬：虫名，又名莎鸡，俗称纺织娘。金井阑：精美的井阑。②簟（diàn）：竹席。③帷：窗帘。④渌（lù）水：清澈的水。

【译文】

那缠绵的相思之地啊，就是在繁华的长安。秋夜，莎鸡在金井阑下悲鸣，薄霜有寒气，竹席也凉寒。孤灯昏暗，相思让我魂断，卷起帷幔，仰望明月，只能长叹。容颜如花的美人，仿佛相隔云端。上面有广阔高远的青天，下面有碧水浩荡的波澜。天高地远，灵魂飞渡，但关山重重阻隔，梦魂无法穿越。那缠绵的相思啊，真是要摧裂我的心和肝！

【赏析】

"长相思"本汉代诗中用语，六朝诗人多以名篇，并以"长相思"发端，属乐府《杂曲歌辞》。现存歌词多写思妇之怨。李白此诗拟其格而诉述相思之苦及相思的执着。

"美人如花隔云端"是作为一个独立句，把前后段分开。前段写相思的悲苦之情，"孤灯不明思欲绝"，可见其因相思而长夜不眠，用情之苦到"思欲绝"。所思的如花美人远隔云端，简直就如天上的明月一样可望而不可即，对此只能"空长叹"。

后段写梦魂追求。无法抑制这无望的思念，导致魂牵梦萦，但是天长地远两相隔绝，梦魂也越不过关山，以致"摧心肝"。这种相思悲苦，却仍然执着追求的精神，已经超出一般男女之情的范围。中国古典诗歌具有以"美人"比喻所追求的理想人物的传统，而"长安"这个特定地点更有政治托寓的可能，表明此诗可能是诗人抒写追求政治理想未能实现的苦闷及其对理想的执着追求。

这首诗在形式上颇具对称整饬之美，韵律感极强，淋漓尽致地抒写了相思苦情，诗意又深含于形象之中，具备一种蕴藉的风度。所以王夫之赞此诗道："题中偏不欲显，象外偏令有余，一以为风度，一以为淋漓。乌乎，观止矣。"（《唐诗评选》）

长相思二首（其二）

◎李　白

日色欲尽花含烟①，月明如素愁不眠②。赵瑟初停凤凰柱③，蜀琴欲奏鸳鸯弦④。此曲有意无人传，愿随春风寄燕然⑤。忆君迢迢隔青天，昔日横波目⑥，今作流泪泉。不信妾断肠，归来看取明镜前。

【注释】

①花含烟：形容暮色中花为雾气所笼罩。②素：洁白的绢，这里形容月色。③赵瑟：相传古代赵国人善弹瑟。④蜀琴：蜀地出产的琴，

古人常以"蜀琴"来比喻佳琴。⑤燕然：燕然山。这里指边陲。⑥横波：形容眼波流动。

【译文】

　　日色将尽，花朵仿佛笼罩着轻烟，月如白绢，我心忧愁，难以入眠。刚奏完柱上雕有凤凰的赵瑟，又拿起蜀琴拨弄鸳鸯弦。这一曲饱含情意，却无人传递，希望它随风寄到燕然山。思念你，山水迢迢远在天边。旧时如横塘水波的美目，如今成了流淌眼泪的泪泉。你若不信我因思念肝肠寸断，那就回来看看铜镜前憔悴的容颜。

【赏析】

　　这首诗用乐府旧题，描写妻子对从征戍边丈夫的思念之情，而在传统思妇题材上翻出了新意。

　　诗歌先描绘了春夜美景，而思妇感物起兴，望着春晚的月亮不眠，于是起来抚琴奏瑟。琴瑟本是夫妻感情和美的象征，何况是"凤凰柱""鸳鸯弦"的形象呢？独自弹琴鼓瑟本欲解闷，反而触动了思妇满怀的愁绪。她希望借着春风把自己弹奏的有情曲传到燕然，一片深情之中见出相思之深。

　　诗的后几句写女子怀念远人之切切，只可惜丈夫在万里迢迢之外，念及此处，不禁泪如泉涌。"昔日横波目，今作流泪泉"两句以夸张之笔作细节刻画，昔日一双顾盼有神的美目如今却成为不竭的流泪泉，形象十分鲜明，明镜里的红颜已经憔悴到何等模样，就等君归来察看。

　　这首诗以春花春风起兴，写思妇望月怀思，抚琴寄情，挂怀远人，缠绵悱恻，其中的深情与执着，让人为之动容。李白写情，真是不同凡响。

听蜀僧濬弹琴

◎李　白

蜀僧抱绿绮，西下峨眉峰。
为我一挥手，如听万壑松。
客心洗流水①，余响入霜钟②。

不觉碧山暮③,秋云暗几重。

【注释】

①"客心"句:意谓听蜀僧琴声,心似被流水所涤,清新畅快。客:诗人自称。②余响:指琴的余音。霜钟:指钟声。③"碧山"句:意谓因为听得入神,不知不觉天就黑下来了。不觉:意思是不知不觉中。

【译文】

蜀地僧人抱着绿绮琴弹奏,他从峨眉山西边下来。挥手拔弦,为我弹奏名曲,如同听群山松涛之声。我的心似被清水洗过,余音袅袅,应和寺院的钟声。不知不觉,碧山已披暮色,秋云似也暗淡了几重。

【赏析】

这首五律写的是听蜀地一位法名叫濬的和尚弹琴,不像一般描写音乐的作品那样使用多种比喻来细致具体描摹乐声之妙,而是着重抒写了听琴时内心的特殊感受和氛围。

汉代司马相如有一张琴,名叫绿绮。这里是用"绿绮"来代指名贵的琴。李白对故乡四川一直非常怀恋,面对来自故乡的琴师自然也会感到格外亲切,所以首联就写抱着名琴的僧人来自四川峨眉。虽然只有简单的十个字,然而僧人音乐家的气派已经隐隐可见。

颔联直接描写琴声"如听万壑松",仿佛听到千山万壑发出的呼呼松涛声,用大自然的宏大声响来比喻琴声,从中可见音乐的动人与乐师的高明。

颈联写琴声荡涤胸怀,使人心旷神怡,余音和寺院的晚钟融合在一起。"客心洗流水"从字面意思上讲,是说听了蜀僧的琴声,自己的心仿佛被流水洗涤过那样畅快愉悦。其实它还用了"高山流水"的典故。含蓄而自然。

尾联写聚精会神听琴,而不觉日暮,反衬琴声能入神移情的强大力量。

全诗一气呵成,势如行云流水,清新明快,澄怀涤胸,让人觉得余味隽永。

怨　情

◎李　白

美人卷珠帘，深坐蹙蛾眉①。
但见泪痕湿，不知心恨谁。

【注释】

①深坐：久久呆坐。蹙：皱。

【译文】

美人卷起珠帘，久久坐定，皱着秀眉。只见她脸上泪痕点点，却不知道心里在怨恨谁。

【赏析】

美人缓缓地卷起珠帘，何等美丽的意象，她长久地枯坐着若有所待，所等待的人还没有出现，蛾眉颦蹙。最后希望的泡影破灭，跌入绝望的深渊，点点泪痕湿透罗衫。而末句偏说"不知心恨谁"，正是恨至不可解处，即使是自己也不自知了，实为点睛神妙之笔。卷珠帘、深坐、蹙蛾眉、泪痕湿，此诗以一系列细微的动作图景，生动描摹出美人幽怨的情态，层层深化了"怨情"的主题。至于心恨谁，作者留下了无限的悬想空间，解人可以自解。

独坐敬亭山

◎李　白

众鸟高飞尽①，孤云独去闲②。
相看两不厌，只有敬亭山。

【注释】

①尽：没有了。②孤云：陶渊明《咏贫士诗》中有"孤云独无

依"的句子。独去闲：独去，独自去；闲：形容云彩飘来飘去，悠闲自在的样子。孤单的云彩飘来飘去。

【译文】

众多的鸟儿在高空中飞尽，孤云独自向远处悠闲地飘去。长久相互对看而两不厌倦的，只有这高大的敬亭山了。

【赏析】

诗人独自坐于敬亭山中，由于内心孤寂，景物也都染上了一层寂寥的色彩。鸟儿飞尽，云儿去尽，一切都离诗人而去。只有眼前这敬亭山安然不动，似乎只有它愿意与诗人做伴。这首诗于恬静之中，流露出诗人历尽人事后心底的孤寂落寞。这首诗将情与景高度融合，创造出一片"寂静"之境，十分传神。

望庐山瀑布

◎李 白

日照香炉①生紫烟②，遥看③瀑布挂前川④。
飞流直⑤下三千尺⑥，疑⑦是银河⑧落九天⑨。

【注释】

① 香炉：指香炉峰。② 紫烟：指日光透过云雾，远望如紫色的烟云。③ 遥看：从远处看。挂：悬挂。④ 前川：一作"长川"。川：河流，这里指瀑布。⑤ 直：笔直。⑥ 三千尺：形容山高。这里是夸张的说法，不是实指。⑦ 疑：怀疑。⑧ 银河：古人指银河系构成的带状星群。⑨ 九天：一作"半天"。古人认为天有九重，九天是天的最高层，九重天，即天空最高处。此句极言瀑布落差之大。

【译文】

香炉峰在阳光的照射下生起紫色烟霞，远远望见瀑布似白色绢绸悬挂在山前。

高崖上飞腾直落的瀑布好像有几千尺，让人恍惚以为银河从天上泻落到人间。

【赏析】

　　这是诗人李白五十岁左右隐居庐山时写的一首风景诗。这首诗形象地描绘了庐山瀑布雄奇壮丽的景色，反映了诗人对祖国大好河山的无限热爱。首句"日照香炉生紫烟"。"香炉"是指庐山的香炉峰。此峰在庐山西北，形状尖圆，像座香炉。由于瀑布飞泻，水气蒸腾而上，在丽日照耀下，仿佛有座顶天立地的香炉冉冉升起了团团紫烟。一个"生"字把烟云冉冉上升的景象写活了。此句为瀑布设置了雄奇的背景，也为下文直接描写瀑布渲染了气氛。

　　次句"遥看瀑布挂前川"。"遥看瀑布"四字照应了题目《望庐山瀑布》。"挂前川"是说瀑布像一条巨大的白练从悬崖直挂到前面的河流上。"挂"字化动为静，惟妙惟肖地写出遥望中的瀑布。

　　第三句"飞流直下三千尺"是从近处细致地描写瀑布。"飞流"表现瀑布凌空而出，喷涌飞泻。"直下"既写出岩壁的陡峭，又写出水流之急。"三千尺"极力夸张，写山的高峻。

　　这样写诗人觉得还没把瀑布的雄奇气势表现得淋漓尽致，于是接着又写上一句"疑是银河落九天"。说这"飞流直下"的瀑布，使人怀疑是银河从九天倾泻下来。一个"疑"，用得空灵活泼，若真若幻，引人遐想，增添了瀑布的神奇色彩。

　　这首诗极其成功地运用了比喻、夸张和想象，构思奇特，语言生动形象、洗练明快。苏东坡十分赞赏这首诗，说"帝遣银河一脉垂，古来唯有谪仙词"。"谪仙"就是李白。《望庐山瀑布》的确是状物写景和抒情的范例。

将进酒[①]

◎李　白

君不见[②]，黄河之水天上来[③]，奔流到海不复回。
君不见，高堂明镜悲白发[④]，朝如青丝暮成雪[⑤]。
人生得意须尽欢[⑥]，莫使金樽空对月[⑦]。
天生我材必有用。千金散尽还复来。

烹羊宰牛且为乐,会须一饮三百杯⑧。
岑夫子,丹丘生,将进酒,杯莫停⑨。
与君歌一曲⑩,请君为我倾耳听⑪。
钟鼓馔玉不足贵,但愿长醉不复醒。
古来圣贤皆寂寞,惟有饮者留其名。
陈王昔时宴平乐⑫,斗酒十千恣欢谑⑬。
主人何为言少钱⑭,径须沽取对君酌⑮。
五花马⑯,千金裘,呼儿将出换美酒,与尔同销万古愁⑰。

【注释】

①将进酒:属乐府旧题。将(qiāng):请。②君不见:乐府中常用的一种夸语。③天上来:黄河发源于青海,因那里地势极高,故称。④高堂:高大的厅堂。一说指父母。⑤青丝:黑发。此句意为在高堂上的明镜中看到了自己的白发而悲伤。⑥得意:适意高兴的时候。⑦金樽:中国古代的盛酒器具。⑧会须:正应当。⑨岑夫子:岑勋。丹丘生:元丹丘。二人均为李白的好友。杯莫停:一作"君莫停"。⑩与君:给你们,为你们。君,指岑、元二人。⑪倾耳听:一作"侧耳听"。⑫陈王:指陈思王曹植。平乐:观名。在洛阳西门外,为汉代富豪显贵的娱乐场所。⑬恣:纵情任意。谑:戏。⑭言少钱:一作"言钱少"。⑮径须:干脆,只管。沽:买。⑯五花马:指名贵的马。一说毛色作五花纹,一说颈上长毛修剪成五瓣。⑰尔:你。销:同"消"。

【译文】

你难道看不见那黄河之水从天上奔腾而来,波涛翻滚直奔东海,从不再往回流。

你难道看不见那年迈的父母,对着明镜悲叹自己的白发,早晨还是满头的黑发,怎么才到傍晚就变成了雪白一片。

(所以)人生得意之时就应当纵情欢乐,不要让这金杯无酒空对明月。

每个人的出生都一定有自己的价值和意义,黄金千两(就算)一挥而尽,它也还是能够再得来。

我们烹羊宰牛姑且作乐,(今天)一次性痛快地饮三百杯也不为多!

岑夫子，丹丘生啊！快喝酒吧！不要停下来。

让我来为你们高歌一曲，请你们为我倾耳细听。

整天吃山珍海味的豪华生活有何珍贵，只希望醉生梦死而不愿清醒。

自古以来圣贤无不是冷落寂寞的，只有那会喝酒的人才能够留传美名。

陈王曹植当年宴设平乐观的事迹你可知道，斗酒万千也豪饮，让宾主尽情欢乐。

主人呀，你为何说钱不多？只管买酒来让我们一起痛饮。

那些名贵的五花良马，昂贵的千金狐裘，把你的小儿喊出来，都让他拿去换美酒吧，让我们一起消除这无穷无尽的万古长愁！

【赏析】

"君不见黄河之水天上来，奔流到海不复回。君不见高堂明镜悲白发，朝如青丝暮成雪。"首句就凭空起势，不事铺陈，写得大气磅礴，状黄河之水于天际滚滚而来，如海雨天风，势不可挡，既是夸张亦为写实。诗人远眺黄河，思接天际，才迸发出"天上来"的妙想；接着诗人又顺流东顾，目送黄河，想到黄河入海不回，由此而生出孔子般"逝者如斯"的感慨，但是比之孔子的感慨更强烈，更直接，更形象；"君不见高堂明镜悲白发，朝如青丝暮成雪"，将人的一生浓缩在朝暮之间，从而表现人生苦短、壮志难酬的主题。同时写黄河之水用了扩大夸张，写人生旅程用了缩小夸张，使人更觉光阴之宝贵，岁月易流逝，功业更难就，自然引出下句。

"人生得意须尽欢，莫使金樽空对月。天生我材必有用，千金散尽还复来。烹羊宰牛且为乐，会须一饮三百杯。"正因为人生苦短、壮志难酬，所以很多人因此陷入悲苦而不能自拔的境地，但李白的性情却不属于悲观一类，这时的李白虽已为朝廷所弃，但并未因此沉沦颓废，与友人岑勋和元丹丘登高宴饮，酒酣赋诗，在他看来，只要"人生得意"就"须尽欢"，因为"天生我材必有用"，这种肯定自我、乐观向上的人生态度，已跳出了一般读书人或士大夫的顾影自怜、怀才不遇的情结。大有"君子坦荡荡"之风；"千金散尽还复来"，更进一步拓宽了中国古代读书人视金钱如粪土的境界，在他眼里，千金何足贵。散尽还复来。他在诗中表现出来的豪迈之气令人叹服，只"烹羊宰牛且为乐，会须一饮三百杯"这一句,就足令天下才子精神为之一振。

酒宴至此,渐入高潮,诗人已有八九分醉意,竟变客为主,殷勤致意,频频劝饮,"岑夫子,丹丘生,将进酒,杯莫停",并手持酒杯,高歌助兴,"与君歌一曲,请君为我倾耳听",诗中有歌,真是神来之笔,怪不得大诗人杜甫连连惊叹"白也诗无敌,飘然思不群"!

"钟鼓馔玉不足贵,但愿长醉不复醒。古来圣贤皆寂寞,惟有饮者留其名。陈王昔时宴平乐,斗酒十千恣欢谑。""钟鼓馔玉"指的是富贵人家的生活,古时大贵之家宴饮时,鸣钟列鼎,美食如玉,歌舞助兴,以示富贵,而在诗人眼里却"不足贵",他所渴望的是"但愿长醉不复醒",这简直就是醉话,是无奈之语,是激愤之语,绝非真言。李白年少之时就有"申管晏之谈,谋帝王之术,奋其智能,愿为辅弼,使寰区大定,海县清一"("代寿山答孟少府移文书")之志,所以在天宝元年〔742〕,也就是在他四十二岁时,得到唐玄宗召他入京的诏书,李白竟欣喜若狂,写下了"仰天大笑出门去,我辈岂是蓬蒿人"的豪言壮语。而此时的李白,因受到朝中权贵的排挤,不得不放弃官宦生涯,在他的诗作《行路难》中写道"大道如青天,我独不得出",长久积郁在胸的不平之气,一下子喷发出来,这才是李白的真性情。如果把这一句和"但愿长醉不复醒"两相对照,不难看出李白此时的心情是何等的沮丧,而在沮丧之余,又无可奈何地为之找来一些依据和借口,聊以自慰:"古来圣贤皆寂寞",只有善饮的陈王〔曹植〕才留下了千载美名。言外之意,自己善饮,也必将传名于后世。就是在这种极度的痛苦之时,他的那种自信,那种狂傲,依然故我,真是千古一人。

"主人何为言少钱,径须沽取对君酌。五花马,千金裘,呼儿将出换美酒,与尔同销万古愁。"宴饮至此,又出现了一个高潮。此时的李白恐怕已有十分酒意了,竟然一边埋怨主人钱少,饮酒不能尽兴,一边又提出了建议,让主人把"五花马、千金裘"典当买酒,大家一醉解万古之愁,真是醉人快语,语惊四座,凭这一句就足可名传后世,令古往今来的酒徒们瞠目。李白一向有一掷千金的饮酒习惯,在他的《上安州裴长史书》中就曾豪迈地写道:"曩者游维扬,不逾一年,散金三十余万。"如此豪情,确实少见,更何况是以客人的身份劝主人典当千金以买一醉,真是匪夷所思、闻所未闻,恐怕千百年来也只有李白能偶一为之。

全诗气势雄伟，有如大河奔流，一泻千里；诗情豪迈，言语狂放，却又沉着抑郁，绝不悖谬。诗句长短变化，节奏徐疾有度，用典清楚明白，首尾呼应自然，堪称名篇。

蜀道难

◎李　白

噫吁嚱①，危乎高哉！蜀道之难，难于上青天！
蚕丛及鱼凫②，开国何茫然③！
尔来四万八千岁④，不与秦塞通人烟⑤。
西当太白有鸟道⑥，可以横绝峨眉巅⑦。
地崩山摧壮士死⑧，然后天梯石栈相钩连⑨。
上有六龙回日之高标⑩，下有冲波逆折之回川⑪。
黄鹤之飞尚不得过⑫，猿猱欲度愁攀援⑬。
青泥何盘盘⑭，百步九折萦岩峦⑮。
扪参历井仰胁息⑯，以手抚膺坐长叹⑰。
问君西游何时还⑱？畏途巉岩不可攀⑲。
但见悲鸟号古木⑳，雄飞雌从绕林间㉑。
又闻子规啼夜月㉒，愁空山。
蜀道之难，难于上青天，使人听此凋朱颜㉓。
连峰去天不盈尺㉔，枯松倒挂倚绝壁。
飞湍瀑流争喧豗㉕，砯崖转石万壑雷㉖。
其险也如此，嗟尔远道之人胡为乎来哉！
剑阁峥嵘而崔嵬，一夫当关，万夫莫开。
所守或匪亲，化为狼与豺。
朝避猛虎，夕避长蛇；磨牙吮血，杀人如麻。
锦城虽云乐，不如早还家。
蜀道之难，难于上青天，侧身西望长咨嗟！

【注释】

① 噫吁嚱：惊叹声，蜀方言，表示惊讶的声音。② 蚕丛、鱼凫：传说中古蜀国两位国王的名字。③ 何茫然：难以考证。何：多么。茫然：渺茫遥远的样子。指古史传说悠远难详。据西汉扬雄《蜀本王纪》记载，蜀王之先，名蚕丛、柏灌、鱼凫、蒲泽、开明。……从开明上至蚕丛，积三万四千岁。④ 尔来：从那时以来。四万八千岁：极言时间之漫长，夸张而大约言之。⑤ 秦塞：秦的关塞，指秦地。秦地四周有山川险阻，故称"四塞之地"。通人烟：人员往来。⑥ 西当：西对。太白：太白山，又名太乙山，在长安西（今陕西眉县、太白县一带）。鸟道：指连绵高山间的低缺处，只有鸟能飞过，人迹所不能至。⑦ 横绝：横越。峨眉巅：峨眉顶峰。⑧ 地崩山摧壮士死：《华阳国志·蜀志》：相传秦惠王想征服蜀国，知道蜀王好色，答应送给他五个美女。蜀王派五位壮士去接人。回到梓潼（今四川剑阁之南）的时候，看见一条大蛇进入穴中，一位壮士抓住了它的尾巴，其余四人也来相助，用力往外拽。不多时，山崩地裂，壮士和美女都被压死。山分为五岭，入蜀之路遂通。这便是有名的"五丁开山"的故事。摧：倒塌。⑨ 天梯：非常陡峭的山路。石栈：栈道。⑩ 六龙回日：《淮南子》注云："日乘车，驾以六龙。羲和御之。日至此面而薄于虞渊，羲和至此而回六螭。"螭即龙。高标：指蜀山中可作一方之标识的最高峰。⑪ 冲波：水流冲击腾起的波浪，这里指激流。逆折：水流回旋。回川：有旋涡的河流。⑫ 黄鹤：黄鹄（hú），善飞的大鸟。尚：尚且。得：能。⑬ 猿猱：蜀山中最善攀援的猴类。⑭ 青泥：青泥岭，在今甘肃徽县南，陕西略阳县北。盘盘：曲折回旋的样子。⑮ 百步九折：百步之内拐九道弯。萦：盘绕。岩峦：山峰。⑯ 扪参历井：参、井是二星宿名。古人把天上的星宿分别指配于地上的州国，叫作"分野"，以便通过观察天象来占卜地上所配州国的吉凶。参星为蜀之分野，井星为秦之分野。扪：用手摸。历：经过。胁息：屏气不敢呼吸。⑰ 膺：胸。坐：徒，空。⑱ 君：入蜀的友人。⑲ 畏途：可怕的路途。巉岩：险恶陡峭的山壁。⑳ 但见：只听见。号古木：在古树木中大声啼鸣。㉑ 从：跟随。㉒ 子规：即杜鹃鸟，蜀地最多，鸣声悲哀，若云"不如归去"。《蜀记》曰："昔有人姓杜名宇，王蜀，号曰望帝。宇死，俗说杜宇化为子规。子规，鸟名也。蜀人闻子规鸣，皆曰望帝也。"这两句也有断为"又闻子规啼，夜月愁空山"的，但不如此文这种断法顺。㉓ 凋朱颜：红颜带忧色，如花凋谢。凋，使动用法，使……凋谢，这里指脸色由红润变成铁青。㉔ 去：距离。盈：

满。飞湍：飞奔而下的急流。㉕喧豗：喧闹声，这里指急流和瀑布发出的巨大响声。㉖砯崖：水撞石之声。砯，水冲击石壁发出的响声，这里作动词用，冲击的意思。转，使滚动。壑：山谷。

【译文】

唉呀呀！多么高峻伟岸！蜀道真太难攀登，简直难于上青天。
传说中蚕丛和鱼凫建立了蜀国，开国的年代实在久远无法详谈。
自从那时至今约有四万八千年，秦蜀被秦岭所阻从不沟通往返。
西边太白山有飞鸟能过的小道。从那小路走可横渡峨眉山顶端。
山崩地裂蜀国五壮士被压死了，两地才有天梯栈道开始相通连。
上有挡住太阳神六龙车的山巅，下有激浪排空迂回曲折的大川。
善于高飞的黄鹤尚且无法飞过，即使猢狲要想翻过也愁于攀援。
青泥岭多么曲折绕着山峦盘旋，百步之内萦绕岩峦转九个弯弯。
屏住呼吸仰头过参井皆可触摸，用手抚胸惊恐不已徒长吁短叹。
好朋友呵请问你西游何时回还？可怕的岩山栈道实在难以登攀！
只见那悲鸟在古树上哀鸣啼叫；雄雌相随飞翔在原始森林之间。
月夜听到的是杜鹃悲惨的啼声，令人愁思绵绵呵这荒荡的空山！
蜀道真难走呵简直难于上青天，叫人听到这些怎么不脸色突变？
山峰座座相连离天还不到一尺；枯松老枝倒挂倚贴在绝壁之间。
旋涡飞转瀑布飞泻争相喧闹着；水石相击转动像万壑鸣雷一般。
那去处恶劣艰险到了这种地步；唉呀呀你这个远方而来的客人，为了什么而来到这险要的地方？
剑阁那地方崇峻巍峨高入云端，只要一人把守千军万马难攻占。
驻守的官员若不是自己的近亲；难免要变为豺狼踞此为非造反。
清晨你要提心吊胆地躲避猛虎；傍晚你要警觉防范长蛇的灾难。豺狼虎豹磨牙吮血真叫人不安；毒蛇猛兽杀人如麻令你胆寒。
锦官城虽然说是个快乐的所在；如此险恶还不如早早地把家还。
蜀道太难走呵简直难于上青天；侧身西望令人不免感慨与长叹！

【赏析】

这首诗大约是天宝（742—756）初年李白第一次到长安时写的。《蜀道难》是他袭用乐府古题，展开丰富的想象，着力描绘了秦蜀道路上奇丽惊险的山川，并从中透露了对社会的某些忧虑与关切。

诗人大体按照由古及今、自秦入蜀的线索，抓住各处山水特点来描写，以展示蜀道之难。

　　从"噫吁中嚱"到"然后天梯石栈相钩连"为一个段落。一开篇就极言蜀道之难，以感情强烈的咏叹点出主题，为全诗奠定了雄放的基调。以下随着感情的起伏和自然场景的变化，"蜀道之难，难于上青天"的咏叹反复出现，像一首乐曲的主旋律一样激荡着读者的心弦。

　　说蜀道的难行比上天还难，这是因为自古以来秦、蜀之间被高山峻岭阻挡，由秦入蜀，太白峰首当其冲，只有高飞的鸟儿能从低缺处飞过。太白峰在秦都咸阳西南，是关中一带的最高峰。民谚云："武公太白，去天三百。"诗人以夸张的笔墨写出了历史上不可逾越的险阻，并融汇了五丁开山的神话，点染了神奇色彩，犹如一部乐章的前奏，具有引人入胜的妙用。下面即着力刻画蜀道的高危难行了。

　　从"上有六龙回日之高标"至"使人听此凋朱颜"为又一段落。这一段极写山势的高危，山高写得愈充分，愈可见路之难行。你看那突兀而立的高山，高标接天，挡住了太阳神的运行；山下则是冲波激浪、曲折回旋的河川。诗人不但把夸张和神话融为一体，直写山高，而且衬以"回川"之险。唯其水险，更见山势的高危。诗人意犹未足，又借黄鹤与猿猱来反衬。山高得连千里翱翔的黄鹤也不得飞度，轻疾敏捷的猿猴也愁于攀援，不言而喻，人行走就难上加难了。以上用虚写手法层层映衬，下面再具体描写青泥岭的难行。

　　青泥岭，"悬崖万仞，山多云雨"（《元和郡县志》），为唐代入蜀要道。诗人着重就其峰路的萦回和山势的峻危来表现人行其上的艰难情状和畏惧心理，捕捉了在岭上曲折盘桓、手扪星辰、呼吸紧张、抚胸长叹等细节动作加以摹写，寥寥数语，便把行人艰难的步履、惶悚的神情，绘声绘色地刻画出来，困危之状如在目前。

　　至此蜀道的难行似乎写到了极处。但诗人笔锋一转，借"问君"引出旅愁，以忧切低昂的旋律，把读者带进一个古木荒凉、鸟声悲凄的境界。杜鹃鸟空谷传响，充满哀愁，使人闻声失色，更觉蜀道之难。诗人借景抒情，用"悲鸟号古木""子规啼夜月"等感情色彩浓厚的自然景观，渲染了旅愁和蜀道上空寂苍凉的环境气氛，有力地烘托了蜀道之难。

　　然而，逶迤千里的蜀道，还有更为奇险的风光。自"连峰去天不盈尺"至全篇结束，主要从山川之险来揭示蜀道之难，着力渲染惊险的气氛。如果说"连峰去天不盈尺"是夸饰山峰之高，"枯松倒挂倚绝壁"

则是衬托绝壁之险。

诗人先托出山势的高险，然后由静而动，写出水石激荡、山谷轰鸣的惊险场景。好像一串电影镜头：开始是山峦起伏、连峰接天的远景画面；接着平缓地推成枯松倒挂绝壁的特写；而后，跟踪而来的是一组快镜头，飞湍、瀑流、悬崖、转石，配合着万壑雷鸣的音响，飞快地从眼前闪过，惊险万状，目不暇接。从而造成一种势若排山倒海的强烈艺术效果，使蜀道之难的描写，简直达到了登峰造极的地步。如果说上面山势的高危已使人望而生畏，那此处山川的险要更令人惊心动魄了。

风光变幻，险象丛生。在十分惊险的气氛中，最后写到蜀中要塞剑阁，在大剑山和小剑山之间有一条三十里长的栈道，群峰如剑，连山耸立，削壁中断如门，形成天然要塞。因其地势险要，易守难攻，历史上在此割据称王者不乏其人。诗人从剑阁的险要引出对政治形势的描写。他化用西晋张载《剑阁铭》中"形胜之地，匪亲勿居"的语句，劝人引为鉴戒，警惕战乱的发生，并联系当时的社会背景，揭露了蜀中豺狼的"磨牙吮血，杀人如麻"，从而表达了对国事的忧虑与关切。唐天宝初年，太平景象的背后正潜伏着危机，后来发生的安史之乱，证明诗人的忧虑是有现实意义的。

李白以变化莫测的笔法，淋漓尽致地刻画了蜀道之难，艺术地展现了古老蜀道逶迤、峥嵘、高峻、崎岖的面貌，描绘出一幅色彩绚丽的山水画卷。

唐以前的《蜀道难》作品，简短单薄。李白对乐府古题有所创新和发展，用了大量散文化诗句，字数从三言、四言、五言、七言，直到十一言，参差错落，长短不齐，形成极为奔放的语言风格。诗的用韵，也突破了梁陈时代旧作一韵到底的程式。后面描写蜀中险要环境，一连三换韵脚，极尽变化之能事。所以殷璠编《河岳英灵集》称此诗"奇之又奇，自骚人以还，鲜有此体调"。

梦游天姥吟留别

◎李　白

海客谈瀛洲，烟涛微茫信难求①；

越人语天姥,云霞明灭或可睹②。
天姥连天向天横,势拔五岳掩赤城③。
天台四万八千丈,对此欲倒东南倾④。
我欲因之梦吴越,一夜飞度镜湖月⑤。
湖月照我影,送我至剡溪⑥。
谢公宿处今尚在,渌水荡漾清猿啼⑦。
脚著谢公屐,身登青云梯⑧。
半壁见海日,空中闻天鸡⑨。
千岩万转路不定,迷花倚石忽已暝⑩。
熊咆龙吟殷岩泉,栗深林兮惊层巅⑪。
云青青兮欲雨,水澹澹兮生烟⑫。
列缺霹雳,丘峦崩摧⑬。
洞天石扉,訇然中开⑭。
青冥浩荡不见底,日月照耀金银台⑮。
霓为衣兮风为马,云之君兮纷纷而来下⑯。
虎鼓瑟兮鸾回车,仙之人兮列如麻⑰。
忽魂悸以魄动,恍惊起而长嗟⑱。
惟觉时之枕席,失向来之烟霞⑲。
世间行乐亦如此,古来万事东流水⑳。
别君去兮何时还?且放白鹿青崖间,须行即骑访名山㉑。
安能摧眉折腰事权贵。使我不得开心颜㉒!

【注释】

①瀛洲:古代传说中的东海三座仙山之一(另两座叫蓬莱和方丈)。烟涛:波涛渺茫,远看像烟雾笼罩的样子。微茫:景象模糊不清。信:确实,实在。②越人:指浙江一带的人。明灭:忽明忽暗。向天横:直插天空。横,直插。③拔,超出。五岳,指东岳泰山、西岳华(huà)山、中岳嵩山、北岳恒山、南岳衡山。赤城,和下文的"天台(tāi)"都是山名,在今浙江天台北部。④四万八千丈:一

作"一万八千丈"。⑤因：依据。之：指代前边越人的话。镜湖：又名鉴湖，在浙江绍兴南面。⑥剡（shàn）溪：水名，在浙江嵊（shèng）州南面。⑦谢公：指南朝诗人谢灵运。谢灵运喜欢游山。游天姥山时，他曾在剡溪这个地方住宿。渌（lù）：清。清：这里是凄清的意思。⑧谢公屐（jī）：谢灵运穿的那种木屐。《南史·谢灵运传》记载：谢灵运游山，必到幽深高峻的地方；他备有一种特制的木屐，屐底装有活动的齿，上山时去掉前齿，下山时去掉后齿。木屐，以木板作底，上面有带子，形状像拖鞋。⑨半壁见海日：上到半山腰就看到从海上升起的太阳。天鸡：古代传说，东南有桃都山，山上有棵大树叫桃都，树枝绵延三千里，树上栖有天鸡，每当太阳初升，照到这棵树上，天鸡就叫起来，天下的鸡也都跟着它叫。⑩暝（míng），日落，天黑。⑪"殷岩泉"即"岩泉殷"。殷，这里用作动词，震响。⑫青青：黑沉沉的。澹澹：波浪起伏的样子。⑬列缺：指闪电。⑭洞天，仙人居住的洞府。扉：门扇。訇然：形容声音很大。⑮青冥浩荡：青冥，指天空。浩荡，广阔远大的样子。金银台：金银铸成的宫阙，指神仙居住的地方。⑯云之君：云里的神仙。⑰鸾回车：鸾鸟驾着车。鸾，传说中的如凤凰一类的神鸟。回，旋转，运转。⑱恍：恍然，猛然。⑲觉时：醒时。向来：原来。烟霞：指前面所写的仙境。⑳东流水：像东流的水一样一去不复返。㉑白鹿：传说神仙或隐士多骑白鹿。须，等待。㉒摧眉折腰：低头弯腰。摧眉，即低眉。

【译文】

海外来客们谈起瀛洲，烟波渺茫实在难以寻求。
越中来人说起天姥山，在云雾忽明忽暗间有人可以看见。
天姥山仿佛连接着天遮断了天空。山势高峻超过五岳，遮掩过赤城山。
天台山虽高四万八千丈，面对着它好像要向东南倾斜拜倒一样。
我根据越人说的话梦游到吴越，一天夜晚飞渡过明月映照下的镜湖。
镜湖上的月光照着我的影子，一直伴随我到了剡溪。
谢灵运住的地方如今还在，清澈的湖水荡漾，猿猴清啼。
我脚上穿着谢公当年特制的木鞋，攀登直上云霄的山路。
上到半山腰就看见了从海上升起的太阳，在半空中传来天鸡报晓的叫声。

无数山岩重叠，道路盘旋弯曲，方向不定，迷恋着花，依倚着石头，不觉天色已经晚了。

熊在怒吼，龙在长鸣，岩中的泉水在震响，使森林战栗，使山峰惊颤。

云层黑沉沉的，像是要下雨，水波动荡生起了烟雾。

电光闪闪，雷声轰鸣，山峰好像要被崩塌似的。

仙府的石门，訇的一声从中间打开。

洞中蔚蓝的天空广阔无际，看不到尽头，日月照耀着金银做的宫阙。

用彩虹做衣裳，将风作为马来乘，云中的神仙们纷纷下来。

老虎弹奏着琴瑟，鸾鸟驾着车。仙人们成群结队密密如麻。

忽然魂魄惊动，我猛然惊醒，不禁长声叹息。

醒来时只有身边的枕席，刚才梦中所见的烟雾云霞全都消失了。

人世间的欢乐也是像梦中的幻境这样，自古以来万事都像东流的水一样一去不复返。

告别诸位朋友远去（东鲁）啊，什么时候才能回来？暂且把白鹿放牧在青崖间，等到要远行时就骑上它访名山。

岂能卑躬屈膝去侍奉权贵，使我不能有舒心畅意的笑颜！

【赏析】

这是一首记梦诗，也是一首游仙诗。意境雄伟，变幻莫测，缤纷多彩的艺术形象，新奇的表现手法，向来为人传诵，被视为李白的代表作之一。

这首诗的题目一作《别东鲁诸公》。其时李白虽然出翰林已有年月了，而政治上遭受挫折的愤怨仍然郁结于怀，所以在诗的最后发出那样激越的呼声。

李白一生徜徉山水之间，热爱山水，达到梦寐以求的境地。此诗所描写的梦游，也许并非完全虚托，但无论是否虚托，梦游就更适于超脱现实，更便于发挥他的想象和夸张的才能了。

"海客谈瀛洲，烟涛微茫信难求；越人语天姥，云霓明灭或可睹。"诗一开始先说古代传说中的海外仙境——瀛洲，虚无缥缈，不可寻求；而现实中的天姥山在浮云彩霓中时隐时现，真是胜似仙境。以虚衬实，突出了天姥胜景，暗蕴着诗人对天姥山的向往，写得富有神奇色彩，引引人入胜。

　　天姥山临近剡溪，传说登山的人听到过仙人天姥的歌唱，因此得名。天姥山与天台山相对，峰峦峭崿，仰望如在天表，冥茫如堕仙境，容易引起游者想入非非的幻觉。浙东山水是李白青年时代就向往的地方，初出川时曾说"此行不为鲈鱼鲙，自爱名山入剡中"。入翰林前曾不止一次往游，他对这里的山水不但非常热爱，也是非常熟悉的。

　　天姥山号称奇绝，是越东灵秀之地。但比之其他崇山峻岭如我国的五大名山——五岳，在人们心目中的地位仍有小巫见大巫之别。可是李白却在诗中夸说它"势拔五岳掩赤城"，比五岳还更挺拔。有名的天台山则倾斜着如拜倒在天姥的足下一样。这个天姥山，被写得耸立天外，直插云霄，巍巍然非同凡比。这座梦中的天姥山，应该说是李白平生所经历的奇山峻岭的幻影，它是现实中的天姥山在李白笔下夸大了的影子。

　　接着展现出的是一幅一幅瑰丽变幻的奇景：天姥山隐于云霓明灭之中，引起了诗人探求的想望。诗人进入了梦幻之中，仿佛在月夜清光的照射下，他飞渡过明镜一样的镜湖。明月把他的影子映照在镜湖之上，又送他降落在谢灵运当年曾经歇宿过的地方。他穿上谢灵运当年特制的木屐，登上谢公当年曾经攀登过的石径——青云梯。只见："半壁见海日，空中闻天鸡。千岩万转路不定，迷花倚石忽已暝。熊咆龙吟殷岩泉，栗深林兮惊层巅。云青青兮欲雨，水澹澹兮生烟。"继飞渡而写山中所见，石径盘旋，深山中光线幽暗，看到海日升空，天鸡高唱，这本是一片曙色；却又于山花迷人、倚石暂憩之中，忽觉暮色降临，旦暮之变何其倏忽。暮色中熊咆龙吟，震响于山谷之间，深林为之战栗，层巅为之惊动。不止有生命的熊与龙以吟、咆表示情感，就连层巅、深林也能战栗、惊动，烟、水、青云都满含阴郁，与诗人的情感形成统一的氛围。这奇异的境界，已经使人够惊骇的了，但诗境却由奇异而转入荒唐，全诗也进入高潮。在令人惊悚不已的幽深暮色之中，霎时间"丘峦崩摧"，一个神仙世界"訇然中开"，"青冥浩荡不见底，日月照耀金银台。霓为衣兮风为马，云之君兮纷纷而来下。"洞天福地，于此出现。"仙之人兮列如麻"！群仙好像列队迎接诗人的到来。金台、银台与日月交相辉映，景色壮丽，异彩缤纷，何等的惊心动魄、光耀夺人！仙山的盛会正是人世间生活的反映。这里除了有他长期漫游经历过的万壑千山的印象、古代传说、屈原诗歌的启发与影响,也有长安三年宫廷生活的痕迹,这一切通过浪漫主义的非凡想象凝聚在一起,才有这般辉煌灿烂、气象万千的描绘。

仙境倏忽消失,梦境旋亦破灭,诗人终于在惊悸中返回现实。梦境破灭后,人,不是随心所欲轻飘飘地在梦幻中翱翔了,而是沉甸甸地躺在枕席之上。"古来万事东流水",其中包含着诗人对人生的几多失意和深沉的感慨。此时此刻诗人感到最能抚慰心灵的是"且放白鹿青崖间,须行即骑访名山"。徜徉山水的乐趣,才是最快意的。本来诗意到此似乎已尽,可是最后却愤然加添了两句"安能摧眉折腰事权贵,使我不得开心颜!"一吐长安三年的郁闷之气。天外飞来之笔,点亮了全诗的主题:对于名山仙境的向往,是出之于对权贵的抗争,它唱出封建社会中多少怀才不遇的人的心声。在封建社会,敢于这样想、敢于这样说的人并不多。李白说了,也做了,这是他异乎常人的伟大之处。

这首诗的内容丰富、曲折、奇谲、多变,它的形象辉煌流丽、缤纷多彩,它的主观意图本来在于宣扬"古来万事东流水"这样颇有消极意味的思想,可是它的格调却是昂扬振奋、潇洒出尘的,有一种不卑不屈的气概流贯其间,并无消沉之感。

阙 题

◎刘眘虚

道由白云尽①,春与青溪长。
时有落花至,远随流水香。
闲门向山路,深柳读书堂。
幽映每白日,清辉照衣裳。

【注释】

① "道由"句:指山路起自于白云尽处。

【译文】

山路,蜿蜒到白云尽头;春意,如青溪般悠长。不时有落花飘下,芳香随着溪水流到远方。寂静的门扉正对山路,柳林深处有个读书堂。白天,每当阳光穿过柳荫,清幽的光辉便洒满衣裳。

【赏析】

这是一首缺题目的诗,编书人加上"阙题"为题。从诗的语意看来,是写友人在暮春山中隐居读书的生活。

开头用粗略的笔墨写了山路和溪流。"道由白云尽",道路是从白云尽处开始的,可见这里地势之高峻。沿着青溪行走,路上处处可见青草繁花,青溪行不尽,春色自然也看不尽,于是春色也就显得悠长了。

三四两句紧承上文细细描绘了青溪和春色,文字间透露出一股喜悦之情。诗以"春"字为主题,白云清溪,落花流水,绿柳成荫,一片春光春色,清新自然,幽静多趣。而书堂正当其处,白日阳光透过柳树的浓荫,掩映着读书处,暖洋洋地照在读书人的衣服上,是何等的悠闲自在。

全诗无奇词丽句,诗人只把所见所闻所感娓娓道来,自然而不简率,精整而无雕琢之痕,读之犹如同其一道进入白云深山,来到读书堂,生发清静读书之心。

次北固山下

◎王 湾

客路青山外,行舟绿水前。

潮平两岸阔,风正一帆悬①。

海日生残夜,江春入旧年。

乡书何处达,归雁洛阳边②。

【注释】

① 风正:风顺。② "归雁"句:古人相信大雁能传书,所以作者希望大雁能把家书带回故乡(作者故乡在洛阳)。

【译文】

我经过苍翠的北固山。小舟穿行,眼前江水碧绿。江潮退去,两岸视野开阔，顺风鼓动着高悬的白帆。海上，红日从残夜中升起，江南的春意年末就已显现。家书什么时候能到？回去的鸿雁，几时能到洛阳。

【赏析】

北固山在今江苏省镇江市以北，三面临江。王湾是洛阳人，一生中经常往来吴楚间，这首诗当是他经镇江到江南一带时所作。全诗描绘了诗人在北固山下停泊时所见的江南景象，意境优美，情景交融，抒发了深切的思乡之情。

诗人一路行来，舟行进在青青的北固山下，朝着展现在眼前的"绿水"前进。"客路""行舟"之词语中，已流露出漂泊羁旅之情。

"潮平"一联生动地展现出一幅春江行舟图：春来潮水涌涨，江面似乎与岸平齐了，两岸顿然显得宽阔，而浩茫的江景中还有"风正一帆悬"，"以小景传大景之神"（王夫之《姜斋诗话》卷上），愈见精彩。

第三联更是妙语，见得一轮红日从海上残夜中升起，江春已入旧年，写出了羁旅中人对时序的交替特别敏感的心态。"生""入"二字赋予自然景物以人的情思，在跳脱巧妙之中蕴含着一种自然的理趣。日复一日，年复一年，天涯做客久，见大雁不由动归思，盼望大雁传达乡书。

这首五律不仅驰誉当时，而且传诵后世。殷璠云："'海日生残夜，江春入旧年'，诗人已来，少有此句。张燕公（张说）手题政事堂，每示能文，令为楷式。"

黄鹤楼

◎崔　颢

昔人已乘黄鹤去①，此地空余黄鹤楼。
黄鹤一去不复返，白云千载空悠悠。
晴川历历汉阳树②，芳草萋萋鹦鹉洲③。
日暮乡关何处是④，烟波江上使人愁。

【注释】

①昔人：指传说中的仙人。②历历：景物清晰分明的样子。汉阳：

在武昌（黄鹤楼所在地）西。③鹦鹉洲：在今武汉市西南长江中，相传因东汉祢衡在此作《鹦鹉赋》而得名。④乡关：家乡。

【译文】

　　传说中的仙人，已乘着黄鹤飞走了，这里只留下空荡的黄鹤楼。黄鹤飞走后，再也没有回来，只有白云千年在此，伴它依旧。天气晴朗，汉阳的绿树清晰可见，芳草凄迷如烟，长满鹦鹉洲。眺望夕阳，何处是我家乡，江水烟波浩渺，使我忧愁。

【赏析】

　　黄鹤楼是中国四大名楼之一，在湖北武昌蛇山黄鹤楼矶头，传说古代仙人子安乘黄鹤过此。诗人登临古迹黄鹤楼，泛览眼前景物，即景而生情，写下这首吊古怀乡的佳作。

　　诗前四句即从传说落笔，然后生发开去。仙人跨鹤飞去不复返回，包含了岁月不再、古人不可见之憾，而白云千载悠悠之中，有着世事苍茫之感。"黄鹤"二字再三出现，亦不拘对仗，却一气旋转直下，将眼前景物脱口而出，高唱入云，自然宏丽中带着风骨。

　　后四句写在楼上所见，并由此而引发乡愁。此诗艺术上出神入化，无论是句式还是意境、气势，都以自然超妙取胜，被人们推崇为题黄鹤楼的绝唱。沈德潜评此诗是"意得象先，神行语外，纵笔写去，遂擅千古之奇"（《唐诗别裁集》卷十三）。

长干行四首（其一）

◎崔　颢

君家何处住，妾住在横塘①。
停船暂借问，或恐是同乡。

【注释】

　　①横塘：在今南京西南麒麟门外，与长干相近。

【译文】

　　请问阿哥，家住哪里？我的家在金陵横塘。停停船，请问一下，或许,我们是同乡。

【赏析】

此篇为船家女子的问话。她见到心仪的男子主动发问,不待对方答话,即自报家门。旋即省悟到对方可能会怪自己的唐突,于是赶忙补叙出原委——"或恐是同乡"。寥寥数语,船家女热情而又聪明、率直而又婉曲、大胆而又有些小羞怯的形象跃然纸上。

"或恐"云云,不仅委婉写出女子羞涩心态,而且可见女子对男方爱慕已久,以同乡作为攀谈由头。语言生动,惟妙惟肖。

长干行四首(其二)

◎崔 颢

家临九江水①,来去九江侧。
同是长干人,生小不相识。

【注释】

① 九江:今江西省九江市。

【译文】

我家靠近九江,来来去去,都在九江边。你我都是江边长干人,遗憾的是从小不认识。

【赏析】

民歌中有男女对唱的传统,在《乐府诗集》中成为"相和歌辞"。第一首是女子发问,这一首便是男子作答。诗的内容反复肯定船家女子的判断,强调他家临九江,往来九江之上,与她的确同是长干人,只是可惜未能自幼就认识,大有相见恨晚的意思。

两首诗有如民歌中的对唱,以生动灵活的来往问答之语,含蓄蕴藉地演绎了一对虽是同乡却从不相识的船家青年男女之间相亲相悦的情感,荡漾着朴实清新的水乡生活气息。

行经华阴

◎崔　颢

岩峣太华俯咸京①，天外三峰削不成②。
武帝祠前云欲散③，仙人掌上雨初晴④。
河山北枕秦关险⑤，驿树西连汉畤平⑥。
借问路旁名利客，何如此处学长生。

【注释】

①岧（tiáo）峣（yáo）：高峻貌。太华：指华山。咸京：本指秦都咸阳，这里借指长安。②三峰：指华山之莲花、明星、玉女三峰。削不成：指非人力所能成形。③武帝祠：指巨灵祠，汉武帝华山登顶后建。④仙人掌：指华山仙人掌峰。⑤秦关：指函谷关。⑥畤（zhì）：秦汉时祭天地五帝的祭坛。

【译文】

高峻的华山，俯视着京城，直插天外的三峰，人工削凿不成。巨灵神祠前，云雾就要消散；仙人掌峰顶，大雨初晴。黄河华山，北枕险要的函谷关；驿道西边，连接严阔的祭祠。敢问路旁热衷名利的行客，为什么不在这里学道，以求得长生？

【赏析】

诗人前往长安而行经华阴，览其山水之胜，萌生了栖隐的念头。

诗的前六句由总而分，自此及彼，有条不紊地写景，将华山的高大险峻描绘得令人拍案叫绝。

首联统写华山的形胜。它俯压长安城，三峰高耸云天，气势磅礴，令人高山仰止。"削不成"三字说明这等奇景非人力可为，只有大自然的鬼斧神工方可办到，在似乎纯然写景中暗含出世高于追名逐利之意。

颔联写晴雨时的景色。云散雨晴，古迹名胜显现，自然美妙。"武帝祠"和"仙人掌"则为结处"学长生"的发问做了铺垫。

颈联从正面说华阴地形的险要，一个"枕"字，是何等豪气万千！

而一"险"一"平",对比中隐含着何去何从的疑问以及诗人自己的选择。

结尾两句是从上六句自然落出的,以反诘的句式,向旁人劝喻何不就在此地学长生之术,实际是自己见华山高耸出世而移情,感叹自己何苦为了名利之途奔波劳碌,显得隐约曲折。

全诗融神灵古迹与山河胜景于一炉,写景有条不紊,诗境雄浑壮阔而寓意深刻,别具神韵。

凉州曲

◎王 翰

葡萄美酒夜光杯[①],欲饮琵琶马上催。
醉卧沙场君莫笑,古来征战几人回!

【注释】

①夜光杯:西域献给周穆王的白玉杯,夜间有光。

【译文】

葡萄酒,倒满了夜光杯,正要畅饮,却闻琵琶声起,催我上马出征。如果我醉倒在沙场,你不要见笑,自古征战,有几人能活着返回!

【赏析】

《凉州曲》是唐乐府名,属《近代曲辞》。凉州即今甘肃省武威县。本诗描写了在荒寒艰苦的边地,军中盛宴欢饮的场面。

须知边地环境荒寒艰苦,加上长期处于紧张动荡的状态,将士们必须提高警惕,随时应对突发的战事,使他们很难得到放松或欢乐的时刻,一旦有幸遇上一次热闹的酒宴,他们自然是情绪激昂,开怀畅饮,一醉方休。这首诗正是这种生活与情感的写照。

首句用语华丽优美,音调清幽悦耳,宛如大幕缓缓拉开,就见葡萄美酒盛满夜光玉石杯,显出盛宴的豪华气派。这一景象令人惊喜和兴奋,为全诗定下了基调。

二句用"欲饮"两字,进一层极写热烈的场面所具有的魅力。酒宴外加音乐助饮,让原本热闹的场面瞬间沸腾起来。这一句着意渲染气氛,表现了将士们豪爽的性格。

在前两句的渲染铺垫下,三四句极写征人互相斟酌劝饮,传达出一种豪情壮志。关于"醉卧沙场君莫笑,古来征战几人回"一句有两种理解:一是认为其意为拼得今宵沉醉,君莫笑其放浪形骸醉卧沙场,但观古来征战有几人生还。故其今宵纵情豪饮,不过是于百死中姑且作片时之乐,其豪迈旷达之语,更让人不胜沉痛。二是认为它并非悲伤之情,而是席间的劝酒之词。"醉卧沙场"四字不仅表现了豪放、兴奋的感情,还有着视死如归的勇气,开朗昂扬,明快热烈,正体现了盛唐边塞诗的特色。

送李少府贬峡中王少府贬长沙

◎高 适

嗟君此别意何如,驻马衔杯问谪居①。
巫峡啼猿数行泪,衡阳归雁几封书②。
青枫江上秋帆远③,白帝城边古木疏④。
圣代即今多雨露⑤,暂时分手莫踌躇。

【注释】

①衔杯:饮酒。谪居:贬往的地方。②衡阳归雁:古人认为大雁南飞至衡阳而止。③青枫江:在湖南长沙。④白帝城:在今四川奉节。⑤雨露:喻朝廷的恩泽。

【译文】

叹息与你们分别,心情又是如何?停下马饮酒,谈谈贬谪之所。巫峡猿啼,李少府听了,一定会落泪;王少府到了衡阳,要多多写信。秋天青枫江上,白帆远去;白帝城边的古树,也叶落黄稀。圣明时代,恩泽雨露甚多,我们只是暂时分别,不要太难过。

【赏析】

作者送别两位被贬官的友人,一个被贬谪到巫峡,一个被贬到湖南长沙,故一诗同赠两人,富有劝慰鼓励之意。

首尾两联合起来总写,中间两联双双分写,条理井然,恰如其分。上句写李少府贬峡中。诗人设想李少府来到荒远的峡中,听到悲凄的猿啼,不禁流下感伤的眼泪。下句写王少府贬长沙。衡阳在长沙以南,衡山上有著名的回雁峰。传说秋天时大雁往南飞,飞到这里即驻足,不再往南,等到春季就飞回北方,故得名。然而长沙路途遥远,归雁也不能传递几封信。但王少府可以在秋高泛舟中洗尽烦恼,而李少府可以去古木参天、枝叶扶疏的白帝城凭吊古迹,寻求心灵上的慰藉。

作者嗟叹他俩所去之地的景象,一边是巫峡猿啼,一边是衡阳雁归,都是人迹罕至的荒凉僻远之地;而青枫江上孤帆,白帝城古木,均切送别之意。双双交错进行,切时切地切事,章法十分严密,情感交织。

尾联是劝慰语,谓皇恩浩荡,二人现虽遭远贬,不久即可召还,仍有聚首之日。

桃花溪

◎张　旭

隐隐飞桥隔野烟,石矶西畔问渔船①。
桃花尽日随流水,洞在清溪何处边。

【注释】

① 矶(jī):水边突出的岩石。

【译文】

一座长桥隐隐约约飞动在远处的山野云烟中,我站在石矶的西畔,向船上的渔夫打听。桃花终日随着春水漂流不尽,桃花源洞口在清溪的哪边呢?

【赏析】

桃花溪在今湖南省桃源县西南,源出桃花山。张旭在诗中暗用陶渊明《桃花源记》的意境来泛咏桃花溪的秀美景色。

诗由远外落笔,写深山野谷,云烟缭绕;溪桥若隐若现,恍若在虚空里飞舞。静止的桥和浮动的野烟相映成趣,合力营造了一个朦胧、幽深、神秘的境界,令人如入仙境。"隔"字则使这两种景物交相映衬,融为一个艺术整体,并暗示了诗人所处的角度是站在远处观望。

然后画近景,由实及虚,桃花流水,有渔舟在轻摇,诗人伫立在石矶旁,问"洞在清溪何处边",表达出诗人对世外桃源的向往之情。淡淡几笔就将桃花溪的轮廓勾勒出来,一个"问"字将诗人自己也纳入了图画之中。

粉红的花瓣让诗人不由联想到《桃花源记》中那"林尽水源"仿佛透着光亮的"洞",而且诗人似乎也真的相信了这"随流水"的桃花是从桃花源中流出的,便向渔人发问了,有力地表达了诗人向往世外桃源的急切心情。全诗至此戛然而止,但末句提出的问题却引人生发遐想,更是趣在墨外。

早 梅

◎张 谓

一树寒梅白玉条,迥临村路傍溪桥①。
不知近水花先发②,疑是经冬雪未销③。

【注释】

① 迥:远。傍:靠近。② 发:开放。③ 经冬:过冬。销:同"消",融化。这里指冰雪融化。

【译文】

一树梅花凌寒早开,枝条洁白如玉,它长在村路的溪水桥边。不知道是不是靠近溪水而先开花,疑惑它大概是那经历了冬天而尚未消融的白雪。

【赏析】

这是一首咏梅诗,写出了早梅的形与神,重在突出一个"早"字。在远离人语马喧的溪桥边,一树寒梅正凌寒独自开放。诗人远远看到这树梅花时,还以为那是经冬未销的白雪,再定睛一看,哦,原来是临水先发的一树寒梅！因梅花洁白晶莹而将其疑作雪，不少诗人都产生过类似的错觉。宋人王安石那句"遥知不是雪，为有暗香来"与此诗可谓有异曲同工之妙。

首句用"白玉条"形容寒梅的洁白，又照应了"寒"字，勾勒出梅花凌寒傲然绽放的丰姿。第二句写出了寒梅独开的环境——在行人稀少的村路，临近溪水桥边。此句起着承上启下的作用。第三句指出寒梅早发是由于"近水"。第四句照应首句，写诗人将寒梅疑作经冬未消的白雪。

这首诗写梅侧重一个"早"字，写的是早梅的形态与神貌。早梅似雪，不胜洁白；经冬首发，一种孤高之姿毕现。

逢雪宿芙蓉山主人

◎ 刘长卿

日暮苍山远①，天寒白屋贫②。
柴门闻犬吠③，风雪夜归人④。

【注释】

①苍山：青黑色的山。②白屋：贫家的住所。房顶用白茅覆盖，或木材不加油漆叫白屋。③吠：狗叫。④夜归：夜晚归来。

【译文】

日落暮色降临，更觉得苍山遥远，天寒时节，简陋的茅草屋显得更加贫困。听得柴门外忽然传来犬吠声，原来是有人在夜晚冒着风雪归来了。

【赏析】

这是一首如画的小诗，诗人为我们描绘出一幅寒山夜宿图。

在一个寂静的冬夜里，诗人正赶着路，准备去前方的芙蓉山借宿。"日暮"点明时间正是傍晚，"苍山远"则暗示了路途跋涉的艰辛，以及诗人急于投宿的心情。"白屋贫"点明投宿的地点。

安顿下来后，于万籁俱寂中，诗人忽闻一片犬吠之声，原来是主人冒着风雪归来了。从用字来看，"柴门"紧承"白屋"。"风雪"遥承

"天寒","夜"则对应"日暮"。从整体上来看,虽然下半首另外开辟了一个诗境,但又紧扣上半首,并没有上下脱节之感。

此诗共四句,每一句独立成画,但又彼此相属,联成整体,构成一片苍凉悠远之境。本诗用凝练的笔调将旅夜投宿、宿后所闻一一勾勒,诗中有画,画外见情。在诗人为我们描绘的画面之中,我们可以感受到山居的荒凉、冬夜的凄寂以及旅人的孤独。

秋日登吴公台上寺远眺

◎刘长卿

古台摇落后①,秋日望乡心。
野寺人来少,云峰水隔深。
夕阳依旧垒②,寒磬满空林。
惆怅南朝事③,长江独至今。

【注释】

①摇落:零落。②旧垒:指吴公台。③南朝:指在金陵(今南京)建都的宋、齐、梁、陈四朝。

【译文】

草木凋零,我登上吴公台,环顾秋景,勾起我思乡之心。偏僻的寺院,来的人很少,隔水而望,云峰更显幽深。夕阳依傍着吴公弩台,清冷的磬声回响在空荡山林。想起南朝往事,不禁满怀惆怅,唯独浩浩长江,奔流至今。

【赏析】

昔日兵戈相争的弩台如今已为荒野的寺庙代替,草木凋零。人迹罕至,远处山峦笼罩在云雾之中,夕阳依着旧日的堡垒,寺院的钟磬声在空林中回荡,一片荒凉苍茫。诗人不禁感慨南朝多少兴废,多少人事沧桑,到头来空留下个依稀难辨的故迹,只有那滚滚长江水依旧奔流至今。

诗的前六句很好地描绘了古台、野寺、云峰、旧垒、寒磬等一派寥落、荒凉而幽静的景象,让人即景生情,心绪苍茫,展开抚今追昔的遐想和喟叹。诗句淡淡写来,使人读之如处在诗人笔下所描摹的空明萧瑟的境界中,胸中自有万古吐纳翻腾。

送李中丞归汉阳别业

◎刘长卿

流落征南将,曾驱十万师。
罢归无旧业①,老去恋明时②。
独立三边静③,轻生一剑知④。
茫茫江汉上,日暮欲何之⑤。

【注释】

①罢归:罢官而归。无旧业:意谓家乡没有产业。②明时:清明的时代。③三边:幽、并、凉三州,此处泛指边疆地带。④轻生:不畏死亡。⑤何之:去向何处。

【译文】

你是流落的征南将军,曾率领过数十万军队。罢官归来后,没有什么田产,年老了,还留恋过往的清平盛世。独自镇守三边疆土,曾经出生入死只有宝剑深知。面对着这浩荡江水,垂暮之年,你要去哪里?

【赏析】

李中丞是一位退职的武将,他曾经指挥过千军万马,纵横沙场南征北战,独自威镇边疆,使边境安定,不畏死亡一剑横行。然而这样一位当年雄姿英发的将军现今怎样呢?他被罢官归家,而家中没有什么产业维持生计,暮年流落在江湖间,茫然不知该到何处去。

全诗四十个字中,既见李中丞早年驰骋沙场的威武勇猛,又见他暮年的流落失意,往昔的辉煌和今日的落寞交织在一起,形成强烈的对比和嗟伤。诗人没对李中丞的不平遭遇直接发出议论,却在"茫茫江汉上,日暮欲何之"的一问中包含了无限的同情与感慨。

饯别王十一南游

◎刘长卿

望君烟水阔,挥手泪沾巾。
飞鸟没何处①,青山空向人。
长江一帆远,落日五湖春②。
谁见汀洲上③,相思愁白蘋④。

【注释】

①没:消失。②五湖:此指太湖。③汀洲:水中陆地。④白蘋(pín):水草名。

【译文】

遥望你,却只见烟水浩荡,我不停挥手,泪珠沾湿丝巾。你像鸟儿飞走,不知会消失在哪儿,只留下青山,面对我们。江水浩荡,小船渐行渐远,去欣赏夕阳下的五湖春色。谁看见,我在汀州徘徊,心中充满愁情,凝望白蘋。

【赏析】

朋友即将南游,诗人便送别赠诗。

首联写朋友在茫茫的烟水中行舟远去,诗人挥手作别,落泪沾巾,依依之情跃然纸上。诗人通过"望""挥手""泪沾巾"这一系列动作,渲染了送别时的心情,笔墨凝练,构思巧妙。颔联以飞鸟比兴,写友人南游行踪不定,眼前只有青山空对,愁思绵绵,不绝如缕。暗含着对友人的关切。一个"空"字,不仅活灵活现地刻画出诗人远望朋友渐行渐远直至身影完全消失的情景,还表明了诗人此时空虚寂寞的心境。颈联写友人一叶风帆沿长江远去,消失在尽头,虽然眼睛是看不到了。但诗人的心却一路追随着友人远去,想象他已经抵达五湖,正在观赏春色。尾联又回到了送别的现实场景,写眷怀友人徘徊汀州,愁对白蘋,情景交融,首尾呼应。

虽然是抒发离情别绪,但全诗并无"别离"二字,只写飞鸟青山、江帆落日、汀州白蘋等饯别时的风光,再加上"没""空""远"几个字,满腔离情完全化入景中,达到情景交融的境地。

江州重别薛六柳八二员外

◎刘长卿

生涯岂料承优诏①,世事空知学醉歌②。
江上月明胡雁过③,淮南木落楚山多。
寄身且喜沧洲近④,顾影无如白发何⑤。
今日龙钟人共老,愧君犹遣慎风波⑥。

【注释】

①承优诏:得到朝廷恩遇的诏书。②空知:徒知。③胡雁:北来的大雁。④沧洲:滨海之地。⑤顾影:看着自己的影子。无如:无奈。⑥"愧君"句:意谓承蒙你还总是告诫我当心风波。

【译文】

生平哪能预料,会收到升迁的诏书。徒然通晓世事,却只能学醉酒纵歌。江上月光明朗,有鸿雁飞过;淮南树叶凋落,楚地的山峦众多。寄身异乡,可喜的是离海较近,看镜中自己,白发斑斑无可奈何。如今,我们都已显老态龙钟,惭愧啊,谢谢你仍告诫我要小心风波。

【赏析】

刘长卿遭际坎坷,一生中两次遭贬。这首诗是他第二次贬往潘州南巴尉(今广东省茂名市)经过江州(今江西省九江市)与两位友人话别时所写。

诗人明明是遭到贬谪,诗歌却说"承优诏",这是正话反说,抒发了诗人胸中的不平之气。

颔联写江州的秋景,月明雁过,落叶纷纷,有不胜凄凉惆怅之感。"楚山多"三个字最为传神:树叶凋零,整个山头都显得光秃秃的,这才见出山之"多",不由让人想到现在早已不是春夏葱葱郁郁的繁茂景色,只余下一片凄清萧瑟。

但诗人却强作欢颜,明明是老态龙钟,白发丛生,顾影自怜,无可奈何,却说"寄身且喜沧洲近",努力想从萧瑟中振起,将凄凉伤心掩饰住,委婉地发抒不满情绪。

结尾叙送别的二员外殷切叮嘱他留意风波险恶,是因为挚友深知他脾气耿直,担心他因此而遭受更多的不测,表现了朋友间的真挚情谊。

全诗虽感叹身世,抒发悲愤不平,却怨而不直露,但从"学醉歌""且喜沧州近""慎风波"中可见他对宦途风波早已看穿,其深沉凄楚之情溢于言表。

长沙过贾谊宅

◎刘长卿

三年谪宦此栖迟①,万古惟留楚客悲②。
秋草独寻人去后,寒林空见日斜时。
汉文有道恩犹薄③,湘水无情吊岂知④。
寂寂江山摇落处,怜君何事到天涯!

【注释】

①谪宦:贬官。西汉贾谊曾被贬往长沙三年。②楚客:指羁泊楚地之人。③"汉文"句:意谓汉文帝是有道的明君,但终是不能重用贾谊。④"湘水"句:贾谊往长沙渡湘水时曾作赋吊屈原。

【译文】

贾谊被贬官在此虽只三年,却永远留下了楚地做客之人的悲伤。我在秋草中寻找已逝之人的遗迹,却只见山林冷寂,披着落日余晖。汉文帝虽是明君,但恩情仍然太薄;湘水无情,怎知你凭吊时的伤心。这江山冷清、草木纷落的地方,你究竟为什么被贬至此?

【赏析】

此诗似是作者赴潘州(今广东茂名市)贬所,路过长沙,凭吊贾谊故宅时所作。西汉贾谊为一代英才,却因受排挤不得重用,被贬长沙三年,抑郁而死,年仅三十三岁。刘长卿在昏庸的代宗统治下,被贬途中见到贾谊故宅的情景,难免勾起一片心酸,落得"万古"留悲。古宅萧条冷落的景色,"秋草""寒林""人去""日斜",一派黯然气象。贾谊当年不得意而凭吊屈原,湘水无知,如今自己不得志又凭吊贾谊。故尾联故作设问,曲折写一"怜"字,既是怜贾谊的非罪远谪天涯,又是自怜。全诗虽是吊古,实为伤今,运用典故无痕迹,语言含蓄蕴藉,感情哀楚动人。

自夏口至鹦鹉洲夕望岳阳寄元中丞

◎刘长卿

汀洲无浪复无烟①,楚客相思益渺然②。
汉口夕阳斜渡鸟③,洞庭秋水远连天。
孤城背岭寒吹角④,独树临江夜泊船。
贾谊上书忧汉室,长沙谪去古今怜。

【注释】

①汀洲:水中小洲,指鹦鹉洲。②楚客:羁泊于楚地的人。③汉口:这里指汉水流入长江处。④孤城:指汉阳城。角:号角。

【译文】

鹦鹉洲没有风浪,也没有云烟,做客楚地的我,思念中丞心绪渺远。汉口夕阳残照,鸥鸟斜飞;洞庭湖秋水浩瀚,远处连接青天。孤城后的山岭,传来凄寒的号角声;孤树对着江面,夜晚有船靠在那儿。贾谊多次上书,是在忧心汉室,却被贬谪到长沙,古今谁不哀怜!

【赏析】

诗人被贬途中由夏口(今湖北武汉)到鹦鹉洲,抚景感怀,借怜贾谊贬谪长沙,以喻自己遭贬谪之事,诗意与前一首《长江过贾谊宅》相同。

全诗前六句以写景为主,汀洲无浪无烟,诗人思绪渺然。夕阳下,归鸟横渡长江,洞庭秋水连天,孤城吹角,独树临江,这是遭贬诗人沿途临江的所见所闻。对着这样无限的苍凉之景，诗人又一次想到贾谊的"长沙谪去古今怜"，用贾谊比元中丞，揭示出向元中丞寄诗的意图，同时也是自况。全诗的主体为写景，但处处切题，以"汀洲"切鹦鹉洲，以"汉口"切夏口，以"孤城"切岳阳，最后即景生情，在离愁别绪中有迁谪的幽愤之心，情调哀婉凄清。

望 岳

◎杜 甫

岱宗夫如何①？齐鲁青未了。
造化钟神秀②，阴阳割昏晓。
荡胸生层云，决眦入归鸟③。
会当凌绝顶④，一览众山小。

【注释】

① 岱宗：对泰山的尊称。② 钟：赋予，集中。③ "决眦"句：意指山高鸟小，远望飞鸟，几乎要睁裂眼眶。决：裂开。眦（zì）：眼眶。④ 会当：终当。

【译文】

泰山到底怎么样？在齐鲁大地上，那青翠的山色没有尽头。大自然把神奇秀丽的景色都汇聚在泰山，山南和山北的天色被分割为一明一暗两部分。山中的浮云一层层地生发出来，心胸因此得到洗涤；薄暮时分，归巢的山鸟正远远地从高空掠过，只有睁大眼睛才能看得清楚。一定要登上泰山最高峰，俯首一览，众山匍匐在山脚下是那么渺小。

【赏析】

玄宗开元二十三年（735），杜甫到洛阳应进士考试落第，于是北游齐、赵（今河南、河北、山东等地）一带。这首诗就是在漫游途中所作。《望岳》共有三首，分咏东岳泰山、南岳衡山、西岳华山。这一首是咏东岳泰山。

诗题为"望岳"，全诗却没有一个"望"字，但句句写近泰山而望的感受，描绘出一幅苍茫开阔的"泰山图"。全诗以"齐鲁青未了"首先勾画出泰山横亘数千里那磅礴雄阔的气势和苍翠葱郁的景色，之后再写近望所见泰山的高大之势，第五六句则是细望泰山所见之景，末尾两句写由望岳而产生"会当凌绝顶，一览众山小"的意愿。全诗层次分明，气骨峥嵘，体势雄浑，是写泰山的"绝唱"，至今仍能引起人们强烈的共鸣。清代浦起龙在《杜诗心解》中评价此诗为杜诗之首，说"杜子心胸气魄，于斯可观。取为压卷，屹然作镇"。

春日忆李白

◎杜 甫

白也诗无敌，飘然思不群。
清新庾开府①，俊逸鲍参军②。
渭北春天树③，江东日暮云④。
何时一樽酒，重与细论文⑤。

【注释】

①庾开府：指庾信。在北周官至骠骑大将军、开府仪同三司（司马、司徒、司空），世称庾开府。②鲍参军：指鲍照。南朝宋时任荆州前军参军，世称鲍参军。③渭北：渭水北岸，借指长安一带，当时杜甫在此地。④江东：指今江苏省南部和浙江省北部一带，当时李白在此地。⑤论文：即论诗。六朝以来，通称诗为文。

【译文】

李白的诗作天下无人能敌，高超的才思远远超出一般人。诗风清新有如北朝的庾信，气度俊逸好似南朝的鲍照。渭北此刻已经是春树葱郁，身在江东的你正远望那日暮薄云。哪天才能摆上一杯酒，我们再一起细细品论诗歌文章。

【赏析】

杜甫和李白可谓唐代的双子星座，他们因诗文而结识。天宝五载（746），李白因为触犯权贵而被罢官，前往江东一带漫游，杜甫客居长安,怀念这位令他敬重的诗友,写下这首诗。

  杜甫本身就是一个大诗人,因此他更能欣赏到李白飘逸不凡、冠绝当代的诗才,故全诗主要从这方面来落笔。开头四句,一气贯注,高度评价了李白的诗歌天下无敌,其诗的清新、俊逸有如南北朝时的著名诗人庾信、鲍照。这样忆其人而忆及其诗,赞诗亦即忆人。第三联两句写两人各自所在地的景色,自然见出深重的离情别恨。诗人对李白的人和诗都十分倾慕怀念,故末联为热切的盼望:什么时候才能再次欢聚,像过去那样,把酒论诗啊!全诗在问句中结束,令人读完后,心中犹自回荡着作者绵绵的思念之情。

前出塞九首(其六)

◎杜　甫

挽弓当挽强①,用箭当用长②。
射人先射马,擒贼先擒王③。
杀人亦有限④,列国自有疆⑤。
苟能制侵陵⑥,岂在多杀伤⑦!

【注释】

  ①挽弓:拉弓。强:指坚硬的弓。拉这种弓要用很大力气,但射得远。②长:长的箭。③擒:捉拿。④亦有限:也应该有个限度。⑤列:分立,建立。疆:边界,领土。⑥苟:如果。制侵陵:制止侵略。制:制止。侵:侵犯。陵:这里同"凌",欺侮的意思。⑦岂:难道。

【译文】

  拉弓应当拉强弓,用箭应当用长箭。射人先射他所骑的马。擒贼先擒贼的首领。杀人也要有个限度,各国都有自己的疆域。如能制止侵略欺凌,何须过多地杀伤他们。

【赏析】

  这是一首讽谏诗,为千古传诵的名篇。

诗人写过两组出塞诗，先写了《出塞》九首，后又写《出塞》五首；加"前""后"以示区别。《前出塞》是写天宝末年哥舒翰征伐吐蕃的事，意在讽刺唐玄宗的开边黩武。

此诗说理性很强，采用先扬后抑的手法，前四句写如何用兵；后四句则劝诫统治者节制武功，力避杀伐。

前四句以排句出之，两个"当"和两个"先"，指出了作战步骤的关键所在，强调部伍要强悍，士气要高昂，对敌时要讲求方略，既要勇敢，也要机智。看似对战斗经验如数家珍。实际它并非作品的主旨所在，只是下文的衬笔。

在后四句中，诗人慷慨陈词，直抒胸臆，道出了赴边作战的最终目的：训练强兵只是为了戍守边疆，赴边更不是为了杀伐；应当以"制侵陵"为限度，绝不可穷兵黩武、妄动干戈。这种以战去战、以强兵制止侵略的思想，才是恢宏正论、安边良策，可谓振聋发聩。

唐诗中以议论见长的诗不多，而此诗好评不断，则是因为其气势磅礴，富有哲理且有正气贯之，传递了一份传统士子的忧国忧民情怀。

月　夜

◎杜　甫

今夜鄜州月①，闺中只独看②。
遥怜小儿女③，未解忆长安④。
香雾云鬟湿⑤，清辉玉臂寒。
何时倚虚幌⑥，双照泪痕干⑦？

【注释】

①鄜（fū）州：今陕西富县。②闺中：指妻子。③小儿女：尚不懂事的子女。④解：懂得。忆长安：思念身在长安的父亲。肃宗至德元载（756），叛军攻陷潼关，杜甫携家眷逃至鄜州，闻肃宗在灵武即位，于是前往效力，途中为叛军所俘，被解回长安。⑤香雾：月夜的雾气。⑥虚幌：薄纱帐。⑦双照：指月光同时照着身处异地的夫妻二人。

【译文】

今晚秋月是多么皎洁,你却只能在鄜州的家中独看。料想家中年幼的儿女,还不懂你为何思念长安。雾气浓重,可沾湿你秀发?月光如水,玉臂可觉凉寒?什么时候,才能共倚薄帷,让明月照干那满是泪痕的脸。

【赏析】

安史之乱爆发后,杜甫独自困居在沦陷的长安城中,在月夜思念家人,写下这首情深意切的诗。

此诗构思巧妙,诗人本来望月怀妻,却设想妻子在月下想念自己;本来自己在月下怀念年幼的儿女,却设想天真幼稚的小儿女随着母亲看月还不懂得想念在长安的自己。

诗人只身在外,当然是独自看月。但是妻子身边有儿女陪伴,为什么也是"独看"呢?下一联随即给出了答案:妻子看月,并不是真的在赏月,而是在"忆长安",但是小儿女不谙世事,自然也不明白人间的离别之恨与相思之情,又哪里会懂得"忆长安"呢?诗人巧妙地用小儿女的"未解忆"来反衬妻子的"忆",突出了"独"字,情感上又深化了一层。

接下来通过描写妻子独自看月的形象,进一步表现"忆长安"。诗人想象妻子在月下久久伫立徘徊,以至于雾湿云鬟,月寒玉臂。进而盼望聚首相倚,双照团圆。

每当想到妻子夜不能寐的情景时,诗人自己也忍不住伤心落泪,由此激起了对于结束这种痛苦生活的渴望,于是很自然地以表现希望的诗句收束全篇:"何时倚虚幌,双照泪痕干?"

这首诗借看月而抒离情,但又不仅仅是一般的夫妻离别之情,而是浸透了天下乱离的悲哀,在"独看"的泪痕里、"双照"的清辉中闪耀着诗人期待四海升平的理想。辞旨婉切,章法紧密,无一字不是从月色中照出,既精丽绝俗,又感人肺腑。

悲陈陶

◎杜 甫

孟冬十郡良家子①,血作陈陶泽中水②。

野旷天清无战声，四万义军同日死③。
群胡归来血洗箭④，仍唱胡歌饮都市⑤。
都人回面向北啼⑥，日夜更望官军至。

【注释】

①孟冬：农历十月。十郡：指秦中各郡。②陈陶：地名，在长安西北。③义军：官军。④群胡：指安史叛军。安禄山是奚族人，史思明是突厥人。他们的部下也多为北方少数民族人。⑤都市：指长安街市。⑥向北啼：这时唐肃宗驻守灵武，在长安之北，故都人向北而啼。

【译文】

初冬时节，从十几个郡征来的良家子弟，一战之后鲜血流满了陈陶水泽。晴空下的旷野现在已经没有战斗杀伐之声，四万正义之师在一日之内全部战死。胡兵战罢归来，箭镞上沾满了鲜血，如同用血洗过，他们唱胡歌在长安街市上饮酒作乐。长安百姓转头向灵武方向啼哭，日日夜夜更加盼望官军前来收复国都。

【赏析】

唐肃宗至德元年（756）冬，宰相房琯亲自率领唐军跟安史叛军在长安西北的陈陶作战。他采取兵车战术，本想等待时机出击，中人邢廷恩却催促战斗，结果安史叛军采用火攻的办法，致使一夜之间唐军四万人全军覆没，血染陈陶战场，景象惨烈。杜甫这时被困在长安，此诗即为这次战事而作。

开首四句写在这场惨败的战役中，十几个郡征来的良家子弟转眼间鲜血流满了陈陶水泽，战后的原野一片空旷，天地间一片肃穆。诗的第一句就郑重地记录了这场悲剧事件的时间、牺牲者的籍贯和身份，渲染了庄重严肃的气氛。"血作陈陶泽中水"一句则令人痛心，乃至目不忍睹。诗人所感受到的是战罢以后原野显得格外空旷，好像天地也在沉痛哀悼"四万义军同日死"这样一个悲惨的事件。

后四句写胡兵的嚣张骄横，他们妄想用血与火将一切都置于自己的铁蹄之下。长安人民向着北方，为四万义军悲伤哭泣，更加渴望官军前来讨平叛乱，收复长安。一"哭"一"望"，加上中间一个"更"字，充分体现了人民的情绪。陈陶之战虽然伤亡惨重，但杜甫着力表现的是一种悲壮之美,它能带给人们力量,鼓舞人民为讨平叛乱而继续斗争。

春 望

◎杜 甫

国破山河在①,城春草木深②。
感时花溅泪,恨别鸟惊心。
烽火连三月③,家书抵万金④。
白头搔更短⑤,浑欲不胜簪⑥。

【注释】

①在:依旧。②草木深:指草木丛生。③烽火:战火。连三月:三月不断,指整个春天。④抵:值,相当。⑤白头:白发。⑥浑:简直。不胜簪:插不上发簪。

【译文】

国家破碎,山河仍在,城空人稀,今春荒草深深。感伤国事,看着鲜花也会流泪;离恨深深,听鸟鸣也觉惊心。战争已持续了三个月,音讯难求,一封家书能抵万金。因忧搔头,白发日渐稀短,头发脱落得几乎不能插簪。

【赏析】

唐玄宗天宝十五载(756)七月,安史叛军攻陷了唐朝的都城长安,肃宗在灵武即位,改元至德。杜甫在投奔灵武途中,被叛军俘至长安。因为他官卑职微,所以未被囚禁。于次年(至德二载)三月写下此诗。

诗人目睹长安沦陷后的破败春景,身历乱世心念亲人,不免感慨万端。

诗的前四句写春望所见。起首一句"国破山河在"。写出了国破城荒的凄凉景象,带着物是人非的历史沧桑感,真可谓触目惊心。司马光说:"'国破山河在',明无余物矣;'城春草木深'。明无人迹矣。花鸟平时可娱之物,见之则泣,闻之则悲,则时可知矣。"(《温公续诗话》)"国破"与"城春""草木深"对照强烈,而看花溅泪,闻鸟惊心,更是眼中景与心中伤情浑然一体，令人伤心惨目。

后四句写战火连续不断，心念亲人境况。"家书抵万金"，写出了消息隔绝久盼音讯不至时的迫切心情，是千古传诵的名句。

杜甫心系天下，忧时伤世，全诗的感情沉痛之至，"此第一等好诗。想天宝、至德以至大历之乱，不忍读也"（方回《瀛奎律髓》）。

蜀　相

◎杜　甫

丞相祠堂何处寻①，锦官城外柏森森②。
映阶碧草自春色③，隔叶黄鹂空好音。
三顾频烦天下计④，两朝开济老臣心⑤。
出师未捷身先死，长使英雄泪满襟。

【注释】

①丞相祠堂：即诸葛武侯祠，在今四川成都，晋李雄初建。②锦官城：古代成都的别名。森森：树木茂盛繁密的样子。③自：空。④三顾：指刘备三顾茅庐。顾：拜访，探望。频烦：频繁叨扰。频：频繁；烦：烦扰。⑤两朝开济：指诸葛亮辅助刘备三分天下，建立了蜀国，后又辅佐刘禅。两朝：刘备、刘禅父子两朝。开：开创。济：扶助、救济。

【译文】

何处去寻找武侯诸葛亮的祠堂？在成都城外那柏树茂密的地方。碧草照映台阶呈现自然的春色，树上的黄鹂隔枝空对婉转鸣唱。定夺天下，先主曾三顾茅庐拜访；辅佐两朝，开国与继业忠诚满腔。可惜出师伐魏未捷而病亡军中，长使历代英雄对此涕泪满裳！

【赏析】

安史之乱期间，杜甫曾寓居秦州、同谷（今甘肃省成县）达四年。唐肃宗乾元二年（759）十二月，杜甫结束了颠沛流离的生活，来到成都，在朋友的资助下，定居在浣花溪畔。第二年的春天，他游览了武侯祠，感慨于运蹇时艰，遂写下这首称颂诸葛丞相的千古绝唱。

诗的前半首写武侯祠的景色。首联自问自答，指出了祠堂的所在，"柏森森"三字，渲染了一种静谧而肃穆的氛围。颔联"碧草自春色""黄鹂空好音"，暗含着碧草和黄鹂并不理解朝代的更替和人世的变迁之意，渲染了祠堂的荒凉，字里行间寄寓着感物思人的情怀。

后半首写丞相之事。颈联写他雄才大略，"天下计"可见其匡时济世之才具，"老臣心"见其鞠躬尽瘁忠心报国。末联作者笔锋一转，叹惜诸葛亮功业未成而身先死的悲剧结局，引得千载事业未竟、壮志未酬的英雄扼腕叹息。

全诗吊古深情，悲凉感慨，在所有咏诸葛亮的诗中可列为第一。

曲江二首（其一）

◎杜 甫

一片花飞减却春①，风飘万点正愁人②。
且看欲尽花经眼③，莫厌伤多酒入唇④。
江上小堂巢翡翠⑤，苑边高冢卧麒麟⑥。
细推物理须行乐⑦，何用浮名绊此身⑧？

【注释】

①减却春：减掉春色。②万点：形容落花之多。③且：暂且。经眼：从眼前经过。④伤：伤感，忧伤。⑤巢翡翠：翡翠鸟筑巢。⑥冢：坟墓。⑦推：推究。物理：事物的道理。⑧浮名：虚名。

【译文】

一片花瓣飞落就能使春色衰减了，何况是眼前风飘万点落花，正让人心生愁闷。且看飘零欲尽的春花从眼前飞过，不要推辞将过多的美酒吸入唇口。曲江上的楼堂有翡翠鸟筑巢栖身，芙蓉苑边高坟前的石麒麟倒卧在草丛间。细细推究事物盛衰变化的道理，应当及时行乐，何必用浮名来把自身羁绊住呢？

【赏析】

曲江,又名曲江池,在今陕西省西安市东南郊,原为汉武帝所造。唐玄宗开元年间大加整修,是著名的游赏胜地。

这是一首惜春伤怀诗,写诗人在曲江池上看花吃酒的故事。

这首诗作于乾元元年(758)暮春时节,当时杜甫刚刚担任左拾遗一职。左拾遗为八品谏官,是对君主的过失直言规劝以促使其改正的官吏。杜甫为了上疏救房琯,触怒了肃宗,招致了灾祸。在这首诗作成后两个月,诗人受到处罚,被贬为华州司功参军。

政治失意的诗人,在暮春时节来到曲江池看花吃酒,看到那万花飘零,诗人愁绪满怀。在曲江看花吃酒,也算是一大美事,只可惜诗人心中愁绪万端,于是产生了惊心动魄的艺术效果:他只用"风飘万点"四字,就概括了一切,再缀以"正愁人"三个字,立刻就达到了触景生情的效果。

诗人的目光随着那"风飘万点"而移动:江上,如今翡翠鸟在原来住人的小堂筑起了窝;苑边,原来雄踞高冢之前的石雕麒麟倒卧在地。这飘零之景不仅牵动起诗人的伤春情怀,更由伤春而伤己。他的愁绪实在无法排遣,只得高喊出:"抛却浮名,及时行乐",故作豪放语来安慰自己。

此诗情景交融,将情抒得慷慨淋漓,欲断人魂。

曲江二首(其二)

◎杜 甫

朝回日日典春衣①,每日江头尽醉归②。
酒债寻常行处有,人生七十古来稀。
穿花蛱蝶深深见③,点水蜻蜓款款飞④。
传语风光共流转⑤,暂时相赏莫相违⑥。

【注释】

① 朝回:退朝回来。典春衣:典当春衣换钱买酒。② 江头:曲江边。③ 蛱蝶:蝴蝶恋花,飞来飞去。深深见:忽隐忽现。"见"即

"现"。④款款飞：忽上忽下，从容自在地飞。⑤传语：请转告。共流转：一起游玩。⑥莫相违：希望春光不要抛人而去。

【译文】

散朝回来天天去典当春衣，换得的钱每天到江头痛饮至醉方归。到处都欠着酒债是寻常事，自古以来能活到七十岁的人很稀少。看那蝴蝶在花丛深处穿来穿去，不时点水的蜻蜓缓缓地飞着。传话给春光，让我与你一同流转，虽是暂时相赏，春光也莫要抛人而去啊。

【赏析】

《曲江二首》是联章诗，上下两首之间有内在的联系，这首诗就是承接上一首"何用浮名绊此身"而来。

诗人出仕不得其志，无以排遣心中的忧愁，只得借酒消愁。由于生活清苦，诗人只能典衣买酒，甚至赊酒。拿着酒壶，诗人走在明媚的春光里，把那春景赏玩。诗人狂放的酒态下，实藏着一颗悲愁的心。

时值暮春，以长安的天气而言，春衣才派上用场，何况，就算要典当衣服，也应该先典当冬衣。显然是冬衣已经典光，如今才要典当春衣，这是透过一层的写法。而且，这种典当并非偶一为之，而是日日如此，这是更透过一层的写法。而诗人这样做，并非是要解什么燃眉之急，不过是为了"每日江头尽醉归"。

为何会出现上述情况呢？诗人并没有马上解开这个疑惑，紧跟着又来了一句"酒债寻常行处有"，既然是"寻常行处"，说明他走到哪里，就在那里喝得酩酊大醉，只靠典春衣买酒，根本无法承担开销，以至于"寻常行处"均欠有"酒债"。至此，诗人终于给出了答案："人生七十古来稀。"言下之意就是，反正人活不了多久，既然郁郁不得志，就借酒消愁吧。

联系诗的全篇，回想杜甫的为人以及他毕生的追求，不难理解这些愤激之言的言外之意。

这首诗写得颇有神韵，景外有景，情中见情。写景选的是典型的景物，通过对景物点到即止的描写引发读者无限遐想。就抒情方面来说，则言外有意，看似豁达，实则是内心激愤的曲折表达。

潼关吏

◎杜 甫

士卒何草草①,筑城潼关道。
大城铁不如,小城万丈余。
借问潼关吏:"修关还备胡?"
要我下马行,为我指山隅:
"连云列战格,飞鸟不能逾。
胡来但自守②,岂复忧西都。
丈人视要处,窄狭容单车。
艰难奋长戟,万古用一夫。"
"哀哉桃林战③,百万化为鱼。
请嘱防关将,慎勿学哥舒!④"

【注释】

①草草:劳苦的样子。②胡:安史叛军。③桃林:桃林塞,指河南灵宝县以西至潼关一带的地方。④哥舒:指名将哥舒翰。

【译文】

士卒们多么的劳碌,在潼关要道修筑城墙。大城墙比铁还坚固,小城墙都有万丈多高。请问潼关的守吏:"修筑关卡仍旧防胡兵攻打吗?"潼关守吏邀我下马步行,为我指点山势,说:"山上排列的战栅和云相连,飞鸟也不能逾越。胡兵若来犯只要在此守住,哪里还须忧心京都。老人家您看这险要的地方,狭窄到仅容一辆单车通过。在那里挥动长戟都艰难,万古守关也就只用一人。""悲哀啊!三年前桃林塞那一战,百万官军惨死黄河。请叮嘱防守边关的将领,务必小心谨慎,别重蹈哥舒翰的覆辙。"

【赏析】

"借问潼关吏:'修关还备胡?'""修关"的目的,其实杜甫很清楚,这里是故意发问。"还"暗暗引出三年前潼关失守一事,设置悬念。接下来通过关吏之口对潼关的守备状况进行讲解,反映了守关将士昂扬的斗志。但诗人并没有因此发出赞叹,因为他牢记着"前车之覆",所以最后说道:"请嘱防关将,慎勿学哥舒。"

此诗通过对话的形式,生动地刻画了守卫潼关的将士,展现了将士们昂扬的斗志,显示了诗人对历史教训的痛心,抒发了其心中久久难以消磨的沉痛悲愤之感。

梦李白二首(其一)

◎杜 甫

死别已吞声①,生别常恻恻②。
江南瘴疠地③,逐客无消息④。
故人入我梦,明我长相忆⑤。
君今在罗网,何以有羽翼?
恐非平生魂,路远不可测⑥。
魂来枫林青,魂返关塞黑。
落月满屋梁,犹疑照颜色。
水深波浪阔,无使蛟龙得!

【注释】

①吞声:泣不成声。②恻恻(cè):悲伤。③瘴(zhàng)疠(lì):瘴气瘟疫。④逐客:被流放之人。⑤明:表明。⑥"恐非"二句:其时多有关于李白的不祥传闻,杜甫因而怀疑李白已死。平生:生前。

【译文】

死别虽令人哀痛,那绝望的痛苦终会消失,而生离的悲伤,则使人长久地挂念。你被流放的地方疾病肆虐,我的挚友啊,你至今没一点消息。你一定知道我在苦苦把你思念,终于来到梦中和我相见。你现在被拘禁身不由己,怎么还能够自由地飞翔?这难道真是你的精魂?道路遥远,一切难以猜测。你来时要飞越南方葱茏的枫树林,去时要漂渡险要的秦陇关塞。梦醒时月光洒满了我的屋梁,朦胧中仿佛看到你憔悴的容颜。水深波涌、浪大江宽,归去的魂魄呵,千万别碰上蛟龙,被那恶兽吞没!

【赏析】

　　乾元元年(758),李白因为永王李璘事流放夜郎(今贵州桐梓县)。当时杜甫远在北方,听闻李白被流放,忧思成梦,遂作《梦李白二首》,此其一。这首诗是写初次梦见李白时的种种感想,表现出对故人流逐夜郎吉凶生死的殷殷关切。

　　其中"故人入我梦,明我长相忆"两句,既体现了李白明了杜甫时常想念他,所以来入梦,又表明了杜甫对李白的担心。但这欣喜不过刹那,诗人立刻就意识到了不对:既然李白被流放到了南方的边缘之地,怎么能插翅飞出罗网,不远千里来到我身边呢?联想到世间关于李白下落的种种不祥传闻,诗人不禁暗暗思忖眼前之人到底是生魂还是死魂。梦幻的心理被刻画得细腻而逼真。全诗分梦前、梦中、梦后来叙写,结构严谨,浑然一体。

梦李白二首(其二)

◎杜　甫

浮云终日行,游子久不至①。
三夜频梦君,情亲见君意。
告归常局促,苦道来不易。
江湖多风波,舟楫恐失坠②。
出门搔白首,若负平生志。
冠盖满京华③,斯人独憔悴④!
孰云网恢恢⑤?将老身反累⑥!
千秋万岁名,寂寞身后事。

【注释】

　　①"浮云"两句:意谓浮云终日于空中飘走,而游子却久久不曾到来。游子:指李白。②恐失坠:恐怕船只翻覆。③冠盖:冠冕和车

盖，此指达官贵人。④斯人：这个人，指李白。⑤恢恢：《老子》中有"天网恢恢，疏而不漏"句。这里是说谁说天理公平？⑥反累：反而无辜受到牵累。

【译文】

天上的浮云整日里漂游不定，远游的故人却久去不归。连续几个夜晚我都在梦中见到你，可知你对我的深情厚谊。每次匆匆离去时，都说能来相见是多么的不易。江湖上风波险恶，我担心你的船只被掀翻沉没。出门时搔着满头白发，好像辜负了自己一生的志向。华车丽服的显贵遍布京城，却容不下才华盖世的你，使你这样潦倒憔悴！谁说天理公道无欺，你迟暮之年却无辜受牵累！即使有了流芳千秋的美名，也难补偿在世时受到的冷落不公。

【赏析】

这首诗承接上一首，写在初次梦见李白后，为他担心不已，此后数夜更是频繁梦见。

开头两句即写见浮云而念游子，浮云终日飘荡，游子久望不至。"三夜频梦君，情亲见君意"是两人情感幽通、肝胆相照的写照。与上篇的"故人入我梦，明我长相忆"相照应。

之后写梦中李白魂来魂返之状，亦真亦幻，体现了李白当时处境的艰险。诗人梦中醒来，感叹李白临近晚年无辜受牵累的遭遇，语中含有愤慨不平之气。

而末尾两句则是诗人劝慰李白的话，认为李白必将名垂千古，但身前却寂寞不幸，这既是对李白的至高评价与深切同情，也包含了诗人自身的感慨。

全诗人情鬼语，悱恻动人，二人形离神合、肝胆相照的至情令人感叹。这两首诗可谓至情至性之人写出的至诚至真之文。

天末怀李白

◎杜 甫

凉风起天末①，君子意如何。

鸿雁几时到②？江湖秋水多③。
文章憎命达④，魑魅喜人过⑤。
应共冤魂语⑥，投诗赠汨罗⑦。

【注释】

①天末：天边。②鸿雁：指书信。③秋水多：指路途艰难多险。④"文章"句：意谓文采出众的人总是命途多舛。⑤"魑魅"句：意谓鬼怪精灵则是喜人之过。实指李白受谗蒙冤流放之事。⑥冤魂：指屈原。⑦汨罗：汨罗江，屈原投水处，在今湖南湘阴。

【译文】

遥远的天边，刮起凉风，你的心情怎么样。鸿雁何时能到？江湖上，总有不平风波！文采斐然之人，往往薄命遭忌，鬼怪喜欢人有过错。你与屈原有共冤共语之处，应该写一首诗，将它投祭于汨罗江中！

【赏析】

至德二载（757），李白因永王李璘事受牵连，被流放夜郎，行至巫山遇赦还至湖南。

乾元二年（759），客居秦州（今甘肃天水）的杜甫不知李白遇赦之事，对他的处境日夜挂怀，遂赋诗怀念李白，设想他路经汨罗江时的情形，于是很自然地以屈原喻之。

诗的前四句写因凉风而想念故友，恰好望见秋雁南归，却不知何时能得到故友的音讯。又因李白此去正值江湖多浪之时，心中的怀念之情更加殷切。以"天末"起句，体现了诗人对风尘仆仆、流落天涯际遇的强烈感受。"君子意如何"，好像是不经意的寒暄，许多话不知从何说起，便用这不经意之语，表现出最关切的心情，这就是返璞归真的境界。

后四句是对李白不幸遭遇的叹惋——李白文章出众，却命途多舛；魑魅择人而食，故喜人过。高步瀛引邵长蘅评："一憎一喜，遂令文人无置身地。"而李白流放夜郎的遭遇，几乎与被谗放逐、自沉汨罗江的屈原冤魂相通。

杜甫对李白惺惺相惜，有好几首诗作都是写给李白的。而在此篇中，杜甫的一片拳拳怀思忧念之心千回百转，沉郁深邃。对此，仇兆鳌在《杜诗详注》中评价道："说到流离生死，千里关情，真堪声泪交下，此怀人之最惨怛者。"

月夜忆舍弟

◎杜 甫

戍鼓断人行①，边秋一雁声②。
露从今夜白，月是故乡明。
有弟皆分散，无家问死生。
寄书长不达③，况乃未休兵④。

【注释】

①戍鼓：戍楼上的更鼓。断人行：指更鼓响后人们便不能再随意行走。②边秋：边地之秋。③长：老是，一直。④况乃：何况是。

【译文】

戍楼响起更鼓，路上没有行人，秋天的边塞，传来一阵雁鸣。今天是白露佳节，月亮还是家乡的清明。有兄弟却因战争分散各地，有家若无，行踪不定，怎问死生。寄去的书信，常常无法送达，更何况现在还没停止用兵。

【赏析】

此诗作于乾元二年（759）秋，这时安史之乱尚未平息，杜甫身在秦州，而他的几个弟弟分散在正处于战乱之中的山东、河南一带，音信不通，只能望秋月而思念手足。

全诗层次井然，首尾照应。离乱未平，道路为之阻隔，弟兄分散生死不明，无家而寄书不达，"未休兵"故"断人行"，概括了安史之乱中人民饱经忧患丧乱的普遍遭遇，一句一转，句句连贯一气。

诗人信笔挥洒，若不经意，实则结构严密，环环相扣，句句不离忆字，闻戍鼓而忆，听雁声而相忆，见寒露而忆，望明月而相忆，国难家愁一齐从笔底流出，故显得凄楚哀感，沉郁顿挫。

"露从今夜白"，在写景的同时点明时令："月是故乡明"写的并非是客观实景,而是融入了诗人的主观感情,深刻地表现了他对故乡的感怀。王彦辅评价说:"子美善用故事及常语,多倒其句而用之,盖如此则语峻而体健。如'露从今夜白,月是故乡明'之类是也。"意思是,这两句不过是说今夜白露,故乡明月,然而只是将词序这么一倒置,寻常语立即变得出乎寻常了。

客　至

◎杜　甫

舍南舍北皆春水①,但见群鸥日日来。
花径不曾缘客扫②,蓬门今始为君开。
盘飧市远无兼味③,樽酒家贫只旧醅④。
肯与邻翁相对饮⑤,隔篱呼取尽余杯⑥。

【注释】

①舍:居舍。②缘客扫:因为有客要来而打扫。③盘飧(sūn):饭食。兼味:两种以上的味道。④醅(pēi):没有过滤过的米酒。⑤肯:能否。⑥余杯:余下来的酒。

【译文】

草堂的南北面,都漫涨春水,只见鸥鸟日日结队飞来。落花小径,没有因客人而打扫,今天特为您而打扫;茅草屋门,今天也特为您才打开。远离集市,没有什么好肴菜;家贫无物,也只有陈酒招待。能不能邀请邻居一同饮酒,隔着篱笆叫他,来喝尽这杯。

【赏析】

杜甫在成都时,初成草堂于浣花溪畔,深喜有客来访,写成这首洋溢着淳朴气息的诗。

首联写自己居住的环境并点明时令。"皆"字暗示春江水势涨溢,给人以江波浩渺之感。每日唯有群鸥前来相伴,化用了鸥鹭忘机的典故,为作者的生活增添了几分隐逸色彩,从中可想见诗人闲淡的情怀。只是,若每日只有群鸥相伴,却不见其他来访者,难免让人觉得有些寂寞和单调。

颔联即写有客前来造访，听到这个消息，诗人喜不自胜，马上洒扫花径，打开蓬门迎接来访之客。这一联采用宾客谈话的口吻，增强了生活感。

颈联写殷勤款待客人，因市远家贫，只是些寻常菜蔬，家酿陈酒，却是主人一片热情真挚之意，可以感受到主人的拳拳盛意，以及宾主之间真诚相待的情意。

尾联峰回路转，笑问客人：请隔壁的老翁同来喝几杯怎么样？既展现了宾主尽欢的场面，也反映了邻里间和睦融洽的关系。

诗好在自然浑成，一线相接，以家常话般的语言表达出一种闲适之情。

春夜喜雨

◎杜　甫

好雨知时节①，当春乃发生。
随风潜入夜，润物细无声②。
野径云俱黑③，江船火独明。
晓看红湿处④，花重锦官城⑤。

【注释】

①好雨：指春雨，及时的雨。②润物：滋润万物。③野径：田野间的小路。④红湿处：指被雨水润湿的花枝。⑤花重：花因沾着雨水，显得饱满沉重的样子。锦官城：故址在今成都市南，亦称锦城。三国蜀汉管理织锦之官驻此，改名。后人又用作成都的别称。

【译文】

好雨知道时节，正当春天万物生长时就降临。细雨随着春风在夜里悄悄飘下，滋润万物，没有一点声息。乡野间的小路上，密云黑茫茫，只有江中渔船的灯火独自明亮着。早晨起来看看，锦官城里浸润着春雨的花儿沉甸甸的。

【赏析】

春天是万物萌芽生长的时节，正需雨水的滋润，故有"春雨贵如油"之说。杜甫这首诗就是写一场春雨及时降临的情景，一个"喜"字贯穿全篇。

在诗人笔下，应时节而下的春雨被拟人化，它多么善解人意啊，当春而生，却又不至于雨骤风狂损害万物，而是默默随风入夜，绵绵润物无声。诗人在雨夜喜悦而望，见天地俱黑，江船一灯独明，在这样极度的反差中正见出春雨的绵长可喜。不禁想象明日清晨景象，整个锦官城一片花海，红湿欲滴，是多么的令人惊喜啊。

"好"字赞美春雨"知时节"，简直像人一样知情识趣，堪称及时雨。在苍茫的夜晚，春雨随风而至，悄无声息。诗人惊喜于这场春雨，彻夜难眠，也因此而能体察细致，敏锐地捕捉到了春雨无声的场景。"潜"字拟人化，描摹了春雨来时悄无声息的情态；"润"字准确而生动地刻画出了春雨滋润万物静默无声的特点。

全诗对春雨的描绘精细入微，极为传神，不仅贴切地摹画出春风化雨的形象，而且生动传达出春雨润泽万物的精神。

奉济驿重送严公四韵

◎杜 甫

远送从此别，青山空复情①。
几时杯重把。昨夜月同行。
列郡讴歌惜②，三朝出入荣③。
江村独归处，寂寞养残生。

【注释】

① 空复情：徒然有情。② 列郡：指剑南诸郡。讴歌：歌颂。惜：惜别。③ 三朝：指玄宗、肃宗、代宗三朝。出入荣：指严武连居显位。

【译文】

送严公到奉济，将在此告别，只留下青山，别情依依。何时才能重新把盏,昨夜我们还在月下畅谈。各郡都赞颂你,惋惜你的离任,连续三朝身居高位,实在不易。我独自回到浣花溪草堂,孤单寂寞,将伴我余生!

【赏析】

杜甫居成都期间,严武任剑南节度使,两人饮酒酬唱,过往密切。严武在生活上曾给杜甫以切实的帮助,杜甫也曾应邀入幕,交谊深厚。故在严武应召入京时,杜甫从成都相送到三百里外的绵州,又从绵州相送到三十里外的奉济驿,并写下这首诗。诗的开头点明"远送",唯留青山空复在此,转伤离情。自然想到"昨夜"月下饯别同行情景,更想到何时重逢。接着讴歌严武入相出将都有成就,受到人民的称赞。最后写送别后自己独自归去,颇为寂寞酸楚。诗歌的语言质朴含情,没有泛泛的应酬之语,一种依依惜别之情自在言外。

闻官军收河南河北

◎杜 甫

剑外忽传收蓟北①,初闻涕泪满衣裳。
却看妻子愁何在,漫卷诗书喜欲狂②。
白日放歌须纵酒③,青春作伴好还乡④。
即从巴峡穿巫峡,便下襄阳向洛阳。

【注释】

①剑外:剑门关外。此指蜀地。蓟北:指今河北北部地区,是安史叛军的根据地。②漫卷:胡乱卷起。③放歌:放声歌唱。④青春:指春光正好。

【译文】

剑南忽然传来收复蓟北的消息,刚听到时,我激动得眼泪沾湿衣裳。再看妻子和儿女,忧愁哪里还有,胡乱收起书卷,欢喜得快要发狂。晴朗之日高歌,须纵情畅饮,有明媚春光为伴,正好动身还乡。快从巴峡驶过,再穿过巫峡,更由襄阳直奔洛阳。

【赏析】

唐代宗广德元年（763），官军在洛阳攻破安史叛军，收复河南。史思明之子史朝义败走河北，继而兵败自杀，历时七年多的安史之乱至此结束。杜甫听闻这个消息后，欣喜若狂，一气挥洒写下这"生平第一首快诗"（浦起龙《读杜心解》）。

杜甫在乱离中奔走天涯，喜闻蓟北故乡光复，"忽传"写惊喜，"涕泪"写喜极而泣。后来转泣为喜，"却看"写喜气，"愁何在"即不再愁也，因还乡有日。"漫卷"，胡乱卷起诗书，写其忘形。放歌纵酒写出内心的喜悦欢欣，上承"喜欲狂"。"青春"为春光明媚鸟语花香的时节，与妻子儿女"作伴还乡"。其喜乐如之何。"即从""便下"写归乡之心的急切，已经为自己设想好返乡路线了。全诗一气直下，真情流露，使人千载如见其当时惊喜欲狂的神态。

别房太尉墓

◎杜　甫

他乡复行役①，驻马别孤坟。
近泪无干土②，低空有断云。
对棋陪谢傅③，把剑觅徐君④。
唯见林花落，莺啼送客闻。

【注释】

① 复行役：指再次因公事奔走于他乡。②"近泪"句：意谓眼泪把脚下的泥土都打湿了。③ 对棋：对弈。谢傅：指东晋谢安，官至太傅，他喜欢下围棋。此处喻房琯。④"把剑"句：春秋时吴国季札出使晋国时路过徐国，他知道徐君喜欢自己的宝剑，本打算返回时相赠，但回来时徐君已去世，于是他解下宝剑挂在徐君墓前的树上而离去。

【译文】

我一再奔走于异地他乡，此间停留阆州，悼别太尉孤坟。我心悲痛，泪水沾湿泥土，恍惚中，觉得低空飘飞断云。当年与你对弈，将你比为谢安,而今却像季札挂剑辞别徐君。你已不在,只见林花飘落,我要走了,听见黄莺送客情深。

【赏析】

房琯在唐玄宗幸蜀时拜相,肃宗时因指挥陈陶斜(今陕西咸阳东)之战失败而被贬。杜甫与房琯为布衣交,曾为之上书直言力谏,触怒肃宗,亦被贬。

代宗宝应二年(763),房琯又进为刑部尚书,可惜半路上突发疾病,最后卒于阆州(今四川阆中)。两年后,杜甫赴成都路过阆州,特至房琯墓前凭吊、告别,写下这首感伤的追悼诗。

此诗以"孤坟"奠定了感伤落寞的基调。前四句写诗人在故人坟前哀悼,泪水沾湿泥土,可见哀痛之深;低空断云孤飞,更显愁惨。诗人尽管公事在身,行色匆匆,却依然不忘下马暂驻,向亡友致哀。房琯生前曾为一国之相,如今却余下一座"孤坟",不难想见他晚年的坎坷际遇和身后的凄凉情形。后四句写临别流连,追叙了生前的交谊。

诗人见孤坟在外,林花摇落,倍觉凄凉,不忍离去,而"莺啼送客闻"写黄莺的哀啼,仿佛为之送行,更觉惆怅凄怆。

登 楼

◎杜 甫

花近高楼伤客心,万方多难此登临。
锦江春色来天地①,玉垒浮云变古今②。
北极朝廷终不改,西山寇盗莫相侵③。
可怜后主还祠庙④,日暮聊为梁甫吟⑤。

【注释】

①锦江:在今四川成都市南。②玉垒:山名,在今四川灌县西。③西山寇盗:指吐蕃。④"可怜"句:意谓后主刘禅庸碌,但依靠诸葛亮的辅佐,故至今还有祠庙。⑤梁甫吟:乐府篇名,相传诸葛亮南阳隐居时好为此歌。

【译文】

高楼外鲜花繁盛,看了反觉伤心,各地遭难,满怀愁思我登上这里。锦江两岸,春色铺天盖地;玉垒山浮云变幻,仿佛自古至今的人事盛衰。朝廷不可动摇,就如北极星一般稳固,西山的贼寇,不要再来侵犯。可叹后主刘禅还立有祠庙,天色已晚,我姑且学孔明作梁甫吟。

【赏析】

这首诗是杜甫在代宗广德二年(764)春写于成都。

首四句叙登楼所见的景色,高楼附近繁花似锦却伤客心,原因在于"万方多难":当时官军收复河南河北,平定安史之乱,却又逢吐蕃连番入侵,朝廷宦官专权,国家内外交困、危机四伏。登临高楼,远望山河之壮观:锦江挟着蓬勃春色汹涌而来,迷漫天地;玉垒山浮云缭绕,有如古今历史的变幻,形成一个宏阔雄浑、囊括宇宙的境界。

颈联议论天下大势:"北极"居于北天正中,象征大唐政权:"寇盗"即吐蕃,此联一喜大唐王朝政权不动摇,一忧吐蕃侵凌,义正词严,浩气凛然,足见诗人拳拳爱国之心。

尾联是从楼头望见后主祠堂,感叹后主昏庸之人犹奉祀。这是以刘禅比喻唐代宗李豫。刘禅宠信宦官黄皓最后亡国,而李豫重用宦官程元振、鱼朝恩,导致国事维艰、吐蕃入侵的局面,二者极其相似。然而不同的是,当今朝廷却没有诸葛亮那样的贤人,诗人只有吟诗以自遣。

全诗即景抒怀,写山川,谈人事,融自然景象、国家灾难、个人情思为一体,语壮境阔,寄慨遥深,体现了诗人沉郁顿挫的艺术风格。

宿 府

◎杜 甫

清秋幕府井梧寒①,独宿江城蜡炬残。
永夜角声悲自语②,中天月色好谁看?
风尘荏苒音书绝③,关塞萧条行路难。
已忍伶俜十年事④,强移栖息一枝安⑤。

【注释】

① 幕府：将军的府署。井梧：井边的梧桐树。② 永夜：长夜。角声：军中号角声。③ 风尘荏苒：指于漂泊中度过时光。荏苒：指时间推移。④ 伶俜（pīng）：孤单。⑤ 一枝安：指求得暂时的安定。

【译文】

深秋，幕府井边的梧桐疏寒，独自寄宿江城，蜡烛快要燃尽了。号角响了一夜，像是人在悲伤地自言自语，月色虽好，谁有心情赏看？四处漂泊，光阴流逝音信已断；边塞萧条，行路十分艰难。已忍受战乱漂泊了十年，如今勉强栖息于此，暂且偷安。

【赏析】

唐代宗广德二年（764），严武为剑南西川节度使镇蜀，杜甫在成都草堂因生活窘迫，入其幕府为检校工部员外郎。他不习惯幕府"当面输心背面笑"的习气，觉得难以忍受，却又因生活所迫而无可奈何，心情极为苦闷。当他孤独一人在幕府值夜班时，感慨万千，遂写下这首诗。

诗的前四句主要是写景。首联采用了倒装的手法，按顺序，第二句应在第一句之前。未写"独宿"而先写"独宿"的氛围、感受和心情，意在笔先，起势峻耸。"独宿"二字乃全诗之眼，夜不能寐的苦衷已然见于言外。

深夜独宿，所见之景皆为寒冷的井梧、烧残的蜡烛、凄冷的月色，所听为悲凉的号角声，再加上一个"悲"字和月色虽好谁看之语，诗人心中的忧郁、愁苦、孤独、凄凉都尽在不言中了。

"永夜角声"即意味着战乱未息，惹起诗人许多感慨，其中心便是"风尘荏苒音书绝"。后四句写战乱未息，处世艰难，思家之情有增无减，"宿府"时的心情非常复杂，只能用"伶俜十年事"加以概括，给读者留下了想象的空间。在穷愁无聊之际，诗人只好自己安慰自己得过且过。

全诗用语朴素，表达了作者悲凉深沉的情感。

旅夜书怀

◎杜 甫

细草微风岸,危樯独夜舟①。
星垂平野阔,月涌大江流。
名岂文章著,官应老病休②。
飘飘何所似,天地一沙鸥。

【注释】

①危樯(qiáng):高耸的船桅。独夜舟:夜晚独自行舟。②老病休:因年老多病而离职。

【译文】

微风吹拂,细草轻摆,樯杆高高,夜里独自行舟。星光下,旷野更显宽阔,月影涌动,才见大江奔流。名望难道要靠文才著称?年老了也应该因多病而休官。飘荡江湖,我像什么?活似天地间一只孤苦沙鸥。

【赏析】

唐代宗永泰元年(765)正月,杜甫辞去华州司功参军的职务。四月,他在成都赖以存身的好友严武死去,一下子陷入了凄孤无依的境况之中。五月,杜甫带着家人离开成都草堂,乘舟东下。当舟行经渝州(今重庆)、忠州(今重庆忠县)一带时,写下这首诗,诗人时年五十四岁。

诗的前半写"旅夜"的情景。以辽阔的平野、浩荡的大江、灿烂的星月来反衬诗人暮年漂泊的凄苦景况,是寓情于景的写法。"星垂平野阔,月涌大江流"一句,炼字精准无匹,展现出开阔雄浑的境界,历来为人称道。

诗的后半是"书怀"。抒发自己本来志在社稷,没想到却是因文章而扬名,而宦途却因老病而被排挤。着一"岂"一"应"字,流露了诗人奔波不遇之情,而诗人心中的孤愤也于此可见。漂泊一生,与天地之间的一只沙鸥相类。

明人王嗣奭在《杜臆》中说:"乾坤间独见此老俯仰一身。"通篇神完气足,气象万千,在天地山川苍茫的背景下展现出诗人的漂泊无依和孤愤索寞之情,令人感慨不已。

八阵图

◎杜 甫

功盖三分国,名成八阵图。
江流石不转①。遗恨失吞吴。

【注释】

① 石不转:指水涨时八阵图之石岿然不动。

【译文】

三分天下,孔明功劳最大,他创制的八阵图,更是名扬千古。任江水冲刷,石头仍岿然不动,千古遗恨在于没有阻止先帝贸然征讨东吴。

【赏析】

相传八阵图,是诸葛亮创制的由天、地、风、云、龙、虎、鸟、蛇八种阵势所组成的军事操练和作战的阵图,用乱石堆成,变化多端,是古代不可多得的作战阵法。这首诗中的八阵图故址在夔州(今重庆奉节县南)。湍急江流中的"八阵图"遗迹,是沧桑历史的见证。

第一句总写,追怀诸葛亮辅佐刘备建立蜀国而三分天下有其一,功业盖世;第二句从具体的方面来写,说诸葛亮所排列的八阵图让他名垂千载,对仗精巧工整、自然妥帖。

在结构上,前句开门见山,后句点出诗题,又为下面凭吊遗迹做了铺垫。三四句说诸葛亮没能制止刘备举兵伐吴,致使兵败夷陵,铸成无可挽回的大错,留下了千古遗恨。

杜甫推崇诸葛亮,在怀古歌颂中,隐然有对时世风云和自身偃蹇身世的思索与感慨。

白　帝

◎杜　甫

白帝城中云出门，白帝城下雨翻盆。
高江急峡雷霆斗，古木苍藤日月昏。
戎马不如归马逸，千家今有百家存。
哀哀寡妇诛求尽，恸哭秋原何处村？

【译文】

团团乌云涌出白帝城门，白帝城下立刻暴雨倾盆。高涨的江水和陡峭的峡口似雷霆般相斗，古木苍藤遮蔽群山，天昏地暗。出征的马不如归田的马走得轻逸，战火后的城邑千家只有百家尚存。家中余下的寡妇被横征暴敛得一贫如洗，那哀哀的哭声来自秋原何处的荒村？

【赏析】

这首拗体律诗，作于唐代宗大历元年（766）秋。其时杜甫寓居夔州，白帝城暴雨倾盆的景色让杜甫不由地联想到战乱后农村凋敝的景象。

前四句写白帝城大雷雨的情景。首联即用民歌的复沓句法来摹绘云雨翻腾的奇景：云气刚从城门中腾涌而出，城下就暴雨倾盆了。上句写登上白帝城楼，只觉云气从城门中翻涌而出，极言山城之高峻；下句写"城下"大雨倾盆，整座城仿佛立于云雨的上头，又一次凸显了城之高。"雷霆斗"三字，可谓声态并作，传达出雨势的急骤；"日月昏"三字，则见出云之浓、雨之大、木之古、藤之苍。这两句将雨景写得苍茫雄浑，又隐晦点出当时社会处于天昏地暗之中，自然与社会并写，总上启下。

后四句写当地村庄凋敝的景象，"戎马"句点出"千村今有百家存"，说明战争后十室九空，田园荒芜，马不用拉车耕地，故"逸"。眼前这种荒芜之景已经让人触目惊心，而夫死子亡的寡妇还被官府横征暴敛、搜刮尽净，或许她的亲人正是死于战乱，然而官府连这样的孤弱女子也不肯放过，一意搜刮殆尽，对于其他人，更是可想而知，所以秋原上飘荡着阵阵恸哭声。秋季是收获的季节，人们本该满怀喜悦，可是却只有哭声萦绕在诗人耳边，百姓的处境之艰难，不难想见。"何处村"是说辨不清到底是哪个村庄有人在哭，其实就是说没有哪个地方没有哭声，营造了一种苍凉的悲剧气氛。如此时世，非但寡妇哀哀，诗人亦哀叹无尽。这首诗以典型的悲剧形象，有力地控诉和鞭挞了黑暗的现实。

野 望

◎杜 甫

西山白雪三城戍①，南浦清江万里桥②。
海内风尘诸弟隔③，天涯涕泪一身遥。
唯将迟暮供多病④，未有涓埃答圣朝⑤。
跨马出郊时极目⑥，不堪人事日萧条。

【注释】

①西山：在成都西，主峰终年积雪。三城：指松、维、保三州。②清江：指锦江。万里桥：在成都城南。③风尘：比喻战乱。④迟暮：指年老。⑤涓埃：细流与微尘，比喻微小。⑥极目：极目远望。

【译文】

西山白雪皑皑，护卫着三城；南郊的万里桥，跨过锦江。国家战乱不断，几个兄弟四分五散；天涯相隔，我涕泪纵横，叹一身飘摇。只能把我的剩余时日，交给病躯，至今还没有点滴功德，回报圣朝。骑马到郊外，不时极目远眺，不能忍受，世事日渐萧条。

【赏析】

这首诗作于肃宗上元二年（761）杜甫流寓成都时。其时诗人已经五十岁，孤身流落天涯，与家中亲人难通音信，而中原的战乱尚未平息，更有吐蕃侵扰边地，故他郊游野外，有感于国家的内忧外患，又自伤年迈多病、无能为力。

全诗由"望"字着笔，首联写从高低两处望见的景色，吐蕃在川西狷獵,西山三城列兵戍守;中间两联是远望触发的家国之忧、身世之感;尾联点明极目野望,不堪人事萧条。

此诗在艺术结构上控纵自如,前六句写远望时,由向外观察自然景观引而向内审视家国忧患和自己的身世,思想感情变化无绪,或为"迟暮""多病"发愁,或为未"答圣朝"抱愧,多重心事萦绕心头。尾联才指出触目感伤之缘由。

咏怀古迹五首(其一)

◎杜 甫

支离东北风尘际①,漂泊西南天地间。
三峡楼台淹日月②,五溪衣服共云山③。
羯胡事主终无赖④,词客哀时且未还⑤。
庾信平生最萧瑟⑥,暮年诗赋动江关。

【注释】

①支离:流离。东北:从蜀地讲,关中是东北。风尘际:战尘四起的年代。②淹:滞留。日月:岁月。③五溪衣服:泛指夔州地区少数民族的服装。共云山:是说自己与当地夷人一同居住。④羯胡:指安禄山。⑤词客:南北朝时羁滞于北国而不得南归的诗人庾信,作者用来比喻自己。⑥萧瑟:庾信平生常作凄凉悲楚的诗,故云。

【译文】

战乱时,我在关中一带颠沛流离,辗转入蜀,又漂泊东西、居无定所。我在三峡待了不少时日,又在湘贵交界与五溪夷人在一起。羯胡人事主,终究不可信赖,我忧乱伤时,仍然流落在外。庾信的一生,最是凄凉悲惨,他晚年的诗赋震动江关。

【赏析】

《咏怀古迹五首》是杜甫从夔州出三峡,到江陵、归州一带,沿途游览古迹而自咏怀抱之作。五首各咏一古迹,这首是路经庾信故宅时咏怀之作。杜甫对庾信的诗赋推崇备至,一是出于艺术上的欣赏,他说

"清新庾开府""庾信文章老更成";二是因为身世相近,皆因国难而飘零异乡。

首联写安史之乱起,漂泊入蜀居无定处。颔联写流落三峡、五溪,与夷人共处。颈联写安禄山狡猾反复,自己漂泊异地,欲归不得。末联写庾信晚年《哀江南赋》极为凄凉悲壮,暗寓自己的乡国之思。全诗写景写情,深切真挚,议论精当,沉郁苍劲又不失高华典雅。

咏怀古迹五首(其二)

◎杜 甫

摇落深知宋玉悲①,风流儒雅亦吾师。
怅望千秋一洒泪,萧条异代不同时。
江山故宅空文藻②,云雨荒台岂梦思③?
最是楚宫俱泯灭,舟人指点到今疑。

【注释】

①"摇落"句:宋玉《九辩》有:"悲哉秋之为气也,萧瑟兮草木摇落而变衰。"②空文藻:空留下来文采。③"云雨"句:宋玉曾作《高唐赋》,述楚王游高唐时曾于梦中见一妇人,自称是巫山之女,楚王因而幸之。神女离去时说:"妾在巫山之阳,高丘之岨,旦为行云,暮为行雨,朝朝暮暮,阳台之下。"

【译文】

看到草木摇落,我深深地体会到宋玉悲秋的原因,他的风流儒雅可以做我的老师。面对千秋往事惆怅不已,泪眼朦胧,虽然生在不同的朝代,但萧条感相同。江山故居空留下文采,云雨荒台难道是梦想?最可叹楚王宫殿已经不存在,可船夫至今还在指点猜疑。

【赏析】

这首诗是杜甫在归州(今湖北秭归)宋玉故宅追怀宋玉而作。
在杜甫看来,宋玉既是词人,也是有志之士。但他生前身后都只被视作词人,政治上郁郁不得志,还一直遭到误会和曲解。

诗的前半感慨宋玉生前"风流儒雅"但怀才不遇,而自己与之身世相类,不同时而同悲。后半写其人已没却有故居和文章永垂不朽,供人凭吊和传诵,是为可慰,而楚王行宫早已荡然无存,以至过往舟人指指点点,猜测不休。然而,尽管还保存了宋玉故宅,但人们只懂得欣赏他的文采辞藻,却根本不了解他的志向抱负,这既不符合宋玉的本心,也无补于后世,一个"空"字抒发了无限的怅惘之意。

诗人怀宋玉亦是自伤身世,诗中先后写了草木摇落、景物萧条、江山云雨、故宅荒台、舟人指点的情景,笔势回旋往复,把历史陈迹和诗人的哀伤交融在一起,寄慨遥深。全诗铸词融典,精警切实。

咏怀古迹五首(其三)

◎杜 甫

群山万壑赴荆门①,生长明妃尚有村②。
一去紫台连朔漠③,独留青冢向黄昏④。
画图省识春风面⑤,环佩空归月夜魂⑥。
千载琵琶作胡语,分明怨恨曲中论。

【注释】

①荆门:荆门山,在湖北宜都西北。②明妃:即王昭君。昭君村在归州东北。尚有村:尚有她生长的村庄。③紫台:指皇宫。朔漠:指匈奴所居之地。④青冢:即昭君墓。传说每到深秋时节,北方草木皆枯,唯独昭君墓上小草青青依旧。⑤"画图"句:意谓汉元帝对着图画岂能得知昭君美丽的容颜。画图:指画工毛延寿因昭君不肯行贿于他而故意丑化她的事。省(xǐng)识:认识。⑥环佩:指代昭君。月夜魂:指昭君生不得归汉,只有死后的灵魂从月夜归来。

【译文】

山峦连绵,似要奔赴荆门,那里还有生养昭君的山村。离别汉宫,远嫁北方大漠,如今只有青青坟冢对着黄昏。只凭图画怎能辨识昭君美貌?环佩叮当,只能趁月夜时魂魄归来。千百年来,琵琶仍奏着《昭君怨》,曲子倾诉的分明是愤恨幽怨。

【赏析】

　　杜甫经过昭君村想到昭君出塞,有感而写下这首咏古诗。

　　首联中"群山万壑赴荆门"破空而来,气势奔流,说明荆门山水钟灵毓秀,故能生养出明妃。"赴"字突出了三峡山势的雄奇生动。有人认为,如此气象雄伟的起句,应当用在英雄身上才合适,但也有人说,杜甫正是为了凸显昭君这位绝代佳人,要把她写得"惊天动地",故而借高山大川的宏大气魄来烘托她。

　　颔联述昭君的遭遇,她生归异域,死后独留青冢。作者虽没直接发议论,但紫台、朔漠、青冢、黄昏,写尽明妃一生的幽怨。清人朱瀚《杜诗解意》说:"'连'字写出塞之景,'向'字写思汉之心,笔下有神。"

　　后四句伤悼昭君生前未经识面,死后魂魄徒然来归,同时指斥君王的昏聩和软弱,主题落在"怨恨"二字。结句归于琵琶传意,虽千载而下,其中的怨恨分明,让人觉得荡气回肠,唏嘘不已。沈德潜评价道:"咏昭君诗,此为绝唱。"

咏怀古迹五首(其四)

◎杜　甫

蜀主窥吴幸三峡①,崩年亦在永安宫②。
翠华想象空山里③,玉殿虚无野寺中。
古庙杉松巢水鹤,岁时伏腊走村翁④。
武侯祠屋常邻近⑤,一体君臣祭祀同。

【注释】

　　①蜀主:指刘备。②崩:皇帝死曰崩。永安宫:即白帝城。③翠华:皇帝仪仗中用翠鸟羽毛作装饰的旗帜。④伏腊:伏天腊月。此指每逢节气常有村民前往祭奠。⑤武侯:诸葛亮曾封武乡侯。

【译文】

　　刘备为夺取东吴,曾到三峡鏖兵,他驾崩时,就在白帝城永安宫。

遥想当年，翠羽旗帜飘扬山间，如今，宫殿已荒芜在野寺中。古庙的杉松上，有水鹤筑巢，赶上伏天腊月，还有来这祭祀的村翁。武侯祠距此非常近，君臣如同一体，死后祭祀也相同。

【赏析】

这首诗是咏蜀先主庙之作，推崇刘备与诸葛亮的君臣关系。杜甫生逢乱世，身世飘零，对因历史沧桑而残败的古迹难免会感慨万端。

刘备当年死于白帝城的永安行宫，而今只能在空山里想象当年的仪仗，玉殿虚无缥缈、古庙松杉栖鹤，一片苍凉荒芜，自是让人感慨无限；但刘备和诸葛亮君臣一体的关系，深为后人所推崇，连村野老翁也对他们祭祀，可见其遗迹之流泽。整首诗看似咏刘备，直到尾联才道出自己对君臣之间如鱼得水的默契关系的崇敬之情，抑扬反复，虚实相生，寓有杜甫对自身遭际的感慨。

咏怀古迹五首（其五）

◎ 杜 甫

诸葛大名垂宇宙，宗臣遗像肃清高①。
三分割据纡筹策②，万古云霄一羽毛③。
伯仲之间见伊吕④，指挥若定失萧曹⑤。
运移汉祚终难复⑥，志决身歼军务劳⑦。

【注释】

① 宗臣：世所崇仰的重臣。肃清高：因其人品纯洁高尚而肃然起敬。② 纡（yū）：指曲折周密地安排部署。③ 羽毛：指鸾凤。④ 伊吕：指商代伊尹和周代吕尚，二人都是辅佐贤主开国的名相。⑤ 失萧曹：使高祖刘邦的谋臣萧何、曹参也为之逊色。⑥ 运移汉祚（zuò）：意谓气运要倾覆汉朝。祚，帝位。⑦ 身歼：身死。

【译文】

诸葛亮的英名万世流芳，瞻仰雕像，对他肃然起敬。三分天下割据一方，由他筹划，千百年来世人的文治武功，也不过是云霄中的一片鸿毛。辅佐刘备,与伊尹吕尚难分伯仲;指挥从容,萧何曹参也为之逊色。天命如此,东汉的帝业难于复兴,其志虽坚,却死于军务积劳。

【赏析】

　　杜甫一生不甘于以文士自居,怀着"致君尧舜上,再使风俗淳"的大志,立志要辅佐君王、报国济世,却仕途偃蹇,始终不得一展才干。而诸葛亮先辅助刘备开创帝业,又辅助刘禅鞠躬尽瘁死而后已,杜甫自然对他仰慕非常,希望同时代也能有这样一位伟大的人物来匡扶社稷,于是在夔州(今重庆奉节)进谒武侯祠而追怀诸葛亮时,怀着崇敬和惋惜之情写下了这首诗。

　　全诗以议论为主,称颂诸葛亮的英才秀出,惋惜其志不成。先总说诸葛亮美名流传在天地间,带出卧龙遗像。

　　上下四方为"宇",古往今来为"宙","垂宇宙",对于诸葛亮"名满寰宇,万世不朽"的功业,首句即给了读者具体形象之感,如异峰凸起,笔力雄放。次句中,"宗臣"二字,总领全诗。

　　诸葛亮辅佐刘备三分天下居其一,建立了盖世功业,与伊尹、吕尚、萧何、曹参等历代名相相比,毫不逊色。"纡"字突出了诸葛亮屈居一隅,纵有经世怀抱也只能施展一部分;而三分天下的功业,也只不过是"鸾凤一羽"罢了。

　　诗人盛赞诸葛亮的人品与伊尹、吕尚不相上下,他从容镇定的指挥才能连萧何、曹参也为之黯然失色,对武侯可谓推崇备至.同时也表现了作者不以成败论英雄的高人之见。

　　最后,诗人叹息汉室气数已尽,诸葛亮终究未能如愿以偿恢复汉室大业,但其鞠躬尽瘁、死而后己的忠贞品德辉映着千秋万世。

　　诗议而不空,句句含情,层层深入,一唱三叹,意味悠长。

阁　夜

◎杜　甫

岁暮阴阳催短景①,天涯霜雪霁寒宵②。
五更鼓角声悲壮,三峡星河影动摇③。

野哭千家闻战伐④,夷歌数处起渔樵⑤。
卧龙跃马终黄土⑥,人事音书漫寂寥⑦。

【注释】

①阴阳:指日月。短景:指冬季日短。景,通"影",日光。②霁(jì):雪停。③星河:银河,这里泛指天上的群星。④野哭:战乱的消息传来,千家万户的哭声响彻四野。战伐:指崔旰之乱。⑤夷歌:指四川境内的少数民族歌谣。⑥卧龙:指诸葛亮。跃马:指公孙述。公孙述,字子阳,扶风人。西汉末年,天下大乱,他凭蜀地险要,自立为天子,号"白帝"。这里用晋代左思《蜀都赋》中"公孙跃马而称帝"之意。诸葛亮和公孙述在夔州都有祠庙,故诗中提到。这句是贤人和愚人终成黄土之意。⑦人事:指交友。音书:指亲朋间的慰藉。漫:徒然、白白地。

【译文】

年终岁末,又是昼短夜长时候,流落天涯,寒冷的夜里霜雪初停。五更天鼓角阵阵,声音悲壮;三峡倒映银河,星辰随水摇动。野外的哭声传来战争的讯息,渔民樵夫唱起夷族歌谣。诸葛亮神算,公孙述勇健,终成黄土;人事变迁,音信断绝,我该任随寂寞无聊。

【赏析】

这首诗是大历元年(766)冬杜甫寓居夔州西阁夜晚有感而作。全诗写冬夜景色而渗入感慨,有伤乱思乡之意。前四句写凄凉寒碜的夜景,一"催"字,形象地说明夜长昼短,使人有光阴逼人老之感。三四句有声有色地表现出三峡夜深美景:夜里耳听得那悲壮的更鼓和号角之声,眼见得三峡江水倒映出的繁星摇曳不定,伟丽中蕴含着悲壮深沉的情怀。后四句言情,当时川西军阀连年混战不息,吐蕃也不断侵扰蜀地,故一闻战伐之事,恸哭声传彻四野,渔樵"夷歌"的承平之声反衬出战伐野哭之悲。结尾感慨无论贤愚,终归黄土,则目前人事音书,付之寂寥而已。看似自遣,实际上"意中言外,怆然有无穷之思"。全诗气象雄阔,大有上天下地俯仰古今之概,向来被誉为杜律中的典范作品。

登 高

◎杜 甫

风急天高猿啸哀,渚清沙白鸟飞回①。
无边落木萧萧下,不尽长江滚滚来。
万里悲秋常做客,百年多病独登台②。
艰难苦恨繁霜鬓③,潦倒新停浊酒杯④。

【注释】

①渚:水中的小洲。回:回旋。②百年:一生。③繁霜鬓:两鬓的白发一天天增多。④"潦倒"句:这时杜甫正因为生了肺病必须戒酒。

【译文】

青天高阔,秋风萧萧,猿猴悲啼,小洲清朗,沙岸白净,鸟儿飞回。落叶萧萧而下,无边无垠;长江滚滚奔来,无垠无边。万里秋景肃杀,悲叹我异乡漂泊;生来多病,今日独自登上高台。世事艰难,我已霜染两鬓;失意潦倒,最近不再饮酒。

【赏析】

大历二年(767),杜甫时年五十六岁,他一生潦倒失意,此时漂泊寓居在夔州,正患着肺病,在重阳节登高,满目凄凉,感怀写下这首诗。

全诗通过登高所见秋江景色,倾诉了诗人长年漂泊老病孤愁的复杂感情,大气盘旋而又悲凉沉郁。

前半首写登高所闻所见之景,以"风急"带动全篇,于一仰一俯、一近一远中勾勒出一幅夔州萧瑟秋江图;"无边落木萧萧下,不尽长江滚滚来"一联,写眼前实景,气势宏大。而落叶萧萧,是生命之飘零;长江滚滚,是流年之易逝,二者道出了人生苦短。

后半首写登高所感所思之情。所感者,自己穷困潦倒,久客则艰苦备尝,而病多则潦倒日甚,所以白发日增,新近连浇愁的浊酒杯都停了，愁更无所遣了。

全诗四联对仗，句句押韵，而且每句句意容量很大，真是"一篇之内，句句皆奇"。明代胡应麟《诗薮》说此诗"通章章法、句法、字法，前无昔人，后无来学"，推崇"为古今七言律第一"。

至德二载，甫自京金光门出，问道归凤翔。乾元初从左拾遗移华州掾。与亲故别，因出此门，有悲往事

◎杜　甫

此道昔归顺①，西郊胡正繁②。
至今残破胆③，应有未招魂④。
近得归京邑，移官岂至尊？
无才日衰老，驻马望千门。

【注释】

①此道：这条道路。归顺：指至德二载投奔凤翔的唐肃宗。②胡正繁：指叛军的部队正在横行肆虐。繁，多。③破胆：惊骇。④未招魂：因惊恐而未招回的魂魄。

【译文】

当年由这条路投奔凤翔，当时长安西郊，叛军正又多又乱。至今想起，仍让人胆战，仿佛觉得还有离魂未招回。当年官拜左拾遗，我随同回京城，如今迁官华州，岂是皇上本心？我没有什么才能，又日渐衰老，只能驻马回望重重宫阙。

【赏析】

肃宗至德二载（757），杜甫从沦陷的长安城逃走，自金光门出，一路历经艰辛，终于到达凤翔拜见肃宗，肃宗命他为左拾遗。当时的宰相房琯自请带兵讨贼恢复两京，不幸兵败被罢相。杜甫忠于职守，上疏直言进谏，结果触怒肃宗，于次年，即乾元元年（758），被贬到华州任司功参军，此次再出金光门，诗人不由感慨万端。诗中追忆了当年冒险逃

出叛军魔掌投奔肃宗的情景。"胡正繁"有两层含义：一是说叛军势大，朝廷岌岌可危；二是说当时西门外敌人多而且往来频繁，逃出极为困难，表现了诗人的无限忠诚。见到肃宗后诗人出任左拾遗，本以为从此可以效忠国家，却因正直敢言而被贬责。

原本是皇帝寡恩而疏远忠直之士，作者却写道："移官岂至尊？"不敢归怨于君，而以"无才日衰老"自责，其实哪里是真的无怨呢，只是用了"怨而不怒"的委婉讽刺笔法。

篇末的"驻马望千门"抒发了自己的留恋之情。诗人临行前伫马四望，可见其当时有志于为国尽忠却报国无门的复杂心情。

武侯庙

◎杜　甫

遗庙丹青落，空山草木长。
犹闻辞后主①，不复卧南阳②。

【注释】

① 辞后主：建兴五年（227），诸葛亮率师北伐，行前作《出师表》向后主辞行。② 南阳：郡名，治所在宛县（今河南省南阳市）。诸葛亮出山前，曾隐居于南阳垅亩。建兴十二年（234），与曹魏大将司马懿相拒渭南，最终病死于五丈原军中。

【译文】

古庙里的丹青彩绘已经剥落，寂静的山间唯有草木莽莽。好像还能听到他辞别后主的誓言，可惜尽瘁于军中不能再归卧南阳。

【赏析】

杜甫晚年漂泊在夔州，见到破败荒凉的武侯祠，感慨万千写下这首诗。

"遗"和"落"，描绘了古庙壁画剥落的情景。一个"空"字，说明人迹稀少；一个"长"字，说明草木生长茂盛，可见少有人前来祭拜。当初诸葛亮为了蜀汉的复兴大业呕心沥血，鞠躬尽瘁，他的遗庙却是如此空寂荒凉。

面对此情此景，诗人思绪飞跃千古，想到诸葛亮当年立志北伐中原，上《出师表》辞别后主刘禅时的慷慨陈词。又以"不复"二字虚笔传神，既感叹诸葛武侯为了报答先主刘备三顾茅庐之情，不因后主暗弱而归卧，而是"鞠躬尽瘁，死而后已"的忠贞，又叹息他"出师未捷身先死"，未能功成身退归隐南阳。

诗人巧妙地将情景交融在一起，虚实相生，道尽武侯无限风采。

江 汉

◎杜 甫

江汉思归客，乾坤一腐儒。
片云天共远，永夜月同孤。
落日心犹壮，秋风病欲苏。
古来存老马，不必取长途。

【译文】

我这个漂泊江汉、思归故乡的游子，"就是"天地间的一个迂腐的老儒。像一片浮云漂泊在天外，漫漫长夜中同明月一样孤独。如落日一般已经老迈，但壮心犹在；秋风吹拂，我从疾病中复苏过来。古来存养老马是因为其智可用，而不必取其体力能跋涉长途。

【赏析】

大历三年（768）秋，杜甫滞留在长江、汉水之间的湖北公安，故诗题为《江汉》。其时诗人已五十六岁，年老多病，又漂泊无定，但他却并不悲观，写下这首年老不衰、壮怀犹在的诗。

首句即点明流落江汉的窘境，北归无望，徒然思归。"乾坤一腐儒"可说是诗人对自己最为贴切的概括：乾坤何其大，一腐儒何其小！"腐儒"两字包含了自嘲和自负之意，汉高祖刘邦说过天下安用腐儒，以为腐儒空廓无所用，杜甫一生漂泊流徙，沉沦下僚，故以此自概，充满了自嘲和无奈。但他虽然身在草野，却心忧社稷百姓，朗朗乾坤之内，这样的腐儒能有几人呢？自己身在异乡，与天边的浮云共远，与永夜的明月同孤,将自身的情感和身外的景物融为一片。

然而诗人并没有由此感伤下去,而是用雄豪的语气表现出自己身虽老病而壮心不已的情怀,有着很强的感染力,历来为人所称道。

登岳阳楼

◎杜 甫

昔闻洞庭水,今上岳阳楼。
吴楚东南坼①,乾坤日夜浮。
亲朋无一字②,老病有孤舟。
戎马关山北③,凭轩涕泗流④。

【注释】

①坼(chè):分裂,这里引申为划分。②无一字:音讯全无。字,这里指书信。③戎(róng)马关山北:北方边关战事又起。指当时吐蕃侵扰宁夏、陕西一带,朝廷震动,匆忙调兵抗敌。戎马,指战事。关山北,指北方边境。④凭轩:倚着窗户。涕泗:鼻涕眼泪,这里是偏义复指,即眼泪。

【译文】

很早就听过洞庭湖,今天终于登上岳阳楼。湖水将吴楚两地分开,天地似也在湖中日夜漂浮。战乱未息,亲朋好友没有音信,我年老体弱,只有这一叶孤舟。关山以北仍有战争,凭栏远望,禁不住涕泪横流。

【赏析】

代宗大历三年(768)之后,杜甫出峡漂泊两湖,是时吐蕃侵掠陇右、关中一带。此诗是登岳阳楼看闻名已久的洞庭水,触景感怀而作。

开头写过去早听闻过洞庭水,暮年得以登楼目睹名湖,表面上看是表达了初登岳阳楼的喜悦,其实是抒发早年抱负至今未能实现的遗憾,在这平平的叙述中,寄寓着许多感触。这一联虚实交错,今昔对照,时间和空间的跨越增强了艺术感染力。

颔联赞颂洞庭湖浩瀚无边,气象壮观雄伟,成为名句,被王士禛赞为"雄跨今古"。

颈联自叙只身漂泊天涯的凄凉落寞:与亲人朋友失去了联系,得不到任何物质上的帮助或精神上的慰藉;既"老"且"病",还要携带妻儿漂流湖湘,以舟为家。而洞庭湖的汪洋浩渺,更是加重了诗人的漂泊无助之感。

尾联转写北望关山,戎马未息,国家动荡不安,悲从中来,凭栏涕泪横流。上下句之间留有空白,引人联想。

这首诗前半写景,意境开阔宏丽;五六两句叙述自己的落寞身世,诗境一转而为狭窄,然结语又转出"戎马关山北"五字,显露了诗人时刻不忘忧国忧民的博大胸襟,与前面的壮景相称。整首诗吞吐自然,有一唱三叹之妙。

江南逢李龟年

◎杜 甫

岐王宅里寻常见①,崔九堂前几度闻②。
正是江南好风景,落花时节又逢君。

【注释】

①岐王:睿宗第四子李范,封岐王。②崔九:殿中监崔涤,玄宗宠臣。

【译文】

当年,我们在岐王府经常碰面,也曾多次在崔九家聆听清音。现在,江南风景正好,没想到在这落花的季节,又与先生相逢。

【赏析】

李龟年是开元、天宝年间著名的音乐家,常在贵族豪门歌唱,恩宠风光非凡。杜甫少年时才华卓著,常出入于岐王李范和秘书监崔涤的门庭,得以欣赏李龟年的歌唱艺术。大历五年(770),杜甫出蜀多年,漂泊湖湘一带,于潭州(今湖南长沙)偶遇由京城流落江南的李龟年。史载每遇良辰美景,李龟年唱数曲,闻者莫不掩泣罢酒。

诗的开首二句追忆昔日与李龟年的往来。"岐王宅里"和"崔九堂前",是当时文艺名流雅集之处,是开元时期丰富多彩的精神文化的象征。虽然追忆的是往昔与李龟年的接触,流露的却是一派盛世的承平气象。后两句中"好风景""落花时节"对照见意,其中世运之盛衰、年华之迟暮、两人之流落,都寄寓在字里行间,言外黯然欲绝。

诗人将复杂的感情深藏在平易叙述之中,内涵无限丰盈,清蘅塘退士评为:"少陵七绝,此为压卷。"

茅屋为秋风所破歌

◎杜 甫

八月秋高风怒号,卷我屋上三重茅。茅飞渡江洒江郊,高者挂罥长林梢,下者飘转沉塘坳。①

南村群童欺我老无力,忍能对面为盗贼。公然抱茅入竹去,唇焦口燥呼不得,归来倚杖自叹息。②

俄顷风定云墨色,秋天漠漠向昏黑。布衾多年冷似铁,娇儿恶卧踏里裂。床头屋漏无干处,雨脚如麻未断绝。自经丧乱少睡眠,长夜沾湿何由彻!③

安得广厦千万间,大庇天下寒士俱欢颜。风雨不动安如山!呜呼,何时眼前突兀见此屋,吾庐独破受冻死亦足!④

【注释】

①秋高:秋深。挂罥(juàn):挂着,挂住,缠绕。罥,挂。长:高。沉塘坳(ào):沉到池塘水中。坳,水边低地。②忍能对面为盗贼:竟忍心这样当面做"贼"。能,如此,这样。入竹去:走进竹林。竹,竹林。呼不得:喝止不住。③俄顷(qǐng):不久,一会儿,顷刻之间。秋天漠漠向昏黑(hè):指秋季的天空浓云密布,一下子就昏暗下来了。漠漠,阴沉迷蒙的样子。向,渐近。布衾(qīn):棉被。娇儿恶卧踏里裂:指儿子睡觉时双脚乱蹬,把被里都蹬坏了。恶卧,睡相不好。床头屋漏无干处:意思是,整个房子都没有干的地方了。屋漏,指

房子西北角，古人在此开天窗，阳光便从此处照射进来。"床头屋漏"，泛指整个屋子。雨脚如麻：形容雨点不间断，像下垂的麻线一样密集。雨脚：雨点。丧（sāng）乱：战乱，指安史之乱。何由彻：意思是，如何才能熬到天亮呢？彻，通，这里指结束、完结的意思。④安得：如何能得到。广厦：宽敞的大屋。大庇（bì）：全部遮盖、掩护起来。庇，遮蔽、掩护。寒士："士"原本指士人，即文化人，但此处是泛指贫寒的士人们。突兀（wù）：高耸的样子，这里用来形容广厦。见（xiàn）：同"现"，出现。号：叫。三重（chóng）茅：几层茅草。三，表示多。向：渐近，将近。茅屋：这里指草堂。

【译文】

八月秋深，狂风怒号，风卷走了我屋顶上好几层茅草。茅草乱飞，渡过浣花溪，散落在对岸江边。飞得高的茅草缠绕在高高的树梢上，飞得低的飘飘洒洒沉落到低洼的水塘里。

南村的一群儿童欺负我年老没力气，居然忍心在我眼前做出盗贼的事来，毫无顾忌地抱着茅草跑进竹林去了。我喊得唇焦口燥也没有用，只好回来，拄着拐杖感叹自己的不幸和世态悲凉。

一会儿风停了，天空中乌云黑得像墨，深秋天色阴沉迷蒙，渐渐黑下来。布被盖了多年，又冷又硬，像铁板似的，孩子睡相不好，胡蹬乱踢，把被子蹬破了。（因为）屋顶漏雨，床头都没有一点干的地方。像线条一样的雨点下个没完。自从战乱以来，睡眠的时间很少，长夜漫漫，屋漏床湿，怎能挨到天亮！

怎么才能得到千万间宽敞高大的房子，普遍地遮蔽天下贫寒的穷苦人（读书人），让他们个个都开颜欢笑！房子不为风雨所动摇，安稳得像山一样。唉！什么时候眼前出现这样高高的房屋，即使唯独我的茅屋被吹破，自己受冻而死也甘心！

【赏析】

这首诗可分为四节。

第一段中共有五句，句句押韵，"号""茅""郊""梢""坳"五个开口呼的平声韵脚传来阵阵风声。

"八月秋高风怒号，卷我屋上三重茅。"起势迅猛。"风怒号"三字，音响宏大。犹如秋风咆哮。一个"怒"字。把秋风拟人化，从而使下一句不仅富有动作性，而且富有浓烈的感情色彩——诗人好不容易盖了这座茅屋，刚刚定居下来，秋风却怒吼而来，卷起层层茅草，使得诗人焦急万分。

诗人的高明之处在于他并没有抽象地抒情达意，而是寓情意于客观描写之中。这几句诗所表现的场景是：一个衣衫单薄、破旧的干瘦老人拄着拐杖，立在屋外，眼巴巴地望着怒吼的秋风把他屋上的茅草一层又一层地卷了起来，吹过江去，稀里哗啦地洒在江郊的各处。他对大风破屋的焦灼和怨愤之情，不能不激起读者心灵上的共鸣。

第二段中共有五句，这是前一节的发展，也是对前一节的补充。

前节写"洒江郊"的茅草无法收回，除此以外，还有落在平地上可以收回的茅草，但却被"南村群童"抱跑了。"欺我老无力"五字宜着眼，如果诗人不是"老无力"，而是年当壮健有气力，自然不会受这样的欺侮。"忍能对面为盗贼"，意思是，群童竟然忍心在他的眼前做盗贼。但其实，这不过是表现了诗人因"老无力"而受欺侮的愤懑心情而已，绝不是真的给"群童"加上"盗贼"的罪名，要告到官府里去办罪。所以，"唇焦口燥呼不得"，也就无可奈何了。用诗人《又呈吴郎》一诗中的话说，这正是"不为困穷宁有此"，诗人如果不是十分困穷，就不会对大风刮走茅草那么心急如焚；"群童"如果不是因为他十分困穷，也不会冒着狂风抱走那些并不值钱的茅草。这一切，都是结尾的伏线。"安得广厦千万间，大庇天下寒士俱欢颜"的博大胸襟和崇高愿望，正是从"四海困穷"的现实基础上产生的。

第三段共八句，写屋破又遭连夜雨的苦况。

"俄顷风定云墨色，秋天漠漠向昏黑"两句，用饱蘸浓墨的大笔渲染出暗淡愁惨的氛围，从而烘托出诗人暗淡愁惨的心境，而密集的雨点即将从漠漠的秋空洒向地面，已在预料之中。

"布衾多年冷似铁，娇儿恶卧踏里裂"两句，没有穷困生活体验的作者是写不出来的。值得注意的是这不仅是写布被又旧又破，而是为下文写屋破漏雨蓄势。成都的八月，天气并不"冷"，正由于"床头屋漏无干处，雨脚如麻未断绝"，所以才感到冷。

"自经丧乱少睡眠，长夜沾湿何由彻"两句，一纵一收。一纵，从眼前的处境扩展到安史之乱以来的种种痛苦经历，从风雨飘摇中的茅屋扩展到战乱频繁、残破不堪的国家；一收，又回到"长夜沾湿"的现实。忧国忧民，加上"长夜沾湿"，诗人自然不能入睡。"长夜"是作者由于自己屋漏因而更觉夜长，还因自己和国家都在风雨飘摇中挣扎而觉得夜长。"何由彻"和前面的"未断绝"照应，表现了诗人既盼雨停又盼天亮的迫切心情。而这种心情，又是屋破漏雨、布衾似铁的艰苦处境激发出来的。于是诗人由个人的艰苦处境联想到其他人的类似处境，水到渠成，自然而然地过渡到全诗的结尾。

"安得广厦千万间，大庇天下寒士俱欢颜，风雨不动安如山"，前后用七字句，中间用九字句，句句蝉联而下，而表现阔大境界和愉快情感的词如"广厦""千万间""大庇""天下""欢颜""安如山"等等，又声音洪亮，从而构成了铿锵有力的节奏和奔腾前进的气势，恰切地表现了诗人从"床头屋漏无干处""长夜沾湿何由彻"的痛苦生活体验中迸发出来的奔放的激情和火热的希望。这种奔放的激情和火热的希望，咏歌不足以表达，所以诗人发出了由衷的感叹："呜呼！何时眼前突兀见此屋，吾庐独破受冻死亦足！"抒发作者忧国忧民的情感，表现了作者推己及人、舍己为人的高尚风格，诗人的博大胸襟和崇高理想，至此表现得淋漓尽致。

本诗作者抒发的情怀与范仲淹的《岳阳楼记》中"先天下之忧而忧，后天下之乐而乐"抒发的情怀基本一致。

俄国著名文学评论家别林斯基曾说："任何一个诗人也不能由于他自己和靠描写他自己而显得伟大，不论是描写他本身的痛苦，或者描写他本身的幸福。任何伟大诗人之所以伟大，是因为他们的痛苦和幸福的根子深深地伸进了社会和历史的土壤里，因为他是社会、时代、人类的器官和代表。"杜甫在这首诗里描写了他本身的痛苦，但他不是孤立地、单纯地描写他本身的痛苦，而是通过描写他本身的痛苦来表现"天下寒士"的痛苦，来表现社会的苦难、时代的苦难。他也不是仅仅因为自身的不幸遭遇而哀叹、而失眠、而大声疾呼，在狂风猛雨无情袭击的秋夜，诗人脑海里翻腾的不仅是"吾庐独破"，而且是"天下寒士"的茅屋俱破。杜甫这种炽热的忧国忧民的情感和迫切要求变革黑暗现实的崇高理想，千百年来一直激荡着读者的心灵。

哥舒歌

◎西鄙人

北斗七星高,哥舒夜带刀。
至今窥牧马①,不敢过临洮②。

【注释】

①窥:窥伺。②临洮(táo):今甘肃岷县,唐时常与吐蕃交战于此。

【译文】

黑夜里北斗七星挂得很高,哥舒翰夜带宝刀勇猛守边。至今吐蕃的牧马只敢远望,他们再不敢南来越过临洮。

【赏析】

唐代天宝年间,名将哥舒翰任陇右节度使,治军有方,几次打败吐蕃的入侵,使吐蕃不敢再加以侵犯,保障了西北边境的安宁。

此诗以坚定不移明示方向的北斗起兴,喻哥舒翰的功高;哥舒翰夜夜带刀巡警,让胡人"至今""不敢"越过临洮的边界线来南下牧马,使边民得以安枕无忧。

全诗高歌慷慨,音节铿锵和顺,气势雄浑奔放,抒发了人们对英武雄杰的哥舒翰不胜感念之情。沈德潜评说这首诗"与《敕勒歌》同是天籁,不可以工拙求之"。

寄左省杜拾遗

◎岑 参

联步趋丹陛①,分曹限紫微②。
晓随天仗入,暮惹御香归。
白发悲花落,青云羡鸟飞③。

圣朝无阙事④,自觉谏书稀。

【注释】

①趋:小步而行。丹陛:宫殿前的红色台阶。②曹:官署。紫微:古人以紫微星位喻皇帝居处,此处指朝会时皇帝所在的宣政殿。中书省位于殿西,门下省位于殿东,故有"分曹"之语。③"白发"两句:实际上是写身在朝中虚度光阴而无所作为,繁文缛节的朝官生活让诗人对自由飞翔于天际的鸟儿心生羡慕。④阙:同"缺"。

【译文】

我们一起走向红色台阶,分别站在左右边列队。早上,随天子仪仗队上朝;黄昏回来,沾满御香气味。满头白发,我悲叹落花无情;青云漂浮,羡慕鸟儿高飞。圣明的朝廷,没有什么纰漏,我觉得进谏的奏书日渐稀少。

【赏析】

左省即唐代的门下省,因位于皇宫之左,故称"左省"。其时杜甫任"左拾遗",属门下省。唐肃宗至德二载(757)。岑参因杜甫的推荐而任中书省右补阙。次年写此诗。

诗人连续铺写"天仗""丹陛""御香""紫微",措辞富丽,对仗工整,显得雍容得体。看似炫耀朝官的显贵身份,实际揭露了朝官生活的空虚和死板:他们每天都煞有介事地上朝、办公,但从未见君臣们办成什么轰轰烈烈的大事,或制定什么利国利民的政策。诗人还特意点明一笔:他们每天按时早起上朝,但唯一的收获就是晚上回去的时候沾染了一点"御香"之气罢了。

五六两句,诗人则直抒胸臆,自嗟迟暮白发见落花而悲,见青云飞鸟而生羡慕,抒发了诗人对时事和身世的无限感慨。末二句看似应景颂圣,实际是隐含着讽刺的双关语:昏庸的统治者自诩圣明,自以为"无阙事",并以此为借口拒绝纳谏,是全诗的高潮部分。

此诗寓贬于褒,绵里藏针。

奉和中书舍人贾至早朝大明宫

◎岑 参

鸡鸣紫陌曙光寒,莺啭皇州春色阑①。
金阙晓钟开万户②,玉阶仙仗拥千官③。
花迎剑佩星初落,柳拂旌旗露未干。
独有凤凰池上客④,阳春一曲和皆难⑤。

【注释】

①阑:残,尽。②金阙晓钟:指皇宫中报晓的钟声。万户:指宫门。③仙仗:指皇帝的仪仗。④凤凰池:指中书省。客:指贾至。⑤阳春一曲:指贾至作的《早朝大明宫》。

【译文】

清晨鸡鸣,京城街道曙光初露,皇都莺啼婉转,春意将尽。金殿晨钟敲响,千重宫门打开,台阶上的仪仗队,簇拥着百官。启明星刚落,鲜花就迎来佩剑侍卫,杨柳轻摆,旌旗飘飘,露水还没干。只有凤池贾舍人的诗篇,《早朝大明宫》曲很高妙,要和太难。

【赏析】

唐肃宗乾元元年(758)春天,安史之乱虽尚未平复,但正值收复两京、玄宗与肃宗返回长安不久。文武百官早朝大明宫,心情颇为激动,中书舍人贾至有一种百废将兴、国运否极泰来之感,作成《早朝大明宫呈两省幕僚》。当时王维、杜甫、岑参等皆有和诗。

岑参这首以咏"早朝"为题的唱和诗,从"早"说起,"曙光""晓钟""星初落""露未干",都是切"早";而"金阙""玉阶""仙仗""千官""旌旗",皆切"朝"字,铺设出早朝的庄严隆重。末联点出酬和之意,推崇对方,表示自谦。

逢入京使

◎岑 参

故园东望路漫漫,双袖龙钟泪不干①。
马上相逢无纸笔,凭君传语报平安。

【注释】

① 龙钟:湿漉漉的样子。

【译文】

向东远望,故乡路途漫漫,两袖已湿透,泪痕仍然没干。征途中与你相遇,没带纸笔,只有请你捎口信,报个平安。

【赏析】

玄宗天宝八载(749),安西四镇节度使高仙芝入朝,奏请调任岑参为右威卫录事参军,充任节度使府掌书记,这首诗作于赴任途中。

诗人初次远离故园长安,远赴西域边塞,回头长望只见道路漫漫,悲伤之情难以遏制,泪水湿透双袖。路遇入京的使者,马上悾偬,没有纸笔修书,唯将万语千言化为"报平安"三字托他捎带回家。

首句写眼前的实际感受。"双袖龙钟泪不干",运用了夸张的修辞手法,表现了对亲人的思念,也为下文捎书回家"报平安"做了铺垫。末两句将马上相逢者匆匆的口吻描摹得极为传神,收束干净利落,但简练之中却蕴藏了诗人的一片深情。

诗人捕捉到生活中的特定场景,将远行人的万般无奈、万般辛酸刻画得淋漓尽致。

月 夜

◎刘方平

更深月色半人家,北斗阑干南斗斜①。

今夜偏知春气暖②,虫声新透绿窗纱。

【注释】

①阑干:形容横斜的样子。南斗:星宿名,在北斗七星南。②偏知:才知。

【译文】

深夜,月光照亮半边庭院,北斗星和南斗星已斗柄横斜。今夜,我独独感到春气和暖,仿佛还听到虫叫声,穿透绿色窗纱。

【赏析】

这首诗是抒写感受春天月夜大自然的物候变化,对景物的描写朦胧而和谐,清新而有情致,深得陶诗真趣。

诗以"更深"二字起首,为以下景色的描绘奠定了基调,也让全诗罩上了一种特殊氛围。首二句是写夜深时仰望寥廓天宇,见月色空明,静静地照临庭院的半部;星斗阑干横斜,暗隐着时光的流转,二者共同营造了一种深邃的意境。

后二句是写听见虫子的新鸣声从绿窗纱透过来,从而感知到今夜洋溢着和暖的春气。闻虫鸣而知春暖,互为因果关系,体现了诗人对外界自然事物、气候的观察入微和敏感。这两句,没有长期乡村生活经验的人固然说不出;即使是长期生活在乡村的人,若非有心,同样说不出来。"偏知"一语透露出一点自得之意。一个"新"字,流露出对春天美好事物和生命的欣悦咏赞之情。

以春和月为主题的诗词极为常见,然而此诗不仅不从桃花柳树之类最具春天特色的景物着笔,反而借夜幕将它们都遮掩起来;写月,也不细细描写其形状和光影,而只是写了半片月色,构思新颖别致,用语清丽细腻,妙然生趣。

春 怨

◎刘方平

纱窗日落渐黄昏,金屋无人见泪痕①。

寂寞空庭春欲晚，梨花满地不开门。

【注释】

①金屋：汉武帝少时曾言愿筑金屋藏其表姐阿娇。这里指妃嫔所居之华丽宫室。

【译文】

纱窗外，日影淡去已近黄昏，宫殿空空，无人见我满面泪痕。庭院寂寂，春日繁华将尽，梨花满地，我不愿开门。

【赏析】

这首春怨诗，意在写宫人色衰失宠，春暮而生怨思。

失宠宫人从纱窗上见日影渐渐落下，到黄昏时分了，渲染凄凉气氛；在寂寞无人处，因伤感悲戚而满面挂满了深深的泪痕。

屋内无人，固然显得凄凉，但若有温暖的阳光照射，或许也能消减几分凄清。然而，随着纱窗日落、黄昏降临，屋内的光线变得越来越昏暗，更增凄凉之意。

第二句中，"金屋"两字尤可玩味，当年汉武帝宠爱陈皇后，誓言愿意以金屋藏之。这位宫人住在金屋，可见曾经受过宠爱，而今君王不再眷顾，故伤心落泪。二字点明地点是在深宫中。诗的主人公则是幽闭在宫中的女子。"无人见泪痕"，可能具有两重含意：一是其人孤处一室，无人做伴而心生寂寞，不禁落泪；二是其人极其孤独，纵然落泪也无人得见，自然也无人同情。泪而留痕，则说明其垂泪已多时。这一句总共只有七个字，却将诗中人的身份、处境以及"怨"情都交代得清清楚楚，这句也是全诗的中心句。

春晚满庭空寂，一任洁白美丽的梨花飘零洒落一地，宫人自嗟薄命，不忍见花之零落成泥，故深掩朱门。末句"梨花满地不开门"，既直承上句，是"春欲晚"的补充和延伸，也遥遥呼应第二句，使人泣与花落两相映衬。

诗淡淡地写来，不诉说幽怀，在平常处见精细，而春怨自现，深曲委婉中余味无尽。

石鱼湖上醉歌并序

◎元 结

漫叟以公田米酿酒,因休暇,则载酒于湖上,时取一醉。欢醉中,据湖岸引臂向鱼取酒,使舫载之,遍饮坐者。意疑倚巴丘酌于君山之上,诸子环洞庭而坐。酒舫泛泛然,触波涛而往来者,乃作歌以长之。

石鱼湖,似洞庭,夏水欲满君山青①。山为樽,水为沼②,酒徒历历坐洲岛③。长风连日作大浪,不能废人运酒舫④。我持长瓢坐巴丘,酌饮四座以散愁。

【注释】

①君山:又名洞庭山,在洞庭湖中。②沼:池。③历历:一个个的。④废:阻止。

【译文】

湖南道州的石鱼湖,真像洞庭,夏天水涨满了,君山翠绿苍苍。且把山谷作酒杯,湖水作酒池,酒徒济济,围坐在洲岛的中央。管他连日狂风大作,掀起大浪,也阻遏不了我们运酒的小舫。我手持酒葫芦瓢,稳坐巴丘山,为四座斟酒,借以消散满怀愁绪!

【赏析】

元结在代宗时曾任道州(今湖南道县)刺史,在此期间他写了好几首吟咏石鱼湖的诗。他的《石鱼湖上作序》云:"瀼泉南上有独石在水中,状如游鱼。鱼凹处,修之可以贮酒。水涯四匝,多欹石相连。石上,人堪坐。水能浮小舫载酒,又能绕石鱼洄流,乃命湖曰石鱼湖。"这是石鱼湖得名的由来。此诗歌咏了石鱼湖的风光,抒发了诗人的情怀。

诗人和朋友们共游石鱼湖,在洲岛上以瓢舀酒,四座畅饮开怀,即使有大风大浪,也不能阻止他们饮酒作乐,足见其逸兴飞扬。诗歌是乘兴挥洒之作,写来毫无拘束,自然天成。

贼退示官吏并序

◎元 结

癸卯岁，西原贼入道州，焚烧杀掠，几尽而去。明年，贼又攻永州，破邵，不犯此州边鄙而退，岂力能制敌欤？盖蒙其伤怜而已！诸使何为忍苦征敛！故作诗一篇以示官吏。

昔岁逢太平，山林二十年。泉源在庭户，洞壑当门前。井税有常期①，日晏犹得眠②。忽然遭世变，数岁亲戎旃③。今来典斯郡④，山夷又纷然。城小贼不屠，人贫伤可怜。是以陷邻境，此州独见全。使臣将王命⑤，岂不如贼焉？今彼征敛者，迫之如火煎。谁能绝人命，以作时世贤？思欲委符节⑥，引竿自刺船⑦。将家就鱼麦，归老江湖边。

【注释】

①井税：这里指赋税。井：即井田。常期：固定的日期。②晏：晚。③戎旃（zhān）：军帐。④典：掌管，治理。⑤将王命：奉皇帝的旨意。⑥委符节：辞官。委，弃、放弃。符节：古代朝廷传达命令或征调兵将用的凭证。⑦刺船：指撑船。

【译文】

我早年遇到了太平世道，在山林中隐居了二十年。清澈的源泉就在家门口，洞穴沟壑横卧在家门前。田租赋税有个固定期限，日上三竿依然安稳酣眠。忽然间遭遇到世道突变，数年来亲自从军上前线。如今我来治理这个郡县，山中的夷贼又常来扰边。县城太小夷贼不再屠掠，人民贫穷他们也觉可怜。因此他们攻陷邻县境界，这个道州才能独自保全。使臣们奉皇命来收租税，难道还不如那些盗贼？现在那横征暴敛的官吏，催赋逼税恰如火烧火煎。谁愿意断绝人民的生路，去做时世所称赞的忠贤？我想辞去道州刺史官职，拿起竹篙自己动手撑船。带领家小去到鱼米之乡，归隐老死在那江湖之边。

【赏析】

唐代宗广德元年（763）癸卯十二月，广西境内的少数民族"西原蛮"发动反对唐王朝的起义,攻陷道州城(治所在今湖南省道县)后,将其抢掠一空。

次年五月,元结任道州刺史。七月,"西原蛮"又攻破邻近的永州、邵州,却不再来进攻道州。

诗人认为是"西原蛮"出于对战乱中道州人民的"伤怜",而官府却横征暴敛,使民不堪命,故作此诗。

诗篇起首写昔年的太平生活,暗寓着诗人对以前清明治世的怀念。一二句写诗人在开元盛世隐居樊山的经历,一个"逢"字暗含庆幸之意,也流露出今不如昔的慨叹。"泉源在庭户,洞壑当门前",通过对居所景物的描写,创造了一种世外桃源般的恬静舒适之感。从前百姓安居乐业的生活,与乱世中的官、贼"纷然"骚扰形成了鲜明的对比。五六句正面写从前赋税征收有序有度,百姓生活安定,男耕女织,和乐融融。次写当今民不聊生,两相对照,表现了官吏横征暴敛,不顾人民死活。还不如"夷贼"。

"忽然遭世变,数岁亲戎旃"起到了承上启下的过渡作用,写安史之乱后自己的军旅生涯。接下来由远及近,转写自己到达道州任所之后的情况,暗示"贼"虽然屡次犯境,给当地人民带来了深重的苦难,但人性犹存,与下文所写的官府的敲骨吸髓、毫无人性形成了鲜明对比。"使臣将王命,岂不如贼焉"二句,更是直斥使臣奉皇命而来,却不恤民命,将百姓逼得走投无路,连盗贼都不如,同时批判了滥发"王命"的最高统治者。"今彼征敛者,迫之如火煎",运用形象的比喻,入木三分地刻画了官吏的凶狠毒辣、冷酷无情。

末尾向官吏们表明心志,抒发了对现实的不满,表示宁愿弃官归隐,也不愿与他们同流合污、残民邀功,表现了强烈的抗争精神。

对比鲜明,揭露深刻,是这首诗在表现技巧方面最重要的特点。全诗指陈世事,直抒胸臆,不雕琢矫饰,感情真挚,体现出对汉乐府质朴简古、平直浑厚诗风的继承和发展。

枫桥夜泊

◎张　继

月落乌啼霜满天,江枫渔火对愁眠。

姑苏城外寒山寺①，夜半钟声到客船。

【注释】

① 姑苏：苏州。寒山寺：传高僧寒山居此而得名。

【译文】

月落鸦啼，秋霜满江满天，面对江枫和渔火，我忧愁难眠。姑苏城外的寒山寺，已寂静无声，深夜，只有钟声飘到我的船边。

【赏析】

秋夜泊舟枫桥，因"对愁眠"，辗转反侧，难以入寐，见得月亮落下，听得寒鸦声声啼，感到满天的霜华浓，独自对着江上的红枫和一盏渔火，渲染出江南水乡秋天凄清的夜景和孤寂愁闷的心情。

静夜里，不远处，从寒山寺传来一阵阵幽远而洪亮的钟声。"客船"羁旅之人本已有深重的愁绪，在漂泊的无尽时空中，不胜寒意，此时更觉自己的愁意与钟声遥相应和，萦绕于江天之间，盘旋不去。

此诗用白描手法，巧妙地把夜泊枫桥景物的远近、明暗层次和谐地排列，而且将形象、色彩、声音浑然融为一体，形成一首意境清远、情味隽永的好诗。因这首名篇，枫桥、寒山寺、夜半钟声，成为流传古今的名胜。

送僧归日本

◎钱 起

上国随缘住①，来途若梦行。
浮天沧海远②，去世法舟轻③。
水月通禅寂，鱼龙听梵声。
惟怜一灯影，万里眼中明。

【注释】

① 上国：此指大唐。② 浮天：形容船只远去海上，如浮于天际。③ 去世：脱离尘世。法舟：指日本僧人所乘之舟。

【译文】

有机缘来大唐,并在这里停留,来的路上,如同在梦中航行。海天茫茫,舟行海上如浮于天际一般;远离尘嚣,法舟飞一般轻盈快捷。水月与禅理相通,海中鱼龙也来听你诵经。独独喜爱那一盏禅灯,万里行舟,眼中清亮通明。

【赏析】

唐朝时期中日文化交流频繁,日本曾派遣大量僧人来中国留学。钱起这首诗是赠给日本僧人的送别诗。

诗文的章法巧妙,起首两句不写送归,而写日本僧人来处。

中间两联从"海"字生发出来。日僧是隔海而来的,于今又跨海而去,暗含着对僧人长途颠簸的关怀,也点出他在海上依然不忘修行。

尾联一语双关,既是说行舟的一灯照亮万里行程,又是在颂扬僧人通禅弘法,犹如一盏明灯能祛除一切黑暗。

因为送别的对象是僧人,所以诗人用"随缘""法舟""禅寂""水月""梵声"等佛家的语言,来颂扬僧人随缘尘世,来去无碍。在对海上夜景的描写和禅机的抒发中,惜别之情委婉地表达了出来。句句不着色相,可谓生花妙笔。

谷口书斋寄杨补阙

◎钱 起

泉壑带茅茨①,云霞生薜帷②。
竹怜新雨后,山爱夕阳时。
闲鹭栖常早,秋花落更迟。
家僮扫萝径,昨与故人期。

【注释】

① 茅茨(cí):茅屋。② 薜帷:薜荔(一种常绿藤),蔓生如帐幕,故得名。

【译文】

泉水沟壑,环绕茅舍书斋;云霞映照薜荔,好似帷幔。雨后青竹格外清新,傍晚山丘更加可爱。悠闲的白鹭常很早就栖宿,秋花更是比别处落得晚。家僮正打扫青萝小路,昨天与老友约好了日期。

【赏析】

谷口,在今陕西省泾阳县西北。补阙,谏官,官阶高左右拾遗一级。

诗人想约杨补阙前来书斋叙谈,于是极写谷口书斋一带的景物,着意表现其幽静清新的特点,以表达对朋友的一片盛情。

首联中,"茅茨"和"薜帷"展示了居所的自然状态。"带"字用得极妙,与"生"字一起,充分引发读者的想象:清泉沟壑萦绕着小屋,浮云彩霞仿佛是从小院中长满薜荔的墙上升腾而起。起笔即讲述小屋山环水绕的环境,仿佛人间仙境。

在诗人笔下,那泉壑、茅茨、云霞、薜帷,已经是清雅不凡,让雅爱林泉的人心动不已。而颔联与颈联写书斋周围的景物。"竹怜新雨后,山爱夕阳时"用倒装句法,讲述了一场新雨后,竹子因生命多了水分,而分外可爱了;夕阳即将落山,这样转瞬即逝的美景。让人心生怜爱,景物清新秀丽,色彩感极强。再加上鹭鸟悠闲,秋花未落、仍有蓓蕾。更突出书斋的清新宜居。

这样幽雅如画的美景让人心驰神往,更何况主人已经打扫干净绿萝小径,等他前来呢?杨补阙看此诗后,自是欣然践约而往,与主人共赏此佳境以娱情。诗全是写景,句法工整。

赠阙下裴舍人

◎钱 起

二月黄鹂飞上林①,春城紫禁晓阴阴。
长乐钟声花外尽②,龙池柳色雨中深③。
阳和不散穷途恨④,霄汉长悬捧日心⑤。
献赋十年犹未遇⑥,羞将白发对华簪⑦。

【注释】

① 上林：指皇宫宫苑。② 长乐：本汉宫名，此处借指唐宫。③ 龙池：泛指宫中的池塘。④ 阳和：指春天温暖的气候。⑤ 捧日心：三国程昱年轻时曾梦见自己两手捧日，后兖州叛乱，曹操赖程昱保全三城，为其改名为"昱"（程昱本名立）。⑥ 献赋：以辞赋献于皇帝，此指应考。⑦ 华簪：华贵的冠饰。

【译文】

二月，上林苑黄鹂穿飞啼叫；拂晓，紫禁城洒下浓浓春阴。长乐宫的钟声，消失在繁花之外；宫中池边垂柳，在雨中颜色更深。阳光和暖，却驱不散穷途之恨，但程昱捧日的忠心，可长悬九天。献赋十年，仍未受礼遇；而今白发苍苍，愧对裴舍人。

【赏析】

舍人，指中书舍人，负责草拟诏书。

钱起位列"大历十才子"之首，诗风清丽，用字洗练。这首投赠裴舍人请求援引的诗写得颇有令人称道之处。前半首写景，写皇宫苑囿中春天清丽的景色历历如画，其中"长乐钟声花外尽，龙池柳色雨中深"一联写钟声从繁花中一层一层响出来，柳色从春雨中一层一层看进去，极其清灵可观，"尽"和"深"字运用得极妙，形成神韵悠长、气味和厚的境界，为一篇之佳构，在当时就是脍炙人口的名句。下半首自伤不遇，"阳和"句承上启下，过渡自然；再说自有捧日忠君之热忱，羡慕裴舍人之得幸。虽为投赠干谒诗，但手法隐微巧妙，以写景来恭维裴舍人的显要，以自伤不遇来写希求援引的心情，含蓄婉转，不失身份。

听邻家吹笙

◎郎士元

凤吹声如隔彩霞①，不知墙外是谁家。
重门深锁无寻处②，疑有碧桃千树花。

【注释】

① 凤吹：笙由多根簧管组成，形状参差有如凤翼，它的声音清亮，宛如凤鸣，故有"凤吹"之称。后来泛称笙、箫等细乐。② 重门：层层大门。

【译文】

吹笙的声音好似凤鸣般从彩霞中飘下，不知吹笙人究竟是墙外哪一家。重重大门紧锁无处寻觅，但猜想其中必有碧桃千树，开满了花。

【赏析】

题为"听邻家吹笙"，先是听到笙声悠扬，有如仙乐从彩云端飘来。这样美妙撩人的笙乐让听者动容，于是寻声暗问是谁家在吹奏。问而不得其解。于是起身追随声音，想去找寻吹笙之人，但"重门深锁无寻处"，令人产生深深的怅惘和更强烈的憧憬，由此激发了美丽的幻觉——"疑有碧桃千树花"。

由"听"而"问"，由"问"而"寻"，由"寻"而产生幻觉，章法流走回环中有递进。而在"通感"的艺术手法运用上，更是颇具特色。

"凤吹声如隔彩霞"说笙曲不似凡间乐曲，似从天而降。"隔彩霞"三字将听觉转化为视觉，带给读者的感觉就显得更生动具体。而且"彩霞"不是直接摹写乐声，而是设想奏乐的环境——来自彩霞之上，间接烘托出笙乐的明丽清新。

既然乐声如此动听，听者自然会心生疑问：这奏乐者究竟是何人？"不知墙外是谁家"，用悬揣语气进一步渲染了乐声的撩人，让他急欲一寻究竟。

灼灼桃花，竟至千树之多，象征着笙声的热烈、明媚、欢快，把看不见摸不着的音乐形象用具体可感的视觉形象表现出来了。而一个"疑"字更是体现出诗人聆听音乐的如痴如醉及如幻如真的感觉。

寒　食

◎韩　翃

春城无处不飞花，寒食东风御柳斜。

日暮汉宫传蜡烛,轻烟散入五侯家。

【译文】

春天的京城,到处飘飞柳花;寒食节,东风吹得宫柳倾斜。黄昏时分,宫里传出御赐的烛火,轻烟袅袅,飘散进官宦之家。

【赏析】

寒食是我国古代一个传统节日,一般在清明前两天,习俗规定禁火,只吃冷食。

唐代火禁十分严,寒食之日家家禁火,而皇宫却许举火,将蜡烛赐给豪门近臣,可见当时贵族特权于一斑。

"春城无处不飞花"为写景名句,将仲春时节的旖旎春光一语概尽。从长安城到御苑,处处飞花,风吹柳丝,无不春意盎然,令人沉醉玩赏。"御柳"指御苑中的柳树。唐时的风俗为:寒食日折柳插门,清明这天皇帝还要取榆柳之火赏赐给近臣,以示恩宠。所以诗人特地剪取了"御柳"这一带有特殊含义的典型意象。

傍晚,宫廷传蜡烛到轻烟散入,气象氤氲,画面与白天风光又自是不同,于此可见当时社会太平无事,宫廷闲暇,贵族豪奢。"汉宫"实指唐朝的皇宫;"五侯"指东汉时同日封侯的五个宦官,这里借汉喻唐,暗指中唐以来受皇帝宠幸而专权跋扈的宦官。寒食节这天,普通百姓不能生火点灯,但天还没黑,宫里就忙着分送蜡烛,而皇帝的宠臣也可得到这份恩典。

此诗以轻灵流丽之笔写出一片承平景象,境界清华,故而深为唐德宗所赏识,一时之间天下纷纷传诵。

同题仙游观

◎韩 翃

仙台初见五城楼①,风物凄凄宿雨收②。
山色遥连秦树晚,砧声近报汉宫秋③。
疏松影落空坛静,细草香闲小洞幽。

何用别寻方外去④,人间亦自有丹丘⑤。

【注释】

①五城楼:传说中神仙的居所,这里借指仙游观。②宿雨:前夜的雨。③砧声:捣衣声。古代捣衣多在秋晚。④方外:世俗之外,指神仙的居处。⑤丹丘:指神仙居处。

【译文】

在仙台初见迎候仙人的五城十二楼,正是风物凄凄、一夜滴答的秋雨才休之时。山色空漫,和远处的秦地树丛相连接;近处传来捣衣声,报告汉官已经深秋。稀疏的松影撒落神坛,更显道观清静;小草幽芳扑鼻,犹衬出山洞小径深幽。不用再到别处去寻找世外仙境所在,人间也有神仙居住的地方,名曰丹丘。

【赏析】

诗人游览嵩山逍遥谷上的仙游观,而加以题咏,有习静向道之意。

首联开口即用仙家典故,点明时地节令,切中题目"仙游观"。"风物凄凄宿雨收"是倒置,将雨后清虚疏落之状置于前,有效地凸显了本诗的主旨。

颔联写观外景物,先是见"秦树",后是闻"砧声"。无论是山色遥接树色的朦胧感,还是报秋的砧声,都营造出一种虚静的氛围。

颈联写观内景物,先写高处"空坛"的静,后写低处"小洞"的幽,点明是道士居处,通过虚实相生的手法,深化了颔联的意境。

末联引用远游之语,称赞这地方是神仙居处的丹丘妙地,不用再去寻觅他方了。

全诗抓住道观静和幽的特点,安排在秋季雨后的特定环境中,从远景到近景,从高处的空坛到低处的小洞,声色俱有,刻画出一个不寻常的清幽绝俗的仙家之地,让人心生企慕之意。语言工美秀丽,音调婉转和鸣。

春 思

◎皇甫冉

莺啼燕语报新年,马邑龙堆路几千①。

家住层城邻汉苑②,心随明月到胡天。
机中锦字论长恨③,楼上花枝笑独眠。
为问天戎窦车骑④,何时返旆勒燕然⑤。

【注释】

①马邑:今山西朔县。龙堆:白龙堆,在今新疆。以上两地都是泛指边塞。②层城:指京城。③机中锦字:前秦安南将军窦滔出镇襄阳,他的妻子苏蕙很是思念,于是织璇玑图给他,共840字,纵横反复,皆能成诗。④天戎:主将。⑤返旆(pèi):班师回朝。旆,古代旗末端状如燕尾的飘带。勒燕然:东汉窦宪大破匈奴后,曾于燕然山上勒功而还。勒,刻。

【译文】

莺燕啼叫,报告新年将至,到马邑龙堆,要几千里。家在京城,毗邻汉室官殿,我心却跟随明月,到了边塞。织锦回文诗,寄托深深幽怨,楼上花枝,也笑我一人独眠。请问元帅、车骑将军窦宪,什么时候班师刻石记功于燕然山。

【赏析】

闺中少妇因春景牵引出对远征边关的丈夫的思念,希望战争早早结束,夫妇得以团圆。

诗的首联紧扣题目。首句以莺啼燕语点"春",次句以路几千点"思"。

颔联写少妇和征人所在之地,一在汉,一在胡,相隔千里,一颗心随着明月飞到边疆丈夫那里去了,尤觉情痴动人。

颈联写离恨,织锦回文中藏着深深的远别之恨;写春情,连楼上的花枝也笑人独自成眠,可谓情深语痴。

末联故作问语,问征夫何时功成返乡。

全诗写少妇春思,构思巧妙,极尽缠绵,渴望安宁和平的生活,流露出非战情绪,也是借汉喻唐,讽刺唐王朝穷兵黩武的政策。

喜外弟卢纶见宿

◎司空曙

静夜四无邻,荒居旧业贫①。
雨中黄叶树,灯下白头人。
以我独沉久②,愧君相访频③。
平生自有分④,况是蔡家亲⑤。

【注释】

① 荒居:偏僻简陋的住所。旧业:家产。② 沉:沉沦。③ 愧:愧对。④ 分(fèn):情分。⑤ 蔡家亲:也作"霍家亲"。晋代羊祜为蔡邕外孙,这里说明两家是表亲。

【译文】

宁静的夜晚四周没有近邻,我荒居旧屋家道早已赤贫。枯黄的老树在风雨中落叶,昏暗的灯光映照白发老人。因为我长期以来孤寂沉沦,你频来探望令我自愧难忍。平生情谊可见是自有缘分,更何况本身就是姑表亲门。

【赏析】

司空曙是"大历十大才子"之一,与卢纶既是诗友又是表亲。诗意在写自己贫居,遇外弟留宿而自道近况。

诗的前半写自己的悲凉处境:静夜荒村无邻,陋室贫居,生活困苦。"雨中黄叶树,灯下白头人"一联为传诵的名句,义兼比兴,以眼前景物衬托、比拟诗人的自我形象,十分鲜明贴切,同时又透露无限凄楚的意味。

后半首写在沉沦和孤寂中,卢纶频来探望给以安慰,使他感到格外温暖,喜悦和感激之情溢于言表。然而,这喜悦中又蕴含着悲伤,因为自己处境困顿,觉得对不起亲人。

全诗写自己至老的贫居,无限凄凉,而知心的外弟不弃故人频繁来访宿,无限惊喜与感激,一悲一喜互相映衬,使人如见肺腑。

云阳馆与韩绅宿别

◎司空曙

故人江海别,几度隔山川。
乍见翻疑梦①,相悲各问年②。
孤灯寒照雨,深竹暗浮烟。
更有明朝恨③,离杯惜共传④。

【注释】

①乍见:突然相见。翻:反而。②各问年:由于别后相隔时间太长,故相见后互问年龄。③明朝恨:明日再次离别之恨。④共传:相互举杯。

【译文】

自从与你江海分别,就远隔了几重山川。忽然相逢,以为是在做梦,相互悲叹后,互问了年龄。孤灯冷冷,映照细雨,馆外湿竹,笼罩轻烟。遗憾的是,明天我们又要分别,这离别杯盏,怎能不频传?

【赏析】

诗人叙写与故友久别乍见又分离的情景,不胜黯然。

开首四句为相见时的感慨。与故人江海一别之后,几度山水阻隔没能见面,浓重的思念之情,不言而喻。但二人骤然相逢,反而疑惑是在做梦,悲喜交集中相互询问分别几年中的光景。"翻疑梦",见出惊喜;"各问年",表示彼此疏隔时久。

颈联极力描写了旅馆的凄凉夜景,借助孤灯、寒雨、深竹、浮烟,渲染出一种悲凉的气氛,同时表明两人都是羁旅之客。

结尾二句写短暂相逢过后,明朝又将分离,因惜别而互相举杯劝酒。一个"更"字,点明了即将再次离别的不舍与伤痛。

诗由上次别离说起,接着写此次相会,然后写叙谈,最后写惜别,章法波澜曲折,富有情致。"乍见翻疑梦,相悲各问年"乃久别重逢之绝唱,乱离的时代,人们把的现实当作梦境,久别初见时悲喜交集的情态已经尽数蕴藏在字中了。

贼平后送人北归

◎司空曙

世乱同南去,时清独北还①。
他乡生白发,旧国见青山。
晓月过残垒②,繁星宿故关。
寒禽与衰草,处处伴愁颜。

【注释】

① 时清:指时局已安定。② 残垒:残余的工事。

【译文】

　　世道离乱,你我曾一同流落江南;时局安定了,你却要独自北返。避难他乡,如今已鬓生白发,故乡恐怕也只有青山依然。早行所过,尽是破旧残垒;繁星密布之夜,应是住在故关。一路上只有寒禽和衰草,时时处处与你的愁颜相伴!

【赏析】

　　安史之乱自玄宗天宝十四载(755)爆发,至代宗广德元年(763)才结束,历时八九年。乱中诗人曾同友人一同往南方避难,乱平后送友人北归作此诗。

　　首联交代了送友人北归的原因:战乱时,司空曙和友人一起逃到南方躲避战祸;如今战乱已平,友人得以回家,而自己仍然滞留异乡。"独"字有两层含义:一是指友人独自北还,一指自己独不得还,抒发了不得还乡的痛苦。

　　"他乡生白发"可见时间之久、忧愁之深;"旧国见青山"谓国破唯有山河不改旧观,为归人还乡添出时代的悲剧色彩。律诗非常讲究"起承转合",一般是在第三联转折,此诗第二联即完成了"承""转",章法上别具一格。

　　颈联及尾联单从友人方面落笔,凭借想象描写了友人晓行夜宿,一路上见旧国残垒、故关,寒禽衰草,一片劫后的荒凉景象。颈联着重写"贼平"后的荒凉、残破之景。尾联继续虚写友人归途中所见所感。上句通过"寒禽""衰草"写诗人对乱世的感受;下句直接写"愁",既指友人之愁,也含作者之愁,言愁绪无处不在。

诗紧扣乱离主题,由乱起离来,到乱平北还,到所见劫后荒凉,环环相扣,从中自然表现出深重的感慨和哀伤。

寻陆鸿渐不遇

◎皎 然

移家虽带郭①,野径入桑麻。
近种篱边菊,秋来未著花②。
扣门无犬吠,欲去问西家③。
报道山中去④,归来每日斜。

【注释】

①移家:迁居。带:近。②著花:开花。③西家:西边的邻居。④报道:回答说。

【译文】

他把家搬到城边,乡间小路就通向他家。近处篱笆边上种着菊花,秋天到了,却还没开花。轻轻敲门,没有狗叫,于是想去问问西边的邻家。说他去了山里,回来时每每都到太阳西下。

【赏析】

陆鸿渐即唐代"茶圣"陆羽,是位隐士。在这首诗中,诗人寻访他而不遇,通过对其生活环境和生活情趣的描写,表现了陆羽高逸疏放的隐士风度。

前四句写"寻",见友人家靠城郭、种桑麻、栽菊花,令人想起陶渊明的乡居隐逸。

后四句写"不遇",叩门无人,问邻居,知道他流连山水之间,夕阳西斜时归家,何等的逍遥自在。

作者是方外闲人,心中悠然自在,无所挂碍,所以从"寻"到"不遇",一直是随缘任性,多有超脱语。俞陛云"诗境浅说"评价道:"此诗之潇洒出尘,有在章句之外者,非务为高调也。"

听 筝

◎李 端

鸣筝金粟柱①,素手玉房前②。
欲得周郎顾③,时时误拂弦。

【注释】

① 金粟柱:指筝的弦轴细而精美。金粟,指柱上装饰如金星一样的花纹。柱,枕弦定音之物。② 玉房:指玉制的筝枕。房,即筝上架弦的枕。③ 欲得周郎顾:三国东吴名将周瑜精通音律,每逢他人奏曲有误,他必能辨知,并且一定要回头看一看,故吴中有歌谣云:"曲有误,周郎顾。"

【译文】

精致的古筝声音清越,弹筝的美人坐在玉房前。想要得到周郎的青睐,她故意不时拨错琴弦。

【赏析】

"金粟柱",言筝之华美精致;"素手",言弹筝女子双手之纤细洁白。精美的华筝,一双白净的纤纤玉手在弹奏,暗示出弹筝女子的外秀。

而全诗最精彩之处在三四句。按照一般写法,接下去应该描写女子高超的技艺,或者表现筝声强烈的感染力,但出人意料的是,三四句笔锋一转,改为描写女子为了引起知音者的注意,故意错拨筝弦。

三国周瑜精通音律,即使是在酒醉后,也能轻易辨知他人奏曲的缺误,转头去看那个演奏有误的人。此诗巧借曲误周郎顾的故事,写女子意在邀心目中知音的顾盼。"欲得周郎顾",意味着坐在一旁的"周郎"开始时并没有看这位弹筝者,大概是已经沉醉于美妙的筝声中了。对一般演奏者来说，这应该是最值得骄傲的时刻，但这位女子却完全不这么想，因为她的心思都放在了听筝者——"周郎"身上。于是她故意不时地错拨一两个音，以引得"周郎"不时回顾。"误拂弦"这一个生动、细微的情节，点活了弹筝女子慧黠的性格和丰富的情感。

诗中摹状脱化无痕，以弹筝女子故意弹奏错误来引人注意，写出一种儿女情态，实在是别开生面，耐人回味。

宫　词

◎顾　况

玉楼天半起笙歌①，风送宫嫔笑语和。
月殿影开闻夜漏②，水精帘卷近秋河③。

【注释】

①玉楼：《十洲记》载昆仑山上有玉楼十二座，这里借指宫中楼台。天半：极言楼之高。笙歌：以笙伴奏的歌声。笙，竹制管乐器，大者十九簧，小者十三簧。②月殿：指月亮。传说中月亮上有广寒宫，故称。③水精：水晶。秋河：秋夜的银河。

【译文】

高楼上响起笙箫欢歌，轻风送来宫嫔笑语，与乐音相和。月下，殿门打开听见滴漏声，卷起水晶帘，我似靠近了银河。

【赏析】

唐人的宫词多写宫怨，而这首别具一格，采用对比的手法，以别处的笙歌笑语相形出自己这里的孤居寂寞，虽不言怨情，而怨情已显露于言外。

前两句写听到别殿在玉楼上的笙歌笑语，玉楼、笙歌、笑语，皆是美好热闹之事物，再加以声影风光交织，是何等的欢乐快活呀，而此情此景却更反衬出失宠宫人的寂寞与无奈。

后两句写明月的银辉洒向宫殿，随着月影的移动，只能听见漏斗计时的滴答声。自己心中寂寞，孤独无眠，只好在深夜里静静倾听单调的夜漏声，感觉时光在一点一滴中流逝而去，百无聊赖之下卷帘看秋河。玉楼、月殿、水精帘、秋河等洁白晶莹的意象叠加在一起，与"天半""夜漏"这些具缥缈之感的意象相互映衬，幽怨之意隐现。其中，"近"字运用得甚妙，不仅见出夜深，而且有宫人见银河难免想起牛郎织女为之阻隔，与自身之遭遇相近。在一闹一静、一荣一枯中，愈见其出色。

征人怨

◎柳中庸

岁岁金河复玉关①，朝朝马策与刀环。
三春白雪归青冢②，万里黄河绕黑山③。

【注释】

① 金河：即黑河，在今内蒙古呼和浩特市南。玉关：玉门关的简称。② 三春：有两种含义，一是指春季的三个月，二是指暮春，此处指暮春。青冢：王昭君墓，在今内蒙古呼和浩特市南。③ 黑山：又名杀虎山，在今内蒙古呼和浩特市东南。

【译文】

年年转战在金河和玉门关之间，天天只有马鞭和刀环做伴。暮春三月白雪纷纷，将塞外昭君的青冢覆盖了，万里黄河绕过沉沉的黑山。

【赏析】

这是一首传诵极广的边塞诗。写征夫长期戍边、四处辗转而不能还乡的怨情。

征人年年转战在西北苦寒的边塞之地，天天与之伴随的唯有马鞭和刀环。在南方，早已是阳春三月，可戍守的苦寒之地却还在下着大雪，大雪铺满了昭君的青冢。这里用王昭君的故事，有悲叹昭君死于西北严寒之地不能返回故乡之意，亦有征人的自怜感伤。然而春归有时，征人却还乡无期，唯有万里黄河绕着黑山，呜咽深鸣，情何以堪！

诗以"怨"为题，却无一"怨"字，用叠词"岁岁""朝朝"，加上

"复""环""归""绕"等意味往复的动词,既反映了征戍时间之漫长,又造成缭绕低回的节奏和意境,令人只觉回肠荡气,怨情自生。三句写时已暮春,苦寒的塞外却不曾见丝毫春色,唯见白雪飘向青冢而已。末句写边塞的山川形势。这两句看似与诗题无关,却都是征人常见之景,从中不难感受到征人转战跋涉的辛苦,怨情自见。

全篇四句皆对仗工整,白雪青冢,黄河黑山,画面色彩调配鲜明,语言精美自然。

江乡故人偶集客舍

◎戴叔伦

天秋月又满,城阙夜千重①。
还作江南会②,翻疑梦里逢③。
风枝惊暗鹊,露草泣寒虫。
羁旅长堪醉④,相留畏晓钟。

【注释】

① 城阙:指京城长安的宫城。② 江南会:指其时与江南故人会集于客舍。③ 翻:反而。④ 羁(jī)旅:客居他乡。

【译文】

秋天,又到月满之时,月光临洒着城楼宫阙门户千重。与江南朋友聚会,我怀疑是梦中相逢。秋风吹动树枝,惊起了乌鹊,沾露的草丛中有寒虫哭泣。漂泊在外,应该长醉,相互挽留,怕听报晓的晨钟。

【赏析】

诗写故人在秋夜偶集京城长安,感慨无限。整首诗着力在题中的"偶集"二字:首联泛写秋夜,表明相聚的时间、地点;颔联即行点题,其中"还作""翻疑"作流水对,见出此番相聚不期而然,实属难得。久别偶逢生伤感,故听闻风吹树枝乌鹊啼和露草中寒虫叫,无不惊心。化用了曹操《短歌行》中的"月明星稀,乌鹊南飞,绕树三匝,无枝可依"的典故,可见其客旅之情、思乡之心。都是羁旅漂泊外乡的人,偶集不易,当作长醉,却奈何宵短晓钟鸣。全诗将这种久别偶集、复又伤别的场景、心情,款款写来,颇为真切动人。

淮上喜会梁州故人

◎韦应物

江汉曾为客①,相逢每醉还。
浮云一别后,流水十年间。
欢笑情如旧,萧疏鬓已斑②。
何因不归去?淮上有秋山。

【注释】

① 江汉:即汉江。② 萧疏:稀疏。斑:斑白。

【译文】

我们都曾客居江汉,那时相遇,总要大醉而归。自分别后,你我似浮云漂泊,时光如水,不觉已经十年。今日重逢,笑语依旧,只是头发稀疏,两鬓斑白。你问我为什么还不回去?只因淮水边,有我依恋的秋山。

【赏析】

久别十年之后的故人,忽然在淮水重逢,其中的喜悦与感慨,自是言之不尽。相会之时,自然回忆起往昔同在江汉为客,总是尽醉而归的往事。而一别之后,再见已是十年后了。欢笑痛饮情谊如旧,又各叹老大,鬓发已经斑白。转眼故人就要归去,而诗人却逗留淮上,欲归无计,只得直认他乡是故乡。

首联写诗人以前在江汉做客期间,二人每次相逢都要欢聚痛饮、大醉而还的情形。颔联直接抒发十年阔别的伤感。颈联上句转回本题,写此次相会的"欢笑"。但这喜悦只是暂时的,所以下句又宕开一笔,写十年的漂泊使人两鬓萧疏斑白了。末联以景色作结,余味无穷。

与友人久别重逢,自有许多可感可叹之处,但诗人却善于筛选,善于概括,善于描绘,结构绵密,情意曲折,令人读之回肠荡气。其中

"浮云一别后,流水十年间"两句,写人生行止无定有如浮云,年华逝去又若流水去而不还,道尽光阴易逝、人生无常的千古感慨。

郡斋雨中与诸文士燕集

◎韦应物

兵卫森画戟,宴寝凝清香①。
海上风雨至,逍遥池阁凉。
烦疴近消散②,嘉宾复满堂。
自惭居处崇,未睹斯民康。
理会是非遣,性达形迹忘。
鲜肥属时禁,蔬果幸见尝。
俯饮一杯酒,仰聆金玉章。
神欢体自轻,意欲凌风翔。
吴中盛文史,群彦今汪洋。
方知大藩地,岂曰财赋强。

【注释】

①宴寝:休息的地方。②烦疴(kē):指暑天的烦郁。

【译文】

　　官邸门前画戟林立、兵卫森严,休息室内凝聚着焚檀的清香。东南近海层层风雨吹进住所,逍遥自在池阁之间阵阵风凉。心里的烦躁苦闷将要消散,嘉宾贵客重新聚集济济一堂。惭愧自己所处的地位太过高贵,却未能顾及平民百姓是否生活安康。如能领悟事理是非自然消释,性情达观世俗礼节就可淡忘。鲜鱼肥肉是夏令禁食的荤腥,蔬菜水果希望大家尽情品尝。大家躬身饮下一杯醇清美酒,抬头聆听各人吟诵金玉诗章。精神愉快身体自然轻松舒畅,心里真想临风飘举奋力翱翔。吴中不愧为文史鼎盛的所在,文人学士简直多如大海汪洋。现在方知道大州大郡的地方,哪里是仅以财物丰阜而称强?

【赏析】

这首诗是德宗贞元五年（789）作者在苏州刺史任上所作。此时诗人顾况贬饶州，路过苏州，韦应物在郡斋宴集嘉宾，写下此诗，顾况也作了和诗。

开头两句点明"郡斋"，森严中清香郁郁，清奇绝伦，颇为警策。"海上风雨至，逍遥池阁凉"，写雨来屋子凉快起来，意境清旷。之后四句是抒发个人胸怀，自惭居处高崇，不见黎民疾苦，情辞谦恭，可谓雅人深致。"鲜肥"下六句，是正面写宴集之间宾主诗酒怡情，逸兴遄飞。末尾说吴中不仅是财赋丰饶，而且人才荟萃。

初发扬子寄元大校书

◎韦应物

凄凄去亲爱①，泛泛入烟雾。
归棹洛阳人②，残钟广陵树③。
今朝此为别，何处还相遇？
世事波上舟，沿洄安得住④！

【注释】

①亲爱：这里是指好朋友。②归棹（zhào）：指驾着舟从扬子津出发北归洛阳。③广陵：今江苏省扬州市。④沿：顺流而下。洄（huí）：逆流而上。安得住：怎能停得住。

【译文】

凄怆地离别了亲爱的朋友，船只泛泛地驶入了茫茫烟雾中。轻快地摇桨向着洛阳归去，晓钟残音还远绕广陵树木。今日在此我与你依依作别，何时何地我们能再次相遇？人情世事犹如江波上的小船，顺流回旋岂能由自己做主！

【赏析】

这首诗写于韦应物离开扬州回洛阳的路上。

诗人对朋友以"亲爱"相称，可见彼此的友谊非常深厚，分别时自然依依不舍；又以"凄凄""泛泛"两对叠字引起，活脱脱刻画出行人初发时的离情别意。不管离人如何悲伤难舍，船终于还是启程了，很快就隐没在迷茫的烟雾之中。

"归棹洛阳人，残钟广陵树"，写向洛阳乘归棹的诗人，回望广陵，只听得残余的钟声从朦胧的烟树中隐约传来，惜别情深，悠悠不尽。船已"泛泛入烟雾"，但诗人还在凝望广陵城外迷蒙的树林，倾听寺庙里传来的残钟声，这其实正是对挚友的依恋，此联以景喻情，言简意深。

诗人望着滔滔流水，不禁感叹道："今朝此为别，何处还相遇？"分别容易重逢难，山长水远音信难通，这后会之期难以预料。

结句即景生情，以波浪中舟行颠簸不定，喻世事之顺逆翻覆，难由自己做主。

全诗写的是眼前景，说的是口头话，道的是意中情，语言平淡，内蕴丰富，正如苏轼所说"寄至味于淡泊"。

秋夜寄丘员外

◎韦应物

怀君属秋夜①，散步咏凉天。
空山松子落，幽人应未眠。

【注释】

① 属：正值。

【译文】

想念你，在秋天的夜晚，独自漫步，吟咏这凉爽秋天。空山寂寂，能听到松子落地的声音，我想，你应该还没入眠。

【赏析】

丘员外，名丹，曾任尚书郎，后隐于临平山。韦应物任苏州刺史期间，和丘丹过往甚密，常有唱和。丘丹在临平山学道时，诗人写此诗以寄怀。

正当秋夜，诗人孤怀寂寞，谁与唱酬，自然忆起良朋好友来，于是在庭院散步之际，吟咏凉秋寄远。想来，丹丘幽居空山，此夜听闻风吹松子落，应该还没成眠，说不定也在吟咏为乐。

首句点明季节是秋天，时间是夜晚，而"秋夜"与怀人恰好彼此衬映。次句紧扣上句，承接自然，写出了诗人因怀人而徘徊沉吟的情景。在三四两句中，诗人任由思绪飞驰，想象丘丹此时的状况。"山空松子落"，遥承"秋夜""凉天"，是从眼前的凉秋夜色，推想临平山今夜的秋色。"幽人应未眠"，则遥承"怀君""散步"，是从自己因怀念远人而徘徊不能寐，推想对方也未眠。这两句虽纯属想象，却是从前两句生发而来，而且极大地深化了前两句的诗情。全诗运用了写实与虚构相结合的手法，使眼前之景与想象之景并列，表达了对友人深深的思念。

诗人以清淡跳脱之笔，从对面落笔，在空灵之境中寄寓高洁情谊，情致委曲。整首诗古雅闲淡，语浅言简却情深意长，给人玩赏不尽的艺术享受。

寄李儋元锡

◎韦应物

去年花里逢君别，今日花开已一年。
世事茫茫难自料，春愁黯黯独成眠。
身多疾病思田里①，邑有流亡愧俸钱②。
闻道欲来相问讯，西楼望月几回圆。

【注释】

①思田里：指想要归隐田园。②邑：指自己管辖的县邑。

【译文】

去年花开时，恰好与你分别；今日又逢花开，不觉已经一年。世事苍茫，难以预料；春日愁绪暗淡，独自入眠。身体衰弱多病，我思念故乡田园；所辖县邑有灾民，愧对朝廷俸钱。听说你要来探望我，西楼望月圆了又圆，却还不见你来。

【赏析】

这是韦应物寄赠友人的诗。诗中感时伤事,希望友人前来探望。

因为是寄赠好友,所以开首二句叙述别离之情,诗人从眼前花开之景追忆到去年与友人花里相别之故事。花开花落,引起对茫茫世事的感叹;春愁黯黯,思友心情自然更深一层。"花开又一年"不仅写出了时光的飞逝,也流露出别后的萧索寥落。"世事茫茫"既是指国家的前途——皇帝逃亡在外;也是指个人的前途——消息不通,情况不明,报国无路。

接着对好友直抒情怀,坦陈自己内心充满了矛盾:因多病想辞官归田,但对民生疾苦仍是念念不忘;看到百姓贫穷逃亡,自己未尽职责,心中觉得愧对自己的俸禄,更做不到一走了之。诗人不是夸赞州郡风土之美,而是关怀民瘼,感伤时世,范仲淹叹为"仁者之言"。

结尾道出今日寄诗的用意,望月相思,希望获得朋友的慰藉和勉励,所以盼望老友前来相聚。

全诗情景融化为一,曲折而有变化,婉约而尽意。

寄全椒山中道士

◎韦应物

今朝郡斋冷①,忽念山中客。
涧底束荆薪②,归来煮白石③。
欲持一瓢酒,远慰风雨夕。
落叶满空山,何处寻行迹④?

【注释】

①郡斋:指作者任滁州刺史时官署中的斋舍。②荆薪:柴草。③白石:葛洪《神仙传》中或有白石先生,说其"常煮白石为粮,因就白石山居,时人故号曰白石先生"。④行迹:指道士的踪迹。

【译文】

今天郡斋里很冷,忽然想起山中隐居的人。你一定在涧底打柴,回来以后煮些清苦的饭菜。想带着一瓢酒去看望你，让你在风雨夜里得到些许安慰。可是秋叶落满空山，在什么地方才能找到你的行迹？

【赏析】

　　这首寄赠诗，是写清秋风雨之夕对全椒山中道士的忆念之情。

　　全诗乍看并无惊人之句，只是从"念"字出发，写因郡斋之"冷"想到在山中苦练修行的道士，想要持酒去慰问，又恐寻不到他。

　　诗的关键就在一个"冷"字。首句既是写郡斋气候的冷，更是写诗人心头的冷——寂寞挥之不去。而在这两种"冷"的合力作用下，诗人想起了山中的道士。接下来，"束荆薪""煮白石"讲述了山中道人的种种活动。诗人念及老友山中修行艰苦，想送去一瓢酒，好让他在这风雨之夜获得一点温暖与安慰。然而诗人又想到，他既是修行之人，自然是云游四方、漂泊无定，何况秋天来了，落叶满山，走过的脚印都给落叶掩盖住了，更不知道该向何处寻找。

　　诗虽是淡淡写来，却使人感到诗人情感上跳荡反复，诗味蕴藉。"落叶满空山，何处寻行迹"句，语入神境，超妙自然，是诗中绝唱。有人说这首诗"一片神行"，是"化工笔"，向来被称为韦诗中的名篇。宋代大诗人苏东坡颇爱此诗，"刻意学之而终不似，盖东坡用力，韦公不用力；东坡尚意，韦公不尚意，微妙之诣也"（施补华《岘佣说诗》）。

赋得暮雨送李曹

◎韦应物

楚江微雨里①，建业暮钟时②。
漠漠帆来重③，冥冥鸟去迟④。
海门深不见⑤，浦树远含滋⑥。
相送情无限，沾襟比散丝⑦。

【注释】

　　①楚江：长江。②建业：今江苏省南京市，古称建业。③漠漠：水气迷茫的样子。④冥冥：形容天色昏暗，细雨蒙蒙。⑤海门：长江入海处。⑥浦树：江边的树。⑦沾襟：指泪水沾襟。散丝：指细雨。

【译文】

长江笼罩在细雨里，建业城正敲响暮钟。烟雨迷茫，船帆显得沉重；暮色昏暗，鸟儿也飞得迟缓。烟雨中，我看不见深远的海门；遥望江边的树木，就好像笼罩着层层烟雾。送别老友，我深情无限，泪水像细雨一样沾湿了衣襟。

【赏析】

这是一首咏暮雨的送别诗。诗人紧扣"暮""雨"的主题，通过眼前的景物来着意加以表现，句句不离"雨"。

首联写送别之地，并通过起句的"雨"和次句的"暮"直切诗题中的"暮雨"二字。"楚江"表明诗人正伫立在江边，这又暗切了诗题中的"送"字。"微雨里"的"里"字，描绘了一个细雨笼罩的场景，为后面"帆来重""鸟去迟"这类现象的出现做了铺垫，既用简洁的笔触勾勒出诗人临江送别的形象，又为全诗涂上了一层灰暗的底色。

中间两联着意写雨：暮雨中舟行江上，船帆沉重，鸟在空中也飞得迟缓了，迷茫中海门深远不见，江边树木含着烟雾。动中有静，静中有动，写景绝妙，给人以身临其境之感，而"漠漠""冥冥""重""迟""深""远"等对雨景的渲染，着意于迷蒙暗淡的氛围，又隐见诗人惆怅惘然的离情绪。

结尾点出送别，用一"比"字将别泪沾襟和纷纷不断的雨丝融合在一起，使全诗一脉贯通，前后呼应，浑然一体。

长安遇冯著

◎韦应物

客从东方来，衣上灞陵雨①。
问客何为来？采山因买斧②。
冥冥花正开③，飏飏燕新乳④。
昨别今已春，鬓丝生几缕？

【注释】

① 灞陵：在今陕西西安市南，因汉文帝刘恒葬于此而得名。

②"采山"句：指冯著此次京城之旅非但没有谋到职位，反而发现前途荆棘满路，尚须买斧辟路。③冥冥：悄然。④飏飏（yáng）：鸟儿轻快飞翔的样子。

【译文】

你从东方回到长安来，衣裳沾满灞陵的春雨。请问你来此为了何故？你说为开山辟地买斧。造化无语，百花正在悄悄盛开，燕子因刚刚哺喂了雏燕而轻快飞舞。去年一别如今又逢春，双鬓银丝添生了几缕？

【赏析】

冯著是韦应物的朋友，他德才兼备，颇有名士之风，却无人赏识，长期沉沦下僚，不甚得意。韦应物在长安遇见他时，大概他倦于仕宦，有归隐林泉之意。这首赠诗，以亲切诙谐的笔调，对失意沉沦的冯著表示了深切的关怀和慰勉。

一二句是说冯著刚从长安以东的地方来，依然可见一身名士兼隐士的风范。

接着，诗人便自问自答，猜想冯著此来长安的目的和境遇。"采山"句为俏皮话。"采山"本是指入山采铜铸钱，这里是打趣冯著来长安是为谋发财，但是只得到了一片荆棘，还得买斧砍除。其中的隐藏含义是说冯著没有谋得一官半职，故心有不悦。作者以诙谐的语气自问自答，显然是想以轻快的情绪冲淡友人心中的郁闷。

"冥冥花正开，飏飏燕新乳"是写眼前的春景，繁花正在悄悄开放，初生的乳燕正在欢快地飞翔。诗人选择这一场景，是为了劝导冯著不要为暂时失意而感到不快和不平。

末句紧承上句而来，以反问勉励友人盛年未逾，还大有可为。

全诗情意深长，生动活泼，以问答方式渲染气氛，在叙事中写景，借写景以寄托寓意，清新明快，委曲婉转，令人回味不尽。

夕次盱眙县

◎韦应物

落帆逗淮镇①**，停舫临孤驿**②。

浩浩风起波，冥冥日沉夕。
人归山郭暗③，雁下芦洲白④。
独夜忆秦关⑤，听钟未眠客。

【注释】

①落帆：将帆落下。逗淮镇：停靠在淮水边的盱眙镇。②驿：古时供邮传人员休息、住宿的地方。③"人归"句：意谓日落城暗，人们均已回家休息。④芦洲白：长满芦苇的沙洲上，白色的芦花正在盛开。⑤独夜：孤独之夜。忆秦关：诗人的故乡在长安，此处谓思念故乡。

【译文】

卸帆留宿淮水岸边的小镇，小舫停靠在孤零零的旅驿旁。大风突起，江上的波浪浩荡；太阳沉落，大地夜色苍茫。山昏城暗，人们都回家安憩；月照芦洲，雁群也落下栖息。夜晚孤独，我不禁想起长安，听到岸上钟声，我无法安然入眠。

【赏析】

盱（xū）眙（yí），在今江苏省，临近淮水。韦应物是长安人，他在德宗建中四年（783）夏天离开长安，秋天到滁州，一路舟行而下，这首诗就作于此时。

诗中写旅途中日暮停船于淮水南岸的盱眙县城，四周景物萧瑟，勾起了思乡之情。

首四句写傍晚遇风，不得不停船止宿。泊船淮水边，驿馆孤独凄清，冷风吹动水波，时间已经是傍晚，一切都暗含着萧索冷寂之意。

其后四句是写夜幕降临，孤客看着"人归""雁下"，在这样的氛围中，不由思念家乡长安了，一夜未眠，"忆秦关"是全诗的中心。

诗人用白描的手法来写景，极为闲淡传神，如"人归山郭暗，雁下芦洲白"句，看是写眼前所见实景，却是渗入了旅客的愁绪，读来颇为动人。而诗人的愁绪与思乡之情全都不动声色地融入了景物描写之中，寓情于景，情景交融，将羁旅愁思烘托得强烈感人。

东 郊

◎韦应物

吏舍跼终年①,出郊旷清曙②。
杨柳散和风,青山澹吾虑③。
依丛适自憩④,缘涧还复去⑤。
微雨霭芳原,春鸠鸣何处⑥。
乐幽心屡止⑦,遵事迹犹遽⑧。
终罢斯结庐,慕陶直可庶⑨。

【注释】

①吏舍:官舍。跼(jú):拘束。终年:一年到头。②"出郊"句:意谓清晨起来到郊外游赏,清爽的曙色使人心中舒畅。③澹(dàn):澄清。虑:思绪。④适:正好。⑤缘:沿着。⑥鸠(jiū):斑鸠。⑦乐幽:对于田园之乐的向往。⑧遵事:例行公事。迹:行迹。遽(jù):匆忙。⑨"慕陶"句:意谓平生因为仰慕陶渊明而想学他归隐田园的愿望也就差不多可以实现了。直:就。庶:几乎,差不多。

【译文】

整年拘束官署之中实在烦闷,清晨出去郊游顿觉精神欢愉。嫩绿的杨柳伴随着春风荡漾,苍翠的山峰淡化了我的思虑。靠着灌木丛自由自在地憩息,沿着涧流旁任凭意愿地徘徊。芳香的原野落着迷蒙的细雨,宁静的大地到处是春鸠鸣啼。本爱长处清幽屡次不得如愿,只因公务缠身行迹十分匆促。终有一日罢官归隐在此结庐,平生羡慕的陶潜隐逸生活差不多可以实现了。

【赏析】

这首诗是韦应物任滁州刺史时所作。写春日清晨郊外出游的情景,深恨为衙署公务所拘束,不能遂罢官归隐的心愿。先说终年局促在官署中,一到郊外,"杨柳散和风,青山澹吾虑",大自然的风光让人心旷神怡,"澹吾虑"三字写出其快乐的情感。之后四句正面写郊游中或行或止的情形，见芳草地"微雨"迷蒙，听见"春鸠"鸣叫，点明春景。末尾四句是即景生情，直接抒发了对陶渊明所过隐居生活的向往。作者善于摄取平常景色，描绘出春日美丽的大自然风光，与陶渊明诗句"久在樊笼里，复得返自然"同一旨趣。

送李端

◎卢　纶

故关衰草遍①，离别自堪悲。
路出寒云外，人归暮雪时。
少孤为客早②，多难识君迟。
掩泪空相向，风尘何处期③？

【注释】

①故关：故乡。②少孤：指自己从小丧父。为客早：意谓从很早的时候便开始了漂泊的生活。③风尘：纷乱的世道。何处期：不知后会何期。

【译文】

故乡衰败野草遍地，就要分别真叫人伤悲。你踏上去路，走向寒云之外，傍晚回来，正值大雪纷飞。我少年丧亲，很早就做客异乡，患难中认识你，只叹相见太迟。掩面哭泣，空对你离开的方向，世事纷繁，不知何时才能相会。

【赏析】

卢纶、李端都属于"大历十才子"之列，两人交谊深厚，一旦相别离，自是"堪悲"。而相送之地偏又是遍地衰草的故乡，加上严冬的寒云暮雪，一派肃杀的景象，而路遥人凄凉，景语尽成情语。首联从故乡衰草落笔，写送别的环境气氛，在这样凄凉的环境中送别故人，离愁别绪自然更加深重。"离别自堪悲"写得平直、刻露，但因为是紧承上句而来，故不但不显平淡，反而提挈全篇，奠定了深沉感伤的基调。

回忆以往，两人识交于做客多难之中，一"早"一"迟"，属对工稳,语切情真,有相见恨晚之意,悲凉回荡不已。这两句不仅是感伤个人的身世飘零,也间接反映出时代的动乱以及人们在乱世中飘零无依的生活,感情沉郁。

一别之后,天下风尘扰扰,不知以后何时能够再相会,故诗人回忆完不胜伤感的往事之后,越发依依不舍,却只能站在送别之地,徒然地对着友人远去的方向,掩面而泣。

诗以"悲"字贯穿全篇,句句扣紧主题,抒情多于写景,基调悲凉,哀婉感人。

塞下曲六首(其一)

◎卢 纶

鹫翎金仆姑①,燕尾绣蝥弧。
独立扬新令,千营共一呼。

【注释】

① 鹫(jiù)翎:指用雕的羽毛做的箭羽。

【译文】

腰系雕羽制的神箭金仆姑,蝥弧旗如燕尾迎风飘展。将军巍立,下达新命令,千军万马众口一声。

【赏析】

诗题一作《和张仆射塞下曲》,一组六首,此选了前四首。这首写将军动员出发时的情景,很有声势。前两句渲染弓箭旗帜,足见军营装备精良、军容整肃。将军独立高处发号施令,全军齐声响应,声震山河,显出将军凛凛威风和上下同心的雄壮士气。令前着一"新"字,暗示将军对敌情的变化了然于胸,熟习战法。语言精练,有如一沙一世界,寥寥二十字中,包容了千军万马出征前誓师的浩大壮观的场面。

塞下曲六首（其二）

◎卢　纶

林暗草惊风，将军夜引弓。
平明寻白羽，没在石棱中。

【译文】

深林黑暗，疾风惊动草丛，将军在夜里拉弓。天刚亮，就去搜寻昨夜箭羽，却发现，整个箭头都射入石中。

【赏析】

塞下曲，古代歌曲名，多是描写边境风诗。本首开篇即以"暗"点出野营区域深林繁盛蓊郁和天色已晚，"草惊风"渲染出隐隐然似有老虎潜行草木为之纷披之状，着一"惊"字，见出一片紧张异常的气氛，也暗示了将军是何等警惕，为下文"引弓"做了铺垫。一惊之后，将军敏捷地搭箭引弓，不失从容镇定。天明寻箭，竟"没在石棱中"，足见将军的神勇有力，让人不由得联想起战场上他将是何等英勇善战。

塞下曲六首（其三）

◎卢　纶

月黑雁飞高，单于夜遁逃①。
欲将轻骑逐，大雪满弓刀。

【注释】

① 单（chán）于：本指匈奴的首领，此指入侵者。

【译文】

没有月亮，大雁飞得很高，单于在夜里向北奔逃。正要率领轻骑兵前去追赶，却见大雪纷纷，刹那间落满铁弓和弯刀。

【赏析】

月黑雁飞,匈奴单于趁机夜遁逃跑,自可想知双方鏖战,唐军得胜,单于被围已久。将军带领轻骑追击穷寇,而刹那间雪花落满弓刀,可见漠北边塞之严寒和边防之不易。诗人善于纳实涵虚,写出实景,渲染出气氛,述雪夜破敌,在短短四句中容下边塞防战的无边风云气象,气魄雄伟,音调响亮。诗以"大雪满弓刀"婉转作结,而追击穷寇与否及后事如何则淡出画面,在瞬间之象中寓无尽之意,底蕴深厚,令人品味不尽。

塞下曲六首(其四)

◎卢 纶

野幕敞琼筵,羌戎贺劳旋。
醉和金甲舞,雷鼓动山川。

【译文】

野外的营帐,摆起酒宴,是为了庆贺征羌戎的将士凯旋。穿着铠甲欢醉起舞,擂鼓声震荡连绵山川。

【赏析】

大战凯旋,在郊野的营帐中摆下精美筵席。不仅三军将士庆贺,就是羌戎异族也前来庆贺助兴,其巩固边防而战符合边区各民族的共同利益。将士乘着酒兴,不及脱下铠甲而起舞,鼓乐声震天动地,席间热烈欢腾的场面无不历历在目,令人感奋。诗人抓住奏凯庆筵这样的典型事例来加以生动描写,语言精练含蓄,音韵铿锵有力,情态活跃鲜明,为写边塞军营生活的杰作。

晚次鄂州

◎卢 纶

云开远见汉阳城,犹是孤帆一日程。

估客昼眠知浪静①,舟人夜语觉潮生②。
三湘愁鬓逢秋色③,万里归心对月明。
旧业已随征战尽④,更堪江上鼓鼙声⑤!

【注释】

① 估客:商人。② 舟人:船家。③ 三湘:漓湘、潇湘、蒸湘的总称。④ 旧业:指家中产业。⑤ 鼓鼙(pí):指军鼓。

【译文】

云开雾散,已能望见汉阳,即便这样,坐船也得一天路程。商人白天睡觉,因知风平浪静;船夫晚上呼喊,是觉水涨潮生。三湘秋色,映衬斑白双鬓;离家万里,凝望明月归心更盛。老家的产业,已被战争毁尽,哪能忍受再听到江上的鼓鼙声。

【赏析】

这首诗原注为"至德(756—758)中作",其时正在安史之乱中,又逢永王李璘发动兵变,导致江淮大乱。在这样的时代背景下,卢纶曾避乱鄱阳,此诗当是他在乱后返乡,路过三湘,由鄂州(今湖北武昌)发船到汉阳期间所作。

"估客昼眠知浪静,舟人夜语觉潮生"一联细致真切地刻画了船上白天和夜晚的情景,上句动中写静,下句静中写动,神思在轻浪夜语中回旋,渐次盈满,引出后半的浩叹。路经三湘正逢秋,万里归心似箭,但田园家业已经在战乱中丧失殆尽,无家可归,舟行江上又听见阵阵鼓鼙声,更觉不堪。

这首诗只截取漂泊生活中的一个片断,却集中反映了广阔的社会背景,流露出厌战、伤老、思归之情,倍觉深沉。

喜见外弟又言别

◎李 益

十年离乱后①,长大一相逢。
问姓惊初见,称名忆旧容。

别来沧海事②,语罢暮天钟。
明日巴陵道③,秋山又几重。

【注释】

①十年离乱:指安史之乱。②沧海:比喻世事变化巨大,有如沧海变桑田、桑田变沧海那样。③巴陵:今湖南省岳阳市,即诗中外弟将去的地方。

【译文】

十年安史之乱后,已长大的我们,在异地相逢。初见时,问你姓名使我惊讶,口念名姓,回忆你的面容。分别后历经沧海桑田,长谈完,已到寺院敲响暮钟。明天,你就要踏上巴陵古道,不知又要隔秋山几重。

【赏析】

外弟,就是表弟。这首诗直抒与外弟暂会又别的叹惋之意、惜别之情,有伤乱感时之慨。

十年离乱后。各自长大了,外形自然改变极多。偶然相逢在一起,先问到姓氏,心里已经有些惊疑了;等到说出名字,立即想起旧容,不禁化惊为喜。"问姓惊初见,称名忆旧容"是人人在世事无常下常会遇到的情形,也是人人心中所欲言而不能言的,诗人以家常话的方式脱口而出,令人觉得格外亲切有味。

后半写"又言别"。乱离时代沧海横流,处处难安,几乎每个普通人都处于颠沛流离之中,多少事难以尽述,而"语罢"于暮色钟鸣。

"明日"点出二人聚散匆匆,"巴陵道"提示了表弟远行的去向。"秋山又几重",只用群山阻隔的画面便形象地把新的离别场景展现在读者面前。用"秋"形容"山",在点明时令的同时,又隐含着后会难期的惆怅心情。结句不直接说别而别意自见,神韵自然。

从由惊而喜的久别忽逢,到由喜入悲的匆聚又别,再现了乱离中人生聚散无常的典型场面,抒发了真挚的至亲情谊,读来亲切感人。沈德潜说它是"一气旋折,中唐诗中仅见者"。

江南曲

◎李　益

嫁得瞿塘贾①，朝朝误妾期。
早知潮有信②，嫁与弄潮儿。

【注释】

① 贾：商人。② 潮有信：潮水涨落有一定的时间，叫"潮信"。

【译文】

我嫁给一个瞿塘商人，他常常延误约定的归期。早知潮水涨落定时守信，不如嫁给随潮来去的健儿。

【赏析】

这是一首闺怨诗。在唐代，以闺怨为题材的诗主要有两大内容：一是思征夫词；一是怨商人语。这是有其历史原因和社会背景的。由于唐代疆域辽阔，边境多事，要征调大批将士长期戍守边疆，同时，唐代商业已很发达，从事商品远途贩卖、长年在外经商的人日见增多，因而作为这两类人的妻子不免要空闺独守，过着孤单寂寞的生活。这样一个社会问题必然要反映到文学作品中来，而抒写她们怨情的诗也就大量出现了。

商人重利轻离别，屡屡失约延期不归。女主人公常常独守空闺，怨丈夫一去不归，还不如潮涨潮落定时守信，结果竟发痴想，还不如嫁给弄潮儿呢。看似轻薄荒唐，实际是常年苦苦等候而终究失望的满腔怨恨。怨之深，是源于情之切，从"早知"二字，可见商妇并非妄想他就，而是望夫不至之痴情痴语。诗的构思很巧妙，通篇都是女主人公的心理活动，语言真切直率。

列女操

◎孟　郊

梧桐相待老①，鸳鸯会双死。
贞妇贵殉夫，舍生亦如此。
波澜誓不起②，妾心井中水。

【注释】

①梧桐：梧为雄树，桐为雌树。②"波澜"句：意谓心中不会再起波澜。

【译文】

雄梧雌桐枝叶覆盖相守终老，鸳鸯水鸟成双成对至死相随。贞洁的妇女贵在为丈夫殉节，为此舍生才称得上至善至美。对天发誓我心永远忠贞不渝，就像清净不起波澜的古井水！

【赏析】

《列女操》为乐府旧题，属《琴曲》歌词。列女即烈女，操为《琴曲》体裁之一。这是一首颂扬贞妇烈女的诗。

唐代的妇女虽然较为自由，但也讲究礼法，其主要的道德教育是恪守妇道，谨行三从四德。有关女子家教的书很多，如《列女传》《孝女传》《女论语》《女诫》等。即使是皇室公主，亦颇受礼教影响，不乏尽心尽力相夫教子、侍奉公婆者。比如肃宗女儿和政公主，安史之乱时备尝艰辛，躬操饮食，并教育诸子俭素、不服纨绮。

篇首以梧桐偕老和鸳鸯双死来起兴，引出贞妇的殉夫。结句是烈女的自誓：我心如古井水，永远不再起波澜。下语斩绝，足见其守节不嫁的一片贞洁之心。

关于此诗内容，有人认为诗人在其中有所寄托，即借烈女之心性坚贞，表达诗人志洁行廉、不为浮靡所动摇的品行。

游子吟

◎孟 郊

慈母手中线,游子身上衣。
临行密密缝,意恐迟迟归①。
谁言寸草心②,报得三春晖③。

【注释】

①意恐:担心。②寸草心:以萱草来表达子女的孝心。寸草:萱草。萱草是我国传统的母亲花。③三春晖:春日温暖的阳光。比喻母爱的温暖。三春,春季的三个月。旧称农历正月为孟春,二月为仲春,三月为季春,是为三春。晖:阳光。

【译文】

慈祥的母亲手里把着针线,为即将远游的孩子赶制新衣。临行时她忙着将儿子的衣服缝得密密实实,又担心孩子此去难得回归。谁能说以萱草表达孝心,可报答春晖般的慈母恩惠?

【赏析】

孟郊早年漂泊不定,窘困潦倒,直到五十岁时才做了溧阳(江苏南方)县尉。本篇题下作者自注:"迎母溧上作",正是他居官溧阳、迎接母亲裴氏时所作。这首小诗主要描写深挚的母爱。

慈母为即将远行的游子赶制衣衫,因为担心儿子迟迟难归,所以把衣服缝得密密实实的。对于孟郊这样一位常年颠沛流离、居无定所的游子来说,慈母缝衣的普通场景已经在他心中永远定格。没有多余的语言,也没有感动的泪水,慈祥的母爱,正是从这日常生活中最普通的场景中流溢而出,撩动着每一位读者的心弦,激起了强烈的共鸣。语言朴素自然,亲切感人。

这种密切真挚的母爱,做儿子的哪能报答得完呢?"谁言寸草心,报得三春晖"是前四句的升华,诗人出以反问,用通俗形象的比兴,加以悬绝的对比,意味尤为深长,感情愈发淳厚深挚。这两句寄托了一片醇厚真挚的赤子之情:母爱就像春日暖阳般厚博,寸草的小小孝心又怎么报答得了呢?

诗人宦途失意,饱尝人情冷暖,便越觉出亲情的可贵。这首诗情真意切,仿佛从心田自然流露出来,在清新流畅、淳朴素淡的语言中,饱含着浓郁醇美的诗味,千百年来拨动多少读者的心弦,引起万千游子的共鸣。《载酒诗话》称此诗"为全唐第一"。

题都城南庄

◎崔　护

去年今日此门中,人面桃花相映红①。
人面不知何处去,桃花依旧笑春风②。

【注释】

①人面:姑娘的脸。第三句中"人面"指代姑娘。②笑:形容桃花盛开的样子。

【译文】

去年的今天,在这长安南庄的一户人家门口,姑娘美丽的面庞和盛开的桃花互相映衬。今年的此日,那含羞的面庞不知去哪里了,满树桃花依然含笑盛开在和煦春风中。

【赏析】

诗题中的"都"指唐朝的京城长安。据孟棨《本事诗》记载,崔护因举进士落第,在清明日独自踏青游玩到都城南庄,口渴向一户人家求饮。一女子给他端来一杯水,倚在正开花的小桃树边看他,姿容甚美。第二年清明,崔护忆及当时情景,情不可抑,遂前往探寻,可门户上锁无人,于是在门上题写了此诗。

诗的前两句是追忆往昔的情景。"人面桃花相映红",历来被认为是传神描绘,灼灼桃花和少女美丽的容颜交相辉映,将对人的喜爱和对桃花的赞美交叉叠合在一起,形成了最美丽动人的一幕。

后两句是感叹今日重寻不遇。桃花依旧迎风含笑开,而人面却杳然不见。"依旧"二字,含有无限惆怅。

诗人通过今昔时间相同、桃花相同而人不见的映照对比,形成前后呼应、回环往复之妙,曲折地表达出美好回忆和无限怅惘交织的复杂思绪。

"人面不知何处去,桃花依旧笑春风"一句,因其以看似简单的人生经历道出了无数人都似曾有过的共同体验,而成为千古传诵的名句。

岭上逢久别者又别

◎权德舆

十年曾一别,征路此相逢。
马首向何处?夕阳千万峰。

【译文】

十年前曾匆匆一别,如今竟然在征途中相逢。暂逢又别,马儿将向何处去?夕阳的余晖洒满了千万山峰。

【赏析】

十年不见,今日却出乎意料地在路上碰见,可谓喜出望外。两人间该有多少事要相互问答,该有多少沧桑变化要细细详谈,但是二人却没有,只因为他们在征路上。

一二句淡淡道出双方"十年"前的"一别"以及此刻在"征路"上的"相逢"。作者称对方为"久别者",这说明双方可能并非挚友。一般情况下,泛泛之交间的别后重逢很难留下深刻的印象,但中间隔了十年的漫长岁月,很容易引发对于人事沧桑的感慨。

这首诗的重点不是抒写久别重逢的感慨,而是重逢后又一次匆忙别离。匆匆之间,有再多的话也不容细说,只能问一句:这又要到哪里去?这个问句堪称妙笔,重逢之短暂、再别之匆匆的情景,跃然目前。久别重逢,旋即又别,该有多么遗憾、惆怅啊。诗人却没有直接写作别双方的表情、语言、动作、心理,而是描绘了一幅深山夕照的情景,而在这幅图画中却尽染了诗人无限的情思,带上了黯然神伤的意味,有着余韵不尽的艺术效果。

这首二十字的小诗,没有一个难字,没用一个典故,整篇都是朴素平淡的语言,却蕴含着隽永的情韵,有着不事雕琢的天然风味。

宿王昌龄隐居

◎常　建

清溪深不测①,隐处唯孤云。
松际露微月②,清光犹为君③。
茅亭宿花影④,药院滋苔纹⑤。
余亦谢时去⑥,西山鸾鹤群。

【注释】

①深不测:指清溪之水流入山林深处,不见尽头。②"松际"句:意谓月儿刚刚升上松树梢头。③"清光"句:意谓月光犹自为君而来。④宿花影:意谓夜已深沉,花影如眠。⑤药院:长着芍药的庭院。滋:滋生。⑥谢时:辞别俗世。

【译文】

清溪之水流入山林深处,隐居之处只有孤云。松林中间明月微露,似为郎君洒下清辉。茅亭花影睡意正浓,芍药园圃滋生苔纹。我也想要谢绝世俗,来与西山鸾鹤为群。

【赏析】

开元十五年(727),常建与王昌龄同榜登科。常建曾寓居鄂渚(今湖北武昌),以诗招王昌龄同隐。这首诗通过寄宿者之眼来观察王昌龄隐居的地方,开头两句写王昌龄隐居之所在,用一"唯"字,表明除了孤云外,没有别的俗物。中间四句写夜宿此地,选取了松间月、茅亭花影、药院苔纹等景色,写出了夜景之清幽,如出尘表。

其中"茅亭宿花影,药院滋苔纹"两句对仗工整,炼字精准,"宿""滋"字是全诗"诗眼"所在。最后两句写自己心生向往,想要离开俗世归隐,和西山的鸾鹤为群,这可说是情随境迁。

此诗冲淡秀丽,神清气朗,境界幽远,在盛唐时就被誉为山水诗名篇,到了清代更是受到"神韵派"的推崇。

题破山寺后禅院

◎常 建

清晨入古寺,初日照高林。
曲径通幽处,禅房花木深。
山光悦鸟性①,潭影空人心。
万籁此俱寂②,但余钟磬音。

【注释】

①悦:这里用作动词,意思是使之愉悦。②万籁:自然界的各种声响。籁,凡是能发出音响的孔穴都叫"籁"。这里指自然界的一切声音。

【译文】

清晨来到破山古寺,朝阳照耀着高高的山林。竹林小径通向幽静之所,禅房藏在花木深处。山光秀丽,愉悦了鸟儿的性情;潭影清澈,使人心中杂念荡尽。一切声响都在此泯灭,只听到寺院的钟磬之音。

【赏析】

破山寺,在今江苏常熟虞山(破山)北,始建于南朝齐时。这首诗描写清晨游破山寺后禅院的观感,抒发了寄情山水的隐逸胸怀。

首二句为流水对。"清晨"点明出游的时间,"入古寺"点明地点。下句紧扣"清晨"描绘出寺院的全景:初生的旭日映照着高林,突出了寺院的清幽和宁静。

以下六句为一路迤逦行来所见所闻,愈转愈静。后禅院是寺庙中幽深安静之处,"曲径通幽处,禅房花木深"这两句写由幽径至禅房深处,似乎读者也被带领着从平易中进入胜景,其清幽美妙,令人惊叹、陶醉。欧阳修很喜欢这两句,"欲效(常)建作数语,竟不能得,以为恨"。而接下来的"山光悦鸟性,潭影空人心"更是警策,它紧承上联,用一"悦"字写鸟因山光焕发而飞鸣欢唱;用一"空"字写人见潭水清澈映着倒影,心境空灵。上句表面上是写山光使飞鸟愉悦,实际上是诗人愉悦心情的反映,因景生情,含蓄隽永。

尾联是对上一联的补充,写由空入定,唯闻佛寺钟磬之音。这是以动衬静的写法——山中只有钟磬声在回荡,才愈发映衬出山寺万籁俱寂的宁静氛围。

全诗通体幽绝,兴象深微,笔笔超妙,万象俱化作禅意,读后令人尘气顿消。

没蕃故人

◎张 籍

前年伐月支①,城下没全师②。
蕃汉断消息,死生长别离。
无人收废帐③,归马识残旗。
欲祭疑君在,天涯哭此时。

【注释】

①伐:指出征。月支:西域国名,此代吐蕃。②没:覆没。全师:全军。③废帐:遗弃的帐篷。

【译文】

前年,你去戍守月支,却全军覆没在城下。从此,蕃汉断绝了消息,我与你,便永久别离。没有人去收拾废弃的营帐,只有归来的战马,认得残破战旗。想祭奠你,却疑心你还活着,此时,我只能朝着天边哭泣!

【赏析】

此诗是悼念为征战覆没于吐蕃的故人而作,流露出非战思想。从戍守吐蕃到全师覆没,因消息断绝而不知其生死。唐朝开边征战中常有将领对败绩隐瞒不报的情形,故诗人现今方知"前年"全军覆没的消息,才有了后面的过期追悼,增添了全诗的悲剧色彩。"无人收废帐,归马识残旗"为诗人想象之词,真切地描写了战地荒凉惨烈的景象,令人触目惊心。诗人欲要祭祀,却又存侥幸心理,幻想友人能生还,这种且惊且痛且疑的复杂心情,读来让人愈觉惨痛。俞陛云在《诗境浅说》中评说:"诗为吊绝塞英灵而作,苍凉沉痛,一篇哀诔文也。"

节妇吟

◎张　籍

君知妾有夫,赠妾双明珠。
感君缠绵意,系在红罗襦①。
妾家高楼连苑起,良人执戟明光里②。
知君用心如日月,事夫誓拟同生死。
还君明珠双泪垂,恨不相逢未嫁时。

【注释】

①襦:短衣,短袄。②明光:指汉代明光殿。泛指宫殿。

【译文】

君子你知道我是有夫之妇,却赠给我一双明珠。十分感念你缠绵的情意,就把明珠系在红罗襦上。我家高楼苑围一排排,丈夫是守卫皇宫的大将。知道你的用心有如日月,但我已经发誓要和丈夫同生共死。奉还你的明珠,双眼泪涟涟,恨没能在未出嫁前与你相逢。

【赏析】

安史之乱后,唐朝出现了藩镇割据的局面。这些藩镇的节度使据地自雄,独揽一方的军政财权,不受中央政令管辖。他们为了扩张自己的势力,还用各种手段拉拢文人和中央官吏。本篇题下注云:"寄东平李司空师道",李师道是当时藩镇之一的平卢淄青节度使,兼有检校司空、同中书门下平章事的头衔,其势炙手可热。他以币聘请张籍前往,张籍在此诗中以忠贞不贰的节妇自比,委婉而坚决地拒绝了他的政治拉拢。

从题面上来看,此诗描写了一位忠于丈夫的妻子,在经过一番思想斗争后终于拒绝了一位多情男子的追求,风情无限,富有民歌的风味,极古调之极致。在喻义层面上看，它表达了作者对朝廷忠贞不贰的决心。"君"指李师道，"妾"是张籍自比，"良人"则指中央政府，"双明珠"比喻李师道拉拢作者为之效劳的各种手段，也就是显赫的名声地位以及富贵荣华等。作者经过慎重考虑，恪守了"富贵不能淫"的节操，像一位节妇那样委婉地拒绝了对方的引诱。但李师道权势滔天，而且嚣张跋扈，对不服从和反对他的人一律不择手段地加以翦除，诗人并不想得罪他，因此没有用强硬的态度断然拒绝，而是写了这首诗，委婉而巧妙地回拒了他。

全篇将人物的心理刻画得十分细腻，虽是拒人于千里之外，却人情入理，委婉熨帖。

左迁至蓝关示侄孙湘

◎韩　愈

一封朝奏九重天，夕贬潮州路八千。
欲为圣明除弊事，肯将衰朽惜残年！
云横秦岭家何在？雪拥蓝关马不前。
知汝远来应有意，好收吾骨瘴江边。

【译文】

早晨给皇帝上奏了一封进谏的表章，晚上就被贬官到八千里外的潮州。想要为皇上革除朝政弊端，哪能因衰老就吝惜自己残余的生命。云雾横阻秦岭，我的家在哪里？大雪阻塞蓝关，连马都不肯向前走。知道你远道而来相送的深意，正好在瘴江边收敛我的尸骨。

【赏析】

韩愈一生提倡道统，以辟佛老为己任。宪宗元和十四年（819）正月，他因力谏宪宗"迎佛骨入大内"而上《论佛骨表》触犯"人主之怒"，几被定为死罪，经裴度等人说情，方才由刑部侍郎贬为潮州刺史。他出长安经过秦岭蓝关，其侄孙韩湘赶来送行。于是他写下此诗。首联直接写自己获罪被贬。"朝奏"而"夕贬"，可见祸殃之速疾，而且一贬就是八千里，可见君恩之寡薄。颔联剖白忠心是为了"除弊事"，并以

"肯将衰朽惜残年"展现出他老而弥坚、义无反顾的豪情。颈联就眼前景抒情,仓促远行,回顾来路云横不见家,瞻望前路艰危马尚难前,暗寓了念阙之情和迁谪之感。结语沉痛而稳重,他从容地向侄孙交代后事,因为君子以死得其所为幸。整首诗将叙事、写景、抒情融合为一。笔势纵横、开合动荡,情感深厚抑郁,风格近似杜甫的沉郁顿挫。

题楚昭王庙

◎韩 愈

丘坟满目衣冠尽,城阙连云草树荒。
犹有国人怀旧德,一间茅屋祭昭王。

【译文】

满眼累累的坟丘,昔日的贵胄士大夫都早已作古;高耸入云的城楼隐没在荒草树木之中。还有遗民怀念昔日楚昭王的恩德,一间茅屋中祭奠着他的英灵。

【赏析】

元和十四年(819),韩愈因谏迎佛骨触怒宪宗,被贬为潮州刺史,途中经过湖北宜城境,见到楚昭王庙,感慨之下作此篇。

楚昭王曾率兵击退入侵的吴兵,保全了楚国,是楚国的中兴之主。但世事变迁,当年的世家大族早已烟消,韩愈此刻眼前所见只剩下累累丘坟;昔日的高大城阙虽然还在,但是已经隐没在荒草树木之中。一片残败荒凉。"丘坟"与"衣冠","城阙"与"草树"形成对比,衬出昔盛今衰、物去人非的变迁之感。这两句既有近景,也有远景,却无不给人以荒凉萧瑟之感。

然而,即便楚昭王庙已是今非昔比,却"犹有国人怀旧德,一间茅屋祭昭王",这句话颇耐人咀嚼。前两句是为了反衬后两句,指出楚昭王保全楚国,使人民免于异国的欺凌,人民感怀他的恩德,历经时间的变迁,仍有人祭奠着他的英灵。

诗人俯仰古今,气势劲朴苍莽,寄慨深远。

蜀先主庙

◎刘禹锡

天地英雄气,千秋尚凛然。
势分三足鼎,业复五铢钱①。
得相能开国,生儿不象贤②。
凄凉蜀故妓,来舞魏宫前③。

【注释】

①"业复"句:王莽篡汉后曾废汉币五铢钱,至光武帝时得以恢复。这里指匡复汉室。②儿:指刘禅。③"凄凉"两句:蜀汉降魏后,刘禅迁至洛阳,被封为安乐公。一天,魏太尉司马昭宴请他,让蜀国女乐在他面前歌舞,以看他的反应,当时蜀国旧臣都感伤不已,只有刘禅嬉笑自若。

【译文】

刘备的英雄气概,顶天立地。几百年了,威风到现在都还在。三分天下,成就鼎足之势,立誓要匡复汉室基业。得到贤相的辅佐,开创蜀国,有子阿斗,却不是圣贤。凄凉啊,蜀汉宫廷的歌妓,如今却欢舞在魏王宫殿前。

【赏析】

这首诗是刘禹锡任夔州刺史时作,他以高度概括的语言赞颂刘备一生的业绩,对于刘禅的昏庸亡国,表示深深的谴责和极大的惋惜。开首四句写先主刘备的英雄,何等的气概。他三分天下有其一,复兴汉室,千载以下还令人肃然起敬。颈联承上启下,他得到贤相诸葛亮辅助开创了蜀国,可后主刘禅却不像他那般贤明,子隳父业,令人叹惋。尾联写蜀故伎在魏官前为亡国的刘禅表演歌舞,更是让人慨叹不止。诗人陈古在于刺今,唐代曾有过贞观、开元之治的鼎盛时期,安史之乱后却国运衰微、江河日下,写此诗以垂诫当世。

西塞山怀古

◎刘禹锡

王濬楼船下益州①,金陵王气黯然收②。
千寻铁锁沉江底,一片降幡出石头③。
人世几回伤往事,山形依旧枕寒流。
今逢四海为家日,故垒萧萧芦荻秋④。

【注释】

① 王濬(jùn):西晋时期著名将领。② 金陵:今江苏南京,三国时吴国建都于此。③ 石头:石头城,故址在今江苏南京清凉山,吴孙权时筑。④ 故垒:旧时的城垒。

【译文】

王濬的楼船从益州顺江东下,金陵的帝王瑞气黯然收聚。吴国的铁锁被烧沉江底,一面降旗悬挂上城头。人世几复兴亡,多少伤心往事,西塞山却依旧枕着江流。如今天下太平四海一家,秋风中旧垒萧瑟长满芦荻。

【赏析】

刘禹锡借西晋东下灭吴的历史事实以明事理,于胜败相形中揭示出终归统一的历史潮流,说明山川形势不足恃,"千年铁锁"防敌有如儿戏,决定历史盛衰兴亡的在于人事。诗人由咏叹历史兴亡折回眼前,山川风物依旧,可是人事变化频繁,今日四海为家,天下统一,而"故垒萧萧"的悲凉陈迹含有警示告诫之意。当时唐王朝平定藩镇已初见成效,但仍潜藏着叛乱的危机。诗人写此诗吊古抚今,用笔深曲,含蕴无穷。

乌衣巷

◎刘禹锡

朱雀桥边野草花,乌衣巷口夕阳斜①。

旧时王谢堂前燕，飞入寻常百姓家。

【注释】

① 斜：发"霞"音。

【译文】

朱雀桥边，野草仍自在开花，乌衣巷口，又见夕阳西下。当年王、谢家堂前飞舞的紫燕，如今却飞入平常百姓的家。

【赏析】

燕入旧巢而居人已换，王谢两家豪门贵族。已经化作寻常的百姓人家了。"旧时""寻常"两词中寄寓了历史盛衰兴亡的无限沧桑之感，用笔婉曲有情致。诗以"野草花""夕阳斜"涂抹背景，以燕栖旧巢唤起人们的想象，构思巧妙不落俗套，语虽极其浅显，却自有其深意所在。

春　词

◎列禹锡

新妆宜面下朱楼①，深锁春光一院愁。
行到中庭数花朵，蜻蜓飞上玉搔头②。

【注释】

① 宜面：指妆与面色搭配得恰到好处。② 玉搔头：玉簪。

【译文】

宫女打扮脂粉匀称，走下红楼；春光虽好，但庭院深锁，怎不怨愁？来到庭中点数花朵，遣恨消忧；蜻蜓飞来，停在她的玉簪上头！

【赏析】

一位美丽的宫人粉脂宜面，新妆初成精心打扮停当后，款步走下朱楼，却是庭院深锁，无人前来见赏，眼前虽是一片大好春光，却只能触目生愁。宫人在愁中百无聊赖，步到中庭数花解闷。"蜻蜓飞上玉搔头"结得很妙，蜻蜓飞上玉簪。可见其人凝神伫立如痴的光景，又反照出新妆之美，引得蜻蜓偏爱相顾。全诗的题眼为"一院愁"，诗人捕捉到新妆宜面、数花朵、蜻蜓驻簪这些细微的情节，层层婉曲地写出宫人为谁妆饰为谁妍丽的幽怨。

草

◎白居易

离离原上草①，一岁一枯荣。
野火烧不尽，春风吹又生。
远芳侵古道，晴翠接荒城②。
又送王孙去③，萋萋满别情④。

【注释】

① 离离：形容草长得茂盛。② 晴翠：指阳光下草色翠绿鲜亮。③ 王孙：游子。《楚辞·招隐士》有："王孙游兮不归，春草生兮萋萋。"④ 萋萋：茂盛的样子。

【译文】

浓密的野草长满古原，一年一度枯萎，一度繁荣。天降的大火，也烧不完它，只要春风一吹，就又生长出来。远处芳草，淹没了古老驿道，晴空之下，青草绵延到荒城。又送游子离去，芳草萋萋，堪比满腹离情。

【赏析】

诗题一作《赋得古原草送别》，早在《楚辞》中，人们就将春草和离别之情联系起来了。这首诗就是以长而茂盛的原上草来比喻不尽的别离之情。"野火烧不尽，春风吹又生"两句，形成自然的流水对，形象生动地表现了春草生生不已的顽强生命力，也表达了对于新生事物的赞颂，成为传之千古的绝唱。"远芳""晴翠"使"古道""荒城"充满了盎然的生机。尾联化用《楚辞》中的典故，表明送别的情谊犹如繁盛的春草一样绵延不绝。诗歌借咏物而抒发别情，融情于景，意境浑成。据载，此诗是白居易十六岁时的应考习作，他凭借此诗受到顾况的延誉，声名大振，从而在长安站稳了脚跟。

后宫词

◎白居易

泪湿罗巾梦不成,夜深前殿按歌声①。
红颜未老恩先断,斜倚熏笼坐到明②。

【注释】

①按歌声:打着拍子歌唱。②熏笼:香炉上的罩笼。

【译文】

泪水沾湿罗帕,不能入眠,夜深了,前殿还传来有节奏的歌声。客颜未老,恩宠已断,她斜靠熏笼,怔怔独坐到天明。

【赏析】

这首诗是代宫人所作的怨词。

诗的主人公是一位一心盼望君王临幸而不得的宫女,前两句写她夜深垂泪不能成寐,却闻得前殿歌声欢快热闹,一静一喧对比十分强烈,反映出两种不同的生活、不同的心境。

如果这位女子已经是人老珠黄,或许也不会觉得这种孤独寂寞的生活是如此难以忍受,偏偏她青春犹在、"红颜未老",这样的处境,不由让人心生感慨:红颜尚未衰老而君已经爱弛恩断;夜深梦不成,只好斜倚熏笼取暖,独坐至天明。

全诗由希望转到失望,最后转到绝望;由现实进入幻想,最后跌入现实,细腻地刻画了失宠宫女千回百转的心理状态,语言明快自然,情感真切而多层次,倾注了诗人对不幸者的深挚同情。

问刘十九

◎白居易

绿蚁新醅酒①,红泥小火炉。

晚来天欲雪，能饮一杯无？

【注释】

①绿蚁：指浮在新酿的没有过滤的米酒上的绿色泡沫。醅（pēi）：没有过滤的酒。

【译文】

新米酒，泛着微绿泡沫，温在小小的红泥火炉上。傍晚，要下雪了，能否留下，与我共饮一杯？

【赏析】

黄醅酒可能是唐代文人常饮的普通酒。"醅"是指没有过滤的酒，大多带着酒糟，临饮时要进行压榨或者过滤。而诗中的"绿蚁新醅酒"即是指新酿成的黄酒，刚刚滤去酒渣，还未完全滤清，酒面上泛起一层细小的泡沫，色微绿，有如蚂蚁，故称为"绿蚁"。唐代饮酒还讲究温热了喝，到了寒冷的冬天，往往会在红泥的小火炉上温上一壶酒，朋友之间边畅饮边谈论。

新醅的绿蚁酒，红泥的小火炉，要在平时也不过是寻常之物，但在严冬暮色之际，阴云密布，朔风凛冽，眼看晚上要下雪了，这两样东西无疑会给人带来温暖和慰藉。再加上率真的好友在殷切地相问"能饮一杯无"。哪能不身心愉悦地领受呢？

此诗开门见山点出是新酒，"红泥小火炉"则对饮酒的环境起到了烘托气氛的作用，并增添了一种温暖的情调。"新醅酒"和"小火炉"两个意象很容易唤起对质朴的农村生活的联想。第三句中，"雪"让人联想到寒风凛冽、大雪飘飞，却为朋友相聚勾勒出一个阔大的背景，越是让人感觉到刺骨的寒意，就越能反衬出炉火的温暖与友情的珍贵。

白居易作这首诗时，正是在被贬谪为江州司马之际，虽然仕途不得意，但能在雪夜以火炉暖酒，与好友畅饮欢谈，亦不失为天下第一快活人了。诗人将生活小事信手拈来，遂成妙章。

暮江吟

◎白居易

一道残阳铺水中①,半江瑟瑟半江红②。
可怜九月初三夜③,露似真珠月似弓④。

【注释】

①残阳:落山的太阳。②瑟瑟:原义为碧色珍宝,这里指碧绿色。③可怜:可爱。④真珠:即珍珠。月似弓:上弦月,其形状弯曲如弓。

【译文】

一道残阳铺在黄昏的江面上,江水一半碧绿似玉,一半闪烁着红光。更让人怜爱的是九月初三的初月夜,晶莹的露水儿似珍珠,月牙儿似一张弓。

【赏析】

"吟"是古代的一种诗体,"暮江吟"即黄昏时分在江边所作的诗。长庆二年(822),正是朝廷政治昏暗、党争激烈的时期,白居易不堪忍受,主动要求离开京城,乘船赴杭州任刺史。途中见到暮色秋江的美景,便随口吟成了这首清新可爱的小诗,从侧面反映了诗人当时轻松愉快的心情。

一道残阳映照江面,造成奇特的光色变化的景象:一半江水闪动着红光,另一半江水则显得更加碧绿。但诗人善于炼字,不说"照",而说"铺",不仅形象地展示出夕阳已经快接近地平线、几乎是贴着地面的情状,而且写出了秋天夕阳的柔和。而天气晴朗无风,江水流动极缓,江面上泛起细小的波纹。阳光照射多的部分,呈现出艳丽的"红"色;阳光照射少的地方,呈现出幽暗的碧色。诗人敏锐地抓住了暮江细波粼粼、光色瞬息变化的景象,并用精练而形象的语言将这一奇异的美景展现在读者面前。

诗人流连在这样的美景中，不觉夜幕降临，俯身看见江边草木上滚动着如同珍珠的露水，抬头望见一弯新月如同一张弓。此情此景怎不让人心生爱怜？用"真珠"作比，不仅写出了露珠的圆润，而且写出了它闪烁的光泽。诗人直接抒情，将全诗的感情推向高潮。

小诗写残阳铺水，色彩渲染鲜明浓重，给人以强烈的视觉感受；写月出露生，则玲珑剔透，给人以凉生衣袖之感，十分令人神往。

长恨歌

◎白居易

汉皇重色思倾国，御宇多年求不得①。
杨家有女初长成，养在深闺人未识。
天生丽质难自弃，一朝选在君王侧。
回眸一笑百媚生，六官粉黛无颜色。

春寒赐浴华清池，温泉水滑洗凝脂②。
侍儿扶起娇无力，始是新承恩泽时③。
云鬓花颜金步摇，芙蓉帐暖度春宵④。
春宵苦短日高起，从此君王不早朝。

承欢侍宴无闲暇，春从春游夜专夜。
后宫佳丽三千人，三千宠爱在一身。
金屋妆成娇侍夜，玉楼宴罢醉和春。
姊妹弟兄皆列土，可怜光彩生门户。
遂令天下父母心，不重生男重生女。

骊宫高处入青云，仙乐风飘处处闻⑤。
缓歌慢舞凝丝竹，尽日君王看不足⑥。
渔阳鼙鼓动地来，惊破霓裳羽衣曲⑦。

九重城阙烟尘生，千乘万骑西南行⑧。
翠华摇摇行复止，西出都门百余里⑨。
六军不发无奈何，宛转蛾眉马前死⑩。
花钿委地无人收，翠翘金雀玉搔头。
君王掩面救不得，回看血泪相和流。
黄埃散漫风萧索，云栈萦纡登剑阁⑪。
峨嵋山下少人行，旌旗无光日色薄。
蜀江水碧蜀山青，圣主朝朝暮暮情。

行宫见月伤心色，夜雨闻铃肠断声。
天旋地转回龙驭，到此踌躇不能去。
马嵬坡下泥土中，不见玉颜空死处。
君臣相顾尽沾衣，东望都门信马归。
归来池苑皆依旧，太液芙蓉未央柳⑫。
芙蓉如面柳如眉，对此如何不泪垂。
春风桃李花开日，秋雨梧桐叶落时。
西宫南内多秋草，落叶满阶红不扫⑬。

梨园弟子白发新⑭，椒房阿监青娥老⑮。
夕殿萤飞思悄然，孤灯挑尽未成眠⑯。
迟迟钟鼓初长夜，耿耿星河欲曙天⑰。
鸳鸯瓦冷霜华重，翡翠衾寒谁与共。
悠悠生死别经年，魂魄不曾来入梦。
临邛道士鸿都客，能以精诚致魂魄⑱。
为感君王辗转思，遂教方士殷勤觅⑲。
排空驭气奔如电，升天入地求之遍⑳。

上穷碧落下黄泉，两处茫茫皆不见。

忽闻海上有仙山，山在虚无缥缈间。
楼阁玲珑五云起，其中绰约多仙子㉑。
中有一人字太真，雪肤花貌参差是。
金阙西厢叩玉扃，转教小玉报双成㉒。
闻道汉家天子使，九华帐里梦魂惊㉓。
揽衣推枕起徘徊，珠箔银屏迤逦开㉔。
云鬓半偏新睡觉㉕，花冠不整下堂来。

风吹仙袂飘飘举，犹似霓裳羽衣舞。
玉容寂寞泪阑干，梨花一枝春带雨㉖。
含情凝睇谢君王，一别音容两渺茫。
昭阳殿里恩爱绝，蓬莱宫中日月长。
回头下望人寰处，不见长安见尘雾。
惟将旧物表深情，钿合金钗寄将去。
钗留一股合一扇，钗擘黄金合分钿。
但教心似金钿坚，天上人间会相见。

临别殷勤重寄词，词中有誓两心知。
七月七日长生殿，夜半无人私语时。
在天愿作比翼鸟，在地愿为连理枝。
天长地久有时尽，此恨绵绵无绝期。

【注释】

①汉皇：原指汉武帝刘彻。此处借指唐玄宗李隆基。唐人文学创作常以汉称唐。重色：爱好女色。倾国：绝色女子。御宇：驾驭宇内，即统治天下。②凝脂：形容皮肤白嫩滋润，犹如凝固的脂肪。③侍儿：宫女。新承恩泽：刚得到皇帝的宠幸。④云鬓：形容女子鬓发盛美如云。金步摇：一种金首饰，用金银丝盘成花之形状，上面缀着垂珠之类，插于发髻，走路时摇曳生姿。芙蓉帐：绣着莲花的帐子。形容帐之精美。春宵：新婚之夜。⑤骊宫：骊山华清宫。骊山在今陕西临潼。

⑥凝丝竹：指弦乐器和管乐器伴奏出舒缓的旋律。⑦渔阳：郡名，辖今北京市平谷区和天津市的蓟县等地，当时属于平卢、范阳、河东三镇节度使安禄山的辖区。天宝十四载冬，安禄山在范阳起兵叛乱。鼙鼓：古代骑兵用的小鼓，此借指战争。霓裳羽衣曲：舞曲名，据说为唐开元年间西凉节度使杨敬述所献，经唐玄宗润色并制作歌词，改用此名。⑧九重城阙：九重门的京城，此指长安。烟尘生：指发生战事。阙：意为古代宫殿门前两边的楼，泛指宫殿或帝王的住所。乘：一人一骑为一乘。⑨翠华：用翠鸟羽毛装饰的旗帜，皇帝仪仗队用。百余里：指到了距长安一百多里的马嵬坡。⑩六军：指天子军队。玄宗即命力士赐贵妃自尽。宛转：形容美人临死前哀怨缠绵的样子。蛾眉：古代美女的代称，此指杨贵妃。⑪云栈：高入云霄的栈道。萦纡：萦回盘绕。剑阁：又称剑门关，在今四川剑阁县北，是由秦入蜀的要道。此地群山如剑，峭壁中断处，两山对峙如门。诸葛亮相蜀时，凿石架凌空栈道以通行。⑫太液：汉宫中有太液池。未央：汉有未央宫。此皆借指唐长安皇宫。⑬西宫南苑：皇宫之内称为大内。西宫即西内太极宫，南内为兴庆宫。玄宗返京后，初居南内。花开日：一作"花开夜"；南内：一作"南苑"。⑭梨园弟子：指玄宗当年训练的乐工舞女。⑮椒房：后妃居住之所，因以花椒和泥抹墙，故称。阿监：宫中的侍从女官。青娥：年轻的宫女。⑯孤灯挑尽：古时用油灯照明，为使灯火明亮，过了一会儿就要把浸在油中的灯草往前挑一点。挑尽：说明夜已深。按，唐时宫廷夜间燃烛而不点油灯，此处旨在形容玄宗晚年生活环境的凄苦。⑰迟迟：迟缓。报更钟鼓声起止原有定时，这里用以形容玄宗长夜难眠时的心情。耿耿：微明的样子。欲曙天：长夜将晓之时。⑱临邛：今四川邛崃市。鸿都：东汉都城洛阳的宫门名，这里借指长安。致魂魄：招来杨贵妃的亡魂。⑲方士：有法术的人。这里指道士。殷勤：尽力。⑳排空驭气：即腾云驾雾。㉑玲珑：华美精巧。五云：五彩云霞。绰约：体态轻盈柔美。㉒金阙：《太平御览》卷六六。引《大洞玉经》：上清宫门中有两阙，左金阙，右玉阙。西厢：室有东西厢曰庙。西厢在右。玉扃：玉门。即玉阙之变文。转教小玉报双成：意谓仙府庭院重重，须经辗转通报。小玉：吴王夫差女。双成：传说中西王母的侍女。这里皆借指杨贵妃在仙山的侍女。㉓九华帐：绣饰华美的帐子。九华：重重花饰的图案。言帐之精美。㉔珠箔：珠帘。银屏：饰银的屏风。迤逦：接连不断地。㉕新睡觉：刚睡醒。觉，醒。㉖玉容寂寞：此指神色黯淡凄楚。霓裳羽衣舞：代中国宫廷乐舞。唐玄宗登洛阳三乡

驿,望女儿山所作。阑干:纵横交错的样子。这里形容泪痕满面。阑通:栏;飘飖:一作"飘飘"。

【译文】

唐明皇偏好美色,当上皇帝后多年来一直在寻找美女,却都是一无所获。

杨家有个女儿刚刚长大,十分娇艳,养在深闺中,外人不知她美丽绝伦。

天生丽质、倾国倾城让她很难埋没世间,果然没多久便成了唐明皇身边的一个妃嫔。

她回眸一笑时,千姿百态、娇媚横生;六宫妃嫔,一个个都黯然失色。

春寒料峭时,皇上赐她到华清池沐浴,温润的泉水洗涤着凝脂一般的肌肤。

侍女搀扶她,如出水芙蓉软弱娉婷,由此开始得到皇帝恩宠。

鬓发如云颜脸似花,头戴着金步摇。温暖的芙蓉帐里,与皇上共度春宵。

情深只恨春宵短,一觉睡到太阳高高升起。君王深恋儿女情温柔乡,从此再也不早朝。

承受君欢侍君饮,忙得没有闲暇。春日陪皇上一起出游,晚上夜夜侍寝。

后宫中妃嫔不下三千人,却只有她独享皇帝的恩宠。

金屋中梳妆打扮,夜夜撒娇不离君王;玉楼上酒酣宴罢,醉意更添几许风韵。

兄弟姐妹都因她列土封侯,杨家门楣光耀令人羡慕。

于是使得天下的父母都改变了心意,变成重女轻男。

骊山上华清宫内玉宇琼楼高耸入云,清风过处仙乐飘向四面八方。

轻歌曼舞多合拍,管弦旋律尽传神,君王终日观看,却百看不厌。

渔阳叛乱的战鼓震耳欲聋,宫中停奏霓裳羽衣曲。

九重宫殿霎时尘土飞扬,君王带着大批臣工美眷向西南逃亡。

车队走走停停,西出长安才百余里。

六军停滞不前,要求赐死杨玉环。君王无可奈何,只得在马嵬坡下缢杀杨玉环。

贵妃头上的饰品,抛撒满地无人收拾。翠翘金雀玉搔头,珍贵头饰一根根。

君王欲救不能，掩面而泣，回头看贵妃惨死的场景，血泪止不住地流。

秋风萧索扫落叶，黄土尘埃已消遁，回环曲折穿栈道，车队踏上了剑阁古道。

峨眉山下行人稀少，旌旗无色，日月无光。

蜀地山清水秀，引得君王相思情。

行宫里望月满目凄然，雨夜听曲声声带悲。

叛乱平息后，君王重返长安，路过马嵬坡，睹物思人，徘徊不前。

萋萋马嵬坡下，荒凉黄冢中，佳人容颜再不见，唯有坟茔躺山间。

君臣相顾，泪湿衣衫，东望京都心伤悲，信马由缰归朝堂。

回来一看，池苑依旧，太液池边芙蓉仍在，未央宫中垂柳未改。

芙蓉开得像玉环的脸，柳叶儿好似她的眉，此情此景如何不心生悲戚？

春风吹开桃李花，物是人非不胜悲；秋雨滴落梧桐叶，场面寂寞更惨凄。

兴庆宫和甘露殿，处处萧条，秋草丛生。宫内落叶满台阶，长久不见有人扫。

戏子头已雪白，宫女红颜尽褪。

晚上宫殿中流萤飞舞，孤灯油尽君王仍难以入睡。

细数迟迟钟鼓声，愈数愈觉夜漫长。遥望耿眽星河天，直到东方吐曙光。

鸳鸯瓦上霜花重生，冰冷的翡翠被里谁与君王同眠？

阴阳相隔已一年，为何你从未在我梦里来过？

临邛道士正客居长安，据说他能以法术招来贵妃魂魄。

君王思念贵妃的情意令他感动。他接受皇命，不敢怠慢，殷勤地寻找。

八面御风。驾驭云气入空中。

横来直去如闪电，升天入地遍寻天堂地府，都毫无结果。

忽然听说海上有一座被白云围绕的仙山。

玲珑剔透楼台阁，五彩祥云承托起。天仙神女数之不尽，个个风姿绰约。

当中有一人字太真，肌肤如雪貌似花，好像就是君王要找的杨贵妃。

道士来到金阙西边，叩响玉石雕做的院门轻声呼唤，让小玉叫侍女双成去通报。

太真听说君王的使者到了，从帐中惊醒。

穿上衣服推开枕头出了睡帐。逐次地打开屏风放下珠帘。

半梳着云鬟刚刚睡醒，来不及梳妆就走下坛来，还歪带着花冠。

轻柔的仙风吹拂着表袖微微飘动，就像霓裳羽衣的舞姿，袅袅婷婷。

寂寞忧愁颜，面上泪水长流，犹如春天带雨的梨花。

含情凝视天子使，托他深深谢君王。马嵬坡上长别后，音讯颜容两渺茫。

昭阳殿里的姻缘早已隔断，蓬莱宫中的孤寂，时间还很漫长。

回头俯视人间，长安已隐，只剩尘雾。

只有用当年的信物表达我的深情，钿盒金钗你带去给君王做纪念。

金钗留下一股，钿盒留下一半，金钗劈开黄金，钿盒分了宝钿。

但愿我们相爱的心，就像黄金宝钿一样忠贞坚硬，天上人间总有机会再见。

临别殷勤托方士，寄语君王表情思，语中誓言只有君王与我知。

当年七月七日长生殿中，夜半无人，我们共起山盟海誓。

在天愿为比翼双飞鸟，在地愿为并生连理枝。

即使是天长地久，也总会有尽头，但这生死遗恨，却永远没有尽期。

【赏析】

《长恨歌》是白居易诗作中脍炙人口的名篇，作于元和元年（806），当时诗人正在盩厔县（今陕西周至）任县尉。这首诗是他和友人陈鸿、王质夫同游仙游寺，有感于唐玄宗、杨贵妃的故事而创作的。在这首长篇叙事诗里，作者以精炼的语言，优美的形象，叙事和抒情结合的手法，叙述了唐玄宗、杨贵妃在安史之乱中的爱情悲剧：他们的爱情被自己酿成的叛乱断送了，正在没完没了地吃着这一精神的苦果。唐玄宗、杨贵妃都是历史上的人物，诗人并不拘泥于历史，而是借着历史的一点影子，根据当时人们的传说、街坊的歌唱，从中蜕化出一个回旋曲折、宛转动人的故事，用回环往复、缠绵悱恻的艺术形式，描摹、歌咏出来。由于诗中的故事、人物都是艺术化的，是现实中人的复杂真实的再现，所以能够在历代读者的心中漾起阵阵涟漪。

《长恨歌》就是歌"长恨"，"长恨"是诗歌的主题，故事的焦点，也是埋在诗里的一颗牵动人心的种子。而"恨"什么，为什么要"长恨"，诗人不是直接铺叙、抒写出来，而是通过他笔下诗化的故事，一层一层地展示给读者，让人们自己去揣摩，去回味，去感受。诗歌开卷第一句："汉皇重色思倾国"，看来很寻常，好像故事原就应该从这里写起，不需要作者花什么心思似的，事实上这七个字含量极大，是全篇纲领，它既揭示了故事的悲剧因素，又唤起和统领着全诗。紧接着，诗人用极其省俭的语言，叙述了安史之乱前，唐玄宗如何重色、求色，终于得到了"回眸一笑百媚生，六宫粉黛无颜色"的杨贵妃。描写了杨贵妃的美貌、娇媚，进宫后因有色而得宠，不但自己"新承恩泽"，而且"姊妹弟兄皆列土"。反复渲染唐玄宗得贵妃以后在宫中如何纵欲，如何行乐，如何终日沉湎于歌舞酒色之中。所有这些，就酿成了安史之乱："渔阳鼙鼓动地来，惊破霓裳羽衣曲。"这一部分写出了"长恨"的内因，是悲剧故事的基础。诗人通过这一段宫中生活的写实，不无讽刺地向我们介绍了故事的男女主人公：一个重色轻国的帝王，一个娇媚恃宠的妃子。还形象地暗示我们，唐玄宗的迷色误国，就是这一悲剧的根源。

下面，诗人具体的描述了安史之乱发生后，皇帝兵马仓皇逃入西南的情景，特别是在这一动乱中唐玄宗和杨贵妃爱情的毁灭。"六军不发无奈何，宛转蛾眉马前死。花钿委地无人收，翠翘金雀玉搔头。君王掩面救不得，回看血泪相和流"，写的就是他们在马嵬坡生离死别的一幕。"六军不发"，要求处死杨贵妃，是愤于唐玄宗迷恋女色，祸国殃民。杨贵妃的死，在整个故事中，是一个关键性的情节，在这之后，他们的爱情才成为一场悲剧，接着，从"黄埃散漫风萧索"起至"魂魄不曾来入梦"，诗人抓住了人物精神世界里揪心的"恨"，用酸恻动人的语调，宛转形容和描述了杨贵妃死后唐玄宗在蜀中的寂寞悲伤，还都路上的追怀忆旧，回宫以后睹物思人、触景生情，一年四季物是人非事事休的种种感触。缠绵悱恻的相思之情，使人觉得回肠荡气。正由于诗人把人物的感情渲染到这样的程度，后面道士的到来、仙境的出现，便给人一种真实感，不以为纯粹是一种空中楼阁了。

从"临邛道士鸿都客"至诗的末尾，写道士帮助唐玄宗寻找杨贵妃。诗人采用的是浪漫主义的手法，忽而上天，忽而入地，"上穷碧落下黄泉，两处茫茫皆不见"。后来，在海上虚无缥缈的仙山上找到了杨贵妃，让她以"玉容寂寞泪阑干，梨花一枝春带雨"的形象在仙境中再现，殷勤迎接汉家的使者，含情脉脉，托物寄词，重申前誓，照应唐玄宗对她的思念，进一步深化、渲染"长恨"的主题。诗歌的末尾，用"天长地久有时尽，此恨绵绵无绝期"结笔，点明题旨，回应开头，而且做到"清音有余"，给读者以联想、回味的余地。

琵琶行

◎白居易

元和十年，予左迁九江郡司马。明年秋，送客湓浦口，闻舟中夜弹琵琶者，听其音，铮铮然有京都声。问其人，本长安倡女。尝学琵琶于穆、曹二善才，年长色衰，委身为贾人妇。遂命酒，使快弹数曲。曲罢悯然，自叙少小时欢乐事，今漂沦憔悴，转徙于江湖间。予出官二年，恬然自安，感斯人言，是夕始觉有迁谪意。因为长句，歌以赠之，凡六百一十六言，命曰《琵琶行》①。

浔阳江头夜送客，枫叶荻花秋瑟瑟。
主人下马客在船，举酒欲饮无管弦②。
醉不成欢惨将别，别时茫茫江浸月。
忽闻水上琵琶声，主人忘归客不发。
寻声暗问弹者谁？琵琶声停欲语迟。
移船相近邀相见，添酒回灯重开宴③。
千呼万唤始出来，犹抱琵琶半遮面。
转轴拨弦三两声，未成曲调先有情④。
弦弦掩抑声声思，似诉平生不得志⑤。
低眉信手续续弹，说尽心中无限事。
轻拢慢捻抹复挑，初为《霓裳》后《六幺》⑥。

大弦嘈嘈如急雨，小弦切切如私语⑦。
嘈嘈切切错杂弹，大珠小珠落玉盘。
间关莺语花底滑，幽咽泉流冰下难⑧。
冰泉冷涩弦凝绝，凝绝不通声暂歇⑨。
别有幽愁暗恨生，此时无声胜有声。
银瓶乍破水浆迸，铁骑突出刀枪鸣。
曲终收拨当心画，四弦一声如裂帛⑩。
东船西舫悄无言，唯见江心秋月白。
沉吟放拨插弦中，整顿衣裳起敛容⑪。
自言本是京城女，家在虾蟆陵下住⑫。
十三学得琵琶成，名属教坊第一部⑬。
曲罢曾教善才服，妆成每被秋娘妒⑭。
五陵年少争缠头，一曲红绡不知数⑮。
钿头银篦击节碎，血色罗裙翻酒污⑯。
今年欢笑复明年，秋月春风等闲度。
弟走从军阿姨死，暮去朝来颜色故⑰。
门前冷落鞍马稀，老大嫁作商人妇。
商人重利轻别离，前月浮梁买茶去⑱。
去来江口守空船，绕船月明江水寒⑲。
夜深忽梦少年事，梦啼妆泪红阑干⑳。
我闻琵琶已叹息，又闻此语重唧唧。
同是天涯沦落人，相逢何必曾相识！
我从去年辞帝京，谪居卧病浔阳城。
浔阳地僻无音乐，终岁不闻丝竹声。
住近湓江地低湿，黄芦苦竹绕宅生。
其间旦暮闻何物？杜鹃啼血猿哀鸣。
春江花朝秋月夜，往往取酒还独倾。
岂无山歌与村笛？呕哑嘲哳难为听㉑。

今夜闻君琵琶语，如听仙乐耳暂明㉒。
莫辞更坐弹一曲，为君翻作《琵琶行》㉓。
感我此言良久立，却坐促弦弦转急。
凄凄不似向前声，满座重闻皆掩泣㉔。
座中泣下谁最多？江州司马青衫湿㉕。

【注释】

① 左迁：贬官，降职。古以左为卑，故称"左迁"。明年：第二年。铮铮：形容金属、玉器等相击声。京都声：指唐代京城流行的乐曲声调。倡女：歌女。倡，古时歌舞艺人。善才：当时对琵琶师或曲师的通称。是"能手"的意思。委身：托身，这里指嫁的意思。为：做。贾人：商人。命酒：叫（手下人）摆酒。快：畅快。悯然：忧郁的样子。漂沦：漂泊沦落。出官：（京官）外调。恬然：淡泊宁静的样子。迁谪：贬官降职或流放。为：创作。长句：指七言诗。歌：作歌。凡：总共。言：字。命：命名，题名。浔阳江：据考究，为流经浔阳城中的湓水，即今九江市中的龙开河（后被人工填埋），经湓浦口注入长江。瑟瑟：形容枫树、芦荻被秋风吹动的声音。瑟瑟：形容枫树、芦荻被秋风吹动的声音。② 主人：诗人自指。③ 回灯：重新拨亮灯光。回：再。④ 转轴拨弦：转动琵琶上缠绕丝弦的轴，以调音定调。⑤ 掩抑：掩蔽，遏抑。思：悲，伤。不得志：一作"不得意"。⑥ 拢：左手手指按弦向里（琵琶的中部）推。捻：揉弦的动作。抹：向左拨弦，也称为"弹"。六幺：一作"绿腰"。挑：反手回拨的动作。《霓裳》：即《霓裳羽衣曲》。《六幺》：大曲名，又叫《乐世》《绿腰》《录要》，为歌舞曲。⑦ 大弦：指最粗的弦。嘈嘈：声音沉重抑扬。小弦：指最细的弦。切切：细促轻幽，急切细碎。⑧ 间关：莺语流滑叫"间关"。鸟鸣声。幽咽：遏塞不畅状。冰下难：泉流冰下阻塞难通，形容乐声由流畅变为冷涩。⑨ 凝绝：凝滞。暂歇：一作"渐歇"。⑩ 曲终：乐曲结束。拨：弹奏弦乐时所用的工具。当心画：用拨子在琵琶的中部划过四弦，是一曲结束时经常用到的右手手法。⑪ 敛容：收敛（深思时悲愤深怨的）面部表情。⑫ 虾蟆陵：在长安城东南，曲江附近，是当时有名的游乐地区。⑬ 教坊：唐代官办管领音乐杂技、教练歌舞的机关。⑭ 秋娘：唐时歌舞妓常用的名字。⑮ 五陵：在长安城外，汉代五个皇帝的陵墓。缠头：用锦帛之类的财物送给歌舞妓女。绡：精细轻美的丝织品。⑯ 钿头银

篦：此指镶嵌着花钿的篦形发饰。银篦：一作"云篦"。击节：打拍子。⑰ 颜色故：容貌衰老。⑱ 浮梁：古县名，唐属饶州。在今江西省景德镇市，盛产茶叶。⑲ 去来：走了以后。⑳ 梦啼妆泪：梦中啼哭，匀过脂粉的脸上带着泪痕。阑干：纵横散乱的样子。㉑ 呕哑嘲哳：形容声音嘈杂。㉒ 琵琶语：琵琶声，琵琶所弹奏的乐曲。暂：突然。㉓ 却坐：退回到原处。促弦：把弦拧得更紧。㉔ 向前声：刚才奏过的单调。掩泣：掩面哭泣。㉕ 青衫：唐朝八品、九品文官的服色。白居易当时的官阶是将侍郎，从九品，所以服青衫。

【译文】

唐宪宗元和十年，我被贬为九江郡司马。第二年秋季的一天，送客到湓浦口，夜里听到船上有人弹琵琶。听那声音，铮铮铿铿有京都流行的声韵。探问这个人，原来是长安的歌女，曾经向穆、曹两位琵琶大师学艺。后来年纪大了，红颜退尽，嫁给商人为妻。于是命人摆酒叫她畅快地弹几曲。她弹完后，有些闷闷不乐的样子，自己说起了少年时欢乐之事，而今漂泊沉沦，形容憔悴，在江湖之间辗转流浪。我离京调外任职两年来，随遇而安，自得其乐，而今被这个人的话所感触，这天夜里才有被降职的感觉。于是撰写一首长诗赠送给她，共六百一十六字，题为《琵琶行》。

　　秋夜我到浔阳江头送一位归客，冷风吹着枫叶和芦花秋声瑟瑟。
　　我和客人下马在船上饯别设宴，举起酒杯要饮却无助兴的音乐。
　　酒喝得不痛快更伤心将要分别，临别时夜茫茫江水倒映着明月。
　　忽听得江面上传来琵琶清脆声；我忘却了回归客人也不想动身。
　　寻着声源探问弹琵琶的是何人？琵琶停了许久却迟迟没有动静。
　　我们移船靠近邀请她出来相见；叫下人添酒回灯重新摆起酒宴。
　　千呼万唤她才缓缓地走出来，怀里还抱着琵琶半遮着脸面。
　　转紧琴轴拨动琴弦试弹了几声；尚未成曲调那形态就非常有情。
　　弦弦凄楚悲切声音隐含着沉思；似乎在诉说着她平生的不得志；
　　她低着头随手连续地弹个不停；用琴声把心中无限的往事说尽。
　　轻轻地拢，慢慢地捻，一会儿抹，一会儿挑。初弹《霓裳羽衣曲》接着再弹《六幺》。
　　大弦浑宏悠长嘈嘈如暴风骤雨；小弦和缓幽细切切如有人私语。
　　嘈嘈声切切声互为交错地弹奏；就像大珠小珠一串串掉落玉盘。
　　琵琶声一会儿像花底下宛转流畅的鸟鸣声，一会儿又像水在冰下流动受阻艰涩低沉、呜咽断续的声音。

好像水泉冷涩琵琶声开始凝结，凝结而不通畅声音渐渐地中断。
像另有一种愁思幽恨暗暗滋生，此时闷闷无声却比有声更动人。
突然间好像银瓶撞玻水浆四溅，又好像铁甲骑兵厮杀刀枪齐鸣。
一曲终了她对准琴弦中心划拨，四弦一声轰鸣好象撕裂了布帛。
东船西舫人们都静悄悄地聆听，只见江心之中映着白白秋月影。
她沉吟着收起拨片插在琴弦中，整顿衣裳依然显出庄重的颜容。
她说我原是京城负有盛名的歌女，老家住在长安城东南的虾蟆陵。
弹奏琵琶技艺十三岁就已学成，教坊乐团第一队中列有我姓名。
每曲弹罢都令艺术大师们叹服，每次妆成都被同行歌妓们嫉妒。
京都豪富子弟争先恐后来献彩，弹完一曲收来的红绡不知其数。
钿头银篦打节拍常常断裂粉碎，红色罗裙被酒渍染污也不后悔。
年复一年都在欢笑打闹中度过，秋去春来美好的时光白白消磨。
兄弟从军姊妹死家道已经破败，暮去朝来我也渐渐地年老色衰。
门前车马减少光顾者落落稀稀，青春已逝我只得嫁给商人为妻。
商人重利不重情常常轻易别离，上个月他去浮梁做茶叶的生意。
他去了留下我在江口孤守空船，秋月与我做伴绕舱的秋水凄寒。
更深夜阑常梦少年时作乐狂欢，梦中哭醒涕泪纵横污损了粉颜。
我听琵琶的悲泣早已摇头叹息，又听到她这番诉说更叫我悲凄。
我们俩同是天涯沦落的可悲人，今日相逢何必问是否曾经相识！
自从去年我离开繁华长安京城，被贬居住在浔阳江畔常常卧病。
浔阳这地方荒凉偏僻没有音乐，一年到头听不到管弦的乐器声。
住在溢江这个低洼潮湿的地方，宅第周围黄芦和苦竹缭绕丛生。
在这里早晚能听到的是什么呢？尽是杜鹃猿猴那些悲凄的哀鸣。
春江花朝秋江月夜那样好光景，也无可奈何常常取酒独酌独饮。
难道这里就没有山歌和村笛吗？只是那音调嘶哑粗涩实在难听。
今晚我听你弹奏琵琶诉说衷情，就像听到仙乐眼也亮来耳也明。
请你不要推辞坐下来再弹一曲，我要为你创作一首新诗《琵琶行》。
被我的话所感动她站立了好久，回身坐下再转紧琴弦拨出急声。
凄凄切切不再像刚才那种声音，在座的人重听都掩面哭泣不停。
要问在座之中谁流的眼泪最多？我江州司马泪水湿透青衫衣襟！

【赏析】

诗的小序交代时间、地点、人物和故事，概述了琵琶女的悲凉身世,说明写作本诗动机,并为全诗定下了凄切的感情基调。

《琵琶行》全诗共分四段,从"浔阳江头夜送客"到"犹抱琵琶半遮面"共十四句,为第一段,写琵琶女的出场。其中的前六句交代了时间,这是一个枫叶红、荻花黄、瑟瑟秋风下的夜晚;交代了地点,是浔阳江头。浔阳也就是今天的九江市;浔阳江头也就是前边序中所说的湓浦口。交代了背景,是诗人给他的朋友送别。离别本身就叫人不快,酒宴前再没有个歌女侍应,当然就更加显得寂寞难耐了。这里面"主人下马客在船"一句句法稍怪,其意思实际是主人陪着客人一道骑马来至江边,一同下马来到船上。"醉不成欢惨将别,别时茫茫江浸月"。这里的景色和气氛描写都很好,它给人一种空旷、寂寥、怅惘的感觉,和主人与客人的失意、伤别融合一体,构成一种强烈的压抑感,为下文的突然出现转机做了准备。"忽闻水上琵琶声,主人忘归客不发"。声音从水面上飘过来,是来自船上,这声音一下子就吸引了主人和客人的注意,他们走的不想走、回的不想回了,他们一定要探寻这种美妙声音的究竟。"寻声暗问弹者谁?琵琶声停欲语迟。移船相近邀相见,添酒回灯重开宴。千呼万唤始出来。犹抱琵琶半遮面。"这里的描写非常细致。由于这时是夜间,又由于他们听到的只是一种声音,他们不知道这声音究竟来自何处,也不知演奏者究竟是什么人,所以这里的"寻声暗问"四个字传神极了。接着"琵琶声停"表明演奏者已经听到了来人的呼问;"欲语迟"与后面的"千呼万唤始出来,犹抱琵琶半遮面"相一致,都表明这位演奏者的心灰意懒,和惭愧自己身世的沉沦,她已经不愿意再抛头露面了。这段琵琶女出场过程的描写为后面的故事发展造成许多悬念。

从"转轴拨弦三两声"到"唯见江心秋月白"共二十二句为第二段,写琵琶女的高超演技。其中"转轴拨弦三两声",是写正式演奏前的调弦试音;而后"弦弦掩抑",写到曲调的悲怆;"低眉信手续续弹",写到舒缓的行板。拢、捻、抹、挑,都是弹奏琵琶的手法。霓裳:即《霓裳羽衣曲》。六幺:当时流行的一个舞曲名。从"大弦嘈嘈如急雨"到"四弦一声如裂帛"共十四句,描写琵琶乐曲的音乐形象,写它由快速到缓慢、到细弱、到无声,到突然而起的疾风暴雨,再到最后一划,戛然而止,诗人在这里用了一系列的生动比喻,使比较抽象的音乐形象一下子变成了视觉形象。这里有落玉盘的大珠小珠，有流啭花间的间关莺语，有水流冰下的丝丝细细，有细到没有了的"此时无声胜有声"，有突然而起的银瓶乍裂、铁骑金戈，它使听者时而悲凄、时而舒缓、时而心旷神怡、时而惊魂动魄。"东舟西舫悄无言，唯见江心秋月白"是写琵琶女的演奏效果。大家都听得入迷了，演奏已经结束，而听者尚沉浸在音乐的境界里，周围鸦雀无声，只有水中倒映着一轮明月。

  从"沉吟放拨插弦中"到"梦啼妆泪红阑干"共二十四句为第三段，写琵琶女自述的身世，自述早年曾走红运，盛极一时，到后来年长色衰，飘零沦落。沉吟：踌躇，欲言又止的样子。敛容：指收起演奏时的情感，重新与人郑重见礼。虾蟆岭：即下马岭，汉代董仲舒的坟墓，在长安城东南部，临近曲江。从"十三学得琵琶成"以下十句极写此女昔日的红极一时。她年纪幼小，而技艺高超，她被老辈艺人所赞服，而被同辈艺人所妒忌。王孙公子迷恋她的色艺：为了请她演奏，而不惜花费重金；她自己也放纵奢华，从来不懂什么叫吝惜。就这样年复一年，好时光像水一样很快流走了。教坊：唐代管理宫廷乐队的官署。第一部：如同说第一团、第一队。五陵：指长陵、安陵、阳陵、茂陵、平陵五个汉代皇帝的陵墓，是当时富豪居住的地方。五陵年少：通常即指贵族子弟。缠头：指古代赏给歌舞女子的财礼，唐代用帛，后代用其他财物。红绡：一种生丝织物。钿头：两头装着花钿的发篦。云篦：指用金翠珠宝装点的首饰。击节：打拍子。歌舞时打拍子原本用木制或竹制的板，现在兴之所至，竟拿贵重的钿头云篦击节，极言其放纵奢华，忘乎所以。等闲：随随便便，不重视。从"弟走从军阿姨死"以下十句写此女的时过境迁，飘零沦落。随着她的年长色衰，贵族子弟们都不再上门，她仅有的几个亲属也相继离散而去，她像一双过了时的鞋子，再也没人看、没人要了，无可奈何只好嫁给了一个商人。商人关心的是赚钱，从来不懂艺术和情感，他经常独自外出，而抛下这个可怜的女子留守空船。人是有记忆的，面对今天的孤独冷落，回想昔日的锦绣年华，对比之下，怎不让人伤痛欲绝呢！

  从"我闻琵琶已叹息"到最后的"江州司马青衫湿"共二十六句为第四段，写诗人感慨自己的身世，抒发与琵琶女的同病相怜之情。唧唧：叹息声。"同是天涯沦落人，相逢何必曾相识"二语感情浓厚，落千古失落者之泪，也为千古失落者触发了一见倾心之机。自"我从去年辞帝京"起以下十二句，写诗人贬官九江以来的孤独寂寞之感。地势荒僻，环境恶劣，举目伤怀，一点开心解闷的东西都没有。其实这在很大程度上都是诗人自己苦闷移情的结果，我们对比一下《水浒传》里宋江赞赏江州的一段话，他说："端的好座江州，我虽犯罪远流到此，倒也看了真山真水。我那里虽有几座名山古迹，却无此等景致。"诗人的悲哀苦闷完全是由于他政治上受打击造成的，但是这点他没法说。他只是笼统含糊地说了他也是"天涯沦落人"，他是"谪居卧病"于此，而其他断肠裂肺的伤痛就全被压到心底去了。这就是他耳闻目睹一切无不使人悲哀的缘由。接着他以一个平等真诚的朋友、一个患难知音的身份，由衷地称赞和感谢了琵琶女的精彩表演，并提出请她再弹一个曲子，而自己要为她写一首长诗《琵琶行》。琵琶女本来已经不愿意再多应酬，后来见到诗人如此真诚，如此动情，于是她紧弦定调，演奏了一支更为悲恻的曲子。这支曲子使得所有听者无不唏嘘成声。多情的诗人呢？看他的青衫前襟早已经湿透了。

　　这首诗的艺术性是很高的，其一，他把歌咏者与被歌咏者的思想感情融二为一，说你也是说我，说我也是说你，命运相同、息息相关。琵琶女叙述身世后，诗人以为他们"同是天涯沦落人"；诗人叙述身世后，琵琶女则"感我此言良久立"，琵琶女再弹一曲后，诗人则更是"江州司马青衫湿"。风尘知己，处处令人怜爱。其二，诗中的写景物、写音乐，手段都极其高超，而且又都和写身世、抒悲慨紧密结合，使作品自始至终沉浸在一种悲凉哀怨的氛围里。其三，作品的语言生动形象，具有很强的概括力，所以整首诗脍炙人口，极易背诵。诸如"千呼万唤始出来，犹抱琵琶半遮面""别有幽情暗恨生，此时无声胜有声""门前冷落车马稀，老大嫁作商人妇""夜深忽梦少年事，梦啼妆泪红阑干""同是天涯沦落人，相逢何必曾相识"等都是多么凝练优美、扣人心弦的语句啊！

悯农二首（其一）

◎李 绅

春种一粒粟，秋收万颗子。
四海无闲田，农夫犹饿死。

【译文】

春天种下一粒粟种，到秋天就会收获上万颗粮食。四海之内没有闲置的田地，农夫却还有饿死的。

【赏析】

春天播下一粒种子，秋天就有"万颗子"的收获，足见风调雨顺和农夫辛勤耕作。而四海之内，没有荒芜闲置的田地，那收获更是无限多了，真是一个大丰收年啊。然而却是一个急转："农夫犹饿死"。农民获得了大丰收，为什么还会饿死呢？诗歌到此戛然而止，却迫使人们带着沉重的心情去思索。无疑是统治者不知满足，勤劳的农民虽然获得丰收，却被盘剥无度、掠夺殆尽。到最后颗粒无存，惨遭饿死。

悯农二首（其二）

◎李 绅

锄禾日当午，汗滴禾下土。
谁知盘中餐，粒粒皆辛苦。

【译文】

在田里锄草直到大中午，汗水滴落在禾苗下的土里。谁知道盘中的餐饭，一粒粒来得都很辛苦。

【赏析】

正午烈日当空，农民仍然在田里劳作，汗珠一滴滴洒落田地。然而那些不知道稼穑艰难、随意浪费粮食的人，他们哪里知道这一粒粒粮食都是辛苦劳作得来的。

诗歌的主旨在"悯农"，却并未作抽象的说教，而是选材典型，并采用虚实结合、正反映衬的手法，以鲜明的形象感人，富于哲理性、警示性和教育性。

晨诣超师院读禅经

◎柳宗元

汲井漱寒齿，清心拂尘服。
闲持贝叶书①，步出东斋读。
真源了无取，妄迹世所逐。
遗言冀可冥②，缮性何由熟③。
道人庭宇静，苔色连深竹。
日出雾露余，青松如膏沐④。
澹然离言说⑤。悟悦心自足。

【注释】

①贝叶书：在贝多罗树叶上写的佛经。②冥：暗合。③缮：修持。④膏沐：本指润发的油脂。⑤澹然：宁静状。

【译文】

汲来清凉井水漱口刷牙，心清了再拂去衣上尘土。悠闲地捧起佛门贝叶经，信步走出东斋吟咏朗读。佛经真谛世人并无领悟，荒诞之事却为人们追逐。佛儒精义原也可望暗合，但修养本性我何以精熟。

道人禅院多么幽雅清静，绿色鲜苔连接竹林深处。太阳出来照着晨雾余露，苍翠松树宛若沐后涂脂。心中的宁静难以言说，悟出佛理内心畅快满足。

【赏析】

柳宗元因参加王叔文集团政治革新失败，被贬为永州司马。诗人心情十分苦闷,常去游览佛寺禅院,并勤读佛经和精研佛理,希望能从中求得解脱。诗写晨起到禅院诵读佛经,"真源了无取,妄迹世所逐",说世俗之人对佛经的真谛毫无领悟,却都去追求虚妄的事迹,此处实际上是以儒家思想讽刺当时社会的佞佛现象。后半部写他对佛家的精义难以精熟,倒是超师庭院景物的清静幽雅,使他流连玩赏。"日出雾露余,青松如膏沐",写出了青松在清晨露滴雾绕,好像洗沐未干,可谓传造化之妙,让人会心于笔墨之外。

溪 居

◎柳宗元

久为簪组累①,幸此南夷谪②。
闲依农圃邻③,偶似山林客④。
晓耕翻露草,夜榜响溪石⑤。
来往不逢人,长歌楚天碧⑥。

【注释】

①簪组:古时官吏的冠饰,此指做官。累:束缚。②南夷:指当时南方少数民族地区。谪(zhé):贬官。③农圃(pǔ):农园菜圃。④"偶似"句:意思是有时自己就仿佛是入山林隐逸之士。⑤榜(bàng):划船。⑥楚天:永州古属楚地。

【译文】

长久被官职所缚不得自由,有幸这次被贬谪来到南夷。闲时常常与农田菜圃为邻,有时仿佛是个隐居山中的人。清晨我去耕作翻除带露杂草,傍晚乘船沿着溪石哗哗前进。独往独来碰不到世俗之人,仰望楚天的碧空而高歌自娱。

【赏析】

这首诗写诗人迁居愚溪后的生活:与农田菜圃为邻,清晨踏着露水去翻草,夜晚泛舟清溪游玩,独来独往,无拘无束。表面看诗人的溪居生活闲适自在,但字里行间却隐含着愤激、幽怨。如开首二句,诗意突兀，贬官南荒本是不如意的事，但诗人却说是"幸"，这是从反意着笔，更耐人寻味。而"闲依""偶似""来往不逢人"等语虽是写闲适，却也包含着诗人被投闲置散的无聊、孤独，实为激愤反语，末句"长歌楚天碧"正是诗人内心郁闷而高歌抒愤。沈德潜说"愚溪诸咏，处连塞困厄之境，发清夷淡泊之音，不怨而怨，怨而不怨，行间言外，时或遇之"（《唐诗别裁集》卷四）。他的评说十分到位。

渔 翁

◎柳宗元

渔翁夜傍西岩宿①，晓汲清湘燃楚竹②。
烟销日出不见人，欸乃一声山水绿③。
回看天际下中流，岩上无心云相逐。

【注释】

①西岩：在湖南零陵县西湘江外。②燃楚竹：指烧竹煮水。③欸（ǎi）乃：行船时的摇橹声。

【译文】

傍晚，渔翁在西山脚下歇息；清晨，他汲取湘江水燃烧楚地茂竹。日出烟消却看不到人影，船橹咿呀只见山青水翠。回望天际，小舟已顺流而下；远望岩顶，白云飘荡相互追逐。

【赏析】

这首山水小诗作于永州。

诗人用寥寥数语淡淡写来，勾勒出一个在山青水绿之处自遣自歌、独往独来的"渔翁"形象。他夜宿西岩，拂晓时汲水烧火，诗人用渔翁忙碌的身影展示了时间的流逝。其中"汲清湘""燃楚竹"造语新奇，让人感觉超凡绝俗，有一种"反常"的特殊情趣。

而后"烟销日出"，按理说应该能看见人了，诗人也的确正面写了渔翁，却用了"不见人"三字，让人不由心生疑惑。就在这时，"欸乃一声山水绿"，让人顿感胜景在前，奇趣荡胸。"绿"字可谓诗眼，它在反常中传达了一种惊异感：忽然听见橹桨"欸乃"一声，绿水青山顿现原貌，渔翁原来就在这秀美的山水之中。把山水原本无声的"绿"，说成好像是由摇橹声一动而呈现的，不仅呈现了色彩，而且给人一种动态感，仿佛在听觉里引起视觉的感受，这是通感的用法。

苏东坡赞叹说："诗以奇趣为宗，反常合道为趣。熟味此诗有奇趣。"（《全唐诗话续编》卷上引惠洪《冷斋夜话》）

江 雪

◎柳宗元

千山鸟飞绝，万径人踪灭。
孤舟蓑笠翁①，独钓寒江雪。

【注释】

① 蓑笠翁：披着蓑衣、戴着斗笠的渔翁。

【译文】

山岭飞鸟绝迹，小路不见人影。只有一叶孤舟，载着一个披蓑戴笠的老翁，在大雪纷飞的江面独自垂钓。

【赏析】

这首诗是柳宗元被贬为永州司马时所作。

天地间飞鸟绝迹，人踪湮没，没有半点生气和声息，原因在于大雪封山。虽未直接写雪，却用"鸟飞绝"与"人踪灭"暗藏着一"雪"字，读者仿佛能感觉到凛冽逼人的寒气扑面而来。

咏雪至此，似乎已经意尽，但诗人却能别开境界，再写一个孤舟、蓑笠的渔翁迎风斗雪，独自在寒冷的江心垂钓，凑成一幅绝妙的江乡雪景图。而这个孤独的渔翁，正是诗人自身的写照。

全诗寥寥几笔勾画出一幅渔翁寒江独钓图。纯用白描绘出江上雪景，意境空旷幽远，极富阴柔之美，透过渔翁的寒江独钓，又写尽诗人傲岸坚贞而又孤寂落寞的形象。后人评说这首诗"二十字可作二十层。却是一片，故奇"，十分耐人寻味。

遣悲怀三首（其一）

◎元稹

谢公最小偏怜女①，自嫁黔娄百事乖②。
顾我无衣搜荩箧③，泥他沽酒拔金钗④。
野蔬充膳甘长藿⑤，落叶添薪仰古槐⑥。
今日俸钱过十万，与君营奠复营斋⑦。

【注释】

①"谢公"句：东晋名相谢安最爱其侄女谢道韫。此指妻子从小娇生惯养。②黔娄：指自己家境贫困。③顾：看到。荩（jìn）箧（qiè）：荩草编成的箱子。④泥他：软言求她。⑤甘：甘心。藿（huò）：豆叶。⑥仰：依仗。⑦营：办理。奠：祭品。斋：指请僧人超度。

【译文】

你像谢安最疼爱的小侄女，但自从嫁给我，就百事不顺。看我身上无衣，就翻箱倒柜找寻，我缠着你买酒，你就拔下金钗换酒。甘心跟我以野菜豆叶当饭，还要仰赖古槐的落叶当柴火。如今我官俸超过十万，可你却已不在，我只能为你超度，备好祭品供尝。

【赏析】

元稹的元配妻子韦丛，出身名门，父亲韦夏卿位居宰相。韦丛二十岁时嫁与元稹为妻，婚后生活比较贫困，但她非常贤惠，毫无怨言。元和四年（809）韦丛因病去世，年仅二十七岁。元稹悼念亡妻，写下许多悼亡诗，以这三首连章诗最为著名。

第一首是追忆二人生前的种种情形。一二句用典，以东晋宰相谢安最宠爱的侄女谢道韫借指韦氏，而以战国时齐国著名的贫士黔娄自喻，含有对方屈身下嫁之意。当时诗人尚未发达，韦丛出嫁后事事不顺遂，但她不好虚荣，安于贫寒而毫无怨色，并对诗人百般体贴。

中间四句选取了韦丛生前日常生活的几个片断来写，极为生动感人。

诗人如今富贵却不能与之共享,十分凄寞,逼出"悲怀"二字。诗人遣词用句,皆出自一片深情,真实动人。

遣悲怀三首(其二)

◎元 稹

昔日戏言身后事①,今朝都到眼前来。
衣裳已施行看尽②,针线犹存未忍开。
尚想旧情怜婢仆,也曾因梦送钱财。
诚知此恨人人有,贫贱夫妻百事哀。

【注释】

① 身后事:死后的打算。② 行:行将。

【译文】

过去曾开玩笑说起死后的安排,如今却都鲜活地飘到眼前。你生前穿过的衣服我都快施舍尽了,只有曾经的针线盒还在,不忍打开。我怀恋往日情谊,怜爱你的婢仆,也曾因梦见你而烧送纸钱。我真的知道,这死别之恨人人都有,但贫贱夫妻,更让人觉得悲哀。

【赏析】

第二首开头与第一首结尾相衔接。诗人对妻子感情深厚,想起昔日曾经戏言过身后的事情,没想到如今都在眼前发生了,人生无常让人感叹。妻子死后,他怕睹物思人,把衣裳几乎都施舍尽了,但却还舍不得妻子生前做的针线,却又不忍心打开细看。又不由想起妻子生前怜惜婢女、仆人,自己也对他们好,又因梦见妻子跟自己受贫吃苦,故为她焚烧纸钱祭奠。虽然诗人内心清醒地知道夫妻永诀人人都一样伤怀,但贫贱夫妻尤甚。

"贫贱夫妻百事哀"是流传千古的名句,因为写出了贫贱中夫妻两人互相护持,患难与共,经历生活种种,一旦一方撒手远去,另一方回忆起其生前行迹,自然是无处不觉伤怀。

遣悲怀三首（其三）

◎元 稹

闲坐悲君亦自悲，百年都是几多时！
邓攸无子寻知命①，潘岳悼亡犹费词。
同穴窅冥何所望②？他生缘会更难期！
惟将终夜长开眼，报答平生未展眉。

【注释】

①邓攸无子：晋邓攸在战乱中为拯救亡兄之子，丢弃了自己的儿子，以为自己还可以生养，但终无子嗣。②同穴：合葬。窅（yǎo）冥：幽暗的样子。

【译文】

闲坐时，悲叹你也为自己哀伤，纵使人能活百年，也不过些许时日。邓攸命中无子，我也年届五十，潘岳的悼亡诗再美，也是在浪费文辞。同穴合葬，指望在幽暗的地府中相会；来世再做夫妻，更是难以预期！我只有整夜睁着双眼想念你，报答你一生跟我受苦的情谊。

【赏析】

首句承上启下，以"悲君"总括上两首，以"自悲"引出下文。妻子逝世后，诗人形单影只，既"悲君"又"自悲"，对生命进行思考，百年亦不过几多时。

接着，诗人以邓攸、潘岳自况：邓攸心地纯善，却终身无后，只能说是命运的安排；潘岳悼亡词写得再凄恻动人，对逝者来说也毫无意义，不过是浪费笔墨。诗人故作旷达地说由天知命，再费词章徒劳无益，实际上深隐着难以排解的悲伤。他想寄希望于同穴和来生，但又清醒地知道"何所望""更难期"，在绝望之中寄托刻骨相思，令人沉痛不已。

在一片夹杂着悲伤、悔恨的至情中，只有在漫漫长夜中始终睁开双眼，来报答妻子生前所过的愁眉不展的日子。其情痴，其语挚，吟来催人泪下。故清蘅塘退士说:"古今悼亡诗充栋,终无能出此三首范围者,勿以浅近忽之。"

行 宫

◎元 稹

寥落古行宫①,宫花寂寞红。
白头宫女在,闲坐说玄宗②。

【注释】

①寥落:空虚、冷落。②玄宗:唐明皇李隆基,这是他的庙号。

【译文】

在寂寥冷落的古行宫中,红艳的花朵只能寂寞地自开自落。几个头发斑白的宫女,正在闲坐谈论当年的唐玄宗。

【赏析】

"行宫"是皇帝外出居住的宫舍。这首诗通过描写行宫宫女百无聊赖的生活,抒发了无尽的哀怨之情,也寄托了诗人深沉的盛衰之感。

诗以"寥落"两字起笔,勾勒出古行宫的废置情状。一派凄凉衰败之气氤氲开来。继而绘出自生自灭的寂寞宫花和红颜不再的白头宫女,烘染出盛年不再,昔日繁华风流云散的境况。红花一般用来表现热闹的场景,烘托欢乐的情绪,这里却用红花与寥落的行宫、宫女的白发互相映衬,表达了沧桑之感与红颜易老的人生感慨,突出了宫女们凄凉哀怨的心境,这正是"以乐景写哀情"。

在历朝历代的宫廷中,宫女的地位都是最低贱的。唐代的宫女数量为历代之最,而且是终身制。宫女得到皇帝宠幸的几率非常小,所以绝大多数人在使婢生涯中度过了青春,年老后被送到各处冷宫别馆养老打杂,度完余生。

唐玄宗前期励精图治,任用贤臣名相,开创了大唐盛世;后期却沉湎声色,修建了不少的行宫。政治腐败,奸臣权相横行无忌,导致安史之乱起,从此大唐一蹶不振,繁华衰歇。

"说玄宗"三字写白头宫女在一起闲聊当年的玄宗,更是蕴含着万千感慨:多少治乱兴衰,多少沧桑往事,多少长短曲直,都尽在其中了。

全诗仅仅四句,却以少总多,说尽兴衰变迁,让人不胜感慨。

赠项斯

◎扬敬之

几度见诗诗总好,及观标格过于诗①。
平生不解藏人善,到处逢人说项斯。

【注释】

① 标格:包含外在美和内在美,即神采风度、品格修养等。

【译文】

几次见到你的诗,诗总是绝妙好诗,及待相见,发现你的神采风度更胜过诗。我平生不懂得隐藏别人的才德,到处逢人就夸赞你项斯。

【赏析】

一个"总"字和"过于"两字体现了诗人发现人才的由衷喜悦。诗人敢于打破"文人相轻"的传统陋习,身体力行去奖掖后进,并由他自己说出,语直而情真,更见得直率可爱。在他的推荐称扬下,项斯很快被人所知,第二年中举登科。

宫 词

◎张 祜

故国三千里①,深宫二十年。
一声《何满子》,双泪落君前②。

【注释】

①故国：指故乡。②君：指唐武宗。

【译文】

故乡远隔三千里，深宫悠悠二十年。一声哀怨《何满子》，两行热泪落君前。

【赏析】

这首五绝又题作《河满子》。何满子本系人名，为开元年间的歌唱家，相传他临刑时，作曲以赎死，却未能获免。此曲四词歌八叠，曲调婉转悲凉断人肠，后人便以何满子为曲名。后来传入宫禁，深深引起宫中女子的共鸣。这首诗就是写宫人的幽怨。

一般以绝句体裁写的宫怨诗因为篇幅短小、容量有限，总是只截取宫中生活的一角，透过一个片断来展示宫人悲惨的一生。而且诗多写得委婉含蓄，给读者留下了较大的想象空间。这首诗为读者展示了一幅生活全图，而且直叙其事、直写其情。这正是它与众不同之处。

"三千里"，从空间着眼，写宫女故乡距离遥远而无望归还；"二十年"，从时间着眼，写入宫时间久，幽闭深宫而痛苦无涯。两句诗不仅具有高度的概括性，也具有极强的感染力；不仅集中展现了宫人的愁怨，而且使这种感情不断变得更加厚重、更加深入。

一声哀歌，双泪不禁滚滚落下，直截了当地抒发了宫人深藏在心中、蓄积已久的悲怨之情，它不以含蓄见长，却以强烈的感情取胜。诗中人内心的辛酸凄楚、愤懑哀怨，尽在不言中。

题金陵渡

◎张　祜

金陵津渡小山楼①，一宿行人自可愁。
潮落夜江斜月里，两三星火是瓜州②。

【注释】

① 金陵渡：在今江苏省镇江市附近。② 瓜州：在今江苏扬州南，与镇江隔江相对，因州形似瓜而得名。

【译文】

镇江南边渡口有座小山楼，投宿在此，难以入眠因有烦愁。月西斜，夜色中江湖刚落，两三星火闪动，那里可是瓜州？

【赏析】

这是渡口小楼的题壁诗，是张祜漫游江南时所作，写偶见的江上清丽夜色。

首句点题，开门见山。"自可愁"为诗眼，因为在羁旅之中，行人难免泛起淡淡的乡愁。一二句起笔平淡轻松，很自然地将读者引入佳境。

诗人因为满怀愁绪而难以入眠，于是站在小山楼上远望"夜江"，只见斜月朦胧，江潮初落，隔江瓜州有二三星火闪烁。一个"斜"字，既画出了景物，又点明了时间是在拂晓即将来临的落潮之际；既呼应了上句的"一宿"二字，将两句自然勾连起来，又暗暗点出了行人一夜未能成寐这件事。用笔轻灵细腻，精雕细琢却不露斧凿之痕。

全诗画面清丽宜人，将近愁寄于远景之中，尤其是"两三星火是瓜州"以寻常语写天然佳景，将人带入那落潮后江对面隐约的星火闪烁不定之境界，而一种迷惘落寞之情也因此展开。语言十分自然朴素，而又令人玩味。

赠内人

◎ 张　祜

禁门宫树月痕过①，媚眼惟看宿鹭窠。
斜拔玉钗灯影畔，剔开红焰救飞蛾②。

【注释】

① 禁门：宫门。② 红焰：指灯芯。

【译文】

月光从宫门移到旁边树梢,她媚眼如丝,只看那安睡鹭鸟的巢窠。灯影摇曳处,(她)偏头拔下晶莹玉钗,挑开灯芯,救出扑火的飞蛾。

【赏析】

诗题诗题中的"内人"意思是大内(皇宫)中人,为宫中宜春院习艺的宫人,诗意在写宫女静夜的孤寂无聊。

唐高祖武德年间于宫禁之中设内教坊。开元二年(714),玄宗加设外教坊和梨园,主要习奏民间俗乐(流行音乐)。宫中梨园是由优秀男女乐工各数百人组建而成,由唐玄宗亲自指导,艺术水平最高。稍次是宫中的内教坊,其乐工有男有女,女乐工依色艺的高低分成不同的等级。最高的称为"内人",人数最少。其次称"宫人",人数较多。再次称为"挡弹家",以弹奏乐器见长,歌舞则不精。

月亮渐渐越过宫禁中的树木,时光飞逝,而人犹自不寐,凝望着那双栖白鹭的窠,一个"媚"字,体现出其有艳羡之意。她斜拔玉钗,剔开灯焰救飞蛾,使其获得重生。诗人善于截取生活细节来展示人物的心理,这一剔焰救蛾的小小举止,既是宫女对弱小生命的同情,又是她有感于自身深锁宫禁,恰同于飞蛾扑焰,故怜蛾实为自怜身世。

全诗造意深曲含蓄、熨帖细腻,描绘出宫人孤寂愁闷的心情,十分耐人寻味。

集灵台二首(其一)

◎张　祜

日光斜照集灵台,红树花迎晓露开。
昨夜上皇新授箓,太真含笑入帘来。

【译文】

阳光斜照华清宫的集灵台,满树红花,迎着晨露绽开。昨晚,太上皇才刚刚为她授箓,今晨,太真就媚眼含笑走进帘来。

【赏析】

诗的前两句写集灵台早上的景物,日光斜照台上,满树红花迎着晓露开放,见出是清静神圣的祀神之地。后两句写玄宗昨夜在这里举行道教授给秘文仪式,贵妃在这时"含笑"入内,自愿为女道士,掩人耳目,足见其献媚轻薄。杨玉环原系玄宗十八子寿王瑁的妃子,玄宗慕其美色,召入禁中名为女道士,号太真,后来大加宠幸,进而册封为贵妃。全诗不直接加以讽刺批评,而是截取玄宗举行入道仪式这一情节,不言讽而讽刺自露于言外。

集灵台二首(其二)

◎张 祜

虢国夫人承主恩①,平明骑马入宫门。
却嫌脂粉污颜色,淡扫蛾眉朝至尊。

【注释】

① 虢国夫人:杨贵妃三姐的封号。

【译文】

虢国夫人承受主上恩泽,大清早就骑马进宫。因嫌脂粉玷污她的美貌,只轻扫蛾眉就来朝见君王。

【赏析】

虢国夫人是杨玉环的三姐,嫁给裴家,并非后妃,却"承主恩",骑马入宫,足见其骄横轻狂,而"淡扫蛾眉"可见其自恃天生美艳,不施脂粉,足见她的轻佻,也可照见玄宗的昏庸好色。

全诗的语言颇为含蓄,字字句句隐含讥刺,看似是褒,实则是贬,讽刺深刻,入木三分。虽然如此,"却嫌脂粉污颜色,淡扫蛾眉朝至尊"两句将虢国夫人天生的丽质风度写得宛如图画。

宫 词

◎朱庆馀

寂寂花时闭院门，美人相并立琼轩①。
含情欲说宫中事，鹦鹉前头不敢言。

【注释】

① 琼轩：白玉长廊。

【译文】

花开时节，寂寂的宫院紧闭大门，美人并肩伫立在玉栏长廊。满怀幽情想要诉说宫中的事情，在饶舌的鹦鹉面前却不敢开口。

【赏析】

春天百花盛开的时节，春光满院，本应是院门打开、赏花热闹之际，反说重门深"闭"，给人"寂寂"之感，在这不同寻常中已有所透露暗示。

一般宫怨诗，主人公往往只有一位孤独寂寞的宫女，这首诗却写了两位宫女，足见失宠者并非一人。两位美人并立在琼轩赏花，本应互吐衷曲，但一看面前的鹦鹉，深恐其学话饶舌，传与他人，故又含情不吐、欲说还休。

诗中虽没有点破所含之情是什么情，欲说之事是什么事，而宫禁之森严，美人之敢怨而不敢言之情却跃然纸上。

诗的构思独特，句句腾挪，字字呼应，在"花时""琼轩""美人""鹦鹉"组成的风光旖旎的画图背后，却是一个深宫寂寂、美人的幽怨与无奈充溢庭院的世界。

闺意献张水部

◎朱庆余

洞房昨夜停红烛,待晓堂前拜舅姑①。
妆罢低声问夫婿,画眉深浅入时无?

【注释】

①舅姑:公婆。

【译文】

昨夜洞房里通宵燃着红烛,等待天亮时去堂前拜见公婆。梳妆好了低声询问夫婿,画眉的深浅合时兴吗?

【赏析】

张籍任水部郎中时,以擅长文学又乐于提拔后进而与韩愈齐名。朱庆余曾得到张籍的赏识,但还担心自己的作品未必符合主考官的要求,于是临近进士考试时将这首诗投献给张籍,以望荐举汲引。

古代风俗,结婚后第二天清晨,新妇才去拜见公婆。这首诗就是描写新妇去拜见公婆之前的心理状态。

首句写大婚,次句写拜见。新妇无不希望能在第一次拜见中给公婆留下一个好印象,获得他们的认可,所以非常郑重,早早地起了床,在通夜不灭的红烛光照中精心装扮,只等到天一亮,就去堂前行礼。但新妇心里也没底:自己这身装束到底合不合宜,能不能讨得公婆的喜欢呢?

接下来自然而然地过渡到她基于这种心情而产生的言行:询问身边丈夫的意见。由于她还是新娘子,自然比较羞涩,而且这个问题比较私密,不好大声说出来,"低声问"可谓合情合理,刻画入微。

诗以"入时无"三字为诗眼,意在问自己的文章是否合当时考试规定的式样,反映了应考士子对前途命运把握不定的不安心情。

诗人巧妙细致地描写了新婚后的闺房情趣,新娘预备去拜公婆,着意装扮,期望能得到欢心,故先问夫婿,打扮得入不入时?如此精心设问而寓意自明，即近试之际，自己精心着意作了文章，希望能得到主考官的赏识。比喻得十分精妙而恰切。

登崖州城作

◎李德裕

独上高楼望帝京①，鸟飞犹是半年程。
青山似欲留人住，百匝千遭绕郡城。

【注释】

①帝京：指京城长安。

【译文】

独自登上高楼，放眼北望帝京长安，路程遥远，鸟飞回去犹要半年时间。青山似乎有意留人住下，千层百叠环绕着崖州郡城。

【赏析】

崖州，今海南三亚市崖城镇。大中二年（848），李德裕被贬为崖州司户参军。

李德裕在武宗李炎朝任宰相，执政期间重视边防，力主削弱藩镇，巩固中央集权，使唐几竟中兴。宣宗李忱继位之后，嫉李德裕位高权重，加上牛党白敏中、令狐绹当国，更是无所不用其极地打击、陷害他。大中二年（848），李德裕从潮州司马再贬为崖州司户参军。这首诗便是他登崖州城楼怀念长安时所作。

作为关心社稷安危的杰出政治家，他虽被弃置在偏僻的穷荒之地，却依然眷念故国，登临高楼北望帝京。他所贬之地崖州在今天的海南省，距离国都长安路途遥远，鸟飞也要半年时间，人行当要几年呢？一个"犹"字揭示了思帝京和路遥难归的矛盾。结句有双关意，海南本来多山环绕，却也暗喻诗人处境险恶，被群小重重包围阻滞不放北还。李德裕被贬崖州，作为党争失利一方的首领，基本上没有回京复职的可能了，正是想通了这一点，诗人的心情反而变得平静。全诗语气舒缓而诚挚，情调深沉而悲凉。

忆扬州

◎徐 凝

萧娘脸薄难胜泪①,桃叶眉长易觉愁②。
天下三分明月夜,二分无赖是扬州。

【注释】

①萧娘:南朝以来,诗词中的男子所恋的女子常被称为萧娘,女子所恋的男子常被称为萧郎。②桃叶:晋代王献之的爱妾名桃叶。这里用以代指所思念的佳人。

【译文】

萧娘娇美的脸上似乎难以承受住泪珠儿,桃叶的修眉让人感觉容易生愁。天下明月的光华有三分吧,无赖的扬州啊,你竟然占去了两分。

【赏析】

虽然诗题说是"忆"扬州,实际上是"忆"扬州之"人"。

诗的前两句追忆当日别离的情形,萧娘、桃叶均代指诗人所思、所忆者,"脸薄"虽显娇羞,更见别泪如泉;"眉长"固然秀美,其间却离愁缠绵。远人别时愁眉、泪眼的音容仍历历在目,反衬出自己的殷切怀念,这是深一层的写法。

在思念正苦之际,却无可诉说的人,抬头见得明月,却又是当年曾照离人泪眼的明月,更加增添了离愁别绪,相思之苦更加剧烈,于是不禁出口抱怨起明月"无赖"了。

本来月光遍照天下,并不专宠扬州,但诗人却设想天下三分之二的月光在扬州,看似违背常理,却深入情理,取得了不同凡响的艺术效果,已成为千古传诵的名句。

秋日赴阙题潼关驿楼

◎许 浑

红叶晚萧萧,长亭酒一瓢①。
残云归太华②,疏雨过中条③。
树色随关迥④,河声入海遥⑤。
帝乡明日到⑥,犹自梦渔樵⑦。

【注释】

①长亭:古时供行人休息的亭子,常作饯别处,此指潼关驿楼。②太华:华山,在潼关西。③中条:中条山,在潼关东北。④迥(jiǒng):远。⑤河:黄河。⑥帝乡:指京城长安。⑦梦渔樵:指怀念隐居时的生活。

【译文】

秋叶绯红,晚上萧萧作响,夜宿潼关驿楼,喝了美酒一瓢。几片残云,向华山聚集;稀疏秋雨,已飘洒过中条山。树色随关城延伸到远方,黄河流入大海水声激荡。京城明天就能到达,我仍然梦见渔人樵夫,并跟他们结交。

【赏析】

"阙"是宫门前的望楼,常用来象征京城。潼关,在今陕西省潼关县境内,山川形势险要,自然景色动人。这首是许浑赴京路过潼关、夜宿驿楼时的题壁诗。

开头两句,作者先勾勒出一幅秋日行旅图,引出一个秋浓似酒、旅况萧瑟的境界。

中间两联是作者登上驿楼纵目四望所见的壮丽景色:秋晚雨过,残云飘向南面的华山,稀疏细雨飘洒过北面的中条山;苍苍树色随关城延伸到远方,听得黄河的声音流入大海。有声有色,全是潼关的典型风物,极其雄浑苍茫。

末二句点出赴京并非所愿、想要归隐之意。

全诗气象壮阔,笔力雄健,中间两句从大处落笔,云雨声色,突出表现了关中山岳河流的浩大气势,而且对仗工稳,声调铿锵,炼字遒劲,高华雄浑,颇有盛唐诗的气势。

早 秋

◎许 浑

遥夜泛清瑟①,西风生翠萝。
残萤栖玉露,早雁拂金河②。
高树晓还密,远山晴更多。
淮南一叶下,自觉洞庭波。

【注释】

①遥夜:长夜。瑟:弦乐器,似琴。②金河:秋日夜空中的银河。

【译文】

长夜飘荡着清冷瑟声,西风吹过,青萝摆动。几只残萤,栖息在凝露的草上。清晨,大雁掠过银河。高大的树木,拂晓看来还很茂密。晴天时,远山更加层次分明。《淮南子》言"一叶落而知岁暮",我领略到"洞庭波兮木叶下"的诗情。

【赏析】

这是一首咏早秋景物的咏物诗。题目是"早秋",因而整首诗的取材和措辞处处都落在"早"字上。

前四句写早秋的夜景,以"清瑟"领起,选取了早秋的典型物候,自有一种清冷的况味。夜晚俯察见"残萤"栖息在露水上,仰望见"早雁"掠过银河。

之后写早秋的昼景:近看高大的树木叶子"晓还密",远望青山"晴更多"。从高低远近等不同角度来描绘早秋景物,虽然没有使用任何标示性的字眼,却体现了诗人对早秋景物细致入微的观察,真可谓神清气足、悠然不尽。

结尾两句用了"一叶落而知岁暮"和《九歌》中"洞庭波兮木叶

下"的典故,点出早秋的特点,显得警策雄健。格律严整丽秀,修辞精致工巧。

将赴吴兴登乐游原

◎杜 牧

清时有味是无能,闲爱孤云静爱僧。
欲把一麾江海去①。乐游原上望昭陵。

【注释】

① 一麾:州太守的旌麾。

【译文】

盛世清明,我游乐清闲,只因无能,只好寄情孤云,更喜高僧清静生活。即将手握旌旗,远去吴兴,乐游园上百感变集,怅望昭陵。

【赏析】

宣宗大中四年(850),杜牧由京官外放为湖州刺史,行前登乐游原遣兴,写下这首诗。

前两句说清明太平的时候,没有才能的人,也是有兴味意趣的;自认无能,无事可为,所以爱孤云之闲,爱僧人之清净。实际上"清时""无能"为反话、愤激语。因为当时朝中党争正烈,宦官擅权专政,藩镇纷纷割据。周边蛮夷入侵,何来太平清明?诗人有经国济世的抱负和才干,却被投闲置散,遂乞请外放,并非"无能"而甘处闲散。

后两句写自己将一麾而去,而登乐游原望昭陵,追忆贞观盛世的政治清明,就不能不联想当前国家衰败的局势以及自己被闲置的处境,既有对当今政治衰败无能的悲愤,也有对自己有志难申的感慨,沉郁含蓄,言有尽而意无穷。

旅 宿

◎杜 牧

旅馆无良伴①,凝情自悄然。
寒灯思旧事,断雁警愁眠②。
远梦归侵晓,家书到隔年。
沧江好烟月③,门系钓鱼船④。

【注释】

①良伴:好朋友。②断雁:离群之雁。警:惊醒。③沧江:苍茫的江面。④系:系结。

【译文】

旅馆中没有好的旅伴,凝神静思,忧郁悄悄蔓延。灯暗天寒,想着往事,我就像孤雁,惊醒后再难入眠。家乡遥远,梦中回去,也得破晓才到,家书寄到这,已时隔一年。江面苍茫,烟月正好,垂钓的小船,系在自家门前。

【赏析】

这是诗人羁旅怀乡之作。

首联写自己孤身一人在旅馆居住,没有良伴交谈,只好在寒灯下静静凝思。

中间两联写寒灯、孤雁勾起的回忆、乡愁。乡关迢远,自己在梦中回家都须破晓时才能到达,家书须隔年才能到达旅馆,对家乡的深沉思念已经蕴藏其中。这二十字经过千锤百炼,语不惊人却情景逼真,别亲思乡之人如一字一读,便觉一字一泪。

末尾写旅馆外早晨的实景,看似跳出了乡愁,转为羡慕江上渔船的清闲自在。其实是说由于离家久远,看到旅馆外的钓鱼船便非常羡慕,因为人家的渔船就停泊在家门口。这是借他乡之物,曲折地表达思乡之情,有着某种"画饼充饥"的辛酸,内含的忧愁更显深长。

全诗层层推进，写景抒情都有独到之处，幽恨乡愁，委实凄绝。

赤 壁

◎杜 牧

折戟沉沙铁未销①，自将磨洗认前朝②。
东风不与周郎便，铜雀春深锁二乔③。

【注释】

①折戟：折断的戟。戟，古代兵器。销：销蚀。②将：拿起。磨洗：磨光洗净。③铜雀：曹操在邺城所筑高台，其姬妾尽在台中。二乔：大乔、小乔，以美貌著称于世。大乔嫁给了孙策，小乔嫁给了周瑜。

【译文】

断戟在泥沙中深埋，竟没被销蚀，我磨洗它，认出是赤壁激战之物。如果东风不给周瑜行方便，铜雀台恐怕早已深锁大小二乔。

【赏析】

诗人在赤壁的沉沙中发现断折的戟，尚未被铁锈完全销蚀，经过一番磨洗，细加辨认之后，竟然发现是前朝赤壁之战时遗留下来的。

前朝的"折戟"引发了诗人的一串联想，进而对当年赤壁交兵双方的战略态势加以议论，认为幸好有东风助阵，得以功成，不然二乔将被曹操掳走而深藏于铜雀台之中了。

"折戟"既已是历史旧物，很可能已经锈迹斑斑，并不怎么起眼，诗却偏从这不起眼处写起。只因它与战争有着密切的联系，很自然地引出后文对历史的感叹。

发现这只折戟后，诗人仔细磨洗，辨认出是"前朝"——三国赤壁之战时的遗物。作者思绪于是飞向了那个群雄并起的精彩年代，为下文做了铺垫。

赤壁之战是历史上有名的以少胜多、以弱胜强的战役，在军事史上留下了浓重的一笔,但是杜牧没有对这场精彩的战役进行详细描写,因为他是直接对历史结局做出自己的评判——曹操失败是因为偶然的天气因素,反映了他不以成败论英雄的思想与豪爽的胸襟。细细品味,这句话似乎还有一层含义:只要有机会,自己定能有所作为,自有一番英风豪情。

杜牧好言兵事,曾经注释过《孙子》,自负有王霸之略,写下不少军事论文。这首诗是他在任黄州刺史时所作,诗以俊爽旖旎之笔将景、情、理融为一体,风华流美而又神韵疏朗,气势豪宕而又精致婉约。

泊秦淮

◎杜 牧

烟笼寒水月笼沙①,夜泊秦淮近酒家②。
商女不知亡国恨③,隔江犹唱《后庭花》④。

【注释】

①"烟笼"句:烟雾、月色笼罩着水和沙。烟:像烟一样的雾气。笼:笼罩。寒水:清冷的河水;月:月光。沙:沙滩。②夜泊:因天晚而抛锚停船。秦淮:河名,发源于江苏溧水东北,经南京流入长江。酒家:酒馆。③商女:一说商女即歌女,在酒楼或船舫中以卖唱为生的女子。清徐增《而庵说唐诗》云:商女,是以唱曲作生涯者。不知:不能理解,不懂。亡国恨:国家灭亡的悔恨或遗恨。④江:这里指秦淮河。长江以南,无论河流的大小,口语都称为江。犹:副词,还。《后庭花》:乐曲《玉树后庭花》的简称,以此曲填歌词者,今存数种,而以南朝陈后主(陈叔宝)所作最为有名。因陈后主溺于声色,作此曲与后宫美女寻欢作乐,终致亡国,所以后人把他所喜爱的《玉树后庭花》曲、词当作亡国之音的代名词。

【译文】

轻烟和月光,笼罩着江水和白沙,夜里停泊秦淮河,靠近岸边酒家。歌女不明白亡国之恨,还在岸那边吟唱亡国遗曲《后庭花》。

【赏析】

金陵曾是六朝都城,繁华一时,秦淮更是歌舞玩乐的金粉之地。诗人客中夜泊秦淮,闻得靡靡之音,自然兴起兴亡之慨叹。

首句写景,两个"笼"字渲染出秦淮河朦胧的水边夜色。二句叙事,一"泊"一"近"点明具体场景。三四句感怀,由"近酒家"引出商女之歌,由"不知""犹唱"落笔,曲声靡靡的《后庭花》为亡国之音,而今曼声绮曲依旧,离前车之覆辙,相去不远了,其中感慨最深,寄托甚微。诗人将历史、现实、想象融汇在一起,俯仰历史兴亡,有不胜沧桑之感。

寄扬州韩绰判官

◎杜 牧

青山隐隐水迢迢,秋尽江南草未凋。
二十四桥明月夜①,玉人何处教吹箫?

【注释】

①二十四桥:相传有二十四个美人在扬州西城外的小桥上夜吹洞箫,此处用以泛指扬州的桥梁。

【译文】

青山若隐若现,江水迢迢千里,深秋了,江南草木还没有完全凋零。今夜二十四桥上明月高挂,你在何处教美人吹箫?

【赏析】

文宗大和七年至九年间(833—835),杜牧在扬州任节度使府推官、掌书记。此诗是他离开扬州回京城长安供职时忆同僚韩绰所作。

诗本为怀旧忆友,却先从写景开始,想象深秋江南的山青水迢迢,因地暖而草木还没完全凋零。

第一句摄取的是远镜头,将远处青翠的山峦写得朦朦胧胧,给人以恍惚迷离的美感。诗人巧妙运用"隐隐""迢迢"这两组双声连绵词,在氤氲朦胧、绰约多姿的景色中自然融入了悠长不尽的情思，隐约暗示了诗人与友人之间山高水远。

赠别二首（其一）

◎杜 牧

娉娉袅袅十三余①，豆蔻梢头二月初。
春风十里扬州路，卷上珠帘总不如。

【注释】

①娉娉（pīng）袅袅（niǎo）：柔美的样子。

【译文】

秀丽婀娜正是十三年华，就像早春二月含苞待放的豆蔻花。看遍扬州十里长街，那些卷起珠帘的女子都比不上她。

【赏析】

诗以优美贴切的比喻和空灵清妙的手法描摹少女的美丽，赞扬她是扬州歌女中美艳第一，给读者留下鲜明生动的印象。

赠别二首（其二）

◎杜 牧

多情却似总无情①，唯觉樽前笑不成②。
蜡烛有心还惜别，替人垂泪到天明。

【注释】

①"多情"句：意谓多情者满腔情绪，一时无法表达，只能无言相对，看上去倒像是彼此之间无情。②樽：酒杯。

【译文】

　　本应别情满怀,却相顾无言,倒像是没有感情,只是觉得在酒杯之前笑不起来。蜡烛似乎明白人类的情感,还在为离别伤感,你看它,替你我流泪直到天明。

【赏析】

　　《赠别二首》(其一)重在刻画对方的美丽,这一首着重写惜别心绪。

　　此诗全篇不见"悲""愁"等字,却将离别时的感情写得坦率真挚,语言清爽俊逸、含蓄蕴藉。

叹 花

◎杜 牧

自是寻春云校迟①,不须惆怅怨芳时。
狂风落尽深红色②,绿叶成阴子满枝。

【注释】

　　①校:即"较",比较。②深红色:借指鲜花。

【译文】

　　自是我寻春赏花去得晚了,不应该惆怅怨嗟芳华时节已逝。狂风吹落尽了深红色的花,绿树已经成荫,果子长满了枝头。

【译文】

　　此诗主要用"比"的手法。通篇叙事赋物,即以比情抒怀,用自然界的花开花谢、绿树成荫子满枝,暗喻少女的妙龄已过,结婚生子。但这种比喻不是直露、生硬的,而是若即若离、婉曲含蓄的。隐喻手法的成功运用,又使此诗显得构思新颖巧妙,语意深曲蕴藉,耐人寻味。

遣 怀

◎杜 牧

落魄江湖载酒行,楚腰纤细掌中轻。
十年一觉扬州梦,赢得青楼薄幸名。

【译文】

潦倒漂泊江湖,我带酒而行;沉溺美色,欣赏细腰轻盈。蹉跎十年,竟如一场扬州春梦;流连青楼,落得个薄情郎的声名。

【赏析】

杜牧对自己的才能颇为自负,很想为社稷为百姓做出一番事业,因而在追忆昔日的放荡生活时,不仅没有觉得惬意和留恋,反而不满。

而十年扬州冶游恍若一梦,仅赢得个青楼薄幸之名,其他所失者可以想见。

诗表面上是抒写对往昔扬州幕僚生活的追忆,但在调侃之中却饱含辛酸、自嘲和悔恨。

秋 夕

◎杜 牧

银烛秋光冷画屏,轻罗小扇扑流萤。
天阶夜色凉如水,坐看牵牛织女星。

【译文】

秋夜,白色蜡烛照着清冷画屏,她拿着轻巧团扇,扑打点点流萤。台阶上,夜色清凉如水,一人独坐,仰看牵牛织女星。

【赏析】

银烛、秋光、冷画屏,这些冷色调的景物叠加起来,构成一幅流光洋溢的空明清冷的画面，用一"冷"字，既暗示寒秋气氛，又传达出一种冷清孤寂的感觉。

宫女在无聊中，借扑萤以打发时光，夜凉如水，却还卧看牵牛织女星，不免会联想到七夕为牛郎、织女相会之期，再联想到自身目前的处境，对爱情的向往与被闭锁的幽怨等种种复杂的心情不言而喻。

全诗自夜初写到夜深，层层布景，无一字句明言相怨之情，只有"卧看"两字，逗出隐约的情思，顿时通篇萦绕着一股幽怨凄婉之意。

金谷园

◎杜 牧

繁华事散逐香尘①，流水无情草自春。
日暮东风怨啼鸟，落花犹似坠楼人。

【注释】

①香尘：石崇为教练家中舞妓步法，以沉香屑铺象牙床上，让她们践踏，无迹者赐以珍珠。

【译文】

往日繁华，随着沉香烟尘飘散；流水无情，芳草径自青青。傍晚东风阵阵，传来鸟儿怨啼，落花纷纷，就像当年坠楼的绿珠美人。

【赏析】

面对荒园，诗人脑海中浮现出金谷园昔日的繁华，而今却已随着香尘消散无踪，然人事虽非，流水照样潺湲，春草依然碧绿，风景无殊；三四两句即景生情，听到啼鸟声声似在哀怨，看到落花满地，想起当年坠楼自尽的石崇爱妾绿珠，一个"犹"字渗透了追念、怜惜之情。

山 行

◎杜 牧

远上寒山石径斜①,白云生处有人家。
停车坐爱枫林晚,霜叶红于二月花。

【注释】

① 寒山:指深秋时候的山。斜:音同"霞",意思是伸向。

【译文】

弯曲的石头小路远远地上伸至深秋的山巅,白云升腾的地方隐隐约约有几户人家。停下马车是因为喜爱枫林的晚景,霜染后的枫叶那鲜艳的红色胜过了二月的春花。

【赏析】

首句中,"寒"字点明是深秋季节;"远"字表现了山路的绵长;"斜"字展示了山势高而缓,照应句首的"远"字。而且,正是因为此山坡度不大,故可乘车游赏,方引出下文。有白云缭绕,说明此山很高,而且营造出一种超然世外的清幽感。但它又不会使人产生丝毫死寂的恐惧感,因为"有人家"三个字使这座深山充满了生气。"霜叶红于二月花"是全诗的中心句。"红于"。说明霜叶胜于春花,不仅仅是色彩更艳丽,而且更经得起风霜的考验。

瑶瑟怨

◎温庭筠

冰簟银床梦不成①,碧天如水夜云轻。
雁声远过潇湘去,十二楼中月自明②。

【注释】

①簟:竹席。②十二楼:传说昆仑山上有五城十二楼,是仙人住处。

【译文】

银床华贵,竹席清凉,而我难以入眠;青天碧澄若水,夜里薄云轻盈。雁叫声声,已远远飞过潇湘;明月清皎,仍高高挂在十二楼上。

【赏析】

"梦不成"说明诗中的女子知道与思念之人相会无期,只能将希望寄托于缥缈虚幻的梦境上。可是现在难以成眠,竟连在梦中相见这样一个小小的愿望也落空了。诗以"梦不成"生发开去,其他三句全是写梦不成后所感、所见、所闻的情景。

碧天澄澈如水,夜云轻飘如絮,营造出一种轻淡而朦胧的意境。而听闻"雁声远过",去处为舜之二妃娥皇、女英赴水为神的潇湘,一个"远"字,既是写雁声渐去渐远,也有怀人者随雁声神往之远之意。雁书莫由寄,腹中之情无由排遣,唯见明月徘徊在高楼。

通首铺陈清寂的夜景,不着迹象,一切皆笼置于无声自明的秋月流光之中,自有一种渺渺的清怨在其中弥漫开来。全诗只"梦不成"三字透露怨意,然后以高浑秀丽之景结情,可谓清音袅袅,悠然不尽。

利州南渡

◎温庭筠

澹然空水对斜晖①,曲岛苍茫接翠微②。
波上马嘶看棹去③,柳边人歇待船归。
数丛沙草群鸥散,万顷江田一鹭飞。
谁解乘舟寻范蠡④,五湖烟水独忘机⑤。

【注释】

①澹然:水波荡漾的样子。②翠微:青翠的山色。③棹(zhào):指船。④范蠡:春秋时楚国人,曾助越灭吴。功成名就后辞官乘舟而去,泛于五湖。⑤机:机心,欲念。

【译文】

江面空阔,映带夕阳余晖;岛岸曲折苍茫,连接青翠山气。骏马嘶鸣,看那渡船远去;人们在柳边休息,等待渡船归来。沙洲草丛里,鸥群被惊散;万顷水田上,一只白鹭孤飞。谁能理解我乘舟寻找范蠡的志趣;五湖浩渺,我忘掉了世俗机心。

【赏析】

温庭筠行旅至利州(治所在今四川广元)南渡嘉陵江时,触景生情,兴起放浪江湖的遐思,遂写下此诗。

诗的前六句都是写暮色中渡口的景色,首先映入眼帘的是开阔的江面映照着夕阳而波光粼粼,弯曲的江岛和岸上青翠的山岚相接,这是远景;接着写近处江岸和江中的景色,江中渡船载着嘶鸣的马儿远去,岸上的人歇息在柳荫下等渡船返回。

"数丛沙草群鸥散,万顷江田一鹭飞"一联巧用数量词,对仗工整,以深富动感的画面渲染了江边的清旷和寂静,使诗境变得悠深有神韵。

在这样一幅宁静而充满生机的利州南渡图画中,到处漂泊的诗人自然兴起欲学范蠡急流勇退、放浪江湖的愿望。

诗人描写景物很充分,视线由远而近,由江中而岸上,由静而动,进而即景生情点出题意,脉络清晰完整,用词朴实无华,意境幽远淡雅。

商山早行

◎温庭筠

晨起动征铎①,客行悲故乡。
鸡声茅店月,人迹板桥霜。
槲叶落山路②,枳花照驿墙③。

因思杜陵梦④,凫雁满回塘⑤。

【注释】

① 动征铎（duó）：震动出行的铃铛。征铎：车行时悬挂在马颈上的铃铛。铎：大铃。② 槲（hú）：一种落叶乔木。叶子在冬天虽枯而不落，春天树枝发芽时才落。③ 枳（zhǐ）：也叫"臭橘"，一种落叶灌木或小乔木。春天开白花，果实似橘而略小，酸不可吃，可用作中药。驿（yì）墙：驿站的墙壁。驿，古时候递送公文的人或来往官员暂住、换马的处所。④ 杜陵：地名，在长安城南（今陕西西安东南），古为杜伯国，秦置杜县，汉宣帝筑陵于东原上，因名杜陵。这里指长安。⑤ 凫（fú）雁：凫，野鸭；雁，一种候鸟，春来往北飞，秋天往南飞。回塘：岸边弯曲的湖塘。

【译文】

黎明起床，车马的铃铎已叮当作响，旅客行走他方，还一心思念故乡。鸡鸣声中，茅草店沐浴着晓月的余晖；人行在板桥上，足迹叠印着寒霜。槲叶片片落满了荒山的野路，淡白的枳花朵朵，照亮了驿站的泥墙。因而想起昨夜梦见杜陵的美好情景，一群群凫雁落满了弯曲的池塘。

【赏析】

商山，也叫楚山，在今陕西省西安市商州区东南。温庭筠曾于唐宣宗大中末年（约858）离开长安，经过商山时写下此诗。

诗写旅行之辛苦、客思之苍凉。首联点明"早行"之悲。简括凝练地点明了早行的典型情景：清晨起床，旅店外的车马铃铎声叮当作响，旅客们忙着套马、驾车等活动。

"鸡声茅店月，人迹板桥霜"以六个极其典型的意象将早行的景色呈现眼前，有听觉有视觉，有远景有近景，不着一虚字，而旅人行路之艰辛和羁旅之愁思已在其中。

颈联写在路上的景色。"明"字锤炼得甚妙，因为是早行，天还没有大亮，白色枳花甚是显眼，给人以把旁边驿墙照得明亮的错觉。

尾联以梦回故乡委婉地表达了思乡之情，与首联相照应。

送人东归

◎温庭筠

荒戍落黄叶①,浩然离故关②。
高风汉阳渡③,初日郢门山④。
江上几人在,天涯孤棹还⑤。
何当重相见⑥,樽酒慰离颜。

【注释】

① 荒戍:荒废的防地营垒。② 故关:旧时的关塞。③ 汉阳渡:在今湖北武汉。④ 郢门山:在今湖北宜都。⑤ 棹(zhào):舟楫。⑥ 何当:何时。

【译文】

荒废的防地,落满黄叶,(你)胸怀远志离开家乡。风高行船,很快就到汉阳,太阳初升时,就能到郢门山。汉阳还有几个朋友?漂泊天涯,盼你早日回还。什么时候才能再见,再喝几杯吧,暂慰离别愁颜。

【赏析】

这是一首秋日送别诗。

"荒戍""黄叶",荒废的古堡、零落的黄叶,在此时此地送人远行,该是何等凄凉与忧伤,然而这首诗起调高迈不凡:故人怀抱远志意气昂扬地离开了。

颔联使用了互文的手法,写友人行程:在"高风""初日"下,舟行快速,汉阳渡、郢门山虽相距千里,却指日即到,兴象高旷,境界辽阔雄奇,足以壮离人行色。

颈联写诗人一方面目送友人乘坐的小舟孤零零消失在天际,一方面对友人远去的前程深表关怀,并寄托了对他的怀念。

末联写当此送别之际,只能开怀畅饮,设想何日重逢,透露出依依惜别的深情。

全诗丝毫不见作者"花间词派"纤丽婉约的文风。构思布局纵情开阔，只在首句稍稍点染深秋的苍凉气氛，紧接着便用"浩然离故关"一句奠定了全诗的基调，营造出一个辽阔深远的意境，故逢秋而不悲秋，送别而不伤别，意境雄浑壮阔，慷慨悲凉，有一股浩然之气。

苏武庙

◎温庭筠

苏武魂销汉使前①，古祠高树两茫然。
云边雁断胡天月，陇上羊归塞草烟。
回日楼台非甲帐②，去时冠剑是丁年③。
茂陵不见封侯印④，空向秋波哭逝川⑤。

【注释】

① 苏武：汉武帝天汉元年奉命赴匈奴，被匈奴扣留流放至北海牧羊。他羁留匈奴长达十九年，始终坚贞不屈，汉昭帝时遣使迎回长安。魂销：极度地感慨和激动。② 甲帐：汉武帝用的帷帐。本句是讲苏武归来时武帝已死。③ 丁年：壮年。④ 茂陵：汉武帝陵墓。⑤ 逝川：逝去的时间。

【译文】

苏武曾在汉使前，激动感慨，面对他祠堂的大树，我不禁茫然。塞外明月高挂，大雁消失在云边；荒塞牧羊归来，草原升起暮烟。回朝了，楼台依旧，而武帝已逝；出使时，戴冠佩剑还是壮年。武帝已葬茂陵，看不到他封侯受爵，只能面对秋水，凭吊先皇，哀叹逝去华年。

【赏析】

苏武庙究竟在何处，现已不详。温庭筠凭吊苏武庙，怀想古人遗风，遂写下这首咏赞苏武忠贞不屈的民族气节之作。

开首直叙苏武见到汉朝使者，得知自己已经获释可以回到祖国时悲喜交加的激动心情，"魂销"二字高度概括了苏武当时内心的非常情态。次句写诗人面对眼前庙中的建筑与古树，思绪茫茫。"古祠"与"高树"

没有感情和知觉，对苏武的事迹和他高尚的节操完全不了解，寄寓了诗人无限的感叹。

颔联写苏武荒塞牧羊，胡天雁断，从广阔的空间角度形象地表现了苏武在音讯隔绝的漫长岁月中的坚守。

颈联写苏武归汉情景和当年出使的情景，由"回日"忆及"去时"，"去时"是英姿勃发的壮年，十九年后归来，早已人事沧桑，"甲帐"与"丁年"为巧对。这一联通过对时间转换的形象描绘，表现了苏武被扣留的时间之长以及他所遭受的磨难之多。

尾联抒发苏武的故君之思，夹杂有岁月蹉跎的悲伤。

全诗跌宕起伏，语言自然朴素，意境苍凉，情调悲慨。

锦　瑟

◎李商隐

锦瑟无端五十弦①，一弦一柱思华年。
庄生晓梦迷蝴蝶②，望帝春心托杜鹃③。
沧海月明珠有泪④，蓝田日暖玉生烟⑤。
此情可待成追忆，只是当时已惘然。

【注释】

①锦瑟：装饰华美的瑟。②"庄生"句：庄子曾经梦见自己化成蝴蝶翩翩起舞。③"望帝"句：相传蜀望帝杜宇死后其魂化为子规，即杜鹃鸟，鸣声凄厉哀怨，啼血方止。④"沧海"句：传说南海外有鲛人，泣泪而成珠。⑤蓝田：山名，在今陕西，产美玉。

【译文】

华贵的古瑟，无故用了五十根弦，一弦一柱，都让人想到美好年华。我如庄子，迷失于蝴蝶和自我；又像望帝杜宇，化作杜鹃，寄托哀怨。沧海茫茫，月光明朗，鲛人泣泪成珠；蓝田悠悠，红日和暖，良玉生出霞烟。这些情感，哪能等今天才来回忆，其实在当时就已使人惘然。

【赏析】

关于这首诗的主旨历来众说纷纭、莫衷一是。或以为是悼亡之作，或以为是有感国运兴衰的爱国之篇，或以为是追溯生平遭际，或以为是作者自伤，或以为是写闺情。

就诗歌本身来看，以锦瑟起兴，寄托遥深。中间两联用典浑融天成，庄子化蝶、望帝化成子规而哀泣啼血、鲛人泣珠、良玉生烟，意象迷离惝恍，带着可望而不可即的惘然。

末二句结法独特，抒写凡此种种当时就惘然了，待今日来追忆更加痛苦。明白提出"此情"二字，与开端的"华年"相呼应。

整首诗辞藻华美、对仗精工，情味婉曲而深挚，有着巧夺天工的境界，只看文字便可产生无限的美感和联想。

登乐游原

◎李商隐

向晚意不适①，驱车登古原。
夕阳无限好，只是近黄昏。

【注释】

① 意不适：心情不舒畅。

【译文】

傍晚时，我心情不太好，于是驾车登上古原。夕阳灿烂，无限美好，只可惜，时近黄昏终究短暂。

【赏析】

诗人"不适"者为何，没有直接明白道出，但在"夕阳无限好，只是近黄昏"的深沉感叹中，我们似乎可寻索到诗人内心久积的创痛和交集的百感，或有身世迟暮之悲，或有对日趋没落的唐王朝命运的伤感。

风　雨

◎李商隐

凄凉《宝剑篇》，羁泊欲穷年。
黄叶仍风雨，青楼自管弦。
新知遭薄俗，旧好隔良缘。
心断新丰酒，销愁斗几千？

【译文】

读着《宝剑篇》，我凄楚悲凉，羁旅漂泊，恐怕要到终年。我像枯黄的树叶，在风雨中飘摇，而别人，却在高楼吹管弹弦。新交的朋友遭到浇薄世俗的非难，昔日的好友也因为重重阻隔而疏远。满腔的悲愤和愁绪，要多少美酒才能消除呢？

【赏析】

诗的首联开门见山直陈理想与际遇的矛盾。颔联抒写风雨之夕黄叶飘零仍旧，多像自己的飘零啊，而青楼上管弦热闹，别人是多么的欢乐呀，一悲一喜，从"仍""自"中见出，对比强烈。诗以"风雨"为题，"凄凉"开首，对凄凉的身世之感层层写来，有如波涛迸发，力透纸背。

夜雨寄北

◎李商隐

君问归期未有期，巴山夜雨涨秋池①。
何当共剪西窗烛②，却话巴山夜雨时。

【注释】

①巴山：又叫大巴山，指巴蜀东部的山。涨秋池：秋雨使池塘里注满了水。②何当：什么时候才能够。共剪西窗烛：在西窗下共剪烛

芯。剪：剪去烛花，使烛光更明亮；西窗：西窗之下，这里指亲友聚谈之所。

【译文】

你问我何时回去，（我）还没确定日期，夜里巴山下起大雨，雨水涨满秋池。何时才能跟你相见，我们促膝谈心，共剪西窗烛花？我要将此时巴山夜雨中对你的绵绵情思细细向你倾吐。

【赏析】

夜雨时刻，听着夜色中时紧时疏的雨声，旅居异乡的人总是容易思绪万千，更加容易思念亲人。

诗的起笔就以"君问归期"来启下，当时诗人正滞留巴蜀一带，自己不能确定归期，在一问一答中尽显惆怅与无奈。于是羁旅之愁、思乡之苦，与巴山连绵的夜雨交织成片，涨满了秋池。

诗开头即以"君"直呼对方，设想妻子在思念自己，并询问归期。中国古诗在叙写相思之情时，往往并不直接写自己是多么思念对方，而是反过来写对方如何思念自己。第一句看似平淡，却在其中注入了深情，耐人寻味。

"巴山夜雨涨秋池"。诗人不仅写了天上降下的大雨，还写了地上的积雨，让人倍感孤独与凄凉，内心也波涛汹涌。"涨"的又何止是"秋池"呢？还有诗人心底对妻子不断增长的思念。景中寓情，情景交融，字里行间流露着深切的情意。

当此孤寂之雨夜，不禁由今日之思转到想象来日相见欢聚的场景，"何当"一词化实为虚，由眼前实景推向远方，共同剪烛西窗下，将此巴山雨夜之愁细细地倾诉。

全诗深婉缠绵，叠词叠句构成回环往复的音节，意蕴荡漾无尽。

筹笔驿

◎李商隐

猿鸟犹疑畏简书①，风云常为护储胥②。
徒令上将挥神笔③，终见降王走传车④。

管乐有才真不忝⑤，关张无命欲何如⑥。
他年锦里经祠庙⑦，《梁父吟》成恨有余⑧。

【注释】

①"猿鸟"句：意思是诸葛亮治军严明，至今连猿鸟也敬畏他的筒书。筒书：军令文书。②储胥：指军用的藩篱。③上将：指诸葛亮。④降王：指后主刘禅。走传车：指后主刘禅降魏后东徙洛阳。⑤管乐：管仲和乐毅。二人都是帮助君主成就霸业的名臣，诸葛亮未出茅庐时常以此二人自比。忝（tiǎn）：愧于。⑥关张：关羽和张飞。欲如何：谓诸葛亮又能有什么办法呢。⑦锦里：在成都城南，武侯祠所在。⑧《梁父吟》：相传诸葛亮隐居南阳时好咏此篇。

【译文】

猿猴鸟禽，仍畏惧丞相的军令；风云聚集，也为他守护军营。诸葛亮徒然在这儿运筹谋算，最终后主刘禅还是降魏徙洛。孔明真的有管仲、乐毅的才干，可关羽、张飞已死，他还能怎么办？曾经在锦里凭吊武侯祠，诵完《梁父吟》，不禁为他深深遗憾。

【赏析】

筹笔驿在四川广元市和陕西阳平关之间，诸葛亮出师伐魏时，曾驻扎此地筹划军机。大中十年（856）冬，李商隐辞去梓州幕府职务还京，途经筹笔驿，有感于诸葛亮雄才大略却功业未竟，写下这首怀古诗。

诗起首运用拟人化手法直咏筹笔驿景象，诸葛亮治军严明，余威犹存，至今山中"猿鸟"犹畏、"风云"护卫。中间四句写诸葛亮的际遇，并加以议论，虽然"挥神笔"筹划，却恨后主无能，虽有管仲、乐毅之才，但"关张无命"，"徒令""终见""真不忝""欲何如"等虚字的运用，充满了惋惜痛恨之情。尾联深惜诸葛亮功业未成。

全诗将抒情和咏史融合在一起，一气呵成，却又十分耐人咀嚼。

落 花

◎李商隐

高阁客竟去,小园花乱飞。
参差连曲陌①,迢递送斜晖②。
肠断未忍扫,眼穿仍欲归。
芳心向春尽,所得是沾衣。

【注释】

①参差:指落花堆叠不平的样子。曲陌:曲折的小路。②迢递:远远地。

【译文】

宾客们陆续离开,小园中,花瓣乱飞。落花参差不齐地铺满曲折小径,仿佛在恭送远处的夕阳。很难过,不忍心扫开,盼春望穿眼,可春仍要离去。花心随着春尽而凋落,我所得到的,是泪落沾衣。

【赏析】

这是一首专咏落花的诗,一片伤春之感,委曲动人。

小园花飞,高阁宾客纷纷散去。"参差连曲陌,迢递送斜晖"一联从"飞"字生发,见得落花映日回风,参差飘停在弯曲的小路上,其萎靡之色、惨淡之相、无奈之势,连同庭院的冷寂、时光的凄清,让人不由生出满腔愁绪。因怜惜落花而不忍打扫,热望花不再落而春"仍欲归",芳心因花落春尽而泪下沾衣。

全诗咏对落花命运的深切怜惜,情思如痴,伤春之感中有对自己飘零如落花的身世之感的寄托,辞哀调苦,甚是委婉动人。

无题二首(其一)

◎李商隐

昨夜星辰昨夜风,画楼西畔桂堂东。
身无彩凤双飞翼,心有灵犀一点通①。
隔座送钩春酒暖②,分曹射覆蜡灯红③。
嗟余听鼓应官去④,走马兰台类转蓬⑤。

【注释】

①灵犀:旧说犀牛角中有白纹如线,直通两端。②送钩:古时的一种游戏,将钩暗中传递,藏于一人手中,未猜中者罚酒。③分曹:分组。射覆:将东西放在器物下面让人猜。④鼓:更鼓。应官:办理官差。⑤兰台:即秘书省。

【译文】

昨夜星光灿烂,又暖风融融,我们相会在画楼西侧桂堂之东。虽没有彩凤的翅膀,好与你双飞双宿,但你我的心,却如灵犀彼此相通。隔坐互相藏钩嬉戏,饮春酒暖心,分组射覆,喧闹中烛光泛红。可惜听到晨鼓声,得上朝点卯,策马赶到秘书省,感觉自己像飘转的蒿蓬。

【赏析】

李商隐有不少无题诗,大都是意中有所指,却不便明言,故一律称为《无题》。从这首诗本身来看,是追忆所遇见的情事。

起句十分美妙,"昨夜星辰昨夜风"点明时间:夜幕低垂,星光灿烂,又有清风徐徐。两个"昨夜"自对,语气舒缓,给人以荡气回肠之感,也引出了诗人对良夜欢会的追忆,"画楼""桂堂"是当时宴会的场所,十分温馨美丽。

"身无彩凤双飞翼,心有灵犀一点通"一联写身无双飞翼不能至,心灵却感应相通,比喻巧妙贴切,让人拍案称奇。"身无"与"心有",一外一内,一悲一喜,看似矛盾,却又奇妙地形成了统一,痛苦中蕴藏着甜蜜,寂寞中隐含着期待,将恋人间那种相爱极深而又不能长相厮守的复杂而微妙的心态刻画得细致入微,遂成千古名句。

灯红酒暖,觥筹交错,彼此在宴会中"隔座送钩""分曹射覆",暗暗传递着感情的快乐,真是其乐融融。然而,快乐时光总是流逝太快,漏鼓声响,得前去应差,嗟叹身世有如飘蓬无定。通篇章法多变,语言明艳华美,可谓慧心妙笔。

无题二首(其二)

◎李商隐

飒飒东风细雨来,芙蓉塘外有轻雷。
金蟾啮锁烧香入①,玉虎牵丝汲井回②。
贾氏窥帘韩掾少③,宓妃留枕魏王才④。
春心莫共花争发,一寸相思一寸灰!

【注释】

①金蟾:古人认为蟾蜍善闭气,故用以饰锁。②玉虎:井上的辘轳。丝:井绳。③"贾氏"句:晋韩寿英俊,司空贾充招他为僚属时,其女于窗中窥见韩寿,于是喜欢上了他。④宓妃:指洛神。留枕:相传曹植将过洛水时,忽见一美丽女子飘然而来,颇似自己故去的嫂嫂甄氏。于是洛神赠以在家时所用玉枕以慰思念,曹植因之而作《洛神赋》。

【译文】

东风飒飒,下着细雨。荷花池外,有阵阵轻雷。金蟾啮锁香炉香烟缭绕,玉虎辘轳牵引绳索汲水。贾女偷看帘外,因喜韩寿俊美;宓妃留枕,是爱魏王诗才。我的心,不要与春花竞放,免得相思无望,寸寸成灰。

【赏析】

这首诗是回忆前情,讲述因追求爱情而失望的痛苦。

开首从眼前迷蒙渺远的景致说起:飒飒东风,细雨蒙蒙,芙蓉塘外传来阵阵轻雷声。展现了春天特有的生命萌动的气息,隐隐传达了主人公春心萌动而又难以名状的迷惘苦闷。纪昀评价说:"起二句妙有远神,可以意会。"

领联看似写具体的环境和动作,实际是以物为喻:金蟾虽坚,香烟可入;井水虽深,辘轳可汲,我岂无隙可乘?其中"香""丝"谐音"相""思"。

颈联用贾氏窥帘,赠香韩寿,幸而缘合;宓妃留枕,情思不断,终属梦想的典故,说明相聚皆成幻梦,归结出春心切莫和春花争相竞发,因为寸寸相思都化成了灰烬,用强烈的对比展现了美好事物的毁灭。

全诗善于运用比喻、典故和强烈对照的手法,把抽象的幽思和爱情具体化、形象化,显示了美好爱情的毁灭,具有一种动人心魄的悲剧美。

无 题

◎李商隐

相见时难别亦难,东风无力百花残。
春蚕到死丝方尽,蜡炬成灰泪始干。
晓镜但愁云鬓改①,夜吟应觉月光寒。
蓬山此去无多路②,青鸟殷勤为探看③。

【注释】

① 晓镜:早晨梳妆照镜子。云鬓:形容女子如云朵一样的头发。② 蓬山:蓬莱,这里比喻被怀念者所居之地。③ 青鸟:传说中的神鸟,是西王母的使者。

【译文】

相见不容易,离别更是艰难,东风吹动无力,百花都已凋残。我的爱,如春蚕吐丝,到死才吐尽;又像蜡炬,燃烧成灰,泪才流干。早上梳妆,你忧虑双鬓变白;夜深独吟,料想你会觉得月光凄寒。由此去往蓬莱山,没有多少路程,托付青鸟,为我深情探望。

【赏析】

就诗而论,这是一首写离别相思、表示两情至死不渝的爱情诗。然而历来颇多认为或许别有寄托。

全诗以"别亦难"引出,别难是由相见难而来,两个"难"字,落笔非凡,使语言摇曳多姿,相见无期的离别之痛因这种低回婉转的表达方式显得分外深沉,缠绵动人。分别之时是在东风无力、百花凋零的暮春时节,这既写自然环境,也是对诗中主人公心境的反映,寓情于景,将写实与象征融为一体。

"春蚕到死丝方尽,蜡炬成灰泪始干"一联以春蚕、蜡烛为喻,剖白对情感坚贞执着,至死不渝。"丝"与"思"谐音双关,可谓深情罕匹,缠绵沉痛,为千古传诵的名句。

颈联想象对方晓妆对镜,抚鬓自伤年华易逝、容颜憔悴,良夜月下苦吟伤怀。

结尾推己及人,想象对方和自己一样痛苦,并希望保持联系,与首联相照应。

全诗绮靡浓艳,体贴人情,凄迷若幻,情韵悠长。

春 雨

◎李商隐

怅卧新春白袷衣①,白门寥落意多违②。
红楼隔雨相望冷,珠箔飘灯独自归③。
远路应悲春晼晚④,残宵犹得梦依稀。
玉珰缄札何由达⑤?万里云罗一雁飞。

【注释】

①袷(jiá)衣:即夹衣。②白门:指江苏南京。意多违:许多事都与愿望相违。③珠箔:珠帘。④晼(wǎn):太阳落山的样子。⑤玉珰(dāng):玉耳饰。缄札:指密封的书信。

【译文】

新春时,身穿白袷衣怅然躺卧;白门冷落,许多事与我愿望相违。隔着雨丝凝望红楼,倍觉凄冷;细雨如珠拍打灯烛,我独自回来。远方的你,应悲伤于暮春落日浸婉;黎明时,我恍惚梦到与你相见。玉挡信函,怎样才能送达?万里云中,奋飞着一只大雁。

【赏析】

题为《春雨》,实际非一意专咏春雨,而是因飘洒迷离的春雨而兴相思怅惘之情。

开头点明时令——"新春",写旧地重寻,白门寂寞冷落,而不见旧人踪影。

"红楼隔雨相望冷,珠箔飘灯独自归"一联写隔雨相望红楼,一盏灯飘在有如珠帘般的绵绵细雨中,红楼、春雨、飘灯,设色鲜丽如画,却写的是寻访落空的迷茫,烘托出一种朦胧凄清的氛围。

路远日暮,归家后恍惚在梦中相见。梦后想缄札寄情,但佳人到底身在何处,空见得万里云中一雁飞。

全诗以丽语写惨怀,一步紧逼一步,怅念之情恰似雨丝,不绝如缕。诗的意境、感情、色调和气氛朦胧、凄清,优美动人。

瑶 池

◎李商隐

瑶池阿母绮窗开,黄竹歌声动地哀。
八骏日行三万里①,穆王何事不重来?

【注释】

①八骏:穆王所乘的八匹骏马,传说可日行三万里。

【译文】

瑶池王母打开绮窗,《黄竹》曲的歌声使悲哀充溢天地。八骏神马能一日奔行三万里,周穆王因为什么事没有再回来?

【赏析】

据《穆天子传》记载:周穆王乘八骏西游,到达了西王母居住的地方。西王母邀请穆王宴饮,两人分别前相约三年之后再次见面。王母送别穆王时作了一首歌谣,其中有"将子毋死,尚复能来"句。穆王答诗有云:"比及三年,讲复于野。"但未能如愿而亡。

李商隐此诗就是以这段神话故事为背景加以生发的。他在诗中虚构了西王母久盼穆王重来而穆王不至的情节,以"何事"作诘问,含有人无不死,寻仙求长生不老终究是虚妄之意。

诗的首句写西王母倚窗眺望,苦苦盼望穆王而对方久候不至。次句借"黄竹歌声"暗示穆王已死。末两句写西王母因穆王不来而心生疑问。李商隐故意站在西王母这位神仙的角度道出死亡的不可避免,句句对比,有力地表现了长生之虚妄。

晚唐迷信神仙之风极盛,最高统治者尤甚。宪宗、穆宗、武宗等好几个皇帝皆因重方士求仙、服丹药妄求长生而丧命。诗人写此诗构思巧妙,用心良苦,讽刺辛辣,言尽而味无穷。

无题二首(其一)

◎李商隐

凤尾香罗薄几重①,碧文圆顶夜深缝②。
扇裁月魄羞难掩③,车走雷声语未通。
曾是寂寥金烬暗④,断无消息石榴红。
斑骓只系垂杨岸⑤,何处西南待好风?

【注释】

①凤尾香罗:织有凤尾花纹的华贵薄罗。②碧文圆顶:绣有碧绿花纹的罗帐圆顶。③扇裁月魄:指团扇。④烬:烛花。⑤斑骓(zhuī):毛色青白相杂的马。

【译文】

薄薄的凤尾香帐,一重一重,碧纹的圆顶帐,我深夜赶缝。明月般的团扇,也难遮掩我的羞怯,还未及交谈,只听车声隆隆,那人已经走过。曾因相思寂寞直到更残烛尽都没有睡着;可等到石榴花红了,他仍没消息。斑骓马拴在杨柳岸上,哪里能够等到好风将他吹到我的身边?

【赏析】

"诗无达诂",李商隐的《无题》诗尤其如此。此诗从诗歌本身来看,确乎为爱情诗,有爱情失意的幽怨和长相思的苦闷,也许还有政治上的寄托。

夜深密密缝香罗帐,在这样的氛围中追忆起往事中一个富于戏剧性的片段:团扇遮羞,车声隆隆而过,虽相见却未及交谈,表现了其惋惜、怅惘而又深情回味的复杂心情。"罗帐"在中国古代诗歌中常常用来象征男女好合,而此诗的女主人公却只能在漫漫长夜中默默地缝制罗帐,今昔对比又怎能不触动她对往事的追忆和与相思之人重聚的深情期待呢?

别后相思寂寥,加上春光已尽,石榴花开,所思之人断无消息,在"金烬暗""石榴红"中寓有流光易逝、青春闲度的怅惘和感伤。

尾联表达会合难期之苦:或许两个人相隔并不遥远,甚至近在咫尺,然而却相聚无缘。

全诗遣词造句艳丽,音韵对仗精工,有浓郁的抒情气氛和象征暗示色彩,而且化用典故自然精妙、不露痕迹,给人带来审美上的愉悦。

无题二首(其二)

◎李商隐

重帷深下莫愁堂①,卧后清宵细细长②。
神女生涯原是梦③,小姑居处本无郎④。
风波不信菱枝弱,月露谁教桂叶香?
直道相思了无益⑤,未妨惆怅是清狂。

【注释】

①莫愁堂:幽寂清冷的居室。②清宵:清冷的夜晚。细细长:形容长夜难奈耐。③神女:即宋玉《高唐赋》中的巫山神女。④"小姑"句:语出古乐府《清溪小姑曲》:"小姑所居,独处无郎。"⑤了:完全。

【译文】

重重帷幕垂下莫愁堂,躺在床上,觉得静夜漫长。神女与楚王的遇合原来只是梦幻;青溪小姑那里,根本没有情郎。菱枝柔弱,遭风波摧折;桂叶芬香,却无月露滋养。深知沉湎相思毫无益处,但不妨把愁闷看作是痴情狂放。

【赏析】

李商隐的《无题》诗向以深婉含蓄别具一格,历来人们多系以政治托寓。这首写男女之情,却言相思无益,可能是忏情之作。

开头写重帷深垂、清宵静卧,以环境氛围的幽静衬出长夜的孤寂。

接着,诗以巫山神女与楚王梦中相会和古乐府《青溪小姑曲》的"小姑所居,独处无郎"的典故,抒写自己曾经有过幻想和追求,也曾有过短暂的遇合,然而终究成了一场幻梦,至今依然独居。

然后诗人连用了两个比喻,写风波凶恶,菱枝柔弱,却横遭摧折,无力反抗;桂叶自有清香,当不为月露溢香。

最后写即使相思无益,还要执着追求:即使爱情终成梦幻,身世又如此不幸,诗的主人公也仍然不肯放弃对爱情矢志不渝的追求。

全诗意境深远开阔,措辞婉转沉痛,感情细腻幽微,有很高的艺术价值。

嫦 娥

◎李商隐

云母屏风烛影深①,长河渐落晓星沉。
嫦娥应悔偷灵药,碧海青天夜夜心。

【注释】

① 云母屏风:以美丽的云母石制成的屏风。

【译文】

云母屏风,闪烁着浓浓烛影,银河渐渐隐没,晓星慢慢下沉。嫦娥应后悔当初偷了灵药,碧海青天,她只能夜夜寂寞。

【赏析】

诗先写深夜室内的情形:云母屏风华美精致,烛影深深,银河渐落,晓星下沉。可见出幽居寂处而长夜难寐的凄凉之感。下文设想嫦娥偷药奔月,结果只能独居于清冷的月宫中,心中当有悔意。

凉 思

◎李商隐

客去波平槛,蝉休露满枝。
永怀当此节,倚立自移时。
北斗兼春远,南陵寓使迟。
天涯占梦数,疑误有新知。

【译文】

你离去时,江水涨平栏杆,如今蝉声消歇,露水挂满树枝。怀念当年的美好时节,伫立沉思,不知不觉时光流逝。你住在北方,像春天般遥远,我在南陵,怨恨信使来得太迟。你远在天涯,我屡次借梦占卜,疑心你有了新交,而忘了旧识。

【赏析】

首联不仅胜在写景真切,而且细致地传达出诗人微妙的心理变化:"波平槛"与"露满枝"在平日热闹的时候是很难注意到的,只有当客人离去、孤身独处时才会觉察到这些不引人注意的现象,反映了诗人心境的变化。

贾 生

◎李商隐

宣室求贤访逐臣[①],贾生才调更无伦。
可怜夜半虚前席,不问苍生问鬼神[②]。

【注释】

① 宣室:汉未央宫正殿,此指代汉文帝。逐臣:贬谪之臣。② 苍

生：百姓。

【译文】

为求贤才，（汉文帝）在宣室召见遭贬之臣，贾谊才气纵横，无与伦比。深夜，汉文帝听得入神，不觉前移座席，可惜他不问民生，只一味谈论鬼神。

【赏析】

贾生即贾谊，为西汉著名的政论家、文学家。他少有才名，不到一年就被破格提拔为太中大夫，因遭群臣忌恨毁谤而被贬为长沙王太傅。后来被召回长安，汉文帝在宣室问他鬼神之事，他具道其所以然。文帝在夜半时听得极其入神，不觉移坐席向前，并感叹说："我很久没见贾生，自以为已经超过他了，今天看来还是不及他呀。"在一般人心目中，这大概是体现君臣遇合的美谈，值得大书特书，然而诗人慧眼独具，翻出了一段新意。

诗的前两句是欲抑先扬，"访逐臣"见得汉文帝求贤之迫切，"才调更无伦"暗用文帝称赞贾谊之语。一方面诗人仿佛是在热烈颂扬文帝虚怀若谷、求贤若渴，在听取贤才议论时态度真挚诚恳；另一方面读者似乎亲眼见到了贾谊口若悬河、侃侃而谈的精神风貌。这两处为扬。

第三句为全诗枢纽，诗意在此陡变："可怜"两字顿转为抑；"夜半虚前席"抓住一处典型细节，经过生动渲染，让读者恍然大悟：文帝貌似敬贤，然而夜半长谈并非是求教国计民生，而是问虚渺的鬼神之事。诗人之所以不用感情色彩更加强烈的"可悲""可叹"等词语，而说"可怜"，看似轻描淡写，其实更耐人寻味；看似给文帝留有余地，实际上却隐含着冷峻的嘲讽。

诗人不下论断而以慨叹出之，在小小篇章中寄托了正大深远之意，细味更觉意蕴深长。

渡汉江

◎李　频

岭外音书断①，经冬复历春。

近乡情更怯，不敢问来人②。

【注释】

①岭外：岭南。②来人：从家乡来的人。

【译文】

久居岭南，家中音信中断，冬去春来，往复经年。如今，离家乡越近，反而更加不安，以致不敢向同乡询问。

【赏析】

此诗作者一说是宋之问。

久客岭外，离家乡路途遥远，音信杳然。经过多少个寒冬阳春后，终得渡江还乡，却"近乡情更怯，不敢问来人"。愈近家乡愈是胆怯，因为不知故乡情形如何，家人是否平安。一二句看似平淡，并无惊人之语，实际上在全篇中有着重要的地位和作用，为下文出色的抒情奠定根基。

正好有家乡来的人了，本可以问个明白，却不敢问。看似完全出乎常理常情，细细想来竟又完全符合情理：恐怕来人报说故乡有什么坏消息。

诗中曲折写出了游子思乡心切、将要到家时心中忐忑的复杂思绪和矛盾心理，语言虽然极其浅近通俗，却将人物的心理描摹得熨帖入微，耐人咀嚼。

宫 词

◎薛 逢

十二楼中尽晓妆①，望仙楼上望君王。
锁衔金兽连环冷，水滴铜龙昼漏长②。
云髻罢梳还对镜，罗衣欲换更添香。
遥窥正殿帘开处，袍袴宫人扫御床③。

【注释】

①十二楼：本指神仙所居之处，此指宫女居住的楼台。②水滴铜

龙：龙首滴水的铜壶滴漏。③袴（kù）：同"裤"。

【译文】

一大早，楼中宫妃就忙着梳妆，登上望仙台，盼望君王临幸。金色兽头门环紧锁，环冷宫亦冷。龙形铜漏，水声滴答，更觉日长。梳好发髻，还要对镜反复端详，想换件罗衣，再添些熏香。远远看到，正殿珠帘开启，一身袍袴的宫女，正在打扫龙床。

【赏析】

这首宫词是代写宫妃的怨恨，将宫妃盼望君王宠幸的心理刻画得极其细腻。

全诗紧扣一个"望"字展开。诗一落笔就写宫妃尽晓妆，登楼望君王。

颔联写君王不至，宫门深掩，铜龙滴漏昼长无聊。

颈联写对镜梳髻，换衣添香，是暗写宫妃望幸的心理。

尾联写失望，遥见宫人打扫正宫御床，猛然意识到自己这个妃子还不如宫人尚可得近君王，羡慕之中微露怨恨之意。

全诗善于把这种"望"的心情，融化在对周围环境的描绘、对人物动作的描写以及对人物间处境的反衬之中，生动地反映了宫妃们的空虚苦闷。

楚江怀古

◎马　戴

露气寒光集，微阳下楚丘①。
猿啼洞庭树，人在木兰舟②。
广泽生明月③，苍山夹乱流。
云中君不见，竟夕自悲秋。

【注释】

①微阳：微弱的日光。楚丘：指湘江两岸的山丘。②木兰舟：木兰树所制的小舟。③广泽：广阔的水泽。

【译文】

雾露聚集，寒气袭人，夕阳落到楚地山丘。猿猴在洞庭湖畔的树丛啼叫，诗人乘木兰舟在江上泛游。广阔的水面升起明月，两岸青山夹着条条乱流。看不到屈原赞美的云中君，整晚我都在悲叹深秋。

【赏析】

楚江，这里指湘江。宣宗大中初年，马戴因直言获罪，由山西太原幕府掌书记贬为龙阳县（今湖南汉寿）尉。他自江北来江南，行于洞庭湖畔，凄迷的景物引起他怀古的幽情，写下了《楚江怀古》三首，这是第一首。

诗的前六句泛咏洞庭的景致。首联用"微阳下楚丘"点明是薄暮时分，凄清的秋暮之景已经隐约透露出悲凉落寞的情怀。颔联上句说猿啼，下句点出人来。上句静中有动，下句动中有静，两句一写听觉，一写视觉；一写物，一写人。颈联就山水两方面写夜景，用阔大宁谧的背景反衬出诗人内心的孤单与彷徨，"夹"字尤见凝练。

凄迷的景物引起了诗人怀古的幽情，故尾联写悼念屈原，隐含着自身不遇的感伤，而以悲愁作结。

从这首诗可以看到，清微婉约的风格，在内容上是由感情的细腻低回所决定的，在艺术表现上则是清超而不质实、深微而不粗放，词华淡远而不艳抹浓妆，含蓄蕴藉而不直露明显。马戴的这首《楚江怀古》，可说是晚唐诗歌园地里一枝具有独特芬芳和色彩的素馨花。

灞上秋居

◎马 戴

灞原风雨定，晚见雁行频。
落叶他乡树，寒灯独夜人。
空园白露滴，孤壁野僧邻。
寄卧郊扉久①，何年致此身②？

【注释】

①郊扉：郊居。②致此身：指为国出力。

【译文】

灞原上风住雨停，傍晚，看见雁飞频频。落叶纷纷，是异乡的树木；寒夜，孤灯照我一人。空寂小园，滴着露水；单门独户，只有野僧为邻。在郊外闲居已经很久，何时才能为国效力献身？

【赏析】

灞上，在今陕西省西安市东，因地处灞水之西的高原上而得名。这首诗写客居灞上见秋伤怀，有不胜寥落之感。

诗中着意描绘孤独，起首便写灞上秋风秋雨过后，在傍晚见到大雁频频飞过。连番风雨让雁群耽误了不少行程，好不容易等到风住雨停，又得赶在天黑之前找到一处可供栖息之地。而一见雁群，就难免惹起离人怀乡之情。

"落叶他乡树，寒灯独夜人"，在他乡见树木落叶归根的情景，怎么不会有所感触呢？而一盏寒灯下，一个孤寂的身影，一个"寒"字，一个"独"字，写尽客中凄凉孤独的况味。

颈联写秋夜寂静，卧听空园露滴，孤居与野僧为邻，更进一步表现了其冷寂悲苦。夜阑人静，只听见露珠滴落的响声，以动衬静，更显寂静，也更见凄苦。

尾联诗人一吐积郁：寄居多时，何时才能为国家效力呢？道出了他怀才不遇的苦境和进身希望的渺茫。

全诗写景朴实无华，写情真切感人，有着很强的艺术感染力。

山亭夏日

◎高　骈

绿树阴浓夏日长①，楼台倒影入池塘。
水精帘动微风起②，满架蔷薇一院香③。

【注释】

①浓:指树丛的阴影很深。②水精帘:即水晶帘。形容质地精细而色泽晶莹的帘子。③蔷薇:一种观赏性植物,茎长似蔓,夏季开花,有红、白、黄等色,有芳香。诗中指这种植物的花。

【译文】

绿叶茂盛,树荫下显得格外清凉,白昼比其他季节要长,楼台的影子倒映在清澈的池水里。微风轻轻拂动晶莹的珠帘,满架的蔷薇正开着,整个庭院都弥漫着沁人心脾的清香。

【赏析】

此诗用近似绘画的手法,描绘出一幅色彩鲜明、情调雅致的山亭夏日风光图。

夏日的太阳正烈,而山亭入目的都是绿树的浓荫,给人以清凉之感。"浓"字不仅表明绿树繁茂稠密,还有山大林深的意思。池塘水平如镜,楼台的倒影清晰可见,一片宁静的夏日午时风光。而此时,却有一阵微风拂过,水晶帘轻轻晃动,满院充溢着蔷薇花的芳香。夏日的微风不容易让人感觉到,诗人是先看见水晶帘动,才知道起风了;院子里蔷薇的香气亦随风散开,香气沁人心脾,让人在炎炎夏日精神为之一振。诗人捕捉到微风帘动、花香细细这些寻常人不易察觉的小细节,传神地将夏日山亭的幽静清雅展现出来,而悠闲自在的诗人形象亦从中浮现。

马嵬坡

◎郑 畋

玄宗回马杨妃死①,云雨难忘日月新②。
终是圣明天子事,景阳宫井又何人③。

【注释】

①回马:指唐玄宗由蜀中回长安。②"云雨"句:意谓玄宗、贵妃之间的恩爱虽难忘却,但战乱已平,国家有中兴之望。③景阳宫井:

亡国之君陈后主闻隋兵至，携宠妃张丽华投景阳宫井中躲藏。

【译文】

杨贵妃死后，唐玄宗骑马返京城；如今山河已复，国家复兴在望，玄宗还是难忘旧情。马嵬赐死终是天子果断圣明，否则，不知道藏在景阳宫井中的将是谁了。

【赏析】

天宝十五载（756）六月，安史乱军攻陷潼关，长安危急，玄宗仓皇奔蜀，道经马嵬坡，六军驻马哗变，玄宗无奈之下赐死杨贵妃。本诗即是议论此事。

首两句写山河重光，玄宗自蜀回到长安，虽杨妃死已多时，他仍难忘怀旧日"云雨"之情。"云雨难忘"与"日月新'对举，表达玄宗长恨与欣喜兼有的复杂心理。后两句以"终是"为一转，认为玄宗能割舍男女私情而使国光山复，不失为"圣明"，不然可能重蹈陈后主不舍私爱，与宠妃张丽华、孔贵嫔躲在景阳宫的井中，终受大辱的覆辙。诗对玄宗有所体谅，也有所婉讽，"终是"两字可加以细味，玄宗虽比陈后主圣明，但所胜实在无几，不然何来马嵬之变，总的来说，全诗不失温柔敦厚之意。

台　城

◎韦　庄

江雨霏霏江草齐，六朝如梦鸟空啼[①]。
无情最是台城柳[②]，依旧烟笼十里堤。

【注释】

①六朝：指建都于金陵（今南京）的吴、东晋、宋、齐、梁、陈六个朝代。②台城：六朝宫城，又名苑城。

【译文】

江上细雨蒙蒙，岸边青草繁盛，六朝繁华，如烟似梦，现在只剩鸟儿悲啼。最无情的，是台城的杨柳，依旧如烟似雾，笼罩十里长堤。

【赏析】

金陵为六朝故址所在，在这个地方，霏霏江雨依旧自来，岸边野草依旧自生，江鸟依旧空自鸣啼，翠柳如烟依旧茂密，交织组成江南的春日美景，全不顾此地曾上演过六朝兴亡的故事，故称"无情"。而大自然景物的永恒与无情，正照出诗人的有情。

望着这"无情"的春景，诗人想到六朝繁华的易逝，有如梦似烟的人生感悟，无限感慨都在言外。这时再去反观诗中所写之景物，让人觉得迷离空灵，似乎都浓浓地染上诗人伤感、怅惘的意绪。诗人善用侧面烘托之法，善用虚字，"空""无情""依旧"等字的运用，使全诗空灵有致。

章台夜思

◎韦 庄

清瑟怨遥夜，绕弦风雨哀。
孤灯闻楚角①，残月下章台。
芳草已云暮，故人殊未来②。
乡书不可寄③，秋雁又南回。

【注释】

①楚角：楚地的号角声。②殊：尚，还。③乡书：指家书。

【译文】

长夜瑟音清冷，撩拨我的幽怨，仿佛风雨绕弦，凄凉悲哀。孤灯摇曳，听楚地号角连声；一钩弯月，沉落章华台。芳草都已泛黄，我的老朋友却还没来。战乱依旧，家书难以寄出，而秋雁又向南方飞来。

【赏析】

章台，即章华台，在今湖北省监利县西北。这是一首怀人思乡之作。

诗以"夜思"为题，开篇却不直接写思，而是写秋夜所闻所见，通过对清瑟、楚角、遥夜、风雨、孤灯、残月这些典型意象的反复渲染，写尽寄居他乡的孤独、悲凉。

后半写"思"的内容：芳草已暮，故人久久未来，"已""殊"两字形成鲜明对照，表达了诗人内心望穿秋水而不得的失落。想写家书却无法寄出，见得秋雁南飞，着一"又"字，表明这样漂泊在外的日子已有多年了，有无可奈何之意。而且"芳草云暮""秋雁南回"陪衬出"故人未来""乡书不寄"的孤单寂寥之苦，不胜悲凉凄楚。

全诗张弛开阖，有条不紊。前两联用音乐造境，以景象寓情，层层蓄势，曲尽其妙；后两联一吐衷肠，酣畅淋漓。俞陛云说此诗之佳处在"前半在神韵悠长，后半在笔势老健"，实为肯綮之言。

已　凉

◎韩　偓

碧阑干外绣帘垂，猩色屏风画折枝。
八尺龙须方锦褥，已凉天气未寒时。

【译文】

碧绿栏杆外面，绣帘低垂，猩红色屏风上，画着折下的花枝。锦褥上铺着八尺龙须草席，因为天虽转凉，却还没到寒冷之时。

【赏析】

诗题为"已凉"。主要通过铺陈描写屋内的豪华摆设，点出"已凉未寒"特有的时令气氛。

诗一路迤逦写来，先写碧阑干外的帘幕已经由开启而垂放下来，再写到猩红的屏风上画有连枝摘下的花朵，龙须草的草席上铺陈着方方的锦褥，表明夏天的凉竹簟已被更替。

然后诗人的视线从室外移向室内，所见纯是闺阁中一派精丽雅致的景物，层次深而曲，细腻传达出天气已凉而未寒的时令变化。

除了布局之外，另一样吸引读者视线的，就是那艳丽夺目的色彩：

碧色的栏槛、彩绣的门帘、猩红色的画屏、铺着龙须草的锦褥,勾画出一派精美华贵、温馨旖旎的富贵气象,为主人公深闺中渴望爱情的绮思酝酿了一个合适的氛围。

通篇没有一个字直接涉及"情",没有一个字明白关涉"人",却在对闺阁的陈设、装饰中,曲折隐约地透露出愈加深远的人的情思,让人揣摩玩味不尽。

春宫怨

◎杜荀鹤

早被婵娟误①,欲妆临镜慵②。
承恩不在貌,教妾若为容③?
风暖鸟声碎④,日高花影重。
年年越溪女⑤,相忆采芙蓉。

【注释】

①婵娟:形态美好。②妆:梳妆。慵:慵懒。③若为容:如何修饰容貌。④鸟声碎:鸟声嘈杂。⑤越溪女:指西施浣纱时的女伴。

【译文】

早年我为美貌所误,落入宫中,想要装扮,对镜却又慵懒。受皇帝宠爱,不在于美貌,教我怎么为他尽心打扮?春风送暖,鸟声清脆,艳阳高照,花影重重。年年追忆越溪浣纱的女伴,怀念那时大家一起采摘红莲的时光。

【赏析】

这首诗是代宫女抒怨的宫怨诗,其中也蕴含了诗人自己不得志的悲愤。

前两句是发端,宫女因貌美而入宫,却受尽孤寂,故说"被误",而一个"早"字更是体现了被误之久,故对镜欲妆又罢。

三四句写宫女的思想活动:取宠不在容貌,再打扮又有什么用呢。寥寥十字简洁平白如话,却悱恻凄婉,其言外之意十分耐人咀嚼。

五六句宕开写室外春景：暖风中鸟声轻碎，丽日高照下花影层叠。这春光是如此的明媚美好，却愈加反衬出失宠宫女内心的寂寞孤独，精警生动，是历来为人所推崇的名句。

尾联写宫人想起入宫以前采芙蓉的乐事，以过去对比当下，以往日的欢乐反衬此时的愁苦，深婉地表现了对宫廷生活的怨恨。

除夜有怀

◎崔　涂

迢递三巴路①，羁危万里身②。
乱山残雪夜，孤烛异乡人。
渐与骨肉远，转于僮仆亲。
那堪正飘泊，明日岁华新③。

【注释】

①迢递：遥远。三巴：指巴郡、巴东、巴西，都在今四川东部。②羁危：指羁旅生活困难。③岁华新：又是新的一年。

【译文】

三巴古路离家遥远，羁旅生活困顿不堪。山峦错落，残雪映照寒夜，一盏烛光，陪伴异乡客人。渐渐地跟亲人们疏远了，转而同僮仆关系亲近。哪能忍受漂泊的生活，明天又是新的一年。

【赏析】

崔涂曾经因避乱入巴蜀，此诗抒写他在除夕之夜分外深沉的羁旅之愁。

一二两句起句点地，次句点人，写出远离家乡、长期漂泊在外的感受，气象阔大。

中间四句围绕"孤独"来写，先写凄清的除夕夜景：乱山残雪映照寒夜，异乡人在孤烛之下，想到孤身在外，漂泊已久，与骨肉亲人渐渐疏远，转而同僮仆亲近了。说尽客居异乡的苦情、苦境，十分悲瘖感人。

最后两句点出时逢除夕,一年又过去了,更不堪漂泊,只有将希望寄托在新的一年上。

全诗用语自然真切,好像是在说家常本色话,而将年华流逝的苦涩与离愁乡思抒发得淋漓尽致,确是怀乡诗中的上乘之作。

孤 雁

◎崔 涂

几行归塞尽①,念尔独何之②?
暮雨相呼失③,寒塘欲下迟。
渚云低暗度④,关月冷相随。
未必逢矰缴⑤,孤飞自可疑⑥。

【注释】

①几行:指雁群。②尔:你,指孤雁。何之:到哪里去?③相呼失:指失去了与伙伴的呼应。④渚(zhǔ):水中的小洲。⑤矰(zēng):古代用来射鸟的拴着丝绳的短箭。缴(zhuó):系在箭上的生丝绳。⑥"孤飞"句:意谓孤雁失群而飞,毕竟会疑惧恐慌呀。

【译文】

几行大雁,已到边塞尽头,但你要独自飞去哪里?暮雨中呼唤失散的同伴,想到寒塘栖息,又犹豫不决。小洲上云层低暗,你独自穿越,只有边塞冷月,与你相随。虽然未必会遭到飞箭的伤害,但是失群孤飞,仍然让人担心。

【赏析】

崔涂生当乱世,长期漂泊异乡,故这首诗借咏孤雁,表现了诗人在战乱的年月四处漂泊、孤独凄凉、彷徨忧危的心情。

全诗紧扣一个"孤"字。首联写孤雁失群,同伴归尽,唯尔独去。"念尔独何之"包含着关爱之意,诗人的思绪似乎也随着孤雁而起伏不定。

颔联写孤雁的神态,潇潇暮雨,失群而只影悲鸣;寂寂寒塘,几回欲下,又恐遇险。颈联写失群之苦楚,尽管振羽奋飞,仍然是只影无依,凄凉寂寞。"相呼失"是惊惶,"欲下迟"是犹疑,"暮雨"和"寒塘"又增添了浓重的凄冷氛围。中间四句将孤雁的彷徨、哀鸣、疑虑和惊惧的神态,刻画得入木三分。

尾联写诗人疑虑孤雁受箭丧生。上句说"未必",看似侥幸,其实正是担心孤雁会遭遇弓箭的袭击;下句则含着无限忧虑,担心孤雁的命运究竟会如何。

这首诗写孤雁之悲凉,以喻自己的不得意,体物言情极其深微精细,字字珠玑,而且余音袅袅,令人回味无穷,是王律诗中的上品。

贫 女

◎秦韬玉

蓬门未识绮罗香,拟托良媒益自伤。
谁爱风流高格调,共怜时世俭梳妆。
敢将十指夸针巧,不把双眉斗画长。
苦恨年年压金线,为他人作嫁衣裳!

【译文】

贫苦人家的女儿,没见过绫罗软香,想请个好媒人说亲,又暗自更加哀伤。谁怜惜她举止大方品格高尚?哀叹世人竞相争奇斗艳,她仍旧节俭梳妆。她敢在人前夸口心灵手巧,却不跟人比试画眉一较短长。可叹她年年手拿金线刺绣,却都是为别人赶制出嫁的衣裳。

【赏析】

这首诗表面上是写一个守字闺中的贫女的内心独白,其实是借贫女的身世来感伤贫士怀才不遇的苦闷和不平。

女主人公的独自从衣着谈起:自己生在蓬门陋户,从未穿过绫罗绸缎,只能穿粗布衣裳。也是因为贫穷,虽然到了待嫁之年,却不见媒人上门说亲。

贫女品格高尚，鄙弃时俗所盛行的高髻奇妆。然而在这样的世态人情中，格调越高者，越是无人赏识，所以尽管贫女将"十指"夸"针巧"，"拟托良媒"，也无人赏识，只得年复一年为他人做出嫁的衣裳，难免"苦恨"之意难消。

"敢将十指夸针巧，不把双眉斗画长"一联极轻巧，"敢将""不把"透露出贫女孤芳自赏、不同流俗的傲岸之气。而贫女的遭遇也正是天下贫士的写照：虽博学多才，却无人援引，终年屈居下僚，为他人作嫁衣裳。

全诗寄兴感怀，句句语意双关，情辞婉曲哀怨，含蕴丰富，历来为人们所称颂。

孙子兵法

民主与建设出版社
·北京·

© 民主与建设出版社，2021

图书在版编目（CIP）数据

孙子兵法 /（春秋）孙武著；思履注译 . -- 北京：民主与建设出版社，2021.2（2021.8 重印）
ISBN 978-7-5139-3349-0

Ⅰ . ①孙… Ⅱ . ①孙… ②思… Ⅲ . ①兵法 – 中国 – 春秋时代 ②《孙子兵法》– 注释 ③《孙子兵法》– 译文 Ⅳ . ① E892.25

中国版本图书馆 CIP 数据核字（2021）第 019228 号

孙子兵法
SUN ZI BING FA

著　　者	（春秋）孙武
注　　译	思　履
责任编辑	刘树民
封面设计	三石工作室
出版发行	民主与建设出版社有限责任公司
电　　话	（010）59417747　59419778
社　　址	北京市海淀区西三环中路 10 号望海楼 E 座 7 层
邮　　编	100142
印　　刷	三河市天润建兴印务有限公司
版　　次	2021 年 4 月第 1 版
印　　次	2021 年 8 月第 2 次印刷
开　　本	630mm×910mm　1/16
印　　张	20
字　　数	190 千字
书　　号	ISBN 978-7-5139-3349-0
定　　价	68.00 元

注：如发现质量问题，请联系调换。

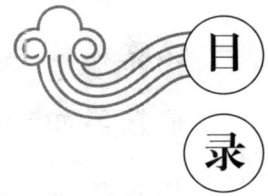

目录

计篇 ································· 1
作战篇 ······························ 21
谋攻篇 ······························ 35
形篇 ································ 49
势篇 ································ 63
虚实篇 ······························ 81
军争篇 ····························· 103
九变篇 ····························· 121
行军篇 ····························· 133
地形篇 ····························· 153
九地篇 ····························· 173
火攻篇 ····························· 199
用间篇 ····························· 211
附录一　孙子略解 ················· 227
　　始计篇第一 ···················· 229

作战篇第二 …………………………………… 233

谋攻篇第三 …………………………………… 237

形篇第四 ……………………………………… 242

势篇第五 ……………………………………… 245

虚实篇第六 …………………………………… 249

军争篇第七 …………………………………… 253

九变篇第八 …………………………………… 257

行军篇第九 …………………………………… 260

地形篇第十 …………………………………… 265

九地篇第十一 ………………………………… 269

火攻篇第十二 ………………………………… 278

用间篇第十三 ………………………………… 280

附录二 唐太宗李卫公问对 ………………………… 283

卷上 …………………………………………… 284

卷中 …………………………………………… 296

卷下 …………………………………………… 307

计 篇

【原文】

孙子曰：兵者①，国之大事，死生之地，存亡之道，不可不察也。

故经之以五事②，校之以计而索其情③：一曰道，二曰天，三曰地，四曰将，五曰法。道者，令民与上同意也④，故可以与之死，可以与之生，而不畏危。天者，阴阳、寒暑、时制也⑤。地者，远近、险易、广狭、死生也⑥。将者，智、信、仁、勇、严也⑦。法者，曲制、官道、主用也⑧。凡此五者，将莫不闻⑨，知之者胜，不知者不胜。

故校之以计而索其情，曰：主孰有道？将孰有能？天地孰得？法令孰行？兵众孰强？士卒孰练？赏罚孰明？吾以此知胜负矣。

将听吾计⑩，用之必胜，留之；将不听吾计，用之必败，去之。

计利以听⑪，乃为之势，以佐其外⑫。势者，因利而制权也⑬。

【注释】

① 兵：原指兵器。这里指战争。

②经之以五事：指从道、天、地、将、法这五个方面对制胜的条件和因素进行分析研究。经，度量、衡量。

③校（jiào）之以计而索其情：衡量敌对双方的各种条件，从中深求战争胜负的情形。校，通"较"，衡量、比较。计，指下文"主孰有道"等"七计"。

④令民与上同意：使民众与国君的意志相一致。

⑤阴阳：指昼夜、晴雨等天时气象的变化。寒暑：指寒冷、炎热等气候变化。时制：指四季时令的更替。

⑥远近、险易、广狭、死生：指路程的远近、地势的险阻或平坦、作战场地的宽阔或狭窄、地形是否有利于攻守进退。

⑦智、信、仁、勇、严：指将帅的才能智谋、赏罚有信、爱护部属、勇敢果断、纪律严明等条件。

⑧曲制：指有关军队组织编制等方面的制度。官道：指有关各级将官的职责区分、统辖管理等方面的制度。主用：指有关各种军需物资后勤保障的制度。主，掌管。用，物资费用。

⑨ 闻：知道、了解。

⑩ 将听吾计：有两种解释。一说"将"是"听"的助动词，表示假设；一说"将"指将领。这里取第一种解释。

⑪ 计利以听：指有利的计策已经被采纳。计，这里指战争决策。以，同"已"。听，听从、采纳。

⑫ 佐：辅助。

⑬ 因利而制权：根据利害得失而掌握战场的主动权。

【译文】

孙子说：战争，是国家的大事，它关系到生死存亡，是不可以不详加考察和研究的。

所以，要从以下五个方面分析研究，从计谋上加以衡量，并从中探求战争胜负的情形：一是道，二是天，三是地，四是将，五是法。道，是使民众与君主的意志相一致，所以可以使民众与国君一同赴死，一同相养相生，而不会畏惧危险。天，是指阴阳、寒暑、四时的更替变化。地，是指征战路途的远近，地形的险阻与平坦，作战场地的广阔与狭窄以及哪里是死地、哪里是生地等。将，是指将帅是否足智多谋，是否赏罚有信，是否爱护部属，是否勇敢果断，是否军纪严明。法，是指军队的组织编制、各级将官的职责区分、军需物资的供应管理等制度规定。凡属这五个方面的情况，将领们没有不知道的。只有充分地了解，才能获胜；否则，就不能取胜。

所以，要从以下七个方面对敌我双方的情况进行研究分析，从中探求战争胜负的情形，包括：哪一方的君主更正义？哪一方的将领更有才能？哪一方占据了更多的天时地利条件？哪一方的法令能够更加切实地贯彻执行？哪一方的兵力更为强大？哪一方的士卒更加训练有素？哪一方的赏罚更加公正严明？我们根据这些，就可以推知谁胜谁负了。

如果能听从我的计谋，用兵就一定能够胜利，我就留在这里；如果不能听从我的计谋，用兵就必定会失败，我就离开这里。

有利的计策已经被采纳，还要设法造势，以辅助作战的进行。所谓"势"，就是根据对敌我双方利害得失的把握而掌握主动权。

【原文】

兵者，诡道也①。故能而示之不能②，用而示之不用，近而示之远③，远而示之近；利而诱之，乱而取之，实而备之，强而避之，怒而挠之④，卑而骄之⑤，佚而劳之⑥，亲而离之，攻其无备，出其不意。此兵家之胜⑦，不可先传也⑧。

夫未战而庙算胜者⑨，得算多也⑩；未战而庙算不胜者，得算少也。多算胜，少算不胜，而况于无算乎！吾以此观之，胜负见矣⑪。

【注释】

①兵者，诡道也：带兵打仗是一种诡诈、谲变的战术。诡，诡诈、奇诡。

②能而示之不能：能打却故意装作不能打，能守却故意装作不能守。示，显示、假装。

③近而示之远：本来要从近处进攻，故意装作要从远处进攻。

④怒而挠之：意即对于暴躁易怒的敌将，要用挑逗的办法激怒他，使其失去理智，轻举妄动。挠，挑逗。

⑤卑而骄之：意即对于藐视我方的敌人，应设法使其变得骄傲自大，然后伺机将其击破。

⑥佚而劳之：意即对于休整充分的敌人，要设法使其疲劳。佚，通"逸"。

⑦胜：奥妙。

⑧不可先传：指不可事先进行传授，意即只能在战争中根据实际情况加以灵活运用。

⑨庙算：古时候出师作战之前，一般要在庙堂举行会议，商议谋划作战方略，分析战争的利害得失，预测战争胜负，这就叫作"庙算"。

⑩得算多：指具备很多取胜的条件。算，计数用的筹码，这里引申指获胜的条件。

⑪胜负见矣：胜负的结果显而易见。见，通"现"，显现。

【译文】

用兵打仗是一种诡诈之术。所以，能打却装作不能打；能攻而装作不能攻；要打近处，却装作要在远处行动；要打远处，却装作要在近处行动。敌人贪利，就用利引诱它；敌人混乱，就乘机攻击它；敌人实力雄厚，就要注意防备它；敌人实力强劲，就暂时避开它的锋芒；敌人冲动易怒，就要设法骚扰激怒它；敌人藐视我方，就要设法使其变得骄傲自大；敌人休整充分，就要设法使它疲困；敌人内部团结，就要设法离间它；要在敌人没有防备的地方发动攻击，要在它意料不到的时候采取行动。这是兵家取胜的奥妙所在，（其中的深意必须在实践中方能体会，）是无法事先传授的。

　　凡是在开战之前就预计能够取胜的，是因为筹划周密，胜利条件充分；开战之前就预计不能取胜的，是因为筹划不周，胜利条件欠缺。筹划周密、条件具备就能取胜，筹划不周、条件缺乏就不能取胜，更何况根本不筹划、没有任何胜利条件呢！我们依据这些来观察，胜负的结果也就很明显了。

【点评】

　　《计篇》中提出了三条兵学原则：一、"校之以计"而后战。即预先对决定战争胜负的基本条件进行详细研究；二、以"庙算胜"，即为实现上述基本条件而进行战略准备与筹划，从而提出了大战略思维；三、"攻其无备，出其不意"，即灵活机动，提高作战的能动性。

"国之大事，在祀与戎。""祀"是祭祀，"戎"就是战争。但我们研究战争，争取赢得最后胜利，不是为了战争本身，而是为了制止战争，是为了国家和民族的兴盛、人民的生命安全。这种对战争性质的深刻认识。对后世产生了极其深远的影响。

而且，这种对战争的认识。同样可以运用到我们的人生和事业当中——人总会面临诸如升学考试、就业选择乃至独立创业等人生的重大选择，它们关系到我们一生的幸福，故而必须做出正确的抉择。

在这种关键时刻，最重要的是什么？那就是精心研究一切主客观条件，面对难得的机遇，一定要牢牢把握，这时候，我们也可以按照孙子提出的"五事"七计做出分析，努力为自己创造成功的条件。

比如运用到学习上，"五事"中的"道"，指学习的目的和目标；"天"和"地"，指应当具备的客观条件；"将"，指教师的教学水平；"法"，则指我们的学习方法。如果我们在学习中能对此进行全面分析，发扬优势，改进不足，就能取得长足进步。

人生大事亦如国家大事，不可不察。做好了这一点，我们就离自己的理想目标又迈进了一大步。

【实用谋略】

南唐灭亡的教训

战争是国家的大事，它关系到国家的生死存亡。因此，一定要重视战争，避免在战争中失利，否则就会使国家灭亡。南唐灭亡的史实，就充分说明了这点。

五代十国时，十国之一的南唐是建立在富庶的长江中下游地带的小朝廷。据史书记载，南唐烈祖李昪建立南唐，即位后实行与民"休养生息"的政策，由于地理条件优越，环境比较安定，南唐吸收了不少从北方流亡过来的劳力，使这里经济迅速发展起来，出现了当时少有的繁荣气象。

此时，在北方，后汉大将郭威起兵推翻后汉的统治，建立了后周。郭威文武双全，他招贤纳士，革除弊政，减少赋税，终生保持节俭。经过郭威的精心治理，后周在很短的时间就实现了国富民强。

郭威死后，他的养子郭荣即位。郭荣本姓柴，父亲柴守礼是周太祖郭威妻子的哥哥，后来由于家道中落，投靠姑父郭威，遂改名为郭荣，他就是后来赫赫有名的周世宗。郭荣即位后，进行一系列政治改革，取得很大成效，史称"周世宗英毅雄杰，以衰乱之世，区区五六年间，威武之声，震慑夷夏，可谓一时贤主"。

刚即位时，郭荣就立下了三十年的宏志："以十年开拓天下，十年养百姓，十年致太平。"他虽然即位五年后就患病辞世，但在这短短五年的时间里，后周已经成为当时最为强盛的国家，为后来北宋统一全国奠定了坚实的基础。

在五代十国动荡的社会局面和频繁的朝代更迭中，郭荣认识到要想维持国家长期的繁荣稳定，没有一支强大的军队是不行的。于是他进一步整顿军队，对作战时贪生怕死的将领加以惩处，建立了一支精锐的禁军，为此后的南征北战创造了条件。

随着后周军力的增强。郭荣开始不断兼并各国土地，为实现统一全国的大业而努力。

在向西攻取后蜀统治下的秦（今甘肃天水）、成（今甘肃成县）、阶（今甘肃武都东）、凤（今陕西凤县东）四州之后，郭荣立即将兵锋指向南唐。

南唐虽然地富民丰，但南唐中主李璟却是一个昏庸无能的皇帝。他才华出众，应该说是一个优秀的文学家；但在治理朝政方面显然是碌碌无为的。他的周围经常聚集着一批文人，这些人身居要职，终日陪李璟饮酒作词，打发时日，使朝政更加混乱。

就在南唐君臣醉生梦死的时候，后周军队在周世宗郭荣带领下，开始不断南下侵扰南唐，严重威胁着南唐的统治。

周世宗郭荣从显德三年（956年）开始，三次亲征南唐。第一次南征时，后周军队进展顺利。但由于后唐将领刘仁赡死守寿州（今安徽寿县），后周大军一连攻打了好几个月，始终无法攻克，只好退兵。

公元957年，郭荣又一次亲征南唐，强攻拿下寿州，但很快又撤兵回到北方。

第三次南征是在958年，因为准备充足，又总结了前两次的经验教训，加之郭荣注意收服民心，结果后周军队一鼓作气拿下了南唐的江北十个州，郭荣到达长江北岸，驻于迎釜镇（今江苏仪征）。

后来，后周大将赵匡胤率水师杀过长江，扰乱江南敌营，向南唐军队示威挑衅。南唐中主李璟被迫求和，又割淮南四州给后周，被削去帝号，向周称臣。这样，淮南江北十四州六十四县尽入后周手中，南唐每年还向后周进献大批贡物。

显德六年（959年），周世宗郭荣病死，他的儿子柴宗训继位，即周隐帝，其时只有七岁。一年后，当时的禁军首领赵匡胤发动了"陈桥兵变"，黄袍加身做了皇帝。陈桥兵变次日，赵匡胤引兵回京，逼周隐帝禅位，改国号为宋。

公元961年。南唐中主李璟薨。他的第六子李煜继位。作为词人，李煜才华横溢；作为君主，他极不称职。欧阳修在《新五代史》中对他作了这样的评价："性骄侈，好声色，又喜浮图；好高谈，不恤政事。"欧阳修这句话的意思是说：李煜骄奢淫逸，喜好声色，又沉迷于礼佛诵经；喜欢空谈，不体恤政事。

北宋在攻灭割据岭南一带的南汉后，形成北、西、南三面合围南唐的态势。为了延缓宋军的进攻，李煜每年向北宋进贡大量的财宝，又改革南唐制度，把国主的旨令"诏"贬称为"教"，将诸王降称为国公，尚书省降称为司会府，御史台降称为司宪府，等等。但是，这一切并不能改变赵匡胤灭掉南唐，进而统一全国的决心。

公元974年,赵匡胤以曹彬、潘美为帅,起兵十万讨伐南唐,大败唐兵于采石矶,而后围攻南唐都城金陵。次年十一月攻陷金陵,南唐后主李煜率领群臣出城迎降,南唐宣告灭亡。

南唐的经济和文化在当时是繁荣的,但是南唐君臣们懈于整军备战,整日沉溺于莺歌燕舞之中,终于在北宋的雄兵面前束手就擒。这正应了孙子所说的一句话:"兵者,死生之地,存亡之道,不可不察也。"

宋襄公死守"仁义道德"

在春秋中期以前,战争行为普遍受到西周礼乐教化的影响,讲求"以仁为本""以礼为固"。随着争霸战争日益频繁,规模越来越大,这种披着"仁义道德"外衣的战争行为越来越不适应当时的需要。于是孙子提出了"兵者,诡道也"这一基本战争思想,而那些还在坚持"仁战""德战"的人,则在战争中遭受一次又一次惨败。

周襄王十四年（公元前638年）初冬发生的泓水之战，是宋、楚两国为争夺中原霸权而进行的一场战役。这场战役的结果是宋襄公因思想保守、墨守成规而惨致失败。

公元前643年，中原霸主齐桓公去世，他的儿子在他死后展开了激烈的争位斗争。当时，齐桓公的宠臣竖刁、易牙等人操纵了齐国大权，他们赶走了公子昭，将公子无亏扶上了君位。齐国的大臣们都不服，没有人去朝见无亏这位新国君。

公子昭逃到了宋国。宋国是殷商的后裔，当时宋国的国君是宋襄公，他依照齐桓公生前的嘱托，支持公子昭复国，就通知各国诸侯，请他们共同护送公子昭回到齐国继承君位。但是宋襄公的号召力有限，只有三个小国带了点人马追随宋国。宋襄公便率领四国兵马前往齐国。齐国的大臣多数支持公子昭，于是与宋军里应外合，杀掉了竖刁和公子无亏。易牙见大势已去，匆忙逃到了鲁国。齐桓公的其他几个儿子纠集人马与四国军队作战，结果大败。在齐国大臣和四国军队的拥护之下，公子昭登上了君位，他就是齐孝公。

由于帮助公子昭取得了君位,而齐国又是原来的诸侯盟主,所以宋国在诸侯中的地位就自然提高了。这时,齐国因内乱而势力衰弱,晋、秦也暂时无暇顾及中原。这样,长期以来受齐桓公遏制的南方强国楚国,就乘机进入中原,企图攫取霸权。而一贯标榜仁义的宋襄公,也想继承齐桓公的霸主事业;但从实力来讲,宋国是远远不能和楚国相比的。于是宋襄公便打起了如意算盘:只要把楚国拉过来。那些托庇于楚国的小国自然也都臣服于自己,那样宋国的霸业就容易实现了。

宋襄公把这个想法告诉了公子目夷,公子目夷不赞成这样做,他认为一来宋国是个小国,想要当盟主,不会有什么好处;二来楚成王野心勃勃,善于权变,宋襄公很难与他争斗。

然而宋襄公不肯听从公子目夷的忠告。公元前639年春,宋襄公与楚成王、齐孝公在鹿上会盟。盟会上,宋襄公邀请楚成王及其盟国出席下一次的诸候大会。没想到楚成王居然答应了,他们相约在宋国的盂地举行会盟。

到了这年的七月，宋襄公前往盂地大会诸侯。临行前，公子目夷对他说："万一楚君不怀好意，可怎么办？您还是多带些兵马去，以防万一。"

宋襄公说："那不行，我们为了不再打仗才会盟，自己怎么反倒带兵马前去呢？"公子目夷见不能说服襄公，无奈之下，只好不带军队跟随前往。

在这次盟会上，楚成王和宋襄公都想当盟主，为此二人争执起来。楚国势大，诸侯大多拥立楚王为盟主。宋襄公不服气，这时楚国的一班随从官员立即脱掉外衣，露出里面的铠甲，二话没说就把宋襄公抓了起来。公子目夷趁乱逃回了宋国。

其后，楚军押着宋襄公前去攻打宋都商丘，公子目夷率领宋国的军民顽强抵抗，顶住了楚军的进攻。楚军曾以杀掉宋襄公相威胁，然而宋军没有中计，并回应说宋国已经立了新君。楚军围困宋都数月都未能攻下来，后来，在鲁僖公的调停之下，楚成王才答应将宋襄公释放回国。

宋襄公蒙受奇耻大辱，心中着实郁积了一口闷气。但他并没有能力去攻打楚国，于是决定先讨伐依附楚国的郑国。他纠合了几个诸侯国共同讨伐郑国，郑国立即向楚国求救。楚成王听到消息,并没有派兵去援救郑国,而是命令大军直接攻打宋国。宋襄公赶忙撤兵回来防御,宋军于是在泓水岸边驻扎下来,等待楚军的到来。

楚军到达泓水以后便开始渡河,其时宋军已经摆好了阵势。公子目夷对宋襄公说:"敌众我寡,趁他们还没有完全渡河,请下令攻击他们吧。"宋襄公说:"不行,还不到时候。"于是,大家就眼睁睁地看着楚军顺利地渡了河。渡河之后,楚军便乱哄哄地列队布阵。公子目夷又请求主动攻击,宋襄公说:"不行,还不到时候。"等楚军摆好了阵势,宋襄公才下令攻击。强悍的楚军铺天盖地杀来,宋军被打得大败,士兵们四散逃命,宋襄公的大腿受伤,卫队也全部被歼灭了。

退回到城中,宋国人都埋怨宋襄公。宋襄公却说:"君子不伤害已经受伤的人,不捉拿头发花白的人。古人作战,不在隘口处阻击敌人。我虽然是已然亡国的商朝的后代,但也不会攻击没有摆好阵势的敌人。"

公子目夷对他说:"您其实并不懂得战争。强大的敌人来进攻我们。他们因为地形的原因而摆不开阵势，这是上天在帮助我们，这时候对其加以拦截然后攻击他们，难道有什么不对吗？就是在这样的有利情况下还要担心不能取胜，何况今天前来进攻我们的是强悍的楚兵呢？他们都是我们的敌人，对我们不会手下留情，就算他们的士兵中有老人，两军对阵时也应该把他们抓回来，何况其中年龄最大的也只不过是四十上下，哪有头发花白的人呢！我们平日里训练士兵，就是为了让士兵在战场上杀死敌人。敌人受了伤但没有死，为什么就不能再次攻击他们让他们毙命呢？如果是因为您怜悯那些受伤的人而不想再次对他们加以伤害，那还不如开始就不击伤他们；您要是同情年长的敌人，那还不如向他们投降呢！"

第二年，宋襄公就因为腿伤过重而死。

战争本身就是一场你死我活的较量，它的唯一意义就是看谁能取得最终的胜利。至于是通过什么样的途径，使用什么样的方法而获得的胜利，人们也许会用道德标准去衡量它们是否合适，但更关心的往往是最终的结果。因为愚蠢地信守仁义道德而战败身死，使得国家破亡，生灵涂炭，在这样的结果面前还有什么仁义道德可言呢？对谁行仁义了，又对谁讲道德了呢？宋襄公的例子值得每一个人深思。

作战篇

【原文】

孙子曰：凡用兵之法，驰车千驷①，革车千乘②，带甲十万③，千里馈粮④；则内外之费⑤，宾客之用⑥，胶漆之材⑦，车甲之奉⑧，日费千金，然后十万之师举矣⑨。

其用战也胜⑩，久则钝兵挫锐，攻城则力屈⑪，久暴师则国用不足⑫。夫钝兵挫锐、屈力殚货⑬，则诸侯乘其弊而起⑭，虽有智者，不能善其后矣。故兵闻拙速，未睹巧之久也⑮。夫兵久而国利者，未之有也。故不尽知用兵之害者，则不能尽知用兵之利也。

【注释】

① 驰车千驷（sì）：战车千辆。驰车，快速轻便的战车。驰，奔走。驷，原指同一车套四匹马，这里作量词，即辆。

② 革车千乘（shèng）：重车千辆。革车，又叫守车、重车，是专门用于运送粮食和器械的辎重车辆。乘，辆。

③ 带甲：穿戴盔甲的士兵，这里泛指军队。

④ 千里馈粮：辗转千里运送粮食。馈粮，运送

粮食。馈，供应、运送。

⑤内外：这里泛指前方和后方。

⑥宾客之用：指与各诸侯国使节往来所花的费用。

⑦胶漆之材：指制作和维修作战器械所需的物资材料。胶漆，是制作、保养弓矢器械的材料。

⑧车甲之奉：指保养、补充武器装备的开销。车甲，车辆盔甲。奉，同"俸"，费用、花销。

⑨举：出动。

⑩用战也胜：指在战争耗费巨大的情况下用兵，就要求速战速决。

⑪力屈：力量耗尽。屈，竭尽、穷尽。

⑫久暴师则国用不足：军队长期在外作战，国家的经济就会发生困难。暴，暴露。

⑬屈力殚（dān）货：力量耗尽，财力枯竭。殚，枯竭。货，财货、财力。

⑭弊：疲困，危机。

⑮巧：巧妙，工巧。

【译文】

孙子说：大凡用兵，其规律是要出动轻型战车千辆，辎重车千辆，军队十万，还要跋涉千里运送粮食。那么前后方的用度，接待使节来宾的开支，胶、漆一类作战物资的供应，保养、补充武器装备的花销，每天的耗费多达上千金，然后十万大军才能出动。

用这样庞大的军队去作战，就要求速战速决，时间一久，就会使军队疲惫、锐气挫伤；攻城会使力量消耗殆尽；军队长期在外作战，会造成国家财力的紧张。军队疲惫、锐气挫伤、国力耗尽、财力枯竭，那么其他诸侯就会乘机发兵进攻，到那时，即使有足智多谋的人，也无法收拾残局。所以，在用兵上只听说过有讲究战术简单而追求速胜的，没见过有讲究战术技巧而将战争拖得很久的。战事旷日持久而对国家有利的情形，从来就没有过。所以，不能完全了解用兵害处的人，也就不能完全了解用兵的益处。

【原文】

善用兵者，役不再籍①，粮不三载②：取用于国③，因粮于敌④，故军食可足也。

国之贫于师者远输⑤，远输则百姓贫。近于师者贵卖⑥，贵卖则百姓财竭，财竭则急于丘役⑦。力屈、财殚，中原内虚于家⑧。百姓之费，十去其七；公家之费，破车罢马⑨，甲胄矢弩⑩，戟楯蔽橹⑪，丘牛大车⑫，十去其六。

故智将务食于敌，食敌一钟⑬，当吾二十钟；萁秆一石⑭，当吾二十石。

故杀敌者，怒也；取敌之利者，货也⑮。故车战得车十乘已上，赏其先得者，而更其旌旗。车杂而乘之，卒善而养之，是谓胜敌而益强。

故兵贵胜，不贵久。

故知兵之将，生民之司命⑯，国家安危之主也⑰。

【注释】

① 籍：本指名册，这里作动词，指征集兵员。

② 载：运输、运送。

③ 取用于国：指武器装备等从国内取用。

④ 因：依靠。

⑤ 国之贫于师者远输：因为用兵而导致贫困的国家，远途运输是一个重要原因。师，军队。

⑥ 贵卖：意思是物价飞涨。

⑦ 急：这里有"加重"的意思。丘役：军赋。丘，古代地方行政区划单位，一丘为一百二十八家。

⑧ 中原内虚于家：国内百姓的家因为远途运输而变得贫困、空虚。中原，这里泛指国内。

⑨ 破车：战车破损。罢（pí）马：战马疲惫。罢，同"疲"。

⑩甲胄（zhòu）矢弩：泛指装备战具。甲，铠甲。胄，头盔。矢，箭。

⑪戟（jǐ）楯（dùn）蔽橹（lǔ）：泛指各种攻防兵器。戟，古代一种兵器的名称。楯，同"盾"。蔽橹，攻城时用作屏蔽的大盾牌。

⑫丘牛：从兵役中征集来的牛。丘牛大车：指辎重车辆。

⑬钟：容量单位，每钟相当于六十四斗。

⑭萁（qí）秆：泛指牛、马等牲畜的饲料。萁，同"萁"，豆秸。秆，禾茎。石（dàn），古代容量单位，三十斤为一钧，四钧为一石，即一百二十斤为一石。

⑮取敌之利者，货也：想要使军队勇于夺取敌人的财物，就要先用财货来奖赏士卒。利，财物。货，财货，这里指用财货犒赏部下，以调动官兵杀敌的积极性。

⑯生民：泛指民众。司命：星宿名，传说中主宰生死的神，这里喻指命运的主宰。

⑰主：主宰。

【译文】

善于用兵的人，不一再征集兵员，不多次运送粮草；武器装备等从国内取得，粮草则在敌国解决，这样，军队的粮食供应就得到满足了。

国家之所以会因为用兵而变得贫困，远途运输是重要原因，远途运输就会使百姓陷于贫困。临近军队的地区物价飞涨，物价飞涨就会使百姓财力枯竭，百姓财力枯竭，（当权者）就更加急迫地征收赋税。国力耗尽，财政枯竭，国内就会家家空虚。百姓的财力，将会耗去十分之七；政府的财力，由于车辆破损、战马疲惫，装备、兵器、战具的补充以及辎重车辆的征调，要耗去十分之六。

所以，明智的将帅务求在敌国就地解决粮食的供给问题。消耗敌国一钟粮食，相当于从本国运送二十钟粮食；消耗敌国一石饲料，相当于从本国运送二十石饲料。

要想使士兵奋勇杀敌，就要激发他们同仇敌忾的勇气；要想夺取敌人的物资，就要用财货奖赏士卒。因此在车战中，缴获战车十辆以上，要奖赏最先夺得战车的士兵，并且更换战车上的旗帜，混入自己的战车编队之中。对于俘虏，要善待和供养他们。这就是所谓"战胜敌人而使自己的力量更加强大"。

所以用兵贵在速胜，而不宜旷日持久。

所以精通用兵之道的将帅，是民众命运的掌握者，是国家安危的主宰者。

【点评】

在《作战篇》中，孙子着重论述了战争给国家带来的影响。

孙子所在的年代，生产力低下，维持一支庞大的军队和进行旷日持久的战争往往会给国家和人民带来难以估量的负担和损失。因此，如何认识战争给国家带来的利与害，如何最大限度地减少战争给国家经济带来的不利影响，也就成为兵家探究方向和追求的根本。

在《作战篇》中，孙子在分析了战争的持久可能给国家带来的一系列损害之后，提出了速胜的军事思想，认为用兵宁可"拙速"，而不能"巧久"。接着，他又讲到了减少战争负担的具体方法，也就是"务食于敌"——尽量在敌人的地盘上解决自己军队的吃用问题，将敌人的战车和士兵转化成为自己的力量，以实现"以战养战"的目的。

后人将"兵闻拙速，未睹巧之久也"概括为"巧久不如拙速"的战争原则，历代兵家把它奉为圭臬。从战争所造成的损失和伤害来说，这无疑是正确的，尤其是普通人，与战争相伴随的鲜血与伤痛更是挥之不去的梦魇，而战争的代价最后也会转嫁到他们头上，自然会不遗余力地反对统治者穷兵黩武。

但就我们每个人来说，人生中有些事情着急是没用的，一个人的成长需要岁月的磨砺，知识需要长期学习、积累和不断更新，远大目标的实现更是需要坚持不懈地奋斗，等等。这就是"心急吃不了热豆腐""一口吃不成胖子"等俗语中所蕴含的深刻道理。

随着现代生活节奏越来越快，社会的普遍心态也越来越浮躁，不少人一心只惦记着挣大钱、升高位，恨不能一夜暴富或者立马攀上世界之巅，或是不费吹灰之力就实现人生的全部梦想。然而，这终究是不现实的。人生虽如白驹过隙，但终究是由一分一秒、一朝一夕慢慢累积起来的，要实现理想和目标，一定要有耐心，不要怕"巧久"，要使生活中的每一秒都变得充实起来。

【实用谋略】

诸葛亮陇上抢割新麦

古代生产力落后，军事物资相对而言比较匮乏，将领都会尽量降低本国资源的消耗，而想方设法从敌人手中夺取粮食，来保障军中的粮草供应和需求。下面这个故事就很好地解释了何谓"取用于国，因粮于敌"。

公元231年农历二月，诸葛亮率领十万大军四出祁山，继续进行伐魏大业。司马懿率张郃、费曜等大将迎战，两军就此展开对峙。

诸葛亮兵至祁山后，发现魏军早有防备，便对众将说："孙子曰：'重地则掠。'深入敌人的腹地，就要掠取敌人的粮草来补充自己。现如今，我们长途远征，粮草供应不上。但据我估计，陇上的麦子已经成熟，我们可以秘密派兵去抢割陇上的麦子。"计议已定，诸葛亮便留下王平、张嶷等人守卫祁山大营，亲率姜维、魏延等部将直奔上邽。

这时，司马懿率大军赶到祁山，却不见蜀军出战。司马懿心中疑惑，又得到消息有一支蜀军径往上邽而去，立刻恍然大悟，急忙引军去救上邽。

诸葛亮火速赶到上邽后，驻守上邽的魏将费曜领兵出战，姜维和魏延皆是当世勇将，他们将费曜打得大败。

趁此机会，诸葛亮命令手下三万精兵手执镰刀、驮绳，抢在司马懿大军到来之前，把陇上的新麦全都收割完，然后运到卤城打晒。

司马懿棋差一招，失去了陇上的新麦，心有不甘，于是和副都督郭淮引兵前往卤城，打算偷袭蜀军，趁乱夺回新麦，最好还能生擒诸葛亮。

而诸葛亮对此早有防备，他让姜维、魏延、马忠、马岱四将各带两千人马，埋伏在卤城东、西方的麦田之中。等到魏兵抵达卤城城下时，只听一声炮响，伏兵四起，蜀军主力趁势从城内杀出。司马懿在部将的护卫下拼死力战，总算突出重围，狼狈逃回大营。

萨尔浒大战

努尔哈赤建立后金后，又花了两年多时间整顿内部，发展生产，扩充兵力。1618年，努尔哈赤召集八旗首领和将士誓师，宣布跟明朝有七件事结下了冤仇，称为"七大恨"。第一条就是明朝无故挑衅，害死了他的祖父和父亲。为了报仇雪恨，决定起兵征伐明朝。

第二年，努尔哈赤亲自率领两万人马进攻抚顺。他先写信给抚顺明军守将，劝他投降。守将李永芳一看后金军来势凶猛，临阵怯战，没有抵抗就投降了，后金军俘获人口、牲畜共计三十余万口。明朝的辽东巡抚派兵救援抚顺，也被后金军在半路上打垮。努尔哈赤命令毁了抚顺城，带着大批战利品回到赫图阿拉。

消息传到北京，明神宗大怒，决定派杨镐为辽东经略，讨伐后金。杨镐经过一番紧张的调兵遣将，才集中十万人马。1619年，杨镐兵分四路，由四个总兵官率领，进攻赫图阿拉。中路左翼是山海关总兵杜松，中路右翼是辽东总兵李如柏，北路是开原总兵马林，南路是辽阳总兵刘铤。为了扩大声势，号称"四十七万兵马"。杨镐坐镇沈阳，指挥全局。

而后金八旗军兵力合起来不过六万多。一些后金将士得到情报，不免有点害怕，来找努尔哈赤，要他拿主意。努尔哈赤胸有成竹地说："别怕，管他几路来，我就是一路去。"

经过侦察，努尔哈赤得知杜松率领的中路左翼是明军主力，且其已经从抚顺出发打了过来，努尔哈赤就集中兵力，先对付杜松。

杜松是一员身经百战的名将。从抚顺出发的时候，天正下着大雪，杜松想抢头功，不管气候恶劣，急急忙忙冒雪行军。他先攻占了萨尔浒（今辽宁抚顺东）山口；接着分兵两路，把一半兵力留在萨尔浒扎营，自己带了另一部精兵攻打后金的界藩城（今新宾西北）。

努尔哈赤一看杜松分散兵力，心里暗暗高兴，集中八旗的兵力，一口气攻下萨尔浒明军大营，截断了杜松后路。接着，又急行军援救界藩。正在攻打界藩的明军，听到后路被抄，军心动摇。驻守在界藩的后金军从山上居高临下地压下来，把杜松军杀得七零八落。努尔哈赤率领大军赶到，把明军团团围住。杜松左右冲杀想要突围，突然一箭飞来，正射中他的头部，杜松从马上栽下来就死掉了。部下明军被杀得尸横遍野，血流成河。一路人马先覆灭了。

北路的马林从开原（今辽宁开原）出兵，刚刚到离开萨尔浒四十里的地方，得到杜松兵败的消息，吓得急忙转攻为守，就地依山，扎下营垒，挖了三层壕沟，准备防守。努尔哈赤率领八旗兵从界藩马不停蹄地赶来，攻破明军营垒。马林没命地逃奔，才回到开原，第二路明军又被打散了。

坐镇沈阳的杨镐，正在等待各路明军的捷报，哪想到一连两天接到的竟是两路人马覆灭的坏消息，把他惊得目瞪口呆。他这才知道努尔哈赤的厉害，遂连忙派快马传令另外两路明军立刻停止进军。

中路右翼的辽东总兵李如柏本来胆小，行动也特别迟缓，接到杨镐命令，便急忙撤退。山上巡逻的二十来名后金哨兵远远望见明军撤退，大声鼓噪。明军兵士以为后面有大批追兵，争先恐后地逃跑，自相践踏，也死了不少人。

剩下的一路是南路军刘铤。杨镐发出停止进军命令的时候，刘铤军已经深入后金军阵地，各路明军失败的情况，他一点也不知道。刘铤是明军中出名的猛将，他使用一把一百二十斤的大刀，运转如飞，外号叫"刘大刀"。刘铤军军令严明，武器火药也多。进入后金阵地以后，连破几个营寨。

努尔哈赤知道刘铤骁勇，不能与之硬拼，于是他选了一个投降过来的明兵，叫他冒充杜松部下，送信给刘铤，说杜松军已经到达赫图阿拉城下，只等刘铤军去会师攻城。

刘铤没接到杨镐命令，不知道杜松军已经覆灭，信以为真。他怕杜松独得头功，下令火速进军。这一带道路险狭，兵马不能并列前行，只好改为单列进军。刘铤带兵走了一阵，忽然杀声四起，漫山遍野都是后金伏兵，向明军杀来。刘铤正在着急，努尔哈赤又派一支后金兵穿着明军衣甲，打着明军旗帜，装扮成杜松军前来接应。刘铤毫不怀疑，把人马带进假明军的包围圈里。后金军里应外合，四面夹击，明军阵势大乱。刘铤虽然勇敢，挥舞大刀，杀退了一些后金兵，但是毕竟寡不敌众，他左右两臂都被砍伤，终于倒下被俘。

这场战役从开始到结束只有五天时间，杨镐率领的十万明军损失了一大半，文武将官死了三百多人。这就是历史上著名的"萨尔浒之战"。

谋攻篇

【原文】

孙子曰：凡用兵之法，全国为上，破国次之①；全军为上，破军次之；全旅为上，破旅次之；全卒为上，破卒次之；全伍为上，破伍次之②。是故百战百胜，非善之善者也③；不战而屈人之兵，善之善者也。

故上兵伐谋④，其次伐交⑤，其次伐兵⑥，其下攻城。

攻城之法为不得已。修橹轒辒⑦，具器械，三月而后成，距堙⑧，又三月而后已。将不胜其忿而蚁附之⑨，杀士三分之一而城不拔者，此攻之灾也。

故善用兵者，屈人之兵而非战也⑩，拔人之城而非攻也，毁人之国而非久也，必以全争于天下，故兵不顿而利可全⑪，此谋攻之法也。

故用兵之法，十则围之⑫，五则攻之，倍则分之，敌则能战之⑬，少则能逃之，不若则能避之⑭。故小敌之坚，大敌之擒也⑮。

【注释】

① 全国为上，破国次之：以自己实力为后盾，完全保存我方兵力使敌方降服为上策；而通过战争攻破

敢方城池，则稍逊一等。全，全部、完整。国，春秋时主要指都城，有时也包括外城及周围地区。

②伍：都是古代军队的编制单位。旧说一万二千五百人为军，五百人为旅，百人为卒，五人为伍。不过，春秋以后，各诸侯国军队编制有所变动。

③非善之善者也：不是好中最好的。

④上兵伐谋：用兵的最高境界是用谋略战胜敌人。上兵，上乘的用兵之法。伐谋，以谋略攻敌赢得胜利。伐，进攻、攻打。谋，谋略。

⑤伐交：指通过外交途径，分化瓦解敌人的盟友，巩固扩大自己的同盟，使敌人陷入孤立的境地，最后不得不屈服。

⑥伐兵：以武力战胜敌人。

⑦修橹轒（fén）辒（wēn）：制造大盾和攻城用的四轮大车。修，制作、制造。橹，这里指藤革等材料制作的大盾牌。辒，攻城用的四轮大车，以桃木制成，外蒙生牛皮，可以容纳十余人。

⑧距闉（yīn）：指为攻城做准备而堆积的高出城墙的土山。闉，同"堙"，土山。

⑨蚁附之：指士兵像蚂蚁一样爬梯攻城。

⑩非战：指不用交战，而用"伐谋""伐交"等

方法迫使敌人屈服。

⑪顿：同"钝"，这里是"疲惫、受挫折"的意思。

⑫十则围之：有十倍于敌人的兵力，就要四面包围他。

⑬敌则能战之：指同敌人兵力相当时，要设法战胜敌人。敌，这里指兵力相当、势均力敌。

⑭不若则能避之：指当各方面条件均不如敌人时，要设法避免与敌交战。

⑮小敌之坚、大敌之擒：力量弱小的军队，如果一味固守硬拼，就会为强大的敌人所俘虏。

【译文】

孙子说：大凡用兵的指导法则，不费一兵一卒使敌国降服为上策，击破它就次一等；不费一兵一卒使敌军降服为上策，击破它就次一等；不费一兵一卒使敌人全旅降服是上策，击破它就次一等；不费一兵一卒使敌人全卒降服为上策，击破它就次一等；不费一兵一卒使敌人全伍降服为上策，击破它就次一等。因此，百战百胜，还不算是高明中的高明；不出战就能使敌人屈服的，才是高明中的高明。

所以，用兵的上策是用谋略来战胜敌人，其次是在外交上封锁、孤立敌人，再次是直接出兵击败敌人，下策是攻打敌人的城池。

选择攻城是迫不得已的办法。建造攻城用的大盾和四轮大车，准备攻城的器械，费时三个月才能完成。而构筑攻城用的土山，又要花费三个月才能完成。如果主将不能控制自己愤怒焦急的情绪而驱使士兵们像蚂蚁一般爬梯攻城，士兵伤亡了三分之一，而城池未能攻克，这就是攻城所带来的灾难。

所以，善于用兵的人，使敌军屈服不是靠交战，夺取敌人的城池不是靠强攻，灭亡敌人的国家不是靠久战。一定要用全胜的谋略取胜于天下。这样，军队不会劳累疲惫，还能取得完全胜利。这就是以谋略攻取敌人的法则。

所以，用兵的法则，拥有十倍于敌人的兵力就包围敌人；拥有五倍于敌人的兵力，就主动进攻；拥有两倍于敌人的兵力就设法分割敌人；兵力同敌人相当的，要设法战胜敌人；兵力少于敌人的，要设法摆脱敌人；各方面条件均不如敌人的，要设法避开敌人的锋芒。因此，弱小的军队如果一味固守硬拼，就会成为强大敌人的俘虏。

【原文】

夫将者，国之辅也①。辅周则国必强，辅隙则国必弱②。

故君之所以患于军者三③：不知军之不可以进而谓之进④，不知军之不可以退而谓之退，是谓縻军⑤。不知三军之事而同三军之政者⑥，则军士惑矣。不知三军之权而同三军之任⑦，则军士疑矣。三军既惑且疑，则诸侯之难至矣，是谓乱军引胜⑧。

故知胜有五：知可以战与不可以战者胜；识众寡之用者胜；上下同欲者胜⑨；以虞待不虞者胜⑩；将能而君不御者胜⑪。此五者，知胜之道也。

故曰：知彼知己者，百战不殆⑫；不知彼而知己，一胜一负；不知彼，不知己，每战必殆。

【注释】

① 辅：辅助，这里引申为助手。

② 隙：缺陷、漏洞。

③ 患：危害。

④ 谓：告诉，这里是"命令"的意思。

⑤ 是谓縻（mí）军：这叫作束缚军队。縻军，

束缚军队，使军队不能相机而动。縻，束缚、系住。

⑥同：共，这里是"参与、干预"的意思。政：这里指军队的行政。

⑦权：权变、权谋。任：统率、指挥。

⑧引：引导、导致。

⑨同欲：同心、齐心。

⑩以虞待不虞者胜：指自己在有准备的情况下对付没有准备的敌人就能获胜。虞，有准备。

⑪御：驾驭，这里是"牵制、干预"的意思。

⑫殆（dài）：危险，失败。

【译文】

将帅，是国君的助手。如果辅佐周密得力，国家就必定强盛；如果辅佐上有缺失疏漏，国家就必定衰弱。

国君可能对军队产生危害的情况有三种：不知道军队不能前进而强令军队前进，不知道军队不能后退而强令军队后退，这叫作束缚军队；不懂得军中事务而去干预军队的行政，就会使将士们产生迷惑；不懂得军事上的权谋机变而去干涉军队的指挥，就会使将士们产生疑虑。军队既迷惑又心存疑虑，那么其他诸侯乘机进攻的灾难就随之而来，这就叫作扰乱自己的军队而导致敌人得逞。

所以，能够预知胜利的情况有五种：知道什么情况下可以打，什么情况下不能打的，能够取得胜利；懂得根据兵力多寡而采取不同战法的，能够取得胜利；上下一心的，能够取得胜利；事先有所准备来对付事先没有准备的，能够取得胜利；将帅贤能而国君不掣肘的，能够取得胜利。这五条，就是预知胜利的方法。

所以说，既了解敌人，又了解自己的，百战百胜；不了解敌人而了解自己的，胜负参半；既不了解敌人，又不了解自己的，每战必败。

【点评】

在《谋攻篇》当中，孙子提出了"上兵伐谋，其次伐交，其次伐兵，其下攻城"的战略思想，整部《孙子兵法》中，到处都渗透着孙子对"全胜"的追求。将战争的成本降至最低，而将战争的收益扩至最大，这可以作为"全胜"的另外一种诠释。实际上，无论是"伐谋""伐交""伐兵"，还是"攻城"，都是"谋攻"的具体表现形式，是谋略的作品。战之万变，皆在谋中，而善用谋者，总能以最小的损失换得最大的胜利，最终达到"以全争于天下"的目的。

在军事领域中，"伐谋"效果关系到将士的生死、国家的存亡；在经济领域中，"伐谋"效果关系到企业的兴衰；在个人事业中，"伐谋"效果关系到事业的成败乃至人生价值的高低。要想建立事业、实现个人价值，务必善于伐谋、精于伐谋，只有如此，方能达到"不战而屈人之兵"的效果。

在《谋攻篇》的最后，孙子提出了一条战争中最为真实朴素的规律，即"知彼知己，百战不殆"。所谓"知彼知己"，就是把敌我双方的各方面条件加以估计比较，以探求战争胜败的形势。具体的分析方法便是《计篇》当中的"五事"和"七计"，这实际上是战争前不可逾越的一步，战争双方哪一方能够更加深入"知己"和"知彼"，这一方的胜算也就更大。

而现在，这一原则早已超越了军事范畴，成为指导人们进行实践活动的基本规律。

用于商业，它要求全面了解对消费者的定位是否准确，自己的产品是否适应市场需求，主要竞争对手的情况等；用于求职，它要求全面了解自己的长处和短处，招聘单位的性质，面试时还包括考官的真实意图等；用于交际，它指导我们更全面地认识彼此，以免错失良友或遇人不淑；等等。我们甚至可以说，生活中时时处处都需要牢记"知彼知己，百战不殆"这条真理。

知彼固然不易，真正知己却更难，知己知彼自然难上加难。而其中需要的是智慧、决心和勇气，还有最重要的实践。

【实用谋略】

韩信尺书平燕地

孙子强调打仗时应以谋胜敌，提出了"不战而屈人之兵"和"上兵伐谋"的原则。"韩信尺书平燕地"的事迹，集中体现了这些军事原则。

公元前204年，韩信率军攻赵，赵军在井陉设防，准备迎击韩信。由于赵将陈余不听谋士李左车的建议，没有发兵袭击韩信的粮草辎重，后反被韩信设计诱出，二十万赵军遭到全歼。战后，韩信悬赏千金捉拿李左车。

韩信发出悬赏令后只过了几天，就有人报告说已经生擒李左车。韩信下令把李左车押入帐中，诸将侧立两旁，旁人都以为这只是在斩李左车之前行个仪式罢了。

谋攻篇

谁知李左车进来后，韩信竟站起身来相迎，并亲自为李左车解开绳索，还叫人为李左车搬来椅子，自己则在旁边陪坐，就仿佛弟子见了老师一般，态度格外恭敬。

韩信极为客气地问李左车："在下想要向北攻燕，再向东伐齐，如何才能取得成功？"李左车皱着眉头说："我一个亡国大夫，不期待苟活于人世，还是请将军另择高明吧！"

韩信说："在下听说百里奚在虞国的时候，不曾拯救虞国的危亡；等到了秦国，却辅佐秦穆公成就了霸业，这并非他为虞国献出的谋略拙劣，为秦国献出的谋略巧妙，只是当权者用与不用、听与不听的问题罢了，所以才导致先后结果不同。要是陈余采纳您的计策，现在被捆着的恐怕就是在下了。如今在下是虚心求教，请您不要推辞了。"

李左车听完这番话很受感动，他对韩信说："将军渡过西河，俘虏了魏王，擒了夏说；又东下井陉，仅仅半天的时间，就破了二十万赵军，诛杀了赵王，威震天下，这是将军的长处。但经过连续作战，军队已经疲惫不堪，不能再战了。如今您要引军攻燕，燕人如果凭城固守，您会陷入欲战不得、日久粮尽的尴尬境地。燕国不能攻克，齐国又在东面称强，两国相对峙，那么刘邦和项羽谁胜谁负，就很难说了，这是继续进攻的短处。自古以来，良将用兵都是用长击短，切不可用短击长啊。"

韩信听了，连连称是。又接着问："那么现在应当用什么策略？"李左车说："我为将军谋划，不如先安兵息甲，镇抚赵民，犒赏将士，鼓舞士气。再暗中派一名能言善辩的谋士，拿着您的书信去拜见燕王，向他详陈利害，燕王畏惧将军的威名，想来不敢不从。等到燕国归降，再向东进攻齐国。齐国到时已然孤立，不亡还等什么！即使有智谋之士，也无法挽救其危亡了。这就是'不战而屈人之兵'的战法，请将军赶紧决定吧。"

韩信听了，不禁鼓掌叫好，立即派出一名说客，持书赴燕。不出李左车所料，燕王臧荼畏威乞降，马上写了降书，让使者带回来。韩信得了燕王降书，便派人报知刘邦，自己则整军备战，准备攻齐。韩信平燕正是借助"谋攻"不战而胜的典型例子。

苏秦谏齐王伐宋

孙子认为，在外交上孤立封锁敌人，是战胜敌人的一种计谋。"苏秦谏齐王伐宋"的事迹就是贯彻孙子这一思想的最好证明。

战国中后期，燕国发生内乱。齐国趁机派兵攻燕，仅五十余天就占领燕国全境。后来，赵武灵王护送燕公子职回国，立为燕昭王。

燕昭王即位后，广纳贤士，积极准备对齐国进行大规模的报复行动。这时，洛阳人苏秦来到燕国，得到燕昭王的重用。

此时。齐、秦并称东、西二帝，并且两国准备合力攻打赵国。如果赵国被打败，土地就会被齐、秦瓜分，到时齐国的国力就更强大，这对燕国来说，是极为不利的。燕昭王担心不能复仇，所以很忧心。

苏秦猜到燕昭王的心意，因此主动请缨，请求出使齐国，实施对齐国的报复计划。燕昭王很高兴，于是派苏秦出使齐国。

苏秦来到齐国，见到齐王，开门见山地说道："齐、秦并称二帝，天下人是尊齐，还是尊秦呢？"

齐王说道："秦国强大。天下人自然是尊秦。"

苏秦又问："那么齐国放弃帝号，天下是爱齐呢，还是爱秦？"

齐王道："当然是爱齐了。"于是，齐王有心放弃帝号。

苏秦猜透了齐王的心思，便瞅准时机，又继续说道:"两帝并立。共约伐赵。与齐军独自攻宋,哪一个更有利呢?"

齐王回答:"当然伐宋有利!"

苏秦接着劝齐王道:"如果我们同秦一样称帝,天下只尊秦国;如果我们放弃帝号,天下就爱齐而憎秦,共约伐赵还不如单独伐宋。因此,我主张您放弃帝号以顺应民心。"

齐王听从苏秦建议,联合赵国在阿地会盟,约定共同抗秦,秦、齐关系交恶。

不久。苏秦又鼓动齐国进攻秦国的盟友宋国,最终灭掉宋国。但齐国的实力也遭到重创。燕昭王看准时机,联合各国诸侯,以乐毅为统帅,一起讨伐齐国。最终,燕国不但成功复仇,还连克齐国七十多座城池,并掠走齐国大量金银财宝。

燕昭王以苏秦游说齐国,苏秦劝齐王去掉帝号,挑拨齐、秦的关系,又力劝齐王伐宋,以削弱齐国国力,为燕昭王复仇创造了条件,这则故事真可谓"伐交"的典型范例。

形 篇

【原文】

孙子曰：昔之善战者，先为不可胜①，以待敌之可胜②。不可胜在己，可胜在敌。故善战者，能为不可胜，不能使敌之可胜。故曰：胜可知而不可为③。

不可胜者，守也；可胜者，攻也。守则不足，攻则有余④。善守者，藏于九地之下；善攻者，动于九天之上⑤，故能自保而全胜也。

见胜不过众人之所知⑥，非善之善者也；战胜而天下曰善，非善之善者也。故举秋毫不为多力⑦，见日月不为明目，闻雷霆不为聪耳⑧。古之所谓善战者，胜于易胜者也。故善战者之胜也，无智名，无勇功。故其战胜不忒⑨，不忒者，其所措必胜⑩，胜已败者也。故善战者，立于不败之地，而不失敌之败也。是故胜兵先胜而后求战，败兵先战而后求胜⑪。善用兵者，修道而保法，故能为胜败之政⑫。

兵法：一曰度⑬，二曰量⑭，三曰数⑮，四曰称⑯，五曰胜。地生度，度生量，量生数，数生称，称生胜。故胜兵若以镒称铢⑰，败兵若以铢称镒。胜者之战民也，若决积水于千仞之溪者，形也。

【注释】

①先为不可胜：先创造条件，使敌人不能战胜自己。为，造就、创造。不可胜，指我方不致被敌人打败。

②待：等待、寻找、捕捉。

③胜可知而不可为：指胜利是可以预知的，但敌人是否会出现破绽从而被我击败，则不是我所能决定的。

④守则不足，攻则有余：采取防守的办法，是因为自身的力量处于劣势；采取进攻的办法，是因为自身的力量处于优势。

⑤九地：极言深不可测；九天：极言高不可测。

⑥见：预见。不过：不超过。知：认识。

⑦秋毫：用来比喻最轻微的事物。

⑧闻雷霆不为聪耳：能够听到雷霆声算不上耳朵灵敏。聪，指听觉灵敏。

⑨不忒（tè）：意思是无疑误，确有把握。忒，失误，差错。

⑩措：筹措、措置。

⑪求胜：希求胜利，这里含有"希望侥幸取胜"的意思。

⑫政：主其事叫作"政"，这里引申为决定、主宰。

⑬度：度量土地幅员。

⑭量：容量，这里指战场容量。

⑮数：数量，指计算兵员的多寡。

⑯称：权衡，这里指双方力量的对比。

⑰镒（yì）、铢（zhū）：都是古代的重量单位。一镒为二十四两，一两为二十四铢。这里用来比喻两军实力的悬殊。

【译文】

孙子说：从前善于用兵的人，先创造条件使自己不被敌人战胜，然后等待可以战胜敌人的时机。不被敌人战胜的主动权掌握在自己手里，能否战胜敌人则取决于敌人是否留下可趁之隙。所以，擅长作战的人，能（创造条件）使自己不被战胜，而不能保证敌人一定为我所战胜。所以说：胜利可以预见而不可强求。

不能战胜敌人的时候，就要加强防守；能战胜敌人的时候，就应该发起进攻。防守是因为取胜条件不足，进攻是因为取胜条件有余。善于防守的人，就

形　篇

像深藏于地下（而使敌人无从下手）；善于进攻的人，就像从九天之上发动攻击（而使敌人无从逃避）。如此，就能自我保全，从而大获全胜。

对胜利的预见不超过一般人的见识，不算高明中的高明；因为战胜而被天下人说好，不算高明中的高明。这就像能举起秋毫的不算力大，能看见日月的不算眼明，能听到雷霆之声的不算耳聪一样。古时候所说的善战之人，都是战胜那些容易战胜的敌人。所以那些善战之人即使胜利了，也不会留下智慧的名声，不会建立勇武的战功。他们取得胜利是毫无疑问的。之所以毫无疑问，是因为他们所采取的作战方略和部署是合理的，战胜的是已经处于失败地位的敌人。所以善战之人，总是确保自己立于不败之地，而又不放过任何击败敌人的机会。因此，胜利的军队总是先从各方面寻求战胜敌人的条件，然后与之交战；失败的军队总是先与敌人交战，然后才希求侥幸获胜。善于用兵的人，能够从各方面修治"先胜"之道，确保"自保而全胜"的法度，因而能掌握战争胜负的决定权。

兵法上用五条法则来估计胜利的可能性：一是"度"，二是"量"，三是"数"，四是"称"，五是

"胜"。根据战场地形的实际情况，做出利用地形的判断；根据对战场地形的判断，计算出战场容量的大小；根据战场容量的大小，计算出双方兵力的多寡；根据双方兵力的多寡，判断出双方军事实力的强弱；根据双方军事实力的强弱，判断出作战的胜负。所以，胜利的军队（对失败的军队），就好像以镒称铢（那样居于绝对优势的地位）；失败的军队（对胜利的军队），就好像以铢称镒（那样居于绝对劣势的地位）。胜利者在指挥军队作战时，就像决开了千仞之上的溪水（那样势不可当），这就是所谓"形"。

【点评】

《形篇》实际上是孙子"全胜"思想的一种延伸。在这里，孙子指出，胜利者与失败者在战争之前所处的形势就已经不同了。在战争中能够取得胜利的一方，往往在军事实力、外部环境、战前筹划等各方面都比对手高出一截，所以在开战之前就已经处于胜利的地位。

诚然，在历史上，以少胜多、以弱胜强的例子屡见不鲜；但《孙子兵法》讨论的是战争中的普遍规律，即实力决定着战争的主动权。实力的强大就像"决积水于千仞之溪者"，一旦倾泻下来。便势不可当。

然而，对于战争的胜负是否就完全由实力决定，孙子的态度还是十分谨慎的，他没有打保票，只是告诉我们："不可胜在己，可胜在敌。"是不是能够打败敌人，这是由诸多因素决定的；但是，我们至少先要保证使自己立于不败之地。

战胜对手、获得荣誉当然令人神往，但其间的难度正如孙子所言："胜可知而不可为。"做一件事到底能不能成功，本身可以决定一部分，剩下的则还要取决于其他因素。比如你可以通过刻苦学习，巩固并提高知识水平；但是当你走进考场之后，同学的水平也是会变化的，而考试过程本身也会出现不确定因素，因此是否能取得理想的名次或者成绩是没有绝对把握的。

客观地讲，没有人能绝对"立于不败之地"，因为你会这样想，对手也会这样想，甚至比你做得更好。但我们不必悲观绝望，凡事先打好基础，充分利用一切条件，尽最大努力，这样，成功的概率就大多了；即便是失败了，也可以问心无愧。

【实用谋略】

隋文帝先备后战灭陈国

孙子在论述攻和守时,强调首先要确保自己立于不败之地,然后寻求敌人的可乘之隙,最终在条件成熟的情况下,一鼓作气消灭敌人。隋文帝灭陈的事迹,便很好地体现了孙子的这一思想。

南北朝后期,当时的北周丞相杨坚受禅让而继帝位,建立隋朝,是为隋文帝。当时,南方陈朝与隋隔江对峙,而北部尚有游牧民族突厥不时南侵。尽管新建的王朝力量单薄,但隋文帝胸怀大志,决心先灭突厥,后灭陈国,一统天下。

为了增强国力,隋文帝在政治、经济等方面进行了一系列改革,他精简政府机构,鼓励农耕,提倡习武。在他的精心治理下,隋朝政权巩固,社会安定,人口增长迅速。

开皇三年(583年),隋军北上攻打突厥,为了稳住陈朝，以免其趁机进攻，导致自己腹背受敌，隋文帝对陈朝采取十分"友好"的策略：每次抓获陈国间谍，不但不杀，反而以礼相待并送还；如果有人前来投靠。只要是陈国人，必定加以拒绝。

在击溃了突厥之后，隋文帝开始着手灭陈大计。但中间隔着长江天险，如果贸然进攻，很难一举成功。"不可胜者，守也"，隋文帝不急不躁，在耐心等待时机的同时，不断为自己创造获胜的条件。

每到收获季节，隋文帝就调集大军，集结于长江沿岸，并大肆制造过江攻陈的舆论。陈朝只能每次都紧急征调人马，结果不得不放弃田里的农活，延误了农时，影响了收成。江南的粮仓多是用竹木搭建而成，隋文帝就派间谍偷偷潜入陈国纵火，陈国的粮仓多次被焚毁。这样过了几年，直接造成陈朝国库空虚，军队疲惫。国力日渐衰弱。

"守则不足。攻则有余。"面对上述有利形势，隋文帝判断灭陈的时机已经成熟。"可胜者，攻也"，于是果断任命杨素为水军总管，日夜操练水军。隋军屯兵大江前沿，每次换防时都故意虚张声势。陈军惊惧不已，以为隋军要渡江进攻，急忙调大军来防。时间久了，陈军疲于应付，劳累不堪，然而始终不见隋军进攻，渐渐地就放松了警惕。渡江前夕，隋军这边又派出大批间谍潜入敌国进行骚扰、破坏，搅得陈国军民不得安宁，士气自然也变得低落。

开皇九年（589年）农历大年初一，陈国正沉浸在节日的喜庆氛围之中，正是警惕性最低的时候。隋军却在大将贺若弼的率领下，于午夜时分悄然渡江，顺利登上京口城楼。另一大将韩擒虎也率领数百勇士摸黑渡江。占领了采石矶。隋军宛如从天而降的神兵，正是"善攻者。动于九天之上"。

而后，两军从东、西两面沿长江向陈朝都城建康进军。南朝军队在战斗力上向来不及北方军队，加上疏于防备，一个个惊慌失措，不战而逃。隋军一路攻无不克，二十天后占领建康。至此，隋朝终于结束了西晋末年以来三百多年的分裂局面，统一了中国。

李牧养精蓄锐胜匈奴

　　善于用兵的人，先创造条件不被敌人战胜，然后等待战胜敌人的时机。李牧养精蓄锐胜匈奴的故事，就充分说明了这一点。

　　战国时，北方少数民族匈奴的力量已经非常强大，屡次派骑兵南下侵扰赵国边境，掠夺财物。赵国不堪其扰。匈奴骑兵兵强马壮，动作迅猛，赵军只能疲于奔命，却无计可施。为抵御匈奴，赵孝成王任命李牧为边将，率兵驻扎在雁门关一带。

　　李牧上任后，却并不急于与匈奴交战，而是按照自己的方式来任命官吏。他把收上来的赋税全部入库，作为军费开支，每天宰杀牛羊，犒劳士兵；平日则加紧督促士兵操练骑射，精习武艺。他还命令士兵提高警惕，加强边境巡逻，完善烽火等报警设施，并派出许多间谍刺探匈奴人的动向。李牧不准士兵出去和匈奴人交战，命令全军："若匈奴来此侵扰，立即收拾财产，驱赶牛羊入城，严防死守。胆敢出战迎敌者，斩！"

匈奴每次来犯，军民便马上退入城中，不与匈奴交战，这样的情况一直维持了好几年，国家没有受到任何损失。可是匈奴那边却认为是李牧畏惧与自己交战，即使是守卫边境的赵国士兵也认为自己的将领怯懦。

赵王将这些情况告诉了李牧，暗示他改变方略。李牧却不作改变，处理匈奴侵扰的态度依然如故。赵王见此，十分恼怒，于是将李牧召回，撤了他的职，改派他人指挥边防军民。此后一年多的时间里，匈奴每来侵扰，新上任的将领就出城迎击，却多次战败，死伤不少人马，财物损失也极其严重，靠近边境的地方甚至不能正常地耕田放牧。

不得已之下，赵王又想起了李牧，打算派他重新镇守边疆。李牧则坚持称病不出。赵王没办法，只好强请李牧出山。李牧趁机对赵王说："大王要是真想用我，我还是坚持原来的策略不变，只有您允许了，我才敢领命。"赵王同意了李牧的请求。

李牧复职之后，重申以前与将士们的约定，还是采取敌人侵扰便退守的策略。匈奴来了不能和赵军交战，连续几年都没有重大战果，又掠夺不到任何东西，却始终认为李牧胆怯。李牧又经常奖赏将士，赏赐多了，将士们无功受禄，心中不安，宁愿不要赏赐犒劳，只想和匈奴痛痛快快地打上一仗。

眼见赵军上下士气高涨。李牧认为与匈奴大战一场的时机成熟，于是调集精锐部队准备作战。他精选战车一千三百辆，战马一万三千匹，全身披甲、手持利刃的武士五万人，弓箭手十万人，每天率军操练，准备迎接即将到来的大战。

大战之前，李牧下令大开城门，将牛羊都驱赶到田野里。一时之间，牲畜、边民布满山野。匈奴人闻讯后，立即前来抢掠。李牧先是佯装不敌，节节败退，并且故意丢下数千人。匈奴单于见赵军不过如此，于是率领大军进入边境抢掠。

而李牧早已暗中布下奇阵，静候匈奴主力的到来。他命中军诱敌，以战车和弓弩手从正面迎击，实行防御作战，同时以骑兵和精锐步卒为预备队。匈奴骑兵受战车限制，早先来去如风的机动优势难以发挥，又受到弓弩手的射杀，损失惨重。李牧乘机指挥预备队从两翼夹击包抄匈奴大军，经过激烈交战，匈奴大部被歼，李牧斩杀十万余骑。李牧乘胜北进，迫使邻近的东胡、林胡等边疆少数民族政权臣服于赵国。此后的十余年时间里，匈奴不敢再犯赵国边境。

从李牧对付匈奴的策略中，我们不难看出，李牧命令军队坚守要塞，只求护民保物而不求与敌交战，在养精蓄锐数年之后才与敌人对决，这正与孙子的"先为不可胜，以待敌之可胜"的战略思想相合。

势 篇

【原文】

孙子曰：凡治众如治寡①，分数是也②；斗众如斗寡③，形名是也④；三军之众，可使必受敌而无败者⑤，奇正是也⑥；兵之所加，如以碫投卵者⑦，虚实是也⑧。

凡战者，以正合⑨，以奇胜。故善出奇者，无穷如天地，不竭如江河。终而复始，日月是也。死而复生，四时是也。声不过五，五声之变⑩，不可胜听也。色不过五，五色之变⑪，不可胜观也。味不过五，五味之变⑫，不可胜尝也。战势不过奇正，奇正之变，不可胜穷也。奇正相生⑬，如循环之无端⑭，孰能穷之⑮？

【注释】

① 治众如治寡：管理人数众多的部队就如管理人数很少的部队一样。治，治理、管理。

② 分数：把整体分为若干部分，这里指军队的组织编制。

③ 斗众：指挥人数众多的军队作战。

④ 形名：指古时军队使用的旌旗、金鼓等指挥

工具，这里引申为指挥。古代战场上投入的兵力多，分布面积很广，加上通信不发达，临阵对敌时，将士们无从知道主帅的指挥意图和信息，所以主帅便用高举的旗帜来让将士明白何时前进或后退等，用击金鼓来指挥将士进退或结束战斗。形，指旌旗。名，指金鼓。

⑤必受敌：一旦遭受敌人进攻。必，一旦。

⑥奇正：指古代军队作战的变法和常法，常法为"正"，变法为"奇"。含义甚广，简单来说，就是指常规战术和灵活变换的战术。

⑦碫（duàn）：磨刀石，泛指石块。

⑧虚实：指强弱、劳逸、众寡、真伪等，这里是"以强击弱、以实击虚"之意。

⑨合：会合、交战。

⑩五声：即五音，我国古代将官、商、角、徵、羽五个基本音阶称为五音。

⑪五色：我国古代以青、赤、黄、白、黑五种颜色为正色。

⑫五味：指甜、酸、苦、辣、咸五种味道。

⑬奇正相生：奇正之间相互依存、转化。

⑭循环之无端：指奇正变化转换，循环不止，永

无尽头。循,顺着。环,圆环。无端,无始无终。

⑮穷:穷尽。之:代指奇正相生变化。

【译文】

孙子说:要想做到管理人数众多的军队像管理人数少的军队一样,靠的是好的组织编制;要想做到指挥人数众多的军队作战如同指挥人数少的军队作战一样,靠的是指挥号令的有力贯彻;要想使三军将士即使受到敌人的攻击也不会溃败,要靠"奇、正"运用得当;要想使军队进攻敌人如同以石击卵一般,靠的是"以实击虚"的战略战术运用得当。

大凡作战,都是以正兵当敌,以奇兵取胜。所以,善于出奇制胜的人,其战法变化就如天地那样无穷无尽,如江河那样永不枯竭。周而复始,就像日月此起彼落;死而复生,就像四季交替更迭。声音不过是宫、商、角、徵、羽,然而这五个音阶的组合变化,却产生了无穷变化的音调;颜色的正色不过是青、赤、黄、白、黑,然而这五种颜色的配合变化,却产生了多姿多彩的色彩;味道不过是酸、甜、苦、辣、咸,然而五种味道的调配变化,却产生了千般的味道。战势,不过奇、正两种,然而这奇与正的变化，却无穷无尽。奇、正的变化，就像顺着圆环行走，没有起点和终点，谁能穷尽它呢？

【原文】

激水之疾①，至于漂石者，势也；鸷鸟之疾②，至于毁折者，节也③。是故善战者，其势险，其节短。势如彍弩④，节如发机⑤。

纷纷纭纭，斗乱而不可乱也⑥；浑浑沌沌，形圆而不可败也⑦。乱生于治，怯生于勇，弱生于强⑧。治乱，数也⑨；勇怯，势也；强弱，形也。故善动敌者，形之，敌必从之⑩；予之，敌必取之。以利动之，以卒待之⑪。

【注释】

① 激水之疾：指湍急的水流以飞快的速度奔泻。疾，急速。

② 鸷（zhì）鸟：凶猛的鸟，如鹰、雕等。

③ 节：节奏。

④ 彍（guō）弩：指张满待发的弓弩彍。彍，把弓弩张满。

⑤ 发机：触发弩机的机钮，将弩箭突然射出。

机，弩机，古代兵器，"弩"的机件，类似于今天枪上的扳机。

⑥斗乱：指在混乱的状态下作战。

⑦形圆：指摆成圆阵，保持态势，部署周密，首尾连贯，与敌作战时应付自如。

⑧乱生于治，怯生于勇，弱生于强：关于这句话有两种解释。一说在一定条件下，"乱"可以由"治"产生，"怯"可以由"勇"产生，"弱"可以由"强"产生。一说军队要装作"乱"，本身必须"治"；要装作"怯"，本身必须"勇"；要装作"弱"，本身必须"强"。这里取第一种解释。

⑨治乱，数也：军队的治与乱，是由组织编制是否有序决定的。数，指军队的组织编制，即前面所说的"分数"。

⑩形之，敌必从之：指用假象去迷惑敌人，敌人必定会判断失误而上当。形，即示形，将伪装的形态展示给敌人。

⑪以利动之，以卒待之：指用小利引诱调动敌人，用伏兵等待敌人并一举将其击破。

势 篇

【译文】

湍急的流水以飞快的速度奔泻,以至能令石块漂移,这是由于它强大的水势;猛禽从空中突然疾速俯冲下来,以至能使目标毁折,这是由于它的节奏迅猛。因此,善于指挥作战的人,他所形成的态势是险峻的,他的行动节奏是短促的。这种态势,就像张满弓弩;这种节奏,就像扣发弩机。

旌旗纷乱,人马混杂,在混乱的情形下作战,要能使自己的军队整齐不乱;在战局模糊不清、势态混沌不明的情况下作战,要部署周密而能应付四面八方的不利局面,保持态势让自己立于不败之地。在一定条件下,严整可以转化为混乱,勇敢可以转化为怯懦,强大可以转化为弱小。军队的严整与混乱,是由组织编制是否有序决定的;勇敢与怯懦,是由军队所处的态势决定的;强大与弱小,是由实力决定的。所以,善于调动敌人的人,制造假象来迷惑敌人,敌人一定会被他调动;给敌人一些小利,敌人一定会前来夺取。用利益来引诱调动敌人,再埋伏士兵伺机打击它。

【原文】

故善战者,求之于势,不责于人①,故能择人而任势②。任势者,其战人也③,如转木石。木石之性,安则静④,危则动⑤,方则止,圆则行。故善战人之势,如转圆石于千仞之山者,势也⑥。

【注释】

① 不责于人:不苛求部属。责,苛求。
② 择人而任势:挑选适当的人才,充分利用形势。任,任用、利用。
③ 战人:指挥将士作战。与《形篇》中"战民"的意义相同。
④ 安:安稳,这里指地势平坦。
⑤ 危:高峻、危险,这里指地势高峻陡峭。
⑥ 势:指在"形"(军事实力)的基础上,将帅发挥主观能动性所形成的有利的军事态势和强大的冲击力量。

【译文】

所以,善于指挥作战的人,所寻求的是可以利用的

"势",而不会苛求部属,因而能选到合适的人去利用有利的形势。能够利用有利形势的人,他指挥将士作战,就像转动木头和石头那样。木头和石头的本性,放在平坦的地方就静止,放在高峻陡峭的地方就滚动;方形的木石容易静止不动,圆形的木石容易滚动。所以善于指挥作战的人所形成的有利态势,就如同把圆石从千仞高山上推下来(那样不可阻挡),这就是所谓"势"。

【点评】

势,就是态势,它的含义非常广泛。在《势篇》当中,孙子没有给出"势"的确切定义,只是用常见的例子来类比:"木石之性,安则静,危则动,方则止,圆则行,故善战人之势,如转圆石于千仞之山者,势也"。由此我们能够得出以下结论:势实际上是一种落差、一种动力。电因为有了电势差才形成了电流;水因为有了高低不平的地势才能够流动;苍鹰捕捉猎物的时候快如电光石火,是因为它从高空中俯冲而下;大军背水扎营却大败敌人,是因为已无退路只能死中求生。

孙子说"治众如治寡",又说"斗众如斗寡",多寡通吃,举重若轻,这样高深的境界,看上去普通人是难以企及了。其实不然,只要讲究方法,复杂事情往往也能迎刃而解。

生活中遇到的情况和问题更加复杂，但无论问题是大是小、是多是少，总是"万变不离其宗"，只要方法对头，总是能够解决的。

孙子又说："以利动之。以卒待之。"这一作战原则向我们阐述了应该如何面对"取舍"与"得失"。古往今来，凡成大事者，无不有大气魄、大胸怀，为了长远的利益。可以暂时放弃某些小利；为了掌控全局，可以舍弃局部；为了换取更大的胜利，可以付出部分牺牲的代价。《老子》上说："将欲取之，必先予之。"可以说是孙子示形动敌，以利诱敌思想的本源。

【实用谋略】

耿弇出奇制胜

行军打仗时，充分发挥将帅的指挥才能，使战术变化无穷，这对战役的取胜起到非常关键的作用。耿弇出奇制胜的故事，就是一个很好的例子。

东汉初年，全国各地分布着大大小小的农民起义队伍和打着各色旗号的地主割据武装，刚刚称帝的光武帝刘秀仅占有司隶校尉部（今陕西中部、河南西部地区）和冀、幽、豫、并等州（今河北、山西大部，河南南部，安徽西北部地区），其余土地均为地方豪强所占据。

建武五年（29年）十月，建威大将军耿弇奉光武帝之命率军东进，征讨割据势力张步。张步闻讯后。急令其大将军费邑率兵据守历下城，同时又分兵驻守祝阿，还在泰山、钟城等地列阵布兵，企图阻截汉军东进。

耿弇率军渡过黄河后，首先攻打祝阿，从早上开始攻城，还没到中午就将城攻了下来。耿弇还故意将包围圈打开一个口子，让城中的守军得以逃往钟城。驻扎在钟城的军队听说祝阿已经陷落，人人惊恐，最后竟然弃城而四散逃走。此时，坐镇历下的费邑一面凭城固守，一面派自己的弟弟费敢率兵前往巨里驻守。耿弇分析了当时的形势之后，决定进军巨里。到达巨里后他命士兵砍伐树木，说是要放火烧城。过了几天，有叛逃过来的人报告说：费邑听说耿弇要攻打巨里，想要前来救援。耿弇根据这一情报立即命令军队准备攻城器具，并且通告各部，三日后攻城，还暗地里释放捉来的俘虏，并且故意让俘虏得知攻城的日期。这些俘虏回到费邑那里，将耿弇攻城的日期告诉了费邑。

三日之后，费邑果然带了三万精兵前来救援。耿弇大喜，对诸将说："我之所以准备攻城器具，就是想引诱费邑前来。如今他带兵来到这里，正是我所希望的。"随即留下三千人马驻守巨里大营，自己带领精兵占据附近的高地。费邑军到后，立即遭到了耿弇的伏击。耿弇的士兵从高地上俯冲下来，犹如洪水一般，费邑的部队招架不住，很快就全军覆没了，费邑本人也被斩杀。耿弇命人将费邑的首级展示给巨里城中的守军观看，城中守军万分惊恐。费敢自知难以守住巨里，便带领军队逃回了张步。

此次耿弇与费氏兄弟的较量，便是对"奇、正"巧妙运用的最佳说明。耿弇准备攻城器具，这是攻城之前必须要做的工作，是极为常规的攻城之法，这就是"正"；而攻城是假，骗费邑前来救援才是真。屯兵高地之上，只等费邑一到便冲下破之，这就是"奇"。正与奇说来简单：一个是常规的，是最一般的方法和原则；一个是不常规的，讲求的是以奇兵制胜。然而奇正的搭配，却形成了千万种战法，衍生出千万条计谋。

淝水之战

大凡作战，都是以正兵当敌，以奇兵取胜。善于出奇制胜的人，其战法变化就如天地那样无穷无尽。东晋将领谢石在淝水之战中采取出奇制胜的战术，便很好地体现了这一点。

东晋时，占据北方的前秦在贤臣王猛的辅佐下迅速强盛起来，秦王苻坚踌躇满志，一心想吞并偏安江南的东晋王朝。王猛去世前，再三告诫苻坚不要发兵攻打东晋。但没过多久，苻坚就把王猛的苦心叮咛抛在了脑后，欲以疾风扫秋叶之势一举荡平东南，完成大统。

公元383年农历八月，苻坚不顾群臣反对，亲率步兵六十万、骑兵二十万、羽林军三万从长安南下；又命梓潼太守裴元略率水师七万从巴蜀顺流东下，向建康进军。苻坚骄狂地宣称："以吾之众旅，投鞭于江，足断其流。"意思是把队伍里所有的马鞭投到江里，就能截断水流。

面对这生死存亡的危急关头，东晋王朝中以丞相谢安为首的主战派决意奋起抵御。晋帝任命谢安之弟谢石为征讨大都督，谢安之侄谢玄为先锋，率领战斗力较强的北府兵（东晋战斗力最强的主力军，是从北方的流亡移民中选拔精壮者，经过严格训练而建立起来的一支军队）八万迎击秦军主力；派胡彬率领水军五千火速增援战略要地寿阳（今安徽寿县）；任命桓冲为江州刺史，率十万晋军于长江中游地区阻截顺江东下的秦巴蜀军。

同年十月十八日，苻坚之弟苻融率先锋部队攻占寿阳，并俘虏了守将徐元喜。苻坚一到寿阳，就派原东晋降将朱序前往晋军大营劝降。然而，令苻坚万万想不到的是，朱序到晋营后不但没有劝降，反而向谢石提供了秦军的情况，并献策："秦军虽有百万之众，但还在进军之中，如果兵力集中起来，晋军将难以抵挡。应该趁秦军尚未全部抵达的时机，迅速发起进攻，只要能击败其先锋部队，挫其锐气，就能击破前秦百万大军。"谢石认为朱序的分析很有道理，便采纳了他的建议，改变先前制订的坚守不战、待敌疲惫再伺机反攻的作战方针，决定转守为攻，主动出击。

同年十一月，谢玄派刘牢之率精兵五千奔袭洛涧，揭开了淝水之战的序幕。秦将梁成率部五万在洛涧边上列阵迎敌。刘牢之分兵一部迂回到秦军阵后，切断其归路；自己则亲率士兵强渡洛水，猛攻秦阵。秦军不敌，勉强抵挡了一阵便土崩瓦解，死伤达一万五千余人，主将梁成战死，余下的官兵争先恐后渡过淮河逃命去了。

洛涧大捷令晋军士气空前高涨。谢石乘势水陆并进，直抵淝水（今淝河，在安徽寿县南）东岸，在八公山边扎下大营，与寿阳的秦军隔岸对峙。苻坚在寿阳城上看到晋军军容严整，行阵整齐，心中有些惊慌，误把淝水东面八公山的草木也当成是晋兵了。他对弟弟苻融说："这是劲敌！怎能说他们是弱敌呢？"于是命令部队坚守河岸，等待后续援军的到达。

谢石看到敌众我寡，知道只能速战速决；但秦军紧逼淝水西岸布阵，晋军无法渡河交战。此时他心生一计，便派使者去见苻融说："将军率军深入晋地，却紧逼河岸布阵，难道是想长久相持，而不打算速战速决吗？不如你把阵地稍稍向后移，空出一块地方，让我军渡过淝水，双方一决胜负，如何？"

秦军诸将都表示反对，但苻坚认为己方可以将计就计：先让军队稍向后退，等到晋军渡河渡到一半时，突然以骑兵冲杀，晋军进退两难，又无法组织起有效的抵抗，必败无疑。这也是兵法上常用的一招。

　　苻融对苻坚的计划表示赞同，于是答应了谢石的要求，指挥秦军后撤。但秦兵人数众多，加上多是被强行征至前线卖命，士气低落，结果一后撤就失去了控制，阵势大乱。谢玄率领八千多骑兵，乘势抢渡淝水，向秦军发起了猛烈进攻，这正是"善战者，其势险，其节短。势如彍弩，节如发机"。

　　与此同时，身处秦军阵后的朱序大声喊道："秦兵败了！秦兵败了！"周围的秦兵信以为真，纷纷转身奔逃。后军的动摇就像滚雪球一样蔓延到了前军。苻融眼见大势不妙，急忙骑马前去阻止，企图稳住阵脚。不料战马被乱兵冲倒。还没从地上爬起来，就被后面晋军的追兵杀死。

　　失去主将的秦兵越发混乱，没多久便彻底崩溃。前锋的溃败自然引起后部的惊恐，秦军后方主力也随之溃逃，最后全军向北败退。秦军溃兵宛如惊弓之鸟，一路只顾逃命，不敢稍作停留；听到风声和鹤的鸣叫声，都以为是晋军追兵的呼喊声，吓得心胆俱裂。晋军乘胜追击，一直到达寿阳附近的青冈。秦兵慌不择路，人马自相践踏，死尸遍野，苻坚本人也中箭负伤，最初的近百万人马逃回洛阳时仅剩十余万。

淝水之战，前秦军被歼和逃散的共七十多万，苻坚统一南北的希望彻底破灭。不仅如此，鲜卑慕容垂部率领完整无损的三万人马趁机自立，羌族的姚苌和其他各族也重新崛起，北方暂时统一的局面宣告结束，再次分裂成多个地方民族政权。苻坚本人则在两年后为姚苌所杀，前秦也随之灭亡。

淝水之战是中国历史上以少胜多的著名战例，它对后世兵家的战争观念和决战思想产生了深远影响。

名家论《孙子兵法》

我们要讲《孙子兵法》的战术思想，首先要从中国古代战术学的名称"形势"说起。《孙子兵法》中有《形》《势》两篇，对"形""势"二字的含义有具体解释。

"形"，含有"形象、形体"等义，在《孙子兵法》中主要指战争中客观、有常、易见的诸因素。如《形》提到"胜可知而不可为"，这种"可知而不可为"之"胜"就是"形"。它主要是指实力的概念，即所谓"强弱，形也"（《势》）；而实力的概念又主要与军赋制度，即算地出卒之法有关。所以《形》要以"地生度，度生量，量生数，数生称，称生胜"作为全篇的总结。

它是对应于战争认识过程的第一阶段,即定计过程。

"势",合有"态势"之义,在《孙子兵法》中主要指人为、易变、潜在的诸因素。它与"形"相反,多指随机的、能动的东西。如利用优势,制造机变灵活("势者,因利而制权也");利用环境,制造勇敢("勇怯,势也")。它是对应于战争认识过程的第二阶段,即计的实行过程。

"形"和"势"这两个概念在《孙子兵法》中有一定区别,但又可相互转化。例如《虚实》所说"故形人而我无形""形兵之极,至于无形"。这种"形"很明显已经不是什么客观、有常、易见的"形",而是人为的变幻莫测之"形",实际上也就是"势"。"形"、"势"两字连言,含义主要是指后者,即人为的态势。

银雀山汉简《奇正》说:"有所有余,有所不足,形势是也。"它所指的主要就是"战斗的部属与实施"这一概念,所以在中国古代兵书分类中,"形势"也就成为战术学的代名词。

——李零

虚实篇

【原文】

孙子曰：凡先处战地而待敌者佚①，后处战地而趋战者劳②。故善战者，致人而不致于人③。能使敌人自至者，利之也；能使敌人不得至者，害之也。故敌佚能劳之，饱能饥之，安能动之。

出其所不趋④，趋其所不意。行千里而不劳者，行于无人之地也。攻而必取者，攻其所不守也；守而必固者，守其所不攻也。故善攻者，敌不知其所守；善守者，敌不知其所攻。微乎微乎⑤，至于无形，神乎神乎，至于无声，故能为敌之司命。

进而不可御者，冲其虚也；退而不可追者，速而不可及也。故我欲战，敌虽高垒深沟，不得不与我战者，攻其所必救也；我不欲战，画地而守之，敌不得与我战者，乖其所之也⑥。

故形人而我无形⑦，则我专而敌分；我专为一，敌分为十，是以十攻其一也，则我众而敌寡；能以众击寡者，则吾之所与战者约矣⑧。吾所与战之地不可知，不可知，则敌所备者多；敌所备者多，则吾所与战者寡矣。故备前则后寡，备后则前寡，备左则右寡，备右则左寡，无所不备，则无所不寡。寡者，备人者也；众者，使人备己者也。

【注释】

①凡先处战地而待敌者佚：指在作战的时候，如果能率先占据阵地，就能使自己处于主动地位，以逸待劳。处，占据。佚，通"逸"，安逸、从容。

②后处战地而趋战者劳：指在作战的时候，如果后来占据战地，仓促应战，就会疲劳被动。趋战，这里指仓促应战。趋，奔赴。

③致人而不致于人：调动敌人而不为敌人所调动。致，招致、引来。

④出其所不趋：出兵要指向敌人无法救援的地方，即击其空虚。出，出击。不，这里当"无法""无从"讲。

⑤微：微妙。

⑥乖其所之：指调动敌人，把它引向别的地方去。乖，违背、背离，这里有"改变、调动"的意思。之，往、去。

⑦形人而我无形：指使敌人现形而我方隐蔽真形。形人，使敌人现形。我无形，即"我无形迹"。

⑧能以众击寡者，则吾之所与战者约矣：能够

以众击寡，那么我想要攻击的敌人必定弱小有限，难有作为。约，少而弱。

【译文】

孙子说：凡是先占据战地而等待敌人前来的就从容主动，后到达战地而且仓猝应战的就疲劳被动。所以，善于指挥作战的人，能调动敌人而不为敌人所调动。能使敌人自投罗网的，是用利益引诱它的结果；使敌人不肯前来的，是因为让它感受到了威胁。所以，敌人休整得好，就要使它疲劳；敌人粮草充足，就要使它饥饿；敌军驻扎安稳，就要使它移动。

出兵要指向敌人无法救援的地方，行动于敌人意料不到的方向。部队行军千里而不觉得疲困，是因为行进在没有敌人防守的区域里。只要发起进攻就必然能够夺取，是因为攻击的是敌人没有防守的地方；只要防守就必然固若金汤，是因为防守的是敌人不敢进攻或不宜进攻的地方。所以，善于进攻的人，能使敌人不知道该怎样防守；善于防守的人，能使敌人不知道该如何进攻。微妙啊，微妙到看不出一点形迹；神奇啊，神奇到听不见一点声息。因此能够成为敌人命运的主宰。

想要进攻，敌人就无法抵御，因为攻击的是敌人防备虚弱的地方；想要撤退，敌人就无法追击，因为行动速度让敌人追赶不及。所以，我如果想交战，敌人即使据守深沟高垒，也不得不出来与我交战，这是因为我攻击的是敌人必须援救的地方；我如果不想交战，即使只是在地上画了座城池进行防守，敌人也无法与我交战，这是因为我诱使敌人改变了进攻方向。

所以，要设法使敌人暴露形迹而使我军不露痕迹，那么我就可以集中兵力，而敌人不得不分散兵力处处防备。我将力量集中于一处，敌人的力量却要分散于十处，这样，我以十倍的力量去攻击它，从而形成我众而敌寡的局面；能做到以众击寡，与我正面交战的敌人就会减少。我所要进攻的地方敌人无法得知，无法得知，敌人需要防备的地方就会很多；敌人需要防备的地方多了，我所要进攻并与之交战的敌人就会相对减少。所以，防备前面的，后面的兵力就会减弱；防备后面的，前面的兵力就会减弱；防备左翼，右翼的兵力就会减弱；防备右翼，左翼的兵力就会减弱；处处防备，就会处处兵力薄弱。兵力之所以处处薄弱，是由于处处防备；兵力之所以强大，是因为迫使敌人分兵防备我们。

【原文】

故知战之地，知战之日，则可千里而会战。不知战地，不知战日，则左不能救右，右不能救左，前不能救后，后不能救前，而况远者数十里，近者数里乎？以吾度之①，越人之兵虽多，亦奚益于胜败哉②？故曰：胜可为也。敌虽众，可使无斗。

故策之而知得失之计③，作之而知动静之理④，形之而知死生之地⑤，角之而知有余不足之处⑥。故形兵之极，至于无形；无形，则深间不能窥⑦，智者不能谋。因形而错胜于众⑧，众不能知；人皆知我所以胜之形⑨，而莫知吾所以制胜之形。故其战胜不复⑩，而应形于无穷。

夫兵形象水⑪，水之形，避高而趋下；兵之形，避实而击虚。水因地而制流，兵因敌而制胜。故兵无常势，水无常形；能因敌变化而取胜者，谓之神。故五行无常胜⑫，四时无常位⑬，日有短长，月有死生⑭。

【注释】

① 度（duò）：忖度、推测、推断。

②越人之兵虽多，亦奚益于胜败哉：越国军队虽然人数众多，然而不懂得众寡分合的运用，对战争的胜败又有什么帮助呢？奚，疑问词，何、岂。益，补益、帮助。

③策：筹算，策度。得失之计：指敌人计谋的优劣得失。

④作：兴起，这里是"挑动"的意思。动静之理：指敌人的行动规律。

⑤死生之地：指敌人的优势所在或薄弱致命环节。

⑥角：较量，这里指试探性进攻。

⑦深间不能窥：即使有深藏的间谍，也无法探知我方的真实情况。窥，偷看。

⑧错胜于众：指将胜利摆在众人面前。错，同"措"，放置。

⑨形：形态，这里指作战的方式方法。

⑩战胜不复：获胜的方法不重复，意思是"作战方法机动灵活"。

⑪兵形：用兵的规律。

⑫五行无常胜：指金、木、水、火、土五种元素相生相克而没有定数。古人认为，金、木、水、

火、土是构成万物的基本元素，它们彼此间是"相生相胜"的关系。所谓"相生"，即木生火，火生土，土生金，金生水，水生木。所谓"相胜"，又叫"相克"，指金克木，木克土，土克水，水克火，火克金。

⑬ 四时无常位：指春、夏、秋、冬四季推移变化永无止息。四时，四季。常位，指一定的位置。

⑭ 日有短长，月有死生：指白昼因季节变化而有长短的变化，月亮因循环而有盈亏的变化。日，这里指白昼。死生，这里指盈亏晦明的月相变化。

【译文】

所以，能够预知交战的地点，能够预知交战的日期，那么即使相隔千里也可以前去与敌人交战。如果不能预知交战的地点，不能预知交战的日期，就会导致左军救不了右军，右军救不了左军，前军救不了后军，后军救不了前军，何况远的这几十里，近的也要相隔几里呢？据我分析，越国的士兵虽多，可是对决定战争的胜败又有什么帮助呢？所以说，胜利是可以争取的。敌人虽然众多，但可以使它无法与我交战。

所以，要通过分析筹算来推知敌人作战计划的优劣得失，要通过调动敌人来了解敌人的活动规律，要

虚实篇

通过佯动示形的方式来探明敌人生死命脉之所在，要通过试探性的进攻来掌握敌人兵力的虚实强弱。所以，佯动示形以谤敌的战术运用到极致，就进入了"无形"的境界。没有了形迹，即使有深藏的间谍，也无法窥知我方的真实动向；即使是老谋深算的敌人，也想不出对付我方的计策。即使把根据具体情况灵活运用战术而取得的胜利摆在众人面前，众人还是看不出其中的奥妙所在。人们都知道我军取胜的战略战术，却不知道我军所用战术必然克敌制胜的奥妙。因为每一次取胜所采用的方法都不是简单的重复，而是针对不同的情况灵活运用、变化无穷。

　　用兵的规律就像水。水流动的规律，是避开高处而流向低处；用兵打仗的规律，是避开敌人的坚实之处而攻击其虚弱的地方。水根据地势的高低而不断改变其流向，用兵则要根据敌情来制定不同的取胜方法。所以，用兵打仗没有固定不变的方式方法，就像水流没有一成不变的形态一样。能够根据敌情的变化而灵活取胜的，就可以叫作"用兵如神"了。五行相生相克而没有定数，四季交替更迭而没有一定的位置，白昼有短有长，月亮有缺有圆（用兵的规律和自然现象一样，永远处于变化之中）。

【点评】

"虚"与"实"是一对矛盾，而我们的世界正是由无数矛盾交织而成的，就像有白天就会有黑夜，有美丽就会有丑恶，有长处就会有短处。实际上，矛盾是世间万物内在联系和相对性的一种表现。《老子》里说："天下皆知美之为美，斯恶已。皆知善之为善，斯不善已。故有无相生，难易相成，长短相形，高下相倾……"可见，在很早的时候，人们就开始认识到了世间万物的关联性和相对性，进而又认识到了这种关联性和相对性也是随着环境和立场等因素的变化而不断变化的。

古希腊哲学家赫拉克利特有一句名言："人不能两次踏入同一条河流。"意思是说，河水是不停流动的，当人们第二次踏入同一河流时，他们所接触到的水流已不是原来的水流而是变化了的新水流了。这句名言揭示了一个真理：世间的一切事物都处在不断变化之中。

孙子的"兵形象水"同样印证了这一道理：战场上瞬息万变，因而选择作战方向、制定作战方针、实施作战计划都必须灵活机动。

人生的道路虽然不如战场凶险，但也充满了各种变数，所以人们常说"每天的太阳都是新的"，既然计划赶不上变化，那么，唯一的应对办法就是因势利导。具体问题具体分析，方不至于被湮没。

【实用谋略】

司马懿平定辽东

孙子指出，善于作战的人，一定要善于调动敌人，而不要为敌人所调动。司马懿在平定辽东时，没有直接强攻敌人的城池，而是把敌人调动出来，最终将其歼灭。

魏明帝景初二年（238年），魏明帝曹睿把太尉司马懿从长安召回京师洛阳。命他率军去征讨雄据辽东的公孙渊。

魏明帝问司马懿："行军四千里远征作战，虽说要用奇谋取胜，但也要有足够的兵力，不应当过分计较军费开支的多少。据你推测，公孙渊将采取什么样的对策？"

司马懿回答说:"放弃城邑而预先逃走,这是上策;凭据辽水以抗拒我军,这是中策;坐守襄平而单纯防御,这是下策。"

明帝又问:"这三种计策,公孙渊将会采用哪一种呢?"

司马懿答道:"只有贤明的人才能正确估量敌我双方的力量,并能预先对所用计策做出正确取舍,而这并不是公孙渊所能做到的。"

明帝又问:"此次出征往返将用多少天?"

司马懿回答说:"前往辽东需要一百天的时间,班师回朝需要一百天的时间,与公孙渊作战也需要一百天的时间,再用六十天的时间进行休整。这样,一年时间足够了。"

于是,司马懿率军向辽东进发。公孙渊派遣大将军卑衍、杨祚率领数万步骑兵进驻辽隧,构筑围墙堑壕二十余里,以此抵御司马懿的进攻。魏军诸将都想立即发起攻击,但司马懿说道:"敌人构筑坚固的防御工事,这是想长期与我军对峙,企图把我军拖垮。要是现在去进攻,那正好落入他们的圈套。再说敌人主力集中在这里,他们的老巢必定空虚。我军舍此不攻而直捣襄平,就一定能够大破公孙渊。"

于是，司马懿命令魏军多插旗帜，伪装成要进攻敌人阵地南端的样子，自己却率领大军偷偷渡过济水，向北直取襄平。驻守在辽隧的卑衍、杨祚发觉己方中计，就迅速率本部人马救援襄平。军队行至首山的时候，公孙渊又命令回军截击魏军，司马懿率军迎战，大破公孙渊军队。魏军随即前来围攻襄平。

当时正逢秋雨连绵之际，辽水暴涨，船只能够借着雨水一直行到襄平城下。雨下了一个多月还没有停止，长久在雨水中浸泡的魏军士卒军心开始动摇。很多人提出来要找高处重新扎营。司马懿此时却传令下去："有敢再言要移营者斩"。都督令史张静违反了命令，司马懿毫不留情地将他斩首示众，军队这才安定下来。

而襄平城中的公孙渊军，凭借大水的阻隔，竟然还能在魏军包围圈的缺口处放牧打柴。魏军诸将再也不能忍受了，都要求对其进行攻击。司马懿则根本不听。随军司马陈珪提出疑问："当年您率军攻打上庸的时候，八支人马一齐攻城，昼夜不息，因而只用了十五天便将城攻破，杀了孟达。如今您长途跋涉而来，却变得谨慎而多有顾虑，对此，我实在有些迷惑不解。"

司马懿说:"上庸之战,孟达兵少而粮食却够吃一年;我军兵力相当于孟达四倍,但粮食却不够吃一个月,以仅有一个月的存粮来对抗敌人一年的存粮,怎能不求快速制胜?用四倍于敌的兵力去攻打敌人,即使损失一半兵力,只要城攻破了,还是值得的。这种情况之下是不去计较人员伤亡的,而只是从敌我粮食多少这一情况出发。如今的形势是敌众我寡,敌饥我饱,加之大雨不停,攻城器械未备,急忙进攻又能有什么作为?我军从京师远道而来,不怕敌人进攻,只怕敌人逃走。现在敌人的粮食将尽,而我军的合围却还没有完成,如果现在去抢他们的牛马,抄取他们的柴草,这是催他们逃跑啊。战争是一种诡诈的行为,做将帅的要善于根据具体的情况制定出相应的策略。现在敌人虽然饥饿,但还不肯束手就擒。我们应当伪装成无能为力的样子稳住它。要是因为贪求小利而使他们逃走,那能算是好的策略吗?"

不久,雨过天晴,司马懿令部队制造攻城器械,挖掘地道,堆起攻城的土山,开始日夜不停地攻城。城中的公孙渊军疲于应对,又陷于粮尽的窘困境地,甚至出现了人吃人的现象,城中的很多将领士兵都出城投降。这样。没过几日,襄平城便被攻破了。公孙渊和他的儿子公孙修带领着几百骑兵向东南方向突围，被魏军追上，皆被斩杀。司马懿就这样平定了辽东。

平定辽东之役中，司马懿决定不攻重兵防守的辽隧，转攻兵力薄弱的敌人老巢襄平，而辽隧的军队得知这一消息，也从深沟高垒里跑了出来，去救援襄平，半途为魏兵所败。司马懿避实击虚、引蛇出洞的战术，正应了孙子的"故我欲战，敌虽高垒深沟，不得不与我战者，攻其所必救也"的思想。

在这次战役中。司马懿还运用了示形诱敌的战术。秋雨连绵无法速攻之际，故意摆出无所作为之态，以求稳定敌人，不使其仓皇逃窜。"形"是《虚实篇》中所要详细阐述的一个重要概念。形就是表象，这种表象可以是敌人的，可以是自己的；可以是真的，可以是假的。通过表象看到本质，使敌人暴露真形是制胜的关键；而隐藏自己的真实意图，做出种种假象迷惑敌人同样也很重要。孙子所说的"策之而知得失之计，作之而知动静之理，形之而知死生之地，角之而知有余不足之处"，就是为了看清敌人的真实意图和具体情况所进行的周密而详细的探知活动，然后才能制定出有效的克敌之法，使力量有所专攻。至于"形人而我无形"的境界，则是在"使敌人暴露"的要求之上又加上了"隐藏自己"一条。能够将自己的真实情况和真实意图隐藏起来，敌人对我也就无从下手，不知道对我应该防备些什么，最终对我处处防备，形成了"我专而敌分"的局面。

虎牢之战

孙子说，两军交战时，一定要做到"致人而不致于人"，也就是"先处战地而待敌"，善于隐藏和伪装自己，避实而击虚。虎牢之战，便是避实击虚、避锐击惰的成功战例。

隋朝末年，统治日趋腐朽残暴，隋炀帝横征暴敛，荒淫无道，刑罚酷烈，兵役苛繁，结果弄得民不聊生，社会矛盾激化，最终导致爆发了轰轰烈烈的农民大起义。到公元617年初，出现了三大起义军中心：李密瓦岗军转战于河南地区，窦建德起义军活跃于河北一带，杜伏威起义军崛起于江淮地区。

与此同时，隋朝的一些贵族和官吏也纷纷起兵反隋，从太原起兵的李渊父子便是其中一支。

李渊父子起兵后，先后消灭一批割据势力，很快攻入长安。

公元618年，李渊在长安称帝，建国号为唐。此后，李渊开始着手进行统一全国的战争，他首先选择进攻洛阳的王世充。王世充在洛阳与唐军苦战半年，不能退敌，便向窦建德求助。

窦建德充分意识到，王世充若被消灭，那么唐军的下一个进攻目标就是他了。正所谓唇亡齿寒，自己岂能隔岸观火，坐视不救？因此决定先联合王世充击唐，然后相机消灭王世充，进而夺取天下。于是窦建德在兼并了山东地区的孟海公起义军之后，于公元621年春亲率十余万兵马西援洛阳。窦军连下管州（今河南郑州）、荥阳、阳翟（今河南禹州市）等地，很快进抵虎牢以东的东原一带（即河南荥阳东北广武山）。

虎牢为洛阳东面的战略要地。早在武德四年（621年），唐军王君廓部就在内应的协助下，先行袭占该地。李世民在洛阳久攻未下，窦军又偷袭虎牢的不利形势下，于青城宫召开前线指挥会议，商讨破敌之策。

会上，大多数唐军将领主张暂先退兵以避敌锋，但唐宋州（治所在今河南商丘南）刺史郭孝恪、记室薛收等人却反对这么做。他们认为，王世充据守洛阳坚城，兵卒善战，其困难在于粮草匮乏；窦建德远来增援，兵多势众。如果让王、窦联手合兵，窦以河北粮草供王，就会给唐军制造很大的麻烦，也将使李唐的统一事业受挫。因此，他们主张在分兵围困洛阳孤城的同时，派唐军主力扼守虎牢，阻止窦军的西进，先消灭窦建德军，届时洛阳城就能不攻自下。李世民采纳了这一建议，立即将唐军一分为二，令李元吉、屈突通等将继续围攻洛阳；自己则率精兵三千五百人先期出发，进驻虎牢。

李世民抵达虎牢的次日，即率精骑五百东出二十余里，侦察窦建德军的情况。他派徐世勋、秦叔宝、程知节等人率兵埋伏于道旁，自己则与尉迟敬德等向窦建德军营进发。在距窦军军营六里地处，李世民故意暴露自己的行踪，引诱窦建德出动骑兵追击。等窦军骑兵进入预先设伏的地点之后，徐世勋等及时向敌人发起攻击，击败窦军追兵，歼敌三百余人。这次战斗规模虽小，却挫伤了窦军的锋芒，对窦军的虚实也有了了解。

窦军被阻于虎牢东，一个多月不得西进，几次战斗又都失利，士气开始低落。四月间，窦军的粮道被唐军截断，窦军大将张青特被俘，这使得窦军的处境更加不利。此时，国子祭酒凌敬劝窦建德改变作战计划：率主力渡黄河，攻取怀州、河阳，再翻越太行山，入上党，攻占汾阳、太原，然后攻下蒲津（今山西永济西）。并指出这样做有三个好处：这些地方唐军防守薄弱，窦军有必胜把握；拓地收众，可以极大增强窦军的实力；威胁关中，迫使唐军回师援救，以解洛阳之围。

窦建德认为凌敬的话有道理，准备采纳。但这时王世充频频遣使告急，部将又多受王世充使者的贿赂，主张直接援救洛阳，于是窦建德被迫放弃凌敬的合理建议，而与唐军于虎牢一线对峙，处境越来越被动。

不久，李世民得到情报：窦军企图乘唐军草料用尽，到河北岸牧马的机会，袭击虎牢。李世民将计就计，遂率兵一部过河，南临广武，在观察窦军动静后，故意在河渚留马千余匹，诱使窦建德军出战。

次日，窦军果然中计，出动全部主力，在汜水东岸布下阵来。窦军的阵形北依大河，南连鹊山，正面宽达十多公里，摆出一副进攻的架势。李世民正确地分析了形势，指出窦军没有经历过大战，现在摆出一副咄咄逼人的阵势，显然有轻视唐军之意。于是他决定暂时按兵不动，等待窦军疲惫之后，再行出击，届时一举消灭敌人。这样，李世民一面严阵以待，使窦军无隙可乘；一面派人召回留在河北岸的诱兵，准备出击。

窦建德轻视唐军，仅遣三百骑过汜水向唐军挑战，李世民派部将王君廓率二百长矛兵出战。两军往来交锋数次，未分胜负，各自退回本阵。战斗呈现胶着状态。

窦建德沿汜水列阵，自辰时直至午时，士卒饥饿疲乏，支撑不住，都瘫倒在地上。李世民看到这些迹象后，即派遣宇文士率领三百精骑先进行试探性攻击，并且指示：如果窦军严整不动，即撤回军队；如其阵势有动，则可引兵继续东进。宇文士及至窦军阵前，窦军的阵势开始动摇。李世民见状，当机立断，下令出战，并亲率骑兵先行出动，渡过汜水后，直扑窦建德的大营。

当时，窦建德正欲召集群臣议事，唐军骤然而至，群臣均惊恐失措，纷纷四处溃逃。窦建德急忙下令骑兵出战，但是为时已晚，唐军已经冲入窦建德的营帐之中。窦建德被迫向东撤退，为唐军所截，陷入进退两难的境地。接着,李世民所率的精骑也突入窦军大营,双方展开激战。李世民命秦叔宝、程知节、宇文歆等部截住窦军的后路,对窦军实施分割包围。窦军见大势已去,遂惊慌溃逃。唐军乘胜追击十五公里,俘获窦军五万余人。窦建德本人也负伤坠马,其余军卒大部溃散,仅窦建德妻率数百骑仓皇逃回河北。至此,窦军基本被歼灭。

唐军取得虎牢之战的胜利后,主力回师洛阳城下。王世充见窦军被歼,而自己也陷入内外交困,走投无路的绝境,遂于绝望之中献城投降。

虎牢之战,唐军消灭窦建德主力部队十万人,接着又迫降洛阳王世充的残余守军,夺取了中原的大部分地区,取得"一举两克"的重大胜利。虎牢之战是我国古代"围城打援"的著名战例,也是李唐统一全国的关键一战。至此,唐王朝的统一事业基本完成。

虎牢之战中,李世民采用围城打援、避锐击惰、奇兵突袭、一举两克的策略,其卓越的指挥才能发挥得淋漓尽致。具体说来,李世民之所以取得虎牢之战的胜利,除了凭借唐军自身的强大实力,还与他正确运用战略战术有莫大关系。李世民在这一战中的指挥才能表现为以下方面。

一、先期占据战略要地虎牢，形成了有利于己、不利于敌的态势。

二、注重观察和分析敌情，并在此基础上制定正确的作战方针，灵活机动地打击敌人。

三、临机应变，将计就计，捕捉战机，利用敌人骄傲轻敌、兵疲将惰等弱点，及时发起突袭，给敌人以意想不到的打击。

四、在采取突袭行动时，正确选择主攻方向，集中兵力攻打窦军统帅部，造成其指挥中枢的瘫痪。并注重战术配合，运用穿插、迂回、分割等手段，将窦军各部逐一击破。

五、突袭得手后，适时展开战场追击，穷追猛打，以扩大战果。

军争篇

【原文】

孙子曰：凡用兵之法，将受命于君，合军聚众①，交和而舍②，莫难于军争③。军争之难者，以迂为直，以患为利④。故迂其途，而诱之以利，后人发，先人至，此知迂直之计者也。

故军争为利，军争为危⑤。举军而争利，则不及；委军而争利，则辎重捐⑥。是故卷甲而趋⑦，日夜不处，倍道兼行⑧，百里而争利，则擒三将军⑨，劲者先，疲者后，其法十一而至⑩；五十里而争利，则蹶上将军⑪，其法半至；三十里而争利，则三分之二至。是故军无辎重则亡，无粮食则亡，无委积则亡⑫。

故不知诸侯之谋者，不能豫交⑬，不知山林、险阻、沮泽之形者⑭，不能行军，不用乡导者⑮，不能得地利。

【注释】

①合军聚众：指聚集民众，组成军队。合，聚集、集结。

②交和而舍：指两军剑拔弩张对垒而处。交，接，接触。和，即"和门"，指军门。

③ 军争：两军争夺制胜的条件。

④ 以迂为直，以患为利：指以迂回曲折的途径达到近直的目的，化不利为有利。迂，迂回、曲折。患，祸患、不利。

⑤ 军争为利，军争为危：指军争是为了使形势对自己有利，但军争也是一件危险的事情。

⑥ 委军而争利，则辎重捐：如果放弃笨重的物资器械而去争利，那么装备辎重将会遭受损失。委军，指丢弃笨重物资器械，轻装前进。委，丢弃、舍弃。辎重，指行军时运输部队携带的物资，包括军用器械、营具、粮秣、被服等。捐，损失。

⑦ 卷甲而趋：卷起铠甲急速行进。甲，铠甲。趋，快速前进。

⑧ 倍道兼行：以加倍的速度昼夜不停地连续行军。倍道，行程加倍。兼行，昼夜不停地连续行军。

⑨ 三将军：指上、中、下三军主帅。

⑩ 十一而至：指部队仅有十分之一的兵力到位。

⑪ 五十里而争利，则蹶（jué）上将军：奔赴五十里而争利，则前军将领很可能遭受挫败。蹶，失败、挫败。

⑫ 无委积则亡：指军队没有物资储备作补充，就

无法生存。委积，泛指物资储备。

⑬ 不知诸侯之谋者，不能豫交：不知道诸侯列国的意图谋划的，不宜与其结交。

⑭ 沮（jǔ）泽：水草丛生的沼泽地带。

⑮ 乡导：即向导。

【译文】

孙子说：大凡用兵的法则，将帅接受国君的命令，从聚集民众结成军队，到开赴前线与敌人对阵，这期间最困难的事情莫过于与敌人争夺制胜的条件。争夺制胜条件最困难的地方，又在于如何以迂回曲折的方法达到近直的目的，如何化不利因素为有利因素。所以，要使敌人的路途变得迂曲，用小利引诱误导敌人，这样，即使自己比敌人后出发，也能先敌人而到达。如此就算是掌握了"迂"与"直"的道理的人。

所以，争夺制胜条件是为了使形势对自己有利，但争夺制胜条件也常常是一件危险的事情。如果以整支军队去争利，往往因为行动迟缓而无法按时到达预定地点；如果放弃笨重的物资而去争利，辎重就会被丢下。因此，卷起铠甲急速行进，日夜不停，速度加倍地连续行军，赶到百里以外去与敌人争利，三军将帅很可能为敌人所擒，强健的士兵先到达，疲困的士兵远远地落在了后面，这样的做法常常导致只有十分之一的兵力能够如期到达；奔行五十里去与敌人争利，前锋部队的将领很可能遭受挫败，这样的做法常常导致只有半数兵力能够如期到达；奔行三十里去与敌人争利，只有三分之二的兵力能够如期到达。须知军队没有辎重就会遭受失败，没有粮食就不能生存，没有物资储备就无以为继。

所以，不了解诸侯列国战略意图的，不能与其结交；不熟悉山林、险阻、沼泽等地形的，不能率众行军；不使用向导的，就不能得到地利。

【原文】

故兵以诈立①，以利动，以分合为变者也②；故其疾如风③，其徐如林④，侵掠如火，不动如山，难知如阴⑤，动如雷震；掠乡分众⑥，廓地分利⑦，悬权而动⑧。先知迂直之计者胜。此军争之法也。

《军政》曰⑨："言不相闻，故为金鼓：视不相见，故为旌旗。"夫金鼓旌旗者，所以一人之耳目也；人即专一，则勇者不得独进，怯者不得独退，此用众之法也。故夜战多火鼓，昼战多旌旗，所以变人之耳目也⑩。

故三军可夺气⑪，将军可夺心⑫。是故朝气锐，昼气惰，暮气归。故善用兵者，避其锐气，击其惰归⑬，此治气者也。以治待乱，以静待哗，此治心者也。以近待远，以佚待劳，以饱待饥，此治力者也。无邀正正之旗⑭，勿击堂堂之陈⑮，此治变者也。

故用兵之法，高陵勿向⑯，背丘勿逆⑰，佯北勿从⑱，锐卒勿攻⑲，饵兵勿食⑳，归师勿遏㉑，围师必阙㉒，穷寇勿迫㉓。此用兵之法也。

【注释】

① 兵以诈立：指用兵打仗应当以诡诈多变取胜。

② 以分合为变：指用兵打仗应当视不同情况而灵活处置兵力。

③ 其疾如风：指军队行动快速如风。

④ 其徐如林：指军队行动缓慢时，犹如严整的森林。徐，缓慢。

⑤ 难知如阴：指军队隐蔽时，犹如阴云遮天。

⑥ 掠乡分众：指兵分数路，夺取敌国乡邑。

⑦ 廓地分利：指应当开疆拓土，扩大战地，分兵

占领扼守有利地形。廓，通"扩"，开拓、扩展。

⑧悬权而动：指权衡敌我形势，相机而动。

⑨《军政》：古兵书名。

⑩变人之耳目：指根据不同情况变换指挥信号，以便适应士卒的视听能力，即让士兵的耳朵和眼睛更容易察觉下达的命令。变，适应。

⑪夺气：指挫伤士气。夺，剥夺，这里指打击、挫伤。

⑫夺心：指动摇将军的决心。古人在用兵时，很重视扰乱和动摇敌将的决心。

⑬避其锐气，击其惰归：避开敌军锐气，等到敌军怠惰疲惫、士气低落时进行攻击。

⑭无邀正正之旗：指不要正面迎击旗帜整齐、部署周密的敌人。邀，迎击、截击。

⑮勿击堂堂乏陈（zhèn）：指不要攻击士气旺盛、阵容严整的敌人。陈，古"阵"字。

⑯高陵勿向：如果敌人已经占据高地，就不要去进攻它。陵，山陵。向，这里是"仰攻"的意思。

⑰背丘勿逆：如果敌人背倚丘陵险阻，就不要正面迎击它。背，背靠、倚靠。逆，这里是迎击的意思。

⑱佯北勿从：敌人如果是伪装败退，就不要追击。

佯，假装。北，败北。

⑲锐卒：锐气正盛的部队。

⑳饵兵：诱兵，用来诱敌的小部队。

㉑归师勿遏：敌军如果正在向本国撤退，就不要去阻截它。遏，阻止、拦阻。

㉒围师必阙（quē）：指在包围伏击敌人时，应当留出缺口，避免敌人走投无路而作困兽之斗。阙，通"缺"。

㉓穷寇勿迫：已经陷入绝境的敌人，不要过分逼迫它。

【译文】

用兵打仗是建立在诡诈多变的基础上的，任何举措都要根据是否对自己有利来决定，分散或集中兵力要根据情况而灵活变化。所以，军队急速行进时要快速如疾风，缓慢行进时要严整如密林，攻击敌人时要迅猛如烈火，原地待命时要岿然如山岳，隐蔽时要像阴云蔽日，行动时要势如雷霆。夺取敌国的乡邑，要分兵多路进行；开拓疆土，要分兵扼守有利地形；要先权衡利害得失，然后相机而动。先懂得"迂"与"直"道理的就能胜利，这就是争夺制胜条件的原则。

军争篇

《军政》中说:"用语言指挥听不到,因而使用锣鼓指挥;用动作指挥看不清,因而就使用旌旗指挥。"金鼓和旌旗,是用来统一军队作战行动的。全军上下的行动已然统一,勇猛的士兵就不会贸然单独前进,怯懦的士兵也不会擅自单独后退,这就是指挥众人作战的方法。所以夜间指挥作战多用火光和锣鼓,白天指挥作战多用旌旗,这样做都是为了适应士卒的视听能力。

对于敌人的军队,可以设法使其士气低落;对于敌人的将领,可以设法动摇他的心志。因此,军队的士气在初战时饱满旺盛,经过一段时间后就会逐渐怠惰低落,最后就会彻底衰竭。所以善于用兵的人,要设法避开敌人的锐气,等它怠惰疲惫、士气消沉的时候再去攻击,这是掌握士气的方法。以我军的严整来对待敌军的混乱,以我军的镇静来对待敌军的惶恐,这是掌握军心的方法。以我军靠近战场的优势来对待敌军远道而来的劣势,以我军的从容休整来对待敌军的奔走疲劳,以我军的粮草充足来对待敌人的饥肠辘辘,这是掌握军队战斗力的方法。不截击旗帜整齐、部署周密的敌人,不攻击士气旺盛、阵容严整的敌人,这是掌握灵活机变的方法。

所以,用兵的法则是:敌人占据高地,就不要去仰攻；敌人背靠丘陵险阻，就不要从正面进攻；敌人假装败退，就不要跟踪追击；对敌人的精锐部队，不要主动与之交锋；对敌人诱我进攻的部队，不要去理睬；对正在撤退回国的敌人，不要加以阻截；包围伏击敌军时，一定要留出缺口；对陷入绝境的敌人，不要过分逼迫。这些都是用兵的法则。

【点评】

《军争篇》论述的是如何与敌争夺有利的制胜条件，即如何争夺有利的战地和战机的问题，因为二者在战争中有着至关重要的意义。

关于赢得军争的方法，孙子提出了"迂直"的概念。迂直的主导思想便是"以迂为直"，讲求的是用计谋使敌人受到误导和牵绊，用小利引诱迟滞敌人，使自己能够在敌人率先出发的情况下，却先敌人而到达。孙子所说的"故迂其途，而诱之以利，后人发，先人至"就是这个意思。"以迂为直"的战略表面上看可能意味着多付出、多耗费，实际上却能使自己始终处于主动地位，因为敌人始终是在被我所支配和左右。

"忍一时，风平浪静；退一步，海阔天空""宰相肚里能撑船"说的都是"以迂为直、以退为进"之意。

【实用谋略】

避其锐气,击其惰归——合肥之战

善于用兵之人,总是避开敌人初来时的锐势,等敌人疲惫时再狠狠予以打击。三国时吴、魏合肥之战,就是这一军事思想的最好体现。

赤壁之战后,孙权与曹操又交战数次,前者均取得了胜利。孙权认为曹操势力已经衰弱,不足为患,这正是自己扩张地盘的绝佳时机,于是在公元214年,亲率水军沿长江攻打曹操的江北重镇——皖城。

这次行动的总指挥是东吴大将吕蒙。吕蒙任命甘宁为升城督命其督导攻城部队,而自己则率领精锐部队在后面跟进。甘宁手持链条,身先士卒,亲自率军攻城,很快就把皖城拿了下来。

拿下皖城后,孙权又命令吕蒙继续挥师北上,围攻合肥。此时,曹操正率军讨伐汉中的张鲁。临行前,曹操曾交给合肥护军薛悌一封书信,封角处写着：等东吴大军北攻合肥时再开启。这时东吴军队马上到达合肥，诸将就拆开曹操留下的密信。曹操书信中说：孙权到达合肥时，我军由张辽和李典出去迎战，乐进则负责守城，不得与敌军交战。诸将看到曹操的指示，都颇感疑惑：敌多我寡，势如危卵，还要出兵击贼，这不是自找死路吗？况且张辽、乐进、李典三人向来不和，遇到这样的情况，谁也不服从谁的命令，这样安排岂不是自取灭亡？

在这个危急关头，张辽、乐进、李典三人冰释前嫌，决定齐心协力共破敌军。张辽披甲持戟，率领八百名敢死士兵杀向孙权的部队。东吴军队未做防备，张辽带队冲进了东吴军营之中，亲自斩杀两名将领，并且高喊着："张辽在此！"敢死队冲进吴军阵营，孙权大惊，左右侍卫急忙拥着孙权退到小土丘上，并奋力抵挡袭营的曹军。

张辽率领将士从凌晨一直激战到中午，吴军士兵死伤无数，士气也渐渐低落，张辽遂领军回城，整备守城事宜。而魏军初战告捷，军心大振，将领们对张辽也心悦诚服。

不久，东吴的后续部队到达合肥，孙权于是决定大举攻城。然而，合肥城墙高且坚固，东吴诸将连续强攻十几日都打不下来，吕蒙、甘宁等人一时也想不出什么破城良计。此时东吴军中疾疫流行，再打下去已没什么意义，孙权只好下令班师回朝。

张辽在城上看着吴军撤退，发现孙权主阵排在大军的最后方，而且兵力很少，便与李典、乐进率领合肥的守军出城袭击。

孙权看到合肥城步骑齐出，知道大事不妙，赶紧命前面已撤退的部队返回。但是前锋部队已经走得很远，一时赶不回来。最终，孙权在右部督凌统所属的三百侍卫奋死力战之下，才勉强逃脱。

合肥之战，曹军躲避东吴军队的锋芒，并趁其麻痹大意时，派出精锐部队进行偷袭。待东吴军队无奈撤退时，曹军又偷袭它的后备军队，险些擒获孙权，这充分体现了"避其锐气，击其惰归"的军事思想。

邲之战

孙子认为，在行军打仗时，要学会趋利避害，并提出了"避其锐气，击其惰归"的著名军事观点。春秋时期的邲之战，就是这一军事原则的最好体现。

邲之战，是春秋中期的一次著名会战，是当时两个最强大的诸侯国——晋、楚为争霸中原而进行的第二次重大较量。在此次会战中，楚军利用晋军内部意见不一、指挥无力等弱点，适时出击，战胜对手，从而一雪城濮之战中失败的耻辱，在中原争霸斗争中暂时占了上风。

周定王十年（公元前597年）春，楚庄王以郑国私通晋国为由，大举伐郑，围攻郑都新郑（今属河南）。六月，新郑城破，郑襄公向楚军请和。楚庄王同意与郑国媾和，并退兵三十里，派使臣与郑国会盟。郑襄公则派自己的胞弟子良到楚国去做人质。郑国是晋国进入中原的必经之地，晋国自然不能放弃，楚围郑之际，晋景公便决定派荀林父率上、中、下三军援救郑国。

但是，晋国进军缓慢，贻误了作战时机。当郑与楚媾和的消息传来时，晋军才抵达今河南省黄河北岸的温县地区，战略上陷入被动。主帅荀林父认为救郑已无意义，欲引军而还。上军主将士会亦认为，楚国内部稳定，军队训练有素，从时机、准备、士气上都处于有利地位，如果现在同它作战，一定对晋不利，主张暂缓行动，等待时机。而中军副将先縠则认为，面对强敌，晋军如果退缩，那就必将使晋国的霸业落空，因此极力反对撤军。后来，他竟不顾荀林父的军令，自率中军一部渡河。这种行为打乱了荀林父的军事部署。这时，晋军大将司马韩厥向荀林父建议道："先縠以偏师攻敌，势必招致危险。您身为元帅，对此是负有责任的。还不如命令全军渡河前进，这样，即使打了败仗，责任也是由大家共同承担。"荀林父被迫令全军南渡黄河，行至邲地（今河南衡雍西南），由西向东背靠黄河列阵。

不久，晋军北进至郔地（今郑州北），并纵马到河边饮水。得知晋军渡河而来，楚庄王近臣伍参建议与晋交战。庄王及孙叔敖则认为征服郑国的目的已经达到，因此没必要再与晋国交战，遂决定率军南撤。伍参又向庄王进言："荀林父统率中军，但是将士们根本不听他的命令。如今晋军将帅之间有矛盾，打仗的话晋军必定失败；况且您是堂堂大国的君主，如果就这样避战，恐怕会给国家带来耻辱，望大王三思啊！"楚庄王听后，打消了南撤的念头，决定与晋国一战，于是率兵向北推进，抵达管地。

晋、楚两军对峙之际，郑襄公派遣使臣皇戍前往晋营，劝说荀林父进攻楚军。对于郑国的这一建议，晋军将帅又进行了一场争论。郤縠主张立即出战，认为打赢了这一仗，不但能威慑楚国，还能使郑国臣服于晋国。下军副将栾书则不同意郤縠的看法，他认为楚军实力强大，不容易对付，搞不好还会使自己陷入困境；而郑国之所以来劝战，纯粹是出于对自身利益的考虑，即希望晋、楚速战速决，以战争结局来决定自己的去从。荀林父一时难以做出决定。

为了麻痹晋军，并使其疏于防备，楚庄王先派少宰到晋营之中谦辞请和，表示楚国这番出师北上，目的只是为了教训一下郑国，并无开罪晋国的意思。晋国上军将领士会代表荀林父以礼相答，而先縠也与楚使会面，并厉言说道："晋军这才前来，正是为了把楚军从郑国赶走，如果楚国不退军，那么晋国只好进攻你们了。"楚国少宰出使晋营归来后，楚庄王又几次遣使到晋军营帐求和。荀林父本来就因为将不从命而没有决战之心，现在又被楚国一再示弱求和的假象所迷惑，所以放松了戒备。后来，荀林父与楚使正式约定盟期，以求体面回师。楚庄王见决战时机成熟，遂派善战的许伯、乐伯、摄叔率军突袭，冲入晋营，斩杀晋军将士无数，然后撤了回去。

荀林父一心想与楚结盟,仍旧不做战斗准备。不久又派魏锜、赵旃二将赴楚营约盟。以前,魏、赵二人曾向荀林父求公族大夫和卿之职,但是荀林父没有答应。魏、赵二人想趁出使楚军的机会,抢了荀林父的功劳。于是,两人到达楚营后,擅自向楚军发起进攻,结果被楚军打得大败。楚军主力遂借机倾巢而出,猛烈攻打晋军各部。

荀林父正待楚使来盟,没想到楚军如潮而至,他惊慌失措,急忙下令全军渡河北撤,并宣称"先渡河者有赏"。晋上军设伏未动,中军、下军纷纷向河边溃逃。

晋军没有了统一的指挥,在楚军追击之下,溃不成军,死伤惨重。晋中军大夫赵婴齐因预先备有船只,故而率所部抢先渡河。中军余部和下军退至河边,相互抢夺船只,先上船者甚至砍斩攀船者的手指,导致船上断臂断指积成一堆,晋军损失惨重。所幸的是,楚军并没有打算在河岸聚歼晋军,而且此时晋上军在士会指挥下,设伏挫败了楚公子婴齐所率领的楚左军,晋下军大夫荀首也射杀了楚先锋将领连尹襄老,俘获了楚公子谷臣,所有这些都起到了掩护晋军渡河的作用,晋军大部终于渡河脱离了危险。

经过一天的激烈战斗,楚军取得了胜利,楚庄王率军攻至衡雍(今河南原阳西),祭祀河神,作先君之庙,宣告楚胜晋败,凯旋回师。

邲之战中,楚国的的战略战术可以分为以下三步。

第一步,诱敌。围困郑国,引诱晋国驰援。晋军远道而来,必然疲惫,楚军正好以逸待劳。

第二步,示弱。楚国在发动进攻之前一再请和示弱,一方面使晋军放松戒备;另一方面,自己的军队会因此而愤怒,表现出强烈的求战欲望。

第三步,袭击。最后选择了发动突然袭击的方式攻击晋军,时机选得恰到好处。

实际上,以当时双方的战力和心态来说,即便是正面交锋,楚国依然占有较大胜算。采取以上战略战术。楚国不仅轻松地战胜晋国,而且还取得了完胜。

九变篇

【原文】

孙子曰：凡用兵之法，将受命于君，合军聚众。圮地无舍①，衢地交合②，绝地无留③，围地则谋④，死地则战⑤；途有所不由⑥，军有所不击，城有所不攻，地有所不争，君命有所不受。

故将通于九变之地利者⑦，知用兵矣；将不通于九变之利者，虽知地形，不能得地之利矣。治兵不知九变之术⑧，虽知五利⑨，不能得人之用矣。

是故智者之虑，必杂于利害⑩，杂于利而务可信也⑪；杂于害而患可解也⑫。

是故屈诸侯者以害⑬，役诸侯者以业⑭，趋诸侯者以利⑮。

故用兵之法，无恃其不来，恃吾有以待也；无恃其不攻，恃吾有所不可攻也。

故将有五危：必死⑯，可杀也；必生⑰，可虏也；忿速⑱，可侮也；廉洁⑲，可辱也；爱民，可烦也。凡此五者，将之过也，用兵之灾也。覆军杀将，必以五危，不可不察也。

【注释】

① 圮（pǐ）地无舍：不可在难以通行的山林、险阻、沼泽等地宿营。圮地，难于通行的地区。圮，毁坏、倒塌。合，止，这里指宿营。

② 衢（qú）地：四通八达的地区。衢，四通八达。交合：结交邻国以为后援。

③ 绝地：指交通困难、水草粮食缺乏、部队难以生存的地区。

④ 围地：指地形四面险阻、出入通路狭窄的地区。

⑤ 死地：指不经过死战就无法生存的地区。

⑥ 途：道路。

⑦ 九变：多变之意，这里指作战中的各种机变。即在军事行动中，要根据不同情况灵活运用一般原则，做到应变自如，而不要墨守陈规。

⑧ 九变之术：指与"九变"相关的具体手段和方法。

⑨ 五利：指上文中的"塗有所不由，军有所不击，城有所不攻，地有所不争，君命有所不受"。

⑩ 杂于利害：兼顾到利益和害处两个方面。杂，

掺杂，这里引申为兼顾。

⑪信：通"伸"，发展。

⑫杂于害而患可解：指在不利的情况下，考虑到有利的方面，祸患就可以解除。

⑬屈诸侯者以害：指用诸侯所害怕的事情去迫使他们屈服。

⑭役：役使，这里指役使诸侯为我效力。业：指危险的事情。

⑮趋诸侯者以利：关于这句话有两种解释：一说指用小利引诱调动诸侯，使其疲于奔命；一说指以利益引诱诸侯，使其追随归附自己。这里选择后一种解释。

⑯必死：这里指有勇无谋，只知死拼。

⑰必生：这里指贪生怕死，临阵畏怯。

⑱忿（fèn）速：这里指急躁易怒。忿，忿怒。

⑲廉洁：这里指洁身清廉，自矜名节。

【译文】

孙子说：大凡用兵的法则，主将接受了国君的命令，就开始征集民众，组织军队。军队行进时，不可在"圮地"上宿营；在"衢地"上应该结交邻国；不可在"绝地"上停留；遇到"围地"要有所防范和谋划；陷入"死地"时要殊死奋战。有的道路不要通过，有的敌军不要攻击，有的城池不要攻占，有的地方不要争夺，即使是国君的命令，不适合的也可以不执行。

所以，将帅如果能够通晓各种机变的利弊并兴利除弊，就是懂得用兵了；将帅如果不能够通晓各种机变的利弊，即使知道地形情况，也不能获得地利之便。指挥军队而不知道各种机变的方法，即使知道"五利"（即圮、衢、绝、围、死），也不能充分发挥军队的作用。

因此，明智的将帅考虑问题，必定同时兼顾利与害两个方面。在有利的情况下考虑到不利的方面，所做的事情就一定能够成功；在不利的情况下考虑到有利的方面，祸患就可以解除了。

因此，要想迫使诸侯屈服，就要用其最害怕的事情去威胁他们；要想役使诸侯为我效力，就要用危险的事情去烦扰他们；要想使诸侯归附自己，就要用利益去引诱他们。

所以，用兵的法则是，不要寄希望于敌人不来，而要依靠自己做好充分的准备；不要寄希望于敌人不进攻，而要依靠自己拥有使敌人无法进攻的力量。

将帅有五种致命的弱点：一味死战硬拼，就可能被敌人诱杀；贪生怕死，就可能被敌人俘虏；急躁易怒，就可能因为敌人的侮辱而轻举妄动；一味廉洁好名，就可能因为敌人的毁谤而丧失理智；一味仁慈爱民，就可能因为烦扰过多而不得安宁。这五点是将帅易犯的过错，是用兵的灾难。军队的覆灭、将帅的被杀，原因必定是出于这五点，做将帅的不可不慎重考虑啊。

【点评】

"九"，在这里是为数众多的意思。古人造字以纪数，起于一，极于九；"九"于是常用来形容一些不可穷尽的事物。"变"，在这里指的是用兵作战中的灵活机变。本篇用"九"来形容变，就是为了让人们对战场瞬息万变的形势，随时随地改变的战略战术，因人因地转变的利弊关系有最直观的感悟和认识。

《九变篇》强调的是将帅们在战场上的判断力和随机应变的能力。世界上的一切事物都在不停地运动和变化着，战争也是如此，任何人都不可能经历两次完全相同的战争。因为构成和影响战争的因素也在不断地变化着。

因此。将帅们需要知道一些相对固定的程式，比如在某些情况下能够做什么，应该做什么；但更要根据战场上的实际情况对这些程式进行取舍，有些路不能走，有些目标不能攻击，君主所下达的有些命令不一定要执行，一切都根据现实情况而定。

孙子所说的善于打仗的将帅，是那些长于迅速准确地判断形势，能够灵活机变地采取相应策略的人。正如他所说："是故智者之虑，必杂于利害。"

没有杰出智慧的军事将领只能逞匹夫之勇，难以成就大事。而对于任何一个行业的管理者来讲，杰出的智慧就像一盏明灯之于黑夜那样重要。随着现代科学技术的高速发展，生产技术日趋精密，分工明确而细致，生产力大幅度提高，随之而来的竞争压力也越来越大。在这种情况下。一个企业是在激烈的竞争中脱颖而出，还是被势不可当的滚滚洪流所淘汰，在很大程度上取决于这个企业的领导者是否具有杰出的智慧，是否具有敏锐的市场洞察力、判断力和决策力，即是否能在繁复杂的形势下权衡利弊，趋利避害，把风险降到最低，实现利益的最大化。

【实用谋略】

孙武不受君命

公元前515年,吴国公子光夺得吴国王位,称阖闾。阖闾即位后,注重搜罗各种人才,立志称霸于天下。孙武的好友伍子胥将孙武推荐给了吴王,孙武进见时就将自己撰写的这兵法十三篇呈献给了吴王。

吴王看过兵法,连连称好。但是不知孙武是否能将这些理论运用于实战当中,便对孙武说:"你的兵法十三篇,我已经看过了,确实不同反响;但不知实行起来如何。可否用它小规模地演练一下,让我们见识见识?"孙武回答说:"可以。"吴王又问:"先生打算用什么样的人去演练?"孙武答:"随君王的意愿,用什么样的人都可以。不管是高贵的还是低贱的,也不论是男的还是女的,都可以。"吴王想给孙武出个难题,便拨了一百多个宫女让孙武演练。孙武把这一百多个宫女分成左右两队,并让吴王最为宠爱的两位美姬分别为左队和右队的队长。

　　孙武首先向宫女们讲明了演练的要领,而后又申明了军令,这才让宫女们进行操练;哪知那些宫女们视操练如儿戏,一个个笑得前仰后合,队伍一片混乱。孙武平静地说:"这次你们的动作不合规定,是因为我讲的还不够明确,你们对军令也不太熟悉,责任在我。"于是又把军令和演练的要领重申了一遍,然后命令重新开始操练。可是宫女们不但不听号令,而且笑得比上一次更厉害,练兵场上一片喧哗。孙武严肃地说:"规定不明确,军令不熟悉,这是将帅的罪过;规定已经明确,军令已经熟悉,还要明知故犯,这就是士兵的过错了。"说罢,下令按军法从事:处死两名队长。吴王在台上看见孙武要杀自己的两个爱姬,大为惊骇,立即派人向孙武求情说:"寡人已经知道将军善于用兵了;可是,我若没有这两个爱姬侍候,吃饭也没有味道,请将军饶了她俩吧!"孙武毫不留情地说:"臣既然受命为将,将在军中,君命有所不受。"

　　孙武执意杀掉两位队长,任命两队的排头兵充当队长,继续练兵。当孙武再次击鼓发令时,众宫女前后左右,进退回旋,跪爬滚起,全都合乎规矩,阵形十分齐整。孙武请吴王阖闾检阅，阖闾正因为失去爱姬不高兴，说："让她们回去休息，我不愿下去看了。"孙武便求见阖闾，说："令行禁止，赏罚分明，这是兵家的常法，为将治军的通则。对士卒一定要威严，只有这样，他们才会听从号令，打仗才能克敌制胜。"听了孙武的一席话，吴王阖闾怒气消散，终于拜孙武为吴军的统帅。

陆抗于西陵平叛

作为将领，能否根据战场形势的变化，及时对战略做出调整，这对于一场战役的胜败，甚至整个战争的全局，都有着重大影响。

公元272年秋，东吴西陵（在今湖北宜昌西北）都督步阐突然投降晋朝。东吴大将军陆抗闻讯，急忙派将军左奕、吾彦等率军征讨。晋武帝得知这一消息，命荆州刺史杨肇前往西陵，又命车骑将军羊祜率步军出击江陵，巴东将军徐胤率水军出击建平，以援救步阐。

陆抗命令士兵在西陵城外修筑坚固严密的长围，

对内可以围困步阐，对外可以抵御晋朝援军。士卒们昼夜不停地劳作，叫苦不迭。部将认为不必修筑长围，只要抢在晋援军赶来之前强攻拿下西陵城即可。但西陵城的防御设施均为陆抗亲手设置，其坚固程度只有陆抗心中最清楚，此城不可能很快被攻克。

防御工事刚刚筑成，晋将羊祜就带领五万晋兵赶到了江陵。东吴诸将又提出，不应只守西陵，还应分兵保卫江陵。陆抗说："江陵城防坚固，兵源充足；即使敌人攻下江陵，也一定守不住，不必担忧。但如果晋军占领了西陵，那么南山的众多夷人就会发生骚乱，会后患无穷。"

考虑到江陵的北面道路平坦，陆抗又令江陵都督张咸修筑大堤挡住江水，使江水都转而流往平地，以防止步阐叛军溃逃。

晋将羊祜本来是想利用所阻的江水行船运粮，却故意放出消息说要破坏大堤。陆抗听到后，准确判断出对方意图，立即令张咸抢先破坏大堤。当羊祜到达当阳时，只见大堤已经遭到破坏，不得不改船为车。但车的运载量不及船，用车运送粮食，占用了大量的人力和时间。

就在两军对峙时，发生了一件意外的事情：吴军都督俞赞叛逃投降晋军，形势瞬间变得十分严峻。陆抗对众将说："俞赞是军中的老将，对我军的虚实了解得极为详细。我之前常常忧虑夷兵训练不严，战斗力不强。俞赞必定会建议敌人以其为突破口，向我军营发起进攻。"于是陆抗连夜换防，将夷兵换到别处，而调集精兵把守原来夷兵的营垒。

第二天，晋将杨肇果然率兵攻打原来夷兵驻守的地方。陆抗命令向晋军出击，霎时间矢石如雨，晋军死伤无数。陆抗想乘胜追击，又担心步阐从围内攻击，导致腹背受敌，因此便命部下大声呐喊，奋力鸣鼓，摆出追击的样子。杨肇的军队听到鼓声，害怕被吴军追上，遂丢盔弃甲，拼命逃窜。陆抗见状，派轻骑跟踪追击，又大败晋军。羊祜见杨肇兵败，无力再战，只好撤退。

陆抗知道后顾之忧已经解除，便掉转过头来，集中全力向步阐发起进攻，没多久便拿下了西陵，活捉了步阐，将他和同谋将吏数十人全部斩首，而对其余的胁从者则予以赦免，这场叛乱终于被平定了。

行军篇

【原文】

孙子曰：凡处军相敌①：绝山依谷②，视生处高③，战隆无登④，此处山之军也。绝水必远水⑤；客绝水而来⑥，勿迎之于水内，令半济而击之⑦，利；欲战者，无附于水而迎客⑧；视生处高，无迎水流⑨，此处水上之军也。绝斥泽⑩，惟亟去无留⑪；若交军于斥泽之中，必依水草而背众树，此处斥泽之军也。平陆处易而右背高⑫，前死后生⑬，此处平陆之军也。凡此四军之利⑭，黄帝之所以胜四帝也⑮。

凡军好高而恶下⑯，贵阳而贱阴⑰，养生而处实⑱，军无百疾，是谓必胜。丘陵堤防，必处其阳而右背之。此兵之利，地之助也⑲。上雨，水沫至，欲涉者，待其定也。

凡地有绝涧、天井、天牢、天罗、天陷、天隙⑳，必亟去之，勿近也。吾远之，敌近之；吾迎之，敌背之。军行有险阻、潢井葭苇㉑、山林翳荟者㉒，必谨复索之㉓，此伏奸之所处也。

【注释】

①处军：指行军作战中，在各种不同的地形条件

行军篇

下，军队行军、作战、驻扎诸方面的处置方法。处，处置、部署。相敌：指观察判断敌情。相，观察。

②绝：横渡、穿越。

③视生处高：居高向阳。视生，向阳。

④战隆无登：指在高地上与敌人作战，不宜自下而上仰攻。隆高地。登，攀登。

⑤绝水必远水：横渡江河，要驻扎在离河流稍远的地方，这样才有进退回旋的余地。

⑥客：这里指敌军。

⑦勿迎之于水内，令半济而击之，利：不要在敌军刚到水边时就迎击，而应该乘敌军渡河渡到一半时发起攻击。这时敌首尾不接，行列混乱，攻击容易取胜。迎，迎击。水内，水边。半济，渡过一半。济，渡。

⑧附：靠近。

⑨无迎水流：不要逆着水流在敌军的下游布阵或驻扎，以防敌军投毒、顺流来攻或是决堤淹我。迎，逆。

⑩绝斥泽：通过盐碱沼泽地带。斥，盐碱地。泽，沼泽地。

⑪惟亟去无留：指遇到盐碱沼泽地带，应当迅速离开，不可停留驻军。惟亟去，指应该迅速离开。

惟，宜。亟，急、迅速。去，离开、离去。

⑫平陆处易而右背高：指遇到开阔地带，应该选择在平坦之处安营扎寨，最好把军队置于高地前，以高地为倚托。平陆，平原地带。易，平坦。右背高，指军队要背靠高地以为依托。右，"上"的意思，古时以右为上。

⑬前死后生：前低后高。死，这里是"低"的意思。生，这里是"高"的意思。

⑭四军：指前文所述的山、水、斥泽、平陆四种地形条件下的处军原则。

⑮黄帝之所以胜四帝也：这就是黄帝能战胜四方部族首领的缘由。传说黄帝曾败炎帝于阪泉，诛蚩尤于涿鹿，北逐獯鬻，统一了黄河流域。四帝，四方之帝，即四方部落联盟的首领，一般指炎帝、蚩尤等人。

⑯好（hào）高而恶（wù）下：喜欢高处而厌恶低下的地方。

⑰贵阳而贱阴：重视向阳之处而轻视阴湿地带。贵，重视。阳，向阳干燥的地方。贱，轻视。阴，背阴潮湿的地方。

⑱养生：指物产丰富、便于生活的地方。实：坚实，这里指地势高的地方。

⑲ 地之助：指得自地形的辅助。

⑳ 绝涧：指两岸陡峭、溪谷深峻、水流其间的地形。天井：指四周高峻、中间低洼的地形。天牢：指高山环绕、易进难出的地形。牢，牢狱。天罗：指草深林密，荆棘丛生，军队进入后如同陷入罗网中难以摆脱的地形。罗，罗网。天陷：指地势低洼、道路泥泞、车马易陷的地形。陷，陷阱。天隙：指两山相向、涧道狭窄、难于通行的谷地。

㉑ 潢（huáng）井葭（jiā）苇：指长满芦苇的低洼地带。潢井，积水低洼之地。潢，积水池；井，指内涝积水、洼陷之地。葭苇：芦苇，这里泛指水草丛聚之地。

㉒ 山林翳（yì）荟（huì）：指草木长得很繁茂的山林地带。翳荟，草木长得很茂盛。

㉓ 必谨复索之：必须谨慎、反复地搜索。复，反复。索，寻找、搜索。

【译文】

孙子说：凡是部署军队和观察敌情，都应该注意：通过山地时，要沿着低谷行进；安营扎寨时，要选择居高向阳之地；如果敌人占据了高地，千万不可仰攻，这些是在山地行军布阵的法则。横渡江河之后，应当驻扎在离江河稍远的地方；如果敌军渡河来战，不要在河中迎击，而要等它渡水渡到一半时予以攻击，这样最有利；要想同敌人决战，就不要在紧靠水边的地方迎击敌人；应当在居高向阳的地方安营，切勿迎着水流布阵或驻扎，这些是在江河地带行军布阵的法则。通过盐碱沼泽地带时，应当迅速离开，不可停留；若是在盐碱沼泽地带遭遇敌人，务必使军队靠近水草而背倚树林，这些是在盐碱沼泽地带行军布阵的法则。在开阔的平原地带驻军，要选择地势平坦的地方，最好背靠高处，形成前低后高的态势，这些是在平原地带行军布阵的法则。以上四种行军布阵原则所带来的好处，是黄帝能战胜四帝的原因所在。

　　凡是驻军，总是喜欢高地而厌恶低洼的地方；总是看重干燥向阳的地方而轻视阴冷潮湿的地方；最好是驻扎在物产丰富、便于生活的地方，将士们才不会生出各种疾病，这是军队必胜的重要保证。在丘陵、堤防地带，必须驻扎在向阳的一面，而且要背靠着它。这些都是对行军布阵有利的措施，是地形地势对军队的辅助。河流上游下雨涨水，水沫漂来，洪水将至，若想涉水渡河，一定要等到水势平稳以后再渡，以防山洪暴至。

凡是遇上"绝涧""天井""天牢""天罗""天陷""天隙"这些地形，必须迅速离开，不要靠近。我军要远离它，而让敌军接近它；我军要面向它，而让敌军背靠它。行军过程中遇到险阻、积水低洼之地、水草丛聚之地、山林茂密以及草木繁盛的地方，必须谨慎、反复搜索，因为这些区域都是敌人容易设下伏兵和隐藏奸细的地方。

【原文】

敌近而静者，恃其险也；远而挑战者，欲人之进也；其所居易者，利也①。众树动者，来也；众草多障者，疑也②；鸟起者，伏也；兽骇者，覆也③。尘高而锐者，车来也；卑而广者，徒来也④；散而条达者⑤，樵采也；少而往来者，营军也⑥。辞卑而益备者⑦，进也；辞强而进驱者，退也⑧；轻车先出居其侧者，陈也；无约而请和者，谋也；奔走而陈兵车者，期也⑨；半进半退者，诱也。杖而立者⑩，饥也；汲而先饮者，渴也；见利而不进者，劳也。鸟集者，虚也；夜呼者，恐也；军扰者，将不重也；旌旗动者，乱也；吏怒者，倦也；粟马肉食⑪，军无悬甀⑫，不返其舍者，穷寇也。谆谆翕翕⑬，徐与人言者，失众也；数赏者，窘也⑭；数罚者，困也⑮；先暴而后畏其众者，不精之至也⑯；来委谢者，欲休息也⑰。

兵怒而相迎，久而不合，又不相去，必谨察之。兵非益多也⑱，惟无武进⑲，足以并力、料敌、取人而已⑳；夫惟无虑而易敌者㉑，必擒于人。

卒未亲附而罚之则不服㉒，不服则难用也；卒已亲附而罚不行，则不可用也。故令之以文，齐之以武㉓，是谓必取㉔。令素行以教其民㉕，则民服；令不素行以教其民，则民不服。令素行者，与众相得也㉖。

【注释】

① 其所居易者，利也：指敌军之所以不扼守险要而驻扎在平地上，一定有它的好处和用意。

② 众草多障者，疑也：在杂草丛生的地方设有许多遮障物，这是敌人企图迷惑我。

③ 兽骇者，覆也：野兽受惊奔窜，这是敌军大举来袭。覆，覆盖。

④ 徒：步兵。

⑤ 散而条达者，樵采也：飞尘分散而细长，时断时续，这是敌人在砍薪伐柴。条达，指飞尘分散断

续的样子。

⑥营军：准备设营的敌军。

⑦辞卑而益备：指敌人派来的使者言词谦卑，暗中却加紧备战。辞，同"词"，言词。

⑧辞强而进驱者，退也：敌人派来的使者言词强硬，并摆出进逼的姿态，这往往是撤退的征兆。

⑨期：期求，这里指期求与我军交战。

⑩杖而立：倚仗手中兵器而站立。杖，扶、依仗。

⑪粟马肉食：指敌军用粮食喂战马，杀牲口吃。

⑫军无悬甀（fǒu）：指军队收拾炊具。甀，同"缶"，汲水用的瓦罐，泛指炊具。

⑬谆谆翕翕（xī）：士卒聚在一起低声议论。谆谆，叮咛。翕翕，聚合。

⑭数赏者，窘也：敌军一再犒赏士卒，这往往说明敌人已经没有办法了。

⑮数罚者，困也：敌军一再处罚士卒，这往往说明其已经陷入困境。

⑯先暴而后畏其众者，不精之至也：将帅先对士卒凶暴，后来又惧怕士卒，这太不精明了。精，精明。

⑰来委谢者，欲休息也：敌方托词派使者来谈判，是想休战。委谢，指敌方托词派使者来谈判。

委，托、借。谢，告、语。休息，这里指休兵息战。

⑱ 兵非益多：兵力不是越多越好。

⑲ 惟无武进：只是不要恃武冒进。武进，恃勇轻进，即冒进。

⑳ 足以并力、料敌、取人而已：指能做到集中兵力、正确判断敌情、争取人心以便使部下全心效力就可以了。并力，合力，这里指集中兵力。料敌，分析判断敌情。取人，善于争取人心。

㉑ 无虑而易敌：没有深谋远虑而又轻敌妄动。易，轻视。

㉒ 亲附：亲近依附。

㉓ 令之以文，齐之以武：指用政治、道义来教育士卒，用军纪、军法来约束管理士卒。文，这里指政治、道义。武，这里指军纪、军法。

㉔ 必取：必胜。取，取胜。

㉕ 素行：平素认真施行。素，平素、一贯。民：这里指士卒。

㉖ 令素行者，与众相得也：指军令平素能够顺利执行的，是因为军队统帅同兵卒之间相处融洽、相互信任。相得，相投合，即相互信任。得，亲和。

行军篇

【译文】

敌军离我很近而仍保持镇静的，这是仗着它占据了险要的地形；敌军离我很远而前来挑战的，是想引诱我进入圈套；敌军之所以（不扼守险要而）居于平地，一定是因为有利可图。林中树木摇动，一定是敌军正向我袭来；草丛中多设遮蔽物，一定是敌人布下疑阵想迷惑我；鸟儿惊起，是因为下面设有伏兵；野兽受惊奔逃，是因为敌军大举来袭；灰尘又高又尖，这是敌人的战车驰来；灰尘低而宽广，这是敌人的步兵向我开来；灰尘断续分散，这是敌人在砍柴（并拖往营中）；灰尘稀薄而时起时落，这是敌人正准备安营扎寨。敌方使者言词谦卑而暗中加紧战备的，是要向我方发起进攻；敌方使者言词强硬而敌军又向我方驱驰进逼的，是在准备撤退；敌人先出动轻型战车并且部署在侧翼的，是在布列阵势；敌人没有事先约定就突然来请和的，其中必定有阴谋；敌人（频繁调动）往来奔走，并且已经摆开兵车列阵的，是想要与我军交战；敌军半进半退（往复徘徊）的，是想要引诱我军上前。敌兵倚仗手中的兵器才能站立的，是因为饥饿；敌兵从井中打上水就争相饮用的，是因为（缺水）干渴；敌人见到利益而不进兵的，是因为疲劳过度；敌营上有飞鸟停集的，说明已是空营；敌营夜间有人惊呼叫喊的，说明其心中恐惧；敌营惊扰纷乱的，说明敌将没有威严；敌营旌旗胡乱摇动的，说明其队伍已经混乱；敌人官吏急躁易怒的，说明其已经疲倦；敌人用粮食喂马，杀牲口吃，收拾炊具，部队不返回其营寨的，是准备拼死一搏；士卒聚在一起低声议论，敌将低声下气同部下讲话的，是已经失去人心；敌将一再犒赏部属的，说明已经无计可施；敌将一再惩罚部属的，说明已经陷入困境；将帅先对士卒暴虐而后又畏惧士卒的，说明他不精明了；敌人托词派使者来请求谈判的，是想休兵息战。

敌军盛怒而与我对阵，却久不变战，又不离去，必须谨慎地观察它的意图。兵力并非越多越好，只要不轻敌冒进，并能集中兵力，判明敌情，得到部下的信任和全心效力，也就足够了。只有那些不懂得深思熟虑而又狂妄轻敌的人，才必然会成为敌人的俘虏。

士卒还没有亲附自己就贸然处罚他们，那他们就不会真心顺服；不真心顺服，就难以调遣他们去打仗了。士卒对自己已经亲近依附，但仍不执行军纪军法，这样也不能调遣他们去打仗。所以，要用"文"的手段来教育士卒，用"武"的方法来管理士卒，这样的军队打起仗来必能取胜。平素能严格贯彻命令、教育士卒，士卒就会养成服从的习惯；平素不能严格贯彻命令、教育士卒，士卒就会养成不服从的习惯。平素的命令能顺利贯彻执行，这是将帅与士卒之间关系融洽（相互取得了信任）的表现。

【点评】

《行军篇》里所论述的内容可以扼要归纳为三点：处军、相敌和治军。"处军"是指在各种地形条件下，对于军队行军、作战、驻扎等问题的处置方法；"相敌"是指观察和判断敌情；"治军"就是对于军队的治理。

孙子所处的时代，并没有精密的观测仪器和数据统计手段作为辅助，《行军篇》中的"相敌"三十二法，是白昼时在阵地前沿直接采用目测法进行敌情观测方法的总结，这些方法虽然原始，却具体而生动。孙子能见微知著，看到事物的本质，着实令人佩服。

两军对垒时，有些将领和孙子一样明察秋毫，能从一些细微处，通过逻辑推理，判断出对方的动态和战争的走向。有些将领却对这些现象视而不见，以致错失良机招致惨败。为什么会出现这种情况呢？这里面自然有经验丰富与否的因素，但更重要的是将领在察微知著这一重要素质上存在着很大的差异。

　　察微知著,需要丰富的经验、通透的洞悉力和判断力,还需要谨慎又大胆的推理。"察微知著"中,关键在于"知"。能透过"微"看到"著",是一个成功人士必备的能力。

　　生活中亦是如此。注重生活中的细节,或许会有重大发现。牛顿关于苹果与地心引力说的故事,我们都耳熟能详。我们不一定要成为像牛顿那样伟大的科学家,但是细心观察生活,发现生活之美,不也能给生活增添乐趣和价值吗?

　　讲究"文武"之道,凡事以身作则,如果我们能在生活中努力做到这两点,一方面可以使自己做事情更有效率;另一方面可以团结激励身边的人,最大限度地发挥团体的力量。

【实用谋略】

王坚坚守钓鱼城

　　《行军篇》中介绍了在江河地带行军作战的方略,南宋末年王坚挫败蒙古大军的故事,就是这一方略的

行军篇

成功运用。

元定宗贵由死后,蒙哥继位做了蒙古大汗,是为元宪宗。蒙哥汗采取迂回的策略,绕道西南,向南宋发起进攻。他亲率西路主力四万人马,经六盘山进入四川,苦战一年之后,抵达钓鱼城(今四川合县)下。

钓鱼城地处嘉陵江、涪江、渠江的汇合处,四周被刀削斧凿般的悬崖绝壁所包围,可谓"一夫当关,万夫莫开"。蒙哥汗企图拿下钓鱼城,从而进军重庆,与蒙古南路军会师,然后就可以直取南宋首都临安。因此,钓鱼城成为两军必争之地。

镇守钓鱼城的将领为王坚,他早在蒙哥汗到达之前,就命人储备了足够的粮食,并开凿了水源。当时山城中有百姓约十万人,守城将士也有一万余人。蒙哥汗向钓鱼城发起一次又一次猛攻,王坚率全城军民据险而战,奋勇杀敌,将敌人的攻势尽数挡了回去。数月过后,蒙古军死伤惨重,但始终无法攻克钓鱼城。

一天,王坚命令守军将两条十五斤重的鲜鱼以及百余张蒸面饼抛入城外蒙古军的营地,并投书蒙古军,称即使再攻十年,钓鱼城也能岿然不动。

当时正值酷暑季节,蒙古人本来就畏暑恶湿,加上水土不服,导致军中暑热、疟疾、霍乱等疾病横行，疫情相当严重。蒙哥汗眼见屯兵已久却攻不下钓鱼城，心中宛如火燎。为了观察城内虚实，蒙哥汗命令士兵在钓鱼城前建起了一座高高的望台。

王坚发现蒙哥汗亲自在城下督建望台，心中大喜，立即吩咐将士准备炮石轰击望台。蒙哥汗不知王坚的计划，望台刚一建好，就连忙登上台顶。王坚等的就是这个机会，命令士兵立刻发炮，摧毁望台。蒙哥汗被飞石击成重伤，不久死去，蒙古军队只能黯然撤离。

王坚充分利用钓鱼城临江且四面环山的有利地形，不仅成功守住了城池，还直接打死了敌军首领，堪称经典的防御战例。

沙苑、渭曲之战

《孙子兵法·行军篇》说："兵非益多也，惟无武进，足以并力、料敌、取人而已；夫惟无虑而易敌，必擒于人。"沙苑、渭曲之战中，西魏军的大胜和东魏军的惨败证明，孙子所说的处军、相敌原则，对于战争的胜败有着重大意义。

公元420年，东晋大将刘裕代恭帝而立，国号宋，史称刘宋。刘宋政权据有黄河以南大部分地区，黄河以北地区则为鲜卑族拓跋氏建立的北魏政权所占据。公元534年，北魏分裂为东魏和西魏两个政权（东魏以邺城为都，西魏则以长安为都）。

北魏分裂后，东魏和西魏之间曾发生过多次战争，沙苑、渭曲之战便是其中一次具有关键意义的战役。在这次战役中，东魏出动了二十万大军，西魏则以七千精骑迎战。尽管强弱悬殊，但由于西魏统帅宇文泰在"处军相敌"方面胜出东魏统帅高欢一筹，因而西魏军最终能以弱胜强，打败了强大的东魏军队。

沙苑、渭曲之战的过程是怎样的呢？下面就具体了解一下。

北魏分裂之后，东魏仗着地广人多以及军事上占有相对优势，企图出兵占领西魏的战略要地潼关，但均被击退。公元537年农历八月，西魏宰相宇文泰亲自率军东进，攻占了东魏的军事要地恒农（在今河南三门峡市西）。东魏宰相高欢一面命大将高敖曹领兵三万夺回恒农，一面亲率主力二十万人，从太原、临汾南下。由蒲坂（今山西永济）西渡黄河，进袭关中，由此揭开了沙苑、渭曲之战的序幕。

战争开始时，宇文泰得到高欢西进的消息，便下令全力阻止敌军进入。他命大将王熊坚驻守华州（今陕西大荔），同时派人到各地征调兵马，并从恒农抽调近万人驰援关中。高敖曹乘势包围了恒农。高欢率领大军渡过黄河后，立即向华州城发起总攻。然而，华州城防坚固，短时间内难以攻克，高欢无奈之下，只好命令军队在华州北面的许原驻扎下来。

宇文泰回到渭南后，本想立即进攻高欢。但是众将均对此表示反对，认为各地征调来的兵马还在途中，目前敌我兵力悬殊，暂时不宜出击。宇文泰则认为，东魏军首攻华州不下，便屯兵于许原观望，说明军队人数虽多，但战斗力不强，因此应该趁其立足未稳，不熟悉地形之际，打他们一个措手不及；东魏军队若是站稳脚跟，就会继续西进，逼近长安，到时人心动摇，形势将对西魏更为不利。宇文泰的一番分析让众将心服口服，于是西魏军开始做战斗准备。

这年九月底，西魏军在渭水之上搭建了浮桥，宇文泰亲率轻骑七千，北渡渭水。十月一日，西魏军在距东魏军六十里处的沙苑驻扎了下来。

到达沙苑后，宇文泰立即派士卒乔装成许原一带的居民，潜到东魏兵营附近侦察敌情。经过一番侦察，宇文泰证实了自己的判断：敌军人数多于己方，但战斗力不强，而且骄傲轻敌。此时，宇文泰部将李弼建议利用这里沙丘起伏、沼泽纵横、芦苇丛生的地形，预先设下埋伏，张开口袋，然后诱敌深入，一举消灭敌人。而宇文泰此次出征，只准备了三天的粮食，他正想采用奇计以求速战速决，李弼这一建议正中他下怀，于是欣然采纳。

高欢听说西魏军已推进至沙苑，他求胜心切，还没有做好具体部署，便决定亲率大军出城与西魏军决战。高欢出发后，宇文泰依照先前计划，把军队埋伏在渭曲，并约定击鼓为号，然后发起总攻。东魏军行至渭曲附近时，大将斛律羌举见到渭曲地形复杂，不利野战，便向高欢建议留下部分兵力在沙苑与宇文泰相对峙，另以精兵向西进攻长安。高欢却急于与东魏军决战，拒绝采纳这一明智建议。

高欢准备焚烧芦苇，火攻西魏军，又遭部将侯景、彭乐的反对，他们认为己方的兵力占压倒性优势，根本不用担心宇文泰偷袭；况且只有活捉宇文泰，才能摧毁西魏军队的战斗意志，到时长安便不攻自破了。高欢觉得部将的话很有道理，便决定放弃火攻，下令挥军进入沼泽，活捉宇文泰。

东魏军人数众多，深入沼泽地后便不成队形，陷入混乱。宇文泰等东魏军进入伏击圈后，命令士卒擂鼓呐喊，西魏军从左、右两翼猛烈冲击东魏军，很快将其截为数段。东魏军本来就难以发挥兵力优势,这时一看中了埋伏,更加惊慌失措,只想着赶紧逃出沼泽地带。西魏军乘势奋力拼杀,斩杀六千余人,俘敌八万。

东魏军大败溃散,高欢在部将的掩护下仓皇逃至蒲津,渡河东撤而去。西魏取得了沙苑、渭曲之战的全面胜利。

东西魏之间曾发生过多次战争,沙苑、渭曲之战并不算大型战役,但我们仍可以从中得到很多启示。《行军篇》中提到,处军的关键在于选择于己有利而于敌不利的地形,并能在此基础上布置好军队;相敌的关键在于正确地分析判断敌情,能透过敌军活动的现象看穿其本质。从沙苑、渭曲之战的全过程可以看出,宇文泰在军事部署及"处军相敌"方面均深得兵法要领。

战役一开始,宇文泰就没有被东魏的兵势吓倒,而是通过华州一役看透了东魏军的弱点,制订了伏击歼敌的计划:战前派人乔装侦察,摸清了敌人的基本情况,成功地将敌人引至事先布好的伏击圈中,最后一举击败敌军。

而东魏的失败,一方面是由于骄傲轻敌;另一方面,高欢及部将明知地形复杂,易遭伏击,却仍旧恃众贸然轻进,违背了孙子所说的处军、相敌原则,从而导致了东魏的惨败。

地形篇

【原文】

孙子曰：地形有通者①，有挂者②，有支者③，有隘者④，有险者⑤，有远者⑥。我可以往，彼可以来，曰通：通形者，先居高阳，利粮道，以战则利。可以往，难以返，曰挂；挂形者，敌无备，出而胜之；敌若有备，出而不胜，难以返，不利。我出而不利，彼出而不利，曰支：支形者，敌虽利我，我无出也；引而去之⑦，令敌半出而击之，利。隘形者，我先居之，必盈之以待敌⑧；若敌先居之，盈而勿从，不盈而从之。险形者，我先居之，必居高阳以待敌；若敌先居之，引而去之，勿从也。远形者，势均，难以挑战，战而不利。凡此六者，地之道也⑨；将之至任，不可不察也。

故兵有走者⑩，有弛者⑪，有陷者⑫，有崩者⑬，有乱者，有北者。凡此六者，非天之灾，将之过也。夫势均，以一击十，曰走。卒强吏弱，曰弛。吏强卒弱，曰陷。大吏怒而不服⑭，遇敌怼而自战⑮，将不知其能，曰崩。将弱不严，教道不明⑯，吏卒无常⑰，陈兵纵横⑱，曰乱。将不能料敌，以少合众，以弱击强，兵无选锋⑲，曰北。凡此六者，败之道也：将之至任，不可不察也。

【注释】

①通者：这里指广阔平坦，四通八达，我可以去、敌人也可以来的地区。通。通达。

②挂者：这里指前平后险、易入难出的地区。挂，悬挂、阻碍。

③支者：这里指敌对双方皆可据险对峙，不易发动进攻的地区。支，支撑、支持。

④隘者：狭窄之地，这里指两山之间狭窄的通谷。

⑤险者：险要之地。

⑥远者：这里指敌我相距很远。

⑦引：引导、率领。

⑧必盈之以待敌：一定要动用充足的兵力堵住隘口，以对付来犯的敌军。盈，满、充足。

⑨地之道：关于利用地形的原则。

⑩兵：这里指败兵。

⑪弛：涣散、松懈，这里指将官软弱无能、队伍涣散。

⑫陷：陷没，这里指虽然将官勇猛顽强，但士卒没有战斗力，导致将官孤身奋战，力不能支，最终

陷于失败。

⑬崩：土崩瓦解，比喻溃败。

⑭大吏怒而不服：小将（部将）怨怒，不服从指挥。

⑮怼（duì）：怨恨。

⑯教道：指对部下的训练、教育。

⑰常：指常法，法纪。

⑱陈：同"阵"。

⑲选锋：挑选勇敢善战的士卒组成的精锐部队。

【译文】

孙子说：地形可分为通、挂、支、隘、险、远六种。凡是我军可以去，敌军可以来的，叫作"通"。在通这种地形条件下作战，应该抢先占领地势高而向阳的地方，并保证粮草运输畅通无阻，这样作战就有利。凡是可以前往，但难以回退的，叫作"挂"。在挂这种地形条件下作战，如果敌人没有防备，就可以突然出击从而战胜它；如果敌人已经有了防备，出击了却不能取胜，而又难以退回，这样对我军就会很不利。我军出击不利，敌军出击也不利的地形，叫作"支"。在支这种地形条件下作战，即使敌人以利益来引诱我，我也不能出击，最好是佯装引军撤退，诱使敌人出击，待它出动到一半的时候，我突然发起攻击，这样就会对我军有利。在"隘"这种地形条件下作战，我军若能抢先占领，就要用重兵封锁隘口，等待敌人的到来。如果敌人已经抢先占领隘口，并用重兵防守，我就不要去攻打；如果敌人没有用重兵封锁隘口，就迅速攻取它。在"险"这种地形条件下作战，若是我抢先将其占领，那就必须控制那些地势高而向阳的地方，等待敌人的到来；若是敌人抢先将其占领，那就应该引军撤退，不要去进攻。在"远"这种地形条件下作战，敌我双方势均力敌，不宜挑战；若是勉强求战，会对我军产生不利影响。以上六点，均是利用地形作战的原则，是将帅的重要责任之所在，不可不认真考察研究。

导致军队作战失败的情况可以分为走、弛、陷、崩、乱、北六种。凡是属于这六种情况的，都不是上天降下的灾祸，而是将帅的过失造成的。在敌我双方势均力敌的情况下，以一击十（而导致失败）的，叫作"走"。士卒强悍、将官懦弱（而导致失败）的，叫作"弛"。将官强悍、士卒懦弱（而导致失败）的，叫作"陷"。部将对主将有所怨怒，不服从指挥，遇到敌人意气用事，擅自出战，主将不了解他的能力

（而导致失败）的，叫作"崩"。主将软弱缺乏威严，训练教育军队方法不得当，官兵都不守规矩，布阵列兵杂乱无章（而导致失败）的，叫作"乱"。主将不能正确判断敌情，以少击多，以弱攻强，又没有精锐部队作为中坚力量（而导致失败）的，叫作"北"。以上六点，均是导致军队败亡的原因，是将帅的重要责任，不可不认真考察研究。

【原文】

夫地形者，兵之助也。料敌制胜，计险厄远近①，上将之道也②。知此而用战者必胜，不知此而用战者必败。故战道必胜③，主曰无战，必战可也；战道不胜，主曰必战，无战可也。故进不求名，退不避罪，唯人是保④，而利合于主⑤，国之宝也。

视卒如婴儿，故可与之赴深溪⑥；视卒如爱子，故可与之俱死。厚而不能使⑦，爱而不能令⑧，乱而不能治，譬若骄子，不可用也⑨。

知吾卒之可以击，而不知敌之不可击，胜之半也；知敌之可击，而不知吾卒之不可以击，胜之半也；知敌之可击，知吾卒之可以击，而不知地形之不可以战，胜之半也。故知兵者⑩，动而不迷，举而不穷⑪。

故曰：知彼知己，胜乃不殆；知天知地，胜乃不穷。

【注释】

① 险厄（è）：这里是指地势的险易情况。厄：险要之处。

② 上将：这里指主将。

③ 战道：指战场实情。

④ 唯人是保：指对个人的处境毫不在意，只求保全民众和士卒。人，指士卒、民众。

⑤ 利合于主：符合国君的利益。主，指国君。

⑥ 深溪：极深的溪涧，这里比喻危险地带。

⑦ 厚：厚养、优待。

⑧ 爱而不能令：对士卒只知溺爱而不能使用。爱，溺爱。令，指使、使用。

⑨ 譬若骄子，不可用也：此句指为将者仅施仁爱而不施以威严，只会使士卒成为骄子而不能使用。

⑩ 知兵者：指真正懂得用兵的将帅。

⑪ 举而不穷：变化无穷使敌人难以捉摸。举，措施。

【译文】

地形是用兵打仗取得胜利的辅助条件。正确判断敌情，掌握制胜的主动权，研究地形的险易，计算道路的远近，这些都是高明的将帅能够取胜的方法。掌握这些方法而应用于指挥作战的就必定能够胜利，未掌握这些方法而去指挥作战的就必定会失败。所以，如果根据战场实情进行分析，有必胜把握的，即使国君主张不要打而坚决去打，也是可以的；如果根据战场实情进行分析，没有必胜把握的，即使国君主张一定要打，不打也是可以的。进不谋求战胜的功名，退不回避违抗君命的罪责，只求使民众和士卒得以保全，行动符合国君的利益，这样的将帅才算是国家的宝贵财富。

将帅对待士卒如同爱护婴儿，那么士卒就会与他共赴艰险；将帅对待士卒如同爱护自己的儿子，那么士卒就会与他同生共死。对士卒过分宽厚就无法使用他们，过分溺爱就无法命令他们，管理混乱松懈就无法约束治理他们，这样的军队就好像娇生惯养的孩子，是不能用来打仗的。

只了解自己的军队有能力去攻击敌人，而不了解敌人不可以攻击，取胜的可能性只有一半；只了解敌人能够被击败，而不了解（时机尚未成熟）自己的军队还不宜去攻击敌人，取胜的可能性也只有一半；知道敌人能够被击败，并且知道（时机已经成熟）我军可以前去攻打它，但不了解地形条件不利于作战，取胜的可能性仍然只有一半。所以，真正懂得用兵的将帅，行动时不会受迷惑，采取的战略战术变化无穷。所以说：了解自己，了解敌人，就能常胜不败；了解天时，了解地利，胜利就可以永无穷尽。

【点评】

古代的战争大多数是在陆地与水面上进行的，因此，地形往往对战争的成败有着重要影响。在《地形篇》中，孙子开门见山地总结了六种地形："通""挂""支""隘""险""远"。每种地形都从敌我两个角度考虑其利弊，以及该如何应对。这些缜密而周详的思考不但反映出孙子对战争规律、必穷其理的精神，更体现了孙子朴素的辩证思想。

地形是客观存在的，对各种地形条件的正确认知和运用，是将帅们最重大的责任之一。正如孙子所说，是"将之至任，不可不察也"。很多情况下，地形条件会对战争的胜负产生导向作用，在某些情况下更是直接决定着战争的胜负。

如果说地形是客观存在的，是不能轻易变化的，那么将帅们对军队的指挥，对战法的运用，对部队的治理就是主观能动的,是随时都可以变化和调整的。在这一层面上,孙子讲述了因为将帅的失误或无能而导致军队失败的六种情况——"走""驰""陷""崩""乱""北"。他强调说:"凡此六者,非天之灾,将之过也。"

虽然战争的结果最终是由某些深层次的原因决定,如人心向背等;但这里讨论的是用兵治军之法,因此只能将战争的胜负定义在有限的范围之内,探讨的是用兵治军之法对于战争的意义与影响。而在通常情况下,将帅对军队的指挥以及平日里对军队的治理,可以理解为决定战争胜负的决定性因素。

而在现实生活中,总会有人做你的上级,或者你去当别人的上级。如果上司无能,自己干起活来肯定满腹牢骚。自己当上司,如果管理不善,只会让下属白流汗水,下属同样会怨恨不服。这么看来,"将帅无能,累死三军"的说法是很有道理的。因此,做上级并非像很多人想象的那样轻轻松松且风光无限,他们往往需要具备更强的能力,还要承担比部下更重大的责任。

在本篇当中,孙子还论述了将帅爱护士卒所应掌握的尺度。他首先对将帅应该爱护士卒予以肯定,他说道:"视卒如婴儿,故可与之赴深溪;视卒如爱子,故可与之俱死。"但将帅对士卒的爱护又不同于父母对婴儿的爱护：父母对婴儿的爱护是无私的，是不要求任何回报的；而将帅对士卒的爱护则是为了让他们与自己同生共死，这其实是对人心的一种利用。

然而，即便是以恩惠制人，也要掌握尺度。如果施加恩惠而使自己的威严受损，那还不如不施加恩惠。如果士兵因为将帅的爱护而模糊了"将"与"士"之间的界限，那么他们就很可能会产生以下犯上、不服从命令等情绪。这是将帅们需要注意避免的。孙子的"厚而不能使，爱而不能令，乱而不能治，譬若骄子，不可用也"，说的就是这个道理。这段话，也为天下所有为人父母者敲响了警钟，"棍棒底下出孝子"固然不可取，但"娇儿不孝"也应该谨记。关爱而不骄纵，引导孩子健康成长，才是正确的教育方式。

【实用谋略】

郭进拒辽军

《地形篇》中，孙子论述了利用地形的重要性，他说："地形者，兵之助也。"可见较好地利用地形，可以帮助我方赢得主动。郭进拒辽军的战例，就是孙子这一思想的成功实践。

公元979年，宋太宗赵光义在统一南方之后，准备讨伐十国中最后一个割据政权——北汉。

宋太宗命潘美为北路都讨使，进攻太原，自己随军亲征。北汉是辽国的属臣，宋朝一旦兴兵伐汉，辽国很可能派兵救援。为了堵截辽国的援兵，宋太宗又命将军郭进率军在石岭关驻守。

果然不出所料，辽景帝听到宋朝北伐的消息后，先是派宰相耶律沙和冀王塔尔火速前去解围，又派南院大王耶律斜轸率其部属前去援救。耶律沙进至石岭关附近的白马岭时，宋军已经抢先占据了白马岭的高地险隘。

在此之前，当地连下了几场暴雨，这使得原先并不深的山涧水势猛涨，已经快齐人的腰部了。面对湍急的涧水和把守着高地隘口的宋军，耶律沙没有冒进，而是在这里安营扎寨，等待后续部队到来，然后再相机行事。塔尔则耻笑耶律沙胆小怕死，执意率领先头部队渡涧。耶律沙劝道："目前宋军抢先占据了有利地形，我军贸然渡涧，恐怕凶多吉少，还是小心为妙！"塔尔却说："北汉现如今危在旦夕，再这样拖拖拉拉，只怕会贻误战机，到时想救他们也救不了了。"于是下令渡涧。

看到塔尔正率领辽军渡涧，守卫在白马岭上的宋军立刻摇旗呐喊，击鼓助威，但是并没有出击。塔尔观察了一会儿，发现不见动静，认为宋军是在虚张声势，便放心大胆地向对岸前进。

郭进耐心等待，直到塔尔的先头部队渡过山涧大半之后，才将令旗一挥，命令守在隘口的士兵放箭。霎时间，乱箭如蝗，正在渡水的辽兵纷纷中箭倒下，然后被湍急的涧水冲走了。而侥幸登上对岸的士兵则被疾驰而至的宋军骑兵砍翻在涧边。塔尔和他的儿子以及五名将领都被乱箭射死在山涧中。这时，南院大王耶律斜轸及时赶到，下令辽军全线撤退，这才避免了辽军的更大伤亡。

经此一役，郭进成功地将辽军阻截在石岭关。宋太宗则率领大军从容地向太原发起进攻，北汉主刘继元无力与宋军相抗衡，又久盼辽军不至，只得开城向宋太宗投降。

宋军在战争中抢先占据有利地形，以逸待劳，居高临下，等辽军渡涧时突然发起袭击；而在宋军抢先占据高地险隘的不利情况下，辽军主帅不但没有谨慎应对，反而贸然进攻，结果落得个惨败身死的下场。

东晋灭南燕之战

淝水之战后,前秦很快灭亡,北方暂时统一的局面被打破,先后建立起十几个割据政权,它们互相争斗,混战不休。其中比较强大的政权是北魏,与东晋接壤的是南燕和后秦,南燕的建立者为鲜卑族慕容德。

东晋在淝水之战后接连收复了徐、兖、青、豫、梁等州(今山东、江苏、河南、陕南地区)。然而,没过多久,东晋发生内乱,这些地方落入了南燕和后秦手中。

东晋大将刘裕本是平民出身,后来在战争中崭露头角,逐步掌握了东晋的军政大权。刘裕当权后,一方面排除异己,扩充自己的势力;另一方面轻徭薄赋,以缓和社会矛盾。同时,他打着恢复中原的旗号,加紧训练军队,积极准备北伐。这些措施的施行,巩固了刘裕的地位,也增强了东晋的经济和军事实力,为北伐创造了条件。

南燕是刘裕进攻的第一个目标。在与南燕的战争中,刘裕准确判断敌情,慎重选择北伐路线,根据地形灵活变换战术，最终取得了北伐的胜利。

公元409年农历三月，南燕君主慕容超派将军慕容兴宗等人率骑兵袭击东晋的宿豫（今江苏宿迁），俘虏了阳平太守和济阴（今山东定陶西北）太守。随后又派将军公孙归攻陷济南，俘虏了太守及百姓千余人。

为了争取广大民众的支持，提高自己的威望，刘裕上表请求北伐南燕，以收复失地。刘裕的这一主张，只得到少数人的支持，大多数朝臣均认为不可。刘裕便向他们作了一番分析，指出南燕的弱点：国土较小，政治腐败，没有长远的战略眼光。刘裕说服了皇帝，决定以水军、车兵、步兵、骑兵联合作战，并制定了沿途筑城、分兵留守、巩固后方、主力长驱北进的作战方针。

同年农历四月十一日，刘裕率领十万大军从建康出发，由水路过长江，自淮水至泗水前行，五月抵达下邳（今江苏沂北）。刘裕扔下航船辎重，率步兵向南燕境内的琅琊（在今山东临沂北）进发，并沿途筑建城堡，分兵留守，以防被南燕骑兵切断后路。

晋军到达琅琊之前，南燕早已得到消息，急忙将莒城（今山东莒县）、梁父（今山东泰安）的守军调走。晋军继续向前开进，打算从琅琊至广固（在今山东青州西北），然后直捣南燕都城。

当时，从琅琊到广固的路有三条：一是沿沂水北上，由琅琊经东莞（今山东莒县东莞镇），越过大岘山（在今山东沂水北），直捣临朐（今山东临朐）、广固，此乃捷径，水路运输比较方便；但大岘山极为险峻，山高七十余丈，周围二十多里，山上关口（今穆陵关）只能通过一辆战车，有"齐南天险"之称。二是向东北经莒城、东武（今山东诸城）入潍水北上，再折向西，进入广固；此路迂远，劳师费时。三是向北越泗水经梁父，再转向东逼近广固；这条路中山路太多，行军、运输均比较困难。

经过反复斟酌，刘裕决定走第一条线路。他的部将心中疑虑，说："如果南燕军仗着大岘山这道天险伏击我军，或者坚壁清野，断绝我军的粮草，我军孤军深入。恐怕不仅无法灭燕，还将败无归路。"

面对疑问，刘裕胸有成竹地侃侃而谈："之前，南燕曾利用其骑兵优势两次攻入东晋淮北地区，却只是掳掠人口、财物而没有攻城占地。"据此，刘裕判断：南燕首领是个没有深谋远虑的贪婪之辈，进则专思抢掠，退则吝惜禾苗。加上之前南燕弃守莒城、梁父等要地，刘裕坚信，南燕一定认为晋军孤军远征，难以持久，所以不准备在大岘山以南作战，而有意引诱晋军主力深入南燕腹地，然后以临朐、广固等坚城为依托，在平坦地区同晋作战，以便使自己的骑兵优势得到最大限度发挥,因此他们进不会过临朐,退不会守广固,并且决不会守险清野。听了这番分析,将士们坚定了北越大岘山、直捣南燕腹地同燕军作战的决心。

早先慕容超得知晋军北上的消息时,便召群臣商议对策,征房将军公孙五楼提出了三条计策,他说:"晋军轻捷果敢,意在速战,我军不应与其正面交锋,而应扼守大岘,阻止敌军深入,用拖延时日的办法来挫其锐气;然后选精骑沿海南下,切断敌军粮道,另命兖州之兵沿着山路东下,腹背夹击,这是上策。命令各地郡守据险固守,坚壁清野,同时毁掉地里的庄稼,使晋军无法就地掠夺粮草,又求战不得,只需数月,晋军弹尽粮绝,自然会乖乖撤兵,我军就可以轻松获胜,这是中策。放纵敌人越过大岘山,出城正面迎战,这是下策。

如果采取上策,燕军就可以凭险固守,阻挡晋军深入南燕腹地;即使退却,也有利于发挥燕军骑兵的优势,进可攻,退可守,可以与东晋军队打持久战。中策虽然要损失一些粮食,但也能大量减少己方人员的伤亡。"

但慕容超拒绝采纳上策和中策,认为东晋军远道而来,实为疲惫之师,不能久战。而自己据五州(徐州、并州、幽州、兖州、青州)之地,拥富庶之民,铁骑万群,麦禾布野,为什么要抢先拔除禾苗、迁徙民众,使自己蒙受损失呢？于是决定采纳下策。手下将领极力劝谏，希望他能回心转意，慕容超却一意孤行。桂林王兼太尉慕容镇退朝后叹息："陛下既不同意出大岘迎敌，又不准坚壁清野，放纵敌人深入我腹地，无异于坐以待毙，我们必将落个身死国灭的下场啊！"慕容超听说后，勃然大怒，立刻将慕容镇下狱。不久，他调回了莒城、梁父的守军，修筑广固城池，整顿兵马以待晋军。

这年农历六月十二日，晋军到达莒城，然后火速越过大岘山。眼见脱离险境，而燕军又未采取行动，刘裕总算松了一口气，对左右说道："现在我军已经越过危险地带，深入敌人腹地，士卒们都会拼死作战；而这里的原野上长满了成熟的庄稼，我军再无缺粮之忧。可以说，敌人的命运尽在我的掌握之中。"

经过激烈争夺，晋军夺取了水源城。水源临近临朐，刘裕开始布置军队，准备与南燕军争夺临朐，六月十八日，晋军主力抵达临朐城南附近，距城只有数里。慕容超突然出动主力骑兵万余夹击晋军。刘裕有针对性地在步兵的两翼布置了四千车兵，并以骑兵在车后机动，组成一个步、骑、车兵相互配合的阵势，有效地抵御了燕军骑兵对晋军步兵主力的冲击。双方激战半日，不分胜负。此时，刘裕的参军胡藩建议，燕军全部出动，临朐此时守备必定空虚，正可出奇兵走偏僻小道去袭击临朐城。刘裕欣然应允,立即派兵奇袭临朐。临朐兵力薄弱,被晋军一举攻下。慕容超惊慌失措,单骑逃出,刘裕趁机率军猛攻,燕军大败,数十名南燕将军被斩杀,慕容超败回广固,晋军首战告捷。

临朐之战结束后,晋军乘胜连夜发起追击,直逼广固城下。广固城四周都是绝涧,短时间内难以攻取。刘裕命晋军修筑高达三丈的长墙和三重沟堑,打算长时间地围困敌军。刘裕招抚投降的燕军将士,选贤任能,以怀柔之策瓦解敌军军心;同时就地取粮,停止从后方运送粮草,从而使晋军处于更加有利的位置。

面对这一情形,慕容超并没有积极展开防御,而是派尚书张俊、韩范前往后秦搬取援兵,自己则消极等待,将希望都寄托在援兵身上。

后秦此时正和大夏激烈交战,根本无力出动大军救援南燕。这年农历九月,张俊、韩范不但未从后秦搬来救兵,反而先后投降刘裕。韩范素来受到南燕人敬重,刘裕便让他绕城宣示燕人降晋之事,燕军士气更加低落。此前,南燕将领张纲也降了东晋,此人善于制造攻城器具,于是晋军让他设计新的攻城器具。

次年二月,刘裕率军发起总攻,南燕尚书悦寿开门迎降。慕容超率领数十名骑兵突围逃走,后被晋军俘虏,送至建康斩首。至此,这场战争以晋胜燕亡而宣告结束。

此战中,刘裕之所以能够取胜,主要在于他既了解自己,也了解敌人,还深切地意识到了地形的重要性。他正确地分析了南燕政权贪婪、目光短浅的特点,由此料定慕容超不会凭险固守大岘山,于是果断选择了一条捷径直入敌国腹地,大大缩短了战争进程。这正是孙子所说的"料敌制胜,计险厄远近,上将之道也"。

南燕骑兵善于在平原上作战,而晋军步兵在平原作战容易被骑兵冲垮,根据这一情况,刘裕将车阵这一古老的作战队形与战法运用到战争中,组成了一个步、骑、车兵相结合的阵势,从而有效地克己之短,抑敌之长。在两军对峙的时候,刘裕又及时派兵奇袭敌人薄弱的后方,为最后的胜利奠定了基础。根据敌情灵活制定相应的战略战术,这正是"动而不迷,举而不穷"。

而燕军之所以失败,除了慕容超目光短浅、骄傲自负,另一个重要原因就是慕容超不懂得利用地形之利而克敌制胜。《地形篇》说:"隘形者,我先居之,必盈之以待敌……险形者,我先居之,必居高阳以待敌。"慕容超弃大岘山之险,放弃了能有力阻击敌人进攻的地形,而选择与敌正面交锋,结果首战失利,不仅丧失了主动权,也严重削弱了军队士气,导致最后的失败。

九地篇

【原文】

孙子曰：用兵之法，有散地①，有轻地②，有争地③，有交地④，有衢地，有重地⑤，有圮地，有围地，有死地。诸侯自战其地，为散地。入人之地而不深者，为轻地。我得则利，彼得亦利者，为争地。我可以往，彼可以来者，为交地。诸侯之地三属⑥，先至而得天下之众者，为衢地。入人之地深，背城邑多者，为重地。行山林、险阻、沮泽，凡难行之道者，为圮地。所由入者隘，所从归者迂，彼寡可以击吾之众者，为围地。疾战则存，不疾战则亡者，为死地。是故散地则无战，轻地则无止⑦，争地则无攻⑧，交地则无绝⑨，衢地则合交⑩，重地则掠⑪，圮地则行，围地则谋，死地则战。

所谓古之善用兵者，能使敌人前后不相及，众寡不相恃⑫，贵贱不相救⑬，上下不相收⑭，卒离而不集，兵合而不齐。合于利而动，不合于利而止。敢问："敌众整而将来，待之若何？"曰："先夺其所爱⑮，则听矣。"兵之情主速，乘人之不及，由不虞之道⑯，攻其所不戒也。

凡为客之道⑰，深入则专⑱，主人不克⑲；掠于饶野⑳，三军足食；谨养而勿劳，并气积力㉑；运兵计谋，为不可测。投之无所往㉒，死且不北，死焉不得㉓，士人尽力。兵士甚陷则不惧，无所往则固㉔，深入则拘㉕，不得已则斗。是故其兵不修而戒㉖，不求而得，不约而亲，不令而信。禁祥去疑㉗，至死无所之。

吾士无余财，非恶货也；无余命，非恶寿也㉘。令发之日，士卒坐者涕沾襟㉙，偃卧者涕交颐㉚。投之无所往者，诸刿之勇也㉛。

故善用兵者，譬如率然㉜；率然者，常山之蛇也㉝。击其首则尾至，击其尾则首至，击其中则首尾俱至。敢问："兵可使如率然乎？"曰："可。"夫吴人与越人相恶也，当其同舟而济，遇风，其相救也如左右手。是故方马埋轮，未足恃也㉞；齐勇若一，政之道也㉟；刚柔皆得，地之理也㊱。故善用兵者，携手若使一人㊲，不得已也。

【注释】

① 散地：指诸侯在自己的领地内同敌人作战，其士卒在危急时很容易逃散的地区。

② 轻地：指军队进入敌境不深，士卒离本土不远，危急时易于轻返的地区。

③争地：指敌我双方军队占领均有利的地区。

④交地：指道路纵横、地势平坦、交通便利的地区。交，纵横交叉。

⑤重地：指进入敌境已深，隔着很多敌国城邑的地区。

⑥三属（zhǔ）：指敌我双方与其他诸侯国毗邻的地区。属，连接、毗邻。

⑦无止：不要停留。止，停留。

⑧争地则无攻：指双方必争的要害地区，应该先于敌人占领，若是敌人已抢先占领，则不宜强攻。

⑨交地则无绝：指在交地上部署军队，各部之间应保持联系，互相策应，不可断绝（音信）。绝，断绝。

⑩衢地则合交：指在衢地上应加强外交活动，结交诸侯作盟友，以为己方后援。合交，结交。

⑪重地则掠：指深入敌方腹地，后方运输补给困难，要掠夺敌人的粮食，就地解决军队的补给问题。掠，掠取、夺取。

⑫众寡不相恃：指大部队与小部队之间不能互相依靠、协同。

⑬贵贱不相救：指军官和士兵之间不能相互

救援。

⑭ 收：聚集、收拢。

⑮ 先夺其所爱：首先攻取敌人所必救的要害之处。爱，比喻敌人关键、最重要的地方。

⑯ 由不虞之道：要走敌人不易料到的道路。由，经过、通过。虞，料想，预料。

⑰ 为客之道：指离开本土进入敌境作战的基本原则。客，这里指离开本土进入敌境作战的军队。

⑱ 专：专心一意，这里指深入敌国重地，士卒没有退路，只能死战。

⑲ 主人不克：指在本国作战的军队，无法战胜客军。主人，指在本国作战的军队、被进攻的一方。克，战胜。

⑳ 掠于饶野：掠夺敌方富饶田野上的庄稼。

㉑ 并：合，引申为集中、保持。

㉒ 投之无所往：把部队投置于无路可走的绝境。投，投放、投置。

㉓ 死焉不得：指士卒连死都不怕，还有什么做不到呢？

㉔ 固：牢固，这里指军心稳定。

㉕ 拘：拘束、束缚。

㉖ 不修而戒：士卒不待督促整治，就懂得加强戒备。修，整治。

㉗ 禁祥去疑：禁止迷信活动，消除疑虑和谣言。祥，吉凶的预兆，这里指占卜之类的迷信活动。

㉘ 吾士无余财，非恶货也；无余命，非恶寿也：我军士卒没有多余的钱财，这并不是他们厌恶财货；没有多余的性命（却拼死作战），这并不是他们不想活下去。恶，厌恶。寿，寿命。

㉙ 士卒坐者涕沾襟：坐着的士卒热泪沾满了衣襟。涕，眼泪。襟，衣襟。

㉚ 偃卧者涕交颐：躺着的士卒泪流面颊。偃，仰倒。颐，面颊。

㉛ 诸刿（guì）之勇：像专诸、曹刿那样英勇无畏。诸，专诸，春秋时吴国的勇士。公元前515年，吴公子光（即后来的吴王阖闾）要杀吴王僚自立，于是设宴招待僚。席上，专诸用暗藏在鱼腹中的剑刺死了吴王僚，自己也当场被杀。刿，曹刿，春秋时期鲁国的武士。鲁君与齐君在柯地（今山东东阿）会盟时，他持剑劫持齐桓公，迫使其当场订立盟约，归还齐国所侵占的鲁国土地。

㉜ 率然：古代传说中的一种蛇。

㉝ 常山：即恒山。

㉞ 方马埋轮，未足恃也：把马并排系在一起，把车轮埋起来，想以这种方式来稳定军队，是靠不住的。方，并列，这里是"系在一起"的意思。

㉟ 齐勇若一，政之道也：要想使士卒齐心协力，奋勇杀敌，靠的是组织指挥得法。

㊱ 刚柔皆得，地之理也：使强者和弱者都能尽其力，在于恰当地利用地形。刚柔，这里指强弱。

㊲ 携手：这里是"带领、统率"的意思。

【译文】

孙子说：按用兵的规律，可以将战地分为散地、轻地、争地、交地、衢地、重地、圮地、围地、死地九种。诸侯在自己的领地上与敌作战，这样的地区叫作"散地"；进入敌境但尚未深入敌人腹地，这样的地区叫作"轻地"；我方得到就对我有利，敌方得到就对敌有利的地区，叫作"争地"；我军可以前往，敌军也可以前来的地区，叫作"交地"；同几个诸侯国毗邻，先到的就可以结交诸侯并取得援助的地区，叫作"衢地"；深入敌国腹地，隔着很多敌国城邑的地区，称为"重地"；山林、险阻、沼泽等行军困难的地区，叫作"圮地"；进入的道路狭窄险要，退归的道路迂回曲折，敌人以少数兵力就能击败我众多兵力的地区，叫作"围地"；迅猛奋战则能生存，不迅猛奋战就灭亡的地区，叫作"死地"。因此，处于散地则不宜作战；处于轻地则不可停留；遇上争地则要先于敌人占领，如果敌人已经占领，就不宜强攻；遇上交地则（要相互策应）不要断绝联络；进入衢地则应结交诸侯以为己援；深入重地则应掠取粮草物资；遇上圮地则要迅速通过；陷入围地则应运用智谋，防止被困；陷入死地则要迅猛奋战，死里求生。

　　古时侯善于用兵的人，能够使敌人的部队首尾不能相顾，主力与小部队不能相互依靠，将官与士兵之间不能相互救援，上下之间（相互隔断）无法收拢，士卒溃散而不能集中，士卒即使集合起来也是阵型混乱。在对我有利的情况下就行动，在对我不利的情况下就停止。请问："如果敌军众多而且阵容齐整地向我发起进攻，该如何对付它呢？"答曰："首先夺取敌人的要害之处，这样，它就不得不听凭我的摆布了。"用兵之道贵在神速，乘敌人措手不及的时候，走敌人意料不到的道路，攻击敌人没有戒备的地方。

　　大凡进入敌国作战的基本原则是：深入敌境则军

心专一，在本土作战的敌军便无法战胜我；掠夺敌人富饶田野上的庄稼，使全军给养充足；精心地养护士卒，不要使他们疲劳，保持士气，积蓄力量；部署兵力，计算谋划，使敌人无法揣测我的意图。将军队置于无路可走的绝境，士卒们就会宁死而不败退；士卒们既然连死都不怕了，就没有人不尽力作战。士兵们深陷危险的境地，就会无所畏惧；无路可走，军心就会稳固；深入敌境，军心就不会涣散；遇到迫不得已的情况，就会殊死战斗。因此，在这样的情况下，军队不须整饬就懂得加强戒备，不待要求就能完成任务，不待约束就能亲密协作，不待下令就会遵守纪律。禁止迷信，消除士卒的疑惑，他们就会至死也不退避。

我军士卒没有多余的钱财，这并不是他们厌恶财货；豁出性命去作战，这并不是他们不想长寿。命令下达之日，坐着的士卒热泪沾满了衣襟；躺着的士卒泪流满面。将军队置于无路可走的绝境，士兵们就会像专诸、曹刿一样勇猛无畏。

所以，善于用兵的人，能使部队像率然一样（自我策应）。所谓"率然"，是常山的一种蛇，攻击它的头部，尾部就会来救援；攻击它的尾部，头部就会来救援；攻击它的中部，头尾都会来救援。试问："可以使部队像率然一样吗？"答曰："可以。"吴国人与越国人虽然互相仇视，但是当他们同船渡河而遭遇风浪时，他们互相救助（配合默契）犹如一个人的左手和右手。因此，想用把马匹系在一起、掩埋车轮的办法来控制军队，是靠不住的；要使全军齐心协力奋勇无畏如同一人，就要靠指挥驾驭有方；要使强弱不同的士卒都能充分发挥作用，就要靠将帅恰当地利用地形。所以善于用兵的人，统率三军如同使用一人，这是由于将军队置于不得已的境地而形成的。

【原文】

将军之事，静以幽①，正以治②。能愚士卒之耳目，使之无知。易其事，革其谋③，使人无识；易其居，迂其途，使人不得虑。帅与之期④，如登高而去其梯。帅与之深入诸侯之地，而发其机⑤，焚舟破釜，若驱群羊，驱而往，驱而来，莫知所之。聚三军之众，投之于险，此谓将军之事也。九地之变，屈伸之利，人情之理，不可不察。

凡为客之道，深则专，浅则散⑥。去国越境而师者，绝地也；四达者，衢地也；入深者，重地也；入浅者，轻地也；背固前隘者⑦，围地也；无所往者，死地也。是故散地，吾将一其志；轻地，吾将使之属⑧；争地，吾将趋其后⑨；交地，吾将谨其守；衢地，吾将固其结⑩；重地，吾将继其食⑪；圮地，吾将进其途；围地，吾将塞其阙⑫；死地，吾将示之以不活⑬。故兵之情，围则御⑭，不得已则斗，过则从⑮。

是故不知诸侯之谋者，不能预交⑯；不知山林、险阻、沮泽之形者，不能行军；不用乡导者，不能得地利。四五者，不知一，非霸王之兵也。夫霸王之兵，伐大国，则其众不得聚；威加于敌，则其交不得合。是故不争天下之交⑰，不养天下之权⑱，信己之私⑲，威加于敌，故其城可拔，其国可隳⑳。

施无法之赏㉑，悬无政之令㉒；犯三军之众㉓，若使一人。犯之以事，勿告以言㉔，犯之以利，勿告以害㉕。投之亡地然后存，陷之死地然后生。夫众陷于害，然后能为胜败。故为兵之事，在于顺详敌之意㉖，并敌一向，千里杀将，此谓巧能成事者也。

是故政举之日，夷关折符，无通其使㉗，厉于廊庙之上㉘，以诛其事㉙。敌人开阖，必亟入之㉚。先其所爱，微与之期㉛。践墨随敌㉜，以决战事。是故始如处女，敌人开户；后如脱兔，敌不及拒㉝。

【注释】

① 静：沉着冷静。幽：幽深。

② 正：严肃公正。治：不乱。

③ 易：改变。革：变更。

④ 帅与之期：将帅使部队约期赴战，即将帅赋予部队具体的战斗任务。期，约定时间。

⑤ 机：弩机。

⑥ 深则专，浅则散：指在敌国境内作战，深入则军心专一，浅进则军心涣散。

⑦ 背固前隘：指背后地势险要，前面道路狭隘，进退容易受制于敌的地区。

⑧ 使之属（zhǔ）：使军队的部署相连接。属，连接、连续。

⑨ 争地，吾将趋其后：在争地作战，我们要迅速进兵到争地的后面。

⑩ 衢地，吾将固其结：遇上衢地，我们要巩固与诸侯国的结盟。结，这里指结交诸侯。

⑪ 继其食：补充军粮，保障供给。继，继续，引申为保障、保持。

⑫ 塞其阙（quē）：堵塞缺口，意在迫使士兵拼

死作战。阙，通"缺"，缺口。

⑬ 示之以不活：指向将士表示死战到底的决心。

⑭ 围则御：被包围就会奋起抵御。

⑮ 过则从：指士卒陷入危险的境地，就会听从指挥。过，这里指身陷危境。

⑯ 预：通"与"。

⑰ 不争天下之交：不必争着同别的国家结交。

⑱ 不养天下之权：不必在别的国家培植自己的权势。

⑲ 信：信从，这里指依靠。私：这里指自己的力量。

⑳ 隳（huī）：毁坏、摧毁。

㉑ 施无法之赏：施行超出惯例的奖赏。

㉒ 悬：悬挂，这里指颁发。

㉓ 犯：这里指驱使、使用。

㉔ 犯之以事，勿告以言：只驱使士卒去做事，而不告诉他们这样做的意图。

㉕ 犯之以利，勿告以害：驱使士卒完成某项任务时，只告诉他们有利的一面，而不告诉他们危险的一面。

㉖ 详：通"佯"。

㉗ 政举之日，夷关折符，无通其使：决定战争行动之日，要封锁关口，废除通行凭证，阻止与敌国使节的外交往来。政举之日，指决定战争行动的时候，即战争前夕。政，这里指战争行动。举，实施，决定。夷，这里指封锁。折，折断，这里可理解为废除。符，泛指通行凭证。古时用木、竹、铜等做成牌子，上书图文，分为两半，作为传达命令、调兵遣将和通行关界的凭证。使，使节。

㉘ 厉：通"砺"，这里是反复计议的意思。廊庙：即庙堂，指最高决策机构。

㉙ 诛：治，这里是谋划决定的意思。

㉚ 敌人开阖（hé），必亟入之：敌人出现疏失空隙，己方必须迅速趁虚而入。敌人开阖，指敌人有隙可乘。阖，门扇，这里比喻敌方的空隙。亟，急。

㉛ 微：无。期：这里指约期交战。

㉜ 践墨随敌：指制订战略计划要随敌情而变化。践，实行，制订。墨，墨线，这里指战略计划、部署。

㉝ 始如处女，敌人开户；后如脱兔，敌不及拒：开始时要如处女般柔弱沉静，使敌人放松戒备；随后要如逃脱追捕时的兔子般迅速敏捷，使敌人来不及抗拒。

【译文】

统率军队这种事情,要沉着冷静以使思虑深远,严肃公正以使队伍井然有序。要蒙蔽士卒的视听,使他们对军事行动一无所知;要经常变更战法,不断改变谋略,使人无法识破;要经常改换驻地,故意迂回绕道,使人们无法推测我方的意图。将帅赋予军队具体的作战任务,要像让人登高后而撤掉梯子一样,使其有进无退。将帅与军队一同深入诸侯国土,要像触发弩机射出弩箭一样,使其一往无前。要焚烧船只,打破锅子。破釜沉舟(以示死战的决决),驱使士卒要如驱赶羊群一般,赶过去,赶过来,使他们不知道要前往何处。聚集全军将士,将他们置于危险的境地(迫使他们拼死奋战),这就是统率军队作战的要务。根据地形的变化而灵活采取应对措施,根据战争态势的发展而采取相应的屈伸、进退战略,掌握全军将士在不同情况下的心理状态,这些都是将帅不能不认真考察和研究的。

大凡在敌国境内作战的基本规律是:深入敌境,军心就会变得专一;进入敌境不深,军心就容易涣散。离开本国,越过边境而进入敌国作战的地区,叫作"绝地"；四通八达的地区叫作"衢地"；深入敌国腹地的地区叫作"重地"；在敌国境内，但尚未到达其纵深的地区叫作"轻地"；背后有阻险而前方狭隘的地区叫作"围地"；无路可走的地区叫作"死地"。因此，在散地，我就要使全军上下意志统一；在轻地，我就要使军队前后连接、互相策应；在争地，我就要使后续部队迅速跟进；在交地，我就要谨慎防守；在衢地，我就要巩固与诸侯国的结盟；在重地，我就要保障粮草的供给；在圮地，我就要争取尽快通过；陷入围地，我就要堵塞缺口；陷入死地，我就要向众将士表示死战到底的决心。所以，士卒的心理变化情况是：受到包围就会奋起抵御，迫不得已就会拼死战斗，身处险境就会听从指挥。

因此，不了解诸侯的计谋和策略的，就不能预先与之结交；不熟悉山林、险阻、沼泽等地形的，就不能行军；不使用向导的，就不能获得地利之助。对于九地之利害，有一样不了解的，都不算是能称王争霸的军队。能称王争霸的军队，攻伐大国，能使其来不及动员民众、集结军队；威力加于敌人头上，能使其无法与别国结交。因此，（拥有这样的军队）就不必争着与别的诸侯国结交，也不必在各诸侯国培植自己的势力，只要依靠自己的力量，把威力加在敌人头上，就可以夺取敌人的城邑，摧毁敌人的国家。

　　施行超出惯例的奖赏，颁布打破常规的号令，这样就能做到指挥全军如同指挥一个人一样。驱使士卒去做事，而不告诉他们这样做的意图；只告诉他们有利的一面，而不告诉他们危险的一面。将士卒置于危险的境地，然后才能保存；使士卒陷入死地，然后才可以死里求生。军队陷于险境，然后才能（凭借自己的积极和主动）争取胜利。所以，指挥作战这种事，在于弄清敌人的意图，（一旦时机成熟，便）集中兵力指向敌人的一点，千里奔袭，擒杀敌将。这就是所谓的巧妙运筹能够成就大事。

　　因此，在决定战争行动的时候，就要封锁关口，废除通行凭证，停止与敌国的外交往来，要在庙堂上反复计议，以谋划制定战略决策。一旦发现敌人有隙可乘，就要迅速发兵趁虚而入。首先攻取敌人的关键地方，不要轻易与敌人约期决战。实施战略部署的时候要根据敌情的变化而不断做出调整，以求得战争的胜利。因此，战争开始时要表现得像处女般柔弱沉静，谤俟敌人放松戒备；然后要像逃脱追捕时的兔子那样迅速敏捷，使敌人措手不及，无法抵抗。

【点评】

战争不仅是智谋的较量，也是力量、意志、决心和勇气的决斗。孙子说"围地则谋，死地则战"——当陷入九死一生的绝境时，利用全军将士的求生之心，激发他们决一死战的勇气，反败为胜，是为"陷之死地而后生"。

战争中是这样，生活中也是如此。一个初出茅庐的求职者在残酷的竞争中处处碰壁，一个小企业濒临破产的窘境，一个城市面对突如其来的灾害，一个人突然遭受恶毒的流言蜚语的攻击……生活就是如此，不管你愿不愿意，它就是会突然间给你设置前面有恶虎挡道、背后有饿狼追随的绝境，而且更不巧的是你正走在独木桥上，桥下是湍急的河流。

怎么办？如果你瘫倒在地，那么就成为虎狼的美餐了。不如跳下河去，也许有机会游到没有危险的浅滩。如果你不会水，那就只能选择从狼和虎的防线上突破。哪边胜算大，哪怕大一点点，也要鼓起勇气，作最后一搏。也许不一定每次都能赢，但是如果不去试，那就肯定连赢的机会都没有。

战争是最残酷的一项人类活动，它的后果是生离死别、家破人亡。"不战而屈人之兵"的案例毕竟是少数，既然战争不可避免，既然不是你死就是我亡，那就不如"投之无所往"，奋"诸、刿之勇"，或者可以"置之死地而后生"。

一位母亲见自己的孩子从十层楼高的窗台上掉了下来，就在那一瞬间，她不知从哪里爆发出来力量，从十几米远的地方飞身冲到楼底下接住了孩子！这个速度，比有记录的人类最快的短跑速度还快。

事后，这位母亲本人也感到万分惊讶，她说自己当时其实什么也没想，一心只想着一定要在孩子落地之前接住他。正是这种强烈的心情让她柔弱的身躯爆发出了"投之无所往"的力量。

人们常常嘲笑"困兽犹斗"。但是这种求生精神又何尝不令人动容？在漫漫人生道路上，碰到挫折与困境，一定要鼓起"投之无所往"的勇气，战胜它们，即使被打败，也不可失去尊严。

【实用谋略】

高平之战

《九地篇》中说道：善于指挥打仗的人，能够使敌人前后部队无法相顾及，官兵不能相救援，并趁机歼灭敌人。高平之战中，后周军使北汉军陷入前后隔断，首尾不能联系的境地，并趁此一举歼灭了北汉军，此战例很好地体现了孙子的这一思想。

高平之战是后周和北汉、契丹联军之间进行的一次关键性战役，也是五代十国时期最为重要的一次决战，它最终以周世宗大获全胜而告终。

五代十国时期，北汉曾多次南下进攻后周，但是后周军队总能在太祖郭威的率领下击退北汉军队。

公元954年，郭威去世，其养子柴荣（实际上是郭威的内侄，柴荣是其妻子柴守玉的哥哥柴守礼的儿子）即位，就是周世宗。北汉主得知这个消息，非常高兴，立刻向契丹请兵，再次南下攻打后周。契丹派武定节度使、政事令杨衮率领万余骑兵和北汉会师于晋阳，北汉主亲自统帅三万人马，和契丹合兵南下。后周昭宁节度使李筠派部将穆令均率领两千人马迎击北汉军队，自己则率领主力在后面扎营。北汉前锋都指挥使、武宁节度使张元徽设下埋伏，自己佯败诱敌，结果穆令均中伏被杀，士卒折损了上千人。

李筠退回潞州，凭城固守。周世宗得到禀报，打算亲自出征。但是大臣们都认为，北汉主自晋州惨败以后，一定不敢再亲自出征。而皇帝刚刚即位，人心还未稳定，不宜亲征，应该派下面的将帅去抵御。但是周世宗有自己的看法，他认为北汉主刘崇趁我国大丧来进攻，必定是轻视我年少没有经验，一定会亲自前来，想一举吞并我国，我不能不亲自出征。于是，周世宗率领禁军从京城开封出发。在北上的途中。禁军控鹤都指挥使赵晁派人向周世宗进言，劝阻亲征。周世宗大怒，将赵晁囚禁在怀州。北汉主不知道周世宗亲自出征，他看潞州城坚固，一时难以攻取，就越过潞州不攻，直取大梁。北汉兵的前锋与后周军在高平以南相遇，被周军击退。周世宗生怕北汉军撤退，遂加紧前进。北汉主刘崇在巴公原排开阵势准备迎击，他亲自率领中路军，张元徽率领东路军，杨衮率领西路军（即契丹骑兵），军容极盛。这时，后周军前锋行进过于迅速，河阳节度使刘词率领的后军落在了后面。面对这种敌众我寡的局面，周军的将士难免怀有畏惧心理。而周世宗反而更加镇定，坚信一定可以打败北汉与契丹的联军。于是，他命令白重赞与侍卫马军都虞侯李重进在西面统率左军，樊爱能、何徽在东面统率右军，向训、史彦超率领精骑在中间列阵，殿前都指挥使张永德率领禁军护卫皇帝。周世宗自己也全身披挂铠甲，并跨马到阵前督战，双方都严阵以待。

北汉主看到后周人马不多，认为不用契丹的人马也可以击败周军，他对手下的将领说："我用汉军就可以击败周军，哪用得着契丹人，今天不但要一举击败周国，还要让契丹人知道我们汉军的厉害。"北汉的将领们也都表示赞同。杨衮在阵前观察了后周军的阵势和军容，对北汉主说："周军是强敌，不可贸然进攻。"北汉主不以为然地说道："机不可失，将军就不要再说了，且看我来破敌。"杨衮不再言语，静观汉军的举动。当时天上吹起东北风，不久又突然转为南风。北汉副枢密使王延嗣派司天监李义向北汉主进言，劝北汉主出击。枢密直学士王得中认为风势不利，不宜出击。北汉主不听，命东路军率先发起进攻，张元徽亲自率领千余精骑冲击后周的右军。后周的右军主将樊爱能、何徽本来就有怯战心理，交战不久，看到北汉军来势很猛，抵挡不住，就率领骑兵率先逃走。后周右军被击溃，有上千步兵解甲投降。周世宗看到战事紧急，后周军濒临溃败的边缘，便亲自率领左右亲兵冒着矢石出阵督战。

后来的宋太祖赵匡胤当时还是后周禁军将领，他先招呼同伴向前冲锋。又请张永德率军从左翼出击，自己率军从右翼出击。张永德同意，两人各率领两千人马随周世宗出击。赵匡胤身先士卒，奋力杀向敌阵。主将奋勇当先，士卒更是拼死力战，无不以一当百，北汉兵抵挡不住，纷纷溃败下来。后周内殿直马仁禹也激励同伴进击，他自己跃马猛射，连毙数十敌军，后周军的士气更加高涨。北汉主知道周世宗亲自出战，遂命人对张元徽进行嘉奖，并催促张元徽乘胜进攻。张元徽继续向前进攻，不料战马被射倒，自己从马上摔了下来，被后周士兵斩杀。张元徽一死，北汉军士气低落，后周军乘胜追击，把北汉军杀得大败。

此后，北汉主刘崇亲自挥舞旗帜，试图稳住军心，但是这也无法阻止北汉军的溃败。杨衮看到后周军如此骁勇,不敢救援,又痛恨刘崇不听自己的劝告,所以立即率领契丹骑兵撤退了。这时,从战场上溃败下来的后周将领樊爱能、何徽等人率领溃军一路抢劫辎重,散布谣言,并企图阻止后军大将刘词继续前进。刘词不听,继续率军向前进发,在黄昏时与前军会合,当时北汉尚有士兵万余人,隔山涧布阵,企图抵抗。后周军得到增援,又发起猛攻,北汉军崩溃了,王延嗣被杀,后周军一路追杀到高平,北汉将士的尸体布满了山谷,丢弃的军资器械到处都是。走投无路的北汉士兵被迫投降了后周。最终,北汉主刘崇仅仅率领百余骑兵逃回了晋阳。这样,后周在高平大战中取得了最终胜利。

高平之战,直接关系到后周的存亡兴衰。在右军已经被击溃的危急情况下,周世宗亲自出阵,极大地鼓舞了周军的士气,从而挽救了岌岌可危的战局。

岳钟琪平叛

雍正元年(1723),居住在青海的厄鲁特蒙古和硕特部首领罗卜藏丹津率领数十万人发动叛乱,并胁迫青海蒙古各部首领于察罕托罗海会盟,妄图实现兼并青海、蒙古各部的野心,这一举动严重威胁到清朝在青海地区的统治。

同年,雍正帝派川陕总督年羹尧负责平叛军务,四川提督岳钟琪率军前往接应。清军一方面截断叛军进犯内地、退入西藏的通道,另一方面出兵归德堡(今青海贵德),重创叛军主力。

1724年农历一月,岳钟琪率军深入青海腹地,猛攻郭隆寺,歼敌六千余人,极大地震慑了叛军。罗卜藏丹津见大势已去,一面上书"请罪"乞和,一面却暗地里聚众十万,据守柴达木地区乌兰木和尔,想要继续顽抗。岳钟琪分析当前局势,认为敌人此时元气尚未恢复,应当趁此机会用精悍的轻骑兵快速袭击其老巢。朝廷采纳了岳钟琪的建议,委任他为奋威将军,主持西征战事。

同年二月,岳钟琪率领精兵五千、战马万匹,以迅雷不及掩耳之势攻取位于哈达河边的敌军据点,然后马不停蹄地翻越崇山,直抵敌军大本营。

在岳钟琪的指挥下,清军骑兵一路势如破竹,直入敌营,叛军毫无戒备,被这突如其来的攻击打得晕头转向,顷刻间溃不成军。罗卜藏丹津见势不妙,慌忙换上妇女的服装，带领残部逃走，余下的人只能纷纷伏地请降。岳钟琪发现敌酋逃走，立刻率军追击，一直追到桑骆海，除罗卜藏丹津只身逃往准噶尔外，余众尽数被俘获。

　　岳钟琪仅率领千余人深入重地，倚仗快速出击的战术，一举捣毁敌人的大本营，歼敌数万，这一战正是突袭战的典范。

火攻篇

【原文】

孙子曰：凡火攻有五：一曰火人①，二曰火积，三曰火辎②，四曰火库，五曰火队③。行火必有因④，烟火必素具⑤。发火有时，起火有日。时者，天之燥也；日者，月在箕、壁、翼、轸也⑥，凡此四宿者⑦，风起之日也。

凡火攻，必因五火之变而应之⑧。火发于内，则早应之于外。火发兵静者，待而勿攻，极其火力，可从而从之⑨，不可从而止。火可发于外，无待于内，以时发之。火发上风，无攻下风。昼风久，夜风止。凡军必知有五火之变，以数守之⑩。

故以火佐攻者明⑪，以水佐攻者强。水可以绝，不可以夺⑫。

夫战胜攻取，而不修其功者凶⑬，命曰费留⑭。故曰：明主虑之，良将修之。非利不动，非得不用⑮，非危不战。主不可以怒而兴师，将不可以愠而致战⑯。合于利而动，不合于利而止。怒可以复喜，愠可以复悦，亡国不可以复存，死者不可以复生。故明君慎之，良将警之，此安国全军之道也。

【注释】

① 火人：指焚烧敌军人马。

② 火辎：指焚烧敌军辎重。

③ 火队（suì）：指焚烧敌人的运输设施。队，通"隧"，指运输设施。

④ 因：条件。

⑤ 烟火必素具：发火用的器材必须平时就准备妥当。烟火，指发火用的器具、燃料等物。素，平素、经常。具，准备。

⑥ 箕、壁、翼、轸：中国古代星宿名，是二十八宿中的四宿。

⑦ 四宿：即箕、壁、翼、轸四个星宿。古代认为月亮运行到达这四个星宿位置时多风。

⑧ 应：策应。

⑨ 从：跟从，这里指进攻。

⑩ 数：指前文所说的"发火有时，起火有日"等火攻条件。

⑪ 明：这里指效果显著。

⑫ 夺：剥夺，这里指焚毁敌人的物资器械。

⑬ 修：修治，引申为巩固。

⑭ 命：明命。费留：即自费。留，通"流"。

⑮ 非得不用：不能取胜就不要用兵。得，得胜、取胜。用，用兵。

⑯ 愠（yùn）：怨愤、恼怒。

【译文】

孙子说：火攻的方式有五种。一是火烧敌军人马，二是焚烧敌军粮草，三是焚烧敌军辎重，四是火烧敌军仓库，五是火烧敌军的运输设施。实施火攻必须具备一定的条件，发火器材平时就要准备妥当。放火要选择适当的时候，起火要选择有利的日期。所谓适当的时候，是指天气干燥；所谓有利的日期，是指月亮行经箕、壁、翼、轸这四个星宿的位置，凡是月亮行经这四宿的位置时，就是起风的日子。

凡是用火攻，必须根据上述五种火攻所引起的变化，灵活部署兵力加以策应。在敌营内部放火，就要早早派兵在敌营外进行策应。火已燃起而敌军依然保持镇静的，就应等待观察，切勿贸然发起攻击。等到火势最猛烈的时候，根据情况，可以进攻就进攻，不可以进攻就要停止。火也可以在敌营外燃放，那样就不必等待内应，只要时机成熟就可以放火。在上风放火时，不可从下风进攻。白天风刮得久了，夜晚就容易停止。军队必须懂得这五种火攻方法的变化运用，等火攻的条件具备时，再来实施。

用火来辅助军队进攻，效果非常显著；用水来辅助军队进攻，攻势可以得到加强。水可以将敌军分割开来，但不能焚毁敌人的军需物资。

大凡打了胜仗，攻取了土地、城池，而不能及时巩固胜利的，会非常凶险，这种情况叫作"费留"。所以说，英明的君主要慎重考虑这个问题，贤良的将帅要严肃处理这个问题。不是对国家有利的，就不要采取行动；没有取胜的把握，就不要用兵；不到危急关头，就不要轻易开战。君主不可以因为一时的恼怒而兴兵打仗，将帅不可以因为一时的愤怒而贸然出战。符合国家利益的才可以行动，不符合国家利益的就要停止。恼怒了还可以重新欢喜起来，愤怒了还可以重新高兴起来，但是国家灭亡了就不复存在了，人死了也不能复生。所以，英明的君主对待战争应该十分慎重，贤良的将帅对待战争应该时刻保持警惕，这是安定国家、保全军队的根本之道。

【点评】

火攻是古代战争中常用的一种攻击方法，之所以常用，在于火攻的效果明显，破坏力大，而攻击所付出的代价却很低。本篇主要从火攻的种类、条件和实施方法几个方面对火攻进行了论述。

在《火攻篇》的最后，孙子强调了巩固胜利的重要性。认为即使取得战争的胜利，但不能将其巩固，这也是十分危险的事情。

孙子还语重心长地告诫君主将帅们用兵作战要慎之又慎，不能因为一时的冲动愤怒而举兵作战，战争的出发点就是要对国家有利。我们可以看出，孙子是一个对国家和人民非常负责任的将领，他把将帅的职责和使命看得十分重大。

孙子告诫国君和统帅对待战争要谨慎，不可因一时之怒而大动干戈。我们在生活中，在做任何一件事情之前，都应该理性地克制个人情绪，控制自己的行为，决不可逞一时之气。

【实用谋略】

官渡之战

《火攻篇》中说:"故以火佐攻者明,以水佐攻者强。水可以绝,不可以夺。"意思是:用火来辅助军队进攻,效果非常明显;用水来辅助军队进攻,攻势可以加强。水可以将敌人分割断绝,却不能像火那样烧毁敌人的粮草军需、物资器械。军队一旦失去了粮草军需,军心就会大乱,战斗也无法继续下去。官渡之战中,曹操就是利用这一谋略,将袁军的粮草全部烧毁,使得袁军军心大乱,最终取得了胜利。

东汉建安四年(199年)六月,占据冀、青、并等州的北方最大割据势力袁绍,在消灭幽州公孙瓒之后,聚集军队十万、战马万匹,开始南下讨伐曹操,官渡之战由此拉开了序幕。

袁绍举兵南下的消息传到许昌,曹军诸将认为己方难以战胜袁绍,曹操却说:"我知道袁绍的为人,他缺少智谋,意气用事,表面上逞强,骨子里虚弱,兵力虽多但部署不当，手底下的将官骄横而政令不一。所以他是很难有所作为的。"于是聚兵两万迎击袁绍。

这年八月，曹操率军占领黄河北岸的重镇黎阳，并派臧霸率领精兵进入青州一带，以巩固右翼，防止袁军从东面袭击许昌；又令于禁率领步骑两千屯守黄河南岸的重要渡口延津，东郡太守刘延驻守白马，以阻止袁军渡河和长驱南下。九月，曹操回到许昌，把主力安置在官渡筑垒固守，以阻挡袁绍从正面的进攻。同时，他还派人镇抚关中，拉拢凉州，以稳定侧翼。

正当曹操全力以赴布置对袁作战时，刘备突然背叛曹操，杀死了曹操的徐州刺史车胄，占据下邳，屯兵沛县，兵力迅速增至数万人，并联络袁绍，准备与其合力攻打曹操。曹操认真分析当前形势，认为刘备是人杰，是心腹大患；而袁绍见识短浅，绝非自己的对手。于是曹操在建安五年（200年）正月率领精兵东伐刘备。

当时，有人建议袁绍趁曹操攻击刘备的时候，从背后袭击曹军，但袁绍没有采纳。结果曹操顺利攻占了沛县，并乘势收复了徐州、下邳，还迫使关羽投降自己。刘备全军溃败，无奈之下，只好前往河北投靠袁绍。曹操获胜后，把军队撤回官渡，准备与袁绍决战。

　　同年二月，袁绍亲率大军进抵黎阳，并派郭图、淳于琼、颜良进攻白马城，企图夺取黄河南岸的重要据点，以掩护主力渡河。四月，曹操为赢得主动，亲自率兵北上，准备解除白马之围。出兵白马之前，曹操采纳了谋士荀攸的建议，先引兵到延津，佯装要渡河袭击袁绍的后方，袁绍当即分兵救援。曹操却乘机率领轻骑袭击白马的袁军。颜良仓促应战，被关羽斩杀，白马之围得以解除。

　　袁绍闻讯后，立即派大将文丑与刘备率领五千骑兵渡河追击曹军。而曹军当时只有骑兵五六百人，情急之下，曹操下令军卒解鞍放马，又将辎重丢弃在路旁。文丑大军见到曹军丢弃的马匹、辎重，便你争我抢，乱作一团。曹操见此情形，急令军卒掉头杀向袁军。袁军顿时大败，大将文丑也在乱军之中被斩杀。此番曹军连斩颜良、文丑两员大将，袁军大为震惊。袁绍下令把军队退到阳武，曹操也还军官渡固守。

　　八月，袁绍兵临官渡，依沙堆扎营，东西数十里。曹操也扎下营寨与袁军对峙。九月，曹军几度出击，但均未能取得胜利。这时，袁绍下令构筑楼橹，命军士在楼上用箭俯射曹营，曹军士兵伤亡惨重。为了扭转这种被动局面，曹操命工匠连夜赶造霹雳车，向袁军还以飞石，摧毁了袁军的楼橹。

曹、袁双方的大军对峙月余。其间，袁绍遣刘备领兵去汝南，扰乱曹操后方。又遣韩荀率步骑往西，欲切断曹军西道补给。曹操的部将曹仁领兵击败了刘备，继而大破韩荀于鸡洛山（在今河南密县东北）一带。此时，曹军又得司隶校尉钟繇自关中输送来的两千多匹战马，实力大大增强。

然而，随着双方相峙日久，曹军粮草将尽，士卒也十分疲乏。面对这一情况，曹操一筹莫展，心里非常着急。与此同时，袁绍命大将淳于琼率领一万余众从后方运来粮草，将粮草屯积在距袁军大营以北四十里的乌巢。袁绍帐下的谋士沮授建议袁绍增兵护卫乌巢，以防曹军袭击，袁绍不听。谋士许攸、将领张郃又建议以轻骑袭击许昌，袁绍仍不采纳。

许攸见自己的建议不被采纳，愤而投奔曹操，并献计偷袭乌巢。曹操听后大喜，当即留曹洪、荀攸守卫官渡大营，自己亲率步骑五千人，连夜出发，直奔乌巢。到达乌巢后，曹军立即围住粮屯放火，霎时间，火焰四起，烟雾遮天。袁军的守将淳于琼见曹兵人数不多，于是出营组织反击。曹操挥军猛攻，迫使淳于琼退守营屯。这时，救援乌巢的袁军骑兵已经逼近乌巢，曹操拒绝了分兵阻击援军的建议，仍旧集中兵力攻击乌巢守军，并对身边将官说道："敌兵到了我背后才再告诉我。"士卒们见曹操心意坚决，皆殊死拼杀，最后大破乌巢守军，擒杀袁将淳于琼。

袁绍派去攻打曹军大营的张郃、高览二将得知乌巢已被攻破，又闻袁绍对他们二人起疑心，于是投降了曹操。曹操乘势向袁军主力发起进攻，结果大获全胜。袁绍及其子袁谭只带了八百余骑，仓惶逃往河北。历时一年有余的官渡之战，以曹操的全面胜利而宣告结束。

名家论《孙子兵法》

重战，就是重视战争，提高警惕，加强戒备。平时国家对敌人可能的进攻，应该采取的态度是"无恃其不来，恃吾有以待也，无恃其不攻，恃吾有所不可攻也"。当国家一旦遭受侵犯的时候，就要为挽危救亡而战，采取积极的攻势行动"屈人之兵"，甚至可以打出去，深入敌境，"拔人之城""毁人之国"。但是这一重战原则并不能成为好战者的口实，为了避免片面性，孙子同时还提出慎战原则。

　　慎战，指对发动战争要取慎重态度。用战是为了安国保民，不是国君将帅逞威泄愤的手段，也不是追求形式上的战胜攻取。……汉简逸文中还有"兵，利也，非好也"的论述。孙子所说的"利"和"功"的落脚点，都在"安国保民"上。《火攻篇》末尾一段话集中地表述了孙子这一思想，他说："非利不动，非得不用，非危不战。主不可以怒而兴师，将不可以愠而致战；合于利而动，不合于利而止。……故明君慎之；良将警之，此安国全军之道也。"

——于泽民

用间篇

【原文】

孙子：曰：凡兴师十万，出征千里，百姓之费，公家之奉①，曰费千金；内外骚动，怠于道路，不得操事者②，七十万家③。相守数年④，以争一日之胜，而爱爵禄百金，不知敌之情者，不仁之至也，非人之将也，非主之佐也，非胜之主也。

故明君贤将，所以动而胜人⑤，成功出于众者，先知也⑥。先知者，不可取于鬼神⑦，不可象于事⑧，不可验于度⑨，必取于人，知敌之情者也。

故用间有五：有因间⑩，有内间，有反间，有死间，有生间。五间俱起，莫知其道⑪，是谓神纪⑫，人君之宝也。因间者，因其乡人而用之⑬。内间者，因其官人而用之⑭。反间者，因其敌间而用之。死间者，为诳事于外⑮，令吾间知之，而传于敌间也。生间者，反报也⑯。

故三军之事，莫亲于间⑰，赏莫厚于间，事莫密于间⑱。非圣智不能用间⑲，非仁义不能使间⑳，非微妙不能得间之实㉑。微哉！微哉！无所不用间也。间事未发，而先闻者，间与所告者皆死。

凡军之所欲击，城之所欲攻，人之所欲杀，必先知其守将、左右、谒者、门者、舍人之姓名㉒，令吾间必索知之。

必索敌人之间来间我者，因而利之，导而舍之㉓，故反间可得而用也。因是而知之，故乡间、内间可得而使也。因是而知之，故死间为诳事，可使告敌。因是而知之，故生间可使如期。五间之事，主必知之，知之必在于反间，故反间不可不厚也。

昔殷之兴也，伊挚在夏㉔；周之兴也，吕牙在殷㉕。故惟明君贤将，能以上智为间者㉖，必成大功。此兵之要，三军之所恃而动也。

【注释】

① 奉：同"俸"。

② 操事：这里指操作农事。

③ 七十万家：指出兵打仗，要有大量民众承受繁重的徭役、赋税，而不能正常地从事生产劳动。

④ 相守：相持。

⑤ 动：举动。

⑥ 先知：这里指事先知道敌人的情况。

⑦ 取于鬼神：指用祈祷、祭祀鬼神和占卜等办

法去获得（敌情）。

⑧ 象：相类。

⑨ 不可验于度：指不能用日月星辰运行的位置来验证敌情。验，验证、应验。度，度数，这里指日月星辰运行的度数（即位置）。

⑩ 因间：即本篇下文所说的"乡间"——依赖与敌人的乡亲关系来直接获取情报，或利用与敌军官兵的同乡关系打入敌营，从事间谍活动以获取情报。

⑪ 道：途径、规律。

⑫ 纪：即道。

⑬ 因：凭借、根据。

⑭ 官人：这里指敌国官吏。

⑮ 为诳（kuáng）事于外：假装泄露机密，故意向外散布虚假消息，以欺骗、迷惑敌人。诳，迷惑、欺骗。

⑯ 反：通"返"。

⑰ 三军之事，莫亲于间：军队中没有比间谍更为亲信的了。

⑱ 密：秘密、机密。

⑲ 圣智：才智超群。

⑳ 非仁义不能使间：指如果吝惜爵禄、金钱，不能真诚对待间谍，就不能使其乐于效命。

㉑ 非微妙不能得间之实：不是用心精细、手段巧妙的将领，不能获得间谍的真实情报。实，这里指实情。

㉒ 守将：指主管将领。左右：指守将身边的亲信。谒（yè）者：指负责传达通报的官吏。门者：指负责守门的官吏。舍人：指守将的门客幕僚。

㉓ 导：引导、诱导。舍：释放。

㉔ 伊挚：即伊尹。他原本是夏桀之臣，商汤用他为相，灭了夏桀，建立了商（又称殷）。

㉕ 吕牙：即姜子牙，俗称姜太公。他原本为殷纣王之臣，周武王姬发在他的辅佐下，打败了纣王，建立了周朝。

㉖ 上智：指具有很高智谋的人。

【译文】

孙子说：凡是出兵十万，千里征战，百姓的耗费，公家的开支，每天都要花费上千金；国内局势动荡不安，民众（为战事所迫而）疲于流亡，不能从事耕作劳动的，多达七十万家。交战双方相持数年，是为了有朝一日赢得胜利，如果因为吝惜爵禄和区区百金钱（而不肯重用间谍），以致不能了解敌情而遭受失败，是不仁到了极点，（这种人）不配做统率三军的将领，不配做君主的助手；这样的国君，不是能打胜仗的好国君。

所以，英明的君主和贤良的将帅，之所以一行动就能战胜敌人，而成就超出众人，是因为他们能够事先了解敌情。事先了解敌情，不能用求神问鬼的方式来获取，不能用相似的事物作类比，不能根据日月星辰运行的位置去进行验证，而是从了解敌情的人那里获取。

使用间谍的方式分为五种：因间、内间、反间、死间、生间。同时使用这五种间谍，能使敌人无从知道我"用间"的规律（从而无以应对），这是神妙莫测的道理，是国君克敌制胜的法宝。所谓"因间"，是指利用敌人的同乡做间谍。所谓"内间"，是指利用敌方的官吏做间谍。所谓"反间"，是指收买或利用敌方的间谍为我所用。所谓"死间"，是指故意散布虚假情报，并通过我方间谍把情报传达给敌方间谍，使敌人上当受骗（然而敌人一旦发现上当，我方

用间篇

间谍往往难逃一死）。所谓"生间"，是指派往敌方侦察而能活着回来报告敌情的人。

所以军队中的亲信，没有比间谍更为亲信的了，奖赏没有比间谍更为优厚的了，事情没有比间谍所做的更为机密的了。不是才智超群的人不能使用间谍；不是仁慈慷慨的人不能使用间谍；不是谋虑精细、手段巧妙的人不能获得间谍所提供的真实情报。微妙啊！微妙啊！无时无处不可以用间。用间的计谋尚未施行，而秘密已经先行泄露的，那么间谍和知道机密的人都要处死。

凡是想要攻打的敌方军队，想要攻占的敌方城邑，想要刺杀的敌方人员，都必须先了解主管将领、左右亲信、负责传达通报的官员、守门官吏以及门客幕僚的姓名，命令我方间谍一定要将这些情况侦察清楚。

必须查出敌方派来刺探我方情报的间谍，根据具体情况对其加以利用和收买，诱导他，再放他回去，这样，策反的间谍就可以为我所用了。通过反间计得知敌情，乡间、内间也就可以为我所用了。通过反间计得知敌情，就可以通过"死间"来散布虚假情报给敌人了。通过"反间"得知敌情，所以"生间"就可以按照预定时间返回报告敌情了。这五种间谍的使用，国君都必须懂得，懂得的关键在于如何使用反间计。所以，对待反间人不可不给予优厚的待遇。

昔日殷商的兴起，是由于重用了在夏为臣的伊尹；周朝的兴起，是由于重用了在殷为官的姜子牙。所以，只有英明的君主和贤能的将帅，能任用智慧高超的人充当间谍，必定能成就巨大的功业。这是用兵的关键所在，是整个军队采取行动所依赖的。

【点评】

在本篇一开始，孙子就着重论述了使用间谍的重要意义。我们知道。孙子关于制胜的重要理念之一便是"知彼知己，百战不殆"。这个理念也无不体现在《孙子兵法》的每一章节当中。

在日费千金、消耗巨大的战争期间，为战争所困的士兵与人民无不盼望着战争尽快结束。然而在大多数情况下，战争只有两种结果：不是胜，就是负。要想快速取得胜利，就要制定出行之有效的制敌之法。

而在战争中，谋划和用间贯彻始终，而且互为关联。了解和掌握敌情，是正确制定军事战略战术的基本前提，关系着战争全局。孙子指出，两国"相守数年，以争一日之胜，而爱爵禄百金，不知敌之情者，不仁之至也，非人之将也，非主之佐也，非胜之主也"。使用间谍作为探知敌方内幕实情的最有效办法，虽然耗费"爵禄百金"，但与劳民伤财的战争本身相比，绝对"物超所值"。

孙子把因为爱惜爵禄而不重用间谍的统治者视作极为不仁的人，还说："成功出于众者，先知也。"认为要想获得战争的成功，就必须预先知晓敌情。而"用间"除了有此作用，还有一层更为重要的意义，那就是通过间谍将假信息、假情报传递给敌人，误导对方，以此来达到改变敌人作战意图，削弱其力量的目的。

【实用谋略】

陈平离间项羽君臣

孙子特别重视"用间"的重要意义，认为这是用兵作战的要事之一，并强调在使用间谍时，必须机智、果敢和精心细致。刘邦离间项羽君臣的故事，就是用间计的典型事例。

公元前 204 年，楚汉之争已经到了最激烈的时候。这时，刘邦已被项羽困在荥阳城中达一年之久，无论是外援还是粮草都已断绝。

刘邦派人向项羽求和，但是项羽不肯答应。刘邦内外交困，无计可施，只好去找谋士陈平商量对策。陈平献计道："项羽为人刚愎自用，猜忌多疑，他所依赖的不过是亚父范增、钟离眜、龙且这些人。况且，项羽每次赏赐功臣时，都吝惜爵位和封邑，因此左右都不愿为他效命。大王如能舍得几万金，实施反间计，离间项羽君臣的关系，一旦项羽阵营发生内讧，我军就能乘机发起反攻，那时定能击败楚军。"

刘邦听到这一建议，觉得很有道理，于是立刻拿出四万金，交给陈平，让他负责实施计谋。陈平用重金收买楚军将士，让他们散布流言："钟离眜、龙且、周殷等将领功勋卓著，项王却没有对他们划地封王。龙且等人心中不满，打算与汉王联合，等到消灭项王之后，平分项王的土地。"谣言逐渐传到项羽耳中，项羽果然因此起了疑心，不仅不再与钟离眜等人商议军机大事,甚至开始怀疑亚父范增,对范增越来越不尊敬,适逢刘邦派使者与项羽议和,项羽便派使者回访,企图借机探察谣言的真伪。

陈平听说项羽派来了使者,正中自己下怀,立刻指使侍从拿出上等的餐具和精美丰盛的食品,送进使者房间。使者刚一进屋,就被热情地邀至上座。陈平见到使者,对范增赞不绝口,又再三问起范增的起居情况,并附耳低声问道:"亚父有何吩咐?"使者不解地说道:"我是霸王派来的,不是亚父派来的。"陈平一听,佯装惊讶道:"我本来以为是亚父派来的使者,谁知却是项王的使者!"马上叫了几个下人撤去上等酒席,随后把使者领到另一间布置极为简陋的客房,换上劣等的食物和餐具,陈平则一脸不高兴地拂袖而去。楚使没想到会受此大辱,心中气愤难平,回去后便一五一十地报告给了项羽,项羽越加确定范增私通汉王。

此时的范增还不知道项羽已经对他产生了怀疑,几次三番劝项羽速取荥阳,项羽却拒不听从。过了一段时间,范增也听到了军中的谣言,再联想到项羽的态度,便知道自己已经被怀疑了,于是对项羽说道:"天下大事成败已经基本定了,请大王好自为之，我年岁大了，身体不好，希望大王能让我回乡养老。"

不料项羽十分薄情，竟然当场答应了他的请求，言语间毫无挽留之意。范增想到自己对项羽忠心耿耿，最后竟然落得如此下场，不禁又气又恨，加上他年事已高，归乡途中一病不起，最后死在路上。

陈平见反间计奏效，便让一位将领冒充刘邦开东城门出降，以吸引楚军的注意力。而刘邦本人和陈平等人则在众将的掩护下乘机从西门离开，匆匆逃离荥阳。

蒋干盗书

"用间"用得巧妙，可以诱使敌人内部不和，激化其矛盾，从而达到削弱敌人的目的。

东汉末年，曹操占领荆州之后，因为北方士卒不习水战，于是任用荆州降将蔡瑁和张允为都督，让他们负责训练水军，为进攻江东做准备。

蔡、张二人久居荆州，深谙水战之法，一旦真让他们训练水军,将会对江东形成极大的威胁。东吴大都督周瑜对此很担忧,想除掉蔡瑁、张允二人,但一时又想不出良策来。

一天,周瑜正在帐中议事,有人通报说曹操的谋士蒋干来访。周瑜闻讯,立刻猜出了蒋干来意,他突然计上心头,于是如此这般吩咐了一番,让众将士依计而行。

蒋干,字子翼,九江(今安徽寿县)人。幼时与周瑜同窗读书,交情颇厚,后为曹操帐下幕僚。这次出访江东,是他主动向曹操请命而来,目的是想劝周瑜投降。

周瑜亲自带着部属出帐迎接。众人见面寒暄一番之后,周瑜便挽着蒋干的手一同走入大帐,请文武官员从旁作陪,设宴款待蒋干,并解下腰间佩剑交给大将太史慈,命他掌剑监酒,吩咐道:"子翼和我是同窗好友,虽然是从江北过来的,但他并不是曹操的说客,诸位不要多心。今天是我们老同学相见,诸位只准叙朋友之情,不准言军旅之事,若有人胆敢提起两家战事,就立即推出门外斩首!"

蒋干一听,大惊失色,哪里还敢开口说出自己的来意?周瑜又转头对蒋干说道:"我自领兵以来,向来是滴酒不沾，今日故友相会，定要喝个一醉方休！"，说罢，传令军中奏起音乐，自己不等人劝就一杯一杯不停往肚子里灌，很快就喝得酩酊大醉。蒋干满腹心事，因此不敢多饮酒，以免误了大事。

宴罢，蒋干搀扶着醉醺醺的周瑜回到帐中，周瑜说很久没有和蒋干见面，一定要与他同榻而眠。说完后就和衣而卧，才躺下一会儿就鼾声如雷。蒋干惦记着自己曾在曹操面前夸下海口，不知就这样空手而回该如何交代，哪里能入睡？他看周瑜睡得正熟，帐内残灯尚明，桌上堆满了文书，便翻身下床，一边紧张地注视周瑜的动静，一边翻看文书。翻着翻着，忽见里面有一封书信，细看之下竟是蔡瑁、张允写给周瑜的降书。蒋干看罢，大吃一惊，慌忙将信藏在身上。待要再翻看其他文书，周瑜突然在床上翻了个身，梦中含含糊糊地呓语道："子翼，我定叫你在数日之内看到曹操首级。"蒋干含糊答应着，连忙熄灯上床，假装睡下。

将近四更时分，只听得有人进帐唤道："都督醒了吗？"周瑜睡眼蒙眬地问道："床上睡的是什么人？"那人答道："都督忘了吗，是您自己邀请子翼共寝的。"

周瑜懊恼地说:"我平日从不醉酒,昨天喝醉了,不知可曾说过些什么?"那人道:"江北有人过来……"周瑜急忙小声喝止:"低声!"又去看蒋干,连叫"子翼",蒋干只装熟睡,一声不应。周瑜同来人轻轻走出帐外,蒋干则竖起耳朵躲在帐内偷听。那人低声说道:"蔡、张二位都督道:'急切问无法下手。'……"后面的话因为声音太小,无法听清,蒋干心中着急,但又不敢轻举妄动。过了一会儿,周瑜回到帐内,又连声呼唤蒋干的名字,蒋干不应,仍然蒙头假睡。周瑜遂脱衣上床就寝。

蒋干暗想:周瑜为人精细,天亮后若不见了蔡、张二人的书信,岂肯与我善罢甘休?因此,刚到五更,蒋干就趁周瑜熟睡之机,偷偷爬起来,溜出帐外,叫上随身小童,径直走出军营,守营将士也不阻拦。蒋干飞快地赶到江边,寻了小船,飞一般赶回江北去见曹操。

曹操看到蒋干呈上的书信后,勃然大怒,立刻唤蔡瑁、张允入帐,不容二人分辩,就命手下武士将其推出斩首。可是刚等二人人头落地,曹操便忽然醒悟,知道自己中了周瑜的计,可惜一切都为时晚矣,只好另换了两个都督训练水军。

就这样,大战尚未开始,周瑜便用反间计轻而易举地除掉了曹军最为得力的两个水军将领,为日后的胜利奠定了基础。

附录一　孙子略解

◎【魏】曹　操

操闻上古有弧矢之利,《论语》曰:"足兵",《尚书》:"八政曰师",《易》曰:"师贞丈人吉",《诗》曰:"王赫斯怒,爰整其旅",黄帝、汤、武咸用干戚以济世也。《司马法》曰:"人故杀人,杀之可也。"恃武者灭,恃文者亡,夫差、偃王是也。圣人之用兵,戢而时动,不得已而用之。

吾观兵书战策多矣,孙武所著深矣。孙子者,齐人也,名武,为吴王阖闾作《兵法》一十三篇,试之妇人,卒以为将,西破强楚入郢,北威齐、晋。后百岁馀有孙膑,是武之后也。

审计重举,明画深图,不可相诬。而但世人未之深亮训说,况文烦富,行于世者失其旨要,故撰为略解焉。

始计篇第一

曹操曰：计者，选将、量敌、度地、料卒、远近、险易，计于庙堂也。

【原典】

孙子曰：兵者，国之大事，死生之地，存亡之道，不可不察也。

【原典】

故经之以五事，校之以计，而索其情：一曰道，二曰天，三曰地，四曰将，五曰法。道者，令民与上同意也，故可以与之死，可以与之生，而不畏危。天者，阴阳、寒暑、时制也。地者，远近、险易、广狭、死生也。将者，智、信、仁、勇、严也。法者，曲制、官道、主用也。凡此五者，将莫不闻，知之者胜，不知者不胜。

曹操曰：谓下五事七计，求彼我之情也。

曹操曰：谓导之以教令。

曹操曰：危者，危疑也。

曹操曰：顺天行诛，因阴阳四时之制。故《司马法》曰："冬夏不兴师，所以兼爱吾民也。"

曹操曰：言以九地形势不同，因时制利也。论在《九地》篇中。

曹操曰：将宜五德备也。

曹操曰：曲制者，部曲、旗帜、金鼓之制也。官者，五官之分也。道者，粮路也。主用者，主军费用也。

曹操曰：同闻五者，将知其变极，则胜也。索其情者，胜负之情。

【原典】

故校之以计，而索其情。曰：主孰有道，将孰有能？天地孰得？法令孰行？兵众孰强？士卒孰练？赏罚孰明？吾以此知胜负矣。

曹操曰：道德、智能。

曹操曰：天时、地利。

曹操曰：设而不犯，犯而必诛。

曹操曰：以七事计之，知胜负矣。

【原典】

将听吾计，用之必胜，留之；将不听吾计，用之必败，去之。

曹操曰：不能定计，则退去之。

【原典】

计利以听，乃为之势，以佐其外。势者，因利而制权也。

曹操曰：常法之外也。

曹操曰：制由权也，权因事制也。

【原典】

兵者，诡道也。故能而示之不能，用而示之不用，近而示之远，远而示之近。利而诱之，乱而取之，实而备之，强而避之，怒而挠之，卑而骄之，佚而劳之，亲而离之。攻其无备，出其不意。此兵家之胜，不可先传也。

曹操曰：兵无常形，以诡诈为道。

曹操曰：欲进而治去道，若韩信之袭安邑，陈舟临晋而渡于夏阳也。

曹操曰：敌治实，须备之也。

曹操曰：避其所长也。

曹操曰：待其衰懈也。

曹操曰：以利劳之。

曹操曰：以间离之。

曹操曰：击其懈怠，出其空虚。

曹操曰：传，犹泄也。兵无常势，水无常形，临敌变化，不可先传也。故料敌在心，察机在目也。

【原典】

夫未战而庙算胜者，得算多也；未战而庙算不胜者，得算少也。多算胜，少算不胜，而况于无算乎？吾以此观之，胜负见矣。

曹操曰：以吾道观之矣。

作战篇第二

曹操曰：欲战必先算起费。

【原典】

孙子曰：凡用兵之法，驰车千驷，革车千乘，带甲十万，千里馈粮，则内外之费，宾客之用，胶漆之材，车甲之奉，日费千金，然后十万之师举矣。

曹操曰：驰车，轻车也，驾驷马；革车，重车也，言万骑之重。车驾四马，率三万军，养二人主炊家子，一人主保固守衣装，厩二人主养马，凡五人。步兵十人，重以大车驾牛。养二人主炊家子，一人主守衣装，凡三人也。带甲十万，士卒数也。

曹操曰：谓购赏犹在外之也。

【原典】

其用战也贵胜，久则钝兵挫锐，攻城则力屈，久暴师则国用不足。夫钝兵挫锐，屈力殚货，则诸侯乘其弊而起，虽有智者，不能善其后矣。故兵闻拙速，未睹巧之久也。夫兵久而国利者，未之有也。故不尽知用兵之害者，则不能尽知用兵之利也。

曹操曰：钝，弊也；屈，尽也。

曹操曰：虽拙，有以速胜。未睹者，言其无也。

【原典】

善用兵者，役不再籍，粮不三载，取用于国，因粮于敌，故军食可足也。

曹操曰：籍，犹赋也。言初赋民，便取胜，不复归国发兵也。始用粮，后遂因食于敌，还兵入国，不复以粮迎之也。

曹操曰：兵甲战具，取用于国中，粮食则因敌也。

【原典】

国之贫于师者远输，远输则百姓贫。近师者贵卖，贵卖则百姓财竭，财竭则急于丘役。力屈、财殚，中原内虚于家。百姓之费，十去其七；公家之费，破车罢马，甲胄矢弩，戟盾蔽橹，丘牛大车，十去其六。

曹操曰：军行已出界，近于师者贪财，皆贵卖，则百姓虚竭也。

曹操曰：丘，十六井也。百姓财殚尽而兵不解，则运粮尽力于原野也。十去其七者，所破费也。

曹操曰：丘牛，谓丘邑之牛；大车，乃长毂车也。

【原典】

故智将务食于敌，食敌一钟，当吾二十钟；萁秆一石。当吾二十石。

曹操曰：六斛四斗为钟。萁（音萁），豆秸也。秆，禾藁也。石者，一百二十斤也。传输之法，费二十石得一石。一云：萁，豆也。七十斤为一石。当吾二十，言远费也。

【原典】

故杀敌者，怒也；取敌之利者，货也。故车战，得车十乘已上，赏其先得者，而更其旌旗，车杂而乘之，卒善而养之，是谓胜敌而益强。

曹操曰：威怒以致敌。

曹操曰：军无财，士不来；军无赏，士不往。

曹操曰：以车战能得敌车十乘已上，赏赐之。不言车战得车十乘已上者赏之,而言赏得者何?言欲开示赏其所得车之卒也。陈车之法:五车为队,仆射一人;十军为官,卒长一人;车满十乘,将吏二人。因而用之,故别言赐之,欲使将恩下及也。或曰:言使自有车十乘已上,与敌战,但取其有功者赏之,其十乘已下,虽一乘独得,余九乘皆赏之,所以率进励士也。

曹操曰:与吾同也。

曹操曰:不独任也。

曹操曰:益己之强。

【原典】

故兵贵胜,不贵久。故知兵之将,民之司命,国家安危之主也。

曹操曰:久则不利。兵犹火也,不戢将自焚也。

曹操曰:将贤则国安也。

谋攻篇第三

曹操曰，欲攻敌，必先谋。

【原典】

孙子曰：凡用兵之法，全国为上，破国次之；全军为上，破军次之；全旅为上，破旅次之；全卒为上，破卒次之；全伍为上，破伍次之。是故百战百胜，非善之善者也；不战而屈人之兵，善之善者也。

曹操曰：兴师深入长驱，拒其都邑，绝其内外，敌举国来服，为上；以兵击破得之，为次也。

曹操曰：《司马法》曰："万二千五百人为军。"

曹操曰：五百人为旅。

曹操曰：自校以上至百人也。

曹操曰：百人以下至五人。

曹操曰：未战而敌自屈服。

【原典】

故上兵伐谋，其次伐交，其次伐兵，其下攻城。攻城之法为不得已。修橹轒辒，具器械，三月而后成，距闉，又三月而后已。将不胜其忿，而蚁附之，杀士三分之一，而城不拔者，此攻之灾也。

曹操曰：敌始有谋，伐之易也。

曹操曰：交，将合也。

曹操曰：兵形已成也。

曹操曰：敌国已收其外粮城守，攻之为下也。

曹操曰：修，治也。橹，大楯也。轒辒者。轒床也；轒床其下四轮，从中推之至城下也。具，备也。器械者，机关攻守之总名，飞楼云梯之属。距闉者，踊土积高而前，以附其城也。

曹操曰：将忿不待攻器成，而使士卒缘城而上，如蚁之缘墙，必杀伤士卒也。

【原典】

故善用兵者，屈人之兵而非战也，拔人之城而非攻也，毁人之国而非久也，必以全争于天下，故兵不顿而利可全，此谋攻之法也。

曹操曰：毁灭人国，不久露师也。

曹操曰：不与敌战，而必完全得之，立胜于天下，不顿兵血刃也。

【原典】

故用兵之法，十则围之，五则攻之，倍则分之，敌则能战之，少则能逃之，不若则能避之。故小敌之坚，大敌之擒也。

曹操曰：以十敌一，则围之，是谓将智勇等而兵利钝均也。若主弱客强，操所以倍兵围下邳，生擒吕布也。

曹操曰：以五敌一，则三术为正，二术为奇。

曹操曰：以二敌一，则一术为正，一术为奇。

曹操曰：己与敌人众等，善者犹当设奇伏以胜之。

曹操曰：高壁坚垒，勿与战也。

曹操曰：引兵避之也。

曹操曰：小不能当大也。

【原典】

夫将者，国之辅也，辅周则国必强，辅隙则国必弱。

曹操曰：将周密，谋不泄也。

曹操曰：形见于外也。

【原典】

故君之所以患于军者三：不知军之不可以进而谓之进，不知军之不可以退而谓之退，是谓縻军。不知三军之事，而同三军之政者，则军士惑矣。不知三军之权而同三军之任，则军士疑矣。三军既惑且疑，则诸侯之难至矣，是谓乱军引胜。

曹操曰：縻，御也。

曹操曰：军容不入国，国容不入军，礼不可以治兵也。

曹操曰：不得其人也。

曹操曰：引，夺也。

【原典】

故知胜有五：知可以战与不可以战者胜，识众寡之用者胜。上下同欲者胜，以虞待不虞者胜，将能而君不御者胜。此五者，知胜之道也。

曹操曰：君臣同欲。

曹操曰：《司马法》曰："进退惟时。无曰寡人。"

曹操曰：此上五事也。

【原典】

故曰：知彼知己者，百战不殆；不知彼而知己，一胜一负；不知彼，不知己，每战必殆。

形篇第四

曹操曰：军之形也。我动彼应，两敌相察情也。

【原典】

孙子曰：昔之善战者，先为不可胜，以待敌之可胜。不可胜在己，可胜在敌。故善战者，能为不可胜，不能使敌之可胜。故曰：胜可知，而不可为。

曹操曰：守，固备也。

曹操曰：自修治，以待敌之虚懈也。

曹操曰：见成形也。

曹操曰：敌有备故也。

【原典】

不可胜者，守也；可胜者，攻也。守则不足，攻则有余。善守者，藏于九地之下；善攻者，动于九天之上，故能自保而全胜也。

曹操曰：藏形也。

曹操曰：敌攻己，乃可胜。

曹操曰：吾所以守者，力不足；所以攻者，力有余。

曹操曰：喻其深微。

【原典】

见胜不过众人之所知，非善之善者也；战胜而天下曰善，非善之善者也。故举秋毫不为多力，见日月不为明目。闻雷霆不为聪耳。古之所谓善战者，胜于易胜者也。故善战者之胜也，无智名，无勇功。故其战胜不忒，不忒者，其所措必胜，胜已败者也。故善战者，立于不败之地，而不失敌之败也。是故胜兵先胜而后求战，败兵先战而后求胜。善用兵者，修道而保法，故能为胜败之政。

曹操曰：当见未萌。

曹操曰：争锋者也。

曹操曰：易见闻也。

曹操曰：原微易胜，攻其可胜，不攻其不可胜也。

曹操曰：敌兵形未成，胜之无赫赫之功也。

曹操曰：察敌必可败，不差忒也。

曹操曰：有谋与无虑也。

曹操曰：善用兵者，先修治为不可胜之道，保法度不失敌之败乱也。

【原典】

兵法：一曰度，二曰量，三曰数，四曰称，五曰胜；地生度，度生量，量生数，数生称，称生胜。故胜兵若以镒称铢，败兵若以铢称镒。胜者之战民也，若决积水于千仞之溪者，形也。

曹操曰：胜败之政，用兵之法，当以此五事称量，知敌之情。

曹操曰：因地形势而度之。

曹操曰：知其远近广狭，知其人数也。

曹操曰：称量己与敌孰愈也。

曹操曰：称量之故，知其胜负所在也。

曹操曰：轻不能举重也。

曹操曰：八尺曰仞。决水千仞，其势疾也。

势篇第五

曹操曰：用兵任势也。

【原典】

孙子曰：凡治众如治寡，分数是也；斗众如斗寡，形名是也；三军之众，可使必受敌而无败者，奇正是也；兵之所加，如以碫投卵者，虚实是也。

曹操曰：部曲为分，什伍为数。

曹操曰：旌旗曰形，金鼓曰名。

曹操曰：先出合战为正，后出为奇。

曹操曰：以至实击至虚也。

【原典】

凡战者，以正合，以奇胜。故善出奇者，无穷如天地，不竭如江河。终而复始，日月是也，死而复生，四时是也。声不过五，五声之变，不可胜听也；色不过五，五色之变，不可胜观也。味不过五，五味之变，不可胜尝也；战势不过奇正，奇正之变，不可胜穷也；奇正相生，如环之无端，孰能穷之？

曹操曰：正者当敌，奇兵从旁击不备。

曹操曰：自无穷如天地已下，皆以喻奇正之无穷也。

【原典】

激水之疾，至于漂石者，势也；鸷鸟之疾，至于毁折者，节也。是故善战者，其势险，其节短。势如彍弩，节如发机。

曹操曰：发起击敌也。

曹操曰：险，疾也。

曹操曰：短，近也。

曹操曰：在度不远，发则中也。

【原典】

纷纷纭纭，斗乱而不可乱也；浑浑沌沌，形圆而不可败也。

曹操曰：乱旌旗以示敌，以金鼓齐之也。

曹操曰：车骑转也。形圆者，出入有道，齐整也。

【原典】

乱生于治,怯生于勇,弱生于强,治乱,数也;勇怯,势也;强弱,形也。

曹操曰:皆毁形匿情也。

曹操曰:以部曲分名数为之,故不可乱也。

曹操曰:形势所宜。

【原典】

故善动敌者,形之,敌必从之;予之,敌必取之;以利动之,以卒待之。

曹操曰:见赢形也。

曹操曰:以利诱敌,敌远离其垒,而以便势击其空虚孤特也。

曹操曰:以利动敌也。

【原典】

故善战者,求之于势,不责于人,故能择人而任势。任势者,其战人也,如转木石。木石之性,安则静,危则动,方则止,圆则行。故善战人之势,如转圆石于千仞之山者,势也。

曹操曰：求之于势者，专任权也。不责于人者，权变明也。

曹操曰：任自然势也。

虚实篇第六

曹操曰：能虚实彼己也。

【原典】

孙子曰：凡先处战地而待敌者佚，后处战地而趋战者劳。故善战者，致人而不致于人。

曹操曰：力有余也。

【原典】

能使敌自至者，利之也；能使敌不得至者，害之也。故敌佚能劳之，饱能饥之，安能动之。

曹操曰：诱之以利也。

曹操曰：出其所必趋，攻其所必救。

曹操曰：以事烦之。

曹操曰：绝其粮道以饥之。

曹操曰：攻其所爱，出其必趋，使敌不得不救也。

【原典】

出其所不趋，趋其所不意，行千里而不劳者，行于无人之地也。攻而必取者，攻其所不守也；守而必固者，守其所不攻也。故善攻者，敌不知其所守；善守者，敌不知其所攻。微乎微乎，至于无形；神乎神乎。至于无声，故能为敌之司命。

曹操曰：使敌不得相往而救之也。

曹操曰：出空击虚，避其所守，击其不意。

曹操曰：情不泄也。

【原典】

进而不可御者，冲其虚也；退而不可追者，速而不可及也。故我欲战，敌虽高垒深沟，不得不与我战者，攻其所必救也；我不欲战，画地而守之，敌不得与我战者，乖其所之也。

曹操曰：卒往进攻其虚懈，退又疾也。

曹操曰：绝其粮道，守其归路，攻其君主也。

曹操曰：军不欲烦也。

曹操曰：乖，戾也。戾其道，示以利害，使敌疑也。

【原典】

故形人而我无形，则我专而敌分；我专为一，敌分为十，是以十攻其一也，则我众而敌寡；能以众击寡者，则吾之所与战者，约矣。吾所与战之地不可知，不可知，则敌所备者多；敌所备者多，则吾所与战者，寡矣。故备前则后寡，备后则前寡，备左则右寡，备右则左寡，无所不备，则无所不寡。寡者，备人者也；众者，使人备己者也。

曹操曰：形藏敌疑，则分离其众以备我也。言少而易击也。

【原典】

故知战之地，知战之日，则可千里而会战。不知战之地，不知战之日，则左不能救右，右不能救左，前不能救后，后不能救前，而况远者数十里，近者数里乎？以吾度之，越人之兵虽多，亦奚益于胜哉？故曰：胜可为也。敌虽众，可使无斗。

曹操曰：以度量知空虚会战之日。

曹操曰：越人相聚，纷然无知也。或曰：吴越，雠国也。

【原典】

故策之而知得失之计，作之而知动静之理，形之而知死生之地，角之而知有余不足之处。故形兵之极，至于无形；无形，则深间不能窥，智者不能谋。因形而错胜于众，众不能知；人皆知我所胜之形，而莫知吾所以制胜之形；故其战胜不复，而应形于无穷。

曹操曰：角，量也。

曹操曰：因敌形而立胜。

曹操曰：不以一形胜万形。或曰：不备知也。制胜者，人皆知吾所以胜，莫知吾因敌形而制胜也。

曹操曰：不重复动而应之也。

【原典】

夫兵形象水，水之行，避高而趋下；兵之行，避实而击虚。水因地而制流，兵因敌而制胜。故兵无常势，水无常形；能因敌变化而取胜者，谓之神。故五行无常胜，四时无常位，日有短长，月有死生。

曹操曰：势盛必衰，形露必败，故能因敌变化，取胜若神。

曹操曰：兵常无势，盈缩随敌。

军争篇第七

曹操曰：两军相争。

【原典】

孙子曰：凡用兵之法，将受命于君，合军聚众，交和而舍，莫难于军争。军争之难者，以迂为直，以患为利。故迂其途，而诱之以利，后人发，先人至，此知迂直之计者也。

曹操曰：聚国人，结行伍，选部曲，起营陈也。

曹操曰：军门为和门，左右门为旗门，以车为营曰辕门，以人为营曰人门，两军相对为交和。

曹操曰：从始受命，至于交和，军争为难也。

曹操曰：示以远，迩其道里，先敌至也。

曹操曰：迂其途者，示之远也。后人发，先人至者，明于度数，先知远近之计也。

【原典】

故军争为利，军争为危。举军而争利，则不及；委军而争利，则辎重捐。是故卷甲而趋，日夜不处，倍道兼行，百里而争利，则擒三将军，劲者先，疲者后，其法十一而至；五十里而争利，则蹶上将军，其法半至；三十里而争利，则三分之二至。是故军无辎重则亡，无粮食则亡，无委积则亡。

曹操曰：善者则为利，不善者则为危。

曹操曰：迟不及也。

曹操曰：置辎重，则恐捐弃也。

曹操曰：不得休息。

曹操曰：百里而争利，非也；三将军皆以为擒。

曹操曰：蹶，犹挫也。

曹操曰：道近至者多，故无死败也。

曹操曰：无此三者，亡之道也。

【原典】

故不知诸侯之谋者，不能豫交；不知山林、险阻、沮泽之形者，不能行军；不用乡导者，不能得地利。故兵以诈立，以利动，以分合为变者也。故其疾如风，其徐如林，侵掠如火，不动如山，难知如阴，动如雷霆。掠乡分众，廓地分利，悬权而动。先知迂直之计者胜，此军争之法也。

曹操曰：不知敌情者，不能结交也。

曹操曰：高而崇者为山，众树所聚者为林，坑堑者为险，一高一下者为阻，水草渐洳者为沮，众水所归而不流者为泽。不先知军之所据及山川之形者，则不能行师也。

曹操曰：兵一分一合，以敌为变也。

曹操曰：击空虚也。

曹操曰：不见利也。

曹操曰：疾也。

曹操曰：守也。

曹操曰：因敌而制胜也。

曹操曰：广地以分敌利也。

曹操曰：量敌而动也。

【原典】

《军政》曰："言不相闻，故为金鼓；视不相见，故为旌旗。"夫金鼓旌旗者，所以一人之耳目也；民既专一，则勇者不得独进，怯者不得独退，此用众之法也。故夜战多火鼓，昼战多旌旗，所以变人之耳目也。

【原典】

故三军可夺气,将军可夺心。是故朝气锐,昼气惰,暮气归。故善用兵者,避其锐气,击其惰归,此治气者也。以治待乱,以静待哗,此治心者也。以近待远,以佚待劳,以饱待饥,此治力者也。无邀正正之旗,勿击堂堂之陈,此治变者也。

曹操曰:左氏言一鼓作气,再而衰,三而竭。

曹操曰:正正,整齐也;堂堂,大也。

【原典】

故用兵之法,高陵勿向,背丘勿逆,佯北勿从,锐卒勿攻,饵兵勿食,归师勿遏,围师必阙,穷寇勿迫,此用兵之法也。

曹操曰:《司马法》曰:"围其三面,阙其一面,所以示生路也。"

九变篇第八

曹操曰：变其正，得其所用有九也。

【原典】

孙子曰：凡用兵之法，将受命于君，合军聚众，圮地无舍，衢地合交，绝地无留，围地则谋，死地则战。途有所不由，军有所不击，城有所不攻，地有所不争，君命有所不受。故将通于九变之地利者，知用兵矣；将不通于九变之利者，虽知地形，不能得地之利矣；治兵不知九变之术，虽知五利，不能得人之用矣。

曹操曰：无久止也。

曹操曰：结诸侯也。衢地，四通之地。

曹操曰：无所依也。水毁曰圮。

曹操曰：发奇谋也。

曹操曰：殊死战也。

曹操曰：隘难之地，所不当从；不得已从之，故为变。

曹操曰：军虽可击，以地险难久留之，失前利，若得之则利薄，困穷之兵，必死战也。

曹操曰：城小而固，粮饶，不可攻也。操所以置华费而深入徐州，得十四县也。

曹操曰：小利之地，方争得而失之，则不争也。

曹操曰：苟便于事，不拘于君命也。

曹操曰：谓下五事也。九变，一云五变。

【原典】

是故智者之虑，必杂于利害。杂于利，而务可信也；杂于害，而患可解也。是故屈诸侯者以害，役诸侯者以业，趋诸侯者以利。

曹操曰：在利思害，在害思利，当难行权也。

曹操曰：计敌不能依五地为我害，所务可信也。

曹操曰：既参于利，则亦计于害，虽有患可解也。

曹操曰：害其所恶也。

曹操曰：业，事也，使其烦劳，若彼入我出，彼出我入也。

曹操曰：令自来也。

【原典】

故用兵之法,无恃其不来,恃吾有以待也;无恃其不攻,恃吾有所不可攻也。

曹操曰:安不忘危,常设备也。

【原典】

故将有五危:必死,可杀也;必生,可虏也;忿速,可侮也;廉洁,可辱也;爱民,可烦也。凡此五者,将之过也,用兵之灾也。覆军杀将,必以五危,不可不察也。

曹操曰:勇而无虑,必欲死斗,不可曲挠,可以奇伏中之。

曹操曰:见利畏怯不进也。

曹操曰:疾急之人,可忿怒侮而致之也。

曹操曰:廉洁之人,可污辱致之也。

曹操曰:出其所必趋,爱民者,必倍道兼行以救之,救之则烦劳也。

行军篇第九

曹操曰：择便利而行也。

【原典】

孙子曰：凡处军、相敌：绝山依谷，视生处高，战隆无登，此处山之军也。绝水必远水；客绝水而来，勿迎之于水内，令半济而击之，利；欲战者，无附于水而迎客；视生处高，无迎水流，此处水上之军也。绝斥泽，惟亟去无留；若交军于斥泽之中，必依水草，而背众树，此处斥泽之军也。平陆处易，而右背高，前死后生，此处平陆之军也。凡此四军之利，黄帝之所以胜四帝也。

曹操曰：近水草，便利也。

曹操曰：生者，阳也。

曹操曰：无迎高也。

曹操曰：引敌使渡。

曹操曰：半渡。势不可并。故可败。

曹操曰：附，近也。

曹操曰：水上当处其高，前向水、后当依高

而处。

曹操曰：恐溉我也。

曹操曰：不得已与敌会于斥泽之中。

曹操曰：车骑之利也。

曹操曰：战便也。

曹操曰：黄帝始立，四方诸侯亦称帝，以此四地胜之也。

【原典】

凡军好高而恶下，贵阳而贱阴，养生而处实。军无百疾，是谓必胜。丘陵堤防，必处其阳，而右背之。此兵之利，地之助也。上雨，水沫至，欲涉者，待其定也。凡地有绝涧、天井、天牢、天罗、天陷、天隙，必亟去之，勿近也。吾远之，敌近之；吾迎之，敌背之。军旁有险阻、潢井、葭苇、山林、翳荟者，必谨复索之，此伏奸之所处也。

曹操曰：恃满实也。养生，向水草，可放牧养畜乘。实，犹高也。

一曰：恃实满，向水草放牧也。

曹操曰：恐半渡而水遽涨也。

曹操曰：山深水大者为绝涧，四方高、中央下者为天井，深山所过若蒙笼者为天牢，可以罗绝人者为天罗，地形陷者为天陷，涧道迫狭、深数丈者为天隙。

曹操曰：用兵常远六害，令敌近背之，则我利敌凶。曹操曰：险者，一高一下之地；阻者，多水也。潢者，池也；井者，下也。葭苇（蒹葭）者，众草所聚也；林木者，众木所居也。翳荟者，可屏蔽之处也。此以上论地形，以下相敌情也。

【原典】

敌近而静看，恃其险也；远而挑战者，欲人之进也，其所居易者，利也。众树动者，来也；众草多障者，疑也；鸟起者，伏也；兽骇者，覆也；尘高而锐者，车来也；卑而广者，徒来也；散而条达者，樵采也；少而往来者，营军也。辞卑而益备者，进也；辞强而进驱者，退也；轻车先出居其侧者，陈也；无约而请和者，谋也；奔走而陈兵者，期也；半进半退者，诱也。杖而立者，饥也；汲而先饮者，渴也；见利而不进者，劳也；鸟集者，虚也；夜呼者，恐也；军扰者，将不重也；旌旗动者，乱也；吏怒者，倦也；

粟马肉食,军无悬瓺不返其舍者,穷寇也;谆谆翕翕,徐与人言者,失众也;数赏者,窘也;数罚者,困也;先暴而后畏其众者,不精之至也;来委谢者,欲休息也。兵怒而相迎,久而不合,又不相去,必谨察之。

　　曹操曰:所居利也。

　　曹操曰:斩伐树木,除道也。

　　曹操曰:结草为障,欲使我疑也。

　　曹操曰:鸟起其上,下有伏兵。

　　曹操曰:敌广陈张翼,来覆我也。

　　曹操曰:其使来辞卑,使间视之,敌人增备也。

　　曹操曰:诡诈也。

　　曹操曰:陈兵欲战也。

　　曹操曰:士卒疲劳也。

　　曹操曰:军士夜呼,将不勇也。

　　曹操曰:谆谆,语貌;翕翕,失志貌。

　　曹操曰:先轻敌,后闻其众,则心恶之也。

　　曹操曰:备奇伏也。

【原典】

兵非益多也，惟无武进，足以并力、料敌、取人而已。夫惟无虑而易敌者，必擒于人。

曹操曰：权力均也。一云：兵非贵益多。

曹操曰：未见便也。

曹操曰：厮养足也。

曹操曰：恩信已洽，若无刑罚，则骄惰难用也。

【原典】

卒未亲附而罚之，则不服，不服则难用也。卒已亲附而罚不行，则不可用也。故合之以文，齐之以武，是谓必取。令素行以教其民，则民服；令不素行以教其民，则民不服。令素行者，与众相得也。

曹操曰：文，仁也；武，法也。

地形篇第十

曹操曰：欲战，审地形以立胜也。

【原典】

孙子曰：地形有通者，有挂者，有支者，有隘者，有险者，有远者。我可以往，彼可以来，曰通；通形者，先居高阳，利粮道，以战则利。可以往，难以返，曰挂；挂形者、敌无备，出而胜之；敌若有备，出而不胜，难以返，不利。我出而不利，彼出而不利，曰支；支形者，敌虽利我，我无出也；引而去之，令敌半出而击之利。隘形者，我先居之，必盈之以待敌；若敌先居之，盈而勿从，不盈而从之。险形者，我先居之，必居高阳以待敌；若敌先居之，引而去之，勿从也。远形者，势均，难以挑战，战而不利。凡此六者，地之道也；将之至任，不可不察也。

曹操曰：此六者，地之形也。

曹操曰：宁致人，无致于人。

曹操曰：隘，两山之间通谷也，敌势不得挠我也。我先居之，必前齐隘口，陈而守之，以出奇也。

敌若先居此地，齐口陈，勿从也。即半隘陈者从之，而与敌共此利也。

曹操曰：地险隘，尤不可致于人。

曹操曰：挑战者，延敌也。

【原典】

故兵有走者，有弛者，有陷者，有崩者，有乱者，有北者。凡此六者，非天之灾，将之过也。夫势均，以一击十，曰走；卒强吏弱，曰弛；吏强卒弱，曰陷；大吏怒而不服，遇敌怼而自战，将不知其能，曰崩；将弱不严，教道不明，吏卒无常，陈兵纵横，曰乱；将不能料敌，以少合众，以弱击强，兵无选锋，曰北。凡此六者，败之道也；将之至任。不可不察也。

曹操曰：不料力也。

曹操曰：吏不能统卒，故弛坏。

曹操曰：吏强欲进，卒弱。辄陷败也。

曹操曰：大吏，小将也。大将怒之，心不压服，忿而赴敌，不量轻重，则必崩坏。

曹操曰：为将若此，乱之道也。

曹操曰：其势若此，必走之兵也。

【原典】

夫地形者，兵之助也。料敌制胜，计险厄远近，上将之道也。知此而用战者必胜；不知此而用战者必败。

【原典】

故战道必胜，主曰无战，必战可也；战道不胜，主曰必战，无战可也。故进不求名，退不避罪，唯人是保，而利合于主，国之宝也。

【原典】

视卒如婴儿，故可与之赴深溪；视卒如爱子，故可与之俱死。厚而不能使，爱而不能令，乱而不能治，譬若骄子，不可用也。

曹操曰：恩不可专用，罚不可独任；若骄子之喜怒对目，还害而不可用也。

【原典】

知吾卒之可以击，而不知敌之不可击，胜之半也；知敌之可击，而不知吾卒之不可以击，胜之半也；

知敌之可击,知吾卒之可以击,而不知地形之不可以战,胜之半也。故知兵者,动而不迷,举而不穷。故曰:知彼知己,胜乃不殆;知天知地,胜乃可全。

曹操曰:胜之半者,未可知也。

九地篇第十一

曹操曰：欲战之地有九。

【原典】

孙子曰：用兵之法，有散地，有轻地，有争地，有交地，有衢地，有重地，有圮地，有围地，有死地。诸侯自战其地，为散地。入人之地而不深者，为轻地。我得则利，彼得亦利者，为争地。我可以往，彼可以来者，为交地。诸侯之地三属，先至而得天下之众者，为衢地。入人之地深，背城邑多者，为重地。行山林、险阻、沮泽，凡难行之道者，为圮地。所由入者隘，所从归者迂，彼寡可以击吾之众者，为围地。疾战则存，不疾战则亡者，为死地。是故散地则无战，轻地则无止，争地则无攻，交地则无绝，衢地则合交，重地则掠，圮地则行，围地则谋，死地则战。

曹操曰：此九地之名也。

曹操曰：士卒恋土，道近易散。

曹操曰：士卒皆轻返也。

曹操曰：可以少胜众、弱击强。

曹操曰：道正相交错也。

曹操曰：我与敌相当，而旁有他国也。

曹操曰：先至得其国助也。

曹操曰：难返之地。

曹操曰：少固也。

曹操曰：前有高山，后有大水；进则不得，退则有碍。

曹操曰：不当攻。当先至为利也。

曹操曰：相及属也。

曹操曰：结诸侯也。

曹操曰：蓄积粮食也。

曹操曰：无稽留也。

曹操曰：发奇谋也。

曹操曰：殊死战也。

【原典】

所谓古之善用兵者，能使敌人前后不相及，众寡不相恃，贵贱不相救，上下不相收，卒离而不集，兵合而不齐。合于利而动，不合于利而止。敢问：敌众整而将来，待之若何？曰：先夺其所爱，则听矣。兵之情主速，乘人之不及，由不虞之道，攻其所不戒也。

曹操曰：暴之使离，乱之使不齐，动兵而战。

曹操曰：或人问之。

曹操曰：夺其所恃之利。若先据利地，则我所欲必得也。

曹操曰：孙子应难以覆陈兵情也。

【原典】

凡为客之道：深入则专，主人不克；掠于饶野，三军足食；谨养而勿劳，并气积力，运兵计谋，为不可测。投之无所往，死且不北，死焉不得，士人尽力。兵士甚陷则不惧，无所往则固，深入则拘，不得已则斗。是故其兵不修而戒，不求而得，不约而亲，不令而信。禁祥去疑，至死无所之。吾士无余财，非恶货也；无余命，非恶寿也。令发之日，士卒坐者涕沾襟，卧者涕交颐。投之无所往者，诸、刿之勇也。

曹操曰：养士气、并兵力，为不可测度之计。

曹操曰：士死安不得也。

曹操曰：在难地，心并也。

曹操曰：拘，专也。

曹操曰：人穷则死战也。

曹操曰：不求索其意，而自得也。

曹操曰：禁妖祥之言，去疑惑之计。一本作至死无所灾。

曹操曰：皆烧焚财物，非恶货之多也；弃财致死者，不得已也。

曹操曰：皆持必死之计。

【原典】

故善用兵者，譬如率然；率然者，常山之蛇也。击其首则尾至，击其尾则首至，击其中则首尾俱至。敢问：兵可使如率然乎？曰：可。夫吴人与越人相恶也，当其同舟而济日遇风，其相救也，如左右手。是故方马埋轮，未足恃也；齐勇若一，政之道也；刚柔皆得，地之理也。故善用兵者，携手若使一人，不得已也。

曹操曰：方马，缚马也。埋轮，恃不动也。此言专难不如权巧。故曰：虽方马埋轮，不足恃也。

曹操曰：强弱一势也。

曹操曰：齐一貌也。

【原典】

将军之事：静以幽，正以治。能愚士卒之耳目，使民无知。易其事，革其谋，使民无识；易其居，迂其途，使民不得虑。帅与之期，如登高而去其梯；帅与之深入诸侯之地，而发其机；若驱群羊，驱而往，驱而来，莫知所之。聚三军之众，投之于险，此谓将军之事也。九地之变，屈伸之利，人情之理，不可不察。

曹操曰：谓清净幽深平正也。

曹操曰：愚，误也。民可与乐成，不可与虑始。

曹操曰：一其心也。

曹操曰：险，难也。

曹操曰：人情见利而进，遭害而退。

【原典】

凡为客之道：深则专，浅则散。去国越境而师者，绝地也；四达者，衢地也；入深者，重地也；入浅者。轻地也；背固前隘者，围地也；无所往者，死地也。是故散地，吾将一其志；轻地，吾将使之属；争地，吾将趋其后；交地，吾将谨其守；衢地，吾将固其结；重地，吾将继其食；圮地。吾将进其涂；围地，吾将塞其阙；死地，吾将示之以不活。故兵之情：围则御，不得已则斗，过则从。

曹操曰：使相交属。

曹操曰：地利在前，当速进其后也。

曹操曰：掠彼也。（按：一作"重地，吾将继其食"，故曹操有此注。）

曹操曰：疾过也。

曹操曰：以一其心也。

曹操曰：励士心也。

曹操曰：相持御也。

曹操曰：势有不得已也。

曹操曰：陷之甚过，则从计也。

【原典】

是故不知诸侯之谋者，不能预交；不知山林、险阻、沮泽之形者，不能行军；不用乡导者，不能得地利。四五者，一不知，非霸王之兵也。夫霸王之兵，伐大国，则其众不得聚；威加于敌，则其交不得合。是故不争天下之交，不养天下之权，信己之私，威加于敌，故其城可拔，其国可隳。

曹操曰：上已陈此三事，而复云者，力恶不能用兵，故复言也。

曹操曰：四五者，谓九地之利害。或曰：上四五事也。

曹操曰：交者，不结成天下诸侯之权也，绝天下之交，夺天下之权，故威得伸而自私。

曹操曰：言军法令不豫施悬之，《司马法》曰："见敌作誓，瞻功作赏。"

【原典】

施无法之赏，悬无政之令，犯三军之众，若使一人。犯之以事，勿告以言；犯之以利，勿告以害。

曹操曰：犯，用也。言明赏罚，虽用众，若使一人也。

曹操曰：兵尚诈。

曹操曰：勿使知害。

【原典】

投之亡地然后存，陷之死地然后生，夫众陷于害，然后能为胜败。

曹操曰：必殊死战，或在死亡之地，亦有败者。孙膑曰："兵恐不投之死地也。"

【原典】

故为兵之事，在于顺详敌之意，并敌一向，千里杀将，此谓巧能成事者也。

曹操曰：详，愚也。或曰：彼欲进，设伏而退；彼欲去，开而击之。

曹操曰：先示之以闲空虚弱之处，敌则并向而利之。虽千里可擒其将也。

一曰：并兵向敌，虽千里能擒其将也。

曹操曰：是成事之巧也。一作是谓"巧攻成事"。

【原典】

是故政举之日，夷关折符，无通其使；厉于廊庙之上，以诛其事敌人开阖，必亟入之。先其所爱，微与之期。践墨随敌，以决战事。是故始如处女，敌人开户。后如脱兔，敌不及拒。

曹操曰：谋定，则闭关梁、绝其符信，勿使通使。

曹操曰：诛，治巳。

曹操曰：敌有间隙，当急入之也。

曹操曰：拒，便利也。

曹操曰：后人发，先人至。

曹操曰：行践规矩，无常也。

曹操曰：处女示弱，脱兔往疾也。

火攻篇第十二

曹操曰：以火攻，当择时日也。

【原典】

孙子曰：凡火攻有五：一曰火人，二曰火积，三曰火辎，四曰火库，五曰火队。行火必有因，烟火必素具。发火有时，起火有日。时者，天之燥也；日者，月在箕、壁、翼、轸也。凡此四宿者，风起之日也。

曹操曰：因奸人也。

曹操曰：烧具也。

曹操曰：燥者，旱也。

【原典】

凡火攻，必因五火之变而应之。火发于内，则早应之于外。火发兵静者，待而勿攻，极其火力，可从而从之，不可从而止。火可发于外，无待于内，以时发之。火发上风，无攻下风。昼风久，夜风止。凡军必知有五火之变，以数守之。故以火佐攻者明，以水佐攻者强。水可以绝，不可以夺。

曹操曰：以兵应之也。

曹操曰：见可而进，知难而退。

曹操曰：不便也。

曹操曰：数，当然也。

曹操曰：取胜明也。

曹操曰：水但能绝敌粮道、分敌军，不可夺敌蓄积。

【原典】

夫战胜攻取，而不修其功者凶，命曰费留。故曰：明主虑之，良将修之。非利不动，非得不用，非危不战。主不可以怒而兴师，将不可以愠而致战；合于利而动，不合于利而止。怒可以复喜，愠可以复悦；亡国不可以复存，死者不可以复生。故明君慎之，良将警之，此安国全军之道也。

曹操曰：若水之留，不复还也。或曰：赏不以时，但费留也，赏善不逾日也。

曹操曰：不得已而用兵。

曹操曰：不以己之喜怒用兵也。

用间篇第十三

曹操曰：战必先用间，以知敌情也。

【原典】

孙子曰：凡兴师十万，出征千里，百姓之费，公家之奉，日费千金；内外骚动，怠于道路，不得操事者，七十万家。相守数年，以争一日之胜，而爱爵禄百金，不知敌之情者，不仁之至也，非人之将也，非主之佐也，非胜之主也。故明君贤将，所以动而胜人，成功出于众者，先知也。先知者不可取于鬼神，不可象于事，不可验于度，必取于人，知敌之情者也。

曹操曰：古者，八家为邻；一家从军，七家奉之，言十万之师举，不事耕稼者七十万家。

曹操曰：不可以祷祀而求。

曹操曰：不可以事类求也。

曹操曰：不可以事数度也。

曹操曰：因间人也。

【原典】

故用间有五：有因间，有内间，有反间，有死间，有生间，五间俱起，莫知其道，是谓神纪，人君之宝也。因间者，因其乡人而用之。内间者，因其官人而用之。反间者，因其敌间而用之。死间者，为诳事于外，令吾间知之，而传于敌间也。生间者，反报也。

曹操曰：同时任用五间也。

【原典】

故三军之亲，莫亲于间，赏莫厚于间，事莫密于间。非圣智不能用间，非仁义不能使间，非微妙不能得间之实。微哉！微哉！无所不用间也！间事未发，而先闻者，间与所告者皆死。

【原典】

凡军之所欲击，城之所欲攻，人之所欲杀，必先知其守将、左右、谒者、门者、舍人之姓名，令吾间必索知之。必索敌人之间来间我者，因而利之，导而舍之，故反间可得而用也。因是而知之，故乡间、内间可得而使也；因是而知之，故死间为诳事可使告敌；因是而知之，故生间可使如期。五间之事，主必知之，知之必在于反间，故反间不可不厚也。

曹操曰：舍，居止也。

【原典】

昔殷之兴也，伊挚在夏；周之兴也，吕牙在殷。故惟明君贤将能以上智为间者，必成大功，此兵之要，三军之所恃而动也。

曹操曰：伊，尹也。

曹操曰：吕，望也。

附录二　唐太宗李卫公问对

◎【唐】李　靖

卷　上

1. 太宗曰："高丽数侵新罗，朕遣使谕，不奉诏，将讨之，如何？"

靖曰："探知盖苏文自恃知兵，谓中国无能讨，故违命。臣请师三万擒之。"

太宗曰："兵少地遥，何术临之？"

靖曰："臣以正兵。"

太宗曰："平突厥时用奇兵，今言正兵，何也？"

靖曰："诸葛亮七擒孟获，无他道，正兵而已矣。"

太宗曰："晋马隆讨凉州，亦是依八阵图，作偏箱车。地广，则用鹿角车营；路狭，则木屋施于车上，且战且前。信乎，正兵古人所重也！"

靖曰："臣讨突厥，西行数千里。若非正兵，安能致远？偏箱、鹿角，兵之大要：一则治力，一则前拒，一则束部伍，三者迭相为用。斯马隆所得古法深也！"

2. 太宗曰："朕破宋老生，初交锋，义师少却。朕亲以铁骑，自南原驰下，横突之，老生兵断后，大溃，遂擒之。此正兵乎，奇兵乎？"

靖曰："陛下天纵圣武，非学而能。臣按兵法，自黄帝以来，先正而后奇，先仁义而后权谲。且霍邑之战，师以义举者，正也；建成坠马，右军少却者，奇也。"

太宗曰："彼时少却，几败大事，曷谓奇邪？"

靖曰："凡兵以向前为正，后却为奇。且右军不却，则老生安致之来哉？《法》曰：'利而诱之，乱而取之'老生不知兵，恃勇急进，不意断后，见擒于陛下，此所谓以奇为正也。"

太宗曰："霍去病暗与孙、吴合，诚有是夫？当右军之却也，高祖失色，及朕奋击，反为我利。孙、吴暗合，卿实知言。"

太宗曰："凡兵却，皆谓之奇乎？"

靖曰："不然。夫兵却，旗参差而不齐，鼓大小而不应，令喧嚣而不一，此真败也，非奇也；若旗齐鼓应，号如一，纷纷纭纭，虽退走，非败也，必有奇也。《法》曰'佯北勿追'，又曰'能而示之不能'，皆奇之谓也。"

太宗曰："霍邑之战，右军少却，其天乎？老生被擒，其人乎？"

靖曰："若非正兵变为奇，奇兵变为正，则安能胜哉？故善用兵者，奇正，人而已。变而神之，所以推乎天也。"太宗俛首。

3. 太宗曰："奇正素分之欤，临时制之欤？"

靖曰："按曹公《新书》曰：'己二而敌一，则一术为正，一术为奇；己五而敌一。则三术为正，二术为奇。'此言大略耳。唯孙武云：'战势不过奇正，奇正之变，不可胜穷。奇正相生，如循还之无端，孰能穷之？'斯得之矣，安有素分之邪？若士卒未习吾法，偏裨未熟吾令，则必为之二术。教战时，各认旗鼓，迭相分合，故曰分合之变，此教战之术耳。教阅既成，众知吾法，然后如驱群羊，由将所指，孰分奇正之别哉？孙武所谓'形人而我无形'。此乃奇正之极致。是以素分者教阅也，临时制变者不可胜穷也。"

太宗曰："深乎，深乎！曹公必知之矣。但《新书》所以授诸将而已，非奇正本法。"

太宗曰："曹公云'奇兵旁击'，卿谓若何？"

靖曰："臣按曹公注《孙子》曰：'先出合战为正，后出为奇。'此说与旁击之说异也。臣愚谓大众所合为正，将所自出为奇，乌有先后、旁击之拘哉？"

太宗曰："吾之正，使敌视以为奇；吾之奇，使敌视以为正；斯所谓'形人者'欤？以奇为正，以正为奇，变化莫测，斯所谓'无形者'欤？"

靖再拜曰："陛下神圣，迥出古人，非臣所及。"

4. 太宗曰："分合为变者，奇正安在？"

靖曰："善用兵者，无不正，无不奇，使敌莫测，故正亦胜，奇亦胜，三军之士止知其胜，莫知其所以胜，非变而通，安能至是哉！分合所出，唯孙武能之。吴起而下，莫可及焉。"

太宗曰："吴术若何？"

靖曰："臣请略言之。魏武侯问吴起两军相向，起曰：'使贱而勇者前击，锋始交而北，北而勿罚，观敌进取。一坐一起，奔北不追，则敌有谋矣。若悉众追北，行止纵横，此敌人不才，击之勿疑。'臣谓吴术大率类此，非孙武所谓以正合也。"

太宗曰："卿舅韩擒武尝言，卿可与论孙、吴，亦奇正之谓乎？"

靖曰："擒武安知奇正之极，但以奇为奇，以正为正耳！曾未知奇正相变，循环无穷者也。"

5. 太宗曰："古人临阵出奇，攻人不意，斯亦相变之法乎？"

靖曰："前代战斗，多是以小术而胜无术，以片善而胜无善，斯安足以论兵法也？若谢玄之破坚，非谢玄之善也，盖坚之不善也。"

太宗顾侍臣检《谢玄传》阅之，曰："坚甚处是不善？"

靖曰："臣观《坚载记》曰秦诸军皆溃散，唯慕容垂一军独全。坚以千余骑赴之，垂子宝劝垂杀坚，不果。此有以见秦军之乱，慕容垂独全，盖坚为垂所陷明矣。夫为人所陷而欲胜敌，不亦难乎？臣故曰无术焉，坚之类是也。"

太宗曰："《孙子》谓多算胜少算，有以知少算胜无算。凡事皆然。"

6. 太宗曰："黄帝兵法。世传《握奇文》，或谓为《握机文》，何谓也？"

靖曰："奇音机，故或传为机，其义则一。考其辞云：'四为正，四为奇，馀奇为握机。'奇，余零也。因此音机。臣愚谓兵无不是机，安在乎握而言也？当为余奇则是。夫正兵受之于君，奇兵将所自出。《法》曰：'令素行以教其民者，则民服。'此受之于君者也。又曰：'兵不豫言，君命有所不受。'此将所自出者也。凡将正而无奇，则守将也；奇而无正，则斗将也；奇正皆得，国之辅也。是故握机、握奇本无二法。在学者兼通而已。"

7. 太宗曰："陈数有九，中心零者，大将握之，四面八向，皆取准焉。陈间容陈，队间容队。以前为后，以后为前。进无速奔，退无遽走。四头八尾，触处为首。敌冲其中，两头皆救。数起于五，而终于八。此何谓也？"

靖曰："诸葛亮以石纵横布为八行，方陈之法即此图也。臣尝教阅，必先此陈。世所传《握机文》，盖得其粗也。"

8. 太宗曰："天、地、风、云、龙、虎、鸟、蛇，斯八阵，何义也？"

靖曰："传之者，误也。古人秘藏此法，古诡设八名耳。八阵，本一也，分为八焉。若天、地者，本乎旗号；风、云者，本乎幡名；龙、虎、鸟、蛇，本乎队伍之别。后世误传，诡设物象，何止八而已乎？"

9. 太宗曰："数起于五，而终于八，则非设象，实古阵也。卿试陈之。"

靖曰："臣按黄帝始立丘井之法，因以制兵，故井分四道，八家处之，其形井字，开方九焉。五为陈法，四为闲地；此所谓数起于五也。虚其中，大将居之环其四面，诸部连绕；此所谓终于八也。及乎变化制敌，则纷纷纭纭，斗乱而法不乱；混混沌沌，形圆而势不散。此所谓散而成八,复而为一者也。"

太宗曰:"深乎,黄帝之制兵也!后世虽有天智神略,莫能出其阃阈。降此孰有继之者乎?"

靖曰:"周之始兴,则太公实缮其法:始于岐都,以建井亩;戎车三百辆,虎贲三百人,以立军制;六步七步,六伐七伐,以教战法。陈师牧野,太公以百夫制师,以成武功,以四万五千人胜纣七十万众。周《司马法》,本太公者也。太公既没,齐人得其遗法。至桓公霸天下,任管仲,复修太公法,谓之节制之师。诸侯毕服。"

太宗曰:"儒者多言管仲霸臣而已,殊不知兵法乃本于王制也。诸葛亮王佐之才,自比管、乐,以此知管仲亦王佐也。但周衰时,王不能用,故假齐兴师尔。"

靖再拜曰:"陛下神圣,知人如此,老臣虽死,无愧昔贤也。臣请言管仲制齐之法:三分齐国,以为三军;五家为轨,故五人为伍;十轨为里,故五十人为小戎;四里为连,故二百人为卒;十连为乡,故二千人为旅五乡一师,故万人为军。亦由《司马法》一师五旅、一旅五卒之义焉。其实皆得太公之遗法。"

10. 太宗曰:"《司马法》,人皆言穰苴所述,是欤,否也？"

靖曰："按《史记·穰苴传》，齐景公时，穰苴善用兵，败燕、晋之师，景公尊为司马之官，由是称司马穰苴，子孙号司马氏。至齐威王，追论古司马法，又述穰苴所学，遂有《司马穰苴书》数十篇，今世所传兵家者流，又分权谋、形势、阴阳、技巧四种，皆出《司马法》也。"

太宗曰："汉张良、韩信序次兵法，凡百八十二家，删取要用，定著三十五家。'今失其传，何也？"

靖曰："张良所学，太公《六韬》《三略》是也。韩信所学，穰苴、孙武是也。然大体不出'三门''四种'而已。"

太宗曰："何谓'三门'？"

靖曰："臣按《太公谋》八十一篇，所谓阴谋。不可以言穷；《太公言》七十一篇，不可以兵穷；《太公兵》八十五篇，不可以财穷。此'三门'也。"

太宗曰："何谓'四种'？"

靖曰："汉任宏所论是也。凡兵家流，权谋为一种，形势为一种，及阴阳、技巧二种，此'四种'也。"

11. 太宗曰："《司马法》首序蒐狩，何也？"

靖曰:"顺其时而要之以神,重其事也。周礼最为大政:成有歧阳之蒐,康有酆宫之朝,穆有涂山之会,此天子之事也。及周衰,齐桓有召陵之师,晋文有践土之盟,此诸侯奉行天子之事也。其实用九伐之法以威不恪。假之以朝会,因之以巡游,训之以甲兵,言无事兵不妄举,必于农隙,不忘武备也。故首序蒐狩,不其深乎?"

12. 太宗曰:"春秋楚子二广之法云:'百官象物而动,军政不戒而备。'此亦得周制欤?"

靖曰:"按左氏说,楚子乘广三十乘,广有一卒,卒偏之两。军行右辕,以辕为法,故挟辕而战,皆周制也。臣谓百人曰卒。五十人曰两,此是每车一乘,用士百五十人,比周制差多耳。周一乘步卒七十二人,甲士三人。以二十五人为一甲,凡三甲,共七十五人。楚,山泽之国,车少而人多。分为三队,则与周制同矣。"

13. 太宗曰:"春秋荀吴伐狄,毁车为行,亦正兵欤,奇兵欤?"

靖曰:"荀吴用车法耳,虽舍车而法在其中焉。一为左角,一为右角,一为前拒,分为三队,此一乘法也,千万乘皆然。臣按曹公《新书》云:攻车七十五人,前拒一队,左右角二队,守车一队,炊子十人,守装五人,厩养五人,樵汲五人,共二十五人。攻守二乘,凡百人。兴兵十万,用车千乘,轻重二千,此大率荀吴之旧法也。又观汉魏之间军制:五车为队,仆射一人;十车为师,率长一人;凡车千乘,将吏二人。多多仿此。臣以今法参用之:则跳荡,骑兵也;战锋队,步、骑相半也;驻队,兼车乘而出也。臣西讨突厥,越险数千里,此制未尝敢易。盖古法节制,信可重也。"

14. 太宗幸灵州回,召靖赐坐,曰:"朕命道宗及阿史那杜尔等讨薛延陀,而铁勒诸部乞置汉官,朕皆从其请。延陀西走,恐为后患,故遣李责勣讨之。今北荒悉平,然诸部番汉杂处,以何道经久,使得两全安之?"

靖曰:"陛下敕自突厥至回纥部落,犯置驿六十六处,以通斥候,斯已得策矣。然臣愚以谓,汉戍宜自为一法,番落宜自为一法,教习各异,勿使混同。或遇寇至,则密敕主讲,临时变号易服,出奇击之。"

太宗曰:"何道也?"

靖曰:"此所谓'多方以误之'之术也。番而示之汉,汉而示之番,彼不知番汉之别,则莫能测我攻守之计矣。善用兵者，先为不测，则敌'乖其所之'也。"

太宗曰："正合朕意，卿可密教边将。只以此番、汉，便见奇正之法矣。"

靖曰："圣虑天纵，闻一知十，臣安能极其说哉！"

15. 太宗曰："诸葛亮言'有制之兵，无能之将，不可败也；无制之兵，有能之将，不可胜也。'朕疑此谈非极致之论。"

靖曰："武侯有所激云耳。臣按《孙子》有曰：'教习不明，吏卒无常，陈兵纵横，曰乱。'自古乱军引胜，不可胜纪。夫教道不明者，言教阅无古法也；吏卒无常者，言将臣权任无久职也；乱军引胜者，言己自溃败，非敌胜之也。是以武侯言'兵卒有制，虽庸将未败，若兵卒自乱，虽贤将危之。'又何疑焉？"

太宗曰："教阅之法，信不可忽。"

靖曰："教得其道，则士乐为用。教不得法，虽朝督暮责，无益于事矣！臣所以区区古制、皆纂以图者，庶乎成有制之兵也。"

太宗曰："卿为我择古陈法，悉图以上。"

16. 太宗曰："番兵唯劲马奔冲，此奇兵欤？汉兵为弩、犄角,此正兵欤?"

靖曰:"按《孙子》云:'善用兵者,求之以势,不责于人,故能择人而任势。'夫所谓择人者,各随番汉所长而战也。番长于马,马利乎速斗;汉长于弩,弩利乎缓战。此自然各任其势也,然非奇正所分。臣前曾述番汉必变号易服者,奇正相生之法也。马亦有正,弩亦有奇,何常之有哉!"

太宗曰:"卿更纸言其术"

靖曰:"先形之,使敌从之,是其术也。"

17. 太宗曰:"近契丹、奚皆内属,置松漠、饶乐二都督,统于安北都护。朕用薛万彻,如何?"

靖曰:"万彻不如阿史那社尔及执失思力、契必何力,此皆番臣之知兵者也。臣尝与之言松漠、饶乐山川道路,番情逆顺,远至于西域部落十数种,历历可信。臣教之以阵法,无不点头服义。望陛下任之勿疑,若万彻,则勇而无谋,难以独任。"

太宗曰:"番人皆为卿役使!古人云,'以蛮夷攻蛮夷,中国之势也。'卿得之矣。"

卷　中

18. 太宗曰：朕观诸兵书无出孙武，孙武十三篇无出虚实。夫用兵，识虚实之势，则无不胜焉。今诸将中，但能了背实出虚，及其临敌则鲜识虚实者，盖不能致人而反为敌所致故也。如何？卿悉为诸将言其要。

靖曰：先教之以奇正相变之术，然后语之以虚实之形可也。诸将多不知以奇为正、以正为奇，且安识虚是实、实是虚哉！

太宗曰：策之而知得失之计；作之而知动静之理；形之而知死生之地；角之而知有余不足之处。此则奇正在我、虚实在敌欤？

靖曰：奇正者，所以致敌之虚实也。敌实，则我必以正；敌虚，则我必为奇。苟将不知奇正，则虽知敌虚实，安能致之哉！臣奉诏，但教诸将以奇正，然后虚实自知焉。

太宗曰：以奇为正者，敌意其奇，则吾正击之；以正为奇者，敌意其正，则吾奇击之；使敌势常虚，我势常实。当以此法授诸将，使易晓尔。

靖曰：千章万句，不出乎"致人而不致于人"而已。臣当以此教诸将。

19. 太宗曰：朕置瑶池都督以隶安西都护，蕃汉之兵，如何处置？靖曰：天之生人，本无蕃汉之别，然地远荒漠，必以射猎为生，由此常习战斗。若我恩信抚之，衣食周之，则皆汉人矣。陛下置此都护，臣请收汉卒，处之内地，减省粮馈，兵家所谓治力之法也。但择汉吏有熟蕃情者，散守堡障，此足以经久。或遇有警，则汉卒出焉。

太宗曰：《孙子》所言治力如何？

靖曰："以近待远，以佚待劳，以饱待饥"，此略言其概尔。善用兵者，推此三义而有六焉：以诱待来，以静待躁，以重待轻，以严待懈，以治待乱，以守待攻。反是则力有弗逮。非治力之术，安能临战哉！

太宗曰：今人习《孙子》者，但说空文，鲜克推广其义。治力之法，宜遍告诸将。

20. 太宗曰：旧将老卒，凋零殆尽，诸军新置，不经陈敌今教以何道为要？

靖曰：臣尝教士，分为三等。必先结伍法，伍法即成，授之军校，此一等也。军校之法，以一为十，以十为百，此一等也。授之裨将，裨将乃总诸校之队聚为陈图，此一等也。大将军家此三等之教，于是大阅，稽查制度，分别奇正，誓众行罚，陛下临高观之，无施不可。

21. 太宗曰：伍法有数家，孰者为要？

靖曰：臣案《春秋左氏传》云，先偏后伍；又《司马法》曰：五人为伍；《尉缭子》有束伍令；汉制有尺籍伍符。后世符籍以纸为之，于是失其制矣。臣酌其法，自五人变为二十五人，自二十五人而变为七十五人，此则步卒七十二人、甲士三人之制也。舍车用骑，则二十五人当八马，此则五兵五当之制也。是则诸家兵法，惟伍法为要。小列五人，大列二十五人，参列七十五人，又五参其数，得三百七十五人。三百人为正，六十人为奇；此则百五十人分二正，而三十人分二奇。盖左右等也。穰苴所谓五人为伍，十伍为队，至今因之，此其要也。

22. 太宗曰：朕与李勣论兵，多同卿说，但勣不究出处尔。卿所制六花陈法。出何术乎？

靖曰：臣本诸葛亮八陈法也，大陈包小陈，大营包小营，隅落钩连，曲折相对，古制如此。臣为图因之，故外画之方，内环之圆，是成六花，俗所号尔。

太宗曰：内圆外方，何谓也？

靖曰：方生于步，圆生于奇，方所以矩其步，圆所以缀其旋。是以步数定于地，行缀应乎天，步定缀齐，则变化不乱。八阵为六，武侯之旧法焉。

23. 太宗曰：画方以见步，点圆以见兵，步教足法，兵教手法，手足便利，思过半乎！

靖曰：吴起云："绝而不离，却而不散。"此步法也。教士就布綦于盘，若无画路，綦安用之。孙武曰："地生度，度生量，量生数，数生称，称生胜；胜兵若以镒称铢，败兵若以铢称镒。"皆出于度量方国也。

太宗曰：深乎，孙子之言！不度地之远近，形之广狭，则何以制其节乎！

靖曰：庸将安能知其节者也。"善战者，其势险，其节短，势如彍弩，节如发机。"臣修其术，几立队相去各十步，驻队去前队二十步。每隔一队立一战队。前进以五十步为节。角一声，诸队皆散立，不过十步之内。至第四角声，笼枪跪坐。于是鼓之，三呼三击，三十步至五十步以制敌之变。马军从背出，亦五十步临时节止。前正后奇，观敌如何。再鼓之，则前奇后正，复邀敌来。伺隙捣虚。此六花大率皆然也。

24. 太宗曰:《曹公新书》云:"作陈对敌,必先立表,引兵就表而陈。一部受敌,余部不进救者斩。"此何术乎?

靖曰:临敌立表非也,此但教战时法尔。古人善用兵者,教正不教奇,驱众若驱羊群,与之进,与之退,不知所之也。曹公骄而好胜,当时诸将奉《新书》者,莫敢攻其短。且临敌立表,无乃晚乎?臣窃观陛下所制破陈乐舞,前出四表,后缀八幡,左右折旋,起步金鼓,各有其节,此即八陈图四头八尾之制也。人间但见乐舞之盛,岂有知军容如斯焉!

太宗曰:昔汉高帝定天下,歌云"安得猛士兮守四方。"盖兵法可以意授,不可以言传。朕为破陈乐舞,唯卿已晓其表矣,后世其知我不苟作也。

25. 太宗曰:方色五旗为正乎?旛麾折冲为奇乎?分合为变,其队数曷为得宜?

靖曰:臣参用古法,凡三队合,则旗相依而不交五队合,则两旗交;十队合,则五旗交。吹角开五交之旗,则一复散为十;开二交之旗,则一复散为五;开相依不交之旗,则一复散为三。兵散则以合为奇,合则以散为奇、三令五申,三散三合,复归于正,四头八尾,乃可教焉。此队法所宜也。

太宗称善。

26. 太宗曰：曹公有战骑、蹈骑、游骑，今马军何等比乎？

靖曰：臣案《新书》云：战骑居前，蹈骑居中，游骑居后。如此则是各立名号，分类三等尔。大抵骑兵八马当车徒二十四人；二十四骑当车徒七十二人，此古制也。车徒常教以正，骑队常教以奇。据曹公前后及中分为三复，不言两厢，举一端言也。后人不晓三复之义，则战骑必前于蹈骑、游骑，如何使用？臣孰用此法；回军转陈，则游骑当前，战骑当后，蹈骑临变而分，皆曹公之术也。

太公曰：多少人为曹公所惑。

27. 太宗曰：车、步、骑三者一法也，其用在人乎？

靖曰：臣案春秋鱼丽陈，先偏后伍，此则车步无骑，谓之左右拒，言拒御而已，非取奇胜也。晋荀吴伐狄，舍车为行，此则骑多为便，唯务奇胜，非拒御而已。臣均其术，凡一马当三人，车步称之，混为一法，用之在人，敌安知吾车果何出，骑果何来，徒果何从哉？

或潜九地，或动九天，其知如神，惟陛下有焉，臣何足以知之。

28. 太宗曰：太公书云："地方六百步，或六十步，表十二辰。"其术如何？

靖曰：画地方一千二百步，开方之形也。每部占地二十步之外，横以五步立一人，纵以四步立一人。凡二千五百人分五方。空地四处，所谓陈间容陈者也。武王伐纣，虎贲各掌三千人，每陈六千人，共三万之众，此太公画地之法也。

太宗曰：卿六花陈画地几何？

靖曰：大阅地方千二百步者，其义六陈各占地四百步，分为东西两厢，空地一千二百步为教战之所。臣常教士三万，每陈五千人，以其一为营法，五为方、圆、曲、直、锐之形，每陈正变，凡二十五变而止。

太宗曰：五行陈如何？

靖曰：本因五方色立此名。方、圆、曲、直、锐实因地形使然。凡军不素习此五者，安可以临敌乎？兵，诡道也。故强名五行焉。文之以术数相生相克之义。其实兵形象水，因地制流，此其旨也。

29. 太宗曰：李勣言牝牡、方圆、伏兵法，古有是否？

靖曰：牝牡之法，出于俗传，其实阴阳二义而已。臣案范蠡云："后则用阴，先则用阳；尽敌阳节，盈吾阴节而夺之。"此兵家阴阳之妙也。范蠡又云："设左为牝，益右为牡，早晏以顺天道。"此则左右、早晏临时不同，在乎奇正之变者也。左右者人之阴阳，早晏者天之阴阳，奇正者天人相变之阴阳，若执而不变，则阴阳俱废，如何守牝牡之形而已。故形之者，以奇示敌，非吾正也；胜之者，以正击之，非吾奇也，此谓奇正相变。兵伏者，不止山谷草木伏藏；所以为伏也，其正如山，其奇如雷，敌虽对面，莫测吾奇正所在。至此，夫何形之有焉。

30. 太宗曰：四兽之陈，又以商、羽、徵、角象之，何道也？

靖曰：诡道也。

太宗曰：可废乎？

靖曰：存之所以能废之也，若废而不用，诡愈甚矣。

太宗曰：何谓也？

靖曰：假之以四兽之陈，及天、地、风、云之号，又加商金、羽水、徵人、角木之配，此皆兵家自古诡道。存之，则余党不复增矣；废之，则使贪使愚之术从何而施哉。

太宗良久回：卿宜秘之，无泄于外。

31. 太宗曰：严刑峻法使众畏我而不畏敌，朕甚惑之。昔光武以孤军当王莽百万之众，非有刑法临之，此何由乎？

靖曰：兵家胜败，情状万殊，不可以一事推也。如陈胜、吴广败秦师，岂胜、广刑法能加于秦乎？光武之起，盖顺人心之怨莽也，况又王寻、王邑不晓兵法，徒夸兵众，所以自此败。臣案《孙子》曰："卒未亲附而罚之，则不服；已亲附而罚不行，则不可用。"此言凡将先有爱结于士，然后可以严刑也；若爱未加而独用峻法，鲜克济焉。

太宗曰：《尚书》言。"威克厥爱，允济；爱克厥威，允罔功。"何谓也？

靖曰：爱设于先，威设于后，不可反是也。若威加于先，爱教于后，无益于事矣。《尚书》所以慎戒其终，非所以作谋于始也。故孙子之法万代不刊。

32. 太宗曰：卿平萧铣，诸将皆欲藉伪臣家以赏士卒，独卿不从，以谓蒯通不戮于汉，既而江汉归顺。朕由是思古人有言曰："文能附众，武能威敌。"其卿之谓乎？

靖曰：汉光武平赤眉，入贼营中案行，贼曰：萧王推赤心于人腹中。此盖先料人情必非为恶,岂不豫虑哉!臣顷讨突厥,总蕃汉之众,出塞千里,未尝戮一扬干,斩一庄贾,亦推赤诚存至公而已矣。

陛下过时听,擢臣以不次之位,若于文武则何敢当。

33. 太宗曰:昔唐俭使突厥,卿因击而败之。人言卿以俭的死间,朕至今疑焉,如何?

靖再拜曰:臣与俭比肩事主,料俭说必不能柔服,故臣因纵兵以击之,所以去大恶不顾小义也。人谓以俭为死间,非臣之心。案《孙子》用间最为下策,臣尝著论其末云:"水能载舟亦能覆舟。或用间以成功,或凭间以倾败。若束发事君,当朝正色,忠以尽节,信以竭诚,虽有善间,安可用乎?"唐俭小义,陛下何疑。

太宗曰:诚哉。非仁义不能使间,此岂纤人所为乎。周公大义灭亲,况一使人乎。灼无疑矣。

34. 太宗曰:兵贵为主,不贵为客;贵速,不贵久,何也?

靖曰:兵不得已而用之,安在为客且久哉。《孙子》曰:"远输则百姓贫"为此为客之弊也。又曰:"役不再籍,粮不三载。此不可久之验也。臣较量主客之势，则有变客为主，变主为客之术。

太宗曰：何谓也？

靖曰："因粮于敌"，是变客为主也；"饱能饥之，佚能劳之"，是变主为客也。故兵不拘主客迟速，惟发必中节，所以为宜。

太宗曰：古人有诸？

靖曰：昔越伐吴，以左右两军鸣鼓而进，吴分兵御之；越以中军潜涉不鼓，袭取吴师。此变客为主之验也。石勒与姬澹战，澹兵远来，勒遣孔苌为前锋逆击澹军，孔苌退而澹来追，勒以伏兵夹击之，澹军大败。此变劳为佚之验也。古人如此者多。

35. 太宗曰：铁蒺藜、行马，太公所制，是乎？

靖曰：有之，然拒敌而已。兵贵致人，非欲拒之也"。大公《六韬》言守御之具尔，非政战所施也。

卷 下

36. 太宗曰：太公云："以步兵与车骑战者，必依丘墓险阻。"

又孙子云："天隙之地，丘墓故城，兵不可处。"如何？

靖曰：用众在乎心一，心一在乎禁祥去疑。倘主将有所疑忌，则群情摇。群情摇，则敌乘衅而至矣。安营据地，便乎人事而已。若涧、井、隙之地，及如牢如罗之处，人事不便者也，故兵家引而避之，防敌乘我。丘墓故城非绝险处，我得之为利，岂宜反去之乎。太公所说兵之至要也。

37. 太宗曰：朕思凶器无甚于兵者，行兵苟便于人事，岂以避忌为疑。今后请将有以阴阳拘忌于事宜者，卿当丁宁诫之。

靖再拜谢曰：臣案《尉缭子》曰："黄帝以德守之，以刑伐之。"是谓刑德，非天官时日之谓也。然诡道可使由之，不可使知之。后世庸将泥于术数，是以多败，不可不诫也。陛下圣训，臣即宣告诸将。

38 太宗曰：兵有分有聚，各贵适宜，前代事迹，孰为善此者？

靖曰：苻坚总百万之众，而败于肥（淝）水，此兵能合不能分之所致也。吴汉讨公孙述，与副将刘尚分屯，相去三十里述来攻汉，尚出合击，大破之，此兵分而能合之所致也。太公曰："分不分为縻军，聚不聚为孤旅。"

太宗曰：苻坚初得王猛实知兵，遂取中原；及猛卒，坚果政，此縻军之谓乎！吴汉为光武所任，兵不遥制，故汉果平蜀，此不陷孤旅之谓乎！得失事迹，足为万代鉴。

39. 太宗曰：朕观千章万句，不出乎"多方以误之"一句而已。

靖良久曰：诚如圣语。大凡用兵，若敌人不误，则我师安能克哉。譬如奕（弈）棋，两敌均焉。一着或失，竟莫能助。是古今胜败率有一误而已，况多失者乎。

40. 太宗曰：攻守二事，其实一法欤。《孙子》言："善攻者，敌不知其所守；善守者，敌不知其所攻。"即不言敌来攻我，我亦攻之；我若自守，敌亦守之。攻守两齐，其术奈何？

靖曰：前代似此相攻相守者多矣。皆曰"守则不足,攻则有余"。便谓不足为弱,有余为强,盖不悟攻守之法也。臣按《孙子》云:"不可胜者守也,可胜者攻也。"谓敌未可胜,则我且自守,待敌可胜,则攻之尔非以强弱为辞也。后人不晓其义,则当攻而守,当守而攻,二役既殊,故不能一其法。

太宗曰:信乎。有余、不足使后人惑其强弱。殊不知守之法要在示敌以不足,攻之法要在示敌以有余也。示敌以不足,则敌必来攻,此是敌不知其所攻者也;示敌以有余,则敌必自守,此是敌不知其所守者也。攻守一法,敌与我分而为二事。若我事得,则敌事败;敌事得,则我事败;得失成败彼我之事分焉。攻守者一而已矣,得一者百战百胜。故曰:"知己知彼,百战不殆。"其知一谓乎。

靖再拜曰:深乎,圣人之法也。攻是守之机,守是攻之策,同归乎胜而已矣。若攻不知守,守不知攻,不惟二其事,抑又二其官。虽口诵孙、吴,而心不思妙,攻守两齐之说,其孰能知其然哉。

41. 太宗曰:《司马法》言:"国虽大,好战必亡;天下更安,忘战必危。"此亦攻守一道呼?

靖曰:有国有家者,曷尝不讲乎攻守也。夫攻者,不仅攻其城、击其陈而已,必有攻其心之术焉。

守者。不止完其壁、坚其陈而已，必也守吾气而有待焉。大而言之，为君之道；小而言之。为将之法。

夫攻其心者，所谓知彼者也；守吾气者，所谓知己者也。

太宗曰：诚哉。朕常临陈，先料敌之心与己之心孰审，然后彼可得而知焉；察敌之气与己之气孰治，然后我可得而知焉。是以知彼知己兵家大要。今之将臣，虽未知彼，苟能知己，则安有失利者哉。

靖曰：孙武所谓"先为不可胜"者，知己者也；"以待敌之可胜"者，知彼者也。又曰："不可胜在己，可胜在敌。"臣斯须不敢失此诫。

42. 太宗曰：《孙子》言三军可夺气之妙："朝气锐，昼气惰，暮气归；善用兵者，避其锐气，击其惰归。"如何？

靖曰：夫含生禀血，鼓作斗争，虽死不省者，气使然也。故用兵之法，必是察吾士众，激吾胜气，乃可以击敌焉。吴起四机，以气机为上，无他道也，能使人人自斗，则其锐莫当。所谓朝气锐者，非限时刻而言也，举一日时刻为喻也。凡三鼓而敌不衰不竭，则安能必使之惰归哉。盖学者徒诵空文，而为敌所诱，苟悟夺之之理，则兵可任矣。

43. 太宗曰：卿尝言李勣能兵法，久可用否？然非朕控御不可用也。他日太子治若何御之？

靖曰：为陛下计，莫若黜勣，令太子复用之，则必感恩图报，于理何损乎。

太宗曰：善！朕无疑矣。

太宗曰：李勣若与长孙无忌共掌国政，他日如何？

靖曰：勣忠义之臣，可保任也。无忌佐命大功，陛下以肺腑之亲，委之辅相。然外貌下士，内实嫉贤。故尉迟敬德而折其短，遂引退焉。侯君集恨其忘旧，因以犯逆，皆无忌致其然也。陛下询及臣，臣不敢避其说。

太宗曰：勿泄也，朕思其处置。

44. 太宗曰：汉高祖能将将，其后韩、彭见诛，萧何下狱，何故如此？

靖曰：臣观刘、项皆非将将之君，当秦之亡也，张良本为韩报仇，陈平、韩信告怨楚不用，故假汉之势自为奋尔。至于萧、曹、樊、灌悉由亡命，高祖因之以得天下。设使六国之后复立，人人各怀其旧，则虽有能将将之才，当为汉用哉。臣谓汉得天下，由张良借箸之谋，萧何漕挽之功也。以此言之，韩、彭见诛，范增不用，其事同也。臣故谓刘、项皆非将将之君。

太宗曰：光武中兴，能保全功臣，不任以吏事，此则善于将将乎？

靖曰：光武虽藉前构，易子成功，然莽势不下于项藉，寇、邓未越于萧、张，独能推赤心用柔治保全功臣，贤于高祖远矣。以此论将将之道，臣调光武得之。

45. 太宗曰：古者出师命将，斋三日，授之以钺曰：从此至天将军制之。又授之以斧曰：从此至地将军制之。又推其毂曰：进退唯时。既行，军中但闻将军之令，不闻君命。朕谓此礼久废，今欲与卿参定遣将之仪，如何？

靖曰：臣窃谓圣人制作致斋于庙者，所以假威于神也；授斧钺而推其毂者，所以委寄以权也。今陛下每有出师，必与公卿议论，告庙而后遣，此则邀以神圣矣；每有任将，必使之便宜从事，此则假以权重矣。何异于致斋推毂邪！尽合古礼，其义同焉。不须参定。

上曰：善。乃命近臣书此二事为后世法。

46. 太宗曰：阴阳术数，废之可乎？

靖曰：不可。兵者，诡道也。托之以阴阳术数，则使贪使愚，兹不可废也。

太宗曰：卿尝言天官时日，名将不法，闻者拘之，废亦宜然。

靖曰：昔纣以甲子日亡，武王以甲子日兴。天官时日，甲子一也，殷乱周兴，兴亡异焉。又宋武帝以往亡日起兵。军吏以为不可。

帝曰："我往彼亡。"果克之。由此言之，可废明矣。然而田单为燕所围，单命一人为神，拜而祠之，神言："燕可破。"单于是以火牛出击燕，大破之。此是兵家诡道。天官时日，亦犹此也。

太宗曰：田单托神怪而破燕，太公焚蓍龟而灭纣；两事相反，何也？

靖曰：其机一也，或逆而转之，或顺而行之是也。昔太公佐武王至牧野，遇雷雨，旗鼓毁折。散宜生欲卜吉而后行。此则因军中疑惧，必假卜以问神焉。太公以为腐草枯骨无足问。且以臣伐君，岂可再乎！然观散宜生发机于前，太公成机于后，逆顺虽异，其理致则同。臣前所谓术数不可废者，盖存其机于未萌也。及其成功在人事而已。

47. 太宗曰：当今将帅，唯李勣、道宗、薛万彻，除道宗以亲属外,孰堪大用?

靖曰:陛下尝言勣、道宗用兵不大胜亦不大败;万彻若不大胜即须大败。臣愚思圣言,不求大胜亦不求大败者,节制之兵也;或大胜或大败者,幸而成功者也。故孙武云:"善战者,立于不败之地,而不失敌之败也。"节制在我云尔。

48. 太宗曰:两陈相临,欲言不战,安可得乎?

靖曰:昔晋师伐秦,交绥而退。《司马法》曰:"逐奔不远,纵绥不及。"臣谓绥者,御辔之索也。我兵既有节制,彼敌亦正行伍,岂敢轻战哉。故有出而交绥,退而不逐,各防其失败者。孙武云:"勿击堂堂之陈,无邀正正之旗。"若两陈体均势等,苟一轻肆,为其所乘,则或大败,理使然也,是敌兵有不战,有必战;夫不战者在我,必战者在敌。

太宗曰:不战在我,何谓也?

靖曰:孙武云:"我不欲战者,划地而守之;敌不得与我战者,乖其所之也。"敌有人焉,则交绥之间,未可图也。故曰不战在我。夫必战在敌者,孙武云:"善动敌者,形之,敌必从之;予之,敌必取之;以利动之,以本待之。"敌无人焉,则必来战,吾得以乘而破之。故曰,必战者在敌。

太宗曰：深乎，节制之兵。得其法则昌，失其法则亡。卿为纂述历代善于节制者，具图来上，朕当择其精微，垂于后世。

靖曰：臣前述进黄帝、太公二阵图，并《司马法》、诸葛亮奇正之法，此已精悉，历代名将用其一二而成功者亦众矣。但史官鲜克知兵，不能纪其实迹焉。臣不敢奉诏，当纂述以闻。

49. 太宗曰：兵法孰为最深者？

靖曰：臣常分为三等，使学者当渐而至焉。一曰道，二曰天地，三曰将法。夫道之说至微至深，《易》所谓聪明睿智神武而不杀者是也。夫天之说阴阳，地之说险易。善用兵者，能以阴夺阳，以险攻易，孟子所谓天时地利者是也。夫将法之说在乎任人利器，《三略》所谓得士者昌，管仲所谓器必坚利是也。

太宗曰：然。吾谓不战而屈人之兵者上也，百战百胜者中也，深沟高垒以自守者下也。以是较量孙武著书，三等皆具焉。

靖曰：观其文，迹其事，亦可差别矣。若张良、范蠡、孙武脱然高引不知所往，此非知道，安能尔乎。若乐毅、管仲、诸葛亮战必胜，守必固，此非察天时地利，安能尔乎。其次王猛之保秦，谢安之守晋，非任将择材，缮完自固，安能尔乎。故习兵之学，必先繇下以及中，繇中以及上，则渐而深矣。不然，则会空言，徒记诵，无足取也。

太宗曰：道家忌三世为将者，不可妄传也，不可不传也。卿其慎之。

靖再拜出，尽传其书与李勣。